GROSSE MÄNNER DER WELTGESCHICHTE

GROSSE MÄNNER
DER
WELTGESCHICHTE

Tausend Biographien

in Wort und Bild

VERLEGT BEI
KAISER

BILDNISZEICHNUNGEN:

Hans-Günther Strick

Redaktionelle Mitarbeiter:

Qu. Engasser, Dr. Ernst, H. Herda, Chr. Jenssen, W. Kinnigkeit, H. Kluth, A. Lux, H. Menz, W. Möbus, Dr. H. Müller, Prof. Dr. Oberniedermayr, Dr. H. Schwalbe, B. Tschierschke, F. Bolle, J. M. Wehner, Dr. H. Woltereck, Dr. G. Zaddach, O. Zierer, K. Ziesel, Dr. H. Zillich.

ISBN 3-7043-3065-5
Alle Rechte vorbehalten
Copyright © 1987
by Neuer Kaiser Verlag — Buch und Welt, Hans Kaiser, Klagenfurt
Einbandgestaltung: Volkmar Reiter
Druck: Wulfenia Formulardruck, Feldkirchen, Kärnten
Bindearbeit: Kaiser, Klagenfurt

„Die ganze Weltgeschichte verdichtet sich in der Lebensgeschichte weniger und bemerkenswerter Menschen."

Emerson „Essays"

ZUM GELEIT

Seit ungezählten Jahrtausenden zieht der Strom der Menschheit über die Erde, ein buntes, vielfältiges Gewoge. Die Spuren vieler sind verweht, ihre Taten vergessen; niemand weiß, was sie gedacht und geschaffen, erlebt und erduldet haben. Hier und dort aber, zu allen Zeiten und in allen Völkern, erheben sich einzelne aus der Masse als die großen Beweger und Erfüller, als die Rufer oder Verneiner. Ihre Worte werden von den Chronisten aufgezeichnet, ihr Bildnis wird in Stein oder Erz, auf Pergament oder Leinwand den Nachkommenden überliefert. In ihnen sammelt sich die Kraft der Millionen zur Einzelleistung, im Guten oder Bösen. Diese Großen der Welt, Männer aus dreitausend Jahren Welt- und Völkergeschichte, sind auf den folgenden Blättern vereint. Viele der gewürdigten Persönlichkeiten sind in den Geschichtswerken gar nicht oder nur am Rande erwähnt. Sie waren oft selbst ihren Zeitgenossen unbekannt, weil sie keine Fürstenkrone trugen und weder als Helden des Schwertes noch als Geistesheroen Ruhm und Ehren erwarben. Ihre Taten aber, als Forscher und Entdecker, als Wohltäter und Sprecher der Armen und Kranken, als Erzieher der Jugend oder als Wegweisende in der Entwicklung des sozialen Fortschritts, haben segensreich in die Zukunft gewirkt. — Die alphabetische Reihenfolge stellt in reizvollem Kontrast den Philosophen neben den Techniker, den Kaiser neben den Revolutionär, den Künstler neben den Kaufherrn. Jede Seite führt dem Leser und Betrachter andere Lebensschicksale und Lebensbilder und andere Bildnisse vor Augen. Mancher Gewinn wird aus dem Wissen um Größe und Tragik, Erfolg und Irrtum der Vorfahren zu ziehen sein.

23. 1. 1840 — 14. 1. 1905 ERNST ABBE

In der kleinen Werkstatt des Universitätsmechanikus Carl Zeiss in Jena steht Tag für Tag der 26jährige Privatdozent Ernst Abbe an der Werkbank und arbeitet an der Verbesserung der Mikroskope, die Zeiss in Einzelanfertigung herstellt. Die beiden Männer, der Handwerker und der Gelehrte, sind besessen von der Idee, das mühsame, bei jeder Glaslinse von neuem schwierige Probier-Verfahren durch eine allgemeingültige, auf mathematisch-physikalischen Berechnungen beruhende Herstellungsweise zu ersetzen. Der große Wurf gelingt. Abbe erforscht die Gesetze von Lichtbrechung und -beugung für die Zwecke der Optik, und mit den Ergebnissen seiner Arbeit kann die Fabrikation von Linsen und Mikroskopen im großen Maßstab begonnen werden. Den Pionieren der Bazillenforschung ist damit eine entscheidende Waffe im Kampf gegen Cholera, Pest, Tuberkulose und viele andere Feinde der Menschheit aus der Welt des Mikrokosmos in die Hand gegeben. Nach dem Tode von Carl Zeiss wird im Jahre 1896 das in allen Kulturländern bekannte Unternehmen in eine gemeinnützige Stiftung umgewandelt. In der Zeit des Hochkapitalismus, der entscheidenden sozialen Auseinandersetzungen zwischen Arbeitgebern und Arbeitnehmern, verzichtet Ernst Abbe auf alle Rechte an der Fabrik und auf den größten Teil seines Vermögens. Die Arbeiter und Angestellten sind am Gewinnüberschuß beteiligt, sie haben ein Recht auf Pension, Krankenkasse, bezahlten Urlaub und fortlaufendes Einkommen für ein halbes Jahr nach erfolgter Kündigung; in dem Werk wird der Achtstundentag eingeführt. Abbe ging mit dieser revolutionären Tat einen Weg, der von seinen Zeitgenossen nicht verstanden wurde und dessen Berechtigung erst die nachfolgenden Generationen erkannten.

2. VII. 1644 — 1. XII. 1709 **ABRAHAM A SANTA CLARA**

„Derzeiten hat unser Europa allem Ansehen nach die Cholika, das Grimmen genannt, daß es nichts tuet als schneiden und stechen in dessen Leib ...!"

Der Dreißigjährige Krieg (1618–1648) hatte nicht nur die Städte und Dörfer des Heiligen Römischen Reiches Deutscher Nation verwüstet und verbrannt, auch Sitte und Moral der Menschen waren auf einen bisher nicht erlebten Tiefstand gesunken. Viele führende Geister der Zeit kämpften mit Wort und Schrift gegen diese seelische Verwilderung. Einer von ihnen war der Augustiner-Mönch Ulrich Megerle, genannt Abraham a Santa Clara, Hofprediger zu Wien. Die Derbheit seiner Sprache und die burlesken Vergleiche und Bilder, mit denen er seinen Zuhörern das Gewissen wachrüttelte, berühren uns heute manchmal seltsam. Den Zeitgenossen aber waren sie vertraut. Es war der Jargon der Landsknechte, der Ton, wie er in den Troßlagern herrschte. Für die Kapuzinerpredigt in Schillers „Wallenstein" hat Abraham a Santa Clara als Vorbild gedient. — Die Schriften des Augustiners übten durch die Kraft und Farbigkeit des Ausdrucks und ihre erbarmungslose, kritische Schärfe einen tiefen Einfluß auf das deutsche Volk aus. Die beiden Hauptwerke sind „Auf, auf, ihr Christen" und „Judas der Erzschelm". Aus dem „Judas" stammt das einst viel zitierte Wort: „Ein reine Jungfrau soll sein wie ein Nachteul, die kombt fein wenig ans Taglicht; sie soll sein wie ein Spiegel, wann man diesem ein wenig zu nahe kombt und anhaucht, so macht er ein finsteres Gesicht; und sie soll sein wie ein Licht, welches versperrt in der Latern viel sicherer als außer derselben!"

7

FRANZ KARL ACHARD 28. IV. 1753 — 20. IV. 1821

Als Achard mit Versuchen zum Anbau der Zuckerrübe begann, war der Zuckergehalt der Rüben und seine Kristallisation bereits bekannt. Die Fabrikation erschien aber so schwierig und kostspielig, daß man von einer Auswertung der gewonnenen theoretischen Erkenntnisse absah. Außerdem war so viel billiger überseeischer Rohrzucker auf dem Markt, daß der „Zuckerersatz" nicht konkurrenzfähig erschien. Achard ließ sich nicht entmutigen, er begann auf seinem Gut Kaulsdorf bei Berlin und später auf der staatlichen Domäne Kunern in Schlesien mit der Heranzüchtung einer besonders zuckerhaltigen Rübe und der Verbesserung der Produktionsmethoden. Im Jahre 1799 konnte er dem preußischen König feierlich die erste Probe seines Zuckers überreichen und bald darauf mit staatlicher Unterstützung im Jahre 1801 die erste Fabrik einrichten. Die Einführung des einheimischen Zuckers wäre trotzdem auf große Widerstände gestoßen, wenn nicht die Kontinentalsperre Napoleons den Rohrzucker aus dem europäischen Handel ausgeschlossen hätte. Nach Aufhebung der Sperre war der Rübenzucker durch Achards unermüdliche Pioniertätigkeit wettbewerbsfähig geworden. Ein verzweifelter Versuch der Kolonialzuckerfabrikanten, Achard mit 200 000 Talern die Rechte an seiner Erfindung abzukaufen, scheiterte an dem Idealismus des Entdeckers. Ein großer Teil der Menschheit ließ sich von der Güte der neuen Zuckerart überzeugen und ging zum Rübenzucker über. Das bedeutendste Werk Achards ist „Die europäische Zuckerfabrikation aus Runkelrüben in Verbindung mit der Bereitung des Branntweins." Es wurde der Vorläufer einer unübersehbaren wissenschaftlich-praktischen Literatur über die Zuckerrübe und die Zuckerherstellung.

JOHN ADAMS 19. X. 1735 — 4. VII. 1826

Als im Jahre 1796 George Washington seine Abschiedsbotschaft mit den „uneigennützigen Warnungen eines scheidenden Freundes" erließ und in das Privatleben zurücktrat, stand die junge amerikanische Staatenunion vor der schweren Frage des Nachfolgers für den großen Freiheitshelden. In dem erbitterten Wahlkampf siegte John Adams als Führer der englandfreundlichen „Federalisten" (Demokraten) über die republikanische Partei, die eine Unterstützung des revolutionären Frankreichs in seinem Krieg gegen London auf ihre Fahnen geschrieben hatte. So übernahm er als außenpolitisches Erbe den Konflikt mit Paris, der auch für die USA die Gefahr des Krieges in sich trug. Adams machte sich frei von allen parteipolitischen Bindungen und verhandelte mit Frankreich. Seine kluge Diplomatie veranlaßte den inzwischen zur Regierung gekommenen Napoleon zum Einlenken und rettete den Frieden. — Der 2. Präsident der USA war ein Bauernsohn aus Massachusetts, temperamentvoll, eigensinnig und von starkem Unabhängigkeitsgefühl erfüllt. Die Erhebung gegen England sah ihn während der ganzen schweren Jahre als Vorkämpfer in den ersten Reihen. Er hat wesentlich an der Unabhängigkeitserklärung vom 4. Juli 1776 mitgearbeitet. In Holland, Frankreich und England wirkte er als Gesandter für die Sache seines Vaterlandes. Ein Jahr vor seinem Tode erlebte Adams in stolzer Freude den Tag, an dem sein Sohn John Quincy als sechster Präsident der Vereinigten Staaten in das Weiße Haus zu Washington einzog. John Quincy Adams wurde einer der Vorkämpfer für die Sklavenbefreiung in den Südstaaten Amerikas.

11. VII. 1767 — 23. II. 1848 **JOHN QUINCY ADAMS**

Drei große Gestalten stehen an der Schwelle der Tür, durch die Nordamerika als Großmacht in die Weltpolitik eintrat: George Washington, der Führer zur Einheit und Unabhängigkeit, James Monroe, der Verkünder der nach ihm benannten grundsätzlichen Erklärung, und J. Q. Adams, dessen persönlichstes Werk die Monroe-Doktrin ist. Adams war Staatssekretär des Auswärtigen unter dem Präsidenten Monroe. Er entstammt einer der berühmtesten Familien der Vereinigten Staaten. Sein Vater John Adams war der Nachfolger Washingtons. Quincy war von seinem Vater bereits als Knabe und Jüngling auf allen diplomatischen Reisen mitgenommen worden, studierte später die politischen Verhältnisse an den Höfen von London, Den Haag, Paris und Petersburg, vertrat verschiedentlich als Gesandter die Interessen seines Landes, wurde Senator und im Jahre 1817 Staatssekretär. Er sah als erster Politiker der Neuen Welt die kontinentale Einheit ganz Amerikas und stellte die Unantastbarkeit des großamerikanischen Raumes fest. Allen europäischen Mächten wurde das Recht bestritten, auf dem amerikanischen Kontinent weitere Kolonien zu erwerben oder in die inneren Verhältnisse und Streitigkeiten amerikanischer Staaten einzugreifen. Die Neue Welt wurde damit Herrin ihres eigenen Schicksals. Die Zeit der kolonialen Ausbeutung durch die europäischen Mächte war vorbei, und die Unabhängigkeit des amerikanischen Staatensystems für alle Zukunft ausgesprochen. Adams gilt als einer der besten Außenminister Nordamerikas. Auf dem Präsidentenstuhl, den er seit 1825 innehatte, war er weniger glücklich. Er verstand es nicht, die komplizierte und empfindliche Maschine der Innenpolitik zu bedienen. 1829 mußte er nach jahrelangem, erbittertem Kampf seinem volkstümlicheren Gegner Jackson weichen.

5. I. 1876—19. IV. 1967 **KONRAD ADENAUER**

Adenauer, der erste Kanzler der Bundesrepublik Deutschland, begann seine politische Karriere als Oberbürgermeister von Köln (1917—33); in diesem Amte gründete er u. a. die Kölner Universität und die Messen. 1917—18 war er Mitglied des preußischen Herrenhauses. Nach dem 1. Weltkrieg trat er für ein autonomes Rheinland innerhalb des Deutschen Reiches ein. In der Weimarer Republik war er Präsident des Preußischen Staatsrates (1920—33). Als führendes Mitglied der Zentrumspartei hatte er großen politischen Einfluß, obwohl er dem Reichstag nicht angehörte. 1933 wurde er als OB abgesetzt und 1934 und 1944 verhaftet. Zeitweilig befand er sich im KZ. 1945 begründete er die CDU im Rheinland mit und war seit 1949 Vorsitzender der Gesamtpartei. Als Präsident des Parlamentarischen Rates (1948—49) wirkte er an der Ausarbeitung des Grundgesetzes und der Entwicklung der BRD mit. 1949 wurde er zum Bundeskanzler gewählt und behielt dieses Amt bis 1963. In den Jahren 1951—55 war er gleichzeitig Außenminister. Seine politischen Ziele waren die Verbesserung der deutschen Position auf dem Wege über die europäische Integration sowie die militärische Stärkung des Westens, die enge Zusammenarbeit mit den USA bei gleichzeitiger Zurückhaltung gegenüber den Vorschlägen des Ostblocks. Er erreichte 1954 die Anerkennung der deutschen Souveränität durch die Westmächte, die Aufnahme der BRD in WEU und NATO, die Rückgliederung des Saargebiets, die Aufnahme diplomatischer Beziehungen zur Sowjetunion (1955) und die Auslieferung der deutschen Kriegsgefangenen. 1963 kam auf seine Initiative der deutschfranzösische Freundschaftsvertrag zustande. 1963 erklärte er seinen Rücktritt als Bundeskanzler, blieb jedoch bis 1966 Parteivorsitzender. Er verfaßte vier Bände „Erinnerungen".

ALARICH I.   Um 370 — um 410

Nur wenige und spärlich fließende Quellen stehen uns für das erste geschichtliche Auftreten der Westgoten unter ihrem König Alarich I. zur Verfügung. Um 375 brachen die Hunnen aus den weiten, asiatischen Steppen in Europa ein und brachten ungeheure Völkermassen in Bewegung. Die Ostgoten unterwarfen sich, während die Westgoten über die Donau auswichen und damit in das Einflußgebiet des römischen Reiches gerieten. Etwa zwei Jahrzehnte nach diesen Ereignissen erhoben die Westgoten Alarich aus dem Geschlecht der Balten als König auf den Schild. Er war im christlichen Glauben erzogen worden und galt als der Tüchtigste aus der jungen Adelsmannschaft. Die Siedlungsgebiete des Stammes waren für die wachsende Bevölkerung unzureichend, so daß der König durch Verhandlungen mit der römischen Regierung Raumerweiterung zu erhalten suchte. Als keine durchgreifenden Zugeständnisse von Rom gemacht wurden, brach das ganze Volk auf, um mit Waffengewalt neues Land zu erobern. In unaufhaltsamem, verheerendem Zuge stießen die Goten durch Thessalien, die Thermopylen und ganz Hellas bis tief in den Peloponnes vor. Die alten Kulturstätten von Korinth, Argos und Sparta sanken dabei in Trümmer. Im Jahre 410 wurde Rom von den Scharen Alarichs eingenommen und drei Tage lang barbarisch geplündert. Unermeßliche Kulturschätze gingen dabei verloren. Die beutebeladenen Goten schlugen sich bis zur Südspitze Italiens durch, anscheinend mit der Absicht, in die reichen Kornkammern Siziliens und Afrikas einzubrechen. Da starb plötzlich König Alarich. Von wenigen Getreuen soll er im Bett des Busento, das man zu diesem Zweck auf eine weite Strecke hin trocken gelegt hatte, begraben worden sein.

HERZOG VON ALBA   29. X. 1507 — 11. XII. 1582

Ein großer, hagerer Mann, mit kleinem Kopf, strengen, finsteren Zügen und brauner Gesichtsfarbe ...", so beschreiben ihn die Zeitgenossen. Den Niederländern des 16. Jahrhunderts erschien er als eine Personifizierung des Schreckens, als ein wahrer Fürst der Hölle. Auch heute noch umwittert ihn das Grauen von Blut und Tod vieler unschuldiger Menschen. Die Geschichte aber hat ihm vieles verziehen und sein Bild heller und gerechter gemalt, als es Goethe im „Egmont" und Schiller in dem „Abfall der Niederlande" taten. Alba hat in unwandelbarer Treue seinen beiden Herren, Kaiser Karl V. und dessen Sohn König Philipp II., gedient. Er befehligte das kaiserliche Heer im Schmalkaldischen Krieg, kämpfte gegen die Franzosen, zwang Papst Paul IV. zum Nachgeben und fesselte mit rücksichtsloser Härte die Niederlande an Spanien, allerdings ohne bleibenden Erfolg. Der Sieg der niederländischen Freiheitspartei unter Wilhelm von Oranien zog ihm die königliche Ungnade zu. Er mußte in die Verbannung gehen. Im Jahre 1580 übernahm Alba trotz des ihm zugefügten Unrechts wieder den Oberbefehl über das Heer und eroberte in einem kurzen, strategisch meisterhaft geführten Feldzug ganz Portugal. Zwei Jahre später starb er. Es wird erzählt, daß er noch kurz vor seinem Tode „rüstig wie ein junger Mann" gewesen sei. Spanien verehrt in ihm den bedeutendsten und erfolgreichsten Feldherrn seiner Geschichte, der den traurigen Nachruhm des „Henkers der Niederlande" auf sich nahm, um seinem Vaterland zu dienen, die Aufspaltung der Großmacht Spanien zu verhindern und ihren Niedergang aufzuhalten.

26. VIII. 1819 — 14. XII. 1861 **ALBERT ZU SACHSEN-COBURG**

Er war der Prinzgemahl der Königin Viktoria von England (1819–1901). Sein Name ist für die Briten verbunden mit der Erinnerung an das „Augusteische Zeitalter Großbritanniens", an Jahrzehnte des Friedens und der ruhigen, segensreichen Entwicklung von Politik, Wirtschaft, Kunst und Wissenschaften. Die Ehe der beiden füreinander geschaffenen und sich gegenseitig ergänzenden jungen Menschen war eine der ganz seltenen dynastischen Liebesheiraten. Das Beispiel des glücklichen, in innigster Familiengemeinschaft lebenden Paares strahlte als Vorbild auf das ganze Land aus. Der Coburger Prinz hat seinen schwierigen Platz als Gemahl der Königin mit Würde, Takt und tiefem Verständnis für die Probleme der Zeit ausgefüllt. Er war seiner Frau ein kluger, kenntnisreicher Berater in allen Regierungsfragen. Die Gründungen von Armenschulen, Besserungsanstalten für verwahrloste Jugendliche und die Schaffung von gesunden Wohnungen in den Arbeitervierteln der Großstädte sind mit seinem Namen verbunden. Prinz Albert fiel einer Typhus-Epidemie zum Opfer, tief betrauert von seiner Witwe und dem ganzen englischen Volk. — Erst nach dem Tode des „Consort of her Majesty" erkannte man in ganzem Ausmaß seine Verdienste um das Wohlergehen der britischen Völkerfamilie. Er hat niemals — wie ihm seine Gegner aus den Kreisen des englischen Hochadels vorgeworfen haben — seinen Einfluß dazu benutzt, eine britenfeindliche, prodeutsche Politik zu betreiben. Aus seiner Ehe mit der Königin Viktoria sind 4 Söhne und 5 Töchter hervorgegangen — unter ihnen der spätere König Eduard VII. von England und die deutsche Kaiserin Viktoria, die Gemahlin Kaiser Friedrichs III.

Um 1193 — 15. XI. 1280 **ALBERTUS MAGNUS**

Nach dem Untergang des Römerreiches versiegten auch die reichen Quellen der antiken Gelehrsamkeit. Das Christentum des Mittelalters mit seiner Ausrichtung auf Seele und Glauben und der Abwendung von den irdischen Dingen ließ Wissen und Kenntnis der Welt und ihrer Erscheinungsformen als nebensächlich und unwichtig erscheinen. Erst mit dem Anfang des 13. Jahrhunderts beginnt eine neue Periode des Strebens nach Universalität des Geistes. An ihrer Schwelle steht Albertus Magnus als eine der mächtigsten Gestalten der abendländischen Menschheit. Wie ein Verdurstender nimmt er das ganze Wissen seiner Zeit und die ihm zugängliche Erfahrung der vergangenen Jahrhunderte in sich auf und verarbeitet sie zu einer umfassenden Überschau. — Durch ihn wird zum ersten Mal die Naturwissenschaft in den Blickpunkt der Zeitgenossen gerückt. Seine Versuche und Beobachtungen sind von einer verblüffenden Großartigkeit. Als der deutsche König den Theologen und Gelehrten in Köln besucht, führt ihn Albertus Magnus mitten im Winter durch eine grünende, blühende Sommerlandschaft. Da niemand außer ihm etwas von den Wirkungen eines geheizten Gewächshauses weiß, steht die Mitwelt fassungslos vor solch dämonischer Zauberei. Die Sage bemächtigte sich der Gestalt des weisen Magiers und vergrößerte sie in die Überdimension einer Gottnahbarkeit. — Albertus Magnus, aus dem schwäbischen Geschlecht der Grafen von Bollstädt, trat im 30. Lebensjahr in den Dominikanerorden ein, war als Magister tätig und wurde 1254 zum Provinzial der deutschen Ordensprovinz ernannt. Seine letzten Lebensjahre verbrachte er in Köln.

ALBRECHT VON PREUSSEN   1490 — 1568

Mit Albrecht von Preußen klingt die große Geschichte des Deutschen Ritterordens aus. Er war der letzte Hochmeister der Brüder vom Deutschen Hause, die drei Jahrhunderte hindurch unter dem weißen Mantel mit dem schwarzen Kreuz für die Ideale des Christentums im Osten, Süden und Norden des Abendlandes geritten waren, um schließlich an der Übersteigerung der eigenen Macht, der Verweltlichung ihrer Ideen und dem Vergessen der alten Tugenden zu zerbrechen. — Im Frieden von Thorn, am 19. Oktober 1466, war der größte Teil des alten Stammlandes im Osten an Polen gefallen, der Rest, mit Königsberg als Hauptstadt, war vom polnischen König zu Lehen genommen worden. Fünfundvierzig Jahre später wählte der Orden Albrecht, den 21 Jahre alten Sohn des Markgrafen Friedrich von Ansbach, zum Hochmeister. Die verwandtschaftlichen Beziehungen des Ansbachers zum polnischen Hof schienen günstige Vorbedingungen für einen Ausgleich mit Polen zu schaffen. Aber alle Verhandlungen mit Warschau scheiterten. 1519 brach der „Reiterkrieg" zwischen dem Ordensland und dem östlichen Lehnsherrn aus, der in einem Jahr fast ganz Preußen zur Wüste machte. Das deutsche Reich schickte trotz aller verzweifelten Bitten keine Hilfe, die Kassen des Hochmeisters waren leer, die Söldnerhaufen murrten und verliefen sich. Albrecht mußte schließlich einen vierjährigen Waffenstillstand abschließen. Als nach dem Ablauf dieser Frist der Orden keine Rettungsmöglichkeit mehr sah, machte Albrecht auf Luthers Rat Preußen zu einem weltlichen Herzogtum und nahm das Land von den Polen zu Lehen. — Die Verweltlichung Preußens durch Albrecht aus dem Haus Hohenzollern war die Geburtsstunde des brandenburgisch-preußischen Großstaates.

AFFONSO D'ALBUQUERQUE   1453 — 16. XII. 1515

In der Festung Ormuz an der Malabarstraße liegt Affonso d'Albuquerque, der Statthalter und Oberbefehlshaber des portugiesischen Königs Manuel, im Sterben. Mit fiebernder Hand schreibt der Eroberer seinem König: „Dies ist der letzte Brief, Senor, den ich an Eure Hoheit in tödlichen Zuckungen schreibe, nachdem ich so viele mit froherem Herzen an Sie geschrieben habe, so oft es mir gelungen war, Ihnen Dienste zu leisten. Ich habe einen Sohn namens Blas d'Albuquerque. Ich flehe Eure Hoheit an, ihn den Lohn für die Dienste seines Vaters ernten zu lassen. Was Indien anbelangt, so spricht es für sich selbst und für mich..." — D'Albuquerques große Zeit begann in den Tagen nach Vasco da Gamas Entdeckung des Seewegs nach Indien, als Portugal entschlossen war, mit der Übergewalt seiner Kanonen den arabisch-ägyptischen Handel in Indien auszuschalten. Er stürzte sich mit seinen Söldnertruppen auf die reichen Umschlagplätze, nahm Goa in blutigen Kämpfen, griff den König von Kalikut an und setzte sich im Gewürzland selber fest. Die Kanonen Albuquerques zermalmten Malakka, es wurde portugiesische Festung. Dann schwor der Unerschütterliche, daß er sich den Bart nicht wolle scheren lassen, ehe nicht die letzte mohammedanische Festung Ormuz, ehe nicht die reiche Insel Ceylon, unter dem Kreuzbanner stehe. Am 25. März 1515 stiegen die Portugiesen über die Mauern von Ormuz. Ein Strom von Gewürznelken, Ingwer, Zimt, Zucker, Muskat und Pfeffer ergoß sich nach Lissabon, das zum größten Markt seiner Zeit wurde. — D'Albuquerque war einer der fruchtbaren Pflüger der Weltgeschichte, in dessen blutige Furchen erst kommende Geschlechter die Saat kultureller Bedeutung werfen konnten.

451 — 404 v. Chr. ## ALCIBIADES

"Ich muß eingestehen, daß mir noch vieles fehlt und daß ich mich selbst vernachlässige ..."
(Alcibiades in „Platons Gastmahl").

Der griechische Dichterphilosoph Platon schildert in seinem „Gastmahl" eine Tafelrunde bei Agathon, dem Verfasser vieler attischer Tragödien. Da erscheint zu später Stunde Alcibiades, lärmend und berauscht. Und in all seiner Trunkenheit hält er eine Lobrede auf den anwesenden Sokrates, die zu den schönsten Zeugnissen menschlicher Freundschaft zählt. Das war das Wesen dieses Athener Patriziersohnes: Gut und Böse, kühler Verstand und leidenschaftliche Maßlosigkeit, glänzende Begabung und Hingabe an jede Laune des Augenblicks rissen ihn von einem Gegensatz zum anderen. Als Führer der radikalen Demokraten trieb er seine Vaterstadt zum Kriege, um sich auf dem Schlachtfeld Soldatenruhm zu erwerben. Kurz nach dem Auslaufen der Athener Flotte gegen Sizilien (415 v. Chr.) erreichten seine zahlreichen Feinde die Anklage gegen ihn wegen Verächtlichmachung religiöser Feiern und seine Verurteilung zum Tode. Alcibiades entfloh nach Sparta und ging von dort an den Hof des persischen Satrapen Tissaphernes. Später söhnte er sich mit den Athenern aus, wurde zum Strategen des Heeres ernannt, errang triumphale Erfolge und hatte fast unbeschränkte Befehlsgewalt. Mißerfolge entzogen ihm wieder die Gunst der Masse. Er wurde abgesetzt und im Jahre 404 von den Persern auf Anstiften Spartas, das die gefährlichen Ränke und Intrigen des Atheners fürchtete, in der phrygischen Stadt Melissa ermordet. Das Andenken an diesen genial begabten, aber von Selbstsucht und Machtwahn besessenen Mann wurde in der antiken Welt durch die Lebensbeschreibungen von Cornelius Nepos und Plutarch lebendig erhalten.

16. XI. 1717 — 29. X. 1783 ## D'ALEMBERT

Vier Jahrzehnte, bevor die „Große Französische Revolution" von 1789 sich anschickte, die Göttin der Vernunft auf den Thron zu erheben und Freiheit, Gleichheit und Brüderlichkeit als Ideale auszurufen begann, waren diese Ideen bereits in den Salons der Philosophen und in ihren Werken vorgedacht worden. Der „Discours préliminaire", den der durch wesentliche Beiträge zur Zahlentheorie, Infinitesimalrechnung und theoretischen Physik bedeutende Mathematiker Jean le Rond d'Alembert im Jahre 1751 dem Riesenwerk der „Encyclopédie Française" einleitend vorausschickte, atmete bereits jenen Geist des philosophisch-wissenschaftlichen Aufbruchs in eine neue Zeit, der nur gelten lassen wollte, was der Verstand zu ordnen und zu deuten vermochte. Philosophie war nicht mehr grübelnde Deutung göttlichen Willens, sondern geordnete Zusammenfassung aller „vernünftigen" Wissenschaften, und so bildeten die 33 Folianten der Encyclopédie, die d'Alembert von 1751 bis 1780 gemeinsam mit Diderot und unter Mitarbeit aller führenden Geister des damaligen Frankreichs — darunter Voltaire und Rousseau — herausgab, eine großartige Synthese des gesamten Wissens der Zeit. Zu unabsehbarer Bedeutung aber kamen die Gedanken zur Staatslehre und zur Ethik, die in der Encyclopédie zum ersten Mal zum Ausdruck gebracht wurden. Hier war geistig vorbereitet, was wenig später die Welt bewegen sollte: Die Vorstellung von der Demokratie als der vom Volk ausgehenden, für das Volk wirkenden, auf den Rechtsgrundsätzen einer Verfassung ruhenden Regierung, der Glaube an eine fortschreitende Verbesserung dieser Welt und — wertvollstes Erbe, das die Nachwelt den Enzyklopedisten um d'Alembert verdankt — die Formulierung der Menschenrechte und mit ihnen die Proklamierung der Freiheit der Persönlichkeit.

13

ALEXANDER DER GROSSE 356 — 13. VI. 323 v. Chr.

„Alexander ließ sich nicht leicht von einem einmal gefaßten Vorsatz abbringen. Das Glück, welches seine Unternehmungen immer begünstigte, gab allen seinen Beschlüssen eine besondere Festigkeit..."
(Plutarch „Alexandros")

Kaum einer der großen Eroberer der Welt hat einen derartig tiefen und nachhaltigen Eindruck hinterlassen wie Alexander der Große von Macedonien. Noch viele Jahrhunderte nach seinem Tode ist das mit mystischem Schimmer umgebene Bild des Herrschers in den Völkern des Morgen- und Abendlandes lebendig, und die Mär seiner Heerzüge zerfließt in der bunten, phantastischen Welt des überirdischen Wunders. — Aristoteles vermittelt dem jungen, begabten Thronfolger die bildenden Elemente griechischer Hochkultur. Mit 20 Jahren wird Alexander König, erfüllt von den romantischen Ideen hellenischer Heldengesänge. Nachdem er Griechenland unter seiner Oberhoheit geeint, marschiert er der Sonne entgegen in das farbige, zauberhafte Land des Ostens, unbekümmert um Glück oder Leid der Völker. Persien neigt sich vor ihm, ganz Kleinasien zwingt er in den Bann seiner Macht, die heiligen Ströme Indiens raunen ihm die Weisheiten der Jahrtausende zu, und der Ozean öffnet seine unendliche Fläche dem staunenden Auge des Eroberers. Da fordern seine Soldaten, erdrückt von der Verlassenheit der Ferne, die Umkehr. Heimgekehrt, ruht sein Geist nicht. Seine Gedanken wenden sich dem Westraum der damals bekannten Mittelmeerwelt zu. Aber mitten in weitgespannten Plänen zu neuen, kühneren Abenteuerfahrten rafft ihn ein Fieber in wenigen Tagen dahin. Mit ihm zerfällt auch das ungeheure Reich, das allein sein Name zusammengehalten hat.

DIEGO DE ALMAGRO 1475 — 8. VII. 1538

Die Entdeckungsgeschichte Südamerikas ist mit Blut geschrieben worden. Der Charakter der Männer, die auf abenteuerlichen Märschen ins Ungewisse zogen und ihr Schicksal auf der Spitze des Schwertes trugen, kannte keine Hemmungen durch Moral und bürgerliches Gesetz. Sie standen mit wenig mehr als hundert Soldaten einem Millionenvolk gegenüber, und nur ihre harte Entschlossenheit, unerschütterlicher Mut und der Leichtsinn des Abenteuers verhalfen ihnen zum Sieg. Ungebändigte Leidenschaft und bedenkenlose Roheit waren Grundzüge ihres Wesens. — Almagro wuchs als Findelkind in Spanien auf, diente im Heer und zog dann mit Pizarro aus, das sagenhafte Goldland irgendwo in dem unbekannten Westkontinent zu suchen. Eine erste Expedition scheiterte, auf der zweiten drangen die Eroberer weit in Peru vor, und um 1531 unterwarfen sie das Kulturland der Inka. Almagro wurde zum Marschall ernannt und erhielt von Kaiser Karl V. den Süden des neuentdeckten Gebietes zur Verwaltung zugewiesen. Von hier aus drang er durch Urwald und unwegsames Gebirge bis nach Chile vor, eine fast unvorstellbare Leistung, wenn man die mangelhaften Hilfsmittel und die Zeitumstände berücksichtigt. Mit Pizarro geriet er in Streitigkeiten wegen der Grenzen seines Verwaltungsgebietes, wurde besiegt und im Gefängnis erdrosselt. Sein Sohn erstürmte drei Jahre später den Palast Pizarros und tötete den Mörder seines Vaters. Die unterdrückten und versklavten Eingeborenen erblickten in dem Bruderkampf der Weißen die Strafe der Götter für die Untaten an dem Volk der Inka und seiner uralten Kultur.

14

Um 1480 — 12. II. 1538   **ALBRECHT ALTDORFER**

Altdorfer war ein Zeitgenosse von Lucas Cranach und Albrecht Dürer. Seine Bilder sind der Ausdruck einer Zeit des seelischen Umbruches. Die Gotik mit ihrer Hingabe an das Jenseits und der Verneinung alles Irdischen neigt sich dem Untergang zu, und eine neue Welt steigt mit der Renaissance aus den Ruinen der griechisch-römischen Antike. — Vor Altdorfer gab es im christlichen Abendland kein Gemälde, das nicht den Menschen in seiner Beziehung zu Gott und zur Religion oder die Symbole des Glaubens darstellte. Er wagte den ungeheuren Schritt zur Wiedergabe der reinen Natur, der Landschaft in ihrer vorher nie bewußt empfundenen Schönheit. Wo er biblische Szenen oder figürliche Gruppen zeichnet, sind sie nur noch Staffage und verlieren sich immer mehr in der Weite von Himmel und Erde. Die Wälder Altdorfers sind von mystischem Halbdunkel erfüllt, die Stimmungen der Wolkenbilder von kosmischer Wucht und Eindringlichkeit. In seinem berühmtesten Werk, der Alexanderschlacht bei Issus, steigert er in meisterhafter Vollendung die Szenerie der Natur zu einer grandiosen Wiederholung des kriegerischen Geschehens, zu einem Riesenkampf der Elemente. — Altdorfer lebte in Regensburg als Maler, Baumeister und Ratsherr. Seine Hauptwerke sind außer der Alexanderschlacht die „Geburt Mariä", „Geburt Christi", „Waldlandschaft", „Ruhe auf der Flucht" und „Landschaft mit Satyrfamilie". — Altdorfer hat als Stadtbaumeister von Regensburg im Jahre 1527 das städtische Schlachthaus erbaut. Außer den Gemälden hat er eine Reihe von Kupferstichen und Holzschnitten hinterlassen, die sich durch geheimnisvolle Romantik und ineinander fließenden Formenreichtum auszeichnen.

22. I. 1775 — 10. VI. 1836   **ANDRÉ MARIE AMPÈRE**

Eine Sicherung von 6 Ampere — wer denkt heute noch daran, daß diese Maßbezeichnung für die Stromstärke zu Ehren eines Forschers benannt ist, der außerordentliche Verdienste um die Entwicklung der Elektrizitätslehre hat? Ampère erfuhr im Jahre 1820 von den Arbeiten des dänischen Physikers Oerstedt, der eigenartige Zusammenhänge zwischen Elektrizität und Magnetismus, zwei bisher völlig getrennten Naturerscheinungen, festgestellt hatte. In langwierigen, systematisch durchgeführten Untersuchungen entdeckte Ampère, daß elektrische Ströme anziehende und abstoßende Kräfte aufeinander ausüben, bestimmte die Richtung des Magnetfeldes eines Stromes und schuf den ersten Strommesser, den er Galvanometer nannte. Immer aber blieb das letzte Ziel des Professors für Mathematik an der Polytechnischen Schule zu Paris das theoretische Ordnen und Verstehen des Beobachteten. Schon 1820 führte Ampère den Magnetismus auf die Elektrizität zurück, indem er annahm, daß die magnetischen Erscheinungen auf winzigen Molekular-Kreisströmen in den magnetisierten Stoffen beruhten. Sein Hauptwerk „Theorie der elektro-dynamischen Erscheinungen" (1826) faßte alle diese Erkenntnisse zusammen. Mit ihm wurde er der Begründer der Elektrodynamik, die bis zum Ende des Jahrhunderts, an dessen Anfang Ampères Untersuchungen und Überlegungen standen, zu einer Weltmacht werden sollte. — André Marie Ampère wurde in Lyon geboren. Als Jüngling erlebte er die Schrecken der Französischen Revolution, die ihm den Vater raubte. Er studierte Naturwissenschaften, wurde Lehrer und Professor der Physik in Bourg, seit 1805 Dozent für Mathematik an dem berühmten Polytechnikum in Paris.

ROALD AMUNDSEN 16. VII. 1872 — VI. 1928

Der Wind jagt über die Schlittenspuren, die die Hunde und Männer über die endlose, weiße Fläche mitten ins Herz des Unbekannten gezogen haben — bald werden sie ausgelöscht sein. Aber der Schienenstrang der Wissenschaft ist gelegt, unser Wissen ist bereichert worden. Und die Tat leuchtet hell über alle Zeiten: Frithjof Nansen schrieb diese Worte, als Amundsen im Jahre 1912 von einer Expedition, die ihn als ersten Menschen bis an den Südpol geführt hatte, in seine norwegische Heimat zurückkehrte. — Amundsen war Seemann und nahm als Steuermann an einer belgischen Südpolarexpedition teil. Von da an widmete er sein Leben der Polarforschung. Sein Ziel war die Erreichung und Erforschung des magnetischen Nordpols. 1903—1906 durchfuhr er als zweiter die Nordwestpassage, die vom Großen Ozean durch die Bering-Straße, das Nördliche Eismeer zu den Inseln des arktischen Nordamerikas und zum Atlantischen Ozean führt. Fünf Jahre später erreichte er den Südpol, vier Wochen vor dem Engländer Scott. Nach dem Weltkrieg unternahm Amundsen Vorstöße gegen den Nordpol, die aber alle erfolglos blieben. Auch ein Versuch mit dem Flugzeug mißlang. Der 11. Mai 1926 brachte ihm den langersehnten Erfolg. Mit einem Luftschiff unter Führung des Italieners Nobile überflog er den Pol. Aber er kam zwei Tage zu spät, um den Ruhm des Erstentdeckers in Anspruch zu nehmen. 48 Stunden vorher hatte Commander Byrd die nordamerikanische Flagge über dem Nordpol abgeworfen. Als Nobile 1928 auf einer Expedition in der Nähe von Spitzbergen verunglückte, stieg der Norweger in selbstverständlicher Kameradschaft mit dem Flugzeug auf, um ihm Hilfe zu bringen. Seit diesem Tag ist er verschollen, niemals wurde eine Spur von ihm gefunden.

ANAKREON Um 550 — 465 v. Chr.

„Trink ich ihn, den Saft der Reben,
gleich erwarmet meine Seele
und beginnt in hellen Tönen
einen Preisgesang der Musen.
Trink ich ihn, den Saft der Reben,
alsbald streu ich meinen Kummer,
all mein Zweifeln, all mein Sorgen
in den Braus der Meereswinde."
(Anakreon)

Die leuchtenden Farben der griechischen Landschaft und die trunkene Freude am bunten Leben klingen in den Versen des großen Lyrikers der alten Welt. Der Wein und die Liebe begeisterten ihn zu Versen, die zu dem Schönsten gehören, was man in der leichten Muse der fröhlichen Dichtkunst finden kann. Sie sind anmutig und heiter, ein Ausdruck der Menschen seiner Zeit, deren Götter mit heißem Herzen und irdischer Lust der Schönheit und dem Sinnengenuß huldigten. Bis in sein hohes Alter war er dem vergnügten Dionysos ergeben, ein Liebling des Volkes, immer lachend und fröhlich, selbst ein Gott, ein Silen, ein Sohn seiner zauberhaften Heimat. Eine Bildsäule auf der Burg in Athen zeigte ihn als ersten, von den Geistern des Weines beseligten Sänger. — Anakreon stammte aus Theos im schönen Ionien. Als die Perser seine Vaterstadt eroberten, verließ er die Heimat und lebte — Freund und Begleiter von Königen — in Athen und Samos, als Wandersänger, als einer der nie aussterbenden Troubadoure des Lebens. Not und Beschwernisse des Daseins sind an diesen Liebling der Unsterblichen nie herangetreten. — Alle Zeiten, die seine Lyrik kannten, haben sich an ihr erfreut und versucht, sie nachzuahmen. In Deutschland benennt man sogar eine ganze Dichterschule des 18. Jahrhunderts, von Gleim geführt, nach dem Alten aus Theos.

2. IV. 1805 — 4. VIII. 1875   **HANS CHRISTIAN ANDERSEN**

„Ich habe jetzt einige Märchen für Kinder erzählt, und ich glaube, es gelingt mir. Ich habe ein paar von den Märchen wiedergegeben, die mich selber als Kind so beglückten. Ich habe sie ganz so niedergeschrieben, wie ich sie einem Kinde erzählen würde..."

(H. Chr. Andersen)

Fröhlich und ernst, traurig und übermütig, erfüllt von geheimem Leben, gaukelten die Gestalten der Märchen von Andersen durch die Träume unserer Kindheit. Da marschierte der standhafte Zinnsoldat, das häßliche, junge Entlein verwandelte sich in einen stolzen Schwan, mit dem fliegenden Koffer reisten wir über Land und Meer und waren betrübt, daß wir nicht so zart und empfindsam waren wie die Prinzessin auf der Erbse. Es muß etwas besonderes um einen Menschen sein, der so viel Kinderherzen glücklich gemacht hat. In Andersens Kindererzählungen liegt mehr als blühende Phantasie und Spiel mit dem Unwirklichen. Das Leben und die Dinge des Alltags ziehen in wunderlicher Verkleidung vorbei, aber sie behalten das ihnen eigentümliche Wesen. Mit feinster Satire und gütigem Spott werden die Menschen und ihre Eigenschaften auf die Märchenbühne gestellt. – Andersen war der Sohn eines armen Schuhmachers in Odense (Dänemark). Mit 14 Jahren wanderte er nach Kopenhagen. In der großen Stadt fand er sich nicht zurecht und geriet in Not und Elend. Die Vermittlung von Freunden und Gönnern ermöglichte es ihm schließlich, sich ganz seiner schriftstellerischen Arbeit zu widmen. Sein erster Roman „Fußreise vom Holmenskanal zur Ostspitze von Amager" fand viele Leser. Es folgten zahlreiche, heute längst vergessene Schauspiele und Erzählungen. Seinen Weltruf begründete Andersen durch die 1835 erschienenen „Märchen und Geschichten".

3. III. 1823 — 18. II. 1890   **GRAF JULIUS ANDRASSY**

Am 22. September 1850 wurde auf der Richtstätte in Budapest ein roh gemaltes Bild des Grafen Julius Andrassy vom Henker am Galgen hochgezogen. Der Sprecher des kaiserlich-österreichischen Kriegsgerichts verlas dazu das Urteil, das den Angeklagten wegen Aufruhrs und Landesverrats „in effigie" dem Tod durch Erhängen überantwortete. 21 Jahre später war derselbe Andrassy Außenminister der Habsburgischen Monarchie, Inhaber des höchsten Ordens Österreichs und Günstling des Kaisers Franz Joseph. Der Wandel seines persönlichen Schicksals entsprach der Entwicklung der politischen Geschichte Ungarns. 1848 erhob er sich unter dem Freiheitskämpfer Kossuth gegen die Wiener Vormundschaft. Nach anfänglichen Erfolgen und der Einsetzung Kossuths als Reichsverweser wurde das Land durch österreichische Truppen zurückerobert und die Unabhängigkeitsbewegung blutig unterdrückt. Andrassy hatte in führender Stellung an der Revolte teilgenommen und floh ins Ausland. Nach 8 Jahren wurde er amnestiert und kehrte in sein Vaterland zurück. Nun begann sein eigentliches politisches Wirken im großen Rahmen. Er trat für einen friedlichen Ausgleich zwischen Österreich und Ungarn ein. An der Spitze des ungarischen Ministeriums wirkte er für die Entwicklung der inneren Verhältnisse im freiheitlichen Sinn. 1871 übernahm Andrassy das Ministerium des Äußeren der Doppelmonarchie. Auch hier blieb er seiner Friedenspolitik treu und führte eine Versöhnung und ein vertrauensvolles Verhältnis mit Deutschland, Rußland und Italien herbei. 1879 nahm er seine Entlassung, da er glaubte, nicht mehr das Vertrauen der Mehrheit des Volkes zu besitzen.

SALOMON ANDRÉE 8. X. 1854 — 1897

Der Wettlauf um die Erreichung des Nordpols, der um die Mitte des vorigen Jahrhunderts begann, hat viele Opfer gefordert. Einer der tragischen Märtyrer der uralten Sehnsucht nach Erforschung des Erdraumes ist der schwedische Ingenieur Andrée. — In einem besonders konstruierten Luftballon stieg er zusammen mit zwei Begleitern am 11. Juli 1897 von Spitzbergen aus zu seiner großen Fahrt auf. Zwei Tage später kam mit einer Brieftaube die letzte Nachricht. Dann breitete die dunkle, schweigende Polarnacht ihr Geheimnis um die drei Männer. Alles Suchen war ergebnislos, sie blieben verschollen. Erst 33 Jahre später, am 6. August 1930, fanden zwei Jagdboote einer norwegischen Forschungsgruppe zufällig die Überreste der Andrée-Expedition, 400 Kilometer von dem Strandungsort des Ballons entfernt, mit Eis und Schnee bedeckt. Unter ehrfurchtsvoller Anteilnahme der ganzen Welt holte Schweden die Opfer der Wissenschaft und des Fortschritts in die Heimat. Schweigend und mit entblößtem Haupt grüßten viele Tausende im Stockholmer Hafen das Schiff mit der Flagge auf Halbmast. — Andrée scheiterte an der Unzulänglichkeit der technischen Mittel, aber seine Idee lebte weiter. 1928 flog der Polarforscher Wilkins, ein Amerikaner, mit dem Flugzeug die Strecke, die der Schwede mit dem Ballon zurücklegen wollte, in umgekehrter Richtung. Flatternd grüßte die Fahne über dem alten Eisgrab Andrées den Boten einer neuen Zeit. Heute, mehr als ein halbes Jahrhundert nach dem Tod Andrées, donnern die Motoren der modernen Stratokreuzer über die Eiswüsten des Polargebietes. Sie vermitteln in geheizten, mit allem Luxus ausgestatteten Kabinen den Passagierflugverkehr zwischen Europa und Amerika.

FRA ANGELICO Um 1387 — 1455

Den letzten Gotiker hat man ihn genannt, den Malermönch aus Fiesole, der wie niemand vor oder nach ihm die reine Schönheit der Engel und die himmlischen Wonnen ewiger Seligkeit in überirdisch leuchtenden Farben auf Holz und Stein gebannt hat. Seine Gestalten haben den Schmelz der unberührten, sündenlosen Jugend und die ruhige Ausgeglichenheit göttlicher Liebe. Leidenschaft, Schmerzzerrissenheit und die furchtbare Gnadenlosigkeit des Todes sind ihm fremd. Der Mensch fühlt sich nicht zerschmettert von der erschreckenden Größe des Schöpfers, sondern umfangen von vergebender, lächelnder Gnade. Die Bilder Giovannis atmen die stille Heiterkeit tiefsten Glaubens an die Güte des Herrn aller Dinge. Es ist bezeichnend für ihn, daß er nie den Pinsel ergriffen haben soll, ohne im Gebet den Beistand des Himmels erfleht zu haben. Als Maler steht er an der Wende der Gotik zur Renaissance. Gotisch ist die Inbrunst der geistigen Haltung, die Ergebenheit in den göttlichen Willen, renaissancehaft-modern die technische Ausführung, die individuelle Gestaltung der Figuren, die Anschaulichkeit und Natürlichkeit der Bewegung und die perspektivische Gestaltung des Raumes. — Sein Leben verbrachte er in rastloser Arbeit in Fiesole, Catana, Florenz, Orvieto und Rom. Als bedeutendste Werke gelten die „Madonna der Flachshändler" (Florenz), „Krönung Mariä" (Florenz und Paris), „Madonnenaltar" (Florenz), die Fresken des Markusklosters (Florenz), das Jüngste Gericht (Berlin), die Dom-Fresken in Orvieto und die Fresken in der Nikolauskapelle des Vatikans. — Wegen seiner göttlich begnadeten Kunst und seines reinen, sündenlosen Lebenswandels wurde Fra Angelico Giovanni da Fiesole nach seinem Tode selig gesprochen.

285 — 212 v. Chr.   **ARCHIMEDES**

Was „Spezifisches Gewicht" bedeutet, wissen heute die meisten Menschen. Dabei wird den wenigsten klar sein, daß es einmal eine Großtat des menschlichen Geistes war, diesen Begriff zu finden. Archimedes, der in Syrakus lebende griechische Gelehrte, hat ihn entdeckt. König Hieron von Sizilien hatte einst den Verdacht, daß sein Goldschmied zur Herstellung einer Krone nicht alles ihm übergebene Gold verwandt, sondern einen Teil unterschlagen habe. Aber wie sollte man feststellen, ob dem Gold nicht Silber beigeschmolzen war? Archimedes kam die Erleuchtung, als er in die versehentlich vollgelaufene Badewanne stieg und das überlaufende Wasser auf den Boden plätschern hörte: „Der Rauminhalt eines Körpers entspricht der Menge Wasser, die er verdrängt!" Bringt man die Krone und reines Gold von gleichem Gewicht in wassergefüllte Gefäße und läuft die gleiche Menge über, dann ist also auch die Krone von reinem Gold — läßt aber die Krone mehr Wasser über den Rand laufen als der Barren Gold, dann ist bewiesen, daß sie einen größeren Rauminhalt hat, also „leichteres" Metall enthält. — Als Archimedes sich mit den mächtigen Kraftwirkungen des Flaschenzuges beschäftigte und entdeckte, welch gewaltige Lasten man damit bewegen kann, wenn man ihn an einen festen Standort befestigt, war er von seiner Entdeckung so überwältigt, daß er rief: „Gebt mir einen Standpunkt außerhalb der Erde, und ich hebe die Erde aus den Angeln!" Bei der Eroberung seiner Vaterstadt durch die Römer fand er einen seines Lebens würdigen Tod. Er war in mathematische Zeichnungen vertieft, als ein Soldat in sein Zimmer eindrang. „Störe mir meine Kreise nicht", herrschte er ihn an und fiel unter dem Schwert.

30. VIII. 1869 — 5. V. 1940   **GEORG GRAF VON ARCO**

Der Name Arco ist aufs engste mit der Entwicklung der drahtlosen Telegraphie verbunden. Georg von Arco war einer der Wissenschaftler, die den Weg der Funktechnik von den ersten Anfängen bis in die neueste Zeit begleitet haben. — 1869 wurde er auf dem Familiengut Groß-Gorschütz in Oberschlesien geboren. Während der Schulzeit zeigte er bereits eine tiefe Neigung zu technischen Dingen, die ihn nach dem Besuch des Gymnasiums in Breslau bewog, sich zunächst dem Studium der Physik und Mathematik zu widmen. Während seiner Militärdienstzeit entschloß er sich, gehorsam den Traditionen seiner Familie und seines Standes, trotz eines auffällig kleinen Wuchses, aktiver Offizier bei den Gardeschützen zu werden. Aber schon wenig später hörte er an der Technischen Hochschule in Berlin-Charlottenburg wieder Maschinenbau und Elektrotechnik. In Professor Slaby fand er einen ausgezeichneten Lehrer, der ihn bald zur Mitwirkung bei Versuchen auf dem Gebiet der drahtlosen Telegraphie heranzog, die damals ihre ersten schüchternen Gehversuche machte. So entstand das Funk-System Slaby-Arco, das mit den Forschungsergebnissen des Professors Braun wetteifern mußte. Der Streit, hinter dem zwei Großfirmen der Elektrotechnik standen, wurde erst im Jahre 1903 durch den Zusammenbau beider Gruppen zur Telefunken-Gesellschaft beendet, bei der Arco die Stellung des technischen Direktors übernahm. Mit bewunderungswürdigem Geschick verstand er es, das neue Gebiet trotz des in wenigen Jahren mehrfach notwendigen Wechsels der Systeme zum Erfolg zu führen. Auf ihn ist die Errichtung der Station Nauen im Jahre 1906 zurückzuführen, die dank seinem Weitblick 1912 den ersten Hochfrequenz-Maschinensender erhielt und mit ihren drahtlosen Funksprüchen alle Gebiete der Erde erreichte.

PIETRO ARETINO

20. IV. 1492 — 21. X. 1556

Aretino ist eine der eigenartigsten und befremdendsten Gestalten der italienischen Renaissance. Er wurde als Sohn eines Schusters in Arezzo geboren und erhielt eine sehr mangelhafte Erziehung. Sein Talent als witzig-politischer Gelegenheitsdichter verschaffte ihm bald viele Freunde, zog ihm aber nach der Veröffentlichung eines beißend scharfen Sonetts gegen den Ablaßhandel die Feindschaft der Behörden und die Verbannung aus der Vaterstadt zu. Ein unstetes Wanderleben führte ihn nach Perugia, Rom, Florenz, Mailand und schließlich nach Venedig. Von hier aus spann er das Netz seiner publizistischen „Kriegsführung" über Italien und weit darüber hinaus. Burckhardt sagt in seiner „Kultur der Renaissance": „Aretino versetzte von Venedig aus ganz Europa in Belagerungszustand!" Alle Großen der Zeit, der Kaiser des Römischen Reiches, Franz I. von Frankreich, der Papst und die Fürsten der italienischen Staaten fürchteten die Skandalgeschichten, die er über sie veröffentlichte, wenn Renten und Ehrengeschenke ausblieben. Vom Volk wurden die meist mit pikanten und schmähenden Einzelheiten ausgeschmückten Berichte begeistert gelesen und verbreitet. Man nannte ihn „il divino", den göttlichen Aretin. Er war der Herr und Schöpfer der öffentlichen Meinung. Seine Schriften zeichneten sich durch tödlichen Witz, Farbigkeit und Lebendigkeit der Darstellung aus, aber es war ihm gleichgültig, ob er wahre oder falsche Nachrichten verbreitete. Die Einkünfte aus den Privatschatullen der führenden Männer seiner Zeit ermöglichten ihm ein Leben voll verschwenderischem Luxus und hemmungslosem Genuß.

FRIEDRICH WILHELM ARGELANDER

22. III. 1799 — 17. II. 1875

Immer wieder wird es in der reinen Wissenschaft Gebiete geben, in denen Pioniere in stiller, unermüdlicher Geistesarbeit Größtes leisten, ohne daß ihre Taten in der breiten Öffentlichkeit gebührende Anerkennung finden. Zu den Männern, deren Namen in Fachkreisen einen überragenden Klang haben, gehört Friedrich Wilhelm Argelander. Seine glänzende Laufbahn allein würde Zeugnis von seinem Können ablegen, wenn nichts weiter von ihm bekannt geworden wäre. Argelander begann mit einundzwanzig Jahren als Gehilfe des Astronomen Bessel an der Königsberger Sternwarte, habilitierte zwei Jahre später und wurde dann Observator an der Sternwarte zu Abo. Im Jahre 1837 wurde er als Professor der Astronomie nach Bonn berufen, später übernahm er als Direktor die in Bonn eingerichtete Sternwarte. — Zwei Forschertaten sind es, die Argelanders Namen unvergessen gemacht haben. Ihm verdanken wir die einwandfreie Feststellung der Bewegung der Sonne durch den Weltenraum. Bedeutungsvoller ist aber die Entwicklung der Beobachtungs- und Rechnungsmethoden für die Erforschung von Helligkeitsschwankungen der veränderlichen Sterne. Argelanders Hauptwerk, die in den Jahren 1852 bis 1861 zusammen mit seinen Assistenten Krüger und Schoenfeld ausgeführte „Bonner Durchmusterung", ist noch heute ein Fundament der Astronomie. Es enthält die Örter aller Sterne vom Nordpol bis zu 23° südlicher Deklination und umfaßt insgesamt fast 458 000 Sterne und ihre Helligkeitswerte. Welch eine ungeheure Arbeit in diesem Atlas niedergelegt worden ist, mag daran ermessen werden, daß ein ähnliches Werk für den Südhimmel von Argelanders Nachfolgern im Jahre 1892 begonnen und erst vierzig Jahre später vollendet wurde.

8. IX. 1474 — 6. VII. 1533 **LUDOVICO ARIOSTO**

Romantische Gestalten des Mittelalters und Themen der Ritterepen wurden von Ludovico Ariosto in die schönen, klaren und einfachen Formen der wiederentdeckten Antike gekleidet. Die klassische Feinheit der Darstellung, eine fast spielerische Freude an gefeilter Wiedergabe und gepflegtem Stil, verschleierte, kaum spürbare Ironie, packendes, meisterliches Schildern der Vorgänge und kunstvolle Verknüpfung der Handlung kennzeichnen Ariosto als typischen Vertreter der Renaissance-Dichtung. Sie stellen ihn neben die beiden anderen großen Epiker Italiens, Dante und Boccaccio. Sein Hauptwerk, das die Jahrhunderte überdauerte und zu allen Zeiten Bewunderer fand, ist der „Orlando furioso", der „Rasende Roland". Es zählt zu den klassischen Werken der Weltliteratur. In ihm werden die phantastischen Abenteuer Karls des Großen und seiner Helden im Kampf gegen die Heiden geschildert. Ein Versbau von graziöser Leichtigkeit zeichnet das Werk aus. Ariosto hat die ersten Komödien in italienischer Sprache verfaßt. Seine sieben autobiographischen Satiren im horazischen Stil gehören zu den besten Arbeiten der italienischen Literatur. Nach den Schilderungen der Zeitgenossen war Ariosto ein besonders liebenswürdiger, bescheidener und sauberer Charakter: Wesensmerkmale, die in dieser Zeit der aufgelösten Moral und Verwilderung der Sitten besonders bemerkenswert sind. Er lebte als Dichter, Gesellschafter und Diplomat an den Höfen des Kardinals Hippolyt von Este und dessen Bruders, des Herzogs Alfons von Ferrara. Seine Einkünfte waren so gering, daß er mit seiner Geliebten in heimlicher Ehe leben mußte, damit er eine kleine kirchliche Pfründe, die Grundlage seiner dürftigen Existenzmittel, nicht verlor.

Um 445 — 385 v. Chr. **ARISTOPHANES**

Wenn bei den Festspielen zu Ehren des Dionysos im Theater von Athen eine der Komödien des Aristophanes gespielt wurde, erdröhnte das weite Rund des offenen Raumes von nicht endendem Gelächter der Zuschauer. Über alle Gestalten und Begebenheiten des öffentlichen Lebens ergoß sich der geistvolle Witz, die unbarmherzige und scharfe Satire des Dichters. Modetorheiten, Gezänk der Parteien, philosophisches Sektiererwesen, Unmoral und Überheblichkeit von Politikern wurden an den Pranger gestellt und der Lächerlichkeit preisgegeben. Mehr als einmal empfing Aristophanes für das beste Lustspiel des Jahres den öffentlichen Preis für Komödiendichter, einen Schlauch voll süßen Weines. Seine bekanntesten Stücke, „Die Wolken", „Die Wespen", „Die Vögel" und „Die Frösche" sind ein genial gemischtes Durcheinander von Humor, Satire, Derbheiten, Pikanterien und herrlicher Lyrik von köstlicher Anmut und Reife der Sprache. Plato sagt in einem seiner Epigramme, daß sich die Grazien den Geist des Aristophanes zur Wohnung ausersehen hätten. — Von seinem Leben wissen wir sehr wenig. Die Person des Aristophanes tritt anonym hinter dem Werk zurück. Aus einem Prozeß, den der große Demagoge Kleon gegen ihn wegen Verächtlichmachung seiner Person führte, ist bekannt, daß der Vater des Dichters sich als Neubürger in Athen niedergelassen hatte. In allen seinen Schriften setzte sich Aristophanes im Interesse der ruhigen Entwicklung des Vaterlandes für die Bewahrung des Friedens ein. Er galt als Anhänger der aristokratischen Partei. Für den modernen Leser ist die Lektüre der Komödien mit Schwierigkeiten verbunden, da zu ihrem vollen Verständnis eine gründliche Kenntnis der attischen Verhältnisse, der Zeitumstände und der Persönlichkeiten notwendig ist.

ARISTOTELES   384 — 322 v. Chr.

Das christliche Mittelalter nannte ihn den großen Zauberer, dem die Geister der Luft, des Feuers und des Wassers untertan wären. In seinem philosophischen Weltbild vereinigte sich wie in einem Brennpunkt das gesamte Wissen des Altertums. Seine Schriften waren die Fundgrube, aus der noch tausend Jahre später die Menschen ihre Kenntnisse schöpften. Das Gebäude der abendländischen Wissenschaft ruht auf den Fundamenten des weisen Hellenen. Er hat die Methoden der exakten Forschung festgelegt, die Jahrhunderte gültig waren. — Das Schicksal führte ihn in gerechter Würdigung seiner Größe mit einer überragenden Gestalt des Altertums zusammen. Er wurde der Lehrer und Erzieher des jungen Alexander von Macedonien und vermittelte ihm die Fülle griechischer Kultur. Als Alexander den Thron bestieg und seinen Weg der Welteroberung begann, ging Aristoteles nach Athen. In der Stadt, wo er zwanzig Jahre lang zu Füßen Platos gesessen hatte, gründete er eine Universität und lehrte dort sein System, das dem idealisierenden Platonismus die Erkenntnisse der Erfahrung gegenüberstellte. Nach dem Tode Alexanders mußte er vor den Feinden des Macedoniers aus der Heimat fliehen. Ein Jahr später starb er in der Verbannung. — Sein Werk lebte weiter durch die Jahrhunderte. Auf dem Umweg über die arabische Wissenschaft kam es um das Jahr 1200 zur Kenntnis der abendländischen Menschheit. Es behielt seine Gültigkeit bis zum Anbruch eines neuen, naturwissenschaftlichen Zeitalters mit Galilei und Descartes. — Sogar Leibniz hat sein philosophisches Weltbild noch auf den Forschungen des Aristoteles aufgebaut.

RICHARD ARKWRIGHT   23. XII. 1732 — 3. VIII. 1792

Es gibt wenig Erfinder, die es verstanden haben, die Werke ihres Geistes kaufmännisch auszuwerten und sich daraus ein Vermögen zu schaffen. Arkwright, der Schöpfer der Baumwollspinnmaschine, vereinte den Intellekt des Entdeckers mit dem Mut und der Tatkraft des Unternehmers. Als dreizehntes Kind armer Eltern in Preston (Lancashire) geboren, erhielt er kaum eine Erziehung und lernte erst im Alter von mehr als fünfzig Jahren schreiben und lesen. Angeregt durch die von James Hargreaves im Jahre 1764 erfundene Spinnmaschine, gelang es Arkwright im Jahre 1769, sein erstes Patent auf eine Baumwollspinnmaschine zu erwerben. Diesem Patent folgten in kurzer Zeit weitere, von denen besonders das zweite vom 16. Dezember 1775 bedeutungsvoll wurde. Es befaßt sich neben anderen neuartigen Hilfsvorrichtungen und Erfindungen mit der wegen ihres Wasserantriebes „Watermachine" genannten Baumwollspinnmaschine, die bis heute in ihrem Aufbau nur unwesentlich verändert worden ist, und mit der jetzt noch das „Watergarn" hergestellt wird. — Richard Arkwright ist es zu danken, daß die Spinnmaschine in der Textilindustrie Eingang gefunden hat. Kaufmännischer Weitblick befähigte ihn, seine Patente selbst auszuwerten. Die zu überwindenden technischen Schwierigkeiten und der Widerstand der Konkurrenz waren allerdings anfangs sehr groß. Dazu kam, daß seine Arbeiter in den neuen Maschinen ihre Nebenbuhler sahen, die ihnen ihr Brot stahlen, und ihm in einer regelrechten Schlacht im Jahre 1779 eine Fabrik völlig zerstörten. All das spornte ihn aber nur zur vollen Entfaltung seiner Kräfte an und trug dazu bei, ihn zum mächtigsten Textilfabrikanten seiner Zeit und zum Wegbereiter der modernen Textilindustrie werden zu lassen.

Um 17 v. Chr. — 21 n. Chr. **ARMINIUS**

Die Schlacht im Teutoburger Walde, die mit dem Namen des Arminius verknüpft ist, bedeutete für die römische Macht- und Eroberungspolitik das Ende des Vordringens im germanischen Norden. Roms weitgesteckte Pläne, das Land bis zur Elbe dem Kolonialreich einzugliedern, scheiterten an dem Willen und dem politischen Geschick eines Mannes, der zum erstenmal in der Geschichte Germaniens die auseinanderstrebenden Interessen der Stämme zu einem gemeinsamen Ziel zusammenfaßte. Der Rhein bildete fortan die Grenze des römischen Einflußgebietes. — Arminius war der Sohn eines Cheruskerfürsten. Wie viele seiner Standesgenossen trat er in die Legionärs-Armee ein, erhielt das römische Bürgerrecht und die Ritter-Würde. Als Varus, der Statthalter des Kaisers Augustus, in dem Gebiet der germanischen Bundesgenossen die Provinzialverfassung mit ihrem harten Zivil- und Strafrecht einführte, empörten sich die freiheitgewohnten Bauernstämme gegen die Fremdherrschaft. In dem Cheruskerfürsten erstand ihnen ein Führer, der mit den Listen und Ränken der römischen Diplomatie vertraut war und die Kampfesweise der Legionen beherrschte. Nach dem Sieg über Varus fiel der germanische Bund bald wieder auseinander. Arminius gelang es zwar, seinen Gegenspieler Marbod zu verdrängen, doch sein Plan, ein germanisches Reich zu schaffen, scheiterte. Er wurde im Jahre 21 n. Chr. von seinen eifersüchtigen Verwandten ermordet. Die Gemahlin des Cheruskers, Thusnelda, geriet in Gefangenschaft und gebar dort einen Sohn. Sie hat ihre Heimat und ihre Familie nie wiedergesehen.

26. XII. 1769 — 29. I. 1860 **ERNST MORITZ ARNDT**

Arndt stammt von einem Bauernhof auf der Insel Rügen. Er studierte Theologie, Geschichte und Sprachen und begab sich auf Bildungsreisen durch Deutschland, Österreich, Ungarn, Frankreich und Italien. Um die Jahrhundertwende kehrte er zurück und übernahm eine Dozentenstelle für Geschichte und Philologie in Greifswald. Hier entstand eine umfassende „Geschichte Germaniens und Europas" und die Kampfschrift „Geschichte der Leibeigenschaft in Pommern und Rügen". Arndts Kritik an den Verhältnissen und Anschauungen der Zeit machte auch vor den geheiligsten Überlieferungen nicht halt. Er fand schärfste Worte gegen den Eigennutz der Fürsten und ihrer Vertreter und sah in Friedrich dem Großen den Vernichter der deutschen Reichsidee. Als Arndt später die Hohlheit des sterbenden Reiches deutscher Nation erkannte, änderte er seine Ansicht und begrüßte die Erstarkung des Nordens. 1806 begann sein Kampf gegen Napoleon, in dem er den Feind des Weltfriedens, den Zerstörer der Völker, erblickte. Von nun an stellte er die Gewalt seiner dichterischen Sprache in den Dienst der Erhebung gegen den Tyrannen. Nach dem Wiener Kongreß wurde er Professor in Bonn. Seine demokratische Haltung und freimütige Verfechtung der Rechte des Volkes zogen ihm Haß und Verfolgung durch die Berliner Reaktion zu. Das Jahr 1848 führte ihn als gewählten Abgeordneten des Parlaments nach Frankfurt. In tiefster Enttäuschung erlebte der Vorkämpfer demokratischer Freiheit den Zusammenbruch der großen, vielversprechenden Bewegung. Sein 90. Geburtstag wurde zum Nationalfeiertag, an dem das ganze deutsche Volk herzlichen Anteil nahm. Kurz darauf starb Ernst Moritz Arndt nach einem Leben wahrer Menschlichkeit.

ACHIM VON ARNIM 26. I. 1781 — 21. I. 1831

Ernüchtert wandten sich die Menschen der Romantik von der rationalistischen Vernunft des 18. Jahrhunderts dem idealisierten Mittelalter und seinem Denken zu. Die Bewegung wurde noch zu Lebzeiten Herders und Schillers eingeleitet durch die Jenenser Professoren Tieck, Fichte, Schelling und die Gebrüder Schlegel. Ihren Höhepunkt erreichte die romantische Schule mit Hermann und Wilhelm Grimm, Achim von Arnim und Clemens Brentano. Arnim hat die Romantik am reinsten und gesündesten repräsentiert durch die Unabhängigkeit und Wahrhaftigkeit seiner Gesinnung. Eichendorff schreibt über ihn: „Männlich schön, von edlem, hohem Wuchse, freimütig, feurig und mild, wacker, zuverlässig und ehrenhaft in allem Wesen, treu zu den Freunden haltend, war Arnim in der Tat, was andere durch mittelalterlichen Aufputz gern scheinen wollten: eine ritterliche Erscheinung im besten Sinne." Zusammen mit dem befreundeten Brentano gab der Dichter in Heidelberg die „Zeitung für Einsiedler" heraus, später in „Tröst-Einsamkeit" umbenannt. Gemeinsam arbeiteten sie auch an der Volksliedersammlung „Des Knaben Wunderhorn". Eine Reihe von Romanen und Novellen voller Phantasie und manchmal unverständlicher Willkür folgte. Sie sind zeitgebunden und ohne bleibenden Wert. Die volkstümlichen Erzählungen Arnims zeigen dagegen eine wahrhaft schöpferische Gestaltungskraft. Sie sind humorvoll und von echter Empfindung beseelt. Er führte eine glückliche Ehe mit Bettina Brentano, der exzentrischen Schwester des Dichterfreundes. Sie hat ihn um 28 Jahre überlebt und ist nach Arnims Tode selbst mit einer Reihe von eigenwilligen schriftstellerischen Arbeiten erfolgreich an die Öffentlichkeit getreten.

ERNST WILHELM ARNOLDI 21. V. 1778 — 27. V. 1841

Die Kriege der napoleonischen Zeit hatten Deutschland in wirtschaftliche Not und soziales Elend gestürzt. Nach dem Jahre 1815 regten sich überall Kräfte, die mit dem Wiederaufbau begannen. In den folgenden Jahrzehnten wurden die Fundamente des Riesenbaues der deutschen Volkswirtschaft gelegt, der in seinen imponierenden Ausmaßen gegen Ende des Jahrhunderts beendet war. Zu den Männern, die die ersten Hammerschläge taten, gehört E. W. Arnoldi. Er sah mit dem Instinkt und dem Weitblick des wahrhaft königlichen Kaufmanns die Möglichkeiten, die sich dem Handel und der Industrie eröffneten. Durch sein persönliches Beispiel und aufklärende, publizistische Tätigkeit in Zeitungen und Zeitschriften brach er den modernen Anschauungen Bahn. An der Einführung der Aktiengesellschaften war er maßgeblich beteiligt. Arnoldis Name ist auch aufs engste mit dem deutschen Versicherungswesen verbunden. Es gab in Deutschland schon seit zwei Jahrhunderten Versicherungsanstalten. Sie wurden aber alle vom Staat betrieben und arbeiteten entsprechend schwerfällig. Arnoldi stellte das Prinzip der gegenseitigen Hilfe und der Privatinitiative in den Vordergrund. Als Vorbild diente ihm die in der ganzen Welt anerkannte, englische „Phönix"-Assekuranz. Neben dieser Tätigkeit und der Leitung seiner Farben- und Steingutfabrik stellte er sich an die Spitze der Industriellen-Gruppe, die im Interesse der Allgemeinheit eine Aufhebung der zahlreichen innerdeutschen Zoll- und Handelsschranken forderte. Die Bestrebungen zur Gründung eines deutschen Zollvereins unterstützte er durch zahlreiche Aufsätze und Reden. In seiner Vaterstadt Gotha schuf er die erste deutsche Handelskammer, die Vorbild für ganz Deutschland wurde.

19. II. 1859 — 2. X. 1927   **SVANTE ARRHENIUS**

Die Frage nach dem Ursprung des Lebens auf der Erde hat seit den Tagen der griechischen Naturphilosophen immer wieder die Denker und Forscher beschäftigt. Eine Unzahl von Lehren gibt es über das Problem der „Urzeugung". Muß denn aber das Leben unter allen Umständen hier auf dieser Erde entstanden sein? — so fragte der große schwedische Physiker und Chemiker Svante Arrhenius. Könnte es nicht von anderen Himmelskörpern durch den Weltraum zur Erde gekommen sein? Arrhenius hat viel Scharfsinn auf die Bemühungen verwandt, diese Frage bejahend zu beantworten. Er konnte zeigen, daß es Ruheformen niederer Lebewesen gibt, die durchaus längere Zeit hindurch der sonst tödlichen Weltraumkälte zu widerstehen vermögen, und daß die von den Lichtstrahlen ausgeübten Druckkräfte genügen, solche Lebewesen von einem Stern zu einem andern zu führen. Eine Antwort auf die Frage nach der ersten Entstehung des Lebens überhaupt ist damit freilich nicht gegeben, aber ein anderer Aspekt öffnet sich: daß nämlich das Leben vielleicht so alt sei wie die Welt überhaupt. Als Arrhenius diese — auch heute noch diskutierte — „Kosmozoentheorie" aufstellte, war er bereits einer der Großen im Reich der Wissenschaft. Im Jahre 1903 hatte er den Nobelpreis für seine „Dissoziationstheorie der Elektrolyte" erhalten, nach der Säuren, Basen und Salzlösungen beim Durchgang des elektrischen Stromes zersetzt werden und in elektrisch geladene Teilchen, die Ionen, zerfallen. Sein Forschergeist umfaßte die ganze Fülle der belebten und der unbelebten Natur, von den Atomen, Molekülen und Ionen, von den Bakterien, ihren Giften und den Heilstoffen des Körpers bis zum Aufbau der Sterne und dem Lebenslauf der Planeten.

525 — 456 v. Chr.   **ÄSCHYLOS**

„Die im Glücke stehen, wähnen niemals zu straucheln, stürzend zu verschütten alles Glück!"
(Aus „Niobe" von Äschylos)

Die Werke des Äschylos bedeuten den Höhepunkt der klassischen griechischen Tragödie. Der Mensch ringt mit den Göttern um das irdische Schicksal; Vorbestimmung und schuldhafte Verstrickung streiten im titanenhaften Kampf um den Sieg. Jedem Frevel folgt die Strafe, und alle Schuld rächt sich auf Erden. Die Sprache ist von homerischer Klangschönheit; ihr erschütterndes Pathos übersteigt sogar die Ausdruckskraft der Verse der Ilias und Odyssee. Äschylos selbst hat seine Dramen einmal mit der Bescheidenheit des wahrhaft Großen „Brosamen vom Tische Homers" genannt. Er gilt als der Bedeutendste in dem Dreigestirn der attischen Tragiker Äschylos, Sophokles und Euripides. Neunzig Dramen soll er geschrieben haben, von denen uns nur sieben erhalten sind. Bruchstücke eines weiteren, der „Niobe", wurden erst in neuerer Zeit bei Ausgrabungen in Ägypten entdeckt. Die bekanntesten Werke sind „Die Perser", „Der gefesselte Prometheus" und die dreiteilige „Orestie". Äschylos hat die Tragödie aus der überlieferten Formenstarrheit von Chor und Sprecher befreit und sie durch Einführung eines zweiten Schauspielers erst zu einem Dialog-Drama gemacht. Später fügte er nach dem Beispiel des Sophokles einen dritten Schauspieler hinzu. — Äschylos wurde in Eleusis, dem Ort des geheimnisvollen Mysterienkultes, geboren. Er lebte in Athen, in Syrakus am Hof des Königs Hieron und starb in Gela auf Sizilien. Das Volk von Athen stellte seine Bildsäule im Theater auf und faßte den Beschluß, daß ihm bei jeder Aufführung seiner Stücke wie einem Lebenden der Siegerkranz gewidmet werden sollte.

ÄSOP
Um 550 v. Chr.

Immer und überall in der Menschheitsgeschichte gab es die Eulenspiegel, die weisen Narren, die mit wissendem Lächeln ihrer Zeit die Schellenkappe aufsetzten, die Torheiten, Laster und Dummheiten mit Witz und Spott geißelten, die Fürsprecher und Verteidiger der Armen und Unterdrückten. Äsop war der lachende Philosoph der griechischen Sagenzeit. Seine Fabeln — Lebensweisheit in sinnbildlichen Erzählungen — gingen von Mund zu Mund und wurden Gemeingut des griechischen Volkes. Die Gestalt des Äsop selbst steht in dem ungewissen Dämmerlicht zwischen sagenhafter Überlieferung und Geschichte. Er soll als Sklave in Samos gelebt haben, grotesk häßlich, bucklig und verkrüppelt, aber von genialer, natürlicher Klugheit und verblüffendem Mutterwitz. Sein Name sei schließlich in Samos so bekannt und beliebt geworden, daß das Volk den Besitzer zur Freigabe des „Homers der Fabeln" zwang. Es wird von Reisen des Äsop durch Griechenland und in die orientalischen Reiche berichtet. In Delphi, der alten Kultstätte, habe er das Volk beleidigt, indem er den Priestern Betrug an den Gläubigen vorwarf. Aus Rache sei eine Goldschale aus dem Tempel in seinem Gepäck versteckt und bei einer anschließenden Durchsuchung gefunden worden. Äsop sei darauf zum Tode verurteilt und hingerichtet worden. Als Strafe für diesen Mord hätten die Götter eine furchtbare Pestepidemie über Delphi hereinbrechen lassen, die erst erloschen sei, als Abgesandte aus ganz Griechenland die Unschuld Äsops festgestellt und zu seinem Andenken eine Bildsäule errichtet hätten. — Die Fabeln des Äsop sind während des ganzen Mittelalters und besonders im Zeitalter des Humanismus Bestandteil aller europäischen Literaturen gewesen. Sie sind in alle Kultursprachen übersetzt worden.

JOHN JAKOB ASTOR
17. VII. 1763 — 29. III. 1848

Vierzehn Jahre war Johann Jakob Astor, als er seine kleine Heimatstadt Walldorf bei Heidelberg verließ, um bei seinem Bruder in London den Instrumentenbau zu lernen. Das Geld reichte gerade für die Überfahrt. Dann begann ein hartes, entbehrungsreiches Leben der Arbeit. 1783 hatte er den Preis für die Fahrt nach Nordamerika zusammengespart, und drei Monate später landete sein Schiff in Baltimore. Der Weg zum Dollarmillionär fing mit dem Straßenverkauf von Kuchen an, klassisch und typisch für diese Zeit der märchenhaften Aufstiege und Gewinne. Andere wurden Tellerwäscher, Zeitungsjungen oder Kellner. Der Bauernjunge aus dem Badener Land war zäh und legte Cent auf Cent in seinen Spartopf, bis er genug beisammen hatte, um das erste Musikaliengeschäft in New York zu eröffnen. Daneben handelte er mit Pelzen. Die Fanggebiete des Staates New York und die „dark and bloody grounds" des Wilden Westens lieferten reichlich Ware. Die Indianer lächelten, wenn der weiße Händler mit ihnen feilschte. Sie freuten sich über das seltsame Englisch-Kauderwelsch, das die Heidelberger Abstammung noch immer nicht verleugnen konnte, und merkten kaum, daß sie ihre feinen Rauchwaren für Schleuderpreise weggaben. Und dann leuchtete der Glücksstern über John Jakob Astor. Ein Schulfreund verschaffte ihm die Erlaubnis, in sämtlichen Häfen der mächtigen englischen Ost-Indien-Company handeln zu dürfen. In Astors Händen bedeutete sie ein Vermögen. Wenige Jahre später war er Präsident der amerikanischen Pelz-Company, Schiffsreeder, Besitzer des prunkvollsten Hotels der Welt und der wertvollsten Bodengrundstücke in New York. 1848 hatte er ein Vermögen von über 20 Millionen Dollar.

Um 1500 — 29. VIII. 1533 ATAHUALPA

*„Mein Herz ist traurig und weint,
Dich ruf ich, dich ruf ich . . . !"*

(Aus einem Lied der Inka)

Am 16. November 1532 erfüllte sich das Schicksal Atahualpas, des letzten Kaisers der Inka. Noch einmal entfaltete sich das Zeremoniell einer uralten Kultur, als der „Sohn der Sonne" die spanischen Eroberer unter Pizarro feierlich im Palast von Cajamarca begrüßte. Der Tragsessel, auf dem er saß, war mit Gold und funkelnden Edelsteinen bedeckt. Um seinen Hals trug er als Zeichen der Herrscherwürde an schmaler Kette die goldene Scheibe der Sonne. Hinter ihm schritten viele tausend Krieger, völlig waffenlos zum Zeichen des Friedens. Da brach das Entsetzen los. Von allen Seiten stürmten die Spanier auf die überraschten Indios ein und schossen und hieben sie zusammen. Nur wenige entkamen, Atahualpa wurde gefangen. Ruhig ergab er sich in sein Geschick. Das Volk aber trug die unermeßlichen Schätze an Edelmetallen und Juwelen aus den Schatzkammern, Tempeln und Häusern zusammen, um sie den weißen Göttern als Lösegeld zu bieten. Pizarro versprach dem Kaiser die Freiheit, wenn er sein Gefängnis, das siebzehn Fuß breit und zweiundzwanzig Fuß lang war, mit Gold und Silber füllen würde. Berge von Gold wanderten in die Schiffe der Spanier. Doch Atahualpa mußte sterben, um das Reich der Inka führerlos zu machen. Er wurde zum Feuertod verurteilt und aus „Gnade" erdrosselt. Der Körper wurde den Wachen der Spanier entrissen und von dem ganzen Volk, das mit seinem Herrscher Freiheit und Glück schwinden sah, beweint. Sein Tod endete die tausendjährige Geschichte der Inka.

1880 — 10. XI. 1938 MUSTAFA KEMAL ATATÜRK

Er war eine jener großen, historischen Gestalten, wie sie in den Schicksalsstunden der Nationen geboren werden. Als Truppenoffizier gehörte er der jungtürkischen Bewegung an, wurde in Verschwörungen verwickelt und kämpfte als General im Balkan- und ersten Weltkrieg. Seine entscheidende Chance kam 1919, als die Franzosen in Cilicien, die Engländer am Bosporus und die Griechen in Kleinasien gelandet waren und die Türkei besiegt am Boden lag. Er verließ den Sultanshof und erklärte: „Erst wenn die Nation befreit ist, kehren wir zurück!" 1920 beschlossen aufständische Generale unter seiner Führung den „Nationalpakt", in dem sich die Türkei klar auf ihren engeren nationalen Raum — Anatolien — zurückzog, bereit, diese alte Heimat bis zum Letzten zu verteidigen. Als die von Haß und Habgier diktierten Friedensbedingungen von Sèvres bekannt wurden, eröffnete Kemal — von der Nation unterstützt — den Kampf gegen die Sieger. Er schlug die eingedrungenen Griechen, das befreite Kleinasien und zwang die Alliierten zum Abzug von den Meerengen. 1923 war die neue „Republik Türkei" begründet. Beseelt von modernen Ideen, baute Atatürk den Staat: 1925 wurde der Gregorianische Kalender eingeführt, 1926 erfolgte die neue Gesetzgebung im Sinne des „Bürgerlichen Gesetzbuches", 1928 ersetzte die lateinische Schrift die arabische, und der Islam wurde aus der staatlichen Verstrickung gelöst. Mit Kemal endeten Feudalismus und Mittelalter, es begann die neue, dem Abendland zugewandte Epoche der Türkei. — Im Jahre 1953 wurden die Gebeine Kemal Paschas, den sein Volk „Atatürk", Vater der Türken, genannt hatte, im Mausoleum zu Ankara beigesetzt.

ATTILA † 453

Das alte Reich der römischen Cäsaren neigte sich dem Untergang entgegen. Aber kein würdiger Erbe erstand ihm aus den Völkern des christlichen Abendlandes. Nur im Osten schien eine Macht stark und gewaltig genug, die Nachfolge in der Herrschaft über die Welt anzutreten. Attila, der König der Hunnen, eines mongolischen Reitervolks aus den Steppen Asiens, trug sich mit dem Plan einer umfassenden Universal-Monarchie. Um das Jahr 434 bestieg er den Thron zusammen mit seinem Bruder, unterwarf in schnellem Angriff alle Stammeshäuptlinge und eroberte mit einem gut disziplinierten Heer die benachbarten Länder. Durch Ermordung des Mitregenten sicherte er sich die Alleinherrschaft. Seine Macht reichte von Wien bis an den Ural und umfaßte zeitweise Süd- und Mitteldeutschland, Ostrom bis nach Konstantinopel, Nordfrankreich und Italien. Der Kaiser von Byzanz zahlte ihm einen jährlichen Tribut von 2100 Pfund Gold. 451 zog er im Donautal westwärts, überschritt den Rhein, erstürmte Metz und Orléans, überall das Land verwüstend und entvölkernd. Auf den Katalaunischen Feldern in der Nähe von Troyes stieß er auf ein römisches Heer aus germanischen Hilfstruppen, wurde geschlagen und zog sich nach Ungarn zurück. Dort residierte er in einem prunkvollen Standlager. Attila war von kleiner, unansehnlicher Gestalt, gedrungen, aber stolz in Gang und Haltung. Seine Kleidung und Lebensführung waren einfach und anspruchslos. Es wird erzählt, daß Gefolge und Gäste mit goldenem und silbernem Geschirr bewirtet wurden, während er selbst vom hölzernen Teller aß. Attila starb in der Nacht seiner Vermählung mit der Hunnin Ildika. Er wurde im dreifachen Sarg aus Gold, Silber und Eisen bestattet. Mit seinem Tode zerfiel das Hunnenreich.

DANIEL AUBER 29. I. 1782 — 13. V. 1871

Daniel François Esprit Auber, der Meister der komischen Oper, vereinigte die Grazie, Liebenswürdigkeit und Leichtigkeit der französischen Gesellschaftskultur des 19. Jahrhunderts in seinem Werk. Frei und fröhlich, ohne beschwerenden Ballast, fließen die Melodien, und es war durchaus verständlich, wenn ein Kritiker nach einer Auber-Aufführung in der Münchner Hofoper den deutschen Musikern, „die nicht aus innerer Notwendigkeit komponieren", den Franzosen als Vorbild hinstellte. „Die nächste Zukunft", schrieb er, „wird dem freien musikalischen Lustspiel gehören. Schafft uns die Konversationsoper, die anmutig ist, ohne seicht zu sein, die komische Oper, die lacht, ohne zu grinsen, gebt uns eine leichte, vornehme Bühnenmusik." — Auber war Enkel eines Hofmalers und Sohn eines Offiziers, der am Hofe bei den musikalischen Liebhaber-Soiréen Ludwigs XVI. sang und Violine spielte. Der elfjährige Knabe komponierte bereits Romanzen, die sich in den Salons des Direktoriums großer Beliebtheit erfreuten. Nach einem kurzen Aufenthalt in England, wo Auber auf Wunsch des Vaters Kaufmann werden sollte, kehrte er nach Paris zurück und begann mit ernsthaften Kompositionsstudien bei Cherubini. Nach einer Reihe kleinerer Opern gelang dem 28jährigen der erste große Wurf, der ihn auf den Gipfel des Ruhmes führte: „Die Stumme von Portici". Großartigkeit der Anlage, dramatischer Schwung, Feuer, Leidenschaft und zeitnahe Beziehung zu der gärenden, revolutionären Stimmung jener Tage machten sie zu einer geschichtlichen Berühmtheit; sie gab 1830 in Brüssel das Signal für den Aufstand, der mit der Trennung Belgiens von dem auf dem Wiener Kongreß geschaffenen Königreich der Niederlande endete. Oper reihte sich an Oper in seinem Schaffen. Viele von ihnen werden heute noch gern gehört.

1. IX. 1858 — 4. VIII. 1929   **CARL AUER VON WELSBACH**

Plus lucis — Mehr Licht! — lautete der Spruch, der das Wappen des zum Ritter von Welsbach erhobenen Direktors der Wiener Hof- und Staatsdruckerei Alois Auer schmückte. Diesen Wappenspruch aus der Symbolik in die Wirklichkeit umzusetzen, sollte das Lebenswerk seines Sohnes Carl werden. Als Student der Chemie in Heidelberg wird er von dem großen Robert Wilhelm Bunsen auf die interessante Gruppe der „Seltenen Erden" hingewiesen. Schon 3 Jahre nach der Promotion in Heidelberg entdeckt der in seine Wiener Heimat zurückgekehrte junge Doktor mit Hilfe der bei Bunsen gelernten Methode aus dieser Gruppe zwei neue Elemente. Im gleichen Jahre 1885, in dem er sich in die stolze Namensliste der Entdecker neuer Elemente einreiht, wird er auch zum bahnbrechenden Erfinder. Seltene Erden sind es wiederum, die er nunmehr zu Beleuchtungszwecken verwendet; sie geben dem Glühstrumpf für das Auergasglühlicht das helle Leuchten. Mit ihm tritt erstmals an die Stelle gleichsam „natürlicher" Lichterzeugung durch leuchtende Flammen eine künstliche durch Leuchtkörper. Im Jahre 1898 glückt Auer die zweite große Erfindung: Seine Osmium-Glühlampe für elektrische Beleuchtung setzt an die Stelle des von Edison erfundenen Kohlefadens einen Metallfaden und stößt damit das Tor zur Weiterentwicklung der elektrischen Lichttechnik auf. Das Jahr 1903 schließlich bringt die dritte Erfindung, die des funkensprühenden Cereisens, als Auermetall noch heute unentbehrlich für jedes Feuerzeug. Es ist ein merkwürdiges Zusammentreffen der Umstände, daß der Mann, welcher der elektrischen Beleuchtungstechnik neue Wege gewiesen, gleichzeitig durch seinen großartigen Gasglühstrumpf ihren Siegeslauf längere Zeit aufgehalten hat.

ALEXANDER GRAF VON AUERSPERG

11. IV. 1806 — 12. IX. 1876

Um die Begeisterung zu verstehen, die die Verse des Grafen Auersperg in den dreißiger Jahren des 19. Jahrhunderts hervorriefen, muß man sich die geistige Situation jener Zeit vergegenwärtigen, vor allem den politischen Druck und den Gewissenszwang des Metternichschen Polizeistaates, der — zumal in Österreich — jede freiheitlich-selbständige Regung als staatsgefährlich brandmarkte und unterdrückte. Man muß wissen, welches Risiko für Leib und Gut mit dem Wagnis verbunden war, aus der Stille biedermeierlich-häuslicher Kultur heraus der Reaktion entgegenzutreten. Graf Auersperg hat es gewagt, nicht nur als Dichter. Durch seine liberalen Reden machte er sich einen Namen, und bald rechnete er zu den Führern der freisinnigen Partei. — Daneben war er ein Dichter, ein „Gedankenpoet" von eigentümlicher Prägung. Seine Lyrik erschien — freilich ohne ihn verbergen zu können — unter dem Namen „Anastasius Grün" und fast ausnahmslos in deutschen Verlagen. Ihr fehlt, wie den meisten seiner Zeitgenossen — man denke nur an Grillparzer —, das eigentlich Lyrische: die Weichheit, die Gefühlstiefe und die Melodie der Sprache. Sie ist fast ganz vom Verstande beherrscht. Die „Spaziergänge eines Wiener Poeten", Gedichte auf den Frühling und das Licht, und noch mehr der Zyklus „Schutt", in dem der Dichter unter den Trümmern einer zerfallenden Welt die Keime einer neuen Zeit suchte, erregten trotzdem großes Aufsehen. Daß aber der weitgereiste k. u. k. Kammerherr, der Schloßherr auf Thurn am Hart und Wiener Ehrenbürger soweit über den Vorurteilen seiner Zeit stand, daß er sich nicht scheute, ein heiteres Capriccio zu dichten mit dem Titel „Die Nibelungen im Frack", das zeigt ihn wahrhaft als Wegbereiter einer neuen, freieren Generation.

AUGUST DER STARKE 12. VI. 1670 — 1. II. 1733

August II., Kurfürst von Sachsen und König von Polen, ist einer der Fürsten des barocken Absolutismus, deren Leben und Handeln unter dem Gesetz der Laune, des Egoismus und der brutalen Willkür gegenüber Recht und Moral standen. Mit dem Bewußtsein des Gottesgnadentums ihrer Krone glaubten sie, den Maßstäben menschlicher Gesittung enthoben zu sein. Zerstörend und vernichtend griffen sie in Schicksale der Einzelnen und der Völker ein. Sie lebten im Rausch der Macht, sich selbst zerstörend im hemmungslosen Genuß des Daseins. — So wie die Künstler des Barock Bewegungen und Ausdruck ins Ekstatische, Maßlose übersteigerten, erscheinen auch die Wesenszüge Augusts des Starken ins Übermaß, in riesenhafte Dimensionen geweitet. Von seinen Körperkräften erzählte man in ganz Europa Wunderdinge. Schwere, metallene Gefäße knickte er wie Papier zusammen. 352 Kinder soll er von seinen zahlreichen Geliebten gehabt haben. Die Feste am Dresdner Hof überstiegen in ihrer Prachtentfaltung jedes Maß. Irrsinnige Verschwendungssucht des Kurfürsten und die Kriege, die er aus persönlicher Machtgier und im Besitz des polnischen Königsthrones führte, versetzten das Land Sachsen in tiefste Armut und Not. Unerträgliche Steuern lasteten auf der Bevölkerung. Die immer leeren Kassen versuchte er durch die Kunststücke von Alchimisten aufzufüllen. Dabei entdeckte sein Goldmacher J. F. Böttger das Porzellan, das bisher aus China eingeführt wurde. Die Prachtliebe des Kurfürsten machte Dresden zu der Stadt des deutschen Barocks. Der Zwinger und die Frauenkirche sind während seiner Regierungszeit erbaut worden. August starb in Krakau und wurde dort beigesetzt. Sein Herz vermachte er in seltsamer Ironie dem Lande Sachsen zum „ewigen Angedenken".

AURELIUS AUGUSTINUS 13. XI. 354 — 28. VIII. 430

An der historischen Schwelle des Überganges von der heidnischen Antike zum christlichen Mittelalter steht die mächtige, richtungweisende Gestalt des Aurelius Augustinus, dessen Erkenntnisse und Lehren die Philosophie, Dogmatik, Ethik, Kirchenpolitik und das Staatsrecht eines Jahrtausends zutiefst beeinflußten. Er schuf den Begriff des Gottesstaates, aus dem die Kirche ihren Herrschaftsanspruch gegenüber dem weltlichen Imperium herleitete. — Es ist mehr als nur ein Sinnbild der Zeit des geschichtlichen Umbruchs, daß der Vater des Aurelius noch im heidnischen Glauben befangen war und den alten Göttern Roms anhing, während die Mutter bereits die christliche Lehre angenommen hatte. Neues und Altes kämpften um die Seele des Werdenden. Augustinus hat hart und schwer mit sich gerungen, bevor er den Weg zur Kirche fand. Er suchte auf allen Wegen nach Wahrheit. In Karthago studierte der junge Kolonial-Römer die alten Schriftsteller und Philosophen, fand aber nicht die ersehnte Erkenntnis und Befriedigung. Von Karthago ging er als Lehrer der freien Künste nach Rom und Mailand. Hier wurde er von den Predigten des Bischofs Ambrosius zutiefst beeindruckt und empfing im Jahre 387 zusammen mit seinem unehelichen Sohn die Taufe. Als Priester kehrte er nach Afrika zurück, wurde bereits sieben Jahre später zum Bischof geweiht und blieb 34 Jahre im Amt. In dieser Zeit hat er durch seine unermüdliche Tätigkeit, durch die Ausschaltung aller Sektenbildungen und durch seine starke Persönlichkeit, die auf das ganze christliche Abendland ausstrahlte, die Grundlagen für die Macht der mittelalterlichen Kirche geschaffen. Die „Confessiones", die „Bekenntnisse" des heiligen Augustinus sind eine der eindrucksvollsten Selbstbiographien der Weltliteratur.

23. IX. 63 v. Chr. — 19. VIII. 14 n. Chr.   **AUGUSTUS**

Gajus Oktavianus entstammte einer der ältesten römischen Adelsfamilien. Im 18. Lebensjahr wurde er von seinem Großonkel Julius Cäsar adoptiert und zum Haupterben eingesetzt. Damit trat der begabte, ehrgeizige Jüngling in den Mittelpunkt der römischen Parteipolitik. In den entscheidenden Tagen nach der Ermordung Cäsars befand er sich in Illyrien und kam zu spät, um in die Machtkämpfe einzugreifen. Der Konsul Marcus Antonius hatte die Herrschaftsgewalt an sich gerissen. Er verweigerte Oktavian die Herausgabe seines rechtmäßigen Erbes. Dreizehn Jahre später verübte derselbe Antonius in Ägypten Selbstmord, nachdem ihn Oktavianus mit den alten Veteranen seines Adoptivvaters vernichtend geschlagen hatte. Dazwischen lag über ein Jahrzehnt, erfüllt von Parteienstreit, Bürgerkrieg, List, Verrat und brutaler Gewaltsamkeit. Oktavian nahm den ihm vom Volk verliehenen Titel „Augustus", d. h. der Erhabene, an, vereinigte alle Gewalt des Staates in seiner Hand und errichtete eine Art konstitutioneller Monarchie. Die nun folgenden 44 Friedensjahre gehören zu den glücklichsten, die die Völker des römischen Reiches erlebten. Die Erinnerung an das „Augusteische Zeitalter" hat noch lange in dem Gedächtnis des Abendlandes weitergelebt. Der Monat August wurde nach dem ersten römischen Kaiser genannt. Augustus starb im 77. Lebensjahr auf dem Stammsitz seiner Familie in Campanien. Als ihm der Tod nahte, betrachtete er sich lange im Spiegel und sagte zu seiner Umgebung: „Wenn ich meine Rolle auf Erden gut gespielt habe, dann klatscht Beifall! Das Stück ist aus, der Vorhang fällt!"

121 — 17. III. 180   **MARC AUREL**

Marc Aurel, Kaiser des römischen Reiches, ist die sympathischste Gestalt in der Reihe der römischen Imperatoren. Über seinem Leben liegt der Schatten eines düsteren, menschlich erschütternden Schicksals. Erfüllt von hohen Idealen, widmete er sich den großen Aufgaben der Staatsführung. Er war selbstlos, gütig und gewissenhaft und empfand die ganze Schwere der Verantwortung, die auf seinen Schultern lastete. Aber die Zeit seiner Regierung war durch die Ungunst der Umstände und durch Ereignisse, die sich dem irdischen Eingriff entziehen, eine einzige Kette von Unglück und Sorge. Durch Mißernten und Erdbeben kam furchtbare Not über die Menschen, die Pest wütete unbarmherzig in Italien, an allen Grenzen des Reiches entbrannte der Krieg. Sein Stiefbruder und Mitregent Verus brachte den kaiserlichen Hof durch Sittenlosigkeit und wüste Verschwendungen in Verruf. Aurels Gemahlin Faustina war haltlos und ohne Maß in ihrer Vergnügungssucht, sein Sohn und Nachfolger schwächlich, krankhaft, grausam und ohne Charakter. Der Kaiser ist klaglos und unerschüttert durch Rückschläge seinen schweren Weg gegangen. Er suchte Trost in der stoischen Philosophie, die er selbst durch eine Reihe von eigenen Schriften bereicherte. Seine „Selbstbetrachtungen" sind ein ergreifendes Zeugnis der Unterwerfung unter den göttlichen Willen. Sie wurden in der Renaissance wiederentdeckt und haben im 18. Jahrhundert die Schulrichtung der Moralphilosophie maßgeblich beeinflußt. Marc Aurel starb, wahrscheinlich an der Pest, in der römischen Niederlassung Vindobona, dem heutigen Wien.

FRANZ VON BAADER 27. III. 1765 — 23. V. 1841

„Die Münchener halten Baader für einen wunderlichen, unbegreiflichen Mann, der aber doch wegen seiner Berühmtheit eine Zierde ihrer Stadt bildet und ohne Zweifel ein großer Mann wäre, wenn er nicht so närrisch für Ethik und Religion schwärmte — etwa so, wie die Athenienser im allgemeinen den Sokrates betrachteten." Atterbom, der schwedische Dichter, schrieb diese Worte in sein Tagebuch, als er 1818 in München den Philisophen Franz von Baader kennenlernte. Baader war auf eigenartigen Bildungs- und Berufsumwegen auf den Lehrstuhl für Philosophie der Universität München gelangt. Er studierte Naturwissenschaften, machte aber sein Staatsexamen in der medizinischen Fakultät. Er war Assistent seines Vaters, dann Bergmann und studierte auf der Bergakademie in Freiburg, wo er mit A. von Humboldt bekannt wurde. Reisen in England und Schottland gaben ihm Anregungen für neue Methoden des deutschen Bergbaus. 1798 berief ihn die bayerische Regierung als Münz- und Bergrat nach München. Hier erfand er ein neues Herstellungsverfahren für die Glasproduktion. Neben seiner Berufstätigkeit widmete sich Baader der Philosophie, die ihn bald so beschäftigte, daß er seine Stellung als Bergrat aufgab. Er befaßte sich besonders mit der Lehre der Kirchenväter, der Scholastiker, Theosophen und der neueren Philosophie Kants und Hegels. Seine Lieblingsidee war der Ausgleich und die Vereinigung der morgen- und abendländischen Kirche und Schaffung einer einigen, weltumfassenden, christlichen Religionsgemeinschaft. Er machte deshalb eine Reise nach Rußland, die aber ganz ergebnislos verlief. Auch der Plan der Begründung einer Akademie für religiöse Wissenschaft scheiterte. Seine Schriften haben die Philosophie Hegels maßgebend beeinflußt.

FRIEDEMANN BACH 22. XI. 1710 — 1. VII. 1784

Verliebte Schäferspiele und Maskeraden, rauschende Feste in prunkenden Palästen und in dem neuerstandenen Zwinger — das war Dresden in der Barockzeit, Musenstadt und Elbflorenz ... Im Mittelpunkt der Lebensfreude strahlte der kurfürstliche Hof; auch die Musik, deutsche wie italienische, stand in dem allgemeinen Taumel nicht abseits und spielte auf zum Reigen unbeschwerter Lust. — Kein Wunder, wenn auch der junge Organist an der Sophienkirche, als Cembalovirtuose bestaunt und bejubelt, dem Zauber des Hoflebens erlag. Freilich, Friedemann Bach, der älteste und liebste Sohn des großen Thomaskantors, brachte die gründliche und ernste Ausbildung seines Vaters mit, als er das Amt im Jahre 1733 übernahm. Aber der Sohn verlor den Halt der Seele, der bunte Trubel des Hoflebens zog ihn in seinen Bann und führte ihn von der ernsten, dienenden Musik zum theatralischen Virtuosentum. Unstet trieb es ihn durch die Lande, nach Leipzig, Halle, Braunschweig, Göttingen und Berlin, wo sein Bruder Philipp Emanuel in hohem Ansehen stand. Die Sage will wissen, daß er des großen und sehr geliebten Vaters handgeschriebene Werke für ein paar Groschen verschleudert habe. — Die hohen Pläne Friedemanns zerbrachen, weil ihnen Kern und letzte Klarheit fehlten. Lag es daran, daß mit des Vaters Tode ein großer Abschnitt der Musik zu Ende ging und sich mit neuem Inhalt nicht beleben ließ? Und doch ringt in dem Werke Friedemanns viel Kraft und stürmische Ekstase. Man nennt ihn oft den Meister des „Helldunkel". Mit seinem Suchen, Grübeln und selbstherrlichem Gestalten geht er die Wege, die einige Jahrzehnte nach seinem Tode zur Romantik führen.

21. III. 1685 — 28. VII. 1750 **JOHANN SEBASTIAN BACH**

Seit Jahrhunderten saßen die Vorfahren landauf und landab in Thüringen. Dort wirkten sie, ein fröhlich Musikantenvolk, als Fiedler, Stadtpfeifer und Organisten. Handwerklich-ehrbar dienten sie mit frommem, bescheidenem Sinn der edlen Musika, bis aus ihrer Mitte das Wunder entsprang: die Bächlein füllten sich und mündeten in dem „Meer", wie Beethoven den großen Thomaskantor in Ehrfurcht nannte. — Johann Sebastian Bach verläßt als Waise, zehn Jahre alt, die Geburtsstadt Eisenach und nimmt sein Schicksal in die eigenen Hände. Lehrjahre in der Heimat und in Norddeutschland erweisen seinen harten Fleiß und zielgewissen Willen. Fern liegt dem Bach'schen Geist das unsichere, schwärmerische Suchen späterer Zeiten. Wohl dringt sein Ruf als Komponist und Orgelvirtuose über die Heimat hinaus, doch bleibt der sichtbare Erfolg gering. Ihn lockt auch nicht äußerer Glanz — hausbacken scheint er fast im Kreis der wachsenden Familie —, und doch zieht er den brausenden Gesang von Erde, Himmel und Sternen in seine Arbeitsstube. — Das ändert sich kaum, als er dem ehrenden Ruf nach Leipzig folgt und an der Thomaskirche die Orgelbank zu seinem Herrschersitz erhebt. Bach verströmt und spendet aus der Fülle der Orgelwerke und Instrumentalmusiken, Kantaten und der großen Oratorien. Und niemand ist, dem es gelingt, den Reichtum dieses Werkes ganz zu durchmessen. Wir sehen ihn, wie er gebeugt, mit müden Augen, noch an dem Vermächtnis höchster Kunst der Fuge schafft, bis ihm die Hände in der Sterbestunde sinken. — Sein Leben, seine Mühe schienen vergeblich, er starb fast vergessen. Doch immer wieder riefen mahnende Stimmen zu ihm zurück, erst einzelne, dann mehr und mehr. Und heute pilgern Unzählige ehrfürchtig und voll tiefer Dankbarkeit zum Werk Johann Sebastian Bachs.

8. III. 1714 — 14. XII. 1788 **PHILIPP EMANUEL BACH**

Heute ist es kaum noch verständlich, daß einst Johann Sebastian Bachs zweiter Sohn als das bedeutendste Musikgenie seiner Zeit gepriesen wurde. Und doch haben sich Haydn und Mozart auf ihn berufen. Sie sahen in Philipp Emanuel ihren unerreichten Lehrmeister. Mozarts Ausspruch: „Er ist der Vater, wir sind die Buben. Wer von uns was Rechtes kann, hat's von ihm gelernt", zeigt seine Bedeutung in der Musikgeschichte. — Als Hofcembalist stand Philipp Emanuel fast drei Jahrzehnte im Dienst Friedrichs II. Wenn der König die Flöte blies, begleitete er am Flügel. Mag ihn auch manchmal Friedrichs gewohnter Befehl: „Laßt die Musikanten herein!" in seiner Ehre gekränkt haben, es war doch die glückliche Zeit von Sanssouci. Aus ihrer Geborgenheit erwuchsen Lieder und Klavierkompositionen voll leichter Grazie, die dennoch tiefverhaltenes Gefühl ausschwingen. Ein bisher nicht geahnter Reichtum der Melodiensprache breitete sich aus. Echtes Empfinden mischte sich mit kecker Heiterkeit, und liebenswürdiger Plauderton verlor sich nie ins Leere, Bedeutungslose. Diese echte Musikalität unterschied Philipp Emanuel von vielen, die ihre Kunst dem galanten Stil der Zeit opferten, und offenbart in neuem Kleid das Erbe seines Vaters. Der Siebenjährige Krieg zerstampfte das zarte Spiel des Rokoko, und auch die Hofkonzerte des Königs schwiegen vor dem Klirren der Waffen. Philipp Emanuel schied aus dem Dienst und fand in Hamburg ein ausgedehntes neues Arbeitsfeld. Jetzt saß er wie der Vater auf der Orgelbank, lehrte als Kantor und leitete zugleich die Pflege der städtischen Musik. Die Besten der Zeit sahen ihn dort in ihrer Mitte, darunter Klopstock, der auf das Grab des Komponisten die Worte setzen ließ: „War groß in der vom Wort geleiteten, noch größer in der kühnen, sprachlosen Musik."

FRANCIS BACON 22. I. 1561 — 9. IV. 1626

Seit dem 15. Jahrhundert begann der Kampf der revolutionären Geister des Abendlandes gegen die gebundene Weltanschauung des Mittelalters. Die Wiederentdeckung der Antike, die Kenntnis der aristotelischen Weisheit, sprengten den Rahmen des überkommenen Denkens. Das Wissen der griechischen und römischen Weisen galt nun als festgefügter Bau, der ewig und unverrückbar schien. Die Ehrfurcht ging so weit, daß einer der großen Humanisten einmal ganz ernsthaft schrieb, ob Öl gefrieren könne, wisse man nicht, da in den Werken des Plinius nichts darüber zu finden wäre. Der englische Philosoph Bacon hat als einer der ersten eine Bresche für neue Entdeckungen und Anschauungen geschlagen. Er verwarf alle vorgefaßten Meinungen und stellte die eigene Erkenntnis auf Grund von Versuchen in den Vordergrund. Nur das Experiment könne wirkliche Klarheit schaffen. Von dem einzelnen wäre dann mit Vorsicht auf das Allgemeine zu schließen. Bacon ist nicht der eigentliche Erfinder dieser Methodik, er hat aber durch seine Werke entscheidend zu ihrer Verbreitung beigetragen. — Der Lebensweg Bacons war reich an Höhen und Tiefen. Er ließ sich als Rechtsanwalt in London nieder, ging in den Staatsdienst, wurde Mitglied des Parlamentes und schließlich Lord-Kanzler. Die Art, wie er sich hocharbeitete, entsprach vielfach nicht den Gesetzen menschlicher Moral. Er zog sich dadurch die Feindschaft einflußreicher Männer zu, die es erreichten, daß er wegen Korruption angeklagt und zu Gefängnis verurteilt wurde. Der König begnadigte ihn nach kurzer Zeit. Kurz vor seinem Tode schrieb Bacon: „Meinen Namen und mein Andenken vermache ich den Völkern des Auslandes, meinen Landsleuten aber erst, wenn viel Zeit verflossen ist ...!"

ROBERT BADEN-POWELL  22. II. 1857 — 8. I. 1941

Auf allen Straßen der Welt wandern die Pfadfinder über Straßen und Felder, durch Wald und Heide. In den Nächten leuchten die Zelte im Mondschein, glühen die Lagerfeuer, an denen die Romantik der Natur, die Kameradschaft und das Gefühl der Gemeinschaft über die Grenzen hinweg ihre Heimstatt haben. Jugendliche aus aller Welt haben sich seit vielen Jahrzehnten unter dem Zeichen der Lilie zusammengefunden, um den allgemein-menschlichen Idealen der Nächstenliebe, der Religion, der tätigen Hilfe an den Armen und Bedürftigen und der Naturverbundenheit zu dienen. „Ritterlich, duldsam und immer frohen Mutes" soll der Pfadfinder sein — so steht es in den Gesetzen des Bundes. — Gründer der internationalen Pfadfinderbewegung ist der Engländer Robert Baden-Powell. Er wurde 1857 als sechster Sohn eines Hochschulprofessors in Oxford geboren. 1876, als die englisch-imperialistische Macht ihren Höhepunkt erreicht hatte, trat er als Offizier in ein Husarenregiment ein. Er diente in Afghanistan, im Zululand, in Ashanti an der Goldküste als Kommandeur einer Eingeborenentruppe, im Betschuanaland und anschließend im Burenkrieg. Überall hatte er feststellen müssen, daß die Europäer den Eingeborenen in der Kenntnis der Natur und ihrer Gesetze weit unterlegen waren, daß die Jugend aller weißen Völker verstädtert und ohne die Hilfsmittel der Zivilisation in weglosser Steppe, im Busch und Urwald, hilflos verloren war. Die von ihm ins Leben gerufene „Boy-Scout"-Bewegung sollte die jungen Menschen aus den Steinwüsten der Großstädte hinausführen und sie lehren, sich wieder in den Rhythmus des Naturgeschehens einzuordnen. Powells Ziel war es, eine gesunde, charaktervolle, naturverbundene Jugend heranzuziehen. Unermüdlich und mit genialer Organisationsgabe hat er an dieser Aufgabe gearbeitet.

3. XI. 1801 — 4. X. 1859 KARL BAEDEKER

Die Entdeckung der Schönheit des Reisens und der Landschaft, der Reize mittelalterlicher Städte, war eines der großen Verdienste der Romantiker, die aus der problematischen Gegenwart der nachnapoleonischen Zeit in die Vergangenheit deutscher und abendländischer Geschichte flüchteten. Rheinromantik und Loreleizauber, Ritterburgen und das sagenumwobene Gemäuer alter Schlösser bezauberten das Gemüt der Menschen des beginnenden 19. Jahrhunderts. Der Reisende, der in der Postkutsche durch die Länder fuhr, wollte wissen, welche geschichtlichen Ereignisse mit der Stadt verbunden waren, in der er die Nacht verbrachte, wer auf den Burgen gehaust, die ihn von hohen Bergen grüßten, und durch welches Schicksal ihre mächtigen Mauern in Trümmer gelegt wurden. Wenn er von weitem die ragenden Türme gotischer Dome erblickte, so interessierte ihn das Jahr ihrer Erbauung und der Name des Baumeisters. Diesem Zeitbedürfnis kam der Buchhändler und Verleger Karl Baedeker in Koblenz durch die Herausgabe seiner Reisehandbücher entgegen. Er übernahm eine bereits vorhandene Rhein-Reisebeschreibung und brachte sie in verbesserter Form im Jahre 1839 heraus. Die Beschreibung der Landschaft und ihrer Sehenswürdigkeiten verband Baedeker mit praktischen Hinweisen auf Gaststätten, Hotels und Fahrpläne. Alles, was dem Fremden seine Fahrt erleichtern und bequemer machen konnte, war in den Handbüchern enthalten. Baedeker bereiste selbst mehrmals die von ihm beschriebenen Routen, notierte alles Bemerkenswerte und gab damit seinen Lesern die Gewähr absoluter Zuverlässigkeit. Der „Baedeker" wurde bald in ganz Europa ein Begriff, und niemand, der eine größere Reise unternahm, vergaß es, den praktischen Führer im Gepäck mitzunehmen.

28. II. 1792 — 28. XI. 1876 KARL ERNST VON BAER

Omne vivum ex ovo — alle Tiere, auch die, welche lebende Junge gebären, entwickeln sich aus Eiern — so hatte schon im Jahre 1651 William Harvey verkündet, der Entdecker des Blutkreislaufs. Den Beweis für diese Behauptung freilich mußte er ebenso schuldig bleiben wie die Biologen der nächsten Jahrhunderte, die sich um allerlei gelehrte Theorien stritten, im übrigen aber nicht weiter kamen als der Holländer de Graaf, der wenige Jahrzehnte nach Harvey in den Follikeln das Säugetier-Ei entdeckt zu haben glaubte. Erst nach fast zweihundert Jahren wurde das Rätsel um die frühen Entwicklungsstadien der Wirbeltiere gelöst. Karl Ernst von Baer, Edler von Huthorn, aus deutschbaltischem Adelsgeschlecht, fand im Jahre 1827 bei seinen klassisch gewordenen Untersuchungen das vielgesuchte Ei als ein kleines, dotterhaltiges Bläschen im Innern des Graafschen Follikels. Von dieser Entdeckung ausgehend, verfolgte er die Entwicklung der Keimlinge sämtlicher Wirbeltiergruppen und schuf mit seinem Werk „Über die Entwicklungsgeschichte der Tiere" die moderne Embryologie, die sehr bald einer der wichtigsten Zweige der vergleichenden Anatomie und ein hervorragendes Mittel zur Erforschung der verwandtschaftlichen Beziehungen zwischen den einzelnen Tiergruppen werden sollte. Als Karl Ernst von Baer im Jahre 1834 Mitglied der Kaiserlich Russischen Akademie der Wissenschaften wurde, wandte sich sein Interesse von der Entwicklungsgeschichte ab und anderen Problemen, der Anthropologie, der Völkerkunde, der Vorgeschichte und der Sprachwissenschaft zu. Er machte ausgedehnte Reisen, deren Forschungsergebnisse er 1857 bis 1859 in vier aufsehenerregenden Büchern veröffentlichte.

HANS BALDUNG (Grien) 1484 — 1545

Hans Baldung, genannt Grien, lebte in einer Zeit, da die deutsche Malerei ihren Höhepunkt erreichte. Mathias Grünewald, Martin Schongauer, Hans Holbein, Albrecht· Altdorfer, Lucas Cranach und Albrecht Dürer sind seine Zeitgenossen. Die italienische Renaissance strahlte nach Deutschland aus und schuf ein neues Lebensgefühl, das langsam die Macht der Religion, die mystische Versenkung in das Jenseits, verdrängte und sich den irdischen Dingen zuwandte. Italien entdeckte die klassische, klare, helle und schönheitsbejahende Kunstform der Neu-Antike. Die deutschen Maler, wie Grünewald und Baldung, zeichneten die dunklen Schatten finsterer Mächte, die das Dasein des Menschen bedrohen. Traumdämonen, Hexen, Nixen, Teufel und irrlichternde Fabelwesen erblickten sie zwischen Himmel und Hölle. Die Menschen hatten die Sicherheit des Glaubens verloren und erlebten in furchtbarer Verlassenheit das Ausgeliefertsein an die Mächte der höllischen Welt. Wenn Baldung eine Frau von blühender Schönheit malte, dann stand der graue, schreckliche Schatten des Todes hinter ihr und streckte seine Knochenhand nach der Beute aus. Die Farben der Bilder haben die scharfen, blendenden Konturen von Tag und Nacht oder das grünlich-schillernde, diffuse Schimmern verwesender Körper. — Baldung ist wahrscheinlich in der Werkstatt Dürers ausgebildet worden. Er lebte am Oberrhein, in der Schweiz und im Elsaß. Sein Hauptwerk ist der Altar im Freiburger Münster. Er schuf ausgezeichnete Buchillustrationen, Holzschnitte und Kupferstiche. Dürer schätzte sein Können besonders hoch und übersandte ihm als Zeichen seiner Freundschaft eine Haarlocke.

HONORE DE BALZAC 20. V. 1799 — 18. VIII. 1850

Es gab eine Zeit, da man sich in Frankreich à la Balzac kleidete, à la Balzac die Wohnungen möblierte und à la Balzac das Leben einrichtete. Die Romane des Dichters gelesen zu haben, gehörte zu den Elementarregeln des guten Tons. Die Menschen des Pariser Bürgerkönigtums empfanden die Balzac'schen Gestalten als Wesen ihresgleichen. Alle schwärmerischen Ideale der Romantik waren vergessen. Man lächelte über Ehe und Treue, über Edelmut und Charakterstärke. Genuß des Lebens war Trumpf, und nur nackter, brutaler Egoismus führte zum ersehnten Ziel: dem hohen Bankkonto und dem Auskosten aller Nuancen des „Bonvivre". Der Dichter schilderte die Menschen so, wie er sie sah, ohne Verklärung, frei von jeder Idealisierung, mit ihren Torheiten, Schwächen und Teufeleien; die Gemeinde seiner Bewunderer aber kopierte ihrerseits wieder die Helden der Balzac'schen Romane. „Indem ich diesen Leuten zuhörte, wurde ihr Leben ganz das meine. Ihre Wünsche, ihre Bedürfnisse, ihr ganzes Wesen floß über in mein Wesen, wie meines in das ihrige...", sagt der Dichter einmal über das Wesen seiner Kunst. Wie auf der Sezierbank wurde der Mensch in allen seinen Regungen, auch den verborgensten und geheimsten, mit naturwissenschaftlicher Exaktheit zergliedert. — Balzac hat hart um den Erfolg gekämpft. Er war Lehrling bei einem Notar, freier Schriftsteller ohne Einnahme, Pächter einer kleinen Buchdruckerei, die nach kurzer Zeit vollkommen überschuldet war. Dann erschien sein Roman „Le dernier Chouan", und damit begann der steile Aufstieg zum beliebtesten Pariser Modedichter. In schneller Folge schrieb er die anderen Werke, deren Hauptstücke er in der umfassenden Sammlung „Menschliche Komödie" vereinte.

14. XI. 1891 — 22. II. 1941   **FREDERIK GRANT BANTING**

Die im Jahre 1932 erfolgte Gründung des Banting-Untersuchungsinstituts durch die kanadische Universität Toronto sollte an dem Gedenktag eines epochalen Ereignisses einen Forscher von Weltruf ehren: Banting hatte gemeinsam mit C. H. Best 10 Jahre vorher das Insulin entdeckt. Diese Tat bedeutete nicht nur einen gewaltigen Fortschritt der wissenschaftlichen Erkenntnis, sondern für ungezählte Kranke auch Beseitigung der Beschwerden, neue Lebensfreude und Arbeitsfähigkeit. — Banting wurde in Alliston in Kanada geboren, promovierte 1916 nach Absolvierung seines Medizinstudiums an der Universität Toronto zum Dr. med. und wirkte nach mehrjähriger Tätigkeit als Militär- und Kinderarzt an der University of Western Ontario als Lektor für Physiologie. Später (1922—23) war er Pharmakologe in Toronto, wo er seit 1923 als Professor für medizinische Forschung arbeitete. Die Beschäftigung mit dem Problem der Funktion der Bauchspeicheldrüse führte zur Darstellung des Insulins, eines Stoffes, der bei der Zuckerkrankheit der Menschen eine überragende Rolle spielt. Nachdem 1899 deutsche Forscher den Zusammenhang der Zuckerkrankheit mit der Bauchspeicheldrüse nachgewiesen und so das Interesse aller Forscher auf diese Verdauungsdrüse gelenkt hatten, gelang es Banting, mit seiner Entdeckung den endgültigen Nachweis dafür zu erbringen, daß hier in den „Inselzellen" der wichtigste Stoff für den Kohlehydratstoffwechsel gebildet wird. Sein Ausfall führt zur Zuckerkrankheit. — Das Insulin, dessen Verabreichung heute für den Diabetiker eine unentbehrliche Selbstverständlichkeit geworden ist, wird aus der Bauchspeicheldrüse von Schweinen, Rindern, Schafen und neuerdings auch von Fischen gewonnen.

Um 1550 — 20. VI. 1597   **WILLEM BARENTS**

Der Kampf mit dem Eis des Polargürtels begann vor über einem halben Jahrtausend. Immer wieder versuchten Wagemutige, die Geheimnisse des Nordmeeres und des Pols zu erforschen. Bis zum 18. Jahrhundert ging es dabei nicht um wissenschaftliche Erkenntnis, sondern um die Erschließung neuer Handelsstraßen. Die mittelalterliche Welt bezog kostbarste Waren, Gold und Edelsteine, Seide, Gewürze und Spezereien aus Indien und China. Als Vermittler dienten die Araber, die ihre Schiffsladungen in mohammedanischen Häfen umschlugen. Von dort aus kamen sie mit erheblicher Verteuerung auf die abendländischen Märkte. Holland, England, Spanien und Portugal schickten im 15. und 16. Jahrhundert ihre Schiffe aus, um den Seeweg in den Fernen Osten zu entdecken. Aber selbst als Vasco da Gama die Segelstraße um Afrika herum fand, blieb der Handel durch die riesigen Entfernungen zeitraubend und kostspielig. Auf Grund der Kenntnis von der Kugelgestalt der Erde bemühte man sich deshalb in den nördlichen Ländern, über das Polargebiet nach Osten vorzudringen. 1594 lief von Amsterdam eine Flotte von vier Seglern aus mit dem Auftrag, die Nordstraße nach China zu suchen. Zwei der Schiffe standen unter dem Kommando des Steuermannes Willem Barents. Er erreichte Novaja Semlja, mußte aber vor den gewaltigen Eisbarrieren zurückweichen. 1596 leitete er eine zweite Expedition. Diesmal umrundeten die Abenteurer die Nordostspitze der Insel und wurden hier vom Eise eingeschlossen. Ohne Ausrüstung überstanden sie als erste Europäer unter furchtbaren Entbehrungen den Polarwinter. Im Frühjahr ruderten die 15 Überlebenden in zwei offenen Booten über das Meer nach Lappland und wurden dort von holländischen Schiffen aufgenommen. Zusammen mit vier Begleitern erlag Barents unterwegs den Strapazen.

ERNST BARLACH 2. I. 1870 — 24. X. 1938

Wenn Barlach eine Bettlerin in Holz schnitzte, dann war das fertige Werk nicht mehr eine Einzelgestalt, das Abbild eines Individuums, sondern die Personifizierung menschlichen Elends, der Versunkenheit im Unglück, der Not des Menschengeschlechts überhaupt. Seine Figuren sind Ausdruck und Darstellung von ganzen Klassen und Schichten der menschlichen Gesellschaft. Sie zeigen einen bis ins Letzte gesteigerten Ausdruck, der nicht, wie etwa in der Barockkunst, durch Gelöstheit der Bewegung und freies Spiel der Glieder erreicht wird, sondern durch eine wundersame Vereinfachung und Typisierung, eine Konzentrierung der Umrisse, Weglassung alles Unwesentlichen und Verdichtung und Massierung der seelischen Sprache. Dabei sind Gesicht und Mienenspiel fast nebensächlich, weil alles, was der Künstler sagen will, durch die Gesamtheit des Werkes ausgedrückt wird. Barlachs Kunst ist sehr stark beeinflußt worden durch eine Reise nach Südrußland, die er im Jahre 1906 durchführte. In den bäuerischen Schnitzern, die nach alten, kirchlich-byzantinischen Vorbildern arbeiteten, fand er die Wesenszüge seiner eigenen künstlerischen Auffassung wieder. Die Gestalten der russischen Bauern, die dämonischen Dostojewski-Figuren der Bettler, Heiligen, Narren und Gottsucher sind immer wieder die Modelle Barlachscher Plastiken. — Der Künstler ist nach Geburt und Charakter Niederdeutscher. Die weite, nordische Landschaft mit ihrer Verlorenheit und Endlosigkeit hat sein Werden geformt. Nach Ausbildungsjahren in Hamburg, Dresden und Paris ließ er sich in Güstrow in Mecklenburg nieder und lebte dort dichtend und bildend sein eigenes, selbst gestaltetes Leben, unbekümmert um Lob und Tadel der Mitmenschen.

THOMAS BARNARDO 1845 — 19. IX. 1905

„Kein verlassenes Kind ist hier jemals abgewiesen worden!" steht in großen, goldenen Buchstaben über dem Gebäude des Barnardo-Heimes in der Nähe von Whitechapel, dem Elendsviertel von London. Über 100 000 Mädchen und Knaben, die ohne Eltern und Heimat der Not und Verkommenheit ausgesetzt waren, fanden in diesen Erziehungsanstalten liebevolle Aufnahme und Betreuung. — Thomas Barnardo war der Gründer und Leiter der Kinderheime. Er berichtet selbst, wie eines Tages ein völlig verlumpter Junge zu dem Unterricht kam, den er als Medizinstudent für die Kinder der Armen abhielt. Als nach Schluß der Stunde die anderen nach Hause gingen, bat ihn das Kind, die Nacht über in dem Klassenraum bleiben zu dürfen, da es kein Unterkommen habe. Barnardo ließ sich voller Unglauben die Schlafstätten der „Niemandskinder" auf Dächern, unter Bretterstapeln und in den versteckten Winkeln von Whitechapel zeigen und war erschüttert, dort Hunderte von völlig verwahrlosten und verelendeten Kindern jeden Alters zu finden. In einer Wohltätigkeitsversammlung berichtete er sein Erlebnis, und das Aufsehen, das seine Schilderung erregte, ermöglichte es durch den Appell an die wohlhabenden Kreise Londons, ein Heim für die Heimatlosen zu errichten. Dort wurden die Jungen und später auch Mädchen systematisch an ein geordnetes Leben gewöhnt, erhielten Unterricht und lernten ein Handwerk. Später schickte man sie in die Kolonien, besonders nach Kanada und unterstützte sie dort in ihrem Vorwärtskommen. Das Unternehmen beruhte fast nur auf freiwilligen Spenden. Barnardo ist aus den Geldsorgen nie herausgekommen, und oft schien es keinen Ausweg mehr aus der Schuldenlast zu geben. Der „Vater der Niemandskinder" starb in den Sielen der Arbeit.

5. VII. 1810 — 7. IV. 1891   **PHINEAS TAYLOR BARNUM**

Barnum ist eine der interessantesten Gestalten der amerikanischen Gründerzeit. Mit den großen Strategen des Dollars hat er die bewunderungswürdige Energie gemeinsam, die keine Hindernisse kennt, die in rücksichtslosem Draufgehen alles niederrennt, was sich ihr in den Weg stellt. Diese Männer, die Rockefeller, Bennet, Astor, Carnegie und Harriman haben etwas von der stürmischen Dynamik, mit der die Amerikaner sich durch Axt und Büchse den Westen ihres Kontinents eroberten. Wie ein Wirbelwind brechen sie in das Gebiet der Wirtschaft und des Geldes ein, kämpfend, schlagend und wieder geschlagen, über Höhen und durch Tiefen gehend, ohne Gewissen und Moral, Renaissance-Menschen des Geschäftes, aber von der glasklaren, erfrischenden Luft des Pioniers und Neuland-Entdeckers umgeben. Barnum kannte die Menschen. Er zeigte ihnen das, was sie sehen wollten, Sensationen, Nieerblicktes, Abenteuerliches und Einmaliges, und er zwang sie durch seine ganz neuartige, schreiende, betäubende Werbungsmethode, in seine „Shows" zu kommen und ihre Neugierde zu bezahlen. Das erste große Geschäft machte er mit einem alten Negerweib, das angeblich die Amme von George Washington gewesen sein sollte. Die nach ihren eigenen Aussagen Hundertsechzigjährige wurde das Tagesgespräch von ganz Nordamerika. Nach ihrem Tode stellte es sich heraus, daß sie höchstens 80 Jahre alt gewesen sein konnte. Barnum hatte schon wieder neue Pläne. Er führte großartige Schaustellungen mit Abnormitäten, Akrobaten und wilden Tieren durch, errichtete in New York das Amerikanische Museum und ging im Jahre 1844 mit seinem ganzen Ensemble nach Europa. Der „König des Humbugs" lehrte — wie es in einer Biographie heißt — die Welt die Wissenschaft des Geldmachens und die Philosophie des Humbugs.

30. VI. 1755 — 29. I. 1829   **GRAF VON BARRAS**

Das Leben des Grafen Barras ist eng mit der Geschichte der Französischen Revolution verknüpft. Er war einer der wenigen Mitglieder des Hochadels, die sich den Jacobinern anschlossen. Der Sturm auf die Bastille sah ihn in den Reihen der Revolutionsmänner. Man übertrug ihm hohe Verwaltungsämter und wählte ihn in den Konvent. Als über das Schicksal des Königs debattiert wurde, war Barras der eifrigste Verfechter des Todesurteils für Ludwig XVI. Seine brutale Energie und bedenkenlose Grausamkeit ließen ihn als geeigneten Führer wider die gegenrevolutionären Elemente in Frankreich erscheinen. Die Niederwerfung des Aufstandes der Girondisten und die furchtbare Bestrafung Toulons nach Einnahme durch die Truppen des Konvents waren sein Werk. In dem Wirbel von Aufstieg und Niedergang, der fast alle Jacobiner-Demagogen erfaßte, blieb er durch einen unfehlbaren Instinkt für politische Situationen und Verhältnisse immer an der Oberfläche. In der Stellung eines Konventspräsidenten und Kommandanten der Pariser Armee vereinigte Barras eine fast diktatorische Gewalt in seiner Hand. Napoleons Aufstieg war nur durch die Unterstützung von Barras möglich. Seine Fürsprache verschaffte ihm den Oberbefehl über die Italien-Armee. Die Übertragung der Konsulargewalt an Napoleon bedeutete jedoch das Ende der politischen Laufbahn des Grafen Barras. Der Gestürzte lebte seitdem als Privatmann auf seinen Gütern, ungestört auch durch die Rückkehr der Bourbonen. Sein durch ungeheure Korruption gewonnenes Vermögen ermöglichte ihm ein Leben der Genußsucht, der Üppigkeit und Verschwendung.

FRA BARTOLOMMEO 28. III. 1472 — 31. X. 1517

Als am 24. Mai 1498 der Florentiner Mönch und Bußprediger Savonarola als Ketzer den Feuertod erlitt, stand unter den Zuschauern einer seiner treuesten Freunde, der fünfundzwanzigjährige Maler Baccio della Porta, den man später Fra Bartolommeo nannte. Tief erschüttert gelobte er, der Malerei zu entsagen und trat in ein Dominikaner-Kloster ein. Ein vielversprechendes Talent schien für die Kunst verloren. Fünf Jahre hörte man nichts von ihm, dann ergriff er wieder, gepackt von dem Schöpfungszwang des Genies, den Pinsel und schenkte in einem Leben rastloser Arbeit der Welt unvergängliche Werke von reifster Schönheit. — Das 16. Jahrhundert ist für die italienische Kultur das goldene Zeitalter. Leonardo da Vinci, Michelangelo, Raffael und Tizian führten die Kunst auf eine nie wieder erreichte Höhe. Die Schönheit und Vollendung der Antike wiederholte sich hier noch einmal in großartiger Neuschöpfung. Das Schaffen Bartolommeos ist erfüllt von dem Geist dieser Zeit. Die Figuren seiner Bilder zeigen eine meisterhafte Beherrschung der äußeren Form, klassisch formulierte Anordnung und gläubige Beseeltheit von dem Gedanken des thematischen Geschehens. Das Kolorit der Farben ist von bezaubernder Leuchtkraft. Durch sinnvolle Anwendung perspektivisch genauer Architektur erreichte er eine klare Raumtiefe. Die Hauptwerke Fra Bartolommeos sind das Fresco mit dem Jüngsten Gericht im Klosterhof von Santa Maria Nuova (Florenz), die Verlobung der heiligen Katharina (Louvre), die Madonna mit Heiligen im Dom zu Lucca und die Auferstehung und Beweinung Christi (Galerie Pitti).

KARL VON BASEDOW 28. III. 1799 — 11. IV. 1854

Seit der Mitte des 19. Jahrhunderts ist die „Basedowsche Krankheit" ein festgefügter Begriff geworden. Das „Glotzauge" als Symptom der übermäßigen Bildung des Schilddrüsensekretes hat 1840 erstmalig der Amtsarzt in Merseburg, Dr. med. Karl Anton von Basedow, in seiner Schrift „Exophthalmus durch Hypertrophie des Zellgewebes in der Augenhöhle" beschrieben und ist damit in den Kreis der Berühmtheiten der medizinischen Wissenschaft eingegangen. Basedow lebte als Arzt in Merseburg, arbeitete als Wissenschaftler und veröffentlichte eine Reihe beachtenswerter Arbeiten, besonders auf dem Gebiet der Chirurgie. Der große Mediziner Georg Hirsch hat erstmalig das „Glotzauge", jenes typische Krankheitssymptom, nach seinem ersten Entdecker benannt. Wieder einmal hatte ein einfacher praktischer Arzt, der in emsiger Arbeit fernab von den Stätten der offiziellen Forschung seine freien Stunden dem Studium gewidmet hatte, einen wichtigen Baustein zum Gebäude der Wissenschaft geliefert. Er ist mit seinem Beitrag ein Wohltäter all derer geworden, die seitdem in Erkenntnis der wahren Ursachen ihres Leidens rechtzeitiger Behandlung und Heilung zugeführt werden konnten. Es mußte nach ihm freilich noch schwere und langwierige Forscherarbeit geleistet werden, bis der heutige Stand der Erkenntnis erreicht war, der dazu immer noch nicht das Problem als abgeschlossen zu betrachten erlaubt. Basedow starb als eines der vielen Opfer, die die Medizin aus den Reihen ihrer Jünger der Bekämpfung der Krankheiten gebracht hat. Auf der Suche nach der Ursache des furchtbaren Flecktyphus sezierte er die Leiche eines Mannes, der an der Seuche verstorben war und infizierte sich dabei selbst. Jede Hilfe kam zu spät.

26. VI. 1826 — 2. II. 1905   **ADOLF BASTIAN**

Kisten ohne Zahl enthielten Schätze aus aller Welt: Schamanentrommeln der Hirtenvölker Innerasiens, Bumerangs der Australneger, fratzenhafte Götzenbilder aus Yukatan, sanft lächelnde Buddhas aus Ceylon. Ein einzelner Mann hatte diese Kostbarkeiten zusammengetragen, die 1868 den Grundstock des Berliner Museums für Völkerkunde bildeten. — Mit fünfundzwanzig Jahren war Adolf Bastian als Schiffsarzt hinausgefahren zu seiner ersten Fahrt nach Australien. Nach einer Weltreise, die ihn 1859 wieder in die Heimat zurückführte, war aus dem Schiffsarzt der völkerkundliche Forscher geworden. Peru und Mexiko, Kalifornien und China, Ostindien und Syrien, Ägypten und Südafrika hatte er gesehen, unermüdlich hatte er beobachtet, notiert und gesammelt. In einem Werk „Der Mensch in der Geschichte" legte er die Ergebnisse seiner wissenschaftlichen Arbeit nieder. Diese Bände sind der Ausgangspunkt der modernen vergleichenden Völkerkunde geworden. Völkerkunde ist nach Adolf Bastian die Wissenschaft von der menschlichen Kultur, deren Grundlagen sich bei allen Völkern und in allen Kulturen wiederholen, weil alle Menschen des gleichen Geistes Kinder sind. Erst auf dem Unterbau dieses „Elementargedankens" erhebt sich, unterschiedlich geformt durch Umwelt und Geschichte, der „Völkergedanke", worunter Bastian jene Kräfte versteht, die der verschiedenartigen Kulturform der einzelnen Völker ihre Prägung verleihen. — Noch achtmal ist Adolf Bastian hinausgefahren, immer auf der Suche nach dem geheimnisvollen Untergrund menschlicher Gesittung. Fern der Heimat, auf Trinidad, ist er, seit 1886 Direktor des Berliner Völkerkundemuseums, fast achtzig Jahre alt, gestorben. Die Nachwelt ehrte ihn mit dem Titel „Altmeister der Ethnologie".

9. IV. 1821 — 31. VIII. 1867   **CHARLES BAUDELAIRE**

Baudelaire ist der Dichter der Dekadenz des französischen Bürgertums, des Abgleitens aller Werte in Tiefen, deren grauenhafte Schrecken man schaudernd genoß. Die Menschen lebten dem Genuß, und da der Genuß, wie sie ihn meinten, nur mit Geld zu erkaufen war, erhob man wieder einmal, wie so oft in der Geschichte, das goldene Kalb zum Gott. Bald war man übersättigt von den landläufigen Reizen und suchte nach neuartigen Mitteln, die abgestumpften Nerven aufzupeitschen und anzuregen. Da erschien 1857 in Paris eine Gedichtsammlung unter dem Titel „Les fleurs du Mal", die mit genialer, dichterischer Phantasie die Abgründe und Geheimnisse der menschlichen Seele sezierte und bloßlegte. Selbst das sicher nicht prüde französische Leserpublikum stand zuerst bestürzt und geblendet vor dem grellen Schlaglicht auf die Verderbtheit der Epoche. Man konnte sich aber auf die Dauer nicht der Wirkung der Baudelaireschen Kunst entziehen, da ihre Ausdrucksfähigkeit bis in die letzte feinste Möglichkeit des Sagbaren gesteigert war und der Stil eine bisher kaum erblickte Klarheit des Schliffs aufwies. Die Dichtergeneration der zweiten Hälfte des 19. Jahrhunderts wurde von Baudelaire stärkstens beeinflußt. Vor den „Fleurs du Mal" hatte der Dichter eine Reihe von Prosaschriften, besonders auf dem Gebiet der Kunstkritik, herausgegeben. Sein unbestechliches Urteil entdeckte eine Reihe von Malern, bevor sie allgemein anerkannt wurden. Richard Wagner hat er trotz seiner Pariser Mißerfolge als das große musikalische Genie des Jahrhunderts bezeichnet. Baudelaire starb, ausgehöhlt von Lastern und Ausschweifungen, in einer Anstalt, wo er die letzten fünfzehn Monate seines Lebens zubrachte.

WILHELM BAUER   23. III. 1822 — 18. VI. 1876

Der Menschheitstraum, sich unter Wasser mit einem Boot zu bewegen, schien für immer der Welt des Märchens und des „Seemannsgarns" anzugehören — bis zu jenem 18. Dezember des Jahres 1850, als sich über dem ersten Unterseeboot der Welt in der Kieler Bucht mit einem Wellengekräusel die Wasseroberfläche schloß. Am Steuer dieses „Eisernen Seehundes" saß der Erfinder, der Ingenieur Wilhelm Sebastian Bauer. Vor mehr als einem Jahr war in ihm der Plan gereift, die Konstruktion eines Tauchbootes zu versuchen. Damals stand Bauer als Korporal in den Reihen der Kontingente des Deutschen Bundes, die gegen Dänemark um den Besitz Schleswig-Holsteins kämpften. Die Düppeler Schanzen waren sturmreif geschossen worden, als aber die deutschen Angreifer auf den Wällen standen, zog sich das dänische Heer in geordnetem Rückzug über die Sundbrücke nach Sonderburg zurück. Der einzige Weg zur Sprengung der Brücke hätte über den Meeresgrund führen müssen. Seit dieser Stunde kreisten die Gedanken Bauers um die Konstruktion eines „Brandtauchers". Sein ganzes Leben hat er dieser Aufgabe gewidmet, er hat überlegt, geworben, entworfen, gebaut, geändert, verteidigt, experimentiert und verbessert. Mit 30 000 von der Armee gestifteten Talern konnte schließlich der Bau eines Tauchbootes in Angriff genommen werden. Am 18. Dezember 1850 wurde es in Kiel zu Wasser gelassen. Im Februar 1851 versank das Boot bei einer Übungsfahrt, wobei der Erfinder mit knapper Not sein Leben retten konnte. Jahrzehnte später erst wurden betriebssichere U-Boote gebaut. Die Verwendung von Atomkraft erlaubt es den modernen Unterseebooten, sich viele Monate unter Wasser zu halten, ohne jemals Treibstoff auffüllen zu müssen.

BAYARD   1475 — 30. IV. 1524

In Pierre du Terrail, Seigneur de Bayard, verkörpern sich noch einmal die Ideale des mittelalterlichen Rittertums. Gottesdienst und Erdenminne, Vasallentreue und Großmut des Siegers im Kampf gegen den Unterlegenen sind die Tugenden des „Chevalier sans peur et sans reproche", des Ritters ohne Furcht und Tadel. Die französische Nation, die in ihm das Sinnbild ihres Volkscharakters sah, umgab ihn mit einem strahlenden Kranz von Legenden und Märchen. Wie ein heller Stern erglänzten sein Leben und seine Taten noch einmal am Firmament des ausgehenden Mittelalters, bevor eine neue Welt ihre Herrschaft antrat. Geistesbildung, Bürgertum und die Schaffung der Landsknechtsarmeen verdunkelten den Glanz des Rittertums und verdrängten höfische Sitte und Moral. Krieg und Kampf waren nicht mehr Turniere, bei denen es den Streitern mehr um Ehre und Ruhm als um Gewinn und Macht zu tun war, sondern völkervernichtende, auszehrende und zerstörende Auseinandersetzungen. — Bayard war ein treuer Gefolgsmann der Könige Karl VIII. und Franz I. Er kämpfte für sie in den Kriegen gegen Spanien und die italienischen Mächte. Man sagt, daß er dabei nie gegen die Gesetze des Christentums, der Menschlichkeit und der Ehre verstoßen habe. Verrat, Untreue und Hinterlist verachtete er. Als ihm ein Verräter den Vorschlag machte, den damals gegen Frankreich im Kriegszustand befindlichen Papst zu vergiften, ließ er ihn gebunden an Rom ausliefern. Er weigerte sich, zusammen mit den gegen Sold dienenden, unritterlichen Landsknechtshaufen zu kämpfen. 1524 starb er an einer Schußwunde.

13. X. 1851 — 21. VI. 1920   **FRIEDRICH BAYER**

Als Sohn des Begründers der weltberühmten Farbenfabriken in Leverkusen wurde Friedrich Bayer 1851 in Barmen geboren. Nach dem Besuch einer höheren Schule widmete er sich dem Studium der Chemie in Wiesbaden und an der Universität Bonn. Im Alter von 22 Jahren kam er als Chemiker in die väterliche Fabrik nach Elberfeld. Bereits nach vierjähriger Tätigkeit wurde er Teilhaber und leitete die chemische Abteilung. Im Jahre 1881 wurde er technisches Vorstandsmitglied. — Aufbauend auf den Erfahrungen der alten Stammfabrik Barmen-Heckinghausen vermochte Friedrich Bayer in der Elberfelder Zweigfabrik mit genialem Talent für technische Organisation bedeutende Verbesserungen in der Herstellung von Farbstoffen durchzuführen. Er verfolgte nicht nur die Arbeiten in dem damals noch kleinen, sehr einfachen Laboratorium, sondern gab viele praktische Anregungen durch eigene wissenschaftliche Arbeit. Die enge Freundschaft zu dem zehn Jahre jüngeren Carl Duisberg wirkte sich außerordentlich günstig auf die weitere Entwicklung beim Aufbau des Werkes Leverkusen aus. — Nach fast 40jährigem, unermüdlichem Wirken schied Bayer aus dem Vorstand aus, beriet jedoch als stellvertretender Vorsitzender des Aufsichtsrates noch viele Jahre das in friedlichem Wettbewerb zu einer Weltfirma emporgewachsene Unternehmen Bayer-Leverkusen und den Interessenverband der IG-Farben. — Der Ausbruch des Ersten Weltkrieges, dessen unglückliches Ende er voraussah und die folgenden innerdeutschen Schwierigkeiten trafen ihn im Kern seines Wesens. Die Vernichtung des so mühsam aufgebauten, nach allen Ländern gehenden Exportes der Farbenfabriken Bayer lähmten seinen Lebenswillen. Er starb im Hause seines Sohnes.

PIERRE AUGUSTIN CARON DE BEAUMARCHAIS
24. I. 1732 — 18. V. 1799

Er wurde geboren als der Sohn eines Uhrmachers, und das war ein Nichts im feudalen Frankreich des „Ancien Régime". Aber er verstand es, durch sein Harfenspiel und seinen Witz den Sonnenglanz von Versailles auf sich zu lenken. Er heiratete eine Dame der Gesellschaft und verhalf sich selbst zum zweifelhaften Adel eines Herrn „De Beaumarchais". — Dem Hofe dankte er seinen Austieg durch anspielungsreiche, höchst spöttische und unehrerbietige Lustspiele, die aber von der verblendeten Gesellschaft der Privilegierten mit Jubel aufgenommen und in der Gegenwart der Königin Marie Antoinette aufgeführt wurden. Seine „Hochzeit des Figaro" stellte einen unverhüllten Angriff auf das bestehende Regime dar, und die Revolutionäre von 1789 betrachteten Beaumarchais daher mit Recht als einen ihrer Schrittmacher. — Er erlebte an den Fenstern seines Stadtpalais — das er sich mit den Gewinnen aus seiner Gesandten- und Waffenschiebertätigkeit während des nordamerikanischen Unabhängigkeitskampfes errichtet hatte — den Sturm auf die Bastille mit, und er war klug genug, einzusehen, daß nun auch seine Welt unterzugehen begann. Die Revolution, die er entfesseln geholfen hatte, fegte ihn hinweg. Er lebte als verarmter Emigrant, der vergeblich mit dem revolutionären Frankreich um ein Vermögen prozessierte, vergessen in der Dachkammer eines Hamburger Mietshauses. Erst im Jahre 1796, als Frankreich die Schrecken der Revolution und der Guillotine vergessen hatte, erlaubte die neue Regierung ihm die Heimkehr nach Paris. — Allein der „Figaro", den Mozart und später Rossini vertont haben, erhielt das Gedächtnis an den vielgewandten Monsieur Caron de Beaumarchais.

HENRI BECQUEREL   15. XII. 1852 — 25. VIII. 1908

Seit Röntgen im Jahre 1895 seine X-Strahlen entdeckt hatte, waren die Physiker in aller Welt auf der Suche nach anderen unbekannten Strahlen, unter ihnen auch der Professor Becquerel von der Pariser École Polytechnique. Ihn interessieren die Erscheinungen der Fluoreszenz, bei der angestrahlte Stoffe die aufgenommene Lichtenergie schon während der Bestrahlung und wieder als Licht, aber mit anderer Wellenlänge abgeben, und der Phosphoreszenz, bei der die bestrahlten Stoffe auch nach Beendigung der Lichteinwirkung nachleuchten. Die verschiedensten Mineralien setzt er dem Sonnenlicht aus und untersucht ihre Einwirkung auf Fotoplatten, die in lichtundurchlässiges Papier gewickelt sind. 1896 findet er einen Stoff, ein Uransalz, das nach Belichtung die Fotoplatte schwärzt. Überraschend ist die Tatsache, daß die Platte auch dann eine Schwärzung – und noch dazu im gleichen Ausmaß – zeigt, wenn das Uranmineral dem Licht überhaupt nicht ausgesetzt worden ist. Ein Stoff strahlt aus sich selber und – das ist die zweite Überraschung – seine Strahlen haben Ähnlichkeit mit denen des Würzburger Professors Röntgen; auch sie machen die Luft elektrisch leitend, auch sie durchdringen undurchsichtige Körper. Die gleichen Eigenschaften zeigen die nun systematisch untersuchten anderen Uransalze, sie alle sind „radioaktiv". Mit leidenschaftlicher Energie wenden sich der junge Wissenschaftler Curie und dessen junge Frau, denen Becquerel von der Entdeckung berichtet, dem neuen Forschungsgebiet zu und können wenige Jahre später mit der Auffindung des Radium und Polonium die ersten großen Erfolge erringen. Gemeinsam dürfen im Jahre 1903 der Entdecker und die beiden ersten Erforscher der Radioaktivität, Henri Becquerel, Pierre und Marie Curie, den Nobelpreis für ihre Arbeiten entgegennehmen.

LUDWIG VAN BEETHOVEN   16. XII. 1770 — 26. III. 1827

Drei Jahre waren vergangen, seit das Volk von Paris die Bastille, das gefürchtete politische Staatsgefängnis, gestürmt hatte. Von Frankreich her drohte Europa die Revolution. Auch das Reich der Deutschen erzitterte. Wien aber, die Kaiserstadt, huldigte an dieser Wende der Zeiten heiter-gelassen der edlen Musik. Der große Komponist Joseph Haydn wirkte hier noch in ungebrochener Schaffenskraft. In den Palästen des Adels, am Kaiserhof und in den Bürgerhäusern genoß man die klingende Kunst. In diese Kreise trat, von seiner rheinischen Heimat herkommend, ein neues Talent: Ludwig van Beethoven. Dem meisterhaften Klaviervirtuosen öffneten sich viele Türen, er fand begeisterte Gönner. Einige Zeit durfte der Lernbegierige sich bei Mozart, nach dessen frühem Tode im Jahre 1791 bei Haydn weiterbilden. Bald aber drängte er als Komponist und Ausübender der Musik zu freierer Entfaltung der Persönlichkeit und des Schaffens. Seine um höchste Gedanken kreisende und um das eigene und das allgemein menschliche Schicksal ringende Seele suchte unter Ausnutzung aller musikalischen Mittel die höchste Steigerung des Ausdrucks. Er erweiterte die überkommene klassische Form der Sonate. Voller Kühnheit in Klang, Gestaltung und Auffassung wurden seine Sinfonien, deren Reichtum an Ideen und Stimmungen unerschöpflich schien. Seine Kompositionen fanden zwar nicht immer willige Ohren, aber von Werk zu Werk erschloß Beethoven neue Bereiche der Kunst und einen immer größeren Kreis ergriffener Hörer. Als ein tückisches, unheilbares Ohrenleiden ihm den Gehör sein kostbarstes Gut entwandt, brach er nicht zusammen. Mochte er vereinsamen, mißtrauisch werden, verbittern, so griff er auch weiterhin nach den Sternen. Seine Spätwerke sind von solcher Tiefe, daß sie erst unser Jahrhundert vollgültig erschlossen hat.

15. III. 1854 — 31. III. 1917 **EMIL VON BEHRING**

Im Jahre 1901 wurde Emil von Behring als erstem Arzt der Welt der Nobelpreis verliehen. Seine Entdeckungen auf dem Gebiet der Humoralpathologie war damit das höchste äußere Zeichen der Anerkennung zuteil geworden. Die am 12. 12. 1901 in Stockholm gehaltene Nobelpreisvorlesung des deutschen Wissenschaftlers hatte zum Thema: „Die Serumtherapie in der Heilkunde und Heilkunst." Rastlose, jahrelange experimentelle Arbeit hatte Behring schon 1889 zu der Erkenntnis geführt, daß die Blutflüssigkeit, das Serum, Trägerin der Immunität eines Tieres gegen gewisse Krankheiten sei. Die im darauffolgenden Jahre gemachte Entdeckung, daß das Serum die Gifte der Erreger neutralisiere, nicht aber die Erreger selbst hemme, führte zur Begründung der berühmten Behringschen Blutserumtherapie und damit zu dem Plan, jene einmal erkannten Eigenschaften der Blutflüssigkeit der Heilkunst dienstbar zu machen, und zwar im besonderen Hinblick auf die Diphtherie und den Tetanus (Wundstarrkrampf). Die experimentell begründete Tatsache, daß das Serum eines gegen Tetanus immunen Tieres, einem anderen gesunden Tier eingespritzt, dieses vor Erkrankung schützt, führte zur Einführung des Heilserums, das seitdem Generationen von Menschen das Leben gerettet hat. Im Jahre 1893 nahm v. Behring seine ersten Versuche an Menschen vor, 1894 schon war die Diphtheriesterblichkeit durch Anwendung seines Heilserums von 51 % auf 24 % gesunken. Die letzte große Entdeckung Behrings blieb die Diphtherieschutzimpfung, die vorbeugend den Kindern eingespritzt wird und Millionen vor Krankheit und Tod bewahrt hat.

Um 500 — 13. III. 565 **BELISAR**

Das oströmische Reich erlebte unter Kaiser Justinian I. noch einmal einen glänzenden Aufstieg seiner Macht. Die Grenzen gegen Persien wurden gesichert, die Vandalengefahr in Afrika beseitigt und die Ostgoten aus Italien vertrieben. Diese Größenentfaltung war das Werk der beiden Feldherren Belisar und Narses. Man erzählte sich am Hofe von Byzanz, daß Belisar, der Günstling des Kaisers, als Sohn eines armen Bauern geboren wäre und sich vom einfachen Soldaten zum Oberbefehlshaber der Armee hochgedient hätte. Belisars militärische Erfolge festigten seine Stellung, trugen ihm aber gleichzeitig das Mißtrauen des Kaisers ein. Justinian fürchtete von jedem besonders ausgezeichneten Mann seiner Umgebung, daß er seine augenblickliche Macht benützen und sich selbst zum Herrn des Reiches machen könnte — ein in jener Zeit durchaus nicht seltenes Ereignis. Hofintrigen trugen dazu bei, den General in Ungnade fallen zu lassen. Er wurde aus Italien abberufen und unter der Anklage, eine Verschwörung gegen die Regierung angezettelt zu haben, in Haft genommen. Sein Nachfolger wurde Narses. Da der Zweck, dem erfolgreichen Feldherrn seine Machtmittel aus der Hand zu nehmen, erreicht war, ließ Justinian den körperlich und seelisch Gebrochenen wieder frei. Alle zeitgenössischen Berichte, daß Belisar, seines Augenlichtes beraubt, in den Straßen von Konstantinopel um Almosen betteln mußte, sind erfunden. Nach seinem Tode beschlagnahmte der Kaiser unter dem Vorwand, daß keine Erben vorhanden seien, das gesamte, zu beträchtlicher Höhe angewachsene Vermögen des verstorbenen Heerführers.

45

GIOVANNI BELLINI Um 1430 — 29. XI. 1516

Die Bilder Bellinis sind von einer strahlenden Leuchtkraft, die aus sich selbst heraus zu erglühen scheint. Satte Farben lassen die Figuren mit plastischer Lebendigkeit aus dem Rahmen treten. In dem Schaffen des Malers verkörpert sich die höchste Blüte der venetianischen Schule mit ihrem fast übersteigerten Kolorit, angeregt durch die Kontraste der Landschaft, die Schönheit der Natur und die sinnliche Buntheit der Stadt und ihrer Menschen. Die neu entdeckte Öl-Technik, um deren Anwendung und Vervollkommnung sich Bellini als erster Italiener bemühte, schuf die handwerklichen Voraussetzungen für eine kräftige, glänzende Farbigkeit. — Bellini stammte aus einer alten Malerfamilie. Bei seinem Vater lernte er den Stil der Hochgotik und bildete sich weiter bei Mantegna in Padua, dem Mann seiner Schwester. Sein Genie fand bald neue Formen der Darstellung, die dem Wesen der Renaissance entsprachen. Die Bilder verloren die eckige Schärfe und Konturenhaftigkeit, wurden weicher und malerischer. Keine Leidenschaft der Bewegung stört die Harmonie des Aufbaues und die edle, klare Ruhe der Gestalten. Die Persönlichkeit tritt gegenüber einer fast typisierten, göttlichen Entrückung zurück. Meisterhaft und vollendet ist die Schilderung der Natur, von der Albrecht Dürer tief beeindruckt war. Zahlreiche Kirchen- und Altarbilder, Madonnendarstellungen und Porträts zeugen vom Ringen des Künstlers um die letztgültige Form. Bellini stand bei seinen Zeitgenossen im höchsten Ansehen. Als Lehrer hat er das Schaffen der ganzen nachfolgenden Generation stärkstens beeinflußt. Giorgione, Palma und Tizian waren Schüler des großen Meisters.

CARL MICHAEL BELLMAN 4. II. 1740 — 11. II. 1795

Jedes Jahr am 26. Juli feiert Stockholm im sommerlich blühenden und grünenden Tiergarten das Bellmansfest zur Erinnerung an seinen volkstümlichen Dichter. Dann klingen die alten Lieder des ewigjungen „Anakreon der Schweden" durch die Bäume, und die Bronzebüste des Sängers der Liebe und des Weins lächelt in weisem Wissen von der ewigen Gültigkeit der Gesetze des drängenden Lebens. — Die Kunst Bellmans ist nicht zeitgebunden und in keine Literaturperiode einzuordnen. Er durchbrach mit der Frische und Natürlichkeit, dem burlesken Humor und der Originalität seiner Gedichte die gelehrsame, streng in Regeln geordnete Muffigkeit des schwedischen Rokokos. Man muß die Lieder nach den von ihm selbst geschaffenen Melodien singen hören, um ihren unvergänglichen Reiz zu spüren. Sie entstanden im Freundeskreis, bei Lärm und Becherklang, oft improvisiert, aber immer mitten in das Herz des bunten Daseins treffend. Ernst wechselt mit ausgelassenster Heiterkeit, hinter den Tränen steht das versöhnende Lachen. Die Erzählungen und Gedichte sind in Bellmans Hauptwerken, „Fredmans Briefe" und „Fredmans Lieder" gesammelt. Als seine letzte Stunde schlug, versammelte er die Freunde um sein Bett, und eine ganze Nacht lang sang er ihnen die Lieder vor, die schon längst Gemeingut des ganzen Volkes geworden waren. Noch einmal taumelte sein Genie durch alle Freuden, die das Leben ihm bereitet, dankbar für alles, was ihm das Geschick beschert hatte. Als man ihn bat, sich zu schonen, lachte er und sagte: „Laßt mich sterben, wie ich gelebt habe, mit Musik...!"

1. IX. 1795 — 1. VI. 1872   JAMES GORDON BENNETT

Der Schotte James Gordon Bennett ist einer der Männer, die die moderne Nachrichtenzeitung geschaffen haben. 1819 wanderte er in die Vereinigten Staaten ein, mittellos den harten Lebensbedingungen der Neuen Welt preisgegeben. In den ersten Jahren mußte er schwer um seine Existenzgrundlage kämpfen. Er erzählt selbst, daß ihn einmal nur ein auf der Straße gefundenes Schillingstück vor dem Verhungern rettete. Die Tätigkeit als Zeitungsreporter führte ihn durch den größten Teil der Staaten und machte allmählich seinen Namen bekannt. Er wurde Redakteur einer maßgebenden New Yorker Zeitung und übernahm deren geschäftliche und journalistische Leitung. Da die Herausgeber mit seinem Kurs nicht einverstanden waren, trat Bennett von den Posten zurück und gründete mit dem kleinen, verfügbaren Kapital selbst eine Zeitung. Das Unternehmen mißlang ebenso wie ein späterer Versuch in Philadelphia. Aber Bennett verlor nicht den Mut. 1835 nahm er in New York einen neuen Anlauf mit dem „New York Herald". „Ich war damals", sagte Bennett, „ein armer Mann in einem einzigen Kellerraum gegen die ganze Welt." Er machte alles selbst, war Reporter, Chefredakteur, Korrektor, Verteiler und Kassierer. Der Tag hatte für ihn 15—16 Arbeitsstunden. So erzwang er den Erfolg. Die Zeitung fand Anklang und war bald das führende Presseorgan in New York. Bennett setzte überall eigene, gut bezahlte Korrespondenten ein, verwandte als erster Verleger den Telegrafen für seine Zwecke und ließ ständig eine Flotte von Reporter-Schiffen 50 bis 250 Meilen vor der amerikanischen Küste kreuzen, um die von „drüben" kommenden Ozeanschiffe abzufangen und ihre neuesten Nachrichten als erster an Land zu bringen.

15. II. 1748 — 6. VI. 1832   JEREMY BENTHAM

Die englische Verwaltung und Gesetzgebung war gegen Ende des 18. Jahrhunderts noch ganz an die starren Privilegien und Vorurteile des Mittelalters gebunden. Das Zeitalter der Aufklärung, dessen frischer Wind auf dem europäischen Festland manche morsche Überlieferung weggeblasen hatte, war zwar von England ausgegangen, hatte dort aber kaum praktische Auswirkungen gezeigt. Erst die philosophisch unterbauten, revolutionären Angriffe des Londoner Anwalts Jeremy Bentham gegen die Mängel und Mißbräuche des Rechtswesens schufen auch hier Wandel. Benthams Lehren basierten auf dem Nützlichkeitsprinzip. Nur was nützlich sei, diene dem einzelnen wie der Allgemeinheit, und der Mensch handele im eigenen Interesse, wenn er auch das Interesse des Nächsten berücksichtige. Einer seiner Hauptsätze: Größtmögliches Glück für die größtmögliche Zahl! widersprach allen Gepflogenheiten der adelsstolzen Konservativen und gefährdete ihre absolute Herrschaft im Staat. Auch die Forderung, daß alle Einrichtungen und Maßnahmen des Staates allein von dem Prinzip der Gemeinnützigkeit ausgehen sollten, stieß auf schärfsten Widerspruch. Auf politischem Gebiet propagierte Bentham eine radikale Parlamentsreform auf der Grundlage des allgemeinen Wahlrechts. Er hatte die Genugtuung, in seinen letzten Tagen die Teilverwirklichung dieser entscheidenden Forderung zu erleben. Die neuen Rechtsideen Benthams wurden zuerst von einigen nordamerikanischen Staaten realisiert. Auch das revolutionäre Frankreich, dessen Entwicklung er mit Sympathie verfolgte, verwendete für seine Gesetzgebung die Grundsätze des englischen Gelehrten. In der Wirtschaftstheorie setzte sich Bentham für völlige, vom Staat unbeeinflußte Freiheit des Geld- und Kapitalverkehrs ein.

CARL BENZ

25. XI. 1844 — 5. IV. 1929

Nicht der als Vorläufer der Lokomotive berühmte Dampfwagen des Franzosen Cugnot aus dem Jahre 1770 war der erste „selbstfahrende" Wagen. Fast genau ein Jahrhundert zuvor hatte der am Hofe des Chinesenkaisers zu Peking wirkende Jesuitenpater Verbiest einen Wagen aus leichtem Holz gefertigt, der durch Dampfkraft betrieben wurde. Vor einem Modell dieses ersten „Automobils", das im Physikalischen Kabinett des Karlsruher Gymnasiums als Kuriosität aufbewahrt wird, träumt der Schüler Carl Benz immer wieder von einem „Fahrzeug ohne Pferde" und plant und sinniert, wie man wohl eine „Lokomotive der Landstraße" bauen könne. An „Lokomotiven" denkt der Student des Karlsruher Polytechnikums, und mit immer dem gleichen Problem schlägt sich der vom Schlosser zum Zeichner, Werkführer und Konstrukteur aufsteigende junge Ingenieur herum. Als er sich in Mannheim selbständig macht, findet er den „Pfadfinder zu einer glückverheißenden Zukunft", den Gasmotor. Alle Widrigkeiten sind vergessen, als in der Silvesternacht 1879 der erste selbstgebaute Zweitaktmotor läuft. Aber Benz hat inzwischen erkannt, daß es nicht genügt, in ein Pferdefahrzeug einfach einen Antriebsmotor einzubauen. Es gilt vielmehr, einen völlig neuen, in allen Teilen auf den Motorantrieb abgestellten Fahrzeugtyp zu schaffen. Im Sommer 1886 ist es soweit — das erste wirkliche Automobil fährt durch die Straßen von Mannheim. Allem Hohn, allem Spott zum Trotz fährt Carl Benz den Kraftwagen zum Erfolg. Sein größter Triumph aber wird jene Stunde des Jahres 1925, da er selbst, inzwischen über achtzig Jahre alt, anläßlich eines historischen Festzuges noch einmal am Steuer seines ersten Fahrzeuges durch die Straßen Münchens fährt.

PIERRE JEAN DE BERANGER

19. VIII. 1780 — 16. VII. 1857

Im Jahre 1828 verurteilte ein Pariser Gericht den Schriftsteller Béranger zu neun Monaten Gefängnis und zehntausend Francs Geldstrafe wegen Verächtlichmachung und Beleidigung der Königlichen Regierung. Ein Sturm der Entrüstung erhob sich in Paris. In wenigen Tagen hatten Freunde die Geldsumme bezahlt, und vor den Fenstern der Arrestanstalt sangen demonstrierende Gruppen die Lieder des beliebtesten Dichters der französischen Hauptstadt. Mit Witz und Satire bekämpfte Béranger auch weiterhin den anmaßenden Dünkel des aus der Emigration zurückgekehrten Adels, unbekümmert um behördliche Verbote und Verfolgungen. Das französische Bürgertum nahm seine Verse mit Begeisterung auf. Sie wurden zu wirklichen, echten Volksliedern, weil ihnen alles Literaturhafte fehlte. — Das Leben Bérangers begann abenteuerlich bewegt. Der Vater, ein kleiner Handwerker, hatte sich durch seinen Einsatz für die Idee des Königtums zugrunde gerichtet. Pierre Jean wurde deshalb bei dem Großvater, einem armen Schneider, erzogen. Von dort zog er zu einer Tante, die eine Übernachtungsherberge betrieb. Da kamen durch einen Zufall seine ersten lyrischen Versuche dem Senator Lucien Bonaparte zu Gesicht. Der Bruder Napoleons setzte dem Dichter eine Rente aus und ermöglichte ihm dadurch ein sorgenfreies Arbeiten. Jetzt begann Bérangers fruchtbarste Schaffensperiode, die ihn bald populär machte. Alle Ehrungen und Auszeichnungen, die ihm angeboten wurden, lehnte er ab. Still und abseits lebte er meist auf einem kleinen Landgut, von der Rente und dem bescheidenen Gewinn, den ihm seine Werke eintrugen. Die Beerdigung wurde entgegen dem Willen des Verstorbenen, der nur „den Leichenwagen der Armen" für sich begehrte, zu einem feierlichen Staatsakt der ganzen Nation.

9. I. 1885 — 31. VII. 1967 **BENGT BERG**

Mit einer Geduld ohnegleichen kniet ein junger Mann inmitten einer Landschaft von erhabener Grenzenlosigkeit, in Lappland. All seine Geduld gilt einem kleinen Vogel, der weniger als eine Armlänge entfernt, auf seinen Eiern sitzt und das fremde Wesen mit dunklen Augen betrachtet. Das brütende Tier bewegt sich kaum, als sich nun die Hand des Mannes nähert, es zart berührt und sich dann vorsichtig, unter das Gelege schiebt. Der hübsche, arglose Vogel ruht mit seinen Eiern in der Hand des Menschen. Ein Schimmer vom Frieden des Paradieses liegt über dieser Minute in der Einöde der fernen Tundra. In einem Buch von einzigartiger Schönheit hat Bengt Berg sein Erlebnis erzählt und mit meisterhaften Fotos belegt: „Mein Freund, der Regenpfeifer". — Den Lebensgeheimnissen der Vögel hatte die Reise gegolten, die Bengt Berg im Auftrag des Forschers und Sammlers Alexander König in Bonn in die Tundra und an das Nest des Regenpfeifers geführt hatte. Dem leicht-beschwingten Leben der Gefiederten vor allem galt die Arbeit des Schweden, von ihnen berichten die unzähligen Fotografien und die vielen Bücher des Tierfreundes, des Reisenden, des Forschers Bengt Berg, ob er „Mit den Zugvögeln nach Afrika" unterwegs ist und dort in den Papyrussümpfen des Sudans die Rätsel um den riesenhaften, grauen Storch mit dem mächtigen Schuhschnabel, um „Abu Markub", zu lösen sucht, ob er die „Liebesgeschichte einer Wildgans" erzählt, den „Lämmergeier im Himalaya" beobachtet, die herrlichen Wildschwäne des „Tookern"-Sees belauscht oder „Die letzten Adler" Schwedens in herrlichen Aufnahmen fotografiert: Aus jedem Bild, aus jeder Zeile spricht die verständnisvolle Liebe, das kenntnisreiche Verständnis des großen Vogel- und Tierfreundes Bengt Berg.

11. X. 1884 — 31. III. 1949 **FRIEDRICH BERGIUS**

Das Haus, „in dem ich meine erste Ausbildung als Chemiker erhielt, das Laboratorium der Universität Breslau, trug in seiner Eingangshalle den Wahlspruch: ‚Suche die Wahrheit und frage nicht, was sie nutzt.' Ich bin dieser Lehre nur wenige Jahre gefolgt und habe mir dann das Ziel gesetzt, Erkenntnisse zu suchen, die der Menschheit nützen sollten. Und nachdem ich diesen Verrat an der reinen Wissenschaft einmal begangen hatte, war eine Umkehr unmöglich." Selten hat ein Forscher so offen, so verbissen und so zuversichtlich zugleich ein solches Bekenntnis zur Zweckforschung abgelegt wie Friedrich Bergius, als er 1931 — ein Mann von Weltruhm — mit diesen Worten für den Nobelpreis dankte, den er zusammen mit Carl Bosch „als Anerkennung seiner Verdienste um die Schaffung und Entwicklung chemischer Hochdruckmethoden" in Empfang nehmen durfte. Am 9. August 1913 hatte er sein erstes Patent genommen über ein „Verfahren zur Herstellung von flüssigen oder löslichen organischen Verbindungen aus Steinkohle und dergleichen". Kohleverflüssigung nennt es der Laie, in Fach- und Wirtschaftskreisen spricht man von Hochdruckhydrierung und Benzinsynthese. Das Verfahren wurde von der Badischen Anilin- und Sodafabrik übernommen, weiter ausgebaut und in Großanlagen verwirklicht. Die Kohleverflüssigung hat den Namen Bergius in der ganzen zivilisierten Welt bekannt gemacht, die Holzverzuckerung hat ihm den Dank von Millionen gesichert. Bergius hatte genug geleistet für ein Leben, aber ihm selbst schien es, als ob noch viele Aufgaben ihrer Lösung durch seine Arbeit harrten. Der Versuch, künstliche Kohle herzustellen, gelang nach vielen Rückschlägen. Mit der praktischen Verwirklichung der Benzingewinnung aus Kohle erreichte seine Erfinderlaufbahn ihren Höhepunkt.

49

ERNST VON BERGMANN   16. XII. 1836 — 25. III. 1907

Ernst von Bergmann war eine der überragenden Gestalten der Jahrhundertwende. Seine große, elegante Erscheinung hat nicht nur die Studenten der Würzburger und Berliner Universität tief beeindruckt, sie war aus keinem der großen gesellschaftlichen Ereignisse Berlins wegzudenken. Die reizvollen Episoden sind ohne Zahl, mögen sie sich mit Bergmann als Arzt, Hochschullehrer oder Privatperson beschäftigen. Keiner, Monarch oder Fabrikarbeiter, konnte sich der Wirkung dieser einzigartigen Persönlichkeit entziehen. — Seine medizinische Laufbahn ist gekennzeichnet durch die Berufungen an die Universitäten Dorpat (1871), Würzburg (1878) und Berlin (1882), Stätten der Wissenschaft, die seit jeher einen hohen Ruf in der Welt hatten. — 1836 in Riga geboren, studierte von Bergmann an den Universitäten Dorpat, Wien und Berlin. Seine erste chirurgisch-klinische Anstellung erhielt er in Dorpat. Um sich keine Möglichkeit praktischer Ausbildung entgehen zu lassen, nahm er als Militärarzt an den Feldzügen 1866 und 1870 teil. Im Alter von 34 Jahren erhielt er bereits einen ehrenvollen Ruf als Ordinarius für Chirurgie nach Dorpat. Seine Lehrtätigkeit wurde bei Ausbruch des Russisch-Türkischen Krieges unterbrochen, als der Zar Bergmann zum konsultierenden Chirurgen der kaiserlich-russischen Donauarmeen berief. Die chirurgische Wissenschaft verdankt dieser Tätigkeit wichtige Erfahrungsberichte über die damals geübte Kriegschirurgie, zu der Bergmann grundsätzliche, neue Beiträge lieferte. Das äußere Zeichen fortschreitender Anerkennung war die Besetzung der freien Stelle des Professors für Chirurgie und Oberwundarztes des Juliusspitals in Würzburg mit Bergmann im Jahre 1878. Schon 1882 folgte die Berufung an den ersten Lehrstuhl Deutschlands, nach Berlin, wo Bergmann bis zu seinem Tod wirkte.

GÖTZ VON BERLICHINGEN   1480 — 23. VII. 1562

Gestalten, die an der Wende historischer Epochen stehen, sind meist von besonderem und eigenartigem Reiz. Die Umrisse heben sich fremdartig und grell von dem andersgefärbten Hintergrund ihres Säkulums ab. Sie leben in ihrem Denken und Handeln noch in der Vergangenheit und stoßen in tragischem Konflikt mit den Erscheinungen einer neuen Welt zusammen. Götz von Berlichingen ist der Typus des mittelalterlichen Ritters, ein letzter, verspäteter Nachfahre der Turnierhelden des 13. und 14. Jahrhunderts, aber übertreibend verzerrt und unecht vergrößert. Er ist nicht mehr ein Gralsucher, sondern ein adliger Landsknecht mit Schwert und Harnisch, kein Minnesänger, sondern ein Strauchritter, der von der Fehde lebt und um Beute und Lösegeld kämpft. — Die Stammburg des alten Geschlechtes liegt in dem schwäbischen Ort Jagsthausen. Hier wurde Götz geboren. Er erhielt die übliche rittermäßige Erziehung, die sich ausschließlich auf Erlernung der höfischen Sitten und des Waffenhandwerks beschränkte. Dann trat er in die Dienste des Kaisers, führte Fehden auf eigene Faust, überfiel Kaufmannszüge, schlug sich mit den reichen Städten herum und trieb es schließlich so wild, daß er zweimal in Reichsacht getan wurde. Mit 24 Jahren verlor er durch die Kugel einer Feldkartaune die rechte Hand. Die eiserne Faust, die er sich nach eigener Konstruktion anfertigen ließ, ist eines der ältesten Beispiele für künstliche Glieder. Sie wird noch heute in Jagsthausen aufbewahrt. — Im Bauernkrieg zwang man ihn, die Führung von Aufständischen zu übernehmen. Nach seiner Gefangennahme wurde er zwei Jahre in Haft gehalten. Von da an hielt er Ruhe, die nur durch die Teilnahme an dem Krieg gegen die Türken und dem Feldzug des Kaisers gegen Frankreich unterbrochen wurde.

11. XII. 1803 — 8. III. 1869   **HECTOR BERLIOZ**

Der Streit um Wert oder Unwert aller Programmusik wogt seit Generationen und zieht auch Komponisten von höchstem Rang in seinen Strudel. So schwankte das Urteil auch über Hector Berlioz, den großen französischen Komponisten des 19. Jahrhunderts, hin und her; man rühmte ihn überschwenglich und ließ ihn zeitweilig in Vergessenheit versinken. — Berlioz sollte wie sein Vater Arzt werden und gewann nur mit unsäglichen Mühen seine Anerkennung als Künstler. Im Jahre 1830 erschien die berühmte, heiß umstrittene „Sinfonie phantastique", das Pionierwerk der neuen Programmusik. Ihr folgten weitere symphonische Dichtungen wie „Romeo und Julia" und „Fausts Verdammnis". Daneben komponierte Berlioz Opern und große Chorwerke. — „Ich will, daß die Musik mich in Fieber versetzt, daß sie meine Nerven erschüttert", schrieb er selbst. Sein bahnbrechender Feuergeist ließ die Romantik, seine geistige Heimat, weit hinter sich und stellte ihn auf eine Ebene neben Wagner und Liszt. „Kampf aller Mittelmäßigkeit" war sein künstlerisches Programm. Die Widerstände der Zeit wollten ihn fast erdrücken, und zu seinem Unglück gelang es ihm nicht, die Freundschaft der großen Mitstreiter zu gewinnen. Er litt unter übersteigerter Eitelkeit und unbefriedigtem Ehrgeiz, die seine Freunde entmutigten und seinen Gegnern Angriffsmittel in die Hand gab. Dabei bedeutete nicht nur sein monumentaler Stil einen Schritt in die Zukunft, auch seine Art, den Farbklang der Instrumente zu überzeugenden Tongemälden zusammenzufügen, wird noch heute bewundert. Ein weiter Bogen spannt sich von Robert Schumann über das Werk Hector Berlioz' bis zu den symphonischen Dichtungen eines Richard Strauß.

1091 — 1153   **BERNHARD VON CLAIRVAUX**

Doctor mellifluus, „der honigfließende Lehrer", wird er in den zeitgenössischen Urkunden genannt. Er war einer der wortgewaltigsten Prediger und gedankentiefsten Mystiker des Mittelalters. Sein überragender Geist, der sich mit aufrichtiger Frömmigkeit verband, bestimmte das Denken seiner Generation. Bernhard stammte aus einem burgundischen Hochadelsgeschlecht. Im Alter von 22 Jahren trat er zusammen mit dreißig gleichgesinnten Standesgenossen in das besonders sittenstrenge Kloster Cîteaux ein, drei Jahre später wurde er Abt des Klosters Clairvaux. Von hier aus entfaltete er eine rege Missionstätigkeit und richtete in kurzer Zeit 68 Mönchsgemeinden ein. Unter seiner Leitung wurde der Zisterzienser-Orden die Zentrale für die Kolonisation des slawischen Ostens. Die für die Geschichte des östlichen Deutschlands bedeutsamen Klöster Lehnin und Chorin sind von Clairvaux gegründet worden. — Bernhard war in den schweren innerkirchlichen Kämpfen seiner Epoche der unbeirrbare Vorkämpfer für Einheit, Zucht und Rechtgläubigkeit. Seiner glühenden, überzeugenden Redekraft und dem großen Ansehen, das er in dem gesamten christlichen Abendland genoß, gelang die Beseitigung des Schismas und die Beilegung der religiösen Streitfragen. Den Höhepunkt seines Einflusses erreichte Bernhard unter dem Papst Eugen III., in dessen Auftrag er die Fürsten Europas zu dem zweiten Kreuzzug begeisterte. Der Mißerfolg des Feldzuges gegen die Ungläubigen traf ihn schwer, erschütterte aber nicht seine Autorität als Kirchenlehrer. — Freundschaftliche Beziehungen verbanden Bernhard mit allen führenden Männern seiner Zeit und erklären seine überragende Bedeutung für die Gestaltung des inneren und äußeren Lebens der gesamten Christenheit im 12. Jahrhundert.

LORENZO BERNINI 7. XII. 1598 — 28. XI. 1680

Der Lebensweg des Baumeisters und Bildhauers Bernini umfaßte eine ungeheure Summe von schöpferischer Arbeit und gültiger Leistung. Sein Stil war der Stil des Jahrhunderts geworden, und sein Einfluß war von entscheidender Bedeutung für die Gestaltung der bildenden Kunst Italiens im Zeitalter des Barocks. Bernini war ein Begriff für die gesamte abendländische Kultur. Der Name des Künstlers hatte in Paris denselben Klang wie in Rom, in Wien oder Madrid. Selten sind einem Meister soviel Ehrungen erwiesen worden. Als er im Jahre 1663 auf Einladung des Sonnenkönigs Ludwig XIV. von Rom nach Paris reiste, glich seine Fahrt durch Italien und Frankreich einem Triumphzug. Die Behörden empfingen ihn wie einen Fürsten, und der Wagen fuhr durch ein Spalier jubelnder Menschen. In Versailles gefielen allerdings seine Werke nicht. Die Bauausführung des Louvre wurde einem anderen Architekten übertragen, und eine Reiterstatue des Königs verunglückte vollständig. Nur eine Marmorbüste Ludwigs XIV. fand ungeteilten Beifall. Das eigentliche Wirkungsfeld Berninis war das päpstliche Rom. Viele schöne Baudenkmäler und Bildwerke der Ewigen Stadt sind aus der Werkstatt des großen Barockmeisters hervorgegangen. Er schuf die prachtvolle Vorhalle der Peterskirche, die Kolonnaden mit ihren Skulpturen, das große bronzene Tabernakel über dem Hauptaltar, die Grabmale der Päpste Urban VIII. und Alexander VII., die Marmorstatue des Konstantin im Vatikan, Palastfassaden, Bildgruppen und Brunnenfiguren. Bezeichnend für die Wesensart seiner künstlerischen Auffassung ist die malerische Auflösung der klassischen Renaissance-Form, die Betonung von Licht und Schatten und die manchmal ekstatisch übersteigerte, lebendige Bewegung der Figuren. Bernini starb 1680 in Rom.

JAKOB BERNOUILLI 27. XII. 1654 — 16. VIII. 1705

Jakob Bernouilli stammt aus einer berühmten Schweizer Gelehrtenfamilie. Der Vater Jakob Bernouillis war ein angesehener Bürger der reichen Stadt Basel, Spezereihändler, Rats- und Gerichtsherr. Seine protestantische Frömmigkeit bestimmte den Sohn für den Beruf des Geistlichen, für den ihn die theologische Fakultät der heimatlichen Universität vorbereiten sollte. Der junge Bernouilli bestand alle Examen mit Auszeichnung, trotzdem er einen großen Teil seiner Studienzeit der Mathematik und Astronomie widmete. Auslandsreisen führten ihn nach Frankreich und Holland. Überall war er bemüht, seine Kenntnisse auf den Gebieten der exakten Wissenschaft zu ergänzen und sich eine lückenlose Übersicht über alle Sparten der Naturwissenschaften zu erwerben. Nach Jahren betrat er wieder den Boden der geliebten Heimatstadt, die nun an sein ständiger Wohnsitz blieb. Er unterrichtete privat Experimentalphysik, die Modewissenschaft der Zeit, und hielt aufsehenerregende Vorträge. Im Jahre 1687 berief ihn die Universität Basel auf den Lehrstuhl für Mathematik. Von der Lehrkanzel des Hörsaals verkündete er seine neuen Erkenntnisse und Forschungsergebnisse, die ihm bald internationalen Ruhm einbrachten. Er baute mit glänzender, überzeugender Beweiskraft die Infinitesimalrechnung von Leibniz und Newton aus, die mit „unendlich kleinen" Größen arbeitet, schrieb über Parabeln, über W-Kurven und Krümmungsradien. Die Regeln der Variationsrechnung hat er entscheidend weiterentwickelt und in seinen nachgelassenen Werken die Hauptsätze der Wahrscheinlichkeitslehre aufgestellt. Die Pariser Akademie der Wissenschaften ernannte ihn zu einem ihrer acht ausländischen Mitglieder.

28. VIII. 1735 — 21. VI. 1797   **ANDREAS VON BERNSTORFF**

Die Erinnerung an Bernstorff ist noch heute in Dänemark lebendig. Mit seinem Namen verbindet sich das große humanitäre Befreiungswerk der Aufhebung der bäuerlichen Leibeigenschaft. — Das Leben des Staatsmannes war in seltener Weise von Erfolg gekrönt. Er studierte auf deutschen Universitäten, machte anschließend die übliche Kavalierstour durch Europa, auf der er die berühmtesten Staatsmänner der Zeit kennen lernte und trat im Alter von 24 Jahren durch Vermittlung seines Onkels — des leitenden Ministers im Königlichen Kabinett — in dänische Dienste. In diesen Jahren begann bereits sein Kampf um die Aufhebung der bäuerlichen Frondienste, der ihn in schroffen Gegensatz zu seinen Standesgenossen, besonders zu der schleswig-holsteinischen Ritterschaft, stellte. Unter der Ministerschaft Struensees zog sich Bernstorff auf seine Güter zurück; nach dem Sturz des allmächtigen Günstlings übernahm er das Außenministerium und das Präsidium der deutschen Kanzlei. Hier konnte er seine reichen Fähigkeiten entfalten und besonders in der Außenpolitik Dänemarks Stellung in Europa festigen. Noch einmal verließ er den Staatsdienst, um nach dem Regentschaftsantritt des späteren Königs Friedrich VI. endgültig auf den Ministersessel zurückzukehren. — Bernstorff blieb bis an sein Lebensende Leiter der dänischen Außenpolitik und der deutschen Kanzlei. Mit allem Nachdruck betrieb er die Emanzipation der Bauern, die kurz vor seinem Tode zu einem vorläufigen Abschluß kam. Er förderte zu einer Zeit, als in der Mehrzahl der europäischen Staaten noch die Willkür des Absolutismus herrschte, eine gemäßigte Pressefreiheit und ging mit dem Verbot des Sklavenhandels für dänische Schiffe allen anderen Nationen voran.

1853 — 13. II. 1914   **ALPHONSE BERTILLON**

Der Erkennungsdienst der Pariser Polizeipräfektur sah sich gegen Ende des vorigen Jahrhunderts vor Aufgaben gestellt, die mit den vorhandenen Mitteln nicht mehr gelöst werden konnten. Täglich wurden ihm internationale Verbrecher vorgeführt, die ihre wahre Persönlichkeit verschwiegen, und niemand konnte ihnen die Wahrheit nachweisen. Die äußeren Kennzeichen des Gesichts und der Figur reichten nicht aus, eine einwandfreie Identifizierung zu ermöglichen. Im Jahre 1880 wurde Alphonse Bertillon Chef des Erkennungsamtes. Mit ihm begann eine neue Epoche der Kriminalwissenschaft. Bertillon war Wissenschaftler und eine Kapazität auf dem Gebiet der Anthropologie. Er hatte viele Tausende von menschlichen Schädeln und Gliedmaßen gemessen, verglichen und geprüft und war zu dem Ergebnis gelangt, daß bei einem über 20 Jahre alten Menschen die Längenverhältnisse der einzelnen Knochen untereinander konstant blieben, daß aber die Länge selbst bei allen verschieden war. Wenn man also bei sämtlichen Leuten, die einmal mit der Polizei zu tun hätten, diese Messungen durchführte und sie in eine Kartei eintrug, hatte man untrügliche und unveränderliche Kennzeichen. Das „Bertillonsche System" wurde in Paris eingeführt. Die dunklen Ehrenmänner der Pariser Vorstädte lachten über die Polizei, als ihnen mit Zirkel und Meßband Kopf, Oberkörper, der linke Fuß, der Mittelfinger und der Unterarm gemessen wurden. Das Lachen verging ihnen, wenn sie Jahre später wieder unter anderem Namen vorgeführt wurden und ihnen nach Vornahme derselben Messungen ihre wahre Persönlichkeit einwandfrei nachgewiesen wurde. Der Erfolg war so überzeugend, daß fast alle Kulturstaaten das System übernahmen. Heute ist es durch die Daktyloskopie, das einfache Fingerabdruckverfahren, ersetzt worden.

JÖNS JACOB BERZELIUS 20. VIII. 1779 — 7. VIII. 1848

In riesigen Anlagen erzeugt die moderne chemische Industrie Ammoniak aus Luftstickstoff, Benzin aus Kohle und Wasserstoff. Die gewaltigen Druckkräfte und hohen Temperaturen, die bei diesen Prozessen notwendig sind, wären vergebens ohne die Hilfe oft nur geringer Mengen gewisser „Kontaktstoffe", die die Eigenschaft haben, chemische Umsetzungen erheblich zu beschleunigen und damit zu erleichtern, ohne selbst dabei verändert zu werden. „Katalysatoren" hat der große schwedische Chemiker Jöns Jacob Berzelius diese Stoffe genannt, deren Wirkung er als erster genauer untersucht hat. Eine Fülle von Erkenntnissen verdankt die Chemie diesem unermüdlichen Forscher: genaueste Atomgewichtsbestimmungen, exakte Analysen von über zweitausend Verbindungen, systematische Durcharbeitung ganzer Klassen von Stoffen, so der Oxyde fast aller damals bekannten Metalle und Nichtmetalle, die Begründung der elektrochemischen Valenztheorie, nach der die zwischen den Atomen einer Verbindung wirkenden Bindekräfte elektrischer Natur sind, die Verfeinerung der analytischen Methoden und ihre wesentliche Verbesserung. Drei Elemente hat er entdeckt, andere, darunter das Silizium, zum ersten Mal rein dargestellt. Klar erkannte er, daß auch die organischen Stoffe, für deren Entstehen man damals oft noch eine besondere Lebenskraft verantwortlich machte, den Gesetzen der Atomtheorie ebenso unterworfen sind wie die Stoffe der unbelebten Natur. Eine ganze Generation von Chemikern stand unter seinem beherrschenden Einfluß. Ein Denkmal aber, „aere perennius", unvergänglicher als Erz, hat Berzelius sich mit der von ihm geschaffenen, auch heute noch üblichen, klaren und einfachen Formelsprache der Chemie gesetzt.

HENRY BESSEMER 19. I. 1813 — 15. III. 1898

117 Patente erhalten und mehr als 200 000 Mark Patentgebühren bezahlt zu haben, charakterisiert das Schaffen dieses genialen Erfinders und ist zugleich der Beweis für eine fast übermenschliche Lebensarbeit. Bessemers erfolgreiche Versuche, „einen Werkstoff zu finden von ähnlichen Eigenschaften wie Schmiedeeisen und Stahl, der sich aber in flüssigem Zustand in Formen oder Blöcke gießen lassen müßte", haben seinen Namen für immer in die Reihe der größten Ingenieure eingereiht. Daß er keine Spezialkenntnisse hatte, sah er als besonderen Vorteil an. „So hatte ich nichts zu verlernen", schrieb er, „mein Kopf war offen und frei für jeden neuen Gedanken, ohne daß ich es nötig hatte, gegen Vorurteile anzukämpfen, wie sie auf Grund lebenslänglicher Erfahrungen und Arbeitsgewohnheiten entstehen." Über den ersten gelungenen Versuch berichtete er: Als der Abstich beginnen sollte, fragte der Mitarbeiter, ein erfahrener Eisenschmelzer: „Wohin sollen wir das Eisen ablassen?" Bessemer antwortete: „Lassen Sie es dort in das Gefäß laufen, ich werde dann kalte Luft durchblasen, um es heiß zu machen." „Dann wird bald alles verklumpt sein", antwortete der Fachmann. Bessemer ließ sich nicht beirren. „Es ist unmöglich, eine Vorstellung von dem zu vermitteln", erzählt der Erfinder, „was ich fühlte, als ich die weißglühende Masse langsam aus der Form emporsteigen sah: der erste große Block gegossenen schmiedbaren Eisens, den je ein menschliches Auge erblickt hatte. In einem Stück hatten wir hier soviel Eisen, wie zwei Puddler mit ihren Helfern bei fleißigster Arbeit in Stunden mit all ihrem Brennstoff nicht herstellen könnten. Wir erhielten einen reinen, zehnzölligen Block als Ergebnis von 30 Minuten Blasen ohne jede gelernte Arbeit und ohne Brennstoff zu verwenden."

23. I. 1783 — 23. III. 1842   **HENRI BEYLE (STENDHAL)**

Beyle, der sich nach der Geburtsstadt des deutschen Kunsthistorikers Winckelmann „Stendhal" nannte, ist einer der großen Romanschriftsteller des bürgerlichen Frankreichs. Alles Alltägliche, Gewöhnliche und Normale langweilte ihn. Er suchte die abseitigen Regungen der menschlichen Seele, die höchsten Steigerungen von Liebe, Haß und Eifersucht und die aus ihnen entspringenden Taten. Die Gestalten der Beyleschen Romane zeugen von einer erstaunlichen psychologischen Beobachtungsgabe des Dichters. Seine Erzählungen ließ er meist im Mittelalter oder in der Renaissance spielen. Besonders bevorzugte er das italienische Quattrocento, das Zeitalter der großen Ausnahmemenschen, die im Guten und Bösen das Dasein bis zur letzten Konsequenz ausschöpften. Es ist von besonderer Wirksamkeit, daß Stil und Sprache der Romane nicht der Leidenschaftlichkeit der Themen folgen, sondern selbst in der Darstellung dämonischer Ekstase gewollt nüchtern, sachlich und realistisch bleiben. Beyle sagte einmal im Gespräch mit dem ihm befreundeten Balzac: „Als ich an der ‚Chartreuse' schrieb, las ich jeden Morgen zwei oder drei Seiten im Bürgerlichen Gesetzbuch, um den rechten Ton zu treffen und immer natürlich zu sein!" Die „Chartreuse" ist die auch in Deutschland populär gewordene „Karthause von Parma", die neben der „Äbtissin von Castro", einer psychologischen Abhandlung „Über die Liebe" und dem Roman „Rouge et Noir" zu seinen Hauptwerken gehört. Das Leben Henri Beyles war von abenteuerlichen Spannungen erfüllt. Er nahm als Armee-Beamter an den Feldzügen Napoleons teil, war Kriegskommissar in Deutschland, erlebte den Rückzug aus Rußland, wurde Generalkonsul in Mailand und ließ sich nach der Julirevolution endgültig in seiner Wahlheimat Italien nieder.

24. XI. 1861 — 12. III. 1949   **AUGUST BIER**

Ob wir uns seiner „in seiner Sturm- und Drangzeit erinnern, sprudelnd von neuen Ideen und praktischen Einfällen, oder auf der Höhe des Lebens als Meister der Chirurgie, als der begnadete Lehrer der akademischen Jugend, als der aufrechte Forscher, oder in der abgeklärten Ruhe und Weisheit des Alters, es steigt immer wieder seine imponierende Persönlichkeit vor uns auf." So schrieb in einem Gedenkartikel Professor Ritter-Hameln anläßlich des 85. Geburtstages des Geheimrats Bier. — Diese Worte umreißen die weitgreifende Eigenart des genialen Menschen und vielseitigen Forschers. Die Tatsache, daß Bier auf zahlreichen Gebieten der Naturwissenschaften Hervorragendes geleistet hat, zeichnet ihn allein vor anderen bedeutenden zeitgenössischen Fachgenossen aus. Seine über die Grenzen der Chirurgie hinausgehende Forscherarbeit ist in großem Umfang auch der gebildeten Laienwelt bekannt geworden. Biers Eintreten für Homöopathie, aus deren Erkenntnisschatz er manches Neue für seine Wissenschaft gewann, endlich die Gründung der Deutschen Hochschule für Leibesübungen, deren erster Rektor er war, haben seine Popularität vermehrt. — August Bier, der in Berlin, Leipzig und Kiel — hier als Schüler des berühmten Esmarch — studierte, wurde schon im Jahre 1899 Professor für Chirurgie in Greifswald. Einem Ruf nach Bonn im Jahre 1903 folgte 1907 die Berufung auf den Berliner Lehrstuhl als Nachfolger v. Bergmanns. Dieser glänzende akademische Aufstieg entsprach den außergewöhnlichen Leistungen Biers. Die Erfindung der Rückenmarksanästhesie, die Bier in Experimenten an sich selbst erstmalig erprobte, die Erkenntnis der heilenden Wirkung vermehrten Blutzuflusses, die darauf begründete Stauungsbehandlung entzündlicher Erkrankungen, sind einige der Höchstleistungen des genialen Arztes und Forschers.

THEODOR BILLROTH 26. IV. 1829 — 6. II. 1894

Billroth wird mit Recht der Begründer der modernen Operationstechnik genannt. Er ist der eigentliche Schöpfer der gesamten Magen-Darm-Chirurgie. Die von ihm erprobten und beschriebenen Operationen am Magen haben der Medizin mit einem Schlage ein ungeheures neues Arbeitsgebiet eröffnet. Billroth führte die erste vollständige Eröffnung des Kehlkopfes bei Krebs aus, erkannte in der chirurgischen Behandlung von Speiseröhrengeschwülsten, Zungenkrebs, Erkrankungen der Schilddrüse wegweisende Neuerungen und vervollkommnete mit glänzendem Erfolg die gesamte chirurgische Technik. — Theodor Billroth wurde 1853 Assistent bei Langenbeck, bei dem er bis zu seiner schon 1860 erfolgten Berufung auf den chirurgischen Lehrstuhl nach Zürich blieb. Die Züricher Jahre waren für Billroth besonders in wissenschaftlicher Beziehung fruchtbar, er schrieb während dieser Zeit seine bekannten pathologisch-anatomischen Arbeiten. Hier schuf er die Grundlagen für die „wissenschaftliche Chirurgie" und hob damit sein Fach auf jene Höhe, auf der es später dann mit Bergmann, Bier, Sauerbruch u. a. seine großen Triumphe feiern konnte. 1867 übernahm Billroth die Lehrkanzel für Chirurgie an der Wiener Universität. Damit begannen Jahrzehnte unerhörter Arbeitsleistung, vielseitiger, erfolgekrönter Schöpfungen des großen Arztes und Menschen. Von nun an überwogen in seinen Veröffentlichungen die klinischen Themen. Payr hat ihn einmal in bezug auf diesen Lebensabschnitt sehr treffend „den echten Naturforscher im Arbeitskleid des Chirurgen" genannt. — Von seinen Zeitgenossen und den folgenden Generationen ist Billroth als das Ideal des deutschen Hochschullehrers verehrt worden, geliebt von seinen Studenten und Assistenten. Seine hohe künstlerische Begabung vollendet das glänzende Bild des genialen Mediziners.

OTTO VON BISMARCK 1. IV. 1815 — 30. VII. 1898

Werk und Leistung historischer Persönlichkeiten sind wie ein Gemälde, das unterschiedlich in seiner Wirkung auf den Beschauer ist, je nachdem von welchem Licht und von welcher Seite es angestrahlt wird. Aber der Mensch, der es aus seinem Geist erschuf, bleibt unverändert von Lob und Tadel. Und für immer haftet das Siegel, das er seiner Zeit aufdrückte. — Otto von Bismarck steht im Treffpunkt zweier Welten. Die väterlichen Ahnen stammten aus uraltem, märkischem Herrengeschlecht, die mütterlichen aus dem Kreis bürgerlicher Beamten und Gelehrten. Beide Elemente vereinigten sich in dem Sohn zu dem ritterlichen Vasallen seines Königs, der mit brutaler Gewalt, junkerhafter Selbstherrlichkeit, aber auch mit manchmal fast unfaßbarer, weitsichtigster Klugheit, kristallklarem Verstand und ränkevoller List das Ziel seines Wollens, Preußen zu dem machtvollsten deutschen Staat und schließlich Deutschland zur lebensfähigen, beherrschenden Einheit in Europa zu machen, erreichte. Das imponierende Äußere seiner Gestalt, die massige Wucht seines Körpers, ein scharf ausgeprägtes Gesicht, hohe Stirn und eine suggestive Leuchtkraft der großen, etwas vorstehenden Augen, unterstrichen die Fähigkeiten des Geistes. Unbändige Kraft und eine nur mühsam gefesselte Leidenschaft erfüllten seine Kampfnatur. Bismarck ist öfter in entscheidenden Situationen von zornbebendem, verzweifelndem Weinkrampf geschüttelt worden, der bei diesem Hünen desto ergreifender wirkte. Er war innerlich unausgeglichen und hat nie die ruhige Harmonie eines zufriedenen Daseins erfahren. Sein Charakter zwang ihn zu einem Dauerzustand der seelischen Hochspannung. Den einzigen Ausgleich bot ihm die Liebe zur Natur, die ihn sein ganzes Leben hindurch begleitete. Unter den Eichen des Sachsenwaldes ist er nach eigenem Wunsche begraben worden.

25. X. 1838 — 3. VI. 1875   GEORGES BIZET

Bei der ersten Aufführung wurde die Oper „Carmen" von der gesamten Kritik abgelehnt. Ihr Komponist Georges Bizet starb noch im gleichen Jahre, verbittert über den Mißerfolg seines besten Werkes. Kurze Zeit danach aber trat die Oper einen fast einzigartigen Siegeszug durch die Welt an, und auch heute noch wird sie auf allen Bühnen geschätzt und geliebt. Ihre buntfarbige Musik, das Feuer der Leidenschaft und der dramatische Schwung reißen den Hörer mit; ohne Sentimentalität ist die schicksalgebundene Tragik alles Menschentums musikalisch geschildert. Der Text ist nach einer Novelle von Mérimée bearbeitet. „Diese Musik ist böse, raffiniert fatalistisch, sie bleibt dabei populär", schrieb Friedrich Nietzsche, als er „Carmen" gegenüber dem Werk Richard Wagners zum Muster einer echten Oper erhob. „Hat man je schmerzhaftere, tragischere Akzente auf der Bühne gehört? Und wie werden sie erreicht! Ohne Grimasse! Ohne Falschmünzerei! Ohne die Lüge des großen Stils!" — Mag Nietzsches Kampf gegen Wagner, den einst bewunderten Freund und nun bestgehaßten Feind, auch manche Übertreibung im Gefolge gehabt haben, sein Urteil über Bizets Werk hat die Geschichte bestätigt. Die anderen Opern des Komponisten, wie „Djalimeh" und die „Perlenfischer" verdienen ebenfalls Beachtung. In ihnen und in den Symphonien und Orchestersuiten zeigt es neben einer auffälligen Liebe zu fremdländischen Klängen gleichfalls funkelndes Temperament und geniale Behandlung des Orchesters. — Bizet leitete gemeinsam mit Gounod und Ambroise Thomas eine Reform der französischen Oper ein. Er löste sie aus dem theatralischen Pomp, dem sie seit langem in der Nachfolge Meyerbeers verfallen war.

8. XII. 1832 — 26. IV. 1910   BJÖRNSTJERNE BJÖRNSON

Der norwegische Dichter ist eine der interessantesten und vielseitigsten Gestalten des Nordens. Sein Leben war erfüllt von der Auseinandersetzung mit den Fortschrittsideen des 19. Jahrhunderts. Er hat mit leidenschaftlicher Hingabe für die Freiheit des Individuums von Vorurteilen und Dogmen, von ungerechtfertigten Traditionen und ständischer Einstufung gestritten. Björnson war ein mitreißender Redner. Seine Vorträge über Gegenwartsprobleme der Dichtung, Kunst, Politik und Kultur schafften ihm eine alle Schichten des Volkes erfassende Gemeinde. Es gab kaum ein Gebiet, auf dem er sich nicht bejahend oder verneinend angesprochen fühlte. Er führte die Polemik um die nationale Freiheit Islands, schrieb Aufsätze über den Dreyfußprozeß, der damals die ganze zivilisierte Welt bewegte, setzte sich für die Bewahrung des Volkstums unterdrückter Minderheiten ein und propagierte in Wort und Schrift die Idee des Weltfriedens. In dem Streit um die naturwissenschaftlichen Theorien nahm er heftig Partei für den Darwinismus. — Vortragsreihen führten ihn durch die nordischen Länder und in die Vereinigten Staaten. Sein dichterisches Werk umfaßt eine große Reihe von meisterhaften Erzählungen, Romanen, Gedichten und Liedern. Björnson gilt auch heute noch als Norwegens größter Lyriker. Seinen Ruhm als Schriftsteller begründete er mit den drei ersten Bauerngeschichten, die in ganz Europa stärkste Beachtung fanden. Dann folgten historische Dramen und in nicht mehr abreißender Folge die Produkte seines dichterischen Genies. In unerschöpflicher Arbeitskraft war er daneben als Kritiker, Redakteur, Theaterleiter und Gründer von Volkshochschulen tätig.

FRANCOIS BLANCHARD   4. VII. 1753 — 17. III. 1809

Befreiung von der Erdenschwere und Eroberung des Luftraumes ist ein Menschheitstraum, an dessen Erfüllung Jahrtausende geglaubt haben. Aber erst 1783 gelang es zwei Franzosen, sich mit einem Ballon von Montgolfier in die Lüfte zu erheben. Weitere Fahrten folgten, und in kurzer Zeit gehörten Aufstiege von Montgolfieren zu dem Programm aller großen Feste und Lustbarkeiten in Paris. Blanchard hatte bereits früher zahlreiche Flugversuche unternommen, die aber alle scheiterten. Er griff sofort die Erfindung Montgolfiers auf, eine gasdichte Hülle mit heißer Luft zu füllen und diese als Auftriebsmittel zu benützen. Seine Frau und er machten viele bewunderte Flüge. Bei ihrem 67. Aufstieg ereilte Madame Blanchard das Schicksal fast aller frühen Luftfahrtpioniere. Beim Abbrennen eines Feuerwerks in einigen hundert Meter Höhe über dem Pariser Vergnügungspark Tivoli fing der Ballon Feuer und stürzte brennend ab. Blanchards Kanalüberquerung in einem gasgefüllten Ballon war ein sensationelles Ereignis für die ganze zivilisierte Welt. Vor einer großen Menschenmenge, die Zeuge des historischen Ereignisses sein wollte, erhob sich der Ballon und verschwand, von einem kräftigen Nordostwind getrieben, am diesigen Horizont. Nach kurzer Flugzeit zeigte sich, daß die Füllung der Hülle für die Fahrt nicht ausreichte. In steiler Fahrt ging es abwärts. Die beiden Insassen, der Franzose und ein Nordamerikaner, warfen allen Ballast, den Anker, Instrumente und Kleider über Bord. Trotzdem kam der Wasserspiegel immer näher. Voller Verzweiflung kletterten die Luftschiffer in das Tauwerk der Seidenhülle, um die Gondel zu kappen. Da hob eine Böe das Luftschiff und führte es in eine Höhe, von der aus es in langsamem, treibendem Fall das französische Festland erreichte, ein Bote der neuen Zeit.

GEBHARD LEBERECHT BLÜCHER   16. XII. 1742 — 12. IX. 1819

Der Dichter und Vorkämpfer der deutschen Befreiung von napoleonischer Herrschaft, Ernst Moritz Arndt, sagte über Blüchers Antlitz: „Es hatte zwei verschiedene Welten, die selbst bei Scherz und Spaß ihre Farben nicht wechselten: auf Stirn und Nase und in den Augen wohnten Götter, um Kinn und Mund trieben gewöhnliche Sterbliche ihr Spiel." — Was Blücher soldatisch zum erfolgreichen Heerführer und zur volkstümlichsten Figur machte, war sein klarer, unverbildeter Verstand, seine derbe und polternde Sprache und seine Härte gegen sich selbst. Johannes Scherr sagt von ihm: „Mit der unvergänglich-jugendfrischen Gemütsart verband sich in dem Marschall Vorwärts eine von frühauf gehärtete und geübte Verstandesschärfe, eine schnelle und untrügliche Beobachtungsgabe, ein lebhafter Sinn für das Wirkliche und Tatsächliche, ein scharfer Einblick in das Spiel menschlicher Leidenschaften..." — Blücher hatte seine militärische Laufbahn unter Friedrich d. Großen begonnen, der ihn als Hauptmann verabschiedete. Die Befreiungskriege riefen ihn wieder. Er siegte 1813/14 als Befehlshaber der Schlesischen Armee an der Katzbach und entschied die Leipziger Völkerschlacht. Dann führte er die Preußen über den Rhein bei Kaub und Koblenz, schlug den Gegner bei Laon und zog als Sieger in Paris ein. Als das politische Schacherspiel um die Beute begann, hielt er sich abseits, trank Champagner im Palais Royal, spielte Karten und verfluchte als echter Husar „dies infame Hundezeug von Federfuchsern und Diplomatikern". — Blücher bekannte sich offen zu den Grenzen seines Könnens. Auf dem Wiener Kongreß umarmte er Gneisenau, den genialen Kopf des Generalstabes, mit den Worten: „Ich bin der einzige, der seinen eigenen Kopf küssen kann!"

10. XI. 1804 — 9. XI. 1848   ROBERT BLUM

Am Morgen des 9. Novembers 1848 wurde in der Brigittenau in Wien der Abgeordnete des Frankfurter Parlaments, Robert Blum, durch ein Erschießungskommando hingerichtet. Mit ihm starb ein Mann, der erfüllt war von den Ideen demokratischer Freiheit des deutschen Volkes. Blum war Rheinländer. Er wuchs in dürftigen Verhältnissen auf, wurde Handwerkerlehrling, Kaufmannsgehilfe, kam dann als Sekretär und Buchhalter an das Kölner Theater und ging mit dessen Direktor nach Leipzig. Hier fand er Gelegenheit, seinen literarischen Neigungen nachzugehen und seine Bildung zu vervollkommnen. Aufsätze über literarische und politische Themen erschienen in verschiedenen Zeitschriften, ein Drama hatte Publikumserfolg. Die Herausgabe eines allgemeinen Theaterlexikons machte seinen Namen auch als Fachautor bekannt. Gleichzeitig beschäftigte sich Blum aktiv in der Politik. Er griff in die öffentlichen Debatten ein, beteiligte sich an Parteigründungen und stand bald an der Spitze der sächsischen Demokraten. — 1848, das Jahr der großen Hoffnungen und Freiheitsträume, schien alle politischen Wünsche der Demokraten zu erfüllen. Als unter dem Geläut der Glocken die Teilnehmer des Frankfurter Parlaments in feierlichem Zuge die Paulskirche betraten, war auch Robert Blum als Vertreter der Messestadt Leipzig dabei. Er wurde Führer des linken Flügels. Im Oktober ging er zusammen mit Julius Fröbel als Abgesandter des Parlaments nach Wien, um der im offenen Aufstand stehenden Bevölkerung eine Solidaritätserklärung zu überbringen. Als sechs Tage später die Kanonen des Marschalls Windischgrätz den Gegenangriff der Reaktion eröffneten, stand Blum als Führer der Studentenlegion auf den Barrikaden. Der Aufstand brach zusammen. Blum wurde verhaftet und zum Tode verurteilt.

11. V. 1752 — 22. I. 1840   JOHANN FRIEDRICH BLUMENBACH

Redlich hat er den Ehrentitel eines „Magister Germaniae", eines Lehrmeisters der Deutschen, verdient, der alte Professor Blumenbach, gleich berühmt unter den Zeitgenossen als Wissenschaftler wie als Original. In den sechzig Jahren, die er den Göttinger Lehrstuhl für Anatomie innehatte, sind viele Gelehrte von europäischem Ruf seine Schüler gewesen, und ein halbes Jahrhundert lang galt sein „Handbuch der Naturgeschichte", das ein Dutzend Auflagen erlebte, als Vorbild. Ebenso bedeutend wie als Lehrer war Blumenbach als Forscher. Lange vor Cuvier verband er die Zoologie mit der vergleichenden Anatomie, in die er auch den Menschen einbezog. Zwei Menschenalter hindurch hat Blumenbach planmäßig alles gesammelt und studiert, was geeignet war, die körperlichen Besonderheiten der verschiedenen Menschengruppen wissenschaftlich zuverlässig zu erfassen und gründlich miteinander zu vergleichen — Schädel, Skelette, Abbildungen und Beschreibungen von Menschen aller Völker und Zonen. Damit hat er den Grund gelegt, auf dem alle spätere anthropologische Forschung weiterbauen konnte. Von Blumenbach stammt auch die Einteilung der Menschheit in fünf Rassen, in die kaukasische, mongolische, aethiopische, amerikanische und malaiische Rasse, auf die alle neueren Versuche einer Rassengliederung zurückgehen. Über alles Trennende aber stellte er das alle Menschen Einigende: Er betonte immer wieder, alle Befunde der Wissenschaft bewiesen klar und eindeutig, daß alle Menschen, welcher Rasse, welcher Farbe und welchen Volkes sie auch angehörten, Angehörige einer und derselben Art seien. Diese Auffassung von der Einheit des Menschengeschlechts hat trotz mancher Versuche, Menschenarten ihrem Wert nach zu unterscheiden, bis heute seine Geltung behalten und gehört zum gesicherten Besitz der Anthropologie.

JOHANN KASPAR BLUNTSCHLI 7. III. 1808 — 21. X. 1881

"Dieser Mann ist kein Jurist, sondern ein Priester des Rechts!" hat einmal jemand über den Schweizer Gelehrten gesagt. Seine Hauptbedeutung liegt darin, daß er als einer der ersten von der hohen Warte der Menschlichkeit Recht und Gesetz als völkerverbindende, moralische Kräfte erkannte. — Bluntschli begann seine Laufbahn als Dozent für Römisches Recht in Zürich. 1848 folgte er einem Ruf an die Münchener Universität. Hier wirkte er als juristischer Germanist und Staatsrechtslehrer, in universaler Überschau bemüht, ein System der Jurisprudenz zu schaffen, das den modernen Anschauungen entsprach und fähig war, die Probleme der neuen Zeit zu lösen. Er wandte sich gegen die starre Anwendung des alten, klassischen Römischen Rechtes, das erst in Verbindung mit bodenständigen Begriffen von natürlicher Gerechtigkeit — in Deutschland dem Germanischen Recht — eine lebendige Wirksamkeit entfalten könnte. Als Bluntschli im Jahre 1861 München verließ, um eine Professur in Heidelberg zu übernehmen, war er in folgerichtiger Entwicklung seiner Ideen von dem Recht als Diener der Menschheit über den völkischen und staatlichen Rahmen hinausgewachsen und wandte sich der Erforschung und Formulierung von überstaatlichen Gesetzen zu. Seine Überlegungen zur Schaffung eines internationalen Organs für Rechtsprechung führten ihn dazu, die Gründung eines europäischen Staatenbundes mit einem ständigen Repräsentantenhaus und Senat vorzuschlagen. Nur eine solche autoritäre Institution wäre in der Lage, den Völkerfrieden zu bewahren und eine wahrhaft humanitäre Gesetzgebung zu schaffen. Durch die von ihm entwickelten Gedanken hat Bluntschli wesentlich zu dem Zustandekommen der beiden Haager Friedenskonferenzen der Jahre 1899 und 1907 beigetragen.

GIOVANNI BOCCACCIO 1313 — 21. XII. 1375

Boccaccio, der große Dichter und Humanist Italiens, schuf seine Werke in einer Zeit, als die abendländische Menschheit in staunender Begeisterung und Ergriffenheit vor der Geisteswelt der wiederentdeckten Antike stand. Die Weltweisheit der griechischen Philosophie, die Menschlichkeit der Götter des Olymps und das heitere, der irdischen Schönheit zugewandte Antlitz des untergegangenen Altertums standen in schroffem Gegensatz zu den christlichen Idealen des Mittelalters. Die neuentdeckte Freude am Leben, an der Glückseligkeit der Erde, lebt in dem Werk Giovanni Boccaccios. — Er war der uneheliche Sohn des Florentiner Kaufmanns und einer schönen Pariserin. Wer sollte nicht das mütterliche Erbe in den geistsprühenden Geschichten des Dichters erkennen? Der Knabe wuchs in dem genußfreudigen, kulturvollen Florenz auf. 1327 ging er nach Neapel, erlernte auf Wunsch seines Vaters den Kaufmannsberuf, studierte dann die Rechte und schließlich entsprechend seinen eigenen Neigungen alte Sprachen. In dieser Zeit spielt der Roman einer Liebe zu der reizenden Maria, Tochter des Königs Robert von Neapel. Zum erstenmal griff Boccaccio zur Feder, um seiner Neigung dichterischen Ausdruck zu geben. Es entstand die Erzählung „Fiametta", die seinen literarischen Ruhm begründete. Nach Florenz zurückgekehrt, verwandte ihn die Regierung mehrmals zu wichtigen Gesandtschaften. 1373 übertrug sie ihm einen öffentlichen Lehrstuhl zur Erklärung von Dantes Göttlicher Komödie. Eine Reihe von Erzählungen, Gedichten und Romanen verschafften Boccaccio den Namen eines „Vaters der italienischen Literatur". Weltberühmt wurde er durch das „Decamerone", eine Sammlung von hundert Novellen, in der er altes Märchen- und Sagengut und moderne, saftige Schwänke in neuer, klassischer Form verarbeitete.

16. X. 1827 — 16. I. 1901   ARNOLD BÖCKLIN

Der 70. Geburtstag Böcklins im Jahre 1897 war die triumphale Lebenskrönung eines Malers, um dessen Werk und Leistung der Streit der Meinungen mit besonderer Heftigkeit getobt hatte. Es gibt ein Selbstporträt Böcklins aus dieser Zeit. Sicher, kraftvoll, seiner Bedeutung bewußt, steht der Maler vor einer Staffelei, auf dem die Umrisse seines Kopfes angedeutet sind. Die Stirn ist zerfurcht, und um den Mund liegt die Bitterkeit eines Menschen, der um die Nöte und Härten des Daseins weiß. Von vierzehn Kindern starben acht, zwei fielen in geistige Umnachtung. Armut und Elend brachten ihn bis an den Rand körperlichen Verfalls. Doch immer wieder fand er den Weg zum Glauben an sich selbst und an das Glück, leben zu dürfen. Und niemals verließ ihn der Humor, der stärkste Widersacher des Schmerzes. — Wenn man vor einem Böcklinschen Bild steht, so erhält man den stärksten Eindruck von der tiefen, glühenden Leuchtkraft der Farbe. Es hat in den beiden vergangenen Jahrhunderten kaum einen Maler gegeben, der sich so um die Technik des Materials bemüht hat, wie er. Den größten Teil seines Lebens verbrachte er in Italien, dem Land der strahlenden Helle, der bunten, lebendigen und harmonischen Kontraste. Auch die Stoffe für die Bildthemen entnahm er vielfach der italisch-griechischen Antike. Aus Rom hatte er sich seine Lebensgefährtin geholt, die siebzehnjährige Angela Pascucci. Sie war das einzige Modell für alle seine Frauengestalten. Dem Stil nach gehört Böcklin dem Impressionismus an, der die äußere Gestalt der Dinge in den Mittelpunkt der Malerei stellt. Aber die Gewalt der Böcklin-Bilder sprengte den impressionistischen Rahmen und machte die Natur und die figürliche Staffage zu einem Symbol geistiger Haltung.

6. III. 1831 — 2. IV. 1910   **FRIEDRICH VON BODELSCHWINGH**

Als ein preußischer Junker in einer großen öffentlichen Versammlung das soziale Hilfswerk des Pastors von Bethel angriff und von einer Vergiftung des Volksgeistes sprach, erwiderte Bodelschwingh: „Wenn ich noch die Ehrbegriffe meines Standes hätte, würde ich den Mann vor die Pistole fordern, denn er hat meine Geschwister, die Brüder von der Landstraße, beleidigt!" — Bodelschwingh stammte aus einer alten westfälischen Adelsfamilie. Sein Vater war preußischer Innenminister. Nach einer kurzen Lehrzeit als Gutseleve studierte er in Basel Theologie und ging nach dem Abschlußexamen als Hilfsprediger an die deutsche Kirche in Paris, später als Geistlicher in eine kleine westfälische Gemeinde. Seine große Wirksamkeit begann er als Pfarrer in Bethel bei Bielefeld und als Leiter einer kleinen, unbedeutenden Diakonissenanstalt und eines Pflegeheims für Epileptiker. Bethel wurde bald in der ganzen Welt ein Begriff für tätige Hilfe an den Schwachen, Kranken und Hilflosen. Aus allen Teilen Deutschlands flossen in Pfennig-Beträgen die Mittel, die zum Aufbau notwendig waren. Epileptiker, Geisteskranke, Gebrechliche und Entwurzelte wurden in den immer wieder erweiterten Anstalten seelisch und körperlich betreut. „Vater Bodelschwingh" forderte kein Mitleid, kein Almosen, sondern er appellierte an das Verantwortungsgefühl der Gemeinschaft für die, welche nicht die Kraft haben, das Dasein zu bestehen. Die Kranken wurden nach der Art ihres Könnens einer befriedigenden Arbeit innerhalb der Anstalten zugeführt. Ödländereien, Moore und Sümpfe verwandelten sich in fruchtbares Ackerland. Heimstätten für Bettler und Heimatlose erstanden, Siedlungen wurden gegründet. Das Werk wurde nach Bodelschwinghs Tod durch seinen Sohn erfolgreich fortgeführt und erweitert.

JOHANN JAKOB BODMER 19. VII. 1698 — 2. I. 1783

In der Zeit, in der Johann Jakob Bodmer heranwuchs, erfaßte der Geist der Aufklärung und des Verstandeskults bereits das Zauberreich der Dichtung. Die Franzosen mit ihren geistvoll ausgeklügelten Spitzfindigkeiten beherrschten Drama, Roman, Novelle und Lyrik. Der deutsche Professor Gottsched hatte sogar eine Art Regelbuch für gutes und „aufgeklärtes" Dichten herausgegeben und in ebenso gelehrten wie langweiligen Dramen, wie dem „Sterbenden Cato", Beispiele dafür geliefert, wie gemütsarm die Welt des Rationalismus geworden war. — Zusammen mit dem Züricher Kritiker Breitinger trat der junge zu Greifensee in der Schweiz geborene Bodmer in die Schranken, eine Lanze für die Phantasie, für das Wunderbare und Gemütvolle zu brechen und den schönen Empfindungen der Seele wieder Raum zu schaffen inmitten der gezirkelten Gärten der Zeit. Bodmer ist der eigentliche Wiederentdecker Shakespeares für das deutsche Sprachgebiet. Was für die Aufklärer unter den Poeten die Dichtungen der Franzosen Racine und Corneille gewesen, das wurden für den Schweizer Dichterkreis, den Bodmer und Breitinger anführten, die Engländer Shakespeare und Milton. — Es kam eine Zeit, in der die beiden Lager in Zeitschriften und Satiren erbittert widereinander stritten, bis sich endlich mit dem Aufblühen der deutschen klassischen Dichtung eines Klopstock, Wieland, Herder, Goethe und Schiller der Kampf für die Schweizer entschied. Bodmers Verdienst liegt vor allem in seiner Tätigkeit als Anreger und Wegbahner. Unvergessen aber bleibt auch, daß er, in dem Bestreben, das Wesen echter Dichtung zu zeigen, zum ersten Herausgeber des Nibelungenliedes und einer Sammlung mittelalterlicher Minnegesänge wurde.

HERMAN BOERHAAVE 31. XII. 1668 — 23. IX. 1738

Als Sohn eines Predigers erblickte Herman Boerhaave am Silvestertag 1668 in Voorhout bei Leyden in Holland das Licht der Welt. Er studierte zu Leyden Philosophie, Mathematik und Theologie mit ausgezeichnetem Erfolg. Nach dem Tod des Vaters zwangen ihn die Sorgen um das tägliche Brot zu einem Wechsel des Studiums. Er wurde praktischer Arzt in Leyden, betrieb eigene medizinische Forschungen und wurde zu hohen akademischen Ehren berufen. 1709 wurde er Professor der Medizin und Botanik, 1714 zweiter Professor der praktischen Medizin. „Er bildete für sich allein eine ganze Fakultät (Physiologie, Pathologie, Chirurgie, Ophthalmologie, Chemie, Botanik, Arzneimittellehre)", heißt es in einer zeitgenössischen Lebensbeschreibung. Damit ist Boerhaave gekennzeichnet, ist seine einmalige, das ganze Wissen der medizinischen Fakultät umfassende Genialität umrissen. Er ist während seiner Tätigkeit als Universitätslehrer gefeiert worden wie selten ein Arzt; sein Einfluß war richtungsweisend für die medizinischen Schulen der damaligen Zeit. Es ist für uns heute nicht mehr faßbar, wie ein einziger Mensch wie Boerhaave das große, vielfältige Gebiet der medizinischen Wissenschaft souverän beherrschen konnte. Der immer mehr zunehmende Umfang der neuen Erkenntnisse läßt uns nur noch mit Mühe neben der Spezialaufgabe die große Linie der Wissenschaft verfolgen. So wie Boerhaave einer der letzten gewesen sein dürfte, der seinen Schülern die ganze Medizin übermitteln konnte, so war er wohl einer der Ersten, der in der knappen und präzisen Form seiner Schriften von der Gewohnheit der weitschweifigen, schwer verständlichen Werke seiner Epoche abwich und den Studierenden den hohen Wert praktischen Arzttums gepredigt hat.

1575 — 17. XI. 1624   **JACOB BÖHME**

In der Werkstatt des Schuhmachermeisters Jacob Böhme zu Görlitz in Schlesien fand sich allwöchentlich eine Gemeinde von Suchenden und Gläubigen zusammen, um den dunklen, geheimnisvoll verzückten Predigten ihres Propheten zu lauschen. Im Licht des Kienspans glühten die Augen Böhmes, wenn er von Gott als dem großen Mittler zwischen Gut und Böse, dem Herrn der Hölle und des Himmels und dem Urgrund aller Dinge, sprach. In dem Görlitzer Handwerker-Philosophen erstanden noch einmal in seltsamer Harmonie die leidenschaftlichen Glaubensideen der Wiedertäufer, die Naturphilosophie eines Paracelsus und die Nachklänge mittelalterlicher Mystik. Böhme vereinte alle diese Elemente zu einer eigenwilligen Weltanschauung. Im Mittelpunkt der Betrachtungen stand die alte Menschheitsfrage, warum Gott und Teufel, Gut und Böse, nebeneinander bestehen können. In Tage und Wochen dauernder, geistesabwesender Verzückung rang Böhme mit diesen Problemen; und in tiefstem Glauben an den endlichen Sieg des Guten schrieb er seine Erkenntnisse, die in dichterischer Verklärung, in gewaltiger, neuschöpfender Sprache, dem Menschen seine wahre und eigentliche Aufgabe zuwiesen: Kampf dem Bösen und Ringen um die Überwindung alles Schlechten und Unsittlichen. Die Lehren des „letzten, großen Theosophen" fanden nur geringen Widerhall. In Deutschland, Frankreich und England bildeten sich zwar an einigen Orten „Böhmistische Sekten", aber die Zeit der mystischen Naturerkenntnis war vorüber. Eine neue, empirische Denkungsweise bahnte sich an, die die Erfahrung und das Experiment in den Mittelpunkt der Weltanschauung stellte. Erst Schelling und Hegel entdeckten zwei Jahrhunderte später Böhmes Philosophie von neuem und bauten sie in ihr System ein.

7. X. 1885 — 18. XI. 1962   **NIELS BOHR**

Es gab ein nicht geringes Kopfschütteln unter den Physikern, als 1912 der dänische Physiker Niels Bohr seine Hypothese von den Gesetzen der Atome veröffentlichte. Vom Standpunkt der klassischen Physik gesehen, konnte das, was Bohr aussagte, an Bedenklichkeit wohl kaum noch übertroffen werden. Er übertrug Plancks zwölf Jahre zuvor aufgestellte Quantentheorie — nach der Energie nicht in beliebigen Mengen und gleichmäßig dahinfließend, sondern stets nur in ganzen Vielfachen bestimmter kleinster Energiequanten, „löffelweise" also, übertragen werden kann — auf das Atommodell, das der große englische Physiker Rutherford entworfen hatte. Rutherford hatte sich vorgestellt, im Atom umkreisten elektrisch negative Elektronen den positiven Kern so, wie die Planeten ihre Bahnen um die Sonne ziehen. Der junge Däne behauptete nun, die Elektronenplaneten könnten nicht auf beliebigen, sondern nur auf ganz bestimmten, gesetzmäßig mit dem Planckschen Quantum verbundenen Bahnen umlaufen. Das umlaufende Elektron sollte keine Wellenstrahlung von sich geben, diese sollte vielmehr erst dann erfolgen, wenn das Elektron von einer Quantenbahn auf eine weiter innen gelegene „herabstürzte". Die dabei ausgesandte Strahlung sollte sich abermals nach der Planckschen Formel berechnen lassen. Mit diesen unerhört kühnen Sätzen hat Bohr die Grundlagen der modernen Atomphysik gelegt. Im Jahre 1922 wurde die bahnbrechende Leistung des großen Physikers mit der Verleihung des Nobelpreises gewürdigt. Vom Bohrschen Atommodell führt ein gerader Weg zum Verständnis der Lichtspektren, in deren feinen Linien sich die Harmonie des Atombaues enthüllt, und zur Wellenmechanik, die die Materie in ein System mathematischer Wahrscheinlichkeiten verwandelt, aber auch zur technischen Nutzbarmachung der Atomkräfte.

SIMON BOLIVAR 24. VII. 1783 — 17. XII. 1830

Wir, die wir „nicht Indianer und nicht Europäer heißen, sondern eine Mischung zwischen den ursprünglichen, rechtmäßigen Besitzern des Landes und den spanischen Eroberern sind, wir also, Amerikaner von Geburt und mit dem Anspruch an die gleichen Rechte ausgestattet, die der Europäer für sich fordert, haben diese Rechte mit allen auf unserem Kontinent geborenen Volksgenossen gemeinsam zu erkämpfen und mit allen Mitteln gegen die habgierigen Eindringlinge zu verteidigen!" Mit diesen Worten kennzeichnete Bolivar, der Befreier Südamerikas von der fast 300 Jahre dauernden Herrschaft Spaniens, sein politisches Programm. Der „Libertador", der Befreier, stammte aus einer alten, reichen Kreolenfamilie. Auf Bildungsreisen in Nordamerika und Europa nahm er die Freiheitsideen der Französischen Revolution in sich auf und beschloß, „die Ketten zu sprengen, mit denen uns die Spanier gefesselt haben". Zwei Jahre lang schien es, als ob ihn das Schicksal durch das häusliche Glück der Ehe mit einer jungen Spanierin auf eine friedliche Bahn drängen wollte. Da starb seine Frau, und nun verschrieb er sich ganz der Sache seines Vaterlandes. Als 1810 in Caracas der Aufstand der Farbigen losbrach, war Bolivar einer seiner Führer. Venezuela errang die Freiheit, und nun flammte überall in den spanischen Kolonien die Empörung auf. In heftigen Kämpfen mit Regierungstruppen wurden die reichen Gebiete verwüstet und verheert. Rückschläge folgten, die Bolivar mehrfach zwangen, außer Landes zu gehen. Aber immer wieder gelang es ihm, neue Kräfte aufzubieten und Unterstützung zu finden. Der venezuelische Kongreß wählte ihn zum Präsidenten und gab ihm diktatorische Vollmachten. Bolivar krönte sein Werk mit der Befreiung Kolumbiens, Ecuadors, Boliviens und Panamas.

FRANZ NAPOLEON BONAPARTE 20. III. 1811 — 22. VII. 1832

Am 20. März 1811 vormittags gegen zehn Uhr dröhnten die Salutschüsse über Paris, die Frankreich und der Welt die Geburt eines Kindes aus der Ehe Napoleons mit der österreichischen Prinzessin Marie-Louise anzeigten. Mit angehaltenem Atem zählte man die Salven; bei der zweiundzwanzigsten brauste der Ruf durch die Straßen: „Vive l'Empereur!" Napoleon hatte der ersehnten Sohn und Thronerben. Der kleine Franz Napoleon Bonaparte erhielt den Titel eines Königs von Rom. — Drei Jahre später hatte sich das Schicksal gewendet. Bonaparte mußte als Kaiser abdanken und auch auf die Thronfolge seines Sohnes verzichten. Marie-Louise begab sich mit dem Kronprinzen nach Wien unter den Schutz ihres Vaters. Der Wunsch des Verbannten, seine Familie bei sich in Elba zu sehen, wurde nicht erfüllt. Auch nach der Flucht von Elba während der „Hundert Tage" gelang es Napoleon nicht, die Auslieferung von Frau und Sohn zu erreichen. Einsam und verlassen ging er nach St. Helena, ohne seine Angehörigen wiedergesehen zu haben. Der Sohn des Korsen wurde in Schönbrunn erzogen und erhielt den Titel Herzog von Reichstadt. Österreichs Staatskanzler Metternich sorgte dafür, daß alle Erinnerungen an den großen Vater von dem Herzog ferngehalten wurden. Trotzdem kreisten die Gedanken und Wünsche des Heranwachsenden um den Thron Frankreichs, als dessen rechtmäßigen Anwärter er sich betrachtete. In den bonapartistischen Kreisen von Paris wurden die abenteuerlichsten Pläne geschmiedet, den Prinzen nach Frankreich zu entführen, um mit dem Nimbus seines Namens die Dynastie der Bonaparte von neuem aufzurichten. Alle diese Hoffnungen stürzten zusammen, als der Herzog 1832 einer Lungentuberkulose erlag.

15. XI. 1784 — 24. VI. 1860   JÉRÔME BONAPARTE

„Morgen wieder lustik...!" rief Jérôme Bonaparte lachend seinen Begleitern zu, wenn er zu später Stunde eines der rauschenden Feste verließ, die Nacht für Nacht das Schloß Wilhelmshöhe bei Kassel erstrahlen ließen. Die Hessen nannten den ihnen von Napoleon aufgezwungenen Herrscher „König Lustik". Er war der Bruder des Korsen und wurde von dessen Ruhm in die Höhe einer Stellung getragen, die weder sein Geist noch sein Charakter auszufüllen imstande waren. Als Marineoffizier kämpfte er in Westindien gegen die Engländer. Von britischen Kreuzern verfolgt, rettete er seine Fregatte in einen nordamerikanischen Hafen. In Baltimore verliebte er sich in die Tochter eines Kaufmanns und heiratete sie. Die neue Kaiserwürde des Bruders vertrug sich aber nicht mit der bürgerlichen Schwägerin, und auf Veranlassung Napoleons erfolgte die Scheidung. Jérôme ging kurz danach die Ehe mit Prinzessin Katharina von Württemberg ein. Im Jahre 1807 vereinigte Napoleon I. preußische Gebiete links der Elbe, Kurhessen, Braunschweig und das südliche Hannover zu dem Königreich Westfalen und setzte seinem jüngsten Bruder die Krone auf. Der gutmütige, aber gedankenlose Leichtsinn des neugebackenen Monarchen machte die Hauptstadt Kassel und das Schloß Wilhelmshöhe zu einer komödiantenhaften Operetten-Residenz. Seine Verschwendungssucht ließen Land und Bevölkerung verelenden. Noch vor der Niederlage Napoleons bei Leipzig verflog der ganze Spuk vor den anrückenden Kosakenregimentern des Zaren Alexander. Jérôme floh Hals über Kopf. Er ging nach dem Sturz seines Bruders unbehelligt in die Schweiz, lebte dann mit seiner ihm treu gebliebenen Frau in Süddeutschland und Italien. Erst die Thronbesteigung Napoleons III. führten ihn nach Frankreich zurück.

673 — 5. VI. 754   BONIFATIUS

In den zwanziger Jahren des 8. Jahrhunderts fiel durch die Axtschläge christlicher Mönche unter Führung des Bischofs Bonifatius eines der größten Heiligtümer germanischen Glaubens, die Donareiche bei Geismar in Hessen. Mit ihr stürzte auch der Glaube an die Macht der alten Götter, und die christliche Lehre fand überall in Mittel- und Süddeutschland Eingang. In den Rodegebieten der Urwälder erstanden Kirchen und Klöster, die Gemeinden von Gläubigen um sich versammelten. Bonifatius war der Gründer der Kulturzentren von Salzburg, Passau, Regensburg, Freising, Erfurt und Würzburg. Er stammte aus England, war im Kloster erzogen, gebildet und zum Priester geweiht worden. Im Alter von 39 Jahren ging er für zwei Jahre als Missionar in das heidnische Friesland, kehrte erfolglos zurück und verließ kurz darauf England für immer. Die Erfahrungen des Heiden-Priesters veranlaßten den Papst, ihn mit der Bekehrung der Thüringer zu betrauen. In leidenschaftlichem Eifer wanderte der Glaubensbote von Ort zu Ort und predigte den Germanen die Botschaft des Kreuzes. Bald wuchsen ihm aus den neugegründeten Klöstern landsässige Mönche und Ordensfrauen zu, die das Werk unterstützten und weiterführten. Als die Pionierarbeit getan war, begann Bonifatius seine eigentliche Aufgabe, die Zusammenfassung der Einzelkirchen zu einer geschlossenen Einheit und ihre Unterstellung unter den Papst. Aus dem inbrünstig-asketischen Missionspriester wurde der große Organisator, der das Gebilde der deutschen römisch-katholischen Kirche schuf. Reichssynoden legten die Richtlinien der inneren Verwaltung und äußeren Gestaltung fest. Im hohen Alter rief ihn noch einmal die Stimme seines Herzens zur Missionstätigkeit auf. Er ging nach Friesland und wurde dort von Heiden erschlagen.

65

DANIEL BOONE 1730 — 1820

Daniel Boone ist eine der fast sagenhaften Heldengestalten des amerikanischen Westens. Er diente Cooper, dem Verfasser des unsterblichen „Lederstrumpf", als Vorbild für den Hinterwäldler, Jäger und Pfadfinder Natty Bumppo. Boones Männerjahre fallen in die wilde Zeit der Kolonisation der Indianergebiete, als jahrzehntelang die Grenze zwischen Weiß und Rot im erbarmungslosen Kampf lichterloh brannte, als die Wehrbauern und Jäger vom französischen Kanada und dem neuenglischen Virginien und Carolina her in das Neuland am Mississippi, Ohio und Tennessee vorstießen. In kaltblütigem Wagemut zogen die Familien der Siedler über Berge und Steppen, um Hunderte und Tausende von Meilen jenseits der letzten weißen Dörfer, mitten im Herzen des Indianerlandes, ihre roh behauenen Blockhütten zu errichten und ein Stück schnell gerodeten Ackers mit Mais zu besäen. — Die Familie Daniel Boones hatte sich seit langem am Yadkin-Fluß im Appalachengebirge niedergelassen. „Squire" Boone, der Bruder, betrieb mit den Frauen und Kindern die Landwirtschaft, während Daniel durch die Wälder streifte und mit seiner Büchse für frisches Wildbret, für Bärenpelze und Hirschdecken sorgte, die in der Stadt gegen Pulver und Blei getauscht wurden. Im Jahre 1768 brach Boone mit einigen Freunden auf, um das kaum von Weißen betretene Land westlich der Berge, das spätere Kentucky, zu erforschen. Die Männer fanden dort ein Paradies vor: Millionen von Büffeln und Hirschen, ein mildes, gesundes Klima, herrliche Parkwälder mit Edelhozbäumen und die berühmte „Blaugrassteppe" mit metertiefem Humusboden. Auf den Wegen, die Boone vorbereitet hatte, folgte der Strom der Ansiedler, die aus Kentucky einen der reichsten Staaten Amerikas machten.

WILLIAM BOOTH 10. IV. 1829 — 20. VIII. 1912

Die Heilsarmee, deren Gründer und Organisator der „General" William Booth ist, wurde oft verlacht und verspottet, wenn sie mit klingendem Spiel in ihrer seltsamen Uniform durch die Straßen der Großstädte zog und auf öffentlichen Plätzen ihre Bekehrungs-Gottesdienste abhielt. Aber ihre segensreiche Tätigkeit auf dem Gebiet der öffentlichen Fürsorge, die hilfreiche Unterstützung der Armen und Ausgestoßenen des Schicksals hat ihr die Dankbarkeit vieler Männer und Frauen in allen Teilen der Erde gesichert. Die Geburtsstätte der Organisation waren die Slums des Londoner Ostens. Hier begann Booth — ein einzelner gegen eine Welt des Elends und der Verkommenheit — seinen Weg als Missionar. Er kam aus den Kreisen der Methodisten, wo er nicht das erhoffte Feld zu der erträumten „Evangelisations-Arbeit" gefunden hatte. 1864 ging der Fünfunddreißigjährige von Walsall in der Grafschaft Stafford, wo er als Prediger gewirkt hatte, nach London. Verblüfft erlebten die Einwohner der englischen Metropole das neue Schauspiel von Gottesdiensten unter freiem Himmel. Dirnen und Verbrecher, Bettler und Zuhälter bezeugten öffentlich ihre Bekehrung; in das Gelächter der Herumstehenden mischte sich die erste Bewunderung über die beredte Macht des Predigers, der die Herzen der Verworfenen aus dem Schmutz in die Klarheit des Glaubens an eine höhere Macht zog. Die Organisation der „Heils-Armee" wurde nach dem Muster des englischen Heeres gegliedert und erhielt ein militärisches Reglement. Die Ideen der „Salvation-Army" verbreiteten sich über ganz Europa, Amerika und große Teile Asiens.

1475 — 12. III. 1507   **CESARE BORGIA**

„Jede Nacht findet man zu Rom vier oder fünf Ermordete, so daß man überall in Rom zittert, von dem Herzog Cesare erschlagen zu werden", berichtete 1500 der venezianische Gesandte an den Rat seiner Stadt. Niemand wagte sich in der Dunkelheit auf die Straße, durch die Gardisten des Borgia klirrten und auf Befehl ihres Gebieters jeden über die Klinge springen ließen, der Cesare im Wege stand. Alle Gewalt lag in den Händen dieses Unmenschen, in dem die italienische Renaissance den Höhepunkt ihrer Sitten- und Morallosigkeit erreichte. Sein eigener Bruder, der Schwager und viele Verwandte fielen als Opfer der skrupellosen Machtgier Cesares, der nach eigenen Gesetzen lebte und jedes göttliche und humane Recht verachtete. Seine grauenhafte Auffassung vom Leben und der irdischen Bestimmung kehrt in den Äußerungen vieler Zeitgenossen wieder. Auf dem silbernen Brustschild eines Condottieres, eines Söldnerführers, war der lästernde Wahlspruch eingraviert: „Feind Gottes, des Mitleids und der Barmherzigkeit ... !" — Cesare Borgia war ein Sohn der spanisch-italienischen Familie Borgia. Er schied bald aus der ihm zugedachten kirchlichen Laufbahn aus und eroberte sich mit Hilfe der Unterstützung Ludwigs XII. von Frankreich einen Teil Mittelitaliens. Sein Plan war allem Anschein nach die Verweltlichung des Kirchenstaates mit Hilfe des Papstthrones, den er durch List und Gewalt für sich zu erobern hoffte. Alle Berechnungen brachen zusammen, als Papst Alexander plötzlich an Gift starb. Julius II. verhaftete den Borgia und zwang ihn, alle Eroberungen wieder herauszugeben. Nach seinem Mutterland Spanien geflüchtet, wurde er wieder festgenommen und zwei Jahre in Haft gehalten, bis ihm die Flucht zu dem König von Navarra gelang. Er fiel im Dienst seines Lehensherrn.

6. V. 1786 — 12. II. 1837   **LUDWIG BÖRNE**

Als der Dichter und Journalist Ludwig Börne einsam und verbittert in Paris starb, wurde sein von einem Denkmal, geschmücktes Grab auf dem Friedhof Père Lachaise eine Wallfahrtsstätte des jungen, revolutionären Deutschland, das in dem republikanischen Frankreich die Geburtsstätte einer neuen, freien Welt sah. Aber nach einigen Jahrzehnten war der Name Börnes nur noch historische Erinnerung. Sein Werk war zeitbedingt und gehörte dem politischen Tageskampf, der situationsgebundenen, geistigen Auseinandersetzung. Die Nachwelt sah sein Bild in objektiver Rückschau, unverzerrt von dem Kampf der Meinungen, als das eines Menschen, der in selbstloser Hingabe an die Idee der menschlichen Freiheit ein Leben lang uneigennützig und ohne Kompromisse einen aussichtslosen, entsagungsvollen Kampf geführt hat. Die bis zum Radikalismus gesteigerte Übertreibung der literarischen Fehde, der Haß und die Verfolgung jeder anderen Meinung mit leidenschaftlicher Unduldsamkeit erschienen als Merkmale eines sich selbst im Feuer des Fanatismus verzehrenden Gemütes. — Börne verlebte — damals noch unter dem jüdischen Namen Löb Baruch — seine Jugend in Frankfurt a. M., studierte zuerst Medizin, wandte sich dann der Volkswirtschaft zu, wurde Beamter in seiner Heimatstadt und widmete sich schließlich ganz schriftstellerischen Neigungen. Sein Stil war lebendig und biegsam, die Sprache geschliffen und prickelnd, geistreich, voller Charme und Grazie. Er schuf die Schreibweise, die man später „das souveräne Feuilleton" nannte. Börne wich den Verfolgungen und Plackereien der reaktionären Zensur nach dem Paris der Julirevolution aus, dem „Mikroskop der Gegenwart und Fernrohr der Zukunft". Von dort aus rief er zum Revolutionssturm in Deutschland auf, tief enttäuscht, daß seinen Worten keine Taten folgten.

AUGUST BORSIG   23. VI. 1804 — 6. VII. 1854

Seit George Stephenson mit seiner „Rockett" in dem berühmten Lokomotivrennen zu Rainhill 1829 einen triumphalen Sieg davongetragen und im Jahre darauf die erste Eisenbahn der Welt Manchester–Liverpool gebaut hatte, befand sich Europa im Eisenbahnfieber. Wo immer Schienen gelegt wurden, mußten es englische Lokomotiven sein, die darauf fuhren — auch bei der seit 1835 betriebenen ersten deutschen Eisenbahn Nürnberg–Fürth und bei der drei Jahre später eröffneten Strecke Berlin–Potsdam. Damals aber schon hatte sich ein Berliner Maschinenbauer mit der ihm eigenen Schaffenskraft und Schaffensfreude an die Arbeit gemacht, mit dem Ziel, selbst Lokomotiven zu bauen. Das Maschinenbauerhandwerk hatte Borsig erst erlernt, als er seine Ausbildung auf dem Berliner Gewerbeinstitut, der späteren Technischen Hochschule, abbrechen mußte. Der Gründer und Leiter dieser Akademie meinte nämlich, Borsig verstehe zu wenig von Technik und solle alles werden, nur kein Mechaniker. Das war im Jahre 1825 gewesen. Sechzehn Jahre später konnte August Borsig seinem einstigen Lehrer beweisen, daß er dennoch ein Techniker sei, und ein hervorragender dazu. Denn am 25. Juni 1841 setzte sich die erste von Borsig gebaute und damit erste deutsche Lokomotive vom Anhalter Bahnhof aus in Bewegung. — Im Jahre darauf waren es acht, dann zehn Lokomotiven, die Borsig lieferte. Neue große Fabrikanlagen brachten dem genialen Konstrukteur den Ehrennamen „Lokomotivenkönig" ein. Kurz nach der Feier der Fertigstellung der 500. Lokomotive verschied August Borsig, gleich groß als Techniker und Kaufmann, erst fünfzig Jahre alt. Ein Schlaganfall riß den Industriellen jäh aus einem an Arbeit wie Erfolg überreichen Leben.

ROBERT BOSCH   23. IX. 1861 — 12. III. 1942

Die Gründung der Firma Robert Bosch im Jahre 1886 erfolgte zu jener Zeit, als die ersten Autos aus den Werkstätten von Daimler und Benz auf den deutschen Landstraßen rollten. Es war ein folgenreicher Zufall, der die „Feinmechanische Werkstätte" von Bosch mit der Kraftfahrzeugtechnik in Verbindung brachte. Robert Bosch beschreibt in seinen Lebenserinnerungen, wie ein Jahr nach der Firmengründung ein kleiner Maschinenbauer zu ihm gekommen sei, um sich zu erkundigen, ob man ihm nicht einen ähnlichen Apparat bauen könne, wie er ihn in Schorndorf, dem Geburtsort Daimlers, gesehen habe. Bosch fuhr dorthin und fand einen ortsfesten Benzinmotor der Deutzer Motorenwerke vor, für den das Werk die elektrische Zündanlage selbst gebaut hatte. „Ich frug vorsichtshalber in Deutz an", schreibt er, sachlich berichtend, weiter, „ob an dem Apparat etwas patentiert sei. Auf diese Frage erhielt ich keine Antwort. Auch sonst fand ich kein Anzeichen dafür, daß der Apparat patentiert sei, und ich baute somit den Apparat." Bis Bosch seine später weltberühmten elektrischen Zündanlagen für Kraftfahrzeuge entwickelt hatte, vergingen allerdings noch Jahre; denn „was im Zimmer ging, war noch lange nichts für die Landstraße". Die Bosch-Hochspannungsmagnetzündung hat, nachdem sie technisch durchkonstruiert war, die Entwicklung des schnellaufenden Kraftfahrzeugmotors wesentlich gefördert. Robert Bosch, der die ersten Jahre seines geschäftlichen Lebens selbst als „böses Gewürge" bezeichnet, bekannte als wichtigste Grundlage seines Erfolges: „Es war mir immer ein unerträglicher Gedanke, es könne jemand bei Prüfung eines meiner Erzeugnisse nachweisen, daß ich irgendwie Minderwertiges leiste. Deshalb habe ich stets versucht, nur Arbeit hinauszugeben, die jeder sachlichen Prüfung standhielt."

4. II. 1682 — 13. III. 1719   **JOHANN FRIEDRICH BÖTTGER**

Die Alchimie, das Suchen nach dem Stein der Weisen und dem Elixier des Lebens, ist ein alter Menschheitstraum, der schon durch die Geschichte der Ägypter und Griechen spukte, den Paracelsus und Albertus Magnus geträumt hatten und der im 17. Jahrhundert die ganze Welt eroberte. — Abenteuerliche und tragische Begleitumstände und die zufällige Entdeckung des Porzellans heben Johann Friedrich Böttger aus der Masse der „Goldmacher" seiner Zeit heraus. Er wurde in Magdeburg geboren, kam als Apothekerlehrling nach Berlin und geriet hier in die alchimistischen Kreise der preußischen Hauptstadt. In kurzer Zeit waren die Erfolge Böttgers Tagesgespräch in Berlin. Aus Furcht vor einer Verhaftung, mit der der preußische König sich die Kunst des Alchimisten sichern wollte, verließ Böttger Berlin. Er ging nach Wittenberg, um Medizin zu studieren, erlitt aber dort das Schicksal, dem er in Berlin entgangen war. August II. von Sachsen ließ den Mann, von dem das Gerücht behauptete, daß er im Besitz des Steines der Weisen sei, arretieren und nach Dresden bringen. Von da an ist Böttger bis kurz vor seinem Tode in Haft geblieben. Er wurde Tag und Nacht bewacht und durfte nicht einmal die Fenster seines Zimmers öffnen, da man einen Selbstmord des Verzweifelten befürchtete. Wenn der Unglückliche in die Nähe der Tür kam, schossen die Wächter mit Blasrohren auf ihn. Im Jahre 1707 entdeckte Böttger zufällig — wahrscheinlich durch Brennen von Schmelztiegeln, die aus einheimischer Erde geformt waren — die Herstellung eines harten, schleifbaren, rotgefärbten Porzellans. Vier Jahre später fand man auch die Methode zur Fabrikation von weißem Porzellan. Böttger erhielt nun die Freiheit und wurde im Jahre 1710 mit der Leitung der Dresdner Porzellan-Manufaktur beauftragt.

1445 — 17. V. 1510   **SANDRO BOTTICELLI**

Botticelli-Bilder werden im Kunsthandel mit besonderer Sorgfalt geprüft, da in Italien bereits zu Lebzeiten des Künstlers eine Reihe von Fälschungen im Umlauf war. Die Werke des Florentiner Malers waren so beliebt, daß man sie entweder kopierte oder von ihm bevorzugte Themen in seiner Technik, Form- und Farbgebung neu gestaltete und mit seinem Namen signierte. — Botticelli gehört zu den großen Italienern, die dem Quattrocento, dem Jahrhundert der künstlerischen Genies, seine durch alle Zeiten strahlende Leuchtkraft gegeben haben. Er ist der Maler des neuen Frühlings der Menschheit, des Erwachens zur Freude am Diesseits, des Genusses der irdischen Schönheit nach einem Jahrtausend mystischer Versenkung in die dunklen Geheimnisse eines verheißenen Jenseits. Vielfach war man sich selbst dieser Wandlung kaum bewußt, da man in den alten Formen weiterlebte und die Neugestaltung des inneren Lebensstils vorläufig keine Veränderung der äußeren Verhältnisse bewirkte. Botticellis religiöses Bewußtsein gehörte durchaus noch der gläubigen Mystik des Mittelalters an. Er wurde von den Bußpredigten des Florentiner Mönches Savonarola tief beeindruckt und schloß sich nach dessen Feuertod seiner Partei an. Das hinderte ihn aber nicht, sich gleichzeitig mit Leidenschaft humanistischen Studien hinzugeben und Bilder mit ausgesprochen weltlichem Charakter zu malen. — Die Werke des Künstlers erhalten eine ganz eigenwillige Schönheit durch die zarte, empfindsame Poesie der Gestalten, besonders der Frauen, die von keinem seiner zahlreichen Nachahmer erreicht wurde. — Botticelli war ursprünglich Goldschmied und wandte sich später unter Leitung von Filippo Lippi der Malerei zu. Er lebte und arbeitete in dem Florenz der Medici, dem Mittelpunkt aller Künste.

TYCHO BRAHE 14. XII. 1546 — 24. X. 1601

Zwei Sextanten — aufbewahrt im Prager Hradschin — das ist alles, was von dem zu seiner Zeit einzigartigen astronomischen Instrumentarium Tycho Brahes übriggeblieben ist. Zerfallen ist die Uranienburg auf der Insel Hven im Sund, die Stätte seiner bis zu äußerster Exaktheit getriebenen Gestirnsmessungen, vernichtet sind seine kunstvollen Geräte zur Himmelsbeobachtung in den blutigen Kriegen, die Böhmen im 17. Jahrhundert heimsuchten; vergessen ist sein Weltsystem, das vermitteln wollte zwischen der alten Weltenschau des Ptolemäus, dem die Erde Mittelpunkt des Universums war, und der neuen des Kopernikus, der das Sonnensystem als erster erkannte. Um die festgegründete, schwere und darum der Bewegung unfähige Erde, so meinte Brahe, drehten sich Mond und Sonne, um die Sonne aber alle übrigen Planeten. Von Tycho Brahes Werk wäre nichts geblieben, hätten seine peinlich genauen Messungen nicht den Werkstoff für die unvergängliche Leistung eines Größeren geliefert, jenes Mannes, der ihm Gehilfe in den letzten fünf Jahren seines Lebens war, die er, von seiner Uranienburg vertrieben, am Prager Hof des Alchimisten- und Astrologenkaisers Rudolf II. verbrachte: Johannes Kepler. Die Erkenntnisse Keplers über die wunderbaren Gesetzmäßigkeiten der Planetenbewegungen, die des Kopernikus Weltbild vollendeten, waren erst möglich auf Grund der zuverlässigen Zahlenunterlagen, die Tycho Brahe in langen Forscherjahren zusammengetragen hatte. Ein neues Zeitalter der Astronomie begann mit Keplers Gesetzen und Galileis Fernrohr, das wenige Jahre nach Brahes Tod Mondberge und Sonnenflecken, Jupitertrabanten und Venusphasen enthüllte.

JOHANNES BRAHMS 7. V. 1833 — 3. IV. 1897

Kaum zwanzig Jahre alt, nahm Brahms Abschied von seiner Heimat und zog mit einem ungarischen Geiger auf Gastspielfahrt. Hinter ihm lag die Armeleutenot der Eltern, das graue Elend in dem „Gängeviertel" Hamburgs. Oft hatte er dort lange Nächte hindurch zum Tanz gespielt. Ein Glück, daß er daneben gründlichen Unterricht genoß, und eine Gnade, daß sein reines, warmes Herz nicht Schaden litt. — Die erste Fahrt schloß Brahms das Tor zu freier Selbstentfaltung auf. In Düsseldorf gewann er die Freundschaft Robert Schumanns, der ihm selbstlos Hilfestellung leistete: „Er ist gekommen, das junge Blut, an dessen Wiege Grazien und Helden Wache hielten." Und wenn Johannes Brahms auch fremder Hilfe nicht bedurfte — er war kein Träumer, auch kein Revolutionär, in seiner Art lag das besonnene, verantwortungsbewußte Schaffen aus eigener Kraft —, so hielt er doch dem Hause seines Freundes unwandelbar die Treue. Als sich die Schatten der Umnachtung auf Schumann senkten, half er, wo es not tat. Und an Frau Clara Schumann hing er bis zu ihrem Ende in steter Liebe und Verehrung. — Während langer Wanderjahre reifte sein Kunst, bis er in Wien die zweite Heimat fand. Zwar war es ihm vergönnt, noch zu erleben, wie seine Kammermusik, seine Konzerte und Symphonien einen großen Freundeskreis fanden, dennoch lag um seine Seele stets ein Ring von Einsamkeit; vor letzter Enthüllung seines Innern scheute er zurück. Nur in den Werken strömte verhalten die Flut der Leidenschaft. — Aus der Liebe zum Volkslied wuchs der Reichtum eigener Gesänge. Zögernd, bedächtig griff er zu den großen Formen der Musik. Er schuf aus tiefem, menschlichem Begreifen Werke, die Trost und Kraft allen jenen schenken, die mühselig und beladen sind.

1795 — 25. III. 1860   **JAMES BRAID**

Der bei den Bergwerken von Leads-Hill (England) angestellte junge Arzt James Braid beschäftigte sich in der knappen Freizeit mit wissenschaftlichen Problemen. Da entdeckte er im Jahre 1841 im Verlauf seiner Forschungsarbeiten, daß das lange, starre Betrachten eines glänzenden Gegenstandes einen merkwürdigen, schlafähnlichen Bewußtseinszustand hervorruft, und es erschien ihm bald nicht mehr zweifelhaft, daß er einer Erscheinung nahe gekommen war, die für den Menschen und im besonderen für die Heilkunde von weittragender Bedeutung sein mußte. Die von ihm beobachteten Zustände bezeichnete Braid als „Hypnotismus". Viele Schriften über das Gebiet des „Trance-Schlafes" folgten und führten zur Begründung der heute sehr umfangreichen Lehre von der Hypnose. Braid versuchte, streng wissenschaftlich dem schwierigen, noch recht ungeklärten Problem näher zu kommen. Es ist nach langen Auseinandersetzungen zwischen widerstreitenden Lagern unserer Zeit vorbehalten geblieben, Licht in das Dunkel der oft mystisch verzerrten Fragenkomplexe zu bringen. Der modernen Psychologie ist es gelungen, das wirklich Wertvolle, wissenschaftlich Begründete an der Hypnose der Heilkunst dienstbar zu machen. Etwa ein Viertel der Menschen ist gegen jede Form der Suggestion „refraktär", d. h. bei ihm ist jeder Beeinflussungsversuch durch den Hypnotisierenden ergebnislos. Von hundert Menschen können zwanzig in tiefe Hypnose versetzt werden, sind also auch günstige Objekte von Heilversuchen, die oft überraschend erfolgreich sind. Besonders wirksam sind Hypnosebehandlungen bei Krampfzuständen, vor allem nervöser Art, bei schweren Schlafstörungen, Nervenleiden und bei chronischen Schmerzen.

4. I. 1809 — 6. I. 1852   **LOUIS BRAILLE**

Der stille Blindenlehrer des „Institut national des jeunes Aveugles" in Paris hat nur wenig Aufsehen erregt. Die Männer der Kriege und Revolutionen standen gefeiert oder verdammt im Licht der Öffentlichkeit, ihre Namen wurden in das Buch der Geschichte geschrieben, um wenige Jahre später vergessen zu werden. Ihr Werk war nur noch Erinnerung, ohne Bedeutung für den Fortschritt und das Glück der Menschheit. Von Louis Braille wußten nur wenige, aber seine Erfindung der noch heute gebräuchlichen Blindenschrift hat vielen Tausenden das unerschöpfliche Paradies der Bücher, des Lesens, Lernens, Wissens und Schreibens erschlossen. — Braille verletzte sich im Alter von drei Jahren bei seinem Vater in der Werkstatt mit einem Messer die Augen und verlor das Sehvermögen. 1819 fand er Aufnahme in dem Pariser Blindeninstitut, in dem er bis zum Lebensende blieb. Der aufgeweckte Knabe war bald der beste Schüler und wurde als Hilfskraft für den Unterricht der Jüngeren eingesetzt. Später übernahm er als Lehrer eine Klasse. Er empfand es als besonders schmerzlich, daß es nicht möglich war, die Werke der Weltliteratur und der Wissenschaften anders als durch Vorlesen aufzunehmen. Es gab zwar schon eine sogenannte „Nachtschrift", die durch abtastbare, plastische Punkte Buchstaben lesbar machte, sie war aber sehr kompliziert und lediglich auf dem Wortklang aufgebaut. Braille vervollkommnete das System, indem er die bisher übliche Punktzahl von 12 auf 6 reduzierte, die grammatikalisch richtige Schreibweise und eine besondere Notenschrift einführte. Die „Brailleschrift" war so verblüffend einfach, daß sie in allen Kulturländern Eingang fand. Frankreich ehrte den Erfinder mit dem Orden der Ehrenlegion.

DONATO BRAMANTE 1444 — 11. III. 1514

Als Papst Julius II. im Jahre 1505 den Plan zu dem Riesenbau der Peterskirche in Rom faßte, legte er die Ausführung des größten Bauvorhabens des Abendlandes in die Hände Bramantes, des Meisters aus Urbino, der bereits in Mailand und Rom Werke von klassischer Schönheit geschaffen hatte. Bramante kam, wie die meisten Architekten der Renaissance, von der Malerei und hatte sich erst als Vierzigjähriger dem Schaffen in Stein und Raum zugewandt. Die Berufung nach Rom führte ihn auf den klassischen Boden der altrömischen Baukultur und ließ seinen Stil zur höchsten Reife organischer Gliederung und edler Einfachheit heranwachsen. Er studierte mit Winkel und Meßlatte die Gesetze, nach denen die Römer und Griechen gebaut hatten. Es zeugt für die geniale, schöpferische Kraft Bramantes, daß er die Bauweise der Antike nicht seelenlos nachahmte, sondern ihre Formenwelt als kostbaren Rahmen für seine eigenen architektonischen Ideen verwandte. Den Monumentalbau der Peterskirche hat Bramante nur in den Anfängen leiten können. Unter ihm entstanden die vier großen Pfeiler, die die Mittelkuppel tragen sollten. Mit Michelangelo ergaben sich dabei schwerwiegende Meinungsverschiedenheiten über die Gestaltung des Katafalkes für Julius II. im Zentralbau der Kirche. Bramante wehrte sich mit Erfolg gegen den Plan Michelangelos, das Grabdenkmal zum Blickfang und Mittelpunkt des Raumes zu machen, da dadurch die architektonische Gesamtwirkung verloren gegangen wäre. Nach dem Tode Bramantes wurde Raffael leitender Baumeister und nach ihm andere, die die ursprüngliche Bauidee veränderten und verschlechterten. Erst Michelangelo, der im Jahre 1547 „zur Ehre Gottes" den Bau übernahm, arbeitete wieder nach den alten Baurissen und krönte sie mit dem Wunderbau der Kuppel über Bramantes Fundamenten.

SEBASTIAN BRANT 1458 — 10. V. 1521

Mit dem Ausklingen des Mittelalters und dem Auseinanderfallen der festgefügten sozialen, kirchlichen und gesellschaftlichen Ordnung der vergangenen Jahrhunderte verlor auch die deutsche Dichtung den Nährboden, aus dem sie ihre Kraft geschöpft hatte. Trockene Lehrhaftigkeit trat an die Stelle des blutvollen Lebens, und die professorale, langweilige Versemacherei ließ keine wahrhaft dichterischen Werte erkennen. Einer der typischen Vertreter dieser Zeit ist der Straßburger Jurist Sebastian Brant. In Basel, der großen Pflanzstätte humanistischer Gelehrsamkeit, erwarb er sich den Doktorgrad beider Rechte und erhielt die Lehrberechtigung. Als Basel der Schweizer Eidgenossenschaft angegliedert wurde, folgte Brant einem Ruf seiner Vaterstadt als Syndikus und Stadtschreiber. In diesen Jahren erschien eine Reihe von juristischen und kanonischen Schriften aus seiner Feder. Für die Stadt Straßburg entfaltete er eine erfolgreiche und fruchtbare Tätigkeit. So legte er u. a. die bekannten „Annalen" an, die bei der Belagerung 1870 mit der reichhaltigen Bibliothek verbrannten. Das Werk, das ihn in ganz Europa bekannt machte, war das „Narrenschiff", eine satirische Lehrdichtung, in der die Laster und Torheiten der Zeit gegeißelt wurden. Allen Ständen und Klassen hielt er den Narrenspiegel vor, den Bauern und Bürgern, Kaufleuten und Handwerkern, Studenten und Gelehrten. Die Fürsten mahnte er, ihre Zwietracht zu vergessen: „Und wer nit an mein Wort gedenk, die Narrenkappen ich im schenk!" Das Leben erschien dem Dichter als ein großer, bunter, närrischer Fastnachtszug, sinnlos, unvernünftig und ohne ernsthaften Inhalt. Es war ein Zeichen des Verfalls, daß das „Narrenschiff", dieses Werk der Verneinung, zum Lieblingsbuch des deutschen Volkes wurde, zahlreiche Nachahmer fand und in viele Sprachen übersetzt wurde.

6. VI. 1850 — 20. IV. 1918   **KARL FERDINAND BRAUN**

Seit jeher ist es der Wunschtraum der Menschheit, wie einst Harun al Raschid unerkannt dabei zu sein, alles zu sehen und alles zu hören. Die Tarnkappe, die sich in den Märchen vieler Völker findet, wird niemals Wirklichkeit werden; aber ebenso wie es möglich wurde, über größte Entfernungen hinweg Gespräche und Musik durch den Rundfunk zu übertragen, so gelang es auch, das lebende Bild durch den Fernsehsender dem Empfänger „ins Haus zu schicken". – Ein Pionier auf dem Gebiete des Fernsehens war Karl Ferdinand Braun. In eine Epoche hineingeboren, die man das Zeitalter der Elektrizität nannte, die einen Siemens groß werden ließ und einen Hertz hervorbrachte, war es das Nächstliegende für den jungen Physiker, sich Forschungsaufgaben auf dem Gebiet der Elektrizität zu widmen. Seine akademische Laufbahn führte ihn als Professor der Physik nach Marburg, Straßburg, Karlsruhe und Tübingen. Er schuf nicht nur ein noch heute verwendetes, nach ihm benanntes Elektrometer, sondern befaßte sich vor allem bahnbrechend mit dem jüngsten Kinde der Elektrizität, der Funkentelegraphie. Er hat den geschlossenen Schwingungskreis eingeführt und war einer der ersten, die es versuchten, mit einer Antenne drahtlos elektrische Wellen in einer bestimmten Richtung auszusenden. Für alle Zeiten aber wird sein Name mit seinem größten Werk, der Braunschen Kathodenstrahlröhre, verbunden bleiben. Diese Fernsehröhre ist heute in jedem physikalischen Laboratorium anzutreffen, ohne sie baut man keinen modernen Fernsehempfänger, sie dient dem Flugzeugführer bei dem Blindflug durch Nacht und Nebel zur Funkortung mit Hilfe des Radar. – Braun erhielt im Jahre 1909 für seine hervorragenden Verdienste um die drahtlose Telegraphie gemeinsam mit Marconi den Nobelpreis für Physik.

2. II. 1829 — 11. XI. 1884   **ALFRED EDMUND BREHM**

Atemlos lauschte der siebzehnjährige Alfred Brehm den lebhaften Unterhaltungen zwischen dem Vater, dem Landpfarrer im thüringischen Orlagau, weltberühmt als Vogelforscher, und dem Baron von Müller, der eine zoologische Expedition nach Afrika vorbereitete. Wer da mitmachen könnte! Zoologe wollte er, Baumeister sollte er werden, denn zum Studium reichten des Vaters bescheidene Mittel nicht. Und wie ein Glückstaumel überfiel es ihn, als der Baron, der einen zuverlässigen Begleiter suchte, den Vater bat, ihm den Sohn nach Afrika mitzugeben, und der „Vogelpastor" nach langem Zögern zusagte. Afrika, das Wunderland der Naturforscher, wurde für den jungen Brehm zur Offenbarung, aber auch zur schwersten Prüfung. Der Expeditionsleiter verließ seinen jungen Gefährten, der mit spärlichen Mitteln zurückblieb, aber begeistert die Forscher- und Sammlerarbeit fortsetzte. Als der Baron gar aus der Ferne seinen Bankerott mitteilte, führte Alfred Brehm die Expedition unter schwersten Entbehrungen, aber mit größtem Erfolg zum guten Ende. Sein Ruf war begründet. Auf weiteren Forschungsreisen konnte er seine geliebte Tierwelt in immer neuen Erscheinungen studieren; er wurde Direktor des Hamburger Zoologischen Gartens, dann des Berliner Aquariums. Sein Wissen von dem Leben der Tiere, seine Liebe zu ihnen, faßte er schließlich in seinem einzigartigen, großen Werk „Das Tierleben" zusammen. Hier wurden die „stummen Brüder" des Menschen nicht mehr langweilig allein nach den Besonderheiten ihres anatomischen Aufbaues beschrieben; im „Brehm" erschienen sie als beseelte Wesen inmitten ihrer Umwelt. Der Zauber des tausendfältigen Lebens in Urwald und Steppe, in Meeresweiten und Felsenhöhen lag über diesem ewig jungen Werk, das als „Brehms Tierleben" bis heute die „Tierbibel" des deutschen Volkes geblieben ist.

CLEMENS BRENTANO   8. IX. 1778 — 28. VII. 1842

Die Dichter der Romantik lebten in einer Geistes- und Gefühlswelt von glühender Phantastik, die sie in stärkste Opposition zur vergangenen Zeit der Klassik und der gesamten Aufklärung führte. Man floh aus der Realität der Wirklichkeit, wollte die nüchterne Gegenwart mit ihren ermüdenden Alltagsforderungen vergessen und sich ein neues Dasein schaffen, in dem an allen Straßen die „Blaue Blume" der Romantik blühte. In dem Leben und Werk von Clemens Brentano spiegelt sich der eigentümliche Zwiespalt dieser Zeit. Er war der Sohn eines aus der Lombardei eingewanderten Frankfurter Geschäftsmannes. Entgegen seinen Neigungen bestimmte ihn der Vater zum Kaufmann, aber der junge Clemens brach bald aus dem verhaßten Beruf aus und setzte es durch, daß er das Gymnasium besuchen und in Jena studieren durfte. Einige seiner Dichtungen, ein Roman, ein Lustspiel und der Text zu einem Singspiel erregten Aufsehen in dem literarischen Deutschland. Nach der Heirat mit der geschiedenen Frau eines Jenenser Professors siedelte Brentano nach Heidelberg über. In fruchtbarer Arbeitsgemeinschaft mit Achim von Arnim entstand die Liedersammlung „Des Knaben Wunderhorn" und die „Einsiedlerzeitung". Zwei Jahre nach dem Tode seiner Frau vermählte er sich mit Auguste Busmann, einer gefühlsüberspannten Frankfurterin. Nach kurzer Ehe ließen sich beide in gegenseitigem Einvernehmen scheiden. Er ging nach Landshut, von dort nach Berlin, wo man ihn wegen seines sprühenden Geistes lebhaft feierte, dann auf das Familiengut nach Böhmen und schließlich über Wien zurück nach Berlin. Nach Brentanos Tod erschien sein schönstes Werk, die „Märchen", in dem er den Höhepunkt seines Schaffens erreichte.

ANTON BRUCKNER   4. IX. 1824 — 11. X. 1896

Wo die Wissenschaft haltmacht, „wo ihr unübersteigliche Schranken gesetzt sind, da beginnt das Reich der Kunst, welche das auszudrücken vermag, was allem Wissen verschlossen bleibt. Ich beuge mich vor dem ehemaligen Unterlehrer von Windhaag..." Während Anton Bruckner den Worten des Rektors der Universität Wien lauschte, empfand er diesen 7. November des Jahres 1891, an dem ihm als erstem Komponisten die Würde eines Ehrendoktors verliehen wurde, als den Höhepunkt seines Schaffens. — In frommer Demut blickte der 69jährige Mann auf einen stillen, abseitigen Lebensweg zurück. Die Großstadt Wien war ihm stets fremd geblieben, wirklich geborgen fühlte er sich nur in seiner Heimat Oberösterreich. Von dort strömte ihm die Fülle der Melodien zu, dort fand er die Ruhe des einfältigen Herzens, und dort suchte er im Alter neue Kraft. Als Dorfschulmeisterssohn genügte er einst anspruchslos den Pflichten eines Schulgehilfen. Niemals trieb ihn Ehrgeiz, nur die Liebe zu seiner Kunst trug ihn fast wider seinen Willen aufwärts. — Das Domherrnstift St. Florian, dem er von Kindheit an viel Förderung verdankte, rief ihn vom Schuldienst fort zum Organistenamt nach Linz. Hier schuf er die großen Messen und löste sich, dem Beispiel Richard Wagners folgend, aus der strengen Bindung an die klassische Musik. Dann kam ein ehrenvoller Ruf nach Wien, dem er nur zögernd folgte. Überraschend wandelte sich Bruckner vom Kirchenmusiker zum Schöpfer seiner neun gewaltigen Symphonien. Fast verwundert sah er sich in einen heftigen Streit um seine Kunst verwickelt, hier Wagner, Bruckner und die neue Zeit, dort Brahms und das geweihte Erbe der Klassik. Als dieser Kampf sich häßlich ausweitete, erschien die Ehrenrettung durch die Wiener Universität als versöhnendes Finale.

1520 — 5. IX. 1569   **PIETER BRUEGHEL d. Ä.**

Zum Unterschied von den anderen Mitgliedern der alten niederländischen Malerfamilie Brueghel nennt man ihn in der Kunstgeschichte den „Bauernbrueghel". Er hat als Themen zu seinen Bildern das Leben des Volkes auf dem Lande bevorzugt, mit behaglicher Breite und Freude die Derbheit und das Burleske schildernd, saftig und lebensvoll, bunt wie ein Bilderbogen, deutlich wie eine Kinderfibel. Die Gemälde wirken besonders eindrucksvoll und auffallend durch die reichlich angewendeten Lokalfarben. Brueghel liebte es, das reine Blau neben ein leuchtendes, ungemischtes Gelb und dieses wieder neben ein klares Rot zu setzen. Auf Details nahm er keine Rücksicht, er bevorzugte die große, harmonische Linie und arbeitete die Umrisse scharf und kontrastierend heraus. Seine Bilder bedeuten einen Höhepunkt der Landschaftsmalerei. Von besonderer Schönheit sind die Alpendarstellungen, die auf Impressionen einer Italienreise beruhen. Ein zeitgenössischer Biograph schreibt darüber: „Auf seinen Reisen hat er viele Veduten nach der Natur gezeichnet, so daß gesagt wird, er habe, als er in den Alpen war, all die Berge und Felsen verschluckt und sie, nach Hause zurückgekehrt, auf Leinwände und Malbretter wieder ausgespien, so nahe vermochte er in dieser und anderer Beziehung der Natur zu kommen..." Eigenartig und zeitlos ist die allumfassende Einheit in der Verbindung von Mensch und Natur. Der Mensch ist Staffage, ein kleines, unbedeutendes Ameisengeschlecht vor der großartigen Ruhe und Majestät der Wälder, Täler und Berge. Brueghel wurde in Brüssel geboren und wirkte in Antwerpen. Seine beiden Söhne wurden ebenfalls Maler. Man nennt sie den „Höllen-Brueghel" und den „Samt- oder Blumenbrueghel" nach der Art der Themenwahl ihrer Zeichnungen und Gemälde.

13. VIII. 1700 — 28. X. 1763   **HEINRICH GRAF VON BRÜHL**

Der kursächsische Staatsmann Graf von Brühl hinterließ bei seinem Tode ein Vermögen von eineinhalb Millionen Talern. Außerdem stellte eine Untersuchungskommission fest, daß er im Laufe seiner Tätigkeit im Staatsdienst mehr als 5 300 000 Taler für sich verbraucht hatte. Brühl benötigte für die Führung seines privaten Haushaltes 200 Bediente, 12 Kammerdiener, 12 Pagen und 30 Köche. Es war bekannt, daß der Minister keines seiner kostbaren, mit Gold und Silber gestickten Kleidungsstücke zweimal trug. In seiner Gestalt vereinigt sich wie in einem Brennspiegel der ganze Widersinn und der Egoismus des fürstlichen Absolutismus. Das sächsische Volk lebte in Armut und tiefstem Elend, während der Kurfürst und seine Günstlinge in Dresden das Geld mit vollen Händen verschwendeten. — Brühl wurde im Alter von 20 Jahren Leibpage des Kurfürsten August des Starken, der ihm eine Reihe von einträglichen Staatsämtern verlieh. Nach dem Tode seines Herrn gerieten ihm die polnischen Kroninsignien in die Hände, und durch ihre Überreichung an den Thronfolger August III. sicherte er sich auch dessen Gunst. — Im Jahre 1746 stürzte Brühl den bisherigen Minister Sulkowski und machte sich selbst zum allmächtigen Premier des Kabinetts. Brühls preußenfeindliche Politik trieb Sachsen in den verderblichen Siebenjährigen Krieg, der das Land völlig ruinierte. Der Fürst und sein allmächtiger Günstling genossen während der Kriegsjahre weiter die Schönheiten des Daseins am Warschauer Hof. Kurz nach der Rückkehr nach Dresden im Jahre 1763 starb August III.; drei Wochen später folgte ihm Brühl im Tode nach. Seine Güter wurden zuerst beschlagnahmt, als sich aber im Laufe eines Prozesses herausstellte, daß der Minister alle Handlungen durch kurfürstliche Unterschriften gedeckt hatte, schlug man die Anklage nieder.

FILIPPO BRUNELLESCHI 1376 — 15. IV. 1446

Das 15. Jahrhundert, das „Quattrocento" Italiens, bedeutet eine wundersame Hochblüte künstlerischer Genialität. Wie in einem Rausch göttlicher Schöpfungskraft bringt der klassische Süden Europas innerhalb eines Säculums Männer hervor, von denen jeder einzelne genügt hätte, eine ganze Kunstepoche mit seinem Geist zu erfüllen. Raffael, Michelangelo, Leonardo da Vinci und Bramante sind die bedeutendsten Namen aus dem Kreis der Großen, die dem Abendland seine schönste Krone schenkten. Am Anfang aber steht Filippo Brunelleschi. Wie bei fast allen Großen der Renaissance kannte seine Schaffensdämonie keine Begrenzung durch eine bestimmte Kunstgattung. Er war ebenso wie Leonardo Maler und Bildhauer, Baumeister, Techniker, Mathematiker, Dichter und Gelehrter. Der Zunft der Goldschmiede in Florenz gehörte er als Meister an. Er erfand eine neue Methode, Einlegearbeiten anzufertigen, erforschte die Gesetze der Perspektive, baute die Riesenkuppel des Florentiner Domes ohne Bogengestelle und Hilfskonstruktionen, entwarf die Pläne für den großartigen Festungsbau von Mailand, für die Befestigungen von Pisa und Pesaro und überraschte Italien mit einem völlig neuartigen, fertigen Baustil, der sich in kürzester Zeit durchsetzte. Brunelleschi wurde zum „Vater der gesamten Renaissance-Architektur". In jahrelangen Studien hatte er die Ruinen aus der römischen Antike studiert, gemessen und verglichen und ihre Baugesetze den modernen Erfordernissen angepaßt. Sein persönliches Leben war voller Harmonie, ausgeglichen, heiter und von Glanz und Erfolg erfüllt. Die äußeren Umstände erlaubten dem berühmten Mann einen behaglichen, kultivierten Luxus. Dante-Studien und das Sammeln von Klassiker-Handschriften waren die Freuden des alternden Junggesellen.

GIORDANO BRUNO 1548 — 17. II. 1600

„Die Schwingen will ich selbstbewußt entfalten — nicht hält mich ein Gewölbe von Kristall..." Von den Schwingen seines Geistes und seiner Begeisterung getragen, durchbrach der ehemalige Dominikanermönch Giordano Bruno die kristalline Kuppel der Fixsternsphäre, an die Kopernikus noch geglaubt hatte. In kühnem Gedankenflug hatte er des Kopernikus Lehre, daß die Sonne und die Planeten sich nicht um die Erde drehen, sondern diese zusammen mit den anderen Wandelsternen um die Sonne kreise, vereint mit den philosophischen Spekulationen des Nikolaus von Kues über die Unendlichkeit der Welten. Für Bruno waren die Fixsterne nicht mehr „Gucklöcher" in der Kristallsphäre jenseits der letzten Planetenbahn, durch die das Licht des wahren Himmels zur Erde hinabscheine, er erkannte bereits in jedem dieser Himmelslichter eine Sonne, der unsrigen gleich. Ströme unzähliger solcher Sonnen durchfluten das unendliche Universum, in dem als „causa, principio e uno", als Ursache, Prinzip und Einheit die göttliche Weltseele waltet. Goethes Gott, dem es „ziemt, die Welt von innen zu bewegen, Natur in sich, sich in Natur zu hegen — so daß, was in ihm lebt und webt und ist, nie seinen Geist, nie seine Kraft vermißt" — ist auch Brunos Gott. Dieses eine unendliche göttliche Sein, in dem sich alle Gegensätze in einer einzigen Harmonie auflösen, ist die Religion, die Bruno in einem unruhigen Wanderleben durch Europa verkündete. In schroffsten Widerspruch stellte er sich damit zur Kirche. Als er in seine italienische Heimat zurückkehrte, forderte ihn die Inquisition vor ihre Schranken. Er widerrief nicht — und so erfüllte sich sein Schicksal: Am 17. Februar 1600 bestieg er in Rom den Scheiterhaufen. Seine Gedanken aber gingen nicht unter. Spinoza und Leibniz, Herder, Goethe und Schelling nahmen sie auf und führten sie weiter.

85 — 42 v. Chr.　　　　**MARCUS JUNIUS BRUTUS**

Die Gestalt des Brutus ist in der Erinnerung der Nachwelt mit der Ermordung Cäsars verknüpft. Der tragische Konflikt zwischen persönlicher Bindung und politischer Forderung hat Brutus immer wieder zum Gegenstand dichterischer Deutung und moralisch-rechtlicher Diskussionen gemacht. — Marcus Brutus stammte aus dem Geschlecht des Junius Brutus, dem die alten Römer auf dem Capitol eine eherne Statue mit einem bloßen Schwert in der Hand errichtet hatten, weil er die Vertreibung der tyrannischen Tarquinier bewirkt hatte. Seine Mutter war Servilia, aus dem Hause Ahala, eine frühere Geliebte Cäsars. In der Zeit ihrer engsten Gemeinschaft mit Cäsar wurde Brutus geboren, so daß ihn der Feldherr wie seinen Sohn liebte. Der reich begabte Knabe erhielt eine hervorragende Erziehung und trat nach Abschluß der Ausbildung in den Staatsdienst. Brutus gehörte zu dem engsten Freundeskreis Cäsars. Die Imperatorengelüste des allmächtigen Römers stießen auf heftigen Widerstand der republikanischen Patrizier; es bildete sich eine Verschwörung gegen das Leben des „Tyrannen", der sich Brutus nach längerem Zögern anschloß. Cäsar merkte an der Stimmung seiner Umgebung, daß etwas in Vorbereitung war, und als man ihn vor Antonius und Donabella warnte, antwortete er, daß diese wohlbeleibten Männer ihn wenig beunruhigten, gefährlicher wären die blassen und mageren, wie Brutus und Cassius. Am 15. März des Jahres 44 v. Chr. wurde Cäsar durch 22 Dolchstiche ermordet. Als er Brutus unter den Attentätern erblickte, soll er mit den Worten: „Auch du, mein Sohn . . . ?" alle Gegenwehr aufgegeben haben. Brutus verließ kurze Zeit nach der vom Senat nachträglich amnestierten Tat Rom, sammelte ein Heer gegen den Triumvirn Antonius, den Nachfolger Cäsars, wurde geschlagen und stürzte sich in das Schwert eines Freundes.

560 — 480 v. Chr.　　　　**GAUTAMA BUDDHA**

Die Lehren des Mannes, der einst mit dem gelben Gewand des Mönches und der Bettelschale Indien durchwanderte, um die Wahrheit des Lebens zu suchen, werden heute in ganz Asien von dreihundert Millionen Gläubigen anerkannt. Buddha stammte aus vornehmer Adelskaste und wuchs in Wohlstand und Luxus auf. Mit 29 Jahren verließ er seine Heimat im Vorlande des Himalajas, überdrüssig der Sinnlosigkeit des gedankenlosen Alltags, und ging in die Heimatlosigkeit, um irgendwo in der Ferne das Tor zu der anderen, besseren Welt der wahren Erkenntnis zu finden. Viele Lehrer traten in seinen Weg, Priester, Propheten und Magier, aber nirgends erfuhr er die große, göttliche Stille der Seele, die Befriedigung und das Wissen von den letzten Dingen. Nach langen inneren Kämpfen kam ihm die Erleuchtung, daß der Mensch nur durch sich selbst, durch die innere Schau der Versenkung zur ewigen Freiheit gelangen könne. Nun begann seine Lehrtätigkeit, in der er die „vier heiligen Wahrheiten vom Leide" verkündete: Alles Leben ist vom Leid gezeichnet; die Ursache des Leidens ist das Verlangen und die Begierde; der Weg zur Überwindung des Leidens ist „der heilige, achtstufige Pfad". Könige und Priester, Fürsten und Bauern, Arme und Reiche schlossen sich der Lehre des Buddhas an. Die Menschen belehrend und ermahnend, glücklich in der selbstgewählten Armut, zog der „Erleuchtete" durch die dichtbevölkerten Provinzen Indiens, „ruhig wandelnd wie der Mond". Ihm folgten seine Jünger mit geschorenem Bart und Haar, wie der Meister bekleidet mit dem Mönchsgewand, besitzlos, keusch und wunschlos. Im achtzigsten Jahr starb Gautama Buddha. Sein Leib wurde mit königlichen Ehren verbrannt und die Reliquien über ganz Indien an die Freunde Buddhas verteilt.

HANS VON BÜLOW 8. I. 1830 — 12. II. 1894

Dem Mimen flicht die Nachwelt keine Kränze, gleich ihm sinkt auch der geniale Interpret der Musik rasch in Vergessenheit. Nur wenn sein Schicksal sich eng mit dem Leben der schöpferischen Geister verbindet, wenn er anregend und fördernd am Werke mitgestaltet hat, erhält sich sein Gedächtnis in der Folgezeit. — Bülow fand schon als Sechzehnjähriger den Weg zu Richard Wagner. Mit überschwenglicher Begeisterung ergab er sich dem auserkorenen Meister, als dieser um den Sieg des neuen deutschen Musikdramas kämpfte. Während er selbst durch sein geistvolles Klavierspiel die Aufmerksamkeit Franz Liszts auf sich lenkte und dessen Tochter Cosima zur Frau gewann, nahm er an Wagners Nöten getreulich Anteil. Er half, wo er nur konnte. Der „Tristan" und der „Ring der Nibelungen" entstanden unter seiner Förderung, und ihm verdankte der Meister die verständnisvolle Einstudierung seiner Werke. — Als Wagner schließlich in dem König von Bayern einen großzügigen Mäzen gewann und als die kühnen Pläne seines Lebens reiften, da mußte Bülow leidvoll erfahren, daß Cosima, die geliebte Frau, dem Meister folgte. Trotzdem ließ er die selbstgestellte Aufgabe nicht im Stich und führte — kurz vor der Scheidung — in München die „Meistersinger" zu einem vollen Erfolg. Aber das Band der Freundschaft riß. Und da bei Wagner Mensch und Werk weit über das gewohnte Maß zusammenflossen, wuchs die Entfremdung bald zu offener Feindschaft. Bülow bekehrte sich zu Brahms, den alle Wagnergegner auf ihren Schild erhoben hatten. Doch über den Streit des Tages hinweg diente er selbstlos nur der Kunst. Mit ihm begann die Reihe der großen Dirigenten, die auf eigenes Schaffen verzichteten und ihr Genüge darin fanden, die Schätze der Musik zu heben und zu deuten.

ROBERT BUNSEN 31. III. 1811 — 16. VIII. 1899

Spektrum hatte der große englische Naturforscher Newton das in den Farben des Regenbogens leuchtende Band genannt, das entsteht, wenn das weiße Licht der Sonne durch ein Prisma geleitet wird. Vielleicht dachte der Heidelberger Physiker Kirchhoff an Newton, als er im Jahre 1860 seinem Kollegen, dem Professor der Chemie Robert Bunsen, den Rat gab, er solle es bei seinem Suchen nach einer Methode der chemischen Analyse mit Hilfe von Flammenfärbungen doch einmal mit einem Prisma versuchen. Bunsen folgte dem Rat und hatte Erfolg! Die Betrachtung einer mit Natrium gelb und zugleich mit Lithium rot gefärbten Gasflamme durch ein Prisma zeigte zwei Flammen nebeneinander — eine gelbe und eine rote. Färbten mehr Stoffe die Flamme — das war der nächste Schritt — und ließ man das Licht durch einen engen Schlitz auf das Prisma fallen, so konnte man die charakteristischen Farblinien voneinander trennen. Bald erkannten Bunsen und Kirchhoff, in engster Forschergemeinschaft sich gegenseitig immer wieder anregend und weitertreibend, daß jeder Substanz ganz bestimmte Spektrallinien zukamen; sie lösten das Rätsel der dunklen Linien im Sonnenspektrum, die Fraunhofer schon vor fünfzig Jahren beobachtet und gemessen hatte, und entdeckten mit Hilfe ihrer Methode zwei neue Elemente. Mit der Spektralanalyse war der Forschung eine mächtige Waffe in die Hand gegeben: Dem Astronomen enthüllte sie den stofflichen Aufbau auch der fernsten Sternennebel, und dem Atomphysiker wies sie den Weg zur Entzifferung des Geheimnisses um die letzten Bausteine der Materie. Mit dieser Entdeckung hatte Robert Bunsen sein Lebenswerk gekrönt, das der Chemie bereits vorher eine Fülle neuer Entdeckungen und Methoden geschenkt hatte.

25. V. 1818 — 8. VIII. 1897   JACOB BURCKHARDT

Es ist eine alte und ungelöste Streitfrage, ob eine rein objektive Geschichtsbetrachtung überhaupt möglich ist. Jacob Burckhardt, der große Schweizer Kunst- und Kulturhistoriker, entschied sich in seinen Darstellungen geschichtlicher Epochen ganz bewußt für einen wissenschaftlich kontrollierten Subjektivismus. Es schien ihm unmöglich, als denkender und seelisch empfindsamer Mensch nicht von der Tragik aufbauender und sich selbst zerstörender Geschlechter beeindruckt zu werden. Man könne nicht mit eiskalter Sachlichkeit über Leben und Tod von Völkern und Stämmen, über Treue und Verrat, über die Vergänglichkeit aller Werte berichten. Burckhardt gestaltete das Bild der Jahrhunderte mit der Einfühlungsgabe des Künstlers, und das machte seine „Geschichte der Renaissance", die „Kultur der Renaissance", die „Zeit Konstantins des Großen" und die „Griechische Kultur" zu den mitreißenden, eindrucksvollen Standardwerken der europäischen Literatur. Geschichte ist bei ihm Erlebnis, ein Hineinversenken in den Geist der Zeit und in das Fühlen der Menschen jener vergangenen Generationen. Dabei hütete sich der Gelehrte mit ängstlicher Vorsicht vor jeder übertreibenden Phrase und schrieb in einer zwar gepflegten und bilderreichen, aber sachlich-klaren Sprache. Burckhardts Heimat ist Basel, hier wurde er geboren, und hier entfaltete er seine größte Wirksamkeit; in Basel ging auch sein erfülltes Leben zu Ende. Die Grundlagen seiner Bildung erwarb er auf deutschen Universitäten. Es gab sogar eine Zeit, da der junge Schweizer sich im Banne der Romantik für einen schwärmerischen deutschen Nationalismus begeisterte. Aber die Zeit seiner Reife führte ihn politisch, wissenschaftlich und künstlerisch über die engen Grenzen der nationalen Bindung in den freien Raum eines überschauenden abendländischen Denkens.

13. XII. 1747 — 8. VI. 1794   GOTTFRIED AUGUST BÜRGER

Eine selbstverschuldete Tragik lag über dem Leben Bürgers, des Neuschöpfers der deutschen Ballade. Sein unbeständiger, leidenschaftlicher Charakter, eine stark ausgeprägte Sinnlichkeit und die Not des Alltagslebens zerstörten sein Dasein. Bürger war ein Zeitgenosse Goethes und Schillers. Der „Schatten der Titanen" lag auch über seinem Werk und verdunkelte es weit über Gebühr für die Blicke der Zeitgenossen. Er befreite die Ballade aus den Fesseln der Bänkelsänger-Schauerromantik und machte sie zur literarischen Kunstform, die nach ihm ihren Siegeszug durch die deutsche Dichtkunst antrat. Mit der Dichtung „Leonore", die in packenden und ergreifenden Versen eine durch die Macht liebender Sehnsucht erzwungene Verbindung zwischen irdischer und Geister-Welt zum Thema hat, erreichte Bürger seinen künstlerischen Höhepunkt. Am volkstümlichsten wurde das „Lied vom braven Mann" und die Abenteuer des Herrn von Münchhausen, ein im besten Sinn klassisches Volksbuch. — Bürger war der Sohn eines Pfarrers. Er stammte aus der Landschaft des Unterharzes und wurde in Aschersleben erzogen. In Halle studierte er Theologie, wandte sich dann aber dem praktischen Rechtsstudium zu. Das zügellose Studentenleben in Halle und Göttingen zog ihn so in seinen Bann, daß er nahe daran war, ganz im Sumpf zu versinken. Freunde führten ihn auf festen Grund zurück und vermittelten ihm eine Amtmannsstelle in einem Dorf bei Göttingen. Hier konnte Bürger trotz vieler Schwierigkeiten in Ruhe an seinen Dichtungen arbeiten. 1774 heiratete er Dorette Leonhart. Nach kurzer, glücklicher Ehe entbrannte er in leidenschaftlicher Liebe zu Molly, der Schwester seiner Frau. Bis zu dem Tode seiner Gattin lebte Bürger in quälender Doppelehe mit den beiden Schwestern.

LORD BURGHLEY   13. IX. 1520 — 4. VIII. 1598

Sir William Cecil, der später unter dem Namen Lord Burghley in den Grafenstand erhoben wurde, leitete vierzig Jahre lang als Staatssekretär und Kanzler die politischen Geschicke des englischen Volkes. Er diente der „Jungfräulichen Königin" Elisabeth, an einem Hof, dessen Günstlingswirtschaft und Parteiintrigen die einheitliche Führung des Staates auf allen Gebieten hemmte. Burghley hat Großbritannien über die schweren inneren Krisen und äußeren Gefahren hinweggeführt und den festen Grund zu seiner Weltgröße gelegt. Wenn der Kanzler das Gemach der Königin betrat, ernst, verschlossen und sachlich, dann lächelte die hochgewachsene Frau mit dem etwas harten und knochigen Gesicht und begrüßte ihn mit dem ihr eigenen ironischen Spott, hinter dem die Anerkennung seines Könnens stand: „Good morning, Mister Spirit!..." „Guten Morgen, Herr Geist!" Dieser Mann schien wirklich nur aus Verstand zu bestehen. Man wußte nicht, wann er Zeit zum Schlafen fand. Bei Tisch stand er mit einer Entschuldigung bereits auf, wenn die anderen gerade anfingen zu essen. Er las kein Buch, liebte weder Frauen noch Weine, hatte keine Freunde und ging nie in Gesellschaft. Er war einer der Puritaner, für die das Leben grau und schwer war, eine göttliche Strafe, die man bußfertig zu tragen hatte. Seinen Widersachern war er ein furchtbarer Gegner. Jahrelang verbarg er seine Abneigung, sammelte Schuldbeweise, unbewegt, immer beherrscht, undurchdringlich; bis sein Tag kam, an dem er zuschlug, vernichtend und gnadenlos. Das Schicksal Maria Stuarts wurde von Burghleys Händen bereitet, in unerbittlicher Folgerichtigkeit. Sie erschien ihm als eine Gefahr für England, für Elisabeth und schließlich für den Protestantismus, dem Burghley mit leidenschaftlichem, fanatischem Eifer diente.

HANS BURGKMAIR   1473 — 1531

Das ganze buntbewegte Leben der Menschen des Römischen Reiches Deutscher Nation zu Beginn der Neuzeit spiegelt sich in den zahlreichen Holzschnitten des Augsburger Malers. Er war der Illustrator seiner Zeit. Die Schönheit und Naturtreue der dargestellten Szenen vermittelte den nachfolgenden Geschlechtern einen aufschlußreichen Einblick in die höfische und bürgerliche Kultur um die Wende vom 15. zum 16. Jahrhundert. Kaiser und Könige, Ritter und Patrizier, Bürger, Bauern und Bettler ziehen in wechselndem Reigen vorüber, umgeben von den Dingen ihres Alltags. In den Formen der Architektur, den Säulen und Ornamenten, der Art der Themenbehandlung und der südlich-prachtvollen Farbgebung der Gemälde erkennt man die wiedererwachte, klassische Antike, den „welschen Stil", wie man damals in Deutschland sagte. Die Renaissance begann ihren Siegeszug durch den Norden Europas, und Burgkmair war einer ihrer Wegbereiter. Auf Reisen in Italien, in den Kirchen Venedigs und den Palästen von Florenz nahm er die glühenden Farben des italienischen Quattrocento in sich auf und zauberte mit nachempfindender Genialität ihre Leuchtkraft in seine Bilder. Man verglich die neuen Gemälde mit den Werken der alten deutschen Meister und fühlte sich mitgerissen von dem starken Lebensdrang des Stiles, der, noch einmal die lockende und verheißende Diesseitigkeit griechisch-römischer Weltfreude zum Aufflammen brachte. — Burgkmair stammte aus Augsburg. Dort lernte er bei seinem Vater die ersten handwerklichen Grundlagen und ging dann in die Schule Schongauers. Mit 25 Jahren erwarb er als Meister die Malergerechtigkeit in seiner Vaterstadt, dem reichen, handelsmächtigen Augsburg, dem er bis zum Tode treu blieb.

15. IV. 1832 — 9. I. 1908   **WILHELM BUSCH**

Ich bin geboren im April 1832 zu Wiedensahl als der erste von sieben. Mein Vater war Krämer, heiter und arbeitsfroh, meine Mutter, still und fromm, schaffte fleißig im Haus und Garten ... Sechzehn Jahre alt, ausgerüstet mit einem Sonett und einer ungefähren Kenntnis der vier Grundrechnungsarten, erhielt ich Einlaß zur Polytechnischen Schule in Hannover ... Im Jahre 48 trug auch ich mein gewichtiges Kuhbein, welches nie scharf geladen sein durfte, und erkämpfte mir in der Wachstube die bislang noch nicht geschätzten Rechte des Rauchens und des Biertrinkens; zwei Märzerrungenschaften, deren erste mutig bewahrt, deren zweite durch die Reaktion des Alters jetzt merklich verkümmert ist ... — (Busch erzählt dann in seiner kleinen Selbstbiographie den Weg, den er in der Ausbildung als Kunstmaler gegangen ist und wie er dazu kam, die ersten Bildergeschichten zu zeichnen und zu dichten. Er fährt fort:) „Dann hab' ich sie laufen lassen auf den Markt, und da sind sie herumgesprungen, wie Buben tun, ohne viel Rücksicht zu nehmen auf gar zu empfindliche Hühneraugen ... Man hat den Autor für einen Bücherwurm und Absonderling gehalten. Das erste mit Unrecht. Ein Sonderling dürfte er schon eher sein. Für die Gesellschaft, außer der unter vier bis sechs Augen, schwärmt er nicht sehr ... So stehe ich denn tief unten an der Schattenseite des Berges. Aber ich bin nicht grämlich geworden, sondern wohlgemut, halb schmunzelnd, halb gerührt, höre ich das fröhliche Lachen von anderseits her, wo die Jugend im Sonnenschein nachrückt und hoffnungsfreudig nach oben strebt." (Geschrieben von W. Busch im Jahre 1898.)

1637 — 9. V. 1707   **DIETRICH BUXTEHUDE**

Zu Beginn des 17. Jahrhunderts überwand die Orgel ihre altgewohnte Dienerrolle, die sich in der Begleitung des Chorgesangs begnügte, und trat als „Harfe Gottes" in den Mittelpunkt der kirchlichen Musik. Hatten auch früher schon flämische und deutsche Meister selbständige Orgelstücke geschrieben, so lösten sich doch erst mit Girolamo Frescobaldi, dem „Vater des wahren Orgelspiels", ihre Fesseln, als der Meister in der Peterskirche zu Rom die ersten Triumphe der neuen Kunst feierte. — Sein Beispiel wirkte auf die Folgezeit, bis schließlich Dietrich Buxtehude alle vorangegangene Orgelvirtuosität weit in den Schatten stellte. In ihm, dem größten Orgelmeister vor Bach, erfüllte sich die Majestät des königlichen Instrumentes. — Buxtehude stammte aus Südschweden, hatte seine Jugend in Dänemark verbracht und übernahm im Jahre 1668 das Organistenamt an der Marienkirche zu Lübeck. Seine Kunst erhob die Hansestadt zu einem Wallfahrtsort aller Freunde edelster Kirchenmusik. Neben Triosonaten und großen Chorwerken schrieb er vor allem Orgelkompositionen, die heute noch Gültigkeit besitzen. In den Präludien rauscht Sphärenmusik, gewaltig wogt das Figurenwerk und rollt in dem erregten Solospiel des Pedals. Die strenge Fuge reckt sich unter seiner Hand und tritt nun an die Spitze der hohen Orgelkunst. — Den bedeutendsten Anruf des Schicksals brachte ihm erst das Alter. Zwei Jahre vor seinem Tode besuchte ihn ein junger Organist aus Arnstadt in Thüringen, „um ein und anderes in seiner Kunst zu begreifen", und lauschte viele Wochen lang dem Spiel des bewunderten Meisters. Buxtehude streute damals vielfältige Saat auf fruchtbaren Acker und segnete mit seinem Werk Johann Sebastian Bach.

81

RICHARD EVELYN BYRD   25. X. 1888 — 12. III. 1957

Am 9. Mai 1926 wurde das Schweigen der nordpolaren Eiswüste vom Motorendonner der neuen Zeit zerrissen. Ein amerikanisches Flugzeug zog seine Kreise um den Punkt, um den Männer mit verzweifelten Kräften ergebnislos gekämpft und der das Leben vieler tapferer Pioniere der Wissenschaft gekostet hatte. An diesem 9. Mai sahen die Amerikaner Richard Evelyn Byrd und Floyd Bennet als erste Menschen den Nordpol. Ihre Gedanken werden in diesem Augenblick bei denen gewesen sein, die in immer neuem Ansturm mit den furchtbaren Mächten der Kälte und Finsternis, mit Schnee und Eis gerungen hatten, ohne das Ziel ihrer Wünsche zu erreichen. Alle Nationen waren daran beteiligt: der Norweger Nansen, der Engländer Jackson, der Italiener Cagni, Schweden mit Andrée, Amerika mit Frederik Cook, Peary und schließlich wieder Norwegen mit den zahlreichen Versuchen Amundsens. Byrd wurde von seinen Landsleuten begeistert gefeiert, der Name des Fliegeroffiziers beherrschte wochenlang die Spalten der Tagespresse. – Er wurde in Winchester geboren, trat als Freiwilliger in die Armee ein und erhielt seine Ausbildung auf der Shenandoa Valley Militär-Akademie. 1917 ging er zur Fliegerei und machte noch den letzten Teil des Weltkrieges mit. Ein Jahr vor seinem Nordpolflug nahm er an einer Polarexpedition teil, um sich dort die notwendigen Erfahrungen für die Erreichung des Poles mit dem Flugzeug anzueignen. Byrd ruhte nicht auf seinem frischen Ruhm aus. Wieder horchte die Welt auf, als der Pionier der Luftfahrt vom 29. Juni bis 1. Juli 1927 zusammen mit drei Begleitern einen 4200-Meilen-Dauerflug von New York nach Frankreich durchführte. Zwei Jahre später überflog er den Südpol und führte in den letzten Lebensjahren mehrere große, aufschlußreiche Erkundungs- und Vermessungsexpeditionen in das ewige Eis des „Sechsten Erdteils".

LORD BYRON   22. I. 1788 — 19. IV. 1824

Byrons Lebensschicksal und sein in großen Teilen autobiographisches Dichterwerk sind für die Menschen der Jahrhundertmitte von großer Eindruckskraft gewesen. Er war der literarisch gebildeten Jugend Frankreichs, Englands und Deutschlands das ideale Vorbild ihrer schwärmerischen, gefühlsbetonten, geistigen Exzentrik. Die schwermutsvolle Lyrik des Dichters, eine glühende Leidenschaft des Ausdruckes, innere Zerrissenheit und sehnsuchtsvoller Weltschmerz entsprachen den Tendenzen dieser Generation. – Schwere erbliche Belastungen und eine verfehlte Erziehung machten das Leben Byrons zu einem wirren, wechselvollen Auf und Ab zwischen Himmel und Hölle, zwischen dem Erstreben höchster Ideale und dem selbstquälerischen Versinken in eine abgründige Unmoral. Der junge George wurde in Schottland erzogen, erbte das große Familienvermögen zusammen mit dem Lordtitel, studierte, gab die ersten Gedichte heraus und führte ein tolles, verschwenderisches Leben voller Ausschweifungen, im taumelnden Genuß „Vergessen zu suchen von der Sinnlosigkeit eines bürgerlichen Drohnendaseins". 1809–11 machte er eine große Orientreise, die ihn zu einer Reihe von Dichtungen anregte, deren Erfolg ihn zu dem berühmtesten Schriftsteller Englands machte. Eine Heirat verlief unglücklich, wobei die Gerüchte, daß Byrons Liebe zu seiner Stiefschwester Schuld an dem Zerwürfnis trüge, aller Grundlagen entbehrten. Um den Demütigungen der gesellschaftlichen Ächtung zu entgehen, verließ der Dichter im Jahre 1816 seine Heimat und lebte in der Schweiz und in Italien, in wildem Trotz durch sein Verhalten jedem Begriff von Moral spottend. Bei Ausbruch des griechischen Freiheitskampfes gegen die Türken ging er nach Missolunghi, um sich der Sache Griechenlands zur Verfügung zu stellen. Dort starb er an den Anstrengungen des Hilfswerkes.

8. VI. 1743 — 26. VIII. 1795   **CAGLIOSTRO**

Das 18. Jahrhundert war das Zeitalter der großen Abenteurer und Scharlatane. Eine sterbende Epoche ließ Menschen erstehen, von denen ein faszinierender Einfluß ausging. Wie farbenglühende Tropenblumen loderten und lockten sie, verführend und betäubend. Casanova und Cagliostro sind die Könige der Vagabunden, großartig in ihrem Lebensstil, Außenseiter der Menschheit und doch in Wahrheit das eigentliche, ungeschminkte Porträt einer in letzter Übersteigerung der Sattheit und des Genusses sich selbst vernichtenden Gesellschaftskultur. — Casanova jagte den Phantomen der Liebe und des Abenteuers nach, Cagliostro wollte Reichtum und Ruhm erobern. Beider Leben endete in steiler Abwärtskurve; das eine in der mürrischen Einsamkeit einer kärglich besoldeten Bibliothekarstelle, das andere im Gefängnis. Cagliostro — eigentlich hieß er Guiseppe Balsamo — stieg aus dem Armenviertel von Palermo in gaukelndem Flug in den Glanz der europäischen Fürstenhöfe und Adelsschlösser. Von mystischem Dunkel umwittert, fuhr seine schwarzlackierte, mit goldenem Wappen geschmückte Kutsche über die Landstraßen Europas. Das Auftreten in den Salons der Hauptstädte war Sensation: Schwarzseidene, mit magischen Zeichen beschriebene Tücher verhüllten den Raum, leuchtender Dampf wolkte auf, riesenhaft wuchs die Gestalt des „Großkophta und letzten Königs von Trapezunt, Großmeisters der ägyptischen Loge, Großherrn von Europa und Asien", Gespenster erschienen, das Elixier des Lebens funkelte in kristallenem Flakon. In Paris wurde er in die berüchtigte Halsbandgeschichte des Prinzen Rohan verwickelt, floh nach London, kehrte nach Italien zurück, wurde in Rom verhaftet, zu lebenslänglichem Gefängnis verurteilt und starb in der Zelle.

17. I. 1600 — 25. V. 1681   **CALDERON**

Der Dichter Calderon de la Barca lebte in einer Zeit, als der Niedergang der spanischen Weltmacht begann. Die spanische Kultur hielt sich dagegen noch eine Zeitlang auf ihrem Höhepunkt. Lope de Vega, Calderon, el Greco, Velazquez und Murillo sind die klangvollsten Namen aus dem Spanien des 17. Jahrhunderts. Aber bei Calderon ist doch bereits deutlich die Verflachung von dem hochgespannten Idealismus der Spätrenaissance zum Naturalismus des Barocks zu spüren. Die Liebe ist nicht mehr die göttliche Flamme des Herzens, sondern eine etwas törichte Modekrankheit, Eifersucht eine höchst überflüssige Raserei und die Ehre eine Art psychologischer Verirrung. Der Dichter errang bereits im Alter von 22 Jahren die ersten schriftstellerischen Erfolge. Er reiste viel, war Offizier im spanischen Heer, obwohl er eigentlich für den geistlichen Beruf bestimmt war, galt am Hof als unbestrittener Lieblingsdichter des Königs, wurde mit Titel, Pensionen und einträglichen Pfründen geehrt — einer der wenigen glücklichen Poeten, denen alles im Leben zum Guten ausschlug, die die Früchte ihres Säens ernten durften. Seine Komödien sind kultiviert und höfisch. Sie greifen gern fremde Stoffe auf und gießen sie in kristallklare Form. Calderon war kein Volksdichter wie Lope de Vega, ihm fehlte die erregte, leichtblütige Wärme. Die Figuren seiner Dramen schreiten ernst und würdevoll unter dem Zwang treibender Ideen über die Bühne. Die Menschen sind groß im Guten und Bösen, selbst der traditionelle Bösewicht ist kein in all seiner Verderbtheit liebenswürdiger Lump, sondern ein großartiger Haupt- und Staatsverbrecher. Calderon wurde nach einem Jahrhundert der Vergessenheit von der deutschen Romantik aufs neue entdeckt. Nachdichtungen von Hugo von Hoffmannsthal haben den Dichter auch der Gegenwart nahegebracht.

G. C. CALIGULA 31. VIII. 12 — 24. I. 41

„Caligula, Stiefelchen", grüßten die Legionäre den Sohn des römischen Feldherrn Germanicus, wenn er mit seinen kleinen Uniformstiefeln, den „caligae", durch das Feldlager der Rheinarmee marschierte. Durch des Vaters Tod und die Verbannung der Mutter wurde seine Erziehung vernachlässigt. Er trieb sich bei den Haus- und Stallsklaven herum, geriet frühzeitig in die verderbten Kreise des degenerierten Adels und Patriziats der Hauptstadt, füllte seine Tage mit dem Besuch von Gladiatorenkämpfen und vergeudete Kraft und Gesundheit in wildem, hemmungslosem Treiben. Im Alter von 19 Jahren kam er in die Hofhaltung seines kaiserlichen Oheims Tiberius nach Capri. Er war damals ein langaufgeschossener Jüngling, bleich, mit hageren Gliedern, epileptisch, nervenzerrüttet, von schwerer Schlaflosigkeit geplagt. Der Kaiser sorgte energisch für die Gesundung seines Neffen, schrieb genau den Unterrichtsplan vor und tat alles, um die Schäden der Verwahrlosung auszugleichen. Caligula fügte sich anscheinend willenlos, in Wahrheit haßte er Tiberius glühend. Vorsichtig schuf er sich die nötigen Verbindungen, um nach dem Tod des Imperators selbst den Thron zu besteigen. Er gewann die Freundschaft und das Vertrauen des Gardepräfekten Macro, mit dessen Hilfe er im Jahre 37 n. Chr. zum Cäsar ausgerufen wurde. Damit begann eine der schrecklichsten Perioden der römischen Geschichte. Zwar schien Caligula im Anfang von gutem Willen beseelt, aber nach kurzer Zeit fiel er in seine alten Laster zurück. In wenigen Monaten war der riesige Staatsschatz vergeudet, zahlreiche Blutprozesse, Erpressungen und Raub sollten neue Mittel schaffen. Ganz Rom zitterte in Todesfurcht. Als er schließlich auch vor der allmächtigen Prätorianer-Garde nicht Halt machte, wurde er ermordet.

JOHANN CALVIN 10. VII. 1509 — 27. V. 1564

Johann Calvin hat der „Reformierten Kirche" ihr geistiges Gepräge gegeben. Sein Leben war bedingungslose Hingabe an das Werk, ein zähes, unnachgiebiges Ringen um Form und Inhalt der von ihm als richtig und göttlich erkannten Ideen. Der Herkunft nach war er Franzose aus der Pikardie. Er studierte Theologie, ging aber schließlich zur Jurisprudenz über und wurde Dozent an der Pariser Universität. Dann zog ihn der Humanismus, die antike Weisheit und Weltkenntnis in seinen Bann. Doch die wahre Befriedigung fand er in der Beschäftigung mit den Wissenschaften nicht. Das Suchen nach dem letzten Sinn des Daseins führte den jungen Gelehrten zur Religionsforschung zurück. Er beschäftigte sich intensiv mit der Bibel, deren Worte ihm im Widerspruch mit den Lehren und Dogmen der Kirche zu stehen schienen. Die Gefahr kirchlicher Verfolgung zwang ihn zur Flucht in die Schweiz, dem alten Refugium der Revolutionäre und Reformatoren Europas. 1535 traf er in Basel ein. Hier veröffentlichte er seine Schrift „Unterricht in der christlichen Religion", die seinen Namen in weiten Kreisen bekannt machte. Ein Jahr später ging er als Lehrer und Prediger in die reformierte Genf. Innere Streitigkeiten führten zur Ausweisung der evangelischen Pastoren. Calvin übernahm darauf die Seelsorge für die französische Flüchtlingsgemeinde in Straßburg. 1541 riefen ihn die Genfer zurück, und nun begann sein eigentliches, umfassendes, organisatorisches Werk. Er machte aus Genf den religiösen Musterstaat eigenster Prägung, gegen den heftigen Widerstand der Gegner, die sich der harten Zucht des allen Weltfreuden abgewandten „Consistoriums" nicht beugen wollten. Die Einigung mit den Anhängern Zwinglis im Jahre 1549 vollendete den Bau der Reformierten Kirche.

1524 — 10. VI. 1580   LUIZ VAZ DE CAMOES

„Bliebe denn im kargen Leben
eine Hoffnung unbedroht? —
Menschenlos voll Schwäch' und Not!"

(Camoes)

Luiz de Camoes hat mit seinem Epos „Die Luisaden" die portugiesische Dichtung in die Weltliteratur eingeführt. Es gilt auch heute noch als das klassische Nationalwerk aus Portugals großer, heldischer Zeit. Das Leben des Dichters war von Unruhe erfüllt und mit Not und Enttäuschungen beladen. Nach Abschluß seiner Studien kam er an den königlichen Hof nach Lissabon. Im Kriegsdienst verlor er durch einen Bombensplitter das rechte Auge, geriet in einen Raufhandel, kam ins Gefängnis und ging nach seiner Entlassung mit einer Strafkompanie nach Indien. Siebzehn Jahre sah er die Heimat nicht wieder. Während dieser Zeit vollendete er die Gesänge der „Luisaden", in denen er seinen Eindrücken und Erlebnissen dichterischen Ausdruck gab. Im Jahre 1570 bestieg er das Schiff zur Heimfahrt, alt und vom Leben gezeichnet, aber voll Hoffnungen für eine gesicherte Zukunft und einigen Ersparnissen aus seiner Dienstzeit. Die Karavelle geriet in einen Sturm und sank, Camoes rettete sich schwimmend an Land, hoch in den Händen das Manuskript der „Luisaden" bergend. All sein Hab und Gut ging verloren. Arm betrat er den Heimatboden, so daß sein farbiger Diener für ihn auf den Straßen betteln gehen mußte. Als er 1580 einsam und vergessen in einem Pesthospital starb, war nicht einmal ein Bettuch vorhanden, um ihn darin zu begraben. Sein Leichnam wurde in ein Massengrab geworfen, die Gebeine sind trotz späterer pietätvoller Suche nicht mehr gefunden worden.

11. IV. 1770 — 8. VIII. 1827   GEORGE CANNING

England hat das Glück gehabt, in schwierigen politischen Situationen und gefahrdrohenden Zeiten immer besonders tüchtige Staatsmänner zu besitzen. Cannings Wirken fiel in eine Periode der schwersten Erschütterungen in Europa und der Neuen Welt, die auch den Bestand des wachsenden englischen Imperiums tödlich gefährdeten. Die Französische Revolution beseitigte die alten Begriffe von der gottgewollten Obrigkeit durch Schaffung eines neuen philosophisch-politischen Freiheitsideals, die Stürme der Napoleonischen Kriege verwischten Grenzen und Machtverhältnisse und führten das Inselreich an den Rand des Ruins. Die nordamerikanischen Staaten erwachten zum Bewußtsein ihrer Größe, Südamerika warf die Fesseln des spanischen und portugiesischen Mutterlandes ab, Großbritannien selbst wurde durch Aufstände in den Kolonien, besonders in Indien, und innere Auseinandersetzungen in seiner Schlagkraft gehemmt. — Canning wurde unter Pitt 1793 in das Unterhaus gewählt, war drei Jahre später bereits Unterstaatssekretär des Auswärtigen und im Jahre 1807 Staatssekretär. Die Beschlagnahmung der gesamten dänischen Flotte im Hafen von Kopenhagen, die von Canning angeordnet wurde, um sie nicht in die Hände Napoleons fallen zu lassen, erregte ungeheures Aufsehen in der ganzen Welt. Cannings Aufstieg zu den höchsten Staatsämtern wurde im Jahre 1809 jäh unterbrochen. Eine Auseinandersetzung mit dem Kriegsminister Castlereagh führte zu einem Duell, bei dem Canning leicht verwundet wurde; beide Kontrahenten mußten aus dem Ministerium ausscheiden. Erst nach dem Tod seines Gegners kehrte Canning aus der Verbannung auf den Außenminister-Sessel zurück. 1827 bildete er als Premier ein neues Kabinett, starb aber wenige Monate später, aufgezehrt von Sorge und Überanstrengung.

ANTONIO CANOVA 1. XI. 1757 — 13. X. 1822

Canova und Thorwaldsen gelten als die populärsten Bildhauer des 19. Jahrhunderts. Gipsnachbildungen der Werke Canovas gehörten noch um die Jahrhundertwende zur Standard-Einrichtung des europäischen Bürgerhauses. Sie kamen in ihrer raffiniert glatten und naturähnlichen Ausführung und der manchmal fast süßlichen thematischen Darstellung dem Geschmack der breiten Masse weitgehend entgegen. Typisch für diese Art ist die bekannte Amor- und Psyche-Gruppe, in der sich der Liebesgott in zärtlichem Kuß über die erwachende Psyche beugt. Das Original wurde von Murat, dem Günstling Napoleons, erworben. — Canova war der große Vollender des Neu-Klassizismus, einer Kunst, die in bewußter Abkehr von dem prunkenden Barock und der überladenen Verfeinerung des Rokoko wieder aus den Quellen der abendländischen Kultur, der ausgeglichenen Schönheit Roms und Hellas schöpfte, sie an Fertigkeit und handwerklichem Können fast übertreffend, ohne aber viel von ihrem Geist spüren zu lassen. Das Werk Canovas bleibt in einem — allerdings unübertroffenen — Virtuosentum haften. Seine Marmorwerke sind zum größten Teil Aktfiguren von unerhörter Natürlichkeit und Lebensechtheit. Am bekanntesten ist die Darstellung der Paolina Bonaparte, die sich auf eigenen Wunsch fast hüllenlos als „Venus victrix" in Marmor meißeln ließ. Von tiefer Empfindungskraft zeugt das Grabmal der Erzherzogin Maria Christina in der Augustinerkirche in Wien. Canova war unermüdlich tätig, seine Schöpfungen gingen in fast alle Hauptstädte der zivilisierten Welt; selbst nach Amerika lieferte er eine — später durch Unfall zerstörte — Statue George Washingtons. Von Napoleon schuf er eine in Paris aufgestellte Marmorbüste.

DON CARLOS 8. VI. 1545 — 24. VII. 1568

Das Dunkel in der Tragödie des spanischen Infanten, dessen Gestalt besonders durch Schillers Drama eine märtyrerhafte Idealisierung erfahren hat, ist auch heute noch nicht völlig gelichtet. Es steht wohl fest, daß Schillers Don Carlos ganz unhistorisch ist, aber immer wieder gehen die Meinungen darüber auseinander, ob König Philipp II. von Spanien im Recht war, als er seinen Sohn von der Thronfolge ausschloß und ihn in Gefängnishaft hielt, eines der Kronprinzenschicksale vollendete, bei denen der konservative Geist des Alters über die liberale Auflehnung der Jugend mit brutaler Gewalt siegte. — Der junge Prinz, Erbe eines Weltreiches, wurde zuerst vom Vater verwöhnt und verzärtelt. Die Erzieher waren verzweifelt über den eigensinnigen, unbeherrschten, wilden und bösartigen Knaben. Ihre Berichte wandelten allmählich die Liebe des Königs zu ernster Besorgnis und schließlich härtester Strenge. Aber alle Strafmaßnahmen blieben ohne Erfolg. Carlos tobte mit seinen Genossen bewaffnet durch die nächtlichen Straßen Madrids, belästigte die Frauen, mißhandelte die Untergebenen, machte wahnwitzige Schulden und zerstörte seine Gesundheit durch Maßlosigkeit im Essen und Trinken. Er war „sehr bizarr und ganz voller Narreteien", schrieb einer der ausländischen Gesandten an den heimatlichen Hof. — Als Philipp II. die ursprünglich dem Prinzen versprochene Braut, Elisabeth von Valois, heiratete, vollzog sich endgültig der Bruch zwischen Vater und Sohn. Don Carlos bereitete die Flucht ins Ausland vor, schmiedete Mordpläne gegen den König und wurde nach Aufdeckung seiner Absichten verhaftet. Kurze Zeit später starb er im Gefängnis, wahrscheinlich infolge einer schweren Darmerkrankung, die er sich durch Völlerei zugezogen hatte.

4. XII. 1795 — 5. II. 1881   THOMAS CARLYLE

Goethe hat einmal von dem Engländer Carlyle gesagt, daß er
mehr eine „motorische Kraft" als ein Schriftsteller wäre. Seinen
Ideen hat er mit leidenschaftlicher Kraft Ausdruck gegeben, immer bereit, die Gegner mit der vernichtenden Gewalt seines
ausdrucksvollen, lärmenden Stils zu schlagen und sich selbst
in den Vordergrund zu schieben. Dem Stoffgebiet seiner Arbeiten nach war Carlyle Historiker, aber er betrachtete die
Geschichte so eindeutig und subjektiv, behandelte ihre Gestalten
und Vorgänge mit solch dichterischer Freiheit, daß er richtiger
und treffender als Schriftsteller einzuordnen ist. Seine Gabe,
den Ablauf von Ereignissen dem Betrachter nahe zu bringen
und ihn mit lebendiger Erzählerkunst mitten in die Dinge
hineinzuführen, ließ ihn in ganz besonderer Weise die Gunst der Zeitgenossen erringen. Er sah die Geschichte als das Ergebnis des Wirkens der großen Männer in
Politik, Wirtschaft und Kultur. In dem Ablauf der Jahrhunderte glaubte er ein un-
wandelbares Gesetz der Macht des Stärkeren festgestellt zu haben und leitete daraus
die Moral ab, daß der Überlegene das Recht zur Machtergreifung habe. Was von der
Einzelpersönlichkeit gelte, müsse man auch auf das Verhältnis der Völker und
Staaten untereinander übertragen. Von diesem Gesichtspunkt aus beschrieb er in
zwei aufsehenerregenden Werken das Leben und die Zeit Cromwells und Friedrichs
des Großen. Dem Geist der Vernunft und der Überbetonung der reinen, abstrakten
Wissenschaft begegnete er mit heftiger Abneigung. Carlyle hat in England dem
Idealismus Fichtes und Hegels und der klassischen Dichtung der Goethe- und Schiller-
zeit zu weitester Verbreitung verholfen. Er blieb während seines ganzen Lebens ein
begeisterter Verehrer des Großen von Weimar. Sein äußeres Leben führte ihn aus
Armut und Entbehrung zu Wohlstand und Ehrungen.

25. XI. 1835 — 11. VIII. 1919   **ANDREW CARNEGIE**

Carnegie begann als Laufbursche in einer Spinnerei und war
mit 50 Jahren der Stahlkönig der Neuen Welt. Es ist immer
wieder interessant, festzustellen, auf welche Weise und mit
welchen Mitteln diesen Selfmademen der steile Aufstieg gelang.
Sie hatten nicht nur Glück, es war nicht nur brutale Ellenbogen-
taktik oder kaufmännisches Genie, sondern in den meisten Fällen harte Arbeit, der Wille und die Kraft, mehr zu leisten und
mehr zu können als andere. Der kleine Andrew, der helläugige
Bursche aus Schottland, arbeitete als Heizer an einer Dampfmaschine, in jeder freien Minute las und lernte er, bis seine
Kenntnisse und die Bereitschaft, überall anzupacken, die Aufmerksamkeit eines Depeschenagentur-Leiters erregte. Er wurde
Depeschenbote. Wieder war er der Beste unter seinen Kollegen, der Schnellste und
Arbeitswilligste, nebenbei lernte er aus eigenem Antrieb telegraphieren. Bei einer
sich zwangsläufig ergebenden Gelegenheit erwies sich die Zuverlässigkeit seines
Könnens, man machte ihn zum Hilfstelegraphisten und schließlich zur voll bezahlten
Arbeitskraft. Der Direktor der Pennsylvania-Eisenbahn beobachtete den jungen Mann
bei seiner Tätigkeit, stellte ihn als Sekretär ein und ernannte ihn wenige Jahre später
zu seinem Nachfolger. 1901 war Andrew Carnegie Besitzer der größten Stahlwerke
der Welt. Sein jährliches Einkommen hatte die Höhe von 40 Millionen Dollar erreicht,
und er „stand vor der beängstigenden Aussicht, daß dieser Verdienst noch steigen
würde". Der 66jährige zog sich vom Geschäft zurück und begann mit der „viel
schwereren Aufgabe der weisen Verteilung" des Riesenvermögens. Er stiftete Bibliotheken und Krankenhäuser, Wohltätigkeitsanstalten, Pensionsfonds, Kirchenorgeln,
wissenschaftliche Institute und den Friedenspalast in Den Haag.

EDMUND CARTWRIGHT 24. IV. 1743 — 30. X. 1823

Drei große Erfindungen stehen am Beginn des Zeitalters der modernen Textilindustrie: Die Spinnmaschine von James Hargreaves, erneuert und verbessert durch die Maschine von Richard Arkwright, und der mechanische Webstuhl von Edmund Cartwright. England war die Heimat der Weber und Spinner, ein hoher Prozentsatz der englischen Bevölkerung lebte von der Textilproduktion, in den Miethäusern und Bauernkaten von Manchester und Lancashire klapperten die Webstühle und surrten die Spinnräder. An dieses wohlgeordnete Wirtschaftssystem rüttelte die Erfindung Arkwrights, die Spinnmaschine, wie ein zerstörendes Erdbeben. Wie sollte der Heimarbeiter der Konkurrenz der hundertfach schnelleren „Spinning Jenny" begegnen. Als dann im Jahre 1786 der Pfarrer und Dichter Edmund Cartwright den von ihm erfundenen mechanischen Webstuhl in der Öffentlichkeit vorführte, glaubte man auch das Ende des Weber-Handwerks gekommen. Cartwrights Fabrik wurde von einer rasenden Menschenmenge gestürmt, die Maschinen wurden völlig zerstört. Der Pfarrer aus Marnham resignierte vor den Schwierigkeiten und zog sich in seine Studierstube zurück. Später schrieb er seine Erinnerung an die Entstehung der sich bald durchsetzenden Erfindung nieder: „Es war im Sommer 1784 zu Mattlock, wo ich mich in Gesellschaft mit einigen Herren von Manchester über Arkwrights Spinnmaschine unterhielt. Kurze Zeit darauf fiel mir auf, daß beim Weben eigentlich nur drei Bewegungen aufeinander folgen. Ich überlegte, daß es doch wohl nicht so schwierig sei, diese mechanisch auszuführen. Erfüllt von diesem Gedanken, beauftragte ich sofort einen Zimmermann und einen Schmied, sie zu verwirklichen. Zu meinem großen Entzücken ließ sich auf der Maschine schnell und leicht ein Stück Stoff erzeugen."

ENRICO CARUSO 25. II. 1873 — 2. VIII. 1921

Die Opernhäuser der Weltmetropolen waren erfüllt von dem brausenden, begeisterten Beifall und dem Jubel der Tausende, wenn die letzten Töne einer Caruso-Arie verklangen. Diese Stimme war so rein, so strahlend, so gewaltig, daß sie aus einer anderen Welt zu kommen schien. Niemand zweifelte daran, daß Enrico Caruso der größte Sänger seiner Zeit war. — Es war ein langer, arbeitsreicher Weg, den der Sohn einer italienischen Waschfrau, eines von 21 Geschwistern, zurücklegen mußte, bevor er den stolzen Höhepunkt seiner Laufbahn erreichte. Als ihn einmal jemand nach seiner Lieblingsrolle fragte, antwortete er: „Ich habe keine, alle sind die Frucht harter Arbeit!" Auch sein Genie bedurfte der ununterbrochenen Selbstkontrolle und Selbstkritik, um vor den eigenen höchsten Anforderungen bestehen zu können. Es gibt kaum eine bekannte Bühne Europas und Amerikas, die nicht den Glanz seines Singens, die vollendete Technik des Vortrages und den bezaubernden Charme des schauspielerischen Könnens erlebte. In Petersburg, in Wien, in München, Berlin, Paris, London, New York und Mexiko feierte er seine Triumphe. Caruso hat in seinem Leben nicht ein einziges Buch gelesen, er konnte kaum richtig schreiben, aber er kannte 64 Opernpartituren bis zur letzten Note und sprach fließend sieben Sprachen. Trotz seines Reichtums — er bekam für einen Konzertabend 10 000 Dollar — war er bescheiden und anspruchslos. Mit Leidenschaft und großer Sachkenntnis sammelte er Kunstgegenstände, alte Stoffe, Stickereien und Briefmarken. — Am 11. Dezember 1920 erlitt er in New York auf offener Bühne einen Blutsturz; trotzdem sang er weiter, während Ärzte und Freunde heimlich hinter den Kulissen das Blut zu stillen suchten. Nach kurzer Besserung fuhr er mit Frau und Tochter in die Heimat Italien, um dort Heilung zu suchen. Wenige Monate später starb er in Neapel, betrauert von seinen Freunden in aller Welt.

2. IV. 1725 — 4. VI. 1798   **GIACOMO CASANOVA**

Etwas von der schwebenden Leichtigkeit des Rokoko, dem gelösten Tanzschritt und dem Zauberklang der Geigen einer galanten Zeit liegt in dem Leben und Schicksal Giacomo Casanovas, des Chevaliers von Seingalt. Die Sitten- und Kulturgeschichte kennt kaum einen Menschen, der wie er die Höhen und Tiefen des Daseins ermessen hat, ein König unter Königen, Gauner unter Gaunern und Bettler unter Bettlern. — Sein Heimatland ist Italien. Die Jugend durchtobt er in dem Liebeskarneval Venedigs; Gönner ermöglichen das Studium der Rechtswissenschaften, später der Theologie in Padua. Dann beginnt der Schwarmflug in die lockende Welt. Kreuz und quer zieht er mit Bettlergruppen und Tagedieben durch Italien, wird Sekretär in Rom, verliert die Stelle wieder, macht sich in Venedig durch einen ungeheuren Bluff und eine goldstrotzende Uniform zum Offizier und landet nach mannigfachen Abenteuern und Liebeleien in Konstantinopel. In Korfu verscherzt sich der Pseudo-Offizier die Schwindelstellung durch maßlose Ausschweifungen. Durch Zufall rettet er einem reichen Senator das Leben und wird von ihm adoptiert. Zum Dank macht er ihm die Geliebte abspenstig und fliegt auf die Straße. 1750 taucht er in Paris auf, dem Sammelpunkt aller Glücksritter. Von dort vagabundiert er durch Preußen, Böhmen, Sachsen, Österreich und Italien. In Venedig verhaftet ihn die Staatsinquisition und bringt ihn in die berüchtigten Bleikammern. Auf abenteuerliche Weise gelingt ihm die Flucht nach Paris, wo er durch Spiel und Betrug zu Reichtum und Ansehen gelangt. Wieder folgt eine Glücksritter-Fahrt durch Europa, voller Wechselfälle des Schicksals. Aber der Höhepunkt des Lebens des Seigneurs de Seingalt ist überschritten. Steil geht der Weg bergab und endet in einem Alterssitz als Bibliothekar auf einem Schloß in Böhmen.

13. VII. 100 — 15. III. 44 v. Chr.   **GAJUS JULIUS CÄSAR**

Das staatsmännische Genie und die Kraft der überragenden Persönlichkeit Cäsars formten die Geschichte seines Jahrhunderts und strahlten in ihren letzten Auswirkungen bis in die Neuzeit hinein. Sein Name schuf den „Kaiser"-Titel und gab dem Juli die Bezeichnung; Cäsars Schriften gelten noch heute als das Muster einer kristallklaren, sachlichen und formschönen Berichterstattung. Den Zeitgenossen erschien er als ein Gott, seine Schwächen und Fehler vergaß man angesichts dessen, was er für den römischen Staat leistete. Nur ein kleiner Teil der römischen Politiker erkannte die Gefahren der absoluten Diktatur dieses Mannes, der entschlossen schien, die Einrichtungen der römischen Republik zugunsten einer erblichen Monarchie seines Geschlechtes zu beseitigen. Ihre Stellung war um so schwieriger, als niemand die großen Verdienste des Staatsmannes und Feldherrn abstreiten konnte. Er hatte mit harter Entschlossenheit die inneren Zwistigkeiten beseitigt, Italiens Ordnung wiederhergestellt, durch Gesetze der Verwilderung der Sitten Einhalt geboten, die Verwaltung von der maßlosen Korruption gereinigt, den Reichtum des Staates vermehrt und die Grenzen nach außen gesichert. Trotz allem sah die Opposition in ihm eine tödliche Gefahr für die Freiheit des Volkes. Unter Führung von Cäsars nächsten Vertrauten bildete sich eine Verschwörung, die sich die Beseitigung des Diktators zum Ziel gesetzt hatte. Am 15. März des Jahres 44 v. Chr. sollte die Entscheidung fallen. Zu Beginn einer Senatssitzung überreichten ihm die Verschwörer eine Bittschrift, rissen ihm die Toga herunter und töteten ihn durch 22 Dolchstiche. Als Cäsar unter den Angreifern auch Brutus erblickte, den er wie einen Sohn liebte, soll er alle Gegenwehr aufgegeben und sterbend sein Haupt verhüllt haben.

BALDASSARRE CASTIGLIONE   6. XII. 1478 — 7. II. 1529

Aus den Büchern des Politikers und Schriftstellers Castiglione ersteht wie ein farbenprächtiges, kostbares Bild die Gesellschaftskultur der Renaissance, die wunderbare, nie wieder erreichte Einheit eines alle Vorgänge des Daseins umfassenden Lebensstiles. Form und Inhalt, Körper und Geist ergänzten einander, waren Ausdruck desselben Gefühles, Elemente derselben Bildung. Noch einmal schritten die weisen, lächelnden Götter der Antike über ihre alte Erde. — Castiglione hatte das Glück, jahrelang an dem Hof von Urbino zu leben, an dem sich die berühmtesten Gelehrten, die bedeutendsten Männer und die schönsten Frauen der Zeit trafen. Hier wurde gedichtet und disputiert, Theater gespielt und getanzt, geliebt und das Leben zum köstlichen Kunstwerk gemacht, und hier wurden mit tiefster Entdeckerfreude die Schriftsteller der Antike, Cicero und Aristoteles, zu neuem Glanz erweckt. Graf Castiglione schildert in seinem berühmtesten Werk, das in alle europäischen Sprachen übersetzt wurde, dem „Libro del Cortegiano", in meisterhaftem Stil diesen typisch italienischen Renaissancehof und zeichnet darin den idealen Hofmann, als der er selbst in ganz Europa galt. — Castiglione trat nach seinem Weggang von Urbino in die Dienste des Papstes. 1525 ging er als Gesandter an den Madrider Hof. Hier ließ er sich von der ränkevollen Politik Karl V. übertölpeln und gab dem Papst ein völlig falsches Bild von den spanischen Absichten. Die Nachricht von der Einnahme und Plünderung Roms durch die Truppen des Kaisers im Jahre 1527 traf ihn völlig unvorbereitet. Der Schmerz und die Enttäuschung über sein eigenes Versagen vernichteten seinen Lebenswillen. Er starb — wie seine Zeitgenossen schrieben — „an gebrochenem Herzen".

CATO CENSORIUS   234 — 149 v. Chr.

„Drei Dinge habe ich in meinem Leben zu bereuen: Daß ich einmal einen Tag ohne festgelegte Tagesordnung verbracht habe, daß ich einmal mit dem Schiff gefahren bin, wo es einen Landweg gab, und daß ich einmal einer Frau ein Geheimnis anvertraute!" Das war einer der satirischen Aussprüche des alten Cato, die in Rom von Mund zu Mund liefen. Sie sind alle etwas gallig und spröde, die „Merkworte" des Mannes, den das römische Volk liebte und verehrte, und sie passen zu seiner robusten, immer unrasierten, stacheligen Bulldoggengestalt. Er war ein Bauer, derb, einfach, polternd, jeden Augenblick bereit, Sturm zu laufen gegen alles, was seiner Ansicht nach die altrömische Zucht und Ordnung gefährdete, mißtrauisch gegen jede Neuerung. Als eines Tages eine griechische Gesandtschaft in Rom erschien, gesalbt und frisiert, mit seidenen Gewändern und mit der raffinierten Lebenskultur des griechischen Ostens, da maulte er mit groben Worten so lange im Senat, bis man den Griechen den weiteren Aufenthalt in der Hauptstadt verbot. Böse Beispiele sollten keine guten Sitten verderben. Während seiner Amtszeit als Zensor zitterte das ganze römische Patriziat. Einen Senator belegte er mit empfindlicher Ehrenstrafe, weil er durch Schlemmerei zu dick geworden war. Der Ärmste durfte nicht mehr reiten — ein Sonderrecht der Senatsmitglieder —, sondern mußte zu Fuß gehen. Schmunzelnd erzählten sich die Römer den neuen Cato-Witz: „Einen Schlemmer wird man vergeblich ermahnen, er hört nicht, da sein Bauch keine Ohren hat!" Nach dem Sieg Roms über Karthago, dem der unterlegene Staat Möglichkeiten zum Wiederaufbau gelassen hatte, verging kaum eine Senatssitzung, in der nicht der alte, rauhbeinige Realpolitiker wütend seine Forderung aufstellte: „Übrigens muß Karthago zerstört werden!"

10. VIII. 1810 — 6. VIII. 1861   **CAMILLO CAVOUR**

Die Beseitigung der italienischen Kleinstaaterei durch Napoleon I. hatte dem Einheitsgedanken in Italien neuen Auftrieb gegeben. Die Stoßkraft der Nationalisten richtete sich nach Wiederherstellung der alten Verhältnisse gegen die Fremdherrschaft Österreichs in Oberitalien. Mittelpunkt dieser Bestrebungen wurde das Königreich Piemont. Die führende Rolle übernahm der Liberalismus, der in dem „tollen Jahr" 1848 fast überall seine Forderungen auf eine parlamentarische Verfassung durchsetzte. Aber ein Jahr später war die Freiheitsbewegung niedergeworfen und ein System der härtesten Bedrückung errichtet. Nur Piemont blieb verschont, und von hier aus gelang schließlich das Einigungswerk durch Italiens bedeutendsten Staatsmann, den Grafen Camillo Cavour. Durch Studien und Auslandsreisen hatte er sich eingehende Kenntnisse auf den verschiedensten Gebieten verschafft, er war von rücksichtsloser Entschlossenheit, einer unverwüstlichen Lebensfrische und Arbeitskraft, beseelt von unerschütterlichem Idealismus und einem tiefen Glauben an das Gute und Edle im Menschen — eine bei Staatsmännern seltene Eigenschaft. Sein diplomatisches Geschick ließ ihn selbst in verzweifelten Situationen einen Ausweg finden. Nur einmal brach er zusammen, aller Hoffnung auf einen guten Ausgang beraubt: Als Napoleon III. von Frankreich hinter dem Rücken der italienischen Freiheitskämpfer einen Sonderfrieden mit Österreich schloß. Da eilte er, fast besinnungslos vor Zorn, in das französische Hauptquartier und machte dem König eine Szene, die an Deutlichkeit nichts zu wünschen übrig ließ. Aber eineinhalb Jahre später hatte er trotz aller Widerstände das große Werk der italienischen Einheit zustandegebracht. Sein plötzlicher Tod versetzte das ganze Land in tiefe Trauer.

3. XI. 1500 — 13. II. 1571   **BENVENUTO CELLINI**

Es war ein wahrhaft reiches Jahrhundert, in das Cellini, der italienische Goldschmied und Bildhauer, hineingeboren wurde: das Zeitalter der Spätrenaissance. Leonardo da Vinci war damals 48 Jahre alt, Michelangelo 25, Tizian 23, Raffael 17. Es war die Zeit, da in Italien die großen Kirchen und Paläste gebaut wurden, die Zeit der mächtigen Fürstengeschlechter der Borgia und Medici, der Este, Sforza und Gonzaga. — Wie das ganze Jahrhundert, so stand auch das Leben Cellinis unter dem Zeichen der Kunst und der Ruhelosigkeit, der Schönheit und der wilden Gewalttat. Als Sohn eines Baumeisters lernte er die Goldschmiedekunst und arbeitete in verschiedenen Werkstätten Italiens. Er war geübt im Stempelschneiden und in der Treibarbeit, im Tauschieren und Emaillieren, selbst in der Nachahmung der reich geschmückten türkischen Waffen. Überall war er geschätzt wegen seiner Kunstfertigkeit, nirgends aber fand er Ruhe wegen seiner Streitsucht und seines ausschweifend ungeregelten Lebens. Als er in Rom bei der Münze Stempel schnitt, erschlug er, 34jährig, einen Arbeitskameraden und Rivalen. Hals über Kopf mußte er fliehen. In Florenz fand er Aufnahme als Münzen- und Medaillenschneider bei Alessandro di Medici. Papst Paul III. gewann ihn durch Ablaßbrief und Schutzversprechen für Rom zurück. Für kurze Zeit war er bei Franz I. in Fontainebleau. Wieder in Rom, wurde er wegen Golddiebstahls aus dem päpstlichen Schatz zu lebenslänglicher Haft verurteilt. Durch Fürsprache eines Kardinals erhielt er nach zwei Jahren die Freiheit zurück. — Seine bedeutendsten Werke sind ein goldenes Salzfaß für Franz I., die bronzene „Nymphe von Fontainebleau" und der berühmte weiße Marmorchristus am schwarzen Marmorkreuz.

ANDERS CELSIUS   27. XI. 1701 — 25. IV. 1744

Jahrtausende hindurch hatte es den Menschen genügt, von kalt und warm, lau und heiß zu sprechen, wenn es galt, den verschiedenen Stand der Erwärmung eines Körpers oder einer Flüssigkeit zu bezeichnen. Erst als durch Galilei ein neues Zeitalter der Naturforschung heraufgeführt worden war, als man nur noch gelten ließ, was in Maß und Zahl auszudrücken ist, bedurfte man eines Mittels zur Messung der Temperatur, des Wärmestandes, man erfand das Thermometer, für dessen Skala-Einteilung der Danziger Physiker Fahrenheit 1724 den ersten Vorschlag machte. Die brauchbarste, heute für wissenschaftliche Messungen ausschließlich und in den meisten Ländern auch für die Praxis des Alltags benutzte Temperaturskala stammt von dem schwedischen Astronomen Anders Celsius. Im Jahre 1742 schlug er vor, den Siedepunkt des Wassers mit 0 und den Gefrierpunkt mit 100 Grad zu bezeichnen; diese Hundertteilung ist bis heute geblieben, nur hat man schon wenige Jahre nach seinem Tode die „Celsiusskala" umgedreht und den Gefrierpunkt als Nullpunkt gesetzt. Aber Celsius hat seinen Namen auch mit anderen, größeren Taten in die Annalen der Wissenschaft eingetragen. Er war der erste Direktor der neugeschaffenen schwedischen Sternwarte in Upsala; mit Maupertius vermaß er in Lappland einen Meridiangrad; als erster stellte er die Gleichzeitigkeit erdmagnetischer Störungen in Schweden und England fest und erkannte den Zusammenhang zwischen diesen Störungen und den Erscheinungen des Nordlichts. So war sein Wirken, dem ein früher Tod allzubald ein Ende setzte, des Denkmals würdig, das ihm die Wissenschaft mit der „Celsius-Skala" gesetzt hat.

CERVANTES SAAVREDA   1. X. 1547 — 23. IV. 1616

Cervantes ist der Dichter des „Don Quichotte", des Ritters von der traurigen Gestalt, der mit seinem Diener Sancho Pansa in die Welt zieht, um gegen das Unrecht zu kämpfen – ein tragischer Narr, sich selbst und seinem Idealismus treu gegenüber aller Bitterkeit und allen Enttäuschungen des Lebens. Tiefempfundene Menschlichkeit, echter Humor, der aus Not und Schmerz das Lachen zaubert, und eine dichterisch vollendete Sprache haben das Buch zu einem Werk der europäischen Literatur gemacht. Einer der Interpreten des Romans hat einmal von der rechten Art, den Don Quichotte zu lesen, gesagt: „Richtig gelesen, kann er zu einer unversiegbaren Quelle des Trostes, des Segens und der moralischen Erneuerung werden!" Cervantes wollte in der Gestalt des fahrenden Ritters, der mit seiner Rosinante gegen Windmühlenflügel reitet, dem Spanien des Barockzeitalters wie in einem Spiegel sein wahres, armseliges Gesicht zeigen. Das spanische Rittertum war zum Zerrbild seiner selbst geworden und der aufgeblasene Stolz auf die alten Tugenden nur noch eine Illusion. Der Roman erregte sofort nach seinem Erscheinen Aufsehen. Er wurde in alle Kultursprachen der Welt übersetzt und hat bis heute die höchste Auflage aller jemals gedruckten Bücher außer der Bibel. — Das Leben des Miguel de Cervantes war eine traurige, freudelose Irrfahrt. Er wurde als Soldat in der Schlacht bei Lepanto (1571) schwer verwundet, so daß der linke Arm dauernd gelähmt blieb. Kurz darauf geriet er in algerische Gefangenschaft, aus der er erst nach fünfjähriger, furchtbarer Sklaverei befreit wurde. Seine Familie war indessen völlig verarmt, er selbst mußte sich als Steuereintreiber sein Brot verdienen. Neben dem „Don Quichotte" hat er eine Reihe von weniger bedeutenden Erzählungen, Romanen und Dramen geschrieben.

19. I. 1839 — 22. X. 1906 **PAUL CEZANNE**

Die künstlerische Entwicklung des Malers Paul Cézanne vollzog sich in einer Zeit, als der Impressionismus seinen Kampf gegen die historische Überlieferung in der Malerei aufnahm und den Eindruck der Natur, die Wiedergabe ihrer wechselnden Farbwerte entdeckte. Die jungen französischen Maler zogen mit ihren Staffeleien aus der kühlen, sonnenlosen Gedämpftheit der Nordlichtateliers hinaus ins Freie. Sie hielten den Eindruck, die Impression, fest, den die Gegenstände im schwebenden Schein des Augenblicks, in der Farbmischung von Licht und Schatten, Sonne und Wolken, im dämmernden Morgen, in der strahlenden Helle des Mittags und im sinkenden Abend auf sie ausübten. Die Konturen wurden nicht mehr klar und scharf gezeichnet, sondern hoben sich nur durch den Ton von Farbe und Licht gegeneinander ab. — Cézanne, Sohn eines reichen Bankiers, kam als Student der Jurisprudenz zur Malerei. Er folgte seinem Jugendfreund Emile Zola nach Paris und schloß sich hier der impressionistischen Bewegung an. Wie alle seine Gesinnungsfreunde wurde er Jahr für Jahr von den großen Ausstellungen zurückgewiesen. Niemand dachte daran, die Bilder dieser „kurzsichtigen Verrückten" zu kaufen, und als ein Kunsthändler großmütig ein paar Werke von C. abnahm, bezahlte er für das Stück 40 bis 100 Francs. Heute werden dieselben Bilder mit Gold aufgewogen. 1877 war Cézanne auf der großen Pariser Impressionistenausstellung mit 19 Ölbildern und Aquarellen vertreten, wurde aber wegen seiner eigenartigen, auflösenden Technik, die bereits den Übergang zum Expressionismus vorbereitete, maßlos verhöhnt. Tief verletzt zog sich der Maler in die Einsamkeit seiner heimatlichen Provence zurück, wo er in strengster Abgeschiedenheit seinen eigenen Stil, der den „Neo-Impressionisten" zum Vorbild wurde, entwickelte.

30. I. 1781 — 21. VIII. 1838 **ADELBERT VON CHAMISSO**

„Peter Schlemihl", „Das Riesenspielzeug" und „Salas y Gomez" — nur die wenigsten kennen von Chamisso mehr als diese Dichtungen. Dabei war er nicht nur als Dichter und Naturforscher, sondern vor allem auch als Mensch eine überragende Persönlichkeit, die des höchsten Interesses wert wäre, auch wenn er keine Prosazeile und keinen Vers geschrieben hätte. — Mit seinen völlig verarmten Eltern floh er vor den Wirren der Französischen Revolution nach Deutschland. „Als Graf von Chamisso zu Boncourt geboren, komme ich" — so schrieb er selbst — „nach Würzburg, wo man beratschlagt, ob man mich zum Tischler machen soll; statt dessen werde ich wohldressierter Blumenverfertiger und Verkäufer zu Bayreuth; dann expediert man mich als Porzellanmaler nach Berlin, wo sich eine glänzende Karriere (als Page der Königin und dann als Offizier) vor mir auftut." Doch der Militärdienst enttäuschte ihn, nach fünf Jahren nahm er den Abschied und widmete sich ganz der Wissenschaft, seinen poetischen und philosophischen Interessen, besonders aber dem Studium der Pflanzenwelt. Die Befreiungskriege gegen Napoleon, der Kampf zwischen seinem Vaterland und seinen Freunden, brachten ihm seine Lage als Flüchtling besonders schmerzlich zum Bewußtsein. Aus diesem Gefühl der eigenen Unruhe, Heimat- und Ziellosigkeit heraus entstand 1814 der „Peter Schlemihl", jenes großartige Märchen, das das Wunder in die Wirklichkeit hereinzieht, das in fast alle Sprachen übersetzt wurde und den Verfasser gleichsam über Nacht weltberühmt machte. 1815–1818 nahm er als wissenschaftlicher Berichterstatter an der Weltreise des russischen Seglers „Rurik" teil. Die Schilderung dieser Fahrt wurde wegen ihres gediegenen Stils zu einem der hervorragendsten Reisewerke des 19. Jahrhunderts.

JEAN FRANCOIS CHAMPOLLION   23. XII. 1790 — 4. III. 1832

Weit über ein Jahrtausend stand die Menschheit verständnislos vor dem dunklen Rätsel der seltsamen Zeichen, die an den gewaltigen Baudenkmälern der versunkenen ägyptischen Kultur eingemeißelt waren. Man ahnte, daß hier ein Geheimnis verborgen war, dessen Kenntnis für die Wissenschaft von der Geschichte und Kultur der Erde von weittragendster Bedeutung sein mußte, aber das Wissen um die „Hieroglyphen" (heilige Eingrabungen) — wie die alten Griechen diese Schrift nannten — war verlorengegangen, und alle Bemühungen um ihre Erklärung blieben ergebnislos. Schließlich gab man die Versuche auf und stellte resigniert fest, daß das Problem der Entzifferung wissenschaftlich unlösbar wäre. Nur ein junger Student hatte den Glauben an den Erfolg nicht verloren. Der junge Jean Champollion versenkte sich mit der Hemmungslosigkeit jugendlicher Phantastik in die Bilder der ägyptischen Kunst und Kultur. Aber er ließ es nicht beim Träumen bewenden, sondern arbeitete methodisch und besessen daran, sich soviel Kenntnisse wie möglich über Ägypten anzueignen. Mit 20 Jahren war er bereits Professor an der Universität Grenoble, beherrschte er die alt-orientalischen Sprachen, und längst bevor er eine einzige Hieroglyphe entziffern konnte, kannte er jedes einzelne Zeichen, das man irgendwo gefunden hatte. 1822 kam der große Erfolg. Am 14. September in der Mittagsstunde stürzte er vom Schreibtisch in das Arbeitszimmer seines Bruders, die beschriebenen Blätter in der Hand, schrie: „Ich hab's!" und fiel ohnmächtig zu Boden. Nun folgten Schlag auf Schlag die fast mühelosen Entzifferungen der Hieroglypheninschriften, die die ganze wissenschaftliche Welt in Bewegung brachten und Champollions Namen zu einer sensationellen Berühmtheit machten.

CHATEAUBRIAND   4. IX. 1768 — 4. VII. 1848

Man hat ihn einen mißlungenen Goethe genannt, den Dichter François Réné Chateaubriand. Sein Freund Joubert sagte von ihm: „Er schrieb nur für die anderen und lebte nur für sich . . ." Einer seiner Gegner zeichnete ihn nicht weniger treffend mit dem Wort: „Chateaubriands Ideal wäre eine Mönchszelle auf einer Bühne." — Wer liest heute noch seine „Atala", die „Reise von Paris nach Jerusalem", den „René" oder das einst vielgerühmte Buch vom „Geist des Christentums"? Einzig seinen „Erinnerungen von jenseits des Grabes" haftet noch der unverlierbare Zauber an, der die Zeitgenossen entzückte und der auch für eine spätere, ernüchterte Zeit bestehen blieb. — Eitelkeit und romantische Sehnsucht, aus seinem Leben ein großes Kunstwerk zu machen, beherrschten ihn. Er glaubte daran, daß ein Mann von Geist und Bildung Politik machen müsse. Darum begnügte er sich nicht mit dem Ruhm des Dichters, er gefiel sich in der Rolle des geheimnisumwitterten Diplomaten. Er war Botschaftssekretär in Rom, Staatsminister, Gesandter in Berlin, Botschafter in London, Innen- und Außenminister, Botschafter beim Vatikan, er war Kommandeur, Ritter und Offizier aller hohen Orden und Ehrenzeichen, die das Europa des 19. Jahrhunderts zu vergeben hatte. — Chateaubriand war einer von jenen Großen aus der Welt der Salons, von denen die kleinen französischen Provinzdamen träumten: „Sie gehen über glänzendes Parkett, durch helle Spiegelsäle, vorbei an blanken Tischen, auf denen Damastdecken mit schwerem Goldfransenbelag liegen; da gibt es Schleppkleider, große Geheimnisse und ängstliches Bangen, das sich unter lächelnden Gesichtern verbirgt . . ." — Sein Leben und Werk hatten großen Einfluß auf die literarische Entwicklung Frankreichs im 19. Jahrhundert.

16. X. 1726 — 7. II. 1801   DANIEL CHODOWIECKI

„Geb' Gott dir Lieb' zu deinem Pantoffel, ehr' jede krüpplige Kartoffel", so hat Goethe einmal die Maler des bürgerlichen Realismus verspottet, die in bewußtem Gegensatz zu der feudalen Kultur des Ancien Régime alle Konvention und alles Unnatürliche ablehnten. Das Bürgertum besann sich auf seine eigene Bestimmung und Daseinsform und verwandelte sich, übertreibend, Sinn in Unsinn verkehrend, zum trockenen, in der Nüchternheit erstarrenden Philister. Daniel Chodowiecki ist der zeichnerische Chronist dieser Zeit. In vielen Tausenden von Radierungen, Kupferstichen, Zeichnungen und Aquarellen hat er mit scharfer, peinlich genauer Beobachtung den Alltag seiner Mitmenschen geschildert, korrekt in dem kleinsten Detail, lebendig und anschaulich. Es gibt kaum ein bekannteres Buch aus diesen Jahrzehnten, das nicht mit Chodowiecki-Illustrationen geschmückt wäre. Es ist von besonderem Reiz, die kleinen beliebten Taschenbücher in kleinem Format durchzublättern und die liebevoll gearbeiteten Bildchen des Illustrators anzusehen. Seine Stiche schmücken die Erstausgabe der „Minna von Barnhelm", die Werke Goethes, Schillers, Lavaters, Klopstocks, Mathias Claudius', Bürgers und Gellerts. Der eigentliche künstlerische Wert der Chodowiecki-Bilder ist nur gering. Der Zeichner versagte bei größeren Kompositionen, dafür reichte seine Begabung nicht aus. Alles, was er nicht sehen und durch unmittelbare Beobachtung studieren konnte, mißlang. — Daniel Chodowiecki lebte und arbeitete in Berlin, das er nur selten verlassen hat. Er wurde als äußeres Zeichen der Anerkennung 1797 zum Direktor der Berliner Akademie der bildenden Künste ernannt.

1. III. 1810 — 17. X. 1849   FRÉDÉRIC FRANÇOIS CHOPIN

Seine Wiege stand nahe bei Warschau in Zelazowa. Mag sein, daß der lothringische Vater ihm den Adel des disziplinierten Schaffens vererbte und damit einen Ausgleich gegenüber dem romantischen Überschwang der slawischen Mutter schuf. Das Schicksal liebte den hochbegabten Jüngling und schenkte ihm außer dem inneren Reichtum auch wegweisende Gönner in großer Zahl. Der dämonische Paganini weckte die Freude am virtuosen Spiel, Franz Liszt führte Chopin in die Konzertsäle ein, Robert Schumann bahnte mit Wort und Tat den Weg in eine glückverheißende Zukunft. — Als ihn die Wirren der polnischen Revolution im Jahre 1830 aus seiner Heimat vertrieben, nahm ihn Paris mit offenen Armen auf. Paris hieß die Welt, und diese Welt pries Chopins meisterhaftes Klavierspiel, in dem sich edle Zartheit mit überschäumender Leidenschaft zur Vollendung vereinte. Zu seinen Füßen lauschten die Freunde, wie Heinrich Heine, Balzac und die Schriftstellerin George Sand, die der junge Künstler mit verzehrender Hingabe liebte. — Aber die Stunden des Glücks waren gezählt. Ein unheilbares Brustleiden warf Chopin nieder und ließ ihn die Einsamkeit suchen. Dort reiften bis zu seinem frühen Tode die Werke in untadeliger Schönheit: die Walzer, Mazurkas und festlichen Polonäsen, die leidenschaftlichen Balladen und die übersprudelnden Etüden. — Chopin beschränkte sich auf die Kleinformen der Klaviermusik. Hier schaffte er Klanggebilde von ausgeglichenem Reiz. Nie fällt sein zärtlich hingebendes Empfinden in platte Sentimentalität, nie reißt ihn der Sturm des Gefühles hinweg. Der bittere Weltschmerz verhüllt sich, aus jeder Tonfolge spricht die beherrschte Haltung des Edelmannes. So reiht er Perle an Perle, rund und vollendet, zu einem köstlichen Geschmeide.

WINSTON CHURCHILL 30. XI. 1874 - 24. I. 1965

Als Churchill, der Sproß eines ruhmreichen englischen Adelsgeschlechts, geboren wurde, stand das britische Empire auf dem Gipfel seiner Macht. Ein Perlenkranz von Kolonien, Stützpunkten, Besitzungen und Einflußgebieten säumte den Rand des Weltreiches, die britische Flotte beherrschte die Meere. Im Jahre 1955, als Churchill nach einer fast märchenhaften Laufbahn als Politiker und Staatsmann die Regierung in jüngere Hände übergab, war der mächtige Bau des Empire zerbröckelt, viele Kolonien hatten sich selbständig gemacht, die Herrschaft über See und Luft war verloren. — Der Nachkomme des ersten Herzogs von Marlborough trat nach der Kadettenausbildung als Offizier in das Heer ein. Er kämpfte in Cuba, in Indien und Ägypten, machte den Burenkrieg als Zeitungsberichterstatter mit und begann im Jahre 1900 seine politische Karriere auf dem klassischen Fechtboden des Parlaments. Mit 34 Jahren wurde er Handelsminister, zwei Jahre später Innenminister, dann übernahm er das Marineministerium. Im ersten Weltkrieg machte ihn ein gescheitertes Landeunternehmen bei den Dardanellen so unpopulär, daß er aus der Regierung ausscheiden mußte. Nach kurzer Fronttätigkeit als Kommandeur in Frankreich wurde er Munitionsminister und nacheinander Kriegs-, Luftfahrt- und Kolonialminister. 1924—1929 gewann er als Schatzkanzler maßgeblichen Einfluß auf die Regierung. Zehn Jahre lang, bis 1939, bekleidete er kein Amt außer dem des Parlamentsmitgliedes. Im zweiten Weltkrieg berief ihn das Vertrauen der Nation auf den Sessel des Premierministers. Er führte England durch alle Krisen der Kriegsjahre, zäh und unerschütterlich. Nach dem Krieg trat er für eine allgemeine Völkerversöhnung, für eine Verständigung Europas und für die Sicherung des Friedens ein.

MARCUS TULLIUS CICERO 106 — 43 v. Chr.

Als Cicero als römischer Konsul die verbrecherische Verschwörung des Catilina niedergeschlagen hatte, riefen ihn der ehrwürdige Lutatius Catulus vor versammeltem Senat und der Tribun Cato von der öffentlichen Rednertribüne unter dem Beifall des Volkes zum „Pater Patriae", Vater des Vaterlandes, aus. Genau zwanzig Jahre später stellten Soldaten des Triumvirn Antonius das Haupt und die rechte Hand Ciceros als grausige Zeugnisse für den Tod des Geächteten auf derselben Rednertribüne zur Schau auf. — Das Urteil der Nachwelt über Cicero bewegte sich in zwei Extremen. Die einen schilderten ihn als wandelbaren, wetterwendischen Poseur, während ihn die anderen zum Märtyrer einer Idee machen wollten. Die Wahrheit liegt wohl, wie so oft, in der Mitte. Cicero war in manchmal peinlich wirkender Weise selbstgefällig, aber er hatte Grund dazu, da er den römischen Staat aus schwerster Gefahr gerettet hatte. Er hat verschiedentlich zwischen den Parteien geschwankt, weil sein Verstand viel zu scharf war, um nicht den Widersinn jeder starren Doktrin zu erkennen. Sein Schicksal war, daß er in einer Zeit lebte, da die Geschichte der zivilisierten Welt von skrupellosen Männern von dem Format eines Cäsar gemacht wurde und daß er ihnen in keiner Weise gewachsen war. Diesen Mangel hat er schließlich mit dem Leben bezahlen müssen. — Das Interesse der Nachwelt galt weniger dem Staatsmann als dem Philosophen und Gelehrten. Cicero war der blendendste Redner, den Rom je hervorgebracht hat. Seine Reden sind Kunstwerke, geschliffen wie Diamanten, klar und prägnant, geschrieben in einem Stil, der die Biegsamkeit und Schönheit der lateinischen Sprache in wahrhaft klassischer Form demonstriert; sie gehören neben seinen Briefen zu den besten Zeugnissen antiker Bildung.

1043 — 10. VII. 1099   CID CAMPEADOR

Der kastilische Ritter Rodrigo Diaz aus dem Ort Vivar bei Burgos ist unter dem Namen Cid, der etwa die Bedeutung des deutschen Wortes „Herr" hat, in die europäische Geschichte eingegangen. Das spanische Volk hat in ritterlicher Bewunderung einen bunten Kranz von Märchen und Legenden um die Gestalt seines Nationalhelden gewunden, hinter dem schließlich das historische Porträt so sehr verschwand, daß die moderne Forschung sogar eine Zeitlang annahm, der Cid wäre überhaupt ein Phantasiegebilde der Dichter und Spielleute. Auch heute noch ist das Bild des Rodrigo Diaz sehr umstritten. Die einen schildern ihn als ränkesüchtigen, egoistischen Raufbold und Haudegen, die anderen als Idealtypus des abendländischen Ritters, furchtlos, treu, ein Freund der Armen und Unterdrückten. Völlige Klarheit wird wohl nie zu erreichen sein, da die Quellen nur spärliche Auskunft geben und zum Teil aus politischen Gründen gefärbt sind. Cid war ein Vasall seines Königs Alfons von Kastilien. Im Herrendienst verrichtete er im Kampf gegen die heidnischen Mauren Wunder an Tapferkeit, fiel aber schließlich in Ungnade und wurde verbannt. Jahrelang führte er mit seinen Mannen ein abenteuerliches Raubritterleben, bis er wieder in Gnaden aufgenommen wurde. Im Jahre 1094 eroberte er das maurische Valencia, in dem er bis zu seinem Tode lebte. Die Nachricht von dem Ableben des schon zu seinen Lebzeiten mythisch gewordenen Granden rief in Spanien tiefste, leidenschaftlich geäußerte Trauer hervor. „Die Männer schlugen sich mit den Fäusten auf die Brust, die Frauen kratzten sich das Gesicht mit ihren Nägeln blutig und streuten Asche auf ihr Haupt; das Wehgeschrei erfüllte die Luft, und tagelang konnte man Jammern und Klagen vernehmen", heißt es in einer alten spanischen Chronik, die erhalten geblieben ist.

15. VIII. 1740 — 21. I. 1815   MATTHIAS CLAUDIUS

Wie der „Abendglockenklang in einer stillen Sommerlandschaft, wenn die Ährenfelder sich leise vor dem Unsichtbaren neigen, weckt er überall ein wunderbares Heimweh, weiß aber mit seinen klaren Hindeutungen dieses Sehnen, wie schön oder vornehm es in Natur oder Kunst sich auch kundgeben mag, von dem Ersehnten gar wohl zu unterscheiden. — Zwischen Diesseits und Jenseits geht er unermüdlich auf und ab und bringt von allem, was er dort erfahren, mit schlichten Worten fröhliche Botschaft." Diese Charakteristik von Joseph von Eichendorff zeigt das wahre Wesen und die Eigenart des Dichters Matthias Claudius, der still und bescheiden in seiner norddeutschen Heimat wirkte, geistesverbunden mit den großen Männern seiner Zeit, mit Gleim, Klopstock, Lessing und Herder. Er wuchs in Reinfeld, einem kleinen Ort zwischen Hamburg und Lübeck auf, in der Beschaulichkeit eines ländlichen Pfarrhauses. In Jena studierte er Theologie, wechselte dann zur Jurisprudenz über, übernahm aber nach Abschluß der Studien kein Amt, sondern lebte seinen Neigungen im väterlichen Haus. Mit 28 Jahren trat Claudius eine Redakteurstelle in Hamburg an, später arbeitete er an einer Wandsbecker Zeitung. Als Dichter des „Wandsbecker Boten" hat Claudius wahre Volkstümlichkeit erlangt. Seine originelle, anspruchslose Lyrik in Volksliedform wurde ein wertvolles Stück des deutschen literarischen Hausschatzes. Die Lieder, Gedichte und Erzählungen sind „einzelne, fliegende Blätter und nur Reihen ohne Gelehrsamkeit, fast ohne Inhalt, aber für gewisse Silbersaiten des Herzens, die so sehr gerührt werden" (Herder). Claudius selbst sah seine Aufgabe als Bote der Menschlichkeit darin, „durch Ernst und Scherz, durch Gut und Schlecht, Schwach und Stark und auf allerlei Weise an das Bessere und Unsichtbare zu erinnern..."

TIBERIUS CLAUDIUS 10 v. Chr. — 54 n. Chr.

„Dümmer als Claudius" war eine geläufige Redensart am kaiserlichen Hof in Rom. Man lächelte über den trottelhaften Onkel des regierenden Imperators, bewarf ihn bei Festen mit Pflaumenkernen, amüsierte sich über seine historischen und philosophischen Studien und war weit entfernt von dem Gedanken, daß er vielleicht eines Tages als Cäsar den Thron besteigen könnte. Die Mutter des Claudius nannte ihn „ein Ungeheuer, das bei der Geburt nicht fertig geworden ist". Er stotterte, hinkte, wackelte mit dem Kopf, seine Nase tropfte wie ein Wasserhahn, und der Mund war immer feucht von Speichel. Abends war er regelmäßig betrunken. — Im Jahre 41 n. Chr. wurde Kaiser Caligula von der allmächtigen Prätorianer-Garde ermordet. Als Claudius im Nebenzimmer das Schreien des Verwundeten hörte, versteckte er sich auf einem Balkon, wurde von Soldaten entdeckt und auf der Stelle zum Cäsar ausgerufen. Das Regieren überließ er zum Segen des Reiches den staatsklugen, freigelassenen Griechen des Hofes. Als seine Frau, die berüchtigte Messalina, in ihrer Sittenverderbnis so weit ging, einen Liebhaber zu heiraten, ohne geschieden zu sein, ließ er sie töten. Kurz darauf heiratete Claudius seine Nichte Agrippina d. J. Ihren Sohn Nero setzte er unter Übergehung seiner eigenen Kinder als Thronerben ein. Da Claudius diesen Entschluß zu bereuen schien und ihn zurückzuziehen drohte, mußte er beseitigt werden; Agrippina setzte ihrem Gatten ein vergiftetes Pilzgericht vor, an dem er starb. Sie selbst veranlaßte wenige Tage später in feierlichem Gepränge die Verleihung göttlicher Ehren an den Verstorbenen. Die spottsüchtigen Römer meinten allerdings, daß er nicht als Gott, sondern als Kürbis auferstehen würde.

CARL VON CLAUSEWITZ 1. VI. 1780 — 16. XI. 1831

Clausewitz stammt aus einer Familie, deren männliche Mitglieder Pfarrer oder Offiziere wurden. Über seine Erziehung schreibt Clausewitz selbst: „Mein Vater war ein Offizier des Siebenjährigen Krieges, voll der Vorurteile seines Standes, im elterlichen Hause sah ich fast nur Offiziere, und zwar nicht die gebildetsten und vielseitigsten." — Er ist bereits mit 12 Jahren Soldat, wird durch Scharnhorst 1801 an die Kriegsakademie berufen und ist wie sein hoher Chef ein heftiger Gegner des Kompromisses mit dem Diktator Napoleon. In seinem „Bekenntnis" von 1812 schreibt er: „Ich sage mich los von der leichtsinnigen Hoffnung der Errettung durch die Hand des Zufalls ... Ich glaube und bekenne, daß ein Volk nichts höher zu achten hat als Würde und Freiheit seines Daseins..." — Solche Worte führen ihn in die Emigration, er tritt in russische Dienste, wirkt beim Vertrag von Tauroggen mit und arbeitet während der Befreiungskriege mit Gneisenau zusammen im Stabe Blüchers. Allmählich steigt er bis zum Rang eines Inspekteurs der Artillerie auf; als 1830 der Krieg gegen Polen losbricht, begegnet der Mann, der in langen Jahren an der wissenschaftlichen Zusammenfassung der kriegstechnischen Ergebnisse der Befreiungskriege gearbeitet hat, einem Gegner, den seine Formeln und Schlüsse nicht einbezogen haben: der Cholera. Gneisenau stirbt im Verlauf der Epidemie, die preußischen Heere fluten zurück. Als eines der letzten Opfer fällt auch Clausewitz. In seinem Nachlaß findet man das große Werk „Vom Kriege", das seinen Namen unsterblich machte. Es ist das literarische Denkmal der Freiheitskriege. Die persönliche Tragik des Verfassers aber war es, daß er als ein Mann höchsten Könnens und stärkster Aktivität stets von der politischen Gestaltung seiner Zeit ausgeschlossen war.

2. I. 1822 — 24. VIII. 1888   **RUDOLF CLAUSIUS**

Wärme — das ist nicht irgendein geheimnisvoller Stoff, der sich einem Körper mitteilt, wenn ein höher temperierter mit ihm in Berührung kommt und ihm so von seiner Wärme etwas abgibt. Was wir Menschen als Wärme fühlen, liegt in dem als warm empfundenen Körper selbst: Seine kleinsten Teilchen, seine Moleküle, bewegen sich, die einen langsamer, die andern schneller, alle aber völlig ungeordnet, sie tauschen ihre Bewegungsenergie gegenseitig aus, so daß alle denkbaren Geschwindigkeiten vorkommen. Wärme ist ungeordnete Molekülbewegung. Die Molekülgeschwindigkeiten aber häufen sich in einem mittleren, statistisch zu errechnenden Bereich, der um so höher liegt, je höher wir die Temperatur des Körpers messen. Mit dieser „mechanischen Theorie der Wärme", die der Bonner Physiker Rudolf Clausius in einem stillen Gelehrtenleben geschaffen und immer weiter ausgebaut hat, wird auch die Tatsache verständlich, daß mechanische Arbeit sich nicht vollständig in Wärme umwandeln läßt und Wärme nur „teilweise in Arbeit überführt werden kann". Wärme kann nicht von selbst von einem kälteren auf einen wärmeren Körper übergehen; in der Natur gibt es überhaupt keine vollkommen umkehrbaren, mit Wärmeübergängen verbundenen Vorgänge. Dieser „Zweite Hauptsatz" der Wärmetheorie, im Jahre 1850 von Clausius mathematisch klar formuliert, ist nicht nur für die Wärmetechnik von grundlegender Bedeutung geworden. Von ihm aus gelangt man zu den tiefsten Geheimnissen der theoretischen Physik und des naturwissenschaftlichen Weltbildes, zum Begriff der „Entropie" — ebenfalls von Clausius 1865 in die Wissenschaft eingeführt — und zu Überlegungen über die Richtung der Naturprozesse und einem — freilich in unvorstellbar weiter Zukunft liegenden — „Wärmetod" des Weltalls.

29. VIII. 1619 — 6. IX. 1683   **JEAN BAPTISTE COLBERT**

Die absolutistisch regierten Staaten des 17. und 18. Jahrhunderts hatten einen ungeheuren Geldbedarf, der durch das bisher gebräuchliche Wirtschaftssystem nicht gedeckt werden konnte. Frankreich, dessen Finanzen durch die Prachtentfaltung und militärischen Abenteuer des „Sonnenkönigs" Ludwig XIV. besonders in Anspruch genommen wurden, beschritt als erstes Land neue Wege der Geldabschöpfung zugunsten der Staatskasse. Unter Leitung des Oberintendanten Colbert — eines bürgerlichen Emporkömmlings — ging man daran, eine Art nationaler Wirtschafts-Autarkie (Merkantilismus) zu schaffen. Die Einfuhr fremder Fabrikationsgüter wurde gesperrt, die eigene Industrie künstlich hochgezüchtet und exportfähig gemacht, Monopolgesellschaften für den Außenhandel gegründet und die Zollschranken im Innern möglichst aufgehoben. In diesen Jahrzehnten wurde der Keim zu dem modernen Kapitalismus gelegt. Die allgemeinen Steuern stiegen in unerträglicher Weise, sie trafen vor allem die Landbevölkerung, da die Getreidepreise mit Gewalt niedrig gehalten wurden. Das Volk murrte laut und verwünschte den Oberintendanten, wenn seine Staatskarosse über die neu angelegten Straßen rollte. Aber der König hatte Geld, um Luxusschlösser zu bauen und Angriffskriege zu führen. Colberts Einfluß erstreckte sich allmählich auf fast alle Gebiete des öffentlichen Lebens. Er reorganisierte das Rechtswesen, schuf eine aktionsfähige Handels- und Kriegsflotte und förderte die geistige Entwicklung seines Landes. Als er aber die Verschwendungssucht des Königs eindämmen wollte, fiel er in Ungnade und verlor allen Einfluß. Bei seinem Tode hinterließ er ein Vermögen von 10 Millionen Livres. Der pompöse Leichenzug des Verstorbenen mußte durch ein großes Truppenaufgebot vor der Wut des gepreßten und verarmten Volkes geschützt werden.

GASPARD DE COLIGNY 16. II. 1519 — 24. VIII. 1572

Der Name Colignys ist auf tragische Weise mit einem der furchtbarsten Ereignisse der Geschichte, der „Bluthochzeit von Paris" in der Nacht zum Bartholomäustag des Jahres 1572, verbunden. Sein Tod leitete die Ermordung der in Paris anläßlich der Hochzeit der Schwester des Königs Karl anwesenden Hugenotten ein. Coligny, der aus einem einflußreichen französischen Adelsgeschlecht stammte, war als Heerführer in spanische Gefangenschaft geraten und hier zum Calvinismus übergetreten. Er übernahm nach seiner Freilassung die Führung der reformierten Hugenotten, die gegen das katholische Königshaus um ihre religiöse Freiheit kämpften. In drei aufeinander folgenden Bürgerkriegen führte er die Truppen der Aufständischen, bis der Friede von St. Germain den Hugenotten die ungehinderte Ausübung ihrer Religion garantierte. Fehler und Übergriffe auf beiden Seiten verstärkten aber bald die Spannung zwischen den Parteien. Um einen drohenden Bürgerkrieg zuvorzukommen und die Reformierten führerlos zu machen, veranlaßte die Regentin des unmündigen Königs, Katharina von Medici, einen Mordüberfall auf Coligny, der aber fehlschlug und den Admiral nur leicht verwundete. Aus Angst vor Rache beschloß Katharina nun die Ausrottung aller Hugenotten. In der Nacht vom 23. zum 24. August 1572 wurden durch organisierte Banden allein in Paris über 2000 Männer, Frauen und Kinder ermordet. In der Provinz wurden zwischen 20 000 und 30 000 Menschen erschlagen. Coligny fiel als einer der ersten Opfer. Seine Leiche wurde aus dem Fenster auf die Straße geworfen, entsetzlich verstümmelt, zum Richtplatz geschleift und an den Galgen gehängt. Erst nach 27 Jahren fanden die Gebeine des Unglücklichen in der Familiengruft ihre letzte Ruhe.

BARTOLOMMEO COLLEONI 1400 — 4. XI. 1475

Auf dem Platz vor der Kirche San Giovanni e Paolo in Venedig steht das eindrucksvolle Denkmal des Colleoni von Verrocchio. Der Rat von Venedig ließ es errichten, da die Stadt nur unter dieser Bedingung in den Besitz der hunderttausend Golddukaten kam, die ihr Colleoni testamentarisch vermacht hatte. Die gesamte Hinterlassenschaft betrug 216 000 Dukaten, ein Vermögen, das selbst die reichsten Kaufherrn der Lidostadt nicht aufweisen konnten. — Bartolommeo Colleoni war ein Söldnerführer der Renaissance, ein Condottiere, der sein strategisches Talent und seine Tapferkeit der Zeitsitte entsprechend an den Meistbietenden verkaufte. Um die Condottieri sammelten sich die Heere der Soldknechte, immer bereit zu Verrat und Meuterei, niemandem verpflichtet, nur dem Gold und Beute nachjagend. Der Krieg, der immer irgendwo in Italien aufflackerte, verlief meist harmlos und ohne schwere Verluste. Man manövrierte sich gegenseitig in schwierige Lagen, machte Scheinangriffe und Flankenmärsche. Wenn es einmal zur Schlacht kam, achteten die Feldherrn sorgfältig darauf, daß den kostbaren Soldaten und ihrer teuren Ausrüstung so wenig wie möglich passierte. Die Condottieri schwebten immer in Gefahr, daß sie von ihren Auftraggebern im Fall eines Sieges durch Gift oder Dolch beiseite gebracht wurden, da ihre Macht gefährlich schien; bei Niederlagen drohte ihnen der Galgen. Colleoni wurde einmal von Mailand ein Jahr in strenger Haft gehalten, da man Verrat von seiner Seite fürchtete. Trotzdem führte er nach seiner Entlassung das mailändische Heer gegen die Franzosen. 1455 wurde er Generalkapitän der venezianischen Truppen. Kurz vor seinem Tode ließ er für 50 000 Goldgulden am Dom zu Bergamo eine Kapelle erbauen, „um seine Macht noch nach dem Tode zu erweisen".

um 1451 — 20. V. 1506   **CHRISTOPH COLUMBUS**

„Vom frühesten Alter an ging ich aufs Meer und fuhr bis auf
den heutigen Tag fort, auf See zu fahren. Wer sich der Ausübung dieser Kunst widmet, wünscht die Geheimnisse der
irdischen Natur kennenzulernen." Der größte Pionier der Erd-
erforschung, der dieses Bekenntnis niedergeschrieben hat, wagte
es in seinem 46. Lebensjahr, mit seinen Brüdern das größte
Geheimnis seiner Zeit zu enthüllen: das Rätsel des Weltmeeres
und seiner jenseitigen Küsten. Als Columbus am 3. August 1492
mit drei Karavellen aufbrach, öffnete er auch nach Westen hin
den Ring, der die Alte Welt Jahrtausende hindurch eingeengt
hatte. Nach Osten hatte schon Marco Polo die Grenzen der
Erde bis in die Wunderländer China und Zingapur-Japan vor-
verlegt. Nach Norden waren Fischereifahrzeuge bis in die Sperrgürtel des ewigen
Eises eingedrungen. Der „versengende Erdgürtel" und die „dickflüssigen, undurch-
schiffbaren Wasser" entlang der afrikanischen Küste nach Süden hin hatten sich erst
vor kurzem den Seefahrern als Sage erwiesen. Columbus war überzeugt, daß auch
der westliche Ozean und das jenseitige Land von Gott dem Abendland und dem
Christentum zur Erschließung bestimmt seien, daß es kein „Meer der Finsternis"
sein könne. „Die Erde ist eine Kugel" und „der Anfang des bewohnten Ostens der
Erde liegt dem Ende des bewohnten Westens sehr nahe" — das hatte der in Genua
geborne Columbus den Schriften des Aristoteles, des Seneca und der neueren Kosmographen entnommen. Es war einer der „wohltätigen Irrtümer" der Geschichte, daß
der Generalkapitän den Atlantik für kleiner hielt, als er war und daß er die Meeres-
fahrt unterschätzte. Sein Verdienst ist es, daß er die Weiterfahrt bis zum Ende
gewagt hat, als er unterwegs den Irrtum seiner Gewährsmänner erkannte.

28. III. 1592 — 15. XI. 1670   *JOHANN AMOS COMENIUS*

„Dich, Comenius, wird, dein Thun, dein Hoffen, dein
Wünschen ehren und preisen dereinst, wer zu den Guten
sich zählt."

(Herder)

Comenius war der letzte Bischof der Böhmischen Brüder, einer
Religionsgemeinschaft, die im 30jährigen Krieg fast völlig ausgerottet wurde. Er war der Schöpfer einer neuartigen Erziehungslehre, die richtunggebend für ganz Europa wurde.
Mitten im Wirren des Großen Krieges predigte er den Menschen
die Liebe zueinander. Alle Mächte der Finsternis schienen auf
die leidenden Völker des Abendlandes losgelassen, Mord, Brand,
Schändung und Plünderung; der Pfarrer von Lissa aber, selbst verfolgt, beraubt und
gequält, schrieb in seinen Schriften von der Vereinigung aller Menschen zu einem
höheren Zweck und der Glückseligkeit der Weisheit. Menschenregierung sei die
Kunst aller Künste und ihr Zweck die Ausgleichung aller Gegensätze. Die Kriege
seien Zeugnisse dafür, daß man diese Kunst noch nicht erlernt habe. Aber die
Hoffnung dürfe man nicht fahren lassen, denn in der verdorbenen Menschheit sei
der Trieb zu ihrer Verbesserung unaustilgbar. In der Kindererziehung lehrte er die
Grundsätze der Pädagogik: „Kinder müssen mit Worten zugleich Sachen lernen;
nicht das Gedächtnis allein, sondern auch der Verstand und Wille, die Neigungen
und Sitten der Menschen müssen von Kindheit auf gebessert werden; und hierzu ist
Klarheit, Ordnung der Begriffe, Herzlichkeit des Umgangs vor allem nötig." Weite
Reisen führten Comenius auf Einladung Englands, Schwedens, Hollands und Ungarns
durch ganz Europa und trugen dazu bei, seinem Werk Wirkung und Einfluß zu verschaffen.

CONFUCIUS (KONFUZIUS)   Um 551 — 478 v. Chr.

„Stillstand ist Rückschritt, Aufhören des Strebens geistiger Tod!"

(Aus den Sprüchen des Confucius)

Kungfutse, dessen Name in der Welt meist in der latinisierten Form Confucius bekannt ist, gilt als die nie versiegende Quelle der Weisheit des Ostens, als der große Genius seines Volkes und die oberste Autorität der fernöstlichen Völker in allen Fragen des Seins. Sein System der chinesischen Sittenlehre und Staatskunde hat die ganze ostasiatische Welt in entscheidender Weise beeinflußt. Seine Moral ist so zeitlos und allgemeingültig, daß sie noch heute, nach fast zweieinhalb Jahrtausenden, in vielen Punkten fast modern wirkt. — Über sein Leben ist wenig bekannt. Tausende von Legenden haben ihren Märchenschleier vor das historische Bild gewoben. Er selbst hat einen klaren Abriß seiner inneren Entwicklung gegeben: „Im Alter von 15 Jahren erwachte in mir das Interesse für die Wissenschaften. Mit 30 Jahren hatte sich mein Charakter im allgemeinen gefestigt. Mit 40 Jahren hatte ich Zweifel und innere Unsicherheit überwunden. Mit 50 Jahren hatte ich einen Einblick gewonnen in die ewigen Gesetze des Weltgeschehens. Mit 60 Jahren konnte ich aus den Äußerungen anderer Menschen ihr Wesen erkennen. Mit 70 Jahren endlich war ich soweit, daß meine Neigungen nicht mehr der Pflicht widersprachen." — Confucius starb in den Armen seiner Schüler, die in den „Lun Yü" der Nachwelt die Weisheit ihres großen Lehrers vermittelten. Er war „mild und doch würdevoll, ehrfurchtgebietend und doch nicht heftig, ehrerbietig und doch selbstbewußt".

JAMES COOK   27. X. 1728 — 14. II. 1779

James Cook, einer der wagemutigsten und kühnsten Seefahrer aller Zeiten, zerstörte durch seine Entdeckungen ein uraltes Wahngebilde der Menschheit. Jahrhundertelang glaubte man an einen zauberhaft fruchtbaren Südkontinent, der sich bis zum Pol erstrecken sollte, bewohnt von göttlich schönen Menschen, reich an Gold und Edelsteinen, unter einem ewig blauen Himmel. 1772 liefen die beiden Schiffe „Resolution" und „Adventure" aus dem Hafen von Plymouth aus mit dem lapidaren Befehl der königlich britischen Admiralität, „das südliche Festland zu entdecken oder zu beweisen, daß keines da ist". Ihr Befehlshaber war der Kapitän Cook, der beste Mann, den die Flotte Seiner Majestät für diese Aufgabe zur Verfügung stellen konnte. Er hatte von der Pike auf gedient, war viele Jahre als Matrose vor dem Mast gefahren, bekannt als genialer Navigator und Kartenzeichner, berühmt durch eine aufsehenerregende Weltreise, auf der er eine Reihe von Inseln entdeckt und den Beweis geliefert hatte, daß Neuseeland eine Doppelinsel ist und Australien keinen Landzusammenhang mit Neuguinea hat. Am 17. Januar 1773 wurde zum erstenmal der südliche Polarkreis überschritten. Dann zwangen die aufgetürmten Eismassen des Pols zum Umkehr und zum Ausweichen. Zwei Jahre später liefen die Schiffe wieder im Heimathafen ein, nachdem sie die Erde auf der Südroute umrundet hatten. England feierte begeistert die großartige Seemannstat. Auf einer neuen Expedition zur Auffindung der nördlichen Durchfahrt vom Atlantik in den Stillen Ozean wurde Cook von Eingeborenen erschlagen. Er hatte endgültig bewiesen, daß die Landmassen der Erde kleiner an Umfang sind als die Meere und damit eine jahrtausendalte Streitfrage geklärt.

15. IX. 1789 — 14. IX. 1851   **JAMES FENIMORE COOPER**

Heute, mehr als hundert Jahre nach dem Tod des amerikanischen Schriftstellers, werden seine Bücher mit derselben Anteilnahme gelesen wir bei ihrem Erscheinen. „Die Letzten der Mohikaner", „Der Wildtöter" und die weiteren Erzählungen aus der Reihe der Lederstrumpf-Geschichten gehören zu den Werken der Weltliteratur, die die Zeit überdauerten. Trotz aller Idealisierung sind die romantischen Gestalten der Novellen und Romane mitten aus dem Leben genommen. Cooper war am Rande des Urwalds aufgewachsen. Er hatte noch die wilden Hinterwäldler gesehen, die mit Axt und Büchse das Land eroberten, und er kannte die kriegerstolzen Indianer, bevor sie vom Hunger und Alkohol zum Zerrbild ihrer selbst geworden waren. Immer wieder zog es ihn in die Stille des Landlebens und die Einsamkeit der unendlichen Wälder. Als er nach Abschluß der Schulausbildung in die Kriegsmarine der Vereinigten Staaten eintrat, schien es zuerst, als ob seiner Abenteuerlust Genüge getan wäre. Aber nach wenigen Jahren gab er den Beruf wieder auf und kehrte als Landwirt nach Coopertown, seinem Geburtsort, zurück. Als eines Tages seine Frau ihm eine Novelle vorlas, meinte er lächelnd, daß er so etwas wohl besser schreiben könne. Cooper versuchte es, und obwohl seine ersten Versuche mißlangen, gab er die Schriftstellerei nicht mehr auf. 1821 veröffentlichte er seinen Roman „Der Spion". Mit ihm rückte er mit einem Schlage in die erste Reihe der amerikanischen Literatur. Man nannte ihn in den Kritiken den „Walter Scott Amerikas". Cooper ging mit seiner Familie ins Ausland und bereiste England, Frankreich, Italien, Deutschland und die Schweiz. Seine Werke wurden in fast alle Kultursprachen übersetzt und gaben den Europäern ein lebendiges, fesselndes Bild von dem Werden der Neuen Welt.

21. VII. 1858 — 17. VII. 1925   **LOVIS CORINTH**

„Wenn der Jung man ein Stück Brot hat und zeichnen kann, weiter will er nuscht" – so sagte die Tante aus Königsberg von dem kleinen Lovis Corinth, und so blieb es sein Leben lang. Gespräche über Musik und Dichtung lehnte er schroff ab: „Ich kann nur malen." Und als man ihm nahelegte, Lehrer an der Kunstakademie zu werden, da äußerte er sich sehr skeptisch – von den Künstlern gelte, was der alte Hagenbeck einmal von seinen wilden Tieren gesagt habe: „Wenn sie nicht in Freiheit gehalten werden, fangen sie an zu verkümmern und sind nur gut für den Schinder!" – Corinth war Ostpreuße, sein Vater besaß eine Lohgerberei in Tapiau. Gegen den väterlichen Widerstand setzte es der Junge durch, Maler zu werden. Königsberg, München, Amsterdam, Paris, nochmals München und Berlin, das waren die äußeren Stationen seines Werdens. Seine urwüchsige Kraft machte ihn, den „gros Allemand", in Paris bald zum Liebling der Ateliers. In der Heimat aber nannten seine Gegner ihn den „Metzgermeister". – Keiner seiner Lehrer wurde ihm zum Vorbild. Statt in den Akademieklassen fein säuberlich und brav zu strichen, trieb er sich lieber im wilden, robusten, aber herrlich bunten Leben herum, etwa im Königsberger Schlachthaus zwischen all den fallenden Tieren und dem blutenden Fleisch. Rücksichtslos in der Form waren seine Bilder, kraftgeladen und getränkt mit dem Saft des Lebens leuchteten die Farben. Die glückliche Ehe mit seiner Meisterschülerin Charlotte Behrend krönte diese üppige, strotzende, daseinsfrohe Schaffenszeit des Meisters. Da schien sich plötzlich das Leben zu verdunkeln. Eine Geisteskrankheit streifte ihn und brachte ihn an den Rand des Nichts. Doch er erholte sich wieder, und nun wuchs aus ihm immer mehr ein eigener Stil hervor, der vornehmlich der Landschaft zugewandt war und diese Welt des Sichtbaren ganz aus der Farbe heraus deutete und gestaltete.

PIERRE CORNEILLE 6. VI. 1606 — 1. X. 1684

Die sogenannte „klassische Epoche des französischen Theaters hat das Unausstehlichste, Langweiligste und Platteste hervorgebracht, was je auf der Bühne eines Kulturvolkes sich anspruchsvoll darstellte." So urteilte einer der bedeutendsten Schriftsteller unserer Zeit. Trotzdem ist — bei all seinen Schwächen — Corneilles Beiname — „der Große" bis heute unangetastet geblieben. — Mit 23 Jahren begann er zu schreiben. Was seine Stücke auszeichnete, waren Sprache, Haltung und Handlung, die besser, anständiger und natürlicher waren als sonst üblich. Das trug ihm wohl auch die Protektion des Kardinals Richelieu ein und eine Pension dazu. Mit 30 Jahren schrieb er den „Cid", eine Tragikomödie nach spanischer Vorlage. Sie brachte ihn auf die Höhe seines Ruhms. Doch der beispiellose Erfolg weckte den Neid bei Freunden und Feinden, selbst bei Richelieu. Man erwirkte einen Entscheid der „Académie": ein romantischer Stoff wie der des „Cid" sei ungeeignet für die strenge Regelmäßigkeit der klassischen Tragödie, und zwar auf Grund jener, hier zum erstenmal als Gesetz ausgesprochenen Theorie von den drei Einheiten: des Ortes, der Zeit und der Handlung. Der Dichter beugte sich dem Spruch. Die Franzosen aber datieren trotzdem vom „Cid" an den Beginn des goldenen Zeitalters ihrer Literatur. — So strahlend und erfolgreich seine ersten Mannesjahre waren, so tief beschattet war sein Alter, nicht nur durch gehässige literarische Streitereien, sondern noch mehr durch ernste Geldsorgen. Was man auch alles gegen seine Werke gesagt haben mag — er war es, der als erster wieder von Ehre, Ruhm und Pflichtgefühl sprach, der bestrebt war, die Bühne von allen fremden Einflüssen zu reinigen. Diese Nationalisierung, trotz aller antikischen Verbrämung, eingeleitet zu haben, sicherte ihm die Liebe und Bewunderung seines Volkes.

ANTONIO CORREGGIO Augu. 1489 — 5. III. 1534

Vater der Barockmalerei und „Maler der Grazien" hat man Antonio Allegri aus Correggio genannt. Sein Einfluß hat über zweihundert Jahre die europäische Malerei entscheidend beeinflußt. Die Barockkünstler berauschten sich an der lebendigen, kraftvollen Fülle und dem malerischen Schwung seiner bewegten Gestalten, und das Rokoko war entzückt über den anmutigen Liebreiz und die pikante Schönheit der Frauen auf den Bildern Correggios. Er selbst hat im engsten Kreis seiner Heimat geschaffen, fern von der großen Welt der versinkenden Renaissance. Er war keiner der leuchtenden Sterne an den Fürstenhöfen Italiens wie Leonardo da Vinci, Michelangelo und Tizian, aber in seiner Wirkung auf die nachfolgenden Generationen vielleicht noch eindringlicher und nachhaltiger als die drei Größten des Quattrocento. Correggio war ein Virtuose der Zeichnung und ein Zauberer der Farbe. Besonders bezeichnend für die Eigenart seiner Kunst ist das große Deckengemälde, das er für die Kuppel des Domes in Parma ausführte, eine Marien-Hochzeit. Mit unerhörter Kühnheit hat er eine Vielzahl von Gestalten in natürlicher Unteransicht gemalt, durcheinander wirbelnd, sich überschneidend, so daß man im ersten Anblick den Eindruck eines ungeordneten Chaos hat. Die Parmaer nannten das Bild in spöttischer Ironie ein „Froschschenkelragout". Von köstlicher Schönheit sind Correggios mythologische Gemälde, die Leda, Danae, Jo und der Unterricht Amors. In Themenwahl und Ausführung grenzen sie vielfach an das Äußerste, was überhaupt in der Kunst gewagt werden kann. Die sinnliche Wirkung, die von der „Leda" ausging, veranlaßte den Herzog Louis von Orléans dazu, den Kopf herausschneiden zu lassen. Er wurde später geschickt ergänzt. — Correggio ist auch als Landschaftsmaler Vorbild für die Malerschulen des ganzen 17. und 18. Jahrhunderts gewesen.

1485 — 2. XII. 1547   **HERNANDO CORTEZ**

Das wahnwitzige Unternehmen des spanischen Konquistadors, mit einer Handvoll Männer ein zivilisiertes, militärisch und verwaltungsmäßig durchorganisiertes Millionenreich zu erobern, wäre wahrscheinlich in einer blutigen Katastrophe gescheitert, wenn nicht zwei unvorhergesehene Momente den Abenteurern zu Hilfe gekommen wären: Die tiefe, jederzeit zum Abfall geneigte Erbitterung der von den Azteken grausam unterworfenen Urvölker Mexikos und der Glaube an die Wiederkehr des weißen Gottes Quetzalcoatl, der über das Ostmeer kommen würde, um sein Reich wieder in Besitz zu nehmen. Von erschütternder Wirkung auf die Eingeborenen waren außerdem die Reiter — Pferde waren in Mexiko unbekannt — und die Feuerwaffen. — Am 10. Februar 1519 segelte die spanische Flotte unter der Führung von Cortez mit 11 Schiffen, 600 Soldaten, 14 Geschützen und 16 Pferden von Cuba ab. Ein halbes Jahr später war die Hauptstadt Mexikos mit unermeßlichen Schätzen und der König Montezuma selbst in ihrer Hand. Bruderkämpfe der Weißen führten zu einer Schwächung ihrer Macht und zu dem furchtbaren, verlustreichen Abzug der Truppen aus der Hauptstadt in der Nacht vom 1. zum 2. Juli 1520, der berühmten „noche triste". Cortez verlor alles Geschütz, die meisten Pferde, den größten Teil der erbeuteten Schätze und über die Hälfte seiner Leute. Mit neuen Kräften brach er bereits nach wenigen Monaten zu einem Rachefeldzug auf und vollendete die Eroberung des Landes. Kaiser Karl V. ernannte ihn zum Statthalter und Generalkapitän von „Neuspanien", entzog ihm aber später unter dem Eindruck von Intrigen sein Vertrauen. Cortez teilte das Schicksal der meisten Entdecker und Eroberer; die Früchte seiner kühnen Unternehmungen wurden von anderen gepflückt. Er starb in der selbstgewählten Einsamkeit seines Landgutes in der Nähe von Sevilla. Seine Gebeine wurden später in Mexiko beigesetzt, sind aber seit 1823 spurlos verschwunden.

27. IV. 1764 — 29. XII. 1832   **JOHANN FRIEDRICH COTTA**

Im Jahre 1797 besuchte Goethe seinen Verleger Johann Friedrich Cotta und war tief beeindruckt von dem Mann, der damals schon sein Geschäft zu einem der führenden Verlage Deutschlands gemacht hatte. In einem Brief schrieb der Dichterfürst: „Je näher ich Cotta kenne, desto besser gefällt er mir; für einen Mann von strebender Denkart und unternehmender Handlungsweise hat er soviel Mäßiges, Sanftes und Gefaßtes, soviel Klarheit und Beharrlichkeit, daß er mir eine seltene Erscheinung ist." Das Lebenswerk dieses in seiner Art genialen Mannes und seine persönliche Arbeitsleistung waren von wahrhaft erstaunlichem Umfang. Er übernahm als Jurist und Mathematiker ohne jede Fachkenntnis die völlig verschuldete und heruntergekommene Buchhandlung seines Großvaters. In wenigen Jahren war die „J. G. Cotta'sche Verlagsbuchhandlung" das führende Unternehmen dieser Art in Deutschland. Durch Schiller, der in seinem Verlag die Zeitschrift „Die Horen" herausgab, wurde Cotta mit Goethe bekannt und übernahm auch dessen Bücher. Die besondere Art seiner Verlagsführung ermöglichte es ihm, weitaus höhere Honorare auszuwerfen als die anderen deutschen Verlage. In den Jahren 1796–1864 zahlte die Firma für die Verlagsrechte an Schillers Werken 528 000 Mark, von denen der Dichter selbst 41 000 Mark, seine Erben das übrige erhielten. Goethe empfing 463 000 und seine Erben 400 000 Mark. Cotta verlegte auch die Bücher von Herder, Wieland, Schlegel, Tieck, Jean Paul, Voss, Kleist, Hölderlin, Hebel, Schenkendorf, Rückert, Uhland und Lenau. Er gründete eine Reihe von Zeitungen und Zeitschriften, von denen die „Allgemeine Zeitung" am bekanntesten wurde, richtete die ersten Dampfschiffverbindungen auf dem Bodensee ein, war ein erfolgreicher Landwirt, interessierte sich für das Eisenbahnwesen und war als Politiker tätig.

PIERRE DE COUBERTIN 1. I. 1863 — 1. IX. 1937

Am 16. Juni 1894 traten die Abgeordneten aus Belgien, Spanien, England, Schweden, Amerika, Griechenland und Rußland in der Pariser Sorbonne zusammen, um das „Internationale Olympische Komitee" zu gründen und für das Jahr 1896 die ersten Olympischen Spiele der Neuzeit in Athen vorzubereiten. Pierre de Coubertin sprach zu den Abgeordneten: „Messieurs! Das Leben ist einfach, weil der Kampf einfach ist. Der gute Kämpfer weicht zurück, aber er gibt sich nie auf; er beugt sich, leistet aber keinen Verzicht. Erhebt sich das Unmögliche vor ihm, so wendet er sich ab und geht weiter. Geht ihm der Atem aus, so ruht er und wartet. Wird er kampfunfähig, so ermutigt er seine Brüder durch sein Wort und seine Gegenwart. Und selbst, wenn alles um ihn zusammenbricht, verzweifelt er nicht... Das Leben ist schön, weil der Kampf schön ist. Nicht der blutige Kampf der Tyrannei und schlimmer Leidenschaften, den Dummheit und Trägheit heraufbeschwören, sondern der heilige Kampf der Seelen, die nach Wahrheit, Licht und Gerechtigkeit streben...!" — Der junge Baron de Coubertin hatte seit vielen Jahren seine ausgedehnten internationalen Beziehungen, sein Vermögen, seine Person für den Gedanken eingesetzt, die friedlichen Spiele von Olympia zu erneuern und die Nationen der Welt alle vier Jahre in sportlichen Kämpfen zu vereinen, so wie Hellas seine widerstrebenden Stämme und Städte im heiligen Frieden Olympias zusammengeführt hatte. — Nach schwierigen Vorbereitungen kam es zu der Gründung des Olympischen Komitees, dessen Vorsitzender Baron de Coubertin bis 1925 wurde. Um die Spiele vor der Entartung zum Berufs-Athletismus zu schützen, wurden Bestimmungen erlassen, daß alle auszuschließen seien, die aus dem Sport ein Gewerbe machen und daß bei den künftigen Spielen keine Geld- sondern nur Ehrenpreise verteilt werden sollten.

LUCAS CRANACH 1472 — 16. X. 1553

Lucas Cranach hat mit seinen 81 Jahren die ganze Malergeneration um 1500 überlebt und mit um ihre Probleme gerungen, ohne ihrer allerdings Herr zu werden. Seine Entwicklung verlief von dem suchenden, bewegten Sturm und Drang der Erstlingswerke über ruhige Klassik, innige Lyrik mit dem erwachenden Landschaftsgefühl zurück zu einer formalen, spätgotischen Bildauffassung, die aber leer und inhaltslos blieb und zur „manierierten" Artistik wurde. Von besonders einprägsamer Schönheit sind die Porträts, die er anfertigte. Die Kolorierung seiner Bilder übertrifft die Gemälde Dürers in mancher Beziehung. Sein Stil ist malerischer, empfindungsreicher als der des Nürnberger Meisters. Er war auch einer der ersten, der mit Altdorfer zusammen die Schönheit der Landschaft als Bildmotiv entdeckte. — Cranachs Bildungsgang bleibt im Dunkeln, es fehlen alle Quellen darüber. Er stammt aus dem Städtchen Kronach in der Nähe von Bamberg, nach ihm nannte er sich. Sein eigentlicher Name ist wahrscheinlich Lucas Müller. 1505 kam er an den Hof Friedrichs des Weisen nach Wittenberg. Hier konnte er sein reiches Können entfalten, und von hier verbreitete sich sein Ruf über ganz Nord- und Ostdeutschland. Mit Martin Luther verband ihn eine innige Freundschaft, seine Holzschnitte begleiteten die Schriften des Reformators auf ihrem Weg in die Städte und Dörfer des deutschen Reiches. Zweimal wählte ihn der Rat von Wittenberg zum Bürgermeister. Die zahlreichen Aufträge, die zum Teil nur nach seinen Angaben von den Gesellen ausgeführt wurden, brachten ihm reichen materiellen Gewinn. Besonders beliebt waren seine Frauengestalten, für die er ein ganz neues Schönheitsideal schuf, zierliche, schmale, zerbrechliche Figuren von rokokohafter Anmut, die nicht nur wegen ihres künstlerischen Wertes ihren Platz in den Privatgemächern des reichen Bürgertums und des Adels fanden.

25. IV. 1599 — 3. IX. 1658 **OLIVER CROMWELL**

Als Cromwell seine politische Tätigkeit in England begann, tobte in Deutschland der Dreißigjährige Krieg. Die Auseinandersetzung innerhalb der Konfessionen hatte zusammen mit politischen Kämpfen vernichtende Formen angenommen. Auch in dem Inselreich wurde das Volk durch Religions- und Verfassungsstreit in zwei Teile gespalten. Auf der einen Seite standen der König mit dem Adel und der vom Staat gelenkten Episcopal-Kirche, auf der anderen die reformiert-calvinistischen Presbyterianer mit der Forderung nach parlamentarischer Verfassung. Die Vermischung von religiösem Fanatismus mit politischen Zielen ließ ganz eigenartige Erscheinungen entstehen. Als Cromwell im Auftrag des Parlaments eine Reiterarmee bildete, suchte er sich für sein Elite-Korps puritanisch-fromme Männer, meist Bauern, aus. Statt der üblichen Landsknechtslieder hörte man im Lager kirchliche Choräle, und trotz strengster Disziplin waren erregte Diskussionen zwischen Offizieren und Soldaten über religiöse Probleme an der Tagesordnung. Dabei waren Cromwells „Eisenseiten" berüchtigt wegen ihrer Grausamkeit. Mit ihnen erfocht der Feldherr des Parlamentes seine entscheidenden Siege. König Karl wurde gefangen genommen und endete auf dem Schafott. Nun richtete sich die auf die Sympathie des Heeres gestützte Macht des Diktators gegen das Parlament, dessen starre Innenpolitik und kirchliche Unduldsamkeit keine „Freiheit" im Sinne Cromwells aufkommen ließ. Er schloß die Presbyterianer aus dem Unterhaus aus und errichtete eine Republik, an deren Spitze er sich selbst stellte. 1653 ernannten ihn die Offiziere zum Lordprotektor. Den ihm angebotenen Königstitel lehnte er ab. Unter Cromwells Regierung errang England gegen Spanien und Holland die entscheidenden Erfolge, die den Grund zu seiner Seeherrschaft legten.

23. VIII. 1769 — 13. V. 1832 **GEORGES BARON DE CUVIER**

Reich an Versteinerungen sind die Kalkablagerungen, auf denen sich Frankreichs Hauptstadt erhebt. Schon der große Buffon hatte diese Reste einstigen Lebens nicht mehr als „Spielereien der Natur" oder als „Sintflutwunder" ansehen wollen, sondern bei ihrer Betrachtung Überlegungen über die Geschichte der Erde und des Lebens angestellt. Ein halbes Jahrhundert später erweckte Georges Cuvier die versunkene Lebewelt des Pariser Beckens gleichsam zu neuem Leben. Der einstige Karlsschüler, dem die vergleichende Anatomie nicht mehr nur eine Hilfswissenschaft der menschlichen Anatomie bedeutete, sondern Grundlage, ja, Hauptaufgabe der Zoologie, hatte klar die engen Zusammenhänge zwischen Form der Organe, Körperbau und Lebensweise erkannt: Jedes Raubtier z. B. hat Krallen und scharfe Zähne, niemals aber Hufe und kauende Backzähne. Der Forscher muß — so schloß Cuvier — aus einem einzigen wichtigen Körperteil auf Aussehen, Lebensweise und Art des Tieres schließen können. Glänzende Erfolge errang Cuvier mit dieser Methode. Ganze Geschlechter längst ausgestorbener Tierformen hat er rekonstruiert und ist damit zum Begründer der Paläontologie, der Urwelt-Kunde, geworden. Unerschöpflich war seine Arbeitskraft, die es ihm gestattete, sich neben seiner so ausgedehnten und erfolgreichen Forschertätigkeit auch noch zahlreichen Staatsämtern zu widmen, Frankreichs Schulwesen zu reformieren, eine Reihe neuer Universitäten zu gründen. So groß war seine Autorität, daß Republik und Kaiserreich seiner ebenso bedurften wie Ludwig XVIII. und der Bürgerkönig. Staatsrat wurde er, Baron, Pair von Frankreich. Die Titel sind vergessen — geblieben ist sein Forscherruhm. Mit Recht zählt ihn die moderne Biologie neben Linné und Darwin zu ihren größten Männern.

KARL CZERNY
20. II. 1791 — 15. VII. 1857

Mit fünfzehn Jahren genoß Czerny in Wien bereits den Ruf eines gründlichen Musiklehrers und vollendeten Pianisten. Er verdankte diese Anerkennung einerseits seinem Vater, einem geachteten Klaviervirtuosen, der die Begabung des Sohnes frühzeitig erkannte, andererseits aber der besonderen Gunst, von 1800 bis 1803 Schüler Ludwig van Beethovens gewesen zu sein. Beethoven galt damals als der unerreichte Meister im freien, phantasierenden Klavierstil. Wenn es Czerny auch nicht gegeben war, seinem großen Lehrer auf die Höhen genialer Schöpferkraft zu folgen, so begriff er doch die Fülle klanglicher Möglichkeiten, die aus dem Klavier geweckt werden können. — Hier setzte seine Lebensarbeit ein. Er diente fortan der technischen Entwicklung des noch jungen Instrumentes und förderte seinen Sieg über das Cembalo. Während er selbst sein ganzes Leben hindurch in den Mauern Wiens blieb, bildete er zahlreiche Virtuosen heran, die mit ihrem Spiel in allen Ländern Europas Aufsehen und Begeisterung erregten. Ging bei den meisten der Schüler die Wirkung auch mehr in die Breite und Fläche — man hat Czerny deshalb den „Vater der Salonmusik" genannt — so lernten doch aus ihrem brillanten Spiel besonders die Komponisten der Romantik, wie sie diese Reize in den Dienst größerer Aufgaben stellen konnten. — Für die Dauer hat Czerny sein Ansehen in der Musikgeschichte gefestigt, weil er Franz Liszt den Weg zur Größe geebnet und weil er eine Reihe von Schulwerken für sein Instrument geschaffen hat, die noch heute ein fester Bestandteil jedes ernsthaften, systematischen Klavierstudiums sind.

JACQUES DAGUERRE
18. XI. 1787 — 10. VII. 1851

Leonardo da Vinci wußte bereits, daß man mit einer „Camera obscura", deren eine Seite mit einem kleinen Loch versehen ist, ein seitenverkehrtes Bild der Außenwelt auf die Wand werfen kann. Wenig später setzten Forscher an die Stelle des Loches eine Linse; das so erhaltene „Lichtbild" jedoch festzuhalten, gelang vorerst nur mit Hilfe eines Zeichenstiftes. Dann gelingt es im 18. Jahrhundert einigen Forschern, darunter auch dem großen englischen Chemiker Davy, flache Gegenstände, auf mit Silbersalzen lichtempfindlich gemachtes Papier gelegt, in den Umrissen zu kopieren; der erste aber, der die Camera obscura zur Abbildung dreidimensionaler Gegenstände gebrauchte, ist der Franzose Niepce. Ihm gelingen, wenn auch erst nach stundenlanger Belichtung, wirkliche „Lichtbilder" im heutigen Sinne. Der Maler Daguerre, der sich mit dem gleichen Problem beschäftigt, das optische Bild in der Camera obscura festzuhalten, schließt im Jahre 1829 mit Niepce einen Vertrag zu gemeinsamer Arbeit. Daguerres Verdienst ist es, daß er die von Niepce geschaffene Grundlage entscheidend ausgebaut hat: Er entdeckt durch einen glücklichen Zufall, daß ein nur kurz dauernder, noch unsichtbarer Lichteindruck auf Jodsilber im Quecksilberdampf sichtbar gemacht werden kann. Aus Niepces schwerfälliger Asphaltzinkplatte entsteht die im „Entwicklungs"-Prozeß zum positiven Bild werdende Silberplatte Daguerres, die, als Grundlage aller späteren Fotografien, erstmalig nur kurze Belichtungszeit benötigt. Die denkwürdigen Sitzungen der Pariser Deputiertenkammer am 3. und 30. 7. 1839, in denen die Bekanntgabe dieser Entdeckung und die Festsetzung von lebenslänglichen Pensionen für Daguerre und Niepce erfolgte, sind die Geburtsstunden der modernen Fotografie.

13. V. 1785 — 5. XII. 1860   FRIEDRICH CHR. DAHLMANN

Der deutsche Historiker und Politiker Friedrich Christoph Dahlmann, Professor in Göttingen, war Gegner der Hegelschen Auffassung, daß das einzig Sichere, was die Geschichte lehre, die Tatsache sei, daß die Völker nichts aus ihr lernen. Er sah in der Geschichte die große Lehrmeisterin der Nationen, die die Menschen in folgerichtiger Entwicklung von Stufe zu Stufe führt. In der Erkenntnis, daß die Zeit zur Freiheit reif wäre, rief er die Deutschen auf, der überlebten Diktatur des fürstlichen Absolutismus ein Ende zu bereiten und sich nach dem Muster Englands eine demokratische Verfassung zu erkämpfen. — Im Jahre 1837 bestieg Herzog Ernst August von Cumberland als König den Thron Hannovers. Der Souverän verweigerte der feierlich zugesagten Verfassung seine Zustimmung und hob sie auf. Unter den sieben Professoren der Göttinger Hochschule, die sich weigerten, dem verfassungsbrüchigen Landesherren den Huldigungseid zu leisten, stand neben den Gebrüdern Grimm auch der Historiker Dahlmann. Er war bereit, seine Professur und damit seine Existenz aufzugeben, aber er war nicht bereit, seine Meinung zu ändern. — Verbannt aus der Heimat, ging er nach Bonn. Im Jahr der großen Erhebung 1848/49 war er Mitglied der Parlamente von Berlin, Frankfurt und Erfurt und fiel mit dem Zusammenbruch der Bewegung in die Ohnmacht und Ungnade zurück, die sein Jahrhundert den Aufrechten, Freiheitlichen und Kühnen als Schicksal bereithielt. — Einprägsamer als seine historischen Werke — eine Geschichte Dänemarks und eine Quellenkunde der deutschen Geschichte — war die historisch gewordene Erinnerung an sein mannhaftes Nein, das er fürstlicher Willkür als einer der „Göttinger Sieben" entgegengesetzt hatte.

17. III. 1834 — 6. III. 1900   **GOTTLIEB DAIMLER**

Gasmotoren — das war das Zauberwort der Techniker, seit in der Mitte des vorigen Jahrhunderts sich die ersten wissenschaftlich begründeten Bedenken gegen die Wirtschaftlichkeit der Dampfmaschine erhoben hatten. In Paris baute Lenoir im Jahre 1860 den ersten brauchbaren Gasmotor für ortsfesten Betrieb, der sieben Jahre später auf der Pariser Weltausstellung von dem ersten stationären Viertaktmotor weit übertroffen wurde, den Nikolaus Otto aus Köln in Gemeinschaft mit Eugen Langen geschaffen hatte. Als der kleine Betrieb von Otto & Langen sich im Jahre 1872 zur Gasmotorenfabrik Köln-Deutz erweiterte, verpflichtete man als technischen Leiter den Ingenieur Gottlieb Daimler. Zehn Jahre lang haben Daimler und sein von ihm zugezogener Freund Wilhelm Maybach getreu und mit hohem Erfolg an der Entwicklung des Otto-Motors gearbeitet und sie ganz wesentlich vorangetrieben. Dann aber stellte sich der nunmehr schon Achtundvierzigjährige auf eigene Füße. In Cannstatt arbeitete er unermüdlich an einem leichten, schnellaufenden Benzinmotor für Fahrzeuge; Freund Maybach half auch hier. Am 16. 12. 1883 meldete Daimler — ein historisches Datum für die Geschichte des Verkehrs — sein Grundpatent an, im Sommer 1885 knatterte sein erstes Motorrad über die Wege des Gartens an der Taubenheimstraße, im Jahre darauf erreichte er mit seinem ersten vierrädrigen Automobil bereits eine Geschwindigkeit von 18 Kilometern in der Stunde, 1886 entstand das erste Daimlermotorboot, 1888 der erste Verbrennungsmotor für ein Luftschiff. Zur gleichen Zeit wie Daimler begann Karl Benz sein ebenfalls dem Motor gewidmetes Lebenswerk. Es ist ein eigenartiger Zufall, daß diese beiden großen Pioniere der Kraftfahrt sich nie gesehen und nie ein Wort miteinander gesprochen haben.

DANTE ALIGHIERI 1265 — 14. IX. 1321

„Beinahe durch alle Gegenden Italiens bin ich irrend, fast bettelnd gezogen, indem ich wider Willen die Wunde zeigte, die das Schicksal mir geschlagen!" — Am winterlichen Kamin der Burg zu Ravenna schrieb diese Worte in tiefer Verbitterung Dante Alighieri, „Florentiner von Geburt — nicht von Sitten". Man hatte ihn, den politisch unerfahrenen Dichter, inmitten des tobenden Streites der Guelfen und Ghibellinen im Jahre 1296 in den Rat der Hundert gewählt; 1300 war er sogar einer der Prioren. Dann kamen die Franzosen nach Florenz und verhalfen Dantes Gegenpartei zum Sieg. Der Rest war Rache. Mittellos mußte auch Dante aus der Heimat fliehen. — Er blieb der Heimatlose, der ewige Gast an ghibellinischen Höfen zu Verona oder Ravenna. Noch hoffte er auf seinen wachsenden Dichterruhm. Was die Waffen nicht zuwege gebracht, das sollte ihm die Feder erzwingen. Nicht als begnadigter Verbrecher, sondern als ruhmgekrönter Poet wollte er sich die Tore von Florenz öffnen. So schrieb er verlassen und entrückt in ferne Traumbereiche an seiner „Göttlichen Komödie". Zu Ravenna vollendete er das Werk, das, einer gotischen Kathedrale gleich, Krönung und Abschluß eines Zeitalters war. Doch nach der Erfüllung kam nicht die triumphale Heimkehr, sondern das einsame Sterben. Sechsundfünfzig Jahre alt, verschied Dante am 14. September 1321. Er fand sein Grab in der Fremde. — Für ihn, den Menschen der Gotik, bewegte sich das Leben zwischen den beiden Polen der göttlichen Gnade und der menschlichen Sündhaftigkeit. Das wahre Erwachen zu sich selber wartete im Jenseits. Seine Dichtung schildert in glühenden Farben Hölle, Fegefeuer und Himmel. Verstrickung und Fall des Menschlichen, Läuterung und Vereinigung mit dem Göttlichen ist der Inhalt dieses großartigen Werkes. Niemals hat ein Dichter Größeres gewagt.

GEORGES DANTON 28. X. 1759 — 5. IV. 1794

Es war der 5. April 1794, die Masse umdrängte schreiend das rote Gerüst auf dem Revolutionsplatz. Als Georges Danton, den stiernackigen Kopf stolz erhoben, über die Holztreppe hinaufstieg, über der Sanson, der Henker und seine Gehilfen warteten, blickte er sich verächtlich um. „He, Sanson", sprach er, „du wirst meinen Kopf dem Pöbel zeigen, er ist dieser Mühe wert!" Wenige Augenblicke später fiel das Messer, die Menge rief: „Es lebe die Republik!" In die Stille hinein vernahm man eine Stimme: „Die Republik? — Sie ist tot. Man hat sie eben enthauptet." — An dem großen Genie der Revolution hatte sich erfüllt, was er selber einmal schmerzvoll ausgerufen: „Die Revolution gleicht Chronos — sie verschlingt ihre eigenen Kinder!" Wenige Tage vorher, noch während des Prozesses, den Robespierre gegen die Dantonisten angestrengt hatte, war Danton nach Name, Alter und Wohnung gefragt worden. Die Antwort war: „Ich heiße Danton, bin fünfunddreißig Jahre alt. Meine Wohnung wird das Nichts sein, aber mein Name wird leuchten im Pantheon der Geschichte!" — Der Führer des revolutionären Mittelstandes — Georges Danton, Advokat, Abgeordneter, Minister, Redner und Gesetzgeber — war mit der Revolution groß geworden, sie hatte ihn emporgetragen und zuletzt vernichtet. Seine Tragik war die des Beinah-Genies, des großen Talentes, dem der beständige Charakter ebenso wie die feste Überzeugung fehlte. Dantons Laster waren so gewaltig und dämonisch wie seine Rednergabe; er empfahl dem Volke die römische Republik und die Helden Plutarchs als Vorbilder und versank doch selber im Sumpf des Lebens, nahm Bestechungsgelder an und war dem Trunk verfallen. Alles — auch die Revolution — war für ihn nur Mittel, er glaubte an nichts als an den unbeschwerten Genuß des Augenblicks.

12. II. 1809 — 19. IV. 1882   **CHARLES DARWIN**

Es ist nicht, wie immer noch angenommen wird, der Inhalt von Darwins Lehre, daß „der Mensch vom Affen abstamme". Darwins Verdienst für die Wissenschaft vom Leben ist vielmehr, daß er als erster versucht hat, zu deuten, w i e sich die Lebewesen in ihrer leiblichen Form auseinander entwickelt und welche Ursachen dabei die entscheidende Rolle gespielt haben könnten. Im Gegensatz zu allen seinen Vorgängern hat er sich bewußt auf die rein wissenschaftlichen Vorgänge beschränkt. Um einer Klärung dieser Frage näher zu kommen, unternahm er eine vierjährige Forschungsreise nach Südamerika und in die Südsee, von der er reiches wissenschaftliches Material mitbrachte. Er untersuchte auch die Versteinerungsfunde aus allen Erdschichten und Erdepochen. Die Veränderlichkeit der Organismen und der „Kampf ums Dasein" erschienen ihm als die wichtigsten Voraussetzungen der Umwandlungen, die die Lebewesen im Laufe von Jahrmillionen durchlaufen haben. Unter der unendlichen Vielzahl von Nachkommen jeder Generation merzt die sich stets ändernde Umwelt aus, was weniger lebenstüchtig ist, das Bessere, Lebenstüchtigere bleibt erhalten und gibt seine fortschrittlichen Eigenschaften in der Vererbung an seine Nachkommen weiter, bei denen sich das Spiel von Variabilität, Auslese und Vererbung ebenso wiederholt. Nach langen Jahren des Zweifels hat sich die moderne Biologie dieser Anschauung Darwins angeschlossen und hat eine Fülle erdrückenden Beweismaterials zu dem gefügt, was er selbst an Tatsachen in unendlichem Fleiß ein Leben lang gesammelt hat. Wir aber wissen heute noch mehr: Auch Darwins großartige Erkenntnisse deuten nicht die letzten Lebenszusammenhänge. Vieles bleibt Vermutung. Allem Forschen ist eine Grenze gesetzt. Jenseits des Wissens beginnen die Bereiche des ewig Unerforschlichen.

13. V. 1840 — 16. XII. 1897   **ALPHONSE DAUDET**

Alphonse Daudet ist im gleichen Jahre geboren wie Emile Zola, der ihn um fünf Jahre überlebte. Er wuchs in eine literarische Welt hinein, die noch ganz unter dem Eindruck jener drei Großen stand, die zusammen der klassischen Epoche des französischen Romans Form und Gehalt gegeben haben: Honoré de Balzac, Stendhal und Gustav Flaubert. Ihnen gleichzukommen war schwerlich Daudets Ziel. Er war kein encyklopädisches Genie wie Balzac, kein Analytiker der Seele wie Stendhal und auch kein Romantiker der Sachlichkeit wie der Dichter der „Madame Bovary". Daudet vertrat eine andere Seite des französischen Geistes: den liebenswürdigen „Esprit", der bald heiter und ironisch, bald sachlich und verstandesklar, immer aber schlicht und herzenswarm die Schwächen und Vorzüge seiner Gestalten lebendig zu machen weiß. — Als sein erster Roman „Le petit chose, histoire d'un enfant" erschien und Erfolg hatte, war Daudet 28 Jahre alt. Eine harte und hungerreiche Lehrzeit in Paris lag damals hinter ihm. Aber nun reihte sich Erfolg an Erfolg: naturalistische Romane wechselten ab mit Biographischem, leichte Erzählungen mit scharfen Satiren. Viele seiner Romane wurden dramatisiert; er schrieb dann selbst ein Drama: „L'Arlésienne". Alle seine Bücher — es waren schließlich 18 Bände, die alle fast gleichzeitig mit der französischen Ausgabe auch in deutscher Sprache erschienen — erreichten riesige Auflagen. In die Weltliteratur und in die Unsterblichkeit ging Daudet jedoch ein mit seinem köstlichen Buch, dem „Tartarin aus Tarascon". Mit dieser unverwüstlichen, sprichwörtlich gewordenen Figur verspottete er mit launigem Humor den typisch französischen Kleinstadtphilister und Prahlhans und hielt damit sich und seiner Generation ein getreues Spiegelbild vor Augen.

HONORÉ DAUMIER   26. II. 1808 — 10. II. 1879

Nichts und niemand war vor seinem Zeichenstift sicher. Die Schwächen der Regierung, die Sünden der Gesellschaft, die Torheiten der Mode, die Ereignisse des Tages — sie alle hat er mit unnachsichtiger Schärfe gegeißelt, und es ist schwer zu sagen, was mehr gefürchtet war: die spöttische Ironie oder der grimmige Hohn, mit denen er Zeit und Zeitgenossen attackierte. Honoré Daumier war der bedeutendste Karikaturist des neunzehnten Jahrhunderts, ein Revolutionär und Kämpfer für die Volksfreiheit, der wegen boshafter Verspottung des französischen Königs einmal sogar für sechs Monate ins Gefängnis gehen mußte. — Seine Liebe gehörte der Karikatur, sondern der Malerei. In den Jahren 1862—1865 zog er sich deshalb ganz aus dem politischen Leben zurück, um an der Fertigstellung einiger Gemälde zu arbeiten. Damals entstanden die meisten seiner Aquarelle und Ölbilder, Szenen aus den Werken der großen Klassiker und Darstellungen aus dem französischen Alltagsleben. Später nahm er seine Mitarbeit bei der satirischen Zeitschrift „Charivari" wieder auf. Sein unerbittlicher Zeichenstift und eine geistvolle Erfindungsgabe haben der jungen französischen Republik nach 1870 unvergeßliche Dienste geleistet. — Nur wenige aber wissen, daß Daumier auch ein hervorragender Plastiker war. Tonbüsten von Abgeordneten zeigen, was er auch als Bildhauer hätte leisten können. Es gehörte zu seinen Gewohnheiten, Personen und Szenen zuerst plastisch durchzumodellieren, bevor er sie zeichnerisch ausarbeitete. — Alles, was er schuf, war von ungewöhnlich monumentaler Kraft. Mit den sparsamsten Mitteln gelangte er immer mehr zu einem Stil, der treffsicher und eindringlich das Wesen von Menschen und Sachen zu packen wußte.

MAX DAUTHENDEY   25. 7. 1867 — 4. IX. 1918

Um die Wende des 19. Jahrhunderts herrschte in Deutschland der naturalistische Stil noch unbeschränkt. Nur um Stefan George sammelte sich ein Kreis von Dichtern, die den Willen zu Form und Vergeistigung in den Vordergrund ihres Schaffens stellten. — Auch Max Dauthendey, der aus Würzburg stammte und lange in Einsamkeit um seine dichterische Berufung gerungen hatte, reihte sich in die Gefolgschaft Georges ein, ehe er seine Eigenart gewann. Damals wuchsen seine Dichtungen aus naturversunkener Grübelei und kosmischer Sehnsucht, es flutete in ihnen ein Überschwall von Gleichnissen. Später wanderte der Dichter ruhelos in der Welt umher und fand zwischen Heimat und Fremde seine künstlerische Erfüllung. Innere, volkstümliche Kraft und exotische Farbenpracht befruchteten einander. Seine Lyrik entfaltete rhythmische Vielfalt und ein kunstvolles Spiel der Reime, ohne künstlich zu wirken. Bilder voll Überschwang erhoben die seelischen Erlebnisse in die greifbare Welt, und die Verse blühten voll lebensstarker Sinnlichkeit. Neben den Reichtum der Lyrik, die selbst den toten Stein zu beleben vermochte, traten eindrucksvolle dramatische Dichtungen wie „Die Spielereien einer Kaiserin" und der Roman „Die Raubmenschen", in dem er Erlebnisse einer mexikanischen Reise gestaltete. — Bleibende Bedeutung gewannen auch seine Novellensammlungen „Lingam" und „Die acht Gesichter am Biwasee". Er betrat hier die Pfade des französischen Malers Gauguin und offenbarte ein liebevolles und tiefes Verständnis für die Welt des Ostens und der Südsee. Fernweh und Heimatsehnsucht rissen ihn bis ans Lebensende hin und her. Er starb in der Fremde, auf Java, wo ihn der Weltkrieg überrascht hatte, in der vergeblichen Hoffnung, nur einmal noch „einen Büschel deutschen Grases zu sehen".

30. VIII. 1748 — 29. 12. 1825   **JACQUES LOUIS DAVID**

Man stelle sich vor, daß heute ein Maler seinen Weltruhm begründen würde mit einem Gemälde „Schwur der Horatier" oder „Andromache an der Leiche Hektors" oder „Der blinde Belisar"! Den Menschen unserer Zeit fehlt dazu die Bildung, das selbstverständliche Wissen um die Gestalten der Antike, ihre Verknüpfung untereinander und ihre häufige symbolische Bedeutung. Zur Zeit von Jacques Louis David, dem französischen Maler, der mit seinem Stil am Ausgang des „akademischen Rokoko" steht, war diese Bildung selbstverständlich. Aufsehen erregte lediglich die faszinierend lebenswahre, gleichsam „moderne" Auffassung in der Darstellung jener allbekannten Gestalten. — Charakteristisch für David, diesen leidenschaftlichen Wahrheitssucher und Hauptvertreter des Klassizismus in Frankreich, war es, daß er, der fünf Jahre lang auf das sorgfältigste in Rom die Antike studiert hatte, keineswegs bei diesen geschichtlichen Stoffen aus dem Altertum blieb, auch wenn sie noch so gut „gingen". Er nahm lebhaften Anteil an den Revolutionskämpfen seiner Zeit, er war Anhänger Robespierres und sogar Mitglied des Nationalkonvents. In diesen Tagen tiefinnerster Erregung bekam seine Kunst einen fast propagandistisch-revolutionären Ton, und es entstanden Bilder wie „Der Schwur im Ballhaus" oder „Die Ermordung Lepelletiers". — Dann betrat Napoleon die politische Bühne. Auch ihm wußte sich David anzupassen. Er wurde Hofmaler und verherrlichte nun die Kaisermacht, wie in dem Gemälde „Krönung zu Notre Dame". — Davids großes und bleibendes Verdienst um die französische Kunst aber ist es, daß er sie aus dem weich verspielten Rokoko herausführte und das sittliche, besonders aber das patriotische Moment in den Vordergrund seines die Malschulen des 19. Jahrhunderts befruchtenden Schaffens stellte.

17. XII. 1778 — 29. V. 1829   **HUMPHRY DAVY**

Heute, da jede Forschungsarbeit ein langes und systematisches Studium voraussetzt, erscheint ein Aufstieg, wie ihn der große englische Chemiker Humphry Davy genommen hat, wie eine Legende: Mit 17 Jahren wurde er Lehrling bei einem Wundarzt und Apotheker; während seiner Lehrzeit las er alles, was er an naturwissenschaftlichem und philosophischem Schrifttum erreichen konnte, und machte mit völlig unzureichenden Geräten eigene chemische Versuche. Er fand Gönner und wurde, kaum 20 Jahre alt, Leiter eines privaten Laboratoriums für die Erforschung der Gase. Hier entdeckte er die eigenartigen Wirkungen des Lachgases. Freunde empfahlen ihn dem Grafen Rumford, der eben die „Royal Institution" in London als Forschungsstätte für die Naturwissenschaften und ihre Nutzung gegründet hatte. Davy übernahm dort mit 22 Jahren die Leitung des chemischen Laboratoriums als Professor der Chemie. Durch sein glühendes Temperament, seine glänzende Rednergabe und seine überragende Experimentierkunst gelang es ihm, die gebildeten und einflußreichen Kreise der Hauptstadt für sich und sein Institut zu gewinnen. Er benutzte die im Jahre 1800 in der Wissenschaft eingeführte Voltasche Säule zu einer Reihe für die Chemie epochemachender Entdeckungen. Natrium und Kalium erkannte er als Metalle und stellte beide Elemente dar. Er klärte die Natur von Chlor, Fluor, Strontium, Barium, Calcium, Magnesium — die Namen der letzten fünf Elemente stammen ebenfalls von ihm. Er erfand eine Grubenlampe und arbeitete erfolgreich in der Elektrophysik, Geologie und der landwirtschaftlichen Chemie. Faraday wurde sein Schüler. Den Höhepunkt seiner Laufbahn erreichte Davy, als man ihn zum Präsidenten der ältesten und vornehmsten Akademie, der Royal Society, wählte.

CLAUDE DEBUSSY   22. VIII. 1862 — 26. III. 1918

Am Ende des 19. Jahrhunderts erfaßte der Nationalismus nach den anderen Künsten auch die Musik und brachte in das harmonische Konzert der europäischen Völker, wie es in klassischer Zeit erklang, Dissonanzen und trennende Schattierungen. Die Komponisten Frankreichs folgten dem Beispiel ihrer impressionistischen Maler Degas, Manet, Renoir und beschritten in bewußtem Gegensatz zu dem übrigen Europa eigene Wege. An die Spitze der Bewegung trat Debussy. Ihm wurde es Herzenssache, nationalfranzösische Musik zu schreiben. Einflüsse fremder Völker streifte er ab, dagegen griff er auf seinen Landsmann Hector Berlioz zurück, dessen bunter Klangreichtum und harmonische Vielgestalt dem neuen Stil einzuordnen waren. — Melodische Führung und Rhythmus traten jedoch allmählich zurück, und die Form zerbrach zeitweise völlig. Debussy schwelgte wie ein Hexenmeister der Musik in schillernden Klängen und malte mit eleganter Farbigkeit seine seelischen Eindrücke. Um die Impression allein ging es ihm, und es wäre ein Irrtum, wollte man seine Werke als Programmusik bezeichnen. — Debussy schuf symphonische Dichtungen, Gesänge und viele Klavierkompositionen. In Deutschland wurde er besonders durch sein Hauptwerk „Pelléas und Mélisande" bekannt. Mit diesem lyrischen Drama, dessen Text Maeterlinck schrieb, trat er in scharfen Widerspruch zu Richard Wagner. Nicht allein zwei Kunstrichtungen oder Völker, sondern zwei geistige Ebenen lagen hier ohne Berührung nebeneinander. — In der Spätzeit brach sich in Debussy der Wille zu einer neuen Wendung Bahn. „Kehren wir zu den Formen zurück", lautete sein Mahnruf. Er gewann mit seinen Sonaten von 1916 Anschluß an die Tradition und damit an die musikalische Entwicklung der neuesten Zeit.

CHARLES DE COSTER   20. VIII. 1827 — 7. V. 1879

Belgien gelangte später als die übrigen Länder Westeuropas zu einer eigenen Nationalliteratur. Die Wallonen und die Flamen, die französische Landessprache und das bodenständige germanische Sprachgut Flanderns blieben sich nach der Gründung des Staates im Jahre 1830 noch lange innerlich fremd. Erst gegen Ende des Jahrhunderts schlug die Dichtung Brücken zwischen den beiden Volksgruppen und ihrer geschichtlichen Überlieferung. — Zu dieser Zeit schrieb Charles de Coster seinen Schelmenroman „Die Märe von Tyl Ulenspiegel und Lamme Goedzak". Das Werk fand in den ersten Jahren nur wenig Beachtung, erhob sich später jedoch zum Rang eines belgischen Nationalepos und zählt heute zu den großen geschichtlichen Romanen der Weltliteratur. In einem altertümlichen Französisch schildert de Coster die Freuden und Schmerzen Flanderns unter der spanischen Fremdherrschaft und zeichnet kraftstrotzende Bilder aus dem heimatlichen Volksleben. — Deutschland lernte den „Ulenspiegel" erst Jahrzehnte nach seinem Entstehen kennen, trug dann aber zu seiner Wertschätzung maßgebend bei. Auch die übrigen Werke des Schriftstellers, die „Flämischen Legenden" und die „Brabanter Erzählungen", wurden beifällig aufgenommen, wenn sie auch hinter dem großen Epos weit zurückstehen. — De Coster wurde als Sohn eines belgischen Nuntiaturbeamten in München geboren und mußte sich seinen Lebensweg unter großen äußeren Nöten bahnen. Dichterische Anerkennung hat er zu Lebzeiten nicht gefunden. Der Grundgedanke seines Werkes jedoch, Überwindung des Völkerhasses und der religiösen Unduldsamkeit, zeugte noch nach seinem Tode von seiner aufrechten Persönlichkeit und verlieh seinem Werk dauerndes Leben.

1660 — 26. IV. 1731   DANIEL DEFOE

„Ich entdeckte in der Büchersammlung meines Vaters ein vergilbtes Buch, das ich zufällig öffnete", erzählt Benjamin Franklin, „es war der ‚Essay on projects' von Daniel Defoe. Dies Werk voll einleuchtender neuer Ideen wirkte mächtig auf mich ein. Es wandelte mein System der Philosophie und Moral... Der Anteil, den ich an der Revolution meines Vaterlandes genommen, ist in mancher Hinsicht tatsächlich ein unmittelbares Ergebnis dieser Lektüre". — Daniel Defoe war der Verfasser eines „Bestsellers, des „Robinson Crusoe". Er selber hat allerdings zeitlebens mehr Wert darauf gelegt, in der Reihe der großen Politiker genannt zu werden, anstatt in die Geschichte der Literatur einzugehen. Defoe wurde als Londoner Bürgersohn im Geist der „Dissenters" der Anhänger einer protestantischen Freikirche, erzogen. Unter den letzten Stuarts mußte er, wie viele seiner Glaubensgenossen, aus England fliehen. Die „Glorreiche Revolution" ermöglichte auch ihm die Rückkehr in die Heimat. Nach dem Tode des toleranten Wilhelm von Oranien bekam er neuerdings die Feindschaft seiner Gegner zu spüren, die ihn sogar an den Pranger und ins Gefängnis brachten. Defoe schrieb politische Traktate, begründete Sparkassen und Volksbanken und organisierte die erste Hagel- und Feuerversicherung. Defoe wurde als der Herausgeber der Wochenzeitschrift „Review" einer der Begründer des modernen Journalismus. Sein „Robinson Crusoe" errang den Welterfolg, weil die Erlebnisse des Matrosen auf der einsamen Insel Ausdruck der Zeit waren: Flucht zur Einfachheit, neuer Anfang, Besinnung auf das zum Leben Notwendige. Als kurz darauf der große Rufer des Jahrhunderts, Jean Jacques Rousseau, seine Forderung „Zurück zur Natur" verkündete, wurde der „Robinson" das Evangelium der sich wandelnden Menschheit.

30. IV. 1835 — 2. I. 1921   FRANZ VON DEFREGGER

Ein Bauernsohn aus dem Pustertal, der seit frühester Jugend und ohne jede Anleitung zeichnete und schnitzte, der mit 48 Jahren geadelt wurde und bis zu seinem fünfundsiebzigsten Lebensjahr als Professor an der Akademie in München lehrte — das war Franz von Defregger, ein urwüchsiger Sohn seiner Tiroler Heimat. Ihn trieb es unwiderstehlich zur Malerei, in die berühmten Ateliers und Akademien von Innsbruck, München und Paris, dem Mekka aller Kunstjünger. — Entscheidend wurde für ihn die Münchener Schule. Dort hatte er lange unter Piloty als Akademieprofessor gearbeitet, seitdem malte er alle seine Bilder in jenen goldig-braunen Tönen, die bei dem breiten Publikum so beliebt waren. Besonders bevorzugte er Szenen aus dem Alltagsleben seiner Tiroler Heimat. „Der Salontiroler" oder „Ankunft auf dem Tanzboden" gehören mit ihrer gutmütig-heiteren Charakterschilderung, die stets gepaart ist mit sachlicher Exaktheit, zu den bekanntesten Werken dieser Art. — Defreggers eigentliche Bedeutung aber lag auf einem anderen Gebiet. Er hat eine Reihe von Bildern geschaffen, die als Kulturdokumente schlechthin unersetzlich sind. Sind seine Bauerntypen oft etwas sentimental idealisiert, so sind die Historienbilder aus den Freiheitskämpfen seiner Heimat fast stets von großartig dramatischer Wucht. Gemälde wie „Letztes Aufgebot", „Der Schmied von Kochel" oder „Heimkehr des Tiroler Landsturms" waren der Generation um die Jahrhundertwende wohl vertraut. Sie zeigen in meisterhafter Form das Kolorit der Gebirgsdörfer, die Schönheit der hochgewachsenen Frauen in den farbenprächtigen Trachten, des Kraftbewußtseins der wehrhaften Bauernkrieger. Defregger, der Tiroler Bauernsohn, hat in diesen Bildern das Antlitz seiner geliebten Heimat gemalt.

RICHARD DEHMEL   18. XI. 1863 — 8. II. 1920

Um die Jahrhundertwende breitete ein befriedetes Abendland noch einmal alle Schätze seiner Kultur aus, bevor es von den großen Katastrophen der Zukunft überflutet wurde. Aber damals schon legten sich drohende Schatten über den Glanz der Gegenwart. Friedrich Nietzsche und Jakob Burckhardt erhoben ihre warnenden Stimmen und ließen an dem Bestand der glücklichen Fülle zweifeln, und die ungezügelte Freiheit des modernen Menschen fand kein inneres Genügen im eigenen Wesen. — Richard Dehmel gilt als der bedeutendste Lyriker dieser Zeit neben Detlev von Liliencron. In seinem Schaffen flackert das Zwielicht einer sterbenden Epoche. Mystizismus und Rationalismus, hemmungslose, den Himmel stürmende Lust und abgrundtiefe Qualen drängen auf ihn ein und reißen ihn mit sich fort. Er mußte sich seinen ehrlichen und aufrechten Lebensweg unter Schmerzen bahnen. „Wenn du auch irrst auf den Bahnen des Strebens: nichts ist vergebens, denn du wirst. Nur: bleib Herr deines Strebens!" lautete sein Wahlspruch. — Dehmel stammte aus Wendisch-Hermsdorf in der Mark Brandenburg, lebte später jedoch meist in Hamburg. In seinen ersten Dichtungen konnte er die Abhängigkeit von den Vorbildern der großen deutschen Poesie nicht verleugnen, zeigte jedoch in einzelnen Werken hohe Sprachkunst und eigenwillige Klangfarbe. Später gelang es ihm Schritt für Schritt, den Gedankenreichtum aus dunklen Grübeleien zu befreien. Es entstanden schlichte Lieder voll unvergänglicher Schönheit und neben symbolischen Dramen als bekanntestes Werk der Versroman „Zwei Menschen", der seinem Liebeserlebnis Gestalt gab.

EUGENE DELACROIX   26. IV. 1798 — 13. VIII. 1863

Vielleicht „kommt man noch einmal dahinter, daß Rembrandt ein viel größerer Maler ist als Raffael." Dieser Ausspruch von Delacroix erregte in einer Zeit, da man den großen Italiener abgöttisch verehrte, fast ebensolches Aufsehen wie seine Bilder. Dabei war nicht einmal Rembrandt, sondern Rubens sein eigentliches Vorbild. Delacroix war der erste Maler, der dem Klassizismus der David-Schule Kampf ansagte. Und dieser Kampf gegen den Konservativismus in der Kunstwelt und dem Publikum durchzog sein ganzes Leben. — Nicht mehr die strenge Zeichnung, nicht der Inhalt und die korrekte Darstellung erschienen ihm als Hauptsache, sondern die Farbe als Ausdruck der Phantasie. Das erste große Bild des 24jährigen, „Die Barke des Dante", auf dem der Dichter der „Divina Comedia" mit Vergil über den Acheron fährt, erregte die Aufmerksamkeit der Kritiker, es galt als malerisches Manifest einer von den Dichtern bereits verkündeten Romantik. Erst eine Orientreise 1832 brachte aber die Glut und die bunte Leuchtkraft seiner Farben zu ihrer heute noch faszinierenden Wirkung. — Delacroix entnahm seine Vorwürfe zumeist den damals besonders geschätzten Dichtungen von Shakespeare, Dante, Byron und Walter Scott. Doch das literarische Thema trat völlig in den Hintergrund, wichtiger erschienen das Gefühl und die Empfindung des Malers, dem der Stoff nur als Gerüst diente. — Delacroix war nicht nur ein genialer Kolorist, sondern ein geistvoller Zeichner, der selbst vom greisen Goethe, dessen „Götz" und dessen „Faust" er graphisch hinreißend illustriert hat, als eine der bedeutendsten Künstlerpersönlichkeiten des 19. Jahrhunderts bewundert wurde.

Um 460 — 340 v. Chr. **DEMOKRIT**

Abdera, eine ionische Kolonie in Thrakien, war das Schilda der antiken Welt. Inmitten dieser Gesellschaft von Philistern wuchs einer der überragenden Geister Griechenlands auf: Demokritos, der „lachende Philosoph". Aus vermögendem Hause, konnte er seine Zeit dem Nachdenken und Forschen über die uralte Menschheitsfrage widmen: was sind Sinn und Zweck des Lebens? Einzig lohnendes Ziel des Daseins sei es — so meinte Demokrit —, „das dauernde seelische Wohlbefinden, die Gesundheit, frei von äußeren und inneren Störungen, zu erhalten." Also möge der Weise Leidenschaften, Erregungen unterdrücken, sich maßvoll mit dem Erreichbaren begnügen, gerecht und gut handeln und ein sittliches Leben führen. Demokrits Ethik ist, gemessen an jener des Sokrates oder Platon, blutlos und egoistisch nüchtern, doch sie wirkte fort auf Epikur, den großen Vollender. Vierhundert Jahre vor Christi Geburt stellte der Mann aus Abdera eine Atomtheorie auf, die der Wahrheit überraschend nahe kam: unsere ganze Umgebung sei nur Trug unserer Sinne, in Wahrheit gebe es nur kreisende, um Zentralkerne rotierende Urteilchen und Materie, aus denen sich alles zusammensetze. Dazwischen gähne die Leere, das Nichts des unendlichen Raumes, welches die wahre Seele des Alls sei. Nur durch verschiedene Geschwindigkeiten der Bewegung, durch Ordnung, Lagerung und Gewicht der kreisenden Kerne und Mikro-Planeten entstehe die Verschiedenheit der Elemente. Auch jene letzte Erkenntnis, daß sich der Urgrund der Dinge, Atome und leere Räume, nicht mehr messen oder sinnlich feststellen lassen, den Zweifel also an der Objektivierbarkeit des Letzten —, teilte Demokrit mit der modernen Wissenschaft. Nur im reinen Denken sah er einen Weg zur Offenbarung der Geheimnisse.

31. III. 1596 — 11. II. 1650 **RENÉ DESCARTES**

Im November 1619, als sich die Armee der kaiserlichen Liga unter General Tilly zum Aufbruch nach Böhmen sammelte, um den Krieg in das gequälte Land zu tragen, entdeckte der Fähnrich der Artillerie und Student der Mathematik René Descartes im Nachsinnen über die Geschoßbahn das Prinzip der „analytischen Geometrie". Der Dreiundzwanzigjährige war Jesuitenschüler in La Flèche gewesen, die Beschäftigung mit den Naturwissenschaften hatte ihm jedoch die Ruhe des Glaubens genommen und ihn rastlos in die Abenteuer und den Tumult der ziehenden Heere gejagt. Vom niederländischen Kriegsschauplatz aus war er zu Tilly gestoßen. Später ging er nach Frankreich zurück, forschte und studierte, machte weite Reisen und stand in Briefwechsel mit allen bedeutenden Männern der Zeit. Fontenelle, der Sekretär der Akademie von Frankreich, sagte einmal von Descartes: „Er war es, so scheint es, der jene neue Methode zu denken einführte, und diese ist höher einzuschätzen als seine eigentliche Philosophie, von der ein großer Teil sich auf Grund eben der Regeln, die er uns gelehrt hat, als falsch oder doch ungewiß erweist." — Descartes ging vom Zweifel an sich aus. Das „Cogito, ergo sum" — ich denke, also bin ich — der Satz, der die beweisbare Wirklichkeit nur im eigenen Denken findet, stand am Anfang all seiner Philosophie; Mathematik ersetzte ihm die Religion, Mechanik trat an die Stelle eines hypothetischen Weltbildes. Er begründete den Rationalismus und machte die Geometrie zur Seele seines Jahrhunderts. Der Mensch und seine Seele gaben sich der Übermacht der Logik und dem Dogma von Geometrie und Physik hin; der Mensch, der noch im Mittelalter Subjekt der Schöpfung gewesen, machte sich selber zum Objekt. René Descartes war einer der Paten bei dieser Taufe der Zukunft.

LUDWIG DEVRIENT 15. XII. 1784 — 30. XII. 1832

Seine Seele ist „wie ein Regenbogen über magischer Landschaft", so hat der Wiener Schauspieldirektor Iffland einmal von Ludwig Devrient gesagt. Vielerlei Dämonen und Gestalten, vielerlei Charaktere und wandelnde Gesichter verbarg sein schmales, bleiches Antlitz. Ob er den Franz Moor, König Lear, Richard III., Shylock oder den Mohren im „Fiesco" spielte — immer war er ganz und von Grund aus der Mensch, den die Rolle verlangte. Seine Maske, Deklamation und Mimik ergriffen mit zwingender Macht und begeisterten die Zuschauer. — Es hätte keinen anderen Beruf für ihn gegeben als den ewig wandelbaren des Mimen. Als Sohn eines Berliner Seidenhändlers entlief er dem vorbestimmten Kaufmannsberuf, wurde Schauspieler in einer Wanderbühne, fand aber bald zu Dessau sein erstes festes Engagement. Da er auch im Alltag ständig seine Gesichter und Stimmungen wechselte und nur der genialischen Ungezügeltheit, der Vorliebe für berauschende Getränke und dem Chaotischen ergeben blieb, mußte er 1809 Dessau bei Nacht verlassen. Von der Breslauer Bühne holte ihn Iffland nach Berlin, wo er sogleich der gefeierte Liebling des Publikums wurde. — Bei Lutter und Wegener, in der alten Weinstube, saß er nächtelang in Gesellschaft seines Freundes E. Th. A. Hoffmann, mit dem zusammen er sich tief in die Traumwelt des Magischen und Gespenstischen versenkte. Wie Goethe es einst von sich sagte, so ruhten auch in ihm alle Möglichkeiten und Voraussetzungen für alle Charaktere. Er formte seine Vielgestalt nicht literarisch, sondern als lebendiges Wesen auf der Bühne, die seine eigentliche Wirklichkeit war. Sein Leben jenseits der Regel zerstörte ihn bald, er starb mit 48 Jahren. In Novellen und Romanen lebte sein so eng mit E. Th. A. Hoffmann verbundenes Dasein fort.

CHARLES DICKENS 7. II. 1812 — 9. VI. 1870

Charles Dickens wurde unter der Anteilnahme der ganzen Welt in der Westminster-Abtei beigesetzt, mitten im Herzen von London. Mit ihm war ein Dichter gestorben, der für die Engländer „die Poesie des gewöhnlichen Lebens" entdeckt hatte. Seine von seltsamen Gestalten belebten Romane führen den Leser in die Welt der Armen, vom Schicksal Geschlagenen und in die dunklen Bereiche des Verbrechens. Alle Realistik jedoch, die Härte des Daseins und die Schrecken der Unterwelt werden gemildert durch einen unnachahmlichen Humor, dessen Herzenswärme dem Dichter Mi'llionen von ergriffenen und dankbaren Anhängern gewann. — Bereits nach dem Erscheinen seiner ersten Erzählungen wurde man auf ihn aufmerksam. Niemand hatte bisher das Milieu der Hinterhöfe und Kellerwohnungen, das Leben der Lumpensammler und Tagediebe, der kleinen Leute und ihrer Freuden und Nöte mit solcher Wirklichkeitsnähe schildern können wie dieser Advokatenschreiber und Parlamentsreporter aus Landport bei Portsmouth. In seinen schnell aufeinander folgenden Erzählungen und Romanen geißelte er die Mißstände in der Verwaltung der Spitäler, Gefängnisse und Irrenhäuser und erhob Anklage gegen die Unmenschlichkeit der Arbeitsbedingungen in den Fabrikstädten. In dem autobiographischen Roman „David Copperfield" malte er das humorvoll verklärte Bild seiner harten Jugend. Weite Reisen führten ihn nach Amerika und in die Länder des europäischen Kontinents. Die Begeisterungsstürme, mit denen man ihn von New York bis Neapel empfing, waren der verdiente Lohn eines reichen und erfüllten Dichterlebens.

5. X. 1713 — 31. VII. 1784   **DENIS DIDEROT**

Einen Winter lang weilte der französische Dichterphilosoph
Diderot am Hof von Petersburg. Katharina die Große liebte
geistvolle Unterhaltungen, und sie versammelte eine Elite
europäischer Geistigkeit an ihrer Tafel. Diderot war der Kaiserin zu tiefstem Dank verpflichtet. Katharina II. hatte ihn durch
ein großzügiges Angebot von seinen schweren materiellen Sorgen befreit. Sie ließ ihm 15 000 Goldstücke als Kaufpreis für
seine Bibliothek auszahlen, bat ihn, die Bibliothek bis zu
seinem Tode in seinem Pariser Haus zu verwalten und wies
ihm für diese „Verwaltungsarbeit" eine jährliche Pension von
1000 Goldstücken an. Es war das erstemal in seinem Leben, daß
Diderot für seine philosophischen und wissenschaftlichen Arbeiten eine großzügige finanzielle Belohnung erhielt. — Diderot war die treibende
Kraft der französischen Aufklärung, er hatte die große Enzyklopädie — ein Sammelwerk aller Wissenschaften — herausgegeben, zahlreiche Übersetzungen aus dem
Griechischen angefertigt, Schriften über naturwissenschaftliche und technische Themen verfaßt und Dramen und Erzählungen geschrieben. Keines dieser Werke hatte
ihm soviel eingebracht, daß er vor der Not des Alters geborgen gewesen wäre — bis
zu dem Tage, da das Handschreiben der Kaiserin von Rußland auf seinem Tisch lag.
— Diderot war Atheist. Es war seine Stärke, Altes niederzureißen, ohne daß er aber
die Kraft besaß, Neues aufzubauen. Seinem Freund d'Alembert gestand er selber
zu: „Ich kann nur Seiten — nicht aber Bücher schreiben!" — Seine Bedeutung liegt in
der Wirkung, die er zusammen mit den übrigen „Aufklärern" auf die folgenden
Generationen ausgeübt hat. Diderot und d'Alembert gehören zu den Vorbereitern
der Französischen Revolution wie Voltaire, Montesquieu und Rousseau.

Februar 1795 — 11. XI. 1847   **JOHANN F. DIEFFENBACH**

Dieffenbach, geboren in Königsberg, ist als Chirurg wohl einer
der bedeutendsten Ärzte der ersten Hälfte des vergangenen
Jahrhunderts gewesen. Seine alle Gebiete der Medizin umfassende Kenntnis, die in den wissenschaftlichen Veröffentlichungen bewiesene Schärfe der Auffassung, seine große Geschicklichkeit hoben ihn weit über die zeitgenössischen Ärzte hinaus.
Dieffenbach gilt als einer der Schöpfer der plastischen Chirurgie. In Fortsetzung der seit langem geübten Versuche des Ersatzes verlorengegangenen Körpergewebes schuf er Neuerungen, aus denen sich der moderne hohe Stand dieser chirurgischen Kunst entwickeln konnte. — Schon kurz vor Beginn
unserer Zeitrechnung berichtete Celsus von alexandrinischen Ärzten über
deren erfolgreiche Maßnahmen zur Deckung entstandener Haut- und Weichteildefekte, berühmt sind die mittelalterlichen Versuche des Italieners Branca, der
mittels eines gestielten Lappens aus dem Oberarm die verloren gegangene Nase zu
ersetzen trachtete, berühmt die indischen Nasenplastiken mit Hilfe eines Hautlappens aus der Stirne. Dieffenbach förderte das Problem der Blutübertragung durch
Einführung einer Neuerung von grundsätzlicher Bedeutung. Jakob Blundel hatte
1825 in London die erste Blutübertragung vom Mensch zum Menschen durchgeführt.
Dieffenbach erkannte den ernsten Nachteil der Gerinnselbildung, befürwortete die
vor der Übertragung vorzunehmende Defibrinierung des Blutes und versuchte anläßlich einer Choleraepidemie mit Erfolg diese neue Methode. Noch ein weiteres
Gebiet der Chirurgie ist mit dem Namen Johann Friedrich Dieffenbach verbunden:
die Sehnendurchtrennung ohne großen Operationsschnitt. — Der große Chirurg starb
in seiner Klinik, als er sich eben anschickte, eine Operation vorzunehmen.

RUDOLF DIESEL
18. III. 1858 — 29. IX. 1913

Im Jahre 1892 beantragte der Maschinen-Ingenieur Rudolf Diesel ein Patent für „Arbeitsverfahren und Ausführungsart für Verbrennungsmaschinen". Die Patentschrift beschrieb das neuartige Verfahren: In dem Zylinder der Maschine wird das unter hohem Druck eingespritzte Öl durch heiße, verdichtete Luft zur Entzündung und damit zur Arbeitsleistung gebracht. Das Patent wurde erteilt, aber der Erfolg blieb aus. Diesel wandte sich an die großen Firmen. In einem Schreiben vom 21. Februar 1893 an die Augsburger Maschinenfabrik hieß es: „Ich wiederhole meine Bitte um ihre Unterstützung bei der Durchführung der Versuche mit dem neuen Motor. Das Ziel ist ein hohes, sowohl im technischen als wissenschaftlichen Sinne, es ist lohnend und aller Bemühungen wert..." Die Augsburger und die Firma Krupp gaben Hilfestellung. Endlose Versuchsreihen nahmen ihren Anfang. Dann schien der neue, Kraftstoff sparende Motor durchkonstruiert und fertig. Niemand ahnte damals, welch schwerer Weg der tragischen und bitteren Enttäuschungen der neuen Erfindung bis zum Endsieg beschieden sein sollte. 1898 wurde in der Zündholzfabrik Kempten der erste für einen regulären Betrieb bestimmte Dieselmotor eingebaut, von der Fachwelt mit Skepsis und höchster Spannung erwartet. Die Maschine versagte und mußte aus dem Betrieb genommen werden. Erst nach weiteren Jahren ununterbrochenen Kämpfens und Mühens hatte Rudolf Diesel alle Widerstände überwunden. Er fuhr zu entscheidenden Verhandlungen nach England, völlig überarbeitet, nervös, abgespannt. Bei der Überfahrt über den Kanal verschwand er in der Nacht vom 29. zum 30. September 1913 spurlos von Bord des Schiffes. Seine Erfindung aber eroberte sich die Welt und bleibt aufs engste mit seinem Namen verbunden.

DISRAELI
21. XII. 1804 — 19. IV. 1881

Tatkraft, Zähigkeit, eine ungeheure Arbeitskraft und glänzende persönliche Eigenschaften haben Benjamin Disraeli, den Sohn einer aus Venedig eingewanderten jüdischen Familie, von kleinsten Anfängen zu den höchsten Stellen des englischen Weltreiches geführt. Trotz aller Widerstände, die unüberwindlich schienen, weil zu tiefst in der englischen Tradition verwurzelt waren, gelang es ihm, in die starre, abgeschlossene Gesellschaftsschicht des konservativen Adels einzubrechen und schließlich sogar die Führung dieser Partei zu übernehmen. Viermal scheiterte der Anlauf zum Politiker, aber schließlich erzwang er sich doch als Abgeordneter den Eintritt in das Unterhaus. Die Heirat mit einer um Jahre älteren, reichen Witwe brachte ihm die wirtschaftliche Unabhängigkeit. Er vertrat die Prinzipien einer „Torydemokratie", einer neuen politischen Idee, die die Verbindung von Königtum und Adel mit dem notleidenden, unterdrückten Volk propagierte. Begeistert aufgenommene, zeitnahe Romane sicherten ihm die Sympathien der breiten Massen. 1848 wurde Disraeli der Führer der konservativen Partei im Unterhaus und leitete in drei aufeinanderfolgenden Ministerien das Amt des Schatzkanzlers. 1868, nach dem Sturz Palmerstons, übernahm er als Premierminister die Regierung. Unter ihm trat England in die klassische Zeit des Imperialismus ein. Er machte Indien zum Kaiserreich, sicherte den Suezkanal für Großbritannien, erwarb die Insel Cypern und gab dem britischen Reich die dominierende Stellung innerhalb der Weltmächte zurück. Disraeli, der von Königin Viktoria den Adelstitel Earl of Beaconfield erhielt, war eine blendende Erscheinung, gewandt, geistreich und wegen seines scharfen satirischen Witzes in den Redeschlachten des Parlaments gefürchtet.

* 30. X. 1895   GERHARD DOMAGK

Paul Ehrlich, dem die Welt das Salvarsan zu danken hat, mit
dem er die „Therapia magna sterilisans", das Allheilmittel
gegen die „Weiße Pest" gefunden zu haben meinte, gilt als
Begründer der Chemotherapie, der Behandlung von Infektionskrankheiten mit chemischen Substanzen, die ohne gesundheit-
liche Schädigungen die Erreger vernichten. Aber schon Ehrlich
mußte sich davon überzeugen, daß es nicht immer möglich war,
sämtliche Krankheitserreger zu vernichten, daß die wider-
standsfähigsten, die sich an das Gift gewöhnt hatten, am Leben
blieben und sich weiter vermehrten. Ähnliche Erfahrungen
machte Gerhard Domagk, der Leiter eines Instituts der Farbenfabriken Bayer in Elberfeld, als er zusammen mit den Chemikern Klarer und Mietzsch 1932 die Gruppe der schwefelhaltigen Sulfonamide im
Kampf gegen die Streptokokken entwickelte. Die Stoffe zerstörten die Erreger der
Lungenentzündung und der Wundrose, des Kindbettfiebers und der Furunkulose,
sogar die Gehirnhautentzündung verlor ihre Schrecken. Der Sohn des amerikanischen Präsidenten Roosevelt wurde durch das Prontosil auf Sulfonamid-Basis im
letzten Augenblick gerettet, als die Ärzte ihn schon aufgegeben hatten. Nach und
nach machte aber auch hier die zunehmende Arzneifestigkeit der Erreger den Ärzten
zu schaffen. Die Natur gesteht den Mikroorganismen die gleichen Rechte zu, die sie
Mensch und Tier mitgegeben hat: sich auch unter schwierigsten Bedingungen anzupassen. Dennoch veranlaßte das Prontosil, für das Domagk im Herbst 1939 mit dem
Nobelpreis für Medizin ausgezeichnet wurde, in allen Weltteilen gleichgerichtete
Arbeiten, die den Auftakt für den Ausbau der heute in allen Ländern eingeführten
Sulfonamidtherapie bildeten. – Domagk ist mit seinen Arbeiten zu einem der großen
Wohltäter der Menschheit geworden.

1386 — 13. XII. 1466   DONATELLO

Es gibt wohl wenige Bildhauer, deren Schöpfungen ein ganzes
Jahrhundert beherrscht haben, deren Vielseitigkeit und Erfin-
dungskraft, Genialität und Überlegenheit des technischen Könnens von Zeitgenossen und Schülern bewundert und neidlos
anerkannt wurden. In seinem 80jährigen Leben hat Donatello,
der mit seinem bürgerlichen Namen Donato di Betto Bardi hieß,
jedem Stoff, dem Stein, dem Ton, dem Erz und dem Holz das
Höchstmaß dessen abgerungen, was seiner Zeit, der italienischen Frührenaissance, erstrebenswertes Idealbild war: die
künstlerisch geformte, vor allem aber die wirklichkeitsgetreue
Wiedergabe des Menschen. Eine ästhetische Kritik nach dem
Wertmaßstab des Schönen oder Häßlichen fiel dabei kaum ins
Gewicht. Entscheidend war der Wahrheitsfanatismus, der auch vor der Schilderung
grauenerregender Wirklichkeit nicht zurückschreckte. Neben Gestalten, die durch
Schmerz oder Not gräßlich entstellt sind, stehen jedoch – und zwar in weit größerer
Zahl – solche, deren jugendliche Frische und menschliche Würde kaum jemals von
einem anderen Künstler übertroffen worden sind. Verbreiten die Werke seiner
Jugendzeit, in der er den Marmor bevorzugte, die unnachahmliche Atmosphäre hei-
ber Anmut, so bricht sich in seinen späteren Arbeiten eine immer stärkere Leidenschaft, eine immer wachsende dramatische Wucht Bahn. Nicht eine einzige Plastik
aber hat er geschaffen, die nicht gebändigt wäre von strenger Formenzucht. Sein
Meisterwerk war die Bronzeplastik des Condottiere Gattamelata, die den Domplatz
von Padua beherrscht. Es war das erste lebensgroße Reiterstandbild seit der Antike.

GAETANO DONIZETTI 29. XI. 1797 — 8. IV. 1848

Die Entwicklung der Oper in den letzten hundert Jahren hat das Werk Donizettis in Vergessenheit geraten lassen. Er gilt als seicht und oberflächlich, die meisten seiner zahlreichen Opern sind seit langem von den Spielplänen der Bühnen gestrichen. — Trotzdem verdient der Komponist nicht allein wegen seiner geschichtlichen Bedeutung bleibendes Ansehen — als Nachfolger Rossinis hat er die italienische Oper zu Verdi hingeführt —, sondern auch deshalb, weil zwei seiner Opern, „Die Regimentstochter" und „Don Pasquale", immer noch durch ihre charmante Liebenswürdigkeit bezaubern. Donizetti plaudert in ihren musikalischen Themenvariationen geistvoll und mit hintergründigem Humor. Der Hörer schmunzelt über verwegene Fröhlichkeit und läßt sich von ritterlicher Eleganz umschmeicheln. Auch schlichte Herzenstöne klingen auf, und nirgends stört Pose oder billige Tändelei. Noch heute werden die Aufführungen häufig von Beifallsstürmen unterbrochen, die jedem modernen Werk Ehre machen würden. — Donizetti stammte aus Bergamo bei Bologna, schrieb anfangs Kirchenmusik, wandte sich aber bald dem Vorbild Rossinis zu. Mit Rossini und Bellini galt er als der erfolgreichste Komponist seiner Zeit und weckte die italienische Oper zu neuer Blüte. 1835 errang er mit der ernsten Oper „Lucia di Lammermoor" besonderen Erfolg und wurde zum Professor für Komposition ernannt. Später ging er nach Paris und entwickelte dort einen neuen Stil der komischen Oper. Die Höhe äußerer Anerkennung gewann er mit dem Titel eines kaiserlichen Hofkompositeurs und Kapellmeisters in Wien. — Donizetti war wohl der einzige Komponist, der von sich sagen konnte, daß er 69 Opern komponiert habe. Durch Überarbeitung wurde er von einer schweren Geisteskrankheit befallen, die seinen Tod zur Folge hatte.

F. M. DOSTOJEWSKIJ 11. XI. 1821 — 9. II. 1881

„Es ist unfaßbar, daß die menschliche Natur soviel ertragen kann, ohne dem Irrsinn zu verfallen!" Dostojewskij, einer der größten Dichter des alten Rußlands, schrieb diese Worte in der Erinnerung an seine zehnjährige Leidenszeit als unschuldig verurteilter Zuchthäusler in Sibirien. Der junge Offizier, Sohn eines Arztes, war politischer Verschwörung angeklagt und mit dem Tode bestraft worden. Den mit verbundenen Augen an den Hinrichtungspfahl Gefesselten hatte man längere Zeit vor den Gewehrmündungen des Hinrichtungskommandos stehen lassen, bevor man den Erlaß des Zaren verlas, der den Unglücklichen zu sibirischem Zuchthaus „begnadigte". Als Dostojewskij in die Freiheit zurückkehrte, war sein Körper gebrochen und zerstört. Aus der Erschütterung dieser Zeit wuchs das rastlose Suchen nach Antwort auf die letzten Fragen des Glaubens, der Philosophie und des irdischen Daseins, das die Gestalten seiner Weltromane — „Schuld und Sühne", „Die Brüder Karamasoff", „Der Idiot", „Dämonen", „Erniedrigte und Beleidigte" und „Aufzeichnungen aus einem Totenhaus" —, aus innerem Zwang von Handlung zu Handlung treibt. — Dostojewskij, der ebenso Westeuropäer wie Russe war, spürte in dem ausgehenden 19. Jahrhundert bereits die Stürme einer neuen Zeit, die das Alte und Morsche hinwegfegen würden: „Noch niemals war Europa von so vielen feindlichen Elementen bedroht wie heute. Es scheint ganz unterminiert, mit Pulver geladen zu sein und wartet nur auf den ersten Funken!" Fjodor Michailowitsch Dostojewskij war der gläubige Prophet dieser dynamischen, bewegten Zukunft.

3. I. 1829 — 1. VIII. 1911 **KONRAD DUDEN**

Duden ist einer der Männer wie Celsius, Diesel oder Ampère, deren Name so sehr Begriff wurde, daß das Wissen um die Person völlig hinter dem allbekannten Werk verschwunden scheint. — Als Konrad Duden am 3. Januar 1829 zu Bostig bei Wesel geboren wurde, befand sich das in bunte Länderfetzen zerrissene Deutschland mitten im Prozeß nationalen Werdens. Die neuen Eisenbahnen, der Zollverein und das Frankfurter Parlament von 1848 mühten sich, aus der Vielgestalt deutscher Lebensformen die Einheit zu schaffen. Wieviel Hindernisse gab es zu bewältigen! Da hatte jedes Ländchen seine eigenen Maße, Gewichte, Münzen und Gesetze, ja, sogar die Schreibweise der gemeinsamen Muttersprache wechselte von Schlagbaum zu Schlagbaum. — Duden, der in Bad Hersfeld als Gymnasiallehrer tätige Philologe, hat sich der mühevollen Arbeit unterzogen, die deutsche Einheit auf dem Gebiet der Rechtschreibung — die er vereinfachte und vereinheitlichte — herzustellen. Mit ungeheurem Fleiß tätig, setzte er ein ganzes Leben an seine selbstgewählte Aufgabe. 1880 erschien sein „Orthographisches Wörterbuch der deutschen Sprache" und 1903 die „Rechtschreibung der Buchdruckereien deutscher Sprache", die 1907 zum „Großen Duden" — Nachschlagewerk der Orthographie, Stilwörterbuch, Grammatik und Bildwörterbuch deutscher Sprache — vereinigt wurden. — Als der bescheidene Gymnasiallehrer am 1. August 1911 nahe Wiesbaden starb, war sein Wörterbuch bereits in vielen Auflagen im deutschen Sprachraum verbreitet, und Lehrer, Schüler, Kaufleute, Dichter und Schriftsteller, Redakteure und Lektoren griffen damals wie heute zum „Duden", wenn sie in Fragen der richtigen Schreibweise eine letztgültige Entscheidung suchten.

29. IX. 1861 — 19. III. 1935 **CARL DUISBERG**

Der Name Duisberg ist aufs engste verknüpft mit dem Werden und Wachsen der deutschen chemischen Industrie. Ihm verdankte die Chemie den 1925 erfolgten Zusammenschluß vieler konkurrierender Einzelwerke zur I. G. Farbenindustrie-Aktiengesellschaft, die durch die Güte ihrer Erzeugnisse und durch ihre Forschungsergebnisse Weltruf erlangte. Als Vortragender und Konferenzleiter verstand es Duisberg, der aus kleinen Verhältnissen stammte, zu überzeugen und durch den geistvollen Charme seiner an Pointen reichen Beredsamkeit zu fesseln. Es war für ihn ein Leichtes, den ihn meist umgebenden großen Kreis von Menschen mit selbstverständlich erscheinender Liebenswürdigkeit für sich zu gewinnen. Bei allen Planungen überraschte er durch seine Voraussicht, die besonders deutlich in einer Denkschrift für die Anlage des Werkes Leverkusen bei Köln zum Ausdruck kam. Diese Denkschrift zeugt von einer solch ungewöhnlichen Weitsicht und klaren Erkenntnis der Produktionsvorgänge, daß man sie heute noch mit ehrfürchtigem Staunen liest. Keiner der darin enthaltenen Gedanken hat sich bisher, nach mehr als fünf Jahrzehnten, als falsch erwiesen. Noch immer genügt die Großzügigkeit der damaligen Planung modernen Anforderungen, so gewaltig auch in der Zwischenzeit der Ausbau des Werkes gewesen ist. Mit der gleichen Klarheit hat Duisberg, der als Chemiker selbst wichtige Erfindungen gemacht hat, die Aussichten und Möglichkeiten neuer Verfahren beurteilt. So setzte er 1911 auf der Hauptversammlung des Deutschen Museums in München für die damals noch recht umstrittene, für die deutsche Wirtschaft ungeheuer bedeutsame Ammoniak-Synthese mit siegessicherer Zuversicht ein. Das Verfahren hat sich restlos bewährt und hat die Ertragsfähigkeit des Bodens entscheidend erhöht.

ALEXANDRE DUMAS DER ÄLTERE 24. VII. 1802 — 5. XII. 1870

Gemessen an der Beliebtheit und Verbreitung seiner Werke, verdient Dumas der Ältere einen Ehrenplatz in der Literaturgeschichte, wie ihn nur wenige seiner Zeitgenossen beanspruchen können. In der Gegenwart wird er kaum weniger gelesen als im 19. Jahrhundert. Wer eine anspruchslose Lektüre sucht, findet in den langen Folgen seiner Romane — Dumas schrieb 275 Bände — reichlich Entspannung und Anregung. Auch der Film greift häufig auf Stoffe aus seinen Erzählungen zurück. — Dumas stammte aus Villers-Cotterts in der Pikardie und schrieb in seiner Jugend historische Dramen. Aber berühmt wurde er erst durch die vielbändigen Romane, die zwischen 1840 und 1850 entstanden. Die „Drei Musketiere" und „Der Graf von Monte Christo" fanden auch in Deutschland bald einen großen Leserkreis. Zwar können die geschichtlichen Darstellungen Dumas' keinen Anspruch auf historische Treue erheben, aber sie bieten stattdessen Spannung und einen phantasievollen Bildreichtum. Und wenn auch nicht alles — wie der Schriftsteller selbst gesteht — aus eigener Feder geflossen ist, der große Wurf blieb doch sein geistiges Eigentum. — Dumas verfaßte ferner Novellen, Reisebilder und Skizzen der verschiedensten Art. Sein Leben war von steter Unruhe erfüllt. Er nahm an den Feldzügen Garibaldis in Sizilien und Unteritalien teil, gab Zeitschriften heraus, gründete Theater, um seine Dramen zur Aufführung zu bringen und begab sich auf Vortragsreisen durch weite Gebiete Europas. — In Dumas bahnt sich die Vermischung des Schriftstellers mit dem Journalisten an, die besonders in Frankreich die literarische Entwicklung zur Gegenwart hin kennzeichnet.

ALEXANDRE DUMAS DER JÜNGERE 28. VII. 1824 — 27. XI. 1895

Die Pariser Februarrevolution von 1848 offenbarte die wachsende Not der Großstadtmassen und weckte in Mitteleuropa zum ersten Mal das soziale Gewissen. Um diese Zeit verfaßten Marx und Engels das kommunistische Manifest, und die jungen französischen Dichter fühlten die Verantwortung, als Künder einer modernen Rechtsauffassung dem Elend und der Unmoral entgegenzutreten, die wohlhabenden Schichten aber aus Gleichgültigkeit und Unwissenheit wachzurütteln. Neben Henri Murger und Eugène Sue trat Alexandre Dumas, der Sohn des Romanschriftstellers, in die vorderste Reihe der Rufer für soziale Gerechtigkeit. — Er hatte als gebürtiger Pariser den Aufstieg der jungen Industrie und den Niedergang von Sitte und Moral aufmerksam beobachtet und kehrte nun seinen poetischen Jugendversuchen, die unter dem Vorbild des väterlichen Werkes entstanden waren, entschlossen den Rücken. Im Gesellschaftsdrama fand er jetzt die dichterische Form, mit der er seine sozialen Thesen verfechten konnte. Er geißelte die Mißstände der modernen Ehe und griff die heuchlerische Rechtsauffassung der Zeit heftig an. Seine gründliche Bühnenerfahrung ermöglichte es ihm, die Zuschauer in atemloser Erregung zu fesseln. Das tragische Geschick der „Kameliendame" hat jahrzehntelang die Zuschauer zu Tränen gerührt. Später verwandte Verdi den Text für die Oper „Traviata", und im musikalischen Gewand blieb das Werk bis zur Gegenwart lebendig. — Wenn die Dichtungen Dumas' heute trotz ihrer einstigen Erfolge kaum noch aufgeführt werden, dann trägt daran neben dem Wandel der sozialen Fragestellung die übersteigerte Bühnenberedsamkeit wesentlichen Anteil. — Das Verdienst des jungen Dumas bleibt es, dem modernen Gesellschaftsdrama den Weg gebahnt zu haben.

8. V. 1828 — 30. X. 1910　　　　　　　　HENRY DUNANT

Am 24. Juni 1859 wurde die Schlacht von Solferino geschlagen. Sie war die blutigste Auseinandersetzung des Jahrhunderts. Franzosen und Italiener auf der einen, die Österreicher auf der anderen Seite setzten alle technischen Hilfsmittel ein. Es ging um den Besitz der Lombardei und um die Vorherrschaft in Europa. — Tausende beklagenswerter Menschen bezahlten den Ehrgeiz der Politiker und Feldherren mit ihrer Gesundheit oder ihrem Leben. Am Spätnachmittag ließen die Franzosen ihre Reiterei zur Verfolgung der abrückenden Österreicher angaloppieren. Die Schwadronen jagten rücksichtslos über das blutige, von Wehgeschrei und Sterbeseufzern erfüllte Feld. Dann entschwanden die letzten Truppenverbände hinter dem grauen Horizont. Die vielen Soldaten, die den Tag mit ihrem Blut bezahlten, blieben verlassen, ohne ärztliche Versorgung, ohne Trost und Hilfe liegen. — Dem Schweizer Kaufmann Henry Dunant, der zufällig in der Nähe weilte, blieben die Schreckensbilder des Elends nach der Schlacht unvergessen. 1862 veröffentlichte er sein weltbewegendes Buch „Un souvenir de Solferino". Der Tag auf dem Schmerzensfelde hatte ihm den Sinn seines Lebens gezeigt. Er kannte nur noch ein einziges Ziel: Internationale Vereinbarungen zum Schutze von Verwundeten und Gefangenen im Kriege zu schaffen. Nach langen Kämpfen und Enttäuschungen wurde 1864 die Übereinkunft von Genf erzielt, das „Rote Kreuz" als weltumfassende Hilfsorganisation für Verwundete, Kranke und Verfolgte entstand. Dunants Bemühungen ließen ihm keine Zeit für private Dinge, sein eigenes Geschäft brach zusammen. Er geriet in bittere Armut und verließ seine Heimatstadt Genf. 1901 wurde ihm der halbe Friedensnobelpreis zugeteilt — doch er überwies die Summe dem „Roten Kreuz" und trug weiter seine Armut wie einen königlichen Purpur.

21. V. 1471 — 6. IV. 1528　　　　　　　ALBRECHT DÜRER

Der Vater nannte sich noch „Türer", und der Sohn führte im Wappen eine weitgeöffnete Tür, denn die Familie stammte aus dem Orte Eytas in Ungarn, was so viel wie Tür oder Tor bedeutet. Sie war im 13. Jahrhundert — nach den Mongoleneinfällen — aus Deutschland ins Land der Pußta gerufen worden, hatte Erzbergbau, Viehzucht und das Goldschmieden betrieben, bis Dürers Vater auf der Wanderschaft in Nürnberg wohnen blieb. Nur widerstrebend hatte der Alte dem Drängen seines Sohnes nachgegeben und ihn dem Malermeister Wohlgemut in die Lehre gegeben. Er konnte es nicht ahnen, daß das Schicksal gerade dieses, sein drittes unter 18 Kindern, dazu berufen hatte, Deutschlands bedeutendster Maler und Graphiker zu werden. — Dürers Ruhm drang durch ganz Europa, selbst Italien erkannte neidvoll seine Größe an, und der Doge von Venedig suchte ihn durch glänzende Angebote an den Süden zu fesseln. Immer aber zog es ihn nach Nürnberg zurück, wo er, ein echter Sohn seiner Zeit und seines Landes, dem Geheimnis der Form und dem Rätsel der Schönheit nachspürte und ihr tiefstes Wesen zu entschleiern suchte: „Denn wahrhaftig steckt die Kunst in der Natur, wer sie kann reißen, der hat sie!" — Aus Italien brachte er die schimmernde Klarheit, aus den Niederlanden die milde Weichheit seiner Linien und Farben mit. Der eigentliche Kern seines Schaffens aber liegt in der unendlichen Fülle der Zeichnungen und Kupferstiche: in der Apokalypse und den Passionen, im Marienleben und den Porträts, allen voran aber in den drei berühmten Blättern „Ritter, Tod und Teufel", „Melancholie" und „Hieronymus". — Dürers überzeitliches Menschentum hat ihn herausgehoben aus der Enge mittelalterlicher Gebundenheit und ihn zum Sinnträger einer humanistischen Gesinnung gemacht.

ANTON DVOŘÁK 8. IX. 1841 — 1. V. 1904

Die tschechische Nationalmusik gründet ihren Ruhm auf Smetana und Anton Dvořák. Aber schon seit Jahrhunderten galt Böhmen als ein Land der Musik. Böhmische Spielleute zogen durch weite Gebiete Europas, und ihre beschwingten Weisen fehlten selten bei Kirmes und dörflichem Tanz. Bedeutende deutsch-böhmische Komponisten wie Johann Stamitz und die Brüder Benda wirkten geehrt und gerühmt an deutschen Fürstenhöfen des 18. Jahrhunderts. — Als die Romantik den Blick auf die Volkskunst lenkte und als sich zur gleichen Zeit die Tschechen aus der deutschen Kulturwelt zu lösen begannen, fand das tschechische Volk in der heimischen Musik den schönsten Ausdruck seiner Eigenart. Wer läßt sich nicht von Anton Dvoráks Streichquartetten mitreißen, wenn die Lebensfreude überquillt, die Rhythmen sich voller Leidenschaft jagen oder slawische Melancholie die Seele in ihren Bann schlägt? — Dvořák mußte schwer um seine Anerkennung ringen. In dem Kampf um sein Werk trat ihm Johannes Brahms hilfsbereit zur Seite. Der große deutsche Komponist bewunderte neidlos den Einfallsreichtum und die ungezwungene Form des anderen. — In den großen Werken, den Opern und Symphonien, gelangte Dvořák nicht zu höchster Meisterschaft. Die Zuneigung der musikalischen Welt gewann er mit seinen unwiderstehlichen Tänzen und Liedern und mit seiner urwüchsigen Kammermusik. — Er lehrte lange Zeit am Konservatorium in Prag und unterbrach diese Tätigkeit nur, um drei Jahre hindurch in den Vereinigten Staaten zu unterrichten. Die junge amerikanische Musik verdankt ihm viel, Dvořák aber brachte von dort ein Werk in die Heimat, das über den Ozean Brücken schlug: die Symphonie „Aus der neuen Welt", das Huldigungslied eines damals noch unterdrückten Volkes an eine freie Nation.

ANTHONIS VAN DYCK 22. III. 1599 — 9. XII. 1641

Schon mit 19 Jahren war der junge talentierte Flame Freimeister der Lucasgilde, der Antwerpener Künstlerinnung. Er hatte damit die Berechtigung erworben, sich unabhängig seinem Berufe zu widmen. Um noch mehr zu lernen, trat er jedoch zunächst für kurze Zeit bei Rubens als Gehilfe ein. Reisen nach England und Italien machten ihn bald so berühmt, daß er in kürzester Frist der gesuchteste Porträtmaler Europas wurde. In seiner Person verbanden sich eine äußerst liebenswürdige Menschlichkeit mit der genialen Treffsicherheit einer rasch arbeitenden Künstlerhand. Stets aber drang van Dyck von der glatten Schönheit der Oberfläche her in die geistige Wesenheit des Dargestellten ein und verriet damit einen psychologischen Tiefblick, der bei seiner Jugend außergewöhnlich und erstaunlich war. Mit 31 Jahren war er bereits Hofmaler der Erzherzogin Isabella, und zwei Jahre danach feierte man ihn in London als Bildnismaler der englischen Königsfamilie und der gesamten englischen Hofgesellschaft. Als er, hochgeehrt und geadelt, mit 42 Jahren starb, hinterließ er als berühmtestes Werk die „Ikonographie", eine Sammlung radierter und gestochener Bildnisse berühmter Zeitgenossen. Es waren im ganzen hundert Blatt. Nur 18 davon stammen wirklich von seiner Hand. Er war mit Aufträgen derart überhäuft, daß er einen großen Stab von Gehilfen beschäftigen mußte. Es ist deshalb bei der ungeheuren Fülle von Werken, die seinen Namen tragen, oft schwer zu sagen, was nun wirklich vom ersten bis zum letzten Pinselstrich von ihm allein stammt. Nach Rubens ist Anthonis van Dyck der größte und bedeutendste der flämischen Maler seiner Zeit. Seine Bildniskunst galt in England ein ganzes Jahrhundert hindurch als unerreichbares Vorbild der Malerei und Graphik.

4. II. 1871 — 28. II. 1925   **FRIEDRICH EBERT**

Als Friedrich Ebert, der erste Reichspräsident der Weimarer Republik, 1922 München besuchte, schrieb eine Zeitung der Sozialdemokraten: „Sein Aufstieg hat sich unbewußt im Drange der inneren Stimme vollzogen, die nur wenige Menschen begnadet..." Die Presse des nationalen Bürgertums aber beschimpfte ihn als Emporkömmling, als Vaterlandsverräter und „Dolchstoßpolitiker". Die unter so unglücklichen Umständen geschaffene junge Republik war innenpolitisch in feindliche Lager getrennt und von gewaltigen Spannungen durchzittert. Es gehörte ein Mann wie Ebert, ein „Mensch guten Willens", wie man ihn genannt hat, dazu, um das Gleichgewicht der Kräfte zu erhalten und die Katastrophe eines gewaltsamen Umsturzes von rechts oder links zu verhindern. — Ebert kam aus dem Handwerkerstande. 1891 wurde er Schriftleiter der sozialdemokratischen „Bremer Bürgerzeitung", 1912 Reichstagsabgeordneter, der sich bald gegen den Imperialismus der preußischen Junkerkaste wandte. Er ging als Delegierter 1917 zum Friedenskongreß nach Stockholm und wurde 1918 Führer des „Rats der Volksbeauftragten", 1919–1925 Reichspräsident. Zusammen mit General Groener hielt er in den schwersten Tagen der Nachkriegszeit die Ordnung aufrecht und rettete Deutschland vor dem Bolschewismus — ein Politiker des Ausgleiches, des maßvollen Fortschritts und des Gesetzes. Die Weimarer Demokratie dankte ihm ihre Erhaltung. Angegriffen von rechts und links, steuerte er das schwankende Reich durch alle Wirren und predigte den Gedanken wahrer Volksgemeinschaft. Er blieb — geschmäht und geachtet — der getreue Hüter der Nation, immer mehr ein Mensch als ein Funktionär, mehr ein Staatsmann als ein Parteipolitiker. Den Gegnern der Demokratie trat er unter Einsatz aller ihm zur Verfügung stehenden Mittel entgegen.

11. II. 1847 — 18. X. 1931   **THOMAS ALVA EDISON**

Ungewöhnlich war die Laufbahn dieses größten Erfinders Amerikas. Edison hat insgesamt nur drei Monate die Schule besucht. Sein umfassendes Wissen, hat er selbst erarbeitet. Schon als Junge richtete er sich ein eigenes chemisches Laboratorium ein, das er auch finanzierte — als Zeitungsbote zunächst und dann als Herausgeber eines kleinen Nachrichtenblattes, das er in einem Eisenbahnwagen während der Fahrt druckte. Durch die Eisenbahn lernte er auch den damals noch geheimnisvoll erscheinenden Telegraphen kennen. Als neunzehnjähriger Telegraphist in New York gelangen ihm einige Verbesserungen an den gebräuchlichen Telegraphenapparaten. Als nächstes erfand er das Kohlemikrophon, das den Fernsprecher überhaupt erst für die Praxis nutzbar machte. Dem Einunddreißigjährigen schließlich glückte der erste große Wurf: Die Konstruktion einer Sprechmaschine. Noch Jahre später haben Professoren den Erfinder entrüstet für einen „verdammten Betrüger" erklärt, der Bauchrednerkunststücke vorführte. Die zweite bedeutende Erfindung Edisons war die im Jahre 1879 geschaffene Kohlenfadenlampe. Der Streit, ob dem Deutschamerikaner Goebel die Priorität gebühre, weil er schon vor Edison Glühlampen benutzt habe, interessiert heute nicht mehr, denn Edison allein hat durch eine Reihe weiterer Erfindungen der elektrischen Beleuchtung zum Durchbruch verholfen. Die Zahl seiner sonstigen Erfindungen war Legion. Er hat die Schreibmaschine wesentlich verbessert, gehörte mit anderen zu den ersten Filmaufnahmegeräte gebaut, wie den dazu gehörigen Projektionsapparat, und er hat den Betonguß eingeführt. Immer neue Einfälle hatte er, die er selbst nur so lange bearbeitete, bis sie ihm reif zur technischen Auswertung erschienen. Die Durchführung der Pläne überließ er dann seinen Mitarbeitern.

GRAF VON EGMONT   18. XI. 1522 — 5. VI. 1568

Als 1568 Graf Egmont auf dem Marktplatz in Brüssel öffentlich hingerichtet wurde, stand der Kampf Spaniens um die Niederlande auf seinem Höhepunkt. Von seiten der Niederländer war es ein Kampf um die Freiheit des Glaubens und der Person. Spanien aber kämpfte nicht nur gegen das verhaßte Ketzertum, sondern zugleich um hohe politische Ziele. Die Niederlande waren damals das reichste Land Europas, und die Einkünfte der spanischen Krone aus diesen Provinzen waren ein wesentlicher Teil des spanischen Staatshaushaltes. — Mit dem wachsenden Streben nach geistiger Selbständigkeit konnte sich, so fürchtete König Philipp II., das Verlangen nach politischer und wirtschaftlicher Unabhängigkeit verbinden. Ursprünglich hatte sich die niederländische Opposition nicht unmittelbar gegen Spanien gerichtet. Der Adel hatte sich zusammengeschlossen, um die Beseitigung des spanischen Kanzlers Granvella zu verlangen. An der Spitze der protestierenden Partei standen der Prinz von Oranien und Graf Egmont. Als die Krone Spaniens nachgab und den Kanzler abberief war Egmont einer der Gesandten, die in Madrid um Milderung des „Besatzungsregimes" in den Niederlanden baten. Doch Egmont war kein Politiker. Er war gutgläubig genug, sich mit ein paar freundlichen Worten nach Hause schicken zu lassen, wo er feststellen mußte, daß das Terrorregiment nicht gemildert, sondern noch verschärft worden war. Erschreckt aber zog er sich vor der nun ausbrechenden offenen Empörung seiner Landsleute zurück. Immer noch hoffte er auf Ausgleich, selbst als der gestrenge Alba ins Land kam und Schrecken und Entsetzen ihm vorauseilten. Allen Warnungen zum Trotz blieb er in Brüssel. Dort wurde ihm nach neunmonatiger Kerkerhaft als angeblichem Hochverräter gegen die Krone Spaniens der Prozeß gemacht.

PAUL EHRLICH   14. III. 1854 — 20. VIII. 1915

Im Jahre 1854 wurden die beiden bedeutendsten Forscher auf dem Gebiet der Immunität und Serumtherapie, Behring und Ehrlich, geboren. Wie mit dem Namen Behring der Begriff des Diphtherieheilserums verknüpft ist, so verbindet sich mit dem Namen Ehrlich die Entdeckung des Salvarsans als des Heilmittels gegen die „Weiße Pest". Das Salvarsan war die bedeutendste Leistung des großen Forschers Ehrlich, der der Wissenschaft viele neue Erkenntnisse geschenkt hat. — Paul Ehrlich wurde in Strehlen-Schlesien geboren. Nach medizinischen Studien in Breslau, Straßburg und Freiburg promovierte er 1878 in Leipzig. Seine Ausbildung als Kliniker erhielt er bei den großen Internisten Frerichs und Gerhard in Berlin, dort habilitierte er auch im Jahre 1887 und wurde von Robert Koch mit der Führung einer Beobachtungsstation am Moabiter Krankenhaus beauftragt. Schon 1896 übertrug man ihm die Leitung des Staatlichen Instituts für Serumforschung in Steglitz, später in Frankfurt am Main. Im Jahre 1908 wurde ihm zusammen mit Metschnikow vom Pasteur-Institut in Paris der Nobelpreis verliehen. Ehrlich starb in Homburg v. d. Höhe. — Als Ergebnis seiner Forschungen gelang ihm 1882 der Nachweis der Säurefestigkeit des Tuberkelbazillus, dessen Darstellung er mit einer neuartigen Färbung ermöglichte. Seine weiteren Studien über den Vorgang der Immunisierung führten zur Aufstellung der berühmten „Seitenkettentheorie", die zur Erklärung der Bildung und des Wirkens der Gegengifte im menschlichen Körper von grundlegender Bedeutung geworden ist. Seine mit Tausenden von Versuchen verbundenen Bemühungen um eine wirksame Chemotherapie fanden endlich ihre Krönung in der Entdeckung des Salvarsans, das Hunderttausenden Lebensglück und Gesundheit wiedergegeben hat.

10. III. 1788 — 26. XI. 1857   **JOSEPH VON EICHENDORFF**

Eichendorffs Werke schienen der Inbegriff alles dessen zu sein, was man volkstümlich „Romantik" nannte: Waldesdämmern und Wanderlust, Brunnenrauschen, Liebesbangen und die verzauberte Schönheit traumverlorener Gartenhäuschen. Dennoch hat Eichendorff niemals auch nur den geringsten treibenden Anteil an der romantischen Bewegung genommen. Immer nur war er interessierter Zuschauer. Er bewunderte Görres, Arnim und Brentano als Student in Heidelberg, er kannte Kleist und Adam Müller in Berlin und fand bei Schlegel und seiner dichtenden Frau Dorothea in Wien freundliche Aufnahme. — Eichendorff, in Schlesien auf Schloß Lubowitz geboren, war Jurist und Beamter. 1813, bei Ausbruch der Freiheitskriege, trat er in das Lützowsche Freikorps ein. Nach dem Krieg heiratete er und wurde preußischer Beamter. Breslau, Berlin, Danzig, Königsberg und wieder Berlin waren die Stationen seines Beamtenlebens, das er mit größter Gewissenhaftigkeit und Liebe zur Sache ausfüllte. Schließlich kam es wegen seines Glaubens zu ernsten Spannungen mit dem Kultusminister. 1845 schied er aus dem Ministerium aus. Nun hatte er Zeit für Studium und Übersetzung spanischer Literatur und für zahlreiche kritische Schriften zur Literaturgeschichte. Im deutschen Volk aber lebt Eichendorff fort, nicht als Staatsbeamter, nicht als Literaturhistoriker, nicht einmal als Autor von Dramen und Romanen, sondern vor allem als Schöpfer seiner herrlichen Lieder: „O Täler weit, o Höhen...", „In einem kühlen Grunde...", „Wer in die Fremde will wandern, der muß mit der Liebsten gehen..." Die Perle jedoch unter all seinen Dichtungen ist die Novelle „Aus dem Leben eines Taugenichts". Hier tönt alles zu einem licht- und farbenvollen Klang zusammen, voll tiefinnerlicher Heiterkeit, voll volkstümlicher Frische und überhaucht von dem Duft einer zarten, träumerischen Stimmung.

14. III. 1879 — 18. IV. 1955   **ALBERT EINSTEIN**

Keine neue physikalische Lehre ist in der Öffentlichkeit so lebhaft umstritten worden wie Einsteins Relativitätstheorie. Nur 25 Seiten umfaßte die 1905 erschienene Arbeit „Über die Elektrodynamik bewegter Körper", um die der Jahrzehnte anhaltende Meinungsstreit entbrannte. Aber die 25 Seiten bedeuteten eine Revolution in der Physik. Auf den ersten Blick zwar erscheint Einsteins Formulierung, die Naturgesetze seien für alle sich gleichförmig bewegenden Systeme dieselben, und es gebe keine absolute Geschwindigkeit außer der des Lichtes, nicht gerade umstürzlerisch. Aber wie anders klingt es, vernimmt man, daß die Länge eines bewegten Stabes verschieden groß ist, je nachdem sich der diese Länge Messende mit dem Stabe bewegt oder gegen ihn; daß zwei Ereignisse, die einem Beobachter als gleichzeitig erscheinen, für einen zweiten, anders bewegten, zu verschiedenen Zeiten stattfinden; daß die Masse eines Körpers mit wachsender Geschwindigkeit zunimmt, daß Masse und Energie wesensgleich sind, daß Raum und Zeit zu einem „vierdimensionalen Kontinuum" verschmolzen werden müssen. Die sensationellen Ergebnisse der modernen Forschung unseres Atomzeitalters beruhen zum großen Teil auf den Erkenntnissen Einsteins, besonders seiner Theorie der Lichtquanten. — Albert Einstein hat die Menschen immer wieder zur Vernunft und Verständigung, zu Frieden und Humanität gemahnt. Letzte Erkenntnis seines Lebens war das Wissen von jenem „unendlichen Geisteswesen höherer Natur, das sich als höchste Wahrheit und strahlendste Schönheit offenbart". — Einstein wurde in Ulm geboren. Seine Jugend verlebte er in München, er ging in die Schweiz und kehrte 1914 nach Deutschland zurück. Später wurde er Direktor des Kaiser-Wilhelm-Institutes. Im Jahre 1933 emigrierte er nach Amerika.

FRIEDRICH ENGELS   28. XI. 1820 — 5. VIII. 1895

Friedrich Engels wurde im Jahre 1820 als Sohn eines reichen Barmer Fabrikanten geboren. Das Schicksal schien ihn vorherbestimmt zu haben, als Erbe des väterlichen Besitzes ein Leben in Wohlstand und Zufriedenheit zu führen. Doch die Eindrücke, die er bei einem Aufenthalt in Manchester von dem Elendsdasein der Arbeiter gewann, führten ihn in die Reihen der Vorkämpfer einer neuen sozialen Ordnung. Er schrieb das aufsehenerregende Buch über die „Lage der arbeitenden Klassen in England" (1845) und trat zu dem Organisator des Proletariats, Karl Marx, in freundschaftliche Beziehungen. Beide zusammen begründeten den wissenschaftlichen Sozialismus, eine philosophisch unterbaute Theorie von einer besseren künftigen Gesellschaft ohne Klassen. In den stürmischen Revolutionsjahren 1847/48 gaben sie gemeinsam das „Kommunistische Manifest" — eine Programmschrift der Sozialisten — heraus. — Immer war Engels der Tätigere, Aktivere der beiden Männer, ein ausgezeichneter Fechter, Pistolenschütze und Kämpfer, der nur zu oft seine eigene Person in die Schanze warf. 1848 hatte er mit Karl Marx die „Neue Rheinische Zeitung" redigiert und mußte nach dem Sieg der Reaktion nach England flüchten, wo er in einem Zweiggeschäft seines Vaters zu Manchester arbeitete und den mittellosen Marx unterstützte. — Stets blieb er der Aufgabe treu, die er für den Inhalt seines Lebens erachtete: der Heraufführung der sozialen Revolution. Dafür kämpfte er in zahlreichen Veröffentlichungen, wobei er besonders zur Formulierung des materialistischen Geschichtsbildes beitrug. Nach dem Tode von Karl Marx wurde er der anerkannte Führer der sozialistischen Internationale, er war und blieb umstritten, gehaßt und geliebt, von Freund und Feind aber seines reinen Wollens und seiner Opferbereitschaft willen geachtet.

EPIKUR   341 — 270 v. Chr.

Jeden Monat trafen sich in dem Landhaus und dem Garten des Epikur zu Athen eine Anzahl Freunde; es waren Philosophen der beherrschten Leidenschaften und der verfeinerten Lebensfreuden, Männer, die nach den Worten ihres Lehrers Epikur nicht mehr „den Kinderglauben hegten, daß die Welt das Werk irgendwelcher Götter sei..." Epikur — ein Weiser mehr durch sein Leben als durch seine Lehre, die er in einigen Schriften über Natur und „Das Wesen der Glückseligkeit" niedergelegt hat — wurde schwärmerisch von seiner Gemeinde verehrt. Wenn er in heiter-geselligem Umgang seine Gedanken erklärte, lauschten ihm die Freunde mit Ehrfurcht. Und doch vermochte er den Suchenden nicht mehr zu verkünden als den Mut zum gelassen ertragenen Untergang. — Mit achtzehn Jahren hatte Epikur, der Sohn eines griechischen Kolonisten, die heimatliche Insel Samos verlassen, um in Athen zu studieren. Er wurde Anhänger der Naturlehre des Demokrit, ein Realist und kühler Physiker, dem nur das sicher Feststell- und Meßbare galt und dem der letzte Zweck der Naturlehre war: den Wissenden vor Schreck, Furcht und Aberglauben zu bewahren. Philosophie aber bedeutete ihm die Kunst, glücklich zu werden, obschon der allgewaltige Tod diesen sinnvoll-sinnlosen Tanz der Atome regiere und obgleich auch die Seele mit dem Körper, in dem sie entstehe und atme, jeder anderen Atomverbindung gleichend, dereinst in den Schoß des Nichts zurückfallen müsse. Trotz der Ausweglosigkeit alles Seins nützten und genossen die Freunde Epikurs die Stunden des Lebens durch Tugend, geistige Erhebung, Freundschaft, Liebe und Kunst. Als Epikur inmitten seiner Anhänger starb, trugen die Schüler seine Lehre weiter. Sie dauerte, bis ihr Zwielicht vor dem Glanz des Christentums verlosch.

28. X. 1466 — 12. VII. 1536   **ERASMUS VON ROTTERDAM**

Erasmus, der mit seinem bürgerlichen Namen Gerhard Gerhards hieß, war ein Born alles philologischen und philosophischen Wissens seiner Zeit. Er war einer der geistigen Beweger, ein Mann, dessen Worte fortschwelenden und weit hinwirkenden Zündstoff bedeuteten, dessen Taten aber von Furcht und Vorsicht gehemmt blieben. Vielleicht wirkte ein Leben lang die schwere Jugend in ihm nach, die ihn als unehelich Geborenen ins Kloster trieb und die ihn Jahre hindurch zum Kampf gegen den selbstgewählten Zwang als Mönch nötigte, bis er endlich in den hohen Bereichen des berühmten Schriftstellers die ersehnte Freiheit fand. Er schrieb Lehrwerke der Sprachkritik, wie die „Antibarbari", mühte sich um Bibelübersetzungen und gereinigte Evangelienausgaben, beteiligte sich am Humanistenstreit und an der beginnenden Reformation, der er zuneigte, solange sie nicht Revolte wider die alte Kirche war. Dann sagte er sich los, verharrte gehorsam im Schoß der Kirche und ließ doch einen Teil des Herzens bei Luther und Melanchthon, denen er sich gern als Vermittler angeboten hätte. Sein Ideal, von dem er in seinem Zufluchtsort Basel träumte, war die Gelehrtenrepublik, in der sich antike und christliche Elemente in Humanität und Toleranz verbinden. Er selber wäre ein hervorragender Präsident einer solchen Republik gewesen, stand er doch in Briefwechsel mit fast allen Gelehrten Europas, kannte Deutschland, Frankreich, England und Italien und ward von Kaisern, Königen und Fürsten gleichermaßen wie von Humanisten, Reformatoren und Verteidigern der alten Kirche geachtet. — Desiderius Erasmus von Rotterdam starb am 12. Juli 1536, siebzig Jahre alt, in Basel, anerkannt und verehrt von den Gelehrten in aller Welt.

Um 1244 — 1318   **ERWIN VON STEINBACH**

In der Nacht vom 15. zum 16. August 1298 brach plötzlich im Neubau des Straßburger Münsters Feuer aus. Im Quartier des zu Besuch weilenden Königs Albrecht war es entstanden, ergriff das Baugerüst der Münsterfassade, erfaßte das Dach des Langschiffs und zerstörte die Glasfenster. Die Glut war so gewaltig, daß selbst die Glocken schmolzen. Als man endlich an den Weiterbau der Turmfassade gehen konnte, hat Erwin, der Hauptmeister der Dombauhütte, kaum noch mitgewirkt und sich darauf beschränkt, an der Ausgestaltung des Innern der Kirche zu arbeiten. Trotzdem ist die Fassade des Turms das Werk, das seinen Namen weit in die Welt getragen hat, einen der wenigen Namen von mittelalterlichen Baumeistern, die überhaupt bekannt sind. Auch der Laie erkennt sofort, daß die drei Stockwerke dieser Fassade mit dem einen nördlichen Turm kein einheitliches Ganzes bilden. Die oberen Teile atmen einen viel nüchterneren Geist, sie sind klarer, aber auch sehr viel poesieloser als Erwins Unterbau mit der prächtigen, einzig dastehenden Fensterrose. Zum Glück hat sich wenigstens ein alter Riß erhalten, auf dem der ursprüngliche Bauplan festgehalten ist. In seiner künstlerischen Vollkommenheit, in seinem rhythmischen Aufsteigen von Stufe zu Stufe gilt er als das Schönste, was die Gotik je ersonnen hat. Und es ist schmerzlich zu wissen, daß nur ein Brand es war, der die Vollendung verhindert hat. Was geblieben ist, ist aber noch herrlich genug. Die feste Mauermasse der beiden unteren Stockwerke ist mit einem meist freistehenden, bewegten Maß- und Stabwerk überzogen, gleichsam mit einem zarten Spitzengewebe aus Stein, das bereichert wird durch das vielgestaltige Spiel von Schatten und Licht. Daß Erwin nicht das ganze Münster erbaut hat, wie noch Goethe glaubte, ist heute erwiesen.

9* 131

JOHANN VON ESMARCH 9. I. 1823 — 23. III. 1908

Als Sohn des Physikus Theophilus Christian Kaspar Esmarch wurde der spätere Professor für Chirurgie, Geheimer Medizinalrat und Generalarzt Johann Friedrich August von Esmarch zu Tönning in Schleswig-Holstein geboren. Er studierte in Kiel und Göttingen Medizin, promovierte 1848 und wurde schon im Jahre 1854 auf den chirurgischen Lehrstuhl nach Kiel berufen. Alle äußeren Ehrungen wurden dem weit über sein Vaterland hinaus bekannten Chirurgen zuteil, bis ins höchste Alter war er einer der verehrten Führer seiner Wissenschaft. Zwei außergewöhnlich verdienstvolle Leistungen haben den Ruf von Esmarch begründet: die Verbreitung und Förderung des Samariterwesens in Deutschland und die Einführung der nach ihm benannten „Esmarchschen Blutleere". Seit alter Zeit galt die Blutung als eine der schwierigsten und gefährlichsten Komplikationen bei chirurgischen Maßnahmen, die bis weit ins 18. Jahrhundert hinein fast ausschließlich in der Amputation verletzter oder erkrankter Glieder bestand, sich also mit der Blutung aus sehr großen Gefäßen auseinanderzusetzen hatte. Die Beeinflussung der Blutung durch Druck, Kälte oder durch Anwendung blutstillender Mittel wurde seit dem Altertum versucht. In der Kriegschirurgie griff man zum Brenneisen, um durch Verschorfung der Amputationsfläche die Blutung zum Stehen zu bringen. Bis Esmarch mußte man mit diesen Behelfsmitteln arbeiten. Es war eine hervorragende Tat, als der Kieler Chirurg die Blutleerung mit der elastischen Binde erfand: durch eine dehnbare Einwicklung des zu operierenden Gliedes von der Peripherie her wurde zunächst alles Blut zentralwärts gedrängt und dann die Umschnürung mit einer breiten Gummibinde durchgeführt. Damit war endlich der operative Eingriff ins „Blutleere" ermöglicht worden.

PRINZ EUGEN 18. X. 1663 — 21. IV. 1736

Die faszinierende Persönlichkeit des Prinz „Eugenio von Savoy" durchleuchtete sein Jahrhundert. An den Lagerfeuern der Soldaten sang man das Lied vom „edlen Ritter", und Friedrich der Große schrieb von ihm: „... er regierte nicht nur die österreichischen Erblande, sondern auch das Reich. Eigentlich war er Kaiser..." Klein und unansehnlich von Gestalt, am Hofe des Sonnenkönigs aufgewachsen und französisch erzogen, ist dieser Prinz italienischen Geblütes ein europäischer Deutscher, der Vorkämpfer Europas, der „Begründer der Donaumonarchie" geworden. Im Dienst dreier habsburgischer Kaiser stieg er vom einfachen Offizier zum Feldmarschall, zum „Präsidenten des Hofkriegsrates" und Reichsmarschall auf. Seine große Seele plante die europäische Konzeption einer wirklichen und dauernden Verständigung mit dem seegewaltigen England, wobei die Meere und fernen Kontinente England, Europas Führung dem deutschen Habsburgerreich zufallen sollte. In seiner Freundschaft mit dem Herzog von Marlbourough glaubte er die Garantie für die Verwirklichung seines Lebensplanes zu halten. Da beging 1712 England den Verrat, von dem Winston Churchill in der Biographie seines Ahnen sagte: „Nichts in der Geschichte zivilisierter Völker hat diesen schwarzen Verrat übertroffen." Die Krönung eines jahrzehntelangen Ringens, der reife, sichere Endsieg über Europas Zwietracht war vereitelt. Die Gründung und Festigung der Donaumonarchie, die dann durch zwei Jahrhunderte allen Stürmen standgehalten, war eine Beschneidung des kontinentweiten Planes des Prinzen Eugen, groß genug, die Bedeutung seiner Gestalt für alle Zeiten zu sichern, aber tragisch in sich, nicht nur für ihn, sondern für das ganze Abendland. Der Prinz war ein feinsinniger und wissender Kunstkenner, Kunst- und Büchersammler, dem die Stadt Wien erlesene Bauwerke und eine berühmte Bibliothek verdankt.

15. IV. 1707 — 18. IX. 1783   **LEONHARD EULER**

Leonhard Euler, in Basel geboren, war ein ungewöhnlich vielseitiger Gelehrter. Er studierte nicht nur Mathematik, sondern auch Theologie, orientalische Sprachen und Medizin. Mit 20 Jahren erhielt er den Preis der Pariser Akademie für eine Arbeit über die beste Bemastung von Segelschiffen. Bald darauf berief ihn der Zar nach Rußland als Mathematiker für die Petersburger Akademie. Mit 23 Jahren wurde er Professor für Physik, und drei Jahre später wurde er zusätzlich noch mit der Professur für höhere Mathematik betraut. Eine solche internationale Berühmtheit wollte sich das aufstrebende Preußen nicht entgehen lassen. 1741 berief Friedrich d. Gr. den Gelehrten nach Berlin. 25 Jahre lang blieb Euler in Preußens Hauptstadt, dann zog es ihn wieder nach Petersburg, wo er bis zu seinem Tode unermüdlich schaffte, schrieb und lehrte. Als er die Augen schloß, fand man in seinem Schreibtisch 200 unveröffentlichte Manuskripte. 40 Jahre nach seinem Tode entdeckte man immer noch zahlreiche Abhandlungen, die bisher ungedruckt waren. — Euler war der vielseitigste unter allen Mathematikern Europas. Er beherrschte nicht nur alle Gebiete der Mathematik und erweiterte sie durch zahllose eigene Entdeckungen, sondern er schuf gänzlich neue Fächer, wie z. B. die Variationsrechnung. Wie weltoffen er seine Wissenschaft betrachtete, geht daraus hervor, daß er von seinem Fache aus alle nur möglichen praktischen wie theoretischen Querverbindungen schuf zu den verschiedensten Nachbargebieten, zu Mechanik und Optik, zu Musik und Hydrodynamik, zu Himmelskunde und Schiffahrt, zu Windmühlenbau und der Lehre von den Gezeiten. Immer war dabei seine Sprache verständlich und klar. Durch populäre Lehrbücher bemühte er sich, die höhere Mathematik einem möglichst großen Kreis von Menschen zugänglich zu machen.

480 — 406 v. Chr.   **EURIPIDES**

Nach der schweren Niederlage bei den Thermopylen errangen die Griechen im Jahre 480 einen entscheidenden Sieg über die Perser in der Seeschlacht bei Salamis. Am gleichen Tage soll Euripides, der letzte der drei großen griechischen Dramatiker, zur Welt gekommen sein. Aus der gefahrvollen Zeit der Perserkriege wuchs er hinein in das goldene Zeitalter des Perikles, in eine Periode der Blüte von Kultur und Kunst, zugleich aber auch der Unruhe und der inneren politischen Kämpfe. Wie seine Geburt, so ist auch sein Tod vom Geheimnis umwittert. Auf einer Reise nach Mazedonien ist er — so lautet die Sage — von Hunden zerrissen worden. — Euripides war ein Feind der Öffentlichkeit. Sein Charakter war makellos, sein Wesen streng und unzugänglich, sein Leben still und ungesellig. Dennoch nahm er leidenschaftlich Anteil an der geistigen Auseinandersetzung der Zeit. Er war der kühne Wortführer der „modernen Jugend", die in offenem Gegensatz stand zu den Idealen und dem Denken der alten Generation. Er sagte sich los vom alten Götterglauben, von den hergebrachten Regeln der Kunst und erkannte nur eines an: den Menschen der Gegenwart mit all seiner aufgeklärten Emanzipation, seiner irdischen Leidenschaftlichkeit, seiner geistig-seelischen Problematik. — Mit 25 Jahren schrieb er seine ersten Verse, mit 39 wurde er vor allem Volk preisgekrönt. 74 Dramen und 17 Tragödien hat Euripides verfaßt, von denen „Medea", „Iphigenie" und „Die Phönizierinnen" wohl die bedeutendsten sind. Seine Figuren sind von den traditionellen feierlichen Symbolik und Vergöttlichung herabgestiegen und zu Menschen des griechischen Alltags geworden. Keiner vor ihm hat so tief und erschütternd Unglück und Not, Leidenschaft und Wahnsinn dargestellt.

JAN VAN EYCK   Um 1390 — 9. VI. 1441

Auf dem Rahmen des Genter Altars, des Hauptwerkes der Malerbrüder van Eyck, steht die Inschrift: „Der Maler Hubert van Eyck, größer als welcher keiner gefunden worden, hat das Werk begonnen, Jan, der Bruder, in der Kunst der zweite, hat es vollendet anno 1432." Von Hubert weiß die Kunstgeschichte nichts als das, was die Genter Inschrift meldet. Kein Werk von ihm ist erhalten, kein Namenszug, keine Notiz. Das Erbe des Älteren hat Jan, der Bruder, angetreten. Er hat den Genter Altar, dieses Wunderwerk der Malkunst, vollendet. Die meisten Tafelbilder des Flügelaltars, einer Stiftung des Genter Bürgers Jodocus Vydt, wurden 1815 an einen Kunsthändler verkauft, kamen in Privatbesitz und schließlich nach Berlin ins Museum. Im Jahre 1919 bestimmte der Versailler Friedensvertrag, daß die kostbaren Gemälde als Reparationsleistung an Belgien ausgeliefert werden sollten. — Jan van Eyck wurde in Maaseyck in den Niederlanden geboren. Die Urkunden berichten, daß er im Alter von 32 Jahren als Maler an den Hof des Herzogs Philipp des Guten von Burgund kam. Später lebte und schaffte er in Brügge, in der flämisch-niederländischen Heimat. Die Zeitgenossen bewunderten die leuchtenden Farben der Bilder, deren Wirkung auf der neuen Malweise „naß in naß" beruhte. Themenwahl und Ausführung der Gemälde zeigen Jan van Eyck als Maler der beginnenden Neuzeit, die aus dem mystischen Raum des gotischen Mittelalters heraustritt und die Schönheit des Irdischen entdeckt. Gott, Mensch und Natur sind zu einer Einheit verbunden, deren bildhafte Darstellung manchmal von einer naiven Profanität ist. Die bekanntesten Werke Jan van Eycks sind außer dem Genter Altar die „Madonna des Kanonikus van der Paele", die „Madonna des Kanzlers Rolin" und das „Ehepaar Arnolfini".

MAX EYTH   6. V. 1836 — 25. VIII. 1906

In dem Leben und Werk des Ingenieur-Schriftstellers Max Eyth spiegelt sich das große Abenteuer der industriellen Entwicklung des 19. Jahrhunderts, des Zeitalters der Maschine. Ein Jahr vor seiner Geburt fuhr die erste Eisenbahn von Nürnberg nach Fürth; als sich sein Leben dem Ende zuneigte, brausten Kraftwagen mit hoher Geschwindigkeit über die Straßen, dröhnten die Hallen der Fabriken vom Lärm der Maschinen. — Eyth war von seinem Vater, dem Pfarrer und Professor für Sprachen und Geschichte in Kirchheim unter Teck, für die humanistische Gelehrtenlaufbahn bestimmt worden. Aber den Jungen zog es mehr zu den Schmiedewerkstätten und Eisenhämmern seiner schwäbischen Heimat als zum Cicero und Cornelius Nepos Er setzte seinen Willen durch und begann im Alter von 15 Jahren mit dem technischen Studium auf dem Stuttgarter Polytechnikum. Der Schule mit ihrer Theorie folgte die praktische Arbeit an Amboß und Schraubstock, bis der lang ersehnte Sprung in die Welt gelang. In England, dem damals klassischen Land des Fortschritts, fand Max Eyth ein reiches Tätigkeitsfeld in der führenden Maschinenfabrik von Fowler zu Leeds. Er verbesserte mit wesentlichen Patenten den Dampfpflug, der damals eine wahre Revolution auf dem Gebiet der Landwirtschaft herbeiführte. In fruchtbarer Pioniertätigkeit zog der Deutsche im Auftrag Fowlers durch die ganze Welt, um das Dampfpflügen populär zu machen. Als reicher Mann in die Heimat zurückgekehrt, arbeitete er als freier Schriftsteller und gründete die Deutsche Landwirtschaftliche Gesellschaft, die die Intensivierung der Landwirtschaft und ihre Technisierung auf ihre Fahnen geschrieben hatte. — Seine Bücher „Hinter Pflug und Schraubstock", „Im Kampf um die Cheopspyramide" und viele andere sind Dokumente menschlicher Größe und technischer Phantasie.

22. IX. 1791 — 25. VIII. 1867   MICHAEL FARADAY

Täglich und stündlich benutzen wir die geniale Entdeckung des Mannes, der sich vom Buchbinderlehrling zu einem der Großen im Reich der Physik emporgearbeitet hat. Daß elektrischer Strom Magnetismus erzeugt, war seit den grundlegenden Forschungen Oerstedts, Aragos und Ampères bekannt, die alle drei im gleichen Jahr 1820 den experimentellen Nachweis dafür erbracht hatten. Die sich daraus ergebende Frage, ob auch Strom durch Magnetismus erzeugt werden könne, hat Michael Faraday viele Jahre lang beschäftigt. Man erzählt, er habe stets einen kleinen Magneten und ein Stückchen Kupferdraht bei sich getragen, damit er immer an dieses Problem zu denken gezwungen sei. Das Jahr 1832 brachte endlich die Lösung: In einer Drahtspirale, die man quer durch den Wirkungsbereich, durch das „Feld" eines Magneten bewegt, wird ein Strom erzeugt, „induziert". Auf dieser Entdeckung als Fundament beruht das gewaltige Gebäude der modernen Elektrotechnik ebenso wie die kühnen Konstruktionen der neuzeitlichen theoretischen Physik, die ohne Faradays Begriff des „Feldes" undenkbar sind. — Michael Faraday, der mit seinem hingebend fleißigen, allein von der reinen Begeisterung für die Wissenschaft getragenen Selbststudium erreicht hatte, daß der damals führende Chemiker Davy — der selbst vom Chirurgenlehrling zum Professor und Baronet aufgestiegen war — ihn erst als Laboranten, dann als Assistenten beschäftigte, hat seinen Lehrer bald überflügelt. Faraday gilt auch heute noch als der größte Experimentator, den die Physikgeschichte kennt. Jene Begeisterung für die Natur und ihre Geheimnisse, die er selbst als Jüngling aus allgemeinverständlichen Schriften empfangen hatte, gab er an die nächste Generation weiter. Seine „Naturgeschichte einer Kerze" aus dem Jahre 1826 ist ein klassisches Werk populärer Naturwissenschaft.

19. IV. 1793 — 29. VI. 1875   KAISER FERDINAND I.

Auf der stolzen Kaiserburg Hradschin in Prag, in der Abgeschiedenheit des Palastes, lebte 27 Jahre lang ein entthronter Kaiser als emsiger Forscher seinen botanischen, technischen und künstlerischen Neigungen. Die Gestalt des Habsburgers, der zuweilen die Treppengäßchen des Burgberges herabstieg, um in der Prager Altstadt notwendige Gerätschaften und alte Folianten für seine Studien oder Setzlinge für seine Versuchsbeete zu erstehen, war den Pragern vertraut wie einer ihresgleichen. — Ferdinand der Erste gehört zu den tragischsten Herrschern der österreichisch-ungarischen Monarchie. In dem Jahre geboren, in dem der Pariser Konvent Marie Antoinette zum Tode auf dem Schafott verurteilte, zur Abdankung gezwungen, als die 48er-Revolution Wien und die Monarchie erschütterte, stand Ferdinand I. im Schatten schwerster Schicksale. Von früher Jugend an kämpfte der älteste Sohn Franz I., des großen Gegners Napoleons, mit den Leiden einer schwächlichen Gesundheit. Reisen durch Europa, in die Schweiz, in den italienischen Süden, brachten dem Kronprinzen zwar nicht die Genesung, machten ihn aber aufgeschlossen für den technischen Fortschritt, für die Entwicklung des modernen Gewerbes, für die aufblühenden Naturwissenschaften und ließen ihn an der sozialen Frage lebhaften Anteil nehmen. Als er im Jahre 1835, glücklich einem Mordanschlag entronnen, seinem Vater auf den österreichischen Kaiserthron folgte, wandte er sich vor allem den Aufgaben zu, die er als Jüngling schon gewidmet hatte; der eigentliche Beherrscher der österreichischen Politik blieb auch weiterhin der langjährige Staatskanzler Metternich. — Als 1848 Wien von der Revolution erfaßt wurde, entsagte Ferdinand zu Gunsten seines Neffen Franz-Joseph der Krone und nahm seinen Aufenthalt in Prag.

FERDINAND II. VON PORTUGAL 29. X. 1816 — 15. XII. 1885

Es war eine europäische Sensation, als im Jahre 1869 die Zeitungen berichteten, Ferdinand II., Resident von Portugal, habe die ihm angetragene Würde eines Königs von Spanien ausgeschlagen und werde statt dessen die Tänzerin Elise Hensler heiraten. Man konnte damals kaum begreifen, daß ein gekrönter Fürst die Stille eines privaten Lebens dem Prunk und den Ehren eines Herrscherthrones vorzog. — Portugal, das in den ersten Jahrzehnten des 16. Jahrhunderts die Weltmeere fast allein beherrscht hatte, war in der Folgezeit immer mehr fremder Gewalt gewichen. Es geriet erst unter spanischen, dann unter französischen und schließlich unter englischen Einfluß. Zu Beginn des 19. Jahrhunderts herrschten chaotische Zustände in Portugal. Ein Herrscher folgte dem anderen, eine Revolution löste die andere ab, bis der englische Herzog Wellington im Verlauf der Kämpfe gegen Napoleon das ganze Land besetzte. Schließlich wurde die erst siebenjährige Donna Maria da Gloria zur Königin gekrönt, mußte aber vor dem Gegenkönig Don Miguel nach England fliehen. Erst 1833 kehrte sie mit englischer und französischer Hilfe zurück. Jetzt konnte auch Maria, die inzwischen 17 Jahre alt geworden war, den nur drei Jahre älteren Ferdinand von Sachsen-Coburg-Saalfeld heiraten, der ihr unter dem Titel eines Herzogs von Braganza in allen Fragen beratend zur Seite stand. Nach der Geburt seines ersten Sohnes wurde Don Fernando verfassungsgemäß der Königstitel als Ferdinand II. von Portugal verliehen. Als Maria da Gloria mit 34 Jahren starb, leitete er zwei Jahre lang die Regentschaft für seinen noch unmündigen Sohn Don Pedro. Ermüdet von den Sorgen und Enttäuschungen der Regierung, zog er sich von allen Staatsgeschäften zurück. Dreißig Jahre lebte er in beschaulicher Muße, ein wohlhabender und geachteter portugiesischer Grande.

ANSELM FEUERBACH 12. IX. 1829 — 4. I. 1880

„Was die gütige Natur mir in die Seele legte, das hat die Härte und das Unverständnis meiner Zeitgenossen in seinem Wachstum aufgehalten und verkümmert." Dieses bittere Wort aus Feuerbachs „Vermächtnis" ist eine Äußerung aus seinem letzten Lebensjahr. Seit er mit 26 Jahren die Mittel zu einem Studienaufenthalt in Italien bekam, sind fast alle seine Bilder heftigen Angriffen oder der Ignorierung ausgesetzt gewesen. Das hat ihn früh verbittert. Aber den Glauben an sich und seine Kunst hat es ihm nicht genommen. Noch acht Jahre vor seinem Tode schrieb er an seine Stiefmutter: „Denke an mich als an einen von Gott und allen Göttern Begnadigten!" — Wenn Anselm Feuerbach sich selbst malte, vermied er es ängstlich, sich im Malerkittel und mit Pinsel und Palette darzustellen. Gern hielt er eine Zigarette lässig in der Hand und drehte seinen schönen Künstlerkopf, daß er so eindrucksvoll und bedeutend erschiene wie nur möglich. Wie diese Selbstporträts ist seine ganze Kunst nicht frei von Pose und verzärtelter Selbstgefälligkeit. Immer aber ist sie erfüllt von der Sehnsucht nach dem Edlen, nach Haltung und Würde. — Die glücklichste Zeit seines Lebens — fast 17 Jahre — verbrachte er in Rom. Hier fand er im Grafen Schack den hochherzigen Beschützer, der ihm durch Ankauf fast aller seiner Werke ein sorgenfreies Dasein ermöglichte. Mit 44 Jahren erhielt er einen Ruf als Professor an die Wiener Akademie. Doch seine stolze, leicht verletzbare Natur war für eine solche Tätigkeit nicht geschaffen. Schon nach drei Jahren schied er aus dem Lehrkörper wieder aus. — In seinen Spätwerken sind klassische Form und romantisches Gefühl zu natürlicher Einheit verschmolzen. Ihre Farbtöne klingen zusammen wie in der veralteten dekorativen Schönheit verblichener Gobelins".

28. VII. 1804 — 13. IX. 1872   **LUDWIG FEUERBACH**

„Gott war mein erster Gedanke, die Vernunft mein zweiter, der Mensch mein dritter und letzter." In diesem Wort des Philosophen Ludwig Feuerbach spiegelt sich der Abstieg der Zielsetzung eines Zeitalters, dessen Gefälle von Gott zum Menschen geht. Die von David Strauß historisch unterhöhlte Religiosität des 19. Jahrhunderts wollte Feuerbach philosophisch erschüttern. Sein Hauptwerk hieß „Das Wesen des Christentums", es erschien 1840, als Feuerbach bereits die akademische Laufbahn um seiner Überzeugung willen aufgegeben hatte. — Ludwig Feuerbach war ein geistiger Umstürzler, ein Zerstörer alter Ideale. Er hat die Sätze geprägt: „Der Mensch ist, was er ißt. Die Lehre von den Nahrungsmitteln ist von großer ethischer und politischer Bedeutung. Die Speisen werden zu Blut, das Blut zu Herz und Hirn, zu Gedanken und Gesinnungsstoff. Wollt ihr das Volk bessern, so gebt ihm statt Deklamationen gegen die Sünde bessere Speisen." — Mit seiner Philosophie wurde er einer der Väter des Materialismus, auf den sich Karl Marx, Engels und Lenin berufen haben. Dieser „Geist aus Dynamit und Schwefelsäure" — wie man ihn genannt hat — ging aus der Familie des berühmten Kriminalisten Anselm Feuerbach, eines nahen Verwandten des berühmten Malers, hervor. Er wurde geboren in Landshut, studierte zu Heidelberg und hörte den großen Hegel in Berlin. Kurz war das Zwischenspiel als Hochschullehrer in Erlangen, dann kam trotz des Ruhmes die wirtschaftliche Not. Verarmt und halb verhungert ist der Mann, der den Völkern anstatt Religion bessere Ernährung empfohlen hatte, auf dem Rechenberg nahe Nürnberg gestorben. Auf die radikale Jugend Deutschlands in den vierziger Jahren des 19. Jahrhunderts hat er richtunggebenden Einfluß ausgeübt.

19. V. 1762 — 29. I. 1814   **JOHANN GOTTLIEB FICHTE**

Im Jahre 1791 reiste der junge Philosoph Fichte aus seinem Heimatland Sachsen nach Warschau, um die Erzieherstelle in einem gräflichen Haushalt zu übernehmen. In dem Dorfe Rammenau in der Oberlausitz unterbrach er die Fahrt und besuchte seinen alten Vater Christian Fichte, einen armen Bandweber. Damals schrieb er in sein Tagebuch: „Der gute, brave, herzliche Vater! Mach mich, lieber Gott, zu so einem braven Mann und nimm dafür all meine Weisheit, ich hätte immer noch gewonnen." — Das Schicksal führte ihn nach Jena, dort entwickelte sich seine Philosophie zur „Ergänzung der Poesie Schillers". Man mißtraute ihm, denn Fichte verfocht freimütig die Prinzipien der Französischen Revolution, vermischt mit einem übersteigerten Patriotismus, mit humanistischen Idealen und einem verschwommenen Weltbürgertum. Als Fichte eine Berufung nach Berlin erhielt, erhoben seine Feinde Einspruch beim König, aber Friedrich Wilhelm III. antwortete: „Ist es wahr, daß Fichte mit dem lieben Gott in Feindseligkeiten begriffen ist, so mag das der liebe Gott selber mit ihm ausmachen. Mir tut das nichts." — Das Jahr 1806 brachte Kriegsnot und Niederlage, die Franzosen besetzten Berlin. In den beiden folgenden Jahren hielt Fichte im Gebäude der Berliner Akademie seine aufsehenerregenden „Reden an die deutsche Nation": „Die alte Zeit ist tot, laßt uns nicht zögern, sie zu bestatten! Die neue lebt, doch muß sie erzogen werden. Wodurch wird sie? Durch die völlige Umschaffung unserer Gesinnung, durch die Erneuerung der Volksstimmung durch alle Stände hindurch." Fort mit überlebten Standesschranken, mahnte Fichte, werdet zur verantwortlichen Nation, indem ihr aus Untertanen Staatsbürger macht! — Als die Stunde der Befreiung rief, entließ er seine Hörer zu den Waffen und trat selber der Bürgerwehr bei. Er starb in einer Seuche, die damals in Berlin viele Opfer forderte.

137

JOHANN FISCHART
1546 — 1590

Das 16. Jahrhundert war für Deutschland eine Zeit gärender Unruhe. Es war ein Jahrhundert der Glaubenskämpfe, voll sozialpolitischer Hochspannung, schärfster Gegensätze zwischen Arm und Reich, zwischen den alten Ständen. Solche Zeiten der Wirrnis und des Umbruchs sind kein Nährboden für Kunst und Literatur, große Werke der Dichtkunst hat deshalb diese deutsche „Renaissance" nicht hervorgebracht. Beißender Spott und derbe Satire beherrschen das Feld, und „Grobianus", ein rüpelhafter Geselle aus einem zeitgenössischen Buch, wurde die symbolische Figur im deutschen Schrifttum. — Johann Fischart, der größte deutsche Satiriker dieses Jahrhunderts, war ein weitgereister und hochgebildeter Mann. Er hatte Frankreich und Italien gesehen, in Paris und Siena studiert. In Basel erwarb er mit 27 Jahren den Doktorhut der juristischen Fakultät, war fünf Jahre lang freier Schriftsteller, drei Jahre Advokat am Reichskammergericht in Speyer, und verbrachte die letzten sieben Jahre seines Lebens als Amtmann und Bürgermeister in Lothringen. Seine literarische Laufbahn begann er mit geschliffenen Streitschriften gegen den Katholizismus. Doch seine Satire erschöpfte sich nicht im Angriff. Er wollte zugleich mithelfen, die Menschen aus Lastern und Verwirrungen herauszuführen, wie in dem köstlichen „Philosophisch Ehzuchtbüchlein" und in der „Geschichtsklitterung", in der er die großartige französische Zeitsatire, den „Gargantua" von Rabelais, übersetzte und grob übertrieb. Die heitere Freude am Humor war ihm nicht fremd; die beiden Schriften „Podagrammisch Trostbüchlein" und „Flöhhaz" sind gesteckt voll köstlicher Situationen und geistvoller Formulierungen. In der Dichtung „Das glückhaft Schiff von Zürich" trat er in reizvoll anmutiger Form für eine Annäherung zwischen Straßburg und den Schweizer Städten ein.

FISCHER VON ERLACH
20. VII. 1656 — 5. IV. 1723

Zwei Baumeister haben Wien zu einer der schönsten Städte Europas gemacht: Fischer von Erlach und Lukas von Hildebrandt. Ihre Bauten, zwischen 1690 und 1740 entstanden, bestimmen noch heute das architektonische Gesicht der Kaiserstadt an der Donau. — Erlach war der Sohn eines Grazer Bildhauers. Vier Jahre studierte er in Italien, vor allem in Rom, die Architektur der Antike und der Renaissance. Als er, dreißigjährig, zurückkam, wurde er der eigentliche Begründer der deutschen Barockbaukunst. Es war ein bedeutsamer Wendepunkt in der deutschen Kunstgeschichte, als Fischer von Erlach 1690 im Wettstreit um einen Triumphbogen-Entwurf den Sieg errang über den italienischen Konkurrenten. Damit oder die damals in ganz Deutschland herrschende Vorrangstellung der italienischen Schule gebrochen. In Salzburg und in Prag, vor allem aber in Wien, entfaltete Fischer von Erlach nun eine überaus reiche Bautätigkeit. Infolge seiner Anpassungsfähigkeit und seiner wandlungsreichen Entwicklung ist sein Stil schwer zu bestimmen. Das reifste Werk, das zu den großen repräsentativen Schöpfungen des deutschen Barock gehört, ist die Karl-Borromäus-Kirche in Wien. Hier sind vier anscheinend sich widersprechende Baukörper — ein ovaler Kuppelbau, eine antike Tempelfassade, zwei Flügeltürmchen und zwei, römischen Mustern nachgebildete, Ehrensäulen — so ineinandergefügt, daß sie trotzdem ein geschlossenes Ganzes bilden, voll architektonischer Ausgewogenheit, kühler Großartigkeit und tektonischer Schwere. Eine reiche, temperamentvolle Phantasie belebt den Gesamtbau mit festlicher Grazie. Viele seiner Bauten und Entwürfe wurden später von anderen zu Ende geführt, u. a. von seinem Sohn, Joseph Emanuel.

12. XII. 1821 — 7. V. 1880 **GUSTAVE FLAUBERT**

Mit seinem ersten Roman „Madame Bovary" trat Flaubert, neben Balzac und Stendhal, in die Reihe der großen französischen Romanschriftsteller. Er gilt heute noch als der bedeutendste Vertreter des strengen Realismus. — „Gustave Flaubert und seine Bücher" — so schrieb Emile Zola — „sind eins, es ist zwecklos, ihn anderswo zu suchen. Er hat keine Leidenschaft, ist weder Sammler, noch Jäger, noch Angler, er schreibt seine Bücher und damit genug. So führt er ein klösterliches Dasein, schreibt zehn Jahre an einem Bande, durchlebt ihn in jeder Stunde des Tages, bemißt alles nach diesem Buche, atmet, ißt und trinkt mit und durch dieses Buch." — Jede Zeile kostet ihn oft tagelanges Studium. Kostüme, Ereignisse, technische Fragen, Formprobleme — allem geht er mit einer fast pedantischen Gewissenhaftigkeit nach. Daraus erklärt sich auch, daß er, der unermüdlich fleißige Arbeiter, nur fünf größere Werke hinterlassen hat. Keines jedoch, auch „Salambo" nicht, erreicht die Höhe und Fülle seiner „Madame Bovary". Eine „unverstandene", lebenshungrige Frau, ein eingebildeter Landarzt, ein kleinbürgerliches Milieu, umgeben von einer reizlosen Landschaft, ein trostlos ereignisarmes Provinzlerdasein — das ist alles, und doch macht Flaubert aus diesem nichtssagenden, gewöhnlichen Stoff ein wahrhaft ungewöhnliches Kunstwerk. Mit unbestechlicher Unparteilichkeit und nie versagender Naturtreue, mit einem Fanatismus der Sachlichkeit, tritt er an die Dinge heran. Die Schilderung eines Gartenzaunes beansprucht das gleiche Recht auf sorgfältigste Genauigkeit wie das Kostüm und die Seelenregungen der Titelheldin. — Daß sich der Erfolg der „Madame Bovary" bei seinen späteren Werken nicht wiederholte, hat ihn schwer enttäuscht. Verbittert zog er sich fast ganz in die Abgeschlossenheit eines Junggesellendaseins auf sein Landgut Croisset bei Rouen zurück.

6. VIII. 1881 — 11. III. 1955 **ALEXANDER FLEMING**

Seit vielen Jahren galt die Forscherarbeit des Professors Fleming den Bakterien, die für so viele Krankheiten, für Leid und Tod verantwortlich sind. Er hatte die Bakterien nach dem Vorbild des Altmeisters Robert Koch züchten gelernt, in gläsernen Schalen, auf künstlichen Nährböden. Das Bild, das Professor Fleming an jenem Septembertag 1928 erblickte, als er im Laboratorium des St. Marienhospitals zu London eine Bakterienkultur in die Hand nahm, war ihm nicht neu: Diese Kultur war durch einen Schimmelpilz verdorben, der sich auf dem Nährboden angesiedelt hatte. Man würde wie üblich die unbrauchbar gewordene Kultur ausscheiden müssen. Fleming prüfte, bevor er die verpilzte Schale säuberte, gewissenhaft noch einmal die verdorbene Bakterienkultur, und diese wenigen Minuten haben ihm die Unsterblichkeit unter den Wohltätern der Menschheit gesichert. Er sah, daß der Schimmelpilz die Bakterienkultur eigentümlich verändert hatte; rings um den Schimmel zog sich eine klare Zone, die ihn von den Bakterien trennte. Eine klare Zone aber konnte nichts anderes bedeuten, als daß dort die Bakterien abgetötet sein mußten. Es galt jetzt herauszufinden, auf welche Weise dieser Prozeß vor sich gegangen war. Fleming kannte bereits solche Abtötung von Bakterien durch eigentümliche Schutzstoffe des Körpers, wie sie im Speichel oder in den Tränen enthalten sind. Er selbst hatte manches Neue über diese bazillentötenden Stoffe veröffentlicht. Vielleicht enthielt auch der Schimmel Substanzen, die das Leben der Bakterien vernichten konnten. Die Überlegungen und Schlußfolgerungen des englischen Gelehrten waren der Ausgangspunkt zur Entdeckung des Penicillins, zur Auffindung weiterer zahlreicher bakterientötender Stoffe aus niedrigen Pilzpflanzen. 1944 erhielt Fleming den Nobelpreis.

FRIEDRICH VON FLOTOW 27. IV. 1812 — 24. I. 1883

Flotow wurde als Sohn eines Rittergutsbesitzers zu Teutendorf in Mecklenburg geboren. Der Vater hatte ihn für die Diplomatenlaufbahn bestimmt, aber die musikalische Begabung des jungen Edelmannes setzte sich durch und führte ihn nach Paris. Dort studierte Flotow bei Reicha, dem Lehrer von Liszt und Gounod. Die Neigung des Deutschen gehörte der Oper, die in Frankreich zu jener Zeit eine Hochblüte erlebte. Diese Musikgattung beherrschte durch ihre pompöse Großartigkeit das Jahrhundert des reich gewordenen Bürgers. Flotow führte in Paris das behagliche Leben eines wohlhabenden, von finanziellen Sorgen unbelasteten Adligen. Seine Verbindungen öffneten ihm den Zugang zu allen einflußreichen Kreisen der französischen Metropole. Die Revolution von 1830 vertrieb ihn aus Frankreich und ließ ihn das Vaterhaus heimkehren. Dort entstanden die ersten Opern, die nach Ende der Revolutionswirren auf den Brettern von Pariser Privatbühnen ihre begeistert begrüßte Uraufführung erlebten und schnell die Gunst des Pariser Publikums gewannen. Von Paris aus gingen die Opern in alle Welt und fanden wegen ihrer frischen, heiteren, eingängigen Melodien überall Freunde. — Friedrich von Flotow war ein Zeitgenosse Richard Wagners und Guiseppe Verdis. Doch er war nicht wie der italienische Komponist erfüllt von nationalem Idealismus, und ihm ging es nicht wie Wagner um ein großes, alle Künste umfassendes „Gesamtkunstwerk". Der Stil seiner Opern entstammt der französischen Schule, die immer mehr die hohe Welt der Götter und Heroen verlassen und sich dem Alltag der Menschen und seiner heiteren Seite zugewandt hatte. Berühmt geworden ist er vor allem durch die beiden Opern „Alessandro Stradella" und „Martha, oder der Markt von Richmond".

HANS FOLZ 1450 — Sept. 1515

Hans Folz war einer der Meistersinger, der Bürgerpoeten, die mit bravem Fleiß vom 14. bis zum 17. Jahrhundert die Dichtkunst in ihren Schulen und Gewerben betrieben. Die Handwerker und Kaufleute der mittelalterlichen Städte hatten das Lied und den Reim, die Freude an der edlen Poesie, von den ritterlichen Minnesängern übernommen. Aber was einstmals echtes Singen und Klingen war, erstarrte hinter den Mauerringen der Städte zur Formel, zum Lehr- und Sinngedicht mit polternden Reimen, derben und oft gar unflätigen Worten. In steifer Würde saßen am Sonntag die biederen Hammerschmiede und Leinenhändler, Schuhmacher und Tischler nach dem Gottesdienst in den Singschulen oder in der Kirche. Vorn, oft neben der Kanzel, befand sich der „Singstuhl", davor das Gemerke, wo die Richter saßen, die jeden Fehler im Versmaß und Reim unerbittlich anstrichen, an den Fingern nachzählend, ob die Zahl der Silben jedes Verses der Regel entsprach. Im Sprechgesang, einfach und kunstlos, trugen Meister und Gesellen ihre Lieder vor, gedichtet und vertont in der „Schwarz-Tintenweise", der „abgeschriebenen Vielfraßweise", der „Abendrot-Weise", „gestreift Safran-Blümlein-Weise", oder der „kurzen Affenweise". — Hans Folz, geboren in Worms, gehörte als Meister der Nürnberger Singerzunft an. In der alten Reichsstadt an der Pegnitz wirkte er als wohlsituierter Wundarzt und Barbier. Zahlreiche Meisterlieder, Fastnachtsspiele, Schwänke, Streitgespräche, Rätsel und Neujahrsglückwünsche von ihm sind erhalten. In ihnen rumort der Grobianus, der rauhe und verderbte Geist, der hundert Jahre später die gesamte deutsche Gesellschaftskultur beherrscht. Ernsthafter und um wissenschaftliche Gründlichkeit bemüht sind seine Berichte über Zeitereignisse und Persönlichkeiten und die medizinische Schrift „Von allen Wildbädern".

30. XII. 1819 — 20. IX. 1898   **THEODOR FONTANE**

Theodor Fontane stand als Dichter zwischen zwei Zeiten. Er ahnte das kommende Neue, seine Bücher aus späteren Lebensjahren, besonders sein lebendig gebliebenes Werk „Effi Briest", wiesen bereits auf Realismus und Naturalismus hin, aber im Herzen war er zutiefst dem Traditionellen, dem bürgerlichen Zeitalter verhaftet, als dessen literarischer Repräsentant er gilt. Er stammte aus einer Hugenottenfamilie und wurde in Neuruppin in der Mark, einem kleinen Städtchen zwischen Wäldern und Seen, geboren. In Leipzig arbeitete er als Apotheker, kam nach Berlin und fand in dem Freundeskreis mit dem Maler Adolph Menzel, den Dichtern Paul Heyse und Theodor Storm, Männer, die gleich ihm die Heimat in den Vordergrund ihres Schaffens stellten. In jenen Jahren entstanden die „Wanderungen durch die Mark Brandenburg", in denen er die eigentümliche Schönheit der Kiefernwälder und der Sandheide, der kleinen Dörfer und Schlösser lebendig werden ließ. Später erst, nach dem großen Abenteuer des deutsch-französischen Krieges 1870/71 und einem Zwischenspiel als Gefangener in Frankreich, begann in Berlin seine fruchtbarste Schaffensperiode als Romanschriftsteller. Einige dieser Romane, wie „Effi Briest" und „Frau Jenny Treibel" werden vom Leser auch heute noch genauso echt und lebenswarm empfunden wie vor einem halben Jahrhundert. — Aus der Historie kommend, näherte er sich der Gegenwart, leuchtete mit geschliffenem Wort, liebevoll und kritisch, die Probleme der bürgerlichen Gesellschaft vor der Jahrhundertwende an und hatte Freude an stiller Beschaulichkeit und an den unscheinbaren Dingen. Sein Leben verlief ohne dramatische Höhepunkte, wohlgeborgen im Arm der bürgerlichen Ära. In jeder Zeile seiner Werke atmet die märkische Landschaft.

30. VII. 1863 — 7. IV. 1947   **HENRY FORD**

Im Frühjahr 1903 lieh sich der junge Rechtsanwalt Anderson in Detroit 5000 Dollar, dieselbe Summe brachte sein Teilhaber Rackham auf, indem er eine Hypothek aufnahm. Beide wollten ihr Geld in eine neugegründete Automobilfirma stecken, die der Mechaniker und Rennfahrer Henry Ford betrieb. Der Bankier, der Rackham das Geld gab, meinte: „Seien Sie nicht so töricht, Sie werden Ihr Geld verlieren. Der ganze Automobilrummel geht vorüber, wie der Fahrradrummel vorübergegangen ist." — Zwölf Männer brachten die Aktien für die neue „Ford Motor Company" zusammen, Ford selber lieferte sein Können, seine Ideen und seine Arbeitskraft. Dafür sollte er 25,5% der Aktien bekommen. — Zehn Jahre später, nachdem der Betrieb sich mit überraschender Schnelligkeit vergrößert hatte, ging Ford zur Rationalisierung der Arbeit über, er erfand das laufende Band. Die Produktion stieg sprunghaft, der Preis des Fordautomobils aber sank. 1914 erhielt der Aktionär Anderson für seine 5000 Dollar Einlage 500 000 Dollar Dividende ausgezahlt. Ford hatte die Einzelteile der Wagentypen genormt, so daß jedes Teil ausgewechselt und in Massen hergestellt werden konnte. Das laufende Band, die Stoppuhr für jeden Arbeitsgang, die Einbeziehung aller Materialien vom Bergwerk bis zum fertigen Werkstück in den Produktionsgang des Fordkonzerns machte Henry Ford zum reichsten Mann der USA nach Rockefeller. Sein Vermögen wurde auf mehr als 1,5 Milliarden Dollar geschätzt. — Derselbe Mann, der seine Arbeiter zu Teilen des laufenden Bandes, zu Robotern machte, sorgte auch für sie. Er brachte ganz Amerika in Aufruhr, als er 1914 erklärte, von nun ab würde kein Arbeiter bei Ford pro Tag weniger als 5 Dollar verdienen. Den Kunden zahlte er Übergewinne zurück, wenn sich die Kalkulation als zu hoch herausgestellt hatte.

AUGUST HERMANN FRANCKE   22. III. 1663 — 8. VI. 1727

Die langwierigen Kämpfe des 16. und 17. Jahrhunderts hatten dem Charakter der deutschen Nation ihr Siegel aufgedrückt. Fromme Sitte und göttliche Gebote waren vergessen, der Einfluß des Rationalismus, jener geistigen Haltung, die alle Dinge, Zusammenhänge und Erscheinungen nur aus dem nüchternen Verstand zu erklären trachtete, hatte alle Stände und Schichten erfaßt. Den Kampf gegen Gottlosigkeit, Unmoral und Starrheit nahmen in der zweiten Hälfte des 17. Jahrhunderts die Pietisten auf, deren Sprecher in Deutschland der Berliner Hofprediger Philipp Jakob Spener und der Pfarrer und Professor zu Halle, August Hermann Francke, waren. — „Die Ehre Gottes muß in allen Dingen, aber absonderlich in Auferziehung und Unterweisung der Kinder als der Hauptzweck immer vor Augen der Lehrer sein!", schrieb Francke in sein pädagogisches Programm. Als Mittel zur Pflege des neuen, tätigen Christenmenschen empfahl er: Bildung und Pflege wahrer Gemütswerte, das „gottselige Exempel des Lehrenden", die Katechismusunterweisung und die Übung praktischer Nächstenliebe. Was er von anderen forderte, lebte er selbst vor. Seine hervorragende Organisationsgabe schuf zusammen mit der Pietistengemeinde in Halle die Francke'schen Stiftungen als Musterbeispiel christlicher Fürsorge und Mission. Aus einer Armenanstalt wuchs bald eine Bürgerschule, eine Waisenanstalt, ein Pädagogium, eine Lateinschule, eine Buchhandlung und Druckerei, eine Apotheke, eine kleine Stadt christlicher Selbsthilfe. Der hemmungslosen Aufklärung, der Aufzucht Halb- und Viertelgebildeter, wie sie die Zeit des beginnenden 18. Jahrhunderts liebte, setzte Pfarrer Francke seine „Unterweisung zur wahren Gottseligkeit und christlichen Klugheit" entgegen. Franckes Erziehungslehren fanden in der ganzen Welt Widerhall und Anerkennung.

JOHANN PETER FRANK   19. III. 1745 — 24. IV. 1821

Die Wirkungsstätte dieses hervorragenden Arztes war das ganze Europa. Deutschland, Frankreich, Italien, Österreich und Rußland können sich in den Ruf teilen, Heimstatt seines umfassenden Geistes gewesen zu sein. Frank war einer der bedeutendsten Ärzte aller Zeiten, sein scharfer Geist und seine kritische Beobachtungsgabe ließen ihn zu einem anerkannten Forscher, seine Organisationsgabe zum Begründer der öffentlichen Gesundheitspflege werden. Während seines langen Lebens, in dem Rückschläge und Erfolg oft wechselten, kämpfte Frank für eine hohe ethische Auffassung des Arztberufes. Mit seinem sechsbändigen Lebenswerk „Die medizinische Polizei", ist er zum Vater der öffentlichen Hygiene geworden. Seine ärztliche Kunst und hohe Erfahrung fanden ihren wissenschaftlichen Niederschlag in den berühmten Bänden der „Epitome", in denen er das ganze damalige klinische Wissen umfassend darstellte. — Peter Frank, am 19. März 1745 in Rodalben bei Zweibrücken geboren, promovierte nach Studien in Metz und Pont à Mousson zum Doktor der Philosophie, widmete sich dann der Medizin, um im Jahre 1772 einem Ruf des Fürstbischofs von Speyer als Stadt- und Landphysikus nach Bruchsal zu folgen. 1784 war er Professor für interne Medizin in Göttingen, 1786 Direktor des Hospitals in Pavia und Generaldirektor des Medizinalwesens der Lombardei. 1795 berief ihn Wien zum Aufbau des österreichischen Militärsanitätswesens. 1804 folgte der ewig Unstete einem Ruf als Professor für pathologische Anatomie nach Wilna, 10 Monate später war er Leibarzt des Zaren Alexander. Kurze Zeit darauf kehrte er ins geliebte Wien zurück und wurde medizinischer Berater Napoleons I. Die alte Kaiserstadt blieb sein Wirkungsfeld bis zu seinem Tod.

17. I. 1706 — 17. IV. 1790 **BENJAMIN FRANKLIN**

Benjamin Franklin ist einer der ersten „Selfmademen" der amerikanischen Geschichte. Er wurde zu Boston als Sohn eines Seifensieders geboren, genoß nur wenig Schulbildung und lernte die Buchdruckerei. Sein Drang nach Wissen war so stark, daß er kein persönliches Opfer zur Weiterbildung scheute und unermüdlich aus Büchern, in Abendkursen und in Akademien seine Kenntnisse verbesserte. Der Geist der Aufklärung hatte ihn ergriffen, und als er selber etwas wußte, war es sein höchstes Bestreben, dieses Wissen an andere weiterzugeben. Er schrieb in Zeitungen, verfaßte volkstümliche Schriften, alles mit dem Ziel, den Bildungsgrad des Volkes zu heben. — Mit 30 Jahren war er Sekretär des Parlaments von Pennsylvanien, 1747 Parlamentsmitglied, 1753 Generalpostmeister. Wiederholt ging er als Gesandter nach London. Während des Freiheitskrieges der USA vertrat er Amerika am wichtigsten Platz der damaligen Welt, in Paris. Er wurde der Freund Voltaires, das umschwärmte Idol der aufgeklärten Pariser, die von ihm die neue revolutionäre Mode der „langen Hosen" und des bürgerlichen „Zylinders" annahmen. Neben all seinen Geschäften hatte er Zeit, als Philosoph und Schriftsteller zu wirken, die Glasharmonika und einen neuen Kamin zu erfinden. 1752 führte er einen gewagten Versuch mit einem Drachen durch, den er mit einer Drahtleitung in Gewitterwolken fliegen ließ. Er bewies die elektrische Natur des Blitzes und nahm durch die Erfindung des Blitzableiters einem der ältesten und unheimlichsten Schrecknisse der Menschheit die Kraft. Zahlreiche Universitäten ehrten ihn mit der Verleihung des Doktorhutes, Akademien in England, Frankreich, Deutschland und Italien nahmen ihn als Mitglied auf. Er wurde Präsident Pennsylvaniens. Sein Leben gehörte der Wissenschaft, seine Liebe dem Fortschritt.

16. IV. 1786 — 11. VI. 1847 **JOHN FRANKLIN**

Im Jahre 1930 entdeckte der kanadische Polarforscher Major Burwash vom Flugzeug aus auf der King Williamsinsel im Nordpolargebiet ein Zeltlager, das die Überreste der seit 85 Jahren vermißten Franklinschen Expedition barg. Als diese Nachricht durch die Weltpresse ging, wußte kaum noch jemand, wer John Franklin gewesen war. — Einst, in den Jahren 1845—1859, hatte das tragische Schicksal Franklins und seiner 129 Männer immer wieder die Welt bewegt, hatte die großartigste Hilfsaktion der Geschichte in Gang gebracht und mehr als 40 Rettungsversuche veranlaßt. — John Franklin, ein berühmter englischer Seefahrer, war 1818 von der englischen Admiralität mit einer Forschungsaufgabe im hohen Norden beauftragt worden. Er sollte, wie so viele vor und nach ihm, die Nordwestpassage — jene Norddurchfahrt des amerikanischen Kontinents vom Atlantik zum Großen Ozean — finden. Im Mai 1845 gingen seine beiden Schiffe „Erebus" und „Terror" in See, im Juli wurden sie von Walfängern in der Melvillebai gesichtet, und seitdem waren sie spurlos verschollen. — Ganz England geriet in Erregung. Waljäger, Polarforscher und Pelzhändler machten sich zur Rettung der kühnen Pioniere auf, und als sie ohne Erfolg heimkehrten, setzte die Regierung den ungewöhnlichen Betrag von 400 000 Pfund zur Ausrüstung einer Rettungsexpedition aus. Aber erst 1853 stieß der Forscher Rae auf der Bothiahalbinsel auf Eskimos, die vom Polartod weißer Männer zu berichten wußten. Eine Landungsabteilung der Expeditionsjacht „Fox", die Lady Franklin gechartert hatte, entdeckte 1859 auf der Insel King Williamsland einige Skelette und Geräte der verschollenen Expedition. Unter einem Steinhaufen lag der Bericht eines toten Gefährten Franklins, der vom Kampf und Tod des Forschers im Polareis am 11. Juni 1847 erzählte.

FRANZ VON ASSISI 1182 — 3. X. 1226

Sein Ruhm hat nichts vom Glanz weltlicher Ehren, auch die Jahrhunderte haben ihn nicht den Menschenherzen entrückt. Für die Hirten, Eseltreiber und Taglöhner der Dörfer Umbriens ist er heute wie vor siebenhundert Jahren der „Poverello", der Arme. Die Kräfte, die ihn trugen, waren die Kräfte Christi: das große Mitleiden mit jeglicher Kreatur und die tätige Liebe. Ihn durchglühte ein mildes und wärmendes Feuer. Sein tiefes Verbundensein mit Gott härtete auch den zerbrechlichen, schwachen Körper wider alle Unbill, es machte ihn fähig, die Kirche seiner Tage neu zu beleben, es führte ihn als Wanderer in der Sicherheit Gottes durch Gebirge und Wüsten rings um das Mittelmeer bis zum Sultan von Ägypten. — Auch ihn traf Gottes Strahl erst nach allerlei Irrwegen. Sein Taufname lautete Giovanni Bernardone, der Name Francesco war ein Scherzwort, weil er durch seine französische Mutter gelernt hatte, die Sprache des Nachbarvolkes zu reden. Sein Vater war reich, und auch der junge Francesco führte zunächst das Leben eines vornehmen Kavaliers. Mitten in den Freuden weltlichen Daseins erreichte ihn der erschütternde Anruf des Evangeliums: Wie kann man ein wahrer Christ sein und zugleich Reichtümer anhäufen? Schreit nicht die Not der Welt ringsum zum Himmel? — Entgegen dem Willen des Vaters wählte sich Francesco „Frau Armut" zur Braut, er wurde Wanderprediger, Stifter eines Bettelordens, Wohltäter, demütiger Diener aller Kreatur. Einige Brüder folgten ihm nach, sie wohnten wie er in Laubhütten, in Höhlen, zu Füßen des windumbrausten Berges zu Assisi. Sie alle waren entschlossen, ernst zu machen mit Armut, Menschenbrüderschaft und Nachfolge Christi. Fast völlig erblindet, starb Franz von Assisi bei seiner Lieblingskirche Portiuncula in Assisi.

FRANZ I. VON FRANKREICH 12. IX. 1494 — 31. I. 1547

Ein Jahr nach der Schlacht von Pavia, die Franz I. in habsburgische Gefangenschaft geführt hatte, entließ Kaiser Karl V. seinen Gefangenen aus der ritterlichen Haft, nachdem sich die beiden Majestäten nochmals Friede und Vertragstreue geschworen hatten. Als Franz I. die Grenze Frankreichs überschritten hatte, war der Schwur vergessen. Der Krieg Frankreichs gegen das Reich ging weiter, er wurde unterstützt von den Mitgliedern der Liga zu Cognac, Papst Klemens VII. und König Heinrich VIII. von England. Es war der Krieg eines von Habsburg würgend umarmten Landes, das den Ring sprengen und die Übermacht der Deutschen schwächen wollte. Auch diesmal blieb Franz I. der Erfolg versagt. Der eigentliche Gewinner des „Damenfriedens" von Cambrai" von 1529 blieb Karl V. — Franz I. war ein Kriegskönig, der die Truppenparaden und den Schlachtenlärm liebte, er war in Prunk und Wohlleben erzogen, aber er tat alles, um Frankreich groß zu machen. Ob er sich nach dem Tode Kaiser Maximilians 1519 um die Kaiserkrone bewarb, ob er bei Marignano die Schweizer schlug, ob er sich mit Papst und Venedig oder mit den Großtürken und den deutschen Protestanten verbündete, es ging ihm stets um den Glanz Frankreichs und um die Glorie seines souveränen Thrones. — In den Friedensjahren genoß der König inmitten seiner „Petite bande" — dem Sternenkranz von zwölf Schönheiten — das Leben. Er förderte Kunst und Bildung, rief die großen Meister der italienischen Renaissance — Leonardo da Vinci, Cellini, Bellini, del Sarto und Ruggiero — ins Land, und erbaute den Louvre, die Schlösser Fontainebleau, Chambord, Boulogne und St. Germain. — Seine größeren Nachfolger, Heinrich IV., der Kanzler Richelieu und Ludwig XIV., schafften weiter an dem Werk, das er begann: Frankreichs „natürliche" Grenzen zu sichern.

6. III. 1787 — 7. VI. 1826   **JOSEPH FRAUNHOFER**

Eine Schreckensnachricht durcheilte am 21. Juli 1801 die friedliche Residenzstadt München: Im Thiereckgäßchen waren zwei Häuser eingestürzt, und nur einen einzigen Überlebenden hatte man aus den Trümmern geborgen, den vierzehnjährigen Glaserlehrling Fraunhofer. Für den Geretteten aber wurde diese Unglücksstunde der Schlußpunkt hinter einem Martyrium. Als Vollwaise hatte sich der Junge in einem ungeliebten Beruf bei einem verständnislosen Lehrherrn plagen müssen, der nur Hohn, Spott und Schläge übrig hatte für das heiße Mühen seines Lehrlings, sich durch fleißiges Lesen in den kargen Freistunden Wissen anzueignen. Was verstand der Herr Glasermeister auch von der hohen Kunst der Geometrie! — Achtzehn Dukaten ließ Kurfürst Max Joseph, der spätere erste bayerische König, dem wie durch ein Wunder vom Tode bewahrten Lehrling auszahlen. Der allmächtige Hofkammerherr und Fabrikant Utzschneider nahm sich des Jungen an, dessen Begabung ihm aufgefallen war. Mit dem Geld des Königs kaufte sich Fraunhofer von der Lehre frei, für das Rest erstand er eine Glasschleifmaschine, und mit verbissenem Fleiß bemühte er sich, alles Wissen der Zeit über die Berechnung und Herstellung von Linsen kennenzulernen. — Aus dem Lehrling wurde der praktische Forscher, der die optischen Eigenschaften der noch recht unvollkommenen Fernrohre entscheidend verbesserte, der im Farbband des Sonnenspektrums die eigenartigen dunklen Linien entdeckte, die bis heute seinen Namen tragen und die eine neue Epoche der Physik eingeleitet haben. Fraunhofer erwarb Ruhm, Ehre und Reichtum. Er wurde Professor und erhielt vom König für seine Verdienste das Adelsprädikat. Allzufrüh, am 7. Juni 1826, raffte die heimtückische Tuberkulose den genialen Techniker, den großen Forscher, den schlichten und liebenswürdigen Menschen dahin.

17. VI. 1810 — 18. III. 1876   **FERDINAND FREILIGRATH**

Freiligrath war ein echtes Kind seiner Zeit. Das 19. Jahrhundert, das Zeitalter der Eisenbahnen und Dampfschiffe, des Weltverkehrs, des erwachenden Freiheitsbewußtseins der Völker und der sozialen Kämpfe hat in ihm einen seiner frühesten Sprecher gefunden. Als junger Kaufmannsgehilfe in Amsterdam und Barmen dichtete er sprachschöne Lieder und Verse, die von Sehnsucht nach Reisen erfüllt waren. Freiligrath sprach mit seiner Dichtung besonders die Jugend an, die aus den Grenzen des Polizeistaates in die Freiheit der Welt drängte. Für kurze Zeit schien es, als ob das Leben des Dichters in die ruhige Bahn eines friedlichen Staatsbürgerdaseins münden würde. Zusammen mit Emanuel Geibel erhielt Freiligrath vom Preußenkönig einen jährlichen Ehrensold von 300 Talern, der ihm die Existenzgrundlage bieten sollte. Nach schweren Bedenken lehnte Freiligrath die Ehrengabe ab, da er sich von der „preußischen Reaktion nicht bestechen" lassen wollte. Kurze Zeit später erschien als politisches Manifest der demokratischen Opposition sein Buch „Mein Glaubensbekenntnis". Der darin geäußerte Radikalismus zerschlug ihm die Hoffnung auf eine Lebensstellung, die ihm in Weimar angeboten war, und zwang ihn zu einem unsteten Wanderleben im Ausland. Den Unterhalt für sich und seine Familie verdiente er als kaufmännischer Angestellter in London. Er übersetzte in meisterhaftem Stil die sozialen Tendenzromane von Musset und Victor Hugo. An der Revolution in den Märztagen 1848 nahm er aus der Ferne leidenschaftlichen Anteil. „Ich will ein Trompeter der Revolution sein", schrieb er den Freunden in der Heimat. — 1868 erfolgte die endgültige Rückkehr nach Deutschland. Eine „Volksspende" von 60 000 Talern war der Dank der Nation an den opferbereiten Patrioten. Die Summe bereitete ihm ein sorgloses Alter.

GUSTAV FREYTAG 13. VII. 1816 — 30. IV. 1895

Er war Schlesier, seine Lebenszeit gehört dem „Jahrhundert des Bürgers" an, und sein Werk spiegelt alle Schattierungen bürgerlichen Denkens wider. Der Roman „Soll und Haben" spielt in der Welt des ehrenhaften Kaufmanns, die „Verlorene Handschrift" führt in die Atmosphäre der Universitäten und der Gelehrten, die „Journalisten" — ein glanzvolles Lustspiel — zeigen, daß politische Gegnerschaft innerhalb des bürgerlichen Lagers nicht zur persönlichen Feindschaft führen soll. — Gustav Freytag erkannte als Historiker und Publizist die Grenzlandprobleme des deutschen Ostens. Ihm bedeutete der sieghafte Aufbruch der Nation im Jahre 1870/71 den Gipfel des Jahrhunderts und die endgültige Sicherung der Heimat. Dem deutschen Bürgertum und seinem Sprecher Gustav Freytag boten die Errichtung des Zweiten Kaiserreichs und die ihm nachfolgenden Gründerjahre die Gewähr für Reichtum, soziale Sicherheit und nationale Stärke. — Freytag erlebte den Krieg gegen Frankreich als Berichterstatter. Er schrieb später darüber: „Schon während ich auf den Landstraßen Frankreichs im Gedränge der Männer, Rosse und Fuhrwerke einherzog, waren mir immer wieder die Einbrüche unserer germanischen Vorfahren in das römische Gallien eingefallen; ich sah sie auf Flößen und Holzschilden über die Ströme schwimmen und hörte hinter dem Hurra meiner Landsleute das Harageschrei der alten Franken und Alemannen. Aus solchen Träumen und aus einem gewissen historischen Stil, welchen ich durch die Ereignisse von 1870 gewonnen, entstand allmählich die Idee zu dem Roman ‚Die Ahnen'." — Er widmete die zweite Hälfte seines Lebens der Darstellung der Kulturgeschichte und trug aus vielen Mosaiksteinchen die „Bilder aus der deutschen Vergangenheit" zusammen, ein großartiges Musterbeispiel populärer Geschichtsdarstellung.

CASPAR DAVID FRIEDRICH 5. IX. 1774 — 7. V. 1840

In der Berliner Jahrhundertausstellung des Jahres 1906 standen die Menschen ergriffen vor den Bildern des Malers Caspar David Friedrich, aber kaum einer war unter ihnen, der Auskunft darüber geben konnte, wer diese von Schwermut und irdischer Naturschönheit erfüllten Werke geschaffen hatte. — Der Dresdener Akademielehrer Friedrich war seit mehr als 60 Jahren tot, kein Nachruhm hatte sein Leben verherrlicht, das in der Stille, im Glück der Familie und in der Erfüllung der Arbeit verflossen war. Die letzten fünf Jahre war er gelähmt und doch voller Glauben an den Sinn und die Harmonie des Daseins. Die Welt hatte ihn schon zu Lebzeiten vergessen. Unbeachtet hingen seine Bilder in den Kunsthallen und Gemäldegalerien. Die Menschen dieser Zeit lächelten über die ekstatische Gefühlswärme der Mondnächte und Sonnenaufgänge, sie verstanden nicht den Symbolismus der Landschaften, die eintönige Grenzenlosigkeit von Bergen und Tälern, Himmel und Meer. Nichts Rauschendes und Buntes war in diesen Gemälden, herb und sinnverborgen war die Stille, weltenweit und zeitlos der Himmel, klein und bescheiden der Mensch. — Friedrich hat seine eigene, hohe Auffassung von Kunst einmal so formuliert: „Heilig sollst du halten jede reine Regung deines Gemütes, heilig achten jede fromme Ahnung, denn sie ist Kunst in uns. In begeisternder Stunde wird sie zur anschaulichen Form, und diese Form werde dein Bild." Das hätte auch einer der Maler der Gotik schreiben können, jener Zeit, als Kunst und Gottesdienst, Leben, Schaffen und Glaube noch eine unzerstörbare Einheit waren. — Caspar David Friedrich ist der Hauptvertreter der romantischen Landschaftsmalerei. Seine besten Werke sind: „Das Kreuz im Gebirge", „Seelandschaft mit Mönch", „Zwei Männer in Betrachtung des Mondes", „Meeresküste bei Mondschein".

Um 1125 — 10. VI. 1190   **KAISER FRIEDRICH I.**

Der ritterliche Kaiser mit dem rotblonden Haar und den blauen Augen war die Idealgestalt abendländischen Herrschertums im Mittelalter. Den späteren Geschlechtern galt er als einer der liebenswürdigsten Menschen seiner Zeit. — Der „Rotbart" stammte aus dem Herzogsgeschlecht der Hohenstaufen. Im Jahre 1155 wurde er in Italien von Papst Hadrian IV. zum Kaiser gekrönt und gesalbt. Sein Lebenswerk galt der Sicherung und Stärkung des abendländischen Imperiums entgegen allen auseinandertreibenden Strömungen der Zeit. Er bekämpfte die aufstrebenden lombardischen Städte, die rebellische Fürstenschaft und den Oberherrschaftsanspruch des Papstes. Das Reich ging ihm über Hausmacht und persönliches Interesse. Um des Reiches willen fiel Mailand, um des Reiches willen kämpfte er die verlorene Schlacht von Legnano gegen das italienische Städtebündnis, schloß er Friede in Venedig, vermählte er seinen Nachfolger mit Konstanze, der Erbin Siziliens. Er liebte den Frieden, aber wenn er gegen seine Feinde zu Felde zog, schlug er hart und unerbittlich zu. Als Mailand sein Haupt gegen Kaiser und Reich erhob, wurde es von dem deutschen Ritterheer niedergeworfen und verwüstet. Von der Übergabe der Stadt an die Sieger berichtet die Chronik: „Und sie bliesen ihrem Stolze ein Grablied. Nachdem die Klage verhallt war, traten die Häupter der einzelnen Stadtviertel vor, bekannten ihre Schuld und senkten der Reihe nach ihre Banner vor dem Kaiser. Er aber saß mit steinernem Antlitz unterm Baldachin ..." — Kaiser Friedrich starb auf einem Kreuzzug. Das Volk aber glaubte nicht an seinen Tod, sondern versetzte ihn in das unsterbliche Reich der Sage. Im Kyffhäuser wartet er auf den Tag, da er das alte Reich in neuer Herrlichkeit erblickt.

24. I. 1712 — 17. VIII. 1786   **FRIEDRICH DER GROSSE**

„Ich bin der erste Diener des Staates!", hat der Preußenkönig einmal gesagt, und darin lag seine Auffassung vom Verhältnis zwischen Fürst und Volk. Selbstlos für seine Person, aber nicht für seine Dynastie, regierte er mit absoluter Gewalt. Er verwendete die Macht für das, was er für den Nutzen der Nation ansah, und schuf vieles für, nichts hingegen durch das Volk. — Friedrich von Preußen war ein Schöngeist und Philosoph, der Musiker, Dichter und Gelehrte an seinen Hof zog. Er begann seine Regierung mit freisinnigen Reformen, verkündete Meinungs- und Pressefreiheit, erklärte, daß jeder „nach seiner Fasson selig werden möge" und schaffte die Folter ab. — Die politischen Möglichkeiten und Notwendigkeiten zogen ihn in drei Kriege, die er, kühl seine Chancen berechnend und auf seine Macht vertrauend, begonnen hatte und dann zäh, geduldig und hart zu Ende führte. Er wurde nicht nur den Preußen, sondern auch anderen deutschen Stämmen, die nach langer Zeit der Ohnmacht und Demütigung nach nationalem Ruhm verlangten, zum Heros. Aus dem Siebenjährigen Kriege kehrte er als der „Alte Fritz" heim, mit dem erbitterten Vorsatz, „er wolle keine Katze mehr hinterm Ofen anfassen". — Nach den Wirren der Kriegszeit setzte er fort, was er als junger Philosoph begonnen: die Neugewinnung von Ackerland aus Sumpf und Bruch, die Hebung der Landwirtschaft, die Förderung des Gewerbefleißes, die geistvollen Tafelrunden in seinem Schlosse Sanssouci. — Durch ihn wurde Preußen neben Österreich zur zweiten Großmacht im deutschen Raum. Deutschland verehrte den Mann, der aus Machtegoismus die Ausweitung des Habsburgerreiches nach dem Balkan verhindert und der bei jeder Gelegenheit die Stellung des Kaisers geschwächt hatte, als Nationalhelden.

147

FRIEDRICH II. VON HOHENSTAUFEN
26. XII. 1194 — 13. 12. 1250

Der Märchenkaiser aus Sizilien war der Enkel des Rotbarts Friedrich I. und der Sohn Kaiser Heinrichs VI., dem der Erdkreis zu Füßen gelegen war. Er war ein gehetzter Abenteurer, dem viel Furcht und Haß, wenig Liebe und Freundschaft, viel Verrat und Falschheit und wenig echte Treue begegneten. Das Schicksal führte ihn aus der Verlorenheit seiner sizilianischen Jugendjahre zur Kaiserschaft. Er besiegte seinen Widersacher aus dem Welfengeschlecht, kämpfte zunächst erfolgreich gegen lombardische Städte und Päpste, schuf sich durch Preisgabe kaiserlicher Rechte in Deutschland selber eine erstarkende Fürstenfronde im Rücken und errichtete gleichzeitig furchtbare Ketzergesetze und absolut regierten Beamten- und Militärstaat in Süditalien. Er war hochgebildet, Förderer der Künste und Wissenschaften, aufgeklärt und tolerant. Den gleichen Mann, der Kirchen und Dome erbaute, beschuldigten die Zeitgenossen der Urheberschaft einer Lästerschrift wider das Christentum. Friedrich II. erließ die Toleranzgesetze von Melfi, er unterschrieb gleichzeitig furchtbare Ketzergesetze und führte die Folter in den Gerichtsgebrauch ein. Seine persönliche Schutzgarde bildete er aus mohammedanischen Sarazenen. Trotz seiner deutschen Abkunft betrachtete Friedrich Italien als seine Heimat. Er vermied es, seinen dauernden Wohnsitz in Deutschland zu nehmen. — Der Kaiser pilgerte als Gebannter nach Jerusalem ans Erlösergrab und unterlag — nachdem er viel Unglück mit seinen Söhnen erlebt hatte — dem Zufall, dem Schicksal und der Vereinigung aller Kräfte, die aus dem Ring der Kaiserzeit auszubrechen wünschten: den Städten Italiens, der Kirche, der Rivalität Frankreichs, der Untreue der deutschen Fürsten und dem Verrat. Als ihn ein plötzliches Fieber mit sechsundfünfzig Jahren fortraffte, hinterließ er das Chaos.

FRIEDRICH DER WEISE
1463 — 1525

Als nach dem Tode Kaiser Maximilians I. sich die Parteien der deutschen Fürsten und die Souveräne Europas an der Frage zu entzünden schienen, ob der Habsburger Karl oder der Franzose Franz I. Erbe der Kaiserkrone werden sollte, tauchte ein dritter Kandidat auf: Friedrich, Kurfürst von Sachsen, der von vielen umworben und an niemanden gebunden war. Graf Friedrich von Solms, der vertraute Rat des Kurfürsten, riet dringend ab. Zur Kaiserschaft fehle es Sachsen an Reichtum und militärischer Macht. Friedrich bewies nach langem Zögern seine im ganzen Land sprichwörtliche Staatsklugheit, indem er auf die Kandidatur zwischen den beiden Großmächten verzichtete. — Er hatte im Jahre 1500 den Vorsitz des Reichsregiments übernommen und tatkräftig an der Reichsreform mitgewirkt, 1502 die Universität Wittenberg gegründet, und nun lenkte er mit seiner entscheidenden Stimme die Wahl auf Karl V. Gemäßigt und den nach Reform und Erneuerung rufenden Stimmen seiner Zeit zugetan, wurde er das Zünglein an der Waage im Streit um Luther, den er als der Sprecher eines reinen Gewissens beschützte, als einen unruhigen und umstrittenen Geist aber niemals persönlich empfing. Den Hitzköpfen, die Luther zum Aufrührer gegen Papst und Kaiser machen wollten, trat er energisch entgegen, aber er verhinderte durch seinen Geleitschutz nach Worms und die starke Hand, die er über dem Wittenberger Mönch hielt, Gewalttaten. Er gewährte dem vom Papst Gebannten sicheres Asyl auf der Wartburg. Solange Friedrich der Weise in Sachsen die Zügel hielt, blieb alles im Gleichgewicht und im Maß. Im Frühjahr 1525, dem Todesjahr des Kurfürsten, brachen die Schranken nieder, und aufständische Bauern, religiöse Schwärmer und Umstürzler verheerten die mitteldeutschen Lande, denen ein wahrer Patriarch und Herrscher gestorben war.

FRIEDRICH WILHELM DER GROSSE KURFÜRST
16. II. 1620 — 9. V. 1688

Als Friedrich Wilhelm im Jahre 1640 sein Kurfürstentum Brandenburg und das Herzogtum Preußen übernahm, brandeten noch immer die Flutwellen des Dreißigjährigen Krieges über die Grenzen. Das Ende der Wirren hinterließ Schutt, Elend, Armut und Not. Was wog dagegen die „Souveränität", die der Friedensschluß zu Münster und Osnabrück den Fürsten bescherte? Der Pole hauste als Oberherr im Ostpreußischen, der Schwede hatte die Flußmündungen der Elbe und Oder und das Land Vorpommern in Händen, und am Rhein holte sich der Sonnenkönig Stück um Stück vom deutschen Land. — Der Kurfürst begann unverdrossen den Aufbau Brandenburgs. Zunächst half er den armen Bauern seiner Mark auf die Beine, kaufte ihnen Saatgut, stellte Pferde und Wagen ab, unterstützte die zerstörten und geplünderten Städte. Dann erst, als er die Basis in Brandenburg gefestigt hatte, wandte er sich der Außenpolitik zu. Seine geschickte Bündnispolitik verhalf ihm 1660 zur Souveränität über Ostpreußen. Als der Franzose gegen die Rheinfestungen marschierte, erwies sich der Kurfürst als guter Reichsfürst, der als einziger Bundesgenosse des Kaisers den Franzosen entgegentrat. — 1675 warf er nach der Schlacht bei Fehrbellin die Schweden aus dem Lande und erzwang sich den Zugang zum Meer, verlor jedoch durch die Feindschaft mit Frankreich fast alle Gebiete, die er in den Kriegsjahren erworben hatte. Doch der Kurfürst gewann andere Schlachten: Er baute eine Flotte, gründete die Kolonie Großfriedrichsburg an der Guineaküste, schuf das Berufsbeamtentum und das stehende Heer. Mit der Aufnahme der aus Frankreich geflüchteten Hugenotten legte er den Grund für den wirtschaftlichen Aufschwung Preußens. Der Große Kurfürst war der erste absolut regierende Monarch seines Landes.

15. VIII. 1688 — 31. V. 1740 **FRIEDRICH WILHELM I.**

„50 000 Soldaten", sagte der König, „richten mehr aus, als 100 000 Minister". Das war sein politisches Glaubensbekenntnis und sein Regierungsprogramm. Das Heer trat an die erste Stelle des Staates Preußen. Der Gerichtsrat und der Universitätsprofessor standen auf der gleichen Rangstufe wie der Fähnrich, überall gab es Uniformen, alte Korporäle wurden Inspektoren, Verwalter oder Schulmeister, das Land wurde zum Kasernenhof, und in der Wehrverfassung stand der Satz: „Alle Einwohner des Landes sind für die Waffen geboren und dem Regiment, in dessen Kantonsdistrikt sie zur Welt gekommen, zugehörig." — Für seine Riesengarde gab der König jährlich 200 000 Taler, für die übrige Armee 3 Millionen, die Hälfte des Staatsbudgets, aus. Er war friedliebend trotz aller Rüstungen und hat nicht einen einzigen Krieg geführt. Mit Strenge, mit grobianischem Poltern und dem spanischen Rohr herrschte er über seine Familie wie über sein Volk. Er haßte den unter seinem Vorgänger üblich gewordenen Barockprunk, wie ihn seine Zeitgenossen, besonders aber sein Nachbar August der Starke von Sachsen, liebten. Er begann seine Regierung mit der Herabsetzung der 142 Hofrangstufen auf 46, mit der Verminderung des kostspieligen Marstalles, der Einschränkung der Schloßbauten. Er sammelte einen Staatsschatz, füllte die Arsenale und schuf ein schlagfähiges Instrument in der preußischen Armee, in deren Reihen nach seinem Tode 83 000 gediente Soldaten standen. Alles, was er tat, war Vorbereitung für einen anderen, der nach ihm kommen und das Gehortete für Preußens Aufstieg brauchen würde. Mit seinem Sohn, dem Kronprinzen Friedrich, versöhnte er sich nach hartem Zwist. Der „Soldatenkönig" lebte und starb in unerschütterlichem Glauben an die Lehren der pietistisch-protestantischen Kirche.

FRIEDRICH FRÖBEL 21. IV. 1782 — 21. VI. 1852

Als Johann Heinrich Pestalozzi die Forderung erhob, daß sich die Erziehung des Menschen nicht allein auf Wissensvermittlung beschränken dürfe, daß sie vielmehr alle Anlagen zu einer harmonischen Entwicklung führen müsse, leitete er damit eine Umwälzung in der Pädagogik ein. Die Schulen und Lehrerbildungsstätten des großen Schweizer Lehrmeisters gewannen Weltruf. Hier fand auch Friedrich Fröbel die Anregungen, die seine spätere Leistung bestimmten. — Fröbel wurde als Sohn eines Pastors in Thüringen geboren. Er studierte Naturwissenschaft und Landwirtschaft, arbeitete als Baumeister, und erst ein Besuch bei Pestalozzi in Iferten weckte die Liebe zu den Kindern und zur Pädagogik. Praktische Erfahrungen sammelte er in Göttingen. Nach den Befreiungskriegen, an denen er als Freiwilliger teilnahm, wandte er sich dem Studium der Mineralogie zu. Die Romantik suchte mehr als jede andere Zeit in der Gesteinslehre den Geheimnissen des Daseins nachzuspüren, sie sah in dem wachsenden Kristall ein Gleichnis des werdenden Menschen. — Von 1816 an leitete Fröbel eine eigene Lehranstalt. Ein zweiter, längerer Aufenthalt in der Schweiz führte ihn zu seiner eigentlichen Lebensaufgabe, der Bildung des vorschulpflichtigen Kindes. Durch geeignete Beschäftigungsspiele suchte er die seelischen und geistigen Kräfte der Jungen und Mädel zu entwickeln. — Er unterschied drei Stufen des erziehungsfähigen Kindes: Die erste Periode, die von der Geburt bis zur beginnenden Sprachfähigkeit währt, in dieser Zeit ist die Pflege wichtiger als die Erziehung; die zweite Periode ist die entscheidende, sie dauert bis zum Zeitpunkt der Schulfähigkeit, in diesen Jahren ist das heranwachsende Menschenkind am leichtesten zu beeindrucken und zu lenken. Die dritte Periode ist die Schulzeit, die dem reinen Wissensunterricht gewidmet ist.

JULIUS FRÖBEL 16. VII. 1805 — 6. XI. 1893

In dem abenteuerlichen Leben des Thüringer Pfarrersohnes Julius Fröbel spiegelt sich die historische Entwicklung Deutschlands vom fürstlichen Absolutismus zum liberalen Parlamentsstaat. Vom Gymnasium in Rudolstadt hatte ihn sein Weg über Stuttgart nach München geführt, wo er sich durch geographische und literarische Arbeiten den Lebensunterhalt verdiente. Von dort war er nach Weimar gezogen, hatte in Jena und Berlin studiert, war in Zürich als Lehrer tätig und schließlich einem Ruf der Züricher Universität als Professor für Mineralogie gefolgt. In der Heimat war indessen der Kampf des jungen, revolutionären Deutschlands gegen die Reaktion in voller Schärfe entbrannt. Als er sich in Wort und Schrift für die Ziele der radikalen Republikaner einsetzte, geriet er in Schwierigkeiten, die ihn veranlaßten, sein akademisches Lehramt aufzugeben. Er redigierte eine Zeitlang die Zeitschrift „Der schweizerische Republikaner" und gründete ein „Literarisches Comptoir", in dem die in Deutschland verbotenen politischen Bücher und Flugschriften gedruckt wurden. In dem Freiheitsjahr 1848 war er Abgeordneter des Frankfurter Parlaments, dessen linken Flügel er maßgeblich beeinflußte. Als er mit Robert Blum überbrachte er den aufständischen Wienern eine Sympathieadresse, wurde gefangen genommen, zum Strang verurteilt und zwei Tage vor seiner Hinrichtung begnadigt. Als die Volksversammlung von der Reaktion aufgelöst wurde, wanderte er nach Nordamerika aus. Mit Vorträgen, der Gründung einer Seifenfabrik und Zeitungsartikeln hielt er sich über Wasser. 1857 trieb ihn die Heimatsehnsucht nach Deutschland zurück. Er war Herausgeber der liberalen „Süddeutschen Presse" in München, ging 1873 als Konsul nach Smyrna und anschließend nach Algier. Fröbel starb 1893 in Zürich.

26. IV. 1873 — 9. VIII. 1938 **LEO FROBENIUS**

Das Leben dieses großen Wissenschaftlers und Entdeckungsreisenden war der Erforschung der Völker Afrikas und ihrer Kulturen gewidmet. Aus den auf zahlreichen Expeditionen gewonnenen Erkenntnissen hat er allgemeingültige Schlüsse gezogen, die die Entwicklung der Völkerkunde maßgeblich beeinflußt haben. Leo Frobenius hat die beiden Begriffe „Kulturkreislehre" und „Kulturmorphologie" geprägt und auf ihnen ein fundamentiertes Lehrgebäude errichtet. In seinen letzten Lebensjahren wandte sich Frobenius fast ausschließlich der Erforschung vorzeitlicher Kunstdenkmäler zu. Er legte ein prähistorisches „Felsbilder-Archiv" an, in dem die auf Expeditionen seines Instituts angefertigten Kopien von Felsbildern aus Europa, Afrika, Neu-Guinea, Australien und Südamerika gesammelt und aufbewahrt wurden. Aus den in Fels und Stein vor vielen tausend Jahren eingeritzten Tierbildern konnte die wissenschaftlich einwandfreie Folgerung gezogen werden, daß weite Wüstengebiete Afrikas, wie die Sahara, einst von Wäldern und grünen Savannen bedeckt waren und daß erst ein unerklärliches Verschwinden des Wassers das Land zur Wüste gemacht hat. Es hat wohl wenige Völkerkundler gegeben, die aus solch reicher, persönlicher Erfahrung und eigener Anschauung schöpfen konnten, wie Frobenius. Auf acht Expeditionen hat er ganz Afrika durchreist und durchforscht. Er gründete 1898 das „Afrika-Archiv", aus dem sich das heutige „Frobenius-Institut" an der Goethe-Universität in Frankfurt/Main entwickelte. 1934 wurde er zum Direktor des Städtischen Museums für Völkerkunde in Frankfurt/Main ernannt, gleichzeitig erhielt er von der Universität eine Berufung als Professor für Völker- und Kulturkunde. Seine zahlreichen, Schule machenden Bücher behandeln den afrikanischen Kontinent, seine Völker und Kulturen.

6. III. 1459 — 30. XII. 1525 **JAKOB FUGGER**

Die Vorfahren dieses reichsten Mannes seiner Zeit waren Bauern und Weber in den Dörfern des Lechfeldes. Einer des Geschlechtes wanderte nach Augsburg. Als er starb, war er Obermeister der Weberzunft und hinterließ 3000 Gulden. Sein Nachkomme war Jakob Fugger, der königliche Kaufmann, der in seinem Augsburger Palais Kaiser und Fürsten empfing und dessen Reichtum sagenhafte Ausmaße annahm. Aber seine Schätze flossen nicht mehr aus eigener Handwerksarbeit und aus dem Fleiß der eigenen Familie. 3500 Webstühle, die ärmere und handelsuntüchtigere Weberfamilien Augsburgs betrieben, klapperten Tag und Nacht im Auftrag des Fuggers. Herr Jakob kaufte die Fertigware zu billigem Preis und vertrieb sie in allen Ländern der Christenheit. Fuggersche Faktoren zogen mit den großen, schwerfälligen Planwagen nach Ungarn, Skandinavien und Rußland. — Dem verschwenderischen Herzog von Tirol lieh Herr Jakob 600 000 Gulden, die ihm 400 000 Gulden Zinsen einbrachten. Dem Kaiser Maximilian bezahlte der Fugger die Söldner, die Hofhaltung und die Schulden in fremden Städten. Dafür wurde er der Lieferant von Geschützen, Pelzen, Gewürzen, Tuchen, Waffen und Rossen und Gesamtpächter aller kaiserlichen Silbergruben. Das Silbermonopol machte Jakob Fugger zum „Münzmeister des Papstes", zum Bankier der Fürsten, ja, sogar des Königs von England. Als nach dem Tode Maximilians I. die Kaiserkrone neu zu vergeben war, schoß Jakob Fugger dem späteren Kaiser Karl V. 550 000 Gulden als „Wahlfonds" vor und machte ihn damit zum Herrn des Abendlandes. Der Heimatstadt Augsburg schenkte Jakob der Reiche das großzügigste soziale Hilfswerk dieser Zeit: Er baute auf eigene Kosten die erste Armensiedlung Europas, die „Fuggerei": 106 Häuser mit eigener Kirche, Schule und Krankenanstalt.

FRANZ XAVER GABELSBERGER 9. II. 1789 — 4. I. 1849

Franz Xaver Gabelsberger ist der „Vater der deutschen Stenographie". Nach ihm ist das Kurzschriftsystem genannt, das ein halbes Jahrhundert in Deutschland führend gewesen und erst in neuerer Zeit durch die Einheitskurzschrift ersetzt worden ist. Gabelsberger wurde in München geboren, besuchte dort das Gymnasium und trat dann bei Senefelder, dem Erfinder des Steindrucks, in die Lehre. Durch persönliche Verbindungen, begünstigt durch seine außergewöhnlich schöne Handschrift, gelang es ihm, als Kanzlist und Ministerialsekretär in den Staatsdienst zu kommen. Wenn er nach Diktat seiner Vorgesetzten Briefe und Akten niederschrieb, war er bemüht, durch Abkürzungen und Wortzeichen schneller zu schreiben als andere, aber es wollte ihm nicht gelingen, auch nur annähernd so schnell zu arbeiten wie der Diktierende sprechen konnte. Nach langen Vorarbeiten, bei der ihm ältere Schnellschriftsysteme als Vorbilder dienten, entwickelte er schließlich seine eigene Stenographie. Sein erster großer Erfolg, der starke Beachtung in der Öffentlichkeit fand, war die Fertigung der Protokolle des ersten bayerischen Landtags im Jahre 1819, die die Reden der Abgeordneten im Wortlaut wiedergaben. Zur Vervollkommnung seiner Erfindung erhielt Gabelsberger eine jährliche Staatsunterstützung von 1000 Talern, die er in der Hauptsache dafür verwendete, Lehrbücher und Gebrauchsanweisungen herauszugeben, um die „Geschwindschrift" in weitesten Kreisen bekannt zu machen. Die stenographischen Zeichen und Musterbeispiele schnitt er zur Drucklegung eigenhändig in den Stein. Das wesentliche Prinzip Gabelsbergers bestand darin, daß er statt der früher üblichen geometrischen Zeichen für Buchstaben handgerechte, flüchtig zu schreibende und verbindungsfähige, den Lauten der deutschen Sprache angepaßte Züge verwandte.

HEINRICH VON GAGERN 20. VIII. 1799 — 22. V. 1880

„Wir haben die größte Aufgabe zu erfüllen. Wir sollen schaffen eine Verfassung für Deutschland, für das gesamte Reich. Deutschland will eins sein, ein Reich, regiert vom Willen des Volkes, unter der Mitwirkung aller seiner Gliederungen..."

(H. v. Gagern vor der Frankfurter Nationalversammlung)

Heinrich von Gagern war einer der führenden Männer der Frankfurter Nationalversammlung. Mit hohem sittlichem Ernst und dem Idealismus der politischen Romantik verfocht er die Volksbefreiung von den Fesseln der absoluten Monarchie. — Als sechzehnjähriger Freiwilliger kämpfte er in der Schlacht bei Waterloo mit. Er schloß sich der jungdeutschen Erneuerungsbewegung an, war Mitbegründer der Burschenschaft und wirkte für sie in Heidelberg, Jena und Göttingen. Die Männer der Paulskirche, des ersten deutschen Parlaments, wählten ihn am 19. Mai 1848 zu ihrem Präsidenten. Sein Ansehen wurde beschattet durch die brüske Ablehnung der deutschen Kaiserkrone durch den Preußenkönig, die die preußisch-kleindeutsche Lösung der Reichsgründung zum Scheitern brachte. Gagern stellte sein hohes Amt zur Verfügung und trat aus der Nationalversammlung aus. Die Politik Bismarcks trieb ihn in das österreichische Lager. Als hessischer Gesandter wirkte er in Wien für die Schaffung eines großdeutschen Reiches mit Einschluß der habsburgischen Erblande. Nach der Einigung Deutschlands im Kriege 1870/71 und der Gründung des Kaiserreiches kehrte Heinrich von Gagern auf seine hessischen Güter zurück, wo er 1880 starb. Die Welt hatte ihn schon zu seinen Lebzeiten vergessen. An ihn und die politischen Ideale, denen er gedient hat, erinnert sein prophetisches Wort: „Ein Staat ohne Freiheit ist dem Untergange geweiht..."

14. V. 1727 — 2. VIII. 1788   THOMAS GAINSBOROUGH

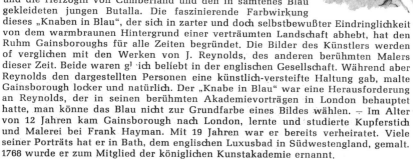

Gainsborough, zu Sudbury in Suffolk geboren, ist der Schöpfer der typisch englischen, poetisch-naturalistischen Landschaftsmalerei. Seine berühmten Bilder „Die Viehtränke", „Kühe auf der Weide", „Wald bei Sonnenuntergang" sind durch ihre gemütvolle Bildauffassung und geistvolle Kolorierung Vorbild für die englischen Maler des 18. Jahrhunderts gewesen. Seinen Zeitgenossen galt Gainsborough als der große Meister des Porträts. Er war der Lieblingsmaler der englischen Hofaristokratie. Georg III. ließ seine Familie von ihm malen, Gainsborough porträtierte die Herzogin von Devonshire, den Herzog und die Herzogin von Cumberland und den in samtenes Blau gekleideten jungen Butalla. Die faszinierende Farbwirkung dieses „Knaben in Blau", der sich in zarter und doch selbstbewußter Eindringlichkeit von dem warmbraunen Hintergrund einer verträumten Landschaft abhebt, hat den Ruhm Gainsboroughs für alle Zeiten begründet. Die Bilder des Künstlers werden of verglichen mit den Werken von J. Reynolds, des anderen berühmten Malers dieser Zeit. Beide waren gl ich beliebt in der englischen Gesellschaft. Während aber Reynolds den dargestellten Personen eine künstlich-versteifte Haltung gab, malte Gainsborough locker und natürlich. Der „Knabe in Blau" war eine Herausforderung an Reynolds, der in seinen berühmten Akademievorträgen in London behauptet hatte, man könne das Blau nicht zur Grundfarbe eines Bildes wählen. — Im Alter von 12 Jahren kam Gainsborough nach London, lernte und studierte Kupferstich und Malerei bei Frank Hayman. Mit 19 Jahren war er bereits verheiratet. Viele seiner Porträts hat er in Bath, dem englischen Luxusbad in Südwestengland, gemalt. 1768 wurde er zum Mitglied der königlichen Kunstakademie ernannt.

15. II. 1564 — 8. I. 1642   GALILEO GALILEI

In Venedig hörte der Professor für Mathematik an der Universität Padua, Galileo Galilei, zum erstenmal von der Erfindung eines Holländers, mit einem Linsensystem alle Ferne deutlich sichtbar zu machen. Wenn es gelang, mit diesen „Fernlinsen" in die Welt der Sterne einzudringen, würde die Astronomie eine wahre Revolution erfahren. Noch in der Nacht seiner Heimkehr nach Padua begann Galilei mit den Arbeiten an einer verbesserten Nachkonstruktion. Mit einem Fernrohr von dreiunddreißigfacher Vergrößerung erblickte der Gelehrte als erster die Trabanten des Jupiter, die Phasen der Venus und des Merkur, die Mondgebirge, die Sonnenflecken und eine große Anzahl neuer Sterne. Das Tor zum All tat sich vor ihm auf. — Galileo Galilei wurde am 15. Februar 1564, drei Tage vor dem Tode Michelangelos, geboren. Im Alter von 17 Jahren entdeckte er die Schwingungsdauer des Pendels, als 21jähriger erregte er mit der Erfindung der hydrostatischen Waage Aufsehen in der gelehrten Welt, als Professor der berühmten Universität Padua formulierte er die Fallgesetze. Sein Name war in ganz Europa bekannt, aus allen Ländern kamen die Studenten, um von ihm zu lernen. Manchmal war in Padua kein Saal zu finden, der seine Hörer hätte aufnehmen können. — Seine wissenschaftlichen Erkenntnisse, die auf der Erfahrung beruhten, brachten ihn in Konflikt mit den kirchlichen Dogmen. Er verteidigte in Wort und Schrift leidenschaftlich das Kopernikanische Weltsystem, das die Erde aus dem Mittelpunkt der Schöpfung als Stern unter Sternen in die Unendlichkeit des Alls versetzte. 1616 wurde in einem Prozeß in Rom entschieden, daß die Erde als fester Körper Mittelpunkt der Welt sei und daß die Sonne sich um die Erde drehe. Galilei konnte zwar an seinem Werk weiterarbeiten, durfte aber nichts veröffentlichen.

JOHN GALSWORTHY 14. VIII. 1867 — 31. I. 1933

Der bedeutendste moderne Epiker Englands erhielt seine Ausbildung in den beiden traditionellen Schulen Britanniens, in Harrow und Oxford. Hier lernte er das hohe, zeitlose und humanistische Ideal des „Gentleman" kennen, dem er selbst jederzeit und bedingungslos nachgelebt hat. In dieser Pflanzstätte der zukünftigen Führerschicht Englands erkannte er aber auch die Hohlheit der englischen Gesellschaft, des Adels und des wohlhabenden Bürgertums, die hinter einer prunkvollen Fassade den Niedergang und die Unmoral ihres Standes vor der Welt verbargen. Nach Beendigung seiner juristischen Studien ließ er sich als Rechtsanwalt nieder, gab aber bald seine Praxis wieder auf und widmete sich ganz der Literatur. — Um die Jahrhundertwende eröffnete er einen wohlüberlegten, seit langem sorgfältig vorbereiteten literarischen Kampf gegen die soziale Blindheit und seelische Erstarrung in den Kreisen des englischen Adels und des reichen Bürgertums. Er schrieb Kritiken, kurze, bühnengewandte Dramen und eine Reihe von Gesellschaftsromanen, die bald seinen Weltruhm begründeten. Unter den erzählenden Werken ragen der „Patrizier", das „Herrenhaus", „Pharisäer-Inseln" und „Die dunkle Blume" hervor. — Das Meisterwerk Galsworthys ist die „Forsyte Sage", ein Zyklus mit den drei Romanen „Der reiche Mann", „In Fesseln", „Zu vermieten" und den Zwischenstücken „Nachsommer" und „Erwachen". Die Bücher schildern das Schicksal einer englischen Bürgerfamilie von den achtziger Jahren des vergangenen Jahrhunderts bis in die Zeit nach dem Ersten Weltkrieg. Sie haben auch in Deutschland, in Österreich und in der Schweiz weite Verbreitung gefunden. — Im Jahre 1932 erhielt Galsworthy, der „immer ein Künstler, manchmal ein Dichter war", den Nobelpreis.

ALOISO LUIGI GALVANI 9. IX. 1737 — 4. XII. 1798

„Jahrtausende lang hat das kaltblütige Geschlecht der Frösche sorglos seinen naturgemäßen Kreislauf vollenden können, sich in freier Entwicklung entfaltend gelebt, zwei Feinde nur fürchtend, Meister Adebar und die Genießer — mit dem Wendepunkt des 18. Jahrhunderts aber ist ein ehernes Gesetz über den Frosch hereingebrochen." Mit diesen Worten beginnt der Physiker L. Grumnach seine Abhandlung über Galvani. Der Tag, an dem der Frosch dieses Schicksal übernahm, soll ein Novembertag des Jahres 1780 gewesen sein. Im Zimmer des Mediziners und Vogelforschers Galvani — seit 1775 Professor an der Universität Bologna — lagen neben einer Elektrisiermaschine ein paar als Diätspeise vorbereitete Frösche, die jedesmal zu zucken begannen, wenn aus der Maschine ein elektrischer Funke sprang. Er wußte nicht, daß hier Spannungsunterschiede wirksam wurden und dachte, was dieser Funke leiste, müsse verstärkt auch der Blitz zustandebringen. Galvani setzte Froschschenkel, die er mit Kupferdraht an ein Balkongitter hängte, einem Gewitter aus. Sie reagierten zwar nicht auf die Blitzschläge, um so mehr aber, sobald sie das Gitter berührten. Er hielt das für Reaktionen tierischer Elektrizität und hat diese Auffassung bis an sein Lebensende verfochten. Erst Alessandro Volta, Professor in Pavia, gelang der Nachweis, daß die Elektrizität durch die Berührung des Kupferdrahtes mit dem Eisen des Gitters erregt wurde und daß der Tierkörper nur Zwischenleiter war. Der „metallische Kontakt" diente Volta zum Bau von „galvanischen" Batterien, die als neue kräftigere Elektrizitätsquelle neben die Elektrisiermaschine traten.

154

1469 — 24. XII. 1524 VASCO DA GAMA

Sein Name ist in das Buch der Geschichte eingetragen, weil ihm eine einzige Tat glücklich gelang und weil diese Tat der Menschheit neue Pfade gewiesen hat: die Öffnung des Seeweges nach Ostindien. Türken und Araber hatten den Handel mit den Gold- und Gewürzländern des Ostens unterbrochen, das Abendland aber verlangte nach den unentbehrlichen Erzeugnissen der Tropen. Auf der Suche nach einem freien Schiffahrtsweg war im Jahre 1492 Columbus in spanischen Diensten nach Westen gefahren und hatte „West-Indien" entdeckt. Ein Menschenalter vorher hatten sich Diego Cao, Dulmo und Bartholomeo Diaz entlang der afrikanischen Westküste südwärts getastet. Jetzt sollte noch einmal der Versuch unternommen werden, auf der Ostroute die Länder Indiens zu erreichen. — Am 8. Juli 1497 verließ eine Flotte von drei kleinen Schiffen mit 150 ausgesuchten Leuten an Bord, geführt von dem portugiesischen Edelmann Vasco da Gama, die Tajomündung bei Lissabon. In weitem Bogen ward der gefährliche Guineagolf umfahren. Als die Novemberstürme die See aufwühlten, steuerte die Flottille um das Kap, erreichte die rettende Nordströmung und ließ freudig alle Flaggen von den Toppen wehen. — Die Küste war voller Abenteuer, jede Landung wurde zum Gang durch tausend Gefahren. Aber der harte Wille des Kapitäns trieb die von Skorbut geplagte Mannschaft immer weiter voran. Sie ankerten in Mozambique und Mombassa und erreichten den Hafen Melinde in Ostafrika. Dort führt das Glück dem Entdecker vier indische Schiffe vor den Bug. Die Besatzung wies den Portugiesen den Meerpfad über den Indischen Ozean. Eines Morgens stürzten gläserne Regenschleier herab, blaue Blitze durchzuckten den Himmel, dann riß der Schleier auf, und die indische Küste — der Hafen Kalikut — lag vor den Schiffen.

2. X. 1869 — 30. I. 1948 MAHATMA GANDHI

Ende 1931, nach langen Jahren des passiven Widerstandes, war das großmächtige britische Imperium bereit, den Gewaltlosen anzuhören. Gandhi fuhr nach England, er reiste in selbstgewebten Sarong, barhaupt und mit einem Bündel, aber er vertrat mehr als 300 Millionen Inder. Der Paßbeamte fragte: „Beruf?": „Armer Bettler!", „Vermögen?": „Sechs weiße Hosen, zehn Liter Ziegenmilch und der Weltruhm, der nichts wert ist." — Gandhi, den sein Volk „Mahatma" — die große Seele — nannte, war als Sohn einer kastenstolzen Familie geboren worden. Er studierte in London und wurde Rechtsanwalt. Vor dem ersten Weltkrieg vertrat er die Interessen seiner Landsleute in Südafrika, seit 1918 arbeitete er in Indiens Nationalbewegung für die Unabhängigkeit des Landes. Er wollte die Völkerschaften Indiens zu einer brüderlichen Gemeinschaft zusammenführen. Pandit Nehru, der Führer der Hindus, war sein Jünger, ebenso Ali Jinnah, der Vertreter der Moslems. — Das Geheimnis Gandhis war seine Selbstlosigkeit, seine Frömmigkeit und umfassende Liebe zu allem Leben. Er sagte: „Ich billige keine böse Tat, ganz gleich für welchen Zweck sie auch geschehe!" Oder: „Man muß frei sein von der Furcht vor den Fürsten, vor dem Volk, vor den Angehörigen, vor wilden Menschen und Tieren, vor dem Tode." — Er kämpfte, indem er Bürgerkrieg, Aufruhr, Gewalttat der anderen, Rassenhaß und Kastenzwist durch Fasten büßte und fastend die Gegner zum Frieden zwang. Er wollte keine Gewalt, er wünschte Indien frei, doch der Weg zur Freiheit sollte nicht über die Gräber gefallener Helden führen. Seine Kampfmittel waren Boykott englischer Waren und ziviler Ungehorsam. Er siegte, weil es kein Mittel gibt, Gewaltlosigkeit mit Gewalt zu unterdrücken. 1948 schoß ihn ein fanatischer Hindu nieder.

GUISEPPE GARIBALDI 4. VII. 1807 — 2. VI. 1882

Gustav von Hofstetter, ein deutscher Offizier in römischen Diensten, schrieb nach einer Begegnung mit Garibaldi am 6. Mai 1848 in sein Tagebuch: „Ruhig und fest saß er zu Pferde, als wäre er darauf geboren, ein etwas kleiner Mann mit sonnverbranntem Gesicht und vollständig antiken Zügen. Der rötliche Bart bedeckte die Hälfte des Gesichts. Über der rötlichen Bluse flatterte der kurze, weiße, amerikanische Mantel." — Garibaldi nannte man den „Arm der italienischen Freiheitsbewegung". Er hatte sein Leben der Einigung des zerrissenen, von fremden Mächten besetzten Italiens gewidmet. „Italien schafft es aus sich selbst!" war sein forderndes Losungswort. Er folgte dem Savoyerzug Mazzinis 1834, floh, wurde Kaperkapitän und südamerikanischer Pampareiter, bildete 1848 ein Freikorps gegen Österreich und verteidigte das aufständische Rom 1849 gegen die Franzosen. Abermals mußte er nach Amerika fliehen, seit 1854 lebte er auf der Felseninsel Caprera, wo ihn der Ruf der Freiheit 1859 erreichte. Mit seinen Rothemden brachte er von Sizilien aus das Bourbonenreich in Neapel zum Einsturz, scheiterte aber in Rom. Sein mehrmals wiederholter Versuch, den Kirchenstaat zu beseitigen, wurde durch die überlegene Diplomatie des Vatikans und das Eingreifen fremder Mächte verhindert. Im Krieg 1870/71 führten ihn Abenteurerlust und sein Mangel an staatsmännischem Instinkt auf die Seite der Franzosen. Nach der französischen Niederlage zog er sich verbittert in die Einsamkeit der Insel Caprera zurück. Sein Name aber lebte im Herzen des italienischen Volkes, das in ihm trotz aller Fehler und Schwächen seinen Nationalhelden sah. Das italienische Parlament setzte ihm und seinen fünf Kindern einen lebenslänglichen Jahres-Ehrensold von zehntausend Lire aus. In vielen Städten Italiens wurden ihm Standbilder errichtet.

PAUL GAUGUIN 7. VI. 1848 — 8. V. 1903

Gauguin war einer der Wegbereiter der modernen Kunst. Im Jahre der Revolution, im Juni 1848, wird er als Sohn eines Franzosen und einer peruanischen Mutter in Paris geboren. Vier Jugendjahre verlebt er in Peru, der mütterlichen Heimat, und diese Jahre der ersten starken Eindrücke genügen, um die Sehnsucht nach Wärme und Sonne, nach fernen tropischen Ländern, sein ganzes Leben hindurch wachzuhalten. Schul- und Lernjahre in Frankreich folgen, unbefriedigend, grau und trübselig. Mit 17 Jahren bricht er aus der Enge aus und geht als Matrose zur See. Heimgekehrt, erfüllt er den letzten Wunsch der verstorbenen Mutter und schafft sich eine bürgerliche Existenz als Bankbeamter; bis er eines Tages Beruf und Arbeit, Sicherheit und Bürgerlichkeit wie eine lästige Verkleidung abwirft und sich ausschließlich dem Dienst der Kunst widmet. Wanderjahre führen ihn durch die Provinzen Frankreichs, hungernd, dem Elend der Existenzlosigkeit preisgegeben, mit Gleichgesinnten wie Vincent van Gogh um die neuen Formen der Malerei ringend. Angeekelt von der Scheinzivilisation, der leeren Kunst-Barbarei der Zeit, geht er nach Tahiti und entdeckt dort im Sehnsuchtsland der ewigen Sonne und des Frühlings die Schönheit der tropischen Natur und ihrer Menschen. Auf Tahiti bildet sich sein eigener Malstil mit breiten Flächen, mit glühenden, noch nie gesehenen Farbmischungen. Die Zeit um die Jahrhundertwende aber ist noch nicht reif für den Wandel der Kunst, den diese Bilder ankündigen. Gauguin teilt das Schicksal vieler Wegbereiter neuer Ideen — er wird abgelehnt, verhöhnt und verlacht. Schwere materielle Not und Krankheiten zerbrechen seinen Lebenswillen. Gauguin stirbt, einsam und verlassen, im Alter von 55 Jahren auf dem kleinen Südseeatoll La Dominica.

30. IV. 1777 — 23. II. 1855   **KARL FRIEDRICH GAUSS**

„Dem Fürsten der Mathematik zum Gedächtnis", lautet die Inschrift einer Medaille, die der König von Hannover zur Erinnerung an K. F. Gauss prägen ließ. Dieser Ehrentitel, der dem Professor für Mathematik und Direktor der Sternwarte zu Göttingen nach seinem Tode verliehen wurde, wird auch heute noch von einer bewundernden Nachwelt anerkannt. Mit seinen genialen Beiträgen zur höheren Mathematik, mit der berühmten Berechnung der Bahn des kleinen Planeten Ceres, die die Wiederauffindung des Himmelskörpers ermöglichte, durch seine bahnbrechenden Untersuchungen über den Erdmagnetismus, hat Gauss Anspruch auf unvergeßlichen Ruhm. Der Vermessungstechnik hat er neue Wege gewiesen, er hat den Heliotropen erfunden und mit dem vom Spiegel dieses Apparates reflektierten Sonnenlicht Entfernungen von über einhundert Kilometern überbrückt. Von der Zahlentheorie ausgehend, kam er zu wesentlichen Veränderungen der mathematischen Chronologie, zum „Kalendermachen", und entwickelte seine heute noch gültige Berechnung des Osterdatums. Sorgfältige Linsenstudien legten den Grund für die spätere Entwicklung der optischen Technik. Seine erdmagnetischen Forschungen führten Gauss zusammen mit Weber zur Konstruktion des ersten wirklich brauchbaren elektromagnetischen Telegrafen, dessen Doppeldrahtlinien die Göttinger Sternwarte mit dem Physikalischen Institut verbanden. „Michelmann kommt", ist der Text des ersten Telegramms, das je durch einen Draht gelaufen ist; mit ihm ist der Name des treuen Institutsdieners für alle Zeiten verbunden. Gauss drang in die tiefsten Geheimnisse der Zahlen und des Raumes, des Laufs der Gestirne und der Kräfte der Erde ein und erkannte weit vorausschauend die moderne Entwicklung der Mathematik, der Physik und der Astronomie.

22. XI. 1890 – 9. XI. 1970   **CHARLES DE GAULLE**

De Gaulle war auf der welthistorischen Bühne des 20. Jhs. einer der eigenwilligsten Männer. Etwas Rätselhaftes liegt in seinem Aufstieg, in der geradezu triumphalen Stellung, die er einnahm, ohne daß sie durch Erfolg gerechtfertigt gewesen wäre. Vielen erschien sein Emporkommen wie ein psychologisches Phänomen, wie die Wirkung der seltsamen Faszination, die von seiner Person ausging und die auch seine Gegner bestätigten. 1940 war er als Führer einer Panzerdivision zum General befördert und kurz darauf zum Unterstaatssekretär für Verteidigung ernannt worden. Nach der Kapitulation Frankreichs leitete er von London aus mit dem von ihm gegründeten Komitee 'Freies Frankreich' den französischen Widerstand, doch setzte er sich erst 1942 als dessen Führer durch. 1943 wurde er Präsident des neu gegründeten 'Komitees zur Nationalen Befreiung', das 1944 in die provisorische Regierung umgebildet wurde. De Gaulle wurde deren Chef und damit Staatsoberhaupt, trat aber schon 1946 zurück. 1947 gründete er, um sich eine Machtposition zu schaffen, den 'Rassemblement du Peuple Français' (RPF), der jedoch mangels Erfolg 1953 aufgelöst wurde. Nach dem Putsch von Algier (1958) gelangte de Gaulle wieder an die Macht. Er führte als Präsident der V. Republik ein Präsidialsystem mit starker Exekutive und Plebiszit ein. Sein politisches Programm verfolgte die Hebung der Stellung Frankreichs in der Welt und die Stärkung Europas unter französischer Führung ohne übernationale politische Integration. Konsequenterweise brachte er 1963 und 1967 die Verhandlungen über Großbritanniens Eintritt in die EWG zum Scheitern, löste Frankreich aus der SEATO und der NATO und warb durch Auslandsreisen für sein Land. 1968 kam es zu Streiks und Studentenunruhen. Nachdem die Vertrauensfrage für ihn negativ verlaufen war, trat er 1969 zurück. Er lebte zurückgezogen auf seinem Landsitz in Colombey-les-deux-Églises und schrieb seine Memoiren.

CHRISTIAN GELLERT 4. VII. 1715 — 13. XII. 1769

Gellert gilt als der deutsche Meister der Fabel, der in symbolischen Bildern und Handlungen eingekleideten moralisch-pädagogischen Erzählung. Die meisten dieser Fabeln sind zeitbedingt und erschienen den späteren Generationen unverständlich und spießbürgerlich, einige von ihnen aber sind von klassischer Schönheit und unvergänglichem Reiz. Im 18. Jahrhundert waren die Bücher Gellerts in jedem Haus neben der Bibel und der Postille zu finden. Die ganze deutsche Jugend hat daraus ihre erste eindrucksvolle Sittenbelehrung empfangen. Gleichwertig neben den „Fabeln" stehen die tiefempfundenen protestantischen Kirchenlieder, die von Gellert verfaßt wurden, unter ihnen das machtvolle Trostlied „Wie groß ist des Allmächtigen Güte". — Gellert ist ein Sohn des sächsischen Erzgebirges, wo sein Vater als Prediger amtierte. Nach der harten Erziehung auf der Fürstenschule zu Meissen studierte er, arm und manchmal dem Verhungern nahe, in Leipzig Theologie, daneben Dichtung und Literatur. Von Kind auf von schweren Brustleiden geplagt, erkannte er bald, daß er niemals imstande sein werde, von der Kanzel zu predigen. Er wandte sich deshalb ganz der Literatur zu, die ihm Möglichkeiten zu bieten schien, den Lebensunterhalt als Schriftsteller zu erwerben und seinen christlichen Idealen als Volkserzieher in belehrenden und erbauenden Büchern zu dienen. Der Erfolg des ersten Bandes der „Fabeln" gab ihm recht. Das Werk machte Gellert zu einem der populärsten deutschen Schriftsteller. 1745 habilitierte sich Gellert an der Universität Leipzig und hielt dort vor zahlreichen Hörern mit enthusiastischer Zustimmung aufgenommene Vorlesungen über Literatur und Dichtkunst. Durch ihn und seine Werke ist zum erstenmal wieder im deutschen Volk das Interesse für Literatur geweckt worden.

STEFAN GEORGE 12. VII. 1868 — 4. XII. 1933

„Eine kleine schar zieht stille bahnen
stolz entfernt von wirkendem getriebe
und als losung steht auf ihren fahnen:
Hellas ewig unsere liebe!"

George stammt aus dem rheinfränkischen Gau, dem alten Kulturland, in dem sich germanische und romanische Einflüsse seit Jahrhunderten vermischt haben. In seinen Dichtungen lebten das Erbe der Antike, die klassisch-aristokratische, strenggeformte Sprache, die Ideale des Humanismus und die Wehmut und Melancholie, die träumende Romantik der deutschen Seele. In leidenschaftlicher Auflehnung gegen die brutale, alle Härten und Auswüchse des Lebens zur Schau stellende naturalistische Literatur des 19. Jahrhunderts suchten George und seine Freunde die Stille, das Gleichmaß des Schönen, die „Mitte des Daseins". Erst spät ist der Meister mit seinen Jüngern an die Öffentlichkeit getreten, und fast widerwillig geschah die Drucklegung ihrer Werke. In den „Blättern für die Kunst" formulierte Stefan George sein Programm: „Keine erfindung von geschichten sondern wiedergabe von stimmungen, keine betrachtung sondern darstellung, keine unterhaltung sondern eindruck." — Der Heidelberger Dichterkreis, den George als Magier und Priester des Wortes und Geistes beherrschte, wollte allein der Kunst dienen, unabhängig von Beifall und Verständnis der Menge. In einsamem Stolz formte der Meister, der Gepriesene und Angebetete, die dunklen, nachtschweren, strengen Verse, die geheimnisvoll deutenden Worte. Er war ein überzüchteter Nachfahre von Novalis, Hölderlin und Jean Paul, ein Bruder der Franzosen Mallarmé und Baudelaire. Der Tod nahte sich ihm als willkommene Erlösung in selbstgewählter Verbannung. Stefan George starb am 2. Dezember 1933 in der Nähe von Locarno.

1378 — 1. XII. 1455   **LORENZO GHIBERTI**

Als man das Jahr 1400 schrieb, wütete wieder einmal die
schwarze Pest in Florenz. Voll Entsetzen erinnerten sich die
Bürger an das Schreckensjahr 1348, damals hatte die Pest von
200 000 Florentinern nur 20 000 am Leben gelassen. Schwankend
zwischen Furcht und Gottesglauben, gelobten der Rat und die
Zunft der Kaufleute, wenn die Seuche gnädig vorübergehe, dem
ältesten Gotteshaus der Stadt, der Kirche San Giovanni, die
prachtvollsten Bronzetore Italiens zu schenken. Da die Epidemie
nach kurzer Zeit erlosch, veranstaltete man ein Preisausschrei-
ben: Jeder Bewerber sollte ein Probestück fertigen. Als Thema
war die Opferung Isaaks durch Abraham gestellt. Viele be-
warben sich, denn die Künste erlebten um diese Zeit einen
erstaunlichen Frühling. Aus dem Schoß des Jahrhunderts brach mit Macht die Erinnerung an versunkene Römergröße, an Schönheit und Vollendung der Antike. —
Drei junge Künstler — keiner älter als fünfundzwanzig Jahre — waren sich gewiß,
daß einer von ihnen den Preis gewinnen würde: Donatello, Brunellesco und Ghiberti.
Lorenzo, Sohn eines Florentiner Goldschmiedes, schuf einen Entwurf von soviel
Anmut, Harmonie und technischem Können, daß ihm nicht nur die Freunde, sondern
auch die Preisrichter den Sieg zusprachen. — Vom zweiundzwanzigsten bis zum drei-
undsechzigsten Jahr seines Lebens, mehr als 40 Jahre, arbeitete Lorenzo Ghiberti
an den beiden Türen von San Giovanni. Zweimal fünf Felder hat jeder Türflügel,
umgeben von Türbekleidungen aus Metall mit Darstellungen von Tieren, Girlanden
und Ornamenten. Das Werk kostete 22 000 Goldgulden, die beiden Türen wiegen
34 000 Pfund. — Michelangelo, der große Meister der Renaissance, hat das treffendste
Wort über das Werk Ghibertis gesprochen: „Die Tore von San Giovanni sind so
schön, daß sie wohl als Pforten des Paradieses stehen könnten...!"

22. XI. 1869 — 19. II. 1951   **ANDRÉ GIDE**

Er wurde in Paris geboren. „In mir treffen drei Rassen zusammen, ich sitze am Kreuzweg der Religionen, ich spüre in mir
allen Drang der Normannen nach dem Süden, der Südländer
nach dem Norden", hat er einmal gesagt. Seine feinfühlige
Seele empfand schaudernd und traurig-beglückt die Unruhe eines
sich selbst auflösenden Zeitalters, er war der Sprecher vor dem
flammenden Hintergrund zweier Weltkriege und einer Wandlung aller Werte. Darum wurde er, wie viele Seher und Deuter,
die zwischen den Ufern der Zeit geboren sind, mehr zum Zerstörer des Alten als zum Baumeister des Neuen. — Verneinung
und Zweifel waren seine Triebkräfte. Ein französischer Literaturhistoriker nannte ihn nicht zu Unrecht den größten Un-
ruhestifter, der seit Rousseau an der Zersetzung der klassischen, lateinisch-franzö-
sischen Ausgewogenheit gearbeitet hat. Alles an ihm blieb umstritten, nur sein
geniales Talent, in meisterhaft knappem und einprägsamem Stil Aussagen zu formulieren, überdauerte unangetastet die Generationen. André Gide war ein ewiger
Sucher und Fragender, das zersetzende Genie des Widerspruchs. — Er schilderte in
einem eigenwilligen, die alte Romanform auflösenden Stil das Abwegige, Extreme,
die von moralischen und traditionellen Bindungen befreite Gesellschaft, der Glaube,
Familie und Ethos nur Fesseln der Beschränktheit bedeuteten. Das Seelen- und Trieb-
leben der bürgerlich Verlorenen, der Sündigen und Verderbten, reizte ihn zur dichterischen Verklärung. Da er alles angriff und wenig dafür zu geben wußte, wird erst
die Nachwelt entscheiden, ob er zu loben sei, weil er Überlebtes und Morsches
gänzlich zersetzte und fällte, oder ob er den großen Negativen zuzuzählen sei, die
das letzte moralische und kulturelle Erbe des alten Abendlandes zu vernichten
versuchen.

GIORGIONE

Um 1478 — 1510

„Schläft ein Lied in allen Dingen, die da träumen fort und fort — und die Welt hebt an zu singen, triffst du nur das Zauberwort!" Dieser Vers von Eichendorff könnte über dem gesamten Schaffen des venezianischen Malers Giorgione stehen, der bereits im Alter von 32 Jahren als Vollendeter starb. Wie ein zarter Märchenzauber liegt über all seinen Bildern eine verträumte Wärme, die den Beschauer gleichsam mit ins Vertrauen zieht über ein Geheimnis, das nicht mit Worten, sondern nur mit farbigen Tönen auszudrücken ist. — Er gilt in der Kunstgeschichte als Repräsentant der klassischen Reife der Hochrenaissance. Kaum einer hat wie er den koloristischen Zauber der Landschaft einzufangen und mit dem Menschen zu künstlerischer Einheit zu verbinden gewußt. Der musikalische, gleichsam über sich selbst hinausweisende Klang seiner Gemälde ist so voller Harmonie, daß man nach Sinn und Bedeutung des dargestellten Gegenstandes zu fragen vergißt, daß man sich ganz dieser ruhig schönen und freudevollen Harmonie der Formen und Farben hingibt und nur dem Liede bildhafter Schönheit der Schöpfung lauschen mag. — Giorgiones Werke bedeuteten nach Themenwahl und Ausfeilung für seine Zeit eine revolutionäre Neuerung. Die venezianische Malerei der Hochrenaissance hatte bis dahin fast ausschließlich biblische Szenen dargestellt. Nun aber trat der Mensch der Zeit hervor, und zwar — das ist für Giorgione, der eigentlich Giorgione Barbarelli. heißt, charakteristisch — nicht als kraftgeladener Herrenmensch, wie ihn das 15. und 16. Jahrhundert liebten, sondern als sinnender Träumer, der sich ahnungsvoll an das Geheimnis der Landschaft verliert. — Die Hauptwerke Giorgiones sind: das Familienbild im Palazzo Giovanelli, die drei Männer in der Abendlandschaft, die schlummernde Venus, das Konzert und die Judith.

GIOTTO DI BONDONE

1266 — 8. I. 1337

Giotto ist eine jener interessanten, zwielichtigen Gestalten, die im Niemandsland zwischen zwei Zeiten stehen. Seine Kunst ruht noch auf den religiösen Fundamenten der Gotik, sie ist erfüllt von der tiefen, selbstverständlichen Gläubigkeit der Jahrhunderte, in denen die mächtigen Dome des Abendlandes Gott und Menschheit, Himmel und Erde verbanden. Aber zu diesen Grundfesten gesellen sich Elemente der byzantinischen, antiken, frühchristlichen und französisch-gotischen Kunst. Sein Eigenstes und Ursprünglichstes, eine Gabe seines Genies an die christlich-europäische Menschheit, ist die Überwindung des starren mittelalterlichen Symbolismus. Die Figuren des Gottessohnes und der Jungfrau Maria, der Heiligen und Märtyrer, werden von Leben erfüllt, ohne ihre göttliche Hoheit im Menschlichen zu verlieren, sie werden aus der Ferne in irdische Bereiche, in den Raum und die Perspektive versetzt. — Der monumental-lebensvolle Bildstil Giottos wurde durch zahlreiche Schüler in kurzer Zeit über ganz Italien verbreitet. Er öffnete die Tore zu der irdischgegenwartsnahen Kunst der Renaissance und wurde der Wegbereiter aller späteren italienischen Malschulen. Die sprechende, bezwingende Ausdruckskraft der Figuren und die Würde der Gestalten schlägt auch heute noch jeden Betrachter in Bann. — Die gotisch-handwerkliche Arbeitsweise des Künstlers mit zahlreichen Gehilfen und das Fehlen von Aufzeichnungen macht es dem Forscher schwer, alle Werke Giottos zu identifizieren. Hauptwerke: Fresken der Arenakapelle in Padua, Madonnenbild (Uffizien), Fresken in der Kirche San Croce in Florenz, das Kruzifix in Santa Maria Novella (Florenz), Szenen in der Oberkirche von Assisi. Giotto hat auch den unteren Teil des Campanile zum Dom in Florenz, jenes Wunderwerk der Frührenaissance, entworfen.

2. IV. 1719 — 18. II. 1803 **WILHELM LUDWIG GLEIM**

Die Fabeln des Dichters W. L. Gleim waren noch um die Jahrhundertwende ein fester Bestandteil aller Volksschulbücher. Sie waren 1756 erschienen, erlebten eine Auflage nach der andern und ließen den Namen ihres Verfassers nicht in Vergessenheit geraten. — Gleim wurde in Ermsleben in der Provinz Sachsen geboren. Im Knabenalter verlor er beide Eltern und wuchs in harter Jugend in den Häusern von Freunden und Verwandten auf. Nach beendeter Schulzeit studierte er in Halle die Rechtswissenschaft und beschäftigte sich in seiner Freizeit mit Fragen der Literatur. Im gleichgesinnten Freundeskreis schwärmte er für die heitere Dichtung des antiken Griechenland und entdeckte von neuem die Schönheit der Verse Anakreons. Mit seiner Übersetzung der Lieder des griechischen Lebenskünstlers, der vor mehr als 2000 Jahren die Liebe und den Wein besungen hatte, wurde er der Begründer der Dichterschule der „Anakreontiker". Später wirkte Gleim als Hauslehrer in Potsdam, wo er ebenfalls Mittelpunkt eines Dichterkreises wurde, dem auch Kleist angehörte. Den zweiten Schlesischen Krieg machte er im Gefolge des Prinzen Wilhelm im preußischen Hauptquartier mit. Nach dem Schlachtentod des Prinzen wurde er Stabssekretär beim „Alten Dessauer". Diese Stellung, die ihm viel Verdruß bereitete, gab er bald wieder auf und lebte mittellos in Berlin, bis er durch die Vermittlung einflußreicher Freunde das Amt eines Domsekretärs und Kanonikus in Halberstadt erhielt. Ein reichliches Einkommen enthob ihn aller Sorgen des Alltags. Nun endlich konnte er sich fast ausschließlich der Dichtkunst widmen. Zu Beginn des Siebenjährigen Krieges erschienen die im Volkston gehaltenen, tief empfundenen „Preußischen Kriegslieder", die begeisterten Widerhall fanden. Sie erregten noch die Bewunderung Goethes und Schillers.

2. VII. 1714 — 15. XI. 1787 **CHRISTOPH WILLIBALD GLUCK**

Heute noch bestehen die Messen Orlando di Lassos und Palestrinas in unantastbarer Schönheit, und selbst die Stücke der alten Lautenschläger entzücken das Ohr des Hörers, aber der Glanz der italienischen Oper des 18. Jahrhunderts, obwohl viel jünger als jene Werke, sank längst in Vergessenheit. Einst ergoß sie sich in buntschillernder Fülle über ganz Europa, wurde mit ihren Sängern und Musikanten auf allen Bühnen überschwenglich gefeiert und nachgeahmt. Nichts kam ihr gleich, noch Mozart mußte mit ihr manchen Strauß ausfechten, — heute jedoch lebt außer Bruchstücken nichts mehr davon. Vielleicht liegt es daran, daß die Oper eine Zwitterstellung zwischen Musik und Dichtkunst einnimmt. — Den entscheidenden Beitrag zum Werden der modernen Oper leistete Christoph Willibald Gluck. Er stammte aus Franken und hatte selbst in Italien noch Opern im alten Stile geschrieben, ehe er an die Verwirklichung seiner Reformpläne ging. Im Jahre 1762 schuf er in Wien den damals heiß umstrittenen „Orpheus", das erste Beispiel eines durchkomponierten Musikdramas. Mit diesem Werk überwand er die Mängel der altitalienischen Oper, die eine Vielfalt musikalischer Einzelglieder hintereinander reihte. Arien voller Gefühl wechselten auf der italienischen Opernbühne ohne innere Bindung mit Rezitativen, die — unter Begleitung des Cembalos — der dramatischen Handlung dienten. Gluck verzichtete auf virtuosen Reichtum der Melodien und formte die Einheit des Kunstwerkes. Ihr allein sollten Dichtung und Ton dienen. In Italien und in Paris kämpfte er ritterlich um sein Ziel. Die Werke der Folgezeit, wie „Alceste" und die „Iphigenie in Tauris", sicherten den Erfolg. Ein neuer Kunstwille war geboren, in ganz Europa begann die moderne Epoche der Opernmusik.

NEIDHARDT VON GNEISENAU 27. X. 1760 — 23. VIII. 1831

„Sein Leib ist stattlich, mit breiter Brust und löwenartigen Gliedern", schrieb Ernst Moritz Arndt, als er Gneisenau 1812 zum erstenmal sah. „Er ist allezeit ferngeblieben von Hoffart und Habsucht, großmütig, hilfreich, freigebig wie die allbelebende Sonne..." — Gneisenau verdiente das hohe Lob, das ihm der Patriot Ernst Moritz Arndt spendete. Er war nicht nur der tapfere Soldat und Held, der sich in den Notjahren Preußens 1806/1807 bewährte, der zusammen mit Nettelbeck die Festung Kolberg bis zum Friedensschluß gegen die Franzosen hielt. Er war viel mehr als ein Haudegen: ein Soldat von lauteren Eigenschaften, ein geistvoller, ideenreicher Feldherr und Stratege, der einem Gegner wie Napoleon gewachsen war. Er führte Blücher zur Entscheidung nach Leipzig, lenkte die Märsche der Korps von Ligny nach Waterloo und brachte Wellington den Sieg. Von ihm sagte später Napoleon: „Verdammt, diese Tiere haben gelernt, mit Armeen zu operieren!" Und der getreue „Marschall Vorwärts" umarmte ihn auf dem Wiener Kongreß angesichts aller Fürsten Europas und nannte ihn „Kopf des preußischen Heeres". — Gneisenau begründete jene Methode des „Doppelgespanns" im Generalstab, die einen Haudegen gleich Blücher zum Feldherrn bestimmt und einen kühlen Rechner, wie er selber es war, zum Chef des Generalstabes. Über aller militärischen Befähigung war er ein „politischer General", der in den Reformen des Freiherrn vom Stein die Voraussetzungen erkannte, aus denen eine wirkliche Volksarmee geschaffen werden konnte. Seine freiheitliche Gesinnung und sein Eintreten für den Verfassungsstaat bereitete ihm im Preußen der Reaktion schmerzlich empfundene Enttäuschungen. Auf dem von ihm abgelehnten Feldzug gegen Polen ereilte ihn die Cholera.

HEINRICH GOEBEL 20. IV. 1818 — 16. XII. 1893

Die meisten großen Erfindungen, die zum Fortschritt der Menschheit beigetragen haben, sind keine Kinder des Zufalls, sondern sie bedurften langer Entwicklung. Zum erfolgreichen Erfinder gehört neben dem Genie eine selbstvertrauende Kraft, die alle Hindernisse überwindet, die Zähigkeit des Festhaltens an einem klar erkannten Ziel und manchmal auch die äußere Situation, die Bereitschaft der Zeit und der Umwelt zur Aufnahme des Neuen, das ihr angeboten wird. Daß die Idee allein nicht ausreicht, Großes zu erreichen und zu vollenden, dafür legen Leben und Tat des Deutschamerikaners Heinrich Goebel eindrucksvolles Zeugnis ab. Goebel hat die erste elektrische Glühlampe konstruiert, und trotzdem gilt mit Fug und Recht Edison als ihr Erfinder. Der eine hat in spielerischer Bastelei die Lampe gebaut, zum Brennen gebracht und hat sie wieder vergessen. Der andere, der „Zauberer vom Menlo-Park", hat die elektrische Glühlampe von neuem entdeckt und hat ihr den Weg in die Welt geebnet. Um Interessenten für ein selbstgebautes Fernrohr, mit dem man für einen Cent die Mondgebirge sehen konnte, anzulocken, hatte Goebel aus galvanischen Elementen eine elektrische Beleuchtungsanlage gebaut. Für Bogenlicht, wie man es seit 1849 in der Pariser Oper als Bühnenbeleuchtung benutzte, reichte die Batterie jedoch nicht aus. Da kam Goebel auf den Gedanken, einen dünnen Widerstandsfaden durch den Strom zum Glühen zu bringen. Er verwandte dazu eine verkohlte Bambusfaser, die er, damit sie in der Luft nicht verbrennen konnte, in eine luftleer gepumpte Eau-de-Cologne-Flasche einschloß. Da die „Flasche" tatsächlich Licht verbreitete, fertigte Goebel weitere Lampen dieser Art an. Nach einiger Zeit verlor er die Lust an dieser „Spielerei", und seine Glühlampen gerieten wieder in Vergessenheit.

25. XII. 1789 — 27. X. 1830   **AUGUST VON GOETHE**

Als am Mittwoch, dem 21. April 1830, Eckermann, der getreue Gesellschafter Goethes, sich in Weimar von dem alten Geheimrat verabschiedete, um den Kammerrat August von Goethe, den Sohn des „Olympiers", auf einer Italienreise zu begleiten, schrieb ihm der Dichter ein paar Zeilen ins Stammbuch: „Den Reisenden: Es geht vorüber, eh' ich's gewahr werde, und verwandelt sich, eh' ich's merke!" — Die beiden Zeilen hätten das Geleitwort zum Leben und Dasein August von Goethes sein können. Als er am 28. Oktober 1830 an den Schwarzen Blattern fern der Heimat in Italien starb, hinterließ er keine sichtbare Spur, kein Angedenken als jenes, der Sohn eines Genies gewesen zu sein, und nur wenige Menschen trauerten um seinen Tod. — August war vom Schicksal ein schweres Los bestimmt. Als er geboren wurde — ein Kind der schönen, liebenswerten Weimarerin Christiane Vulpius — trat er unerwünscht in das Haus seines Vaters, der wohl für ihn sorgte, ihm aber erst 1806 durch eine späte Heirat die volle Legitimation gab. Er blieb sein Leben lang ein Außenseiter, kritisch bespöttelt von der vornehmen Gesellschaft der Residenzstadt, ohne Ermunterung und ohne Beifall. — Es war nicht leicht für den zum Mann reifenden Jüngling, der vom Ehrgeiz getrieben wurde, der alles versuchte und dessen Talent doch nicht über dem Durchschnitt stand, in jeder Tat mit der Größe des Vaters verglichen zu werden, immer nur Goethes Nachkomme und niemals ein Mensch von eigenem Gewicht zu sein. „Es wimmelt in Weimar von Gelehrten und unsterblichen Menschen...", schrieb ein Besucher Goethes 1809. August von Goethe aber war weder ein Gelehrter. noch schuf er unsterbliche Werke. — Der Tod im frühen Alter von 41 Jahren war Erlösung von einem Leben der Unruhe, Ängste, Unzufriedenheit und Enttäuschungen.

JOHANN WOLFGANG VON GOETHE

28. VIII. 1749 — 22. III. 1832

Er ist am 28. August mit dem Glockenschlag zwölf geboren worden, alle Genien standen um seine Wiege, Fortuna selbst ebnete die äußeren Wege seines Lebens, doch in seiner Brust klaffte schmerzhafter, bewußter als bei irgendeinem anderen Sterblichen der Zwiespalt alles Menschlichen. — Der junge Goethe trotzte der überkommenen Ordnung, der Trennung von Göttlichem und Irdischem, gleich dem Prometheus: „Hier sitze ich, forme Menschen — nach meinem Bilde, ein Geschlecht, das mir gleich sei: zu leiden, zu weinen, zu genießen und zu freuen sich — und dein nicht zu achten, wie ich!" Der alte Weise von Weimar aber, der Kammerpräsident und Freund des Herzogs, schrieb viele Jahre später im „Torquato Tasso": „Der Mensch ist nicht geboren, frei zu sein, und für den Edlen gibts kein höher Glück, als einem Fürsten, den er liebt, zu dienen." Er war ein Gegner der Französischen Revolution, die Romantiker lehnte er ab, er verkannte Schubert, Kleist und Hölderlin, wandte sich von Beethoven ab und schrieb im „Faust": „Das ist der Weisheit letzter Schluß: nur der verdient sich Freiheit wie das Leben, der täglich sie erobern muß!" Goethe ist Faust selber: der immer Strebende, der Suchende, schmerzvoll Liebende, der Irrende, sich Wandelnde, aber immer bluthaft Lebende, der sich aus Schuld und Sünde lösende große Mensch. Als Dichter bereits zu Lebzeiten unsterblich in seinen Liedern, Romanen, Dramen und der Menschheitstragödie „Faust", von aller Welt ausgezeichnet, lebt sein Andenken auch als Forscher auf dem Gebiet der Knochenlehre, der Pflanzenphysiologie, Mineralogie, Geologie, der Farbenlehre fort. — Er war der Gipfelpunkt des alten Europas und des abendländischen Menschen. Seine Gedanken und sein Werk gehören nicht einer Nation oder einem Kontinent, sondern wie er es wollte: der ganzen Welt.

VINCENT VAN GOGH 30. III. 1853 — 29. VII. 1890

Kein Künstler der letzten hundert Jahre war zeit seines Lebens so verkannt wie Vincent van Gogh; keiner aber auch, dessen Werke heute so zahlreich abgebildet werden wie die des großen Holländers. Wer kennt nicht seine Sonnenblumen, die flammend gelben Kornfelder, das blühende Mandelbäumchen, die lodernden Zypressen, die Blütensträucher, den Zuaven in seinem leuchtenden Rot oder das Porträt des jungen Mannes mit dem breitrandigen Hut vor dem volltönenden Blau eines strahlenden Himmels? Van Goghs Landschaften, die berühmte Zugbrücke von Arles, der Hof des Hospitals, seine Gärten im Frühling und reifen Sommer, erscheinen uns, als hätten wir sie selbst durchschritten. Die Gestalten des Malers sind uns ebenso vertraut wie die Selbstbildnisse des Dulders, aus denen die Not eines Lebens klagt. — Van Gogh ist auf vielen Wegen gewandelt. Er war Kunsthändler, Hilfslehrer — halb Schulmeister und halb Prediger —, Buchhändler, Student und Missionar, „Freischärler Christi" im Elendsgebiet des belgischen Bergwerkreviers. — Im Oktober 1880 begann sein Malerleben dort, wo er schon einmal als Kunsthändler angefangen hatte, in Brüssel. Seine Bilder zeigten von Beginn an den eigenwilligen Stil, der sich zuerst noch in den Grenzen der zeitgenössischen Malweise hielt, dann aber in jäher Selbsterkenntnis ausbrach und in einem Rausch des Schaffens jene Werke erstehen ließ, die eine neue Zeit der Bildkunst heraufführten und dem Expressionismus den Weg bahnten. In den Entbehrungen eines armseligen Lebens wurden Körper und Geist des großen Holländers zerrieben. In geistiger Umnachtung endete das Leben des Genies. — Im Jahre 1953 hat eine holländische Zeitung ausgerechnet, daß das Lebenswerk des Malers Vincent van Gogh heute einen Handelswert von 73 Millionen Dollar besitzt ...!

NICOLAJ GOGOL 31. III. 1809 — 4. III. 1852

Die Zeit der Romantik weckte die russische Dichtung zu ihrer schönsten Blüte, denn sie öffnete ihr den Zugang zu ihrem eigentlichen, unerschöpflichen Thema: dem Erlebnis der slawischen Seele. Die russischen Romantiker formten das Bild des russischen Menschen, wie es noch heute vor den Augen Europas steht. — Neben Puschkin gilt Nikolaj Wassiljewitsch Gogol als der bedeutendste Dichter jener Zeit. Er stammte aus der Gegend von Poltawa in der Ukraine, war der Sohn eines Landedelmannes und kam, kaum zwanzigjährig, nach Petersburg. Dort arbeitete er kurze Zeit als Beamter und Geschichtslehrer, bis er sich von 1835 an ganz der Dichtung widmen konnte. Seine ersten Novellen schilderten mit Humor und sprühender Phantasie die Welt des ukrainischen Volkes. Andere Erzählungen griffen mit scharfer Satire das Leben der Großstädter an. Nach dem Kosakenepos „Taras Bilba" trat die Seelenzergliederung und ironische Bitterkeit immer stärker in den Vordergrund seines Schaffens, besonders in den selbstquälerischen „Aufzeichnungen eines Verrückten". — Weltruf gewann Gogol mit der Komödie „Der Revisor", in der er die Dummheit und Bestechlichkeit der russischen Beamten geißelte, und mit dem Roman „Die toten Seelen". In diesem Werk, dessen Fortsetzungs- und Schlußband er wenige Tage vor seinem Tode verbrannte, entwarf er ein Bild des russischen Wesens mit all seinen Licht- und Schattenseiten. Aber so, wie hier der grausame, hemmungslose Seelenschmerz überwog, überschattete er auch immer stärker sein eigenes Leben. Gogol verleugnete schließlich sein ganzes Lebenswerk, es erschien ihm als Irrweg. Er verlor sich in Gewissensqualen und mystischer Versenkung. Nach längeren Reisen im Ausland starb er in Moskau am Nervenfieber.

28. III. 1868 — 18. VI. 1936 MAXIM GORKI

Das bolschewistische Rußland verehrt in Gorki einen seiner hervorragendsten geistigen Wegbereiter. Es beruft sich dabei auf den Willen des Dichters, mit der schicksalsergebenen Schwäche zu brechen, wie sie die russische Literatur um die Jahrhundertwende kennzeichnet. Gorki setzte an ihre Stelle den rücksichtslosen Kampf für soziale Gerechtigkeit. — Als Sohn eines Handwerkers aus Pjeschkow entlief er mit neun Jahren seiner Lehrstelle und durchwanderte ganz Rußland. Er malte Heiligenbilder und ging hausieren, bettelte und arbeitete gelegentlich bei der Eisenbahn und in den Häfen. Dann wieder verdiente er ein kümmerliches Brot als Schreiber, bis schließlich 1892 die erste veröffentlichte Erzählung auf ihn aufmerksam machte. In schneller Folge erschienen weitere Novellen und Skizzen, in denen er ohne Schonung das Elend der Obdachlosen und Ausgestoßenen bloßlegte. Das Drama „Nachtasyl" weckte einen heftigen Streit der Meinungen und brachte ihm seinen größten Bühnenerfolg. — Da sich Gorki freimütig zu der sozialistischen Lehre bekannt hatte, machte er sich der zaristischen Polizei verdächtig und mußte 1905 das Land verlassen. Bis zum Weltkrieg lebte er auf Capri und schrieb an seinen Lebenserinnerungen, die ein ehrliches, anschauliches Bild seiner Persönlichkeit und seiner Umwelt entwerfen und als sein bestes Werk anzusprechen sind. 1914 kehrte er nach Rußland zurück. — Gorki lehnte anfangs den Bolschewismus ab, doch söhnte er sich später mit ihm aus und stellte der Partei große Summen aus seinem Privatvermögen zur Verfügung. Allerdings verließ er die Heimat bereits vor Lenins Tod, um den Lebensabend in Sorrent in Unteritalien zu verbringen. Er starb in Moskau. Die Sowjetunion änderte ihm zu Ehren den Namen seiner Geburtsstadt Nischni-Nowgorod in Gorki um.

25. I. 1776 — 29. I. 1848 JOSEPH VON GÖRRES

Als im Jahre 1814 der „Rheinische Merkur" — die Zeitung des Publizisten und Gelehrten Görres — die Ideale der freiheitsbewußten europäischen Völker verkündete, die sich gegen die Tyrannei Napoleons I. erhoben hatten, nannten die Franzosen diese Zeitung „die fünfte Großmacht Europas". — Es geschah nicht zum erstenmal, daß man in Paris auf Görres aufmerksam wurde. Schon in den Jahren nach der Großen Revolution war in Bonn das von dem damaligen Studenten der Medizin redigierte „Rote Blatt" von der französischen Besatzungsbehörde verboten worden. Görres hatte in Paris den Aufstieg des Konsuls Napoleon miterlebt und mit seinem genialen politischen Weitblick die Gefahr der Entwicklung für Europa erkannt. „In Napoleon wird der Welt eine Tyrannei erwachsen, wie man sie seit der Römerzeit nicht mehr gekannt hat!", verkündete er seinen bestürzten Landsleuten. — Im „Rheinischen Merkur" trat Görres mit scharfgeschliffenem Wort für die Freiheit der Völker ein, für deutsche Sprache und Kultur, Eintracht der Fürsten und Völker, Erneuerung des Kaisertums und Pressefreiheit, für Verfassung und Volksrecht. Die reaktionäre preußische Regierung verbot 1816 die unbequeme Zeitung und erließ einen Haftbefehl, der Görres zur Flucht in die Schweiz zwang. Jahrelang arbeitete der Unermüdliche als Naturphilosoph, politischer Schriftsteller, Herausgeber deutscher und persischer Dichtungen in der Emigration. Er war der Freund der Romantiker Brentano und Arnim und widmete seine Kraft immer mehr der Stärkung des Katholizismus. 1826 wurde er an die Universität München berufen, dort schrieb er sein großes Werk „Die christliche Mystik". Aus seiner gefürchteten Feder flossen zahlreiche geistvolle Streitschriften gegen das rückschrittliche Preußentum, er wirkte für Einheit und Erneuerung des deutschen Volkes.

JEREMIAS GOTTHELF 4. X. 1797 — 22. X. 1854

Die deutschsprachige Dichtung um die Mitte des 19. Jahrhunderts liebte es, die Vergangenheit in verklärendes Licht zu tauchen und ihre Ideale im Zauber des Versunkenen zu suchen. Ebenbürtig neben ihr stand die politische Tendenzliteratur des jungen Deutschland. Gegen beide literarische Richtungen wandte sich der poetische Realismus eines heraufsteigenden, nüchternen Zeitalters. „Sucht doch in der unmittelbaren Gegenwart", schrieb der Schweizer Pfarrer Albert Bitzius, der seine Werke unter dem Pseudonym Jeremias Gotthelf veröffentlichte, „in der Wirklichkeit den poetischen Reiz, sucht dort die poetische Stimmung, ohne ihr zuvor eine phantastische Hülle zu verleihen!" Pfarrer Bitzius, der zu Murten geboren und seit 1832 in Lützelflüh in Emmental tätig war, schrieb größere und kleinere Bauerngeschichten voll dichterischer Kraft und bunter Anschaulichkeit. Seine Romangestalten hatten Fleisch und Blut, da gab es weder idyllische Verzuckerung noch romantische Schwärmereien, sondern Frauen und Männer des Alltags mit ihren Fehlern und Vorzügen, so wie sie am Sonntag im Kirchenschiff von Lützelflüh saßen und in der Woche dem Pfarrer sein christliches Hirtenamt schwer machten. — Die Erziehungsromane „Uli, der Knecht", und „Uli, der Pächter", die 1841 erschienen und größten Erfolg auch in Deutschland hatten, erzählen von einem armen Knecht, der durch unermüdlichen Fleiß, seelische Stärke und arbeitsame Tüchtigkeit schließlich Pächter eines großen Hofes wird. In späteren Jahren predigte Gotthelf als Jünger Pestalozzis eine tätige christliche Nächstenliebe, die sich von der Urzelle der Familie auf die ganze menschliche Gesellschaft erstreckt. Viele seiner Bücher, die von hoher dichterisch-epischer Kraft zeugen, erbauen noch heute den Leser durch ihre überzeitliche, humanitäre Moral.

CHARLES GOUNOD 17. VI. 1818 — 18. X. 1893

Während eines ganzen Jahrhunderts, von der Zeit an, da Gluck seine klassischen Musikdramen schuf, bis zum Auftreten Richard Wagners, war Paris für die Werke der großen Oper eine einzigartige Pflegestätte. In Paris wirkten Cherubini und Spontini, Meyerbeer und Offenbach. Andere Meister schrieben Werke für die Pariser Bühnen. — Neben diesen Meistern der Oper hatten die einheimischen französischen Komponisten lange Zeit einen schweren Stand. Als erster setzte sich Charles Gounod erfolgreich durch. Gounod war 1818 in St. Cloud, dem Ort, wo drei Jahre vorher Paris an die siegreichen alliierten Truppen übergeben worden war, geboren worden. Er studierte Musik am Pariser Konservatorium und reiste nach Rom, um sich dort fast ausschließlich der Kirchenmusik zu widmen. 1843 kehrte er nach Paris zurück und war sechs Jahre lang Kirchenmusikdirektor. — Die Bekanntschaft mit Berlioz und Robert Schumann führte ihn zur weltlichen Musik, besonders zur Oper. Unter dem Einfluß der deutschen Romantik vertonte er den Stoff der Faustdichtung. Allerdings läßt der oberflächliche Text seiner Oper „Marguérite" nur wenig vom Geist Goethes spüren. Es fehlt die Tragik und Tiefe der großen Dichtung des Abendlandes. Auch die Musik begnügt sich mit einer gefühlvollen äußeren Schilderung der Gretchentragödie, ohne ihrer inneren Gewalt gerecht zu werden. Trotzdem errang das Werk Welterfolg und fand auch in Deutschland dankbare Aufnahme. — Als Gounod mit einer weiteren Oper „Romeo und Juliette" seinen Ruhm gefestigt hatte, folgte er einem Ruf nach London und schrieb dort als Leiter einer Chorvereinigung größere Werke für englische Musikfeste. Im Alter wandte sich Charles Gounod wieder der Kirchenmusik zu und komponierte Messen, Kantaten und Oratorien.

30. III. 1746 — 16. IV. 1828   FRANCISCO DE GOYA

Er hat sich selbst „einen Schüler von Velazquez und von Rembrandt" genannt: dem einen eiferte er nach in der großartigen Farbengebung, dem anderen in der genialen Technik des Radierens" — das war im allgemeinen alles, was die Kunstkritik des 19. Jahrhunderts über diesen geistreichsten und kraftvollsten Vertreter der spanischen Romantik zu sagen wußte. Seine späte Wiederentdeckung ist vor allem das Werk der französischen Maler und Kunsthistoriker. In Frankreich bewunderte man in erster Linie seine schöpferische Selbständigkeit, die sich in kleinste Nuancen vertiefende Darstellung von Licht und Luft, die malerische Erfassung des alles gegenständliche Sein umfassenden Lebens der Atmosphäre. — Darüber hinaus aber gab es neben Goya keinen spanischen Maler, Radierer und Lithographen, der so fruchtbar und kühn, geistreich und phantasievoll gewesen wäre in der Treffsicherheit und Unerbittlichkeit, mit der die Wirklichkeit und die Menschen der Zeit dargestellt wurden. Bei aller vornehmen Glätte nahm er immer wieder Gelegenheit, die menschliche Unzulänglichkeit mit boshafter Ironie und das Elend des Krieges mit grauenhafter Sachlichkeit zu schildern. — Neben hervorragenden Ölgemälden, wie den Majabildern oder dem ergreifenden Bild von der Erschießung Madrider Einwohner durch die Franzosen, stehen ebenso berühmte graphische Folgen wie die 80 „Caprichos", die genial-phantastischen Satiren auf die Zeit, die 82 „Desastres de la guerra", die großartigen, teilweise allegorisch verbrämten Klagen über das Unheil, das der spanische Unabhängigkeitskrieg von 1808 mit sich gebracht hatte. Den Höhepunkt seines Schaffens aber bilden fraglos die 18 „Disparates", jene unvergängliche Darstellung der menschlichen Torheiten, die Geist mit überlegenem Spott verbinden.

11. XII. 1801 — 12. IX. 1836   **CHRISTIAN GRABBE**

Zu Immermann hat Grabbe einmal gesagt: „Ach, was sollte schon aus einem Menschen werden, dessen erste Erinnerung die ist, einen alten Mörder an die freie Luft spazieren geführt zu haben..." Er war ein unglücklicher, zerrissener und widerspruchsvoller Mensch, der dem Leben nicht gewachsen war, den seine eigene Maßlosigkeit zerstörte. — Geboren wurde Dietrich Christian Grabbe am 11. Dezember 1801 im Detmolder Zuchthaus, wo sein Vater als „Zuchtmeister" tätig war. Mit sechzehn Jahren erwachte seine Liebe zur Dichtkunst, schrieb er die ersten Verse. Zu gleicher Zeit aber zeigten sich bereits die sicheren Anzeichen der schrecklichen Trunksucht, die sein Dasein verbitterte und ihn allzu früh aus dem Kreis der Lebenden und Gesunden scheiden ließ. „Grabbe meinte, die richtige kastalische Quelle sprudle aus dem Spundloche des Arrakfasses...", schrieb einer seiner Kritiker. — Als Student zu Leipzig und Berlin machte er gleichermaßen von sich reden durch seine genialischen Dichtungen wie durch seine vom Alkohol beflügelten, tollen Streiche. Sein Leben — schwankend zwischen olympischen Höhen und dem Sumpf der Gosse — war eine einzige Tragödie innerer Zuchtlosigkeit. Die seelische Zerrissenheit prägte sich als unlöschbares Siegel auch seinen talentiert angelegten, jedoch meist nachlässig durchgeführten Werken, den Dramen „Marius und Sulla", „Die Hohenstaufen", „Die Hermannschlacht" und dem Lustspiel „Cid" auf. Als er seine Tragödie „Don Juan und Faust" fertiggestellt hatte, meinte er, Goethe übertroffen zu haben. Am selben Abend betrank er sich, verfluchte im melancholischen Rausch verzweifelt Dichter und Dichtung und versank in selbstzerstörerischem Pessimismus. — Er starb, völlig zerstört und im Delirium tobend und weinend, von allen verlassen, in den Armen seiner Mutter.

ALBRECHT VON GRAEFE   20. V. 1828 — 20. VII. 1870

Am 22. Mai 1828 als Sohn des großen Chirurgen in Berlin geboren, absolvierte Albrecht von Graefe, noch nicht ganz 16-jährig, das Gymnasium mit Auszeichnung, bezog die Universität seiner Vaterstadt als Student der Medizin und wurde dort in den Bann der zahlreichen Koryphäen jener Epoche gezogen. Johannes Müller, Schönlein, Dieffenbach waren die glänzenden Vorbilder, denen er nacheiferte. Schon im Jahre 1847, neunzehn Jahre alt, zum Dr. med. promoviert, entschloß er sich nach kurzer Tätigkeit bei Ferdinand Arlt in Prag für das Fach der Augenheilkunde, vervollständigte seine Kunst in Paris, Wien und London, um 1850 nach Berlin zurückzukehren und sich dort als Augenarzt niederzulassen. — Ein Jahr später entdeckte Helmholtz den Augenspiegel, dessen epochemachende Bedeutung Graefe sofort erkannte. Er führte das neue Gerät als erster in die Augenheilkunde ein. Mit seiner Hilfe erforschte er die „Stauungspapille", Veränderungen am Augenhintergrund, die für den Chirurgen ein wertvoller, unschätzbarer Hinweis auf das Bestehen eines krankhaften Prozesses im Schädel sind. Graefe gelang es auch, den Nachweis zu erbringen, daß Erkrankungen der Sehnerven im Gefolge von Gehirnleiden die Ursache von Sehstörungen bilden, die bis dahin ungeklärt waren. Auf Graefe führt die moderne Ophthalmologie, die jetzt übliche Staroperation zurück, ihm verdankt sie die endliche Beseitigung von langgehegten Vorurteilen gegen die operativen Eingriffe beim Schielen. — Albrecht von Graefe war der bedeutendste Augenarzt des 19. Jahrhunderts, aus seiner Schule sind fast alle späteren Ordinarii der Augenheilkunde hervorgegangen, seine Hilfe suchten Augenleidende aus allen Ländern.

KARL VON GRAEFE   8. III. 1787 — 4. VII. 1840

Karl Ferdinand von Graefe wurde in Warschau geboren. Er studierte zunächst am Collegium medico-chirurgicum in Dresden, 1805 wechselte er auf die Universität in Halle über, später ging er nach Leipzig. Mit 21 Jahren wurde der Frühreife zum Leibarzt des Herzogs von Anhalt-Bernburg in Ballenstedt ernannt. Wenig später schon, im Jahre 1810, folgte er einem Ruf als Professor und Direktor des klinisch-chirurgischen augenärztlichen Instituts an die neugegründete Universität Berlin. Mit dem Beginn der Freiheitskriege trat er als leitender Arzt in das Heeres-Sanitätswesen ein. Er übernahm zunächst als Divisionsgeneralchirurgus die Verwaltung der Militärheilanstalten, später die Leitung des gesamten Lazarettwesens zwischen Weser und Rhein. Im Jahre 1815 stand er vor allen Lazaretten des Kriegsschauplatzes vor und rief die Reservelazarette des Heeres ins Leben. Für seine Verdienste um die kranken und verwundeten Soldaten wurde Graefe vom russischen Kaiser geadelt. — Nach seiner Rückkehr in das zivile Leben nahm Graefe seine Tätigkeit in Berlin mit größtem Erfolg wieder auf. Er wurde zum Geheimrat ernannt und arbeitete neben seiner Professur als Direktor an dem berühmten Friedrich-Wilhelm-Institut der medizinisch-chirurgischen Akademie. Auch jetzt noch galt seine Fürsorge der friedensmäßigen, auf den Kriegserfahrungen beruhenden Organisation der Militärmedizin. — Seine Vorschläge und Maßnahmen sind in der Zukunft von hohem Segen gewesen und haben das fürchterliche Elend der Schlachtfelder in den kommenden Einigungskriegen im Rahmen des damals Möglichen gemildert. Darüber hinaus bildeten seine kriegschirurgischen Lazaretterfahrungen aus den Befreiungskriegen die Grundlage für die von Graefe der Wissenschaft geschenkten Neuerungen.

1541 — 8. IV. 1614   EL GRECO

Domenico Theotocopuli, den die Welt unter seinem Beinamen
„El Greco", der Grieche, kennt, wurde auf Kreta, der schönen
Mittelmeerinsel mit der uralten Kultur, geboren. Seine tief-
religiöse Kunst übte er einst am Hofe des Spanierkönigs
Philipp II. aus. In zahlreichen Kirchen und Klöstern knieten
die Gläubigen in Anbetung vor seinen überirdisch-göttlichen
Heiligengestalten, den Bildern von Himmel und Hölle, Tod und
Auferstehung. — Dann kam eine neue Zeit, die das Mysterium
und das Dunkel des Jenseits scheute und in jubelnder Lebensfreude die barocke Schönheit des Daseins entdeckte und genoß.
Die Bilder voller Mystik und prophetischer Phantasie verstand
man nicht mehr, und der Name El Greco geriet in Vergessen-
heit. Die Neuentdeckung des griechisch-spanischen Malers geschah erst nach der
Wende vom 19. zum 20. Jahrhundert. Als Wilhelm von Bode, der Berliner Museums-
direktor, einmal bei einem Althändler einige Bilder erworben hatte und sich ein
weiteres Werk als Zugabe aussuchen sollte, griff er nach einem Greco. Gerade den
aber wollte ihm der Händler unter keinen Umständen geben: Es sei für ihn als
seriösen Antiquar eine Schande, daß er solchen „Schund" überhaupt im Laden auf-
bewahre. — Inzwischen hat man entdeckt, daß die vergeistigte Art seiner Bildnisse
und der überirdische Ausdruck seiner Figuren und Landschaften ganz dem entspricht, was unsere Zeit von religiöser Kunst erwartet. Vor allem die Art seiner
Farbgebung, der mattgraue Grundton mit den effektvoll darüber aufleuchtenden
Einzelfarben spricht die Menschen unseres Jahrhunderts an und bringt ihre Aufnahmebereitschaft für echte Kunst zum Klingen. — In seinen Werken verband sich
das Erbe griechischen Schönheitsbewußtseins mit der strengen Religiosität Spaniens
zu einmaligem, ungewöhnlichem Glanz.

19. I. 1821 — 1. V. 1891   **FERDINAND GREGOROVIUS**

Ferdinand Gregorovius verlebte seine Jugendzeit in dem ostpreußischen Städtchen Neidenburg, in den Sälen und Gemächern
der alten Deutschordens-Ritterburg. Hier, hinter den Mauern
des gotischen Schlosses, das so viele historische Erinnerungen
barg, erwachte seine große, ein ganzes, erfülltes Leben lang
währende Liebe zur Geschichte und ihren Erscheinungsformen.
Von Neidenburg führte ihn sein Weg nach Königsberg, um dort
Theologie zu studieren. Gregorovius erkannte jedoch bald, daß
ihm die Berufung zum geistlichen Amt fehlte, und wechselte deshalb über zur Philosophie und Literaturgeschichte, schließlich
wandte er sich dem Studium der römischen Geschichte zu, der
von nun an all sein Schaffen galt. Als die Sehnsucht nach
Italien übermächtig wurde, wanderte er, fast ohne Geld, über die Alpen nach Rom,
das ihm zur wahren Heimat wurde. „Noch war die Stadt durchweht von dem melancholischen Zauber mittelalterlicher Verwilderung, noch war der Vatikan der Mittelpunkt des öffentlichen Lebens Roms, in welchem sich Papst und Kardinäle als
traditionelle Charaktergestalten bewegten." Auf der Tiberbrücke, bei der Betrachtung der Engelsburg, kam ihm zum erstenmal der Gedanke, eine Geschichte der
Stadt Rom im Mittelalter zu schreiben. Fieberhaft arbeitete er in den Bibliotheken
und Archiven ganz Italiens, bis er das Material beisammen hatte. Das Werk erweiterte sich im Laufe der Jahre auf acht Bände. Bei seinem Erscheinen erregte es
in der ganzen Welt Aufsehen. Die Universität München bot Gregorovius den Lehrstuhl für Geschichte an, und das päpstliche Rom ernannte ihn als ersten Protestanten zum Ehrenbürger. 1889 erfolgte die Drucklegung der „Geschichte der Stadt Athen
im Mittelalter". Die beiden Meisterwerke sind bis heute noch nicht übertroffen in
ihrer genialen Verbindung von Wissenschaft und Dichtung.

EDVARD GRIEG 15. VI. 1843 — 4. IX. 1907

Die norwegische Nationalmusik kann auf keine lange Geschichte zurückblicken. An ihrem Anfang steht der Komponist Thrane, der 1824 ein Singspiel „Bergmärchen" herausgab, ihren vorläufigen Höhepunkt erreichte sie mit Edvard Grieg. Wie jede junge Kunst empfing sie ihre Anregungen, ihren Reiz, unmittelbar aus der Volksmusik. Noch zu Griegs Zeiten zogen dort Bauerngeiger von einem einsamen Hof zum andern und pflegten die alten Reigen und Tänze. — Grieg hob diesen seit vielen Jahrhunderten angesammelten Schatz an die Öffentlichkeit und hüllte die träumerischen Weisen und verhaltenen Harmonien in ein farbenprächtiges Gewand. Wenn er auch am Leipziger Konservatorium studiert und aus der deutschen Romantik vielfältige Anregungen empfangen hatte, beschränkte er den künstlerischen Gedankenaustausch später doch fast ausschließlich auf die nordischen Länder. Auf seinen Kunstreisen nahm er allerding an dem Musikleben Europas stärksten Anteil und wurde dabei in Deutschland mit wachsender Anerkennung gefeiert. — Neben Orchesterwerken, wie „Elegische Melodien", „Norwegische Tänze", „Aus Holbergs Zeit", und vielen volkstümlichen Werken für sein Lieblingsinstrument, das Klavier, schrieb er als sein Meisterwerk die Musik zu Ibsens „Peer Gynt" und ein klangschönes Streichquartett. — Grieg wurde in Bergen, dem alten nordischen Hansehafen am Byfjord geboren. Nach Beendigung seiner musikalischen Studien in Leipzig und Kopenhagen ging er nach Oslo und leitete dort neun Jahre lang den von ihm ins Leben gerufenen Musikverein. Als seine Kompositionen bekannt wurden und die Einkünfte ihn finanziell unabhängig machten, kehrte er in das geliebte Bergen zurück, das er bis zu seinem Tode nur noch zu Konzertreisen verließ.

FRANZ GRILLPARZER 15. I. 1791 — 21. I. 1872

Als Wiener Advokatensohn wuchs Grillparzer in ärmlichen Verhältnissen heran. Aus der Enge und Bedrückung seiner von Zwangsvorstellungen belasteten Seele suchte er den Ausweg in die Dichtung. Auf den befreienden Schwingen der Lyrik und der dramatischen Kunst entfloh er dem Alltag in die helleren Bereiche des Daseins. Einen Narren und Sonderling nannten ihn die Menschen, weil er alles Glück in Unglück verwandelte und blind schien für die heiteren Lose, die ihm das Schicksal neben allem Schweren und Belastenden in den Schoß warf. Seine „ewige Braut", Katharina Fröhlich, sah er neben sich blühen, reifen und altern, mehr als dreißig Jahre lang, ohne den Mut aufzubringen, die selbstlos liebende Frau zum Altar zu führen. — Immer, auch wenn der Beifall der Öffentlichkeit ihn umbrandete, glaubte er sich von den dunklen Fittichen eines schweren Geschicks beschattet. Die Auseinandersetzung mit der unfaßbaren, unabänderlichen Vorsehung ist auch das Thema seiner bedeutendsten Werke: „Die Ahnfrau", „Sappho", „Des Meeres und der Liebe Wellen", „König Ottokars Glück und Ende". — Weite Reisen führten ihn aus der Enge seiner Beamtentätigkeit nach Italien, Frankreich, England, Deutschland, in den Balkan und die Türkei. Die ersten größeren Erfolge konnten ihm nicht über die schweren Depressionen, die ihn bis an den Abgrund des Selbstmordes führten, hinweghelfen. Besonders hart traf es sein empfindsames Gemüt, daß ihm seine geliebte österreichische Heimat lange die Anerkennung versagte. — Schon fast vergessen, wurden seine Dramen durch Heinrich Laube neu entdeckt und aufgeführt. In kurzer Zeit war Grillparzer der gefeierte und populäre Dichter der Wiener Bühne. Man nahm ihn in die Akademie auf, berief ihn in den Reichsrat und machte ihn zum Ehrenbürger Wiens.

4. I. 1785 — 20. IX. 1863   JAKOB GRIMM

Jakob ist der Bedeutendere der „Gebrüder Grimm" gewesen, der schöpferische Gelehrte und Forscher. Ein Jahr vor seinem Bruder Wilhelm wurde er in Hanau am Main geboren, studierte Jura in Marburg und wurde Kabinettsekretär des Königs von Westfalen, des „Theaterfürsten" von Napoleons Gnaden. Bereits während seiner Studienzeit hatte er sich mehr mit Sprachwissenschaft und Literatur als mit den trockenen Pandekten beschäftigt, jetzt fand er ausreichend Muße, in der reichhaltigen Kasseler Bibliothek die altdeutschen Sprachdenkmäler kritisch zu erforschen. Zusammen mit seinem Bruder sammelte er das alte, germanisch-deutsche Märchengut, das sich in mündlicher Überlieferung von Generation zu Generation erhalten hatte. 1812 erschien der erste Band der „Kinder- und Hausmärchen", die bald zu einem Lieblingsbuch der deutschen Jugend wurden. — 1830 wurde Jakob Grimm als Professor für deutsche Sprache und Literaturgeschichte nach Göttingen berufen. Er war unter den „Göttinger Sieben", die gegen den Verfassungsbruch des Königs von Hannover öffentlich protestierten und dadurch ihre Lehrstühle verloren. Im Freiheitsjahr 1848 zog Grimm als Delegierter der Stadt Berlin in die Frankfurter Nationalversammlung ein und gehörte 1849 dem Nachparlament in Gotha an. Ununterbrochen, mit ausdauerndem Fleiß, einer großartigen Gelehrsamkeit und mit dem sicheren Gefühl für historische Entwicklung arbeitete er an seinem Lebenswerk, der Erforschung der deutschen Sprache und Literatur. Mit der Herausgabe der „Deutschen Grammatik", der „Geschichte der deutschen Sprache" und der „Deutschen Rechtsaltertümer" wurde Jakob Grimm der Begründer der deutschen Philologie.

24. II. 1786 — 16. XII. 1859   WILHELM GRIMM

Das Leben und Werk Wilhelm Grimms ist aufs engste mit dem seines Bruders Jakob verbunden. Beide haben in Harmonie der äußeren Lebensgestaltung, der Weltanschauung und der wissenschaftlichen Arbeit in Glück und Unglück nebeneinander gestanden. Während Jakob sich der Erforschung der Sprachentwicklung und der deutschen Grammatik zuwandte, wurde die Volks- und Kunstdichtung des deutschen Altertums und des Mittelalters das Hauptarbeitsgebiet Wilhelm Grimms. Er folgte dem geistigen Strom der Zeit, der in der allgemeinen Kulturbewegung der Romantik ein neues Geschichtsbewußtsein heraufführte. Gleichzeitig förderte das in trotziger Auflehnung gegen Napoleons Gewaltherrschaft erwachende Nationalbewußtsein die Aufnahmebereitschaft der Öffentlichkeit für das versunkene und vergessene Kulturgut aus der großen Vergangenheit des deutschen Volkes. Fichte hielt seine aufrüttelnden „Reden an die deutsche Nation", Ernst Moritz Arndt schrieb seine Freiheitslieder, Achim von Arnim und Clemens Brentano sammelten alte deutsche Volkspoesie in „Des Knaben Wunderhorn". Dem Kreis um Achim von Arnim schloß sich auch Wilhelm Grimm an. Schon als Knabe und Jüngling hatte er im heimatlichen Kinzigtal bei Schäfern und bei den Frauen in der dörflichen Spinnstube eifrig Sagen und Märchen gesammelt: von Feen, Kobolden und Riesen, Rittern, Gespenstern und verzauberten Prinzessinnen. 1812, in dem Jahr der deutschen Hoffnung, als Napoleons geschlagene Armee aus Rußland zurückflutete, gab er in Berlin in Gemeinschaft mit seinem Bruder die gesichtete und gereinigte Sammlung der „Kinder- und Hausmärchen" heraus. Bis ins hohe Alter durchzog er das deutsche Land auf der Suche nach Märchen, Liedern und Legenden, nach Handschriften und vergessenen Sprachdenkmälern.

GRIMMELSHAUSEN   Um 1622 — 17. VIII. 1676

„O Welt, du unreine Welt! Darum beschwöre ich dich, bitt' ich dich, ich ersuche dich, ich erhebe meine Stimme wider dich: du wollest keinen Teil mehr an mir haben! Hingegen begehre auch ich nichts mehr von dir, ich sage dir ab, ade mit deinen Sorgen, deiner Hoffnung und deinem zweifelhaften Glück!" — Das war der Aufschrei eines Menschen, der genug Leid, Qual und Unheil einer schrecklichen Zeit erlebt hatte. Geschrieben wurden diese Worte der bittersten Verzweiflung von dem Schultheiß des badischen Ortes Renchen, von Christoffel von Grimmelshausen, dem Dichter und Schriftsteller des Dreißigjährigen Krieges. Als Kind war er von plündernden Soldaten aufgegriffen, verschleppt und im Troß von Feldlager zu Feldlager mitgeführt worden. Er wurde Troßknecht, Soldat, Offizier und Marodeur, sah alle Scheusal und Not des Krieges, erduldete Mißhandlungen, Hunger und Gefangenschaft, warf selber die Brandfackel in Häuser und Ställe und durchwanderte die Abgründe einer Zeit, die ihren Sinn im Mord an den Mitmenschen, in der Zerstörung jahrhundertealten Reichtums, in der Ausübung jeglicher Gewalt sah. Hunderttausende taten wie er in diesem Höllentraum der dreißig Kriegsjahre, und doch wäre die warnende Erinnerung an alle Not und alles Elend zwischen 1618 und 1648 verloren gegangen, wäre nicht Christoffel von Grimmelshausen gewesen, dem das Schicksal die formende Kraft gegeben hatte, sein Erleben bluthaft und aus echtem Empfinden niederzuschreiben. Grimmelshausen schilderte mit dichterischer Ausdruckskraft seine eigenen Erlebnisse, in der Sprache seiner Zeit, ohne die Ereignisse und die Menschen zu verfeinern und zu idealisieren. Er schuf im „Abenteuerlichen Simplizissimus", der zwanzig Jahre nach Kriegsende erschien, eine wirklichkeitsgetreue Selbstbiographie, ein Zeitgemälde von unvergleichlichem Kolorit.

MATTHIAS GRÜNEWALD   Um 1470 — 31. VIII. 1528

Seit 60 Jahren erst kennt man wieder den Namen des „Meister Mathis", seit 40 Jahren — seit es einen Expressionismus gibt —, liebt und bewundert man seine Werke, die zum Gewaltigsten und Großartigsten gehören, was die deutsche Malerei des 16. Jahrhunderts hervorgebracht hat. Seine Zeitgenossen hatten wenig Verständnis für die Kunst dieses einsamen Mannes, der sich mit der ganzen Kraft seines Herzens gegen den Geist des Humanismus empörte, der unbeirrbar seinen eigenen Weg ging und mit der Glut der Farben und mit einer unerhörten Ausdruckskraft der Formen eine Sprache sprach, wie sie nur den begnadeten Genies eigen ist. — Ein seltsam geheimnisvoller Schleier liegt über dem Leben des Malers. Man kennt weder mit Sicherheit sein Geburts- noch sein Todesjahr, man weiß nicht, wo er geboren und wo er gestorben ist. Die Kunstgeschichte ist sich nicht einmal über seinen wahren Namen einig. Man streitet darüber, ob er mit dem Aschaffenburger Meister Matthias oder mit dem Würzburger Meister Mathis Nithart identisch ist oder gar beide ein und dieselbe Person sind. Wirklich verbürgt ist nur eine Reihe seiner Werke, allen voran die Stuppacher Madonna und der Isenheimer Altar. — Das kostbare Kunstwerk von Isenheim — es wurde 1511 oder 1515 vollendet — ist ein Wandelaltar, der mit seinen zwei Flügeltüren sein äußeres Gesicht je nach dem Kirchenfest verändern konnte. Geschlossen zeigt er Christus am Kreuz, ganz innen geschnitzte Figuren, dazwischen aber die Auferstehung Christi, wie sie niemals vorher oder nachher ein Künstler zu gestalten gewagt hat. Tiefstes Leid und seligste Verklärung, irdischleidenschaftliche Erregung und himmlisch-heitere Schönheit haben hier mit einer alle Grenzen sprengenden Erlebniskraft auf wenigen Tafeln Gestalt gefunden.

20. XI. 1602 — 11. V. 1686   **OTTO VON GUERICKE**

Guericke steht in der ersten Reihe jener großen Naturforscher, die den experimentellen Wissenschaften zum Durchbruch verholfen und Beobachtung und Versuch an die Stelle von Autorität und Spekulation gesetzt haben. Sein größtes Verdienst ist die Erforschung des „leeren Raumes". Seit Guericke weiß die Menschheit, daß die Luft ein Gewicht hat, daß kein Leben ohne Luft bestehen kann und daß die Erde von einer Lufthülle umgeben ist. Um das Jahr 1660 hat Guericke, damals Regierender Bürgermeister der Hansestadt Magdeburg, den Großversuch mit den berühmten „Magdeburger Halbkugeln" vorgenommen, dessen Gelingen den Zeitgenossen wie Zauber und Hexerei erschien. Zwei kupferne Halbkugeln, durch einen abdichtenden Lederring verbunden, wurden mit einer von Guericke erfundenen Luftpumpe luftleer gepumpt. An jede der beiden Halbkugeln wurden 8 Pferde gespannt und angetrieben. Ihre Kraft reichte nicht aus, den Widerstand des Luftdruckes zu überwinden. – Guerickes Leben ging durch Höhen und Tiefen. Als Ratsbaumeister erlebte der reiche Sohn einer alten Patrizierfamilie den Untergang Magdeburgs im Dreißigjährigen Krieg. Gefangen, bettelarm, verdiente er den Lebensunterhalt für sich und seine Familie als Uhrmacher im Soldatenlager, später als Festungsbaumeister. Auf den Trümmern Magdeburgs aber begann er unverzagt die Wiederaufbauarbeit. Als Ratsherr und Bürgermeister entfaltete er eine erfolgreiche diplomatische Tätigkeit im Interesse seiner Heimatstadt, für die er allerdings wenig Dank erntete. Otto von Guericke starb in Hamburg, im Haus seines Sohnes, „in seinem höchsten Alter bei gutem Verstande, Gedächtnis, Gesicht, Gehör, gutem Appetit, Essen und Trinken geblieben . . ."

19. XII. 1594 — 6. XI. 1632   **GUSTAV ADOLF**

An seinen Kanzler Oxenstierna schrieb König Gustav Adolf von Schweden ein Jahr vor seinem Tode: „Zwanzig Jahre lang habe ich mit viel Mühe, aber Gott sei's gedankt, auch viel Ehre unser Vaterland regiert. Keinen anderen Schatz habe ich in dieser Welt gesucht, als die Pflichten meines Amtes zu erfüllen, zu dem mich Gott berufen hat." – Vor dem steilen Nordpeerd bei Göhren auf Rügen erschien am 24. Juni 1630, mitten im Dreißigjährigen Krieg, nach stürmischer Fahrt die schwedische Invasionsflotte. Am darauffolgenden Tage, zur hundertjährigen Jubiläumsfeier der Übergabe der „Augsburger Konfession", begann der Landung des Heeres. Im Lager der katholischen Liga war man der Überzeugung, der „Schneekönig aus dem Norden" werde bald schmelzen. Die evangelische Partei, die am Boden lag, begrüßte den „Löwen aus Mitternacht" als Retter aus schwerster Not. Die Einsichtigen in beiden Parteien aber fragten sich sorgenvoll, ob der Schwede nicht einer der gefürchteten fürstlichen Räuber wäre, die unter dem Deckmantel der Religion nach Beute auszogen. – Gustav Adolf hatte die Großmachtstellung Schwedens begründet, 1617 den Russen Ingermanland und Karelien, 1629 den Polen Livland und Polnisch-Preußen entrissen. Als Wallenstein vor Stralsund erschien, war Gustav Adolf, der seine Pläne, ein nordisch-schwedisches Ostseereich zu schaffen, bedroht sah, von der Verteidigung zum Angriff übergegangen. Er siegte über Tilly und setzte sich am Main, am Rhein und endlich im Herzen der katholischen Liga, in München fest. Dann wendete sich das Glück. Am 6. November 1632 tobte die Schlacht von Lützen, die ihm den Soldatentod brachte. Mit seinem Ende begann der Niedergang der Großmacht Schweden.

JOHANNES GUTENBERG   Um 1400 — 1468

Ein geheimnisvolles Dunkel liegt über den Anfängen der Buchdruckerkunst und über dem Leben und Werk des Mannes, „der das meiste Licht in die Welt gebracht hat". Wir wissen nicht genau, wann Johannes Gutenberg aus dem Mainzer Patriziergeschlecht der „Gensfleisch zur Laden" geboren ist, wir wissen auch nicht, warum er später seine Heimat verlassen hat und nach Straßburg gegangen ist. Die spärlichen Urkunden weisen ihn als Goldschmied und Mitglied der Münzergenossenschaft aus. In dieser Zunft muß er jene Kenntnisse erworben haben, die ihm die Befähigung gaben, zum Erfinder des Buchdruckes zu werden. Bücher freilich hat man schon vor ihm gedruckt — wenn auch nicht mit beweglichen Lettern, mit einzelnen Typen, die man immer wieder benutzen kann, sondern mit Hilfe von Holzschnitten, mit denen man Text und Bild gleichsam auf das Papier stempelte. Die Erfindung der beweglichen Lettern, mehr noch die des Schriftgießens, der geniale Einfall also, für jeden Buchstaben eine Urform zu schaffen, aus der man beliebig viele „Matrizen" herstellen kann, die ihrerseits wieder den Guß der eigentlichen Drucklettern gestatten, ist Gutenbergs unsterbliches Werk. Im Jahre 1450 gab ihm der reiche Mainzer Bürger Johann Fust Darlehen in Höhe von 1600 Gulden. Gutenberg verpfändete dafür die gesamte Werkstatt und zugleich die für alle Zeiten einzigartige Leistung der zweiundvierzigzeiligen Bibel. Finanzielle Schwierigkeiten brachten Werkstatt und Werk in Fusts Hand. Gutenberg leitete später die Druckerei des Mainzer Bürgers Humery, sein Name taucht später nur noch einmal auf in einer Liste der Hofbeamten des Mainzer Erzbischofs, dann schweigen die Urkunden. Geblieben aber ist die von ihm geschaffene „Schwarze Kunst", die seine Schüler und Mitarbeiter in wenigen Jahren über ganz Europa verbreiteten.

KARL GUTZKOW   17. III. 1811 — 16. XII. 1878

In der fast unübersehbaren Zahl der Schriften, Aufsätze, Zeitungsartikel, Streitschriften, Novellen, Dramen und Romane des Dichters und Journalisten spiegelt sich die gesamte geistige, politische und literarische Entwicklung des vergangenen Jahrhunderts. — Gutzkow wurde als Sohn eines preußischen Beamten in Berlin geboren. Er studierte auf der dortigen Universität mit dem Ziel, die höhere Schullaufbahn einzuschlagen. Als aber die Julirevolution des Jahres 1830, der Aufstand des Pariser Volkes gegen die Reaktion der Bourbonen, die Gemüter der Jugend Europas erregte, wandte sich Gutzkow der Publizistik zu. Er wurde Mitarbeiter des berühmten Menzel'schen Literaturblattes, schrieb aufsehenerregende, geistvolle Artikel und nahm, als die preußische Zensur ihm Schwierigkeiten machte, seinen Wohnsitz in Stuttgart. Hier erschienen im Herbst 1832 unter einem Decknamen die „Briefe eines Narren an eine Närrin". Im darauffolgenden Jahr beendete Gutzkow seine unterbrochenen Studien in Heidelberg und München. Sein unsteter Wandertrieb führte ihn nach Berlin zurück und schließlich wieder nach Stuttgart. Eine Reihe von Schriften, in denen Gutzkow mit geistvoller Schärfe den Ungeist der Reaktion angriff, brachten ein Verbot fast aller seiner Werke und die Verurteilung zu 3 Monaten Gefängnis. Gutzkow ließ sich nicht entmutigen. Nach Aufhebung des Verbotes flossen aus seiner fruchtbaren Feder zahlreiche politische und wissenschaftliche Schriften, Romane und insgesamt 28, mit größtem Beifall aufgenommene Dramen. Sein weiterer Lebensweg führte ihn über Paris, Dresden, Hamburg, Weimar nach Frankfurt/Main. Mißliche äußere Umstände, die dauernden Verfolgungen und ein schweres Nervenleiden verbitterten seine letzten Jahre. Gutzkow erstickte bei einem Brand, der in seinem Zimmer ausbrach.

19. IV. 1850 — 17. X. 1931   OTTO HAAB

Unter den großen Augenärzten der neueren Zeit nimmt der Schweizer Otto Haab einen hervorragenden Platz ein. Er wurde in Wülfingen im Schweizer Kanton Zürich geboren, studierte Medizin und erhielt schon in verhältnismäßig jungen Jahren einen Ruf als Professor der Augenheilkunde an die Universität Zürich. Trotz vielfacher Angebote aus dem Ausland blieb er bis zu seinem Tode in der Heimat. Mit Haabs Namen verbinden sich zahlreiche Arbeiten auf nahezu sämtlichen Gebieten seiner Wissenschaft. Besonders bekannt wurde er durch eine von ihm erstmals angewandte Methode zur Entfernung von Eisensplittern aus dem Auge, die sich heute überall in der Welt durchgesetzt hat. Es kommt, namentlich bei der Metallbearbeitung, trotz aller Schutzmaßnahmen immer wieder zu Augenverletzungen durch abspringende Eisensplitter, die häufig das Auge bis zur Netzhaut durchschlagen. Früher konnten solche Fremdkörper in vielen Fällen nicht entfernt werden – das aber bedeutete eine schwere Gefährdung des Auges, weil der Splitter verrostete und je nach seinem Sitz die Netzhaut oder andere Teile des Sehorgans in ihrer Funktion schädigte. Haab kam auf den Gedanken, den Elektromagneten in den Dienst der Augenheilkunde zu stellen, und erarbeitete die Methoden zur praktischen Durchführung des neuen Verfahrens. Es kommt darauf an, den Splitter so herauszuziehen, daß durch diesen Eingriff keine neuen Augenverletzungen entstehen. Dieses Problem löste Haab durch Anwendung einer je nach Lage des Splitters genau festgesetzten Augenstellung und der ihr entsprechenden Führung des Splitters durch die Zugkraft des Riesenmagneten. Damit hat er unzähligen Menschen die Sehkraft eines sonst verlorenen Auges erhalten.

9. XII. 1868 — 29. I. 1934   FRITZ HABER

Gegen Ausgang des 19. Jahrhunderts wurde es immer schwieriger, genügend natürlichen Stickstoff für die Landwirtschaft zu liefern. Daher bemühten sich die Chemiker darum, Stickstoff durch chemische Verfahren zu gewinnen. Besonders erfolgreich auf diesem Gebiet war Professor Fritz Haber, der am 18. März 1910 im Naturwissenschaftlichen Verein zu Karlsruhe über die von ihm entwickelte katalytische Ammoniaksynthese berichten konnte, die bald als die glänzendste aller chemischen Entdeckungen dieser Jahre bezeichnet wurde. Sie brachte Haber 1918 den Nobelpreis ein. Als er die hohe Auszeichnung am 20. Juni 1920 in Stockholm entgegennahm, sagte er bescheiden: „Es handelt sich um einen chemischen Vorgang der einfachsten Art. Gasförmiger Stickstoff bildet mit gasförmigem Wasserstoff nach einfachsten Mengengesetzen gasförmiges Ammoniak." Die großen Schwierigkeiten aber hatten darin bestanden, daß ungewöhnliche Arbeitsmittel benutzt werden mußten, um Stickstoff und Wasserstoff in genügender Menge zu vereinigen. Die Laboratoriumsarbeiten Habers wurden von der Badischen Anilin- und Soda-Fabrik nach gründlicher Durcharbeitung ins Großtechnische übersetzt, wobei sich vor allem Männer wie Dr. Fritz Bosch, Dr. Alwin Mittasch und Dr. Franz Lappe auszeichneten. Haber, der von 1898 bis 1910 Professor in Karlsruhe war, übernahm 1911 die Leitung des Instituts für physikalische und Elektrochemie in Berlin-Dahlem. Wir verdanken ihm u. a. beachtliche Untersuchungen auf dem Gebiet der Atom- und Molekularphysik, ferner Arbeiten auf den Gebieten der Elektro- und Biochemie. Die größte Aufgabe der Chemie sah er darin, die stofflichen Formen und die Gesetze ihrer Wechselwirkung, auf denen die Lebensvorgänge beruhen, zu klären.

ERNST HAECKEL 16. II. 1834 — 9. VIII. 1919

Der Name dieses Mannes steht wie ein Programm über jenen Fortschrittsbegeisterten, die glaubten, mit Reagenzglas und Mikroskop alle Rätsel dieser Welt lösen zu können. Zugleich aber war Ernst Haeckel ein begabter Forscher, dem die Wissenschaft sehr viel verdankt. Er wurde 1834 in Potsdam geboren, studierte Medizin und Naturwissenschaften, arbeitete als Assistent bei Virchow und wurde 1865 Professor der Zoologie in Jena. Dort hat er bis zu seinem Tode gewirkt, mit größeren Unterbrechungen durch ausgedehnte Forschungsreisen, die ihn bis Ceylon und Java führten. Haeckel war Naturwissenschaftler, streitbarer Philosoph, Künstler und Schriftsteller — auf allen diesen Gebieten hat er Bedeutendes geleistet. Sein prachtvolles Werk „Kunstformen der Natur" brachte erstmalig eine wissenschaftlich wie künstlerisch einwandfreie Darstellung der Formenschönheit von Strahlentierchen und anderen winzigen Meeresbewohnern. Als Biologe war Haeckel ein begeisterter Anhänger Darwins, dessen Lehre er auf seine Weise ausdeutete. Er entdeckte unter anderem das auch heute noch anerkannte „Biogenetische Grundgesetz", nach dem die Lebewesen vor der Geburt sozusagen in abgekürzter Form die Stammesentwicklung wiederholen. Seine Naturphilosophie bezeichnete Haeckel als Monismus, dessen zahlreiche Anhänger sich im „Monistenbund" sammelten. Bei dieser Lehre handelt es sich um eine extreme Form des wissenschaftlichen Mechanismus, der alles körperliche und seelische Geschehen auf rein materiell faßbare Vorgänge zurückführen wollte. Von Haeckels zahlreichen Büchern haben seine „Welträtsel" den weitaus größten Erfolg erzielt; sie sind in mehreren hunderttausend Exemplaren allein in Deutschland gedruckt und in viele fremde Sprachen übersetzt worden.

KAISER HADRIAN 24. I. 76 — 10. VII. 138

Das zweite Jahrhundert nach Christi Geburt gilt als das goldene Zeitalter der römischen Geschichte. Hadrian, der Kaiser des Imperiums, verzichtete auf alle kriegerischen Eroberungen und beschränkte das Reich auf das alte, unumstrittene Staatsgebiet. Das Bekenntnis zum Frieden bedeutete eine völlige Umstellung der römischen Politik und eine Neuorientierung der staatlichen Organisation auf die Verteidigung. Als Bundesgenossen gewann Hadrian die breite Masse der römischen Bürger, die unter den Lasten der kriegerischen Unternehmen stöhnten. Hadrian sorgte für die Bauern und Pächter, setzte ihre Steuer herab, hob ihr gesellschaftliches Ansehen und errang damit die Gunst der öffentlichen Meinung. Den bürgerlichen Kreisen wurde es ermöglicht, in die höhere Beamtenlaufbahn einzutreten, die Verwaltung des Reiches wurde einheitlich geordnet und das Beamtentum von unzuverlässigen Elementen gereinigt. Durch ausgedehnte Reisen hielt Hadrian das Reich zusammen und gab auch dem Geringsten die Möglichkeit, seine Beschwerden vor den Richterstuhl des Cäsars zu tragen. Von den 21 Jahren seiner Regierung war er fast zwölf Jahre nicht in Rom, der Hauptstadt des Reiches. Seine Lieblingsstadt war Athen, das er durch prachtvolle Bauten zum Mittelpunkt einer griechisch-römischen Kultur machen wollte. Und doch schien es seinen Zeitgenossen oft, als ob seine Seele von tiefer Melancholie erfüllt wäre. Von Krankheiten geplagt, wurde er im Alter reizbar und launenhaft. Wohl hatte er dem Römischen Reich Frieden und Gerechtigkeit gebracht, aber sein Streben nach innerer Einheit war ebenso wie sein Versuch, die griechische Kultur zu neuem Leben zu erwecken, unerfüllter Traum geblieben. Kaiser Hadrian starb in Bajä, dem römischen Badeort bei Neapel, an der Wassersucht.

Um 1327 — 1390 HAFIS

„Es kam ein Hauch von oben,
der mir ins Ohr die Worte blies:
Wähn' nicht, aus eigenem Innern
entströme dein Gesang, Hafis!
Vom Urbeginn der Zeiten
auf Rosen und auf Lilien
stehn deine Zauberformeln
geschrieben hoch im Paradies!"

Soham ud-Din Mohammed, den seine Zeitgenossen „Hafis" nannten, was soviel wie „Bewahrer" heißt, wurde in der südpersischen Stadt Schiras geboren und gehörte dem schiitischen Bekenntnis des Islams an. Er widmete sich dem Studium des Korans mit solchem Eifer, daß er schließlich die heiligen Suren des Propheten auswendig konnte. Der Ruhm des „Bewahrers" verbreitete sich in der ganzen islamischen Welt. Er wurde Professor und Koranausleger der theologischen Schule von Schiras. Seine Heimatstadt, die ihm das Herrlichste auf Erden schien, verließ er nur ungern für kurze Reisen. — Das Leben mit all seinem Licht und Schatten zog an seinem Geiste wie an einem kristallenen Spiegel vorüber. In seinen „Ghaselen" und „Kasiden" pries er Wein, Liebe und Schönheit ebenso, wie die Philosophie und die geistliche Versenkung. — Als der große mongolische Eroberer Timur Lenk im Jahre 1387 mit seinem Heer in Schiras überwinterte, zog er Hafis an seinen Hof und ehrte ihn durch zahlreiche Gunstbeweise. Weder die Welt des Islams, noch das Abendland haben den großen Poeten vergessen. Als 1812 Joseph Hammer eine deutsche Übersetzung der Gedichte des Hafis herausgab, ließ sich Goethe von dem Wohllaut der Verse und der Weisheit des großen Poeten und kritischen Geistes zum „Westöstlichen Diwan" anregen.

10. VI. 1844 — 14. IV. 1913 **KARL HAGENBECK**

Karl Hagenbeck, der große Pionier des Tierparkwesens und der leidenschaftliche Heger und Tierfreund, wurde am 10. Juni 1844 in Hamburg geboren, wo der Vater einen kleinen Fischhandel unterhielt. Schon früh mußte der Knabe im Geschäft mitarbeiten. Er war auch dabei — von seltsamer Erregung gepackt —, als der Vater im Jahre 1852 einen Eisbären kaufte, den ein Kapitän aus Grönland mitgebracht hatte. Von diesem Tage an begann der schnelle Aufstieg der Tierhandelsfirma Hagenbeck, die in ein geschäftliches Vakuum einsteigen konnte, da es in Deutschland keinen Betrieb gab, der sich mit dem An- und Verkauf von lebenden wilden Tieren befaßte. Karl Hagenbeck, dem der Vater bald die alleinige Führung des Geschäftes übertrug, zeigte eine besonders glückliche Hand bei der Aufspürung von neuen Verbindungen und Quellen. Mit kaufmännischem Wagemut steigerte er die Firma zu einem Weltunternehmen. Eigene Tierfang-Expeditionen gingen in das wildreiche Afrika, Forschungsreisende durchquerten unbekannte Gebiete, um Neues und Wissenswertes nach Hamburg zu berichten. Überseedampfer, vollgeladen mit Löwen, Elefanten, Giraffen, Affen, Schakalen, Schlangen und Papageien, löschten ihre seltsame Ladung im Hamburger Hafen. Seit 1875 veranstaltete Hagenbeck auch ethnografische Schaustellungen mit Lappländern, Eskimos, Negern und Indianern; mit ihnen zog er in alle großen Städte Europas. 1890 gründete er einen Dressurzirkus mit zahmer Dressur, in dem die Tiere ohne Anwendung von Feuer und Peitsche ihre Kunststücke lernten. Hagenbecks großartigste Schöpfung war der 1907 in Hamburg-Altona eröffnete Stellinger Tierpark, wo die neuen Grundsätze einer Tierhaltung in natürlicher Umgebung nach den Plänen des Schweizer Tierfreundes Urs Eggenschwyler zu erfolgreicher Anwendung kamen.

OTTO HAHN 8. III. 1879 – 28. VII. 1968

Kurz nach dem Zweiten Weltkrieg erhielt Otto Hahn für seine kernphysikalischen Arbeiten den ihm 1944 zuerkannten Nobelpreis. In der Öffentlichkeit ist er durch die im Jahre 1938 gemeinsam mit Friedrich Straßmann gemachte Entdeckung der Spaltung des Urankerns und der Kettenreaktion bekannt geworden, die für die USA der Anlaß zur Schaffung der ersten Atombombe geworden ist. Für die gesamte Welt wurde sie Ausgangspunkt zur friedlichen Nutzung der Atomenergie in der Form von Atomkraftwerken und radioaktiven Isotopen für Heil- und Forschungszwecke sowie der praktischen Anwendung auf vielen Gebieten. Otto Hahn ist einer der Begründer der „Radiochemie"; er hat eine große Zahl radioaktiver Stoffe entdeckt und es verstanden, sie für chemisch-physikalische und geologische Aufgaben zu verwenden. — Otto Hahn hat in München Chemie und Mineralogie studiert, in Marburg 1901 den Doktorhut erworben und war 1904 Mitarbeiter des großen englischen Chemikers Ramsay in London und des englischen Physikers Rutherford in Montreal geworden, wo er die damals bekannten Gesetzmäßigkeiten in den radioaktiven Zerfallsvorgängen und die physikalischen Methoden zur Untersuchung der Alphastrahlen kennenlernte. 1907 wurde er Professor in Berlin; 1911 erhielt er einen Ruf an das Kaiser-Wilhelm-Institut für Chemie in Berlin-Dahlem, wo er 1917 das Protaktinium entdeckte. Von 1946 an lebt Otto Hahn in Göttingen als Präsident der Max-Planck-Institute, der Nachfolger der Kaiser-Wilhelm-Institute. Seine Arbeiten haben das Zeitalter der Nutzung der Atomenergie durch den Menschen eingeleitet. 1955 forderte er die Völker und Staatsmänner auf, die Wege zu vermeiden, die zu einer Vernichtung der Welt durch die zerstörende Anwendung der Atomenergie führen könnten.

SAMUEL HAHNEMANN 10. IV. 1755 — 2. VII. 1843

Jede wirksame Arznei „erzeugt im Körper eine Art von eigener Krankheit, um so heftiger, je wirksamer sie ist. Wollt ihr nun eine Krankheit schnell, sanft und dauerhaft heilen, so wählt das Mittel, das der Krankheit ähnliche Erscheinungen hervorrufen kann. Heilt Ähnliches mit Ähnlichem! Similia similibus!" Das sind Leitsätze aus den Schriften von Samuel Hahnemann, dem Begründer der Homöopathie. Er wurde 1755 in Meißen als Sohn eines Porzellanmalers geboren, besuchte in seiner Heimatstadt die berühmte Fürstenschule und wurde Arzt. Aber er war mit der damaligen Medizin nicht einverstanden und suchte nach einem grundsätzlich neuen System der Krankheitsbekämpfung. Ihn interessierten die Ursachen der verschiedenen Leiden weniger als ihre Symptome. In unzähligen Selbstversuchen erprobte er die Wirkung aller nur irgend in Betracht kommenden Heilmittel zunächst am gesunden Körper und kam schließlich auf das eingangs erwähnte „Ähnlichkeitsgesetz", das er zum tragenden Grundpfeiler seiner neuen Lehre machte. Sie stützt sich ausschließlich auf den Gebrauch von Arzneien, die in großen Verdünnungen, Potenzen, angewandt werden. Hahnemann war ein fanatischer, oft allzu verbissener Kämpfer für seine Idee und schuf sich zahlreiche Feinde. Aber er war auch ein hervorragender Beobachter der Krankheit und hatte als Arzt bedeutende Erfolge. Im Jahre 1843 starb Hahnemann in Paris, wo er die größten Triumphe seines Lebens gefeiert — und bis zum letzten Tage gegen die Methoden der Allopathie gewettert hatte. Heute ist diese Feindschaft überwunden. Die moderne Medizin weiß um die großen Wirkungen, die von kleinsten Stoffmengen auf den Organismus ausgehen können, und hat der Homöopathie ihren festen Platz unter den Heilmethoden gesichert.

23. VII. 1892 — 27. VIII. 1975   **KAISER HAILE SELASSIE**

Am 30. Juli 1936 betrat ein kleiner, dunkelhäutiger Mann im schwarzen Anzug, mit scharf geschnittenem Antlitz, die Tribüne des Völkerbundes zu Genf und begann seine Anklagerede an die Versammlung der Nationen mit folgenden Worten: „Es ist meine Pflicht, den versammelten Regierungen in Genf von der grausamen Gefahr Mitteilung zu machen, die ihnen droht, indem ich ihnen das Schicksal vor Augen führe, das Äthiopien erlitten hat." Der Negus Negesti, der König der Könige, Haile Selassie I., seit 1930 Herrscher von Abessinien und Inhaber des zweitausend Jahre alten Thrones des „Löwen von Juda", bat den Völkerbund um Hilfe für sein Volk, das vom Italien Mussolinis überfallen worden war. Haile Selassie hatte als gebildeter, modernen Ideen zugänglicher Fürst seine Regierung mit einer umfassenden Verwaltungs- und Verfassungsreform begonnen. Der Sklavenhandel war verboten und die Rechtspflege verbessert und den Auffassungen Europas angeglichen worden. Aber das Schicksal gab dem Kaiser nur geringe Frist zur Durchführung seiner Absichten. Das nach Lebensraum hungernde Italien marschierte an den Grenzen Erythreas und Somalilands auf, im Frühjahr 1935 brachen die faschistischen Armeen über die Grenzen und zwangen den Negus, aus dem Lande zu fliehen. Seit 1937 lebte Haile Selassie im Exil. Im Frühjahr 1941 führten ihn englische Truppen in die Heimat zurück, und ein Staatsvertrag mit dem britischen Weltreich sicherte die Unabhängigkeit des großen äthiopischen Reiches. Europäische Ingenieure, Ärzte, Gelehrte und Kaufleute wurden berufen, um das bisher fast mittelalterlich organisierte Land innerhalb weniger Jahre durch maßvolle Neuerungen zu modernisieren. Diese Reform Äthiopiens ist das ganz persönliche historische Verdienst Kaiser Haile Selassies.

15. VIII. 1858 — 26. II. 1940   **MICHAEL HAINISCH**

Die jahrhundertealte Habsburger Monarchie hatte im Frühjahr 1919 zu bestehen aufgehört. Die provisorische Regierung des zu einem Kleinstaat abgesunkenen Österreich lag zunächst in den Händen eines Vollzugsausschusses der Nationalversammlung. Erst die Oktoberwahlen 1920 führten zur Bildung eines Regierungskabinetts. Noch immer war das Grenzproblem völlig im Fluß, obwohl Wien unter Rechtsverwahrung das Friedensdiktat von Saint-Germain unterschrieben hatte. Im Innern erschütterten Inflation, Putschversuche der Extremisten und Demonstrationen der verzweifelten Massen gegen die unausgesetzt steigenden Lebenshaltungskosten den Staat. Mitten in dieser fiebrigen Zeit hatten die Fraktionen den ersten Bundespräsidenten der jungen Republik zu wählen. Man einigte sich auf einen Nichtparlamentarier, den am 15. August 1858 in Gloggnitz geborenen Landwirt Dr. Michael Hainisch, einen in der Öffentlichkeit bekannten und angesehenen Volkswirtschaftler und liberalen Politiker, Hainisch gelang es, im Zusammenwirken mit dem Bundeskanzler Schober im Dezember 1921 in Lana ein Sicherheitsabkommen mit der Tschechei zu schließen. Er unterstützte sowohl das grundlegende Sanierungswerk von Dr. Ignaz Seipel wie den zeitweiligen Autoritätskurs des Salzburgers, Dr. Ramek, der einen Ausgleich zwischen den widerstreitenden Ideen einer Donauföderation, des Anschlusses an Deutschland und der Bildung größerer wirtschaftlicher Einheiten in Mitteleuropa zu erreichen suchte. Noch einmal, 1929 bis 1930, folgte Michael Hainisch nach dem Staatsstreich der Heimwehren einem Rufe des Vaterlandes und stellte sich als Handelsminister in einem Fachkabinett Schobers zur Verfügung. In einem Anschluß-Österreich, dessen Ideologie er verständnislos gegenüberstand, schloß der 82jährige 1940 die Augen.

ALBRECHT VON HALLER   16. X. 1708 — 12. XII. 1777

Man sagt, daß „Wunderkinder" häufig im späteren Leben enttäuschen. Nun, nicht nur Mozart ist ein Gegenbeispiel, auch Haller hielt alles, was seine Jugend versprach. Als Neunjähriger verfaßte er ein griechisches Lexikon, als Zwölfjähriger eine chaldäische Grammatik. Mit 15 Jahren ging er auf die Universität und wurde als Neunzehnjähriger bereits Doktor der Medizin. Zunächst studierte er weiter, diesmal Mathematik und Botanik, unternahm als einer der ersten Alpinisten große Wanderungen durch die Alpen und kehrte schließlich in seine Vaterstadt Bern zurück, wo er sich als Arzt niederließ. Nebenbei veröffentlichte er ein in viele Sprachen übersetztes Lehrgedicht „Die Alpen" und die Ergebnisse seiner botanischen Exkursionen. 1736 wurde Haller im Alter von 28 Jahren Professor in Göttingen für drei Fächer auf einmal — Botanik, Anatomie und Chirurgie. Er gründete eine anatomische Zeichenakademie, einen botanischen Garten, eine Entbindungsanstalt und eine wissenschaftliche Gesellschaft, ohne die eigene Forschungsarbeit zu vernachlässigen. Auf der Höhe seines Ruhms ging Haller wieder in die Schweiz, erst als Berner Rathausamtmann, dann als Direktor der staatlichen Salzwerke in Roche. Schließlich führte er die Aufsicht über Krankenhäuser, reorganisierte das Schweizer Schulwesen, die ärztliche Fortbildung und die Armenpflege. Trotz dieser Überfülle von Ämtern fand Haller noch Zeit genug, ein achtbändiges Werk zu schreiben, mit dem er die Physiologie als selbständige Wissenschaft begründete. Kaiser und Könige suchten diesen Mann für ihr Land zu gewinnen, aber er blieb in der Heimat. Bis zu seinem Tode war sein Fleiß ebenso ungebrochen wie sein Genie. Das war das Urteil Voltaires über den universalen Geist: „Vor diesem Manne muß man niederknien."

EDMUND HALLEY   8. XI. 1656 — 25. I. 1742

Halley wurde 1656 als Sohn eines Seifensieders in dem kleinen Ort Haggerston bei London geboren und sollte den Beruf seines Vaters ergreifen. Aber den Knaben und mehr noch den heranwachsenden Jüngling hatte die Wunderwelt des nächtlichen Sternenhimmels in ihren Bann gezogen, und er setzte es nach harten Kämpfen bei seinen Eltern durch, daß sie ihn studieren ließen. Halley war kaum 22 Jahre alt, als ihn die berühmte Royal Society zu ihrem Mitglied wählte. Die Berufung erfolgte, weil Halley auf St. Helena ausgezeichnete Beobachtungen des südlichen Sternhimmels durchgeführt hatte. 1703 wurde Halley Professor der Geometrie an der Universität Oxford, 1721 übernahm er die Leitung der Sternwarte von Greenwich. Dort beschäftigte er sich zunächst mit den Kometen, die von seinen Zeitgenossen zwar als unheilverkündende Boten aus himmlischen Sphären gefürchtet wurden, von denen aber die damalige Wissenschaft so gut wie nichts wußte. Halley gelang es, die Kometenbahnen zu berechnen und nachzuweisen, daß ein bestimmter Komet alle 76 Jahre wiederkehre; dieser meteorhafte Schweifstern trägt seitdem den Namen des großen englischen Astronomen: Halleyscher Komet. Nicht minder revolutionär wie diese Entdeckung war die von Halley erstmalig aufgestellte Behauptung, daß es sich bei den Fixsternen im Gegensatz zur Meinung seiner Zeitgenossen keineswegs um absolut feststehende Himmelskörper handelt. Für diese umstürzende Erkenntnis konnte Halley den exakten Beweis erbringen: Er entdeckte, daß einige Fixsterne nicht mehr an derselben Stelle standen, wo sie eine vor 1500 Jahren von Ptolemäus angefertigte Sternkarte zeigte. — Halley hat mehrere große Reisen nach Amerika und Afrika unternommen, um erdmagnetische Messungen durchzuführen. 1742 ist er in Greenwich gestorben.

Um 1580 — 26. VIII. 1666 **FRANS HALS**

Unter den zahlreichen bedeutenden Malern der Blütezeit der niederländischen Kunst im 17. Jahrhundert ragte neben Rembrandt, Rubens, van Dyck und Vermeer van Delft auch Frans Hals hervor. Er war in Antwerpen geboren, kam aber schon als Kind nach Haarlem und blieb in seiner neuen Heimat. In der Haarlemer Schule Karel van Manders zeigte er sich durch die ganz persönliche Eigenart seiner Maltechnik und Komposition den Altersgenossen überlegen und blieb unberührt von der italienischen Mode, der sein Lehrer anhing. Im übrigen ist von seinem Leben wenig bekannt. Wenn man von Gemälden wie „Fröhlicher Kavalier" oder „Fröhlicher Trinker" auf eine üppige und leichtfertige Lebensweise schließt, so widerspricht dem zwar nicht seine zeitweilige offenkundige Armut, wohl aber die lebenslange Spannkraft und Emsigkeit des Schaffens, für die sein umfangreiches Werk zeugt. Frans Hals spezialisierte sich früh auf das Porträt und das Gruppenbild und brachte es im Laufe seines langen Lebens in beiden Gattungen zu hoher Meisterschaft. Er gilt als einer der größten Porträtisten in der Geschichte der Malerei überhaupt. Berühmt sind die Bildnisse des Philosophen Descartes, des Predigers Acronius, des „Singenden Knaben mit Flöte", der „Hexe" Hille Bobbe, einer Zigeunerin, und das Selbstporträt mit seiner Frau in ländlicher Umgebung; zu den Gruppenbildern gehören die „Regenten" und „Regentinnen des Alteleutehauses", Werke von ernster und maßvoller Reife, die er im Alter von etwa achtzig Jahren schuf, und zahlreiche Genrebilder von Schützengilden, die in jener Zeit eine große gesellschaftliche Rolle spielten. Die Menschen, die Frans Hals darstellt, erscheinen wie atmend gegenwärtig, und kaum ein anderer Porträtist hat so überzeugend wie er das lachende Menschengesicht gemalt.

27. VIII. 1730 — 21. VI. 1788 **JOHANN GEORG HAMANN**

„Magus aus Norden" war der zeitgenössische Beiname einer der seltsamsten Persönlichkeiten der deutschen Geisteswelt, dessen geniale Aphoristik sogar von Goethe aufgegriffen wurde. In Königsberg geboren, studierte Johann Georg Hamann seit 1746 an der heimatlichen Universität wechselnd Philosophie, Theologie und Rechtswissenschaft. Früh wandte er sich daneben der alten Literatur und dem orientalischen Sprachstudium zu. Nach Verlassen der Hörsäle führte der kritische Geist und gemütstiefe Phantast ein bewegtes Leben. Seit einem Londonaufenthalt, der ihn in gefährliche Untiefen der Moral geführt hatte, datiert Hamanns aus dem Offenbarungsglauben geschöpfter, oft hintergründig frömmelnder Kampf gegen die Aufklärungsbildung. Er bestritt, daß die Vernunft höchstes Prinzip sei, Phantasie und Gemütsleben beanspruchten daneben unweigerlich ihr Recht. Von seinem Vater aus Riga nach Königsberg zurückgerufen, wurde der erst 29jährige von Kant in mehrere Brotstellen empfohlen; keine jedoch konnte ihn halten. 1787 und 1788 lebte Hamann pendelnd zwischen Münster und Düsseldorf, mehrfach mit der blanken Not kämpfend, aus der ihn immer wieder Gönner wie Fürst Galitzin und Jacobi zu retten suchten. Ertrag des letzten Lebensjahres waren Untersuchungen über die Entstehung der Sprache und der Poesie, der „Muttersprache des Menschengeschlechtes". Hamann leugnet einen sprachlichen Ausdruck, der an feststehende Regeln gebunden sei — die geniale Verstandes- und Seelenäußerung beruhe vielmehr auf dem eigentlichen Individuellen. Der Königsberger Denker hat damit einen klaren Weg der schöpferischen Persönlichkeitsbildung gewiesen, der keinesfalls zufällig von der deutschen Klassik eingeschlagen worden ist.

ALEXANDER HAMILTON 11. I. 1757 — 12. VII. 1804

Im Jahre 1772 kam der 16jährige Hamilton, Sohn eines Schotten und einer Französin, nach New York, um sein Glück zu versuchen. Seine anziehenden Manieren und sein glänzender, geschliffener Verstand verschafften ihm bald zahlreiche Freunde und Bewunderer. Nach wenigen Jahren war der Name Alexander Hamilton für die politische und gesellschaftliche Welt New Yorks ein Begriff. Seine Popularität steigerte sich noch, als er als Freiwilliger am Unabhängigkeitskrieg der jungen nordamerikanischen Staaten gegen England teilnahm und von Washington als Adjutant ins Hauptquartier berufen wurde. Nach dem Ende des Krieges ließ er sich als Anwalt in New York nieder und trat gleichzeitig als Abgeordneter in den neuen Bundeskongreß ein. Washington, der erste Präsident der USA, berief ihn 1789 als Schatzkanzler in sein Kabinett. Hamiltons politischer Kampf galt der bedrohten inneren Einheit der Vereinigten Staaten. Er verfocht mit Ernst und Leidenschaft das Prinzip der Souveränität der Staatsregierung gegenüber den Bundesländern. Sein Hauptgegner war die Demokratische Partei, die ihm den im freiheitlichen Amerika besonders schwerwiegenden Vorwurf des Monarchismus machte. Blieb ihm auf politischem Gebiet der Erfolg versagt, so war seine Tätigkeit als Schatzkanzler um so segensreicher für die wirtschaftliche Entwicklung der USA. Nach Überwindung erheblicher Widerstände schuf er nach dem Muster der Bank von England eine Staatsbank der Vereinigten Staaten. Mit allen Mitteln förderte er die Entwicklung der Industrie des Landes und sorgte für die Ausweitung des Innen- und Außenhandels. Er gilt auch heute noch als der Schöpfer des nordamerikanischen Finanzwesens. Als Hamilton 1804 bei einem Duell tödlich verwundet wurde, endete ein Leben, das an Erfolgen und Ausstrahlungen reich war.

KNUT HAMSUN 4. VIII. 1859 — 19. II. 1952

Das Werk des norwegischen Dichters Knut Hamsun gehört — daran besteht selbst bei seinen Gegnern kaum noch ein Zweifel — zum bleibenden Bestand der Weltliteratur. In Mittelnorwegen als Sohn eines Kleinbauern geboren, im herben Nordland aufgewachsen, geriet Hamsun früh in das Spannungsfeld zwischen der zivilisatorischen Unruhe des Zeitalters, die ihn als jungen Handwerker, Wanderarbeiter und Journalisten in Norwegen und in USA ergriff, und der festen Grundkraft alter Bauernkultur. Daher rührt der oft zwiespältige Eindruck seiner Dichtungen, mehr noch seiner kulturkritischen und mitunter abwegigen politischen Äußerungen. Hamsun liebte alles Jugendliche, den Mut und die Begeisterung, wozu er sich besonders in der Ansprache beim Empfang des Nobelpreises 1920 bekannte. Er reizte die heißblütige schöpferische Persönlichkeit, sei es der Bauer in „Segen der Erde" oder der Naturmensch in „Pan", sei es der Kaufmann in „Benoni" und „Rosa" oder der geistige Mensch in „Hunger", „Mysterien" und dem Drama „Munken Vendt". Er pries die Liebe im wechselnden Licht der Lebensalter („Viktoria", „Unter Herbststernen", „Gedämpftes Saitenspiel") und hatte Mitleid mit dem Unglück („Weiber am Brunnen"). Er verspottete die Aufgeblasenheit der Bürokratie („Kinder ihrer Zeit") und die leere Mechanik des Schulbetriebs („Das letzte Kapitel"). Über seinem gesamten Werk, nicht zuletzt der Lyrik, liegt der Glanz des Abenteuers und einer verborgenen Gläubigkeit. In seinem vielleicht größten Werk, der Trilogie „Landstreicher", „August Weltumsegler" und „Nach Jahr und Tag", schuf Knut Hamsun das Epos der schillernden Halbwirklichkeit unseres Jahrhunderts, einen hinreißenden Schelmenroman, dessen Held August ebenbürtig neben Don Quichotte, Gil Blas oder Simplizissimus tritt.

23. II. 1685 — 14. IV. 1759   **GEORG FRIEDRICH HÄNDEL**

Die beiden mächtigen Ströme des Weltlichen und des Religiösen stießen in der Musik ebenso wie in der Architektur, Malerei und Dichtung des Barocks rauschend aufeinander, um sich dann in den großen Gestalten und Werken jener Epoche zum Höchsten und Schönsten zu vereinigen. Während bei J. S. Bach das Weltliche aus der religiösen Fülle und Tiefe seines Werkes unversehens und heiter aufblühte, fand Georg Friedrich Händels Musik, die von der weltlichen Dramatik in Menschen- und Völkerschicksalen erfüllt war, erst nach schwerem innerem Ringen ihren höchsten Ausdruck im religiösen Oratorium. Bachs Schaffen war nach innen gerichtet, das Werk Händels entfaltete sich nach außen ins Weite, im lebenslangen Wettbewerb mit der Weltmacht der italienischen Musik. In jungen Jahren zog es ihn, wie später Goethe, nach Rom. In der Hohen Schule der italienischen Oper wurde er bald schon durch „Agrippina" und andere Bühnenwerke ein ebenbürtiger Rivale ihrer Meister. Sein Ruhm eilte ihm nach London voraus, wo er zwei Jahrzehnte hindurch drei verschiedene Operntheater leitete und eine Reihe erfolgreicher Opern schrieb. Als wegen der Ungunst der Zeit auch die dritte dieser Bühnen oder „Opernakademien" ihre Tore schließen mußte, brach Händel seelisch zusammen. In dieser schweren gesundheitlichen Krise fand er endlich zu sich selbst und zur eigentlichen Vollendung seines schwungkräftigen und ausdrucksvollen Stils im biblischen Musikdrama, wie in „Israel in Ägypten", „Samson", „Judas Makkabäus" und in dem erschütternden Oratorium „Der Messias". Auch die Concerti grossi, die Sonaten, Orgelwerke und die erregende „Feuerwerksmusik" zeigen Händel als den Meister der plastischen, weit ausladenden, sinnenfrohen und zugleich geistvollen Musik des Hochbarocks.

Um 246 — 182 v. Chr.   **HANNIBAL**

„Zu siegen verstehst du, o Hannibal — aber nicht, den Sieg zu nützen!" spottete Maharbal, der numidische Reiterführer, als Hannibal im Jahre 217 v. Chr. nach dem triumphalen Sieg über die Römer am Trasimenischen See entgegen dem Rat seiner Generäle nicht gegen das von Truppen entblößte Rom, sondern nach Campanien und Umbrien, in die Gebiete der verbündeten Italiker, zog. Rom zitterte in Furcht von „Hannibal ad (ante) portas!" — dem Angriff des schrecklichen Afrikaners, der unter unsäglichen Schwierigkeiten seine Armee mit Elefantenkorps, Reiterei und Troß über die Hochalpen geführt und die römischen Legionen durch überlegene Kriegskunst zerschlagen hatte. — Hannibal war nicht nur Feldherr, sondern Staatsmann von weitschauender Klugheit. Er erkannte, daß in diesem zweiten Krieg gegen Karthago auf die Dauer nur siegen werde, wer das politische Bündnissystem des Gegners zu unterhöhlen imstande sei. Mit stürmischer Gewalt und schmeichelnder Freundschaft warb er um Roms italische Bundesgenossen. Das Schicksal hatte bereits den Knaben an der Hand des Vaters Hamilkar vor den Altar der Göttin von Karthago treten und ihn den Eid schwören lassen, Roms Machtstellung zu vernichten. Im Jahre 216 v. Chr. besiegte er bei Cannae die römische Feldarmee trotz ihrer dreifachen Überlegenheit durch das von ihm erdachte System der „starken" Flügel bei gleichzeitigem Zurückweichen des Zentrums. Roms Staatsbau, der auf die Ordnung des Gesetzes gegründet war, hielt jedoch allen Belastungen stand. Hannibal wich, in die Verteidigung gedrängt, nach Afrika zurück und wurde dort von Scipio Africanus geschlagen. — Roms Haß verfolgte den immer noch gefürchteten Feind bis an die Ufer des Schwarzen Meeres; um seinen Häschern und der Auslieferung zu entgehen, gab er sich selber den Tod.

183

KARL AUGUST VON HARDENBERG 31. V. 1750—26. XI. 1822

Die große Stunde der Bewährung für den Sproß aus hannoverschem Uradel kam, als Napoleon den König des gedemütigten Preußens vor die Wahl stellte, entweder die auferlegten Kontributionen zu zahlen oder Schlesien abzutreten. Das Kabinett Altenstein erklärte sich außerstande, die von dem Korsen geforderten 80 Millionen Francs in gutem Währungssilber aus dem ausgesogenen Lande aufzutreiben. Er sah keinen anderen Weg, als Friedrich Wilhelm III. vorzuschlagen, in den schmerzlichen Gebietsverlust zu willigen, um angedrohte neue Repressalien zu vermeiden. In dieser Notlage erinnerte sich der König an den Freiherrn Karl August von Hardenberg. Der geschmeidige Realpolitiker hatte bereits zweimal ein Ministeramt bekleidet. Zweimal war jedoch von Napoleon seine Entlassung gefordert worden, weil Hardenberg sich schon vor dem unglücklichen Kriege von 1806/07 für eine enge Anlehnung an das zaristische Rußland eingesetzt hatte. Am 4. Juni 1810 ernannte Friedrich Wilhelm III. Hardenberg zum Staatskanzler. Von diesem Tage an begann das einzigartige Wirken eines Mannes, der nach einem Wort des Historikers Ranke wie kein anderer seinen Namen in die Tafeln des preußischen Wiederaufstiegs eingegraben hat. In elf Jahren seiner Staatskanzlerschaft brachte „der preußische Metternich" nicht nur die innerpolitischen Verhältnisse, das Finanzwesen, die Verwaltung, Steuerwesen und Gesetzgebung in Ordnung, in diesen elf Jahren bereitete Hardenberg vor allem den Sturz Napoleons vor, führte Preußen in die Freiheitskriege und vergrößerte einen Staat, den er mit fünf Provinzen übernommen hatte, auf neun Provinzen. Auf der Rückreise vom Veroneser Kongreß starb der 72jährige, ausgehöhlt von der riesenhaften Arbeit, befeindet von der konservativen Reaktion, am 26. November 1822 in Genua.

FRIEDRICH HARKORT 22. II. 1793 — 6. III. 1880

Jedes Volk braucht Männer, die unter Mißachtung des eigenen Vorteils bereit sind, dem Fortschritt zum Wohle des Ganzen zu dienen. Ein solcher Mann war Friedrich Harkort, der in Wetter an der Ruhr zusammen mit Heinrich Daniel Camp die erste moderne Maschinenfabrik Westfalens mit den „Mechanischen Werkstätten Harkort & Co." gegründet hat. Ingenieure, Arbeiter und Maschinen hatte er sich aus England beschafft; für das Werk, wie er es sich gedacht hatte, gab es damals in Deutschland keine geeigneten Mitarbeiter, sie mußten erst mühsam herangebildet werden. Harkorts Werkstatt baute Dampfmaschinen und Dampfkessel, Maschinen für das Berg- und Hüttenwesen und schließlich Textilmaschinen, deren Vorbilder er ebenfalls in England gefunden hatte. Stets war er für den Fortschritt aufgeschlossen, er ist auch einer der ersten gewesen, die sich für die Einführung des Puddelverfahrens an der Ruhr eingesetzt und damit die Gewinnung von Schweißeisen gefördert haben. Oft überstürzte sich in ihm der Fortschrittsdrang, und seine kostspieligen Experimente untergruben die Wirtschaftlichkeit des Betriebes, so daß sein Freund Camp sich entschloß, die Fabrik allein weiterzuführen. Bald gründete Harkort in Wetter und Hombruch von neuem industrielle Anlagen, setzte sich für den Bau seetüchtiger Rheindampfer ein und baute selbst den Dampfer „Rhein", mit dem er von Köln nach England fuhr. Harkort ist auch einer der Vorkämpfer des Eisenbahnwesens gewesen. Als Gemeindevertreter, als Mitglied der preußischen Nationalversammlung und schließlich als Reichstagsabgeordneter hat er sich für die Förderung der Technik, die Verbesserung des Verkehrswesens, die Hebung der Volksbildung und des Lebensstandards eingesetzt. Die deutsche Staatsregierung, die 1871 verwirklicht wurde, wurde von ihm begeistert begrüßt.

7. V. 1851 — 10. VI. 1930   **ADOLF VON HARNACK**

Es ist nicht alltäglich, daß ein evangelischer Theologe gleich positiv und kritisch Augustinus und Luther, die Mönchsidee und die gegen die Übersinnlichkeitslehre des Christentums eingestellte liberale Forschung würdigt. Wollte man nicht letzte Quellen verschütten, mußte nach der Ansicht Adolf von Harnacks eine Versöhnung auch gegensätzlicher Anschauungen in dem Gedanken, daß Christus allen als der Verkünder der Vaterliebe Gottes gelte, angestrebt werden. Hilfsmittel zum verfolgten Ziel war für Harnack eine neue Durchleuchtung der Geschichte, vor allem der altchristlichen Zeit. Charakteristisch ist besonders seine Quellenkritik des Gnostizismus, jener in die Jahre 120 bis 160 n. Chr. fallenden Massenbewegung, die nach einer Vereinigung der religiösen Systeme von Griechen, Juden, Persern, Ägyptern und Babyloniern suchte. Weithin sichtbare Frucht dieser und gleichgerichteter historischer Rückwendungen wurden die beiden Hauptwerke Harnacks, das „Apostolische Glaubensbekenntnis" und „Das Wesen des Christentums", die aber in vielen Kreisen auf schärfste Ablehnung stießen. Seit 1889 dozierte der Gelehrte diese Ideen vor einer ihm verehrungsvoll zugeneigten Berliner akademischen Jugend. Harnack, der sein Lebenswerk in einer Missionierung des Christentums als eines gemeinsamen Auftrages beider Konfessionen gegenüber den Zeitströmungen auffaßte, wurde zum Mitglied der Preußischen Akademie der Wissenschaften ernannt. Er ist der eigentliche Anreger und Gründer der Kaiser-Wilhelm-Gesellschaft zur Förderung der Wissenschaften, der späteren Max-Planck-Gesellschaft. Harnack wurde am 7. Mai 1851 in Dorpat geboren und wirkte 1874 in Leipzig. 1879 ging er nach Gießen, 1886 nahm er einen Ruf nach Marburg, drei Jahre später nach Berlin an.

† um 1220   **HARTMANN VON AUE**

Vom äußeren Leben des Dichters Hartmann von Aue wissen wir kaum mehr, als daß er aus einer ritterlichen Dienstmannenfamilie im Schwäbischen stammte, eine Klosterschule — wahrscheinlich Reichenau — besuchte, am Kreuzzug Friedrich Barbarossas teilnahm und in noch jungen Jahren starb. Die inneren Vorgänge seines Lebens, das sich offenbar zwischen Weltflucht und Hinneigung zu weltlichen Freuden bewegte, spiegeln sich in seinen vier Hauptwerken, den Versromanen „Erec", „Gregorius", „Der arme Heinrich" und „Iwein". Sie gehören dank ihrer Geschlossenheit und Klarheit, der schlichten, frischen Formkunst ihrer Verse — es sind Reimpaare mit je vier Hebungen — zu den epischen Dichtungen des Mittelalters, die bis in unsere Zeit lebendig geblieben sind. „Der arme Heinrich", die Geschichte eines durch eigene Schuld siechen Ritters, der durch die Opferbereitschaft und die himmlisch-irdische Liebe eines reinen Landmädchens geheilt wird, diente Gerhart Hauptmann als Vorwurf für ein Drama. Thomas Mann hat der Legende von „Gregorius" und seiner doppelten Blutschande und Buße, die ihn auf höchste Höhe und in tiefste Niederungen begleiten, in seiner Erzählung „Der Erwählte" eine neue, psychologische Deutung gegeben. Aber auch die Ritterromane „Erec" und „Iwein" liegen dem Begreifen und Empfinden des Menschen unserer Zeit nahe. Beide geben, der erste aus der spontanen Klarsicht des jungen Dichters, der andere aus der erfahrenen Einsicht der Reife, dem Problem der gestörten Harmonie zwischen dem einzelnen und der Gemeinschaft — hier zwischen dem auf die eigene Kraft bauenden, auf seine persönliche Ehre bedachten Ritter und der ritterlichen Gesellschaft — überzeitlich gültigen Ausdruck.

EDUARD VON HARTMANN   23. II. 1842 — 5. VI. 1906

Als der in Berlin geborene Sohn eines Artilleriehauptmanns wegen eines Unfalls die Offizierslaufbahn aufgeben mußte, stieß er als Außenseiter zur Philosophie vor. Die Arbeiten der Jahre 1868–1878 enthalten bereits die programmatische Weltsicht des Denkers. Nach Hartmann ist alles wirkliche Sein unbewußt und wird daher nur mittelbar erkannt. Es ragt an keiner Stelle selbst ins Bewußtsein herein und kann also auch von diesem niemals unmittelbar ergriffen werden. Alles wirkliche Erkennen fängt erst da an, wo das Denken ins Gebiet des Unbewußten hinübergreift. In die erste Schaffensperiode gehört ferner vor allem die Schrift „Die Selbstzersetzung des Christentums und die Religion der Zukunft", in der Hartmann die christliche Religion verwirft und die Grundlinien einer nach seiner Meinung nötigen neuen und höheren Religion auf vernünftiger und doch übersinnlicher Basis zieht. Der zweite Abschnitt bis 1887 brachte „Die Philosophie des Schönen", die geschichtlich-kritisch die deutsche Ästhetik seit Kant behandelt. Der dritte Abschnitt schloß mit dem Jahre 1897 und trug als Frucht vornehmlich Untersuchungen über politische und soziale Kernfragen. In der letzten Periode folgten die zwischen dem Bewußtsein und dem Reiche des Unbewußten brückenschlagende „Kategorienlehre", ein Standardwerk der philosophischen Literatur. „Das Problem des Lebens", sowie die gewaltige „Geschichte der Metaphysik", die Hartmanns eigene Wesenslehre als das Ziel und Ergebnis der ganzen vorangegangenen Entwicklung erscheinen läßt. Nach dem Tode des Denkers erschien noch das achtbändige „System der Philosophie im Grundriß", das die Gedankenwelt Hartmanns in übersichtlichem Aufbau zusammenfaßt.

NICOLAI HARTMANN   20. II. 1882 — 9. X. 1950

Wie sein Namensvetter, der Philosoph Eduard von Hartmann im Berlin des Bismarckreiches, geht der als Sohn eines russischen Ingenieurs in Riga geborene Nicolai Hartmann von Kant und dem Idealismus aus, jener philosophischen Schule, für die der Mensch als Zentrum des Seins die Erscheinungsstätte des Bewußtseins und der Realisierungsbereich der Idee ist. Während aber Eduard von Hartmann seine Aufgabe in der Folge darin sieht, seinen Versuch einer Erkenntnis des Unbewußten gegen Kant zu rechtfertigen, bleibt Nicolai Hartmann bei aller Eigenständigkeit im Bann des Königsberger Weisen. Er radikalisiert ihn, wenn er wegen der sittlichen Autonomie des Menschen dessen Abhängigkeit von Gott völlig ausschließt. Eng verbunden der Tugendlehre des Aristoteles, baut Hartmann eine materielle Wertethik auf. Einen weltbekannten, wenn auch umstrittenen Namen machte sich der Gelehrte vor allem mit seiner groß angelegten Kategorienlehre. In ihr hebt Hartmann verschiedene Schichten der Wirklichkeit voneinander ab. Dabei kann nach seiner Meinung die jeweils höhere Schicht nicht von der niederen abgeleitet werden, obwohl sich jene nie ohne diese zu entwickeln vermag. Alles führt zur Metaphysik. Ihr Reich umschließt die letzten Probleme, die allerdings immer unlösbar bleiben werden. Als Exponent einer scharfen Begrifflichkeit spricht Hartmann betont von Problemen, zu denen der Verstand nicht vordringe; hierunter versteht er Fragen wie die Gottesidee, die als übergeistig von der Philosophie nicht zu beantworten seien. Der Gelehrte verficht damit eine bestimmte Form des Realismus, der gegen Naturalismus und Idealismus das Da-Sein des Menschen als unvertretbarer Person aus dem Ursprung der Freiheit sichern will. Hartmann starb 1950 in Göttingen.

Um 765 — 809   HARUN AL RASCHID

Mit Harun, dem Kalifen des persisch-arabischen Reiches des
Islams, begann die große Zeit des Herrscherhauses der Abbassiden. Harun und seine schöne Gemahlin Zobeïde genossen die
sorglose Fülle eines mit allen Reichtümern und allem Luxus des
Orients umgebenen Daseins. Ein Märchenschleier senkte sich
auf Bagdad, die Stadt der Wunder und Fabeln. Mit Gütern und
Gnadenerweisen überschüttete Dichter, Sänger, Sagenerzähler
und Gelehrte verherrlichten am Hof von Rosafa den Kalifen.
Sie nannten ihn al Raschid, den Gerechten. Er wurde zum Helden der Geschichten von Tausendundeiner Nacht, ein Held, der
die Armen unterstützte und die Ungerechten bestrafte, der mit
seinem Großwesir verkleidet durch die nächtlichen Gassen von
Bagdad ging, um die Sorgen und Nöte seines Volkes kennenzulernen. Nur wenige
wußten um das wahre Antlitz des Stellvertreters des Propheten. Harun al Raschid
war ein tyrannischer, egoistischer Herrscher wie die meisten orientalischen Despoten
des Mittelalters, mißtrauisch gegen seine Umgebung, voller Ränke und von hinter-
listiger Grausamkeit. Die Familie der Barmekiden, die ihm und seinem Hause getreu
als Minister gedient hatte, ließ er aus Furcht, daß sie zu mächtig werden könnte,
vernichten. Unter der Regierung Harun al Raschids mußten mehrere bedrohliche
Aufstände unterjochter Völker niedergeschlagen werden. In Afrika gingen wertvolle
Besitzteile des Kalifenreiches verloren. Harun starb auf einem Feldzug zur Unterdrückung einer Rebellion in Charassan. Sein bleibendes Verdienst ist es, Bagdad
mit prächtigen Bauten geschmückt und zahlreichen Gelehrten und Künstlern an seinem Hof ein sorgenloses Schaffen ermöglicht zu haben. Mit Karl dem Großen knüpfte
er politische Verbindungen an und tauschte Gesandtschaften und Geschenke aus.

6. XII. 1732 — 22. VIII. 1818   WARREN HASTINGS

Unter den politischen Prozessen der Weltgeschichte hat selten
ein Strafverfahren solches Aufsehen erregt wie der vor dem
englischen Parlament geführte Prozeß gegen den General-Gou-
verneur von Indien, Warren Hastings. Hastings, der einen der
wichtigsten und verantwortungsvollsten Posten des britischen
Reiches bekleidet hatte, war in einer Dorfschule in Worcester-
shire als armer Waisenknabe erzogen worden. Sein Vormund
schickte den intelligenten Jungen nach Indien, der Kolonie, die
einem unbemittelten jungen Mann vielerlei Möglichkeiten bot,
sein Glück zu machen, die aber ebenso berüchtigt war wegen
ihres gebietsweise heimtückischen Fieberklimas. Hastings machte
sein Glück. Hastings begann seine Laufbahn als Kaufmanns-
diener, wurde Soldat und kam schließlich zur Ostindischen Kompanie. In 24 Jahren
angestrengter Tätigkeit arbeitete er sich bis zu der höchsten Stelle innerhalb der
Kompanie auf, der die tatsächliche Gewalt in Indien in die Hände gegeben war. Als
Gouverneur erhielt er einen Auftrag des Direktoriums der Kompanie, eine „völlige
Reform der indischen Zustände" durchzuführen. Er begann bei den Steuern, die
bisher in die Kassen der einheimischen Fürsten flossen; er ließ sie durch englische
Beamte einziehen. Geld strömte in riesigen Mengen in die Tresore der Kompanie
und in die Taschen der Aktionäre in England. Hastings' bevorzugte Stellung änderte
sich jedoch mit einem Schlage, als seine Gegner eine Hetzkampagne gegen ihn eröffneten und ihn der Grausamkeit bezichtigten. In jenem zehnjährigen Prozeß vor
dem Parlament gelang es Hastings zwar, seine Unschuld nachzuweisen, aber die
Bezahlung der riesigen Prozeßkosten brachte ihn an den Bettelstab. Verbittert und
vereinsamt begrüßte er den Tod als Befreier.

187

WILHELM HAUFF 29. XI. 1802 — 18. XI. 1827

In den Beginn des 19. Jahrhunderts, in die Zeit zwischen dem Wiener Kongreß und der Pariser Juli-Revolution, fiel die Geburtsstunde des historischen Romans, der besonders mit den breit-epischen, vielbändigen Werken des Schotten Walter Scott die literarische Welt eroberte. Auch in Deutschland beherrschte er die Modeliteratur. Einer der meistverbreiteten Romane dieser Art war der „Lichtenstein" des Schwaben Wilhelm Hauff, ein Buch, das trotz seiner offensichtlichen Schwächen auch heute noch verlegt und gelesen wird, da es bei treffender Schilderung der handelnden Figuren, einem farbigen Landschaftskolorit und einer spannenden Handlung in die heroisch-gemütvolle Welt der Burgen, des mittelalterlichen Rittertums und der malerischen schwäbischen Städte führt. In seiner Lyrik war Hauff nicht über tastende, wenn auch begabte Anfänge hinausgekommen, da sein früher Tod alle Hoffnungen auf reifende Entwicklung vernichtete. Die besinnlich-phantastischen Märchen des Dichters – zuerst unter dem Titel „Märchenalmanach auf das Jahr 1826" erschienen – erlebten bis in unsere Zeit hinein Dutzende von Auflagen. Die großartig erfundenen, originellen „Fantasien im Bremer Ratskeller", die er, angeregt durch eine Reise nach Norddeutschland, schrieb, sind auch heute noch wegen ihres trefflichen Witzes und ihrer lebhaften Einbildungskraft mit Genuß zu lesen — ebenso wie die „Mitteilungen aus den Memoiren des Satans", die aus seiner Verbundenheit mit E. Th. A. Hoffmann entstanden. Hauff gehört zu den Spätromantikern, zu den großen Erzählern mit prachtvoller novellistischer Begabung. Die beiden Novellen „Die Bettlerin vom Pont des arts" und „Das Bild des Kaisers" sind wahrhaft meisterliche Kabinettstücke künstlerischer Prosa.

GERHART HAUPTMANN 15. XI. 1862 — 6. VI. 1946

Als im Jahre 1889 Gerhart Hauptmanns erstes Bühnenwerk, „Vor Sonnenaufgang", in Berlin aufgeführt wurde, bedeutete diese Premiere den Durchbruch des naturalistischen Dramas in Deutschland. Der junge schlesische Dichter verwirklichte kraft urwüchsiger dramatischer Begabung die Ideen des Naturalismus. Er malte in ernsten und tragischen Schauspielen wie „Die Weber", „Fuhrmann Henschel", „Rose Bernd" oder „Die Ratten" und in Komödien wie „Kollege Crampton" oder „Der Biberpelz" die soziale Elendswirtschaft der Zeit. Darüber hinaus aber ging es ihm um gleichnishaftes Menschenschicksal, um seelische Konflikte, um den Kampf für Glück und individuelle Freiheit, um die humorvolle Einsicht in menschliche Unzulänglichkeit. Ins Dichterisch-Märchenhafte hob Hauptmann diese Motivkreise durch „Hanneles Himmelfahrt" und „Die versunkene Glocke" und löste sie endlich ab durch Themen aus Sage und Legende in Dramen wie „Der arme Heinrich", „Griselda", „Der Bogen des Odysseus" oder „Winterballade". Schon in diesen Werken wurde deutlich, daß Gerhart Hauptmann immer mehr zu einem antiken Lebensgefühl hinneigte, zu einem Kult der Schönheit und zur griechisch-tragischen Schicksalsauffassung. Höhepunkt dieser Entwicklung ist vor allem sein Alterswerk „Iphigenie in Delphi". Gerhart Hauptmann, der 1912 mit dem Nobelpreis ausgezeichnet wurde, gilt als der gestaltmächtigste deutsche Dramatiker des letzten halben Jahrhunderts. Von vielen Literarhistorikern wird sein episches Werk, das von dem religiös-sozialen Roman „Der Narr in Christo Emanuel Quint" über den „Ketzer von Soana", „Die Insel der großen Mutter" und das zeitgemäße Eulenspiegel-Epos bis zum „Buch der Leidenschaft" sich parallel entfaltete, nicht minder hoch geschätzt als die dramatische Produktion.

Um 1812 — 17. XII. 1833　　　　　　　　## KASPAR HAUSER

Das Rätsel um Geburt und Tod des Findlings von Nürnberg wird wahrscheinlich niemals geklärt werden können — trotz der mehr als 2000 Veröffentlichungen wissenschaftlicher und literarischer Art, die seit seinem ersten Auftauchen am Pfingstmontag, dem 26. Mai 1828, nachmittags zwischen 4 und 5 Uhr zu Nürnberg, erschienen sind. Man weiß nicht, ob Kaspar Hauser ein badischer Prinz, ein Sohn Napoleons I. oder ein Betrüger gewesen ist. Der bäuerlich gekleidete Jüngling, der ein Alter von 16 Jahren hatte, erschien, wie aus dem Boden gewachsen, vor dem Schuster Weickmann auf dem Nürnberger Unschlittplatz. Er benahm sich wie ein dreijähriges Kind, das weder richtig sprechen noch schreiben noch lesen, sondern nur mit Mühe seinen Namen Kaspar Hauser zu Papier bringen konnte. Ob er tatsächlich, wie seinen gestammelten Erzählungen zu entnehmen war, 16 Jahre lang in einem unterirdischen Verlies geschmachtet hatte, oder ob er nur eine einstudierte Rolle spielte, war nicht mit Sicherheit zu unterscheiden. Es gab genauso viel Beweise für die eine wie für die andere Theorie. Nicht nur berühmte Rechtsgelehrte der damaligen Zeit, wie der Ansbacher Rechtsrat Anselm von Feuerbach, ein hochangesehener Gelehrter, und andere hochstehende Persönlichkeiten, wie der Nürnberger Oberbürgermeister Binder, Professor Daumer, der englische Lord Stanhope, nahmen Anteil an dem Geschick des seltsamen Jünglings, sondern auch gekrönte Häupter wandten ihm ihre Aufmerksamkeit zu. Trotzdem gelang es nicht einmal, die Hintergründe seines Todes aufzuklären. Niemand weiß, ob Kaspar Hauser, der am 17. 12. 1833 an einem Dolchstich starb, sich die Wunde im Hofgarten zu Ansbach selbst beigebracht hat oder ob er von einem gedungenen Beauftragten interessierter Kreise ermordet wurde.

31. III. 1732 — 31. V. 1809　　　　　　　　## *JOSEPH HAYDN*

In einem Leben schlichter künstlerischer Pflichterfüllung hat Joseph Haydn entscheidende Beiträge zur Vollendung des klassischen Stils der Musik geleistet. Die musikalische Grundausbildung erhielt der Sohn eines dörflichen Stellmachers vom 9. bis 18. Lebensjahr als Chorknabe am Stephansdom in Wien, im übrigen war er Autodidakt. Aus dem Konvikt der Sängerknaben entlassen, verdiente er sein Brot zunächst durch Spielen von Unterhaltungsmusik, die er zumeist selbst komponierte. Später wurde er Kapellmeister bei musikfreudigen Grafen und Fürsten, vor allem dem Fürsten Esterhazy. Indem er die Wünsche seiner Brotherren, später auch Londoner und Pariser Auftraggeber, mit feinfühliger, sprühender und humorvoller Erfindungsfreude zuverlässig ausführte, bildete er in unzähligen Kompositionen einen neuen Stil absoluter Instrumentalmusik aus. Mit der viersätzigen, von ihm um das Menuett erweiterten Sonatenform, deren einzelne Sätze durch Bild und Gegenbild der Themen und der Durchführung innere Spannweite erhielten, schuf er gleichsam das Grundgesetz der klassischen Musik. Sie machte sich damit unabhängig von der Anregung und Themenstellung durch das dichterische Wort und drückte das innere Erlebnis allein mit Tönen aus. Haydn übertrug diesen Stil der Sonate auf das Streichquartett und die Sinfonie und wies damit auch Mozart neue Wege, dessen elementare Kraft, die er als väterlicher Freund neidlos bewunderte, wiederum ihn inspirierte. Joseph Haydn hat 104 Sinfonien, darunter die großen Londoner Sinfonien, die Abschiedssinfonie und die Sinfonie mit dem Paukenschlag, 20 Klavierkonzerte, 33 Klaviersonaten, zahlreiche Trios, Quartette und andere Instrumentalstücke komponiert und krönte sein Werk mit den beiden Oratorien „Die Schöpfung" und „Die Jahreszeiten".

FRIEDRICH HEBBEL   18. III. 1813 — 13. XII. 1863

Der am 18. März im Befreiungsjahr 1813 geborene Kirchspielschreiber Friedrich Hebbel fiebert in unklaren Träumen nach der bunten, geheimnisvollen Welt. Er ahnt in der Enge des dithmarsischen Wesselburen das drängende Leben und hat den unbändigen Wunsch, es zu erobern. Verständige Gönner verhelfen ihm 1834 zur ersehnten Weiterbildung in Hamburg. Überwach in der flutenden Fülle gegensätzlicher Farben, begegnet ihm in der Elbestadt die dienende Liebe einer Elise Lensing. Das stürmische Blut treibt ihn weiter. Nach den notgezeichneten Universitätsjahren in Heidelberg und München bricht sein dichterisches Genie mit der ganzen Unmittelbarkeit einer neuen, aus dem Stoff erschlossenen Gestaltungstechnik in den realistisch kolorierten Dramen „Judith" und „Genoveva" durch. Nach Hamburg zu Elise der immer Wartenden, zurückgekehrt, gelingen ihm Verse von verhaltener Innigkeit, die er in die 1842 erschienenen „Neuen Gedichte" aufnimmt. In Kopenhagen erhält er von seinem holsteinischen Herzog ein Reisestipendium. Der unbequem gewordene Schatten Elises, die ihm 1844 nach dem schmerzlich beklagten Tod eines ersten ein zweites Söhnchen schenkt, verdichtet sich friedlos zu der sozialen Anklage des frühnaturalistischen Trauerspiels „Maria Magdalena". Wenig später schmeichelt ihm in Wien das Interesse der gefeierten Schauspielerin Christiane Enghaus, die er über das zertretene Pastellbild Elises hinweg 1846 zum Altar führt. Von wechselnden Erfahrungen gehämmert, reift er zu der großen Linie einer „Agnes Bernauer", eines „Gyges und sein Ring" sowie schließlich zu dem Bühnengemälde der „Nibelungen", dem als letztes Schicksalsdrama der „Demetrius" folgt. 1863 endet das Leben dieses großen Revolutionärs der deutschen Dichtkunst.

JOHANN PETER HEBEL   10. V. 1760 — 22. IX. 1826

Ist nicht jeder von uns ein „Kannitverstan"? Und sind wir nicht alle Brüder des „Geheilten Patienten", der eines zupackenden Arztes bedurfte, damit er zur eigenen erstaunten Beglückung wieder lernte, die Welt nicht nur aus seinem Fenster zu sehen? Johann Peter Hebel, den Dichter mit dem feinen Fältchengewirr des lächelnden Weisen um die hellen Augen, ehren die Schweiz, deren Sohn er ist, und die badische Wahlheimat gemeinsam. — Schon der Pädagogiumsschüler in Lörrach, dessen vokalreiche Grenzmundart besonders ansprechend wirkt, besaß einen scharfen Beobachtungssinn. Was er als Ertrag in den besinnlichen, pointierten Kurzerzählungen Blatt um Blatt niederlegte, hielt sich aber sowohl von der gestaltenden Art seines Landsmannes Jeremias Gotthelf, der im Grunde mehr Prediger als Poet war, wie von der stilisierten Typenschilderung des Schwarzwälder Berthold Auerbach fern, aus dessen Landleuten zu sehr der Dichter selbst spricht. Es braucht gar nicht der heiter-philosophischen Einleitungsbetrachtung, mit der Hebel gern den einfachen Handlungsablauf würzt, um sofort mitten im unbeschwerten Geschehen zu sein und die unaufdringlich beredte Nutzanwendung zu spüren. Man muß dazu wissen, daß diese zeitlosen Porträtskizzen des Menschen, zusammengefaßt im „Schatzkästlein", eigentlich nur am Rande entstanden. Die Liebe des Professors am Karlruher Gymnasium galt den 1803 herausgegebenen „Alemannischen Gedichten", deren naiv schalkhafte Köstlichkeiten leider nur einem engeren Kreis vertraut sind, zumal sich der Lörracher Dialekt trotz seiner Musikalität nicht leicht erschließt. Johann Peter Hebel darf für sich beanspruchen, einer der wenigen echten, aus der Tiefe schöpfenden Volksdichter gewesen zu sein.

28. IX. 1811 — 24. III. 1881 **FRIEDRICH HECKER**

Bei der Friedensfeier, welche die Deutsch-Amerikaner von St. Louis am 12. Februar 1871 anläßlich der Beendigung des Deutsch-Französischen Krieges veranstalteten, betrat ein alter Herr das Podium. Friedrich Hecker, der Revolutionär und Freiheitskämpfer, hielt die patriotische Festrede, aus der immer wieder die heiße Liebe zur verlorenen, aber immer unvergessenen Heimat Deutschland aufklang. — Geboren im Badener Land, jenem Winkel Deutschlands, aus dem so viele Rebellen und Freiheitsschwärmer seit den Bauernkriegen hervorgegangen waren, wer er Advokat in Mannheim geworden, ließ sich in die Badische Kammer wählen und wurde eines der Häupter der liberalen Opposition. — Der Masse des deutschen Volkes wurde er zuerst bekannt, als er 1845 wegen seines unerschrockenen Auftretens gegen die Reaktion aus Preußen ausgewiesen wurde. Mehr und mehr neigte er den Ideen der aufbegehrenden Sozialistengruppe zu und schied sich von seinen gemäßigteren liberalen Freunden. Er war eine der treibenden Kräfte, die im September 1847 auf der Offenburger Versammlung die radikalen Forderungen der Opposition durchsetzten: Pressefreiheit, Versammlungsfreiheit, Schwurgericht, Bürgerwehr und ein alldeutsches Parlament. — Die Revolution von 1848 führte ihn an die Spitze eines Freikorps, mit dem er von der Schweizer Grenze aus gegen die Truppen des Generals von Gagern operierte und unterlag. Über die Schweiz floh er nach Amerika, wo er Farmer in Illinois — dem Staate Lincolns — wurde. Noch einmal riefen ihn die Revolutionsereignisse Anno 1849 nach Straßburg, dann ließ er sich endgültig in den USA nieder. Im Sezessionskrieg führte er ein Regiment Deutsch-Amerikaner auf Unionsseite und blieb bis an sein Lebensende ein Vorkämpfer geistiger und bürgerlicher Freiheit, der niemals aufhörte, Deutschland zu lieben.

19. II. 1865 — 26. XI. 1952 **SVEN HEDIN**

Sven Hedins Name weckt Erinnerungen an ferne Zonen, an abenteuerliche Erlebnisse in den Gebirgen, Steppen und Wüsten Innerasiens, die der berühmte Schwede fast alle bereist hat. Er wurde 1865 geboren, war mit 20 Jahren Hauslehrer in Baku und unternahm ein Jahr später seine erste Forschungsreise nach Persien. Ihr folgten zahlreiche Expeditionen, vor allem in die noch weitgehend unbekannten Gebiete Zentralasiens. Seinen Namen trägt das „Hedin-Gebirge", der Transhimalaja, den er nicht weniger als achtmal überquerte. Er war als erster Forscher an den Quellen des Indus und des Brahmaputra, an den Ufern des geheimnisvollen Lopnor-Sees und in den Ruinen der Stadt Lou-lan. Auch in Tibet hat Hedin große Gebiete der geographischen und völkerkundlichen Wissenschaft erschlossen. Zusammen mit deutschen, schwedischen und chinesischen Gelehrten unternahm er 1927 bis 1935 einen Vorstoß in die Wüste Gobi und in andere Gebiete Mittelasiens. Hedin arbeitete als Geograph, Kartograph, Völkerkundler, Archäologe und Meteorologe; er war ein Wanderer in die Ferne, aus der er nur zurückkehrte, um sich für neue Expeditionen vorzubereiten. Über seine Reisen schrieb er geographischwissenschaftliche Abhandlungen und spannungsvolle Bücher, die Musterbeispiele für anschauliche und volkstümliche Interpretationen von Forschungsergebnissen wie für hochwertige Weltliteratur sind. Der vielseitige Forscher war zugleich ein hervorragender Zeichner und Illustrator, der seinen Lesern die durchforschte Welt auch im lebensvollen Bild nahebrachte. Im November 1952 ist Sven Hedin gestorben. Mit ihm verlor die Welt einen der letzten unter den großen Entdeckern der Welt, dessen Einzel- und Großraumforschungen oftmals unter Einsatz des Lebens erarbeitet worden sind.

GEORG WILHELM HEGEL 27. VIII. 1770 — 14. XI. 1831

Der in Stuttgart geborene und an dem berühmten Tübinger Stift ausgebildete Philosoph Georg Wilhelm Hegel hat die Entwicklung der Geisteswissenschaften im 19. Jahrhundert entscheidend beeinflußt. Er setzte sich zum Ziel, die Lebensauffassung des deutschen Idealismus in einem umfassenden System niederzulegen und alle Gebiete des Wissens darin einzuordnen. Was in Goethes und Schillers Idealismus der freie Schöpfergeist der Welt war, der auch im künstlerischen Schaffen am Werk ist, war für Hegel die vernunftbestimmte absolute Idee. Sie strebt im Ablauf der Vergangenheit, der Gegenwart wie der Zukunft jeweils einen bestimmten Weltzustand an. Ist er erreicht, so regt sich die Gegenidee, die einen Gegenzustand heraufführt. Inzwischen erholt sich die erste Idee und setzt, freilich gewandelt, einen dritten Zustand durch, der das Wesentliche der beiden anderen in sich schließt. Hegel suchte in seinen Werken eine gedanklich erschließbare und faßbare Deutung der Welt zu geben. Ihr Kernsatz lautet: „Alles was ist, ist vernünftig!" Hegel selbst und ein Teil seiner zahlreichen Schüler verstanden darunter die Billigung des Bestehenden in seiner natürlich fortschreitenden Bewegung. Andere, wie Feuerbach, Stirner und vor allem Karl Marx und Lassalle, zogen den entgegengesetzten Schluß: „Alles, was nicht vernünftig ist, hat kein Recht zu bestehen." So liegt in Hegels idealistischem Denksystem zugleich der — negative — Ansatzpunkt zum dialektischen Materialismus. — Hegel, der die größten Geister seiner Zeit zu seinen Freunden oder Gegnern zählte, war Hauslehrer, Dozent, Journalist und Gymnasialdirektor, bevor er 1816 an die Universität Heidelberg und 1818 an die Universität Berlin berufen wurde. Hier wirkte er dreizehn Jahre, eine Generation von Denkern befruchtend, bis er 1831 einer Choleraepidemie zum Opfer fiel.

MARTIN HEIDEGGER 26. IX. 1889 — 26. V. 1976

Die „Existenzphilosophie" ging erst nach dem Zweiten Weltkrieg in das allgemeine Verständnis ein. Das Hauptwerk ihres Begründers, Martin Heideggers „Sein und Zeit", ist jedoch schon 1927 erschienen. Der in Meßkirch geborene Schwabe, der als Privatdozent in Freiburg i. Br. der phänomenologischen Philosophie Edmund Husserls und Max Schelers nahestand, wurde 1928 der Nachfolger Husserls als ordentlicher Professor in Freiburg. Seine Philosophie erforscht in einer Weise, die über die Fachphilosophie hinausgeht und den Denkwegen von Laotse, Augustinus, Pascal und Kierkegaard verwandt ist, das Rätsel des konkreten Da-Seins des Menschen zwischen Geburt und Tod. Die Grundstimmung des Daseins ist die „Sorge", die „Angst" vor dem dunklen Grund des Daseins, der „Geworfenheit". Aber die Todesangst, die Angst vor der bodenlosen Leere des Nichts, macht den Menschen zugleich frei zu der Möglichkeit, das Dasein zu überschreiten im „Sichvorwegsein". Die alten theologischen Begriffe „Notwendigkeit" (gleich Geworfenheit) und „Möglichkeit" (der freien Entscheidung) erhalten hier eine neue Bedeutung, wie man Heideggers Philosophie wohl auch eine „säkularisierte Theologie" genannt hat. Geschichtlich gesehen, stellt Heidegger einen zunehmenden Seins-Verlust in drei Stufen fest: im Übergang von den Vorsokratikern zu Plato, von der griechischen zur römisch-christlichen Philosophie und vom mittelalterlichen zum neuzeitlichen Denken. Die wesentlichen Werke Heideggers nach „Sein und Zeit" sind: „Kant und das Problem der Metaphysik", „Was ist Metaphysik?", „Vom Wesen des Grundes", „Holzwege" und „Einführung in die Metaphysik". Auch auf dem Gebiete der Ausdeutung von Dichtungen, vor allem Hölderlins, hat Martin Heidegger Bedeutendes geleistet.

13. XII. 1797 — 17. II. 1856   HEINRICH HEINE

Zwischen den Eindrücken des verträumten und unvermittelt zu überschäumender Ausgelassenheit neigenden Knaben und dem martervollen Leidensbett des jahrelang Sterbenden, der in der engen Pariser Emigrantenwohnung „zu dem alten Aberglauben, einem persönlichen Gott, zurückkehrte", liegt ein viel umstrittenes Leben kämpferischer Gegensätze. An den Wegrändern reihen sich die Schaffenserfolge des „letzten abgedankten Fabelkönigs im tausendjährigen Reich der Romantik" mit der oft verkannten Ironie, die dem unsteten Idealsucher als Schutzhülle des Herzens dient. Den Vornamen Heinrich nimmt der enthusiastisch gefeierte Dichter des „Buches der Lieder" erst mit dem Übertritt zur evangelischen Kirche an. Wenig später mehrt sich gegen den Autor der „Reisebilder", der „Zeitgedichte" und des köstlichen „Atta Troll", jene nach dem hohen Schwung der Befreiungskriege unselig restaurierte Kleingeisterei, die den Verbitterten schließlich aus der Heimat treibt. Wie können die Philister das kühne Vorwort Heines zu dem Wintermärchen „Deutschland" begreifen, so warnend sie in dem Werk auch die zerklüftete Zeit widergespiegelt finden: „Pflanzt die schwarz-rot-goldene Fahne auf die Höhe des deutschen Gedankens, macht sie zur Standarte des freien Menschentums, und ich will mein Herzblut für sie hingeben!" In Deutschland fehlt lange Zeit jedes Verständnis für die Aufgabe, die Heine sich in Frankreich als Brückenbauer zwischen den beiden Nachbarländern gestellt hat. Die Zensur verstümmelt dienstfertig, was er aus der Seinestadt an seinen Verleger schickt. „Schreiben — Papier — Bleistift!" verlangt der Dichter noch in der einsetzenden Agonie des 16. Februar 1856, bevor der Heimwehkranke, der formkühnste und volksliedhafteste Lyriker seit Goethe, die Augen für immer schließt.

Um 876 — 2. VII. 936   KÖNIG HEINRICH I.

„Herr Heinrich sitzt am Vogelherd . . . !" Das bekannte Lied berichtet in legendärer Form von der Übertragung der deutschen Königswürde an den sächsischen Herzog Heinrich. Es war eine wahrhaft fürstliche Geste, als der sterbende Franke Konrad I. diesem seinem erbitterten Gegner die Zeichen der Königswürde, Lanze, Mantel, Krone und Schwert, übersenden ließ. Heinrich übernahm ein Königtum, das noch keinen Inhalt hatte, in dem die Stammesherzogtümer die bestimmende politische Kraft waren. Als er die Anerkennung der Stämme erlangt hatte, wandte er sich der Sicherung des Reiches zu. Mit den immer wieder einbrechenden Ungarn schloß er ein befristetes Tributabkommen. Die kurze Atempause benutzte er, um Sachsen und Thüringen durch den Bau von Burgen zu sichern. Jeden neunten Mann seiner Dienstleute siedelte der König hinter den schützenden Mauern an, und mit diesem Aufgebot gewann er die militärische Schlagkraft, die ihm zu seinen Erfolgen gegen Slawen und Ungarn verhalf. Er unterwarf die an das Reich angrenzenden östlichen Nachbarprovinzen, gründete die Mark Meißen und zwang das tschechische Herzoghaus, seine Oberhoheit anzuerkennen. Das Ringen mit dem Slawentum blieb die Lebensaufgabe. Er erhob die Kolonisation des Ostens zu einer deutschen Aufgabe. 933 gelang ihm auf dem Schlachtfeld an der Unstrut ein entscheidender Sieg über die Ungarn, der für das Ostfränkische Reich die vorläufige Befreiung von dem furchtbaren Feind bedeutete. Als Heinrich I. 936 starb, hatte er die Grundlagen für das spätere Deutsche Reich geschaffen. Der zeitgenössische Chronist Widukind sagt von ihm: „Sein starkes, weitausgedehntes Reich, das er nicht von den Vätern ererbt, sondern durch eigene Kraft erworben und nur von Gott allein hatte, hinterließ er einem Sohn, der noch größer als er selbst war."

KAISER HEINRICH II.   6. V. 973 — 13. VII. 1024

Die große Zeit der Ottonen, jener Kaiser aus sächsischem Stamme, die mit dem „Städtegründer" begannen und deren Bedeutendster Otto I., der Große, der Erbauer des Heiligen Römischen Reiches, gewesen, war mit dem verzauberten „Jüngling im Sternenmantel", Otto III., zuende gegangen. Wie Ottos Seele hin- und hergerissen wurde zwischen dem Erbe seiner byzantinischen Mutter Theophano und dem des germanischen Vaters, so schwankten auch die Geschicke des Reiches zwischen der Drohung aus dem slawischen Osten, dem wachsenden Anspruch einer von Reformideen entflammten Kirche und dem Eigennutz weltlicher Großer. Otto hinterließ das Reich in Unruhe, Gefahr und Verwirrung. Auf sein Erbe erhob der Sohn Heinrichs des Zänkers, Heinrich von Bayern, ebenfalls ein Fürst aus sächsischem Blut, begründeten Anspruch. Heinrich II. war tief religiös, aber er vereinigte mit seiner Hingabe an das Reich Gottes den klaren Blick für die realen Notwendigkeiten des irdischen Reiches. In drei Feldzügen schlug er die vordringenden Polen zurück. Als Bastion gegen den Osten und zur Bekehrung der Slawen gründete er mit seiner frommen Gemahlin Kunigunde das Bistum Bamberg und begann den Bau des Bamberger Domes. In Italien, wo sich Arduin von Ivrea erhoben hatte und sich König nannte, gewann Heinrich II. die Eiserne Krone der Langobarden und die Kaiserkrone in Rom. Als er kurz vor seinem Tode ein drittes Mal nach dem Süden marschierte, mußten sich auch die langobardischen Fürsten des Südens vor ihm beugen. Mit König Rudolf von Burgund schloß er jenen Vertrag, der später zur Angliederung dieser reichen Westprovinz an das Reich führte. Er wurde an der Seite Kunigundes im Bamberger Dom begraben. Die katholische Kirche verehrt das Herrscherpaar als Heilige.

KAISER HEINRICH IV.   11. XI. 1050 — 7. VIII. 1106

Er war der Sohn des mächtigen Heinrich III., des Salierkaisers, der Päpste absetzte und ernannte und Bistümer, geistliche Ämter und Pfründen nach Willkür vergab. Als er den Vater verlor, zählte Heinrich kaum sechs Jahre; seine Erziehung wurde zum Spielball widerstrebender Kräfte. Die weiche Mutter Agnes, die allzu strenge Hand Annos von Köln und die Nachsicht Erzbischof Adalberts von Bremen formten ihn, seine Freunde nützten ihn aus, er wurde ein launischer, hoffärtiger junger Prinz, den schließlich als Kaiser das Schicksal in harte Zucht nahm. Zuerst verlor er das rebellische Sachsen, dann büßte er die Gefolgschaft fast aller Großen ein, und da er töricht genug war, die Zeichen der Zeit zu übersehen, machte er sich auch die durch die Reformbewegung von Cluny erstarkte und unter Papst Gregor selbstbewußt gewordene Kirche zur Feindin. Er forderte den Bannfluch heraus, nur noch ein paar rheinische Städte hielten ihm die Treue. In einem einzigen Winter reifte er zum Mann und nahm den Kampf auf. Im tiefen Schnee eilte er mit Frau und Kind über die Alpenpässe, pilgerte als Büßer nach Canossa und warf sich dem Papst, der ihm als reuigen Sünder verzeihen mußte, zu Füßen. Heinrich IV. gewann die Basis zu erneuten Kämpfen zurück. Den Rest seines Lebens, dreißig Jahre noch, rang der Kaiser wider den römischen Vormachtanspruch. Er mußte den Verrat der Freunde, den Abfall der Fürsten, schließlich auch die Empörung des Sohnes und Thronerben, Heinrichs V., erleben. Seines Geschickes Waage schwankte von der Erstürmung Roms bis zur Flucht und Abdankung, zum einsamen Tode in Lüttich. Fünf Jahre lang mußte sein Leichnam in einer ungeweihten Seitenkapelle des Domes zu Speyer auf die Beisetzung warten, denn Haß und Fluch verfolgten seinen Schatten über das Grab hinaus.

1165 — 28. IX. 1197   **KAISER HEINRICH VI.**

Am 27. Januar 1186 feierte Prinz Heinrich, der älteste Sohn Barbarossas, zu Mailand seine Hochzeit mit Konstanze, der Tochter König Rogers II. von Sizilien. Er nahm den Titel Caesar an und gab damit zu erkennen, daß die Tage wiedergekommen seien, das Römerimperium aus deutscher Kraft neu zu errichten und künftig das Zentrum des Reiches in den Mittelmeerraum zu verlegen. War Barbarossa kraftvoll, rotblond und von höfischer Gewandtheit, so erschien der Sohn schmächtig, schwarzhaarig und von steifem Ernst. Friedrich gewann die Menschen durch Fröhlichkeit, Heinrich aber erweckte Furcht durch seine unnahbare Kälte. Wenige Jahre nach seiner Hochzeit bestieg Heinrich den deutschen Kaiserthron, doch gab ihm das Schicksal nur sieben Jahre Zeit, seine Pläne zu verfolgen. Diese Jahre aber bildeten einen der Höhepunkte des Reiches. Durch kühne politische und militärische Schachzüge, freilich auch durch Härte und Grausamkeit, schmiedete der Kaiser ein Imperium, umfassend wie keines seit Römertagen und dem Ziele nahekommend, vor dem Karl der Große und Otto der Große gescheitert waren: der Zusammenfassung des Westens und der alten Römerprovinzen des Ostens zu einem geschlossenen abendländischen Reich. England, Dänemark, Ungarn, Polen, die spanischen Königreiche und Süditalien, Sizilien, das afrikanische Tunis, Cypern, Teile Griechenlands und der Inselwelt gehörten als lehenspflichtige Lande zum Reich, die Unterwerfung Frankreichs schien nur eine Frage der Zeit. Unter dem Vorwand eines Kreuzzuges sammelte Heinrich in Sizilien die Kampfkraft Europas, um das Oströmische Reich zu stürzen und die Reichsfahne von Konstantinopel bis Jerusalem zu tragen. Inmitten der Vorbereitungen wurde er vom Fieber niedergeworfen, dem er erlag.

13. XII. 1553 — 14. V. 1610   **HEINRICH IV. VON NAVARRA**

Zwei Aussprüche König Heinrichs IV. von Frankreich haben sich dem Gedächtnis der nachfolgenden Generationen eingeprägt: „Paris ist eine Messe wert!" soll er gesagt haben, als er im Juli 1593 zur katholischen Kirche übertrat und damit den Religionskrieg beendete. Und dem Kanzler Sully soll er als das Ziel seiner staatsmännischen Bemühungen bezeichnet haben, dafür zu sorgen, daß am Sonntag jeder französische Bürger sein Huhn im Topfe habe. Die beiden Worte charakterisieren Heinrich von Navarra. Als Angehöriger des königlichen Hauses Bourbon heiratete er, der Hugenotte, die katholische Prinzessin Margarete von Valois, aber seine Hochzeit wurde zur Bartholomäusnacht und zum Blutbad, dem der schreckliche Religionskrieg folgte. Er war einer der Führer des Calvinismus in Frankreich, und er überlebte die letzten Valoiskönige Karl IX. und Heinrich III. Um dem Brudermord ein Ende zu machen, trat er vor dem belagerten Paris zum Glauben der Mehrheit Frankreichs, zum Katholizismus, über und einte damit die zerrissene Nation. Sein großes Verdienst ist das Toleranzedikt von Nantes im Jahre 1598, das die Versöhnung und den politischen Aufstieg Frankreichs in einem Augenblick begründete, in dem sich das Deutsche Reich anschickte, den dreißigjährigen Glaubenskrieg vorzubereiten. Wie weit Heinrich voraussah, bewies er durch die Gründung einer Ostindischen Kompanie, durch die Gewinnung von Stützpunkten in Neufundland und um am Lorenzstrom. Im Innern des leidgeprüften Landes förderte er durch weise Gesetze Ackerbau, Handel, Gewerbefleiß und Bürgersinn. Ganz Frankreich liebte den „lustigen Béarner", und alles trug den Henry-Quatre-Bart. Nur die Fanatiker haßten ihn, ihnen war er zu duldsam gegen die Ketzer. Als sich der König anschickte, zur Rheinarmee zu reisen, traf ihn in seiner Kutsche der Dolch des Mörders Ravaillac.

KÖNIG HEINRICH VIII. 28. VI. 1491 — 28. I. 1547

Heinrich, Sohn des Tudorkönigs Heinrich VII. von England — als jüngerer Sohn für den geistlichen Beruf bestimmt —, kam durch den unerwarteten Tod seines Bruders auf den englischen Königsthron. Er war ursprünglich gläubiger Katholik, verfaßte eine gelehrte Schrift, in der er die Sakramente gegen Luther verteidigte, und erwarb sich den päpstlichen Titel „Verteidiger des Glaubens". Erst als Papst Clemens VII. sich weigerte, die Scheidung des Königs von der ungeliebten Gattin, Katharina von Aragon, vorzunehmen, trennte Heinrich — ein eigenmächtiger Renaissancefürst von brutaler Rücksichtslosigkeit — sein Land von Rom und machte sich selbst zum Oberhaupt der reformierten Hochkirche Englands. In tapferem Widerstand gegen die königliche Willkür starben Bischof Fisher und der gelehrte Humanist und Kanzler Thomas Morus. Für Heinrich war die Bahn zum Ausleben frei. Er heiratete die Hofdame Anna Boleyn, übergab sie aus Eifersucht dem Henker, vermählte sich mit Johanna Seymour, die bei der Geburt eines Sohnes starb, wählte Anna von Cleve zur Gattin, von der er sich bald trennte, während er den Vermittler dieser Ehe, den Ratgeber Thomas Cromwell, enthaupten ließ. Als nächste erhob er Katharina Howard zur Königin, ließ sie um ihrer Untreue willen köpfen und beschloß sein Leben mit der sechsten Gattin, Katharina Parr. — Noch auf dem Totenbett unterschrieb Heinrich VIII. Todesurteile und Verbannungsdekrete. Im vergeblichen Reformationseifer tat er sich durch Anordnung von Kirchenplünderungen, Reliquienschändungen und Beschlagnahmung von Kirchengütern hervor. Daß er Kinder aus verschiedensten Ehen hinterließ, gab für zwei Generationen Anlaß zu Wirren, außenpolitischen Spannungen und Kämpfen.

HEINRICH DER SEEFAHRER 4. III. 1394 — 13. XI. 1460

Er wurde 1394 als Sohn König Johanns I. von Portugal geboren. Mit 21 Jahren nahm er an der großen Expedition teil, die zur Eroberung Ceutas — der ersten portugiesischen Bastion in Afrika — führte. Bei dieser Gelegenheit erkannte er die seemännische Unfähigkeit der Seeleute aus den portugiesischen Häfen; sie waren kaum imstande, von der Tajomündung aus das marokkanische Ufer zu finden. In all den Jahrhunderten hatten sie sich mit ihren Barken nicht aus der Küstennähe gewagt. Heinrich aber liebte die endlose Weite des Ozeans. Nahe Kap Vincente baute er sich als ständigen Wohnsitz das Meerschloß Sagres. Er studierte Mathematik, Physik und Astronomie und gründete in Lissabon die später so berühmte „Junta de los Mathematicos" — einen Seefahrtsrat. Heinrich verwandte ein ungeheures Vermögen darauf, Expeditionen auszurüsten und seine jungen Kapitäne in die unerforschte Weite zu entsenden. Ankämpfend gegen die Schrecken der Meereinsamkeit, gegen Aberglauben und Vorurteile tasteten sich die Schiffe der Seefahrer zu den Azoren, die 1447 aufgefunden wurden, sie entdeckten den Senegal und die Guineaküste. 51 Karavellen liefen in diesen Jahren nach und nach auf Entdeckerfahrt aus. Sie suchten den neuen Indienweg, die unbekannten Märkte für Gewürze, Gold und schwarze Sklaven und bahnten die Meerpfade für die Schiffe eines Diaz, Vasco da Gama und Kolumbus. Als Prinz Heinrich am 13. November 1460 zu Schloß Sagres starb, meißelte man ihm zum Gedächtnis einen Nachruf in den Felsen, an den die Brandung schlug: „An dieser Stelle hat der große Prinz Heinrich es unternommen, die vorher unbekannten Regionen von Westafrika zu erforschen und durch Umschiffung Afrikas einen Weg zu den entlegenen Ländern des Ostens zu bahnen."

1129 — 6. VIII. 1195   HEINRICH DER LÖWE

Das Grabmal Heinrichs des Löwen im Braunschweiger Dom zeigt ihn als Niedersachsen mit breiter Stirn und festen, fast bäuerisch derben Zügen. Von mittelgroßer Gestalt, aber mächtigen Körperkräften, verbreitete er mit seinem hochfahrenden und keinen Widerspruch duldenden Wesen Furcht und Schrecken in seiner Umgebung. Heinrich der Löwe war Herzog von Sachsen und Bayern. Er stammte aus dem angesehenen schwäbischen Grafengeschlecht der Welfen, das seit der Zeit Karls des Großen bestand und eine bedeutende Rolle in der deutschen Geschichte spielte. Hohe Verdienste erwarb sich der Sachsenherzog als Kolonisator des deutschen Ostens gegen die Slawen in Holstein, Lauenburg und Mecklenburg, sowie als Gründer vieler Städte und Bistümer, wie München, Lübeck, Ratzeburg und Braunschweig, das er zum Kulturmittelpunkt seines Landes machte. Seine Kämpfe mit dem ehemals befreundeten Hohenstaufen Kaiser Friedrich I. Rotbart führten seinen Untergang herbei. Als er dem Kaiser jegliche Waffenhilfe gegen die italienischen Städte versagte, wurde er 1180 geächtet und für drei Jahre verbannt. Sein Reich wurde aufgeteilt. Sachsen erhielt Herzog Bernhard von Anhalt, Bayern fiel an die Wittelsbacher und Westfalen an den Kölner Erzbischof. Den Welfen blieb nur der Hausbesitz um Braunschweig und Lüneburg. Heinrich ging als Geächteter an den Hof seines Schwiegervaters, des Königs von England. Erst nach Jahren wurde ihm die Rückkehr nach Braunschweig erlaubt. 1195 starb er im Alter von 66 Jahren. Sinnbild und Wahrzeichen war ihm der Löwe, ihn fügte er als Wappenbild in die Lehnsfahne ein. Mit dem ehernen Löwen vor der Burg Dankwarderode in Braunschweig setzte er sich selbst ein stolzes, die Jahrhunderte überdauerndes Denkmal.

5. XII. 1901 — 1. II. 1976   WERNER HEISENBERG

Der Name dieses deutschen Physikers ist mit der Entwicklung der modernen Atomphysik untrennbar verbunden. Heisenberg wurde 1901 als Sohn eines Universitätsprofessors in München geboren. Er war Schüler des großen Physikers Sommerfeld und erhielt, nach kurzer Tätigkeit als Lektor an der Universität Kopenhagen, im Alter von 26 Jahren bereits die Professur für theoretische Physik an der Universität Leipzig. Ihm verdankt die Wissenschaft völlig neue Einsichten, die nicht nur für die reine Physik, sondern auch auf erkenntnistheoretischem Gebiet sehr fruchtbar geworden sind. Ähnlich wie es früher Newton und Maxwell gelungen war, mit neuen mathematischen Formeln die mit den alten Methoden nicht mehr lösbaren Probleme erfolgreich zu meistern, schuf Heisenberg in Zusammenarbeit mit M. Born und P. Jordan mit der Quantenmechanik das Rüstzeug für die rechnerische Beherrschung der Vorgänge im Innern des Atoms. Schon im Jahre 1927 hat Heisenberg mit der Auffindung der sogenannten Unschärferelation die Grundlagen jener revolutionären Methodik gelegt. Sie trägt dem Umstand Rechnung, daß gewisse Dinge im Bereich des atomaren Geschehens nur „unscharf", also ungenau, zu erfassen sind, weil die Bedingungen der Beobachtung den beobachteten Vorgang beeinflussen. Durch diese Entdeckung ist der scheinbar ewig gültige Begriff der Kausalität im Bereich der Atome erschüttert worden. Heisenberg hat sich mit dieser Frage ebenso gründlich auseinandergesetzt wie mit den physikalischen Konsequenzen der Quantenmechanik. Daneben arbeitete er auf dem Gebiet der kosmischen Strahlung, der Supraleitung und des Ferromagnetismus. 1933 erhielt er den Nobelpreis, nach 1941 ist er Direktor des Max-Planck-Instituts für Physik in Berlin, Göttingen, München und Präsident des Deutschen Forschungsrates.

HERMANN VON HELMHOLTZ 31. VIII. 1821 — 8. IX. 1894

Helmholtz war einer der größten Naturforscher des vorigen Jahrhunderts, zugleich ist er der Sonderfall eines Gelehrten, der auf dem Umweg über eine Heilkunde zur Physik gekommen ist. Nach dem Studium der Medizin wurde er zunächst Militärarzt und lehrte dann an den Universitäten Königsberg, Bonn und Heidelberg Physiologie. Während dieser Zeit hatte der erstaunlich vielseitige Forscher auch auf physikalisch-mathematischem Gebiet gearbeitet und sich dabei so ausgezeichnet, daß ihn die Universität Berlin im Jahre 1871 zum Vorstand ihres Physikalischen Instituts ernannte. Siebzehn Jahre später wurde er Präsident der neugegründeten Physikalisch-Technischen Reichsanstalt und blieb es bis zu seinem Tode. Die „Doppelrolle" dieses großen wissenschaftlichen Genies gereichte der Physiologie und der Physik gleichermaßen zum Vorteil. Die Physik verdankt ihm die erste exakte Begründung des von Robert Mayer entdeckten Gesetzes von der Erhaltung der Energie sowie viele andere Erkenntnisse, vor allem auf den Gebieten der Mechanik und der Erforschung elektrischer Vorgänge. Als Physiologe entschleierte Helmholtz den Mechanismus des Sehens und Hörens, außerdem brachte er eine reiche Fülle neuer Beobachtungen zur Frage der Nervenleitung und der Reflexe. Schließlich gelang ihm im Jahre 1858 jene Entdeckung, die für immer mit seinem Namen verbunden bleibt — die Erfindung des Augenspiegels. Helmholtz war der erste Mensch, der das lebende menschliche Netzhaut sah; bis dahin mußte sich die Erforschung der Augenkrankheiten hauptsächlich auf Sektionsergebnisse stützen. Erst das genial erdachte Instrument des Augenspiegels schuf die Voraussetzung zur Entwicklung der modernen Augenheilkunde.

ERNEST HEMINGWAY 21. VII. 1898 - 2. VII. 1971

Immer wieder ist das Leben des 1898 in Oak Park geborenen Romanschriftstellers zwischen Europa und Amerika hinüber und herüber gependelt. Ein Exponent der Kriegsgeneration, spiegelt Ernest Hemingway die unterschiedlichen, von persönlichem Einsatz getragenen Wegstationen in einer sachlich herben Darstellung, hinter deren scheinbar einfacher Formgebung sich für den aufmerksamen Leser ein kontrapunktisch angelegtes Raffinement offenbart. Das Geheimnis von Hemingways weitgespanntem Erfolg in den Schichten seines Jahrganges und bei der diskussionswilligen Jugend beruht hauptsächlich auf den fatalistischen, oft pessimistischen Vorbehalten, die der Autor gegenüber dem Dasein aufblendet, das er aber trotzdem mit einer intensiven Vitalität füllt. Er hat den richtigen Ton gefunden, der die lebende Generation mit einer starken Unmittelbarkeit anspricht. Auch die häufig verwendete Robustheit der Szenerie, etwa in dem Stierkampfroman „Tod am Nachmittag", zu der eine hintergründig banale Dialogführung tritt, kommt manchen Erscheinungsformen des Tages entgegen. Ähnlich meint die Jugend viel echtes soziales Empfinden im Werk Hemingways zu entdecken, so vor allem in dem Roman „Haben und Nichthaben". Der Schriftsteller, der zumindest als Erlebnisschilderer einer gärenden Zeit über die Tagesmode hinaus einen Platz in der Weltliteratur behaupten dürfte, ist vom Journalismus ausgegangen. An einen Kriegsdienst an der italienischen Front schloß sich 1917 ein entscheidender Aufenthalt in Paris an. 1927 kehrte Hemingway nach den USA zurück. 1936 war er erneut in Europa; an der rotspanischer Seite nahm er am Bürgerkrieg teil. Seither lebt er wieder in den Staaten. Außer seinem Spanienroman und dem Weltkriegsbuch „In einem anderen Lande" sind aus dem Schaffen Hemingways meistgenannt: „Wem die Stunde schlägt" und die psychologische Studie „Der alte Mann und das Meer".

23. IV. 1780 — 19. V. 1861   KARL ANTON HENSCHEL

Karl Anton Henschel, der einer alten Gießerfamilie entstammte, besaß eine über die technische Begabung weit hinausgehende allgemeine Bildung. Er erlernte das väterliche Handwerk und studierte später an der Kunstakademie. Nach Abschluß seiner Studien wurde er Baumeister in staatlichen Salinen, dann Maschinendirektor in Karlshafen an der Weser. Seine umfassenden maschinentechnischen Kenntnisse befähigten bereits den Zwanzigjährigen, für die Bad Sodener Saline in der Fabrik seines Vaters ein leistungsfähiges und großzügiges System von Pumpen zu bauen. Auch als er im Jahre 1817 in die Gießerei und Maschinenfabrik des Vaters zurückkehrte, blieb er weiterhin im Staatsdienst. Er wurde bald Oberbergrat und Mitglied der Kurfürstlichen Ober-Berg- und Salzwerkdirektion. Als er 1847 seiner zunehmenden Schwerhörigkeit wegen aus den öffentlichen Ämtern ausscheiden mußte, förderte er in der väterlichen Fabrik vor allem den Bau von Bergwerksmaschinen, Wasserrädern und Dampfschiffen. Von ihm stammen die Konstruktionen eines neuen Kastengebläses, einer Art von Blasebalg, und der Henschel-Wasserturbine, die wenige Jahre später von dem Franzosen Jonval nochmals erfunden und dann von der Francis-Radial-Turbine verdrängt wurde. Er erfand die erste Blechträgerbrückenkonstruktion, schuf damals viel beachtete Röhrendampfkessel und setzte sich für die Förderung des Eisenbahnwesens ein. Er bevorzugte zunächst die Druckluftlokomotive, da sie zu jener Zeit wirtschaftlicher als die Dampflokomotive war. 1848 verließ die erste Lokomotive „Drache" das Werk. Aus diesen Anfängen entstand die Weltfirma Lokomotivfabrik Henschel & Sohn. Karl Anton Henschel lebte schließlich ganz seinen künstlerischen Neigungen, nachdem sein Sohn den Betrieb übernommen hatte.

25. VIII. 1744 — 18. XII. 1803   JOHANN GOTTFRIED HERDER

Der ostpreußische Kantorssohn Johann Gottfried Herder mußte sich aus engen Verhältnissen mühsam herauslösen; schon früh stellte er für sich einen hochfliegenden Lebensplan auf, den er im wesentlichen auch einhalten konnte. Vieles verdankte er Kant, bei dem er in Königsberg studierte, mehr aber Johann Georg Hamann, dem „Magus des Nordens", durch den er als die eigentlich schöpferischen Regungen des Menschen Gefühl, Gemüt und Glauben erkennen lernte. Im Beruf des Geistlichen sah er vor allem die Aufgabe, die Theologie vor der inneren Ausdörrung durch den Rationalismus zu bewahren. Nachdem er fünf Jahre an der Domschule in Riga unterrichtet hatte, wurde er 1771 Prediger in Bückeburg und 1776 auf Goethes Betreiben Superintendent in Weimar. Aber nicht nur als religiöser Denker, sondern mehr noch als Gelehrter und Dichter schlug Herder neue Bahnen ein und wurde — u. a. mit der berühmten Sammlung „Stimmen der Völker in Liedern" — zum Anreger der Romantik. Als Sprachphilosoph lehrte er in der „Abhandlung über den Ursprung der Sprache", daß der Mensch das Geschöpf sei, das wahrhaft in der Sprache geistig existiere, und forderte Ehrfurcht vor der göttlichen Offenbarung in jeder Volkssprache. Mittelbare Folge dieser Erkenntnis war das Erwachen des Nationalbewußtseins der europäischen Völker im 19. Jahrhundert, das sich später freilich von Herders Ideal der Humanität entfernte. Als Geschichtsphilosoph („Ideen zur Philosophie der Geschichte der Menschheit") wandte Herder sich sowohl gegen die Fortschrittsidee der Aufklärung als auch gegen den „Skeptizismus an aller Bestimmung des Menschen" und begründete demgegenüber seine Überzeugung von Fortgang und Entwicklung des Menschengeschlechtes in einem höheren Sinne.

HERMANN VON SALZA
Um 1180 — 20. III. 1239

Keine Chronik erzählt über Herkunft und Jugend des Mannes, der den Deutschen Orden aus kleinen Anfängen zu großen geschichtlichen Leistungen geführt hat. Als über ihn zum ersten Mal im Jahre 1209 berichtet wird, ist er bereits Hochmeister des Ritterordens, den er über 30 Jahre durch alle Fährnisse der Zeit geführt hat. Hermann von Salzas bleibendes Verdienst ist die Staatsgründung in Preußen. Darüber hinaus löste er die schwere Aufgabe, in dem Streit zwischen Kaiser und Papst zu schlichten und zu vermitteln. Es war das Schicksal des Ordens, zwischen geistliche und weltliche Gewalt gestellt zu sein. Die Lebensarbeit Hermanns war es, die Einheit der beiden Gewalten zu erhalten. An dieser Aufgabe wuchs er zu dem großen Diplomaten. Er war allezeit der getreue Gefährte seines Kaisers, und es spricht für die Lauterkeit seines Wesens, daß er ebenso das volle Vertrauen der Kurie genoß. Seine hohe Stellung zwischen Tiara und Krone bot ihm manche Möglichkeit, für die Größe des Ordens zu wirken und den Vorsprung einzuholen, den die älteren und reichen Ritterorden hatten. Die Besiedlung des Burgenlandes in Siebenbürgen, vor allem aber die Kolonisation in Preußen und der Ausbau des deutschen Ordensstaates waren Etappen auf diesem Weg. Trotz enger Bindung an das Reich gab der Hochmeister seinem Lande alle Merkmale eines souveränen Staates. Der Ordensstaat besaß die Markt-, Schürf- und Münzrechte, völlige Unabhängigkeit nach außen, dazu die Gerichtsbarkeit über seine Einwohner. Eine zuverlässig arbeitende Verwaltung und ein treues, unbestechliches Beamtentum, das von dem späteren Herzogtum Preußen als kostbares Vermächtnis übernommen wurde, sorgten für inneren Frieden und stetige Entwicklung.

HERODOT
Um 490 — Um 425 v. Chr.

Der große griechische Geschichtsschreiber, ein politischer Emigrant, der vor dem Tyrannen Lygdamos aus der Heimat nach der Insel Samos auswich, hat in seinem Werk, das alexandrinische Gelehrte später nach dem Sinnbild der Musen in neun Bücher gliederten, mehr als chronistisch aneinandergereihte Daten hinterlassen. Der fesselnde Epiker, Freund eines Perikles und Sophokles, verwandte, obwohl Dorer, für die Auswertung seiner zahlreichen Reisen mit bemerkenswerter Weltoffenheit eigens die geschmeidigere ionische Mundart. Es ging Herodot darum, als Historiker und Geograph die empfangenen Eindrücke in einem möglichst ausdrucksreichen Spiegel festzuhalten. Die Aufzeichnungen erfassen nahezu alle Völker der damals bekannten Welt, von denen er uns grundlegende Nachrichten vermittelt hat. Ein zweiter Wesenszug dieser vorchristlichen Persönlichkeit ist die kritische Sicht; sie erfährt kaum eine Einengung durch eine gelegentlich stark subjektive Note, wie sie jedem schöpferischen Gestalter eigen ist und bei Herodot in einer liebevollen Bevorzugung seiner Wahlheimat Athen und in der Hingabe an seine religiöse Anschauung zutage tritt. Über alle Zeiten bedeutsam aber ist das Bekenntnis dieses unter einem vieldeutigen Götterhimmel lebenden Griechen, daß alle Geschichte das Ergebnis einer sittlichen Weltordnung ist. Das Leben Herodots schloß vermutlich in Thurii, einer von Athen in Unteritalien gegründeten Kolonie, in der sich dieser erste Reiseschriftsteller der Antike niedergelassen hatte. Neue, weitreichende Pläne — ein Wiedersehen mit Ägypten und eine ergänzende Ausdeutung der hellenischen Kultur im Kampf mit den Barbaren — konnte Herodot nicht mehr verwirklichen, da der Tod dem unermüdlich Schaffenden für immer Einhalt gebot.

FRIEDRICH WILHELM HERSCHEL
15. XI. 1738 — 25. VIII. 1822

Man kann auch auf dem Umweg über die schönen Künste zur strengen Wissenschaft kommen, wie es Herschel bewiesen hat. Er wurde 1738 als Sohn eines Militärmusikers in Hannover geboren und schlug zunächst die Laufbahn des Vaters ein. Als Hoboist eines Hannoverschen Regiments kam er nach England, wo es ihm 1765 gelang, eine Organistenstelle zu bekommen. Sie ließ dem jungen Herschel Zeit genug, sich mit musiktheoretischen Studien zu befassen, die ihn zur Mathematik und schließlich zur Optik führten. Von dort war der Sprung zur Astronomie nicht mehr groß, für die sich dieser vielseitige Kopf schon als Knabe interessiert hatte. Seine optischen Erkenntnisse gaben ihm die Möglichkeit, ein ausgezeichnetes Fernrohr zu bauen, dessen Linsen er selbst geschliffen hatte. Im Jahre 1774 war sein erstes Spiegelteleskop fertig, und nun beobachtete Herschel Nacht für Nacht den Himmel, während er am Tage seiner Organistentätigkeit nachging. Das änderte sich erst 7 Jahre später; denn plötzlich wurde Herschel ein berühmter Mann — er hatte einen neuen Planeten, den Uranus, entdeckt! Bis dahin galt der Saturn als fernster Planet. Für seine wissenschaftliche Tat erhielt Herschel Glückwünsche aus aller Welt, der König von England setzte ihm ein Jahresgehalt aus und gab Herschel die Möglichkeit, noch größere Spiegelteleskope zu bauen. Mit ihrer Hilfe gelangen dem ehemaligen Musiker zahlreiche weitere Entdeckungen am Sternhimmel. Er fand Sternhaufen und Nebelflecke, wies erstmalig auf die Existenz von Doppelsternen hin, entdeckte Monde des Uranus und des Saturns und bereicherte das Wissen der Astronomie in entscheidender Weise. Bei dieser Arbeit wurde er von seiner Schwester Karoline wirksam unterstützt. Im Jahre 1822 starb Friedrich Wilhelm Herschel, einer der bedeutendsten Himmelsbeobachter aller Zeiten.

22. II. 1857 — 1. I. 1894
HEINRICH HERTZ

1887 gab es für die Physiker in der ganzen Welt eine Sensation — der junge, an der Universität Karlsruhe wirkende Professor der Physik, Heinrich Hertz, hatte durch seine heute als klassisch bezeichneten Versuche nachgewiesen, daß zwischen dem Licht und der Elektrizität ein enger Zusammenhang besteht. Hertz hatte einen Funkeninduktor als Sender elektromagnetischer Wellen und als Empfänger einen ringförmig gebogenen Draht benutzt, an dessen Anfang und Ende je eine Kugel sich mit geringem Abstand gegenüberstanden. Zwischen den Kugeln sprangen kleine Funken über, wenn der Induktor arbeitete. Hertz bewies damit, daß im Raume um seinen Sender ein Feld elektromagnetischer Wellen gebildet wurde, genauso, wie heute jeder Funksender von einem solchen Feld umgeben ist. Hertz hat aber auch bereits die ersten Radar-Versuche gemacht, als er die elektromagnetischen Wellen mit Hilfe von gekrümmten Metallflächen zurückwarf, so wie das Licht von Spiegeln reflektiert wird. Und genauso, wie das Licht durch Glasprismen abgelenkt werden kann, konnte Hertz die Richtung der von ihm verwendeten, sehr kurzen elektromagnetischen Wellen durch Prismen aus Pech ändern. Hertz hat schließlich auch bereits erkannt, daß Sender und Empfänger aufeinander abgestimmt werden müssen, wenn gute Ergebnisse zum Nachweis der elektromagnetischen Wellen erzielt werden sollen. Hertz hatte einen zukunftsträchtigen Weg gewiesen, dem nun viele Forscher in aller Welt folgten. Aus unzählten Bausteinen wurde das gewaltige Gebäude der Hochfrequenztechnik errichtet, dessen Fundamente die Hertzschen Versuche sind. Dem großen Forscher zu Ehren wurde die Schwingungszahl (Frequenz) in der Sekunde „Hertz" (Hz) genannt.

GEORG HERWEGH   31. V. 1817 — 7. IV. 1875

Der in Stuttgart geborene Dichter und Politiker Georg Herwegh ist für seine Zeit und die Nachwelt immer eine umstrittene Persönlichkeit gewesen. Von seinen Gegnern wurde er als ein vaterlandsloser Anarchist, von seinen Freunden als ein mächtiger Rufer deutscher Einheit und Freiheit bezeichnet. Für viele war er ein begnadeter Dichter, für nicht wenige ein unbegabter Literat und Komödiant. In der aufgewühlten Zeit vor der Märzrevolution des Jahres 1848 wirkte es jedoch auf Hunderttausende wie ein Fanal, wenn er ausrief: „Reißt die Kreuze aus der Erden, alle sollen Schwerter werden. Gott im Himmel wirds verzeihn!" Von den zahlreichen demokratischen Freiheitsdichtern jener Epoche war Herwegh der einzige, der eine breite politische Wirkung erzielte. Seine 1841 erschienene Gedichtsammlung „Gedichte eines Lebendigen" trafen den Ton dieser Epoche und ihrer Menschen und wurden von der akademischen Jugend stürmisch begrüßt. Von steter Unruhe getrieben, hielt Herwegh es nirgends lange aus. Frankreich, die Schweiz, die Niederlande, Italien und die deutschen Staaten waren Stationen seines Lebens. In Paris, wo er nach seiner Ausweisung aus Preußen länger verweilte, machte er die Bekanntschaft von Marx und Engels. Ohne sich zum Materialismus und Kommunismus zu bekennen, schloß sich Herwegh innerlich der jungen Arbeiterbewegung an. Im Revolutionsjahr 1848 griff er wieder aktiv ins politische Leben ein. Mit 800 Mann, meist deutschen Arbeitern, marschierte er von Paris aus ins Badische, um dort das Heer der Aufständischen zu unterstützen. Sein Häuflein wurde von den regulären Truppen geschlagen und zersprengt. Herwegh gelang die Flucht in die Schweiz. Bis zu seinem Lebensabend ist er dem Ideal seiner Jugend treu geblieben.

VIKTOR FRANZ HESS   24. VI. 1883 - 17. XII. 1964

Der Name dieses österreichischen Forschers ist vor allem durch seine Arbeiten über die kosmische Ultrastrahlung bekannt geworden. Heß wurde 1883 auf Schloß Waldstein in der Steiermark geboren, studierte Naturwissenschaften und wurde schon in verhältnismäßig jungen Jahren zum Professor der Physik in Graz berufen. 1931 nahm er einen Ruf der Universität Innsbruck auf den Lehrstuhl für Physik an, 1938 ging er an die Fordham University nach New York. Seit 1944 ist Heß amerikanischer Staatsbürger. — Der Beginn seiner entscheidenden Untersuchungen über die kosmische Strahlung liegt vor dem Ersten Weltkrieg, zu einer Zeit also, da man von jenen geheimnisvollen Strahlen fast noch nichts wußte; selbst die Frage ihrer tatsächlichen Existenz war umstritten. Heß unternahm in den Jahren 1911 bis 1913 eine Reihe von Ballonaufstiegen und konnte mit Hilfe der mitgeführten Meßapparate eindeutig nachweisen, daß die Intensität der Strahlung mit zunehmender Höhe immer größer wird. Daraus schloß er — wie man heute weiß, mit Recht — im Gegensatz zur damaligen Meinung vieler Physiker, daß die Strahlung aus dem Weltall kommen müsse. Die Richtigkeit dieser Auffassung wurde dann von Kolhöster und anderen ebenfalls durch Messungen bei Ballonaufstiegen bestätigt. Heß hat sich auch später immer wieder mit der in vieler Beziehung völlig einzigartigen und sehr energiereichen Strahlung beschäftigt, die noch in 1300 m Meerestiefe und in Schächten von Bergwerken nachweisbar ist. Er stellte durch weitere Messungen fest, daß die kosmische Ultrastrahlung nicht allein von der Sonne, sondern auch von fernen Fixsternen kommt. Für seine Entdeckungen und Erkenntnisse erhielt Heß im Jahre 1936 den Nobelpreis für Physik.

2. VII. 1877 - 9. VIII. 1962 **HERMANN HESSE**

Hermann Hesse, am 2. Juli 1877 in der württembergischen Kreisstadt Calw als Sohn eines aus baltisch-niederdeutschem Geschlecht stammenden Indienmissionars geboren, von mütterlicher Seite mit schwäbisch-französischem Bluterbe ausgestattet, hat es sich in seiner bedingungslosen Aufrichtigkeit gegen sich selbst und gegenüber dem Sinn des Daseins niemals leicht gemacht. „Die Wege und Umwege sind belanglos", heißt es in seiner für die eigene Entwicklung gültigen Aussage, „wenn nur die wahre Not der Seele zutage kommt". Dem Pietismus des Elternhauses verdankt Hermann Hesse das religiöse Grundgefühl, obwohl er, stärkstens von den indischen und chinesischen Hochreligionen beeinflußt, aus Eigen-Sinn gegen den Glauben an die Sündhaftigkeit alles Weltlichen revoltiert. Der einstige Tübinger und Baseler Buchhändler flüchtet zunächst — immer zwischen den Polen des „Bürgers" und „Wanderers" auf der Suche nach der Harmonie — in einen neuromantischen Traum von Gott, Natur und Ich. Als er den inneren Gewinn vermißt, wendet sich der feinnervige „Einzelgänger aus der Familie der Schizophrenen" — wie sich Hesse in einem Vorwort selbstspöttisch nennt — der Psychoanalyse und Meditation zu. Ein dritter Entwicklungsabschnitt, in dem er sein Ich wieder mit der Welt zu verbinden trachtet, bringt ihm einen fast völligen Ich-Verlust ein, dem ein neues Erwachen, das Gesunden in der Bejahung einsamer, eigener Existenz folgt. Der Ich-Überwindung im Einverstandensein mit dem Schicksal entspringt nach Erproben dieser Position schließlich die Welt-Überwindung. Das Ziel. die Verbindung beschaulichen und tätigen Lebens in Glaube und Werk, ist erreicht. Seither verteidigt der Dichter als religiöser Mensch das Recht des Individuums und will es zu einer echten Synthese aus abendländischem und morgenländischem Menschentum führen.

31. I. 1884 — 12. XII. 1963 **THEODOR HEUSS**

„Es fällt nicht schwer, sich vorzustellen, daß so die 48er Männer der Paulskirche ausgesehen haben", schrieb einmal ein Journalist über Theodor Heuß, den ersten Präsidenten der Deutschen Bundesrepublik. Heuß ist ein Demokrat, ein liberaler Politiker, der die Meinung des Gegners achtet, bereit, seine Grundsätze von Freiheit und Menschenrecht mit Kraft und Beharrlichkeit zu verteidigen. Persönlich unantastbar, von konzilianter Liebenswürdigkeit und geistvollem Charme, war er ein würdiger Repräsentant der Bundesrepublik. Heuß ist Schwabe und wurde am 31. Januar 1884 in der kleinen Stadt Brackenheim im Württembergischen geboren. Nach Absolvierung der Lateinschule studierte er Kunstgeschichte und Staatswissenschaften und legte sein Doktorexamen an der philosophischen Fakultät ab. In Berlin trat er in die Redaktion der Zeitschrift „Die Hilfe" ein, die von Friedrich Naumann, dem liberalen Theologen, Sozialpolitiker, Schriftsteller und Parteiführer, herausgegeben wurde. 1912 zog es Theodor Heuß von Berlin in die geliebte schwäbische Heimat. Er wurde Redakteur der Neckarzeitung in Heilbronn, um später als Geschäftsführer des Deutschen Werkbundes in die Reichshauptstadt zurückzukehren. Nach Krieg und Revolution erinnerte sich die Weimarer Regierung der Verdienste des schwäbischen Demokraten und berief ihn als Dozenten an die neugegründete Hochschule für Politik. Dieses Amt bekleidete Heuß bis 1933, jenem Jahr, da Ungeist und Tyrannei ihre Herrschaft in Deutschland errichteten. Zwölf Jahre lang, bis nach dem Zweiten Weltkrieg, hielt sich Heuß fern vom öffentlichen Leben. 1945 wurde er Kultusminister von Württemberg-Baden und wurde am 12. November 1949 von der Mehrheit des Bundestages zum ersten Präsidenten der Bundesrepublik Deutschland gewählt (bis 1959).

LUKAS VON HILDEBRANDT 14. XI. 1668 — 16. XI. 1745

Nicht Harmonie und klassisches Maß sind die Ideale der Stilepoche des Barocks, sondern Steigerung der Wirkung, prunkvolle Macht und würdevolles Pathos. Einer der großen Beweger der Kunst in dieser Zeit ist Johann Lukas von Hildebrandt, ein in Genua geborener Österreicher, den seine Studien an die Geburtsstätte barocker Architektur, nach Rom führten, wo er Schüler Carlo Fontanas wurde. Als er in seine Heimat zurückkehrte, zog ihn der einflußreichste Mann des Wiener Hofes — Reichsmarschall Prinz Eugen von Savoyen — in sein Gefolge und trug ihm den Neubau des Schlosses Belvedere in Wien auf. Phantasievoll, bewegt und leicht, schon das kommende Rokoko ahnend, errichtete Hildebrandt auf der sanften Höhe ein Traumschloß. In den zehn Jahren von 1714 bis 1724 wuchsen Terrassen, Blendarkaden, Brunnen und Mauern empor. Gitterwerk, Treppenkaskaden und großartige Deckenmalereien öffneten festlichste Bereiche. Fast gleichzeitig mit Schloß Belvedere baute Lukas von Hildebrandt die Peterskirche zu Wien. Auch hier wurde alles Bewegung und fast unirdische Prachtentfaltung. Der Ruhm Hildebrandts ging weit über Österreich hinaus. Schon bald galt er nach Fischer von Erlach, dem er vieles verdankte, als einer der Großmeister des deutschen Barocks. Der Erzbischof von Salzburg berief Hildebrandt zum Umbau seines Schlosses Mirabell. Hier schaffte der geniale Meister unvergleichliche Wanddekorationen und Gesimse. Dann eilte er Balthasar Neumann in Würzburg zu Hilfe und entwarf für den Bau der Würzburger Residenz phantasievolle Fassaden, Wanddekorationen und Fenster. Auf der Höhe seines Ruhmes und noch voller Schaffenskraft starb er 1745 in seinem geliebten Wien.

PAUL HINDEMITH 16. XI. 1895 - 28. XII. 1963

„Für die Geltung deutscher Musik in der Welt hat keiner der jungen Generation mehr getan als Paul Hindemith", schrieb Furtwängler. Wie sehr aber hat sich das Bild dieses Komponisten von 1925 bis heute in der Weltmeinung gewandelt! Hindemith begann als Revolutionär der Tonsprache, als Vorkämpfer der „Neuen Musik", ihm erschien das Komponieren „als ein Experiment, als eine Kraftprobe, ein Herumschlagen mit einem Unbekannten, das zu bewältigen war". Heute gilt er als einer der bewußten Bewahrer traditioneller Werte. Viele Züge muten „klassizistisch" an, nicht zuletzt das Streben nach Universalität. Er tritt als Dirigent und als ausübender Künstler hervor, der als Solo-Bratschist übernationalen Ruf genießt, als Komponist, Lehrer und Theoretiker mit Werken wie „Unterweisung im Tonsatz". Die Fülle seiner Werke umfaßt so gut wie alle musikalischen Formen und Ausdrucksmöglichkeiten. Neben der Sonate für das Einzelinstrument steht die Kammermusik in allen möglichen Varianten, neben dem Lied das Chorwerk mit Orchester bis zum Oratorium, neben der Kammersinfonie die große Sinfonie, neben der Kammeroper die große Oper — am bekanntesten „Cardillac", „Neues vom Tage" und „Mathis der Maler". Hindemith bejaht die Auftrags- und Gebrauchsmusik gleich Bach und Mozart. Sein Kompositionsstil knüpft an die vorklassische Polyphonie an, deren Formtypen er liebt; er erweitert sie aber durch neuartige Tongewebe, Melodieschritte, harmonische Perspektiven und rhythmische Spannungen. Seit 1927 war Hindemith Kompositionslehrer an der Staatlichen Musikhochschule in Berlin, 1934 wurde die Aufführung seiner Werke in Deutschland verboten, 1939 wurde ihm ein Lehrstuhl in Yale (USA) angeboten, seit 1951 wirkt er als Professor in Zürich.

II. X. 1847 — 2. VIII. 1934   **PAUL VON HINDENBURG**

Mit versteinerten Zügen steht 1918 im Hotel Britannique in Spa die hünenhafte Gestalt des Feldherrn vor dem nervösen Kaiser. In der kampfmüden Heimat und an der Front brodelt die Rebellion und fordert die Abdankung Wilhelms II. „Nun, Herr Feldmarschall . . .?" wendet sich der Kaiser an ihn. In der Stimme Hindenburgs ist kein Schwanken: „Was ich Ew. Majestät erklären müßte, kann und darf ich nicht als preußischer Offizier. So bleibt mir nur übrig, um meine Entlassung zu bitten." Paul von Hindenburg erfüllt als Chef der Obersten Heeresleitung nach dem Zusammenbruch seine vermeintlich letzte Pflicht. Mit sicherer Hand leitet er den geordneten Rückzug der gelichteten Armeen und die Demobilmachung. Der gebürtige Posener war schon als junger Offizier der Kriege 1866–1871 mit dem Eisernen Kreuz ausgezeichnet worden. Als Kommandierender General in Magdeburg wie als Oberbefehlshaber der Heeresgruppe Ost nach dem Vernichtungsschlag gegen die in Ostpreußen eingebrochenen russischen Armeen fast mythisch verehrt, hat er die Pflicht als oberstes Gesetz vorgelebt. Erneut beugt er sich dem Dienst an Land und Zukunft und stellt sich 1925 gegen den Zentrumskanzler Dr. Marx zur Reichspräsidentenwahl. Wenngleich kein Staatsmann, legt selbst der 85jährige 1932 abermals seinen angesehenen Namen auf die internationale Waagschale — und noch einmal scheint Hindenburgs Wiederwahl eine Bürgschaft gegen die vom Ausland mit Sorge verfolgten extremistischen Strömungen zu sein. Der 30. Januar 1933 zerstört die Illusion. Der Greis wird überspielt, mit der Komödie von Potsdam am 21. März 1933, die Hindenburg hintergründig als Schirmherrn des Reiches in den Mittelpunkt stellt, beginnt der Weg in den Abgrund.

Um 460 — um 377 v. Chr.   **HIPPOKRATES**

Wir wissen nicht viel von Hippokrates, und doch ist sein Name seit über zweitausend Jahren Inbegriff für ideales Arzttum. Der Arzt soll, so heißt es im hippokratischen Eid, den seine Schüler nach Beendigung ihrer Studien ablegen mußten, „lauter und heilig sein Leben wie seine Kunst bewahren, in Keuschheit und Frömmigkeit leben und die hohe Kunst ausüben". Hippokrates, wahrscheinlich selbst Sohn eines Arztes, wurde um die Mitte des 5. Jahrhunderts vor Christus auf der griechischen Insel Kos geboren, erlernte die hergebrachte Medizin und gründete später eine eigene Schule. Die hippokratischen Schriften sind uneinheitlich, vielfach läßt sich nicht mehr feststellen, was von dem großen Lehrer selbst, was von seinen Schülern und anderen griechischen Ärzten stammt. Aber eines ist sicher: Hippokrates war der erste „moderne" Arzt. Er hat die magischen Elemente der altorientalischen Medizin durch eine Methode ersetzt, die sich auf exakte Beobachtung und Erfahrung am Krankenbett aufbaut. Erstes Ziel der Behandlung war eine Unterstützung aller natürlichen Heilfaktoren, die im Körper wirksam sind. Da nach hippokratischer Auffassung durch falsche Ernährung und Lebensweise eine fehlerhafte Mischung der Körpersäfte eintritt, spielten Diätvorschriften bei der Behandlung eine große Rolle. Sie berücksichtigten schon damals die Konstitution des Patienten, seinen Beruf und das Klima seines Wohnortes. Als Arzneien wurden hauptsächlich pflanzliche Drogen verwendet. Obwohl zu jener Zeit der Begriff der Asepsis noch völlig unbekannt war, verlangte Hippokrates bei chirurgischen Eingriffen äußerste Sauberkeit. Er war der große Klassiker der Medizin, und ihm steht mit Recht jener Ehrenname zu, unter dem er unsterblich geworden ist — „Vater der Heilkunde".

THOMAS HOBBES   5. IV. 1588 — 4. XII. 1679

Es ist das Jahrhundert des britischen Revolutionsführers Oliver Cromwell. König Karl I. hat nach Auffassung der Presbyterianer gegen den Willen des Parlaments ein Gewaltregime begründet. Indes die Königstreuen auf den Schlachtfeldern mit dem Milizheer der Aufständischen die Klingen kreuzen, verlassen andere Anhänger der Krone, die den aus kaltem Bürgerkrieg zum heißen Brudermord aufgeflammten Austrag der Gegensätze ablehnen, mit trauerndem Herzen die Insel. Zu ihnen gehört auch der Oxfordschüler Thomas Hobbes. Am 5. April 1588 in Malmesbury geboren, ist er schon seit dem 14. Lebensjahr ein kenntnisreicher Verfechter klassisch-griechischen Staatsdenkens.

In Paris, wo der Emigrant 1641 eine Zwischenheimat gefunden hat, erfährt er die dramatische Hinrichtung seines Königs am 30. Januar 1649. Aus menschlichem Protest wird Hobbes der Lehrer des jungen Stuart, in dem die englischen Konservativen den legitimen Nachfolger des hingerichteten Königs sehen. Als unter Cromwells eiserner Faust die äußere Ordnung zurückgekehrt ist, betritt Hobbes 1655 wieder den Boden des Geburtslandes. Er lebt auf dem Landsitz des Grafen von Devonshire, der ihm ein jährliches Ehrengehalt von 100 Pfund Sterling aussetzt. In den fast zweieinhalb Jahrzehnten bis zu seinem Tode am 4. Dezember 1679 reift das eigene Gedankengebäude des Briten. Oft als Wegbahner des Positivismus zitiert, der seine konsequentesten Erscheinungsformen im dialektischen Materialismus der Gegenwart sammelt, läßt Hobbes in seiner Lehre als einzige Erkenntnisquelle nur die äußeren Sinne, als einzigen Gegenstand der Erkenntnis lediglich die Körperwelt gelten. Wie der natürliche Körper durch ein Zusammenwirken physischer Kräfte zustande komme, entstehe der Staat als künstliches Gebilde aus dem Einsatz willensmäßiger Faktoren.

FERDINAND HODLER   14. III. 1853 — 20. V. 1918

Im Käfigturm der alten Patrizierstadt Bern, wo die Mutter den Gefangenen das Essen kochte, begann am 14. März 1853 das Leben von Ferdinand Hodler, der als der größte Maler der neueren Schweiz gilt. Zunächst Spenglerlehrling in Steffisburg, dem neuen Wohnort der Familie, kam der Junge 1870 in die Thuner Werkstätte des Kunstmalers Sommer, der sich eine einträgliche Bürgerlichkeit mit der dutzendweisen Vervielfältigung von Oberländer Landschaftsbildern geschaffen hatte. Hodler schied in Unfrieden von ihm. Dann wanderte der „Heimatlose und Fahrende", wie er sich selbst nannte, zu Fuß nach Genf. Dort wurde der Kunstpädagoge Barthélemy Menn auf Hodlers erstaunliches Talent aufmerksam. Fünf entscheidende Jahre lang blieb der Zähstrebige ein dankbarer Schüler des genialen Lehrers. Es war das Geheimnis der Landschaft, das ihn in seinen Bann zog. 1874 gewann Hodler mit dem Gemälde „Im Innern des Waldes" auf einer Ausstellung den ersten Preis. Die nächsten Schaffensstationen waren die Milieustudie, der Innenraum und das Zwiegespräch von Mensch und Natur. Der Durchbruch zum europäischen Ruhm erfolgte 1890 mit dem Gemälde „Die Nacht", das anfangs Entrüstungsstürme auslöste, in einer Pariser Schau aber begeistert aufgenommen wurde und 1897 die Große goldene Medaille der Internationalen Kunstausstellung in München eintrug. Krönung des meisterlichen Schaffens waren die großen Massenkompositionen in den Bildern „Rückzug der Schweizer bei Marignano", „Auszug der Jenenser Studenten 1813" und „Die Einmütigkeit — Glaubensschwur aus der Reformationszeit", die nach einem eigenen Wort des souveränen Gestalters „selbst schön sind durch die Idee der Ganzheit, die das Kunstwerk ausstrahlt". Hodler starb zu Füßen des Montblanc.

22. XI. 1767 — 20. II. 1810   ANDREAS HOFER

Im Norden von Meran liegt das Passeiertal, sein Hauptort ist St. Leonhard; nicht ganz zwei Kilometer entfernt liegt der Sandhof, wo Andreas Hofer um die Mitternachtsstunde des 22. November 1767 geboren wurde. Mit drei Jahren verlor er die Mutter, mit sieben den Vater. Als junger Bergbauer von 22 Jahren, der seine Altersgenossen an Tüchtigkeit und Charakterstärke weit überragte, übernahm er den väterlichen Hof. Er war der geborene Volksführer, ohne daß er je nach Macht und Ruhm strebte. Selbst als er nach seinem berühmten Siege am Berge Isel bei Innsbruck 1809 Landesregent und Oberkommandant von Tirol geworden war, behielt er seine bäuerliche Kleidung bei. Ein Zeitgenosse beschreibt ihn als einen schönen, kräftigen Mann mit mächtigem, schwarzglänzendem Bart. Nach der zweiten Abtretung Tirols durch Österreich im Frieden von Wien rief er nochmals zum Widerstand auf; doch nicht der Haß gegen die bayrischen Unterdrücker und Napoleon zwang dem Sandwirt die Waffe in die Hand, sondern die Liebe zu Österreich und den Habsburgern. Hofers letzter Zufluchtsort war die Mäderhütte auf dem Berghof seines Freundes Pfandler. Franz Raffl hieß der Holzknecht, der den Freiheitskämpfer den Franzosen gegen 1500 Gulden verriet — von denen der „Tiroler Judas" übrigens keinen Heller erhielt. 70 Franzosen und 30 italienische Gendarmen rückten aus, um Hofer zu fangen. Am 20. Februar 1810 um 11 Uhr wurde Andreas Hofer zu Mantua durch ein Kommando von 12 französischen Grenadieren unter dem Befehl des Feldwebels Eiffes erschossen. Eiffes war vor Ergriffenheit nicht imstande, das Feuerkommando zu geben, so daß Hofer selbst „Feuer!" befahl. Da er auch nach der zweiten Salve noch nicht tot war, gab ihm ein Soldat den Gnadenschuß.

30. VIII. 1852 — 1. III. 1911   VAN'T HOFF

Der große holländische Chemiker Jacobus Henricus van't Hoff stammt aus Rotterdam, wo er 1852 als Sohn eines bekannten Arztes geboren wurde. Seine naturwissenschaftliche Begabung zeigte sich schon sehr früh, und mit verhältnismäßig jungen Jahren wurde er bereits Professor in Amsterdam. Dort lehrte van't Hoff Mineralogie, Geologie und Chemie, konzentrierte seine Arbeit aber mehr und mehr auf die Chemie. 1895 übernahm er den Lehrstuhl für Chemie an der Universität Berlin. Er besaß eine durch keine Anstrengungen zu erschütternde Arbeitskraft, die es ihm ermöglichte, immer schwierigere Probleme anzupacken und zu lösen. Ihm ist die wichtige Entdeckung zu verdanken, daß die Atome und Atomgruppen im Molekül räumlich angeordnet sind, er hat mit der Stereochemie einen neuen und heute sehr bedeutungsvollen Zweig der Chemie begründet. Von van't Hoff stammen die Grundlagen der Lehre von der chemischen Reaktionsgeschwindigkeit sowie die Aufklärung der Beziehungen des osmotischen Drucks zur molekularen Zusammensetzung der Stoffe. Er entdeckte auch neue Möglichkeiten, Molekulargewichte exakt zu bestimmen. Neben diesen schwierigen Problemen befaßte er sich u. a. mit dem Chemismus der verdünnten Lösungen, dem Volta-Element und den Salzablagerungen in den Ozeanen. Es gibt in unserer Zeit der Spezialisierung nur ganz wenige Forscher, deren Arbeitsfeld so weit gesteckt ist wie dasjenige van't Hoffs. Der holländische Wissenschaftler hat auf allen diesen Gebieten Bahnbrechendes und Wesentliches geleistet. Noch in seinen letzten Jahren begann er eine Arbeit über den Stoffwechsel der grünen Pflanze, einen für ihn ganz neuen Forschungsbereich.

E. TH. A. HOFFMANN 24. I. 1776 — 25. VI. 1822

Die lärmende Weinstube von Lutter und Wegener verlassend, geht ein einsamer Mann mit unsicheren Schritten durch das nächtliche Berlin. Ernst Theodor Wilhelm (genannt Amadeus) Hoffmann fürchtet sich vor den Spukgestalten. Von ihm, der seit 1816 Regierungsrat am Kammergericht ist, erzählen sich die Leute mit heimlichem Gruseln, daß der Verfasser der „Elixiere des Teufels" mit den höllischen Mächten in Verbindung stehe. Schon seinen Vorgesetzten in Posen, den Juristen und Staatsbeamten, war er trotz aller Genialität unheimlich und verdächtig gewesen. Sie schickten den in der strengen Kühle der Kant-Stadt Königsberg geborenen jungen Assessor möglichst weit in die Wüste; 1802 zunächst in das polnische Weichselstädtchen Plock und ein Jahr darauf noch hundert Kilometer weiter nach Warschau. Als 1806 das Einrücken der Franzosen in die einstige Residenz der polnischen Könige die Laufbahn des Regierungsrats unversehens unterbrach, schrieb er Bühnenmusik und schwang im Sächsischen als Opernkapellmeister fast ein Jahrzehnt lang den Taktstock. Eine freie, herrliche Zeit, wie oft auch das Brot knapp und die Stube zum Erfrieren war! Seit 1816 war er wieder im Amt, tödlich gelangweilt in den verstaubten Aktenrevieren des Berliner Kammergerichtes. Trost und Freude sind die Nächte im Kreis gleichgesinnter Freunde. — Der Schritt Hoffmanns wird langsamer. Da sind sie wieder, die verteufelten Schmerzen. Der Einsame lehnt sich gekrümmt an einen Holzzaun. Im heraufdämmernden Morgen braut der Nebel um die grauen Häuserwände. Aus groß geöffneten Augen sieht der Dichter in das wogende Gewimmel. Er fühlt das nahe Ende. An einem Junitag 1822 erlöst den genialen Phantasten ein mitleidiger Tod von fast unerträglich gesteigerten Leiden.

HOFFMANN VON FALLERSLEBEN 2. IV. 1798 — 19. I. 1874

Der Dichter des Deutschland-Liedes wird uns von Zeitgenossen geschildert als ein hochgewachsener, hagerer Mann mit einem kleinen Vogelkopf und mit Augen, die stets schelmisch in die Welt sahen. Man hätte ihn für einen Bettelmönch oder für einen fahrenden Schüler halten können. In Wirklichkeit war er eine Mischung von Professor und Bänkelsänger. Als Literaturwissenschaftler gründlich und entdeckungsfreudig, als Dichter ehrlich und mutig, freimütig und witzig, hat er in beiden Eigenschaften Bedeutendes geleistet. Die geistige Wahlheimat des Niedersachsen wurde Schlesien. Zuerst als Bibliothekar, später als Professor an der Universität Breslau förderte er das schlesische Geistesleben durch eine „Monatsschrift von und für Schlesien" und durch die Herausgabe schlesischer Volkslieder. Als Literaturhistoriker erwarb Hoffmann sich große Verdienste durch die Auffindung und Erforschung altniederländischer Literaturdenkmäler und durch eine „Geschichte des deutschen Kirchenliedes bis auf Luthers Zeit". Daneben veröffentlichte er selbst Kirchen-, Gesellschafts-, Liebes- und Kinderlieder. Im Geiste der Burschenschaft gab er 1840 und 1841 seine „Unpolitischen Lieder" heraus, die in Wahrheit hochpolitisch waren und Studenten und Bürger für deutsche Einheit und demokratische Volksrechte entflammten. Er wußte, daß er damit seine Professur aufs Spiel setzte — die ihm tatsächlich 1842 genommen wurde —, aber „Einigkeit und Recht und Freiheit" galten ihm mehr als die Sicherheit des Daseins. Er führte fortan ein unstetes und trotz unermüdlichen Fleißes oft recht bedrängtes Wanderleben, bis endlich der Herzog von Ratibor dem Zweiundsechzigjährigen eine Sinekure als Bibliothekar auf Schloß Corvey an der Weser gab.

8. IV. 1818 — 5. V. 1892   A. W. VON HOFMANN

August Wilhelm von Hofmann gehört zu jenen deutschen Chemikern, die durch ihre grundlegenden Arbeiten den ungeheuren Aufschwung der modernen chemischen Industrie erst ermöglicht haben. Er wurde als Sohn eines höheren Beamten in Gießen 1818 geboren und war später einer der besten Schüler Justus von Liebigs. Von ihm wurde er zur organischen Chemie hingeführt, der fast seine gesamte wissenschaftliche Arbeit gedient hat. Nach erfolgreicher Assistententätigkeit bei Liebig wurde er auf dessen Vorschlag als Leiter des damals neugegründeten College of Chemistry nach London berufen. Dort blieb er fast 20 Jahre und machte sein Institut zu einer mustergültigen Forschungsstätte, die Englands chemische Wissenschaft und Industrie zum entscheidenden Teil begründet hat. Hofmanns eigene Arbeiten beschäftigten sich vor allem mit dem Problem, Farbstoffe aus Steinkohlenteer zu gewinnen. Er hat diese Aufgabe gelöst, indem er aus Anilin und Chlorkohlenstoff das Rosanilin, die erste künstliche Farbe, die gut und leicht fabrizierbar war, herstellte. Als „Hofmanns Violett" trägt sie noch heute seinen Namen. Ihr Schöpfer wurde zum wissenschaftlichen Begründer der Teerfarbenindustrie, darüber hinaus sind ihm wichtige Ergebnisse auf vielen anderen Gebieten der organischen Chemie zu verdanken. Im Jahre 1865 wurde er als Nachfolger Mitscherlichs an die Universität Berlin gerufen, auch dort ist ihm als Forscher und Lehrer der Erfolg treugeblieben. Hofmann gründete die Deutsche Chemische Gesellschaft, er schrieb mehrere ausgezeichnete Bücher und hat bis zu seinem Tode als kühner Experimentator und klarer Denker wesentlich dazu beigetragen, daß die deutsche Chemie ihre Weltgeltung erlangt hat. Ihm zu Ehren wurde die Hofmann-Medaille für Verdienste auf chemischem Gebiet gestiftet.

1. II. 1874 — 15. VII. 1929   HUGO VON HOFMANNSTHAL

Wo theaterfreudige Jugend sich zu einem Ensemble auf der Freilichtbühne zusammenschließt, pflegt sie sich oft auch an den „Jedermann" zu wagen, insbesondere dort, wo der natürliche Hintergrund einer alten, kostbaren Kirchenfassade zu einer Aufführung der barocken Szenenfolge geradezu einzuladen scheint. Vornehmlich konfessionelle Laiengruppen nehmen sich gern der schwingenden Dramenverse an. Die tragende Feierstätte für die Formkunst des Spätromantikers, die sich schon in den ersten, frühvollendeten Gedichten ankündigte, bleibt Salzburg, wo die meisterlichen Inszenierungen des „Jedermann" zur Tradition geworden sind. Die Spannweite des dichterischen Schaffens von Hofmannsthal reicht von einer sentimental-naiven Erneuerung der Antike bis zur Moderne. Genannt seien „Ariadne auf Naxos", „Ödipus", der „Rosenkavalier" — das vor „Elektra" meistgenannte, für Richard Strauß geschriebene Opernlibretto —, die skurril besinnlichen Auftritte um „Tor und Tod", die „Frau ohne Schatten" sowie „Der Turm". Der aus müdem Skeptizismus zunächst nach romantischen Vorbildern in eine farbenglühende Vergangenheit geflüchtete Angehörige altösterreichischer Gesellschaftskultur ist in einem umfassenden Reifeprozeß mehr und mehr zu einem blicksicheren Deuter seiner Umwelt geworden, der mit intuitiver Könnerschaft die Kontraste von Licht und Schatten in seinen dichterischen Gestalten ausspielt. Hieraus erklärt sich auch, daß nach den unvergeßlichen Einstudierungen des „Jedermann" durch Max Reinhardt immer wieder die größten Darsteller nach den dankbaren Rollen von Hofmannsthals bühnenwirksamen Werken greifen. Die hohe Bedeutung des Dichters liegt auch darin, daß er zu einem Warner sowohl gegen den Materialismus als auch gegen das drohende Gespenst sozialer Verflachung wurde.

HANS HOLBEIN d. J. 1497 — 1543

Stärker noch als bei Dürer und Grünewald prägt sich in Hans Holbeins Kunst der Geist der Renaissance aus. Seine Bildnisse zeigen den Typ der machtvollen Renaissancemenschen in manchmal fast bestürzender Lebensnähe. Die Leistung, die er in knapp dreißig Schaffensjahren vollbrachte, erweist die Kraft und Fülle seiner eigenen Persönlichkeit. Weltliche und geistliche Wand- und Tafelmalerei, oft in der Skizze schon formvollendete Handzeichnungen in farbiger Kreide, aber auch Glasmalereien, Buchschmuck, geniale Entwürfe für Goldschmiedearbeiten und für die Ornamentik der Zeit zeugen für die Spannweite seiner künstlerischen Betätigung. Vor allem zeichnet sich Hans Holbein durch die ruhige, mitunter kühl wirkende Klarheit und die maßvolle Strenge der Formgebung aus. Sauber und gradlinig verlief auch sein Leben, über dessen intime Bezirke er kaum etwas hat verlauten lassen — das Werk allein sollte von ihm künden. Hans Holbein wurde als Sohn eines hervorragenden Augsburger Malers und Zeichners geboren. Er hat lange Zeit in Basel gewirkt, Reisen führten ihn nach Oberitalien, Frankreich und den Niederlanden und schließlich nach England, seiner Wahlheimat, wo er bis zu seinem frühen Tode als Hofmaler des englischen Königs tätig war. Seine bekanntesten Werke sind die Darmstädter Madonna, die Porträts des Erasmus von Rotterdam, des Thomas Morus, Heinrichs VIII. und seiner Frauen und die große Folge der Holzschnitte vom Tode, „Totentanz" genannt. Viele der bedeutendsten Schöpfungen Holbeins, wie die Monumentalmalereien in London und die Fresken in Basel, sind zerstört, andere durch Restauration entstellt worden. Die in ihrer Reinheit erhaltenen Werke erweisen ihn als den stilvollsten Klassiker der deutschen Renaissance.

LUDWIG FREIHERR VON HOLBERG 3. XII. 1684 — 28. I. 1754

Selten sind die zeitlosen Typen politischen Kannegießertums, disputierender Halbgelehrter oder eines verhinderten Helden mit ähnlich sicheren Strichen festgehalten worden wie in den satirischen Bühnenstücken des gebürtigen Norwegers, der als der Schöpfer des dänischen Lustspiels in die Weltliteratur eingegangen ist. Köstlich ist es, wie Ludwig Holberg — als Professor an der Universität Kopenhagen mit einer geschichtlichen Würdigung bedeutender Frauenpersönlichkeiten ein Schrittmacher der Gleichberechtigung der Geschlechter — die wortreiche Situationskomik einer Wochenstube auf die Szene stellt oder die Modenarrheit glossiert. Der vielseitige Kopf begann 1702 zunächst in der dänischen Residenz mit dem Studium der Theologie, die den schweifenden Geist, der den anregenden Wechsel der Themen und Beobachtungen brauchte, jedoch nur begrenzt fesseln konnte. Einer zwischenzeitlicher Hauslehrertätigkeit in der norwegischen Heimat folgten drei größere Auslandsreisen, die Holberg 1704–1726 nach Holland, England, Deutschland, Paris und Rom führten. In den unterschiedlichen Pausen stand er in Kopenhagen auf dem Katheder als Dozent für Metaphysik, Rhetorik und Geschichte. Die entscheidende Periode des poetischen Schaffens, mit dem der Dichter den Gedanken einer Nationalbühne verwirklichen wollte, umfaßte die Jahre 1719–1730. Als rasch zum geflügelten Begriff gewordenes Pseudonym wählte Holberg das aufschlußreiche Autorensignum „Hans Mickelsen, Bürger in Kalundborg". Den gleichen Decknamen verwandte er, immer um eine Spiegelung kleinmenschlicher Selbstgefälligkeiten bemüht, für Travestien in Versen, so eine zeitgenössische Abwandlung der „Metamorphosen" Ovids, die gleichfalls dramatisch stark akzentuiert sind. Seit 1737 war Holberg Quästor der Universität in der dänischen Königsstadt.

20. III. 1770 — 7. VI. 1843   **FRIEDRICH HÖLDERLIN**

Wer nach dem heute so lebhaften Tübingen kommt und sich einen lebendigen Sinn für zeitlose Dichtung bewahrt hat, wird einen besinnlichen Gang durch die Stadt kostbarer Erinnerungen kaum abschließen, ohne nicht auch den Hölderlinturm aufgesucht zu haben. Hier starb, geistesumnachtet und aus seinem Schaffen wenig mehr als einem engen Kreis bekannt, in der Morgenfrühe des 7. Juni 1843, unzusammenhängende Gebetsworte über die gefalteten Hände sprechend, an einer Brustwassersucht der unglücklichste Dichter der klassischen Literaturperiode. Das unruhige Herz des glühenden Schönheitssuchers hatte die „Schatten der Erde" nicht länger ertragen. In der Fremde nicht einmal recht von dem scheu verehrten Dichter „Don Carlos" verstanden, in der schwäbischen Heimat, nach der er immer wieder zurückkehrte, auch von einem Uhland nur mit unverbindlicher Freundschaft behandelt, hatte sich über Hölderlins wundgestoßene Seele mehr und mehr verhüllendes Dunkel gebreitet. — 1796 vermittelte einer der wenigen Freunde dem Unrastigen eine Hauslehrerstelle im Hause des Frankfurter Bankiers Gontard. Die gute Absicht war von schwersten Folgen für Hölderlin, der zu der anmutigen und klugen Frau seines Brotgebers eine reine und tiefe Neigung faßte. Die Flucht vor dieser Liebe und der schwärmerisch Angebeteten, die als „Diotima" die unsterbliche Zentralfigur seiner poetischen Aussage wurde, beschleunigten den geistigen Zerstörungsprozeß. Als Hölderlin unvorbereitet den plötzlichen Tod der Seelengeliebten erfuhr, schlossen sich für immer die Tore zur Außenwelt. Versöhnlich in dieser Tragik ist der Hölderlinvers: „Über den Sternen verhallt der Kampf, dort wandelt sich in edlen Freudenwein die Hefe des Lebens." Versöhnend auch, daß seither selbst in Notjahren die Blumen auf der Tübinger Gruft nicht welkten.

26. IV. 1863 — 26. X. 1929   **ARNO HOLZ**

Die Bedeutung von Arno Holz besteht nicht nur darin, daß er zusammen mit Johannes Schlaf durch die gemeinsam verfaßten Schriften „Neue Gleise", die Novellen „Papa Hamlet" und das Drama „Familie Selicke" zum Hauptbegründer der naturalistischen Literaturbewegung wurde. Der eigenwillige, verbissen zähe und kampflustige Ostpreuße war Literaturrevolutionär von Geblüt und blieb es sein Leben lang. Schon mit 22 Jahren gab er unter dem Titel „Buch der Zeit" programmatische Großstadtgedichte, die „Lieder eines Modernen", heraus. Seine bedeutendste Leistung schien ihm selbst die „Revolution der Lyrik" zu sein, die er 1899 in einer Schrift dieses Titels verkündete. Er wandte sich mit rücksichtsloser, satirischer Schärfe gegen das Epigonentum der „Singsanglyrik". Reim und Strophe gehörten für ihn zum alten Gerümpel und nicht minder jegliche „Musik der Worte". Lediglich der Rhythmus sollte das alltägliche Wort zum Gedicht erheben. Das kurz vor der Jahrhundertwende erschienene Gedichtwerk „Phantasus" zeigte praktisch, wie diese um eine vertikale „Mittelachse" gerankten Rhythmen von natürlich langem oder kurzem Atem sich zu — vielfach skurrilen — Gedichten fügten. Schon darin fanden sich die barocken Elemente, die Holz in der Satire „Die Blechschmiede" und in dem Liederbuch „Daphnis" weiter ausbildete. Von seinen späteren Dramen hatten die Satire auf den Künstlerklüngel seiner Zeit mit dem Titel „Sonnenfinsternis" und die Tragikomödie des Schulmeisters „Traumulus" großen Erfolg. Daß dieser oft bissige Satiriker sein Brot durch Patente für Kinderspielzeug verdiente, versöhnt als feine Ironie des Schicksals mit seinen Verschrobenheiten. Holz, einer der merkwürdigsten Anreger der deutschen Literatur, starb vereinsamt, aber geehrt als Mitglied der Preußischen Akademie der Künste.

HOMER
8. Jhd. v. Chr.

Im Dämmerlicht der Frühgeschichte — vermutlich im 2. Jahrtausend v. Chr. — erreichte die zweite große Wanderwelle der Indogermanen den Raum Griechenlands und der ägäischen Inselwelt. Langsam erfolgte die kämpferische Durchdringung durch die Bauern und Seefahrer aus dem Norden. Beunruhigend muß für die einfachen Menschen dieser Zeit der Morgenfrühe die Begegnung mit den älteren, mystisch-reifen Kulturen Asiens, dem zauberhaften Inselstaat Kretas, der Magie Babylons und den Geheimnissen Ägyptens gewesen sein. Von seiner Geburtsstunde an widersteht das junge Europa dem Wesen Asiens und erwacht zu eigener Art — zum Geist der Forschung, zur Philosophie und logischen Ordnung. Dieses Erwachen vollzieht sich in Etappen, die in den Künsten wie in der Literatur sich klar abgrenzen. Wie alle Völker der Frühzeit fabulieren die Griechen, singen von Göttern, Helden und Ungeheuern und berichten in farbiger Sprache von ihren Träumen. Den Epikern folgen die Lyriker, die den Wortschatz um den Ausdruck der Tiefe und des Inwendigen bereichern, und als Letzte treten die Philosophen auf, die nun erst die sprachlichen Möglichkeiten haben, eine neue geistige Welt zu schaffen. Am Anfang dieser Stufenleiter steht Homer, der Dichter der „Ilias", des Heldenliedes der großen Wanderzeit. Man sagt, sieben Städte und Inseln Griechenlands hätten sich um die Ehre gestritten, Heimat des ehrwürdigen Vaters der griechischen Literatur zu sein — Symbol dessen, daß vom Leben des „blinden Sängers" alles ungewiß ist und daß nur der Name und das Werk überliefert wurde. Die vielen tausend Verse der Ilias sind so offensichtlich aus einem Guß, daß sie wohl von einem einzigen Schöpfer stammen müssen. Von der Odyssee hingegen nimmt man an, daß sie nicht von Homer geschrieben wurde, sondern ein Sammelwerk mehrerer unbekannter Dichter oder eines Schülers Homers ist.

HERBERT HOOVER
10. VIII. 1874 - 20. X. 1964

Als der erste Weltkrieg ausbrach, war Herbert Clark Hoover 40 Jahre alt. Aus einer amerikanischen Quäker-Familie deutschschweizer Herkunft stammend, hatte er als Bergbauingenieur eine ungewöhnliche Karriere gemacht; er war als Berater großer Bergwerksunternehmungen nicht nur in den USA, sondern auch in England, Australien, China und Rußland tätig gewesen. In dem großen Kriegsbrand erwies er seine Organisationsgabe an einem weltumspannenden Hilfswerk: der Versorgung der belgischen, nach dem Waffenstillstand auch der hungernden deutschen, österreichischen, polnischen und russischen Bevölkerung mit Nahrungsmitteln. Als Wohltäter der Menschheit wurde Hoover damals neben Elsa Brandström und Fridtjof Nansen gefeiert, und der Begriff „Quäker-Speisung" für die Jugend bleibt an seinen Namen geknüpft. Unter den Präsidenten Harding und Coolidge (1921 — 1928) hat Hoover als Handelsminister zur Hebung der Wirtschaft maßgebend beigetragen. Als er dann, von der Republikanischen Partei aufgestellt, im Jahre 1929 zum Präsidenten der Vereinigten Staaten gewählt wurde, sah er sich vor die schwierige Aufgabe gestellt, die große Depression zu bekämpfen, die sich nach dem „Schwarzen Freitag" an der New Yorker Börse im Oktober 1929 als tiefgreifende Krise des amerikanischen Wirtschaftslebens einstellte. Die wohlüberlegten Maßnahmen, die er u. a. mit der Gründung der „Reconstruction Finance Corporation" und mit der Ankurbelung öffentlicher Arbeiten traf, waren von der Überzeugung geleitet, daß an den Grundsätzen der freien Unternehmerschaft nicht gerüttelt werden dürfte. Die Früchte der allmählichen Erholung der Wirtschaft, die Hoovers — in der Öffentlichkeit wenig sichtbares — Werk waren, sind später der demokratischen Regierung seines Nachfolgers Franklin D. Roosevelt zugutegekommen.

8. XII. 65 — 27. XI. 8 v. Chr.   **HORAZ**

Horatius Flaccus, als Sohn eines kleinen Grundbesitzers zu Venusia im Süden Italiens geboren, erhielt in Rom eine vorzügliche Ausbildung. Als Student der Philosophie in Athen schloß er sich der Sache des Tyrannenmörders Brutus an, focht als Kriegstribun auf der Seite des Brutus in der Schlacht von Philippi mit, in der Brutus geschlagen wurde, floh und ging schließlich nach Verkündung einer allgemeinen Amnestie nach Rom zurück. Durch Enteignung des väterlichen Gutes mittellos geworden, verdiente er sich seinen Lebensunterhalt als Kanzleischreiber bei der römischen Stadtverwaltung und als Gelegenheitsdichter. Seine klassisch reinen, schwungvollen Oden gewannen ihm die Bewunderung und Freundschaft des reichen Patriziers Maecenas, eines der einflußreichsten Staatsmänner und Kunstsammler der Zeit. Maecenas schenkte Horaz ein Landgut und bot ihm ein Leben ohne Sorge um den Alltag in seinem Palast zu Rom. Horaz wurde zusammen mit Virgil der Lieblingsdichter der Römer. Im Palast des Kaisers Augustus war er gerngesehener und umschmeichelter Gast. Für die Jahrhundertfeier des Jahres 17 v. Chr. dichtete er das „Carmen saeculare"; in Sermonen, Satiren und Episteln zeichnete er in scharfer Charakterisierung die Menschen seiner Zeit. Seine dem griechischen Vorbild nachgeahmten Oden sind seine reifsten Werke. Gegen den ungesunden Reichtum und die Verderbnis der Sitten Roms richteten sich die poetischen Werke seiner Altersjahre. Er klagte um die verlorenen Tugenden des römischen Bürgers zur Zeit der Republik und erflehte von den Göttern die Wiedergeburt des Staates. Die entwurzelten Großstadtmenschen, deren einziges Ziel die Erlangung von „Brot und Zirkusspielen" war, erweckten keine Hoffnung. „Ich verachte das gemeine Volk!" – sagte er – „sein Anblick ist mir zuwider!"

12. VIII. 1762 — 25. VIII. 1836   **CH. W. HUFELAND**

Manche Lehren dieses ausgezeichneten Arztes und Schriftstellers haben noch heute Gültigkeit, ja, einigen seiner Erkenntnisse hat erst die moderne Forschung zum endgültigen Durchbruch verholfen. Christoph Wilhelm Hufeland wurde 1762 in Langensalza in Thüringen geboren. Er studierte Medizin, errang sich schon als junger Arzt einen ausgezeichneten Ruf und wurde schließlich so bekannt, daß ihn Goethe und Schiller, Herder und Wieland regelmäßig zu konsultieren pflegten. Berlin berief ihn als Professor der speziellen Pathologie und Therapie an seine Universität; diese Stellung hat er bis zu seinem Tode bekleidet. Hufeland war der erste moderne Arzt, dem es gelang, ein System der Heilkunde aufzustellen, das die zu seiner Zeit noch weithin abgelehnten Lehren der Homöopathie und anderer damals revolutionärer Methoden mit den Ergebnissen der klassischen Medizin vereinigte. Ihm waren Fanatismus und Einseitigkeit fremd, er nahm das Gute, wo er es fand, blieb aber ein scharfer Kritiker aller unberechtigten Ansprüche auf ausschließliche „Heilswahrheiten" in der Medizin. „Es gibt zwei Irrwege der Heilkunst", so schrieb Hufeland, „nämlich das Zuwenigtun, wenn man alles der Natur überläßt, und das Zuvieltun mit einem Übermaß an Mitteln, wodurch der Organismus Schaden erleidet." Hufeland veröffentlichte eine Reihe allgemeinverständlich verfaßter Schriften. Von ihnen ist sein Werk „Makrobiotik, oder die Kunst, das Leben zu verlängern" am bekanntesten geworden – es wurde sogar ins Chinesische übersetzt! Die heutige Altersforschung bejaht Hufelands Ratschläge durchaus. Er hat sein Andenken auch durch die Hufelandschen Stiftungen, die der Fürsorge für notleidende Ärzte, Witwen und Waisen dienen, gesichert.

VICTOR HUGO 26. II. 1802 — 22. V. 1885

Victor Hugo, geboren in Besançon, war erst 20 Jahre alt, als er bereits eine Pension erhielt. König Ludwig XVIII. war von Hugos Erstlingswerk, den „Oden", so begeistert, daß er ihm eine Leibrente auf Lebenszeit aussetzte. Es ist nicht bekannt, ob der Dichter bis an das Ende seiner Tage — er starb im Alter von 83 Jahren in Paris — im Genuß der Zuwendung geblieben ist; denn sein Lebensweg war außerordentlich wechselvoll und unausgeglichen und ähnelte darin seinem Bildungsgang. Victor Hugo wanderte in seiner Jugend von einer Schule zur anderen. Sein Vater, ein bonapartistischer Offizier, kam viel in der Welt herum und nahm, wenn es anging, seine Familie mit. Der junge Hugo lebte bis zu seinem 13. Lebensjahr abwechselnd in Paris, Neapel und Madrid. Die Mängel in der Bildung wurden jedoch durch Ehrgeiz und Genialität ersetzt. Mit 25 Jahren galt Victor Hugo bereits als Hauptvertreter der französischen Romantik; im Alter von 40 Jahren wandte er sich von der Dichtkunst der Politik zu. Der Grund dafür war der Durchfall seines Dramas „Les Burgraves" bei der Uraufführung. Alle Vorstellungen seiner Freunde, Frankreich, ja, die Welt, blickten auf ihn, fruchteten nichts. Der Dichter wurde Mitglied der Republikanischen Partei und blieb bis 1848 Mitglied der gesetzgebenden Versammlung. Nach dem mißglückten republikanischen Staatsstreich von 1851 ging Victor Hugo in die Emigration, lebte trotz Amnestieangebot bis zum Sturz Napoleons III. in Brüssel, London, Jersey und Guernsey und schuf dort wieder bedeutende Dichtungen. Sein Gesamtwerk, hochentwickelt in der Form und überreich an Bildkraft des sprachlichen Ausdrucks, gehört zu den monumentalsten Literaturschätzen der Welt.

ALEXANDER VON HUMBOLDT 14. IX. 1769 — 6. V. 1859

Er wurde 1769 in Berlin geboren, erhielt durch Hauslehrer eine ausgezeichnete Ausbildung und studierte in Frankfurt/Oder, Berlin, Göttingen und an der Bergakademie von Freiberg. Der Wissensdurst Alexander von Humboldts war unerschöpflich — das zu beweisen genügt eine bloße Aufzählung der Fächer, mit denen er sich ebenso gründlich wie erfolgreich beschäftigt hat: es waren Geographie, Völkerkunde, Botanik, Chemie, Physik, Anatomie, Mineralogie, Bergbau, Geologie, Kameralistik, Philologie und Kunstwissenschaft! Das Gehirn des Genialsten unter den Naturwissenschaftlern nahm all dieses Wissen nicht nur auf, sondern vermochte es neu zu gliedern und wesentlich zu bereichern. Humboldt wurde zum Begründer der physischen Geographie, seine ethnographischen, kulturgeschichtlichen und naturwissenschaftlichen Forschungen sind aus der Geschichte der Wissenschaft nicht wegzudenken; er reorganisierte den Bergbau im Fichtelgebirge, entwickelte die Grundlagen einer wissenschaftlichen Länderkunde — und fand trotzdem Zeit genug zu ausgedehnten Forschungsreisen, von denen dieser begnadete Polyhistor wichtige Entdeckungen auf den verschiedensten Gebieten mitbrachte. Goethe und Schiller wurden seine Freunde, die Fürsten Europas waren dankbar, wenn er ihre Aufträge annahm oder für sie Expeditionen durchführte. Der Briefwechsel Humboldts mit den Großen seiner Zeit hat den Umfang mehrerer Bände, sein wissenschaftliches Hauptwerk, der „Kosmos", faßt die gesamte Naturforschung wie in einem farbigen Mosaikbild zusammen. Berge und Ströme, Akademien und Stiftungen tragen heute den Namen dieses Mannes, der sich durch seine stets auf den Kern der Dinge gerichtete Arbeit unsterblich machte. Was an ihm vergänglich war, wurde 1859 in die Erde seiner Heimatstadt gebettet.

22. VI. 1767 — 8. IV. 1835 WILHELM VON HUMBOLDT

Wilhelm von Humboldt wurde am 22. Juni 1767 in Potsdam geboren. Nach ausgezeichnetem Privatunterricht, den er zusammen mit seinem jüngeren Bruder Alexander, dem großen Weltreisenden und Naturforscher, erhielt, studierte er an den Universitäten Frankfurt a. O. und Göttingen Jura und trat danach in den Staatsdienst. Kaum 24jährig, zog er sich jedoch mit dem Titel eines Legationsrates in das Privatleben zurück, um an sich selbst und seiner Bildung weiterzuarbeiten. Sein Haus in Jena wurde der Mittelpunkt eines illustren Kreises, zu dem auch der befreundete Schiller gehörte. Später lebte er als Kosmopolit in Paris und Spanien. Sieben Jahre vertrat er als Ministerresident, später als Minister, die Interessen seiner preußischen Heimat in Rom, übersetzte griechische Gedichte und Dramen und veröffentlichte Studien zur griechischen Philosophie und zum preußischen Absolutismus. 1809 wurde er auf Empfehlung des Freiherrn vom Stein als Geheimer Staatsrat in das preußische Innenministerium berufen. Hier entfaltete er eine reiche Tätigkeit, die wesentlich dazu beitrug, die kulturellen Schäden der Kriegs- und Besatzungszeit zu beseitigen. Die Gründung der Berliner Universität ist das schönste und bleibende Zeugnis aus dieser Schaffensperiode. 1810 war er Gesandter in Österreich, 1814/15 zusammen mit Hardenberg preußischer Vertreter auf dem Wiener Kongreß und Gesandter in London. Seine Politik beruhte auf der Grundlage einer hohen ethischen Staatsauffassung. 1819 stellte er seine Ämter zur Verfügung, da das Ministerium Hardenberg die Einführung der versprochenen Verfassung verweigerte. Von nun an lebte er als Gelehrter in dem von seinem frühverstorbenen Vater ererbten Schloß Tegel, beschäftigte sich mit Sprachforschung und sammelte wertvolle Kunstschätze, besonders Bildhauerarbeiten.

26. IV. 1711 — 25. VIII. 1776 DAVID HUME

Der Welt den Frieden zu geben, der auf der Verwirklichung eines innersten Weltgesetzes beruht, war von Jesaias über Thomas, Dante und Kant stets das Ziel der tiefgründigsten Denker gewesen. Auf den Weisen von Königsberg hat der klassische Geschichtsschreiber Englands, David Hume, großen Einfluß gewonnen. Am 26. April 1711 in Edinburgh geboren, im Jesuitenkolleg La Flèche in Reims zum nüchternen Kritiker gereift und als Gesandtschaftssekretär in Wien und Paris in unmittelbare Verbindung zur Politik des beherrschenden Macchiavellismus gelangt, stellte Hume sein Gedankengebäude auf den nach seiner Meinung allein tragfähigen Grund der Erfahrung. Die konsequente Fortführung seiner Ideen, — eines romgegnerischen Staatsabsolutismus, der humanitären Aufklärung und einer nur formalen Gottesverehrung — mußte für Hume in eine skeptische Ablehnung aller Metaphysik münden. Da der Mensch lediglich eine Vorstellung von den Dingen besitzt, diese aber nicht kennt, weil die Sinne täuschen und weil Begriffe, die über die Erfahrung hinausgehen, ohne Substanz sind, sprach Hume dem Gottesbegriff und Gottglauben einzig den Rang eines psychologischen Erfordernisses zu. Als Staatsmann bejahte Hume das Christentum als pädagogische Macht, ohne die ein Volk das Opfer revolutionierender Ideologien werden müsse; er hat die Wahrheit dieser Erkenntnis, die sich in der Französischen Revolution erwies, nicht mehr erlebt. Als Historiker hat Hume die englische Geschichtsschreibung wesentlich beeinflußt; sein großes Geschichtswerk führt von der Invasion Cäsars in Britannien bis zum Jahre 1688. Zwei Jahre bekleidete der Überwache noch den Posten eines Unterstaatssekretärs. 1769 zog es ihn in die Heimatstadt zurück.

JOHANNES HUS Um 1370 — 6. VII. 1415

In Konstanz bestieg am 6. Juli 1415 der von Papst Johann XXIII. drei Jahre zuvor mit dem Großen Kirchenbann belegte Magister der freien Künste und Theologie Johannes Hus, Dekan der ältesten deutschen Universität an der Moldau und Beichtvater der Königin Sophie, vor einer bunt zusammengewürfelten Menge den Scheiterhaufen. Konstanz war damals gleichsam die Hauptstadt Europas, Jahrmarkt eines hochgespannten Wirtschaftslebens, Lager und Forum zugleich, in dessen Mauern dauernd über 20 000 Fremde weilten. Hus hatte in den wirren Tagen eines dreiköpfigen Papsttums die ideale Kirche gesucht und war als Verkünder der Staatskirchenlehre des Engländers Wiclif von der römisch-katholischen Kirche abgefallen. Trotz eines kaiserlichen Geleitbriefes nach dem Eintreffen am Bodensee von der kirchlichen Strafgewalt verhaftet, empfing Hus sein Urteil durch einen von Kaiser Sigmund einberufenen Kongreß des geistlichen und weltlichen Abendlandes. Die gleiche Versammlung setzte sowohl den Simonisten Johann XXIII. wie die beiden fast 80jährigen Gegenpäpste Gregor XII. und Benedikt XII. ab. Der Spruch des Konzils, aus dem die blutigen Hussitenkriege aufgingen, galt nicht nur dem Reformator, sondern auch dem von den Neuerern um Hus aufgerührten Verlangen nach nationaltschechischer Unabhängigkeit von. Kaiser und Reich. Kaiser Sigmund, der sich der vordringenden Türkengefahr gegenübersah, vermochte unmöglich eine Erschütterung der staatlichen Ordnung im deutschen Osten gutzuheißen, nachdem warnend schon 1409 die tschechische Gelegenheitsnationalisierung der Prager Universität zum Auszug der deutschen Lehrer und Studenten geführt hatte. So erklärt es sich, daß Hus mit seinem Freibrief beim Kaiser keinen Rückhalt gegen die Konzilväter fand.

ULRICH VON HUTTEN 21. IV. 1488 — 23. VIII. 1523

„Jacta est alea!" — die Entscheidung ist getroffen — und „Ich hab's gewagt!" — das waren die beiden revolutionären Kernsätze, die Ulrich von Hutten seinem Leben vorangestellt hatte. Mit 16 Jahren entlief er der väterlichen Erziehung, verzichtete auf die gesicherte Laufbahn eines Stiftsherrn und begann das wilde Wanderleben eines humanistischen Poeten. Nichts sollte ihm erspart bleiben auf seinem Wege. Der leidenschaftliche, politische Gelehrte aus dem Ritterstand fühlte sich zum Wortführer der jungen humanistischen Bildung in Deutschland und zum Vorkämpfer geistiger, politischer und religiöser Reformen berufen. Hutten schloß sich bedingungslos der Sache Luthers an. Als Sohn eines reichen, reichsfreien Adelsgeschlechtes war Hutten mit 11 Jahren in ein Kloster geschickt worden. Aber der Geist der neuen Zeit und die eigene, gärende Unruhe trieben ihn auf andere Bahnen. Alleinstehend, vom Elternhaus verstoßen, kämpfte er mit Feder und Schwert in geistigen und weltlichen Fehden um die Verwirklichung seiner Reformideen. Seine Streitschriften wurden zu wortgewaltigen Angriffswaffen. Er war einer der ersten und lautesten Rufer zur nationalen Einheit und Wiederbesinnung. Leidenschaftlich wandte er sich gegen alle ausländischen Einflüsse, vor allem gegen den Einfluß Roms. Der religiösen Reformation sollte die politische Reform folgen, der Kampf gegen die übermächtige Fürstenherrschaft. Eine weitverbreitete Krankheit zermürbte schon früh die Kräfte Huttens. Hilflos, verfolgt und ohne Mittel zog der Eiferer in seinen letzten Jahren durch die deutschen Lande. Der Reformator Zwingli nahm ihn schließlich in seine Obhut und verschaffte ihm auf der Insel Ufenau im Zürcher See eine Zuflucht. Dort starb Ulrich von Hutten 1523 im Alter von 35 Jahren.

4. V. 1825 — 29. VI. 1895 **THOMAS HENRY HUXLEY**

Der englische Naturforscher Huxley war Zoologe, Anatom und
Physiologe zugleich, er hat auf allen drei Gebieten Bedeutendes geleistet. Thomas Huxley wurde 1825 in Ealing geboren,
studierte Medizin und ging dann als Arzt zur Kriegsmarine.
An Bord eines Schiffes nahm er an einer mehrjährigen Weltreise teil, die ihm neben seiner ärztlichen Tätigkeit genügend
Zeit für zoologische Untersuchungen an niederen Meerestieren
ließ. Er kam zu sehr wichtigen Erkenntnissen über den Bau
des Medusenkörpers und erhielt als Anerkennung für seine
Leistung einen Lehrauftrag für Naturgeschichte. Huxley war
einer der ersten Gelehrten, die sich Darwin anschlossen, er hat
dessen Lehre in wesentlichen Punkten erweitert, vor allem in
bezug auf die Abstammung des Menschen. Sein eigenes Arbeitsgebiet war sehr weit
gespannt. Er hat die Abstammung der Vögel von den Reptilien nachgewiesen, veröffentlichte bahnbrechende Untersuchungen auf dem Gebiet der vergleichenden Anatomie, zu deren ersten Pionieren er gehört, und schrieb ein ausgezeichnetes Werk
über Physiologie. Neben seiner Forschertätigkeit beschäftigte sich Huxley mit pädagogischen Fragen und führte eine völlig neue Methodik des Biologieunterrichts an
den englischen Universitäten ein. Der vielseitige Mann war nacheinander Marinearzt, Hochschullehrer, Berater der obersten Schulbehörde, Fischereiinspektor und
Mitglied des Geheimen Rates der englischen Regierung. Die von ihm verfaßten
Schriften umfassen neun inhaltsreiche Bände, sie enthalten neben rein wissenschaftlichen Arbeiten auch zahlreiche pointiert geschriebene Beiträge, mit denen sich
Huxley erfolgreich für die Popularisation der Naturwissenschaften eingesetzt hat.

14. IV. 1629 — 8. VII. 1695 **CHRISTIAN HUYGENS**

Den „genialsten Uhrmacher aller Zeiten" hat man den vielseitigen niederländischen Naturforscher Christian Huygens nach
der Erfindung der Pendeluhr 1657 genannt. Es war die erste
Uhr, die so genau ging, daß man sie für wissenschaftliche, vor
allem astronomische Zwecke verwenden konnte, ein Ergebnis
umfassender Forschungen, bei denen Huygens das Wesen der
Drehbewegung, die Gesetze des Stoßes und der Fliehkraft ergründet hatte. Auch mit optischen Fragen hat Huygens sich
beschäftigt; es gelang ihm eine Verbesserung der Okulare von
Fernrohren, welche die Grenzen des Weltalls für die Beobachtung wesentlich erweiterten. 1659 konnte er als erster einen
Mond des Saturns und den diesen Planeten umgebenden, freischwebenden Ring beobachten. Huygens ist der Schöpfer der Wellentheorie des
Lichtes, nach der das Licht eine Wellenbewegung des den ganzen Raum erfüllenden
Lichtäthers sein soll. Mit dieser Theorie konnten Erscheinungen wie die Interferenz,
d. h. das gleichzeitige Zusammentreffen mehrerer Wellen, die sich gegenseitig auslöschen oder verstärken, die Lichtbeugung, also die Abweichung eines Lichtstrahles
von der geradlinigen Bewegung, und die Polarisation des Lichtes durch Doppelbrechung in Kristallen erklärt werden. Heute schreibt man dem Licht eine Doppelnatur zu, nach der es sich einmal wie ein Wellenvorgang, zum andern wie ein Strom
kleinster Teilchen (Lichtquanten) verhält. Diese Auffassung ergab sich durch die
Quantentheorie Max Plancks 1900, nach welcher die Atome Strahlungsenergie nicht
stetig, sondern stoßweise in bestimmten Quanten, d. h. Mengen von Energieteilchen,
abgeben. Huygens benutzte als erster die Dunkelfeldbeleuchtung beim Mikroskop,
auch als Mathematiker hat der geistvolle Forscher Bedeutendes geleistet.

IBN SAUD 24. XI. 1880 — 9. XI. 1953

Im Herzen der arabischen Provinz Nedschd liegt Riad, die Geburtsstadt Ibn Sauds, des „größten Arabers seit dem Propheten". In diesem religiösen Zentrum der Wahhabiten, einer islamitischen Erneuerungsbewegung, in der Musik, Alkohol, Schmuck und aller Luxus verpönt waren, wuchs Ibn Saud als Sohn eines stolzen Fürstengeschlechtes auf. Nach einer der zahlreichen Stammesfehden mußte seine Familie ins Exil gehen. Die vierzig Monate, die Ibn Saud in der Verbannung lebte, machten aus ihm einen gefürchteten und geachteten Wüstenkrieger. Als der erbitterte Kampf der europäischen Großmächte um das persische Öl begann, fand Ibn Saud Aufnahme bei dem Herrscher der Hafenstadt Kuweit. Dort entwickelte sich eine andere Seite seines Charakters, er wurde zu einem Politiker, der alle Kunstmittel der orientalischen Diplomatie beherrschte. Mit 20 Jahren, im Sommer 1901 brach er mit 32 Mann auf, um seine Vaterstadt Riad zurückzuerobern. Der abenteuerliche Handstreich gelang, und von Riad aus erweiterte Ibn Saud in zähen Kämpfen sein innerarabisches Reich. Seine kriegerische Erfahrung und sein unerschütterlicher Glaube an die göttliche Vorsehung halfen Ibn Saud bei dem fast unmöglichen Versuch der Einigung der arabischen Stämme. In den beiden Weltkriegen blieb er solange wie möglich neutral und ließ sich seine Neutralität hoch bezahlen. Die „Hilfsgelder" und die gewaltigen Einnahmen aus den Ölvorkommen in der Wüste verwendete er zur Anlage neuer Dorfsiedlungen, zu Brunnenbohrungen, Straßenbauten und zur Modernisierung und Ausrüstung seines Heeres. Er nahm den Titanenkampf gegen die Wasserlosigkeit und die Armut in der Wüste auf. In der technischen und wirtschaftlichen Entwicklung des Landes sah er den besten Weg, sein Reich, das nur um ein Drittel kleiner als Europa ist, zu sichern.

HENRIK IBSEN 20. III. 1828 — 23. V. 1906

In dem vielfältigen und widerspruchsvollen Werk des norwegischen Dramatikers Henrik Ibsen spiegelt sich die gesamte geistige Welt des 19. Jahrhunderts: die Überspitzung des Nationalismus und des Individualismus, der religiöse Skeptizismus, der gesellschaftliche Verfall, die Auffassung, daß die Literatur nur dazu da sei, Probleme zu erörtern, aber auch der Kampf gegen Konvention und unechte Moral, das Erwachen des sozialen Gewissens, die Frauenbewegung, die Bereicherung des Lebens durch Forschung und Technik und die psychologische Ergründung des Menschen. Ibsens Dramen – von der „Komödie der Liebe" über „Brand", „Nora", „Stützen der Gesellschaft", „Gespenster" und „Die Wildente" bis zu „Rosmersholm" „Die Frau am Meer", „John Gabriel Borkmann" oder „Baumeister Solneß" – sind wechselnd vom Realismus, Naturalismus und Symbolismus getragen und bringen vielfach neue, für die gesamte europäische Literatur anregende Bewegung in diese Strömungen. Aber auch die Romantik wirkt in einigen seiner Werke nach: die Sehnsucht nach alter Größe in der „Nordischen Heerfahrt", die Poesie des Volksliedes im „Fest auf Solhaug" und die Märchenmystik in dem ursprünglich polemisch gemeinten Nationaldrama „Peer Gynt", dem volkstümlichsten Werk des Dichters. – Henrik Ibsen hatte nach der Apothekerlehre aus eigener Kraft studiert und als Theaterleiter in Bergen die Bühnenpraxis kennengelernt. Am „Norwegischen Theater" in Oslo gescheitert, hielt er sich 27 Jahre im Ausland auf, meist in Deutschland; erst 1891 kehrte er in die Heimat zurück. Sein bester Freund, Björnson, spöttelte mitunter über seine „Konsequenz-Trunkenheit", sein „Exerzieren und Manövrieren mit Gedanken". Für Ibsen selbst war die Dichtkunst: „Dunkler Gewalt Spuk bekämpfen in sich" und „Gerichtstag halten über das eigene Ich".

19. IV. 1759 — 22. IX. 1814   A. W. IFFLAND

August Wilhelm Iffland war nicht nur einer der größten deutschen Schauspieler, sondern auch ein ungewöhnlich erfolgreicher Bühnenautor. Die erste Sammlung von Ifflands Schauspielen, von ihm selbst besorgt, erschien 1798–1802 zu Leipzig und Berlin in 18 Bänden. Goethe, der in Iffland mehr den bezwingenden Mimen als den Dramendichter schätzte, verschmähte es trotzdem nicht, ein Vorspiel zu einem der meistgespielten Stücke Ifflands, dem „Hagestolz", zu schreiben. Die dramatische Dichtung Ifflands ist vor allem durch eine geschickte Anlage der Fabel, eine routinierte Dialogführung und die Kunst, mit wenig äußeren Mitteln echte theatralische Effekte zu erzielen, gekennzeichnet. Als Schauspieler wirkte Iffland vor allem durch seine großen, ungemein ausdrucksvollen Augen. Er war von untersetzter Gestalt, die Stimme nicht volltönend, aber unvorstellbar weich und biegsam. Der bedeutende Charakterdarsteller wurde im Hannoverschen als Sohn wohlhabender Eltern geboren. Im Jahre 1777 verließ er das Elternhaus und begab sich nach Frankfurt; weder dort noch in Hanau und Kassel, wo er es gleichfalls versuchte, fand er die erhoffte Anstellung. Erst der Schauspieldirektor Eckhoff erkannte die Begabung des Jünglings und nahm ihn in sein Ensemble auf. Am 15. März 1777 betrat Iffland in Gotha erstmals die Bühne. Die nachfolgenden Stationen seines Wirkens, von wachsendem Erfolg begleitet, waren Mannheim, wo Iffland der erste Franz Moor in Schillers „Räubern" war, und Berlin, das ihm 1811 die Generaldirektion der königlichen Schauspiele übertrug. Eine Brustwassersucht, von der er vergeblich Heilung im schlesischen Badeort Reinerz suchte, brachte den zu frühen Abschluß eines reichen Lebens.

Um 2650 v. Chr.   IMHOTEP

Eine kurze Wegstrecke von Kairo, der Hauptstadt des modernen Ägypten, entfernt, liegen die Ruinen von Memphis, der ersten Metropole des Pharaonenreiches. Diese Stadt wurde das Zentrum einer blühenden Kultur. Eine Dynastie, die fast tausend Jahre nach der Gründung der Stadt in Memphis regierte, begann mit dem Bau jener riesenhaften Grabdenkmäler, die sich stufen- und pyramidenförmig zum gelben Wüstenhimmel erhoben. In der Totenstadt bei Memphis steht als kolossales Denkmal dieser Zeit die gewaltige Stufenpyramide des Königs Djoser — eines kraftvollen Herrschers, der um 2650 v. Chr. über Ober- und Unterägypten gebot. Mit der Stufenpyramide Djosers ist untrennbar der Name des großen ägyptischen Baumeisters und Gelehrten Imhotep verbunden. Vieles ist Legende und von den Schleiern der Jahrtausende verhangen, aber das, was wir wissen, ist genug, um zu erkennen, daß Imhotep eine der großartigsten Gestalten des alten Ägyptens war. Er war Hohepriester von Heliopolis, ein Anbeter der Sonne, Staatsmann und Berater des Pharaos. Er gilt als der Architekt der Stufenpyramide, als der Mann, der die Gleitbahnen, Hebel, schiefen Ebenen und Werkzeuge erfand, mit denen die ersten Pyramiden errichtet wurden. Er war auch der Begründer der ägyptischen Gelehrtenliteratur, Dichter, Philosoph, Astrologe und Magier. Am höchsten soll ihn das Volk um seiner medizinischen Kenntnisse willen gerühmt haben. Mehr als vierzig dahinströmende Jahrhunderte haben das Andenken an diesen Genius der Frühzeit nicht löschen können. Seit der Perserzeit — zweitausend Jahre nach Imhoteps Tod — verehrte ihn Ägypten als Halbgott. Der Spaten des Forschers hat zahlreiche Statuen aus dem Wüstensand ans Tageslicht gefördert, die ihn als Priester, der in einer Papyrusrolle liest, darstellen.

KARL IMMERMANN   24. IV. 1796 — 25. VIII. 1840

Mit seinem zeitkritischen Roman „Münchhausen" hat Karl Leberecht Immermann der poetischen Darstellung modernen Lebens Bahn gebrochen. Allein deshalb verdient es der Dichter, einer unberechtigten Vergessenheit entrissen zu werden. Als Dramatiker ist Immermann vornehmlich mit „Kaiser Friedrich II." an die Öffentlichkeit getreten. Lesenswert bleiben auch das komische Heldengedicht „Tulifäntchen" und das phantastische Mysterium „Merlin". — Immermann stammt aus Magdeburg, wo er am 24. April 1796 geboren wurde. Der Hallenser Rechtsstudent meldete sich, als Napoleon 1815 von Elba zurückgekehrt war, zu den preußischen Fahnen und nahm an den Schlachten von Ligny und Waterloo teil. Nach Abschluß des Studiums Referendar in Aschersleben und 1819 Auditeur in Münster, lernte er in der westfälischen Hauptstadt die Gräfin Elisa von Ahlefeldt, die später geschiedene Gattin des Freischarführers von Lützow, kennen und lieben. Die Geliebte folgte dem Dichter 1824 in die Heimatstadt Magdeburg, wo Immermann als Kriminalrichter tätig war, und 1827 nach Düsseldorf. Den Bruch des engen Verhältnisses brachte erst Immermanns Vermählung mit einer Enkelin des Kanzlers Niemeyer aus Halle. In Düsseldorf arbeitete der Dichter an einer stilistisch vollendeten Übersetzung von Walter Scotts „Ivanhoe" und an einer Reihe großer Pläne. Er beabsichtigte eine Neugestaltung des Liebesepos „Tristan und Isolde" und eine Herausgabe seiner „Memorabilien". Auch eine Überarbeitung des bereits 1835 abgeschlossenen Romans „Epigonen" faßte Immermann ins Auge. Eine tückische Krankheit, der er am 25. August 1840 in der Rheinstadt erlag, entwand ihm die Feder. Der bei aller Kritik nie verletzend wirkende Dichter, persönlich von gewinnender Liebenswürdigkeit, zählt zu den sympathischsten Gestalten im deutschen Literaturbereich.

JEAN AUGUSTE INGRÈS   29. VIII. 1780 — 14. I. 1867

Jean Auguste Dominique Ingres, dessen Kunst bis heute die französische Malerei beeinflußte, hat einmal gesagt: „Ich bin unbeugsam und unfähig zu jeder Art von Entgegenkommen für den allgemein herrschenden schlechten Geschmack." Dieses Bekenntnis ist charakteristisch für den Meister der strengen Form und der sehr betonten Linienführung der Zeichnung. Ingres löste die französischen Maler der ersten Hälfte des 19. Jahrhunderts von den starren Regeln des Klassizismus, hielt aber ebenso Abstand von der blühenden Farbigkeit der Romantik. Die klare, ausgewogene Modellierung, die Reinheit und Richtigkeit der Linienführung und der würdige Ausdruck waren seine Ideale. Er erreichte sie nicht so selbstverständlich wie sein Vorbild Raffael, sondern in deutlich bewußtem Suchen und Ringen, wodurch die Unmittelbarkeit der Erfindung und der Ausdrucksgebung in seinen Bildern nicht spürbar werden. Unter der Sorgfalt seines Arbeitens litt die künstlerische Aussage. Zwei langjährige Aufenthalte in Italien, zeitweilig (1834–1841) als Direktor der französischen Akademie in Florenz, sind bestimmend für seine Entwicklung geworden. Ingres' bevorzugte Themen waren nackte menschliche Körper, und zwar aus der vaterländischen Geschichte („Ludwig XIII."), aus der antiken Sage („Jupiter und Thetis", „Achill und die Abgesandten Agamemnons", „Oedipus und Sphinx") und aus der Religion und Religionsgeschichte. Unmittelbar sinnliche und seelische Durchdringung der Form gelang Ingres als Porträtmaler in Werken wie „Bertin", „Ferdinand Philipp von Orléans", „Madame de Senonnes" und einigen Selbstbildnissen. Mit seinen Bleistift-Porträtskizzen erwies er sich zudem als der hervorragendste Zeichner seiner Zeit. Auf diesem Gebiet hat er noch Picasso nachhaltig beeinflußt. Das Ingres-Museum von Montauban bewahrt einen großen Teil seines künstlerischen Erbes.

7. VII. 1752 — 7. VIII. 1834   **JOSEPH-MARIE JACQUARD**

Ohne Unterricht und bei harter Arbeit wuchs der Erfinder des Jacquard-Webstuhles, Joseph-Marie Jacquard, als Sohn einer armen Weberfamilie in Lyon auf. Er hatte sich selbst das Lesen und Schreiben beigebracht und seinen Geist geschult. Der Jacquard-Webstuhl, der das Weben verschiedener Muster in kürzester Zeit ermöglichte, war das Ergebnis einer mühevollen Entwicklung, in deren Verlauf Jacquard zunächst wichtige Verbesserungen des einfachen Zugwebstuhles gelungen waren. 1790 hatte er die Latzenzugmaschine geschaffen. Bis dahin mußte jeder Webstuhl von einem Weber und einem Ziehjungen bedient werden; jetzt wurde der Ziehjunge überflüssig. Trotz vieler Enttäuschungen und einer drückenden Armut baute Jacquard ein verbessertes Modell, das 1801 mit einer Bronzemedaille ausgezeichnet wurde. Später gewann er den Preis der Society of Arts für eine Maschine zur Herstellung von Fisch- und anderen Netzen. Diese Erfindung brachte ihm in Paris ein Patent und eine Anstellung beim Conservatoire des Arts et Métiers, dem technischen Museum, ein. 1805 vollendete er, wieder in Lyon, den Jacquard-Webstuhl, der durch ein Band von Pappkarten, die nach einem bestimmten Muster gelocht werden, die Bewegungen so steuert, daß die schwierigsten Muster schnell und mühelos hergestellt werden können. Nie hat Jacquard diese umwälzende Erfindung patentieren lassen, aber ein kaiserlicher Erlaß befahl, daß die Stadt Lyon die Erfindung gegen die Zahlung einer jährlichen Rente von 3000 Francs vom Erfinder erwerben müsse. Außerdem sollten ihm für jeden Jacquard-Webstuhl einmalig 50 Francs gezahlt werden. Jacquard wurde weltberühmt. Viele Auszeichnungen, auch das Kreuz der Ehrenlegion, sind ihm zuteil geworden. Seine Erfindung hat ihren Wert bis heute behalten.

11. VIII. 1778 — 15. X. 1852   **FRIEDRICH LUDWIG JAHN**

Friedrich Ludwig Jahn, der „Turnvater" des deutschen Volkes, wurde in einem dörflichen Pfarrhaus am 11. August 1778 in Lanz in der märkischen Prignitz geboren. Nach der Schulzeit in Salzwedel und im Grauen Kloster zu Berlin studierte er nach des Vaters Willen in Halle und Göttingen Theologie und beschäftigte sich mit Sprachwissenschaft. Als Hauslehrer in Greifswald lernte er Ernst Moritz Arndt kennen. In Jena, wo er sich zu habilitieren gedachte, arbeitete er an seinen Werken „Die Bereicherung des deutschen Sprachschatzes" und „Deutsches Volkstum". Als 1806 der Krieg Napoleons gegen Preußen ausbrach, meldete er sich zu den Fahnen, wurde aber irrtümlich als französischer Spion verhaftet und festgehalten. Nach dem Krieg ging er als Hilfslehrer des Köllnischen Gymnasiums nach Berlin. Im Jahre 1811, in Preußens schwerer Zeit, eröffnete er in der Hasenheide den ersten Turnplatz. Durch körperliche Übungen und Abhärtung sollte die Jugend zu Selbstbewußtsein und Härte erzogen werden. Demselben Zweck dienten Aufrufe und Schriften, die seinen Namen bald bekannt machten. 1813 trat er als Freiwilliger in das Lützowsche Freikorps und führte als Kommandeur ein Bataillon der „Schwarzen Schar". Nach der Niederwerfung Napoleons widmete er seine Arbeitskraft der von ihm gegründeten „Berlinischen Gesellschaft für deutsche Sprache" und dem Ausbau der Turnbewegung. Dann traf auch ihn wie viele andere der Bannstrahl der Reaktion. Jahn wurde als gefährlicher Demokrat und Aufwiegler verhaftet und zu zweijähriger Festungshaft verurteilt. Über 10 Jahre lebte er anschließend unter dem Druck der preußisch-reaktionären Polizei. Seine späteren Versuche, erneut Einfluß auf das politische und öffentliche Leben zu nehmen, mißlangen.

KARL JASPERS   23. II. 1883 - 26. II. 1969

Die Angst, so sagt der Existenzphilosoph Martin Heidegger, stellt den Menschen vor das Nichts; in dieses „hineingehalten", ist er los von allem Sein und also frei, sich selbst das Dasein zu bestimmen. Auch nach den Denksätzen des Psychiaters und Philosophen Karl Jaspers, der seine Anschauung vom Menschen und dessen Verantwortung vor der Überzeitlichkeit auf medizinische Einsichten gründet, erscheint das Ich in bodenlose Leere gestoßen; das Nichts ist jedoch für Jaspers nur der Engpaß, durch den der Weg in ein allübersteigendes Sein im Angesicht der Gottheit mündet. Ungeachtet dessen muß jedes Dasein letztlich an den Erfahrungen von Leid, Schuld und Tod scheitern. Daß die Daseinsform der wahren Wirklichkeit nicht die Dauer, sondern das Vergeben ist, trifft den Menschen wie ein Hinweis auf das undeutbare Grundwesen des Seins. Wer Tod und Schuld nicht wahrhaben will und die Fortdauer eines durch keinerlei Sinnwidrigkeit in Frage gestellten Lebens ersehnt, der schlösse zugleich mit der Möglichkeit des Scheiterns die Gottheit selbst aus. Jaspers glaubt an eine Gottheit: namenlos, dunkel und vieldeutig; sie kann uns in Zeichen und Winken ansprechen, verweist hingegen stets auf unsere ursprüngliche Freiheit, für oder gegen das Gute zu entscheiden. Karl Jaspers, der seit 1948 in Basel wirkt, wendet sich damit gegen nihilistische und skeptische Versuche zur Auflösung des Glaubens; er lehnt zugleich aber eine „Verdinglichung Gottes zu einer partikularen Gestalt" ab und auch alle Vorstellungen von einem weltähnlichen Jenseits. Inwieweit der bedeutende Denker in seiner Stellung zwischen dem christlichen Offenbarungsglauben, den er „verfälschendes Menschenwerk" nennt, und den trennenden Massenideologien von heute einen echten Auftrag erfüllt, kann die Zukunft erweisen.

JEAN JAURES   3. IX. 1859 — 30. VII. 1914

Der Lyzeallehrer in Albi und spätere Professor für Philosophie an der Universität Toulouse, schon in jungen Jahren in das Parlament gewählt, erblickte in der Politik die hohe ethische Aufgabe, dem Volk Frieden und Freiheit zu bewahren und das Nationaleinkommen mit höchstmöglicher Gerechtigkeit zu verteilen. Er erntete jedoch für seine aufopferungsvolle Tätigkeit nur Undank. Die Angriffe auf Jaurès begannen, als sich der Abgeordnete leidenschaftlich für eine Rehabilitierung des wegen vorgeblicher Spionage verurteilten Dreyfus einsetzte, dessen Affäre in der erhitzten Atmosphäre des damaligen Frankreichs zu einer schweren inneren Krise führte. Wenige Jahre später erregte Jaurès das Mißfallen der imperialistischen Kreise um Clemenceau, als er eindringlich vor dem Marokko-Abenteuer warnte. Der Ruf blieb ungehört. Frankreich benutzte ein Schutzansuchen der französischen Kolonie in Fez, um das Land des schwachen Sultans Abd-el-Aziz 1911 militärisch zu besetzen. Bitter sollte sich das Wort des Warners bewahrheiten, die Eroberung werde „teuer in Francs und noch teurer in Menschenleben zu stehen kommen". Der Kampf der revanchelüstern nach Elsaß-Lothringen blickenden Parteien setzte in voller Härte ein, als Jaurès, seit 1903 Vizepräsident der Abgeordnetenkammer, für ein Europa in Frieden und sozialer Gerechtigkeit eintrat, das sich auf die gegenseitige Achtung vor den nationalen Eigenheiten gründe. Als der gemäßigte Sozialist sich nicht scheute, auch auf deutschem Boden in einem Kongreß für seine Idee einzutreten, wurde er haßvoll beschuldigt, gemeinsame Sache mit dem angeblich frankreichfeindlichen Kaiser-Deutschland zu machen. Tragisch vollendete sich das Schicksal des großen Europäers und Franzosen. Am 30. Juli 1914 wurde Jaurès im Pariser Café Croissant von einem Fanatiker erschossen.

21. III. 1763 — 14. XI. 1825 JEAN PAUL

Gleichzeitig mit den Großen der deutschen Klassik und Romantik lebend, stand Jean Paul Friedrich Richter außerhalb beider Strömungen, als einer der glänzendsten, originellsten und fruchtbarsten Geister jener Zeit. Er schöpfte als Dichter aus den tiefsten Quellen deutschen Gemütes und Humors und verband weltweites, überlegenes Denken mit echter Religiosität. Für ihn führte die Kunst nicht ein in sich abgeschlossenes Eigendasein neben dem eigentlichen Leben, er sah in ihr vielmehr die Erhöhung des gesamten Menschenwesens, den Ausdruck vertiefter Lebenskraft, die auch das Leid bejaht und überwindet, und den fortwährenden Erweis des Unsterblichen. Jean Paul lebte und litt mit seiner Zeit, die er mit weitschauenden politischen Schriften wie „Friedenspredigt für Deutschland" und „Dämmerungen für Deutschland" aufrüttelte. Wir verdanken ihm die schönste, überzeitlich gültige und am wenigsten schulmeisterliche deutsche Erziehungslehre, die „Levana". Und wenn auch die Lektüre seiner Erzählungen — etwa des gewaltigen Bildungsromans „Titan", der liebenswürdigen „Flegeljahre", des feinsatirischen „Siebenkäs" oder der heiteren Charakterstudie „Schulmeisterlein Wuz", „Des Feldpredigers Schmelzle Reise nach Flätz", „Dr. Katzenbergers Badereise" u. a. — durch Abschweifungen, witzige Schnörkel und Anspielungen auf damalige Zeitverhältnisse etwas erschwert wird, so wird das durch den farbigen Zauber der Darstellung und Phantasie, die einzigartige Sprachgewalt und die Fülle der Lebensweisheit reichlich aufgewogen. Zwischen Wunsiedel im Vogtland und Bayreuth spann sich das Leben dieses Dichters, über den Ludwig Börne in seinem berühmten Nachruf sagte: „Er aber steht geduldig an der Pforte des 20. Jahrhunderts und wartet lächelnd, bis sein schleichendes Volk ihm nachkomme."

2. IV. 1743 — 4. VII. 1826 **THOMAS JEFFERSON**

Dem Kabinett des ersten amerikanischen Präsidenten Washington gehörten zwei Männer an, die mit ihren Ideen und Forderungen die Politik und Kultur der Vereinigten Staaten bis zum heutigen Tage beeinflußt haben. Hamilton, der Gegenspieler Jeffersons, glaubte an die Macht und die Weisheit der Wenigen, während Jefferson in der Vernunft und der Einsicht der Wählermassen das tragende Element des Staates sah. Jeffersons Lebenswerk galt der Schaffung gleicher Möglichkeiten und Chancen für alle Amerikaner. Als Schöngeist und Schriftsteller verfügte er über eine glänzende Feder, mit der er in Büchern, Zeitungen und Zeitschriften seine Ideen propagierte. Seine außenpolitischen Forderungen fanden ihren Niederschlag in der von ihm verfaßten Unabhängigkeitserklärung der Vereinigten Staaten, innenpolitisch forderte er eine möglichst dezentralisierte Regierung, die sich auf den „kleinen Mann" stützen sollte. Bei der Präsidentschaftswahl im Jahre 1800 stimmten die Volksmassen für ihn und die von ihm gegründete Republikanische Partei. Sein Verdienst ist es, die große Westkolonisation Nordamerikas vorangetrieben zu haben. Eine erstaunliche Einfühlungsgabe in die Massenseele machte Jefferson zu einem erfolgreichen Innenpolitiker. Außenpolitisch hat er manchen Fehlschlag erlitten. Ein Handelsverbot in der wirtschaftlichen Auseinandersetzung mit England und Frankreich wurde zu einem Mißerfolg, der den Glanz seiner ersten vier Präsidentschaftsjahre verdunkelte. Die Worte seiner Antrittsrede, in der er sagte, daß „er eine weise und sparsame Regierung anstrebe, welche die Menschen davon abhält, einander zu schädigen und ihnen im übrigen die Freiheit läßt, ihren eigenen Fleiß und Fortschritt zu regeln", können auch heute noch als die Grundregeln für ein gutes demokratisches Staatswesen gelten.

EDWARD JENNER 17. V. 1749 — 26. I. 1823

„Von der Liebe und den Blattern wird keiner verschont" — mit diesem Spruch suchte man sich früher darüber hinwegzutrösten, daß es gegen die gefürchteten Pocken kein zuverlässiges Schutzmittel gab. Aber damit wollte sich der junge Engländer Edward Jenner nicht abfinden. Der Pfarrerssohn aus dem kleinen Dorf Berkeley bei Bristol war Schüler des großen englischen Arztes John Hunter (1728–1793) gewesen und hatte sich 1773 in seinem Heimatort als Wundarzt niedergelassen. Damals versuchte man, die Blattern durch Impfung mit abgeschwächtem Pockeneiter zu bekämpfen, aber dieses Verfahren war unsicher und gefährlich. In seiner Landpraxis hörte Jenner von dem alten Volksglauben, daß eine Erkrankung an den harmlosen Kuhpocken vor den echten Blattern schütze. Das hatte bisher kein Arzt ernst genommen, da ein solcher Zusammenhang zwischen Krankheiten des Menschen und der Tiere als unmöglich galt. Der unbekannte Landarzt glaubte nicht an dieses „Unmöglich". Jahre hindurch prüfte er das Problem mit äußerster Genauigkeit und war schließlich seiner Sache so sicher, daß er ein Experiment am Menschen wagen konnte. Am 14. Mai 1796 impfte er einen achtjährigen Knaben mit Kuhpocken, wenige Monate später mit echten Pocken. Der Junge blieb gesund, er war durch die erste Impfung gegen die zweite immun geworden. Weitere Versuche führten zum gleichen Ergebnis. Noch einmal mußte Jenner einen harten Kampf führen, diesmal um die Anerkennung seiner großen Entdeckung. Schließlich setzte er sich durch, die neue Impfmethode wurde allgemein eingeführt —, und damit verloren die Pocken ihre Schrecken. Heute sind sie in den meisten Kulturstaaten keine Gefahr mehr.

JOHANN VON ÖSTERREICH 24. II. 1547 — 1. X. 1578

Das Leben Johannes' von Österreich, der sich selbst meist Don Juan d'Austria nannte, war eine kurze, steile und helleuchtende Bahn, und seine Gestalt blieb den Völkern weit über ihre historische Bedeutung hinaus in einer tragischen und wehmütigen Art in Erinnerung. Schon äußerlich machte ihn die Natur zum vorbestimmten Gegenstand der Verehrung — hochgewachsen, mit kühnem Antlitz, von leutseligem, adeligem Verhalten und stets bewiesener Tapferkeit. Er war das Gegenteil von seinem regierenden Halbbruder, dem strengen, düsteren König Philipp II. von Spanien. Das Schicksal hatte den strahlenden Helden an die zweite Stelle im Reiche erhoben. Geboren als der illegitime Sohn Kaiser Karls V. und der schönen Regensburger Bürgerstochter Barbara Blomberg, erzogen in Gemeinschaft mit dem spanischen Infanten Don Carlos und ein Liebling des alten Kaisers, konnte er doch nie auf eine Krone hoffen und blieb für seinen Bruder ein Gegenstand der Eifersucht und Befürchtungen. Johann von Österreich wurde General und Admiral und schlug in glänzenden Waffentaten die aufrührerischen Mauren bei Granada. Im Jahre des großen Türkensturmes 1571 einigten sich die widerstrebenden Seemächte des Mittelmeeres auf ihn als Oberbefehlshaber; er siegte bei Lepanto; dann folgte der Sturm auf Tunis. Eilends schickte ihn einen Befehl des Königs Philipp II. in die unruhigen Niederlande, wo er versuchte, durch die Verbindung hervorragend geplanter militärischer Operationen mit versöhnlicher Verhandlungstaktik den Frieden herzustellen. Da er allzu erfolgreich war, befürchteten die Räte des Königs seine gewaltsame Inthronisation in den Niederlanden. Als er überraschend am 1. Oktober 1578 starb — an der Pest, wie es hieß —, flackerte das Gerücht auf, er sei vergiftet worden.

20. I. 1782 — 10. V. 1859   **ERZHERZOG JOHANN**

Die Ereignisse des Jahres 1848 entrissen den Erzherzog Johann von Österreich seinem Stilleben in der friedlichen Steiermark. Johann, der sechste Sohn Kaiser Leopolds II., war bisher politisch nicht hervorgetreten und als Heerführer wenig erfolgreich gewesen. Nach der Niederwerfung Österreichs durch Napoleon hatte er ein zurückgezogenes Leben für die Künste und Wissenschaften, die Pflege der Landwirtschaft und Forstkultur geführt. Seine Arbeit an dem großen Friedenswerk der kulturellen Entwicklung der österreichischen Gebirgsländer wurde nur von gelegentlichen Studienreisen ins Ausland unterbrochen. Durch seine gemeinnützigen Unternehmungen, seine Anteilnahme und das tiefe Verständnis für seine Landsleute erwarb er sich hohe Sympathien beim Volke. Der Kaisersohn liebte es, Sänger- und Schützenfeste zu veranstalten oder in Graz Versammlungen von Naturforschern und Landwirten zu präsidieren. Zahllose Lieder feierten in Steiermark und Tirol den „Herzog Hannes". Seine romantische, morganatische Ehe mit der Postmeisterstochter Anna Plochl verstärkte sein Ansehen beim Volke. Als die Deutsche Nationalversammlung der Paulskirche zu Frankfurt/Main ein Oberhaupt für die provisorische Zentralgewalt suchte, wandte sie sich an Erzherzog Johann. Von seinem populären Namen und seiner bewiesenen Liberalität wurde viel erwartet zur Versöhnung und Vermittlung der unruhigen politischen und revolutionären Kräfte. Nachdem er zunächst in Wien die Entlassung des verhaßten Fürsten Metternich bewirkt hatte, wurde er in Frankfurt am 27. Juni 1848 zum deutschen Reichsverweser gewählt. Als das junge Parlament dem Druck der reaktionären Mächte weichen mußte, kehrte Erzherzog Johann in seine geliebte Steiermark zurück.

2. VI. 1624 — 17. VI. 1696   **JOHANN III. VON POLEN**

Der strahlende, tapfere Barockfürst ist dem Abendlande vor allem durch seine entscheidende Rolle bei der Befreiung Wiens von der türkischen Belagerung Anno 1683 im Bewußtsein geblieben. Um die Mitwirkung der berühmten polnischen Reitergeschwader bei der Entsatzschlacht sicherzustellen und weil König Johann der Ranghöchste unter den beteiligten Fürsten war, wurde er mit dem Oberbefehl betraut. Er führte den rechten Flügel, dem der Durchbruch durch die Janitscharentruppen Großwesirs Kara Mustapha und damit die Einleitung des Sieges gelang. Am Abend nach dem feierlichen Einzug ins befreite Wien schrieb der König an seine Gemahlin Maria Kasimira: „Jedermann hat mich geherzt und geküßt und seinen Erlöser genannt. Hierauf habe ich zwei Kirchen besucht, wo ich ebenfalls nicht wenig Leute angetroffen, die sich müheten, mir Hände, ja, Füße und Kleider zu küssen, die meisten mußten zufrieden sein, wenn sie nur den Rock anrühren konnten . . ." Und über das Ausmaß des Sieges urteilte er: „Unser Herr und Gott sei hochgelobt in Ewigkeit, der unserer Nation solchen Sieg und Ruhm verliehen, dergleichen in ewigen Zeiten niemals gehöret worden!" Tatsächlich übertrieb der König kaum, denn die Niederlage der Türken vor Wien bedeutete einen Wendepunkt: Fortan waren die Türken die Getriebenen und die Christenvölker die Angreifer. Johann III. Sobieski hatte mit dieser Schlacht vor Wien auch seine persönliche Laufbahn gekrönt; denn als Pole war er von Anfang an Todfeind der Osmanen, denen er schon 1674 bei Chotin als Kronfeldherr einen schweren Schlag versetzt hatte. Als er im Mai 1676 durch den Einfluß Frankreichs zum König seines Volkes gewählt wurde, schlug er den türkischen Erbfeind abermals bei Lemberg und erschütterte die Herrschaft des Sultans in der umkämpften Ukraine.

225

FRÉDÉRIC JOLIOT 19. III. 1900 — 14. VIII. 1958

Im Jahre 1935 wurde das Ehepaar Frédéric und Irène Joliot mit dem Nobelpreis für Chemie ausgezeichnet, weil ihnen „eine Synthese von neuen radioaktiven Elementen" gelungen war. Irène Joliot-Curie ist die Tochter der berühmten Forscherin Marie Curie, geb. Sklodowska, die zweimal, 1903 und 1911, für ihre Strahlenforschung und die Entdeckung der Elemente Radium und Polonium den Nobelpreis erhalten hat. Irène Curie setzte die radioaktiven Forschungen der Mutter gemeinsam mit ihrem Gatten fort, der Professor am Radium-Instiut Paris war, demselben Institut, dem sie als Leiterin vorstand. 1932 hat das Ehepaar Joliot, unabhängig von dem englischen Forscher Chadwick, das Neutron entdeckt, ein Materieteilchen von der Masse des Wasserstoffkernes, also eines Protons ohne elektrische Ladung, das als Geschoß für Kernspaltungen wichtig wurde. 1934 beschossen sie Aluminium mit Alphateilchen und gewannen dabei das von Marie Curie entdeckte Polonium, das in Phosphor, das radioaktive Strahlen — Positronen — aussandte, verwandelt wurde. Zum ersten Mal war es gelungen, aus einem nicht radioaktiven Stoff künstlich einen radioaktiven zu erhalten. Die sehr kurzlebigen Positronen sind Materieteilchen von der gleichen Masse wie das Elektron, aber im Gegensatz zu diesem positiv elektrisch geladen. Schon früher hatte man diese Teilchen in der Höhenstrahlung entdeckt. Überall setzten nun Untersuchungen ein, die zur Auffindung einer Fülle von künstlich radioaktiven Erscheinungen führten. Die Kernforschung wurde gewaltig angeregt und erreichte einen entscheidenden Höhepunkt, als es den deutschen Forschern Hahn und Straßmann gelang, die Kettenreaktion des Urans zu finden, die am Beginn des Atomzeitalters steht.

JOSEPH II. 13. III. 1741 — 20. II. 1790

Am 13. März 1741 schenkte die österreichische Kaiserin Maria Theresia dem sehnlichst erwarteten Sohn und Erben das Leben. In einer Zeit schwerer politischer Not knüpften sich an das Dasein des jungen Thronfolgers große Hoffnungen und Wünsche. Nicht alle sollten in Erfüllung gehen. Nach dem Tode seines Vaters 1765 wurde Joseph zum Mitregenten ausgerufen, nachdem er bereits im Frühjahr 1764 zum römischen König gewählt worden war. Der Sohn der großen Kaiserin war nicht gewillt, sich mit einer rein äußerlichen Ehrenstellung abzufinden. Joseph lebte in den liberalen Anschauungen seiner Zeit, während seine Mutter jeder innerpolitischen Änderung abgeneigt war. Joseph II. war eine dynamische und unausgeglichene Natur. Außenpolitisch dachte er nach dem Verlust von Schlesien keineswegs an Verzicht. Bei der ersten polnischen Teilung sicherte er Österreich wertvolle Landgebiete, verstärkte zugleich aber auch den „kolonialen Charakter" des Habsburger Reiches. Unter Joseph begann die Hinwendung Österreichs zum Balkan und die enge Bindung an Rußland. Das bedeutete eine Entfremdung zwischen den Habsburger Landen und dem Deutschen Reich. Die bedeutendsten Leistungen vollbrachte Joseph II. auf innenpolitischem Gebiet. Mit der Bauernbefreiung, der Grundsteuer- und Justizreform öffnete er sich die Herzen des Dritten Standes. Seinen schwersten politischen Fehler beging Joseph II. durch die schroffe Behandlung der katholischen Kirche, die er zu modernisieren und revolutionieren suchte. Mit kleinlichen polizeilichen Verordnungen griff er in das innerkirchliche Leben und in die Einrichtungen und Gebräuche ein und überschätzte dabei seine eigenen und die Kräfte der Staatsallmacht. Die entstehende Unruhe in verschiedenen Landesteilen erschütterte Österreich.

21. III. 1806 — 18. VII. 1872   **BENITO JUAREZ**

„*Der Präsident, mit breitem, oben flachem, mit schwarzen Strähnen bedecktem Kopf, listigen, kalten Augen und einer blutunterlaufenen Narbe im Gesicht zeigt leidenschaftliche Energie, unbeugsamen Willen und Vertrauen in den Enderfolg.*"

So beschreibt ein Zeitgenosse Benito Juarez, den Präsidenten der Republik Mexiko, den großen Gegenspieler Kaiser Maximilians und der Franzosen. Er war reinblütiger Indianer aus der Provinz Oajaca. Vom armen Maultiertreiberjungen arbeitete er sich bis zum Advokaten empor. Er nahm an zahlreichen Revolutionen teil; 1858 wurde er Präsident der liberalen Regierung Mexikos. Tradition und Reaktion waren stark in einem Lande, das jahrhundertelang spanische Kolonie gewesen war und verlernt hatte, seine Geschicke selber zu bestimmen. Generäle erhoben sich, und das ehrgeizige Frankreich Kaiser Napoleons III. griff ein, um sich am Golf eine Macht zu schaffen. Juarez und seine Getreuen mußten für Jahre als Partisanen in den unwegsamen Hochflächen und in den Schluchten der Berge kämpfen, während es den Truppen des österreichischen Thronanwärters Maximilian gelang, unter französischem Protektorat Fuß zu fassen und den Erzherzog zum Kaiser von Mexiko auszurufen. Als die USA nach dem Bürgerkrieg wieder politisch aktiv wurden, unterstützten sie Juarez mit Waffen und diplomatischen Aktionen. Die Franzosen verließen das Land, die „Juaristas" zogen siegreich in die Städte Mexikos ein. Der Kaiser wurde erschossen. Juarez wurde von dem befreiten Volk zum Präsidenten erhoben. Doch blieb es ihm versagt, seinem Land eine bleibende Ordnung zu geben. Er starb am 18. Juli 1872.

332 — 26. VI. 363   **JULIAN APOSTATA**

Zu Beginn des 4. nachchristlichen Jahrhunderts weiß das von Fiebern und Gefahren durchrüttelte Römerimperium keinen anderen Ausweg mehr, als Frieden zu machen mit den Christen, die es bisher grausam verfolgt hat. Bald aber werden die Verfolgten von gestern zu Verfolgern. Das Heidentum, seine zahlreichen Kulte und Philosophenschulen sehen sich in die Verteidigung gedrängt. In dieser gärenden Zeit wächst Julian, der Neffe Kaiser Konstantins, unter dem Einfluß heidnisch-philosophischer Lehrer heran. Angsterfüllt ist die Jugend des Prinzen, überschattet vom Mord innerhalb der kaiserlichen Familie, bis endlich unter Greueln und Kämpfen Konstantius, der furchtbarste der Konstantinssöhne, die Krone erlangt. Immer in Gefahr, immer bespitzelt, flüchtet sich Julian an die Hohen Schulen Athens, versenkt sich in die Lehren der neuplatonischen Philosophie und der heidnischen Götterlehre. Ein kaiserlicher Befehl schickt den gefährlichen Verwandten ins ferne Gallien, dessen Grenzen von Franken und Alemannen bedroht sind. Julian schlägt die Barbaren zurück und zieht an der Spitze des Heeres als Rebell gegen Konstantinopel; der rechtzeitige Tod des Kaisers macht ihm den Thron kampflos frei. Jetzt glaubt er die Macht zu haben, die ehrwürdige Heidenwelt noch einmal zum Leben zu erwecken. Obwohl das Christentum Staatsreligion ist, werden am Kaiserhof die alten Kulte wieder eingeführt. Allen seinen Versuchen aber bleibt der Erfolg versagt. Angefeindet und als „Apostata", als Abtrünniger, verdammt, erliegt er auf dem Perserfeldzug einem Geschoß, das ihn wie der Richtspruch der Geschichte trifft.

JULIUS II.
5. XII. 1443 — 21. II. 1513

Julius II. ist eine der kämpferischsten Gestalten auf dem Papstthron. Die Zeitgenossen gaben ihm wegen seines aufbrausenden Temperamentes und seiner unbeugsamen Energie den Beinamen „Il Terribile", der Schreckliche. Er war einer jener politischen Renaissancepäpste, die mit den Mitteln des Krieges die souveräne Stellung des Papsttums gegenüber den andrängenden weltlichen Mächten zu erhalten und zu erweitern suchten. Mit 60 Jahren zum Papst berufen, verfolgte er das Ziel, den Kirchenstaat wiederherzustellen und zu sichern. Er entsandte die päpstlichen Truppen gegen die Städte Perugia und Bologna und zwang sie, die päpstliche Herrschaft wieder anzuerkennen. Als Venedig sich weigerte, seine Eroberungen herauszugeben, trat Julius II. der Liga von Cambrai bei, die 1508 zwischen Ludwig XII. von Frankreich und Maximilian I., dem deutschen Kaiser, geschlossen worden war. Dieser Übermacht war Venedig nicht gewachsen. Nach diesem Erfolg änderte der Papst seine Haltung. Im Bunde mit Venedig, der spanischen Krone, den Schweizern und Heinrich VIII. von England wandte er sich gegen die Machtstellung Frankreichs in Oberitalien. Nach anfänglichen Mißerfolgen gelang es den Truppen der „Heiligen Liga", die Franzosen aus Italien zu vertreiben. Julius II. konnte sich rühmen, Italien befreit, den Kirchenstaat wiederhergestellt und die Stellung des Papsttums entscheidend gefestigt zu haben. Rom wurde unter der Herrschaft Julius' II. kultureller Mittelpunkt der Hochrenaissance. Geniale Baumeister, Bildhauer und Maler, wie Bramante, Michelangelo und Raffael, zog er an den päpstlichen Hof. 1506 legte der Papst den Grundstein für den Petersdom. Verhängnisvoll wirkte es sich aus, daß Julius II. den innerkirchlichen Reformen verständnislos gegenüberstand.

ERNST JÜNGER
* 29. III. 1895

Ein „drittes Testament" zu schaffen, ist nach einem eigenwilligen Bekenntnis des Dichters, Pour-le-mérite-Trägers und Offiziers beider Weltkriege Ernst Jünger, die Zukunftsaufgabe der Menschheit. Wie das Alte Testament die große Urkunde vom Menschen als dem Geschöpf Gottes sei und das Neue Testament ihn als Kind Gottes zeichne, so könne man die Kunst des Abendlandes als das Bestreben ansehen, in der Weise der Bibel das Zeitliche in Ewiges zu verwandeln. Jünger gilt als die Leitfigur der heutigen deutschen Literatur zu europäischer Gesinnung und einem kämpferischen freiheitlichen Persönlichkeitsdenken. Er ist der Meister einer streng durchdachten Sprache, die in den Schilderungen der Natur, von Traumbildern und kollektiven Vorgängen höchste Vollendung erreicht. Am Beginn seines Schaffens war Jünger der „heroisch-realistische" Repräsentant eines neuen Nationalismus, einer durchtechnisierten Arbeitswelt, deren gewaltige Selbstoffenbarung der totale Krieg war. Später rang er sich zu einer entscheidend gewandelten Lebensschau durch: „Der Geist ist die ausschließlich dem Menschen zugehörige Waffe". Ernst Jünger ist niemals ein Wegbereiter oder Verfechter des Nationalsozialismus gewesen. Er hat sich von vornherein der 1933 in Deutschland anhebenden Tyrannis versagt und den Kampf gegen den Ungeist aufgenommen. In „Blätter und Steine" zeichnete er die niedere Macht, die von unten her lebt, mit Ironie und Schärfe, so daß seine Freunde für ihn fürchteten. Nach geglücktem Untertauchen in Paris beim Stabe des damaligen Oberst Speidel riet man ihm gegen das zunehmende Mißtrauen von Partei und Oberkommando zu einem „Ausflug" an die Ostfront. Von den Untersuchungen über den 20. Juli 1944 und dem Verhängnis für die Beteiligten, zu denen er gehörte, blieb er wie durch ein Wunder verschont.

12. IX. 1740 — 2. IV. 1817   **HEINRICH JUNG-STILLING**

Jung-Stilling entstammt einem alten Bauerngeschlecht und wurde in dem kleinen Ort Grund in Westfalen geboren. Sein Vater war ein weltabgekehrter Pietist, der den Sohn zwar geistig förderte, zugleich aber den Hang des Jünglings zum grüblerischen Mystizismus verstärkte. Nach Beendigung der Schulzeit wurde Heinrich Jung — wie sein Taufname lautete — zunächst Lehrer in seinem Heimatdorf; als Neunundzwanzigjähriger erst begann er das Studium der Medizin und ließ sich später in Elberfeld als Arzt nieder. Schon nach wenigen Jahren war er durch seine erfolgreichen Staroperationen berühmt geworden. Aber dem vielseitigen Kopf genügte der Arztberuf nicht, er arbeitete intensiv auf dem Gebiet der Finanzwissenschaft und Nationalökonomie. 1778 wurde er Professor an der Kameralschule in Kaiserslautern, wo er neben seiner Lehrtätigkeit eine Reihe von Büchern der Kameralwissenschaft verfaßte. Im Jahre 1806 holte ihn der damalige Kurfürst von Baden nach Karlsruhe und setzte ihm eine Pension aus, die Jung-Stilling — wie er sich als Schriftsteller nannte — ein sorgenfreies Leben ermöglichte. Sein erfolgreichstes Buch „Heinrich Stillings Jugend" ist von Goethe, den er als Student in Straßburg kennengelernt hatte, bearbeitet und herausgegeben worden. Der Verfasser wurde eine europäische Berühmtheit, man ernannte ihn ehrenhalber zum Geheimrat, doch sein schriftstellerisches Talent war nicht stark genug, um sich auf die Dauer durchzusetzen. Bis zu seinem Tode hat der geniale Sonderling zahlreiche weitere Bücher geschrieben, die sich im Rahmen biographischer Berichte vor allem mit religiösen und mystischen Themen befassen. Die künstlerische Leistung seines ersten Werkes hat Jung-Stilling in allen späteren Schriften nicht wieder erreicht.

3. II. 1859 — 3. II. 1935   **HUGO JUNKERS**

„Eisen kann doch nicht schwimmen", hieß es, bevor Stahlschiffe gebaut wurden, und „Eisen kann doch nicht fliegen", sagte man, als Professor Junkers 1914 ein Ganzmetallflugzeug aus Wellblech bauen wollte. Als dann der „Blechesel" bei seinen Probeflügen im Dezember 1915 mit einem 120-PS-Daimler-Benz-Motor eine Geschwindigkeit von 120 km/st erreichte, war das ein bis dahin noch nicht erzielter Rekord. Schon 1916 wurde das Eisenblech durch Duraluminium ersetzt. Mit der „F 13" schuf Junkers auch das erste zweckgebundene Verkehrsflugzeug der Welt, einen Ganzmetall-Tiefdecker mit freitragenden Flügeln, einer viersitzigen Kabine mit bequemen Sesseln und breiten Fenstern. Die von 1930 bis 1933 entwickelte „Ju 52", die „gute Tante Ju", war für viele Jahre das in der Welt am meisten geflogene Flugzeug, und die „G 38" galt lange als das größte Landflugzeug der Erde. Hier waren zum ersten Mal die vier Motoren, die Kraftstoffbehälter und ein Teil der Fluggast- und Fronträume in den Flügeln untergebracht. Mit dieser Maschine war Junkers seinem Ideal, dem Nurflügelflugzeug, das ihm bereits 1910 patentiert worden war, sehr nahe gekommen. 1935 starb Junkers, ein Jahr später wurden seine Flugzeugwerke in Dessau geschlossen. Seine bahnbrechenden Leistungen aber sind genau so in die Geschichte der Technik eingegangen wie sein 1892 entwickelter Gegenkolben-Gasmotor, der die Grundlage für die Einführung des Großgasmotors im Hochofenbetrieb geworden ist, sein Kalorimeter, mit dem man den Heizwert eines Brennstoffes schnell und sicher bestimmen kann, und sein im Zusammenhang hiermit geschaffener Gasbadeofen. Junkers hat auch den Flugzeugmotorenbau befruchtet und 15 Jahre lang an der Technischen Hochschule in Aachen unterrichtet.

JUSTINIAN I.

11. V. 483 — 14. XI. 565

Am 11. Mai 483 wurde Justinian, der spätere Kaiser des Oströmischen Reiches, in der kleinen byzantinischen Stadt Tauretium als Sohn eines Bauern geboren. Ein Onkel, General im kaiserlichen Heer, adoptierte den jungen, genial begabten Verwandten. Dem Adoptivvater gelang es, nach dem Tode des Kaisers Anastasius den Thron von Byzanz zu erobern. Als er nach neunjähriger Regierung starb, folgte ihm sein in allen Staatsgeschäften wohlbewanderter Neffe Justinian auf dem Thron des Oströmischen Reiches. An der Spitze seines Regierungsprogramms standen drei Forderungen: Wiederherstellung der in West- und Ostrom zerfallenen Einheit des Reiches, der Religion und des Rechtes. Dem Waffenhandwerk abgeneigt, hatte er das Glück, über hervorragende Feldherrn zu gebieten. Der Tüchtigste war Belisar, der die Ostgrenze des Reiches gegen die Perser sicherte und den Vandalen Nordafrika entriß. Rom wurde erobert, und damit schien die lange ersehnte und heiß umkämpfte Einheit des Reiches wiederhergestellt. Das nächste Ziel der kaiserlichen Politik war die Herstellung der Einheit des Glaubensbekenntnisses. Die Kirche sollte das feste Fundament des Staates sein. Auf rechtlichem Gebiet schuf Justinian mit dem Corpus Juris ein Werk von unsterblicher Bedeutung. Unter seiner Herrschaft blühten die Künste und Wissenschaften, Byzanz wurde zu der prachtvollen Marmorstadt am Bosporus mit der Hagia Sophia als Mittelpunkt. Die auseinanderstrebenden Kräfte der Zeit aber waren stärker als der Wille eines Kaisers. Am Ende seines Lebens mußte Justinian erkennen, daß er die letzten Ziele nicht erreicht hatte. Reich und Kirche blieben gespalten, nur das große Sammel-Gesetzeswerk des Corpus Juris überdauerte die Jahrhunderte und blieb wirksam bis in unsere Tage.

FRANZ KAFKA

3. VII. 1883 — 3. VI. 1924

Ein Schloß rückt vor dem Wanderer immer weiter zurück, je mehr er sich ihm zu nähern glaubt; — eines Morgens wird ein Mann von einer Behörde verhaftet, aber diese Festnahme hindert ihn nicht in der Freiheit seiner Bewegung; — ein Geschäftsreisender erlebt seine Verwandlung in einen scheußlichen Käfer, der, vom Ekel der Familie verfolgt, an Hunger eingeht und auf einer Schaufel zum Fenster hinausgeworfen wird. Das sind drei willkürlich gewählte Begebnisse aus der dichterischen Gestaltenwelt des am 3. Juli 1883 in Prag geborenen Romanautors und Erzählers hintergründiger Geschichten. Das Werk Kafkas erschließt sich nicht leicht, weil in ihm die immer wieder aufgegriffene Darstellung eines ruhelosen Unterwegs fast zur völligen Konturenlosigkeit, ja, oft, zur Auflösung des Körperlichen überhaupt führt. Die Geballtheit des Handlungsablaufs erfährt dadurch keine Einschränkung, steigert sich vielmehr zu erhöhter Kraft. Nicht zufällig hat das Théâtre Marigny in Paris einen der drei großen Romane Kafkas, den „Prozeß", in einer Bearbeitung André Gides und Jean Louis Barraults erfolgreich als Drama uraufgeführt; auch ein zweiter Roman, „Das Schloß", ist über die Bühne gegangen. Obwohl Menschen und Handlungen, die Kafka überwiegend dem dunklen Milieu seiner Angestelltentätigkeit in einem Prager Versicherungsunternehmen entnommen hat, für den Dichter zumeist nur Rohmaterial waren, geht von der treffsicheren Zeichnung des modernen Menschen, die zuweilen förmlich modellhaft erscheint, eine starke Wirkung aus. Fast alle Werke Kafkas gipfeln in der Forderung, das Unwesen in sich zu töten, jede Lebenssituation als Entscheidung zu nehmen und den Begriff der Freiheit mit einer rechten Vorstellung zu verbinden.

1. XII. 1866 — 15. XII. 1944   **WASSILY KANDINSKY**

Die Entwicklung des russischen Malers Wassily Kandinsky zur gegenstandslosen, absoluten Malerei, als deren Begründer er gilt, läßt sich klar erkennen an den noch gegenständlichen Werken, die zwischen 1900 und 1910 in Rußland, Oberbayern und Paris entstanden. Einige dieser Bilder verraten deutlich den Einfluß des Jugendstils und Franz Stucks, dessen Schüler Kandinsky in München war, nachdem er in Moskau seine Tätigkeit als Dozent der Volkswirtschaft aufgegeben hatte. Seine Stadtansichten, Straßen-, Park- und Landschaftsbilder aus dieser Zeit erinnern an russische Volkskunst und nähern sich zugleich dem expressionistischen Stil, dringen aber allmählich zu einer flächig abstrahierenden Form vor. In seiner Selbstbiographie berichtet er von dem tiefen Eindruck, den ein Gemälde von Claude Monet auf ihn gemacht hatte, obwohl er den dargestellten Gegenstand, einen „Heuhaufen", nicht habe erkennen können. Um das Jahr 1911 löste Kandinsky sich als erster vom optisch wahrnehmbaren Objekt und ging dazu über, seine inneren Vorstellungen mit rein formalen Mitteln darzustellen. Er nannte seine Bilder „Improvisationen", später „Kompositionen" und bezeichnet sie mit Nummern. In der Zeit vor dem ersten Weltkrieg, als er zusammen mit anderen die Künstlergruppe „Der blaue Reiter" gründete, arbeitete Kandinsky vornehmlich mit geometrisch begrenzten, ineinandergefügten Farbflächen. In den zwanziger Jahren, als Professor am Bauhaus in Weimar und Dessau, wandte er sich mehr der graphischen Konstruktion zu. In seinen letzten Lebensjahren — er starb als Emigrant in Paris — verband Kandinsky die beiden Spielarten der absoluten Kunst zu einem kontrastreichen Ausdruck des Bewegungsspiels der Formen und Farben.

22. IV. 1724 — 12. II. 1804   **IMMANUEL KANT**

Immanuel Kant war Professor für Philosophie an der Universität seiner Heimatstadt Königsberg. Er ist selten aus dieser Stadt herausgekommen; Ostpreußen hat er nie verlassen. Er blieb unverheiratet, führte aber trotz seiner umfangreichen und zeitraubenden wissenschaftlichen Tätigkeit ein geselliges Leben. Erst mit 72 Jahren ließ er sich von den Geschäften seines Amtes befreien. Seine Vorlesungen und Schriften führten eine entscheidende Wende in der Philosophie des 18. Jahrhunderts herbei. Er befreite das philosophische Denken von der in leerer Begrifflichkeit erstarrten Dogmatik des Rationalismus und wirkte den Zweifeln der Erfahrungsphilosophie an der Möglichkeit allgemeiner Erkenntnisse entgegen. Kants große Leistung besteht darin, daß er durch kritische Prüfung der Grenzen der Erkenntnis, durch Feststellung der Gültigkeit der Erkenntnis innerhalb dieser Grenzen und durch Aufzeigung transzentraler, d. h. von der Erfahrung unabhängiger Grundsätze der Erkenntnis neue Maßstäbe für das Denken und sittliche Handeln des Menschen aufstellte. Man unterscheidet drei Stufen in Kants Entwicklung: Bis zu seinem 45. Lebensjahr suchte er in naturphilosophischen, ästhetischen und theologischen Untersuchungen ein neues Verhältnis des Ichs zur Welt und zu Gott zu umreißen. Es folgte (1770—1790) die Periode der Grenzsetzung für das Erkennen, Wollen und Fühlen in den drei Werken „Kritik der reinen Vernunft", „Kritik der praktischen Vernunft" und „Kritik der Urteilskraft". Auf der letzten Stufe tritt der Erkenntnistheoretiker hinter dem Weltdeuter und Gottsucher zurück, der sich um den „höchsten Standpunkt von Gott, der Welt und den denkenden Wesen" bemüht. Von Kants Philosophie ging eine bis heute nachhaltende Wirkung auf viele Bereiche der abendländischen Welt aus.

KARL DER GROSSE 2. IV. 742 — 28. I. 814

Karl der Große, seit 771 Alleinherrscher der Franken, ist der Erneuerer des alten römischen Kaisertums im Westen. Er eint das Abendland und gibt dem Vielvölkerstaat durch das Bündnis mit der Papstkirche den festen Halt. Nach dem Tode seines Bruders, mit dem er das väterliche Erbe geteilt hatte, tritt er die Herrschaft über das gesamte Frankenreich an. An der Spitze eines mächtigen Aufgebotes zieht er nach Italien und setzt sich die Krone der Langobarden aufs Haupt. Er bindet Bayern fester an das Reich. Dreißig Jahre kämpft er verbissen und mit gnadenloser Härte gegen die Sachsen, bis sie das Christentum annehmen und seine Herrschaft anerkennen. Er verhindert damit ihren Anschluß an ein germanisch-nordisches Seereich. Seine Heere schlagen die Sarazenen in Spanien und vernichten das mächtige Reich der Avaren in Ungarn. Rings um den riesigen Komplex seiner Länder legt er einen breiten Gürtel von schützenden Marken. Im Innern des Reiches aber ziehen die Boten des Herrschers von Gau zu Gau und verkünden Recht und Gesetz. Das Christentum findet überall Eingang, die Kirche wird unter Karls Schutz groß und stark. Am kaiserlichen Hof zu Aachen richtet er eine Palastschule ein, die ihm seine Beamten heranbilden soll. Er sammelt berühmte Gelehrte und Künstler seiner Zeit um sich und weilt gern in ernstem und heiterem Gespräch in ihrem Kreis. Längst bevor ihn am Weihnachtstage des Jahres 800 der Papst in Rom zum Kaiser salbt und krönt, ist er der Herr des Abendlandes, der Hüter von Recht und Ordnung, der Förderer der Wissenschaften und der Beschützer der Kirche. Sein Enkel und Biograph, der Geschichtsschreiber Nithardt, schreibt von ihm: „Er war an Weisheit und Tugend jedem Zeitgenossen überlegen, allen gleich liebenswürdig und schrecklich, allen gleich bewunderungswürdig."

KAISER KARL IV. 14. V. 1316 — 29. XI. 1378

Um die Mitte des 14. Jahrhunderts gärt es in allen Landen. Tanzende, psalmierende Geißlerscharen ziehen über die Straßen, mystische Gottsucher erregen das Volk und verkünden in ekstatischer Seherschaft die Geheimnisse Gottes. Die Päpste residieren fern von Rom in Avignon, Tribunen wie Cola di Rienzi und falsche Fürsten wie Waldemar von Brandenburg bringen tiefe Unruhe in die Welt. Gegen das Kaisertum Ludwigs des Bayern, der im Kirchenbann steht, erheben sich andere gekrönte Häupter, von denen Karl, der Sohn König Johanns und Enkel Kaiser Heinrichs VII., am meisten Siegesaussichten hat. Als der jähe Tod des Bayern den Thron frei macht und Karl als der vierte dieses Namens die Krone gewinnt, rast — knapp ein Jahr nach seiner Erhebung — der Schwarze Tod schrecklich über das Abendland und dezimiert Städte und Dörfer. Das ist der Hintergrund, vor dem der aus dem Hause der Luxemburger stammende Fürst seine Regierung antritt. Karl IV. ist am französischen Hof erzogen, spricht gewandt fünf Sprachen und verfügt über eine erstaunlich vielseitige Bildung. Er stiftet dem Reich in der Karls-Universität zu Prag Anno 1348 seine erste Hohe Schule und vereint zahlreiche Künstler und Gelehrte des Frühhumanismus in seiner böhmischen Residenz. Seinen Hausmachtsbesitz sucht er nach Norden und Süden zu erweitern, verdrängt die Wittelsbacher aus Brandenburg und macht für eine Weile Tangermünde zu seiner zweiten Residenz. Berühmt wird seine Regierungszeit vor allem durch den Erlaß eines Reichsgrundgesetzes in der Goldenen Bulle von 1356 das die Territorien feststellt, auf denen künftig die sieben Kurstimmen für die Kaiserwahl ruhen sollen. Den weltlichen Kurfürsten wird der unteilbare und erbliche Besitz ihrer Länder zugesichert.

24. II. 1500 — 21. IX. 1558   KAISER KARL V.

Selten ist eine historische Persönlichkeit von der Nachwelt
so widerspruchsvoll beurteilt worden wie Kaiser Karl V.
Heute betrachtet ihn die Geschichtswissenschaft als den bedeutendsten Habsburger, der sein Haus zur Höhe der Macht
führte. Mit 16 Jahren bereits war Karl König der beiden vereinigten spanischen Reiche und der Länder jenseits der
Meere. Mit 19 Jahren wurde er im Wettstreit mit dem König
von Frankreich zum Kaiser des Römischen Reiches gewählt
Aus der Summe der ihm vererbten Herrschaftstitel bildete
er ein Weltreich, das er mit Hilfe einer fast vergöttlichten
dynastischen Herrschaftsidee und durch die Einheit des Glaubens zusammenhalten wollte. Aus der Vielfalt der vereinigten Ländermasse ergaben sich jedoch so starke Spannungen, daß Karl der
Schwierigkeiten nicht mehr Herr wurde. Das habsburgische Weltreich, in dem der
alte Wunschtraum der Menschheit — der ewige Friede — Wirklichkeit werden
sollte, kam nie zur Ruhe. Daneben hatte Karl auf der religiösen Ebene die Auseinandersetzung mit dem Protestantismus zu bestehen. Er blieb auch hier als
erster Paladin der katholischen Kirche der Mann des Ausgleichs und der Versöhnung. Als ihm sein Gewissen keinen anderen Weg mehr gestattete, sprach der
Kaiser auf dem Reichstag zu Worms die berühmt gewordenen Sätze: „Nachdem
wir gestern die Rede Luthers hier gehört haben, bedaure ich es, solange gezögert
zu haben, gegen ihn vorzugehen. Er habe das Geleit, aber ich werde ihn fortan
als notorischen Ketzer betrachten und hoffe, daß ihr als gute Christen gleichfalls
das Eure tut." Karl, der sein Leben lang versucht hatte, Gott und der Kirche in
der Welt zu dienen, mußte schließlich erkennen, daß all seinem Mühen kein
Erfolg beschieden gewesen war. Er dankte ab und zog sich in ein Kloster zurück.

Um 689 — 741   KARL MARTELL

Aus den Stürmen der Völkerwanderung treibt wie eine gewaltige Scholle das Reich der Franken in die Zukunft; es
greift über das einstmals römische Gallien hinaus nach der
Freiheit der ostrheinischen Germanenstämme. Im sechsten
nachchristlichen Jahrhundert geht die Herrschaft des mero-
wingischen Königsgeschlechts in einem Chaos grausiger
Bruder- und Verwandtenmorde dem Untergang entgegen.
Der Hochadel der Stämme wird immer mächtiger und reißt
schließlich fast alle Gewalt an sich. Die höchsten Reichs-
beamten, die Hausmeier, werden die Vertreter des Adels
gegen die Krone. Die Hausmeier üben alle Macht aus, den
Königen bleibt schließlich nur noch nach uraltem Brauch die
Repräsentation auf der alljährlichen Heerschau des Maifeldes. Durch Verschlagen-
heit und Mut gelang Pippin von Heristal, unterstützt durch seine Verwandtschaft
mit Bischof Arnulf von Metz, in einem der fränkischen Teilreiche zur Hausmeier-
würde. Durch Mord und Kampf wirft er die Hausmeier der übrigen Reichsteile
nieder und übt seit 688 die Herrschaft über ganz Franken aus. Nach seinem Tode
folgen wirre Kriegszüge aller gegen alle, aus denen Karl, der illegitime Sohn
Pippins, der später den Beinamen Martell, der Hammer, erhält, zur Machtposition
seines Vaters emporsteigt. Karl Martell ist ein Gewaltmensch, unberechenbar
und furchtbar bleibt er selbst für seine Freunde. Mit harter Strenge wirft er die
aufsässigen Stämme und Herzöge nieder, sogar die kampfkräftigen Friesen besiegt
er durch das Schwert. In seinem Schutz trägt Bonifatius die christliche Mission
und damit die Herrschaft der Franken über den Rhein. Seine bedeutendste Tat
vollbringt Karl Martell, als er 732 die vorstoßenden Araber bei Tours und Poitiers
niederwirft und damit das Abendland vor der Überflutung durch den Islam rettet.

233

KÖNIG KARL I.   19. XI. 1600 — 30. I. 1649

Karl I. aus dem Fürstenhause der Stuarts war ein kluger und ritterlicher Edelmann, aber ohne politischen Instinkt und ohne die Gabe, rechtzeitig die Strömungen der Zeit zu erkennen. Als Zeitgenosse des Kardinals Richelieu glaubte er an die uneingeschränkte Macht des Herrschers wie an ein Evangelium. Als sich Karl I. 1629 entschlossen hatte, kein Parlament mehr zu berufen, wurden die konservativen Parteigänger Bischof Laud und Lord Strafford seine Gehilfen bei der Aufrichtung der absoluten Regierungsform. 1640 mußte der König erkennen, daß er gegen den Widerstand des gesamten Bürgertums nicht in der bisherigen Form weiterregieren konnte. Er opferte seine Getreuen Laud und Strafford der stärker werdenden Opposition der Puritaner und „Independenten". Aber es war bereits zu spät zur Versöhnung, auf beiden Seiten formierten sich die Fronten, der königstreue Adel stand gegen die Volkspartei der „Rundköpfe". 1642 brach der Bürgerkrieg aus. Oliver Cromwell, der Führer der „Independenten", schloß mit den calvinistischen Schotten ein Bündnis gegen den König und schlug Karls I. Feldherr — Prinz Rupprecht von der Pfalz — in der Schlacht bei Marston Moor. Die Niederlage von Naseby Anno 1645 vernichtete die letzten Hoffnungen Karls I. Der glanzvollste und lebensfroheste König Europas wurde Gefangener der verbissen kämpfenden und hassenden Puritaner. Sie klagten ihn an, Krieg gegen Parlament und Volk geführt zu haben, verurteilten ihn als Verräter, Mörder und Landesfeind zum Tode und richteten ihn am 30. Januar 1649 auf öffentlichem Platze hin. Durch seinen Opfertod für die Sache des Absolutismus wurde der Mann, den van Dyck wie eine Personifizierung adeligen Hochmuts und Gottesgnadentums gemalt hat, zum Idol der Royalisten Europas.

ERZHERZOG KARL   5. IX. 1771 — 30. IV. 1847

Erzherzog Karl wurde als dritter Sohn Kaiser Leopolds II. zu Florenz geboren. Sein Leben stand im Schatten des älteren Bruders Franz, der die deutsche und später die österreichische Kaiserkrone trug. Als die ehemals habsburgischen Provinzen, die Niederlande, im Jahre 1790 und Spanien 1808 ihn als Souverän auszurufen versuchten, erregte er das höchste Mißtrauen seines kaiserlichen Bruders. Erzherzog Karl erlebte die erste Bewährung seiner militärischen Ausbildung im Kampf gegen die Revolutionsheere Frankreichs in Belgien, wo er sich bei Jenappes und Neerwinden hervortat. Später widmete er sich kriegswissenschaftlichen Studien in Wien, wurde zum Reichsfeldmarschall ernannt und kämpfte in den bewegten Jahren des Aufstiegs Napoleons am Rhein, in Italien und in der Schweiz. Auf allen Kriegsschauplätzen erkannte er den entscheidenden Unterschied zwischen den begeisterten Volksarmeen der Revolution und den gedrillten Söldnertruppen der Dynastien. Nach dem Frieden zu Lunéville wurde er Feldmarschall und Hofkriegsratspräsident. Sogleich begann er mit der Reform des habsburgischen Heeres. Er führte eine neue Kampftaktik ein und schuf die große vaterländische Reserve der Wehrpflicht, die Landwehr und den Landsturm. Die verfrühten Kriege von 1805 und 1809 überraschten ihn mitten im Aufbau. Doch wie ein erstes Donnergrollen des Freiheitskampfes rührte es Europa auf, als Erzherzog Karl im Mai 1809 Napoleon bei Aspern schlug. Als durch eine Verkettung unseliger Umstände die Schlacht von Wagram im Juli verlorenging, enthob der kaiserliche Bruder den Helden der Nation seiner Kommandos. Erzherzog Karl trat schweigend ins Privatleben zurück und hielt sich fortan von aller öffentlichen Tätigkeit fern.

27. VI. 1682 — 11. XII. 1718   **KARL XII. VON SCHWEDEN**

Im Jahre 1697 übernahm Karl XII. als 15jähriger Prinz ein zentralisiertes, wohlausgerüstetes und wirtschaftlich unabhängiges Reich. Die Thronbesteigung des unerfahrenen Jünglings benützten die benachbarten Staaten, um die Machtstellung Schwedens zu schmälern. Dänen, Sachsen und Russen verbündeten sich zu gemeinsamem Überfall. Die Angreifer hatten jedoch die schwedische Widerstandskraft und die Fähigkeiten des jungen Königs unterschätzt. Karl XII. gelang es durch geschickte Ausnützung der Uneinigkeit innerhalb der Koalition seiner Gegner, die Feinde einzeln zu schlagen. Zuerst stürzte er sich auf die Dänen und zwang sie zum Ausscheiden aus der Allianz. Dann ging er in Livland gegen die Sachsen und Russen vor und schlug bei Narwa das dreifach überlegene Heer Peters des Großen vernichtend. Der militärische Triumph des jungen Königs war vollständig; aber statt Frieden zu schließen und den Erfolg politisch auszunutzen, ließ er sich von seinem persönlichen Haß gegen den sächsischen König August den Starken zu einem neuen Krieg hinreißen. Polen sollte unterworfen und August für die Anstiftung des Krieges bestraft werden. Zu diesem Zeitpunkt beging Karl XII. seinen schwersten politischen und militärischen Fehler. Von dem ehrgeizigen Kosakenhetman Mazeppa ließ er sich zu einem Vorstoß in die Ukraine überreden. Hier ereilte ihn die Katastrophe. Bei Poltawa wurde sein durch Hunger, Kälte und Krankheit dezimiertes Heer von Peter dem Großen völlig aufgerieben. Karl selbst konnte sich nur mit Mühe auf türkisches Gebiet retten. Während die Feinde die Grenze seines Landes überschritten, blieb der schwedische König starrsinnig in seinem türkischen Exil. Das wirre militärische und diplomatische Spiel der Folgezeit fand erst sein Ende, als Karl, endlich zurückgekehrt, 1718 von einer dänischen Kugel getötet wurde.

26. I. 1763 — 8. III. 1844   **KARL XIV. VON SCHWEDEN**

In der Schlußphase der Schlacht von Wagram im Jahre 1809 kommt es zu einem heftigen Streit zwischen Kaiser Napoleon und dem Marschall Bernadotte, Fürst von Pontecorvo. Der Kaiser fährt Bernadotte an: „Sie glauben mir widersprechen zu können? Ich enthebe Sie des Befehls über das Sächsische Armeekorps. Sie können gehen, ich lege keinen Wert mehr auf Ihre Anwesenheit! Schauen Sie, daß Sie mir aus den Augen kommen...!" Der Mann, den Napoleon unter entehrenden Umständen nach Paris zurückschickt, ist der von der Revolution hochgetragene Sohn eines Advokaten, dessen Schicksal viel Gemeinsames mit dem des Kaisers hat. Auch Bernadotte zeichnet sich bereits in den Revolutionskriegen aus, unter dem Direktorium ist er Kriegsminister und hätte vielleicht selbst den Staatsstreich gewagt, wäre nicht Napoleon rechtzeitig von Ägypten zurückgekommen. Später wird er der Schwager Napoleons, bleibt aber immer sein geheimer Konkurrent, Neider und Rivale. In der Pariser Verbannung bringt eine Abordnung der französisch gesinnten Partei Schwedens die Rettung aus allen Schwierigkeiten. Sie bietet dem Marschall in Unkenntnis seines gespannten Verhältnisses zum Kaiser die Wahl zum Kronprinzen an, die Bernadotte annimmt. Als Adoptivsohn des Schwedenkönigs hat Bernadotte nun die Möglichkeit, seine napoleonfeindlichen Pläne zu verwirklichen. Er schließt als erster im April 1812 das Bündnis mit den Russen, im Sommer 1813 führt er ein Heer gegen den Kaiser nach Leipzig und tut alles, ihn zu stürzen — mit dem Ziel, selbst an Napoleons Stelle zu treten. Als ihm die Rückkehr des Bourbonen seine Pläne zerstört, bescheidet er sich mit der Krone Schwedens, der er bald die Krone Norwegens hinzufügt. Sein Land regiert er als kluger, gerechter und friedliebender Fürst.

KARL AUGUST VON WEIMAR 3. IX. 1757 — 14. VI. 1828

Im Sommer 1828 schloß Karl August von Weimar die Augen, ein Fürst, der von seiner Zeit und der Nachwelt mit Recht als ein Schirmherr deutscher Kunst gepriesen wurde. Über seinem Leben leuchtete das Doppelgestirn der beiden unsterblichen deutschen Klassiker Schiller und Goethe. Allein der Schutz und die Hilfe, die er den beiden Dichtern angedeihen ließ, machen den Herzog von Weimar zu einer der großen Gestalten deutschen Fürstentums. Vielleicht wird dieses Verdienst noch überstrahlt von seiner menschlichen Größe. Karl August war derjenige unter den Fürsten seiner Zeit, der trotz seines Herrentums den Untertanen am meisten Freiheit geschenkt hat. Nach der Befreiung Europas vom Joch der napoleonischen Tyrannei war er der erste deutsche Fürst, der das Versprechen einhielt, seinem Lande eine Verfassung zu geben. Weimar erhielt die überall umkämpfte Pressefreiheit, und auf seinem Territorium fand 1817 die Wartburgfeier der deutschen Studenten statt. Karl August war durch seine Liberalität der volkstümlichste Landesherr seiner Zeit, bei seinen Standesgenossen galt er als verdächtiger Jakobiner. Mit 17 Jahren vermählte man ihn mit einer Prinzessin von Hessen-Darmstadt. Bald aber wandte sich die kräftige Natur des Herzogs von seiner zarten Gattin ab, und Karl August führte mit einer Hofschauspielerin, im Einverständnis mit seiner Frau, eine morganatische Ehe. In einem Gespräch mit Eckermann sagte Goethe von seinem verstorbenen Fürsten: „Er war beseelt von dem edelsten Wollen, von der reinsten Menschenliebe und wollte mit ganzer Seele nur das Beste. Er dachte immer zuerst an das Glück des Landes und erst ganz zuletzt ein wenig an sich selbst. Es war in ihm viel Göttliches!"

PAUL KARRER 24. I. 1889 — 18. VI. 1971

Karrer, einer der bedeutendsten lebenden Chemiker, wurde 1889 in Moskau geboren, stammt aber von Schweizer Eltern ab, die mit ihrem Sohn schon wenige Jahre nach seiner Geburt in die Heimat zurückkehrten. Paul Karrer studierte in Zürich Chemie, war dann Mitarbeiter Paul Ehrlichs in Frankfurt am Main und ging nach dessen Tod wieder an die Universität Zürich, um die Professur für Chemie zu übernehmen. Neben seiner Lehrtätigkeit widmete er sich vor allem der Aufgabe, die chemische Struktur der Vitamine aufzuklären. Die Lösung dieses Problems war außerordentlich schwierig. Die Vitamine haben schon in kleinsten Mengen entscheidende Wirkungen auf den Organismus, besitzen selbst sehr kleine Moleküle; ein Eiweißmolekül ist 500—1000mal größer als ein Vitaminmolekül. Trotzdem gelang es Karrer in jahrzehntelanger Arbeit, den chemischen Aufbau einer ganzen Reihe von Vitaminen aufzuklären und damit gleichzeitig die Voraussetzung für ihre synthetische Herstellung zu schaffen. Besonders bedeutsam sind seine Untersuchungen über das Vitamin A, dessen Fehlen in der Nahrung unter anderem Störungen des Wachstums und des Sehvermögens zur Folge hat. Karrer konnte dieses Vitamin aus dem Tran einer bestimmten Makrelenart rein darstellen und seine chemische Formel bestimmen. Auch den Aufbau seiner Vorstufen, der als natürliche Farbstoffe auftretenden Karotine, konnte er aufklären und damit das Geheimnis lösen, wie sich das eigentliche Vitamin aus seinem Provitamin, der Vorstufe, bildet. Außerdem hat dieser geniale Chemiker zwei andere Vitamine synthetisch aufgebaut, für weitere fand er die Formel ihrer chemischen Konstitution. Seine bahnbrechenden Arbeiten wurden 1933 in Rom mit dem Canizzaropreis für Chemie ausgezeichnet, zwei Jahre später erhielt er den Nobelpreis.

15. X. 1805 — 7. IV. 1874 ## WILHELM VON KAULBACH

Auf der Höhe seines Schaffens, in den vierziger und fünfziger Jahren des vergangenen Jahrhunderts, galt Kaulbach als der größte Maler seiner Zeit. Heute steht man seinen Werken kritischer gegenüber, aber noch immer gilt die Feststellung, daß kein deutscher Maler vor und nach ihm eine so glänzende Begabung in der dekorativen Aufteilung großer Wandflächen besaß. Die Gestalten seiner historischen Gemälde sind meisterhaft gruppiert, monumental in den Raum gestellt, fehlerlos in der Zeichnung, mit weiten, gelockerten Gebärden, romantisch im Sturmwind wehender oder in feierlicher Gelassenheit fallender Gewänder. Manches allerdings fordert zur Kritik heraus — die sinnlich-sentimentale Mentalität vieler Figuren, das Kleinlich-Anekdotenhafte, die Unfähigkeit, sich vom Detail zu lösen, und die übersteigerte Heldentenorpose der porträthaft gemalten Figuren. In seltsamem Kontrast zu dieser historischen Manier steht der Hang zur Satire, die sich in seinen Märchenillustrationen zur wahren Meisterschaft erhebt; so in der Goetheschen Tierfabel Reineke Fuchs, die er im Sinne des Liberalismus des 19. Jahrhunderts höchst politisch aktualisiert hat. — Kaulbach war ein Schüler des Düsseldorfer Akademieprofessors Cornelius, der frühzeitig seine hohe Begabung erkannte und ihm Aufträge des kunstliebenden Königs Ludwig von Bayern verschaffte. In München malte Wilhelm von Kaulbach das Deckengemälde des Odeons „Apollo unter den Musen", die Bilder für die Arkaden des Hofgartens, Darstellungen aus den Dichtungen der deutschen Klassiker in der Residenz, „Die Hunnenschlacht" und die „Zerstörung Jerusalems". In Berlin gestaltete er das Treppenhaus des Neuen Museums. Von zeitloser Schönheit sind die von Kaulbach gemalten Porträts von Zeitgenossen.

2. II. 1711 — 27. VI. 1794 ## FÜRST KAUNITZ

Wenige Wochen vor dem Tode Kaiser Josephs I. wurde Kaunitz geboren. In einer erstarrten höfisch-adligen Welt empfing der junge Graf seine ersten Eindrücke. Als er die Gräfin Starhemberg heiratete, öffneten sich ihm alle Türen der exklusiven Wiener Hofgesellschaft. Er trat in den diplomatischen Dienst ein und bewies bereits auf seinem ersten Auslandsposten in Turin jene Gewandtheit, die ihm die Aufmerksamkeit des Hofes und einen schnellen Aufstieg sicherte. Maria Theresia betraute den 41jährigen Diplomaten mit der Leitung der auswärtigen Politik Österreichs. Mit ausgeprägtem persönlichem Ehrgeiz versuchte er Österreichs Stellung als bestimmende Kraft in Deutschland für die Gegenwart und die Zukunft zu sichern. Der Kampf um die Vormacht in Deutschland, der sich vornehmlich gegen Preußen richtete, gab seinem politischen Wirken den Inhalt. Obgleich er die Niederlage der österreichischen Truppen im Siebenjährigen Krieg nicht verhindern konnte, behielt er doch das Vertrauen seiner Kaiserin Maria Theresia. Österreich verdankte ihm erheblichen Gebietszuwachs im Osten und Westen. Kaunitz war ein Grandseigneur der alten Schule, der noch ganz dem Lebensstil des französischen Rokokos verbunden war. Sein reger Geist erkannte jedoch in der französischen Aufklärung die Zeichen einer neuen Zeit, und er bemühte sich um tiefgreifende innere Reformen. Auf alle Gebiete des Staatswesens hat er entscheidend eingewirkt; er förderte die Wirtschaft, rief neue Industriezweige ins Leben und schuf wissenschaftliche Akademien und Kunstschulen. Den Wienern galt der Fürstkanzler als belächelter und verspotteter Sonderling mit seiner altväterischen Pariser Rokoko-Eleganz, seiner Mätressenwirtschaft und seiner bis ins Krankhafte gesteigerten Furcht vor Ansteckung.

AUGUST KEKULÉ 7. IX. 1829 — 13. 7. 1896

Der große deutsche Chemiker August Kekulé von Stradonitz wurde 1829 in Darmstadt geboren. Während des Studiums wurden die Professoren auf seine glänzende Begabung aufmerksam und ermunterten ihn, die Hochschullaufbahn einzuschlagen. Als junger Privatdozent bereits veröffentlichte er grundlegende Arbeiten auf dem Gebiete der organischen Chemie. 1858 ging Kekulé als Professor nach Gent und übernahm 1865 den Lehrstuhl für Chemie an der Universität Bonn; dort hat er bis zu seinem Tode gewirkt. Aus der reichen Fülle seiner wissenschaftlichen Großtaten ist vor allem die Entdeckung des Benzolringes hervorzuheben, weil sie nicht nur die organische Chemie entscheidend beeinflußt, sondern auch eine wesentliche Voraussetzung zur Entstehung der modernen chemischen Industrie, vor allem der Farbenindustrie, geschaffen hat. Das Benzol, heute ein völlig unentbehrlicher Ausgangsstoff für zahllose organische Verbindungen, spielte bis dahin keine besondere Rolle, weil man seine chemische Konstitution nicht kannte. Kekulés Lösung dieses Problems ist mit einem seltenen Kuriosum der Wissenschaftsgeschichte verbunden: Seine Entdeckung gelang ihm sozusagen im Schlaf! Er hatte lange Zeit nach der Benzolformel gesucht, als ihm im Jahre 1865 träumte, das chemische Formelbild des Benzols sehe aus wie eine Schlange, die sich in den Schwanz beißt. Das war eine ganz neue Möglichkeit, der Kekulé nach dem Erwachen sofort nachging. Nach kurzer Zeit erzielte er in der nun eingeschlagenen Richtung einen vollen Erfolg, er fand den ringförmigen Aufbau des Benzolmoleküls. Kekulé war nicht nur ein großer Forscher, sondern auch ein hervorragender Lehrer. In der Liste seiner Schüler finden sich viele Namen, deren Träger später durch ihre wissenschaftlichen Taten Weltruf erlangten.

GOTTFRIED KELLER 19. VII. 1819 — 16. VII. 1890

Als Sohn eines dörflichen Kunsthandwerkers aus der weltoffenen Landschaft um Zürich war Gottfried Keller ein echtes Kind des Schweizerlandes, des urdemokratischen Staatsgebildes Europas. Aber er war ja in einer Zeit geboren, die durch die Erschütterung des religiösen Lebensgrundes einen eigenwüchsigen jungen Menschen vor das schwierige Problem stellte, eine neue Grundlage sowohl für die Entfaltung seiner Persönlichkeit als auch für seine Einordnung in die Gemeinschaft zu finden. „Wehe einem jeden", schrieb er nach seiner Teilnahme an den Revolutionskämpfen von 1848, „der nicht sein Schicksal an dasjenige einer öffentlichen Gemeinschaft bindet!" Um diese Bindung hat Keller als Mensch und Bürger gerungen; er hat sie zwar nicht in der Ehe und Familie, wohl aber in dem pflichtgetreu ausgeübten Amt des Staatsschreibers gefunden. Keller erkannte, daß ein ausgeglichenes Lebensgefühl davon abhängt, ob der Genuß der Erdengüter durch das Bewußtsein naturbestimmter Sittlichkeit in Grenzen gehalten wird. Das Ringen um die Daseinsordnung stellt auch den wesentlichen Inhalt seines dichterischen Werkes dar: Lyrik von hohem Rang und ausgereifte Novellen. Mit der vielfältigen Fülle an Lebensbeobachtung, Phantasie, Erfahrung, Rat und Weisheit hat er sich in die Reihe jener großen Erzähler des 19. Jahrhunderts gestellt, die über die herbe Darstellung der Wirklichkeit den „Frieden der Kunst" und den Glanz „himmlischer Gerechtigkeit" breiten. Die lichten und dunklen Menschenschicksale, die Gottfried Keller in den „Züricher Novellen" und in den „Leuten von Seldwyla", im „Sinngedicht" und in dem politischen Roman „Martin Salander" erzählt, haben durch ihre hohe und lebensvolle dichterische Verklärung überzeitliche Gültigkeit erhalten.

22. XII. 1856 — 21. XII. 1937   **FRANK KELLOGG**

Frank Kellogg war einer der hervorragendsten Politiker der Vereinigten Staaten. Die Bedeutung seines Lebenswerkes geht weit über die Grenzen seines Vaterlandes hinaus. Am 22. Dezember 1856 geboren, wirkte Kellogg 1924–1925 als Botschafter der USA in London. 1925–1929 war er Staatssekretär des Äußeren unter der Präsidentschaft Coolidges. In das Licht einer weltweiten Öffentlichkeit trat Kellogg, als er als Grundlage des europäischen Völkerrechtes den Pakt von Paris anregte. Das Abkommen – nach ihm und seinem französischen Kollegen Briand Briand-Kellogg-Pakt genannt – wurde von insgesamt 63 Staaten, zu denen auch Sowjetrußland und die Weimarer Republik gehörten, angenommen und am 27. August 1928 unterzeichnet. Den Geist des Vertrages spiegelt der Artikel I: „Die hohen vertragschließenden Teile erklären feierlich im Namen der Völker, daß sie den Krieg als Mittel zur Lösung internationaler Streitigkeiten verwerfen und auf ihn als Instrument der nationalen Politik in ihren wechselseitigen Beziehungen verzichten." Der Pakt ging weit über die Haager Konvention hinaus, die nur Auswüchse des Krieges zu verhindern suchte und ein sehr beschränktes Schiedsgericht eingesetzt hatte. Kellogg wollte den Krieg an sich geächtet wissen, gleichgültig ob eine bewaffnete Auseinandersetzung gerechtfertigt war oder nicht. Der Schöpfer des Paktes erhielt 1929 den Friedensnobelpreis zugesprochen. In den Jahren 1930 bis 1935 amtierte Kellogg als ständiger Vertreter der Vereinigten Staaten am Haager Gerichtshof. Am Lebensende Kelloggs stand die tragische Erkenntnis, daß die Völker noch nicht reif waren für einen ewigen Frieden. Als Kellogg 1937 starb, zogen bereits die drohenden Schatten des zweiten Weltkrieges herauf. Der Pakt von Paris war zu einem wertlosen Stück Papier geworden.

29. V. 1917 – 22. XI. 1963   **JOHN F. KENNEDY**

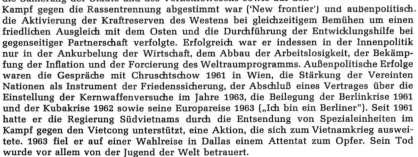

1960 wurde der erst 43jährige J. F. Kennedy zum 35. (ersten katholischen) Präsidenten der USA gewählt. Noch nie war einem so jungen, doch schon erprobten Mann – Kennedy war 1947–53 Abgeordneter der Demokraten im Repräsentantenhaus, 1953–60 Senator von Massachusetts gewesen – eine solche Machtfülle in die Hände gelegt worden. An seine Person knüpften sich daher die Hoffnungen seiner Generation auf eine politische Neubesinnung. Berechtigung zu diesem Optimismus gaben die Männer, die Kennedy als eine wissenschaftlichen Berater um sich scharte, sowie sein Programm, das innenpolitisch auf Verbesserung der Sozialversicherung, der Krankenversorgung, des Bildungswesens, die Sanierung der Städte und des Verkehrswesens sowie auf den Kampf gegen die Rassentrennung abgestimmt war ('New frontier') und außenpolitisch die Aktivierung der Kraftreserven des Westens bei gleichzeitigem Bemühen um einen friedlichen Ausgleich mit dem Osten und die Durchführung der Entwicklungshilfe bei gegenseitiger Partnerschaft verfolgte. Erfolgreich war er indessen in der Innenpolitik nur in der Ankurbelung der Wirtschaft, dem Abbau der Arbeitslosigkeit, der Bekämpfung der Inflation und der Forcierung des Weltraumprogramms. Außenpolitische Erfolge waren die Gespräche mit Chruschtschow 1961 in Wien, die Stärkung der Vereinten Nationen als Instrument der Friedenssicherung, der Abschluß eines Vertrages über die Einstellung der Kernwaffenversuche im Jahre 1963, die Beilegung der Berlinkrise 1961 und der Kubakrise 1962 sowie seine Europareise 1963 („Ich bin ein Berliner"). Seit 1961 hatte er die Regierung Südvietnams durch die Entsendung von Spezialeinheiten im Kampf gegen den Vietcong unterstützt, eine Aktion, die sich zum Vietnamkrieg ausweitete. 1963 fiel er auf einer Wahlreise in Dallas einem Attentat zum Opfer. Sein Tod wurde vor allem von der Jugend der Welt betrauert.

239

JOHANNES KEPLER 27. XII. 1571 — 15. XI. 1630

Wer seiner Zeit voraus ist, muß an seiner Zeit leiden. Als eines der markantesten Beispiele für diese geschichtliche Erfahrung kann das unstete Leben des Entdeckers der Gesetze der Planetenbewegung gelten. Die Heimat — Kepler stammte aus Weil der Stadt — versagte ihm eine Einstellung in den Kirchendienst, weil der Tübinger Kandidat der Theologie befremdende religiöse Ansichten entwickelte, die der starren Orthodoxie zuwiderliefen. Johannes Kepler ging nach Graz, wo er 1594 als Professor am Provinzialgymnasium und als Landschaftsmathematikus der protestantischen Stände ein Aufgabenfeld fand, das ihm Muße für die Fortsetzung seiner astronomischen Berechnungen bot. Sein kurzes astrologisches Gastspiel am Saganer Hofe Wallensteins, von Schiller in der Gestalt des Seni in „Wallensteins Tod" nachgezeichnet, bedeutet keinen Beweis für Keplers Neigung zur Astrologie. Der Forscher, 1601 Mitarbeiter von Tycho Brahe, dem damals anerkannt führenden Kopf der astronomischen Wissenschaft in Prag, war nach Brahes Tod zum kaiserlichen Hofastronom bestellt und später vom Kaiser wegen seines ausstehenden Gehaltes von 12 000 Gulden an Wallenstein verwiesen worden. Ein Jahr zuvor, 1627, hatte Kepler in Ulm seine neuen Planetentafeln herausgegeben, die sich auf die nach ihm benannten drei Gesetze der Planetenbewegung gründeten. Forschungsetappen von Prag bis Sagan waren das Studium der Marsbewegung, der Theorie der Linsen und des astronomischen Fernrohres. Stets von neuem mußte sich Kepler mit Existenzsorgen herumschlagen. Auf der letzten Reise des Ruhelosen, 1630 zum Regensburger Reichstag, hoffte Kepler endlich seine verbrieften Ansprüche durchzusetzen. Am 15. November fand der Einsame zu dem erlösenden Frieden der Sterne, deren Bahnen er aufgezeichnet hatte.

JUSTINUS KERNER 18. IX. 1786 — 21. II. 1862

Um die Eigenart des Arztes und Dichters in der Reihe der schwäbischen Romantiker zu erfassen, darf man nicht an dem Erstlingswerk von Justinus Kerner, der Prosaerzählung „Reiseschatten" vorübergehen; in ihr sind alle Elemente seiner Muse vereint, ungebundener Humor und übermütige Satire, tiefes Empfinden und träumerische Schwermut, das Wunder der Märchenwelt und die Schauer des Geisterreiches. Das Werk ist heute ebenso vergessen wie das mit Uhland gemeinsam verfaßte Singspiel „Der Bär" und die gutmütig den Hang zum Spiritismus selbstverspottende Posse „Der Bärenhäuter im Salzbade". Gemeingut des deutschen Volkes sind dagegen Kerners Gesellschafts-, Trink- und Wanderlieder geblieben, wie das frische „Wohlauf, noch getrunken...", sowie mancher lyrisch ausgewertete Geschichtsstoff, wie „Kaiser Rudolfs Ritt zum Grabe", der „Geiger von Gmünd" oder das fast zur schwäbischen Nationalhymne gewordene Gedicht ‚Der reichste Fürst". — Als Sohn eines Oberamtmannes am 18. September 1786 in Ludwigsburg geboren, war Kerner als Arzt in Weinsberg tätig, wo er am 21. Februar 1862 einer heftigen Grippe erlegen ist. Kerners größter Erfolg war die Veröffentlichung der Schrift „Die Seherin von Prevorst", die eine Fülle gespenstisch-geheimnisvoller Literatur ausgelöst hat. Kerner zeichnete in der vom religiös-wissenschaftlichen Tagesstreit umbrandeten Publikation das Bild der unglücklichen Kaufmannsfrau Friederike Hauffs als Prevorst, die 1826—1829 im Kernerhause zu Gast war und in schlafwachem Zustande seltsame Gesichte aus dem Jenseits verkündete. Kerners Gedichte erlebten bereits 1854 die fünfte Auflage. Gern wird auch heute noch auf die liebenswürdige Autobiographie „Das Bilderbuch aus meiner Knabenzeit" zurückgegriffen.

29. VII. 1854 — 15. I. 1932   **GEORG KERSCHENSTEINER**

„Von allen Kindern der Welt!" sagte bewegt einer der Trauergäste, als er am Sarge des am 15. Januar 1932 heimgegangenen Honorarprofessors Georg Kerschensteiner einen Kranz niederlegte. Der weite Weg bis zur internationalen Anerkennung seines Werkes war dem Verewigten nicht leicht gemacht worden. Bevor er als Münchner Stadtschulrat und Mitglied des Reichstages die Wirkungsmöglichkeiten erhielt, die der Kraft seiner Persönlichkeit und dem Umfang seiner Reformpläne entsprachen, mußten nicht wenige feindliche Etappen überwunden werden. Bereits dem Gymnasialassistenten in Nürnberg und dem Mathematiklehrer am Gustav-Adolf-Gymnasium in Schweinfurt erschlossen sich immer umfassendere Gebiete der erzieherischen Welt. Sie begannen Gestalt anzunehmen, als Kerschensteiner am 1. August 1895 ins Münchner Magistratskollegium berufen wurde. Ausgangspunkt für sein unbeirrbares Schaffen wurde ein neuer, aufgelockerter Lehrplan für die Volksschulen. Aus der achten Klasse, die bisher freiwillig war, machte er eine Pflichtklasse. Da er aus der Praxis wußte, wie wenig über Lesen, Schreiben und Rechnen hinaus in den Köpfen haften blieb, die manuellen Neigungen aber zum Grundzug der jugendlichen Seele zu gelten haben, gruppierte er erstmals um die Lernfächer der Schlußklassen den erzieherisch bedeutsamen und zugleich berufsvorbereitenden Werkunterricht in Holz- und Metallbearbeitung für die Knaben, Schulküchen und Schulgärten für die Mädchen. Die fast stürmische Entwicklung der Klassen gab ihm recht. Bis zu der heute selbstverständlichen Idee, dieser Berufsvorbereitung eine berufsausbildende Schule anzuschließen, war es für Kerschensteiner kaum mehr als ein Schritt. Sechs Jahre später stand mit 52 Berufsschulen das Werk sichtbar vor den letzten Gegnern.

25. XII. 1811 — 13. VII. 1877   **EMANUEL VON KETTELER**

Die freiheitliche Gesinnung des Westfalen — von Ketteler entstammt einer altmünsteraner Familie — und ein aller menschlichen Not aufgeschlossenes Herz waren die beiden Grundkräfte, die diesen großen Charakter zeitlebens bewegt haben. Der junge Referendar verläßt ingrimmig den Staatsdienst, als er in den „Kölner Wirren" die Rechte der Kirche durch die Staatsallmacht gebeugt sieht. In München und Münster studiert er katholische Theologie und übernimmt nach Abschluß der Studien eine Pfarrstelle im Münsterland. Die Bevölkerung wählt den gelehrten, redegewaltigen, unbeugsamen Pfarrherrn zum Abgeordneten in die Frankfurter Nationalversammlung. Der freimütige Redner der Paulskirche und der aufsehenerregende Prediger im nahen Mainzer Dom wird zum unüberhörbaren Ankläger wider die Ausbeutung der Arbeiter und zum Vorkämpfer für die Unabhängigkeit der Kirche von der herkömmlichen staatlichen Bevormundung. 1849 ist Ketteler Propst an der Hedwigskirche in Berlin, 1850 Bischof von Mainz. Er wirkt tatkräftig für die Hebung der Bildung in seiner Diözese, baut Waisen- und Rettungshäuser, gründet und betreut Arbeitervereine, erkämpft weitgehende Zugeständnisse des Staates und sucht im sozialen Leben die Wiederbegegnung von Arbeiterschaft und Christentum und die Überwindung des sozialen Elends durch freiwillige Liebestätigkeit und Selbsthilfe in Produktionsgenossenschaften und gewerkschaftlicher Arbeit. Als er erkennt, daß diese Mittel angesichts der ungeheuren proletarischen Not niemals ausreichen können, fordert er eine umfassende Sozialhilfe durch den Staat. Seine sozialpolitischen Gedanken gehen in die große Sozialenzyklika „Rerum novarum" des Papstes Leo XIII. ein. Als sozialer Führer wirkt Bischof von Ketteler, der auch dem 1. Deutschen Reichstag angehört hat, bis heute nach.

SÖREN KIERKEGAARD   5. V. 1813 — 11. XI. 1855

Durch die Straßen der Heimatstadt Kopenhagen geht in sich gekehrt ein Frühgealterter, dem selbst wohlmeinende Bürger kopfschüttelnd nachsehen. Hat dieser Mann mit der lächerlichen Gestalt nicht seiner Braut aus angesehener Familie den Ring zurückgeschickt mit der Begründung, sein selbstgewähltes geistiges Amt eines Verkünders des „Evangeliums des Leidens" erfordere Verzicht auf alles menschliche Glück? Niemand versteht ihn, keiner weiß etwas von der väterlicherseits ererbten Schwermut. Keiner hat Verständnis für den quälenden Zwiespalt zwischen pietistischem Herrnhutertum und Hegels Dialektik, die ihn anläßlich eines Ferienaufenthaltes in Deutschland nachhaltig beeindruckt hat. Der grüblerische Denker, der aus der Zurückgezogenheit scharfe und treffende Angriffe gegen die eitle bürgerliche Gesellschaft richtet, folgt unbeirrt dem Ruf aus seinem Inneren; aber er weiß, daß nur wenige in seiner Zeit ihn begreifen werden. „Was von einem Toten kommt", prophezeit er im Spätherbst 1855 kurz vor seinem Ende, „darauf wird man weit eher hören!" Er hat recht. Allein der Gegenwartsstreit, ob Kierkegaard in seiner schöpferischen Philosophie der große Anreger zur religiösen Besinnung und christlichen Erneuerung in einem Europa der dämonischen Massenideologien oder zum Vater des Existenzialismus geworden ist, erweist die Bedeutung des einst Verkannten. Für Kierkegaard gibt es keine menschliche Existenz ohne einen Glauben an den göttlichen Stifter und Erhalter; so aktuelle Begriffe wie Angst und Selbstverlorenheit sind darum für den Dänen einzig Stufen „zu demjenigen, welcher das ganze Verhältnis gesetzt hat". Kierkegaard hält „den für verloren, der in ohnmächtiger Selbstverzerrung niemals einen Eindruck davon empfängt, was Gott ist".

RUDYARD KIPLING   30. XII. 1865 — 18. I. 1936

Rudyard Kipling war der eifervolle Dichter und Verherrlicher des britischen Imperialismus, oft von chauvinistischer Leidenschaft und schmähender Ungerechtigkeit, aber er war durchdrungen von dem Sendungsauftrag des Britischen Weltreichs; und er war mehr: ein phantasievoller Erzähler von grimmigem Humor und ein Balladendichter von hinreißendem Schwung – bedeutend genug, daß ihm 1907 der Nobelpreis für Literatur verliehen wurde. Kipling, in Indien geboren, kehrte nach der Schulzeit als Journalist in sein Geburtsland zurück und formte seine scharfen Beobachtungen zu schlagfertigen Kurzgeschichten. Sie erschienen unter dem Titel „Drei Soldaten". Diese Geschichten aus der kolonialen Welt muten durch die glänzend hintergründige Erzählweise Kiplings oft fast überwirklich an. Den Schritt ins Märchen selbst tat Kipling in seinen frischen, exotischen Kinder- und Jugenderzählungen. Am großartigsten gelang ihm die Verbindung von abenteuerlicher Realistik und märchenhafter Schau in seinen Hauptwerken, den beiden „Dschungelbüchern", die in bunter Fabel von der Erziehung des Dschungelknaben Mogli zum Gehorsam gegen das Naturgesetz erzählen, und des Romans „Kim", der Geschichte eines irischen Soldatenkindes, das nach wunderlichen und gefährlichen Abenteuern in Indien an der Freundschaft mit einem weisen, alten Lamapriester reift. Kipling kam durch seine Erfahrungen auf langjährigen Reisen in allen Weltteilen zu der eigenwilligen Auffassung, daß das Vordringen des weißen Mannes einer elementaren, letztlich dem Wohl der Welt dienenden Notwendigkeit entsprungen sei. Die Folgerung daraus, die Idee, unter der sein ganzes Schaffen stand und die seine Äußerungen oft übersteigern ließ, hatte er in das Wort gefaßt: Nimm – in bösen wie in guten Zeiten – auf dich des weißen Mannes Last!

12. III. 1824 — 17. X. 1887   **GUSTAV KIRCHHOFF**

Die Forschungstätigkeit war früher nicht in dem Maße spezialisiert wie heute. Physiker, wie der bedeutende Entdecker Gustav Robert Kirchhoff, haben erfolgreich auf den verschiedenen Gebieten gearbeitet. Von Kirchhoff stammen die Regeln der Stromverzweigung, die für die Elektrotechnik bedeutsam geworden sind. Sie ermöglichen u. a. die Bestimmung von Widerständen, Kapazitäten und Selbstinduktionen. Die erste dieser Regeln besagt, daß an jedem Verzweigungspunkt die Summe aller zu der Verzweigungsstelle hinfließenden Ströme gleich der Summe aller von dieser abfließenden Ströme ist. Die zweite Regel heißt: In jedem geschlossenen Stromkreis eines verzweigten Systems von Leitern ist die Summe aller elektromotorischen Kräfte gleich der Summe aller Produkte von Widerstand und Stromstärke. Gemeinsam mit Robert Wilhelm Bunsen hat Kirchhoff die Spektralanalyse entdeckt. Jedes Element sendet im glühenden Zustand oder im elektrischen Lichtbogen ganz bestimmte Strahlen aus, die im Spektralapparat als eine charakteristische Linie erscheinen. Mit dieser Methode, die auch für die moderne Atomtheorie sehr wichtig geworden ist, können geringste Mengen eines Elementes nachgewiesen werden. Im Anschluß an diese Entdeckung begann Kirchhoff erfolgreiche Untersuchungen über das Sonnenspektrum wie über die Spektren der chemischen Elemente, so daß man heute weiß, aus welchen Elementen die Sonne gebildet ist. Das Verfahren wurde dann zur spektralen Untersuchung des Sternenlichtes überhaupt erweitert. Bei der Deutung der von Joseph Fraunhofer im Sonnenspektrum entdeckten und nach ihm benannten Linien gelang Kirchhoff ferner die Ableitung eines für die Wärmestrahlung allgemein gültigen Gesetzes, das sich auf das Ausstrahlungs- und Aufnahmevermögen eines Temperaturstrahlers bezieht.

24. VI. 1850 — 5. VI. 1916   **LORD KITCHENER**

England verdankt sein Kolonialreich zum großen Teil einer Reihe von Soldaten und Entdeckern, die sich für ihren eigenen Ruhm und die Größe ihres Heimatlandes bedenkenlos in das große Abenteuer der Eroberung fremder Länder stürzten. Einer der bedeutendsten war Herbert Kitchener, der spätere Lord of Khartum. Rätselhaft und unheimlich flößte sein Äußeres Freunden wie Feinden Respekt und Furcht ein. Im zerklüfteten Südwestzipfel Irlands wurde Herbert Kitchener 1850 als Sohn eines Oberst der Armee geboren. In jungen Jahren trat er in das Heer ein. Dem eigenwilligen Jüngling erschien das Ausbildungs- und Kasernenleben als lästiger Zwang; er ergriff die erste Gelegenheit, um dem Truppendienst zu entfliehen. Als junger Vermessungsoffizier ging er nach Palästina und lernte dort den Nahen Osten, seine Rassen, Sprachen und Menschen gründlich kennen. Nach zwanzigjähriger Tätigkeit im Orient wurde Kitchener Oberkommandierender im englisch besetzten Ägypten. Um den verlorenen Sudan zurückzuerobern, schmiedete er die ägyptische Armee nach seinen Plänen um. Verheiratete Offiziere wurden als unbrauchbar nach Hause geschickt und geschiedene abgelehnt, weil „sie in öffentlichen Dingen nicht erfolgreich sein können, wenn sie ihre Privatangelegenheiten nicht in Ordnung halten". In blutigen Kämpfen unterdrückte er die nationalistische Bewegung im Sudan und rückte bis Faschoda vor, wo es zu dem weltbewegenden Zusammentreffen mit den Franzosen kam. Der Sudan wurde britisch-ägyptisches Kondominium. Ein neues Kommando berief Kitchener nach Südafrika. Mit rücksichtsloser Härte führte er den Krieg gegen die Buren. 1914 wurde Kitchener als Kriegsminister nach London berufen. Mit einem torpedierten Panzerkreuzer versank er im Jahre 1916 in den Fluten der Nordsee.

PAUL KLEE   18. XII. 1879 — 29. VI. 1940

Obwohl Paul Klee schon 1940 gestorben ist, steht er nach wie vor im Mittelpunkt der Auseinandersetzungen über die moderne Kunst. Die umfassenden Gedächtnisausstellungen der letzten Jahre in vielen Städten Europas und Amerikas und die jüngst erschienenen Werke über ihn haben sein Schaffen populär gemacht. Dazu tragen gewiß nicht wenig die spielerisch romantischen Züge in seinen Gemälden und Zeichnungen bei, die auch andere Kreise als die der berufenen Kunstkenner ansprechen. Unerschöpflich ist die Formenphantasie, mit der Paul Klee in reizvoll exzentrischen Farbtönen die Welt seiner inneren Vorstellungen, seiner Träume und seiner oft ironischen Denkspiele darstellt. Dabei bringt er mit überraschender, teils bezaubernder, teils auch beklemmender Wirkung verschiedenartige Formen, Begriffe, Andeutungen von Gegenständen oder Merkmale von Lebewesen in Beziehung zueinander. Den oft nur ahnbaren Wesensgehalt verdeutlicht der Künstler durch merkwürdig poetische Titel wie „Narr in Trance", „Ozeanische Landschaft" oder „Es regt sich was im Februar". Die Experten sind sich nicht einig darüber, ob Klee sich über den Gehalt jedes Bildes, an dem er wie ein Spielzeugmacher unermüdlich „spachtelte und grundierte, spritzte und punktelte, kratzte und zeichnete", von vornherein klar war oder ob aus den abstrakt gefügten Farbgründen seine Gebilde ohne inhaltliche Absicht unversehens entstanden. Paul Klee gilt mit seinem erstaunlich umfangreichen Werk — es umfaßt rund 9000 Arbeiten — als einer der bedeutendsten Anreger der Malerei des 20. Jahrhunderts. — Nach einer fruchtbaren Lehrtätigkeit am Weimarer Bauhaus und an der Kunstakademie in Düsseldorf emigrierte Klee in die Schweiz, wo er als Sohn eines deutschen Musikers geboren worden war.

HEINRICH VON KLEIST   18. X. 1777 — 21. XI. 1811

Schmerzvolles Welterlebnis und eine ihm naturhaft eigene Gesinnung haben Heinrich von Kleists Leben und Werk gleichermaßen bestimmt. Aus einer preußischen Offiziersfamilie stammend, nahm er im ersten Koalitionskrieg als junger Leutnant an der Belagerung von Mainz und am Rheinfeldzug teil, fühlte sich aber bald vom Offiziersberuf abgestoßen und wandte sich der Wissenschaft zu. Beim Studium von Kants Philosophie erkannte er, daß er nicht zum Gelehrten, sondern zum Dichter berufen sei. Alle seine Versuche, durch eine Staatsanstellung oder durch journalistische Tätigkeit eine Lebensgrundlage zu finden, schlugen fehl. Gleichwohl war es weniger äußere Bedrängnis als Seelennot, was ihn schließlich in einen frei gewählten Tod trieb. In enger Verkettung von Schicksal und Charakter hat Kleist sein eigenes Leben zur Tragödie gestaltet. Mit krampfhaft gespannter Kraft der Seele setzte er sich mit Fügungen und Zufällen aller Art auseinander. In gleicher Weise bezog er alles, was sich in seiner Zeit begab — vor allem die Triumphe Napoleons und den Niedergang Preußens — auf die Tragik seines eigenen Daseins: „Mein Leben war das allerqualvollste, das je ein Mensch geführt hat." Da Dichtung und Leben für ihn identisch waren, ist allem, was er im Laufe der zehn Jahre von 1801 bis 1811 geschaffen hat, ein zutiefst biographischer Wesenszug eigen. Das gilt nicht nur für die eigentlichen Tragödien, „Die Familie Schroffenstein", das gewaltige Fragment „Robert Guiskard" und „Penthesilea", es gilt auch für „Die Hermannsschlacht", den „Prinzen von Homburg" und selbst für die Komödien „Amphitryon" und „Der zerbrochene Krug". Und es gilt nicht zuletzt für die von Handlung prallen, kühl und verhalten vorgetragenen Erzählungen, die eben deshalb nicht minder tief erschüttern als die Dramen.

29. II. 1784 — 27. I. 1864   **LEO VON KLENZE**

„Es gibt nur eine Baukunst, das ist die hellenische! Alles was vorausging und was nachfolgte, sind nur Bauarbeiten ..." schrieb der Direktor der königlichen Bauten in Bayern, Leo von Klenze, in einem 1821 erschienenen Buch. Dieses Wort ist charakteristisch für Klenzes Kunstauffassung. Er war erfüllt von den Idealen des Klassizismus — freilich immer nur genial nachschaffend, — und er hatte das Glück, in einer Zeit zu leben, die dem begabten Architekten großartige Möglichkeiten zur Entfaltung bot. Geboren nahe Hildesheim, studierte er in Berlin und in Paris Baukunst. Als Wanderer in Italien fand er dann in den klassischen Ruinen Pästums, Agrigents, Selinunts und Pompejis sein eigentliches architektonisches Ideal. Jerôme, von Napoleons Gnaden König von Westfalen, rief ihn als Hofbaumeister nach Kassel; aber die Ereignisse von 1813 zwangen ihn zur Muße, bis ihn der Ruf nach München erreichte. Im „Isar-Athen" errichtete er einige Wohnpaläste des bayrischen Adels im Stil der Florentiner Palazzi und begann mit den Planungen für die Glyptothek und die Allerheiligen-Hofkirche. 1825 bestieg Ludwig I. den Thron Bayerns, ein Fürst, der entschlossen war, München zur schönsten Stadt Deutschlands zu machen. Leo von Klenze, dessen Kunstgeschmack der König teilte, wurde einer seiner wesentlichsten Gehilfen bei dieser Absicht. Es entstanden die Alte Pinakothek, die Residenz und die Propyläen, die Walhalla bei Regensburg und die Befreiungshalle vor Kelheim. Mit König Otto reiste Klenze nach Griechenland, wo er die Aufgabe übernahm, dem verkommenen und verfallenen Athen ein klassisches oder doch wenigstens klassizistisches Gesicht zu geben. Mit dem Sturz König Ludwigs I. im Revolutionsjahr 1848 begann auch der Absturz Klenzes von der Höhe seines Ruhms.

2. VII. 1724 — 14. III. 1803   **FRIEDRICH GOTTLIEB KLOPSTOCK**

So fremd uns heute zuweilen auch das hohe Pathos des „Messias" erscheinen will, hat Friedrich Gottlieb Klopstock, einer der sechs deutschen Klassiker und der bedeutendste Vertreter der Periode der Empfindsamkeit, doch eine fest umgrenzte Stellung in der Literatur. Unbestritten ist sein Verdienst, die deutsche Poesie aus den Banden trockener Verstandeskultur befreit zu haben. Die später in Schiller und Goethe verkörperte Synthese zwischen Religiosität und Aufklärung wäre ohne die pietistisch vertiefte Hinterlassenschaft Klopstocks kaum in der auf uns gekommenen Reinheit des Weimarer Erbes vorstellbar. Der als ältestes von siebzehn Kindern eines Advokaten in Quedlinburg geborene Lyriker beschäftigte sich bereits in den Gymnasiastenjahren von Schulpforta mit dem Plan zu einem großen Epos, das Heinrich dem Vogler gewidmet sein sollte. Angeregt von Miltons „Paradies", gelangte Klopstock zur Gestaltung des zunächst in freier Rede, später in Hexametern gefaßten Hauptwerkes, des „Messias"; es hat den Dichter bis zur durchgefeilten Fertigstellung im Jahre 1773 beschäftigt. Die ersten Gesänge bereits fanden eine begeisterte Aufnahme über den deutschen Raum hinaus. Klopstocks dichterisches Werk muß ausschließlich von der lyrischen Poesie her verstanden werden, obwohl er auch dramatische Versuche hinterlassen hat — als bekannteste Bühnenwerke gelten „David" und „Die Hermannsschlacht". Der Lyriker spricht aus den zahlreichen Oden und geistlichen Liedern, für deren sentimentalischen Ausdruck Klopstock gelegentlich auch als erster deutscher Poet freie Rhythmen gewählt hat. Die Weltaufgeschlossenheit des Dichters erwies sich in seiner vorausschauenden Zustimmung zum amerikanischen Freiheitskampf. In der Elbestadt Hamburg ist Klopstock am 14. März 1803 in die Ewigkeit heimgegangen.

245

SEBASTIAN KNEIPP   17. V. 1821 — 17. VI. 1897

Sebastian Kneipp gehört zu den nicht allzu zahlreichen Laien auf dem Gebiet der Medizin, die wichtige und allgemein anerkannte Heilverfahren erarbeitet haben. Er wurde im bayrischen Stefansried geboren und ergriff zunächst den Beruf eines Webers. Mit 21 Jahren begann er katholische Theologie zu studieren und wurde im Jahre 1855 Kaplan, später Pfarrer in Wörishofen. Während einer schweren Erkrankung fiel ihm ein Büchlein über die früher viel angewandten Wasserkuren in die Hände; er probierte die darin gegebenen Anweisungen an sich selbst aus und wurde schnell von seinem Leiden befreit. Der Erfolg gab ihm Veranlassung, sich mit der Hydrotherapie, dem Wasserheilverfahren, eingehend zu beschäftigen, weil er die günstigen Wirkungen auch seinen Mitmenschen zugänglich machen wollte. In langjähriger Arbeit hat der Pfarrer und Menschenfreund ein eigenes System, die Kneippsche Kur, ausgearbeitet. Seine Methode vermeidet jeden Schematismus und jede Einseitigkeit und sucht durch allgemeine Leistungssteigerung des Körpers seine Schwächen zu überwinden. Kneipp wollte die Menschen nicht nur von Krankheiten heilen, sondern ihn durch systematisch betriebene Abhärtung vor Erkrankung bewahren. Er brachte Beweglichkeit in die vorher allzu erstarrte Hydrotherapie, führte in seine Kur die heilsamen Güsse ein und legte größten Wert auf eine vorsichtig dosierte, dem Einzelfall angepaßte Behandlungsweise. Wärme und Kälte werden abwechselnd angewandt und durch Allgemeinmaßnahmen ergänzt; Luft und Sonne, Diätvorschriften und Kräuterkuren spielen neben der Wasseranwendung eine große Rolle. Kneipps Buch „Meine Wasserkur" erlebte riesige Auflagen, sein Erfolg trug dazu bei, Wörishofen zu einem bekannten Kurort zu machen.

ADOLF VON KNIGGE   16. X. 1752 — 6. V. 1796

Wenn jemand die gesellschaftlichen Umgangsformen nicht beherrscht, so sagt man: „Er hat seinen Knigge nicht gelesen", den Leitfaden der guten Manieren. Adolf Freiherrn von Knigges berühmtes Werk „Vom Umgang mit Menschen", das im Jahre 1788 erschien und in alle Sprachen übersetzt wurde, erhielt jedoch erheblich tiefergehende Weisheiten als nur Lehren über äußeres Benehmen und Tischsitten. Es war ein Buch über die Erziehung an sich selbst und das Verhalten gegenüber den Mitmenschen: den „Empfindsamen und Neugierigen, Sonderlingen und Kraftgenies, Freigeistern und Deisten, Freunden und Nachbarn, Gläubigern und Schuldnern, Frauenzimmern und Kindern". Knigges zweibändiges Erziehungsbuch ist bis zum heutigen Tage die Grundlage aller Werke über Anstandsregeln und guten Ton geblieben; es sollte aber nicht vergessen werden, daß es darüber hinaus ein Leitfaden der Ethik und Moral war, das jeden, der es zu lesen verstand, die Kunst der Menschenbehandlung und -führung lehrte. Knigge, geboren am 16. Oktober 1752 in Bredenbeck im Hannoverschen, starb im Alter von 44 Jahren in Bremen. Ein vierbändiges Werk „Der Roman meines Lebens" erschien bereits im Jahre 1781, als der Verfasser noch nicht 30 Jahre alt war. Der Freiherr von Knigge lebte zur Zeit einer politischen und sozialen Revolution, in der sich die Ereignisse überstürzten. Von den Menschen dieser Zeit eines Weltumbruches kann man mit Recht sagen, daß ihre Lebensjahre doppelt zählen. Er begann seine Laufbahn als Hofjunker am hessischen Hofe, bekleidete einen hohen Rang in dem spiritistischfreimaurerischen Illuminatenorden, dem auch Goethe und Herder angehörten, versuchte sich als Alchimist und Dichter und wurde schließlich zum Philosophen praktischer Lebensweisheit.

11. XII. 1843 — 27. V. 1910   **ROBERT KOCH**

In dem kleinen Städtchen Wollstein in Posen ließ sich im Jahre 1872 der junge Arzt Robert Koch als Kreisphysikus nieder. Er stammte aus einer Bergmannsfamilie, hatte zunächst Naturwissenschaften studiert, dann aber zur Medizin umgesattelt, und nun trieb er neben seiner ärztlichen Tätigkeit bakteriologische Studien. Ihr erstes Resultat war eine Arbeit über den Milzbrandbazillus, zugleich aber berichtete der bis dahin ganz unbekannte Landarzt über völlig neue Methoden zur Erforschung und Bekämpfung der Infektionskrankheiten. Koch zeigte, wie man Bakterien auf Nährboden züchten, wie man sie nachweisen und vernichten konnte. Seine Entdeckungen waren so bedeutend, daß ihn das Regierung nach Berlin berief, wo er am Kaiserlichen Gesundheitsamt unter weit günstigeren Bedingungen als in seinem Wollsteiner Studierstübchen arbeiten konnte. Wenige Jahre später, 1882, wurde sein Name weltbekannt: Koch hatte den Erreger der Tuberkulose gefunden und damit die entscheidende Grundlage zur Bekämpfung der Schwindsucht geschaffen. Das Jahr 1883 brachte die nächste große Tat des genialen Forschers, die Entdeckung des Cholera-Erregers mit dem Nachweis, daß dieses gefährliche Bakterium vor allem durch Wasser verbreitet wird. Wo immer Seuchengefahr drohte, holte man Robert Koch. Er reiste nach Afrika, um die Rinderpest und die Tsetse-Krankheit zu erforschen, er studierte die Beulenpest in Indien, die Malaria auf Java. In Deutschland wurde eigens für ihn ein Institut für Infektionskrankheiten errichtet, das er bis zum Jahre 1904 leitete. 1910 starb Robert Koch, aber das stolze Werk, dessen Entstehung vor allem den schöpferischen Ideen dieses Mannes zu verdanken ist, blieb bestehen — die moderne Bakteriologie.

* 1. III. 1886   **OSKAR KOKOSCHKA**

„Malen und Schreiben, das ist wie Brust- und Rückenschwimmen für mich", hat Oskar Kokoschka einmal gesagt. Er war in seiner Jugend nicht nur als Maler, sondern auch als Schriftsteller einer der Schrittmacher des Expressionismus. Seine Dramen, wie „Der brennende Dornbusch", „Hiob", Orpheus und Eurydike", und seine Aufsätze sind ebenso wie ein großer Teil seiner bildkünstlerischen Arbeiten Bekenntnisse, Manifeste und Aufrufe. Von der zu kühnsten Stilexperimenten vorstoßenden Bewegung des Berliner Kreises um die Zeitschrift „Der Sturm" mitgerissen, wollte der in der Wiener Schule ausgebildete österreichische Künstler im Bund mit Dichtern und Musikern seiner Generation — Paul Hindemith und Ernst Krenek vertonten je eines seiner Dramen — neue Horizonte des Sehens und Erkennens aufreißen. Sein Kunstideal war die Darstellung der inneren Welt, wie sie nach seiner Auffassung das unverbildete vierjährige Kind zu formen imstande ist: der seelische Ausdruck im Porträt und der eigentümliche Symbolgehalt einer Landschaft. Sein künstlerisches Ziel erreichte er in einigen seiner zahlreichen Selbstbildnisse, die für ein unablässiges Bemühen um Selbstergründung zeugen, in manchen seiner umstrittenen Porträts und vor allem in Landschaften aus England, Frankreich, Österreich und den Schweizer Alpen. Sie fassen ebenso wie die Städtebilder („Bordeaux", „Towerbrücke", „Am Louvre", „Hamburger Hafen") mit zunehmender Leuchtkraft der Farben das Wesentliche in flüssige Form. Darüber hinaus drücken einige seiner Graphiken, wie „Hiob", „O Ewigkeit, du Donnerwort", oder Blätter, die einen in die Gegenwart greifenden Christus darstellen, einen echten Trieb zu extrem humanistischer, sozialrevolutionärer Weltverbesserung aus, der bei ihm im Letzten religiös begründet ist.

GEORG KOLBE

15. IV. 1877 — 20. XI. 1947

Georg Kolbe war der Lyriker unter den deutschen Bildhauern der ersten Hälfte unseres Jahrhunderts. In seinem künstlerischen Werdegang ein Kind seiner Zeit, blieb er in der Eigenart seines Schaffens doch unabhängig von ihren herrschenden Strömungen. Seiner charaktervoll zarten Natur lag weder das gewalttätige Pathos des Expressionismus noch das Leidenschaftslose der „Neuen Sachlichkeit" oder die herbe Strenge einer modernen Art archaischen Stils. Er ging seinen eigenen Weg und Umweg. Der Umweg war die Ausbildung in der Malerei in Leipzig unter Klingers Einfluß. — Kolbe wurde in Waldheim in Sachsen geboren, seine Studienstadt war das kunstfreudige München. In den späteren köstlichen Akt-Tuschzeichnungen zeigt sich die Fruchtbarkeit des malerischen Beginns. Erst die Begegnung mit Rodin und Tuaillon in Paris und Rom ließ ihn seine Berufung zum Bildhauer erkennen. Er gab seinen Gestalten jene innere Wahrhaftigkeit der künstlerischen Form, die sich ebensosehr in der Darstellung des bewegten wie des belebt ruhenden Körpers zeigte. Aber er verband die Wahrhaftigkeit mit höchster Anmut und echter Idealität. „Kauerndes Mädchen", „Große Sitzende", „Stehende Frau", „Tänzerin", „Schreitende", „Emporsteigende" sind bezeichnende Titel seiner Werke. Hohe Meisterschaft erreichte Kolbe vor allem im Porträt und im kleinplastischen freien Entwurf, so in den Kalksteingestalten im Hamburger Stadtpark. Seine Denkmäler dagegen entsprachen nicht immer dem inneren Maß seiner mehr im Intimen, in der zarten Beseelung des Körpers, sich erfüllenden Kunst. Georg Kolbe, der von 1902 bis zu seinem Tode in Berlin wirkte, war einer der beliebtesten Bildhauer seiner Generation. 1936 wurde er mit dem Goethe-Preis der Stadt Frankfurt ausgezeichnet.

ADOLPH KOLPING

8. XII. 1813 — 4. XII. 1865

Wenn der Satz wahr ist, daß sich der Berufene gegen alle Widerstände durchsetzt, so kann als Beweis für diese Erfahrung das Leben und Werk Adolph Kolpings genannt werden. Niemand ahnte, daß dem in ärmlicher Umwelt Darbenden bereits der entscheidende Auftrag bestimmt war, als er als Lehrling bei einem Schuhmacher eintrat. Wäre es nach seinem Bildungsdrang gegangen, so hätte schon der aufgeweckte Knabe einen seinem Wissensdurst näher gelegenen Weg gewählt. Über diese Zwischenstation in Köln lernte der junge Geselle aus unmittelbarer Beobachtung den sozialen und moralischen Tiefstand des handwerklichen Alltags kennen. Sein Wille, helfend einzugreifen, ließ in ihm die Gedanken eines entschlossenen, apostolierenden Priestertums reifen. Mit Unterstützung eines warmherzigen Förderers wurde er 1837 ins Gymnasium aufgenommen. Eine selbstlose Gönnerin ermöglichte dem ungewöhnlich Begabten schon vier Jahre später den Besuch der Universitäten München und Bonn. 1845 empfing er in Köln die Priesterweihe. Die Idee, die das Lebenssteuer Kolpings herumgeworfen hatte, ruhte damit nicht. Der junge Kaplan schloß sich zwei Schreinergesellen an und wurde der erste Präses eines katholischen Gesellenvereins. Die Gründung fand schnell begeisterte Anhänger; in vielen Städten Deutschlands und Österreichs entstanden gleiche Vereine, und überall wuchsen Heime auf, die der familiengelösten und haltlosen Handwerkerjugend ein Heimat boten. 1857 gab es bereits 140 Lokalvereine. Heute umfaßt das „Kolpingswerk" Vereinigungen in vielen Ländern Europas, Amerikas und Afrikas. Am 4. Dezember 1865 verschied der große Sozialpolitiker, dessen Werk zu einem festen Begriff in der ganzen Welt geworden ist.

17. IV. 1774 — 17. I. 1833   **FRIEDRICH KÖNIG**

Die einfache Handpresse, mit der man früher alle Drucke herstellte, ist heute nur noch als Hilfsmittel oder für Spezialzwecke in Gebrauch. Das Verdienst, die Druckerei mechanisiert und damit leistungsfähig gemacht zu haben, gebührt Friedrich König, den weder das Unverständnis seiner Zeitgenossen noch Enttäuschungen davon abbringen konnten, seine Erfindung der Schnellpresse durchzusetzen. Zunächst wollte er nur eine Vorrichtung zum Auftragen der Farbe bauen, dann aber ging er daran, den ganzen Druckvorgang zu revolutionieren. 1804 hatten seine Pläne Gestalt angenommen. Da er in Deutschland keinen Geldgeber fand, um die Maschine fabrikmäßig herstellen zu können, ging er nach England, wo er zunächst wieder als Buchdrucker arbeitete. 1807 schloß er mit Bensley einen Vertrag zur Auswertung seiner Erfindung und baute gemeinsam mit F. A. Bauer eine Presse, die 1810 patentiert wurde und 3000 Drucke in der Stunde liefern konnte. Krönung seiner Arbeit in England war es, als Walter, der Besitzer der „Times", zwei der Maschinen zum Druck der großen Zeitung kaufte. Später verließ König zusammen mit Bauer England, da Bensley ihn um den Ertrag seiner Erfindung gebracht hatte. Im ehemaligen Kloster von Oberzell, nördlich von Würzburg, richteten beide eine Schnellpressenfabrik ein, bildeten unter unsäglichen Schwierigkeiten Maschinenbauer heran und überwanden viele wirtschaftliche Depressionen. Die Facharbeiter, Gießer, Schmiede, Schlosser und Monteure mußten erst aus den Kreisen der Landleute herangezogen und an die Eigenart eines Fabrikbetriebes gewöhnt werden. Den Nachkommen Königs und Bauers ist es gelungen, die Leistungen weiter zu steigern, und noch heute gehen Schnellpressen und Rotationsmaschinen von Oberzell in alle Welt hinaus.

Um 990 — 4. VI. 1039   **KAISER KONRAD II.**

Nach dem Tode Heinrichs II., des letzten Kaisers aus dem Sachsenstamm, wählten die auf dem rechten Rheinufer bei Kamba versammelten Fürsten den Franken Konrad zum neuen Herrn des Reiches. Der Salier war ein Kriegsmann ohne höhere Bildung, den sein Chronist, der Mönch Wipo, mit Recht „Kaiser Hand-am-Schwert" nannte. All sein Streben war auf Mehrung der Reichsmacht gerichtet. Er zog nach Aussterben der herrschenden Familien erledigte Herzogtümer, wie Bayern und Schwaben, zugunsten seines Sohnes ein, gewann die Landschaft Burgund und zwang Polen zur Herausgabe der eroberten Ostgebiete. Um die Macht seines Hauses zu stärken, vermählte er seinen Sohn mit Gunhild, der Tochter Knuds, des nordischen Seekönigs, und erwarb auf stürmischem Italienzug die Eiserne Krone der Langobarden zu Monza und die Kaiserkrone in Rom. Als unbestrittener Herr des höchsten Amtes durfte er die Belehnung des Normannen Rainulf mit der süditalienischen Herrschaft Aversa vornehmen und wurde damit zum Oberherrn des künftigen Normannenreichs. Seine Politik ruhte auf übermächtiger Gewalt, gegen die es keinen Widerstand gab. Willkürlich setzte er seine Anhänger in geistliche Ämter ein, vergab Bischofs- und Abtssitze und kümmerte sich wenig um den Protest der Clunyazenser Reformpartei, die ihn der Simonie, des Handels mit geistlichen Würden, beschuldigte. Einen festen Pfeiler der Kaisermacht errichtete Konrad II., indem er die Erblichkeit der kleinen Lehen verfügte und dadurch besonders die Ritterschaft und die Kleinvasallen an sich band. Das Gesetz erhielt besonders für Italien, wo die großen Capitani ihre kleinen Lehensleute ständig in Angst und Abhängigkeit hielten, hohe Bedeutung. Bei der Heimkehr von seinem zweiten Italienzug fiel er einer im Heer ausgebrochenen Seuche zum Opfer.

KÖNIG KONRADIN 25. III. 1252 — 29. X. 1268

Als König Konrad IV. 1254 starb, hinterließ er als einzige Hoffnung der staufischen Partei einen zweijährigen Sohn. Der Knabe genoß am Hofe seines Oheims, des Herzogs Ludwig, eine gründliche Erziehung in allen ritterlichen Tugenden. In die hohe Zeit des Minnesangs und der epischen Dichtung hineingeboren, griff er selbst gern zu Schreibzeug und Papier, zu Leier und Fiedel. Zwei seiner Lieder sind uns in der Manessischen Sammlung erhalten geblieben. Deutschland bot in diesen Jahren ein Bild chaotischer Uneinigkeit und Wirrnis. Gegenkönige traten auf, und für Jahre blieb das Reich ohne jede zentrale Regierung. Der Blick des heranwachsenden Jünglings wurde bewußt auf das politische Ziel seines Vaters und Großvaters gerichtet: die Vereinigung der alten Reichsstaaten mit dem süditalienischen und sizilischen Königreich. 1267 brach ein deutsches Heer mit dem 15jährigen Staufer an der Spitze nach Italien auf, um diese Idee zu verwirklichen. Als unversöhnliche Gegner standen dem Unternehmen die Kurie und Karl von Anjou, der Träger der Krone von Sizilien, gegenüber. Der Papst verhängte über Konradin den Bannfluch, und Karl bemächtigte sich Süd- und Mittelitaliens. Das Glück jedoch schien bei den Fahnen des Schwaben zu sein. Schwere Unruhen in Italien und Sizilien ebneten seinen Truppen den Weg. Am 24. Juli 1268 zog der Staufer in der Heiligen Stadt ein, wo ihm die Bevölkerung einen triumphalen Empfang bereitete. Nur wenige Wochen später aber empfing dasselbe Volk den Geschlagenen mit Haß und Verachtung. Dazwischen lag die Niederlage Konradins gegen Karl von Anjou auf dem Schlachtfeld von Tagliacozzo, die das Ende der staufischen Herrschaft in Italien besiegelte. Konradin wurde auf der Flucht gefangengenommen und in Neapel auf dem Schaffott hingerichtet.

KONSTANTIN DER GROSSE Um 280 — 22. V. 337

In den Wirren nach der freiwilligen Abdankung des Kaisers Diokletian riefen die römischen Legionen des Westens Konstantin, den Sohn des Cäsar Constantius Chlorus, zum Augustus aus. Konstantin gelang es durch glückliche Umstände, seine Mitbewerber auszustechen. Im Jahre 324 n. Chr. war er der alleinige Herrscher Roms. Als Erinnerung an seinen Sieg gründete er am Bosporus eine Stadt, die seinen Namen tragen und bewahren sollte: Konstantinopel. Eine Säule auf dem Marktplatz zeigte den Gründer als Sonnengott im Strahlenkranz und mit dem Christenkreuz. Die Vermischung heidnischer und christlicher Symbole war bezeichnend für das Rom jener Tage. Die Macht des christlichen Glaubens und der Wert der jungen Kirche für den Staat wurde von Konstantin schon früh mit seltener Klarheit erkannt. Längst bevor er als Sieger in Rom einzog, hatte er in seinem Befehlsbereich die schrecklichen Verfolgungsedikte Diokletians gegen die Christen außer Kraft gesetzt. Streitigkeiten innerhalb der christlichen Priesterschaft über die Kirchenordnung nutzte er als Mittler aus, um die Einheit zwischen Kirche und Staat herzustellen. Innenpolitisch setzte er den unter Diokletian begonnenen Aufbau eines absolutistischen Staatsapparates fort, kämpfte erfolgreich gegen einen weiteren Zerfall der Wirtschaft und ordnete das Militärwesen neu. Von weittragender Wirkung war der von ihm begonnene Einbau der jungen christlichen Kirche in die bestehende Verwaltungsordnung des Römischen Reichs. Er gab damit dem Vielvölkerstaat die Kraft, den Angriffen der Völkerwanderung lange Zeit zu trotzen. Um eine Zersplitterung innerhalb der Kirche zu verhindern, berief Konstantin das Konzil von Nicäa. Kurz vor seinem Tode ließ er sich taufen und ordnete an, daß sein Leichnam nach christlichem Ritus in der Apostelkirche von Konstantinopel beigesetzt werde.

19. XII. 1473 — 24. V. 1543   NIKOLAUS KOPERNIKUS

Zwei Jahre lang hatte Herr Georg Joachim von Lauchen, genannt Rhaeticus, bei dem Domherrn von Frauenburg in Ostpreußen, Nikolaus Kopernikus, geweilt und war ihm ein lieber Freund geworden. Gegen Ende des Jahres 1542 nahm Rhaeticus von dem kränkelnden, alten Mann Abschied. Kopernikus übergab ihm einen lange und sorgfältig gehüteten Schatz, ein Manuskript, an dem er seit 35 Jahren gearbeitet hatte. Er sprach zu Rhaeticus: „Es ist nun alles durchdacht und niedergeschrieben, es wird vor der Welt bestehen können. Nehmt das Manuskript und laßt es nach Eurem Gutdünken drucken." — Ein halbes Jahr später starb Kopernikus, und im Todesjahre erschien bei dem Nürnberger Drucker Johann Petrejus sein Lebenswerk: „De revolutionibus orbium coelestium". — Das Buch handelte von der Umdrehung der Himmelskörper, und es beendete die zweitausendjährige Herrschaft des Ptolemäischen Weltsystems, das die Erde in den Mittelpunkt des Kosmos gestellt hatte. — Kopernikus' erster Satz lautete: „Die Erde bewegt sich um ihre Achse und täuscht somit den Himmelsumschwung nur vor." Sein zweiter: „Nicht die Sonne zieht ihre schiefe Jahresbahn um die Erde, sondern die Erde schwingt mit schiefgestellter Achse um die Sonne", und der dritte: „Die Erde ist nur einer der um die Sonne kreisenden Planeten." — Damit war das alte Weltbild erschüttert, die Stellung des Menschen im All verschob sich, eine neue Zeit war angebrochen. — Nikolaus Kopernikus war Professor der Mathematik zu Rom, er studierte in Padua Medizin, wurde Berater des Bischofs von Ermland und Stiftsherr am Dom zu Frauenburg, wo er sich seine private Sternwarte einrichtete. In der Stille wuchs durch Beobachtung, Messung, Berechnung das Buch, das wie eine brennende Lunte ins Pulverfaß der Zeit fiel.

23. IX. 1791 — 26. VIII. 1813   THEODOR KÖRNER

„Deutsches Volk, du konntest fallen, aber sinken kannst du nicht!" schreibt in hoher Begeisterung der junge Wiener Hoftheaterdichter Theodor Körner, als der preußische König Friedrich Wilhelm III. aus der schlesischen Hauptstadt Breslau zum entschlossenen Kampf gegen Napoleon aufruft. Knapp 22 Jahre ist der am 23. September 1791 in Dresden geborene Abgott aller Salons, der schon die Dramen „Toni" und „Hedwig", die Trauerspiele „Zriny" und „Die Sühne" und außer zahlreichen Gedichten vier Einakter geschrieben hat. 1500 Gulden sind ihm an festem Jahresgehalt von der Hoftheaterdirektion zugesichert, mit den Tantiemen für jedes gelieferte Stück kommt er auf das Doppelte der stattlichen Summe. Nicht leicht kann sich ein zweiter Dichter ähnlich als Günstling des Schicksals bezeichnen. Auch die Liebe ist ihm lächelnd gewogen. Die reizende, beliebte Schauspielerin Toni Adamberger will freudig sein Leben teilen. Sein „leichter Sinn und frischer Mut, der mit jedermann auskommt", haben es ihr angetan. Aber wichtiger als ein gesichertes Leben des eigenen Erfolges ist die Pflicht gegenüber dem angestammten Volk. Er meldet sich in Breslau zu den freien Söhnen des Vaterlandes. Die glühenden Lieder des Lützowjägers, vor allem der Schwanengesang „Du Schwert an meiner Linken...", wenige Stunden vor dem todbringenden Scharmützel von Gadebusch bei Schwerin am 26. August 1813 gedichtet, sind bekanntes Erinnerungsgut, das wegen der reinen Gesinnung, die aus den Versen spricht, über allen engstirnigen Nationalismus hinaus einen zeitlosen Auftrag umschließt.

LUDWIG KOSSUTH   19. IX. 1802 — 20. III. 1894

Ludwig Kossuth war der Führer der ungarischen Revolution von 1848, mit seinem Namen ist der Unabhängigkeitskampf der Ungarn gegen das habsburgische Österreich aufs engste verknüpft. Der temperamentvolle und leidenschaftliche Politiker gab nach einer Verurteilung zu mehrjähriger Gefängnisstrafe wegen Hochverrats seinen Beruf als Advokat auf und wurde der erste Redakteur des Blattes „Pesti Hirlap", das die öffentliche Meinung Ungarns beherrschte. Der Unzufriedenheit und den Erwartungen seiner Zeit verlieh er mit seinem glänzenden Rednertalent den erwarteten Ausdruck. Das ungarische Volk, welches das mittelalterliche Erbe sowie den neuzeitlichen Absolutismus verwarf und den souveränen, nationalen Verfassungsstaat anstrebte, wählte ihn zu seinem Führer. Im März des Revolutionsjahres 1848 wurde er im ersten ungarischen Ministerium unter Graf Batthyany Finanzminister und später Reichsverweser von Ungarn mit diktatorischer Regierungsgewalt, mußte aber nach dem Zusammenbruch des ungarischen Widerstandes gegen die Habsburger abdanken und ins Exil gehen. In England und den Vereinigten Staaten von Amerika wurde er als Held und Märtyrer begeistert gefeiert. Die rastlose Hingabe, Unbestechlichkeit und glühende Begeisterung für seine Heimat erloschen auch in diesen bitteren Jahren nicht. — Es war ihm nicht vergönnt, Ungarn als freier Bürger wiederzusehen. Am 20. März 1894 starb er in Turin. Die Liebe zu Ungarn und seine Popularität stimmten nach seinem Tode auch das habsburgische Kaiserhaus versöhnlich. Kaiser Franz Joseph ließ den Leichnam des Verbannten mit feierlichem Gepränge aus dem italienischen Exil nach Budapest überführen, wo er unter der Anteilnahme des ganzen Volkes beigesetzt wurde.

AUGUST VON KOTZEBUE   3. V. 1761 — 23. III. 1819

Von den nahezu 130 Schauspielen, Komödien und Possen Kotzebues hat sich kaum mehr als das gelegentlich hervorgekramte Sommerspielplanstück „Die deutschen Kleinstädter" behauptet. Auch das noch um die Jahrhundertwende vielgesungene Lied „Es kann ja nicht immer so bleiben..." findet sich vielleicht noch auf den Walzen der letzten Drehorgelmänner. Gewiß ist Kotzebue — als Legationsratssohn in Weimar geboren und nach Sekretärsjahren im Petersburger Generalgouvernementspalast als Beamter des Zaren geadelt — kein Nestroy oder Raimund, deren sichere Zeichnung des zeitlos Menschlichen unwiderstehlich den zeitgenössischen Rahmen weitet. Immerhin kann mancher heutige Anwärter auf dramatische Lorbeeren von Kotzebue zumindest die Beherrschung eines handfesten Rüstzeuges lernen; nicht erlernbar, in nahem Zusammenhang, damit jedoch nicht minder beachtlich, ist der unbestreitbare Instinkt des nachmaligen russischen Staatsrates für eine geschickt mit theatralischen Effekten aufgelichtete Handlung, die sicher beim Publikum ankommt. An dieser sehr lebendigen Begabung Kotzebues ändert nichts der eine oder andere gerügte Charakterzug des erfolgreichen Modedichters; etwa daß er sich für einen 1799 bei Goethe mißglückten Anbiederungsversuch durch plumpe Ovationen für Schiller zu rächen suchte oder daß er die Erhebung Europas gegen den Korsen Napoleon opportunistisch nur aus russischer Sicht beurteilte. Ein menschliches Mitgefühl beansprucht das tragische Ende Kotzebues. Als Herausgeber eines „Literarischen Wochenblattes" begriff der starre Reaktionär nicht den aufkommenden freiheitlichen Geist der Jugend. Am 23. März 1819 starb Kotzebue, ein geschichtliches Opfer gärender Strömungen, unter den Dolchstichen des Fanatikers Karl Ludwig Sand.

Um 1460 — 1509   ADAM KRAFFT

Als der reiche Nürnberger Kaufmann Martin Ketzel im Jahre 1505 unversehrt von seiner zweiten Pilgerfahrt nach Jerusalem zurückgekehrt war, gelobte er, zum Dank für göttlichen Schutz in allen Fährnissen der Reise, vor dem Tiergärtnertore Nürnbergs auf dem Wege zum Johannisfriedhof die sieben Leidensstationen Christi auf seinem Wege nach Golgatha, kunstvoll in Stein gehauen, aufstellen zu lassen. Damals war das Sakramentshäuschen in der Lorenzkirche, das der Bildhauer Adam Krafft aus Stein gehauen hatte, das meistbewunderte Kunstwerk der freien Reichsstadt. Krafft sollte deshalb auch den frommen Plan Ketzels in die Wirklichkeit umsetzen. Nach dreijährigem Schaffen hatte der Meister die ihm gestellte Aufgabe in ergreifender Weise gelöst und in Hochreliefs aus Sandstein die Schmerzensstationen Christi dargestellt. In diesen Figuren offenbarte sich bereits der neue Geist der Renaissance, der, aus Italien herüberdringend, die zierliche Schnörkelkunst der späten Gotik in breitflächige, monumentale Plastik wandelte. Die Originale hat man später wegen ihrer starken Verwitterung ins Museum gebracht und getreue Nachbildungen an ihre Stelle gesetzt. Von Krafft kennen wir nichts als seinen Namen und seine Werke, von denen außer den Leidensfiguren und dem Sakramentshäuschen das Schreyersche Grabmal, Gedächtnistafeln und Sakramentsschreine in fränkischen Kirchen und die „Grablegung Christi" die bedeutendsten sind. Sein Leben liegt im Dunkel verborgen. Die Lehr- und Wanderzeit verbrachte er wahrscheinlich am Oberrhein; man nimmt an, daß er um 1509, etwa 50jährig, im Spital zu Schwabach gestorben ist. Neben Veit Stoß, Peter Vischer und Tilman Riemenschneider war er einer der größten deutschen Bildhauer seiner Zeit.

10. X. 1825 — 14. VII. 1904   PAUL KRÜGER

Kurz vor Ausbruch des Burenkrieges bestieg der greise Präsident Johannes Paulus Krüger die Kanzel der Doppers-Kirche zu Pretoria und betete mit lauter Stimme: „Gott möge für den Fall, daß der Krieg unvermeidlich sein sollte, das Recht und die Wahrheit auf Seite der Buren finden!" Es waren die Worte eines Patriarchen, eines Bauernführers, der in hartem Kampf mit der Fremde und einer rauhen Umwelt seinem Volk eine freie Heimstatt nach eigenem frommem Sinn geschaffen hatte und sie zu verteidigen dachte. Der alte Burenführer war zu seinem Unglück im Jahrhundert des blühenden Kolonial-Imperialismus geboren, wo vorwiegend wirtschaftliche und finanzielle, stets aber machtpolitische Erwägungen über das Geschick schwächerer Nationen entschieden. Die Buren, die seit dem 17. Jahrhundert den Süden Afrikas zu kultivieren begonnen hatten, lebten dort in bäuerlich-republikanischer Weise. Sie warfen die Kriegsscharen der Zulus und Basutos nieder, und jedesmal war Paulus Krüger ihr Anführer. 1883 wählte ihn sein Volk zum erstenmal zum Präsidenten der Republik, und er blieb es bis zum bitteren Ende. Das Verhältnis der Bauern-Freistaaten zum benachbarten britischen Kolonialreich wurde immer schlechter. Der deutsche Kaiser schickte zwar im Jahre 1896 seine „Krüger-Depesche" mit Versicherungen der Unterstützung, Frankreich war freundlich gesinnt — aber England schlug trotz allem los. Während die englische Übermacht langsam den Krieg gewann, reiste der halbblinde Präsident von Hauptstadt zu Hauptstadt nur um Hilfe. Der deutsche Kaiser empfing ihn nicht, der Zar ließ absagen, der französische Präsident empfing ihn und versprach nichts. Erblindet und innerlich gebrochen, starb Ohm Krüger in einem Schweizer Sanatorium, kurz nachdem die Burenrepubliken dem britischen Weltreich einverleibt worden waren.

ALFRED KRUPP 26. IV. 1812 — 14. VII. 1887

Ein Gußstahlblock von 4300 Pfund war eine der Hauptsehenswürdigkeiten der Weltausstellung von 1851 in London. Dieses Schaustück stammte aus der Gußstahlfabrik von Friedrich Krupp in Essen, die Alfred Krupp im Alter von 14 Jahren von seinem Vater, dem Fabrikgründer, in heruntergewirtschaftetem Zustand übernommen hatte. Er war ihr alleiniger Inhaber, nachdem er die Leitung von 1826 bis 1848 mit seinen Brüdern Hermann und Friedrich geteilt hatte. Alfred verstand es, dem Gußstahl neue Anwendungsgebiete zu erobern. Er führte ihn in die Eisenbahntechnik ein und verbesserte unablässig die Betriebseinrichtungen — so entstand 1858/60 der berühmte Riesenhammer „Fritz".
Der Absatz der Erzeugnisse war im Ausland zunächst besser als in Deutschland. Neuerungen wie die Löffelwalze und die nahtlosen Eisenbahnreifen förderten die wirtschaftliche Lage des Unternehmens. Von 1847 ab entwickelte Alfred Krupp auch Geschützkonstruktionen, deren erste Lieferungen ins Ausland gingen. Er hatte einen maßgeblichen Anteil an der Gestaltung der Rohrverschlüsse und vermochte sich gegen stärksten ausländischen Wettbewerb durchzusetzen. Als Konstrukteur hat es Alfred Krupp verstanden, seine Schöpfungen der Eigenart des Gußstahls anzupassen. Er hat alle Erfindungen, welche die Stahlerzeugung förderten, unterstützt. Als einer der ersten Industriellen führte er das Siemens-Martin-Verfahren ein und baute das erste Bessemer-Werk auf dem europäischen Festlande. Krupp war sehr um die geldliche Unabhängigkeit seines Unternehmens besorgt und bemühte sich, sein eigener Bankier zu sein. Den Sinn der Arbeit sah er darin, daß sie dem Allgemeinwohl dienen solle. Allen Angestellten und Arbeitern war er durch seine soziale Einstellung eng verbunden.

KUBLAI CHAN 1214 — 1294

Kublai Chan war der Enkel des gefürchteten Dschingis Chan, des Mongolenherrschers, der mit seinen Reiterhorden ein Weltreich erobert hatte. Nach dem Tode seines Großvaters nahm er eine hohe Kommandostelle in dem Riesenreich ein. 1250 fiel er an der Spitze eines gewaltigen Heeres in China ein und gewann die westlichen Außenprovinzen und die Mandschurei. Der Tod seines Bruders machte ihn zum Großchan und damit zum Gebieter über ein Reich, das vom Nördlichen Eismeer, den westrussischen Tiefebenen, den persischen Gebirgen und dem Himalaja begrenzt war. Im Jahre 1279 führte Kublai Chan seine Heere gegen Peking, die Hauptstadt der chinesischen Sung-Dynastie, nahm die volkreiche, stark befestigte Stadt im Sturm und errichtete auf den Trümmern des chinesischen Thrones die Herrschaft der mongolischen Yüen-Dynastie. Auf dem Höhepunkt einer Macht, wie sie kaum jemals ein Mensch besessen, als seine Truppen ganz China beherrschten, seine Dschunkerflotten Japan angriffen und Indochina bedrohten und die Vortrupps seiner Heere Tribute im geheimnisvollen Tibet und im sagenhaft reichen Indien erhoben, erkannte Kublai Chan die große, ewige Wahrheit, daß alle irdische Größe eitel und nichtig ist. Er versenkte sich in die Lehre Buddhas, in der es heißt, daß alles Dasein vergänglich ist und alles Leid seine Quelle in der Lebensgier hat. Er zog Heilige und Gelehrte an seinen Hof und öffnete die Grenzen des großasiatischen Reiches fremden Reisenden. Marco Polo, der Weltwanderer aus Venedig, war lange Zeit Gast des Großchans. Als er zur abenteuerlichen Heimreise aufbrach, beauftragte ihn Kublai, christliche Missionare nach China zu rufen. Ackerbau und Gewerbe gelangten unter seiner Herrschaft zu hoher Blüte. Er bereiste alle Provinzen seines Imperiums.

1401 — 15. VIII. 1464 NIKOLAUS VON KUES

Über diesen Diplomaten und Gelehrten im Kardinalspurpur, der eine Reichsreform anstrebte, wechseln in der Literatur die Urteile. Seine Persönlichkeit wird einmal als Vertreter einer demokratisch organisierten Kirche, ein andermal als Verfechter einer fast monarchisch geführten Romkirche geschildert. Die unterschiedlichen Auffassungen berücksichtigen nicht genügend den Zeithintergrund, das Zeitalter der Hussitenschismas und der Gegenpäpste, in das Cusanus, der Doktor des kanonischen und des zivilen Rechtes, gestellt war. Er war befreundet mit dem in der Geschichte der Entdeckung Amerikas hervorgetretenen Florentiner Geographen Toscanelli, er hat sich selbst intensiv mit den mathematischen und astronomischen Wissenschaften sowie bahnbrechend mit der Arzneikunde beschäftigt. Von seinem einstigen Lehrer, Kardinal Caesarini, wurde er zum „Vorsitzenden der Deutschen Nation" auf dem Basler Konzil berufen, dessen Tendenz, dem Papst ein „parlamentarisches" Konzil überzuordnen, vorerst gleich zahlreichen Gelehrten auch von Cusanus geteilt wurde. Der mehr und mehr antipäpstlichen Einstellung der Versammlung verweigerte der Deutsche aber seine Unterstützung. Mit Caesarini ging er 1437 nach Konstantinopel, nachdem ihm die Wiedervereinigung Prags mit Rom geglückt war. Auch am Bosporus war seine Mission erfolgreich. 1448 zum Kardinal erhoben, war Cusanus entscheidend am Abschluß des Wiener Konkordates von 1448 beteiligt. 1450 wurde er Bischof von Brixen. Er schlichtete in Preußen Zwistigkeiten zwischen den Deutschordensherren und den Städten des Landes und starb, auf einer letzten Gesandtenreise zur Heranholung der genuesischen Kreuzzugsflotte schwer erkrankt, im Palast des Bischofs von Todi in Umbrien. Als Philosoph ragt Cusanus in die Neuzeit. Er gilt als Vorläufer von Leibniz.

559 — 529 v. Chr. KÖNIG KYROS

Nach mehr als zweitausendjähriger, wechselvoller Geschichte ging die Herrschaft der Semiten im Vorderen Orient zu Ende. Hier, zwischen Euphrat und Tigris, waren einst die Sumerer den Babyloniern und diese den Assyrern erlegen, und auf die Assyrer waren die wilden medischen Stämme und ein Neubabylonisches Reich gefolgt. Im ersten Drittel des 6. vorchristlichen Jahrhunderts bildete in der Abgeschiedenheit der persischen Gebirge der große Kriegskönig Kyros ein machtvolles Reich der arischen Stämme. Mit seinen gepanzerten Scharen fiel er über die Meder her, wandte sich gegen eine Koalition der Könige von Babylon, Ägypten und Lydien und schlug Krösus, den Herrscher des kleinasiatischen Lydierreiches. Nach dem siegreichen Ende des Feldzuges, der die Perser bis auf die Inseln der Ägäis geführt hatte, schloß er mit Krösus ein Bündnis. Dann warf er Babylon nieder und befreite die Juden aus Verschleppung und Sklaverei. Wieder begnadigte er den geschlagenen König und setzte ihn als Statthalter ein. Zum erstenmal in der alten Welt brachte eine Eroberung den unterjochten Völkern nicht brutale Grausamkeit und rechtlose Hörigkeit. Kyros unterwarf sich die Welt und gewann Provinzen durch Milde, Gerechtigkeit und nachbarliche Hilfe. Sein Reich erstreckte sich von der Ägäis bis nach Indien, von den asiatischen Steppen bis tief in die arabische Wüste. Überall wurden Tempel und Paläste gebaut, und die Menschen sangen das Lob auf Kyros, den Perser aus dem Geschlecht der Achämeniden. Während er seine Heere wider Ägypten rüstete, unternahm er einen kleinen Feldzug gegen wilde Gebirgsvölker im Turan. Dort, im Norden, traf ihn der tödliche Pfeil. Eine Säule seines Grabmals trägt die Inschrift: „Ich war Kyros, der Achämenide, der Bringer des Friedens."

LAFAYETTE 6. IX. 1757 — 20. V. 1834

In den gärenden Revolutionsjahren des ausgehenden 18. Jahrhunderts leuchtete der Name Lafayette wie ein Fanal über der Alten und Neuen Welt. Dem jungen amerikanischen Volk galt der Franzose als der Vorkämpfer für Freiheit und Recht der unterdrückten Nationen. Als im Jahre 1917 die erste amerikanische Truppeneinheit in Paris einzog, marschierte sie zu dem kleinen Friedhof, auf dem der Freiheitsheld begraben war, und der Kommandeur meldete vor dem einfachen Grab: „Lafayette, we are here!" Schon als junger Offizier war in dem Marquis aus altem Adel der Haß gegen Unrecht und Unterdrückung entflammt. Als die ersten Nachrichten von dem anhebenden Freiheitskampf der Vereinigten Staaten gegen England Europa erreichten, rüstete Lafayette ein Schiff aus, begab sich nach Amerika und nahm aktiv an dem Freiheitskampf teil. Er schrieb nach dem Endsieg der Vereinigten Staaten: „Ich bin zufrieden. Die Menschheit hat ihren Prozeß gewonnen, und die Freiheit ist nicht mehr obdachlos auf Erden." Lafayette kehrte nach Frankreich zurück und übernahm in der Revolution 1789 die Führung der Nationalgarde. Seine Ausgleichsbemühungen aber machten ihn sowohl bei den Pariser Revolutionsmännern wie bei Hof verdächtig. Er mußte vor den Verfolgern ins Ausland fliehen. Es folgten fünf Jahre Gefangenschaft in preußischen und österreichischen Kerkern. Erst der Sturm Napoleons über Europa befreite Lafayette. Nach einem kurzen Aufenthalt in Hamburg betrat er wieder die heimatliche Erde, voller Mißtrauen gegen den korsischen Usurpator, den er beschuldigte, die Errungenschaften der Revolution verraten zu haben. Er lebte in stiller Zurückgezogenheit auf seinem Landgut Lagrange. Nach seinem Tode 1834 mußten selbst seine Gegner zugestehen, daß Frankreich „den rechtschaffendsten Charakter der Nation" verloren habe.

LA FONTAINE 8. VII. 1621 — 14. IV. 1695

Die in eleganten Versen erzählten Fabeln von Jean de La Fontaine gehören noch heute zu den volkstümlichsten Dichtungen der Franzosen. Molière hat recht behalten mit seinem Wort: „Unsere Schöngeister mögen sich noch so sehr schütteln, sie werden Le Bonhomme nicht loswerden." Den Beinamen „Le Bonhomme" hatten die Zeitgenossen La Fontaine wegen der schlichten Liebenswürdigkeit seines Wesens und Auftretens gegeben. Er war in der Champagne geboren und bekleidete in seiner Heimat ein kleines Amt in der Forstverwaltung. 37 Jahre alt, folgte er einem Ruf nach Paris, wo ihm einflußreiche Gönner und Gönnerinnen, denen seine beziehungsreichen Verserzählungen voll scharf geschliffenen Witz gefielen, die Möglichkeit boten, ein unabhängiges und von Alltagssorgen freies Leben zu führen. Seine fünf Bände „Erzählungen und Novellen in Versen", die sich in barockem Freimut an das Vorbild der italienischen Novelle hielten, gewannen ihm weitere Freunde. Sein beliebtestes Werk aber wurden die zwölf Bände „Fabeln", die in den Jahren 1668 bis 1694 einander folgten. La Fontaine schöpfte seine Stoffe aus griechischem, lateinischem, indischem und mittelalterlichem Fabelgut, doch gab er ihnen durch die meisterhafte Kunst leichtflüssiger Erzählung eine reizvoll lebendige neue Form. Der besondere Reiz dieser Dichtungen lag für die Zeitgenossen darin, daß La Fontaine es mit feinem Humor verstand, in den Tiergestalten landläufige Typen und Charaktere der Gesellschaft des 17. Jahrhunderts zu karikieren. Die Wärme des Naturempfindens und die launige, doch nicht lieblose Skepsis der moralischen Schlüsse erhielten die Fabeln im Gegensatz zu der Bearbeitung des Märchens von Amor und Psyche und zu den längst vergessenen Komödien und Operntexten La Fontaines auch für spätere Geschlechter lesenswert.

2. XI. 1827 — 22. XII. 1891   **PAUL DE LAGARDE**

Im Kampf der Generationen taucht immer wieder der Vorwurf auf, die Jugend besitze keinen Idealismus. In seinen „Schriften für das deutsche Volk" weist Paul de Lagarde eine solche Anklage zurück. Die Schuld liege immer bei den verantwortlichen Kräften im Staat, die der Jugend keine konkreten Ideale böten, an denen sich der stets vorhandene jugendliche Idealismus entzünden könne. Paul Bötticher, wie der Familienname des am 2. November 1827 in Berlin geborenen Orientalisten und pädagogischen Schriftstellers lautet, hatte seine eigenen schmerzlichen Erfahrungen. Mutterlos im Hause eines lieblosen Vaters aufgewachsen, von einer Schwester seiner Großmutter, Ernestine von Lagarde, erzogen, die ihn adoptierte, hat der schwärmerische Schüler eines Jakob Grimm und Friedrich Rückert den schweren Druck seiner Entwicklungsjahre ein Leben lang nicht überwunden. Als Oberlehrer am Luisenstädtischen Realgymnasium Berlins drängte es ihn zu wissenschaftlicher Arbeit an einer Universität; häßliche Intrigen aber verschlossen ihm lange die angestrebte Hochschuldozentur. Nach einer Londoner Studienreise, die ihm ein Stipendium ermöglichte, mußte der Spezialist der persischen und arabischen Sprachen noch weitere zwölf Jahre für 400 Taler Jahresgehalt Schülerhefte korrigieren. Als er 1869 endlich die ersehnte Professur erhielt und an der Universität Göttingen Hebräisch, Arabisch und Syrisch lehrte, galten die Mußestunden der Sendung des politischen Erziehers. Den ersten Anlaß zu dem publizistischen Wirken gab ihm der Kulturkampf. Es folgten die „Politisch-theologischen Traktate" und im Jahre 1891 die Volksausgabe der „Deutschen Schriften". Seine Hauptthesen sind, daß Moral unumgänglich zur Religion führe und daß wahre Bildung nichts mit einer Vielheit aufgepfropften Wissens zu tun habe.

1. VIII. 1744 — 18. XII. 1829   **JEAN BAPTISTE DE LAMARCK**

In einem kleinen Ort der französischen Picardie begann 1744 der Lebenslauf dieses bedeutenden Forschers, dessen Leistung erst in unserem Jahrhundert voll gewürdigt worden ist. Nach Beendigung der Schulzeit wurde Jean Baptiste de Lamarck zunächst Offizier, studierte dann aber Medizin und Naturwissenschaften. Seit 1792 war er Professor der Botanik in Paris, beschäftigte sich jedoch am meisten mit Zoologie, daneben mit Meteorologie. Er führte den Begriff der wirbellosen Tiere ein; sein Verdienst ist es, als erster erkannt und bewiesen zu haben, daß die Arten nicht unveränderlich sind, wie man bis dahin angenommen hatte. Jean Lamarck, nicht Darwin, hat die erste Abstammungstheorie entwickelt, fand aber für seine Ideen kaum Verständnis, da sie allzu revolutionär waren. Erst viel später ist seine Lehre als Lamarckismus und Neolamarckismus allgemein bekannt geworden. Lamarck erkannte durchaus richtig, daß die heutigen Arten auf frühere, zum Teil ausgestorbene zurückgehen, und vertrat die später mehrmals wieder aufgegriffene Urzeugungstheorie, wonach sich die ersten, einfachsten Lebensformen aus unbelebter Materie gebildet haben sollen. Problematisch, weil zum Teil allzu einseitig, sind Lamarcks Meinungen über die Vererbung erworbener Eigenschaften. Er hat die Bedeutung der Umwelteinflüsse auf die Bildung neuer Eigenschaften der Lebewesen zweifellos überschätzt. Trotz aller Fehlschläge ist der französische Wissenschaftler ein großer Anreger gewesen, dessen Aussage zu Fragen der Abstammungslehre auch den heutigen Biologen viel zu sagen hat. Lamarck blieb trotz vieler äußerer Erfolge ein einsamer Mensch; im Alter zog er sich — völlig erblindet — ganz von der Welt zurück, 1829 verlöschte die Flamme dieses großen, fruchtbaren Lebens.

ALPHONSE DE LAMARTINE 21. X. 1790 — 1. III. 1869

„Rhapsodische Ergießungen von erhabener Trostlosigkeit" hat einmal Friedrich Schlegel die literarische Hinterlassenschaft des Dichters und Staatsmannes de Lamartine genannt, der als Nachfolger Chateaubriands die Romantik in die französische Lyrik einführte und als der eigentliche Schöpfer der modernen Französischen Republik gilt. Alphonse de Lamartine wurde am 21. Oktober 1790 in Milly bei Macon als Sproß eines verarmten Adelsgeschlechtes geboren. Am Beginn seiner literarischen Laufbahn stehen die „Nouvelles méditations" und die „Harmonies poétiques et religieuses", deren reicher Stimmungsgehalt von einer höchst sentimentalen, religiösen Schwärmerei überdeckt wird. Bald jedoch gelangen ihm Proben hohen Könnens, wie der in die Weltliteratur eingegangene „Tod des Sokrates"; die meisterliche Erzählung „Graziella", das kulturgeschichtlich vielzitierte Preislied auf die Krönung Karls X und das angeblich dem Tagebuch eines Dorfpfarrers entnommene Idyll „Jocelyn". In einem farbenglühenden Stil ist die 1835 erschienene „Orientreise" geschrieben, literarischer Ertrag einer Reise in die Wunderwelt des Nahen und Mittleren Ostens. Die Revolutionsereignisse von 1848 brachten ihm den lange erhofften Ruhm und den Glanz einer hohen Stellung. Er war Außenminister der Revolutionsregierung und wurde zum angebeteten Idol eines wahren Freiheitshelden. Nach dem Staatsstreich von 1851 zog er sich von allen politischen Geschäften zurück. Um seinen Lebensunterhalt zu verdienen, schrieb er zahlreiche Werke politisch-historischen Inhalts, meist biographischer Art. 1867 erkannte der Staat seine Verdienste als Dichter und Staatsmann an und setzte ihm eine ansehnliche Pension aus. Zwei Jahre später am 1. März 1869, starb Alphonse de Lamartine, betrauert von ganz Frankreich.

EUGEN LANGEN 9. X. 1833 — 2. X. 1895

Eugen Langen ist allen, die mit der Geschichte der Verbrennungsmaschinen vertraut sind, als der genial begabte Ingenieur bekannt, der maßgeblich an der Konstruktion des von Nikolaus August Otto erdachten Gasmotors, einer atmosphärischen Maschine und schließlich des Viertaktmotors beteiligt war. Gemeinsam mit Otto hat er die Gasmotorenfabrik Köln-Deutz A. G. gegründet. Aber Langens Bedeutung für die deutsche Industrie ging über diese Tätigkeit hinaus. Als Sohn eines Kaufmannes, der Mitinhaber einer Zuckerraffinerie war, hat Langen sich immer wieder um die Verbesserung der technischen Einrichtungen für die Zuckerindustrie bemüht. Er hat die Maschinenfabrik Grevenbroich südwestlich von Düsseldorf gegründet und wirkte bei der Errichtung einer Fabrik für elektrische Beleuchtungskörper mit, die er später mit der Fabrik von Schuckert in Nürnberg vereinigte. Er hat sich ferner um die Entwicklung der nahtlosen Mannesmann-Röhrenfertigung bemüht, wobei er mit Werner von Siemens zusammenarbeitete. Darüber hinaus förderte er das Verkehrswesen. Er gründete 1885 die Rhein-Seeschiffahrts-Gesellschaft und verwirklichte damit einen Plan Friedrich Harkorts. Langen führte ferner als Beauftragter der westdeutschen Industrie die entscheidenden Verhandlungen wegen der Neugestaltung der für die Wirtschaft lebenswichtigen Eisenbahntarife, befaßte sich mit den Fragen der Zollgesetzgebung und mit kolonialen Fragen. Die Angelegenheiten des Patentwesens lagen ihm um so mehr am Herzen, als er gerade bei den Auseinandersetzungen um das schließlich aufgehobene Patent für den von Otto erdachten Viertaktmotor dessen Bedeutung eindringlich erfahren mußte. Eugen Langen war einer der bahnbrechenden und vielseitigsten Ingenieure und Wirtschaftler des 19. Jahrhunderts.

8. XI. 1810 — 29. IX. 1887   **B. VON LANGENBECK**

Während eines großen Teils des neunzehnten Jahrhunderts war Berlin die Stadt, in der die berühmtesten Namen der medizinischen Forschung als Hochschullehrer oder Ärzte tätig waren. Das galt besonders für die Chirurgie, die durch Langenbeck auf einen vorher noch nie erreichten Höhepunkt geführt wurde. Bernhard von Langenbeck — 1810 in Padingbüttel im Hannoverschen geboren — erhielt die ärztliche Ausbildung bei seinem gleichnamigen Onkel, der in Göttingen als Professor für Chirurgie und Anatomie tätig war. Von ihm erlernte er die Grundlagen jener Operationskunst, die er dann selbst entscheidend verbessert und weiterentwickelt hat. Bereits mit 37 Jahren war sein Ruf so ausgezeichnet, daß ihn die Berliner Universität zum Nachfolger des großen Dieffenbach als Direktor der chirurgischen Klinik berief. Auf zwei Gebieten vor allem hat sich Langenbeck unvergängliche Verdienste erworben: um die plastische und die allgemeine Kriegschirurgie. Er war ein vollendeter Meister des Skalpells, der mit genial erdachten Operationen Eingriffe durchführte, die vorher niemand gewagt hatte. Langenbeck nahm als Chirurg an den Kriegen gegen Dänemark, Österreich und Frankreich teil, er hat ungezählten Soldaten nicht nur das Leben gerettet, sondern sie durch seine neuartigen Methoden vor dauernder Invalidität bewahrt. Langenbeck förderte durch eigene Arbeiten auch die übrigen Zweige der Chirurgie. Jahrzehnte hindurch war er der unbestrittene König der deutschen Chirurgie. Langenbeck war ein ausgezeichneter Lehrer, der mit seiner beruflichen Pflichttreue und Gewissenhaftigkeit jene künstlerische Begabung verband, die schon immer für viele große Chirurgen typisch gewesen ist.

31. I. 1881 — 18. VIII. 1957   **IRVING LANGMUIR**

Langmuir wurde 1881 in Brooklyn in den Vereinigten Staaten geboren. Schon als Schüler interessierte er sich für Chemie, ging als junger Student zu Professor Nernst, dem berühmten deutschen Chemiker, und bestand seine Doktorprüfung mit Auszeichnung. Nach der Rückkehr in die Staaten nahm er eine Stellung bei der General Electric Company an. Nach kurzer Zeit bereits betraute ihn die Gesellschaft mit wichtigen Entwicklungsaufgaben in der Glühlampen-Herstellung. Im Jahre 1913 erfand Langmuir die gasgefüllte Glühlampe und schuf damit eine wichtige Verbesserung, da die Lichtausbeute erheblich höher als bei den alten Vakuum-Lampen war. Einige Jahre später entwickelte er die völlig neuartige Raumladungstheorie; sie war eine der Voraussetzungen für die Konstruktion von Elektronenröhren. Neben seinen der industriellen Produktion dienenden Arbeiten beschäftigte sich der außerordentlich vielseitige Chemiker auch mit reinen Forschungsproblemen, namentlich den chemischen Bindungsverhältnissen. Für seine grundlegenden Arbeiten erhielt Langmuir im Jahre 1932 den Nobelpreis. — Nach dem zweiten Weltkrieg griff er eine ganz neue Frage von höchster Bedeutung auf: er entwickelte Methoden, die eine künstliche Beeinflussung des Wetters zum Ziele hatten. Mit Unterstützung der General Electric und der amerikanischen Heeresleitung führte Langmuir großangelegte Versuche auf diesem Gebiet durch und war maßgeblich an den vielerörterten Wetter-Experimenten beteiligt, die unter der Bezeichnung „Projekt Cirrus" bekannt geworden sind. Langmuir und seinen Mitarbeitern gelang es, Wolken durch Bestreuen mit Silberjodid und Trockeneis von Flugzeugen aus zum Abregnen zu bringen. Vorläufig konnten allerdings nur örtlich begrenzte Erfolge erzielt werden.

LAO-TSE
6. Jh. v. Chr.

Lao-tse — der Name bedeutet soviel wie „Der Alte" — ist einer der großen Weisheitslehrer der Menschheit. Er lebte vor zweieinhalb Jahrtausenden unter dem Gelehrtennamen Be Yang als Archivar am chinesischen Kaiserhof. Aber sein Streben war, wie es in alten chinesischen Schriften heißt, „sich zu verbergen und ohne Namen zu bleiben". Daher ist in den spärlichen Berichten über sein Leben Wahrheit und Legende nicht auseinanderzuhalten. Er soll als alter Mann, enttäuscht über die Zustände im Lande, nach Westen gewandert sein und alle Spuren hinter sich ausgelöscht haben. Einem Grenzbeamten, der ihn gebeten habe, ihm etwas Schriftliches zu hinterlassen, habe er ein Buch mit über 5000 chinesischen Schriftzeichen übergeben, „Taoteking", das Buch der Sprüche. Dieses Buch — es kann mit „Sinn und Leben" oder „Wahrheit und Kraft" übersetzt werden — bewegt von Jahrhundert zu Jahrhundert nachdenkliche Menschen jeder Generation, und es wird seine innere Leuchtkraft behalten, solange die Menschheit besteht. Wenn es auch scheint, als ließen sich Lao-tses Ratschläge mit der harten Wirklichkeit nicht vereinigen, so behauptet doch das „Taoteking" als Wegweiser zu innerem Glück, zu Ehrfurcht, Gewaltlosigkeit und Duldsamkeit, zu Gelassenheit im Leid, heiterer Zufriedenheit und uneigennützigem Gemeinschaftsdienst seine tiefwirkende Wahrheit. Die Form ihres Ausdrucks ist das Paradox, in dem sich das Unsagbare, der unfaßbare „Sinn", das „Tao", andeuten läßt. Wer handelt — sagt Lao-tse —, verdirbt die Welt, wer festhält, verliert sie. Wer sich genügen läßt, ist reich. Das Weiche siegt über das Harte, das Schwache über das Starke. Wer tüchtig ist, den Feind zu besiegen, der streitet nicht mit ihm. Der Weise ist nicht gelehrt, der Gelehrte ist nicht weise. Nur wer an seinem Leiden leidet, wird frei vom Leiden.

FERDINAND LASSALLE
11. IV. 1825 — 31. VIII. 1864

Abseits der bequemen Straße führen Leben und Werk des Breslauer Seidenhändlersohnes. Umjubelt wie selten ein sozialer Revolutionär, suchte Ferdinand Lassalle den Tod, als sich ihm die Erfüllung seiner Liebe zu Helene von Dönniges versagte, die mit dem rumänischen Fürsten Gehan von Racowitza verlobt war; ihm stellte sich Lassalle am 28. August 1864 zu einem Duell, dem der Schwerverwundete erlag. Das Herz eines Kämpfers für alle armen und unterdrückten Schichten, der die Wertschätzung Heinrich Heines gefunden hatte und der noch nach seinem Tode selbst von Bismarck mit einem ehrenden Gedenken bedacht wurde, stand still. — Der Jüngling studierte Geschichte und Philosophie an den Universitäten Breslau und Berlin, hielt sich einige Zeit in Paris auf und kehrte nach Düsseldorf zurück, wo er schicksalhaft in den revolutionären Kreis um Karl Marx, Friedrich Engels und Ferdinand Freiligrath gezogen wurde. Als aktiver Teilnehmer der Revolution von 1848 wurde Lassalle verhaftet, auf Grund seiner berühmten „Assisenrede" vom 5. Mai 1849 jedoch freigesprochen. Es folgte eine Zeit wissenschaftlicher und literarischer Arbeit. Nach der Veröffentlichung einiger aufsehenerregender theoretischer Werke begann Lassalle mit einem Vortrag über die Unterschiede in der geschriebenen und wirklichen Staatsverfassung seinen Kampf gegen das liberale Bürgertum. Sein Ziel war eine von aller Bevormundung befreite Arbeiterschaft. Höhepunkt seines Wirkens war die Wahl zum Präsidenten des Allgemeinen Deutschen Arbeitervereins am 25. Mai 1863 in Leipzig, einer der Vorstufen zur Gründung der Sozialdemokratischen Partei. Die Kugel im Gehölz von Carrouge bei Genf zerschnitt unvermittelt alle weiteren Pläne des Verfechters eines nationalen Staatssozialismus.

2. II. 1717 — 14. VII. 1790 **GIDEON ERNST VON LAUDON**

Der Mann, der dem großen Friedrich von Preußen auf den Schlachtfeldern des Siebenjährigen Krieges die schwersten Niederlagen zufügen sollte, wurde in Livland geboren. Gideon Ernst von Laudon diente zunächst in der russischen Armee. Getrieben vom Ehrgeiz, verließ er mit 26 Jahren Rußland, wandte sich nach Berlin und bat dort Friedrich den Zweiten um eine Schwadron. Der Preußenkönig soll damals gesagt haben, er könne den „Russen" wegen seiner finsteren Augenbrauen und seiner asketisch hageren Gestalt nicht leiden. Laudon ging nach Wien und erhielt dort von Maria Theresia die sehnlichst gewünschte Stelle. Als der Siebenjährige Krieg ausbrach, stand Laudons Name nicht auf der Liste derjenigen Offiziere, die ins Feld rücken sollten. Ein Zufall und die Gunst des Staatskanzlers Kaunitz verschafften ihm jedoch bald ein Kommando. Als Meister der Vorpostengefechte und des Kleinkrieges erwarb sich Laudon rasch militärischen Ruf. Nach zwei Jahren dieses blutigen Krieges ernannte ihn Maria Theresia zum Feldmarschall-Leutnant. Seinen größten Triumph feierte Laudon, als er im Jahre 1759 in der Schlacht bei Kunersdorf durch den klugen Einsatz seiner Truppen Friedrich den Großen und Preußen an den Rand des Abgrunds brachte. Seine Gegner machten ihm die Rücksichtslosigkeit, mit der er in Feindesland hauste, zum Vorwurf. Für Maria Theresia und das österreichische Reich war Laudon in schwerer politischer Not eine feste und zuverlässige Stütze. Als Friedrich der Große im Jahre 1770 — längst nach dem großen Krieg — bei einem Essen mit seinem großen Gegenspieler zusammentraf, rief er ihm zu: „Hierher zu mir, mein Herr General von Laudon! Ich sehe Sie viel lieber neben mir als mir gegenüber."

9. X. 1879 – 24. IV. 1960 **MAX VON LAUE**

Im Jahre 1895 waren die Röntgenstrahlen entdeckt worden, die der Forschung viele Rätsel aufgegeben haben. Röntgen wirkte 1909 in München, als sich hier der junge Physiker Max von Laue habilitierte, der 1903 bei Max Planck den Doktorhut erworben hatte. Er kam in eine Atmosphäre, die, wie er sagte, „mit der Frage nach der besonderen Natur der Röntgenstrahlen geradezu gesättigt" war. Auch um die Erforschung des inneren Atomgefüges der Kristalle war man leidenschaftlich bemüht. Max von Laue wurde angeregt, Kristalle mit Röntgenstrahlen zu „durchleuchten", und er entdeckte dabei wesentlich Neues über die Art dieser geheimnisvollen, alles durchdringenden Strahlen. So wie die an sich gradlinige Fortpflanzung des Lichtes durch einen sehr engen Gitterspalt gebeugt wird, wird die gradlinige Ausbreitung der Röntgenstrahlen durch die Beugungswirkung der in gesetzmäßiger Weise gitterförmig angeordneten Atome eines Kristalls verändert. Auf einer photographischen Platte, die, hinter einem Kristall aufgestellt, von Röntgenstrahlen getroffen wird, zeigen sich in symmetrischer Anordnung Schattenflecke, aus denen man auf die symmetrische Verteilung der Atome im Innern des betreffenden Kristalls schließen kann. Diese Entdeckung, für die Max von Laue 1914 den Nobelpreis erhielt, erlaubte zunächst, mit Hilfe von Kristallen Spektren von Röntgenstrahlen zu erzeugen und die Wellenlänge dieser Strahlung zu messen; ferner erhielt man klare Vorstellungen vom Atomaufbau der kristallinen Materie, aus der fast alle Stoffe bestehen. Von Laue hat sich u. a. auch mit der Supraleitung — mit dem Verschwinden des elektrischen Widerstandes von Metallen bei tiefen Temperaturen — beschäftigt.

LAVATER   15. XI. 1741 — 2. I. 1801

Johann Kaspar Lavater, Pfarrer am Waisenhaus in Zürich, war eine Zeitlang einer der engsten Freunde Goethes und verkehrte persönlich und brieflich mit den meisten hervorragenden Künstlern, Dichtern und Gelehrten seiner Zeit. Der achtungsvolle Respekt, den ihm seine Zeitgenossen entgegenbrachten, ist ein deutlicher Beweis für die bemerkenswerte Persönlichkeit Lavaters. Der Schweizer Pfarrer nimmt unter den geistlichen Gelehrten und Schriftstellern des ausgehenden 18. Jahrhunderts eine besondere Stellung ein. Obwohl manche seiner Gedankengänge zeitbedingt und viele seiner philosophischen Schlüsse anfechtbar sind, hat er doch mit drei selbständigen Denkleistungen die Besten seiner Zeit stark bewegt und auf die geistige Entwicklung der Folgezeit eingewirkt. Unter dem Einfluß des bedeutenden pommerschen Theologen J. J. Spalding, den er auf einer ausgedehnten Deutschlandreise in Barth besuchte, fand er bereits als junger Kandidat einen eigenen Weg zur Überwindung der Aufklärung, zu einem Christentum des Glaubens und der Liebestat, zu einem unmittelbaren Gotteserlebnis, das vom Geist des „Sturm und Drang" beeinflußt war. Davon zeugt sein in fünfjähriger Arbeit entstandenes Werk „Aussichten in die Ewigkeit". Lavater hat auch als einer der ersten die künftige Bedeutung der sozialen Frage erkannt und sich mutig und klarblickend für eine neue Gemeinschaftsordnung eingesetzt, in der die gesellschaftlichen Unterschiede ihre Schärfe verlieren sollten. In der Überzeugung, daß das Geistig-Seelische sich im Körperlichen ausprägt, hat er in seinen berühmten „Physiognomischen Fragmenten" Menschengesichter, Hände und Handschriften mit oft überzeugender psychologischer Feinheit gedeutet und in grundsätzlichen Betrachtungen einige auch für die heutige Physiognomik noch gültige Gesichtspunkte aufgezeigt.

LAVOISIER   16. VIII. 1743 — 8. V. 1794

Über das Schicksal dieses genialen Forschers breitet sich der strahlende Glanz größter Erfolge wie die düstere Tragik eines unverschuldeten Todes unter dem Fallbeil. 1743 als Sohn eines Pariser Rechtsanwaltes geboren, erhielt der junge Antoine Laurent Lavoisier eine vielseitige Ausbildung. Er interessierte sich vor allem für die Naturwissenschaft und trat schon als junger Mann mit ausgezeichneten Arbeiten hervor; im Alter von 25 Jahren wurde er zum Mitglied der Akademie ernannt. Lavoisier hat das große Verdienst, die Unhaltbarkeit der damals herrschenden „Phlogiston-Theorie" nachgewiesen zu haben. Man glaubte, daß bei allen Verbrennungen ein geheimnisvoller „Feuerstoff", Phlogiston genannt, auftrete. Demgegenüber zeigte Lavoisier, daß alle Verbrennungsvorgänge, gleichgültig ob mit oder ohne Flamme, auf einer chemischen Reaktion mit dem Sauerstoff beruhen. Durch diese und andere Entdeckungen wurde er zum Reformator der Chemie, zum Begründer einer neuen Arbeitsweise, in deren Mittelpunkt das exakte Experiment und die chemische Waage stehen. Die Unlogik des Spielens mit unbewiesenen Theorien wurde aus der Chemie verbannt, ein neues Zeitalter chemischer Forschung konnte beginnen. Lavoisier schrieb ein klassisch gewordenes Lehrbuch, mit dem er die quantitative Chemie sowie eine neue Einteilung der Elemente und ihrer chemischen Verbindung einführte. Nebenbei leitete dieser geniale Gelehrte die Verwaltung staatlicher Fabriken, übernahm eine Reihe von Ehrenämtern und wurde zu seinem Unglück auch Steuerpächter. Obwohl er sich in diesem Amt stets korrekt verhalten hatte, wurde er vom Revolutionstribunal im Jahre 1794 wegen angeblicher Untreue zum Tode verurteilt und hingerichtet. Das geschah in der gleichen Stadt Paris, die ihm später ein prächtiges Standbild errichtet hat...

8. VIII. 1901 - 27. VIII. 1958   E. O. LAWRENCE

Der große amerikanische Physiker gehört zu der Gruppe jener Männer, deren Namen der Öffentlichkeit kaum bekannt sind, deren Arbeit aber im Begriff ist, unsere Welt von Grund auf zu ändern: Er ist einer der führenden Atomphysiker der Vereinigten Staaten von Amerika. Ernest Orlando Lawrence wurde 1901 in Canton, im Staat Süd-Dakota geboren, er studierte Physik und übernahm bereits mit 29 Jahren eine Professur in Berkeley. Als Leiter des Strahlungs-Instituts der Universität konstruierte er im Jahre 1930 als erster eine Einrichtung zur Beschleunigung elektrisch geladener Partikel, den Vorläufer des modernen Zyklotrons. Die Entwicklung dieses Geräts, das für die moderne Kernforschung völlig unentbehrlich geworden ist, geht in erster Linie auf die wissenschaftliche und technische Arbeit von Lawrence zurück. Er verbesserte seine ersten Modelle immer weiter und konnte schließlich Heliumkerne so intensiv beschleunigen, daß diese äußerst energiereichen „Geschosse" die Atome anderer Stoffe zertrümmerten. So entstanden künstlich radioaktiv gemachte Substanzen; zugleich hatte Lawrence eine ganz neue Methode zur Erforschung der Atomkerne geschaffen. Er wurde für diese Entdeckung 1939 mit dem Nobelpreis ausgezeichnet. Während des zweiten Weltkrieges war Lawrence in führender Stellung an jenen Arbeiten beteiligt, die schließlich zur Entwicklung der Atombombe führten. Er bearbeitete das äußerst schwierige Problem der Trennung von Isotopen des Urans und löste die Aufgabe mit Hilfe einer noch heute angewandten elektromagnetischen Methode. Dafür wurde er 1945 durch die Verleihung der „Medal of Merit", der wertvollen Verdienstmedaille, geehrt. Nach dem Kriege beschäftigte sich Lawrence hauptsächlich mit der friedlichen Verwendung der Atomenergie zu Heilzwecken und zur Diagnose von Krankheiten.

15. VIII. 1888 — 19. V. 1935   TH. E. LAWRENCE

Winston Churchill nannte ihn „eine der größten Persönlichkeiten dieser Zeit", seine Büste wurde noch vor seinem Tode 1935 in der Londoner St.-Pauls-Kathedrale aufgestellt, und trotzdem ist die geheimnisumwitterte Geschichte des Oberst Lawrence bis heute noch nicht völlig geklärt. Sicher ist nur, daß dieser Mann mehr war als ein Agent des britischen Geheimdienstes und daß er nicht nur deshalb weltgeschichtliche Bedeutung gewann, weil er die Araber während des ersten Weltkrieges zu Aufstand und Sieg geführt hat. Ausgedehnte Reisen im Orient, die er als Archäologe vor 1914 durchführte, machten ihn zum genauen Kenner der arabischen Dialekte und zum Freund der Wüstenvölker. Im Krieg schickte ihn seine Regierung zu den Araberstämmen, um sie gegen politische Zugeständnisse auf die englische Seite zu ziehen. Als die Araber nach Kriegsende um die Unabhängigkeit betrogen wurden, sagte er sich los von Ruhm und Rang und trat als einfacher Soldat unter falschem Namen in die Luftwaffe ein, um seiner eigenen Vergangenheit zu entfliehen. Seine reichen Erfahrungen und Erlebnisse hatte er in einem Manuskript von 400 000 Worten niedergelegt, von dem er 1919 einen Teil in Ägypten verlor, den Rest stahl man ihm in England. Er schrieb es ein zweites Mal und schuf endlich eine dritte, kürzere Fassung des später weltberühmt gewordenen Buches „Die Sieben Säulen der Weisheit". Zwanzig Jahre nach seinem Tode rührte Lawrence noch einmal die Welt auf, als sein anklagendes Buch „Unter dem Prägestock" erschien, Aufzeichnungen aus jenem Teile seines Lebens, als er vor falschem Ruhm und vor sich selber in den Soldatenrock geflohen war. In diesem Buch legte er ein leidenschaftliches Bekenntnis für den Frieden und das zivile Leben ab. Lawrence starb im Jahre 1935 an den Folgen eines Motorradunfalls.

VAN LEEUWENHOEK 24. X. 1632 — 27. VIII. 1723

In dem kleinen holländischen Städtchen Delft wurde 1632 als Sohn eines Gemischtwarenhändlers Antony van Leeuwenhoek geboren. Er ergriff den väterlichen Beruf, beschäftigte sich aber nebenbei mit einer für seine Zeit durchaus ungewöhnlichen Liebhaberei, der Mikroskopie. Der Delfter Kaufmann stellte sich die Linsen selbst her und verband sie in Metallfassungen miteinander. Das Prinzip des Mikroskops war schon seit einigen Jahrzehnten bekannt, aber erst Leeuwenhoek kam auf die Idee, mit einem solchen Gerät praktisch zu arbeiten. Der Amateurbiologe sah als erster die roten Blutkörperchen und die Schuppen der Oberhaut, er beobachtete die Blutbewegung, die Querstreifung der Muskeln, den Feinbau der Pflanzen und vieles anderes. Über seine Entdeckungen berichtete er an die damals berühmteste wissenschaftliche Gesellschaft, die Royal Society, in London. Dort prüfte man die Angaben Leeuwenhoeks nach und fand sie in allen Punkten bestätigt. Der Leiter der Gesellschaft ernannte den Holländer zum korrespondierenden Mitglied der Gesellschaft und förderte seine Arbeit. Leeuwenhoek dankte für die Unterstützung mit einer Entdeckung, deren wahre Bedeutung erst zwei Jahrhunderte später voll erkannt wurde. Er sah mit seinem Instrument erstmals die Mikroben und bezeichnete sie durchaus richtig als Lebewesen. In seinen nach London geschickten Berichten meldete dieser exakte Beobachter, daß sich die „wretched beasties", die ekelhaften Bestien, wie er die Mikroben ahnungsvoll nannte, überall finden. Er entdeckte sie in der Luft, im Wasser und beobachtete sie im menschlichen Körper. Bis zu seinem Tode wuchsen Leeuwenhoeks Berichte auf einen Umfang von sieben Bänden an und bereicherten das Wissen seiner Zeit in entscheidender Weise.

FRANZ LEHAR 30. IV. 1870 — 24. X. 1948

Als ein Besucher in dem Landhaus des Komponisten zu Ischl, das Mittelpunkt seines Schaffens war, den damals Siebzigjährigen angesichts einer Vitrine voller Orden und Ehrenurkunden fragte, auf welche Auszeichnung er am stolzesten sei, antwortete der Meister: „Auf die Freundschaft Puccinis!" Dieses Wort tiefster Bescheidenheit, gesprochen zu einer Zeit, da nicht weniger als neun Berliner Theater gleichzeitig Lehár spielten, zeigen eindringlich das Wesen des Erfolgreichen, der bereits mit zwanzig Jahren Kapellmeister beim österreichischen Infanterieregiment Nr. 25 war. Franz Lehár besaß die ungarische Staatsangehörigkeit, weil zur Zeit seiner Geburt sein Vater als k. u. k. Militärkapellmeister in Komorn stationiert war. Väterlicherseits stammte er aus einem mährischen Bauerngeschlecht, mütterlicherseits aus dem norddeutschen Mecklenburg; seine musikalische Urheimat jedoch war Böhmen. Auf Wunsch des Vaters erhielt er vom 12. bis zum 16. Lebensjahr eine Ausbildung als Geiger auf dem Konservatoriums-Internat in Prag. Eine D-moll-Sonatine und eine F-dur-Sonatine, die er dort als Schüler komponierte, veranlaßten Dvořák und Brahms zu dem Ratschlag, er möge Komponist werden. Ende 1902 errang Lehár seinen ersten Erfolg mit „Wiener Frauen" und „Rastelbinder". Bis zum Jahre 1924 schuf er insgesamt 25 Partituren, von denen „Die lustige Witwe" 1905 ein Welterfolg wurde. Stofflich klammerte sich Lehár nicht an die bewährten Vorbilder der klassischen Operette, und nicht immer gibt es bei ihm ein Happy-End — die von Berlin aus gestarteten Werke „Paganini", „Zarewitsch", „Friederike" und „Land des Lächelns" beweisen es. Das Geheimnis seines Erfolges liegt in der eindringlichen Einfachheit seiner Tanzweisen, die in den Herzen der Zuhörer ein Massenecho auslösen.

1. VII. 1646 — 14. XI. 1716   **G. LEIBNIZ**

Das Hauptbemühen von Gottfried Wilhelm Leibniz — des letzten universellen Geistes — war, in jeder Religion und Weltanschauung etwas Wahres zu finden und diese Wahrheit in eine große Harmonie einzuordnen. Leibniz begab sich damit auf die Ebene eines Erasmus von Rotterdam, der gleich ihm das Unmögliche erreichen wollte, über dem Ungewitter und Wellenschlag der Zeit zu schweben und oben und unten, rechts und links miteinander auszugleichen. Was dem Lebenswerk des am 1. Juli 1646 geborenen Thomasiusschülers eine besondere Gegenwartsnähe verleiht, ist aus erstaunlich weitgespannter europäischer Sicht sein ehrlicher Friedenswille, der ihn zusammen mit dem französischen Kleriker Bossuet trieb, eine Wiedervereinigung der Konfessionen zu versuchen. Er sah die Glaubensgemeinschaft als unerläßliche Voraussetzung für die bindende Bewahrung der abendländischen Kulturgüter an. Seine Bestrebungen mußten jedoch an dem Egoismus der bereits zu tief voneinander getrennten Länder scheitern, die in der Begrenzung der Weltanschauung auf dem eigenen Bereich und in der Schürung von Spannungen beim Gegner ihren Bestand zu sichern suchten. In die Zukunft gewirkt hat Leibniz auch mit der vor Newton veröffentlichten Erfindung der Differentialrechnung, der Gründung der Berliner Akademie der Wissenschaften und dem äußerst anregenden Entwurf einer Universalsprache und -schrift. Durch eine Tendenzschrift wollte der in Braunschweig als Historiograph und Bibliothekar Tätige die politische Bedrohung Deutschlands durch Ludwig XIV. abwenden und ihn auf die Möglichkeiten in Ägypten hinlenken. Der Gedanke ist später von Napoleon I. in seinem Ägypten-Feldzug aufgegriffen worden.

13. VIII. 1802 — 22. VIII. 1850   **NIKOLAUS LENAU**

Am 13. August wurde im ungarischen Csatad Nikolaus Niembsch Edler von Strehlenau geboren. Sein Leben stand unter den schattenhaften Vorzeichen eines belasteten elterlichen Bluterbes. Metaphysische Unrast, ungestüme Sinnlichkeit, Unbeständigkeit und halluzinatorische Phantasie prägten die sprunghaft wechselnden Etappen in Leben und Dichtung des Lyrikers. Er studierte in Wien, jedes Semester den Gegenstand seiner Studien wechselnd, veröffentlichte mit Erfolg Proben seiner leidenschaftlichen, gefühlvollen Lyrik, schloß sich dem großen Auswandererstrom nach den Vereinigten Staaten an, um im Urwaldtal des Ohio zu siedeln. Enttäuscht kehrte er nach Wien zurück, gewann aber bald Ruhm und Ansehen durch seine Gedichtbände in Österreich und Deutschland. Ruhelos trieb es ihn von Wien ins Salzkammergut, nach Stuttgart und wieder zurück nach Wien in die Arme der mit ungestümer Leidenschaft geliebten Sophie Löwenthal. Als er dem unglückseligen Verhältnis mit der verheirateten Frau durch eine Ehe mit der Frankfurter Bürgermeistertochter Marie Behrend entfliehen wollte, zeigten sich die furchtbaren Folgen einer Geisteskrankheit. Freunde, die wenige Jahre später in der Irrenanstalt Döbling bei Wien am Lager des einst so strahlend schönen Mannes zusammentrafen, erblickten nur noch ein unbewegliches Menschenwrack, das nicht einmal mehr unartikulierte Laute von sich zu geben vermochte. Am 22. August 1850 erlöste den Unglücklichen ein gnädiger Tod. Sein letztes Werk vor der beginnenden Umnachtung waren die tief empfundenen „Waldlieder". In ihnen, dem krönenden Meisterwerk seiner Lyrik, hat der von widerstreitenden Dämonen gejagte Dichter vor dem letzten, ihn knickenden Sturm versöhnend zu ausgeglichener Harmonie mit sich und der Natur gefunden.

265

FRANZ VON LENBACH 13. XII. 1836 — 6. V. 1904

Lenbachs große Zeit begann, als Prinzregent Luitpold 1886 die Regierungsgeschäfte in Bayern übernahm. Der „Malerfürst" war damals knapp 50 Jahre alt. Er hatte einen internationalen Ruf als Bildnismaler, insbesondere als Maler Bismarcks, seine Kunst war unbestrittenes Vorbild der jungen Generation. „In München regieren zwei Herrscher!" hieß es zu jener Zeit, „Luitpold und Lenbach". Der bärbeißige Kunstpotentat bestimmte diktatorisch, welches Kunstwerk als gut und welches als schlecht zu bezeichnen sei. Als ihn der Prinzregent beim Bau der großen Isarbrücke in München nicht um Rat fragte, ließ er sich monatelang nicht bei Hof sehen. Lenbach war ein Freund und fanatischer Anhänger Bismarcks und des Reichsgedankens. Auch Luitpold verehrte respektvoll den Eisernen Kanzler, durfte aber nach Bismarcks Entlassung mit Rücksicht auf Wilhelm II. seine Gefühle nicht in der Öffentlichkeit zeigen. Als im Jahre 1899 der Bismarckverein unter Führung Lenbachs das Bismarckdenkmal auf der Rottmannshöhe über dem Starnberger See einweihte, folgte der Prinzregent der Einladung Lenbachs nicht. Lenbach war darüber so erbost, daß er ausrief: „Was will denn der? Wenn er net mag, der... beinah' hätt i was g'sagt... nachher weih' i den Turm alleinig ein!" Luitpold antwortete dem Zornigen in wahrhaft königlicher Weise — er verlieh ihm den persönlichen Adel. Lenbach zeigte sich noch eine Weile dickschädelig, mußte endlich aber doch zu einer Dankes-Audienz am Hof erscheinen. Luitpold, bemüht, die bestehenden Gegensätze zu beseitigen, fragte: „Lieber Meister, kann ich Ihnen einen Gefallen tun?" — „Sell scho, Königliche Hoheit", antwortete der Maler, „lassen's dem Idioten, der die Kronen auf die scheußliche neue Brücke hat setzen lassen, den Kopf herunterhauen!"

W. I. LENIN 22. IV. 1870 — 21. I. 1924

Auf dem Roten Platz in Moskau steht das Mausoleum, in dem Wladimir Iljitsch Lenin in einem gläsernen Sarkophag ruht. Tag für Tag ziehen zahllose Russen an diesem Sarg vorüber und grüßen ehrfurchtsvoll den welthistorischen Revolutionär und Diktator, den Gründer Sowjetrußlands. Als Schüler bereits kam Lenin, der damals noch seinen bürgerlichen Namen Uljanow trug, mit der revolutionären Bewegung in Berührung. Die liberalistischen Neigungen des Jünglings verwandelten sich in glühenden Haß gegen das zaristische System, als im Jahre 1887 sein älterer Bruder Alexander wegen Vorbereitung eines Anschlages gegen Alexander III. zum Tode verurteilt und hingerichtet wurde. Als Student der Rechte und als Advokat in Petersburg betrieb er den Aufstand gegen die kaiserliche Regierung, bis die Polizei seine Spuren entdeckte und ihn in ein kleines Dorf Ostsibiriens verbannte. Von nun an begann ein abenteuerliches, unstetes Flüchtlings- und Emigrantendasein, das seine Frau Nadeschka Krupskaja mit ihm teilte. Deutschland, England, die Schweiz und Finnland waren die Stationen dieses Weges. Lenin entwickelte in den Jahren der Emigration das philosophisch-politische System, das er später verwirklichte. Er wurde der beste Kenner und Kommentator der Marxschen Theorie, gründete und leitete als Parteiführer der Bolschewiki kämpferische Zeitungen und Zeitschriften, entfesselte Streiks und Aufstände in Rußland — bis zu jenem 16. April 1917, als er aus dem Schweizer Exil in Petersburg eintraf und den Aufstand der Massen organisierte. Die Novemberrevolution von 1917 brachte ihn an die Spitze Sowjetrußlands. Souverän, mit scharfem Verstand, rücksichtslos jeden Gegner niederzwingend, führte er das durch innere Kämpfe geschwächte Rußland durch alle Krisen der Zeit nach dem ersten Weltkrieg.

12. I. 1751 — 24. V. 1792   **REINHOLD LENZ**

In dem Dreigestirn der Bewegung des „Sturm und Drang" strahlte Reinhold Lenz neben Goethe und Maximilian Klinger das mildeste Licht aus — es war fast nur ein Abglanz des Goetheschen Sterns. Ein „Stürmer und Dränger" war dieser „harmlose, befangene, liebevolle Mensch", diese „seltsame Komposition von Genie und Kindheit", wie ihn Wieland charakterisierte, wahrlich nicht. Der sanftmütige Pfarrerssohn aus Livland, der sich nach abgebrochenem Studium als Hauslehrer und durch literarische Arbeiten schlecht und recht ernährte und schließlich in geistige Umnachtung fiel, ist eine der liebenswerten, tragischen Figuren der deutschen Literaturgeschichte. Georg Büchner hat ihm mit dem Fragment einer Erzählung seines Schicksals ein erschütterndes Denkmal gesetzt. Als Lenz 1771 mit zwei Zöglingen nach Straßburg kam, geriet er in den Bannkreis Goethes und begann dessen Art und Leben nachzuahmen. „Unsere Ehe" nannte Lenz einmal sein Verhältnis zu Goethe. Er tröstete Friederike Brion und verliebte sich in sie, nachdem Goethe sich von ihr gelöst hatte. Als er später nach Weimar kam, nahm Charlotte von Stein englischen Unterricht bei ihm, und Goethe konnte einen Anflug von Eifersucht nicht unterdrücken. Die bekanntesten literarischen Leistungen von Reinhold Lenz sind neben den revolutionär wirkenden „Anmerkungen übers Theater" die Komödie „Der Hofmeister", die seine Erfahrungen als Hauslehrer spiegelt, und das Schauspiel „Soldaten", ein kräftig satirisches Sittenbild des damaligen Offizierslebens, das hin und wieder noch aufgeführt wird. Straßburg blieb die Stadt seines Schicksals; hier beschloß er in der Obhut des berühmten Pfarrers Oberlin sein in Krankheit und Schwermut dahindämmerndes Leben.

2. III. 1810 — 20. VII. 1903   **PAPST LEO XIII.**

Als Gioachino Pecci, zuvor Nuntius in Brüssel, Bischof von Perugia und Kardinal-Schatzmeister der Kurie, unter dem Namen Leo XIII. am Tage nach seinem 69. Geburtstag die Tiara empfing, begann damit eine entscheidende Periode der Versöhnung zwischen Papsttum und moderner Gesellschaft. Eine hervorragend staatsmännische und humanistische Natur, ein musischer Mensch, Bewunderer Virgils, vertraut mit allen neuen geistigen Kräften und sozialen Problemen, versuchte er in seiner langen Regierungszeit, den Völkern die Gründe zur Entfremdung von der Kirche zu nehmen. Sie sollten auf die Kirche nicht als auf eine Einrichtung herabsehen müssen, „die sie zwänge, Barbaren und Ungebildete zu bleiben". Daher kam es, daß alle seine staatsfreundlichen und den unterschiedlichen Regimen wohlgesinnten Rundschreiben, seine politischen, sozialreformerischen und kulturellen Weisungen, ebenso seine Maßnahmen als großgesinnter Förderer der Wissenschaft nicht nur in den katholischen Ländern dem Vertrauen zum Stuhle Petri wertvolle Impulse gaben. Aus einem geschlossenen christlich-sozialen System gewachsen, haben insbesondere die großen Enzykliken zu den sozialen Fragen der Zeit, von denen „Rerum novarum" von 1891 die berühmteste geworden ist, über Leos Pontifikat hinaus ihre zeitlose Bedeutung behalten. Ein Meister der politischen Taktik, gelang Papst Leo XIII. der schrittweise Abbau der Kulturkampfgesetze Bismarcks. Erfolglos blieb dagegen das Bemühen Leos XIII. um die Lösung der „Römischen Frage". Es gelang ihm nicht, die großen Mächte für die Wiederherstellung des Kirchenstaates zu gewinnen, der nach dem Vorschlag des Papstes als souveräner Welt- und zugleich als Bundesstaat in die nationale Einheit Italiens eingegliedert werden sollte.

LEONARDO DA VINCI   15. IV. 1452 — 2. V. 1519

König Franz I. von Frankreich, der Leonardo da Vinci für die letzten Lebensjahre ein Schlößchen bei Amboise als Wohnsitz überließ, hat einmal geäußert, er glaube nicht, daß je ein Sterblicher so viel gewußt habe wie Leonardo, nicht nur in den drei bildenden Künsten, sondern auch, weil er als Philosoph umfassend groß gewesen sei. Auch heute noch gilt Leonardo, der uneheliche Sohn eines Notars aus dem florentinischen Dörfchen Vinci, als unübertroffenes Universalgenie, der selbst die mächtigen Geistes- und Kunstheroen seiner Zeit, der italienischen Renaissance, weit überragt. In der Werkstatt des Verrocchio zu Florenz ausgebildet — hier entstanden seine Jugendwerke „Anbetung der Könige" und „Hieronymus" —, bot er 1483 dem Herzog von Mailand seine Dienste als Maler, Bildhauer, Architekt, Ingenieur und Waffentechniker an. Viele Jahre arbeitete er in dem reichen Mailand an dem Entwurf eines riesigen Reiterstandbildes Francesco Sforzas, von dem nur Skizzen erhalten sind. Das zweite Meisterwerk dieser Zeit ist das stark verfallene und jüngst restaurierte „Abendmahl" im Kloster Santa Maria delle Grazie. Leonardo wechselte mehrmals den Auftraggeber und den Wohnort. In Mantua malte er „Isabelle d'Este", in Florenz „Anna Selbdritt" und die „Mona Lisa", aus der jenes Wissen um das rätselhafte Sein des Menschen leuchtet, das Leonardos Kunst als eine der wichtigsten Stufen in der Entwicklung des abendländischen Formens und Denkens erscheinen läßt. Wenn Leonardo sich auch in seiner letzten Lebenszeit vorwiegend mit Bauentwürfen, Kanalbauten, prophetisch genialen Flugversuchen und Erfindungen von Maschinen befaßt hat, so blieb er doch im Kern seines Wesens Künstler, durchdrungen von der Wahrheit seines Wortes: „Das Schöne, das sterblich ist, vergeht aber nicht ein Kunstwerk".

FERDINAND VON LESSEPS   19. XI. 1805 — 7. XII. 1894

Ferdinand von Lesseps, Ritter höchster Orden, Großoffizier der Ehrenlegion, Erbauer des Suezkanals und Initiator des Kanals von Panama, wurde 1890 nach dem Zusammenbruch der Panama-Gesellschaft in Abwesenheit zu zwei Jahren Gefängnis verurteilt — ein Urteil, von dem er niemals Kenntnis genommen hat. Er war eine Persönlichkeit, in der sich Glanz, Kühnheit und Genialität mit dem Leichtsinn, der Verschwendungssucht und Korruption seiner Zeit so sehr verdichtet hatten, daß viele in ihm das Symbol seines Zeitalters sahen. Er war verwandt mit der Kaiserin Eugenie von Frankreich, Freund Said Paschas, des Vizekönigs von Ägypten, und Gast aller Salons, Fürstenhöfe und Ministerien. Die Welt bewunderte seine Talente als Organisator, als Werber für große Ideen und als Politiker — von der Technik verstand er wenig, und als Finanzmann war er mehr ein Abenteurer als ein seriöser Kaufmann. Der Plan für den Kanal von Suez stammte von dem österreichischen Ingenieur Negrelli. Lesseps aber hat das große Werk gegen alle Widerstände durchgesetzt und vollendet. „Wir verbinden die Kontinente", sagte er bei der Eröffnung der Arbeiten in Ägypten im Jahre 1859, „was hätte die moderne Menschheit jemals Größeres vollbracht!" Das Jahr 1869, als die Flotte der europäischen Fürsten den Kanal einweihte und von Port Said nach Suez fuhr, war der Höhepunkt seines Lebens. Mit Feuereifer stürzte sich der Unersättliche auf das Panamaprojekt, gründete eine neue Gesellschaft, bestach Minister, Abgeordnete, Bankiers und Presseleute — nur um der Menschheit eine andere Weltverkehrsstraße zu schenken und seinen Namen für immer ins Gedächtnis der Geschichte zu graben. Die Gesellschaft fallierte, der Skandal war grenzenlos. Doch Lesseps lebte unberührt davon in seinem luxuriösen Schloß ein Grandseigneur bis zur letzten Stunde.

22. I. 1729 — 15. II. 1781 **GOTTHOLD EPHRAIM LESSING**

Daß sich an Gotthold Ephraim Lessing immer wieder die Geister scheiden und daß seine Dramen, vor allem „Minna von Barnhelm" und „Nathan der Weise", auch auf den modernen Bühnen unserer Tage aufgeführt werden, beweist, wie zeitlos das von ihm hinterlassene Geistesgut ist. Auch heute noch bewundern wir sein Suchen nach Wahrheit und seine Geistigkeit. Lessing war einer der freiheitlichst gesonnenen und aufwühlendsten Geister seiner Zeit. Er hatte auf Wunsch des Vaters, eines Pfarrers in Camenz in der Oberlausitz, Theologie studiert, hatte bald zur Medizin übergewechselt, dann aber das Studium abgebrochen, um in Berlin, Leipzig, Breslau und Hamburg als Rezensent und Schriftsteller seinen Neigungen zu leben. 1770 wurde ihm die Leitung der berühmten Wolfenbütteler Bibliothek übertragen, an der schon der Universalgelehrte Leibniz gewirkt hatte. Lessing war der würdige Nachfolger dieses großen Geistes. Er neigte sich den Tendenzen der Aufklärung zu, ohne Freidenker zu sein. Heiterer, logischer Scharfsinn, vielseitiges Wissen, scharfgeschliffener Witz und klarer, lebendiger Stil machen die Lektüre sowohl seiner kunsttheoretischen Werke, wie „Laokoon", „Hamburger Dramaturgie", „Beiträge zur Geschichte und Literatur", als auch der Dramen, Fabeln, Lehrgespräche, die Streitschriften und die religionsphilosophische Abhandlung „Erziehung des Menschengeschlechts" zu einem Genuß. Obwohl er sich selbst nicht für einen Dichter hielt, trug Lessing zur Erneuerung der deutschen Literatur am Ende des 18. Jahrhunderts mit wertvollsten Anregungen bei. Daß Lessing, der schweres persönliches Mißgeschick mit ungewöhnlicher Fassung ertrug, gern am Spieltisch saß und weder Träume noch Schlaflosigkeit kannte, erscheint sinnbildlich für die Art seiner Persönlichkeit.

20. X. 1677 — 23. II. 1766 **STANISLAUS LESZCZYNSKI**

Fast gleichzeitig mit dem Spanischen Erbfolgekrieg brach in Europa der Nordische Krieg aus. Dänemark, Rußland und Polen hatten sich vereinigt, um das mächtige Schweden niederzuwerfen. Zunächst gelang es dem schwedischen König Karl XII., die Gefahr abzuwenden; er besetzte Polen und vertrieb den verhaßten König August den Starken. Auf Betreiben Karls wurde Stanislaus Leszczynski, der Woiwode von Posen, zum polnischen König gewählt und am 7. Oktober 1705 gekrönt. So unverhofft wie der polnische Grande zum König emporgestiegen war, so schnell verlor er wieder Reich und Krone. Die Verbündeten schlugen die Schweden, und Karl mußte nach der vernichtenden Niederlage von Poltawa fliehen. Sein Sturz bedeutete auch das Ende des Königtums Leszczynskis. Zwar kam der Pole 1712 mit einem Heer zurück, doch war die Lage so aussichtslos, daß er endgültig abdankte. Nach dem Friedensschluß behielt er den Titel „König von Polen", mußte aber das Land verlassen. Als Exil wählte er sich Frankreich, wo er nach der Vermählung seiner Tochter Maria mit Ludwig XV. in Chambord bei Blois lebte. Noch einmal schien ihm das Schicksal gewogen, als nach dem Tode Augusts des Starken im Jahre 1733 die polnischen Großen einen Polen als König verlangten und entgegen allen Vorstellungen der europäischen Mächte Stanislaus Leszczynski mit erdrückender Mehrheit zum Monarchen wählten. Wieder entbrannte ein Krieg, und wieder mußte Stanislaus weichen. Als Herzog von Bar und Lothringen, teils in Nancy, teils in Lunéville residierend, widmete er sich der Förderung der Wissenschaften und der Hebung des wirtschaftlichen Wohlstandes seines kleinen, souveränen Fürstentums. Die Biographen seiner Zeit sagten von ihm, daß er nie ein Handelnder, sondern immer nur ein Objekt der Großmächte gewesen wäre.

SINCLAIR LEWIS 7. II. 1885 — 10. I. 1951

Unter den nordamerikanischen Romanschriftstellern unserer Zeit ist Sinclair Lewis einer der freimütigsten, tatkräftigsten und elegantesten Gesellschaftskritiker. Die geistige Beschränktheit und die unter heuchlerischer Sittenstrenge verborgene skrupellose Geschäftstüchtigkeit gewisser Kreise des amerikanischen Kleinbürgertums sind das Ziel seines feinen, aber schonungslosen und oft grotesken Spotts. Als Sohn eines Arztes in einer kleinen Präriestadt in Minnesota und als Journalist in Kalifornien und Washington hatte er mit scharfem Blick die Schwächen und Unwahrhaftigkeiten des Philisters beobachtet und in mehreren Romanen darzustellen versucht. Der erhoffte Erfolg blieb ihm jedoch versagt. Erst das Jahrzehnt zwischen 1920 und 1930 trug ihn auf die Höhe des Ruhms und des Welterfolgs. 1920 erschien sein Roman „Die Hauptstraße"; er stellt darin das Schicksal einer eigenwillig denkenden und handelnden jungen Arztfrau dar, die am Kampf gegen Konvention und Engherzigkeit der kleinstädtischen Gesellschaft innerlich zerbricht. Der straffe realistische Stil, die treffsichere Charakteristik und die Schärfe der Kritik an einer in sich hohlen und gefühlsleeren Lebenswelt fanden in der ganzen zivilisierten Welt Anklang. Zehn Jahre später erhielt Sinclair Lewis den Nobelpreis für Literatur. In der Zwischenzeit war eine Reihe bedeutender neuer Romane aus der Feder des Amerikaners erschienen. Ihre Titel sind sprichwörtlich geworden, so „Babbitt" für die Gestalt des durchschnittlichen amerikanischen Spießers, „Dr. Arrowsmith" für den Arzt, der sein Berufsethos gegen die Geschäftemacher behauptet, oder „Elmer Gantry" für den satirisch gezeichneten Gesellschaftswolf. Sinclair Lewis' spätere Romane haben nicht mehr die Höhe dieser Werke des Reifealters erreicht.

GEORG CHRISTOPH LICHTENBERG 1. VII. 1742 — 24. II. 1799

„Die Welt muß noch nicht sehr alt sein, weil die Menschen noch nicht fliegen können!" Diese kühne Behauptung stellte der Schriftsteller und Physiker Georg Christoph Lichtenberg in seinen noch heute geschätzten Aphorismen auf, die nach seinem Tode gesammelt und gedruckt wurden. Sie haben ihm einen größeren Nachruhm verschafft als seine physikalischen Vorlesungen und die ausgezeichneten Versuche, durch die viele Studenten mit den damaligen Grunderkenntnissen der Physik vertraut gemacht wurden. Darüber hinaus hat er die Wissenschaft vor allem durch die Entdeckung der als „Lichtenbergische Figuren" bezeichneten Entladungserscheinungen bereichert. Es handelt sich dabei um sehr reizvolle Bildungen, die dadurch entstehen, daß man eine Harzplatte mit einem Gemisch von Mennigepulver und Bärlappsamen bestreut. Unter dem Einfluß von elektrischen Entladungen setzt sich dann die positiv elektrisierte Mennige an den negativ elektrischen Teilen der Platte, der negativ geladenen Bärlappsamen an den positiven Teilen fest. Wirkt positive Elektrizität, so entsteht ein gelber Stern, der Verästelungen ausstrahlt, wirkt negative Elektrizität, so bildet sich ein roter Fleck. Dieser Versuch erregte viel Aufsehen. Seit Lichtenberg ist die Welt mit Sturmesgeschwindigkeit sehr viel älter geworden, der Mensch hat innerhalb eines halben Jahrhunderts das Fliegen gelernt, und ist in physikalische Gebiete vorgestoßen, von denen kein Forscher zu jener Zeit etwas vermuten konnte. Lichtenberg besaß neben der Fähigkeit zum logischen Denken eine tiefe Neigung für gefühlsbetonte, mystische Stimmungen. Seine Zeitgenossen haben ihn vor allem als scharfsinnigen und satirischen Schriftsteller, der kulturelle und wissenschaftliche Auswüchse bekämpfte, bewundert.

5. IX. 1878 — 20. II. 1913 **ROBERT VON LIEBEN**

Das Telephonieren über Hunderte und Tausende von Kilometern hinweg, gilt unserer Generation als etwas Selbstverständliches. Aber noch zu Beginn des Jahrhunderts war das „Fernsprechen" oft eine Qual. Nur zu häufig war die Verständigung schlecht und unsicher. Diese Schwierigkeiten wurden durch die Erfindung der Liebenröhre überwunden, einer Verstärkerröhre, wie sie ähnlich auch in unseren Rundfunkgeräten verwendet wird, nur daß sie auf Grund vieler Erfahrungen besser und kleiner geworden ist. Es gibt Nachkommen der Liebenröhre, die nicht größer als ein Reiskorn sind. Robert von Lieben, der Erfinder dieser Röhre, stammte aus Wien. Er hatte u. a. in Göttingen bei dem großen Physiker und Nobelpreisträger Walter Nernst studiert. Als Nernst 1907 seinen ehemaligen Schüler in Wien besuchte, führte ihm Robert von Lieben einen Relaisverstärker vor, durch den ein telephonisches Gespräch mit außerordentlicher Lautstärke völlig deutlich wiedergegeben werden konnte. Von Lieben hatte seine Erfindung bereits 1906 in Deutschland zum Patent angemeldet und das berühmte DRP Nr. 179 807 erhalten. Die Lieben-Röhre ist eine Verwandte der Glühlampe, bei der schon Edison festgestellt hatte, daß ihr glühender Faden Elektronen aussendet. Lieben fügte eine Anode, ein Blech, hinzu, das den Elektronenstrom aufnehmen und weiterleiten konnte, und schaltete zwischen dem Glühfaden und der Anode später ein Steuergitter ein, so wie es von dem amerikanischen Ingenieur Lee de Forest angegeben worden war. Dieses Gitter sollte zunächst nur die Bildung von Glimmlicht verhindern; erst bei der Benutzung der neuen Röhre erkannten Lieben und seine Mitarbeiter Reiß und Strauß, daß der Elektronenstrom verstärkt wurde. Damit wurde die Röhre für die Funktechnik geeignet und begann ihren Siegeszug in der Hochfrequenztechnik.

20. VII. 1847 — 8. II. 1935 **MAX LIEBERMANN**

Der Stil des malerischen Impressionismus hat in Max Liebermanns Werk eine typisch deutsche Abwandlung erfahren. Nach Lehrjahren in seiner Heimatstadt Berlin und in Weimar erhielt er in Paris die entscheidenden Anregungen durch Millet. Den unmittelbaren Eindruck von der Natur, die Schönheit und Wahrheit im alltäglichen Tun und Treiben und den Zauber des Menschengesichts durch die Farbe zu gestalten, darin sah er von Anfang an die ihm gemäße Aufgabe. An ihr hielt Liebermann fest, während in einem langen Leben sein Stil und seine Maltechnik fast unmerklich sich wandelten und zum reinen Impressionismus reiften. Das war der Weg von den „Arbeitern im Rübenfeld" über die holländischen Interieurs, die „Netzeflickerinnen", die Bildnisse von Bürgermeister Petersen, Friedrich Naumann und seinen Eltern bis zu den späten Selbstbildnissen und den lichten und gelösten Ansichten von Haus und Garten seines Sommersitzes am Wannsee — um aus der Fülle des malerischen und graphischen Lebenswerkes nur ein paar Beispiele herauszugreifen. Das nicht ungewöhnliche Schicksal, daß ein Künstler in der ersten Lebenshälfte mißtrauischer Abwehr begegnet, weil er als zu revolutionär erscheint, in den Reifejahren aber sich dem Vorwurf aussetzt, nicht revolutionär genug zu sein, trug Max Liebermann mit lächelnder Gelassenheit. Seine Autorität, die er als langjähriger Vorsitzender der „Berliner Sezession" und als Präsident der Akademie der Künste gewonnen hatte, wurde durch die Anwürfe seiner Kritiker nicht berührt. Sein schlagfertiger Witz war für ihn eine Waffe der Abwehr gegen die Aufdringlichkeit lästiger, unbequemer Zeitgenossen. Die letzten zwei Lebensjahre des Künstlers wurden tief beschattet durch die leidvolle Bedrängnis, in die er durch die Verfolgung der Tyrannis geriet.

JUSTUS VON LIEBIG 12. V. 1803 — 18. IV. 1873

Seltsame Umwege ließ das Schicksal Justus von Liebig gehen, bevor ihn die Welt als größten Chemiker seiner Zeit anerkannte. Sein Vater, ein Drogenhändler in Darmstadt, schickte den Knaben aufs Gymnasium, aber Justus war ein schlechter Schüler. Er wurde von der Lehranstalt verwiesen, weil er mit seinen chemischen Experimenten eine Explosion im Klassenzimmer verursacht hatte. Der Junge kam zu einem Apotheker, dem aber Liebigs Versuche mit Knallsilber ebenfalls nicht zusagten — der Lehrling mußte gehen. Er besuchte die Universitäten Bonn und Erlangen, auch dort gefiel es ihm nicht, weil die Schulchemie in den alten, ausgefahrenen Gleisen lief und sich der modernen Experimentalforschung verschloß. Erst in Paris fand Liebig dank der Unterstützung Alexander von Humboldts und Gay-Lussacs, des berühmten französischen Physikers und Chemikers, eine seinem Genie angemessene Ausbildung. Nun war der Bann gebrochen, Liebig zeichnete sich aus, und bereits mit 21 Jahren wurde er als Professor der Chemie nach Gießen berufen. Der junge Dozent machte die kleine Universität bald zum Mittelpunkt der europäischen chemischen Wissenschaft. Er entdeckte das Chloroform und Chloral, verbesserte die Analysenmethoden in entscheidender Weise und wurde zum eigentlichen Begründer der organischen Chemie sowie der Agrikulturchemie. Liebig führte die Mineraldüngung ein, klärte wichtige Fragen der Ernährungsphysiologie, erfand den nach ihm benannten Fleischextrakt und eine neuartige Kindernahrung. Auch die Einführung der Chemie in die Medizin ist vor allem Liebig zu verdanken. Er war ein hervorragender und beliebter Lehrer. 1852 ging Liebig nach München und arbeitete dort hauptsächlich schriftstellerisch weiter, bis dem Siebzigjährigen der Tod die Feder aus der Hand nahm.

OTTO LILIENTHAL 23. V. 1848 — 10. VIII. 1896

„Opfer müssen gebracht werden!" war die letzte Erkenntnis des Pioniers der Flugtechnik Otto Lilienthal, der am 9. August 1896, nach vorangegangenen, ohne Zwischenfall verlaufenen Segelflügen, mit dem von ihm gebauten Hängegleiter abgestürzt war. Viele hatten sich damals um die Grundlagen des Fliegens bemüht, aber Lilienthal war allen anderen durch seine wissenschaftliche Ingenieurarbeit überlegen gewesen. Ihm verdankt die Flugtechnik grundlegende Erkenntnisse, die er in seinem Werk „Der Vogelflug als Grundlage der Fliegekunst" und in seiner Abhandlung „Die Flugapparate, allgemeine Gesichtspunkte bei der Herstellung und Anwendung" niedergelegt hat. Vom Schlagflügelflugzeug war Otto Lilienthal zusammen mit seinem Bruder Gustav zum Gleitflugzeug gekommen. Viele Versuche mit spiral-, feder- und dampfgetriebenen Modellen und einen Mann tragenden Flugzeugen waren vorangegangen, bevor Lilienthal im Jahre 1891 die ersten 15 Meter in der Luft zurücklegen konnte. Besonders tragisch erscheint es, daß Lilienthal kurz vor seinem Tode den Einbau eines Motors in sein Flugzeug beabsichtigt hatte. Die Gebrüder Orville und Wilbur Wright, denen der erste Motorflug der Welt am 17. Dezember 1903 in der Nähe der Chesapeake-Bay in Westkarolina gelang, sind durch die Arbeiten Lilienthals unmittelbar zu ihren eigenen Versuchen angeregt worden. Lilienthal hat sich mit vielen Fragen der Technik befaßt. Er hat den Lilienthal-Röhrenkessel geschaffen, durch den er die Dampfmaschine dem Kleingewerbe nutzbar machen wollte und er ist der Erfinder des noch heute beliebten Ankersteinbaukastens. Als Fabrikbesitzer hat er sich immer um die Hebung der sozialen Lage der Arbeiter bemüht Er ist ein für alle Lebensfragen aufgeschlossener Mensch gewesen.

12. II. 1809 — 15. IV. 1865   **ABRAHAM LINCOLN**

Der zwölfte Februar ist in den Vereinigten Staaten von Amerika gesetzlicher Feiertag. Im Jahre 1809 wurde an diesem Tag Abraham Lincoln geboren, dem die Vereinigten Staaten die Erhaltung ihrer Einheit und damit ihre Machtstellung in der Welt verdanken. Aus den ärmsten Schichten stammend, wurde er vom amerikanischen Volk 1861 zu seinem Präsidenten berufen. Lincoln wuchs unter harten Lebensbedingungen auf. Er war Schiffsmatrose, Kaufmannsgehilfe, Bauernknecht, Posthalter und schließlich Advokat. Körperliche Kraft und Mut, aber auch eine Zartheit des Gemüts, die angesichts seiner ungeschlachten Gestalt besonders überraschend wirkte, ließen ihn schnell die Gunst der Wählermassen gewinnen. Der Grenzersohn aus frommer Quäkerfamilie wurde in eine Zeit hineingeboren, in der die Erschließung des amerikanischen Westens begann. Das gewaltige Wachstum des amerikanischen Staatsgebietes führte zu einer verhängnisvollen Trennung zwischen den Nord- und Südstaaten der Union. Die vorwiegend weltanschaulichen und wirtschaftlichen Gegensätze entzündeten sich schließlich an der Auseinandersetzung um die Sklavenfrage. Lincoln, der in der ungebundenen Freiheit des Wilden Westens aufgewachsen war, erschien die Negersklaverei als das größte Unrecht der Welt, und damit war auch seine Stellung in dem anhebenden Kampf klar vorgezeichnet. Als er mit den Stimmen der Republikaner 1861 zum Präsidenten der Union gewählt wurde, brach der Bürgerkrieg aus. Unter der Leitung Lincolns führten die Nordstaaten den Kampf um die Beseitigung der Sklaverei, die am 1. Januar 1863 durch ein Dekret des Präsidenten für die gesamte Union verfügt wurde. Unmittelbar nach dem Endsieg wurde er im Theater durch einen fanatischen Südstaatler ermordet.

4. II. 1902 — 26. VIII. 1974   **CHARLES A. LINDBERGH**

„Lindbergh, der Teufelskerl", schrieben 1922 bewundernd die Zeitungen der Provinzpresse, wenn der Flieger wieder einmal auf einer Flugveranstaltung seine tollen Kunststücke vorführte. Damals war Charles Lindbergh eine Lokalberühmtheit und niemand ahnte, daß sein Name fünf Jahre später in der ganzen Welt bekannt sein würde. Anderthalb Jahre hatte Lindbergh an der Hochschule von Wisconsin Maschinenbau studiert, dann war er dem Zauber des Fliegens erlegen. Schließlich wurde er Chefpilot einer Luftpostlinie geworden, die regelmäßig zwischen Chikago und St. Louis flog. Anfang 1927 faßte er den Entschluß, durch einen Alleinflug von New York nach Paris den Orteig-Preis in Höhe von 25 000 Dollar zu gewinnen. Mit finanzieller Hilfe von Freunden und 2000 Dollar erspartem eigenen Geld erwarb er einen mit einem 220-PS-Motor ausgerüsteten Eindecker der Ryan Airlines, den „Spirit of St. Louis". Fast alle zweifelten an dem Gelingen seines Ozeanfluges. In seinem Buch „The Spirit of St. Louis", das in deutscher Sprache unter dem Titel „Mein Flug über den Ozean" erschienen ist, schildert Lindbergh den schwierigen, fast tollkühnen Start vom 20. Mai 1927, mit dem überlasteten Flugzeug, den Kampf mit dem Schlaf — 63 Stunden mußte er vor, während und nach dem Fluge den Schlaf entbehren —, das Fliegen im Nebel und in Eiswolken, das zeitweise Versagen des Induktions- und des Schwimmkompasses und die Bewußtseinsstörungen infolge der übermäßigen Anstrengungen. Für alles entschädigte ihn der überwältigende Empfang auf dem in der Nacht des 21. Mai nach mehr als 33stündigem Flug erreichten Flugplatz Le Bourget in Paris. Heute überfliegen Großflugzeuge mit fahrplanmäßiger Pünktlichkeit die Ozeane. Was einst Heldentum war, ist alltägliche Gewohnheit geworden ...

CARL VON LINDE 11. VI. 1842 — 16. XI. 1934

Der Name des großen Ingenieurs Carl von Linde ist eng mit der Technik der tiefen Temperaturen verbunden. Durch seine Verdichtungs-Kältemaschinen hat er die Grundlagen einer wirtschaftlichen Kältetechnik geschaffen. Zuerst verbesserte er die damalige Eiserzeugung. Als sein Werk über „Die Wärmeentziehung bei niedrigen Temperaturen durch mechanische Mittel" und seine Abhandlung über „Verbesserte Eis- und Kühlmaschinen" erschienen waren, ermöglichte ihm die Brauereiindustrie den Bau von Verdichtungs-Kältemaschinen, bei denen innerhalb eines geschlossenen Kreislaufes ein Gas (z. B. Ammoniak) von einem Verdichter angesaugt und auf etwa 7,5 Atmosphären zusammengepreßt wird. Dadurch erwärmt sich das Gas und wird, um die Wärme wegzuschaffen, in einer Rohrspirale durch Abkühlung verflüssigt. Es gelangt nun in den Verdampfer, in dem es sich ausdehnt und dadurch sich sowie der Umgebung Wärme entzieht und erneut eine erhebliche Abkühlung bewirkt. Danach wird das Gas wieder angesaugt, und der Kreislauf beginnt von neuem. Als Linde 1891 die von ihm in Wiesbaden gegründete „Gesellschaft für Lindes Eismaschinen" verließ, um sich wissenschaftlichen Arbeiten zu widmen, liefen bereits über 1200 dieser Kältemaschinen, und weitere wurden nach diesem Prinzip am laufenden Band gebaut. Großtaten Lindes waren ferner die rationale Verflüssigung der Luft, die Schaffung von Anlagen zur Gewinnung reinen Sauerstoffes und Stickstoffes sowie des Oxyliquids, eines Gemisches aus flüssiger Luft, der ein Teil des Stickstoffes entzogen ist, und oxydierenden Stoffen. Die grundlegenden Arbeiten Carl von Lindes wurden in der ganzen Welt anerkannt. Sie schufen die Voraussetzungen für weitergehende, wichtige Forschungen.

CARL VON LINNE 23. V. 1707 — 10. I. 1778

In dem kleinen, armseligen Häuschen des Dorfpastors von Rashult in Schweden wurde am 23. Mai 1707 Carl Linné geboren, der zum größten Meister der beschreibenden und ordnenden Biologie werden sollte. Sein Vater, ein leidenschaftlicher Naturfreund, gab dem Knaben den ersten Anschauungsunterricht über die Pflanzen seiner Heimat. Als Zwanzigjähriger begann Linné das Studium der Naturwissenschaften und Medizin, drei Jahre später hielt er an der Universität Uppsala botanische Vorlesungen. Nach einer wissenschaftlichen Expedition durch Lappland bereitete sich Linné in Holland auf die medizinische Doktorprüfung vor. Gleichzeitig schrieb er jenes Werk, das ihn unsterblich machen sollte – sein „Systema naturae". Es ermöglichte zum ersten Mal die Bestimmung sämtlicher Pflanzen nach Zahl und Anordnung der Staubgefäße und Stempel. Außerdem schuf Linné eine botanische Fachsprache und beschrieb zahlreiche neue Gattungen und Pflanzenarten. Als berühmter Gelehrter kehrte der junge Doctor medicinae nach Stockholm zurück, wo er zunächst als Arzt tätig war. Dann übernahm Linné eine Professur für Medizin und Botanik an der Universität Uppsala. Den dortigen botanischen Garten machte er zu einer europäischen Sehenswürdigkeit, denn aus aller Welt schickte man ihm besonders wertvolle und seltene Pflanzen. Er wurde geadelt, zahlreiche Stellungen standen ihm offen, aber er blieb in Schweden, unterrichtete seine Schüler und setzte seine große Arbeit fort. Er gab den Pflanzen und Tieren wissenschaftliche Namen und stellte die Arten zu Gattungen, diese zu Familien zusammen. Jedes Lebewesen erhielt den lateinischen Gattungsnamen und als zweite Bezeichnung den Artnamen. Alle späteren Versuche, sein System durch ein anderes, besseres zu ersetzen, erwiesen sich als Fehlschläge.

Um 1406 — 9. X. 1469   **FILIPPO LIPPI**

Fra Filippo Lippi gehört zu jener Malergeneration Italiens, die mit ihrer Kunst Deuter und Wegbereiter einer neuen Zeit geworden ist. Die Frührenaissance verläßt die geheiligten Räume der Gotik und begibt sich in die irdischen Bereiche des menschlichen Daseins. Noch gelten die überlieferten biblischen Themen: das Marienleben, die Gestalten der Heiligen, Märtyrer und Propheten, der Schmerzensweg Jesu und die Vertreibung aus dem Paradies. Stand jedoch die Mutter Gottes auf den Bildern der Gotik ohne jede irdische Beziehung einsam und hoheitsvoll im Blau des Himmels oder umflossen von Gold, so malt Fra Filippo die Mutter Maria mit ihrem Kind im Gebirge vor einem Waldesrand. Ihr Antlitz gleicht dem einer jener Florentiner Schönen, aus dem Palazzo des Cosimo Medici. Das Jesukind ist nicht mehr das verkleinerte Abbild des Königs und Richters über alle Welt, sondern ein Bambino, das freundlich lächelnd nach Blumen und Blättern greift. Drei große Meister der beginnenden Renaissance haben die Kunst Filippo Lippis entscheidend beeinflußt: Masaccio mit seiner revolutionierenden Gestaltung des Raumes, der Perspektive und der Kühnheit der Gestalten, Fra Angelico da Fiesole mit der Innigkeit und Beseeltheit der Gesichter und Donatello mit der Porträtwahrheit seiner Figuren. Filippos bedeutendste Werke sind die Fresken im Chor des Domes zu Prato, die Szenen aus dem Leben Johannes des Täufers und des heiligen Stephanus zeigen, ferner die Fresken im Domchor von Spoleto mit Themen aus dem Leben Mariä. Die bekanntesten Tafelwerke sind „Madonna und Kind vor felsiger Waldlandschaft", „Versuchung Mariä", „Madonna mit Engel und zwei Heiligen" und „Krönung Maria". — Filippo war Karmelitermönch in Florenz, später Kaplan eines Nonnenklosters.

6. VIII. 1789 — 30. XI. 1846   **FRIEDRICH LIST**

Friedrich List war der Vorkämpfer für die Schaffung eines deutschen Eisenbahnsystems zu einer Zeit, als Deutschland in zahlreiche souveräne Kleinstaaten zerrissen und der Deutsche Bund keine Macht besaß. Als 1833 seine aufrüttelnde Denkschrift „Über ein sächsisches Eisenbahnsystem als Grundlage eines allgemeinen deutschen Eisenbahnsystems" erschien, wurde er von allen Seiten als Phantast und „Räsonneur" heftig angegriffen. Die der Denkschrift beigefügte Karte zeigt die Ost-West-Verbindung Thorn–Berlin–Magdeburg–Minden–Köln, die Linie Hamburg–Berlin–Breslau, die Linie Stettin–Berlin–Weimar–Frankfurt/Main–Karlsruhe–Basel, die von Hersfeld aus eine Verbindung nach Hannover erhalten sollte. Dazu kamen die Linien Thüringen–Bamberg–Nürnberg–München sowie Karlsruhe–Stuttgart–Augsburg–München mit der Abzweigung Augsburg–Lindau und schließlich die Linie Magdeburg–Halle–Leipzig–Dresden–Prag. Mit leidenschaftlicher Anteilnahme ist List für die Verwirklichung dieser Pläne eingetreten, aber er hat nur bescheidene Anerkennung und viel Feindschaft gefunden. Der Widerstand kam vor allem von den Regierungen der Kleinstaaten, die in einem verbindenden Eisenbahnwesen und in der ebenfalls von List geforderten Zollfreiheit im Innern den Todfeind ihrer Souveränität erkannten. Weite Verbreitung fanden seine volkswirtschaftlichen Schriften, in denen er für Auslandszölle zum Schutz der damals noch unentwickelten deutschen Industrie eintrat. List hat lange Zeit in der Schweiz, in Frankreich und Amerika gelebt, um den Fesseln des Polizeistaates Deutschland zu entfliehen. Immer wieder aber ist er in sein Vaterland zurückgekehrt. Seine durch Kämpfe und Anstrengungen zerrüttete Gesundheit und schwere Existenzsorgen trieben ihn zum Selbstmord.

FRANZ LISZT   22. X. 1811 — 31. VII. 1886

Franz Liszt war als Virtuose und als Komponist eine der faszinierendsten Erscheinungen des internationalen Musiklebens im 19. Jahrhundert. In Ungarn geboren, in Wien, wo er schon mit neun Jahren als Pianist auftrat, und in Paris ausgebildet, auf Konzertreisen in ganz Europa gefeiert, in Weimar als Hofkapellmeister im Mittelpunkt eines neubelebten Künstlerkreises, schließlich in Rom als Abbé ganz der Kirchenmusik dienend, gehörte er kaum einer einzigen Nation an, so daß die Bezeichnung „europäischer Musiker" auf ihn wie auf wenige zutrifft. Liszt war eine universale Künstlerpersönlichkeit; er war zwar von bestimmten Zeitströmungen geleitet, vor allem von dem leidenschaftlichen religiösen und Naturerlebnis der französischen Romantik, und wirkte doch weit über seine Zeit hinaus. Nicht nur von dem Virtuosen und Interpreten Liszt, der stets für alles Neue, für Wagner — der seine Tochter Cosima heiratete —, Berlioz oder Cornelius aufgeschlossen war, strahlten weithin stärkste Impulse aus. Auch der Komponist hat mit der farbigen Klangfülle der Klavierwerke (Consolations, Ungarische Rhapsodien) mit dem dichterischen „Programm", der reichen Harmonik und satten Instrumentierung der Orchesterwerke (Les Préludes, Faust-Sinfonie, Heldenklage) der Musikentwicklung des späten 19. Jahrhunderts bedeutende Anregungen gegeben. Als Kirchenmusiker (in Messen, Kantaten und den Oratorien „Legende von der heiligen Elisabeth" und „Christus") suchte er die gregorianische Tradition mit den dramatischen Klangelementen seines echt pathetischen Stils zu vereinigen. Freiheit und Subjektivität der Form, Vereinigung von Religiosität und Sinnenfreude, von unruhiger Weltlichkeit und glühender Andacht kennzeichnen das Wesen des Künstlers und des Menschen Franz Liszt.

DAVID LIVINGSTONE   19. III. 1813 — 1. V. 1873

Schon als Schuljunge träumte Livingstone davon, Missionar in fernen Ländern zu werden. Als Sohn eines armen Krämers konnte er keine höhere Schule besuchen, aber durch großen Fleiß gelang es ihm, als Fabrikarbeiter das Studium der Medizin und Theologie erfolgreich abzuschließen. Er ging als Missionar nach Südafrika, gründete eine neue Missionsstation und bekämpfte mit allen ihm zur Verfügung stehenden Mitteln den furchtbaren Sklavenhandel, der weite Gebiete Afrikas fast entvölkerte. Während seiner Reisen zu entlegenen Negerstämmen stieß er auf den Sambesi, verfolgte den Verlauf des Flusses und sah als erster Weißer die „Rauchenden Donner", den er nach der englischen Königin „Viktoriafälle" nannte. Er entdeckte den Schirwasee und den großen Njassasee. Die Verbindung zur Außenwelt ging verloren; im Herbst 1870 galt er als vermißt, wurde aber von dem amerikanischen Journalisten Stanley aufgefunden. Trotz schwerer Fieberanfälle wagte er sich später in das Sumpfgebiet des Bangweolosees, in der Hoffnung, dort die Nilquellen zu finden. Er starb am 1. Mai 1873 in Tschitambo am Tanganjikasee. Seine sterblichen Überreste brachten treue Neger zur Küste, von hier wurden sie über das Meer in die Ruhmeshalle der Engländer, die Westminsterabtei, überführt. Seine Grabplatte kündet der Nachwelt: „Hier ruht, von treuen Händen über Land und Meer getragen, David Livingstone, Missionar, Forscher und Menschenfreund. Geboren am 19. März 1813 in Blantyre, gestorben am 1. Mai 1873 im Dorfe Tschitambo. Dreißig Jahre seines Lebens opferte er in unermüdlicher Arbeit der Verbreitung des Evangeliums unter den Eingeborenen, der Erforschung noch unentdeckter Geheimnisse und der Ausrottung des verderblichen Sklavenhandels in Mittelafrika."

59 v. Chr. — 17 n. Chr. **TITUS LIVIUS**

Hundertzweiundvierzig Bücher umfaßte das Lebenswerk des römischen Geschichtsschreibers Titus Livius, in dem er die siebenhundertjährige Geschichte Roms von den sagenhaften Anfängen bis zum Tode des Drusus im Jahre 9 v. Chr. dargestellt hat. 35 dieser Bücher sind erhalten und geben uns einen Begriff von der Leistung des antiken Historikers; sie liegt in der sorgfältigen Auswertung der Quellen, in der umfassenden Zusammenschau und in dem schönen Schwung des dichterischen Stils. Livius war 32 Jahre alt, als er sich zu diesem Unternehmen entschloß, das ihn 44 Jahre hindurch, bis zu seinem Tode, unablässig beschäftigte. Zwei Beweggründe bestimmten den in Padua geborenen Freund des Oktavian, des späteren Kaisers Augustus, sich der riesigen Aufgabe zu widmen: der Stolz auf die gewaltige Entwicklung des Imperiums und die Sorge um dessen Zukunft. Er erkannte wohl, daß Rom „an seiner Größe krank" war, daß die alten, strengen Sitten sich lockerten. Aber sein starkes Nationalgefühl ließ ihn nicht wankend werden in der Überzeugung, daß gerade die Darstellung eines Gesamtbildes der römischen Geschichte das Volk zur Rückbesinnung bringen werde, zu jenen echten Tugenden, denen es seinen Aufstieg zur Weltmacht verdankte. Der glückliche Umstand, daß er wirtschaftlich unabhängig war — er gilt als der einzige römische Geschichtsschreiber, der niemals ein Staatsamt bekleidet hat —, ermöglichte es ihm, ohne Rücksicht auf den befreundeten Cäsar die große Zeit der Republik und ihre hervorragenden Persönlichkeiten gerecht und rühmend zu würdigen. Den Sinn der Geschichtsschreibung faßte Livius in das Wort: „Von der Geschichte nimm für dich und deinen Staat, was du nachahmen kannst; von der Geschichte lerne, was du meiden sollst."

29. VIII. 1632 — 28. X. 1704 **JOHN LOCKE**

John Locke, der Vorläufer Kants als Gründer des psychologischen Empirismus, ist zugleich der Vater der Rousseauschen und aller neueren Erziehungsideen. Mit seiner freisinnigen Abhandlung über eine bürgerliche Regierung erscheint er daneben als der Wortführer des politischen Liberalismus, der für vernunftgemäßes Christentum und religiöse Toleranz eintritt. Der britische Philosoph, von ausstrahlender Wirkung bis in die Gegenwart, erblickte in Wrington bei Bristol das Licht der Welt. In Oxford studierte er Medizin, klassische Literatur und die später bekämpfte Cartesianische Denklehre. Als Erzieher im Hause des Großkanzlers Graf Shaftesbury fiel Locke zusammen mit seinem Brotherrn bei König Jakob II. in Ungnade und folgte dem Grafen nach Holland. Nach der Entthronung Jakobs kehrte er auf die heimatliche Insel zurück und wirkte als Politiker bahnbrechend für eine Teilung der Staatsgewalten; als Philosoph der Erfahrungswissenschaft errang er hohen Ruhm mit der Darstellung eines grundlegenden Versuches der Erkenntnistheorie. Alle sinnlichen Vorstellungen sind nach Locke dem wirklich Existierenden nicht gleich und ähnlich. Zur Erkenntnis einer relativen Wahrheit vermögen wir aber durch den Verstand zu gelangen, indem wir Schlüsse aus Erkenntnissen und Erfahrungen ziehen. Getragen von den freiheitlichen Zeitströmungen und als Mittelpunkt eines großen Kreises von Gleichgesinnten und Schülern, konnte John Locke seine Interessen fruchtbar zwischen stillem Studium und wacher Beobachtung der politischen Entwicklung teilen. Als er am 28. Oktober 1704 zu Oates in Essexshire in die Welt jenseits des irdischen Vorhangs einging, durfte er das Bewußtsein mit sich nehmen, daß das von ihm hinterlassene feste Gedankengebäude die Geschichte der Philosophie maßgebend beeinflussen werde.

LONGFELLOW 27. II. 1807 — 24. III. 1882

Zu den ersten Dichtern Nordamerikas, die Weltruhm errungen haben, gehört neben Irving, Cooper und Edgar Allan Poe auch Henry Wadsworth Longfellow, der in Portland im Staate Maine geboren wurde, viele Jahre Professor für neuere Sprachen an der Harvard-Universität war und in Cambridge im Staat Massachusetts starb. Longfellow lehnte sich in der Form seiner Lyrik, seiner Balladen und Epen eng an die europäische Literatur an; seine Vorbilder, deren Kenntnis er den Amerikanern seiner Zeit vermittelte, waren Dante und Chaucer, Goethe und Freiligrath, den er auf einer Europareise in Köln besuchte. Fast alle seine Werke zeigen Longfellow als Weltbürger, der hoch über allem Nationalismus steht. Nur zwei Bücher — ein romantisches und ein heiterrealistisches Epos — sind ganz und gar in amerikanischer Erde verwurzelt: das Indianerepos „Hiawatha", das Heldenlied eines Stammvaters der Roten und seiner Liebe zu Minnehaha, das Ferdinand Freiligrath mustergültig übersetzt hat, und die Idylle „Die Liebeswerbung von Miles Standish". In dieser Liebesgeschichte des Freiwerbers John Alden und seiner puritanischen Braut Priscilla wird die ländliche Atmosphäre von Massachusetts eindrucksvoll dargestellt. Von den Gedichtbüchern Longfellows trägt eines den Namen „Hyperion"; deutsche Verse sind darin eingestreut. Eine Neugestaltung des Motivs vom Armen Heinrich stellt sein Drama „Die goldene Legende" dar. Die Rahmengeschichte „Erzählungen eines Gasthauses am Wege" hat romantisches Gepräge, das Hexameterepos „Evangeline", das die von England veranlaßte Vertreibung der französischen Kanadier aus ihrer Heimat zum Thema hat, erinnert an Goethes „Hermann und Dorothea". Reizvoll zu lesen sind Longfellows Aufzeichnungen über seine Europareise und sein selbstbiographischer Roman „Stimmen der Nacht".

HERMANN LÖNS 29. VIII. 1866 — 26. IX. 1914

Die Persönlichkeit des am 29. August 1866 im westpreußischen Kulm an der Weichsel geborenen Hermann Löns ist für die Zeitgenossen und die deutschen Biographen immer voller Rätsel geblieben. Zerrissen, wirr und sich selbst widersprechend ging Löns durch seine Tage. Unüberbrückbar erscheint die Kluft zwischen seiner dichterischen Aussage und seiner persönlichen Haltung. Bereits in jungen Jahren zeigten sich seine extremen Eigenschaften. Die Natur des Weichsellandes bot ihm viele reichgenutzte Möglichkeiten, Tier und Pflanze zu erforschen. Aber trotz aller Begabung in den Naturwissenschaften konnte er nur mit Mühe das Gymnasium abschließen; beim Studium scheiterte er endgültig. In der Mitte der neunziger Jahre entdeckte er seine Neigung zum Journalismus und fand eine Stellung als Redakteur in Hannover. Seine spritzigen Lokalplaudereien und warmherzigen Naturschilderungen fanden bei der Leserschaft ein gutes Echo. Jetzt hatte er endlich die materielle Sicherheit gewonnen, seinem literarischen Schaffen nachgehen zu können. Das Leben blieb jedoch für den eigenwilligen Mann immer problematisch. Seine erste Ehe scheiterte, und auch die zweite Frau entschloß sich nach achtjähriger Ehe zur Trennung. Unduldsam gegen seine Mitmenschen, hart, jähzornig und streitsüchtig, schrieb Löns gleichzeitig seine gemütvollen, oft von Trauer und Wehmut und manchmal sogar von Sentimentalität erfüllten Verse. Höchste Auflagen erlebten die beliebten Tier-, Jagd- und Naturgeschichten wie „Mein grünes Buch", „Mein braunes Buch", „Mümmelmann", und „Aus Wald und Heide", und ebenso der „Wehrwolf", ein Bauernroman aus dem 30jährigen Krieg. Als 48jähriger meldete sich Löns freiwillig als Soldat des Ersten Weltkrieges, suchte den Kampf und fand 1914 auf französischer Erde den Tod.

18. VII. 1853 — 4. II. 1928   **H. A. LORENTZ**

Im Jahre 1896 gab es für die Forschung eine aufsehenerregende Sensation. Bis dahin hatte man geglaubt, daß das leichteste aller Materieteilchen das Wasserstoffatom sei. In jenen Jahren aber, als der große holländische Physiker Hendrik Antoon Lorentz mitteilte, daß es Teilchen gebe, die fast zweitausendmal leichter seien als das leichteste Atom, mußte man die bisherige, als unverrückbar angesehene Meinung gründlich revidieren. Der große Umsturz im Weltbild der Physik kündigte sich an; denn nun war das Atom nicht mehr die letzte unteilbare Einheit der Materie, der Aufbruch in das „Atomzeitalter" hatte begonnen. Lorentz ist der Begründer der so überaus fruchtbaren Elektronentheorie geworden, die es ermöglicht, das Wesen nichtleitender Stoffe, das Wesen von halbleitenden wie des Selens, das es im Photoelement erlaubt, Sonnenlicht unmittelbar in elektrischen Strom zu verwandeln, und das Wesen der metallischen Leiter allein durch die Bewegung der Elektronen im Stoffgefüge zu begreifen. Heute betrachten wir die Elektronen als die Elementarteilchen der Elektrizität. Sie sind in allen Körpern vorhanden, aber normalerweise neutralisiert; daher wird in unseren Kraftwerken keine Elektrizität „erzeugt", sondern als ein Strom von Elektronen, die gleichsam aus ihrer Ruhe aufgescheucht wurden, durch die Kabel und Leitungsdrähte gejagt. Eine besondere Leistung war es, als Lorentz den „Zeemann-Effekt" voraussagte, der nach dem holländischen Physiker Pieter Zeemann, der ihn zuerst beobachtete, benannt wird. Nach dieser Theorie ruft alles Licht in einem Glasprisma Spektrallinien hervor, und Lorentz erklärte, daß diese Linien durch den Einfluß magnetischer Kräfte aufgespalten werden könnten. 1902 erhielt Lorentz zusammen mit Zeemann den Nobelpreis für Physik.

23. X. 1801 — 2. I. 1851   **ALBERT LORTZING**

„Sein Lied war deutsch und deutsch sein Leid!" — so steht es auf der Porzellantafel, die auf dem Berliner Sophienfriedhof die Ruhestätte des Schauspielers, Sängers, Kapellmeisters und Tondichters Albert Lortzing bezeichnet. Der Nachruf zeugt von der Tragik dieses Künstlerlebens. „Ich darf Dir zuschwören", gesteht der von seinen Zeitgenossen verkannte Komponist so erfolgreicher Spielopern wie „Zar und Zimmermann", „Wildschütz", „Undine" und „Waffenschmied" einem Freund, „es fehlt mir manchmal am Notwendigsten. Zum Versetzen habe ich nichts mehr und kann mich doch vor der Welt nicht bloßgeben, weil ich mich schäme..." Der Brief ist kurz vor dem plötzlichen Tode Lortzings geschrieben worden. Kulissenintrigen in Leipzig hatten den feinfühligen Dirigenten veranlaßt, ein Engagement am Friedrich-Wilhelmstädtischen Theater in Berlin anzunehmen. Das Wiedersehen mit dieser Stadt, wo Lortzing am 23. Oktober 1801 als Sohn eines Lederhändlers geboren war, wurde jedoch zur schweren Enttäuschung. Die Gage war klein, Benefizabende fanden vor fast leeren Häusern statt; die Verleger waren interesselos, weil die Bühnenleiter französische Opern bevorzugten. Die geringen Honorare konnten die trostlose Lage nicht bessern. Den Erfolg seiner vierzehnten Oper, der „Opernprobe", hat Lortzing nicht mehr erlebt; der Abend, an dem seine letzte Schöpfung aufgeführt wurde, war zugleich der letzte des sorgenzerquälten Vaters von 11 Kindern. Zu spät erkannte die Öffentlichkeit, was sie an dem einfallsreichen Komponisten versäumt hatte. Lortzing selbst hat in einem verzweifelten Aufschrei gegenüber dem Schauspielerkollegen Philipp Reger die Bilanz seines Lebens gezogen, wie er sie nach den zahlreichen Enttäuschungen ansehen mußte: „Mein ganzes Dasein dünkt mich ein verfehltes!"

IGNATIUS VON LOYOLA   1491 — 31. VII. 1556

Eine fast rätselhafte Einheit von Mystiker, Soldat und Diplomat, so steht der Gründer des Jesuitenordens auch vor dem Gegner. Nie vielleicht im Hergang der menschlichen Dinge ist ein Werk so dauernd die treue Verkörperung seines Urhebers geblieben wie die Weltmacht dieser „Heilsarmee Roms", wie man wohl die Gesellschaft Jesu genannt hat. Als Sproß einer führenden baskischen Familie im Jahre 1491 auf Schloß Loyola geboren, wählte der lebensfreudige junge Ritter den Offiziersstand. Bei der Belagerung von Pamplona durch die Franzosen zerfleischte ihm einer der ersten Bombardenschüsse das rechte Bein. Auf dem schmerzhaften Krankenlager griff Ignatius nach religiösen Schriften, die in ihm die Glut des Glaubens entfachten. Eine abenteuerliche Wallfahrt nach Jerusalem, nachdem Salbe, Säge und Streckmaschine dem Energiegeladenen das verletzte Bein notdürftig erhalten hatten, ließ in ihm den Gedanken an die Gründung eines Mönchsordens reifen, der in der Befreiung vom Ich und der Bewältigung beider um Ehre Gottes anstreben sollte. Theologische Studien in Paris und ein in der Stille gewonnener Kreis von Freunden führten am 15. August 1534 zur gemeinsamen Ablegung der Gelübde. Ziel war die Bildung einer disziplinierten Gemeinschaft, die in unbedingtem Gehorsam gegenüber dem Papst auf dem Felde der inneren und äußeren Mission alle Möglichkeiten einer methodisch erregten Phantasie ausschöpfte, sie umgekehrt am Verstande kühlte, den entschlossenen Kampf mit der Versuchung, nicht die schwächliche Flucht vor ihr vorlebte und sich zur Seelenleitung auch der rechtlichen Methoden der weltlichen Politik bediente. 1540 wurde die Gesellschaft von Papst Paul III. bestätigt, sie zählte im Todesjahr Loyolas 12 Provinzen und 101 Niederlassungen.

ADOLF LÜDERITZ   16. VII. 1834 — Okt. 1886

An der Spitze der kolonialen Ausbreitung im 19. Jahrhundert standen Großbritannien und Frankreich. Das Deutsche Reich, das erst 1870 zu seiner Einheit gefunden hatte, folgte nur zögernd auf diesem Weg. Der Bremer Kaufmann Adolf Lüderitz war einer der ersten in Deutschland, der diese — vielleicht letzte Gelegenheit — große unerforschte Ländermassen zu erschließen und zu erobern — ergriff. Aus den engen, aber sicheren Verhältnissen des Elternhauses hatte es ihn bereits in jungen Jahren hinausgetrieben in die Welt; als er finanziellen Schiffbruch erlitt, war er bereit, sich wieder in die strenge Bremer Ordnung einzufügen. Seine Ehe mit einer vermögenden Hanseatin ermöglichte es ihm schließlich, sein Leben nach eigenem Willen einzurichten. Lüderitz war ein Mann, der die Gefahr und das Spiel um den höchsten Einsatz liebte. Zweifellos aber waren es mehr kaufmännische Überlegungen als Abenteuerlust, die ihn dazu führten, an der Südwestküste Afrikas eine Handelsniederlassung zu gründen. Wie sehr es ihm um den Erwerb von eigenem Besitz ging, stellte sich später heraus, als er nur ungern die „Souveränität" über „sein" Südwestafrika an das Deutsche Reich abtrat. Mit seinem Wagemut und der immer wieder angemeldeten Forderung nach staatlichem Schutz für seine Faktorei hat er die deutschen Staatsbehörden vor ängstlichen Abwarten zum Handeln getrieben. Sein Werk und seine Schriften gaben dem kolonialen Gedanken in Deutschland mächtigen Auftrieb. Zwei Jahre nach Übernahme seiner Faktorei durch das Reich als erster deutscher Kolonie brach Lüderitz zu einer Forschungsreise auf, von der er nicht mehr zurückkehrte. Niemand weiß, wo die Gebeine des mutigen Kolonisators ruhen.

25. VIII. 1786 — 29. II. 1868 **LUDWIG I. VON BAYERN**

Zur Regierungszeit Ludwigs I. von 1825 bis 1848 gab es für die Frauen seiner Münchner Residenz keinen größeren Wunsch, als in die königliche Schönheiten-Galerie aufgenommen zu werden. Als Ludwig am 29. 2. 1868 zu Nizza starb, umfaßte seine berühmte Galerie 38 Bildnisse der schönsten Frauen der damaligen Zeit. Es hieß, er habe jede von ihnen geliebt, aber niemand konnte diesem „Bürger auf dem Königsthron" nachsagen, es habe an seinem Hofe eine Mätressenwirtschaft gegeben. Er war im tiefsten Grunde ein idealistischer Schönheitssucher, mehr Künstler als Politiker oder gar Soldat. Seine militärische Bundesgenossenschaft mit Napoleon in den Jahren 1806 bis 1809 war nichts weiter als eine mißglückte politische Spekulation.
Entscheidend ist, daß man sein Zeitalter das glücklichste der bayrischen Geschichte genannt hat. Ludwig Karl August, wie er eigentlich hieß, geboren am 25. 8. 1786 zu Straßburg als ältester Sohn König Maximilians I., studierte an der Universität zu Landshut, die er später nach München verlegte, und gestaltete seine Regierungszeit zu einem Stück Kunstgeschichte. Er zog zum Ärger der bayrischen Reaktion die hervorragendsten Künstler Europas in seine Nähe, reorganisierte die Kunstakademie, erbaute den Königsbau, die Basilika, die Ludwigskirche, die Feldherrnhalle, die Staatsbibliothek und die neue Pinakothek. Wenn das Geld der Steuerzahler nicht ausreichte, griff er in die eigene Tasche. Auch die Bavaria entstand auf seine Initiative, desgleichen das Siegestor als Krönung der königlichen Ludwigstraße. Als er aus Anlaß der Affäre Lola Montez dem Drängen der Straße nachgab und am 20. März des Revolutionsjahres 1848 abdankte, zeigte die Landeshauptstadt, die eine so tiefgreifende Reaktion nicht erwartet hatte, bestürzte Trauer, als sei ihr geliebter König gestorben.

25. VIII. 1845 — 13. VI. 1886 **KÖNIG LUDWIG II.**

Mit 19 Jahren sah sich König Ludwig II. von Bayern nach freudloser Jugend unerwartet vor die Aufgabe gestellt, die durch den Tod König Max' II. verwaiste Regierungsgewalt zu übernehmen. „Bayerns schönster und jüngster König" stürzte sich anfänglich mit Feuereifer in seine hohe Aufgabe; der Elan erlahmte aber bald. Mehr und mehr verlor sich Ludwig in den Gedankenkreis der Musikdramen Wagners, den er nach München holen ließ. Bereits 1865 ging in der bayrischen Residenz „Tristan und Isolde" in Szene. Die Begeisterung des Königs war grenzenlos. Mehr als ein Drittel der Zivilliste wurde für Wagners Zwecke aufgewendet. Das konnte den verantwortlichen Ministern nicht gleichgültig sein. Als überdies Wagner in der „Münchener Neuesten" die vermeintlichen Kunstbanausen um den König angriff, forderte der Minister von der Pfordten energisch die Entfernung des Komponisten. Das war der Anfang der persönlichen Tragödie des Königs, der bis in seine letzten Tage, obwohl für eine Zwischenzeit von Wagner getrennt, der Schutzherr des Komponisten und seines Lebenswerkes geblieben ist. Neben die Welt Wagners trat eine wirklichkeitsfremde Liebe für das französische 18. Jahrhundert. 1868 begann auf dieser Linie das überhastete Bauen an mehreren Prunkschlössern im Voralpenland. Immer neue Millionen verlangte Ludwig von der Kabinettskasse. Dem Ministerium blieb zuletzt keine andere Wahl, als die Entmündigung des Königs einzuleiten. Am verregneten Pfingstsonntag 1886 unternahm Ludwig II. in dem ihm als Zwangsaufenthalt zugewiesenen Schloß Berg am Starnberger See einen Abendspaziergang mit seinem Leibarzt. In der Nacht fand man die Leichen Ludwigs und des Arztes im Uferwasser. Wie sich die Tragödie abgespielt hat, wird wohl nie restlos geklärt werden.

LUDWIG XIV.   5. IX. 1638 — 1. IX. 1715

Ludwig XIV. wurde 1643 im Alter von fünf Jahren Nachfolger seines Vaters auf dem französischen Thron. Er hatte das Glück, der staatspolitische Erbe seines Wegbereiters Kardinal Richelieu zu sein und als Verweser des Staates während seiner Minderjährigkeit einen Kardinal Mazarin zu haben. Beide Politiker begründeten jenen Absolutismus, dessen hervorragendster Vertreter Ludwig XIV. wurde. Es gilt heute als zweifelhaft, daß er vor einer Ständeversammlung von 1665 gesagt habe: „L'état c'est moi! — Der Staat bin ich!" Aber die Art seiner selbstherrlichen Regierung hätte nicht besser zum Ausdruck gebracht werden können als durch dieses Wort. Sein Wille stampfte Riesenschlösser wie Versailles oder das erneuerte St. Germain aus dem Boden, gründete Akademien, schuf Festungen an den Grenzen, nahm Besitz von Kolonien in fremden Erdteilen, baute Handelsgesellschaften, Manufakturen, stehende Heere, ganze Wirtschaftssysteme auf und gab dem Volk neue Gesetze. Ludwigs XIV. souveräner Thron wurde gestützt von dem Finanzgenie Colbert, von Louvois, der die beste Armee Europas schuf, von Vauban, der die stärksten Festungen baute, von Turenne und Condé, die ihm Siege erfochten, und von Le Tellier, der dem Innenministerium vorstand. Um den „Sonnenkönig" erstrahlte die Gloriole der Dichter Corneille, Racine und Molière. Als er die widerstrebenden Hugenotten verjagte, endlose Kriege gegen seine Nachbarn an Rhein, Schelde und Pyrenäen vom Zaune brach und im Spanischen Erbfolgekrieg ganz Europa gegen sich aufrührte, verdunkelte sich sein Bild; er rettete Frankreichs Bestand mit Mühe in einem lahmen Frieden. Als er starb, hinterließ er ein verschuldetes und tief zerrüttetes Staatswesen, auf seinen Sarg prasselten die Steinwürfe der rebellierenden Franzosen.

LUDWIG XV.   15. II. 1710 — 10. V. 1774

Im Jahre 1723 übernahm Ludwig XV., ein schöner und talentierter Knabe, vom Bischof Fleury streng erzogen, die Regierung des französischen Königsreichs. Der 14jährige Souverän war erfüllt von dem Ehrgeiz, unter den Fürsten Europas die erste Rolle zu spielen. Das ausgeprägte Bewußtsein seiner königlichen Würde war gepaart mit einem starken Pflichtbewußtsein. Diese Eigenschaften wurden jedoch nach außen hin durch krankhafte Charakterzüge überdeckt. Eine tiefe Melancholie war die unmittelbare Veranlassung für die so oft in Literatur und Historie geschilderten Ausschweifungen und die Mätressenwirtschaft am Hof. Der König, von Natur aus schüchtern, vermochte zu Fremden nur mühsam zu sprechen und wagte starken Persönlichkeiten gegenüber nicht, seinen Willen durchzusetzen. Als Hauptfeinde Frankreichs betrachtete er England und Preußen, gegen deren Angriffslust er Rückhalt in Bündnissen mit Österreich und Spanien suchte. Die Niederlage Österreichs gegen Friedrich II. war deshalb gleichzeitig ein schwerer Schlag gegen das Ansehen des Thrones von Versailles. Von den überseeischen Besitzungen Frankreichs gingen Kanada und Louisiana verloren, während auf dem Kontinent seine Vormachtstellung endete. Trotz verschwenderischer Prunksucht gelang es ihm, den Staatshaushalt in Ordnung zu bringen und den Wohlstand des Bürgertums zu fördern. Die kleinen Handwerker aber, die Arbeiter und Bauern versanken in immer tieferes Elend. Diese Entwicklung entsprach zweifellos nicht den Absichten des Königs, aber er war zu schwach, um sich dem Verhängnis entgegenzustemmen. Seine Lethargie und Bequemlichkeit nahmen mit zunehmendem Alter immer mehr überhand. Der König lebte für seine Liebhabereien; er war stolz darüber, daß ihn das Volk „Le Bien-aimé", den Vielgeliebten, nannte.

23. VIII. 1754 — 21. I. 1793   LUDWIG XVI.

Am 14. Juli 1789, dem Tag des Bastillesturmes, schrieb König Ludwig XVI. von Frankreich, von der Jagd heimkehrend, in sein Tagebuch: „Ein Tag ohne besondere Ereignisse..." Dreieinhalb Jahre später, am 21. Januar 1793, als er das Blutgerüst bestieg, rief er dem Volk auf dem Revolutionsplatz zu: „Ich sterbe unschuldig an allem, was man mir vorwirft. Ich wünsche, daß mein Blut das Glück der Franzosen befestigen möge!" Erst das Unglück hat den schwachen und unbeholfenen Sproß aus dem alten Königshaus der Bourbonen aus einer Marionette des Hofes zu einer Persönlichkeit, wert des Mitleids und der Achtung, erhoben. Ludwig XVI. bestieg 1775 den Thron, den seine Vorgänger beschmutzt, entehrt und verschuldet hinterlassen hatten. Als man ihm die Nachricht vom Tode seines Vorgängers und Großvaters Ludwig XV. überbrachte, brach er in Tränen aus und klagte: „Welch ein Unheil für mich!" Man hatte ihm im Jahre 1770 Marie Antoinette, die leidenschaftliche und lebensfrohe Tochter der österreichischen Kaiserin Maria Theresia, angetraut, die dem anfänglichen, weitgehenden Reformwillen des Königs entgegentrat. Sein Zögern, seine Wankelmütigkeit und Unentschlossenheit gaben den Kräften des Umsturzes — seinem auf den Thron spekulierenden Vetter Orléans und den Revolutionären — die Oberhand. Ludwig versäumte es, seine Macht zu zeigen, solange er noch über ein Heer gebot, er wagte weder zu fliehen noch Widerstand zu leisten, und als er endlich floh, wurde er dank seiner Ungeschicklichkeit gefangen. In der Gefangenschaft im Temple und während des Prozesses erwies er sich als fürsorglicher Familienvater; seinen Anklägern trat er mit menschlicher Würde entgegen. Die einzige große Tat, deren er sich fähig erwies, war es, wie ein Märtyrer zu sterben. Sein Tod war der Auftakt zu einem neuen Zeitalter.

19. X. 1862 — 10. IV. 1954   **AUGUSTE LUMIÈRE**

Im Jahre 1883 gründete Auguste Lumière mit seinem Bruder Louis in Lyon Frankreichs erste Fabrik zur Herstellung fotografischer Platten, Papiere und Chemikalien. Beide galten als ausgezeichnete Chemiker, die erfolgreich bemüht waren, die fotochemischen Verfahren durch eigene Neuerungen zu verbessern. Sie betätigten sich auch auf dem Gebiete der Farbenfotografie und schufen das „Lumière-Verfahren". Grundlage war die von Lumière entwickelte „Autochrom-Platte", eine Dreifarbenrasterplatte, bei der zwischen der Glasplatte und der lichtempfindlichen Schicht ein Farbfilter (Punktraster) aus grün, orangerot und blau gefärbten Stärkekörnchen lag. Über diesem Raster entstand beim Entwickeln ein Negativ, das durch die Umkehr- und Positiventwicklung das gewünschte Farbbild ergab. Das Bild konnte nicht vervielfältigt und nur in der Durchsicht betrachtet werden; in einem modernen, in Deutschland geschaffenen Farbfilmverfahren ist die Methode Lumières weitgehend verbessert worden. 1894 überraschten die Gebrüder Lumière mit einem Film-Aufnahme- und Vorführgerät, bei dem die Bandbreite und Bildgröße den von Edison angegebenen Maßen entsprachen. Das Gerät war viel kleiner als die Edisonsche Kamera, der Film wurde durch einen Greifer in völlig exakter Weise bewegt. Die Filmkamera ermöglichte 16 bis 18 Bildwechsel in der Sekunde und war für die damalige Zeit eine hervorragende Leistung. Mängel waren jedoch das starke Bildflimmern und die Unmöglichkeit, schnelle Vorgänge fließend wiedergeben zu können. Da die Filme mit der gleichen Bildwechselzahl aufgenommen wurden, mit der man sie vorführte, war diese Konstruktion trotz der Mängel ein Fortschritt, der viel Aufsehen erregte. Die Weltpresse berichtete über diese „Pariser Sensation" und trug dazu bei, ihr den Weg in die Zukunft zu ebnen.

MARTIN LUTHER 10. XI. 1483 — 18. II. 1546

Am Übergang vom Mittelalter zur Neuzeit steht die weltgeschichtlich bedeutsame Gestalt Martin Luthers, die in unserem Jahrhundert weit über ihre konfessionelle Bedeutung hinaus gewürdigt wird. Der mitteldeutsche Bauernenkel und Bergmannssohn aus Eisleben studierte in Erfurt Rechtswissenschaft. 1505 wurde er in einem Augenblick der Todesgefahr seiner Berufung zur Theologie inne und trat in den Augustinerorden ein. Als Professor für Bibelerklärung in Wittenberg fand er den Ausweg aus tiefer Gewissensnot in der Erkenntnis von der Rechtfertigung durch den Glauben. Er litt unter dem weitgehend verweltlichten kirchlichen und religiösen Leben, wie er es in seiner Umgebung, in Rom und in der Beobachtung des Ablaßhandels erfahren hatte. Diese Grundmotive bewogen Luther zu dem Thesenanschlag von 1517 und den programmatischen Schriften „Von der Freiheit eines Christenmenschen" und „Von der babylonischen Gefangenschaft der Kirche"; sie bestärkten ihn in der Festigkeit gegen die kirchliche Bannandrohung und bei seiner Rechtfertigung auf dem Reichstag zu Worms. Die Aufrichtigkeit seines Reformwillens gewann ihm die Hilfe seines Landesfürsten. Der rasch entstehenden Volksbewegung trat Luther überall dort rücksichtslos entgegen, wo sie in sozialrevolutionäre Maßlosigkeit ausartete. Mehr noch als durch die Gründung einer neuen Kirche, die Luther ursprünglich fast gegen seinen Willen vornahm, wirkte er durch die Neubelebung des reinen christlichen Erbgutes des Evangeliums auf seine Zeit und in die Zukunft. Mittelbar wurde er dadurch auch zum Anreger der inneren Reinigung und Erneuerung der katholischen Kirche. Entscheidend und bis in die Gegenwart befruchtend hat Martin Luther mit seiner Bibelübersetzung, seinen religiösen Schriften und geistlichen Dichtungen auf die Entwicklung der deutschen Sprache und Literatur eingewirkt.

MACCHIAVELLI 3. V. 1469 — 22. VI. 1527

In allen Jahrhunderten wandten sich die Verfechter einer ethischen Staatsmoral gegen die Theorie Macchiavellis, daß der Fürst und Staatsmann über dem Gesetz stehe, daß er ungestraft Böses tun könne, ja, sogar das Böse tun müsse, wenn es zum Nutzen des Staates sei. Andere wieder bejahten die Staats- und Moralauffassung des Florentiners, wie Hegel, der den Einwand gegen die Unmoralität Macchiavellis mit der Begründung zurückwies: „Der Staat hat keine höhere Pflicht, als sich selbst zu erhalten. Hier kann von keiner Wahl der Mittel die Rede sein, brandige Glieder können nicht mit Lavendelwasser geheilt werden!" — Niccolo Macchiavelli wurde in Florenz als Sohn einer verarmten Patrizierfamilie geboren. Dank seiner hervorstechenden Begabung stieg er bald zu höchsten Staatsämtern empor. Eine Weile lebte er im Gefolge des berühmt-berüchtigten Cesare Borgia, in dessen furchtbarem Genie er für kurze Zeit den erhofften Retter des zerrissenen Italiens gefunden zu haben meinte. Inmitten der Wirrnis, fürstlichen Eigensucht und Torheit der Massen glaubte Macchiavelli seiner Nation das glühende Eisen der rücksichtslosen und von moralischen Grundsätzen unbeschwerten Politik verordnen zu müssen. So formulierte er seine Staatsraisonlehre, die er in dem Buch „Vom Fürsten", niederlegte. Italien — so sagte er — könne nur durch die durchgreifende, morallose Kraft eines Fürsten, der unbekümmert um Recht oder Unrecht über Einzelschicksale hinwegschreite, von dem Joch der französischen und spanischen Fremdherrschaft befreit werden. Er selbst war ein Anhänger der Republik, die er in normalen Zeiten für die beste Staatsform hielt. Als ihm Verbannung und vorübergehende Haft Muße genug gaben, bewies Macchiavelli sich auch als Poet, indem er Komödien im Stile des Plautus und Novellen nach Art des Boccaccio schrieb.

29. VIII. 1862 — 6. V. 1949 MAURICE MAETERLINCK

Die altflämische Mystik von Johannes Ruisbroeck, die romantische Mystik des Novalis und eine Art pantheistische Mystik des späten 19. Jahrhunderts bilden die vereinigte Quelle von Maurice Maeterlincks dichterisch-philosophischem Werk. Er wurde in Gent geboren, war von flämischer Herkunft, schrieb aber in französischer Sprache und lebte von 1896 an in Paris. Maeterlinck schloß sich den Symbolisten an, einer Gruppe von Schriftstellern, die sich im Gegensatz zum Realismus und Naturalismus um eine dem profanen Leben abgekehrte Kunst von hoher Form und feierlichem Gehalt bemühten. Innerhalb des Symbolismus aber nahm Maeterlincks Werk durch den mystischen Zug eine Sonderstellung ein. Seine Märchendramen — er nannte sie selbst gern „mystische Spiele" — wie „Prinzessin Maleine", „Die sieben Prinzessinnen", „Alladine und Palomindes" u. a. wurden zu seiner Zeit häufig aufgeführt; eines von ihnen, „Pelleas und Melisande", hat als Oper in der Vertonung von Claude Debussy die anderen Werke überdauert. Viel gelesen werden zeitweilig Maeterlincks dichterisch verklärte Bilder aus dem Pflanzen- und Insektenleben, die von einem echten Naturgefühl zeugen: „Die Intelligenz der Blumen", „Das Leben der Bienen" oder „Das Leben der Ameisen". Sie sind in viele Sprachen übersetzt worden und haben Schule gemacht. In seinen philosophischen Schriften, vor allem „Der Schatz der Armen", „Weisheit und Schicksal" und „Der Tod", befaßte sich Maeterlinck mit den unfaßlichen Gewalten der Seele: „Die Tatsachen sind nur die Vagabunden, Spione oder Nachzügler der großen Gewalten, die man nicht sieht." Aus der zeitweilig außerordentlich weitreichenden Wirkung von Maurice Maeterlincks Werken ist es zu erklären, daß ihm 1911 der Nobelpreis verliehen wurde.

Um 1480 — 27. IV. 1521 FERNANDO DE MAGELLAN

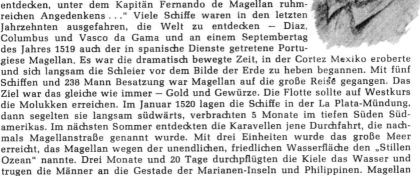

Am 6. September 1521 läuft in San Lucar, dem Hafen Sevillas, das Schiff „Viktoria" ein, es ist zerzaust von Stürmen und mit Muscheln bedeckt. Kapitän Sebastian del Cano schreibt unmittelbar nach der Landung einen ersten kurzen Bericht an Kaiser Karl V.: „Eurer Hohen Majestät geben wir zur Kenntnis, daß wir angekommen sind; nur noch 18 Mann mit einem der 5 Schiffe, die Eure Majestät aussandte, um die Spezereien zu entdecken, unter dem Kapitän Fernando de Magellan ruhmreichen Angedenkens..." Viele Schiffe waren in den letzten Jahrzehnten ausgefahren, die Welt zu entdecken — Diaz, Columbus und Vasco da Gama und an einem Septembertag des Jahres 1519 auch der in spanische Dienste getretene Portugiese Magellan. Es war die dramatisch bewegte Zeit, in der Cortez Mexiko eroberte und sich langsam der Schleier vor dem Bilde der Erde zu heben begann. Mit fünf Schiffen und 238 Mann Besatzung war Magellan auf die große Reise gegangen. Das Ziel war das gleiche wie immer — Gold und Gewürze. Die Flotte sollte auf Westkurs die Molukken erreichen. Im Januar 1520 lagen die Schiffe in der La Plata-Mündung, dann segelten sie langsam südwärts, verbrachten 5 Monate im tiefen Süden Südamerikas. Im nächsten Sommer entdeckten die Karavellen jene Durchfahrt, die nachmals Magellanstraße genannt wurde. Mit drei Einheiten wurde das große Meer erreicht, das Magellan wegen der unendlichen, friedlichen Wasserfläche den „Stillen Ozean" nannte. Drei Monate und 20 Tage durchpflügten die Kiele das Wasser und trugen die Männer an die Gestade der Marianen-Inseln und Philippinen. Magellan fiel bei einem Gefecht mit Eingeborenen. Das Geschwader kehrte über die Molukken und um das Kap der Guten Hoffnung in den Atlantik zurück. Die erste Umrundung der Erde war geglückt.

GUSTAV MAHLER 7. VII. 1860 — 18. V. 1911

Die eigenartige Fügung, daß Beethoven, Schubert und Bruckner jeweils nach Vollendung ihrer neunten Symphonie starben, hat den österreichischen Komponisten Mahler zu dem naiven Versuch veranlaßt, das bedrohliche Schicksal zu überlisten. Seine neunte Tondichtung erhielt die Werknummer zehn. Ein merkwürdiger Zufall wollte es jedoch, daß auch er die Neunzahl nicht überschreiten sollte. Zwar hat der Komponist, dessen künstlerische Aussage das Schlußglied der idealistischen Musik des 19. Jahrhunderts darstellte, noch eine weitere Symphonie konzipiert, aber der Tod ließ ihm keine Zeit zur Vollendung. — In knapp 20 Jahren seit der 1891 entstandenen 1. Symphonie in D-dur, dem Lied von der Jugend, rang sich Mahler zwischen der aufreibenden Arbeit eines Theaterkapellmeisters in Kassel, Leipzig, Prag, Hamburg, Budapest und später in Amerika neun Symphonien von gewaltigem Ausmaß ab. Sie sind von dem Willen geleitet, nach Wagners Vorbild neue Wirkungsmittel zu erfinden und auch das Optische mit einzubeziehen. Charakteristisch hiefür ist die Aufführung von Mahlers 8. Symphonie, die vor den Prospekt einer großen Konzertorgel ein fast unübersehbares Orchester sowie einen vielköpfigen Frauen-, Männer- und Knabenchor stellte. Manche Legende knüpfte sich insbesondere an Mahlers Arbeitsfanatismus. Als Operndirektor in Wien habe er oft bis zur Erschöpfung des Ensembles und Orchesters geprobt, dazu während der Vorbereitung immer wieder verwirrende Änderungen in der eigenen Partitur vorgenommen. Lange mißverstanden wurde sein Ehrgeiz, das Bühnenbild mit der Musik harmonisch abzustimmen. Erst spät ist Mahler als einer der entscheidenden Wegbahner stilisierender Farben- und Lichtwirkungen auf der Bühne erkannt worden.

HANS MAKART 29. V. 1840 — 3. X. 1884

Selten hat ein Künstler solche Triumphe der Popularität feiern können wie Hans Makart während der Jahre 1868 bis 1884. Als der 28jährige Salzburger Kleinbürgerssohn, ein schmächtiger Mann mit dunklen Träumeraugen und großem schwarzem Bart, von Kaiser Franz Joseph nach Wien berufen wurde, entbrannte augenblicklich das Feuer der Sympathie zwischen ihm und der sinnenfrohen, kunst- und festfreudigen Stadt. Keiner der gefeierten Bühnenkünstler, nicht einmal die Walzerkönige Johann und „Edi" Strauß, konnten an Beliebtheit mit ihm wetteifern. Die bildende Kunst war um die Jahrhundertmitte in fader allegorischer Darstellung erstarrt. Makart brachte etwas Neues. Er malte Venus und Aphrodite und nahm als Modell Wiener Schönheiten, die jeder kannte, und niemand nahm Anstoß daran. Der „Zauberer in der Gußhausstraße" stand im Mittelpunkt des Wiener Gesellschaftslebens. Seine Atelierfeste waren ein Gewoge von Kostümprunk, Farbenpracht und üppiger Blumenfülle. Seine berühmten Riesengemälde, wie „Die Pest in Florenz", „Die Huldigung der Catharina Cornaro" oder „Der Einzug Karls V. in Antwerpen", entzückten durch den Rausch der Farben und der Körperlichkeit und erzielten märchenhafte Preise. Niemand außer seinen Akademiekollegen Böcklin und Feuerbach sah die Mängel im Zeichnerischen und den peinlichen Anflug von Kitsch. Den größten Erfolg seines Lebens errang Makart 1879 mit seinen Entwürfen für den historischen Festzug aus Anlaß der Silbernen Hochzeit des Kaiserpaares. Als er fünf Jahre später, 44 Jahre alt, starb, zogen endlose Schlangen von Menschen an seiner Bahre vorbei, und unter einer unbeschreiblichen Blumenfülle wurde er wie ein Fürst zu Grabe getragen.

18. III. 1842 — 10. IX. 1898 STÉPHANE MALLARMÉ

Unter den französischen Symbolisten der zweiten Hälfte des 19. Jahrhunderts nahm Stéphane Mallarmé eine hervorragende wenn auch abgesonderte Stellung ein. Er führte in Paris als Gymnasiallehrer und Modeberater ein zurückgezogenes Leben. Von Zeit zu Zeit versammelten sich in seiner Wohnung in der Rue de Rome einige gleichgesinnte Freunde und Jünger – die „Décadents", wie sie genannt wurden –, um neue Gedichte von ihm zu hören. Es waren Verse von einer dunklen, überaus kunstvollen Feierlichkeit, voll malerischer und musikalischer Reize, von höchst ästhetischer Formstrenge und von prunk- und geheimnisvoller Symbolik. Mallarmés Auffassung von der Dichtkunst war von Richard Wagners Kunsttheorien beeinflußt. Er ging aber über sie hinaus in seiner Forderung einer vom profanen Leben streng getrennten Kunst und wurde der Hauptvertreter der Richtung „l'art pour l'art", welche die Kunst ausschließlich als eine Angelegenheit von eingeweihten Jüngern ansah. Selbst seine bekannteren Werke, die lyrisch-dramatischen Phantasien „Nachmittag eines Fauns" und „Herodiade", sprachen im Grunde nur einen kleinen Kreis von Menschen an, die mit der Ästhetik und Symbolsprache des Dichters intim vertraut waren. Und doch hat Stephane Mallarmé einen nachhaltigen Einfluß auf die Literaturentwicklung in Frankreich – auf Rimbaud, Villiers, Valéry u. a. – und in Deutschland ausgeübt. Ohne sein Vorbild ist das Werk Stefan Georges nicht denkbar, der sich gleich ihm als „Priester der Kunst" betrachtete, Mallarmés Verse ins Deutsche übertrug und ihn selbst in einer Lobrede und in dem Gedicht „Franken" feierte. Die beste Charakteristik Stéphane Mallarmés stammt von Paul Valéry, der über ihn sagt: „Er hat schließlich versucht, einer einzigen Schriftseite die Strahlkraft des gestirnten Himmels zu geben."

23. I. 1832 — 30. IV. 1883 EDOUARD MANET

Edouard Manet, der große Wegbereiter des französischen Impressionismus, wurde Maler, ohne es eigentlich zu wollen. Als Sohn einer angesehenen Pariser Familie sollte er trotz seiner Neigung und Begabung zum Zeichnen Seeoffizier werden; erst das Versagen bei der Aufnahmeprüfung in der Marineschule wies ihn auf die Bahn des Künstlers. Er wurde Schüler von Thomas Couture, der auch Anselm Feuerbachs Lehrer war – freilich ein eigenwilliger und unbequemer Schüler. Unbekümmert um die herrschenden Kunstrichtungen, beharrlich und selbstsicher trotz heftiger Anfeindungen, beschritt Manet neue Wege der Malerei mit der unbefangenen Wiedergabe des sinnlich Wahrgenommenen durch die lebensoffen angewandten Mittel von Farbe, Licht und Atmosphäre. Er wagte sich an bisher kaum berührte Themen. Sein erstes bedeutendes Werk dieser Art, die „Absinth-Trinker", wurde von Couture so heftig kritisiert, daß Manet sich mit seinem Lehrer überwarf. Da der offizielle Ausstellungs-„Salon" seine Bilder immer wieder ablehnte, gründete er mit einigen Freunden den „Salon des Refusés". Aber auch dort riefen seine Bilder, vor allem das berühmte „Frühstück im Freien", mehrere Skandale hervor. Emile Zola, der sich für ihn einsetzte, verlor seine Stellung bei der Zeitung, in deren Spalten er seine Kunstkritiken veröffentlichte. Manet aber, der auf vielen Reisen seine Kunstauffassung durch Velasquez, Goya, und Frans Hals bestätigt fand, ging den gewählten Pfad unbeirrt weiter. Durch Werke wie „Musik in den Tuilerien", „Der Querpfeifer", „Ruhepause", „Die Leserin", „Mädchenbildnis" und „Olympia" festigte sich nach und nach seine Stellung. Aber erst im Jahr vor seinem Tode wurde dem bahnbrechenden Künstler die öffentliche Anerkennung durch die Ernennung zum Ritter der Ehrenlegion zuteil.

287

THOMAS MANN 6. VI. 1875 — 12. VIII. 1955

Dem Lübecker Patriziersohn Thomas Mann war es nicht in die Wiege gelegt, daß er auf der Höhe des Lebens und des Ruhmes ein wohlbestalltes Hauswesen aufgeben und als einer der großen Europäer Bürger der Neuen Welt werden würde; ihm war es nicht vorausgesagt, daß er sich mit seinem Vaterlande nach zweimaliger Entzweiung erst kurz vor seinem Tode als Ehrenbürger seiner Vaterstadt aussöhnen würde. Aber der Grandseigneur der Literatur betrachtete sein Schicksal mit der ihm eigenen unnachahmlichen Ironie als Bestätigung seines geistigen Weltbürgertums. In seinem Werk spiegelt sich der tiefgreifende Wandel des Bürgertums vom 19. zum 20. Jahrhundert. Dieser Zeiten- und Generationswechsel ist auch das Thema des Romans „Die Buddenbrooks", in dem der 26jährige mit staunenswertem psychologischem Scharfsinn und mit einem reizvoll verfeinerten Sprachstil, in dem er es bald zur Meisterschaft brachte, den Niedergang einer Familie des hansischen Bürgeradels schildert. „Die Buddenbrooks" trugen ihm 1929 den Nobel-Preis ein. Spätstadien des Lebensprozesses und der Kultur, die merkwürdigen schöpferischen Blüten der Krankheit und der Todesliebe blieben ein gern gewähltes Motiv seiner Erzählungen „Tonio Kröger", „Der Tod in Venedig" und der Romane „Königliche Hoheit", „Der Zauberberg", „Joseph und seine Brüder", „Lotte in Weimar", „Doktor Faustus", „Der Erwählte". Sein letztes Werk, die „Bekenntnisse des Hochstaplers Felix Krull", ist ein moderner Schelmenroman voll abgründiger Ironie und heiterer Resignation. Auch die geschliffenen Essays zeigen, daß Hauptantrieb seines Schaffens das Bestreben war, den faustischen Drang in die romantische Innerlichkeit deutschen Wesens einzuordnen, in eine geistig freie, humane Zivilisation.

ALESSANDRO MANZONI 7. III. 1785 — 22. V. 1873

Das Mannesalter des Dichters Alessandro Manzoni fällt in die Zeit der Kämpfe um die nationale Einigung des in viele Einzelstaaten zerrissenen Italiens. Manzoni hat in entscheidender Weise das Einigungswerk beeinflußt, besonders durch die Einführung einer gemeinsamen Literatursprache, zu der das klangvolle Toskanisch gewählt wurde. Als gläubiger Katholik empfand er schmerzlich die Feindschaft zwischen der Nationalpartei und dem um die gefährdete Souveränität des Kirchenstaates kämpfenden Papsttums. Er erkannte das moralischreligiöse Primat der Kurie an, bekämpfte jedoch ihre weltliche Herrschaft. In die europäische Literaturgeschichte ist Manzoni als der erste moderne italienische Romanautor eingegangen. Seine Epik verbindet hohe Sprachgewalt mit fesselnder, vielfach spannungsgeladener Handlung. Als Dramendichter durchbrach Manzoni die starren französischen Formen und schuf wegweisend das nationale italienische Bühnenwerk. Die Schaffensjahrzehnte Manzonis reichen von der klassizistischen Periode, in der das mythologische Gedicht „Urania" entstand, über die ergreifende „Inni sacri", ein Standardwerk der italienischen religiösen Lyrik, bis zu dem groß angelegten Aufbau der epischen Szenen und Kapitel. Vornehmlich „Die Verlobten", die malerisches Volksleben vor dem packenden historischen Hintergrund der Lombardei des 17. Jahrhunderts stellen, haben einen weitgespannten Freundeskreis auf dem Kontinent gefunden. Der Lebensweg Manzonis führte nach Studien in Mailand und Pavia 1803 nach Paris. Die letzten Jahre zog sich der Dichter fast völlig auf sein Landgut Brusoglio zurück, unterbrochen durch längere Aufenthalte in Mailand oder in Lesa am Lago Maggiore. Am 22. Mai 1873 starb Alessandro Manzoni. Verdi schrieb zu der Totenfeier sein berühmtes „Requiem".

24. V. 1744 — 13. VII. 1793   **JEAN PAUL MARAT**

Die Unterwelt hatte ihn ausgespien und in den Wirbel der Revolution geworfen. Lamartine, der als Freund der durch Marats Mithilfe ermordeten Girondisten allen Grund hatte, ihn zu hassen, schrieb über ihn: „Er gierte nach Ruhm und hatte doch weder von der Gesellschaft noch von der Natur die Mittel bekommen, sich berühmt zu machen; so rächte er sich an allem, was groß war – an der Gesellschaft und an der Natur. Das Genie war ihm nicht weniger verhaßt als die Aristokratie." Geboren wurde Jean Paul Marat in Boudry bei Neuchâtel, er studierte Medizin und versuchte sich als Schriftsteller und Sprachlehrer in England. Später fristete er sein Leben als Tierarzt in den Stallungen des Grafen von Artois. Die Revolution wurde seine große Zeit. Er gründete eine der aktivsten Revolutionszeitschriften, den „Ami du Peuple", und überschüttete Paris mit demagogischen Verheißungen und Rachesschreien. Die Masse der Entrechteten, Ausgestoßenen und Abseitigen erkannte Marat begeistert als ihren Führer an, vor dem Danton und Robespierre ebenso zitterten wie die Royalisten, die Gemäßigten oder die Girondisten. Wenn Marat im Konvent, dessen Mitglied er seit 1792 war, das Wort ergriff, stand der wilde Tumult der Tribünen hinter ihm. Während des Prozesses des Königs schrieb er im „Ami du Peuple": „Schlachtet, schlachtet 200 000 Anhänger des Ancien Régime und köpft ein Viertel des Konvents!" Charlotte Corday, ein Mädchen aus Caen, machte sich zur Rächerin der unschuldigen Opfer und stieß ihm am 13. Juli den Dolch ins Herz, während er im Bade saß. Der Pöbel geleitete den Leichnam im Triumph zum Nationalheiligtum, dem Pantheon. Aber schon im Februar 1795 wurden die Überreste aus dem Pantheon entfernt und auf dem Schindanger verscharrt.

8. II. 1880 — 4. III. 1916   **FRANZ MARC**

Der Name Franz Marc und der Titel seines wohl bekanntesten Bildes „Der Turm der blauen Pferde" sind zu einem Begriff für die moderne Kunst des beginnenden 20. Jahrhunderts geworden. Die Werke des ersten großen Expressionisten sind in unzähligen Reproduktionen verbreitet und zeugen nicht nur für den revolutionären Aufbruch der künstlerischen Jugendbewegung, sondern auch für die stark wirkende Magie seiner Tierdarstellungen in Bildern wie „Ruhende Tiere", „Die roten Pferde", „Tierschicksale", „Zwei Katzen" oder „Die roten Rehe". Es ist Franz Marc gelungen, dem Beschauer das Tier in der Landschaft gewissermaßen als Traumerlebnis so eindringlich vor die Seele zu stellen, „wie es sich selbst fühlt". Franz Marc war jedoch nicht nur neben Kandinsky, mit dem er 1912 die Künstlergruppe „Der blaue Reiter" gründete und in einer Schrift dieses Titels die Thesen der neuen Kunst aufstellte, der Mitgründer des Expressionismus, er war darüber hinaus der bewußte Wegbereiter der abstrakten Kunst. „Vom Tier weg", so schrieb er, „leitet mich mein Instinkt zum Abstrakten, das mich noch mehr erregt; zum zweiten Gesicht, das ganz indisch-neuzeitlich ist und in dem das Lebensgefühl ganz rein klingt." Seine abstrakten Bilder, der 1914 entstandene Zyklus „Formen" haben indes die Bedeutung seiner Tierbilder, die als Marksteine in der Kunstgeschichte anzusehen sind, nicht erreicht. Die Entwicklung Franz Marcs, der als eine der größten Hoffnungen der „Moderne" galt, wurde frühzeitig abgebrochen; er fiel im Alter von 36 Jahren vor Verdun. In seinen nachgelassenen Schriften, Briefen und Aufzeichnungen kommen sein reines Stilgefühl, seine umfassende Bildung und sein klarer Blick für die Erfordernisse der Zeit eindrucksvoll zur Geltung.

JEAN BAPTISTE MARCHAND 22. XI. 1863 — 14. I. 1934

Als Jean Baptiste Marchand in einem kleinen südfranzösischen Städtchen geboren wurde, trat er in eine Welt ein, die sich anschickte, die Erde in die Einflußsphären einiger weniger Großstaaten aufzuteilen. In Afrika und Asien ging der Kampf um Kolonien und Rohstoffe. Marchand, der einst eine wichtige Rolle in den Machtkämpfen spielen sollte, schlug die Laufbahn eines Marineoffiziers ein. Er wurde bald nach Afrika abkommandiert und nahm an militärischen Expeditionen und Missionen in Senegambien und Zentralafrika teil. In dem Bestreben, die west- und ostafrikanischen Kolonien Frankreichs zu verbinden, veranlaßte der französische Kolonialminister Hanotaux 1896 eine Forschungsexpedition unter Führung Marchands von Französisch-Kongo nach Faschoda am linken Ufer des Weißen Nils. Unter unsäglichen Mühen durchquerte Marchand den Ubangi sowie die Sumpfgebiete des Bahr-el-Ghazal und hißte am 10. Juli 1898 über Faschoda die Trikolore. Der britische General Kitchener jedoch beanspruchte das obere Nilgebiet für seine Krone und zwang Marchand durch Drohung mit Waffengewalt zum Einholen der französischen Flagge. Der Zwischenfall drohte sich zu einem Waffengang beider Nationen auszuweiten und damit Europa zutiefst zu erschüttern. Frankreich gab schließlich im Bewußtsein seiner schwächeren Position nach und rief den Major Marchand zurück. Der französische Verzicht wurde zur Basis der französisch-englischen Kolonialverständigung, die später zur Entente führte. Marchand kehrte mit seiner Expeditionstruppe auf dem Wege über Äthiopien nach Frankreich heim. In Paris wurde er als Nationalheld empfangen und mit der großen goldenen Medaille der Geographischen Gesellschaft ausgezeichnet.

GUGLIELMO MARCONI 25. IV. 1874 — 20. VII. 1937

Guglielmo Marconi ist ein vom Glück begünstigter, zäher Arbeiter gewesen, den das Schicksal dazu ausersehen hatte, der Funktechnik in weltweitem Maße zum Durchbruch zu verhelfen. Der „Erfinder" der Funktechnik ist er ebensowenig, wie James Watt der „Erfinder" der Dampfmaschine ist. Beide aber waren hervorragende Pioniere auf ihren Schaffensgebieten. Marconi hat geschickt die leistungsfähige Funkstrecke seines Lehrers Augusto Righi, den von dem Franzosen Edouard Branly zum Nachweis elektromagnetischer Wellen verwendeten Fritter und die Antenne des Russen Alexander Stepanowitsch Popow für den Aufbau seiner ersten Funkstellen benutzt. Er konnte die unvermeidlichen Kinderkrankheiten beseitigen. Nach seinen drahtlosen Versuchen im Kriegshafen Spezia (1896) und am Bristolkanal (1897) war die Aufmerksamkeit der Weltöffentlichkeit geweckt worden. Seine Mutter, eine geborene Irin, hat ihm durch ihre guten englischen Beziehungen das Vorwärtskommen in England erleichtern können. Marconis Tatkraft hat dann die weiteren Erfolge ermöglicht. Schon 1897 wurde die „Marconi Wireless Telegraf Co. Ltd." gegründet, die sich unter der Leitung Marconis zu einem weltumfassenden Unternehmen entwickelte, das lange Zeit im härtesten Wettkampf mit der deutschen Telefunkengesellschaft gestanden hat. Die ursprünglich sehr primitiven Funkgeräte wurden wesentlich verbessert. Am 27. März 1899 konnte Marconi drahtlose Nachrichten zwischen Großbritannien und Frankreich senden, und schon drei Jahre später überbrückte er drahtlos den Atlantik zwischen Poldhu in Großbritannien und Neufundland auf rund 3600 Kilometer. 1909 wurde er, gemeinsam mit dem deutschen Funkpionier Professor Ferdinand Braun, mit dem Nobelpreis ausgezeichnet.

1254 — 8. I. 1324 MARCO POLO

In der Seeschlacht von Curzola zwischen den beiden Seestädten
Venedig und Genua geriet der Befehlshaber einer Galeere,
Marco Polo, ein damals 44jähriger Nobile der Lagunenstadt, in
die Gefangenschaft der Genuesen. Er wurde in ritterlicher Haft
gehalten und benützte die unfreiwillige Muße zur Niederschrift
jener Erlebnisse, die ihn in ganz Europa berühmt gemacht
haben. Er diktierte dem Schreiber Rustiglielo von Pisa in
französischer Sprache einen Reisebericht über die weiten Fahrten, die er zusammen mit seinem Vater Niccolo und seinem
Oheim Maffeio in den Jahren 1271–1295 unternommen hatte.
Dieses Buch eröffnete die moderne Entdeckungsgeschichte
Asiens. — Marco Polo, den seine Landsleute wegen des sagenhaften Reichtums seines Hauses und weil man ihm nachsagte, er mache seine Reise-
erzählungen interessanter, indem er an allen Angaben über Reichtum und Größe
der fremden Länder ein paar Nullen anhänge, Messer Millione nannte, hat zum
erstenmal bewußt und kritisch die Völker und Reiche des Fernen Ostens bereist.
Die Reise führte zum Tataren-Chan Kublai, der die Venezianer um Vermittlung beim
Papste bat und von ihnen die Zusendung christlicher Missionare erbat. Der junge
Marco wurde Kublais Günstling und durchzog in kaiserlichen Diensten als Präfekt
und Admiral alle Provinzen Chinas, das in jener Zeit von den Mongolen unterworfen war. Was er an Wunderbarem und Merkwürdigem in Peking, längs der
Großen Mauer und in den südlichen Städten sah, was ihm auf abenteuerlicher Heimreise — nach 24jähriger Abwesenheit — in Indochina, Sumatra, Ceylon und im Vorderen Orient begegnete, war so phantastisch und großartig, daß Europa den Bericht
zunächst nicht zu glauben vermochte. Das Buch wurde zur Lieblingslektüre des
Entdeckungszeitalters.

24. XII. 1837 — 5. VI. 1887 HANS VON MAREES

In der Mitte des 19. Jahrhunderts wuchs in Hans von Marées,
dem Sproß einer norddeutschen Adelsfamilie, der im Rheinland aufwuchs und in Berlin und München seine Ausbildung
erhielt, eine Persönlichkeit von eigenem Stilwillen empor. Unabhängig von den Kunstströmungen der Zeit, erstrebte er die
Darstellung eines idealen Lebens, das er sowohl im Bildnis als
auch in der mythisch-allegorischen Komposition aus den Zufälligkeiten der äußeren Erscheinung ins Wesentliche zu heben
trachtete. Hans von Marées Werk ist in mehr als einer Hinsicht
Torso geblieben, weil er in faustischer Eigenkritik keinem seiner Bilder den vollendeten Ausdruck seiner inneren Vorstellung
zuerkannte und ihnen durch unermüdliche Überarbeitung die
gedämpften Töne und andeutungshaften Formen des Unbestimmbaren und Geheimnisvollen gab. Das trifft sowohl auf seine Darstellungen des antiken Mythus („Die
Rast der Diana", „Die Entführung des Ganymed", „Das Urteil des Paris"), als auch
auf die Gestalten der christlichen Legende (St. Martin, St. Georg und St. Hubertus)
zu. Der dem Künstler im Jahre 1872 erteilte Auftrag, die Wände der Bibliothek in
der deutschen Zoologischen Station zu Neapel mit Fresken auszumalen, beschwingte
ihn zu großartig frischen und reifen Bildern, wie „Frauen im Baumgarten", „Mann,
Greis und Kinder beim Pflücken der Früchte" und „Ausfahrt der Fischerboote". Die
letzten vierzehn Jahre seines Lebens verbrachte Hans von Marées in Rom, bis zu
seinem Tod immer wieder bemüht, in den verschiedensten Kompositionen männ-
licher und weiblicher Akte Urbilder des reinen, idealen menschlichen Daseins zu
schaffen. Der Maler hat zusammen mit Lenbach im Auftrag des Grafen Schack
auch bedeutende Kopien von Meisterwerken abendländischer Malerei hergestellt.

MARK TWAIN 30. XI. 1835 — 21. IV. 1910

Die kleine anspruchslose Geschichte von dem springenden Frosch, der bei einem Wettlauf gewinnt, weil ihn sein Besitzer vorher mit Schrotkörnern gefüttert hatte, begründete den schriftstellerischen Ruhm des Amerikaners Samuel Clemens. Die Story war nicht einmal neu; überall an den Lagerfeuern der Goldgräber Kaliforniens wurde sie erzählt, aber die Komik, mit der Clemens sie für eine der kleinen Wild-West-Zeitungen niederschrieb, war so überzeugend und zwerchfellerschütternd, daß ganz Amerika an ihr das Lachen lernte. Der „Jumping Frog" machte die Runde durch die Zeitungen der Union. Überall erhob sich die Frage nach dem Autor, der mit so geringen und unscheinbaren Mitteln eine so große Wirkung erzielte. — Wer stand hinter dem Pseudonym „Mark Twain"? Samuel Clemens war an den Ufern des Mississippi groß geworden. Er ging bei einem der alten erfahrenen Flußkapitäne der zweistöckigen Raddampfer in die Lehre und stand selbst bald am Steuerruder als kühner und wagemutiger Schiffslotse. Der Ausbruch des Bürgerkrieges legte die gesamte Schiffahrt lahm; Clemens verlor seine Stellung. Mit Goldgräbern ging er nach Kalifornien, ohne den erhofften Reichtum zu finden. Als Reporter für kleine Gelegenheitsberichte schlug er sich unter großen Entbehrungen durch, bis mit dem „Springenden Frosch" der unerwartete Erfolg kam. Nach einer Europareise als Zeitungsberichterstatter folgten in pausenloser Reihe die Bücher, die Mark Twain in allen Kulturländern der Erde bekannt gemacht haben: „Tom Sawyer". „Huckleberry Finn", „Der gestohlene weiße Elefant", seine Skizzensammlungen und humorvollen Erzählungen. Mit ihnen begann die neue, realistische Periode der amerikanischen Literatur, die das Leben so malte, wie es in Wirklichkeit war.

HERZOG VON MARLBOROUGH 1650 — 16. VI. 1722

John Churchill, der spätere Herzog von Marlborough, ist ein direkter Vorfahre des „great old man" Winston Churchill. Als Offizier zeichnete er sich bei der Niederwerfung eines Aufstandes gegen den Stuartkönig Jakob II. aus. Kaum war Wilhelm III. von Oranien 1688 in England gelandet, wechselte der neuernannte General die Fahne und sorgte durch seine Verbindungen dafür, daß das englische Heer ebenfalls zum Gegner überlief. Der neue König belohnte die entscheidende Tat königlich, er erhob Churchill zum Grafen von Marlborough, machte ihn zum Mitglied des Geheimen Rates und zum Kammerherrn am Londoner Hof. Da John Churchill sich jedoch bei der Verteilung weiterer Ämter übergangen fühlte, knüpfte er geheime Unterhandlungen mit Jakob an. Der Verrat wurde entdeckt, und der neuernannte Graf ging aller seiner Ämter und Würden verlustig. Bei Ausbruch des Spanischen Erbfolgekrieges stellte er seine Dienste von neuem zur Verfügung, wurde in Gnaden aufgenommen und sofort zum Befehlshaber der britischen Truppen ernannt. Innerhalb kurzer Zeit wurden die Franzosen aus den Niederlanden vertrieben. Der König erhob ihn zum Herzog von Marlborough. Als im Jahre 1702 Königin Anna den Thron bestieg, wählte sie den erfolgreichen Feldherrn zu ihrem Ratgeber. John Churchill wurde der einflußreichste Mann des englischen Reiches, unterstützt von seiner klugen und energischen Gemahlin Sarah Jennings, der ersten Hofdame der Königin. Trotzdem begann seine Stellung am Hofe zu wanken; seine Frau wurde in Intrigen verwickelt und des Hofes verwiesen, er selbst wurde, der Unterschlagung öffentlicher Gelder beschuldigt, in ihren Sturz verwickelt. Verbittert zog er sich zurück, wurde aber nach dem Regierungsantritt Georgs I. wieder in seine Ämter eingesetzt

6. II. 1564 — 30. V. 1593   CHRISTOPHER MARLOWE

Unter den Dramatikern der englischen Renaissance war Christopher Marlowe der bedeutendste Vorgänger Shakespeares. Von den Ereignissen seines Lebens wissen wir wenig. Er war der Sohn eines Schuhmachers aus Canterbury und studierte in Cambridge. Wie viele Menschen dieses Jahrhunderts war er eine unbändige Natur. Er bekannte sich laut und lästernd zum Atheismus. Marlowe führte ein ausschweifendes Leben und wurde bei einer Rauferei erstochen. — Das bekannteste seiner sechs in kraftvollen Blankversen geschriebenen Dramen ist „Die tragische Geschichte von Doktor Faustus", zu der Marlowe durch die englische Übersetzung des Volksbuches angeregt wurde; sie erreichte in einzelnen genialen Szenen eine bis dahin unerhörte Wirkung, vor allem in der Schlußszene, in der Faust, von Mephisto ins Verderben geführt, erschauernd am Firmament das Blut Christi strömen sieht, von dem ein einziger Tropfen ihn retten könnte. Goethes Faust-Vorstellung ist deutlich von Marlowe beeinflußt. Geschlossener und eindrucksvoller erschien den Zeitgenossen wie den späteren Betrachtern Marlowes erstes Drama, „Tamerlan der Große", das ähnlich wie der „Jude von Malta" das tragische Schicksal eines maßlosen und verblendeten Gewalttäters darstellt. Die Verwandtschaft Marlowes mit Shakespeare offenbart sich in zwei historischen Dramen, „Bluthochzeit" (Bartholomäusnacht) und „Eduard der Zweite", in dem das schauerliche Ende dieses Schattenkönigs, den die Rebellen unter einer Tischplatte zu Tode stampften, mit drastischer Wucht geschildert wird. Marlowe hat außerdem neben einer Übersetzung von Ovids Elegien ein Drama über die „Königin Dido von Karthago" und ein zartes Liebesepos „Hero und Leander" verfaßt.

31. XII. 1888 - 16. X. 1959   G. C. MARSHALL

Kennzeichnend für die Persönlichkeit des amerikanischen Generals und Staatsmannes George Catlett Marshall ist es, daß man wenig von ihm selbst weiß, obwohl sein Name durch den Marshall-Plan im Munde der ganzen Welt war. Er ist immer hinter seinem Werk zurückgetreten. Marshall wurde geboren in Uniontown (Pennsylvania). Schon früh entschied er sich für die militärische Laufbahn und fiel in den Offiziersschulen besonders durch militärwissenschaftliche Leistungen auf. Im Ersten Weltkrieg nahm er im Stab des Generals Pershing an den Kämpfen in Frankreich teil. Eine gute politische Schule war sein dreijähriger Dienst als Instruktionsoffizier in China (1924—1927). Seine diplomatische Tätigkeit, die 1939 mit der Berufung zum Militärattaché in Rio de Janeiro begann, führte ihn nach dem Zweiten Weltkrieg, der ihn als Armeegeneral an der Front sah, 1945 als Sonderbeauftragten erneut nach China. Im Januar 1947 von Präsident Truman zum Staatssekretär für auswärtige Angelegenheiten berufen, hatte er die schwierige Aufgabe, aus den Fehlschlägen der Außenministerkonferenzen von Moskau und London (April und September 1947) die Konsequenzen der amerikanischen Politik gegenüber der Sowjetunion zu ziehen und die Einheit des Westens zu festigen. Ihr diente das großzügige Hilfsprogramm für den wirtschaftlichen Wiederaufbau in Westeuropa, das als „Marshall-Plan" in die Geschichte eingegangen ist. Im Jahre 1951 zog sich Marshall nach einjähriger Leitung des Verteidigungsministeriums aus der Politik zurück. Man rühmt George C. Marshall nach, daß es immer sein Prinzip gewesen sei, sich Zeit zum Nachdenken zu nehmen und sich niemals durch Einzelheiten den Blick aufs Ganze trüben zu lassen.

MARTIN VON TOURS 316 — 8. XI. 397

Es ist eines der schönsten Bilder erbarmender Menschenliebe, wie sich der heilige Martin, ein Reiter in blitzendem Panzer, vom Pferd beugt und mit einem frierenden Bettler den Mantel teilt. Nach der frommen Legende hat sich der Vorgang am Stadttor Amiens zugetragen. Der mildherzige römische Offizier war der spätere Bischof von Tours, dessen Gedächtnis beide christlichen Kirchen am traditionellen Martinstag, dem 10. November, begehen. Als Sohn eines Tribuns in Sabaria, dem nachmaligen Steinamanger in Ungarn, geboren, hat Martin als der erste große Mönchsvater des Abendlandes und erfolgreichste Apostel Galliens seinen Namen in die Weltgeschichte geschrieben. 15jährig nach dem Willen des Vaters Soldat, mit 18 Jahren getauft und nach dem Abschied aus dem Heeresdienst in Trier durch Hilarius von Poitiers zum Exorzisten geweiht, ging der junge Priester nach Mailand und bezog später eine Einsiedlerklause auf der Insel Gallinaria, der heutigen Isola d'Albenga bei Genua. Um 360 berief ihn Hilarius wieder nach Poitiers. Unweit davon erstand Martins Zelle Ligugé, bald das erste bedeutende Gemeinschaftskloster der abendländischen Welt. Von Klerus und Volk 371 zum Bischof von Tours erwählt, behielt Martin seinen Mönchswandel bei und bewohnte das nahe der Stadt an der Loire von ihm errichtete Kloster Marmoutier, in der Folge ein ausstrahlendes Zentrum kulturellen Schaffens und eine treffliche Schule von Trägern eines mannhaften Apostolats. Mit unermüdlicher Arbeitskraft bemühte sich gleichzeitig der nach der Überlieferung durch zahlreiche Wunder ausgezeichnete Heilige um eine beispielgebende Missionierung des auf dem Lande noch fortlebenden Heidentums und eine Abwehr des vordringenden Arianismus. Sein Einfluß erstreckte sich bis an den kaiserlichen Hof in Trier.

KARL MARX 5. V. 1818 — 14. III. 1883

Den am 5. Mai 1818 geborenen Trierer Advokatensohn Karl Marx aus begütertem jüdischen Hause hat die Heimatlosigkeit mehrmals getroffen. Nach Studien in Bonn und Berlin trat der junge Publizist in die als liberales Organ 1842 in Köln gegründete „Rheinische Zeitung" ein. Den Umschwung vom maßvoll liberalen Doktor der Philosophie zum Inspirator der materialistischen Geschichtstheorie leitete ein Verbot des Blattes ein. Es wurde erlassen, weil Karl Marx einen heftigen Artikel gegen ein angeblich vom König geplantes neues Ehescheidungsgesetz geschrieben hatte, welches „das Christentum wieder unmittelbar in den Staat einführen" wolle. Erbittert emigrierte Marx nach Paris und predigte hier in einer neuen Zeitschrift eine „intellektuelle Allianz zwischen Deutschen und Franzosen". In dieser Zeit wuchs sein Haß gegen die „Reichen und Mächtigen" und führte ihn schließlich auf die Bahn des Kommunismus. Nach der Auffassung von Marx mußte der von ihm für notwendig gehaltene Kampf zwischen Arm und Reich, Herrschenden und Bedrückten vom Proletariat als kämpfender Truppe auf der Philosophie als geistigen Generalstab geführt werden. Der dem Revolutionsjahr folgende Lebensabschnitt von Marx brachte Ausweisungen aus Frankreich und Deutschland. Die letzte Wegstation des Heimatlosen wurde London. Seit 1849 in enger Korrespondenz mit den radikalen Kräften aller Länder, wirtschaftlich gestützt durch seine Mitarbeit an amerikanischen Blättern, gelang Marx als äußere Krönung seines Werkes von der Themsestadt aus die Gründung einer „Internationalen Arbeiter-Assoziation", die er von 1866 bis 1872 selbst leitete. Betreut von seinem Freunde Friedrich Engels, ist Karl Marx am 14. März 1883 an einem Lungenabszeß schmerzlos entschlafen.

21. XII. 1401 — um 1428   **TOMMASO MASACCIO**

Wie bei vielen Malern, Bildhauern und Baumeistern des Mittelalters weiß man auch über das Leben Tommaso Masaccios, der eigentlich Tommaso di Giovanni di Simone Guidi hieß, nur wenige Einzelheiten. Nach Mitteilung seines Bruders Giovanni ist er am 21. Dezember 1401 in Castel San Valdarno in der Toskana als Sohn eines Gastwirts geboren worden. Wir wissen, daß er 1424/27 mit ehrenvollen Aufträgen in Carmine beschäftigt war und daß er von dem kunstsinnigen Papst Martin V. 1428 nach Rom gerufen wurde. Schon kurze Zeit nach seiner Ankunft in der Ewigen Stadt ist Masaccio angeblich ermordet worden; vermutlich aber 1428 der in Rom herrschenden Pest zum Opfer gefallen. Sein Werk hat ihm Unsterblichkeit verliehen. Angeregt von Brunellesci und Donatelli, vereint Masaccio in seinen Gemälden das Andachtsbild der Vergangenheit mit dem weltlichen Szenenbild der Zukunft. Themen und Figuren sind im Unterschied zur weichen Formkraft Raffaels von einem männlichen Genie geschaffen. Das unmittelbar Moderne an dieser Kunst ist nicht zuletzt, daß sie den Raum mit Hilfe der Figur erschließt. Zum ersten Mal in der Geschichte der italienischen Malerei sind die dargestellten Menschen gleichsam lebendige Zeugen des wirklichkeitsnahen Daseins, das seelisch erfüllt ist. Masaccio ist damit zum Lehrer und Begründer der Malerei der toskanischen Frührenaissance geworden. Charakteristisch für die künstlerische Auffassung Masaccios sind seine berühmte Darstellung der Himmelfahrt inmitten von Engelchören, die Petrus-Fresken in der Brancacci-Kapelle von San Maria del Carmine, Florenz, die Apostelgruppe mit Christus und vor allem „Die Vertreibung aus dem Paradies" Ein Selbstbildnis zeigt einen gemeißelten Kopf mit scharfgeschnittener Nase, kräftig ausladenden Backenknochen und feinen Lippen.

7. XII. 1863 — 2. VIII. 1945   **PIETRO MASCAGNI**

Die italienischen Musiker der Jahrhundertwende waren entschlossen, sich von dem überwältigenden Druck der beiden Großen der Musik, Wagner und Verdi, zu befreien und einen eigenen Stil zu finden. In der geistigen Leere der Zeit blieb den jungen Rebellen nur die Wahl zwischen den beiden führenden literarischen Strömungen, dem Verismus und dem Naturalismus. Die Entscheidung fiel für den Verismus, für die Darstellung des wahren Lebens auf der Opernbühne, als Protest gegen das mystische Musikdrama Richard Wagners. Außer Ruggiero Leoncavallo, Giacomo Puccini und Eugen d'Albert war es vor allem Pietro Mascagni, der einer neuen Klassik aus italienischer Überlieferung zustrebte. In seiner „Cavalleria rusticana", die 1890 in Rom uraufgeführt wurde, ist diese Richtung vielleicht am unmittelbarsten ausgeprägt. An den Bühnen hat es sich eingebürgert, „Cavalleria rusticana" und den „Bajazzo" Leoncavallos zu einem programmfüllenden Abend zu vereinen. Die beiden Opern sind die Hauptwerke des musikalischen Verismus. Während Leoncavallo die Musik ins Geistige hochsteigert, ist Mascagni der Verkünder elementarer Leidenschaften, die er mit dramatischer Kraft und mit feurigem Temperament in Musik setzt. Mascagnis einziger bleibender Welterfolg war die „Cavalleria rusticana", eine Oper, die auch heute noch ihre Zugkraft behalten hat. Die folgenden Werke bringen immer wieder Themen aus der Welt der Zigeuner und Schmuggler. Ihre Musik ist wenig originell und erreicht längst nicht die Höhe der „Cavalleria rusticana". — Mascagni begann seine Laufbahn als musikalischer Leiter einer kleinen Operettenbühne, später übernahm er die Dirigentenstelle einer Musikschule bei Neapel. In Rom leitete er das nationale Musikinstitut und dirigierte das Orchester des Theatro Constanzi.

HENRI MATISSE 31. XII. 1869 — 3. XI. 1954

Erst 1893, im Alter von 24 Jahren, erkannte Henri Matisse unter dem Eindruck einer Ausstellung islamischer Kunst in Paris seine Berufung zum Maler, nachdem er das juristische Studium abgeschlossen hatte. Er besuchte fünf Jahre lang die École des beaux arts in Paris, wo er in der Klasse des Symbolisten Gustave Moreau gemeinsam mit Georges Rouault die entscheidenden Anregungen für seine spätere Entwicklung erhielt. Um die Jahrhundertwende löste sich Matisse äußerlich vom Symbolismus und rang sich in den folgenden Jahren zu einem ganz persönlichen Stil durch, in den er nur sehr bestimmte, allgemeingültige Elemente des Expressionismus übernahm. Kennzeichnend für seine Kunst wurden und blieben die vereinfachende, dekorative Form und die reinen, intensiven, unvermittelt und kontrastreich gegeneinander gesetzten Farben. Auch in seinem vielseitigen graphischen und illustrativen Schaffen verbindet Matisse sicheren zeichnerischen Strich mit reichgetönter Malerei in Schwarzweiß. Die Anmut seiner Malweise, durch die traditionelle Werte der französischen Kunst in moderne Form gegossen werden, und seine ansprechenden, durch Aufenthalte in Marokko und der Südsee bereicherten Motive (Landschaften, Stilleben, Porträts) ließen sein Werk geradezu volkstümlichen Anklang finden. Von bezaubernder, keuscher Anmut sind seine weiblichen Akte. Ein Kreis von Malern, der sich „Fauves" nannte — man kann das französische Wort am besten mit „Wilde" übersetzen — scharte sich um ihn; zahlreich sind seine Schüler. Lange Zeit übte Henri Matisse durch seine dekorativen Stoffentwürfe auch einen bestimmenden Einfluß auf die Mode aus. Die letzte Lebenszeit verbrachte der unermüdlich schaffende Künstler in völliger geistiger Frische in einem Landhaus bei Paris.

GUY DE MAUPASSANT 5. VIII. 1850 — 7. VII. 1893

Der besondere Reiz der Romane und der vielgelesenen kleinen Erzählungen Guy de Maupassants liegt darin, daß seine nüchterne Darstellung der Lebenswirklichkeit überhaucht ist von impressionistischer Zartheit und Beseeltheit und daß er die Menschen, die er in ihren unseligen Verstrickungen, ihren für sie entscheidenden Katastrophen schildert, nicht nur bemitleidet, sondern ihren Lebensweg mit liebevollem Interesse begleitet. Unübertrefflich ist die Eleganz seiner erzählerischen Form, die selbst den für die Journale geschriebenen, analysierenden und oft zynischen Kurzgeschichten eine vornehme Haltung gibt. Maupassant, in einem Schloß bei Rouen geboren, kannte die Verhältnisse auf dem Lande ebenso gut wie die Atmosphäre von Paris, wo er nach seiner Teilnahme an dem Krieg 1870/71 als Ministerialbeamter und Journalist lebte. In seinen normannischen Bauerngeschichten ist der Zauber der Landschaft aufs innigste verwoben mit der psychologisch scharfen Beobachtung des Verhaltens der Menschen. Seine Zeichnung des Lokalkolorits im Pariser Alltagsleben („Das Haus Tellier" u. a.) läßt sich nur vergleichen mit der malerischen Kunst Toulouse-Lautrecs, Renoirs und des späten Manet. Maupassant, der in seinen Romanen „Peter und Hans", „Ein Leben" und „Bel ami" markante Zeittypen darstellte und bedenkliche Zeitideale kritisierte, war einer der meistgelesenen Schriftsteller der achtziger Jahre. Allein sein Novellenwerk, das bis heute als Höchstleistung der französischen Novellistik gilt, umfaßt rund 260 Erzählungen. In seinen letzten Lebensjahren verfiel Maupassant der Kokain- und Haschischsucht, deren Wirkungen er in der Novelle „Horla" mit beklemmender Meisterschaft schilderte. Er starb in einem Pariser Irrenhaus. Die Grabrede hielt Zola, der Maupassants Bedeutung als einer der ersten erkannte.

11. X. 1885 - 1. IX. 1970   FRANÇOIS MAURIAC

Selbst gute Kenner der französischen Literatur waren nicht wenig verwundert, als François Mauriac 1952 mit dem Nobelpreis für Literatur ausgezeichnet wurde. Seine veröffentlichten Schriften hatten bis dahin noch nicht im Blickpunkt der Welt gestanden. Mauriac, eine der interessantesten Persönlichkeiten in der neuen katholischen Literatur Frankreichs, hat ein Werk von strenger, einseitiger Größe geschaffen. Seine Heimat ist die südwestfranzösische Landschaft der „Landes". Das sippenstolze, morallose, geldgierige, heuchlerische Kleinbürgertum der Weingutsbesitzer liefert ihm fast ausschließlich die Gestalten und die Stoffe für seine Romane und Dramen. Abscheu vor dem Treiben der Welt, entschiedene, fast puritanisch anmutende Ablehnung, ja, Verdammung jeglicher Sinnenfreude, spricht aus Romanen wie „Die Einöde der Liebe", „Die schwarzen Engel", „Die Pharisäerin", „In diesen Kreisen" oder „Fleisch und Blut". Sie schildern eindringlich die trüben, lockenden und verderbenden Sümpfe der menschlichen Gesellschaft. Auch in den Dramen, die über Frankreich nicht hinausgedrungen sind, aber zum festen Programm der „Comédie Française" gehören, schimmert kaum ein Abglanz vom Licht erlösenden Glaubens. Der Glaube hat nach Mauriacs Vorstellung mit dem Irdischen so gut wie nichts gemein. Diese Auffassung erläutern in pointierter Weise seine Bekenntnisschriften „Der Stein des Anstoßes" und „Leid und Glück des Christen". Mauriac erfreut sich in Frankreich auch als Publizist hohen Ansehens. Seine Leitartikel, die alle paar Tage im „Figaro" erscheinen, zeichnen sich durch eine ebenso besonnene wie scharfblickende Beurteilung französischer Lebensfragen aus. 1947 verlieh ihm die Universität Cambridge den Ehrendoktorhut.

22. III. 1459 — 12. I. 1519   MAXIMILIAN I.

Im Sommer 1477 heiratete die Prinzessin Maria von Burgund, die damals als die reichste Erbin der Christenheit galt, den unbegüterten Habsburger Prinzen Maximilian. Der Sohn des regierenden deutschen Kaisers Friedrich III. übernahm seine neue Herrschaft mit leidenschaftlicher Hingabe und reinster Freude. Von dem jungen Erzherzog ging ein Glanz und eine Jugendfrische aus, die alle Welt bezauberte. Er selbst genoß in vollen Zügen die Herrlichkeiten dieses reichen Hofes. In vertrauten Briefen rühmte er mit naiver Freude die Vorzüge seiner neuen Stellung, die es ihm erlaubte, „für seinen Jagdstaat zu kaufen was er wolle und unter 300 Falken die 20 besten auszusuchen Hätten wir hier Frieden, wir säßen im Rosengarten".
Voller Freude am ritterlichen Abenteuer stürzte sich der junge Fürst in Kämpfe mit den Nachbarn, oft ohne politische Überlegung und ohne klares politisches Ziel. Der Tod seines Vaters berief ihn im August 1493 auf den deutschen Königsthron. Unter Maximilian begann die Auseinandersetzung zwischen dem Haus Habsburg und dem Haus Valois, die ein Menschenalter lang die Geschichte Europas bestimmte. Maximilian konnte durch die teilweise glücklichen Erfolge seiner kriegerischen Unternehmungen und eine geschickte Heiratspolitik seinem Haus das Übergewicht sichern. Er festigte die burgundische Erbschaft, gewann die österreichischen Lande zurück und verheiratete seinen Sohn mit der spanischen Erbin. Mit einer weiteren Doppelheirat bereitete er die spätere Wiedervereinigung der habsburgischen Erblande mit Ungarn und Böhmen vor. Vor der Geschichte kann Maximilian trotz aller Erfolge nur als ein vom Glück begünstigter österreichischer Landes- und Hausherr bestehen. Als Kaiser und König war er zeitlebens ein liebenswerter Phantast, dessen Pläne und Entwürfe Fragmente blieben.

MAXIMILIAN VON MEXIKO 6. VII. 1832 — 19. VI. 1867

Es war das tragische Schicksal Maximilian Ferdinand Josephs, des Erzherzogs von Österreich, als der zweite Sohn seines Vaters geboren zu sein und im Schatten des kaiserlichen Bruders Franz Joseph zu stehen, dessen Eifersucht ihm die Rolle des untätigen, seine Apanage verzehrenden Prinzen nicht leichter machte. Schloß Miramar bei Triest war sein paradiesischer Wohnsitz, Charlotte, die Tochter König Leopolds I. von Belgien, seine bezaubernde Gattin — aber der hochfliegende Ehrgeiz des Habsburgers erwartete mehr vom Leben. Nach kurzer Bedenkzeit war er für das politische Hasardeurspiel bereit, das mexikanische Glücksritter ihm vorschlugen: Kaiser eines Landes zu werden, das er nie gesehen und das man ihm völlig falsch geschildert hatte. Kaiser Napoleon III. von Frankreich machte ihn gewissenlos zu seiner Marionette. Als Maximilian mit seiner Gemahlin im Jahre 1864 das Land betrat, das er regieren sollte und das zu Dreivierteln in Händen des indianischen Präsidenten Juarez war, trugen ihn nur die französischen Bajonette unter dem Kommando Bazaines nach Mexiko-Stadt. Und nur der Bürgerkrieg in Nordamerika erlaubte überhaupt das letzte Abenteuer europäischer Machtpolitik auf dem westlichen Kontinent. Vergeblich waren aller gute Wille, alle Mühsal, alle Opfer des Kaiserpaares — das fremde Land war gegen sie. Napoleon zog seine Truppen zurück und suchte seine Haut aus dem Abenteuer zu retten; umsonst flehte Kaiserin Charlotte an allen europäischen Höfen um Hilfe. Der Rest war heroischer Untergang. Getreu ritterlicher Tradition, harrte der Kaiser inmitten seiner mexikanischen Anhänger aus, wurde bei der Stadt Queretaro im Mai 1867 gefangen und nach kurzem Prozeß erschossen. Seine Gemahlin verfiel in Wahnsinn.

JAMES MAXWELL 13. VI. 1831 — 5. XI.1879

Der große englische Physiker war ein geistiges Phänomen, von dem in einem Jahrhundert nur wenige geboren werden. James Maxwell erhielt bereits im Alter von 13 Jahren die Erlaubnis, die Universität seiner Heimatstadt besuchen zu dürfen. Nach zweijährigem Studium beendete er eine physikalisch-mathematische Arbeit, deren Inhalt so bedeutsam war, daß einer seiner Professoren das Manuskript des jungen Wissenschaftlers der berühmten Royal Society in London einreichte. Im Jahre 1856 übernahm Maxwell seine erste Professur in Aberdeen, ging später nach London und schließlich nach Cambridge, wo er bis zu seinem Tode den Lehrstuhl für Physik innehatte. Maxwell war einer der größten theoretischen Physiker aller Zeiten, er hat mit seinen Arbeiten eine neue Epoche der abendländischen Physik begründet. Wir verdanken ihm entscheidend wichtige Beiträge zur Theorie der Gase und der Wärme sowie die Entdeckung wichtiger Gesetze der Optik. Vor allem aber gebührt Maxwell das Verdienst, als erster eine mathematische Formulierung der elektrischen, magnetischen und optischen Erscheinungen gegeben und sie als eine Einheit erkannt zu haben. Seine elektromagnetische Lichttheorie schuf die Voraussetzungen für alle späteren Erkenntnisse, die Maxwells Annahmen voll bestätigten. Die von ihm vorausgesagten elektromagnetischen Wellen hat Heinrich Hertz neun Jahre nach dem Tode des englischen Physikers im Experiment nachgewiesen. Planck hat einmal über die Maxwellschen Gleichungen die ehrfurchtsvollen Worte gesagt: „Sie gestatten es, wie von einem erhabenen Standpunkt die Einheit der Natur zu überblicken. Diese Gleichungen sind mindestens ein Bruchstück jener großen Weltformel, die das ferne Ziel für das Vorwärtsstreben der Naturwissenschaft bildet."

9. II. 1846 — 29. XII. 1929   **WILHELM MAYBACH**

Als den „König der Konstrukteure" bezeichneten die Franzosen Wilhelm Maybach, den engsten Mitarbeiter Gottlieb Daimlers. In der Stille des Konstruktionsbüros half er mit, dem Kraftwagen den Weg als Gebrauchsfahrzeug zu ebnen. Daimler wollte ursprünglich nur Motoren bauen, die für jeden Wagen paßten, etwa wie die Hilfsmotoren, die heute für jedes stabile Fahrrad verwendet werden können. Genau so wie sich hier die Spezialkonstruktion des „Mopeds" durchsetzte, gelang es der Zähigkeit Maybachs, den Motor mit dem Wagengestell zu einer Fahrzeugeinheit zu verbinden. Während Daimler vor allem an den rentablen Verkauf seiner schnellaufenden Motoren dachte, bemühte sich Maybach mehr um die Verbesserung der Konstruktionen. Von ihm stammt das Verfahren zum Mischen des Brennstoffes mit der angesaugten Luft, das zur Grundlage der Spritzvergaser mit Schwimmerregelung wurde. Als er 1895 erster Direktor der Daimler-Motoren-Gesellschaft geworden war, konnte er viele seiner fortschrittlichen Konstruktionen im Großen verwirklichen. Schon 1896 erregte der „Phönix-Wagen" mit dem vorn liegenden Motor nebst Kupplung und Wechselgetriebe großes Aufsehen. Die Motorenleistungen wurden ständig erhöht. Bald entstanden Motoren mit mehreren Zylindern, die Wagen erhielten größere Achsabstände und Luftbereifung, und wenn damals schon Daimler-Wagen viele Rennsiege erzielten, so war das vor allem Maybachs Verdienst, der immer wieder Neues erfand. Von 1908 an baute er für den Grafen Zeppelin Luftschiffmotoren, eine Aufgabe, die später sein Sohn Karl übernahm. Die Leistungen Wilhelm Maybachs wurden durch viele Ehrungen anerkannt. Für immer wird sein Name mit der Entwicklung des Kraftwagens eng verbunden bleiben.

25. XI. 1814 — 20. III. 1878   **ROBERT MAYER**

Der menschliche Geist macht bisweilen seltsame Sprünge — so wurde eines der wichtigsten physikalischen Gesetze fast zufällig von einem Arzt entdeckt. Im Jahre 1840 fuhr der damals 26jährige Dr. Robert Mayer aus Heilbronn als Schiffsarzt nach Indien und ließ unterwegs einige Patienten zur Ader. Dabei stellte er fest, daß aus den Venen strömendes Blut im heißen Klima heller als im gemäßigten Klima gefärbt ist. Er suchte diese merkwürdige Beobachtung zu deuten und kam auf die Idee, die veränderte Wärmeökonomie des Organismus als Ursache jener Veränderung der Blutfärbung ins Auge zu fassen. Seine Vermutung bestätigte sich, und nun prüfte Robert Mayer die neue Theorie so lange und so genau durch, bis ihm die endgültige Lösung des Problems klargeworden war. Er hatte das Prinzip von der Erhaltung der Energie gefunden und veröffentliche die Ergebnisse seiner Forschung in einer bekannten Fachzeitschrift. Aber die Physiker und Chemiker wollten von einem Nichtfachmann keine Belehrung entgegennehmen und lehnten das neue Energieprinzip zunächst ab. Wohl fand Mayer als Arzt Anerkennung, er wurde zum Stadtarzt von Heilbronn ernannt; in seinen Mußestunden schrieb er jedoch immer neue Berichte über seine Entdeckung, an deren Bedeutung er niemals zweifelte. Der Kampf mit seinen Gegnern zermürbte ihn so, daß er schließlich für einige Zeit in einer Anstalt für Nervenkrankheiten Heilung suchen mußte. Kaum zwei Jahren wurde er als geheilt entlassen, arbeitete weiter und konnte sich schließlich durchsetzen. Seine Entdeckung wurde allgemein anerkannt, und Mayer erlebte 1869, neun Jahre vor seinem Tode, den großen Triumph, auf einer Versammlung der Gesellschaft Deutscher Naturforscher die neue Lehre als gefeierte Größe der Wissenschaft vortragen zu dürfen.

KARDINAL MAZARIN 14. VII. 1602 — 9. III. 1661

Am 7. März 1661 ließ sich Frankreichs „großer, alter Mann", der seit 1643 als Richelieus Nachfolger die Politik des Landes bestimmte, Haare und Bart kräuseln und parfümieren und erwartete, in seine prachtvollen Staatsgewänder gehüllt, den Tod. In der Nacht vom 8. auf den 9. März, gegen zwei Uhr morgens, während in allen Kirchen Frankreichs für ihn wie für einen König gebetet wurde, starb er. Kardinal Jules Mazarin — der kein Priester war — hinterließ unschätzbare Werte an Liegenschaften, Schmuck, Kunstgegenständen und Hunderte von Millionen Pfund in Gold; aber es wäre ungerecht, ihn nur nach diesem Reichtum zu beurteilen — entscheidend waren seine Taten für Frankreich. Mazarin, einer der bedeutendsten Staatsmänner Europas, schlug die Adelspartei, die Fronde, die nach der Macht im Land strebte, nieder und sicherte durch die Pyrenäischen und Westfälischen Verträge die Grenzen Frankreichs, das er abgöttisch liebte, obwohl er Italiener war. Er wurde 1602 in Pescina in den Abruzzen geboren, und er wäre genauso ein überzeugter Deutscher oder Engländer geworden, wenn ihn das Geschick über den Rhein oder den Ärmelkanal geführt hätte. „Ich verstelle mich, ich mache Umwege, ich beschwichtige, ich gleiche aus, aber wenn mich die Notwendigkeit zwingt, werde ich zeigen, wozu ich fähig bin", sagte er von sich selbst, und bewies es mehr als einmal. Ihm war es zu danken, daß Frankreich inmitten der allgemeinen Kriegswirren zur reichsten und mächtigsten Nation Europas emporstieg. Seine größte Tat aber war es, daß er den jungen König Ludwig XIV. im Geist einer französisch-nationalen Politik erzog und damit seine eigenen Ideen in die Zukunft führte.

GIUSEPPE MAZZINI 22. VI. 1805 — 10. III. 1872

„Das einzige Ziel, das in der Zeitepoche, in welcher wir geboren wurden, wichtig ist, ist die Einigung Italiens", schrieb Giuseppe Mazzini an einen Freund. Diesem Ziel widmete er sein ganzes Leben. 1805 in Genua geboren, studierte er nach einer von Krankheit beschwerten Jugend Jura und wurde Advokat. Als Zwanzigjähriger trat er dem nationalrevolutionären Geheimbund „Carboniera" bei und wurde bald sein geistiger Leiter und Propagandist. Die reaktionäre Regierung verhaftete ihn wegen politischer Umtriebe und verwies ihn nach sechsmonatiger Haft des Landes. In Frankreich, seinem ersten Exil, gründete er den Bund „Junges Italien", mit dessen Hilfe er einen mißglückten Versuch unternahm, das Königreich Savoyen durch eine Volkserhebung in eine Republik umzuwandeln. Wieder wurde er ausgewiesen und von Exil zu Exil getrieben, da der entschlossene Antimonarchist in allen Ländern als gefährliches Subjekt betrachtet wurde. Während der Revolutionsjahre 1848/49 kehrte er heimlich nach Italien zurück, um zusammen mit dem italienischen Freiheitshelden Garibaldi die Festung Mailand gegen die Franzosen zu verteidigen. Da die Festung nicht gehalten werden konnte, mußte Mazzini nach England fliehen, das seine zweite Heimat wurde. Aber auch von hier aus kämpfte er unermüdlich für ein einiges, republikanisches Italien, indem er mehrere, freilich erfolglose Aufstände gegen das neuentstandene Königreich Italien entfachte. Mit der Forderung nach einem vereinigten, republikanischen Europa eilte er seiner Zeit weit voraus. Zwei Jahre vor seinem Tode trieb es ihn noch einmal nach Italien zurück, um einen Aufstand gegen das Königtum zu entfesseln. Auch dieser Versuch scheiterte. Als verfolgter Flüchtling starb Mazzini in der geliebten Heimat.

27. IX. 1389 — 1.VIII. 1464 COSIMO MEDICI

Das Geschlecht der Medici wächst im Laufe des 13. Jahrhunderts in Florenz zu hoher Bedeutung empor. Ungeheure Reichtümer sammeln sich in den Gewölben des Bankhauses, vermehrt durch die Erträgnisse der Handelsniederlassungen und Bankgeschäfte in aller Welt. Dieser Reichtum zwingt die Medici zu politischer Wirkung und Machtentfaltung. Im Gegensatz zu den anderen Patriziern der Stadt suchen sie ihre Bundesgenossen auf der Seite der kleinen Handwerker und Krämer. Das Gold ihrer Schatztruhen spielt bei der Gewinnung von Freunden keine geringe Rolle. Die Partei der Medici wird allmählich so stark, daß ihrem Haupt, Cosimo Medici dem Älteren, im Jahre 1421 die höchste Würde der Stadt, das Amt des Gonfaloniere, übertragen wird. Cosimo ist ein tatkräftiger Mann von zweiunddreißig Jahren, als ihm die Verantwortung für das Schicksal des einflußreichen Stadtstaates zuteil wird. Er kennt aus Erfahrung die Winkelzüge der Politik, die Intrigen, den Neid und Haß der Gegner. Das Haupt der feindlichen Partei ist das alte Adelsgeschlecht der Albizzi. Ihm gelingt es, die Medici aus dem Sattel zu heben, sie unter Anklage stellen und Cosimo zum Tode verurteilen zu lassen. Nur durch Bestechung öffnet sich der Weg in die Verbannung. Nach kaum einem Jahr sind die Albizzi gestürzt, und Cosimo wird vom Volk im Triumph in seine Vaterstadt zurückgeholt. Er beseitigt in kürzester Zeit die Mißwirtschaft im Staatshaushalt und hebt den Wohlstand der Stadt durch Förderung der Industrie und des Handels. Der Gonfaloniere ist der großzügige Mäzen der Humanisten und Künstler seiner Zeit. Im Jahre 1444 stiftet er die weltberühmte Laurenziana, die erste öffentliche Bibliothek Europas, und stattet sie mit den kostbarsten Werken aus. Florenz wird unter den Medici die bedeutendste Kunststadt der Welt.

1. I. 1449 — 8. IV. 1492 LORENZO MEDICI

Lorenzo Medici, der Enkel Cosimos des Alten, führte Florenz auf den Höhepunkt seiner Macht. Seine Regierungszeit als Stadtherr kennzeichnet die prächtigste Blüte städtischer Kultur, der Kunst und der Wissenschaften; sie war die große Zeit der schönen Arnostadt. Der Florentiner Goldgulden war das krisenfesteste Geld dieses Jahrhunderts, er wurde überall in Zahlung genommen und stand in hohem Kurs. Mit seinen Tuchwebereien und dem Wollhandel beherrschte Florenz die Märkte von Rom bis Brügge. Als Lorenzo zum Oberhaupt der Arnorepublik gewählt wurde, konnte er auf dem gesicherten Erbe seines Großvaters aufbauen; sein aufrechter Charakter, ein verbindliches Wesen, feine Bildung und ein scharfer Verstand befähigten ihn, das schwierige Amt zu verwalten. Er ging den bewährten Mittelweg der Medici-Politik: die Autorität zu wahren und dem Volk möglichst viele republikanische Freiheit zu lassen. Dabei wurde ihm seine Regierung nicht leicht gemacht. Lorenzo hatte den schwersten Anschlag gegen die Medici und Florenz, die Verschwörung der Pacci, zu bestehen. Sein Bruder Giuliano fiel dem Aufstand zum Opfer, und später verbündeten sich fast alle mittelitalienischen Staaten gegen Florenz. Die Lage war fast hoffnungslos, als Lorenzo den mutigen und genialen Entschluß faßte, durch Einsatz seiner Person den gefährlichsten Feind, den König von Neapel, aus der gegnerischen Front herauszubrechen. Er begab sich heimlich in das Lager des Gegners und kam mit einem Vertrag zurück, der Florenz die Rückgabe aller verlorenen Plätze sicherte. Dieser Erfolg trug Lorenzo den Ruhm ein, der geschickteste Politiker Europas zu sein. Lorenzo sammelte Dichter, Gelehrte und Künstler um sich. Das Volk nannte ihn „il Magnifico" — den Prächtigen.

301

PHILIPP MELANCHTHON 16. II. 1497 — 19. IV. 1560

Am 16. Februar 1497 wurde Philipp Schwarzerd, der später den Gelehrtennamen Melanchthon annahm, als Sohn eines kunstfertigen Waffenschmiedes in Bretten geboren. Bereits der 14jährige erwirbt in Heidelberg das Baccalaureat, 1514 ist er in Tübingen Magister. Am 25. August 1518 hält der junge Gelehrte in Wittenberg seine lateinische Antrittsrede als neu berufener Professor für griechische Sprache und Kultur. Augenfälliger und bekannter sind die Verdienste Melanchthons als evangelischer Theologe, als Freund und Kampfgefährte Martin Luthers. Seine bis in die Gegenwart nachwirkende Bedeutung ist nicht mit der Herausgabe der ersten protestantischen Dogmatik erschöpft. Er ist der klare, ordnende Geist, der die Augsburgische Konfession, die wichtigste Bekenntnisschrift der evangelischen Kirche vollständig neu bearbeitete und in neue Form goß, bevor sie Kaiser Karl V. übergeben wurde. Seine selbständigen Aus- und Umdeutungen Lutherscher Reformationsideen führten des öfteren Spannungen zwischen den beiden verwandten und befreundeten Geistern herauf. Nach dem Tod Luthers wurde Melanchthon von den konservativen Theologen, für die das Wort des Reformators Offenbarungscharakter hatte, leidenschaftlich angegriffen. Die „Theologen-Wut" hat Melanchthon das Leben verbittert. Wenn auch der Meinungsstreit darüber, ob Melanchthon Luthers Lehre verflacht und verschulmeistert habe, bis heute nicht verstummt ist, so ist doch nie ein Zweifel laut geworden über die Bedeutung Melanchthons als Lehrer Deutschlands. Er war der große Reformator des Unterrichts an Universitäten und höheren Schulen, der den hohen Wert der griechischen und römischen Klassiker als Bildungsgut für die Jugend erkannte.

HERMANN MELVILLE 1. VIII. 1819 — 28. IX. 1891

In den dreißiger Jahren des 19. Jahrhunderts träumte ein Banklehrling in Manhattan, dessen Blick von den Kontoauszügen immer wieder zum nahen Meer hin schweifte, von einem freien, abenteuerlichen Seefahrerleben. Der junge Hermann Melville war des Geschäftslebens, zu dem ihn seine verwitwete Mutter gezwungen hatte, überdrüssig. Mit siebzehn Jahren heuerte er als Schiffsjunge auf einem Segler an, der nach England fuhr, und in den folgenden Jahren überquerte er auf einem Walfänger den Pazific. In Mußestunden begann Melville seine Erlebnisse und Beobachtungen niederzuschreiben, und als sein erstes Buch „Typee", eine abenteuerliche Südseegeschichte, in Amerika und England Erfolg hatte, widmete er sich ein Jahrzehnt hindurch intensiver schriftstellerischer Tätigkeit. Seine weiteren Bücher aber, wie „Redburn" und „Weißjacken", sollten die Leser nicht nur unterhalten, sondern durch drastische Schilderung der Mißstände auf den Schiffen zu Protesten aufrütteln, zu Reformen anregen und den Seeleuten zu ihrem Menschenrecht verhelfen. In der Hoffnung, damit höchsten Ruhm zu erwerben, gab er schließlich den Roman „Moby Dick" heraus, ein Buch, das weit über alle erregende Abenteuerlichkeit hinaus ein sachlich hinreißendes und menschlich erschütterndes Epos vom Kampf des Menschen mit der See und dem Wal, von Schicksal, Rache, Schuld und Erlösung darstellt. Es wurde anfangs begeistert begrüßt als ein „Meisterwerk", ein „Buch mit dem Atem des Meeres", geriet aber schnell wieder in Vergessenheit. Hermann Melville war darüber so enttäuscht, daß er sich aus dem literarischen Leben zurückzog und vom vierzigsten Jahre an bis zu seinem Tode das einfache, unbeachtete Leben eines Zollbeamten führte. Erst 70 Jahre später wurde „Moby Dick" neu entdeckt und gilt seitdem als einer der großen Romane der Welt.

Um 1433 — 11. VIII. 1494　　　　　　　　HANS MEMLING

Man könnte darüber streiten, ob Meister Hans Memling der deutschen oder der niederländischen Renaissance zuzurechnen ist. Er stammte aus der Gegend von Aschaffenburg, wanderte schon als Geselle nach den Niederlanden und blieb in Brügge ansässig. In seinen mehr als hundert erhaltenen Werken lernen wir ihn als eine vielschichtige Persönlichkeit und als einen Künstler von ganz eigener Art und erlesenem Stilgefühl kennen. Zwar verdankte er den kraftstrotzenden flämischen Meistern, von allem Rogier van der Weyden, dessen Gehilfe er vermutlich einige Zeit war, und Dirk Bouts nachhaltige Anregungen für die sinnen- und weltfrohe Kühnheit seiner Entwürfe; aber die bis ins Kleinste durchgeführte Zeichnung der Komposition und der Raumgestaltung, die harmonische Ausgewogenheit der Farbgebung und die Innigkeit des Ausdrucks lassen doch ein festes inneres Bewahren des süddeutschen Erbes erkennen. Seine anmutigen Andachtsbilder, die beseelten, hoheitsvollen Mariendarstellungen und seine Passionsszenen, etwa auf der Turiner Passion, auf dem bekannten Lübecker Passionsaltar oder auf dem prächtigen Ursulaschrein in Brügge, strahlen eine Innerlichkeit aus, die ihn noch tief der Glaubenswelt des Mittelalters verbunden zeigt. Anderseits enthalten manche seiner religiösen Gemälde, vor allem aber seine Porträts und Landschaftsbilder, unverkennbare Züge eines freien, individuellen, erzählerischen Gestaltens, mit denen er schon dicht vor der Pforte der Neuzeit steht. So liegt über Hans Memlings Werken, das uns eigentümlich anziehende und bezaubernde Zwielicht der Zeitwende. Sein Hauptwerk ist ein Altarbild mit der Darstellung des Jüngsten Gerichts, das er für Florenz gemalt hatte, das durch Enterung eines Schiffes nach Danzig kam und in der Marienkirche Aufstellung fand.

22. VII. 1822 — 6. I. 1884　　　　　　　　**GREGOR MENDEL**

Gregor Mendel hat das tragische Schicksal eines Genies, dessen Ideen seiner Zeit so weit voraus waren, daß sie zunächst niemand verstand, erlebt und erlitten. Gregor Mendel, — 1822 in Heinzendorf in Schlesien als Sohn eines Bauern geboren, — trat später in das Augustinerkloster von Brünn ein. Nach Abschluß seines Studiums wurde er Lehrer für Naturwissenschaft und Physik an der Brünner Oberrealschule. Im Klostergarten ist Mendel als erster den Geheimnissen der Vererbung auf die Spur gekommen. Er kreuzte verschiedene Pflanzenrassen miteinander, besonders Erbsen und Bohnen, beobachtete die Ausbildung bestimmter Merkmale, wie Blütenfarbe, Wuchsform usw. in vielen Generationen und wertete die Ergebnisse mathematisch aus. Das führte ihn zur Aufstellung allgemeingültiger Gesetze über die Vererbung. Er gab seine Entdeckungen in Veröffentlichungen und in Briefen an den berühmten Professor Nägeli bekannt; niemand nahm Notiz von seinen entscheidend wichtigen Arbeiten. Mendels wissenschaftliche Tat wurde erst zu Beginn unseres Jahrhunderts gewürdigt, als die Vererbungsgesetze zum zweiten Male entdeckt wurden und sich herausstellte, daß Mendel sie schon Jahrzehnte früher gefunden hatte. Nun nannte man diese Regeln ihm zu Ehren Mendelsche Gesetze. Auch die von Mendel vorausgesagten stofflichen Erbfaktoren, die Gene, verhielten sich genau so, wie er vermutet hatte: sie „mendeln", wie man heute sagt. Gregor Mendel starb als Prior seines Klosters im Jahre 1884, er hat die Anerkennung seiner ohne alle wissenschaftlichen Hilfsmittel vollbrachten Leistung nicht mehr erleben dürfen. Neben den Pflanzenzüchtungsversuchen beschäftigte sich Mendel mit den Problemen der Meteorologie, deren Erscheinungen er mit größter Genauigkeit beobachtet, ausgewertet und statistisch erfaßt hat.

D. I. MENDELEJEW 7. II. 1834 — 2. II. 1907

„Die Harmonie des wissenschaftlichen Gebäudes zu erfassen und zu fühlen bedeutet einen Genuß, wie ihn nur die höchste Schönheit und Wahrheit bieten kann." Man spürt in diesem Ausspruch des großen russischen Chemikers Dimitrij Iwanowitsch Mendelejew die Freude des Entdeckers, dem es gelungen war, in dem lange Zeit für unentwirrbar gehaltenen Reich der Materie eine wunderbare Ordnung festgestellt zu haben. Mendelejew hat, unabhängig von dem deutschen Chemiker Lothar Meyer, 1869 das „Periodische System der Elemente" entdeckt, nachdem andere Forscher schon zuvor auf einigen Teilgebieten ein gewisses Ordnungssystem erkannt hatten. Im Periodischen System gelang es, die Elemente nach steigenden Atomgewichten zu ordnen, wobei gewisse Unstimmigkeiten in Kauf genommen werden mußten, die durch das Vorhandensein schwererer Atome in einzelnen Elementen hervorgerufen werden. Die so erhaltene Reihe ist wieder in Gruppen und Perioden unterteilt. Dabei haben sich 8 Gruppen ergeben: die Gruppen der Alkali-, der Erdalkali- und Erdmetalle, der Kohlenstoff-, Stickstoff- und Sauerstoffgruppe, die Gruppe der Halogene (der Salzbildner Fluor, Chlor, Brom, und Jod, die sich mit Metallen unter Bildung von Salz vereinigen) und die Gruppe der Edelgase. Innerhalb jeder Gruppe aber konnte eine Reihe von Elementen einer bestimmten Periode zugeteilt werden. Damit führte es eine klare Linie vom leichten Wasserstoff bis zum schweren Uran. Mendelejews besonderes Verdienst aber war es, daß er auf Grund des Periodischen Systems das Vorhandensein der damals noch nicht entdeckten Elemente Scandium, Gallium und Germanium mit Sicherheit voraussagen konnte.

FELIX MENDELSSOHN-BARTHOLDY 3. II. 1809 — 4. XI. 1847

Als vielseitiges Wunderkind galt der Knabe Felix Mendelssohn, der am 3. Februar des Jahres 1809 in Hamburg als Sohn des Bankiers Mendelssohn geboren wurde. Seinen ersten Musikunterricht erhielt er bei Ludwig Berger, dann kam der Knabe zu Karl Friedrich Zelter, dem Leiter der Berliner Singakademie. Zelter war ein Freund Goethes und führte den zwölfjährigen Felix in den Weimarer Dichterkreis ein. Mendelssohn hatte damals bereits zwei Opern geschrieben, eine dritte angefangen, einen Psalm, sechs Symphonien, ein Quartett, eine Kantate, sechs Klavierfugen, eine Reihe von Etüden, Sonaten und Liedern komponiert. Doch noch immer wollten die Eltern trotz Zelters Drängen nicht ihre Zustimmung geben, daß der Sohn und Erbe des Hauses und der alten, angesehenen Firma die Musik zu seinem Lebensinhalt machte. Erst das Urteil Luigi Cherubinis in Paris machte endlich dem Sechzehnjährigen den Weg frei. 1826 schrieb er die Ouvertüre zu Shakespeares „Sommernachtstraum", und am 11. März 1829 wurde unter seiner Leitung die völlig in Vergessenheit geratene „Matthäuspassion" von Johann Sebastian Bach in der Singakademie aufgeführt. Großangelegte Konzertreisen führten Mendelssohn nach England, Schottland, Italien, der Schweiz und Paris. 1834 erschienen seine „Lieder ohne Worte", die weiteste Verbreitung fanden. 1835 jubelte das Leipziger Musikpublikum dem jungen Komponisten voller Begeisterung zu, er hatte dort die Leitung der „Gewandhauskonzerte" übernommen. Eine Berufung nach Berlin durch König Friedrich Wilhelm IV. brachte Mendelssohn eine unruhige, zwischen Berlin und Leipzig sich teilende Zeit, der er erst nach Jahren entrinnen konnte. Der Tod seiner geliebten Schwester Fanny im Mai 1847 brach seine Lebenskraft. Im November erlag er, noch nicht 39 Jahre alt, einem Gehirnschlag.

6. IX. 1729 — 4. I. 1786   **MOSES MENDELSSOHN**

In Dessau wird Moses Mendelssohn am 6. September 1729 in drückendste Armut hineingeboren. Zäh drängt es den Jüngling, aus der Enge des Elternhauses hinaus. Obwohl er noch nicht einmal die deutsche Schriftsprache beherrscht, gewinnt er im friderizianisch toleranten Berlin das Wohlwollen des reichen Seidenhändlers Bernhard, der ihm Haus und Geschäft öffnet. Mit entzündeten Augen sitzt der später so geniale Nachdeuter des Pentateuch und der Psalmen nachts über deutscher Stilkunde; auch das Latein will er sich erarbeiten, um die Gedankengänge der anerkannten Philosophen mit den eigenen gärenden Ideen zu vergleichen. Um dem rastlosen Feuerkopf eine reale Ausgangsposition zu bieten, zumal der Dankbare sich willig in jede Aufgabe einfügt und selbst auf dem kaufmännischen Feld eine gesunde Urteilskraft entwickelt, macht ihn der patriarchalische Gönner nacheinander zum Erzieher, Buchhalter und schließlich sogar zum Teilhaber. Stets behält aber in Mendelssohn die erkannte geistige Berufung den Vorrang. 1755 gibt Lessing die „Philosophischen Gespräche" des Freundes heimlich zum Druck. Der Durchbruch ist erfolgt. Mendelssohn, auf den man aufmerksam geworden ist, bekennt sich in einer Reihe weiterer Schriften mutig zum überbrückenden Optimismus eines Leibniz. Überzeugend bekämpft in diesen Publikationen der gläubige Monotheist, der zeit seines Lebens an seinem jüdischen Glauben festgehalten hat, die Meinung vom alleinigen Ursprung der sinnlichen Anschauungen in den Seelenkräften. Auf Zustimmung und Widerspruch trifft das programmatische Werk „Jerusalem". Bei aller freiheitlichen Auffassung über Fragen der Religion und größter Weltoffenheit wendet es sich nachdrücklich gegen eine von dem britischen Philosophen Hobbes geforderte Unterordnung des kirchlichen Bekenntnisses unter eine Staatsallmacht.

Um 1672 — 12. XI. 1729   **ALEXANDER MENSCHIKOFF**

In den Augusttagen des Jahres 1697 rotteten sich die holländischen Werftarbeiter von Zaandam nahe Amsterdam zusammen, um dem russischen Zimmermann Peter Michailow, der sie durch sein aufbrausendes, hochmütiges Wesen aufs äußerste gereizt hatte, eine Tracht Prügel zu verabreichen. Im letzten Augenblick stürzte der Gefährte des Russen vor die anrückende Kolonne und rief: „Haltet ein, dieser Mann ist Seine Majestät Peter I., Zar von Rußland!" Der Retter in Not und Begleiter des Zaren auf seiner teilweise inkognito durchgeführten Europareise war Alexander Menschikoff, ein ehemaliger Bäckerjunge, den der Zar in jungen Jahren in seine Dienerschaft aufgenommen hatte. Später war Menschikoff Sergeant im Preobraschensker Leibregiment geworden und hatte bei Peters Thronbesteigung wichtige Dienste geleistet. Er begleitete den Zaren auf seinen Auslandsreisen und nützte jede Gelegenheit, seine Bildung zu erweitern. Im Krieg gegen Schweden zeichnete sich Menschikoff durch strategische Begabung und Tapferkeit aus. Bedeutsamer als alle militärische Leistung war es, daß er das bei der Eroberung von Marienburg erbeutete Marketendermädchen Katharina, das nachmals auf den Zarenthron erhoben wurde, Peter dem Großen als Geliebte überließ. Menschikoffs Aufstieg nahm märchenhafte Formen an. Kaiser Leopold machte ihn 1706 zum deutschen Reichsfürsten, auf dem Schlachtfeld von Poltawa wurde er russischer Marschall und Fürst. Fortan war er einer der führenden Männer bei der Europäisierung des Zarenreiches. Nach dem Tode Peters des Großen beherrschte er durch seinen Einfluß auf Katharina I. das politische Geschehen in Rußland. Dann kam der jähe Absturz. Unter dem Druck seiner zahlreichen Feinde verbannte Katharina den Günstling nach Sibirien, wo der einst Allmächtige arm in einer Blockhütte starb.

305

ADOLPH MENZEL 8. XII. 1815 — 9. II. 1905

Wer auch immer sich Friedrich den Großen, seinen Hof und seine Zeit vorstellt, tut es unwillkürlich mit den Augen Adolph Menzels. Und diese Vorstellung stimmt im wesentlichen mit der geschichtlichen Wirklichkeit überein. Als der vierundzwanzigjährige Zeichner aus Breslau, der in der lithographischen Anstalt seines Vaters in Berlin handwerklich ausgebildet worden war, den Auftrag erhielt, Franz Kuglers „Geschichte Friedrichs des Großen" zu illustrieren, bedeutete das den entscheidenden Anstoß für seine künstlerische Entwicklung. Gewissenhaft studierte er die geschichtlichen Quellen, die Bildnisse, die Kostüme und die Umwelt des Königs und seiner Zeitgenossen und gestaltete Personen und Szenen mit ungewöhnlich künstlerischem Fingerspitzengefühl für das Historische. Das gab auch den späteren Gemälden, die etwa die Tafelrunde in Sanssouci und die großen Augenblicke in Friedrichs Regierungszeit und auf seinen Feldzügen darstellen, überzeugende innere Lebendigkeit. Auch alles andere, was Adolph Menzel während eines langen Lebens mit unermüdlichem Fleiß gemalt, gezeichnet und skizziert hat, ist in Form und Farbe durch die mitunter fast virtuose Treffsicherheit der Impression meisterhaft erfaßt. Im Porträt, in Motiven aus der Zeitgeschichte, der eigenen Umwelt, der Gesellschaft und der beginnenden Industrie ist es nicht die streng geprägte, sinnbildhaltige Form, die er herausschält. Ihn bewegt vielmehr der Augenblick, in dem der jeweilige Gegenstand in seiner inneren Wahrheit aufleuchtet. Menschlich gesehen, haben die frühe Anerkennung seiner Begabung und die späteren ehrenvollen Aufträge Wilhelms I. dem kleinen verwachsenen Mann über alle Klippen eines mit bewundernswerter Selbstdisziplin ganz nur dem Schaffen hingegebenen Künstlerlebens hinweggeholfen.

GERHARD MERCATOR 5. III. 1512 — 2. XII. 1594

Die kartenmäßige Darstellung der Erdoberfläche bietet Schwierigkeiten, weil die Erde eine Kugel ist, während die Karten als ebene Fläche erscheinen. Das macht sich besonders bei der Herstellung einer Weltkarte bemerkbar. Im 2. Jahrhundert n. Chr. hat der erste wissenschaftliche Kartograph, Ptolemäus aus Alexandria, diese Schwierigkeit zu überwinden versucht, indem er die kugelige Erde auf einem Kegelmantel darstellte und die von ihm errechneten 8000 Orte nach ihrer geographischen Länge und Breite einzeichnete. Diese geographisch-mathematische Leistung ist um so höher einzuschätzen, als andere Karten des Altertums nur den Charakter von Wegenetzen hatten, auf denen die Entfernungen der Orte ohne Rücksicht auf die Richtung der Wege angegeben worden waren. Erst im 16. Jahrhundert, als das Wissen um die Länder der Erde erheblich erweitert worden war, wurde der guten kartographischen Darstellung wieder eine erhöhte Aufmerksamkeit geschenkt. Damals schuf Gerhard Mercator, der mit seinem deutschen Namen Gerhart Kremer hieß, die nach ihm benannte Zylinderprojektion. Die Erdoberfläche wurde auf einem Zylinder mit der entsprechenden Einteilung von Längen- und Breitengraden abgebildet. Dabei muß jedoch eine nach den Erdpolen hin immer größer werdende Flächenverzerrung hingenommen werden. Da diese Darstellung jedoch winkelgetreu ist, hat sie für die Herstellung von Seekarten, bei denen es vor allem auf diese Winkeltreue ankommt, ihre unbestrittene Bedeutung behalten. Die Karten sind für die Schiffsführung zum Absetzen und Ablesen des Kurses mit Hilfe des Kompasses unentbehrlich. Der gerade Kurs schneidet alle Meridiane auf diesen Karten unter dem gleichen Winkel.

11. V. 1854 — 28. X. 1899   OTTMAR MERGENTHALER

Die Linotype-Setzmaschine, ohne die das moderne Pressewesen undenkbar wäre, ist nicht — wie oft angenommen wird — eine amerikanische Erfindung. Die erste Linotype wurde von dem nach Amerika ausgewanderten süddeutschen Uhrmacher Ottmar Mergenthaler, der in Hachel bei Mergentheim das Licht der Welt erblickt hatte, konstruiert. Mergenthalers Vater war Lehrer und gab seinen Sohn nach der Schulentlassung nach Bietigheim, einen kleinen Städtchen nördlich von Stuttgart, in die Uhrmacherlehre. Daneben besuchte der junge Ottmar die Fachschule und benützte jede Gelegenheit, die ihn beruflich weiterbilden konnte. Da er es in dem kleinen Deutschland zu eng fand, reiste er unmittelbar nach Beendigung der Lehre zu Verwandten in die Vereinigten Staaten. Hier arbeitete er in einer Fabrik für elektrische Geräte in Washington und erwies sich als ein außerordentlich geschickter Facharbeiter. Das Schicksal wollte es, daß die Fabrik den Auftrag erhielt, eine neuartige Maschine zu bauen, die mit Stahlstempeln Buchstaben in Pappstreifen prägen konnte. Die Streifen sollten später zusammengesetzt und ausgegossen werden, so daß man geschlossene Druckplatten zum Satz erhielt. Bei den Vorarbeiten kam Mergenthaler auf den Gedanken, eine Maschine zu konstruieren, die das mühselige Zusammensetzen von einzelnen Buchstaben zu Worten und Zeilen mit der Hand automatisch erledigte unter Benutzung von immer wieder zu verwendenden „Mutterbuchstaben". Die erste Maschine, die er herstellte, hatte bereits eine Klaviatur, ähnlich wie die Schreibmaschine. Durch Betätigung der Tasten fielen Stahlstäbe auf einen Pappstreifen und prägten dabei die an ihren Enden eingeschnittenen Buchstaben ab. Die Typenstäbe wurden immer wieder in ein Magazin zurückgeführt. Schließlich ersetzte er sie durch die heute üblichen „Matrizen", die sich vor einer Gießform sammeln und durch die für die Zwischenräume bestimmten „Spatienkeile" zusammengepreßt werden.

22. IX. 1593 — 19. VI. 1650   **MERIAN DER ÄLTERE**

In der schönen mittelalterlichen Stadt Basel wurde Merian 1593 als Sohn eines wohlhabenden städtischen Ratsherrn geboren. Er erhielt eine sorgfältige Erziehung. Da er schon frühzeitig künstlerische Begabung zeigte, förderte sein verständnisvoller Vater das aufkeimende Talent und schickte ihn nach Zürich zu einem bedeutenden Radiermeister in die Lehre. Merian machte rasch Fortschritte, und im Alter von 20 Jahren beherrschte er die Kunst des Radierens bereits so meisterhaft, daß er nach Nancy berufen wurde. Dort sollte er den Leichenzug des unlängst verstorbenen Herzogs von Lothringen nach einem Gemälde in Kupfer stechen. Bei dieser Gelegenheit lernte er berühmte französische Meister seines Faches kennen, die ihn nach Paris einluden. Eine Studienreise nach Italien gab er auf, um die schöne Tochter des Buchhändlers De Bry in Frankfurt zu heiraten. Die Verbindung mit der geliebten, geistvollen Frau befruchtete sein künstlerisches Schaffen in reichem Maße. In rascher Folge erschienen zahlreiche Radierungen, Landschaftsbilder und Ansichten alter Städte und Burgen, die er auf seinen Reisen skizziert hatte. Sie vermitteln einen interessanten Einblick in die altdeutsche Zeit. 1620 übernahm er die Buch- und Kunsthandlung seines Schwiegervaters. Die Wirren des 30jährigen Krieges machten ihm schwer zu schaffen, doch Merian ließ sich nicht entmutigen. Er veröffentlichte eine Reihe bedeutender zeithistorischer Werke, die seinen verlegerischen Ruhm begründeten. Daneben fand er noch Muße, Bilder bedeutender Zeitgenossen zu stechen, wie die gelungenen Porträts von Wallenstein und Gustav Adolf von Schweden. Merian war kein Genie wie Albrecht Dürer, aber er war ein redlicher und gewissenhafter Schilderer seiner Zeit, ihrer Menschen, Städte und Länder, ihres Alltags und ihrer Lebensauffassung.

FRANZ ANTON MESMER 23. V. 1734 — 5. III.1815

„Die Akademie der Wissenschaften zu Paris und die medizinische Fakultät werden eine Kommission ernennen, um die Lehren und Heilmethoden des Franz Anton Mesmer aus Iznang am Bodensee zu untersuchen." Diese Anordnung erließ der König von Frankreich im Jahre 1784 — damals war der „Mesmerismus" Tagesgespräch in ganz Europa. Der Begründer der Lehre war Arzt, heilte aber seine Patienten in ganz neuartiger und verblüffender Weise. Er behandelte sie durch streichende Berührung seiner Hände, von denen eine geheimnisvoll belebende Kraft ausging. Er selbst hielt diese Erscheinung für eine animale Form des Magnetismus — aber die königliche Kommission erklärte: alles ist Einbildung überreizter Nerven und Hysterie! Nun, wir wissen, daß sich beide, Mesmer und die Kommission, geirrt haben. Jene erstaunlichen Erfolge, die Mesmer bei seinen Wunderkuren in vielen Ländern erzielte, waren in Wirklichkeit Auswirkungen seiner hypnotischen Begabung, die er durch eine besondere Anwendungstechnik noch verstärkte. Seiner Zeit erschien er als ein medizinischer Zauberkünstler, der Krämpfe und Schmerzen heilen, aber bei seinen Experimenten auch Krankheitserscheinungen an Gesunden hervorbringen konnte. Er wurde als Wundertäter leidenschaftlich gefeiert. Von vielen Wissenschaftlern wurde er als „der größte Scharlatan des Jahrhunderts" beschimpft. Tatsächlich war er keines von beiden, sondern ein zweifellos genialer, wenn auch etwas phantastischer Erforscher neuen Wissens über die Wirkung seelischer Kräfte im Menschen. Mesmer hat als einer der ersten die Geheimnisse des Unbewußten entschleiert und wurde so, trotz seiner Irrtümer, zu einem der Pioniere moderner seelenkundlicher Arbeit.

OSKAR MESSTER 21. XI. 1866 — 7. XII. 1943

Schon 1646 wurde durch Athanasius Kirchner die Projektion eines bewegten Bildes beschrieben. Weitere Möglichkeiten, Bildern bewegtes Leben zu verschaffen, waren u. a. das Stroboskop, das Praxinoskop mit einer Spiegeltrommel, die Reihenbildphotographie und der Anschütz-Schnellseher, der Edison zur Konstruktion seines Kinematographen veranlaßte. Das Edison-Gerät wurde in London nachgebaut, und einer dieser Apparate fand seinen Weg in die Werkstatt des Berliner Mechanikers Oskar Meßter. Er erkannte sofort die schweren Mängel der Maschine und beseitigte sie. Sein Hauptverdienst war die Erkenntnis, daß der Erfolg der Kinotechnik von einer zweckmäßig durchgebildeten Filmschaltung abhängig war. Er baute das bekannte Malteserkreuz ein und gab ihm die richtigen Abmessungen. 1896 hatte Meßter, der zum großen Anreger der deutschen Filmindustrie wurde, mit seinen bahnbrechenden Arbeiten begonnen, und noch im gleichen Jahre baute er ein Filmaufnahmegerät sowie eine Kopiermaschine. Ende 1896 verfügte er über eine geschlossene Fabrikationseinrichtung für die Aufnahme und Verarbeitung von Filmen. Die folgenden Jahre brachten Verbesserungen und Neukonstruktionen, u. a. auch einen Bildwerfer für Filmliebhaber, ferner den Motorantrieb für Atelier-Aufnahmekameras, einen Ansatz für Mikro-Kino-Aufnahmen und eine Aufnahmekamera für Breitfilm und Bildwechsel bis zu 32 Bildern je Sekunde. Durch die Verwendung der dreiflügeligen Blende des Berliner Mechanikers Pätzold gelang es Meßter, flimmerfreie Bilder zu erzielen. Immer wieder versuchten deutsche und ausländische Techniker die Probleme auf andere Weise zu lösen, bis schließlich Meßters Anordnung, bei der auch die richtige Schaltzeit zwischen zwei Bildwechseln berücksichtigt war, sich durchsetzte.

15. IV. 1845 — 15. VIII. 1916   ILJA METSCHNIKOW

Wenn es noch eines Beweises dafür bedürfte, daß sich menschliches Genie auch unter den schwierigsten Umständen durchzusetzen vermag, dann lieferte ihn der russische Forscher Ilja Metschnikow. Im jüdischen Ghetto von Iwanowa im Gouvernement Charkow wuchs er als Sohn eines Altwarenhändlers auf, besuchte das Gymnasium und zeigte schon sehr früh eine hervorragende naturwissenschaftliche Begabung. Aber zum Studium fehlte das Geld, der junge Ilja mußte die Schule verlassen und einen praktischen Beruf ergreifen, mit dessen Einkünften er den Lebensunterhalt bestreiten konnte. Er wurde Krankenpfleger an einem Spital. In den Nächten und in jeder dienstfreien Stunde lernte und studierte er weiter in verbissener Energie. Er verschaffte sich so viele Kenntnisse, daß er selbständig wissenschaftlich arbeiten konnte. Seine Veröffentlichungen über die Anatomie und Entwicklungsgeschichte der Wirbellosen erregten Aufsehen und verschafften ihm ausreichende finanzielle Unterstützung. Die größte Entdeckung Metschnikows war der Nachweis, daß für Mensch und Tier die weißen Blutkörperchen eine Art Schutzpolizei des Körpers darstellen. In seinen klassisch gewordenen Arbeiten erklärt der russische Biologe, wie die weißen Blutkörperchen als „Freßzellen" eingedrungene Bakterien einschließen und vernichten. Diese Erkenntnisse waren für die Heilkunde von größtem Wert, das gleiche gilt für die anderen Arbeiten Metschnikows über Immunität, Gifte und Gegengifte, die er vor allem am Beispiel der Cholera erforschte. Die Wissenschaft ehrte ihn durch Verleihung des Nobelpreises, er wurde als Professor an das weltberühmte Pasteurinstitut nach Paris berufen. Dort arbeitete er vor allem auf dem Gebiet der Bakteriologie und der Infektionskrankheiten.

15. V. 1773 — 11. VI. 1859   KLEMENS METTERNICH

Einen ausgezeichneten Diplomaten, doch einen schlechten Politiker hat ihn Grillparzer genannt. „Jedes schöpferischen Gedankens bar", urteilt der Historiker Heinrich von Treitschke. Der Wiener Geschichtswissenschaftler Srbik bezeichnet ihn als „einen der größten Meister der internationalen Politik". Andere sprechen von einem „Virtuosen des Moments", dem „Minister der Koalition" oder von dem „Kutscher Europas". Die moderne Forschung schätzt den aus altem rheinischem Dynastengeschlecht stammenden, in Koblenz geborenen Klemens Graf Metternich, dessen Vater bereits in den Dienst des Wiener Hofes getreten war, als den Gründer der „Heiligen Allianz" von 1815, die erstmals nahezu ganz Europa zu einem Friedensbündnis zusammenfaßte. Metternich war kaiserlicher Gesandter in Dresden, Berlin und Paris und schließlich Außenminister Kaiser Franz' II. In dieser Stellung bemühte er sich, den Bestand des Habsburgerstaates ungeschmälert durch die Gefahren der politisch aufgewühlten Zeit und der Napoleonischen Kriege hindurchzulavieren. Höhepunkt seiner staatsmännischen Laufbahn war der Wiener Kongreß 1814/15, der unter seiner Führung das europäische Chaos nach dem Sturz Napoleons zu entwirren hatte. Fürst Metternich war der eigentliche Herr und Gebieter über das Geschehen in Europa, und niemand — am allerwenigsten er selbst — zweifelte daran, daß sein politisches System von langem Bestand sein werde. Um so überraschender kamen die revolutionären Ereignisse von 1848. Schon lange vom Volke als Reaktionär gehaßt, emigrierte Metternich nach den Ausbrüchen der Straße nach London. Erst im Herbst 1851 kehrte der 78jährige nach Österreich zurück. Am 11. Juni 1859 starb Fürst Metternich. Es blieb ihm erspart, die Rückschläge Österreichs bei Solferino und Königgrätz zu erleben.

CONRAD FERDINAND MEYER 11. X. 1825 — 28. XI. 1898

Die beiden großen deutschschweizerischen Erzähler des 19. Jahrhundert waren zu wesensverschieden, als daß sie hätten Freunde werden können. Conrad Ferdinand Meyer bewunderte die urwüchsige Erzählkunst Gottfried Kellers, vermißte aber bei ihm „Bildung im höchsten Sinne". Keller wiederum schätzte das großartige Formtalent Meyers, meinte jedoch, er habe keine rechte Seele. Beide irrten sich. Allerdings verbarg sich C. F. Meyers scheue und anfällige Seele — zweimal, als 27jähriger und als 67jähriger, suchte er Zuflucht in einer Nervenheilanstalt — tief in einer kraftvoll hervorgekehrten Formkunst. „Mein starkes Stilisieren und meine besonders künstlich zubereiteten Wirkungen müssen mir im Blute stecken", empfand er selber. Er formulierte und korrigierte lange an seinen Arbeiten, besonders an den Gedichten und Balladen, verwarf und feilte immer wieder von neuem. Erst 1870 wagte er sich mit der Versdichtung „Huttens letzte Tage" an die Öffentlichkeit; ihr folgte bald „Jürg Jenatsch", eine romanhafte Novelle aus der Schweizer Geschichte des 17. Jahrhunderts. In der Zeit von 1875 bis 1891, den glücklichsten Jahren seines Lebens — nachdem er als 50jähriger geheiratet hatte —, erschienen in rascher Folge die Novellen, die in ihrer gewählten, sparsamen, bildstarken Sprache mit Recht zu den Kleinodien der deutschsprachigen Literatur gezählt werden: „Das Amulett", „Die Richterin", „Die Hochzeit des Mönchs", „Der Schuß von der Kanzel", „Gustav Adolfs Page", „Angela Borgia" u. a. Er wahrt bewußten Abstand von den Vorgängen und den großen Einzelgestalten, der er plastisch formend aus der historischen Umwelt heraushebt. Was C. F. Meyer mit seiner Dichtung anstrebt, ist nach seinen Worten „ein großer humaner Hintergrund, der Zusammenhang des kleinen Lebens mit dem Leben und Ringen der Menschheit".

MICHELANGELO 6. III. 1475 — 18. II. 1564

Michelangelo Buonarroti ist eine der gewaltigsten Künstlerpersönlichkeiten aller Zeiten. In seinem Lebenswerk fand das Zeitalter der Renaissance, in dem die Selbstbefreiung der geistigen Persönlichkeit sich vollzog, einen ebenso wuchtigen wie tragischen Ausdruck. Die Unbedingtheit seines inneren Wollens hob es zugleich ins Zeitlose. Die Tragik von Michelangelos Künstlertum lag darin, daß sein grenzenloser schöpferischer Drang immer wieder an Schranken stieß, die ihm teils der Wankelmut seiner Auftraggeber, teils auch sein eigener Dämon setzten. Dieser Dämon, der ihn seinen Zeitgenossen oft als „terribile", als schrecklich erscheinen ließ, quälte ihn zuzeiten mit dumpfer Schwermut und Selbstanzweiflung, oder er trieb ihn, bevor noch ein Werk ausgereift war, unruhvoll neuen Eingebungen zu. So erklärt es sich, daß ein großer Teil seiner Arbeiten unvollendet geblieben ist. Michelangelo stammte aus einer alten Florentiner Familie. In der Schule Bertoldo di Giovannis und unter dem Eindruck antiker Bildwerke reifte er zum Bildhauer, der aus dem Marmorblock heraus Menschengestalten von teilweise gewaltigen Formen, von höchst gespanntem Ausdruck und unerhörter innerer Bewegtheit schuf. Im Dienste der Medici in Florenz und der Päpste Julius II. und Leo X. in Rom entstanden so erschütternde Werke wie die Pietà, der David, die Maria mit dem Kinde, die Sklavengestalten für das Grabmal Julius' II., der Christus und der Brutus. Nicht minder ergreifen den Beschauer die Deckengemälde der Sixtinischen Kapelle mit ihren unvergleichlich durchgebildeten biblischen Gestalten. Auch als Baumeister hat Michelangelo Unvergängliches geschaffen und nicht zuletzt als Dichter, vor allem mit den Sonetten an Vittoria Colonna und mit ergreifenden Altersgedichten.

24. XII. 1798 — 26. XI. 1855   ADAM MICKIEWICZ

Der größte Dichter Polens, Adam Mickiewicz, mußte seine Heimat, die von Rußland unterjocht war, im Alter von 26 Jahren verlassen und sah sie zeitlebens nicht wieder. Wegen der Teilnahme an einer geheimen Studentenverbindung in Wilna wurde er nach halbjähriger Gefangenschaft 1824 nach Odessa verbannt und fünf Jahre später aus Rußland ausgewiesen. In Deutschland, wo er mit Hegel und Goethe in Berührung kam, in Italien, Lausanne und Paris rief er als Journalist und Hochschullehrer die Welt zur Befreiung seines geknechteten Vaterlandes auf. Seine leidenschaftlich aufrüttelnden Vorlesungen über „Slawische Literatur und Zustände" wurden in ganz Europa beachtet, seine „Bücher des polnischen Volkes und der polnischen Pilgerschaft" erweckten die Teilnahme weiter Kreise der westeuropäischen Romantik, der Mickiewicz als Dichter nahestand. Als der polnische Aufstand von 1830/31 zusammenbrach und unzählige Freiheitskämpfer und Verfolgte emigrierten, wurde Adam Mickiewicz der Tröster und gefeierte Sänger aller aus der Heimat ausgeschlossenen Polen. Glühendes Heimweh und innige Erinnerungen ließen ihn Werke schaffen, die zur Weltliteratur zählen. Zu ihnen gehört neben dem frühen Epos „Konrad Wallenrod", neben einer Reihe von Novellen und den „Sonetten von der Krim" vor allem der Roman „Pan Tadeusz" („Herr Thaddäus"), sein Hauptwerk, das einer bewegten Darstellung der patriarchalischen Lebensverhältnisse im östlichen Polen den romantischen Hintergrund farbiger Landschaftsschilderungen gibt. Während des Krimkrieges versuchte Mickiewicz in der Türkei polnische Legionen zum Kampf gegen das Zarenreich aufzustellen, erlag aber im November 1855 in Konstantinopel der Cholera. Das polnische Volk verehrt ihn als geistigen Nationalheros.

7. V. 1855 — 9. IV. 1934   OSKAR VON MILLER

Oskar von Miller hat das Deutsche Museum in München geschaffen, darüber hinaus aber ist er einer der maßgeblichen Förderer der Elektrowirtschaft gewesen. Als junger Bauingenieur hatte er bereits den glühenden Wunsch, am Ausbau der bayrischen Wasserkräfte für die Elektrizitätsversorgung mitarbeiten zu können. In doppelter Hinsicht wurde für ihn der Besuch der Pariser Weltausstellung von 1881 entscheidend. Sie regte ihn zum Studium der Elektrotechnik an, und der Besuch des „Conservatoire des Arts et des Métiers" weckte in ihm den Wunsch, auch für Deutschland ein ähnliches Werk zu schaffen. Durch Ausdauer und hingebende Arbeit erreichte er es, daß am 28. Juni 1903 unter dem Vorsitz des Prinzen Ludwig von Bayern in Gegenwart von Vertretern des Reiches, Bayerns und Münchens sowie der Bezirksvereine des Vereins Deutscher Ingenieure das „Museum von Meisterwerken der Naturwissenschaft und Technik" gegründet wurde. Bis zur Eröffnung des Museums in dem Neubau auf der ehemaligen Kohleninsel in der Isar am 7. Mai 1925, dem 70. Geburtstag seines Gründers, waren geschickt ausgestellte technische Schau- und Versuchsstücke bereits im Nationalmuseum und in der Isarkaserne den Münchener Besuchern zugänglich gemacht worden. Im 2. Weltkrieg hat das Deutsche Museum schwer gelitten. Heute aber ist es wieder einer der Hauptanziehungspunkte der Isarstadt. Oskar von Miller hat als vielseitiger Ingenieur die praktische Anwendung des Wechselstromes maßgeblich gefördert, indem er eine dem damaligen Stand der Technik entsprechende wirtschaftliche Strom-Fernversorgung ermöglichte. Er hat zahlreiche Kraftwerke gebaut, er ist der Pionier der großräumigen Kraftversorgung.

ROBERT ANDREWS MILLIKAN 22. III. 1868 — 19. XII. 1953

Robert Andrews Millikan ist einer der bedeutendsten Physiker der Gegenwart. Er wurde 1868 in der kleinen amerikanischen Stadt Morrison geboren, ging nach Abschluß seines Studiums für längere Zeit nach Deutschland und arbeitete hier vor allem über die Physik der Elektronen, der kleinsten Einheiten der Elektrizität. 1896 berief ihn die Universität Chicago als Professor der Physik, 1921 wurde er Präsident des Technologischen Instituts in Passadena (Kalifornien), wo er bis zu seinem Tode gewirkt hat. Mit Millikans Namen ist eine ganze Reihe wichtiger Fortschritte der modernen Physik verbunden. In genialer Intuition und mit exakter Experimentierkunst hat er ganz neuartige Meßmethoden ausgearbeitet, die zum Teil noch heute unübertroffen sind. So ist ihm die Entdeckung eines Verfahrens zu verdanken, das die bisher genaueste Messung des elektrischen Elementarquantums, der kleinsten vorkommenden elektrischen Ladung, erlaubt. Ferner bestimmte er die Ladung einzelner Elektronen und bestätigte durch seine Messungen gewisse Annahmen, die sich aus der Relativitätstheorie Einsteins ergeben hatten. Große Verdienste erwarb sich Millikan auch auf dem Gebiet der Strahlenforschung, für die er sich seit seinen Studententagen bis ins hohe Alter besonders interessiert zeigte. Seine Untersuchungen galten der kosmischen Ultrastrahlung, an deren Erforschung er neben Heß und Kolhörster regen Anteil genommen hat, sowie der Röntgen- und Ultraviolettstrahlungen. Millikan ist es gelungen, die Kenntnisse von dem Wellenbereich zwischen Röntgen- und Ultraviolettstrahlen durch seine Messungen um zwei Oktaven zu erweitern, zwischen den beiden Strahlenarten dieser Wellenzone eine Brücke zu schlagen und vorher unbekannte Strahlenarten zu entdecken. In Jahre 1923 wurde er mit dem Nobelpreis für Physik ausgezeichnet.

CARL MILLÖCKER 29. IV. 1842 — 31. XII. 1899

„Ach, ich hab' sie ja nur auf die Schulter geküßt . . ." Noch heute erfreut man sich der einschmeichelnden Musik, wenn der bramabarsierende Oberst Ollendorf im ersten Akt des „Bettelstudenten" sein übermütiges Lied singt. Der Komponist schrieb die Operette im Jahre 1883 zur Zeit der europäischen Polenbegeisterung — „Der Polin Reiz ist unerreicht . . ." —, und zum erstenmal in der Musikgeschichte wurde eine Operettenhandlung nach Krakau verlegt. In den folgenden Jahrzehnten hat es nicht an Kritikern gefehlt, die an der politischen Tendenz Anstoß nahmen — je nach der Art, wie der Zeitgeist den Freiheitskampf der Polen gegen ihre Bedrücker beurteilte. Ensprechend waren die Dramaturgen genötigt, die Fabel „politisch" umzuarbeiten. Trotzdem hat sich dieser Welterfolg Millöckers neben dem „Gasparone" auf den Spielplänen gehalten und den Theatern zu allen Zeiten ausverkaufte Häuser gebracht. Carl Millöcker — geboren am 29. April 1842 — war ein echtes Wiener Kind und wurde in der Schule des Walzerkönigs Johann Strauß zum Musiker und Komponisten erzogen. Er ist zwar in Erfindung und Klanggebung robuster als sein Meister, trotzdem bleibt seine Musik österreichisch, sie ist von reinstem Wiener Charme, spritzig, prickelnd und schwungvoll. Man hat in der Musikwissenschaft Suppé, Johann Strauß und Millöcker ein etwas zu gefühlsbetontes Trio genannt, im Gegensatz zu Offenbach, der die satirische Parodie liebte, und zu Léhar, der einen ganz eigenen Operettenstil entwickelte. Niemand aber wird bezweifeln, daß Carl Millöcker zu den bedeutendsten Repräsentanten der klassischen Wiener Operette gehört. Er starb in Baden bei Wien am 31. Dezember 1899, am letzten Tag des neunzehnten Jahrhunderts. Nach seinem Tod erfuhr seine „Dubarry" durch Mackebens Neufassung eine gefeierte Wiedergeburt.

9. XII. 1608 — 8. XI. 1674 **JOHN MILTON**

„Eine Wahrheit, einmal unterdrückt, kann nie wiederkehren!" Diese Warnung sprach in der wohl berühmtesten Abhandlung zum Schutz der Freiheit des Wortes John Milton aus, einer der größten Dichter aller Zeiten, als das englische Unterhaus die Herausgabe aller Druckschriften von einer Lizenz abhängig machen wollte. John Milton, am 9. Dezember 1608 in London geboren, war schon als Knabe von einem unbändigen Behauptungswillen erfüllt. Erstes Vorbild wurde ihm der kompromißlose Vater, dem die streng katholische Familie wegen seines Übertritts zum anglikanischen Glauben das Erbgut Milton in Oxfordshire abgesprochen hatte. Als junger Magister der Künste hielt sich Milton Jahre hindurch aus dem politischen Tagesstreit heraus. Ein Landhaus in Horton bei Windsor genügte ihm als stille Welt erster dichterischer Beschäftigung. Dort entstanden jene fein gezeichneten Stimmungsbilder eines ernsten und heiteren Tagesablaufes, die später maßgeblichen Einfluß auf die Landschaftsdichtung des 18. Jahrhunderts gewinnen sollten. Auf die politische Bühne rief ihn erst ein erregender Versuch, die anglikanische Kirche hierarchisch wieder dem Katholizismus anzunähern. Als subjektiv urteilender Historiker zeigte sich Milton in seiner 1649 abgeschlossenen „History of Britain", einem Werk von meisterlicher Sprachgewalt. Die Staatsrechtler beschäftigt noch heute Miltons flammende Verteidigung des Todesurteils gegen König Karl I., in der die Freiheit als angeborenes Recht der Nationen dargestellt und ihnen die Gewissensverpflichtung zum Aufstand gegen einen Tyrannen auferlegt wird. Dasselbe Thema klingt auch in Miltons unsterblichem Werk „Das verlorene Paradies" an. Mißtrauisch beobachtet vom restaurierten Königtum, erlag der blinde, hilflose Dichter am 8. November 1674 einem schweren Gichtanfall.

9. III. 1749 — 2. IV. 1791 **GRAF MIRABEAU**

Ein Historiker der Französischen Revolution hat von Mirabeau gesagt, er sei „am Fuße der Rednertribüne ein Mensch ohne Scham und ohne Tugend, auf ihr aber ein ehrlicher Mann gewesen". Ohne Zweifel war Mirabeau ein bedeutender Politiker und Staatsmann und ein geistvoller Kopf, der im Guten und Bösen weit über seine Zeitgenossen hinausragte. Sein Geschlecht soll einer alten Legende nach aus der Toskana eingewandert sein, und wie ein zu spät geborener italienischer Renaissancemensch mutet dieser angriffslustige Titan mit dem Löwenhaupt an. Unglückselige Familienverhältnisse, lodernde Leidenschaften, Schulden und Verbrechen brachten ihn mehrfach in die Gefängnisse der Monarchie, wo sein Genius durch einsame Studien geschärft, seine Leidenschaften geschürt und sein Haß entfacht wurden. Er wurde als Staatsgefangener und später als politischer Emigrant Anhänger einer konstitutionellen Monarchie und kehrte auf die erste Kunde vom Beginn der Revolution nach Frankreich zurück. Als Wortführer des Dritten Standes leistete er den Befehlen des Königs Widerstand und beherrschte die Nationalversammlung. Das Jahr 1790 sieht ihn als Präsidenten des Jakobinerklubs und als umjubelten Redner der Nationalversammlung. Mirabeau, der, ausgezogen war, das Volk gegen die tyrannische Regierung der privilegierten Stände und wider die Krone zu führen, war klug genug, bald zu erkennen, daß auf die Despotie des Königs jene des Pöbels gefolgt war. So wurde er zum heimlichen Beschützer des Thrones. Aber ein an den Lebensgenuß verlorenes Leben hatte seine Gesundheit zerrüttet. Als er überraschend im Frühjahr 1791 starb, war das Schicksal der Monarchie besiegelt. Man setzte Honoré Gabriel de Riqueti, Graf Mirabeau, im Pantheon zu Paris bei, später ließen seine Feinde seinen Leichnam auf den Schindanger werfen.

IWAN MITSCHURIN 28. X. 1855 — 7. VI. 1935

In dem weltabgelegenen russischen Städtchen Koslow am Woronesch hatte sich im Jahre 1875 der damals zwanzigjährige Feinmechaniker Iwan Mitschurin einen größeren Versuchsgarten eingerichtet. Später berichtete er ab und zu in Fachblättern über von ihm neu gezüchtete Obstsorten, aber zunächst nahm niemand davon Notiz. Er blieb nach seinen eigenen Worten lange Zeit „ein unauffälliger Einsiedler der experimentellen Gärtnerei". Als es ihm aber während des ersten Weltkrieges gelang, kältefeste Getreide- und Obstsorten zu züchten, schickte die gerade zur Herrschaft gelangte russische Revolutionsregierung eine Kommission nach Koslow, um Mitschurins Ergebnisse zu überprüfen. Viel scheinen die Beauftragten von der Sache nicht verstanden zu haben, denn in ihrem Bericht heißt es lediglich, Mitschurin träume davon, auf Weiden Birnen wachsen zu lassen; sein Zuchtgarten sei nichts Besonderes. Aber wenige Jahre später, nachdem Lenin sich für den Pflanzenzüchter eingesetzt hatte, wurde der Koslower Garten zum Ausgangspunkt bedeutsamer Entwicklungen in der russischen Landwirtschaft und im Obstbau. Mitschurins Arbeiten haben es ermöglicht, daß in Rußland die Grenze des Obstbaus weit nach Norden vorgeschoben werden konnte. Er entwickelte im Laufe seines langen Lebens — er wurde 80 Jahre alt — über 300 neue Pflanzensorten, darunter frostharte Nutzsträucher und vorzügliche Dessertfrüchte aus Kreuzungen zwischen Schlehe und Pflaume. Seine theoretischen Erkenntnisse sind stark umstritten, seine praktischen Leistungen aber sind bereits Geschichte geworden. Mitschurin war zweifellos einer der genialsten Obstzüchter der neueren Zeit, persönlich ein bescheidener, eigenbrötlerischer Mensch, der nur für seine Arbeit lebte. Ihm zu Ehren ist das Städtchen Koslow umgetauft worden, es heißt jetzt Mitschurinsk.

MOHAMMED Um 570 — 8. VI. 632

Die alten Götzen der Wüste zu beseitigen und das Nationalreich des Islams zu errichten, war der Traum des Arabers Abul Kasim Ibn Abdallah, wie der Begnadete hieß. Der für die Weltgeschichte bewegend gewordene Anlaß zur Zusammenfassung der arabischen Stämme unter der Fahne der neuen Religion des Islams war ein göttlicher Anruf, den der Begnadete in einsamen Wüstennächten und in verzweifeltem Ringen mit den ewigen Mächten zu vernehmen glaubte. Bis zur Verkündung seiner Offenbarung und der Ausbreitung des Glaubens im arabischen Volk war es ein beschwerlicher Weg. Mohammeds Aufstieg begann, als der arme Handlungsgehilfe in Mekka durch eine Heirat mit der Kaufmannswitwe Chadidscha Reichtum und Einfluß gewann. Durch seine Angriffe auf die alten Götter zog er sich den Haß seiner Mitbürger zu und mußte, um einem Mordanschlag zu entgehen, in die Nachbarstadt Medina fliehen. Mit dem Tage dieser Flucht, die man Hedschra nennt, beginnen die Mohammedaner ihre Zeitrechnung. In einer entscheidenden Wüstenschlacht im zweiten Jahre der Hedschra machte sich Mohammed die feindlich gesinnten Mekkaner gefügig. Das uralte Heiligtum der Kaaba wurde Mittelpunkt des Mohammedanismus und künftiges Pilgerziel all seiner Anhänger. Als Mohammed am 8. Juni 632 in Medina starb, hatte er ganz Mittelarabien dem Glauben an Allah gewonnen. Die christlichen Kernsätze der neuen Glaubenslehre, die er mit Elementen des arabischen Judentums mischte, hatte er in Basra aufgenommen; in Begleitung seines Oheims war der Jüngling in die damals lebhafte Handelsstadt gereist und mit dem christlichen Mönch Dscherdschis, zusammengetroffen. Die schriftliche Aufzeichnung von Mohammeds Lehre erfolgte durch die Kalifen Othman, Abu Bekr und Omar in den überlieferten 114 Suren.

1430 — 1481 ## MOHAMMED II.

Am 5. Februar des Jahres 1451 stirbt Murad, der Sultan der Türken. Am selben Tage noch ergeht ein Befehl des Nachfolgers Mohammed an die Garde, seinen Bruder zu töten, damit nicht der Kampf um die Macht die nach außen gerichtete Expansionskraft der Türken lähme. Im April 1453 umschließen türkische Heere unter Führung Mohammeds mit gewaltiger Übermacht die Mauern Ostroms, dessen Todesstunde nach achttägiger Belagerung geschlagen hat. Zehntausende seiner Bewohner werden getötet oder wandern in die Sklaverei; der Sultan trägt von diesem Tage an den Namen Mohammed der Eroberer, und aus dem christlichen Byzanz-Konstantinopel wird das mohammedanische Istanbul, die Hauptstadt eines werdenden Weltreiches der Osmanen. Die Heere des Sultans erobern Serbien und Dalmatien, den griechischen Peloponnes, kämpfen mit Venedig und Genua und dringen bis Belgrad vor, die letzten Bastionen des christlichen Abendlandes auf dem Balkan. Sultan Mohammed bleibt die treibende Kraft seines kriegerischen Volkes. Rücksichtslos setzt er seinen Willen durch und übertrifft an Grausamkeit alle seine Zeitgenossen. Er läßt fremde Gesandte enthaupten, gefangenen feindlichen Feldherrn bei lebendigem Leib die Haut abziehen oder sie am Feuer zu Tode rösten. Derselbe Herrscher aber liebt die Wissenschaften und schönen Künste und unterstützt mit reichlichen Mitteln Dichter, Maler und Gelehrte. Nach der Eroberung Griechenlands beläßt er der Stadt Athen wegen ihrer großen Vergangenheit Freiheit und Selbstverwaltung, und von der Stadt Ragusa fordert er als Tribut die alten lateinischen und griechischen Handschriften aus ihren reichen Bibliotheken. In den Jahren des Friedens zieht er die bedeutendsten Künstler an seinen Hof und ermöglicht ihnen ein sorgloses Schaffen.

15. I. 1622 — 17. II. 1673 ## MOLIÈRE

In dem großen Jahrhundert der französischen Klassik, zur Zeit Ludwigs XIV., hatte in dem Dreigestirn der Dramatik der Komödiendichter Molière gegenüber den Tragikern Corneille und Racine einen schweren Stand. Während die anderen nach strengsten poetischen Maßen die zeitlosen Tragödien des Heldentums und der Leidenschaft dichteten, war Molière mutig genug, seiner Zeit den Narrenspiegel vorzuhalten, unnachsichtig, aber nicht lieblos und pharisäisch. Wenn er die Aufgeblasenheit, Scharlatanerie und Heuchelei gewisser Typen von Zeitgenossen lächerlich machte, so tat er es mit überlegenem, mitfühlendem Humor; er wollte die menschliche Unzulänglichkeit „auf dem Theater angenehmer machen". Seine Stücke von dem frömmelnden Heuchler Tartuffe, von der Familienintrige um den „eingebildeten Kranken", von dem finster-egoistischen Geizhals, von den einfältigen Vornehmtuern oder von den „Blaustrümpfen" des Salons waren der höfisch-adligen Gesellschaft ein Dorn im Auge. Doch verstand es der Schauspieldirektor Molière immer wieder, durch sein würdiges, gefälliges Auftreten die Gunst des Königs zu gewinnen. — Jean Baptiste Poquelin war Hoftapezierer und Kammerdiener gewesen, bevor er auf einer Reise mit dem Hofe, angeregt durch eine Schauspielerin, mit deren Tochter er später eine wenig glückliche Ehe schloß, in plötzlichem Entschluß sich dem Theater verschrieb und den Künstlernamen Molière annahm. Als er, wenig mehr als fünfzig Jahre alt, in einer Vorstellung zusammenbrach und sterbend von der Bühne getragen wurde, hinterließ er ein reiches Werk von scharfsinnig aufgebauten, wirksamen und anmutigen Komödien, von deren „vollendetem künstlerischem Verfahren" Goethe ebenso entzückt war wie von dem „liebenswürdigen Naturell und dem hochgebildeten Innern" des Dichters.

HELMUT VON MOLTKE 26. X. 1800 — 24. IV. 1891

Drei Revolutionen hat Moltke aus nächster Nähe erlebt, vier Kriege hat er selbst geführt, fünf preußischen Königen gedient, zwei Kaiserreiche kommen und gehen sehen und eines mit errichten helfen. Die Persönlichkeit Moltkes ist für die kaiserliche Armee bis zu ihrem Ende im Revolutionsjahr 1918 das nachwirkende Vorbild für militärische Tüchtigkeit, Pflichterfüllung und persönliche Zurückhaltung gewesen. Moltke war der eigentliche Sieger in den Kriegen 1864, 1866 und 1870 bis 1871. Der Stratege konnte sich auf diesen Feldzügen auf den Großen Generalstab stützen, der durch seine Schulung zum exakt funktionierenden Gehirn der preußischen Armee geworden war. Und doch ist Moltke nie ein Militär im rein kriegerischen Sinne gewesen. Man sagt, er habe in der Schlacht bei Gravelotte vergeblich versucht, den Degen zu ziehen; die Klinge sei in der Scheide fest eingerostet gewesen. Sein Feldherrntum beruhte nicht auf den Eigenschaften eines mitreißenden Schlachtenhelden, sondern auf der Klarheit und Sachlichkeit seiner Pläne, in denen alle Eventualitäten eines Krieges vorher bedacht und auf das Für und Wider geprüft worden waren. Es war für den mecklenburgischen Offizierssohn ein Lebensgrundsatz, die Dinge erst zu wägen, bevor er sie wagte. Seine auf der Gewißheit des Könnens basierende Ruhe streifte fast die Grenze des Mythischen. Sachlichkeit, der Kern der Persönlichkeit Moltkes, beherrschte auch sein politisches Denken. Selbst in den schwersten Auseinandersetzungen versuchte er einen Standpunkt über den Parteien zu gewinnen und alles subjektive Empfinden auszuschalten. Er galt als „der große Schweiger". Als Schriftsteller gehörte Moltke zu den besten Stilisten der deutschen Sprache.

THEODOR MOMMSEN 30. XI. 1817 — 1. XI. 1903

Mommsen war einer der Universalgelehrten des 19. Jahrhunderts, deren Wissen sich nicht auf ein Fachgebiet beschränkte. Im preußischen Abgeordnetenhaus und später im Reichstag des Kaiserreiches galt er, ein Vertreter der bürgerlichen Linken, als einer der am schärfsten profilierten Köpfe. Der gebürtige Schleswiger sah sich nach vorangegangenen philosophischen und juristischen Studien in Kiel vor die schwierige politische Aufgabe gestellt, als Redakteur der „Schleswig-Holsteinischen Zeitung" den dänischen Ansprüchen auf Einverleibung Schleswig-Holsteins entgegenzutreten. Sein Einsatz fand wenig Anerkennung, und er folgte einem Ruf der Leipziger Universität als Professor der Rechte. 1850 wurde er wegen seiner demokratischen Gesinnung wieder entlassen. Erst 1854 war mit der Berufung auf den juristischen Lehrstuhl in Breslau, nachdem er zwischenzeitlich in Zürich doziert hatte, das reaktionäre Vorurteil der ministeriellen Bürokratie überwunden. Seine dreibändige, heute noch bedeutungsvolle „Römische Geschichte" trug ihm vier Jahre später, 1858, die Professur für alte Geschichte an der Universität Berlin und das ehrenvolle Amt eines ständigen Sekretärs der Berliner Akademie ein, das er 22 Jahre ausfüllte. Für seine „Römische Geschichte" und das große kritische Sammelwerk der römischen Inschriften ernannte ihn die Stadt Rom zu ihrem Ehrenbürger. 1902 erhielt er den Nobelpreis für Literatur. In Charlottenburg ist Theodor Mommsen am 1. November 1903 gestorben. Die Kritik hat ihm vorgeworfen, daß er, wie Dahlmann einer der „Göttinger Sieben", der nationalen deutschen Geschichte in seinen Werken nicht nur den Vorzug gab, sondern häufig sogar die wissenschaftlichen Ergebnisse den zeitgenössischen politischen Gesichtspunkten unterordnete.

28. IV. 1758 — 4. VII. 1831 JAMES MONROE

In Virginia geboren, hatte Monroe das Studium der Rechte absolviert, am amerikanischen Unabhängigkeitskrieg teilgenommen und eine rege politische Tätigkeit entfaltet. Während der Französischen Revolution verstand er es, als amerikanischer Botschafter in Paris enge Beziehungen zu Danton und Robespierre anzuknüpfen. Nach der Hinrichtung der Revolutionsführer und Einsetzung des Direktoriums wurde Monroe von seiner Regierung abberufen. Später, im Jahre 1803, hat er seinem Lande in Paris nochmals einen großen Dienst leisten können, indem er von Napoleon die Abtretung Louisianas erreichte. Er wurde Gouverneur von Virginia, Botschafter in London, Madrid und wieder London, dann abermals Gouverneur und in großer Karriere 1811 Staatssekretär des Äußeren und später Kriegsminister. Im Jahre 1816 glückte ihm der große Sprung. Er wurde zum Präsidenten der Vereinigten Staaten gewählt; 1820 übertrug man ihm das hohe Amt ein zweites Mal in fast einstimmiger Wahl. Mit James Monroe begann eine parteilose „Aera des guten Einvernehmens", vielleicht der größte Erfolg, den ein Staatsmann in der Innenpolitik überhaupt erringen kann. Er tat viel für die Stärkung der Unionsregierung und den Schutz des Seehandels. Während seiner Verwaltung wurde Florida erworben, die Unabhängigkeit der ehemaligen spanischen und portugiesischen Kolonien anerkannt und in der Jahresbotschaft des Präsidenten vom 2. Dezember 1823, der historisch bedeutsamen „Monroedoktrin", der Entschluß ausgesprochen, keine Einmischung europäischer Mächte in die inneren Angelegenheiten der amerikanischen Staaten und keine weitere Erwerbung amerikanischen Kolonialgebietes zu dulden. Die Monroedoktrin ist unter dem Schlagwort „Amerika den Amerikanern" zur Richtschnur aller großamerikanischen Politik geworden.

18. I. 1689 — 10. II. 1755 **CHARLES DE MONTESQUIEU**

Unter der Maske eines Persers, der in Briefform seine aufsehenerregenden Eindrücke von den politischen, kulturellen und gesellschaftlichen Zuständen im damaligen Frankreich schilderte, gab der am 18. Januar 1689 auf Schloß Brede bei Bordeaux geborene spätere Präsident des heimatprovinziellen Parlaments, Charles de Montesquieu, ein erstes Zeugnis seiner von echt gallischem Esprit geführten Feder. Da ihm seine Mittel ausgedehnte Reisen erlaubten, drängte es den beweglichen Geist zu fortgesetzter Ausweitung des Gesichtskreises. 1726 legte er sein politisches Mandat nieder und trat eine längere Reise durch Deutschland, Ungarn, Italien, die Schweiz, Holland und England an. Der weltoffene Franzose brachte reiche Erfahrungen heim. Es ging Montesquieu um ein vergleichendes Studium der Gesetze und Verfassungen in den europäischen Kulturstaaten. London ehrte ihn durch die Mitgliedschaft in der Königlichen Sozietät der Wissenschaften. In seinem Hauptwerk „Über den Geist der Gesetze" sind seine Erfahrungen zusammengefaßt; das Werk ist noch in unseren Tagen lesenswert. Montesquieu bejaht die Verschiedenheit der Staatsformen, weil er sie auf ein wechselndes Naturverhältnis der gesetzlichen Institutionen zu den lokalen und sozialen Bindungen zurückführt. Darüber hinaus entwickelt er über diese Einrichtungen, die Geschichte der Politik und des Rechtes eine Fülle staatsphilosophischer Gedanken. Montesquieu hat zum erstenmal die drei Gewalten im Staat — die gesetzgebende, ausführende und richterliche Gewalt — klar herausgestellt. Er eröffnete damit in einer Zeit, in der sich am Versailler Hof der Staat im König manifestierte, entscheidende Ausblicke für eine Neugestaltung der politischen Verhältnisse.

CLAUDIO MONTEVERDI 15. V. 1567 — 29. XI. 1643

Claudio Monteverdi, der größte italienische Komponist des Frühbarocks, hat die abendländische Musik besonders auf den Gebieten des Madrigals und der Oper um bedeutende neue Formen und Gehalte bereichert. In Cremona geboren, kam er mit 23 Jahren als Sänger und Geiger an den Hof von Mantua, wo er bald zum Kapellmeister aufrückte. Von dort wurde er 1613 nach Venedig berufen und wirkte bis zu seinem Tode als Kapellmeister an der Markuskirche. Seine neun Bücher fünfstimmiger Madrigale sind vollständig erhalten. Monteverdi erhob die Musik des Madrigals — des weltlichen Chorwerkes, dem die geistliche Motette entspricht —, die früher den Text nur deklamatorisch untermalt hatte, zu selbständiger dramatischer Wirkung, obwohl oder gerade weil er bestrebt war, dem Wort den stärksten musikalischen Ausdruck zu geben. Denn „das Wort", so forderte er, „sei Gebieter der Musik, nicht ihr Sklave!" Eines seiner bezauberndsten Werke ist die Kantate „Il combattimento di Tancredi e Clorinda" aus Tassos „Befreitem Jerusalem". Die Musik schildert mitreißend den Zweikampf der Liebenden und klingt mit inniger Trauer um den Tod Clorindas aus. Auch der Oper gab Monteverdi neue Leuchtkraft dadurch, daß er das Orchester reformierte und die Szenen, die von seinen Vorgängern vielfach nur rezitativisch gestaltet wurden, stärker mit geschlossenen Musikpartien (Arien und Übergängen) durchdrang. Manche seiner Opern sind verlorengegangen; aber sein anmutiges Frühwerk „Orfeo" und zwei bedeutende Spätwerke „Il ritorno d'Ulisse in patria" („Die Heimkehr des Odysseus") und „L'incoronacione di Poppea ("Die Krönung Poppeas") sind erhalten und zeugen für die kraftvolle Schönheit und Leidenschaft von Monteverdis Musik.

MONTEZUMA II. Um 1466 — 30. VI. 1520

Montezuma, „Der zornige Herr", war in seiner Jugend einer unter vielen Aztekenprinzen Mexikos; er war klug und glaubte an die Macht der alten Götter. Den Priestern des blutdürstigen Kriegsgottes diente er mit demütiger Hingabe. Wenn die Zeit gekommen war, führte er gegen die feindlichen Gebirgsvölker den „Blumenfeldzug", bei dem es wenig Gefallene gab, weil jeder bemüht war, den Gegner als Menschenopfer für die Götter lebendig zu fangen. Heimgekehrt, wurde aus dem stolzen Feldherrn Montezuma wieder der demütige, in Sack und Asche dienende Tempeleleve, der Diener der Priester. Nach dem Tode seines gleichnamigen Vaters im Jahre 1502 setzten Priesterschaft und Kriegsadel die Wahl des Prinzen zum König des Aztekenvolkes durch. Siebzehn Jahre später landete Fernando Cortez mit seinen Spaniern und begann den abenteuerlichen Vormarsch nach Mexiko. Der König, der aus himmlischen Vorzeichen bevorstehendes Unglück gedeutet hatte, war unfähig jedes ernsthaften Widerstandes und suchte den Ausgleich mit den Weißen Göttern, die über Donner und Blitz verfügten. Cortez ließ sich nicht aufhalten, rückte in Mexiko ein und setzte Montezuma in seinem eigenen Palast gefangen. Überall im Lande erhoben sich die unterdrückten Völker gegen die grausame Tyrannei des Königs und seiner blutdürstigen Götter. Montezuma war ein gebrochener Mann. Den Spaniern zuliebe wurde er Christ. Als er bei einem Volksaufstand auf den Balkon des Palastes erschien, um vermittelnde Worte zu sprechen, wurde er von Steinwürfen verwundet. Krank lag er darnieder, als sich die Spanier zum Ausbruch aus der belagerten Stadt anschickten. Ein paar abenteuernde Maultiertreiber aus Estremadura sollen den letzten Herrscher Mexikos, bevor sie seine Schätze raubten, erwürgt haben.

GEBRÜDER MONTGOLFIER

Jacques M. 7. I. 1745 — 2. VIII. 1799   Josef M. 26. VIII. 1740 — 26. VI. 1810

Ein Hahn, eine Ente und ein Lamm waren die ersten Fluggäste der Welt. Sie überstanden ihre Luftreise am 12. September 1783 in einem Warmluftballon der Gebrüder Jacques Etienne (siehe Bild) und Joseph Michel Montgolfier ohne jeden Schaden. Das war eine Sensation, die noch übertroffen wurde, als am 21. November 1783 zum erstenmal Menschen, Pilatre de Roziers und Monsieur d'Arlandes, sich mit einer Montgolfiere in die Luft erhoben. Die Welt war erfüllt von dem unerhört Neuen, das sich damals in Frankreich vollzog, und den beiden Erfindern des Luftballons wurden viele Ehrungen zuteil. Im Grunde war diese Erfindung einer Art geistiger Kettenreaktion zu verdanken gewesen. Der englische Chemiker Joseph Priestley, der den Sauerstoff, das Schwefeldioxyd, das Stickstoffoxydul und das Kohlenoxyd entdeckte, vollendete von 1774 bis 1777 ein Werk über seine Beobachtungen der verschiedenen „Luftarten", d. h. der Gase. Dieses Werk gelangte in die Hände des Architekten und Papierfabrikanten Etienne Montgolfier, der es seinem älteren Bruder Joseph gab. Joseph Montgolfier kam auf den Gedanken, „leichte Luft" in eine Hülle einzuschließen, die sie dann emporheben sollte. Er und sein Bruder versuchten zunächst, einen Papierballon mit Wasserdampf zu füllen. Der heiße Dampf aber schlug sich an der kalten Hülle als Wasser nieder. Später hatte Joseph den Einfall, die Luft im Innern einer Papierhülle zu erwärmen, und damit war der Warmluftballon erfunden, der am 5. Juni 1783 in Annonay bei Lyon, anläßlich einer Tagung der Provinzialstände, zuerst öffentlich vorgeführt wurde, wobei er 2000 Meter hoch stieg. Der erste mit Wasserstoff gefüllte Ballon entstand auf Anregung des Pariser Physikers Charles, der am 21. 12. 1783 mit dieser „Aerostatischen Maschine" einen gelungenen Flug unternahm.

17. IV. 1837 — 31. III. 1913   ## JOHN PIERPONT MORGAN

Im Jahre 1873 erklärte ein Untersuchungsausschuß des USA-Kongresses, der sich mit der wirtschaftlichen Entwicklung der Vereinigten Staaten befaßt hatte: „Das Land füllt sich schnell mit riesigen Gesellschaften, die über ungeheure Kapitalmengen verfügen und sie kontrollieren und dadurch größten Einfluß und außerordentliche Macht ausüben . . ." Unter den Trustkapitänen, die in den Jahren nach der Beendigung des nordamerikanischen Bürgerkrieges ganze Wirtschaftszweige unter ihre Kontrolle brachten, nimmt John Pierpont Morgan eine Sonderstellung ein. Morgan verdankte seine Erfolge fast ausschließlich der glücklichen Spekulation an der Börse und seinem Instinkt für Haussen und Baissen. Als es ihm im Jahre 1901 gelang, Carnegies Stahlwerke aufzukaufen, konnte er von seinem New Yorker Büro aus den größten Stahltrust der Welt, die „United States Steel Corporation", mit einem Aktienkapital von 1,4 Milliarden Dollar aufbauen. Ihm standen seine Erfahrungen aus der Gründung eines Eisenbahntrusts mit 11 Eisenbahngesellschaften, die zusammen über 19 000 Meilen Strecke geboten, zur Verfügung. Während der phantastischen Aufbauzeit der nordamerikanischen Industrie und Wirtschaft um die Jahrhundertwende brachte er europäischen Riesenanleihen auf den Geldmarkt. Gegen Ende seines Lebens fügte er zu Eisenbahnen, Stahltrust und Finanzherrschaft an der New Yorker Börse noch die „International Mercantile Marine Company", einen Schiffahrtstrust, der ebensoviel Tonnage wie die gesamte französische Handelsflotte besaß. Morgan sammelte ein ungeheures Vermögen an, dessen Erträge er für Stiftungen und bedeutende Kunst- und Buchsammlungen verbrauchte. Sein Sohn und Erbe wurde zum Manager der Kriegsanleihen für die Entente und erweiterte die Macht des Hauses Morgan.

EDUARD MÖRIKE
8. IX. 1804 — 4. VI. 1875

Als Kind hielt sich Eduard Mörike gern in einem dunklen Verschlag auf dem Dachboden seines Elternhauses in Ludwigsburg auf. Auf dem Seminar in Urach, wo er zum Pfarrer ausgebildet wurde, schaffte er sich in einer kleinen Hütte am Berghang eine verborgene Zuflucht. In märchenhaft romantisierender Verborgenheit hat sich dieser empfindsame schwäbische Dichter, der Freund Kerners und Uhlands, zeitlebens am liebsten aufgehalten. Seine eigentliche Heimat war Orplid, das Inselland der Göttin Weyla und ihrer Feen, das er sich als Student erdichtete. Sein untrügliches Gefühl für das Echte im seelischen Bereich und seine gesunde dichterische Schaffenskraft wußte er jedoch nicht in das Leben zu übertragen. Geister und Irrlichter machten ihm zu schaffen. Seine schönen Briefe an die langjährige Braut Luise Rau blieben ohne rechten Widerhall. Die Ehe mit einer Offizierstochter zerbrach. Zu fromm, um nicht von den Alltagsgeschäften des Pfarramts bedrückt zu werden, quittierte er früh den Dienst und lebte in kargen Verhältnissen bis zu seinem einsamen Tode. Aber er hat einige der schönsten lyrischen Gedichte nach Goethe geschaffen, kristallklar in der Form, von zarter Melodik, reicher Farbigkeit und tröstlicher innerer Heiterkeit. Von seiner edlen Prosa gilt neben der Novelle „Maler Nolten", in der teilweise eigene Erlebnisse verklärt sind, und neben den reizenden Märchenerzählungen „Der Schatz" und „Das Stuttgarter Hutzelmännlein" vor allem „Mozart auf der Reise nach Prag" als eine der Perlen deutscher Erzählkunst. Der Geist dieses liebenswerten Musikers, der Mörike sein Leben lang umschwebte, prägte die für sein ganzes Schaffen charakteristische Verszeile: „Was aber schön ist, selig scheint es in ihm selbst."

MORITZ VON SACHSEN
21. III. 1521 — 11. VII. 1553

Schon vom 20. Lebensjahre an hat er große Geschichte gemacht. In diesem Alter wird er Herzog von Sachsen-Dresden. Aber sein Ehrgeiz zielt auch auf Sachsen-Wittenberg und auf die Kurwürde, die mit diesem Lande verbunden ist. Um dieser Machtvergrößerung willen verrät Herzog Moritz seine in schweren Kämpfen stehenden protestantischen Glaubensbrüder und schlägt sich auf die Seite des Kaisers Karl V. Als ihm die versprochene Kurwürde und die Kurlande zugefallen sind, nähert er sich wieder den protestantischen Reichsfürsten und rüstet heimlich gegen den Kaiser. Als neuen Bundesgenossen gewinnt er den französischen König, dem er die Stifte Metz, Tours, Verdun und Cambrai überläßt. Der von fast allen Reichsfürsten verlassene, nach Kärnten geflüchtete Kaiser willigt im Jahre 1552 in den Vertrag von Passau, der zum ersten Friedensschluß zwischen den katholischen und evangelischen Reichsständen wird und im Augsburger Religionsfrieden von 1555 seine Vollendung findet. Der zeitlebens von einer Machtgruppierung zur andern schwankende, immer auf die Vermehrung der eigenen Hausmacht sinnende jugendliche Moritz von Sachsen gewinnt am Ende seines Lebens erst klareres Profil. Erneut schlägt er sich auf die Seite des Kaisers und leistet ihm Waffenhilfe gegen die in Ungarn vordringenden Türken. Als einziger unter allen Fürsten wagt er es gegen den übermächtigen Reichsfeind Albrecht Alcibiades von Brandenburg vorzugehen. Im Juli des gleichen Jahres 1553 wird Kurfürst Moritz in der blutigen Schlacht bei Sievershausen im Hannoverschen tödlich verwundet; aber der Sieg ist vollständig. Als Moritz stirbt, ist er 32 Jahre alt. Der Kaiser versucht im Krieg gegen Frankreich vergeblich, die von Moritz verkauften Grenzlande Metz, Tours, Verdun und Cambrai dem Reiche zurückzugewinnen.

27. IV. 1791 — 2. IV. 1872   **SAMUEL FINLEY MORSE**

„Wenn Sie in der nächsten Zeit vom Telegraphen als einem Weltwunder hören sollten, so denken Sie daran, daß diese Erfindung an Bord Ihres Schiffes gemacht wurde." Mit diesen Worten verabschiedete sich der amerikanische Maler Samuel Finley Morse von dem Kapitän eines Schiffes, das ihn von Europa nach Amerika zurückgebracht hatte. An Bord war er von elektrischen Versuchen des Professors Jackson so beeindruckt worden, daß er mit eigenen Forschungen und Experimenten begann und dabei auf die Idee eines neuartigen Telegraphen kam. Er gewann die Unterstützung des Chemieprofessors Leonard D. Gale, der ihm vor allem bei der Herstellung der Batterien half, und des großen Physikers Professor Joseph Henry. Der erste Morseapparat war primitiv, zeigte aber bereits das Grundsätzliche der Erfindung: den die Schreibvorrichtung betätigenden Elektromagneten, das den Papierstreifen bewegende Uhrwerk und die Morsetaste. 1837 wurde der Morsetelegraph patentiert. Man hielt ihn zunächst für eine Spielerei. Auch die Mitglieder des Repräsentantenhauses, die schließlich die Mittel für den Bau einer Telegraphenlinie zwischen Baltimore und Washington bewilligten, spotteten über diese Erfindung. Die Linie konnte am 24. Mai 1844 in Betrieb genommen werden. Erst als Morse aus Baltimore die Nachricht von der Wahl eines in Washington befindlichen Mitgliedes der Demokratischen Partei zum Vizepräsidenten erhalten und zurückgemeldet hatte, daß der Demokrat die Wahl ablehne, erkannte man in den USA den Wert des Telegraphen. Dennoch weigerte sich das Parlament, die Erfindung Morses anzukaufen. Morse wurde später technischer Direktor der New York and New Foundland Telegraph Company und Professor der Naturgeschichte am Yale College in New Haven.

7. II. 1478 — 6. VII. 1535   **THOMAS MORUS**

Es ist Dienstag, der 6. Juli 1535, der Vorabend des St.-Thomas-Tages. Der Mann, der auf dem schwankenden Gerüst den Henker küßt und sich starken Herzens auf den Block legt, war noch drei Jahre zuvor der mächtigste Mann auf der englischen Insel nach dem König, der Kanzler und Freund Heinrichs VIII. Er hatte das hohe Amt nicht gesucht. Das Vertrauen des Volkes zu dem unbestechlichen Untersheriff von London, die erfolgreiche Lösung diplomatischer Sonderaufträge und die von dem jungen Herrscher zunächst an seinem Geheimen Rat geschätzte Gewissenhaftigkeit ließen Thomas Morus höher und höher am Hofe steigen. Um vieles lieber hätte er seinen literarischen Neigungen, historischer Forschung sowie der Pflege der lateinischen und griechischen Sprache gelebt, die schon der 15jährige Oxfordzögling meisterte. Er lebte in glücklichster Ehe mit einer Tochter des Landadeligen Colt von Newhall in Essex. Nach ihrem frühen Hinscheiden heiratete er, weil die vier unmündigen Kinder einer Mutterhand bedurften, die sieben Jahre ältere Witwe Alice Middleton. Dann kam, schicksalhaft und unausweichlich, der Bruch mit dem König. Fast 20 Jahre lang hatte Heinrich VIII. mit Katharina von Aragonien als seiner angetrauten Königin verbracht, als Anna Boleyn in sein Leben trat, die sich ihm nur in rechtsgültiger Ehe verbinden wollte. Da Rom eine geforderte Ungültigkeitserklärung des Bundes mit Katharina verweigerte, kam es zu der geschichtlichen Kirchenspaltung. Heinrich setzte zudem im Parlament ein Gesetz durch, wonach das Verhältnis zu Anna als gültige Ehe beeidet werden mußte. Thomas Morus verweigerte standhaft den Gewissenschwur. Die Antwort des Königs war das Todesurteil.

321

JUSTUS MÖSER   14. XII. 1720 — 8. I. 1794

Ein zeitkritischer Kommentator mit konstruktiven Gedanken zur Auflockerung versteifter Gegensätze ist zumeist wertvoller als ein mittelmäßiger Poet. In außergewöhnlichem Maß gilt das für den Gründer der „Wöchentlichen Osnabrückischen Intelligenzblätter". Justus Möser hat sich seinen Platz in der Geschichte als Staatsmann und Publizist in einer Zeit erobert, die mit ihren schwelenden Brandherden, immer wieder aufflammenden Kriegswirren und flutender Bevölkerungsbewegung manche Ähnlichkeit mit der Gegenwart hat. Am 14. Dezember 1720 im westfälischen Osnabrück geboren, wurde er nach abgeschlossenem Rechtsstudium an den Universitäten Jena und Göttingen 1742 Sekretär der Landstände. 1755 berief ihn die Ritterschaft zum Syndikus. Es gelang ihm, durch hervorragendes Organisationstalent und geschickte Verhandlungstaktik die Schäden durch den Siebenjährigen Krieg nachhaltig zu mildern. Seine diplomatische Klugheit bestätigte sich, als er 1763 den Auftrag erhielt, nach London zu reisen und in der englischen Hauptstadt die zugesagten Hilfsgelder flüssig zu machen. Was den Patrioten Möser jedoch über seine Zeit hinaushebt, ist die häufig verkannte Tatsache, daß er einer der ersten großen deutschen Journalisten war, der in dem von ihm ins Leben gerufenen Publikationsorgan bei aller vaterländischen Begeisterung und einer gewollt plaudernden Leichtigkeit des Stils sehr Ernsthaftes zu den bestehenden Verhältnissen und kommenden Entwicklungsmöglichkeiten zu sagen wußte. Justus Möser leitete die „Intelligenzblätter" bis zum Jahre 1782 und hat in der Folge seine kritischen Abhandlungen als „Patriotische Phantasien" gesammelt herausgegeben. Er verschied am 8. Januar 1794 in seiner Geburtsstadt.

WOLFGANG AMADEUS MOZART   27. I. 1756 — 5. XII. 1791

Von Mozarts Musik trennen uns nicht die zwei Jahrhunderte, die seit seinem Erdenleben vergangen sind. Sie quillt für uns unmittelbar aus dem Ewigen und zugleich aus dem tiefsten, reinsten Grund alles Irdischen und Menschlichen. Nicht das ist das eigentliche Wunder seiner Erscheinung, daß er mit vier Jahren zu musizieren, mit fünf zu komponieren und mit sechs unter der Anleitung seines Vaters, eines bedeutenden Musikers am Salzburger Hof, zu konzertieren anfing, sondern daß er den unerschöpflichen Reichtum seiner Werke, über 600 an der Zahl — im Köchel-Verzeichnis sorgfältig registriert — in 35 Lebensjahren schuf. Es war ein Leben, das sich nicht schonte, sondern aus dem Vollen sich versprühte und verglühte, ein Leben farbigen Glanzes, grauer Not und tragischen Opfers. Die Spannweite von Mozarts Persönlichkeit umfaßt alle Schattierungen des Menschlichen: vom unbekümmert sinnenfrohen Papageno über den edlen Tamino bis zu dem weisen Sarastro. In ihm lebt der revolutionäre Figaro ebenso wie der spielerische Liebhaber in „Cosi fan tutte", der beherzte Belmonte aus der „Entführung" wie die tragische Figur des „Don Juan". In der Fülle seines Schaffens zeugen weltliche und geistliche Musik, Klaviersonaten, Kammermusik, Sinfonien, Klavier-, Violin- und Flötenkonzerte, Messen, Singspiele und Opern — deren italienischen Stil er zum deutschen wandelte — von der apollinisch anmutigen Klarheit, dem lichten Schweben und der weisen Heiterkeit seines Genius. Daß die Mutter dieser Heiterkeit das Leid ist, sagen uns Mozarts Spätwerke, die drei großen Sinfonien in Es-dur, G-moll und C-dur, die letzten Quintette, die „Zauberflöte" und das „Requiem". Über allem aber steht für Mozart die Liebe, nach seinem eigenen Bekenntnis: „Liebe, Liebe, Liebe ist die Seele des Genies!"

14. VII. 1801 — 28. IV. 1858 JOHANNES MÜLLER

Der große Virchow hat Johannes Müller einen tiefempfundenen Nachruf gewidmet: „Er war ein Priester der Natur, vor deren Altar er immer stand, in jeder Falte seines Gesichts die Erinnerung an eine vollendete Arbeit und durch eigene Kraft befreit von den Fesseln der Überlieferung." Johannes Müller hat seinen Zeitgenossen und den nach ihm kommenden Generationen ein gewaltiges Werk hinterlassen, seine literarischen Arbeiten umfassen über tausend Druckbogen! Er verhalf der modernen naturwissenschaftlichen Richtung der medizinischen Forschung entscheidend zum Durchbruch. In seinem Hauptwerk, dem heute noch lesenswerten Handbuch der Physiologie, stellte er erstmals das Experiment und die exakte Beobachtung in den Vordergrund; an diesem Buch haben sich Generationen von Ärzten geschult. Müller war gleichzeitig der letzte große Polyhistor der Medizin. Er arbeitete zoologisch und paläontologisch, interessierte sich für Planktonforschung und erörterte in seinem Briefwechsel mit Goethe die Probleme der Entwicklungslehre. Johannes Müller wurde 1801 in Koblenz als Sohn eines armen Schuhmachers geboren. Er zeigte auf der Schule eine so ungewöhnliche Begabung, daß sich ein hoher Beamter des Unterrichtsministeriums seiner Ausbildung annahm. Müller gewann schon als Student einen bedeutenden Fakultätspreis, wurde mit 25 Jahren Professor in Bonn und erhielt im Jahre 1833 einen Ruf an die Universität Berlin. Er lehrte Anatomie, Physiologie und Pathologie. Als dieser wahrhaft umfassende Geist im Jahre 1858 verlöschte, mußte das von ihm bearbeitete Gebiet auf drei neue Lehrstühle aufgeteilt werden.

18. XII. 1863 — 23. I. 1944 EDVARD MUNCH

Bevor der norwegische Maler Edvard Munch im Januar 1944 starb, vermachte er mehr als tausend Bilder eigener Produktion, die sich in seinem Besitz befanden, den Städtischen Sammlungen in Oslo. Unzählige seiner Werke — sowohl Gemälde wie Graphiken — hängen in den großen Museen aller Erdteile. In einem mehr als achtzig Jahren währenden, sehr bewegten Leben, das ihn in manchen Ländern Europas heimisch werden ließ, hat Munch ein vielfältiges, stilistisch und thematisch wandlungsreiches und doch von Anfang bis Ende unverkennbar eigengeprägtes Werk geschaffen. Er hat die Entwicklung der neuzeitlichen Malerei, besonders in Deutschland, nachhaltig beeinflußt. Als Sohn eines Arztes wuchs Munch in Oslo auf. Von seinem norwegischen Lehrer Christian Krogh auf der Bahn der naturalistischen Malerei mit sozialen Motiven geführt, geriet er in Paris unter den Einfluß des Impressionismus, den er aber bald überwand, um der von van Gogh und Gauguin eingeschlagenen Kunstrichtung zu folgen. Doch fand er schon früh, namentlich in Bild-Zyklen, seine eigene Form. Liebe und Tod und die Polarität von Stadt und Land waren seine bevorzugten Motive. Eine Ausstellung in Berlin, wo er mit Strindberg, Dehmel, Meier-Gräfe u. a. einen Freundeskreis bildete, führte 1892 zur Gründung der „Berliner Sezession". Nach einem Zusammenbruch im Jahre 1908 entwickelte sich seine Kunst schließlich zu symbolhafter Vereinfachung, lichter Farbigkeit („Lebensfries"), vor allem in monumentalen Darstellungen des Arbeiterlebens. Die Selbstbildnisse des alternden Künstlers, der sich auf sein heimatliches Gut Ekely zurückgezogen hatte und an großen, unvollendet gebliebenen Wandgemälden im Osloer Rathaus arbeitete, sind erschütternde Zeugnisse innerer Vereinsamung.

HIERONYMUS V. MÜNCHHAUSEN 11. V. 1720 — 22. II. 1797

Der „Lügenbaron" Hieronymus von Münchhausen ist ein oft zitiertes Beispiel dafür, daß eine Persönlichkeit von ungewöhnlicher Originalität schon zu Lebzeiten zur mythischen Gestalt werden kann. Dabei hat Münchhausen die beiden Männer, die seine Geschichten — sehr gegen seinen Willen — aufschrieben und unter die Leute brachten, um mehrere Jahre überlebt. Das waren der Kasseler Bibliothekar Raspe, der in England, seinem Fluchtexil, Geschäfte machte mit einer Druckfassung der Geschichten, die er von Münchhausen selbst gehört haben wollte, und der Dichter Gottfried August Bürger, der diese Sammlung ins Deutsche übertrug und um eine Anzahl weiterer Anekdoten und Geschichten aus älteren Büchern vermehrte. Der Erzählungskunst Bürgers ist es zu verdanken, daß die humorvollen Aufschneidereien des Barons, die „Münchhausiaden", volkstümlich und weltbekannt wurden. Hieronymus von Münchhausen war Schloßherr auf Bodenwerder an der Weser. Als Page des Erbprinzen von Braunschweig nahm er in Rußland in einem Donkosakenregiment an den Türkenkriegen teil, hielt zufällig als erster bei der das Truppenlager besichtigenden späteren Zarin Katharina II. Wache und wurde mit knapp dreißig Jahren von ihr zum Rittmeister befördert. Bald darauf nahm er seinen Abschied, um verwickelte Erbverhältnisse in Bodenwerder zu ordnen und fortan seiner Jagdleidenschaft zu leben. Wunderdinge wurden von seiner charmanten Plauder- und Fabulierkunst berichtet, die er nur im vertrautesten Kreise übte. Mit spöttischer Überlegenheit wußte er durch groteske Übertreibungen die üblichen Prahlereien der Gesellschaft, der Jäger und Reisenden insbesondere, ironisch zu parodieren nach dem Wahlspruch: „Glaubt's mir, ihr gravitätischen Herrn: gescheite Leute narrieren gern."

THOMAS MÜNTZER 21. XII. 1489 — 27. V. 1525

Der aus dem Harz stammende Gelehrte und Geistliche Thomas Müntzer war einer der mitreißendsten Revolutionäre der Bauernaufstände um 1525. Als junger Theologe von hoher Bildung und umfassender Bibelkenntnis schloß er sich der Reformation an, wurde 1520 Prediger in Zwickau, 1523 Pfarrer in Allstedt. Im Kampf zwischen Gewissen und Amtspflicht sagte er sich von Luther los, der ihm nicht radikal genug erschien und dessen „honigsüßen" Christus er verachtete. Er beschuldigte die Reformatoren, ein neues Papsttum und eine neue Kirche zu gründen, die nur der fleischlichen Freiheit diene. Ihm ging es um den „reinen Geist", und in seinen Predigten verlangte er eine gleichmäßige Verteilung der irdischen Güter. Er schaffte Kirchengesang und lateinische Liturgie ab und zerstörte mit seinen Anhängern in leidenschaftlichem Glaubenseifer eine Wallfahrtskapelle. Vor der rächenden Staatsgewalt mußte er in die Schweiz fliehen. Bald aber beriefen ihn die Bürger der freien Reichsstadt Mühlhausen in Thüringen als Pfarrer. In der neuen Gemeinde richtete er ein unbeschränktes Regiment auf, das den Armen erlaubte, mit den Reichen zu teilen und bei Widerstand Gewalt zu gebrauchen. Das Bewußtsein seiner Macht über die Massen trieb Müntzer schließlich zur Maßlosigkeit. Er wiegelte die unzufriedenen Städter, Bergleute und Bauern in ganz Thüringen zum Aufstand gegen Fürsten und Patrizier auf: „Schont die Gottlosen nicht. Das Feuer lodert, laßt euer Schwert nicht kalt werden von Blut. Dran, dran, dran!" rief er den Bauernheeren zu. Bei Frankenhausen traten braunschweigische und hessische Truppen den Aufständischen entgegen. Die Bauern unterlagen in einer blutigen Schlacht. Thomas Müntzer wurde enthauptet. Als man ihm beim Verhör vorhielt, wie viele Menschen er unglücklich gemacht habe, entgegnete er lächelnd: „Sie haben es so gewollt!"

1. I. 1618 — 3. IV. 1682   **BARTOLOMÉ E. MURILLO**

„Raffael Sevillas" hat man Bartolomé Esteban Murillo, den spanischen Maler, genannt. In den letzten Tagen des Jahres 1618 wurde er im schönen Andalusien geboren. Der Vormund des früh Verwaisten erkannte sein großes Talent und schickte ihn zu dem tüchtigen Juan de Castillo in die Lehre. 1642 ging Murillo nach Madrid, wo er in den Schlössern und im Escorial die Meisterwerke studierte. Am nachhaltigsten wirkten auf ihn die Werke von Ribera, van Dyck und Rubens. Für den kleinen Klosterhof von San Francisco in Sevilla führte Murillo 1645/46 elf Gemälde aus, die seinen Namen mit einem Schlag berühmt machten. Er galt seitdem, mit Aufträgen überhäuft, als einer der genialsten Maler Spaniens. 1656 schuf er für die Antoniuskapelle der Kathedrale von Sevilla seine großartige „Vision des hl. Antonius", einige Zeit später trat er an die Spitze einer neugeschaffenen Kunstakademie. Als er den Domkapitular Don Justino de Neve zum Freunde gewonnen hatte, begann die Hauptperiode seines reichen Schaffens. Im Auftrag des kunstsinnigen Priesters malte er die „Unbefleckte Empfängnis Mariae", die in ihrer thematischen Gestaltung oft nachgeahmt worden ist. Von ebenso überzeugender Wirkung sind die Gemälde „Das Wunder Mosis am Felsenquell", „Der Märtyrertod des hl. Andreas" und die „hl. Elisabeth". Neben dem Italiener Correggio ist Murillo der größte Kindermaler aller Zeiten. Das schönste Bild dieses Genres ist „Der kleine hl. Thomas von Villanueva verteilt seine Kleider unter die Bettelbuben". Bei der Ausführung des Hauptbildes für den Hochaltar der Kapuzinerkirche in Cadiz stürzte der Meister tödlich vom Gerüst. In der Kirche Santo Cruz wurde er in der Kapelle der Familie Jaen beigesetzt. 1810 wurden die Gräber der kleinen Kirche von französischen Marodeuren geplündert und die Gebeine zerstreut.

29. III. 1735 — 28. X. 1787   **JOHANN KARL AUGUST MUSÄUS**

Der Name des einstigen herzoglichen Pagenmeisters am Weimarer Hofe ist selbst im Atomzeitalter noch nicht in Vergessenheit geraten. Er ist untrennbar mit dem Denkmal verbunden, das sich Johann Karl August Musäus in seinen von ihm nacherzählten „Volksmärchen der Deutschen" selbst gesetzt hat. Die fünf Bände, in den Jahren 1782—1786 erschienen, haben sich vor allem deshalb so bemerkenswert jung erhalten, weil sie voll jovialer Laune und liebenswürdiger Schalkhaftigkeit sind. Sie tragen allerdings nicht die naiven Züge einer großmütterlichen Dämmerstunde; die zauberischen Geschichten sind Dichtungen, die den Märchenstoff selbständig auswerten und die florettierende Ironie des eleganten Hofmannes widerspiegeln. Es ist bedauerlich, daß die übrigen Schaffensproben des in Jena geborenen Wieland-Verehrers so gut wie vergessen sind. Musäus, seit 1770 Professor am Gymnasium in Weimar, hat die köstliche Parodie „Grandison der Zweite" verfaßt; sie persifliert einen Roman des britischen Autors Richardson, dessen schwärmerisch-sentimentale Schreibweise den Familienroman auf der Insel begründete. Umstrittener, doch nicht weniger gekonnt, sind die „Physiognomischen Reisen". Auf der Linie des Göttinger Spötters Lichtenberg und eines Nicolai wendet sich der meisterliche Ironiker in dem Werk gegen die in der Sturm- und Drangperiode aufgekommene, liebevolle seelische Selbstbespiegelung nach dem Muster des Schweizer Theologen Lavater. Eine Wiedererweckung verdienten auch die Erzählungen „Straußfedern", dem Äußeren nach wie die „Volksmärchen" ein Sammelwerk, wieder aber von so eigener Note, daß man sie mit Vergnügen vernimmt.

GUSTAV NACHTIGAL 23. II. 1834 — 20. IV. 1885

In der Reihe der klassischen Forschungsreisenden gilt Gustav Nachtigal als der eigentliche Entdecker und erste gründliche Erforscher der Sahara. Gegenüber dieser großen menschlichen und wissenschaftlichen Leistung, die in seinem zweibändigen Werk „Sahara und Sudan" eindrucksvoll dargestellt ist, tritt heute seine einst vielgefeierte koloniale Pioniertat, die umsichtig vorbereitete Erklärung von Togo und Kamerun zu deutschen Schutzgebieten im Jahre 1884, in den Hintergrund. Nachtigal, in der Altmark geboren, war Militärarzt in Köln und 27 Jahre alt, als er sich entschloß, nach Algerien und Tunis zu gehen, um seine angegriffene Lunge auszuheilen. Ein Auftrag Kaiser Wilhelms I., dem Sultan von Bornu Geschenke zu überbringen, war der erste Anstoß zu seinen ausgedehnten, entbehrungs- und gefahrvollen Wüstenreisen. Er erreichte Fezzan und Tibesti und erkundete die Landschaft und die Eingeborenenstämme um den Tschadsee. Die Pariser Geographische Gesellschaft ehrte ihn mit der Großen Goldenen Medaille, die Berliner Gesellschaft für Erdkunde machte ihn zu ihrem Präsidenten. Nachtigal war der geborene Forscher. Trotz seiner anfälligen Gesundheit nahm er die härtesten Strapazen auf sich, getrieben von dem „überwältigenden Reiz, der im Unbekannten liegt". Im Anschluß an seine zahlreichen Reisen war Nachtigal Konsul in Tunis; später leistete er in Obereguinea dem Deutschen Reich wertvolle Dienste; er war es, der nach erfolgreichen Verhandlungen mit den Negerhäuptlingen als erster die deutsche Flagge in den beiden Kolonien hißte. Auf der Rückreise von diesem Unternehmen starb er, 51 Jahre alt, an Bord der „Möwe" und fand seine letzte Ruhestätte in afrikanischer Erde, in Kamerun.

FRIDTJOF NANSEN 10. X. 1861 — 13. V. 1930

„Wir hassen uns selbst, wenn wir Menschen hassen." Der Mann, der dieses Bekenntnis ablegte, erkannte auf der Höhe seines wissenschaftlichen Ruhmes, daß der Mensch der Mittelpunkt der Welt ist, und er folgte seiner inneren Berufung, allen denen zu helfen, die in Not sind. Fridtjof Nansen gab seine ruhmvolle Forscherlaufbahn auf und proklamierte nach dem ersten Weltkrieg vor dem Völkerbund die Nächstenliebe als politische Macht. Vor ihr kapitulierten 1920 die Russen, indem sie die deutschen Kriegsgefangenen nach Hause schickten, und vor ihr beugte sich die Bürokratie aller Staaten, als der Norweger für die Flüchtlinge im „Nansenpaß" ein Ausweispapier schuf, das alle Grenzen öffnete. Mit 27 Jahren, 1888, durchquerte Nansen das unerforschte Grönland. Fünf Jahre später brach er mit der „Fram" zur Nordpolexpedition auf, die drei Jahre dauerte. Nach einer Zwischentätigkeit als Professor für Zoologie in Oslo vermittelte er im Konflikt zwischen Schweden und Norwegen, ging als Gesandter seines Landes nach London, trat nach dem Tode seiner Frau zurück und widmete sich wieder der wissenschaftlichen Arbeit. Einer Fahrt nach Spitzbergen schloß sich 1913 eine Forschungsreise nach Sibirien und zum Stillen Ozean an. Während des ersten Weltkrieges schickte ihn seine Regierung als Bevollmächtigten nach Washington, und von jetzt an widmete er sich nur noch dem Werk der Nächstenhilfe. — Im Mai 1930 rüstete Norwegen zu seinem Nationalfeiertag. Der fast siebzigjährige Forscher hatte der Regierung zugesagt, in Oslo die Festrede zu halten. Aber der Nationalfeiertag wurde zum Trauertag — wenige Stunden vor dem Festakt schloß Nansen, der Träger des Friedensnobelpreises, die Augen für immer.

15. VIII. 1769 — 5. V. 1821   **NAPOLEON BONAPARTE**

Er war ein Kind der Revolution und gleichzeitig ihr Bändiger und Umgestalter, ein „Robespierre zu Pferd", wie Mereschkowski ihn genannt hat. Nachdem er im Oktober 1795 einen Aufstand der letzten Jakobiner niedergeworfen hatte, rettete er die Republik vor der Überwältigung von außen her im Italienfeldzug von 1796. Sein Genius erkannte, daß der Kampf des republikanischen Frankreichs ein Krieg gegen seinen gefährlichsten Gegner England sein müsse. So trat er seinen welterschütternden Weg an: 1798/99 versuchte er den Vorstoß über Ägypten hinaus nach Indien, 1804 bereitete er erfolglos die Invasion der britischen Insel vor; nach Niederwerfung des Kontinents suchte er das Britische Weltreich durch die Kontinentalsperre der Jahre 1808-1812 zu erschüttern. Als letzten Versuch unternahm Napoleon den abenteuerlichen Marsch, der über Moskau nach Indien führen sollte und der in Eis und Schnee und mit unzähligen Opfern endete. In diesen 20 Jahren Krieg war Napoleon durch seinen Staatsstreich von 1799 zum Ersten Konsul und erblichen Kaisertum emporgestiegen. Er vollendete inmitten von Gewalt, Polizeiterror und Spitzelwesen als seine bleibende Schöpfung den Code Napoleon, das spätere Vorbild aller Bürgerlichen Gesetzbücher, und verhalf über die bisherige Kleinstaaterei hinweg der Idee moderner großräumiger Staaten zum Durchbruch. Seine Liebe galt der schönen Kreolin Josephine Beauharnais, von der er sich im Interesse des Staates scheiden ließ, um die Tochter des Kaisers von Österreich, Marie Luise, zu heiraten. Das Riesenreich, das er geschaffen hatte, zerbrach mit seinem Sturz. Die Ideen der Französischen Revolution, die mit den Heeren des Korsen in alle Länder Europas getragen worden waren, blieben wirksam und trugen dazu bei, ein neues, freiheitliches Denken heraufzuführen.

20. IV. 1808 — 9. I. 1873   **NAPOLEON III.**

Genialer Staatsmann und verwegener Abenteurer, kluger Politiker und rücksichtsloser Intrigant, Retter Frankreichs und Phantast — zwischen diesen Extremen schwankte das Urteil der Zeitgenossen über Louis Napoleon, den Neffen des großen Korsen und Kaiser Frankreichs. Die Triebfeder seines Handelns war der glühende Ehrgeiz, der Kometenbahn seines Vorfahren zu folgen. Die ersten Lebensjahrzehnte verbrachte Louis Napoleon, der Sohn des Königs Ludwig von Holland und der Königin Hortense, in Italien, Deutschland, Amerika, England und in der Schweiz, dem alten Asyl politischer Flüchtlinge. Von Frankreich kannte er nach zwei mißglückten Putschen von Straßburg und Boulogne nur die Wände der Zellen in den Festungen. Der Zauber seines Namens bewährte sich, als er nach der Revolution von 1848 mit großer Mehrheit zum Präsidenten der Republik gewählt wurde. Es gelang ihm, die Parteien gegeneinander auszuspielen. Ende 1851 fühlte er sich stark genug, die republikanische Verfassung zu stürzen, und ein Jahr später war er Kaiser der Franzosen. Durch kluge Fürsorge für die Bauern und Arbeiter und eine geschickte Wirtschaftspolitik sicherte Napoleon III. im Innern seine Herrschaft. Nach außen verkündete er die trügerische Devise „L'empire c'est la paix!" Mit Napoleons Regierungsantritt brach eine Zeit der Unruhe in Europa an. Er engagierte sich im Vorderen Orient, in Italien, in Mexiko und in Deutschland. Das Ziel seiner Pläne war das linke Rheinufer und die Erringung der Vormachtstellung Frankreichs in Europa. Am Ende dieser aggressiven Politik stand die Katastrophe von Sedan und mit der Gefangenschaft Napoleons die Vernichtung des französischen Empires. Der Kaiser hatte seine Kräfte und die Frankreichs überfordert.

A. M. NEGRELLI   23. I. 1799 — 1. X. 1858

Ferdinand Lesseps hat den Ruhm, den Bau des am 16. November 1869 eröffneten Suezkanals durchgeführt zu haben. Der technischen Bauausführung aber lagen die genialen Pläne des Südtiroler Verkehrsingenieurs Alois Maria Negrelli; Ritter von Moldelbe, zugrunde. Negrelli hatte die berühmte österreichische Nordbahn erbaut und Pläne für den Durchstich der Landenge von Korinth hergestellt; aber erst 1881, 23 Jahre nach seinem Tode, wurde mit dem Bau begonnen, und 1902 befuhren die ersten Schiffe den Kanal. Negrellis Ruf hatte auch die Schweiz veranlaßt, ihn mit der Planung des Eisenbahnnetzes in ihrem Gebiet zu beauftragen. Für den Bau des Suezkanals lagen bereits jahrzehntealte Vorarbeiten vor; aber sie beruhten auf einem Irrtum. Er war dem Vermessungsingenieur Napoleon Bonapartes, Lepère, unterlaufen, als er zwischen dem Mittelländischen und dem Roten Meer einen Niveauunterschied von 9 Metern festgestellt hatte. Der Irrtum hatte den Kanalbau erheblich verzögert. Wahrscheinlich wäre der Kanal auch jetzt noch nicht begonnen worden, wenn nicht B. P. Efantin, der als Vorkämpfer für den utopischen Sozialismus Saint Simons bekannt geworden war, die Gründung einer Studiengesellschaft für den Kanalbau angeregt hätte. Unter Führung von Negrelli trat die Gesellschaft am 30. November 1846 ins Leben. Negrellis Bauplan fand die Zustimmung der Gesellschaft. Als es jedoch um die Konzessionserteilung für die Bauausführung ging, verstand es Lesseps, sich zunächst in die Zusammenarbeit mit der Studiengesellschaft einzuschalten und dann den Kanalbau ohne sie zu finanzieren, nachdem er die Konzessionsurkunde auf seinen Namen erhalten hatte. Die Männer, welche die wichtigsten Vorarbeiten geleistet hatten, gerieten in Vergessenheit.

JAWAHARLAL NEHRU   14. XI. 1889 – 27. V. 1964

Jawaharlal Nehru stammt aus einer alten aristokratischen Familie von Kaschmir-Brahmanen, deren Söhne den Ehrentitel „Pandit", Gelehrter, tragen. Sein Vater war Rechtsanwalt und Politiker und mehrmals Präsident des Indischen-Nationalkongresses. Nach der für diese Kreise üblichen Schul- und Universitätsbildung in Harrow und Cambridge kehrte Nehru in seine Heimat zurück, mehr als je gewillt, Indiens Befreiung von der englischen Kolonialherrschaft zu erzwingen. Als Schwiegersohn Gandhis wurde er zum engsten Vertrauten des Mahatma. Mit ihm predigte er den gewaltlosen Widerstand. Während Gandhis Lehren und Ideen tief im Religiös-Philosophischen verhaftet sind, ist Nehru der weltnahe, aufgeschlossene Politiker. Er war maßgeblich an der Vorbereitung der Unabhängigkeitserklärung beteiligt und wurde als Ministerpräsident und Außenminister Indiens einer der aktivsten Staatsmänner der Welt, stets bemüht um Ausgleich und Frieden. Die Jahre in englischen Kerkern sind fast spurlos an ihm vorübergegangen. Sein Tun und Denken wurde durch den Drang nach Tätigkeit und den Wunsch, das Leben durch Handeln kennenzulernen, von Jugend auf beeinflußt. Mit der ihm eigenen Art der Selbstkritik gab er offen zu, daß ihn oft nur die Liebe und das Vertrauen seines Volkes vor dem Schritt zur Diktatur bewahrt habe. Mit sittlichem Ernst und selbstquälerischer Gewissensnot erfüllt er seine Aufgabe. In einer seiner biographischen Schriften heißt es: „Ich habe mich zu einer seltsamen Mischung von Ost und West entwickelt und fühle mich deshalb überall fehl am Platze und nirgendwo geistig wirklich zu Hause. Unseren Weg zu vollenden, liegt immer in unserer Macht. Wenn wir das Leben nicht meistern können, können wir wenigstens den Tod meistern, ein beruhigender Gedanke, der das Gefühl der Hilflosigkeit mildert."

29. IX. 1758 — 21. X. 1805 **LORD NELSON**

Der Name Nelsons ist den Engländern so teuer wie kein zweiter. Sie verehren ihren großen Seehelden jedoch nicht nur wegen seines militärischen Genies, wegen seiner Tapferkeit und Erfolge, sondern sie fühlen sich ihm auch auf eine innige Weise menschlich verbunden. Wellington, als Feldherr des Landheeres ebenso berühmt und fast ebenso erfolgreich wie Nelson zur See, wurde von den Zeitgenossen bewundert und gefürchtet; Nelson wurde bewundert und geliebt. Noch heute erzählt man sich die liebenswürdige Geschichte von dem Admiral und seinem Steuermann. An einem Oktobertag des Jahres 1805 erfuhr Horatio Nelson zufällig, daß einer seiner besten Seeleute, ein Steuermann auf dem Flaggschiff „Victory", in seinem Eifer bei der Abfertigung der Post vergessen hatte, seinen eigenen Brief an seine Frau mitzuschicken, das Postschiff aber befand sich bereits in voller Fahrt Richtung Heimat. „Signalisieren Sie, daß das Schiff zurückkommt", befahl Nelson, „der Mann kann morgen fallen... sein Brief muß mit!" Wenige Tage später, am 21. Oktober 1805, schlug Nelson die vereinigten Flotten der Franzosen und Spanier bei Trafalgar. Nelson selber fiel in der Schlacht, er war 47 Jahre alt. „Die Schlacht", sagt der Historiker Trevelyan in seiner „Geschichte Englands", „prägte Europa die unauslöschliche Überzeugung ein, daß die englische Seemacht unüberwindlich sei". Der Erfolg von Trafalgar überstrahlte noch den Sieg von Abukir, wo Nelson im Jahre 1798 durch die Vernichtung der napoleonischen Flotte die englische Vormacht im Mittelmeer wiederhergestellt und die Träume des Korsen auf eine Eroberung der Türkei und Indiens zunichte gemacht hatte. Seine Auswirkungen trugen dazu bei, das neunzehnte Jahrhundert für England zu einer Periode der unantastbaren Macht und der Sicherheit zu machen.

25. VI. 1864 — 18. XI. 1941 **WALTHER NERNST**

Der „Meister der Thermodynamik" — wie man ihn genannt hat — gehört zu den großen Theoretikern, denen Chemie und Physik grundlegende Erkenntnisse verdanken. Er wurde 1864 in Briesen in Westpreußen geboren, studierte Naturwissenschaften und wandte sein besonderes Interesse dem Grenzgebiet zwischen Chemie und Physik zu. Nernst war erst in Göttingen, dann in Berlin Professor der physikalischen Chemie, auf seine Veranlassung erfolgte die Errichtung des Instituts für physikalische Chemie und Elektrochemie in Göttingen. 1924 übernahm er die Leitung des Physikalischen Institutes der Universität Berlin. Seine wissenschaftlichen Arbeiten umspannen einen sehr weiten Raum. Sie reichen von Nernsts klassischen Untersuchungen über die Entstehung des galvanischen Stroms, über rein chemische Themen wie die Theorie der Lösungen und der chemischen Gleichgewichte bis zu jener großen physikalischen Entdeckung, für die er im Jahre 1920 den Nobelpreis erhielt und die stets mit seinem Namen verbunden bleiben wird: Nernst hat den dritten Hauptsatz der Wärmetheorie gefunden, das „Nernstsche Wärmetheorem", wie die Physiker meist sagen. Es handelt sich um Aussagen über den besonderen Zustand der Materie im Bereich des absoluten Nullpunktes, also bei rund 273 Grad Kälte. Sie beweisen, daß wir auch mit der denkbar wirkungsvollsten Kältetechnik zwar dem untersten Endpunkt der Temperatur bis auf hundertstel Grade nahekommen, ihn aber niemals völlig erreichen können. Der Wärmesatz Nernst steht in seiner wissenschaftlichen Bedeutung auf der gleichen Stufe wir Robert Mayers Tat, die Entdeckung des Satzes von der Erhaltung der Energie. Der „dritte Hauptsatz" ist später durch die Quantentheorie bestätigt und in einigen Punkten ergänzt worden.

KAISER NERO   15. XII. 37 — 9. VI. 68

Lucius Donatius Nero war Kaiser Roms in einer Zeit der sozialen Umschichtung des römischen Imperiums. Die aristokratische Führerschicht degenerierte und demoralisierte, während ehemalige Sklaven als Freigelassene die politischen und wirtschaftlichen Schlüsselstellungen zu beherrschen begannen. In einer Epoche der Gärung und des Verfalls bestieg Nero, dessen Erziehung durch den Philosophen und Dichter Seneca zu schönsten Hoffnungen berechtigte, den Thron. Wegbereiterin auf dem Pfad zur höchsten Machtstellung der Welt war Neros Mutter Agrippina, der letzten Gemahlin des Kaiser Claudius. Mit Hilfe ihres Sohnes wollte sie endlich die Zügel der Herrschaft über das Imperium Romanum selbst in die Hand nehmen. Als die Kunde von der Vergiftung des Kaisers Rom erreichte, war Nero bereits unter Umgehung der Thronfolgerechte zum neuen Herrscher proklamiert worden. Schon bald wandte sich Nero gegen den Einfluß der Mutter; um die lästige Bevormundung der Herrschsüchtigen abzuschütteln, beging Nero das furchtbare Verbrechen des Muttermordes — angestiftet und getrieben von seiner Geliebten und späteren Gemahlin Sabina Poppaea. In wenigen Jahren verschleuderte der Kaiser die ungeheuren Mittel der römischen Staatskasse. Durch Morde und Verbrechen suchte er neue Geldquellen für prunkvolle Bauten, kostspielige Feste und Zirkusspiele zu eröffnen. Den Verdacht, die Millionenstadt Rom in Brand gesteckt zu haben, um Platz für neue Bauten zu schaffen, wälzte Nero auf die Christen ab, die er blutig verfolgen ließ. Als sich das gequälte Rom gegen ihn erhob, flüchtete er furchterfüllt aus der Stadt. Mit Hilfe eines treugebliebenen Begleiters verübte er Selbstmord. „Welch ein Künstler muß mit mir zugrundegehen!" sollen die letzten Worte des Tyrannen gewesen sein.

BALTHASAR NEUMANN   30. I. 1687 — 19. VIII. 1753

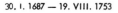

Die glanzvolle und schmuckfreudige Baukunst des deutschen Barocks erreichte ihre höchste Vollendung in dem Werk Balthasar Neumanns, eines der genialsten deutschen Baumeister aller Zeiten. Als der 23jährige sudetendeutsche Fähnrich und Geschützgießer, der ein gründliches Studium der Mathematik, Bautechnik und Feldmesserei genossen hatte, in den Dienst des Fürstbischofs von Würzburg trat, waren die Umstände seiner Entfaltung überaus hold. Denn nicht nur in Würzburg, sondern auch in Bamberg und Mainz, in Speyer und Trier hatte das baufreudige Geschlecht der Schönborn die bischöflichen Stühle inne. Für sie alle gilt das fröhliche Wort des Mainzer Kurfürsten: „Wie könnten die Künstler, die doch Gott auf dieser Erde haben will, bestehen, wenn er nicht zugleich Narren werden ließe, die sie ernähren täten!" Mit den ersten Plänen für die neue Würzburger Residenz, die er 1719 seinem Landesherrn vorlegte, begann die triumphale Laufbahn Balthasar Neumanns. Sein Lebenswerk, in drei Jahrzehnten mit ungewöhnlich schöpferischem Elan errichtet, ist hinreißende weltliche und geistliche Musik in Stein, ein geniales Spiel mit den Gesetzen der Materie und der Statik, von einer solchen Kühnheit des Entwurfs, daß sein Plan für die Wiener Hofburg als „phantastisch und wahnwitzig" abgelehnt wurde. Er hätte auch diese wie alle seine hochfliegenden Ideen in volle Wirklichkeit umzusetzen vermocht. Dafür bürgen nicht allein seine großartigen Treppenanlagen in den Schlössern Bruchsal, Würzburg und Brühl, sondern auch die Wallfahrtskirche von Vierzehnheiligen, die Abteikirche von Neresheim oder das Würzburger „Käppele". In der barocken Form Klarheit, Kraft und Anmut zu vereinigen und dem gestalteten Raum die klingende Tiefe göttlichen Erfülltseins zu geben — niemand verstand es so wie Balthasar Neumann.

4. I. 1643 — 31. III. 1727   ISAAC NEWTON

Von dem großen englischen Naturforscher erzählt man sich die legendäre Geschichte, ein vom Baum fallender Apfel habe ihn zu der Frage angeregt, warum eigentlich der Mond nicht auf die Erde stürze. Die Folge der Überlegungen sei, so heißt es, Newtons größte wissenschaftliche Tat gewesen, die Entdekkung der Gravitation. — Ganz so einfach dürfte der Vorgang nicht gewesen sein, es gehörten die umfassenden Kenntnisse, die Forscherkühnheit und das Genie Newtons dazu, das große Rätsel der kosmischen Zusammenhänge zu lösen. Isaac Newton war 1643 als Sohn eines Gutsbesitzers in der englischen Grafschaft Lincoln geboren worden; er kam erst mit zwölf Jahren zur Schule, ging später auf die Universität von Cambridge, und bald verstand der junge Student mehr von Mathematik als seine Lehrer. Als Zweiundzwanzigjähriger erkannte er die Prinzipien der Differential- und Integralrechnung, mit 26 Jahren war er bereits Professor. Newtons Entdeckungen sind so zahlreich, daß nur die wichtigsten angedeutet werden können. Er hat nachgewiesen, daß das weiße Licht nicht einheitlich ist, sondern sich aus Licht von allen möglichen Farben zusammensetzt. Von ihm stammt die erste exakte Formulierung der Gravitationsgesetze und die mathematische Erfassung der Grundbegriffe Maße, Gewicht und Kraft. Er fand die Erklärung für Ebbe und Flut, er errechnete die Massen des Mondes und der Planeten und legte die Grundlagen für die Erforschung der Akustik und Aerodynamik. Das ganze Leben dieses Genies stand ausschließlich im Dienste der Wissenschaft. Newton blieb unverheiratet, um wirtschaftliche Dinge hat er sich so wenig gekümmert, daß man ihn zum königlichen Münzmeister machen mußte, um seine finanzielle Lage erträglich und sorgenfrei zu gestalten. 1727 ist er gestorben, er ruht in der Westminster-Abtei.

18. III. 1733 — 18. I. 1811   FRIEDRICH NICOLAI

Die Tragik im Leben und Wirken des Berliner Buchhändlers und Gelegenheitsdichters ist das Mißverhältnis zwischen seinem ehrlichen Wollen und dem Unvermögen, die eigenen Grenzen zu erkennen. Als Leiter der 1765 gegründeten „Allgemeinen deutschen Bibliothek", eines zeitgenössischen Literaturblattes, hat er den Boden vorbereitet für die literarische Regsamkeit, die um die Wende des 19. Jahrhunderts in wachsendem Maße die Masse des Bürgertums ergriff. So bleibend sein Verdienst um eine kritische Beeinflussung des Publikumsgeschmackes ist, so töricht war sein blindwütiges Sturmlaufen gegen alles Neue, gegen die Weimarer Klassiker, den Pietismus, gegen Kant und die Anfänge der Romantik. Noch befangen im vorkantischen Aufklärung, konnte Friedrich Nicolai der schnellen Vorwärtsentwicklung nicht folgen, die mit Goethe, Schiller und Herder eingesetzt hatte. „Nickel" nannte ihn abfällig der Dichter des „Wallenstein", ein „Phänomen der totalen Seichtigkeit" der Philosoph Fichte, zu einer ähnlichen Spottfigur wurde er in Goethes „Faust". Eine Anerkennung seiner verlegerischen und schriftstellerischen Tätigkeit erfuhr der arbeitsbesessene Autodidakt durch seine 1781 erfolgte Berufung in die Münchener Akademie. Eine aufrichtige Gönnerin Nicolais war die russische Kaiserin Katharina II., die ihn zum Mitglied der Petersburger Akademie ernennen ließ. Von seinen Werken ist auch heute noch lesbar seine „Beschreibung einer Reise durch Deutschland und die Schweiz", eine Quelle für den Kulturhistoriker und Sozialwissenschaftler. Die zeitkritische „Geschichte eines dicken Mannes" wendet sich gegen die Kantische Philosophie, und die bewußt platt-flüssig gehaltene Erzählung „Freuden des jungen Werther" sollte die gefährliche „Wertherepidemie" in der Jugend bekämpfen. Nicolai ist im Jahre 1811 in Berlin gestorben.

331

FRIEDRICH NIETZSCHE 15. X. 1844 — 25. VIII.1900

Geistesumnachtet verschied am 25. August 1900 unter schwesterlicher Obhut in Weimar einer der genialsten Denker der neueren Zeit, der als Philosoph wie als Dichter bis heute noch nicht ausgedeutet ist. Bereits 1870, im Alter von 26 Jahren, besaß der zu funkelnden Paradoxen neigende Verächter aller Tradition die Würde eines ordentlichen Professors der Basler Universität. Ein schweres Augenleiden und warnende Anzeichen einer Gehirnüberreizung ließen Nietzsche 1879 aus dem Basler Lehramt scheiden. Seither führte der Ruhelose ein unstetes Wanderleben. Wechselnde Aufenthaltsorte wurden Venedig, die Schweiz, Turin, Genua und Nizza. Eine besondere Liebe des unvermittelt Weltfreudigen und dann wieder klausnerisch Einsamen galt der Lagunenstadt; in ihr entstanden Gedichte von betörendem Wohllaut und farbenglühendem Bildreichtum. Gefördert durch unmäßigen Gebrauch von Schlafmitteln, brach 1889 in dem innerlich gehetzten Unglücklichen die befürchtete Geisteskrankheit durch. Der Wegbahner der lange nachwirkenden Lehre vom Übermenschen zerbrach an sich selber. Der Mensch ist nach Nietzsche ein reines Naturprodukt, seine Sittlichkeit leitet sich aus den Trieben her. Es gibt daher für den Denker der Jahrhundertwende auch keine gültige, von Ewigkeitswerten bestimmte Richtschnur. Gut ist, was der Mensch will. Er muß sich selbst leben, diesseitig und stark. Ergebung in eine vermeintliche Fügung und Mitleid sind Tugenden für Schwache. Diese „Schlechtweggekommenen" sind zum Dienen ausersehen und können niemals die gleichen Rechte wie die Starken beanspruchen. Am bekanntesten aus Nietzsches Hinterlassenschaft sind „Also sprach Zarathustra", eine Gedankendichtung zur Umwertung aller Werte im Sinne des Übermenschen, sowie „Jenseits von Gut und Böse" und „Genealogie der Moral".

ZAR NIKOLAUS II. 18. V. 1868 — 17. VII. 1918

Das tragische Ende, das den letzten russischen Zaren ereilte, hat die folgenschwere Schuld gesühnt, die seine willensschwache Regierung belastet hat. Er trägt vor der Geschichte Rußlands und der Welt die Verantwortung dafür, daß durch die von ihm verfügte Mobilmachung des russischen Heeres die Krise des Sommers 1914 zum Weltkrieg geworden ist. Man hatte ihn genügend vor den bedrohlichen Folgen gewarnt — seine ihm geistig weit überlegene Gattin Alexandra Feodorowna und der zwielichtige Bauernmönch Rasputin hatten ihn beschworen, den Frieden zu bewahren. Nikolaus gab ohne nennenswerten Widerstand der Mobilmachungsforderung des Kriegsministers Suchomlinow nach. Die Gründe dafür mögen in allslawischer Verbundenheit mit Serbien, in imperialistischen Machtträumen, in den innerpolitischen Schwierigkeiten und vielleicht auch in der persönlichen Abneigung gegen Kaiser Wilhelm II. zu suchen sein. Dem französischen Botschafter Paléologue gegenüber propagierte der Zar dann im November 1914 den Gedanken einer Aufteilung Deutschlands, reduziert um ein von Rußland annektiertes Ostpreußen, eines Gebietszuwachses für Frankreich über Elsaß-Lothringen hinaus und eines belgischen Gewinns in der Aachener Gegend. Deutschland sollte im wesentlichen auf den preußischen Raum beschränkt werden. Nikolaus befürwortete die Einverleibung Polens, ein autonomes Ungarn ohne Siebenbürgen und ein erweitertes selbständiges Böhmen. Kriegsausgang und Umsturz brachten das grelle Erwachen. Von der fatalistischen Kapitulation des Zaren vor der Übergangsregierung Kerenskis bis zu der letzten Station im Keller von Jekaterinburg, wo in der Nacht des 17. Juli 1918 der Zar und die Seinen unter den Schüssen der Tscheka fielen, führte ein unaufhaltsamer, tragischer Weg.

21. X. 1833 — 10. XII. 1896 ALFRED NOBEL

Sicherlich hieße es den Teufel mit Beelzebub austreiben, zu glauben, daß der Krieg von selbst aufhören werde, sofern nur die Waffenwirkung ein bestimmtes Höchstmaß erreicht habe. Diesem Glauben aber hing der schwedische Sprengstoff-Fabrikant und Erfinder des Dynamits, Alfred Nobel, mit seltsamer Zähigkeit und Unerschütterlichkeit an. Nobel hat viele Gegensätze in sich vereinigt. Er bekannte sich zu keinem Glauben, respektierte jedoch die christliche Ethik und bewies tätigste Nächstenliebe. Er war ein erfolgreicher Fabrikant, der 1896, bei seinem Tode, ein Vermögen von 31 Millionen Schwedenkronen hinterließ; dennoch behauptete er, Sozialist zu sein. Er hat die Kriegstechnik durch die von ihm entwickelten Sprengstoffe entscheidend gefördert, und doch war er überzeugter Pazifist. — Schon sein Vater, Immanuel Nobel, hatte sich mit der Herstellung von Sprengstoffen befaßt. Alfred Nobel verwaltete sein berufliches Erbe zielbewußt, erfand die Grundlagen der Initialzündung durch Zündhütchen und verstand es, mit unermüdlicher Ausdauer nach Mißerfolgen und schweren Katastrophen die Dynamitherstellung mit der größtmöglichen Sicherheit für die dabei Beschäftigten und die Umwohnenden zu betreiben. Nobel besaß in vielen Gebieten der Erde Fabriken und Laboratorien. Seine Weltanschauung war die des liberalen Weltbürgers. Mit der Stiftung des Nobelpreises wollte er dem Fortschritt der Menschheit dienen. Die Zinsen des Kapitals von 31 Millionen Schwedenkronen sollten jährlich dem jeweils bedeutendsten Vertreter der Chemie, Physik, Physiologie und Medizin, des Schrifttums und der Friedensbewegung zugesprochen werden. Dieses Vermächtnis hat seinem Namen einen helleren Glanz verliehen als alle seine Leistungen auf technischem und kaufmännischem Gebiet.

18. XI. 1832 — 12. VIII. 1901 ADOLF ERIK NORDENSKJÖLD

Die „Nordöstliche Durchfahrt", das Umfahren des europäisch-asiatischen Erdteils im Norden, ist ein alter Traum der Menschheit. Der schwedische Polarforscher Freiherr Adolf Erik Nordenskjöld hat diesen Traum zur Wirklichkeit gemacht. — Nordenskjöld bereitete sich durch zahlreiche Polarfahrten auf sein großes Unternehmen vor. Von 1858 bis 1861 fuhr er mehrmals unter Torell nach Spitzbergen. 1864, 1868 und 1872 unternahm er eigene Forschungsfahrten in die Regionen des ewigen Eises und entdeckte u. a. die großen Steinkohlenvorkommen auf Spitzbergen. 1870 und 1873 folgten Forschungsreisen nach Grönland. 1875 und 1876 drang er mit einer Eismeerjacht zur Jenisseimündung vor und erkannte, daß die gefürchtete Karasee im Spätherbst nur mit lockerem Treibeis bedeckt ist. Darauf gründete er seinen Entschluß, die Nordöstliche Durchfahrt zu wagen. Am 22. Juni 1878 begann er die Reise mit dem 300 t großen Dampfer „Vega" und dem kleinen Begleitschiff „Lena". Am 28. August erreichte er die Lenamündung, wo die „Lena" zurückblieb. Als er am 28. September, rund 200 km vor der Beringstraße, die Koliutschin-Bai ansteuerte, schien ihn das Glück zu verlassen — wenige Stunden zuvor war das Meer undurchdringlich zugefroren. Erst am 18. Juli 1879 konnte die „Vega" die Reise fortsetzen. Durch die Beringstraße, über Japan und durch den Suezkanal kehrte das Schiff zurück, in Stockholm begeistert empfangen. In seinem Werk „Die Umseglung Asiens und Europas mit der ‚Vega' " hat der Forscher diese Reise beschrieben. In weiteren Bänden hat er die wissenschaftlichen Ergebnisse des Unternehmens zusammengefaßt. Die Bedeutung dieser Reisestrecke für den Handel ist gering, obgleich die Sowjetunion sich bemüht, unter Aufwendung erheblicher technischer Mittel, Handelsschiffe auf dem Nordkurs verkehren zu lassen.

NOVALIS 2. V. 1772 — 25. III. 1801

Der in der pietistischen Welt des thüringischen Familiengutes Oberwiederstedt geborene Dichter Novalis hieß mit seinem Taufnamen Friedrich Leopold Freiherr von Hardenberg. Keine Arbeit dieses Frühromantikers hat im Kreise der Zeitgenossen ähnlich leidenschaftliche Meinungsgegensätze hervorgerufen wie der 1799 geschriebene Appell an eine befreiende Zukunft „Die Christenheit oder Europa". Novalis, der unvergängliche Lyriker der „Hymnen an die Nacht" und der „Geistlichen Lieder", betrachtet in diesem umstrittenen Essay als die einzige Möglichkeit für eine Wiedervereinigung Europas die Bildung eines „Staates der Staaten", in dem die Nationalitäten und Konfessionen in einem Christentum höherer Ordnung aufgehen sollten. Der Aufsatz blieb zu Lebzeiten des „Propheten der Romantiker" ungedruckt; noch Tieck nahm ihn nicht in die erste Gesamtausgabe der Hinterlassenschaft des Frühvollendeten auf. Diese Ausgabe enthält dagegen den unabgeschlossenen Roman „Heinrich von Ofterdingen", der eine Folge von sieben großen epischen Dichtungen und historischen Schauspielen aus der Zeit der Reformation, des Paracelsus, der Entdeckung Amerikas, der Kreuzzüge und der Zerstörung Karthagos einleiten sollte und der als testamentarischer Ausdruck zu den tragenden Werken der romantischen Generation gehört. Novalis' schöpferische Tragik war an der Liebe zu der jugendlichen Sophie von Kühn, die bereits vier Tage nach ihrem 15. Geburtstag an einer tückischen Lungensucht verschied, gereift. Der Tod hat dem erst Achtundzwanzigjährigen am 25. März 1801 im Elternhaus in Weißenfels die Feder aus der Hand genommen, kurz nachdem er die zur ersehnten Gründung eines Hausstandes angestrebte Ernennung zum Amtshauptmann erfahren hatte.

ADOLF OBERLÄNDER 1. X. 1845 — 29. V. 1923

Wenn man von der humoristischen Graphik spricht, die in feinsatirischer Weise die Lebensart des späten 19. Jahrhunderts kritisierte, sollte man neben Wilhelm Busch unter den ihm verwandten Künstlern einen der liebenswürdigsten nicht vergessen — Adolf Oberländer. Er war im Gegensatz zu dem niederdeutschen Meister der manchmal brutal harten und sarkastischen Bildgeschichte, seinem Wesensgepräge nach Süddeutscher, weniger pessimistisch, sondern nachsichtiger, liebevoller. In Regensburg geboren, seit der Ausbildung in der Kunstakademie und bei Piloty in München tätig, wurde er vor allem durch seine Beiträge zu den „Fliegenden Blättern" berühmt. Wohl schuf er, gleich Wilhelm Busch, auch Ölgemälde von gelockert akademischem Stil und warmem Ton, die von den großen Galerien in München und Berlin erworben wurden; seine Hauptstärke lag jedoch in der Fülle jener schalkhaft-witzigen Zeichnungen, die im Gleichnis der Tierdarstellung — seine Vorliebe galt dem Löwen — menschliche Schwächen gutmütig verspotten. Wer eine Zeichnung betrachtet wie „Anschauungsunterricht" (eine Schulklasse von Negerkindern, in deren Fenster die Großtiere des Urwalds hineinschauen) oder den köstlichen „Stammtisch" der Tiere wird Karl Scheffler recht geben, der Oberländers Humor als „nachdenklich und ungiftig" empfindet und von ihm sagt, daß er harmlos und offen wie ein Kind ausdrückt, was er meint, und damit bei den Erwachsenen Lachen auslöst. Das Oberländer-Album, das in neun Bänden die Mehrzahl seiner Zeichnungen enthält, ist durch die Fülle seiner zügig und virtuos gezeichneten Zeitbilder ein auch kultur- und sittengeschichtlich aufschlußreiches Dokument. Es wird immer zu den eigentümlichsten künstlerischen Leistungen des 19. Jahrhunderts gezählt werden.

20. VI. 1819 — 5. X. 1880   JACQUES OFFENBACH

Im Alter von zehn Jahren war der schmächtige Knabe bereits ein meisterlicher Violinist, aber seine geheime Liebe galt mehr dem Komponieren, dem Erfinden von Melodien als der praktischen Musikausübung auf dem Instrument und dem Üben von Griffen und Tonleitern. Besser als die Geige gefiel ihm das Violoncello, das der Vater eines Abends mit nach Hause gebracht hatte. Oft, wenn die Eltern ausgingen, holte er das Cello aus des Vaters Schrank, verriegelte sich in seinem Zimmer, probierte Fingersatz und Bogenstrich. Als einige Monate später von Bekannten ein Violoncellist für kleine Hauskonzerte gesucht wurde, erbot sich der zehnjährige Junge unter allgemeinem Gelächter zum Spielen. Als er jedoch seine heimlichen Studien gestanden hatte, gab man ihm das ersehnte Instrument in die Hand, und er spielte seinen Teil unter dem höchsten Beifall aller Anwesenden. Nun erhielt er regelmäßig Unterricht, verließ mit 14 Jahren seine Heimatstadt Köln, um sich in Paris, der Hohen Schule aller europäischen Musik, weiterzubilden. Vom unscheinbaren Rabbinerhäuschen einer Kölner Gasse bis zum luxuriösen Pariser Salon, vom unbedeutenden deutschen Musiker bis zum gefeierten Matador der Welt, vom bescheidenen Zögling des Konservatoriums bis zum allmächtigen „Tanzmeister des Kaiserreiches" — das war der triumphale, in der Musikgeschichte fast einmalige Höhenweg Offenbachs. Offenbach eröffnete ein eigenes kleines Theater, indem er seine Operetten spielte: „Orpheus in der Unterwelt", „Die schöne Helena", „Pariser Leben", „Die Verlobung unter der Laterne" — prächtige Karikaturen der alten griechischen Götter- und Heroenwelt, geistvolle Persiflagen seiner eigenen Zeit. Seine Erfindungsgabe war unerschöpflich, sein musikalischer Charme bewundernswert, sein Witz treffend und publikumswirksam.

6. III. 1789 — 7. VII. 1854   GEORG SIMON OHM

Der Physiker und Mathematiker Georg Simon Ohm hat sich durch das nach ihm benannte Gesetz — Stromstärke ist gleich Spannung, geteilt durch Widerstand — einen ehrenvollen Platz in der Geschichte der Elektrotechnik und der Physik gesichert. Andere bedeutende Forscher, wie der große englische Chemiker Sir Humphrey Davy, der französische Physiker André Marie Ampère und der deutsche Physiker Johann Ritter, hatten dieses Gesetz vorausgeahnt, ohne es jedoch formulieren zu können. Ohm hatte zunächst mit Voltaschen Batterien arbeiten müssen, deren Stromabgabe schwankte, so daß sie keine genauen Messungen ermöglichten. Erst als er das von Thomas Johann Seebeck 1821/22 geschaffene Thermoelement benutzte, das bei gleichbleibender Temperatur auch gleichbleibende Ströme liefert, konnte er die Einflüsse der in den Stromkreis geschalteten Widerstände messend verfolgen und damit genaue Unterlagen für sein Gesetz finden, das die Stromstärke, die Spannung und den Widerstand miteinander verknüpfte. Sehr viel später, als man dann mit Maschinen erzeugten Wechselstrom zur Verfügung hatte, konnten allerdings gewisse Abweichungen bei sehr hohen Feldstärken festgestellt werden. Das Verdienst Ohms aber konnte diese Spätentdeckung nicht schmälern. Ohm hat auch die spezifischen Widerstände einer Reihe von Metallen festgestellt. Ihm zu Ehren ist der elektrische Widerstand mit „Ohm" bezeichnet worden. Er entspricht dem Widerstand einer Quecksilbersäule mit 1 qmm Querschnitt und 106,3 cm Länge bei 0 Grad C. Für die moderne Klangforschung sind Ohms akustische Untersuchungen wichtig geworden, nach denen man grundsätzlich jeden komplizierten Schallvorgang in Grund- und Oberschwingungen zerlegen kann.

EUGENE O'NEILL
16. X. 1888 — 27. XI. 1953

In der jungen amerikanischen Literatur sind Lyrik und erzählende Dichtung schneller zur Geltung gekommen als das Drama. Erst in unseren Tagen haben sich in den Vereinigten Staaten von Nordamerika einige Dramatiker von hohem Format durchsetzen können. Der erste war Eugen O'Neill. Als Sohn eines aus Irland stammenden erfolgreichen Schauspielers hatte er ein abenteuerliches Jugendleben unter Matrosen, Kellnern und Goldgräbern hinter sich, als er seine Liebe und Begabung zur Literatur entdeckte. Er studierte Nietzsche, Freud und die Werke europäischer Dramatiker — Ibsen, Strindberg, Shaw, Hauptmann — er schrieb seine ersten Dramen: „Der Strohhalm" (Tragödie eines lungenkranken Mädchens), „Anna Christie" (die schmerzlichen Enttäuschungen einer ins bürgerliche Leben übergewechselten Prostituierten), „Alle Kinder Gottes haben Flügel" (eine Anklage gegen die Rassenvorurteile) u. a. Bereits mit diesen Erstlingswerken bewies O'Neill, daß er ein großartiger Dramatiker war, der aus dem Vollen schöpfen konnte und unbekümmert um Art und Herkunft der Motive eine höchst unkonventionelle, oft grobe Technik anwandte. In späteren Dramen — „Kaiser Jones", „Gier unter Ulmen", „Der haarige Affe", „Der große Gott Brown", „Der Eismann kommt" und „Trauer muß Elektra tragen" — tauchen neben naturalistischen Motiven wie Armut, Krankheit, Machtgier auch religiöse Ideen aus irisch-katholischem Erbgut auf. Das Fundament von O'Neills Schaffen ist radikale Aufgeschlossenheit für alles, was Menschen in Grenzsituationen erschüttert und vernichtet. Der Dichter führte in seinen letzten Lebensjahren ein sehr zurückgezogenes Leben auf seinem Landsitz in Kalifornien. „Ich spüre in dieser Zeit", schrieb er nach 1945, „mehr Stoff zur Komödie als je zuvor, aber es muß eine sehr robuste Komödie sein, die nicht lange lustig bleibt."

ADAM OPEL
9. V. 1837 — 8. IX. 1895

Der Name Opel ist durch die Millionen produzierter Personenwagen, Lastwagen und Fahrräder in der ganzen Welt zu einem Begriff geworden. Die Geschichte des Unternehmens begann 1862, als der damals erst 25 Jahre alte, in Rüsselsheim am Main geborene Adam Opel seinen Lebensunterhalt mit dem Bau von Nähmaschinen verdiente. Als Zwanzigjähriger war er in die Welt hinausgezogen, um sich in Belgien und Frankreich umfassende Kenntnisse im Maschinenbau zu erwerben. Opel hatte in den fremden Werkshallen auch den Bau von Nähmaschinen studiert. In Deutschland begann er seine eigene Produktion zunächst ganz bescheiden in einer winzigen Werkstatt. Er stellte in mühseliger Kleinarbeit eine Nähmaschine her, die von allen anderen Modellen wesentlich unterschieden war. Ihre Merkmale waren: ein großer Exzenter, breite, flache Nadel- und Stoffdrückerstange, gebogenes Schiffchen, das sich von vorn nach hinten bewegte. — Im Rüsselsheimer Heimatmuseum kann man diese Maschine noch heute bewundern. Adam Opel war ein überaus wendiger und unternehmender Mann, der einen sicheren Instinkt für alles Neue hatte. Frühzeitig erkannte er, daß das noch in der Entwicklung begriffene Fahrrad geeignet war, breiten Volksschichten als Fortbewegungsmittel zu dienen. Er stellte seine Produktion auf das neue Fabrikat um, und in verhältnismäßig kurzer Zeit begann das Opelrad von Rüsselheim aus seinen Siegeszug in die Welt. Um 1892 wurden fast alle Fahrräder für den Rennsport in Deutschland von Opel geliefert. 1898, drei Jahre nach Adam Opels Tod, begann man in Rüsselsheim mit dem Bau von Kraftwagen. Die Fabrik wurde von den fünf Söhnen des Gründers der Firma weitergeführt und großzügig ausgebaut. Heute arbeiten in Rüsselsheim 21 000 Menschen.

23. XII. 1597 — 20. VIII. 1639   **MARTIN OPITZ**

Das Bildnis von Martin Opitz, das einst in der Danziger Stadtbibliothek zu sehen war, zeigte einen selbstbewußten jungen Mann in der Haar- und Barttracht des beginnenden 17. Jahrhunderts, mit breit auf der Schulter liegendem, weißem Spitzenkragen und vornehmen Spitzenmanschetten. Opitz war der Sohn eines Ratsherrn aus Bunzlau in Schlesien. Er war 21 Jahre alt und Student in Frankfurt, als der Dreißigjährige Krieg ausbrach; neun Jahre vor dessen Beendigung, erst 42 Jahre alt, wurde er in Danzig von der Pest dahingerafft. Sein Wirken als Schriftsteller galt der Reinigung der deutschen Sprache und der Veredlung der Verskunst. In seinem „Buch von der teutschen Poeterey" stellte er, an romanischem Formgefühl geschult, Regeln für den Stil der Verssprache auf. Dieses Buch, in dem Opitz nachwies, daß nicht nur der Knittelvers, sondern auch die strengen klassischen Versmaße, vor allem der Alexandriner, der deutschen Sprache angemessen seien, hat die Entwicklung zur klassischen deutschen Lyrik in nicht geringem Maße gefördert. Von seiner Liebes- und Naturlyrik, seinen Lehr- und Hirtengedichten ist nur weniges lebendig geblieben, und sein Charakterbild scheint nicht einheitlich. Selber Kalvinist, stellte er seine Feder mit Eifer auch in den Dienst der katholischen Interessen seines Brotherrn, des Grafen von Dohna. Der begeisterte Verfasser des Heldengedichtes „Lob des Krieges-Gottes" ergriff als erster das Hasenpanier, als der Graf in ein unglückliches Gefecht verwickelt wurde. Gleichwohl hat er nicht nur als Lehrmeister der Poesie seine Verdienste. Er hat gerade der ostdeutschen Dichtung starke Impulse gegeben durch seine idyllisch-heimatlichen Landschaftserzählungen, in die — wie später bei Eichendorff — Verse geflochten sind.

14. VIII. 1777 — 9. III. 1851   **HANS CHRISTIAN ÖRSTED**

Dem dänischen Physiker Hans Christian Örsted verdanken Wissenschaft und Technik eine der größten und erfolgreichsten Entdeckungen: Er hat als erster die elektromagnetischen Vorgänge beobachtet und in ihrer eigentlichen Bedeutung erkannt. Örsted wurde 1777 in Rudkjöbing in Dänemark geboren, studierte in Kopenhagen und lehrte dort später als Professor der Physik. 1829 übernahm er die Leitung der Technischen Hochschule, deren Aufbau weitgehend nach seinen Plänen erfolgt war. Zu der wissenschaftlichen Tat, die ihn unsterblich machen sollte, kam er auf dem Umweg über die Philosophie. Örsted hatte sich ein ganzes Leben hindurch intensiv mit naturphilosophischen Fragen beschäftigt; das Studium der Werke Schellings brachte ihn auf den Gedanken, daß zwischen den Erscheinungen der Elektrizität und des Magnetismus ein direkter Zusammenhang bestehen müsse. Das blieb zunächst reine Theorie, an der er viele Jahre hindurch arbeitete, ohne sie exakt beweisen zu können. Erst im Jahre 1820 waren seine Bemühungen vom Erfolg gekrönt. Örsted arbeitete damals mit galvanischen Strömen und beobachtete, daß sie eine ihn zunächst unerklärliche Wirkung auf die Magnetnadel ausübten. Er ging der Erscheinung nach, bestimmte in genaueren Versuchsanordnungen die Richtung der Einwirkung und fand schließlich, daß durch den elektrischen Strom ein magnetisches Feld erzeugt wird. Diese Entdeckung bildet die eigentliche Grundlage für die gesamte Entwicklung der modernen Elektrotechnik und hat der Physik theoretisch und praktisch ganz neue Wege erschlossen. Örsted hat sich weiter mit allgemeinen Fragen beschäftigt, er schrieb Bücher naturphilosophischen Inhalts, vor allem über das Verhältnis zwischen Geistes- und Naturwissenschaften. Seine Schriften umfassen neun Bände.

ORTEGA Y GASSET
8. V. 1883 — 18. X. 1955

„Seit vier Jahrhunderten geben wir der Geschichte mit dem Wort Europa ein Versprechen. Was haben wir Besseres zu tun, als es zu erfüllen!" José Ortega y Gasset, der dies schrieb, durfte von sich sagen, daß er weit über den machtpolitischen und ideologischen Auseinandersetzungen einer zerrissenen Welt stand. Er ist Deutschland in mancherlei Hinsicht besonders verbunden gewesen. Als Sohn eines begüterten Verlegers hat der spanische Philosoph in Leipzig, Berlin und Magdeburg studiert. Sein Besuch in Deutschland im Jahre 1949 glich einem Triumphzuge. Wenige Wochen vor seinem Tode, im Oktober 1955, bekannte er in einem seiner Essays, die er als Ausdrucksform für seine gegenwartskritischen, jedem System abgewandten Streifzüge durch die historischen Zeiträume bevorzugte, er verdanke Deutschland vier Fünftel seiner geistigen Habe und sei seit dreißig Jahren „der Kuckuck an der deutschen Schwarzwalduhr". Zehn Jahre vor Ausbruch des zweiten Weltkrieges sah er die Katastrophe voraus und sprach einem „europäischen Nationalstaat" die Zukunft zu, nachdem die morschen Grenzen des Nationalismus deutlich geworden seien. Es war derselbe große Denker, der mit seinem in Deutschland bekanntesten Werk „Aufstand der Massen" bereits 1929 die folgenschwere Problematik der Technisierung und der staatlichen Selbstvergötzung aufzeigte. Das philosophische Lehrgebäude des Spaniers will erkennbar machen, daß der Mensch mit Hilfe von Geist und Charakter sein Dasein selbständig gestalten muß; keine Tradition, kein Stil und kein Rezept der Geschichte vermögen ihm zu helfen. — Ortega y Gasset wurde 1911 an die Madrider Universität berufen. Als überzeugter Republikaner emigrierte er 1936 nach Ausbruch des Bürgerkrieges und ging nach Portugal. Nach zwölf Jahren erst kehrte er in die Heimat zurück.

GEORGE ORWELL
1903 — 23. I. 1950

Der englische Schriftsteller Eric Blair, der unter dem Pseudonym George Orwell schrieb, ist mit zwei Werken hervorgetreten, die kometenhaften Erfolg hatten: Mit der Satire „Animal Farm", die eine Auflage von über einer Million erreichte, und dem utopischen Roman „1984". Beide Bücher sind in zahlreiche Sprachen übersetzt worden. Seine übrigen Bücher, „Burmese Days", „Homage to Catalonia", „Inside the Whale" u. a. sind im wesentlichen in die künstliche Sphäre gehobene Erfahrungsberichte aus seinem äußerst bewegten Leben. Orwell, in Indien geboren, erfuhr dort entscheidende Kindheitseindrücke. Er war Eton-Schüler, ging dann im Dienst der britischen Polizei für sechs Jahre nach Burma. Nach zweijährigem Aufenthalt in Paris kehrte er nach England zurück und betätigte sich eine Zeit lang als Lehrer, später als Buchhändler. Am spanischen Bürgerkrieg 1937 nahm Orwell auf seiten der Republikaner teil. Im zweiten Weltkrieg betätigte er sich als Journalist und als Korrespondent und bereiste 1945 Frankreich und Deutschland, um die Auswirkungen des totalen Krieges und den beginnenden Wiederaufbau zu studieren. Nach dem 1945 erschienenen Buch „Animal Farm", einer aufrüttelnden Satire auf Sowjetrußland, die Albträume hervorrufen kann und zugleich durch ihre sachlich herbe und heimlich heitere Ironie bezaubert, gab Orwell ein Jahr vor seinem Tode den Roman „1984" heraus, der mit seinem erschreckend düsteren Ausblick auf das Zukunftsbild eines bis zur letzten Konsequenz geführten totalen Staates weit über England hinaus Aufsehen erregte. Im Grunde handelte es sich um eine phantasiereiche Satire auf gewisse Bestrebungen in England — eine Warnung vor gefährlichen Entwicklungen, die George Orwell als Vermächtnis an die Adresse seines Vaterlandes richtete.

3. X. 1889 — 4. V. 1938 CARL VON OSSIETZKY

„Der politische Journalismus ist keine Lebensversicherung, das Risiko erst gibt seinen besten Antrieb." Nach diesem mutvoller Wahlspruch hat Carl von Ossietzky als unabhängiger und wachsamer Publizist sein Leben lang gehandelt. Als Vorkämpfer für die Völkerverständigung, als Pazifist und sozialrevolutionärer Republikaner erkannte er mit unbestechlichem Blick die gefährlichsten Stellen und die inneren Feinde der Weimarer Republik. Seine Haltung war radikal, oft einseitig und intolerant auch gegen Bewegungen, die aus anderer, etwa religiöser Grundeinstellung seine Sorgen und sein Ringen um soziale Neuordnung, um inneren und äußeren Frieden teilten. Sein Geist war der Geist der Aufklärung, sein Glaube der Fortschrittsglaube, sein Hauptangriffsziel die Reaktion, die sich nach seiner Vorstellung der Mittel der Schwerindustrie und der durch den Nationalsozialismus aufgeputschten Massen bediente, um die Republik zu stürzen. Mit scharfer aber sauberer Feder, aus echter Überzeugung, in ehrlichem Streben nach Wahrheit und Gerechtigkeit deckte er in der Zeitschrift „Die Weltbühne", die er seit 1927 leitete, die geheimen Machenschaften zur Aushöhlung der Weimarer Republik auf und geißelte die immer weniger verhüllten Rüstungs-, Kriegs- und Eroberungspläne eines wiederauflebenden Imperialismus. Seine persönliche Untadeligkeit ging aus mehreren Prozessen vor dem Reichsgericht hervor, in denen er freigesprochen wurde. 1933 nahm er das Risiko auf sich, in Deutschland zu bleiben. Ein Vorwand, ihn in ein Straflager zu verschicken, war bald gefunden. Todkrank aus dem Konzentrationslager entlassen, wurde Carl von Ossietzky mit dem Friedensnobelpreis ausgezeichnet, dessen Annahme ihm von den nationalsozialistischen Machthabern verboten wurde. Bald darauf starb er an den Folgen der im Lager erlittenen Mißhandlungen.

2. IX. 1853 — 4. IV. 1932 WILHELM OSTWALD

Er war Chemiker, Physiker und Philosoph zugleich, auf allen drei Gebieten hat er seinen Namen für immer in das Buch der Wissenschaften eingeschrieben. Wilhelm Ostwald wurde 1853 in Riga geboren und begann dort seine wissenschaftliche Laufbahn. 1882 wurde er Professor der Chemie in Riga, einige Jahre später ging er als Vertreter der von ihm mitbegründeten physikalischen Chemie an die Universität Leipzig, der er bis zum Ende seines Lebens treublieb. Seine größte Leistung ist die Aufklärung des Vorganges der Katalyse, die für Forschung und Praxis größte Bedeutung erlangt hat. Katalysatoren oder Kontaktstoffe haben die Fähigkeit, chemische Reaktionen zu beschleunigen, ohne selbst verändert zu werden. Weiter hat Ostwald grundlegende Arbeiten über chemische Lösungen veröffentlicht, die zur Aufstellung des Ostwaldschen Verdünnungsgesetzes führten. Er hat als Analytiker und Elektrochemiker gearbeitet, ausgezeichnete Lehrbücher geschrieben, chemischtechnische Verfahren entdeckt, die berühmt gewordene Bunsengesellschaft ins Leben gerufen und zahlreiche Schüler zu Forschern von Rang ausgebildet. Aber das alles war nur ein Teil seiner reichen Lebensarbeit. Er hat auch ein eigenes System der Naturphilosophie entwickelt, das Jahrzehnte hindurch im Brennpunkt der Diskussion stand. Für Ostwald ist die Energie in allen ihren Formen die wahre „Substanz", ihre bestmögliche Verwendung bestimmt auch den kulturellen Wert der Technik. „Verschwende keine Energie, verwerte sie!" — das ist ein Leitsatz seiner energetischen Philosophie, mit der er den wissenschaftlichen Materialismus seiner Zeit überwinden wollte. Ostwald vertrat seine Anschauungen in der von ihm gegründeten, damals sehr weitverbreiteten Zeitschrift „Das monistische Jahrhundert". Er ist Träger des Nobelpreises für Chemie.

OTTO DER GROSSE

23. XI. 912 — 7. V. 973

Im Jahre 936 wurde in Aachen der junge König Otto, Sproß aus sächsischem Herrscherhaus, von den drei Erzbischöfen des Rheinlandes gesalbt und gekrönt, während die deutschen Stammesherzöge den Ehrendienst versahen. Sein Vater, Heinrich I., hinterließ ihm die staatlichen Mittel, seine Rechte als Oberhaupt des Reiches gegenüber den territorialen Gewalten zu wahren. Als der Versuch fehlschlug, die Stammesherzogtümer durch Familienbande an den Königsthron zu fesseln, begann Otto, den Hauptstützpunkt seiner Reichsverwaltung in der hohen Geistlichkeit zu suchen. Mit der Mischung geistlicher und weltlicher Befugnisse in der Hand abhängiger Kirchenfürsten schuf er das „ottonische Regierungssystem", das sich über 100 Jahre bewährte. Die zusammengefaßte Macht des geeinten Reiches wandte sich gegen die Nachbarn in Ost, West und Süd. Im Osten begann Otto mit der politischen und kirchlichen Organisation des gewonnenen Neulandes. Sie fand ihren sichtbaren Ausdruck in der Gründung des Erzbistums Magdeburg. 955 gelang dem König auf dem Augsburger Lechfeld der entscheidende Sieg über die Ungarn, der das mittlere und westliche Europa von der furchtbaren Geißel der einbrechenden Reiterhorden befreite. Im Westen gerieten die französischen Provinzen immer mehr unter die Vormundschaft des Königs. Nachdem das Reich im Innern und nach außen gesichert war, zog Otto I. über die Alpen nach Italien. Mit der Kaiserkrönung im Jahre 962 wurde die Idee des Imperium Romanum von neuem politische Wirklichkeit. Für Otto I. war das Kaisertum eine weltlich-geistliche Forderung. — Seine Ruhestätte fand der Kaiser, den schon seine Zeit den Großen nannte, im Dom zu Magdeburg, dem Ausgangspunkt für die Christianisierung des europäischen Ostens.

OTTO VON FREISING

Um 1111 — 22. IX. 1158

Der große Chronist des 12. Jahrhunderts, Otto von Freising, hat sein Leben lang versucht, den verborgenen Sinn im Ablauf der Geschichte zu finden und die gewonnenen Erfahrungen und Erkenntnisse in seinen Werken niederzulegen. Otto war um 1111 als Sohn des Markgrafen Leopold IV. von Österreich und Agnes', der Tochter Kaiser Heinrichs IV., geboren worden und zum geistlichen Berufe bestimmt. In Paris hörte er die aufrührenden Vorlesungen Abälards, doch wandte sich seine fromme und den mythischen Tiefen zugeneigte Seele dem großen Widersacher Abälards, Bernhard von Clairvaux, zu, in dessen Zisterzienserorden er zu Morimund in Burgund Anno 1130 eintrat. Seine Gelehrsamkeit und sein Bemühen um die Reform des verweltlichten Kirchenwesens trugen ihn bald zur Abtswürde empor. Wenige Jahre später fiel ihm das Lehen Freising und die Würde des Bischofs zu. Das Bistum verdankte ihm Erneuerung und Blüte, aber ihm selber waren nur wenige Jahre des beschaulichen Daseins auf der Burg neben dem Dom, auf dem „Mons doctus", gewährt. Der Kampf der Welfen und Staufer entbrannte auch in Bayern; Unrast, Krieg und trotzige Eitelkeit der Welt brachen in den Frieden des Bischofssitzes ein. Ein neues, besseres Beginnen erhoffte sich der Bischof, als die Predigten Bernhards von Clairvaux das Abendland zur Begeisterung des Zweiten Kreuzzuges entflammten und Kaiser Konrad III. mit vielen Fürsten und Rittern das Kreuz nahm. Er schloß sich der bewaffneten Pilgerfahrt zum Heiligen Grabe an und erlebte ihre Erfolglosigkeit und Katastrophe. Enttäuscht von der unbelehrbaren, nicht zu rettenden Welt vergrub er sich in seine Studien und starb, müde allen Glanzes und aller Macht, auf einer Wallfahrt nach Morimund.

10. VI. 1832 — 26. I. 1891   NIKOLAUS AUGUST OTTO

Der Viertaktmotor, der als „Ottomotor" in die Geschichte der Technik eingegangen ist, wurde zweimal erfunden; von dem Uhrmacher Christian Reithmann in München und — unabhängig von ihm —· von Nikolaus August Otto. Vom Beruf des Kaufmanns hatte sich Otto der Schaffung leistungsfähiger Gasmaschinen zugewandt, nachdem um 1860 der Gasmotor des Franzosen Lenoir bekannt geworden war. Otto hatte zunächst eine kleine Versuchsmaschine gebaut, die bereits nach dem Viertaktverfahren arbeitete. Durch verschiedene Verbesserungen gelang es Otto, eine besser arbeitende atmosphärische Gasmaschine, die in verschiedenen Staaten patentiert wurde, zu konstruieren. Bei ihr wurde der Kolben durch die Zündung eines Gas-Luft-Gemisches emporgeschleudert, ohne seine Arbeit auf das Schwungrad zu übertragen; erst wenn ihn der Luftdruck abwärts bewegte, wurde das Schwungrad angetrieben. Diese Maschine lief ruhiger. Auf der Pariser Weltausstellung von 1867 zeigte sich, daß sie weniger Gas verbrauchte als die Maschine von Lenoir. Sie wurde mit einer Goldmedaille ausgezeichnet. In dem Kölner Ingenieur Eugen Langen fand Otto einen Fachmann und Geldgeber, mit dem er gemeinsam eine Werkstatt gründete. 1872 wurden beide die ersten Direktoren der neu gegründeten Gasmotorenfabrik Köln-Deutz A.G. Auch Gottlieb Daimler und Wilhelm Maybach, die das Kraftfahrwesen maßgeblich gefördert haben, traten in diese Firma ein. Am 4. August 1877 erhielt Otto das Patent auf die von ihm durchkonstruierte Viertaktmaschine, die sich durch kleine Abmessungen und geringes Gewicht auszeichnete. Trotz Reithmanns Prioritätsrecht am Viertaktmotor bleibt es Ottos Verdienst, diesen Motor nicht nur selbständig erfunden, sondern ihn der Allgemeinheit nutzbar gemacht zu haben.

Um 1230 — 26. VIII. 1278   OTTOKAR II.

„Ich hab nicht gut in deiner Welt gehaust,
Du großer Gott! Wie Sturm und Ungewitter
Bin ich gezogen über deine Fluren;
Du aber bist's allein, der stürmen kann . . ."

So läßt Grillparzer in seinem Trauerspiel von König Ottokars Glück und Ende den Herrscher Böhmens vor seinem Tode sprechen. Ottokars hochfliegender und unruhiger Geist hat sein Zeitalter tief erschüttert. Der tschechische Raum war sein Kerngebiet, doch das Glück trug ihm das Angebot des österreichischen Herzoghutes zu, den ihm die Stände dieses Landes nach dem Aussterben der Babenberger anboten. Er festigte die Stellung durch die Ehe mit der doppelt so alten Witwe Kaiser Heinrichs VII. Nach dem Tode seines Vaters Herr über Böhmen und Mähren, Besieger der Ungarn und Erbe Steiermarks und Kärntens, träumte er von einem slawischen Reich, das von der Ostsee bis zur Adria reichen sollte. Ottokars Macht war im Innern seiner Stammlande fest verankert. Den Bürgern gab er Freibriefe, verbesserte das Gerichtswesen, förderte Gewerbe, Handel und Verkehr und baute neue Burgen und Städte. Vielen galt er als der glanzvollste Fürst des Reiches nach dem Ende der Hohenstaufen. Als nach Jahren der Gesetzlosigkeit, nach kaiserloser, schrecklicher Zeit, endlich die Kurfürsten im Jahre 1273 zur Wahl eines Oberhauptes schritten, glaubte er als der Mächtigste ein Anrecht auf die deutsche Krone zu haben. Die deutschen Fürsten jedoch wählten den Grafen Rudolf von Habsburg. Ottokar widersetzte sich dem neuen Kaiser und wurde geächtet. Als er in ungeheurer Verblendung 1278 von neuem in Österreich einfiel, erlag er den deutschen und ungarischen Scharen in der Schlacht auf dem Marchfeld, wo er fechtend den Tod fand.

FRIEDRICH OVERBECK 3. VII. 1789 — 12. XI. 1869

Einer der berühmtesten Maler aus der Gruppe der „Nazarener" war Johann Friedrich Overbeck. Er wurde am 3. Juli 1789 in Lübeck geboren. Mit zehn Jahren ließ ihm der wohlhabende Vater den ersten Zeichenunterricht erteilen. Da er sehr talentiert war, erhielt er die Erlaubnis, ab 1806 an der Wiener Akademie der Künste zu studieren. Hier bildete sich um ihn eine kleine Gruppe Gleichgesinnter, die eine religiöse Erneuerung der Kunst erstrebte und die Moral zur Richtschnur künstlerischen Schaffens erhob. Da sich ihre Kunstauffassungen nicht mit der Lehrmeinung der Professoren vereinen ließen, wurden Overbeck und seine Anhänger von der Akademie verwiesen. Unter Overbecks Führung zogen die Kunstjünger nach Rom, mieteten ein verlassenes Kloster und bildeten eine deutsche Künstlerkolonie. 1813 trat Overbeck zur katholischen Kirche über. Die Mehrzahl seiner Freunde folgte diesem Übertritt, die Außenwelt nahm Anstoß, und es kam zu einem Skandal; die Künstler wurden verlacht, gemieden und als frömmelnde „Nazarener" verspottet. Overbeck arbeitete unbeirrt weiter, und bald schmückten seine Bilder und Fresken viele Kirchen Deutschlands. Doch immer wieder zog es ihn nach Rom, in seine geistige und seelische Heimat. Dort ist er in der Nacht vom 12. zum 13. November 1869 gestorben. Seine Werke gelten als der vollendetste künstlerische Ausdruck der christlichen Restauration zu Beginn des neunzehnten Jahrhunderts. Ihr Ideengehalt und die künstlerische Formgebung sind heute nicht mehr überzeugend, da den Bildern die Ursprünglichkeit des Gefühls und die Leidenschaft der Bewegung fehlen. Overbeck und die Nazarener scheiterten an der Aufgabe, die dem Jenseits zugewandte Kunst des Mittelalters und der beginnenden Renaissance in die Form des veräußerlichten 19. Jahrhunderts zu übertragen.

ROBERT OWEN 14. V. 1771 — 17. XI. 1858

Bestimmend für den Charakter und die Handlungen des Menschen seien die äußeren Lebensverhältnisse; niemand könne daher für Taten verantwortlich gemacht werden, deren Beweggrund in persönlicher Not und unverschuldetem Elend zu suchen sei. Nach diesem Leitgedanken seiner vielen Agitationsreden und der Tausende von Zeitungsaufsätzen, mit denen sich der englische Sozialreformer an die Öffentlichkeit wandte, baute Owen ein beispielgebendes Hilfsprogramm für die eigene Werkumwelt auf. Nach einer Lehrzeit bei einem Stamforder Tuchhändler und Gehilfenjahren in London und Manchester war Owen, ein Handwerkersohn aus Nordwalis, bereits 1790 Leiter einer Baumwollspinnerei in Lancashire. Die drückenden Daseinsbedingungen der 500köpfigen Belegschaft weckten die ersten Ansätze zu dem späteren umfassenden Reformwerk. Als Owen im Januar 1800 eine Baumwollspinnerei in New Lanark in Kompagnonregie erwarb, führte der bewegliche Unternehmer eine Reihe praktischer Neuerungen ein. An Stelle ungesunder Wohnhöhlen baute er saubere Arbeiterheime, erstmals wurden verbilligte Lebensmittel an die Familien der Betriebsangehörigen ausgegeben, eine Lohnerhöhung mit zinstragender Anlegung des Mehrbetrages erprobt, die Arbeitszeit gekürzt, eine Nichtbeschäftigung von Kindern unter zehn Jahren verfügt, sowie Schulen für die Jugend der Arbeitersiedlung und Kleinkinderbewahranstalten eingerichtet. Der Erfolg gab Owen recht, das sittliche Niveau der Bevölkerung hob sich in der Mustergemeinde sichtbar. Eine Gründung sozialistischer Gemeinden mißglückte dagegen sowohl auf der Insel als auch auf einem eigenen Landstrich im amerikanischen Indiana, aus dem Owen 1827 enttäuscht, aber ohne den Glauben an seine umwälzenden Ideen zu verlieren, nach London zurückkehrte.

5. XII. 1661 — 21. V. 1724 GRAF VON OXFORD

Als im Jahre 1753 durch Parlamentsbeschluß das Britische Museum in London gegründet wurde, bildete den Grundstock seiner später weltberühmten Handschriftenabteilung die Sammlung von 7600 Handschriften und 40 000 Urkunden aus dem Besitz von Robert Harley, Graf von Oxford. Der Mann, der sein halbes Leben der Jagd auf seltene Manuskripte und Bücher, besonders aus der Geschichte des britischen Reiches, gewidmet hatte, war in dem bedeutungsvollen Jahrzehnt zwischen 1701 und 1713 einer der maßgebendsten Politiker Englands. Unter der Herrschaft der Königin Anna, der letzten Stuart auf dem englischen Thron und Gründerin Großbritanniens, bekleidete er die Ämter des Staatssekretärs, des Schatzkanzlers und des Leiters des Kabinetts. Es war die Zeit des Spanischen Erbfolgekrieges. England trat auf die Seite Österreichs und schickte ein gut gerüstetes Heer unter seinem Marschall Herzog von Marlborough dem Prinzen Eugen zu Hilfe. Am englischen Hof gab es neben der Kriegspartei des Herzogs von Marlborough, die den Kampf bis zur endgültigen Niederwerfung Frankreichs weiterführen wollte, eine Friedenspartei, die auf Abbruch des Krieges drängte. Führer dieser Partei war Graf Oxford, der mit Besorgnis nach einer Niederlage Frankreichs die Macht der österreichischen Habsburger bedenklich anwachsen und das europäische Gleichgewicht, das Ziel jeder englischen Politik, gefährdet sah. Sein Werk war der Utrechter Frieden, der England außerordentlich wertvolle Gewinne in Amerika und im Mittelmeer brachte. Unter Georg I. wurde Graf Oxford gestürzt, wegen Hochverrats angeklagt und drei Jahre im Tower gefangengehalten. Nach seiner Freilassung zog er sich verbittert von der Politik zurück und widmete sich ganz seiner Liebhaberei, dem Sammeln von Handschriften und Büchern.

Um 1435 — 1498 MICHAEL PACHER

Michael Pacher, der bedeutendste tirolische und zugleich einer der größten deutschen Bildhauer und Maler der Spätgotik, wurde wahrscheinlich auf dem Pacher-Gut in Neustift bei Brixen geboren, hatte seine Werkstatt in Bruneck und verbrachte die zwei letzten Lebensjahre in Salzburg. Auf seine Entwicklung wirkten neben der Pustertaler Schule der Ulmer Meister Multscher und die perspektivisch vollendeten Bilder lombardischer Künstler ein. Pachers Ruhm drang bis nach Italien; eine venezianische Urkunde vermerkt ihn lobend als „Michele de Brunico". Seine genialste Leistung vollbrachte er mit dem Altar in St. Wolfgang im Salzburgischen, der die Krönung Marias darstellt und auf den doppelten Flügeln Legendenbilder zeigt.
In neunjähriger Arbeit führte er diesen von den Benediktinern erteilten Auftrag in Bruneck aus und ließ die einzelnen Stücke nach Fertigstellung mit Wagen, Maultieren, mit Flößen auf dem Inn und dann wieder zu Land nach St. Wolfgang bringen. Der Altar überwältigt durch die beseelte Lebensfülle und Würde der geschnitzten Figuren, durch den fast barocken Reichtum der Bewegung bei durchaus gotisch statuarischen Körpern, deren Anordnung die räumliche Tiefe des Altarschreines in zuvor unerreichter Weise öffnet. Hier fand religiöses Empfinden voll inniger Gottzugewandtheit vollendeten Ausdruck. Der Altar, ein Meisterwerk der Bildhauerei und Malkunst, ist als Gesamterscheinung von hoher Schönheit, ein Wunder menschlicher Schöpferkraft. Pacher ist auch der Schöpfer des Kirchenväteraltares (München, Alte Pinakothek), der heute in der Franziskanerkirche stehenden Madonna vom früheren Altar der Salzburger Stadtpfarrkirche, des Altars in Gries, mehrerer Tafeln und Plastiken in Salzburg, St Lorenzen, Sterzing und im Kunsthistorischen Museum in Wien.

343

LUCA PACIUOLO
Um 1445 — 1514

Der Franziskanermönch Luca Paciuolo (auch de Paciuolo, Paccinolus, Paciolus, Fra Luca di Borgo Sancti Sepulchi genannt) galt im 15. und 16. Jahrhundert als der große Anreger und Förderer der Mathematik. Im Alter von 20 Jahren war er als Erzieher der drei Söhne des Kaufmannes Antonio de Rompiasi nach Venedig gekommen. Hier wurde er gleichzeitig mit seinen Schülern von Domenico Bragadino in Mathematik unterrichtet, außerdem erhielt er einen tiefen Einblick in das Kaufmannsgewerbe, das damals in dem handelsmächtigen Venedig zu hoher Blüte entwickelt war. Im Jahre 1470 gab er ein Lehrbuch über Mathematik zum Gebrauch für seine Schüler heraus. Zwei weitere Bände folgten 1476 und 1481. Seine Vorgesetzten wußten seine wissenschaftlichen Kenntnisse, die dem Ruhm des Ordens dienten, zu schätzen und sorgten dafür, daß er als Professor an den Universitäten in Perugia, Rom, Neapel, Venedig, Mailand, Florenz und Bologna Gastvorlesungen hielt. An einigen dieser damals hochberühmten Akademien ist er mehrfach tätig gewesen. 1497 erschien in Venedig sein großes Werk „Summa de Arithmetica, Geometria Proportioni et Proportionalita'', die „Summa des Paciuolo" genannt. 1509 veröffentlichte er eine Schrift über die Geometrie des Euklid (um 300 v. Chr.) und sein Werk von den „Göttlichen Proportionen" (Divina proportione), in dem er sich vor allem mit dem Goldenen Schnitt beschäftigt, der Teilung einer Strecke in zwei Abschnitte, deren kleinerer sich zum größeren verhält wie der größere zur ganzen Strecke, was heute als „Stetige Teilung" bezeichnet wird. In seiner „Summa", für deren geometrischen Teil sein Freund, der große Leonardo da Vinci, die geometrischen Figuren zeichnete, ist auch ein Abschnitt über doppelte Buchführung enthalten, die erste Veröffentlichung dieser Art.

NICCOLO PAGANINI
27. X. 1782 — 27. V. 1840

Der kränkliche Genueser Junge wurde von seinem Vater gezwungen, fast den ganzen Tag zu üben; von seinem sechsten bis zu seinem sechzehnten Lebensjahr hielt er diese Tortur aus und — entwickelte seine eigene, extrem schwierige Technik; manche seiner Stücke können heute noch nicht gespielt werden. Als er endlich seinem Vater entwichen war, trieb er sich herum, als Virtuose, Schürzenjäger und Glücksspieler. In Livorno verspielte er sogar seine Geige; ein reicher Enthusiast schenkte ihm zwar dafür eine echte Guarneri, aber Paganini verschwand von 1800 ab auf fünf Jahre im Nichts. Man munkelt, er habe während dieser Zeit im Gefängnis gesessen; man weiß heute, daß das nicht zutrifft. Er selbst erklärte, er habe die fünf Jahre als Kapellmeister in Lucca gewirkt, aber diese Behauptung ist widerlegt. Wo also war er? Wir wissen nur, daß er nach seiner Anstellung in Lucca (1805) das Herz der schönen Fürstin Maria Elisa Bacciocchi gewann und damit seine Rehabilitation. In seinem ersten Violinkonzert op. 6 in Es-dur findet sich im Adagio jenes berühmte Duett zwischen einer Saite und den drei übrigen, das man als „Gebet eines Gefangenen um seine Befreiung" gedeutet hat; doch gehört seine Gefangenschaft oder gar die Galeere mit Sicherheit der Sage an. Weniger sagenhaft ist sein Reichtum; er hinterließ seinem Sohn Achille eine Million Gulden. Verschwender war er nur seinem Neffen gegenüber, der ein Taugenichts blieb. Die Sage brachte ihn auch in Beziehung zum Teufel — nicht nur wegen der „teuflischen" Flageolett-Doppelgriffe im Rondo seines op. 6, sondern wegen seiner düsteren Leidenschaft und seines verwachsenen Körpers. Schumann, Chopin, Liszt, Berlioz bewunderten ihn — mit Er war nicht nur Virtuose, sondern auch genialer Komponist.

29. I. 1737 — 8. VI. 1809   THOMAS PAINE

„Haben Sie schon das Büchlein ‚Common Sense' gelesen?" schrieb im Januar 1776 General Charles Lee an George Washington. „Ich habe niemals eine solch meisterhafte und hinreißende Schrift kennengelernt!" — „Common Sense", von dem sofort auch eine deutsche Übersetzung erschien, wurde ein mächtiger Bundesgenosse der amerikanischen Freiheitsarmee. Der Verfasser, Thomas Paine, geboren am 29. Januar 1737 in Thetford (Norfolk) hatte es in England über den Umweg eines Korsettmachers, Schullehrers und Tabakfabrikanten zum Steuereinnehmer gebracht, war jedoch staatsfeindlicher Umtriebe verdächtigt und aus seinem Amt entlassen worden. Benjamin Franklin, der im Auftrag der Assembly von Pennsylvania nach London gekommen war, um den Schutz des Parlamentes gegen die Krone anzurufen, wurde mit dem revolutionären Feuerkopf bekannt und lud ihn nach Amerika ein. 1774 betrat Thomas Paine amerikanischen Boden und erregte bald durch seine glänzend formulierten Artikel im „Pennsylvania Magazine" das größte Aufsehen. Seinem „Common Sense" (Gesunder Menschenverstand) folgten alsbald die Streitschriften „Die Krise Amerikas", in der er das amerikanische Volk mit flammenden Worten zum Durchhalten aufrief. 1777 bis 1779 war er Sekretär des Kontinentalausschusses. 1787 kehrte er nach England zurück, mußte jedoch wegen seines Buches „Die Menschenrechte", in dem er die Ideen der Französischen Revolution verteidigte, nach Frankreich fliehen. In den Nationalkonvent gewählt, schloß er sich den Robespierregegnern an und wurde gefangengesetzt. Auf Drängen des amerikanischen Gesandten aus der Haft entlassen, ging er 1802 wieder nach Amerika, doch konnte er hier wegen seines Buches „Das Zeitalter der Vernunft" politisch nicht wieder Fuß fassen. Er zog sich ins Privatleben zurück.

Um 1525 — 2. II. 1594   PALESTRINA

Hans Pfitzners Meisteroper „Palestrina" ist die schönste Huldigung, die jemals dem Meister der Musica Sacra dargebracht wurde: Beider Meister Musik ist Musik von oben. Bei Palestrina verschmolz in einer Art von mystischer Hochzeit die äußerst kunstvolle Vielstimmigkeit der melodisch selbständigen Gegenstimmen, wie sie die Niederländer ausgebildet hatten, mit der Vielstimmigkeit, in der eine Stimme führend hervortritt, zu reinster, ebenmäßiger Schönheit, klangreicher Harmonie und klarster Melodik. Der Hauch einer letzten Vollkommenheit weht aus diesen Messen und Motetten am Ende einer großen Zeit, vor der Entstehung der Oper und der reinen Instrumentalmusik. Palestrina war es, der die reiche Art der „Musica Sacra" rettete, als die vielstimmige Kirchenmusik durch die Hereinnahme weltlicher Lieder in den Cantus Firmus (Tenor) und durch das üppige musikalische Rankenwerk ihren erbaulichen Charakter zu verlieren drohte. Eine starke Gruppe wollte auf dem Konzil zu Trient (1545–63) diese überkommene Musik der Vielstimmigkeit überhaupt abschaffen — bis es einem Ausschuß von Kardinälen gelang, in Palestrinas reiner und textfrommer Musik das überzeugende Gegenbeispiel aufzustellen. Die Gegner der mehrstimmigen Musik unterlagen. Palestrina hat 93 Messen geschrieben, die Messe „Asumpta est Maria" gilt als die kunstvollste unter ihnen. Berühmt sind auch seine achtstimmigen Improperien (Karfreitagsklagen) sowie die 29 Motetten auf Texte des Hohenliedes. Giovanni Pierluigi, genannt Palestrina, war Kapellmeister am Lateran, an S. Maria Maggiore und an der Peterskirche und seit 1565 Komponist der päpstlichen Kapelle; er schrieb aber auch das Oratorio des Philipp Neri.

345

DENIS PAPIN   22. VIII. 1647 — um 1712

Der Name Papin ist eng mit den Anfängen der Dampfschiffahrt verbunden. Der französische Physiker und Arzt — ein Mitarbeiter des großen holländischen Physikers Huygens — war 1707 einem Ruf als Professor der Mathematik und Physik an die Universität Marburg gefolgt. Schon damals hatte Papin sich durch die Erfindung des nach ihm benannten Papinschen Topfes einen Namen gemacht. Bei der Konstruktion dieses Dampfkochtopfes mit Sicherheitsventil ging Papin von der einfachen Beobachtung aus, daß man eine Flüssigkeit nur dann über ihren Siedepunkt erhitzen kann, wenn der Deckel fest verschlossen ist. Der im Gefäß entstehende Dampf drückt zunehmend auf die Flüssigkeit und verschiebt den Siedepunkt. Bereits als Student hatte er sich mit der Kraft des Wasserdampfes beschäftigt und plante mit Hilfe des Wasserdampfdruckes ein Schiff zu bewegen. Fünf Jahre lang befaßte er sich mit dem Bau eines Dampfers, dem er Schaufelräder gab. 1707 lief das Schiff vom Stapel. Nach einer Probefahrt auf der Fulda, die ohne Zwischenfälle verlief, wollte er nun weserabwärts über die Nordsee nach England dampfen. Aber in Minden verwehrte man ihm die Ausfahrt, weil er keine Erlaubnis für die Auslandsreise eingeholt hatte. Offenbar hat Papin dann versucht, die Durchfahrt zu erzwingen; denn die Schiffergilde zerstörte sein unter soviel Mühen erbautes Fahrzeug. In seiner Verzweiflung vermochte er sich nicht zu entschließen, ein neues Schiff zu bauen. Papins Erfindung blieb lange Zeit ungenutzt, bis 1803 der Amerikaner Robert Fulton sie von neuem aufgriff und mit einem nach den Plänen Papins erbauten Dampfboot auf der Seine Probefahrten machte. Fulton wechselte später zu einer Wattschen Dampfmaschine über und machte mit ihrer Hilfe 1807 die berühmte Schaufahrt auf dem Hudson.

PARACELSUS   Um 1494 — 24. IX. 1541

Den Arzt Philippus Aureolus Theophrastus Bombastus von Hohenstein, genannt Paracelsus, kann man als den Begründer der pharmazeutischen und damit der medizinischen Chemie bezeichnen. Er war der bedeutendste Naturforscher der beginnenden Neuzeit. Von seinem Vater, der als Arzt und Chemiker in Hohenheim und Villach tätig war, erhielt er Unterricht in den üblichen Elementarfächern. Später besuchte er verschiedene Hochschulen, durchwanderte lernend und studierend fast ganz Mitteleuropa, betätigte sich als Feldarzt in einigen der zahlreichen Kriege jener unruhigen Zeit und hielt schließlich als Stadtarzt und Professor der Medizin in Basel vielbeachtete Vorlesungen. Immer betonte er die Heilkraft der Natur und forderte größte Reinlichkeit bei der Kranken- und besonders der Wundbehandlung. 1528 verließ er Basel und zog von Stadt zu Stadt, heilend und Vorträge haltend. In diesen Jahren entstanden die meisten seiner Bücher biologischen, theologischen, philosophischen, medizinischen und astronomischen Inhalts. Er schrieb in frühneuhochdeutscher Sprache, nur amtliche Gesuche und Rezepte waren lateinisch verfaßt. Den Gelehrtennamen Paracelsus — eine Übersetzung des Namens Hohenheim — hatte er nach seiner Promovierung zum Doktor der Medizin in Ferrara angenommen. Die marktschreierische Art, mit der er auftrat, und die Geheimnistiefe seiner Schriften ließen nach seinem Tode im 16. und 17. Jahrhundert die Ansicht aufkommen, daß er ein Wunderdoktor, Scharlatan oder Goldmacher gewesen sei. Das entspricht durchaus nicht den historischen Tatsachen. Paracelsus glaubte an die wunderbare Selbsthilfe der Natur als dem A und O aller Heilkunst. Paracelsus starb nach einem arbeitsreichen Leben in Salzburg.

1330 — 1399 **PETER PARLER**

Der Name der Baumeisterfamilie Parler ist kennzeichnend für eine schöne und fruchtbare Sitte des Mittelalters. Bevor die Sprengkräfte des Individualismus am Ende des Mittelalters die alten patriarchalischen Gefüge von Kirche und Reich auflösten, fanden sich, besonders bei den viele Jahrzehnte lang währenden Dombauten, Künstler aller Gattungen zu Werksgemeinschaften zusammen, den sogenannten Bauhütten. Es ist ein Zeichen mittelalterlicher, gänzlich uneitler Frömmigkeit, daß die meisten dieser Künstler ihren Namen im Dunkel ließen. So sind viele Meister der mystisch strahlenden Glasfenster, der demütig großen Plastiken und heiligen Geräte unbekannt geblieben. Auf anonyme Weise arbeiteten oft auch Künstlerfamilien zusammen, wie die Steinmetzfamilie der Parler, die in Schwäbisch Gmünd beheimatet war. Ihr Meisterzeichen, das sich an Säulen, Türmen und Portalen findet, war der Winkelhaken. Die Parler schufen die ersten Hallenkirchen in Süddeutschland, die für den Übergang von der feierlichen Hochgotik zur weiträumig behaglichen Spätgotik charakteristisch sind. Kraftvolles Raumgefühl und realistische Körpergestaltung sind ihr Merkmal. Karl IV. stellte die Parler an und übertrug ihnen die Leitung der gesamten böhmischen Bauvorhaben. In seinen Diensten schuf der Dombaumeister Peter Parler in Prag den Chor des herrlichen Veitsdomes, ferner die Kirche in Kolin, die Barbarakirche in Kuttenberg und die Kirche des Chorherrnstiftes Karlshof. Die großartigen Standbilder und Tumbengräber (Der heilige Wenzel, Ottokar I., Ottokar II.), auch der Schöne Brunnen in Nürnberg sind aus der Parlerschen Bauhütte hervorgegangen. St. Sebaldus in Nürnberg stammt wahrscheinlich von einem Bruder Peters. Die Söhne arbeiteten am unsterblichen, verpflichtenden Werk ihren Ahnen weiter.

1800 — 1867 **WILLIAM PARSONS**

Der englische Astronom William Parsons, Earl of Rosse, ist einer der Bahnbrecher des Teleskopbaus. Er hatte es sich zur Aufgabe gesetzt, das Geheimnis der Nebelflecke im Weltraum zu entschleiern. Für dieses Unternehmen aber reichten die Fernrohre seiner Zeit bei weitem nicht aus. Da ihm größere Mittel zur Verfügung standen, entschloß er sich, selbst geeignete Instrumente zu bauen. Zunächst versuchte er es mit Linsen, die mit Wasser gefüllt waren. Das Ergebnis war unbefriedigend. In der Folge konstruierte er mit zähester Ausdauer und von Mißerfolgen nie entmutigt alle notwendigen Einrichtungen zum Gießen und Schleifen von Linsen und Teleskopspiegeln. Nach zahlreichen Fehlschlägen gelang ihm der Bau eines Teleskops mit einem Spiegel von 3 Fuß (914 mm) Durchmesser. Die hierbei gewonnenen Erfahrungen verwendete er bei dem Bau eines Teleskops mit einem Spiegel von 1,8 m Durchmesser und 16,8 m Brennweite. Mehr als 17 Jahre (1827—44) hat er auf diese überaus schwierige Arbeit verwendet. Das neuartige Teleskop zeichnete sich durch eine bis dahin noch nicht erreichte Lichtstärke aus und erregte in Fachkreisen größtes Aufsehen. Als auch andere sich mit dem Bau solcher Instrumente befassen wollten, unterstützte Parsons sie mit Rat und Tat. Es gelang ihm, mit seinem Teleskop einige Spiralnebel aufzufinden, „Riesensterne" als Doppelsterne zu erkennen und so das astronomische Weltbild in wichtigen Punkten zu erweitern. Sein Leben war von vielen äußeren Erfolgen begleitet. Nach dem Studium in Dublin und Oxford wurde er Abgeordneter des englischen Unterhauses, und später war er Mitglied des Oberhauses. Er war Lordstellvertreter der Grafschaft York, Kommandeur der Miliz und in den letzten sechs Lebensjahren Kanzler des berühmten Trinity College der Universität Dublin.

BLAISE PASCAL 19. VI. 1623 — 19. VIII. 1662

Pascal war das typische Beispiel eines „Wunderkindes", denn er zeigte schon früh ein ungewöhnliches mathematisches Talent, das er später zu höchster Reife entfaltete. Seine Lehrsätze über die Kegelschnitte, die Erfindung einer Rechenmaschine, die Entdeckung des Gesetzes von den kommunizierenden Röhren und die ersten Luftdruckmessungen mit Hilfe eines Barometers machten ihn zu einem der bedeutendsten Mathematiker und Naturwissenschaftler der Welt. Als Philosoph — Frankreich verehrt ihn heute noch als sein größtes religions-philosophisches Genie — erlangte er bis heute währendes Ansehen und bleibenden Ruhm. Unter dem Einfluß von Arnauld und Nicole hatte sich Pascal dem Jansenismus angeschlossen, einer von dem holländischen Theologen Cornelius Jansen ins Leben gerufenen „Lehre über die Verderbnis der menschlichen Natur", wie sie schon von Augustinus gepredigt worden war. Pascal, selbst tief religiös veranlagt, griff in seinen „Briefen aus der Provinz" die Ethik, wie sie die Jesuiten vertraten, entschieden an und gab den ersten Anstoß zu einer öffentlichen Erörterung, die schließlich zur zeitweisen Auflösung des Jesuitenordens führte. Obwohl Mathematiker, der die Erscheinungen des Seins exakt in Formeln zu fassen vermochte, stritt Pascal selbst eine wirklich sichere Erkenntnis der den Menschen bewegenden Lebenskräfte ab. „Zu solchem Wissen führt nur die Intuition mit Hilfe unseres Gefühls, und wo der Verstand den Menschen im Stiche läßt, da muß das Gemüt sprechen", lehrte er. Im letzten werde der Mensch nur in Gott und im Glauben an Gott und Unsterblichkeit Ruhe, Frieden und Glück finden und seine Umwelt erkennen. Daß Gott existiere und daß es eine Unsterblichkeit gebe, werde sich jedoch niemals mit Verstandesgründen beweisen lassen.

LOUIS PASTEUR 27. XII. 1822 — 28. IX. 1895

Er sah aus wie ein Kleinbürger; sein Alltagsleben war ohne Glanz und Freude, er aß bescheiden und war immer besorgt, sein kleines Vermögen zusammenzuhalten. Aber das „Geschäft" dieses „Kleinbürgers" galt dem Kampf gegen Krankheit und Tod. Da er nur ein einfacher Chemiker war, erregte es die Ärzte lange Zeit, daß er es wagte, ihnen Lehren zu erteilen. Und doch zählt er zu den größten ärztlichen Wohltätern. Er erkannte, daß Fäulnis und Gärung von Mikroben herrühren, die selber alle von Mikroben „geboren" werden. Mit diesem umstürzlerischen Gedanken hatte er sich im Gegensatz zu der damals herrschenden Meinung gesetzt, daß unter gewissen Umständen Lebendes aus Unbelebtem hervorgehen könne; so glaubte man, daß sich Ungeziefer aus Schmutz entwickeln und daß aus faulendem oder totem Stoff Kleinstlebewesen entstehen könnten. Durch jahrelanges, planmäßiges Experimentieren entdeckte Pasteur, daß die Mikroben, die Bakterien, welche die Gärung erzeugen, nicht hitzebeständig sind und daß man deshalb Flüssigkeiten durch Erhitzen auf eine bestimmte Temperatur fast keimfrei machen und vor Fäulnis und Gärung bewahren kann, ohne daß wertvolle Stoffe verloren gehen. Dieses Keimfreimachen, das „Pasteurisieren", kennt jede Hausfrau. Im Verlauf seiner Forschungen kam Pasteur zu der Überzeugung, daß auch gewisse Krankheiten durch Bakterien hervorgerufen würden. Nach langwierigen Versuchen gelang es ihm, Mittel gegen die Hühnerpest- und die Tollwuterreger zu finden. Den Sieg über die Krankheiten mußte er mit seiner Gesundheit bezahlen. Von einem Schlaganfall an den Rand des Grabes gebracht, siechte er zwei Jahrzehnte dahin. Als man seinen 70. Geburtstag feierte, nahm er die Ehrungen mit Tränen entgegen, aber die Dankesworte konnte er nicht mehr sprechen.

Um 10 n. Chr. — Um 67 n. Chr. **PAULUS DER APOSTEL**

Als Sohn orthodox jüdischer Eltern in Tarsus in Kleinasien geboren, kam Saulus als junger Mann in die Schule des Gamaliel nach Jerusalem, wo er das lange Studium zum Beruf des Rabbiners begann. Er beteiligte sich mit leidenschaftlichem Eifer an den jüdischen Christenverfolgungen. Auf einem Ritt nach Damaskus hatte er die Vision Christi, der ihm den Auftrag gab, der heidnischen Welt und den Juden das Evangelium zu verkünden und Missionar zu werden. Nach Jahren der Stille begab Paulus sich auf Missionsreisen. Er gründete überall, in Kleinasien, Mazedonien und Griechenland, Gemeinden; seine Missionspläne reichten bis nach Spanien. Die Apostelgeschichte, vor allem aber die Briefe des Paulus an die Gemeinden und an Einzelpersönlichkeiten offenbaren seinen glühenden Eifer, der jungen Kirche neue Anhänger zuzuführen und sie fest zu organisieren. Ihm ist es zu danken, daß das Christentum zur Weltreligion wurde, indem er es im Raum der allumfassenden hellenistischen Bildung verbreitete. Paulus wurde der Apostel der Heiden und predigte zuerst in Antiochien, später in Philippi, Thessaloniki, Athen, Korinth, Ephesus und Milet. Er erreichte auf dem Apostelkonvent von Jerusalem, daß die Heidenchristen nicht mehr dem jüdischen Ritualgesetz unterworfen wurden, was von vielen gefordert wurde. Hier in Jerusalem kam es zu Auseinandersetzungen mit dem Judentum. Die Römer nahmen Paulus in Schutzhaft, aus der er jedoch bald wieder freigelassen wurde. Er setzte seine Missionsarbeit im östlichen und westlichen Römerreich fort. Als sich unter Nero der Kampf gegen die Christen verschärfte, wurde Paulus in Rom hingerichtet. Er starb als römischer Bürger ohne Folter unter dem Schwerte. Buch und Schwert sind in der Kunst die Symbole dieser überragenden Gestalt geworden.

14. IX. 1849 — 27. II. 1936 **IWAN PETROWITSCH PAWLOW**

Der russische Forscher Iwan Petrowitsch Pawlow wurde 1849 in der 200 km südöstlich Moskaus gelegenen Stadt Rjäsan geboren, studierte Physiologie und Chemie und ging nach längerem Studienaufenthalt in Deutschland als Professor für Physiologie nach Moskau. Sein Hauptinteresse galt den Funktionen des Gehirns und der von ihm bewirkten Steuerung des Zusammenspiels psychischer und körperlicher Vorgänge. Um sie im Experiment zu erforschen, verwendete Pawlow hauptsächlich Hunde. Bei chirurgischen Eingriffen konnte er beobachten, wie die Absonderung der Verdauungssäfte auf verschiedene Reize hin verlief. Verband man die Fütterung mit einem bestimmten akustischen Signal, dann erfolgte z. B. die Speichelabsonderung auch dann, wenn nur der Ton erklang, aber gar kein Futter gegeben wurde. Durch Gewöhnung hatte sich aus Reiz und Reaktion ein bedingter Reflex gebildet. Pawlow hat nach unzähligen weiteren Versuchen seine allerdings keineswegs unbestrittene Reflexlehre aufgebaut, von der er einmal sagte: „Durch objektive Registrierung der Funktionen der Großhirnrinde wird der Mensch schließlich seine höchste Aufgabe lösen, nämlich den Mechanismus und die Gesetze seiner Natur zu erkennen." Für seine Arbeiten über die Physiologie der Verdauungsorgane erhielt Pawlow 1904 den Nobelpreis; 1926 wurde ihm bei Leningrad ein eigenes Staatslaboratorium eingerichtet, das er mit Vorliebe „Die Hauptstadt der bedingten Reflexe" zu nennen pflegte. Im Jahre 1936 ist Pawlow gestorben. Unter den handschriftlichen Aufzeichnungen fand man eine sehr eigenwillige Formulierung der Endziele der Physiologie: „Das Ziel ist ein immer fester begründeter, immer weniger von dunklen Zufälligkeiten abhängiger Glückszustand der gesamten Menschheit!"

ROBERT EDWIN PEARY   6. V. 1856 — 20. II. 1920

Noch um die Jahrhundertwende erforderte eine Expedition in das Polargebiet ein ungewöhnliches Maß an Aufwand, Ausdauer, Mut, Tatkraft, Wissen und Erfahrung. Einer der Männer, die alle diese Vorbedingungen erfüllten, war der Amerikaner Robert Edwin Peary. Am 6. April 1909 hat er als erster den Nordpol erreicht oder ist ihm mindestens auf 3 km nahe gekommen. Am 1. März 1909 war er zu dieser Expedition mit 7 Weißen, einem Neger und zahlreichen Eskimos, 19 Schlitten und 133 Hunden aufgebrochen. Auf der 766 km langen Strecke wurden in bestimmten Abständen Vorratslager angelegt. Auf 87 Grad 47 Minuten nördlicher Breite entließ Peary den letzten Hilfstrupp und drang mit 4 Eskimos und dem Neger zu dem noch 246 km entfernten Pol vor. In Eilmärschen kehrte Peary mit seinen Gefährten zum Hauptlager zurück, und am 9. September teilte er der Welt seinen Erfolg mit. Zur gleichen Zeit behauptete der Arzt und Polarforscher Dr. Frederick Cook, daß er bereits am 21. April 1908 seine Schlittenspur über den Pol gezogen habe. In dem folgenden Streit wurden Cook unrichtige Angaben nachgewiesen, und Peary behauptete den Ruhm, als erster am nördlichsten Punkt der Erde gestanden zu haben. Lange hatte er sich auf diese Tat vorbereitet. Nicht weniger als 6 Grönlandexpeditionen, darunter 4 Durchquerungen dieser größten Insel der Erde, waren vorangegangen. 1909 gelang es ihm, die Nordspitze auf der Breite von 89 Grad 39 Minuten zu erreichen und zu beweisen, daß Grönland wirklich eine Insel ist. Von Grantland, nördlich von Grönland, versuchte er bereits 1902 und 1906 zum Pol vorzustoßen, wurde jedoch beide Male durch das Packeis zur Umkehr gezwungen. Die Zähigkeit Pearys ist um so höher einzuschätzen, als er durch starke Erfrierungen an den Füßen behindert war.

WILLIAM PENN   14. X. 1644 — 30. VII. 1718

Die Verleihung des Nobelpreises an die „Gesellschaft der Freunde", der „Quäker", im Jahre 1947 ehrte die großen Verdienste dieser um die Menschheit verdienten Religionsgemeinschaft. Selbstlos und im wahren Geist der Nächstenliebe gewährten sie seit ihrer Gründung in der zweiten Hälfte des 17. Jahrhunderts überall dort, wo Menschen in Not waren, Hilfe und Beistand. Einer der großen Männer ihrer geschichtlichen Tradition war William Penn, Sohn eines englischen Admirals. Penn schloß sich als Oxforder Student der vom Staat verbotenen Quäkerbewegung an, trat in einer Reihe von Schriften für ihre Ziele ein und wurde dafür als „Rebell gegen Thron und Altar" mehrfach in den Kerker geworfen. Um der Gemeinde Frieden und Sicherheit zu schaffen, beschloß man auszuwandern. William Penn, der von seinem Vater ein bedeutendes Vermögen geerbt hatte, ließ sich vom König für eine alte Schuldforderung ein großes, noch unkultiviertes Gebiet am Delaware übereignen. Karl II. taufte die neue Kolonie später auf den Namen Pennsylvania (Penns Waldrevier). Penn gab dem rasch emporwachsenden Siedlerstaat eine liberale Verfassung mit dem Grundsatz unbedingter Religionsfreiheit und gründete die Stadt Philadelphia. 1684 kehrte er nach England zurück, um auch für die in England gebliebenen Quäker völlige Glaubensfreiheit zu erwirken. Nach anfänglichen Erfolgen unter König Jakob II. wurde er nach der Revolution von 1688 in gefährliche politische Prozesse verwickelt. Schwierige Vermögensverhältnisse zwangen ihn, im Jahre 1712 alle seine Rechte auf das aufgeblühte Pennsylvanien an die englische Regierung zu verkaufen. Er lebte seitdem zurückgezogen in Buckinghamshire. Ein Schlaganfall lähmte ihn und umnachtete seinen Geist. Sein Werk lebt in den Herzen der „Freunde" fort.

Nach 500 v. Chr. — 429 v. Chr. **PERIKLES**

Der Mann, der Athens Blütezeit — das Perikleische Zeitalter — heraufführte, entstammte der Adelssippe der Alkmäoniden, die sich stets eng mit dem Volk von Athen verbunden fühlte. Wie seine Vorfahren wandte sich auch der junge Perikles der Politik zu. Nach der Ermordung des Ephialtes, des Führers der radikalen Demokraten, fiel ihm die Leitung dieser Partei zu. Er setzte eine Reihe fortschrittlicher Neuerungen durch und verwandelte nach dem Bericht Thukydides den Staat in ein Gebilde, das „dem Namen nach eine Demokratie, tatsächlich jedoch die Herrschaft des ersten Mannes" war, eben des Perikles. Immer wieder zum Oberstrategen gewählt, hielt er in seiner Hand alle wichtigen Fäden und trotzte jedem mitunter gefährlichen innenpolitischen Anschlag. Ohne Waffenentscheidungen zu scheuen, verfolgte er eine friedliche Außenpolitik, schloß mit Sparta einen dreißigjährigen, mit Persien den Kimonischen Frieden und schuf damit die Grundlagen, sein großes Ziel, die Umbildung des griechischen Staatenbundes von Delos in ein attisches Reich, zu verwirklichen. Zugleich förderte er großzügig die philosophische Wissenschaft und die Künste, ließ die Akropolis ausbauen, wobei ihn Phidias, der bedeutendste Bildhauer der Antike, beriet. Als nach fünfzehn Jahren Sparta Athens Vormacht nicht mehr ertrug und den Krieg entfesselte, waren die Befestigungen stark und jedem Angriff gewachsen, die Wege zu den Kornkammern am Schwarzen Meer gesichert, der Welthandel an Athens Hafen gebunden. Der Sieg wäre Perikles zugefallen, wenn ihn die Pest nicht vorzeitig weggerafft hätte. Die Nachfolger erreichten zwar die Anerkennung der attischen Herrschaft noch einmal, aber bald war es um Athens Größe geschehen. Eine der herrlichsten Epochen der Weltgeschichte, strahlend durch Würde, Geist und Schönheit, starb ihrem Schöpfer nach.

13. VIII. 1651 — 20. II. 1732 **BALTHASAR PERMOSER**

Permosers Werk und Leben erscheinen uns als Inbegriff des Geistes und der Ausdrucksart des Barocks: Daseinslust, überquellender Formenreichtum, Allegorien, Unruhe und Leidenschaft. Geboren im Südbayerischen, trat er schon als Kind in Salzburg, dann in Wien in die Bildschnitzer- und Steinmetzschule. Hierauf trieb es ihn lange in Italien umher, wo er den Figurenschmuck von San Gaetano in Florenz schuf. Zum Hofbildhauer nach Dresden berufen, eröffnete sich ihm ein weites Tätigkeitsfeld. Dresden blieb trotz großer Reisen und jahrelanger Aufenthalte in Freiburg, Berlin und Wien die Stätte seiner bedeutendsten Arbeiten. Zuerst entstand hier die schöne elfenbeinerne Kleinkunst für das Grüne Gewölbe. Er folgten die berühmten Figuren der Außenseiten des Zwingers, die Atlantenhermen, der Herkules, die Jahreszeiten, die Kanzel der Hofkirche, der gegeißelte Christus für Schloß Moritzburg und das Taschenberg-Palais, die großartigen Kirchenväter, die später ins Bautzener Museum kamen, und neben vielen anderen die Figuren für den Palmengarten in Leipzig. In Dresden vollbrachte er auch seine großartigste Leistung: die Apotheose des Prinzen Eugen, das Gipfelwerk der deutschen Barockplastik. Er meißelte es aus einem Marmorblock von achtzig Zentnern und begleitete es selbst nach Wien, wo es heute im Barockmuseum steht. Aus einem Gewoge symbolistischen Beiwerks voll Phantasie und Schwung steigt der erhabene Kopf des Türkenbezwingers triumphierend empor. König August von Sachsen, dem Permoser ebenfalls ein Apotheose widmete, gefielen die lebensecht wiedergegebenen Gesichtsfalten des Prinzen nicht; er wünschte im Porträt nicht die Wirklichkeit, sondern eine erlauchte Pose. Permosers Pathos diente der Wahrheit und verpuffte nicht ins Leere.

FRIEDRICH CHR. PERTHES 21. IV. 1772 — 18. V. 1843

Dieser große Thüringer, Schwiegersohn des Dichters Matthias Claudius, ist mehr noch als der tragische Buchhändler Palm zum idealen Vorbild seiner Berufskollegen geworden. Mit Palm teilte er das Schicksal des Patrioten. In der napoleonischen Zeit organisierte er den Widerstand in Hamburg — man verglich ihn mit dem Kolberger Widerständler Nettelbeck. Nach der deutschen Niederlage wurde er auf die Proskriptionsliste gesetzt, verlor Hab und Gut und mußte außer Landes gehen, während seine Familie auseinandergerissen wurde. Er blieb ungebrochen, organisierte ein Hilfswerk und verband sich vor allem mit den großen und guten Geistern der Gegenwart, um das Vaterland von innen her zu retten und zu erneuern. Vorbildlich zumal für unsere Zeit war seine herzhafte und kluge Fähigkeit, auch entgegengesetzte Köpfe zusammenzubringen, indem er sie bewußt dem Gedanken des Wiederaufbaus verpflichtete. Die Liste seiner Partner nennt die edelsten Namen: Wilhelm von Humboldt, Stein, Arndt, Niebuhr, Ranke, Neander, Görres, Savigny, Gentz, Adam Müller und die Brüder Schlegel; er gewann sie zum Teil als Autoren für seinen Verlag, der nach Gotha übersiedelte und unter dem Namen seines Sohnes geführt wurde, während sein Schwager Besser die von Friedrich Christoph Perthes gegründete Hamburger Sortimentsbuchhandlung weiterführte. Er gehörte auch zu den Gründungsmitgliedern des Börsenvereins der deutschen Buchhändler. Seine Schrift „Der deutsche Buchhandel als Bedingung des Daseins einer deutschen Literatur" (1816) enthält wegweisende Richtlinien für Fragen des Urheber- und Nachdrucksrechts und der Pressefreiheit. Mit äußerster Noblesse trat er für Claudius ein, als der alte Voss ihn in einer Schmähschrift angriff. Friedrich Christian Perthes wurde daraufhin selber Gegenstand unwürdigster Verleumdungen.

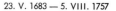

ANTOINE PESNE 23. V. 1683 — 5. VIII. 1757

Friedrich der Große in Mädchenkleidern! Im Charlottenburger Schloß hängt das entzückende Kinderbild, auf dem der große Friedrich als großhäuptiges Kind mit seiner Schwester und einem Hündchen gemalt ist. Man spürt sofort die Schule von Watteau, und es war tatsächlich das Werk eines Schülers des eleganten Südholländers Watteau, Antoine Pesnes, der schon in jungen Jahren (1711) nach Berlin berufen wurde und dorthin den Zauber der Rokokomalerei mitbrachte. Er stand als Hofmaler bis zu seinem Tod im Dienst der drei ersten preußischen Könige, und es ist reizvoll, sich auszudenken, welche Dialoge dieser feinkultivierte Pariser mit dem jungen Friedrich geführt haben mag. Auch ohne historischen Beweis ist sein Einfluß auf die Denkweise und den Geschmack des Kronprinzen kaum zu leugnen. Seinen eigenen Geschmack hat Pesne in zahlreichen Gemälden zu Rheinsberg, in Potsdam und Sanssouci ausgebreitet, sein Hauch hat sich mit dem Geist dieser königlichen Orte auf das innigste vermählt. Friedrich der Große als Kronprinz in Panzer und Hermelin (Kaiser-Friedrich-Museum), die Tänzerin Barberina in der Glocke ihres pfauenähnlichen Tanzkleides, die liebliche Prinzessin Amalie von Preußen in Jackett und riesig weitem Reifrock entsprachen den höfischen Erwartungen von Anmut und Würde; außerdem waren die Kostüme farbenprächtig gemalt — aber es gab noch einen anderen Pesne, und es ist nicht zu leugnen, daß die schlichtspröde Berliner Luft mit dem preußischen Aroma von damals in jenen anderen Porträts zu spüren ist, die Pesne privat malte: Man denke nur an das Bildnis des Kupferstechers Georg Friedrich Schmidt und an andere Bildnisse, die im Kreise der Französischen Kolonie in Berlin entstanden sind.

20. VII. 1304 — 18. VII. 1374 **FRANCESCO PETRARCA**

Das kleine Landgut Vaucluse bei Avignon ist weltberühmt geworden: Hier schrieb der italienische Dichter Petrarca seine Liebesgedichte an Laura — unvergängliche Verse voller Musik und schwärmerischen Gefühls. Schon Dante hatte in seinen Huldigungsgedichten an Beatrice, die frühverstorbene Geliebte, dem neuen Lebensgefühl, das von der provençalischen Troubadourlyrik geweckt worden war, Bahn gebrochen. Petrarca erweiterte den Kreis dieser Gefühlslyrik um die Idealgestalt seiner Laura zu einem geschlossenen Kosmos, in welchem er die verehrte Frau in der Fülle ihrer Schönheit und in ihren feinsten Regungen als Gegenstand einer unsterblichen Liebe besang. Das war damals revolutionär und wurde zum Vorbild für zwei Jahrhunderte. Noch im 16. Jahrhundert gab es „Petrarcisten", die ihn nachahmten. — Als Sohn eines Notars studierte Petrarca zuerst Rechtswissenschaften. Sein Vater war von Italien nach Avignon übergesiedelt, wo die römischen Päpste in der Gefangenschaft der französischen Könige siebzig Jahre lang residierten. Der zweiundzwanzigjährige arme Student trat, nachdem er sich dem geistlichen Stande gewidmet hatte, in den Dienst des Kardinals Colonna und wurde bald als Poet bekannt. Ergreifend ist Petrarcas Einsiedlerzeit im einsamen Flußtal der Sorgue. Er war der erste Dichtereremit der abendländischen Welt, ein gefühlsvoller Klausner, der es sich indessen nicht versagte, weite Reisen zu machen, um die zahlreichen Ehrungen in Empfang zu nehmen, mit denen ihn die humanistisch gebildete Welt bedachte. In Rom wurde er öffentlich mit dem Dichterlorbeer gekrönt. Er trat auch in diplomatische Dienste und begegnete als Gesandter Mailands im Jahre 1356 in Prag Kaiser Karl IV., der ein bedeutender Mäzen auf dem Gebiet der bildenden Kunst war. Petrarca starb als Siebzigjähriger in Arqua bei Padua.

† Um 65 n. Chr. **DER APOSTEL PETRUS**

Der Fischer Simon, Sohn des Jonas aus Kapernaum am See Genezareth, war mit seinem Bruder Andreas Jünger des Täufers Johannes, bevor ihn Jesus berief und ihm den Namen Kephas, griechisch Petros, der „Fels" verlieh. Nach Jesu Tod und Auferstehung führte er mit Jakobus die Gemeinde der Judenchristen in Jerusalem und predigte auch in Antiochien und Korinth. Nach den Evangelien ein feuriger, aber schwankender Charakter, der Jesus in der Stunde der Gefahr verleugnete, wurde er nach dem Pfingstfest der treueste und eifrigste Prediger des Herrn neben dem hochgebildeten Theologen Paulus, der mit Petrus das Recht der Heidenchristen auf dem ersten Konzil in Jerusalem vertrat. Petrus galt der katholischen Kirche schon früh als ihr erster Bischof; von ihm leitet sich die Reihe der Päpste ab. Die neuesten Ausgrabungen haben bestätigt, daß Konstantin der Große seine Petersbaskilika über dem Grabe Petri erbaut hatte. Der Ort ist schon im 2. Jahrhundert als das „Tropaion" (Siegesmal) Petri auf dem Vatikanischen Friedhof bezeugt. Der auf derselben Stelle später errichtete Petersdom wölbt seine gewaltige, von Michelangelo konstruierte Kuppel über diesem Grabe des Apostels. Die Gebeine des Märtyrers wurden, vermutlich in den Völkerstürmen, verschleppt oder verstreut. — Sehr frühe Quellen bezeugen, daß Petrus in Rom den Tod erlitt; er wurde in der Neronischen Verfolgung oder wenige Jahre später mit dem Kopf nach unten gekreuzigt. Petrus hat die christliche Gemeinde in Rom nicht selbst ins Leben gerufen, er hat jedoch ihr Werden entscheidend beeinflußt. Auf seinen Märtyrertod in der Ewigen Stadt begründete Rom den Anspruch, in alle Zukunft der Sitz des obersten Bischofs der Römischen Kirche zu sein.

MAX VON PETTENKOFER 3. XII. 1818 — 10. II. 1901

Im Jahre 1854 wurde München von einer Cholera-Epidemie heimgesucht. Täglich starben mehr als hundert Menschen. Unter den von der heimtückischen Krankheit Befallenen war auch der Hofapotheker Max Pettenkofer. Auf dem Krankenbett entschloß er sich, die Seuche mit allen Mitteln zu bekämpfen und zu erforschen. Nach seiner Genesung sprach er mit englischen Ärzten über ihre Erfahrungen in Indien, reiste nach Lyon, Marseille, Gibraltar und Malta und erkannte bald, daß Epidemien in engem Zusammenhang mit den örtlichen hygienischen Verhältnissen standen. Nach München zurückgekehrt, setzte er die Reinigung und Reinhaltung des Bodens, eine saubere Kanalisation und ordentliche Trinkwasserversorgung durch, und der Erfolg stellte sich bald ein: die Seuchen gingen zurück. Von dem Erfolg beglückt, begann Pettenkofer die für die Gesundheit nützlichen oder schädlichen Faktoren systematisch zu erforschen, indem er die unmittelbare Umgebung des Menschen — Luft, Wasser, Boden, Ernährung, Kleidung, Wohnung — studierte und seine Erfahrungen im Experiment nachprüfte. Er verbesserte die Hygiene der Städte und führte die Seuchenquarantäne ein. 1865 erhielt er als Professor der medizinischen Chemie das Recht, an der Universität München einen Lehrstuhl für Hygiene zu errichten, den ersten dieser Art, dem später ein Hygienisches Institut angegliedert wurde. Aus ihm hat sich das Max-Pettenkofer-Institut des Reichs- und Bundesgesundheitsamtes entwickelt. Wie erfolgreich Pettenkofers Kampf war, beweisen die Statistiken: Bis 1870 starben jährlich von 100 000 Einwohnern 177 an Typhus, nach 1883 verringerte sich die Zahl der Todesfälle auf sechs bis acht jährlich. Für seine Verdienste um die Gesundheit der Menschen wurde Pettenkofer 1883 in den Adelsstand erhoben.

HANS PFITZNER 5. V. 1869 — 22. V. 1949

Mit Richard Strauß und Max Reger zählte Pfitzner nicht nur zu den größten deutschen Musikern seit Richard Wagner, sondern er war auch einer der gebildetsten unter allen Komponisten. Belesen, ein Philosoph und Schauspieler, war dieser kleine, heftige Mann ein intelligenter, geistreicher Gesprächspartner und Zeitkritiker. Er verteidigte den schöpferischen Einfall gegen die modernen „Konstrukteure", belebte die deutsche romantische Tradition durch Neuinszenierungen von Weber und Marschner und führte sie in seinem eigenen Schaffen weiter. Man hat ihn den letzten Romantiker genannt. Schon die Oper des Fünfundzwanzigjährigen, „Der arme Heinrich", war einem mittelalterlichen Stoff nachgestaltet und errang allgemeinen Beifall. Klangreife Romantik blüht vor allem in den Waldszenen der „Rose vom Liebesgarten" auf. Mit einem Musikdrama „Palestrina" (1917), dessen faustisches Textbuch er selber schrieb, schuf er ein unvergängliches Meisterwerk. Leichtere Musizieropern sind das „Christelflein" und seine letzte Oper „Das Herz" (1931). — Daneben bereicherte Pfitzner den deutschen Liedschatz durch köstliche Perlen, wie die Eichendorff-Vertonungen oder die große Kantate „Von deutscher Seele" nach Eichendorff-Texten. Nach dem Tode seiner Frau, einer Tochter seines Lehrer James Kwast, entstand aus schwerer Erschütterung die Kantate „Vom dunklen Reich". Nimmt man noch Pfitzners Klavierstücke, Orchesterwerke („Kätchen von Heilbronn") und seine Kammermusik hinzu, so ersteht das Bild eines hochgenialen deutschen Musikers. Sein Lebensweg führte ihn von Moskau über Koblenz, Mainz, Berlin, Straßburg, wo er Operndirektor war, nach München als Lehrer und Dirigent. Thomas Mann und sein Lebensfreund Paul Nikolaus Cossmann haben ihm ein literarisches Denkmal gesetzt.

Um 500 — Um 440 v. Chr. **PHIDIAS**

Der Göttervater Zeus soll durch Donner und Blitz seine Zustimmung bekundet haben, als seine Statue im Haupttempel von Olympia aufgerichtet wurde. In sechsfacher Lebensgröße erhob sich das gewaltige, mit Elfenbein und Gold verkleidete Bildwerk, das der berühmte athenische Bildhauer Phidias geschaffen hatte. Ebenso riesig leuchtete weithin von der Akropolis das zweite Hauptwerk des Phidias, die Athena Promachos, die „Vorkämpferin", das Siegesdenkmal Griechenlands nach den Perserkriegen. Beide Bildwerke sind verlorengegangen. Die kostbare Verkleidung aus Goldblech und Elfenbein mag die siegreichen Barbaren einer späteren Zeit gereizt haben, die Monumentalbilder zu zerschlagen und zu berauben. Der Geschichtsschreiber Pausanias weist dem Bildhauer noch eine Reihe anderer Kunstwerke zu, so eine Bronzegruppe von Göttern und Heroen in Delphi, ferner Standbilder der Athena Lemnia und der „jungfräulichen" Athena Parthenos, die im Jahre 438 im Parthenon-Tempel aufgestellt wurden. Da Phidias die oberste Bauleitung in Athen innehatte, war er wahrscheinlich auch als Bildhauer oder anregender Meister an der Herstellung der Parthenonskulpturen beteiligt, zumal an den herrlichen Giebelfriesen. Einige seiner Werke sind in verkleinerten Nachbildungen erhalten, das Haupt des Olympischen Zeus als Münzenbild, ebenso Teile von Figurenmodellen aus seiner Werkstatt in Olympia. Dem Meister wurde seine Kunst zum Verhängnis. Er schmückte den Riesenschild der Athena Promachos mit Marmorskulpturen, von denen einzelne Kopien 1930 im Piräus entdeckt wurden. Weil er seinen Freund Perikles und sich selbst auf dem Schild abgebildet hatte, wurde er wegen Gotteslästerung angeklagt und soll während des langwierigen Prozesses im Gefängnis gestorben sein.

21. V. 1527 — 13. IX. 1598 **PHILIPP II.**

Philipp II., nach dem man ein ganzes Zeitalter der Geschichte benennt, sah die Aufgabe seines Lebens in der Erhaltung des gewaltigen Erbes seines unglücklichen Vaters, des Kaisers Karl V., in dessen Reich „die Sonne nicht unterging". In einem steten, zähen Kampf gegen die gewaltig heraufsteigenden Mächte einer neuen Epoche versuchte er, das Weltimperium der spanischen Krone zu bewahren, die nationalen Bewegungen zu unterdrücken und dem alten Glauben wieder Boden zu gewinnen. Wenige Jahre nach seiner Thronbesteigung beendet er siegreich die kriegerische Auseinandersetzung mit Frankreich. Der französische König erkennt die spanische Oberherrschaft in Italien und Burgund an. Der Aufstand der Niederlande wird —
nachdem Versöhnungsversuche gescheitert sind — mit blutiger Strenge unterdrückt. Im Innern werden die Mauren nach langwierigen Kämpfen niedergeworfen und fast ausgerottet. Philipps Stiefbruder Don Juan de Austria schlägt mit der Flotte der „Heiligen Allianz" die Türken in der Seeschlacht von Lepanto und befreit damit Europa für lange Zeit von der islamitischen Gefahr. Die Erwerbung Portugals mit seinen überseeischen Besitzungen bedeutet einen erheblichen Machtzuwachs für die spanische Krone. Als gefährlicher Gegner erweist sich England unter Königin Elisabeth. Seine schnellen, wendigen Segelschiffe unter dem Befehl tollkühner Abenteurer wie Francis Drake und John Hawkins plündern die spanischen Kolonialstädte in Amerika und überfallen die Silberflotten, die den Ertrag der Edelmetallbergwerke des neuen Kontinents nach Lissabon und Madrid bringen sollen. Ein Angriff der spanischen Armada auf das englische Mutterland scheitert. Als Philipp II. nach 53-tägigem Todeskampf in dem von ihm erbauten Escorial stirbt, beginnt der unaufhaltsame Zerfall der Großmacht Spanien.

PHILIPP VON HESSEN 13. XI. 1504 — 31. III. 1567

Philipp, ein Sohn des Landgrafen Wilhelm II. von Hessen, wurde bereits mit fünf Jahren zur Herrschaft berufen, da sein Vater frühzeitig starb. Zunächst übernahm ein Ausschuß der „Hessischen Landschaft" für ihn die Regentschaft. Aber schon 1518, kaum vierzehnjährig, wurde er vom Kaiser für mündig erklärt und trat alsbald tatkräftig die Regierung an. Krieg, Unruhe und Not wühlten das Land auf. Ein Heer des aufständischen Reichsritters Franz von Sickingen raubte und plünderte in den Dörfern und Städten Hessens. In dieser Zeit tiefster Erniedrigung erhob sich Philipp zu fürstlicher Größe. Eine kluge Politik der Freundschaft zu benachbarten Fürstentümern treibend, gelang es ihm mit Hilfe zahlreicher Verbündeter 1522 Sickingen aus dem Lande zu jagen. Philipp trat in enge Beziehungen zu Herzog Georg von Sachsen, dessen Sohn Johann die einzige Schwester des hessischen Landgrafen geheiratet hatte. 1523 vermählte sich Philipp mit Christina, der Tochter Georgs. Als Philipp sich zu Luther bekannte, wandten sich viele seiner Freunde und Verbündeten von ihm ab. Galt ihnen doch der Bauernkrieg, der in diesen Jahren die Fürstenthrone erschütterte, als das Werk der Reformation. Philipp verfolgte indessen weiterhin sein Ziel, die evangelischen Stände zu einigen. Als Feind des Kaisers wurde er geächtet, durch Verrat gefangen genommen und in harter Haft gehalten. Vergeblich machte die Landgräfin Christina einen Kniefall vor dem Kaiser, vergeblich baten die mit Philipp befreundeten Fürsten um seine Freilassung. Erst 1552 konnte er in sein Land zurückkehren und verwaltete es seitdem mit größter Umsicht. Eine reiche Nachkommenschaft wurde ihm zuteil: elf Söhne und zwei Töchter führten sein Geschlecht weiter. Er ist Stifter der Universität Marburg.

MAX PICARD 5. VI. 1888 - 3. X. 1965

Max Picard, der im Badischen geborene, im Tessin beheimatete Arzt, Schriftsteller und Philosoph, ist einer der großen, in die Zukunft wirkenden Deuter und Künder unserer Zeit. Inmitten der Geistlosigkeit und des moralischen Verfalls, des Unglaubens und der Existenzangst lehrt er neu-alte Ideale, baut den Weg in die Hoffnung, aus einer zerstörten in eine unzerstörbare Welt. Picard ist in weiten Kreisen bekannt geworden durch seine physiognomischen Arbeiten, besonders durch sein Buch „Das Menschengesicht", das als das Überzeugendste gilt, was seit Lavater über dieses Gebiet geschrieben worden ist. Mit einer dichterischen, ausgereiften Sprache deutet der Kulturkritiker das Mysterium des menschlichen Antlitzes, das gleichzeitig verhülle und offenbare. Das Gesicht ist ihm Ausdruck der inneren Reife des Menschen. Picard weitet den Rahmen seiner Betrachtungen, indem er das Menschenantlitz in Beziehung setzt zum Antlitz der Pflanze und des Tieres. Er schafft neuartige Ansatzpunkte zur Kritik der Gegenwart, indem er das Antlitz von Menschen unserer Zeit mit kritischer Wissenschaftlichkeit vergleicht mit dem Antlitz der Menschen längst versunkener Geschichtsperioden. Mit einem der drängendsten Anliegen der Gegenwart befaßt sich Picard in seinem Buch „Unerschütterliche Ehe", in dem er zu dem Schluß kommt, daß „die Ehe nicht durch den Mann und die Frau geschaffen wird, sondern daß Mann und Frau erst durch die Ehe geschaffen werden". Die Ehe als Institution sei von Anfang an da, und Mann und Frau würden in sie hineingestellt, so wie ein Mensch in die Welt hineingeboren werde — eine harte und klare Absage an die zweiflerischen, verneinenden Subjektivisten. Weitere bedeutsame Werke Picards sind „Flucht vor Gott", „Hitler in uns", „Welt des Schweigens" und „Wort und Wortgeräusch".

25. X. 1881 — 8. IV. 1973   PABLO PICASSO

„Wenn Picasso malen wollte und es nicht konnte, zeichnete er wild, unersättlich, mit irgend etwas und überall, auf der Rückseite von Theaterprogrammen, auf Häusermauern, auf dem Sand der Spazierwege, auf den Marmortischchen der Kaffeehäuser..." So berichtet einer der Malerfreunde aus der Pariser Zeit, der Jahre nach der Jahrhundertwende, als nur ein paar Menschen den Namen Picasso kannten und an seine Berufung glaubten. Ein halbes Jahrhundert später erzählte bei der Eröffnung einer Picasso-Ausstellung der mit dem Maler engbefreundete Kunsthändler Kahnweiler, Picasso verlasse fast niemals sein Haus und den großen Garten in Cannes. Er sei „ein Greis, besessen von Malerei"; Jahre nach dem Einzug in die Prunkvilla in Cannes seien die Räume leer und ohne Möbel gewesen, vor lauter Malen habe er niemals Zeit gefunden, sich um die Einrichtung zu kümmern. In diesen beiden Urteilen aus der Früh- und Spätperiode eines reich gesegneten Künstlerlebens liegt der Schlüssel zum Geheimnis des Problems Picasso, „über das so viel Gegensätzliches geschrieben worden ist. Picasso ist zu allen Zeiten fieberhaft, rastlos und vom Dämon des Genius besessen auf der Suche nach neuen Wegen der Kunst gewesen. Er kämpfte sich durch alle Stilrichtungen, Arten und Abarten der Moderne hindurch, nahm von allem dasjenige, das seinem Wesen entsprach, bewahrte es, um es später mit anderen Elementen und Darstellungsweisen zu mischen. Er ist keinem Stil und keiner Periode einzuordnen: „Ich nehme das Gute, das für mich Gute, wo ich es finde!" Er löst die Form in die Nichtform auf, bannt Menschenverachtung und Weltschmerz auf die Leinwand, experimentiert, fasziniert, macht Schönes zum Häßlichen, Häßliches zum Schönen und bleibt bei allem der Hauptdarsteller des großen Dramas der Kunst unserer Gegenwart.

28. I. 1884 - 25. III. 1962   AUGUSTE PICCARD

Am 28. Mai 1931 veröffentlichten die Zeitungen der Welt eine für den damaligen Stand der Luftfahrttechnik sensationelle Nachricht: Auguste Piccard, Professor an der Universität Brüssel, ein gebürtiger Schweizer, war als erster Mensch bis in die Stratosphäre aufgestiegen. Freilich glückte der Flug, der in 15 281 Meter Höhe hinaufgeführt hatte, nicht ganz. Piccard mußte auf dem Obergurglgletscher in den Tiroler Alpen eine dramatische Notlandung vornehmen. Zum ersten Mal jedoch hatte ein Mensch jene Zone der Atmosphäre erreicht, in der Menschen wegen Sauerstoffmangels nicht mehr zu leben vermögen. Piccard hatte sich für seinen Flug eine luftdicht abgeschlossene Gondel mit eigener Sauerstoffquelle gebaut, die von einem Ballon getragen wurde. Ein Jahr später, im August 1932, wiederholte Piccard seinen Stratosphärenflug und brach seinen eigenen Rekord, als er bis in eine Höhe von 16 770 Metern getragen wurde. Piccard war der erste Mensch, der bewies, daß diese Höhen fliegend zu beherrschen seien. Zwanzig Jahre später, am 28. September 1953 brachten Presse und Rundfunk eine neue Sensationsmeldung: Piccard hatte im Tyrrhenischen Meer eine Rekordtiefe von 3 200 Metern erreicht. Diesmal war sein Ziel die Erforschung des Tiefseelebens. Um dem in großen Meerestiefen entstehenden Druck zu begegnen, hatte er sich eine Stahlkugel gebaut, die 1000 Atmosphären Druck widerstand. Von Gefahren sprach er nicht. „Angst, Spannung, Aufregung gehören zum Sport. Wäre ich nicht sicher gewesen, wieder heraufzukommen, wäre ich gewiß nicht hinuntergestiegen." Piccards Tiefseetauchgerät ist von andern weiterentwickelt, seine Höhen- und Tiefenrekorde sind überboten worden, aber seine Pionierleistungen waren Ansporn und Beweis, daß solche für unmöglich gehaltenen Leistungen möglich waren.

ANTON PILGRAM

Um 1460 — Um 1515

Ob Anton Pilgram die erste deutsche Renaissanceskulptur, den Astbrecher in München, schuf, ist nicht ganz gewiß, doch spricht vieles dafür. In Brünn geboren, lernte er am Oberrhein und kam 1511, zum Dombaumeister berufen, nach Wien. Er war in der bildenden Kunst Deutschlands einer der wichtigsten Wegbereiter der Frührenaissance. Das Sakramentshäuschen in der St. Kilianskirche in Heilbronn verdanken wir ihm, vermutlich auch einige in Münchener und Wiener Museen aufbewahrte Arbeiten. Einen ruhmvollen Platz in der Kunstgeschichte sichern ihm die beiden Selbstbildnisse im Stephansdom. Er meißelte dort die Kanzel und den Orgelfuß an der Nordwand und verewigte sich an jedem dieser Werke. Unter der Kanzel schaut er, wie Josef Weinheber in einem Gedicht schildert, „sich selbst zur Ehr, dem Herrn zum Preis" als redlicher Meister, den Zirkel in der Hand, aus der „Luken" her. Das andere Selbstbildnis ist noch bedeutender. Der Orgelfuß ruht auf der gebückten Gestalt des Künstlers, dessen männliches Haupt sich bei dieser dienenden Haltung des Körpers wundervoll emporrichtet. Im scharfgeprägten Antlitz mit dem willensstarken Kinn, dem deutlichen Zug von Weltkenntnis und schmerzlicher Lebenserfahrung um die Lippen und in den Falten auf Wangen und Stirne, liegt zugleich verinnerlichte Entschiedenheit und Hingabe. Ein erschütterndes Menschengesicht! Anders als in der Gotik, die den Ausdruck der Gesichter durch einen bestimmten Vorgang begründet, ist hier ein einsamer Mensch, gebückt unter seiner Last, als einzigartiges Wesen dem Schicksal gegenübergestellt und sucht leidgeprüft, auf jeden Rückschlag gefaßt, ungebrochen zuversichtlich das Ewige. Hier ist es ganz deutlich geworden: Das Zeitalter des Individualismus ist angebrochen, eine neue Menschheitsepoche beginnt.

JÓZEF PILSUDSKI

5. XII. 1867 — 12. V. 1935

Dreimal unter den Großmächten Rußland, Deutschland und Österreich aufgeteilt — das erste Mal zur Zeit Friedrichs des Großen —, in sich zerrissen, geknechtet, seine besten Männer in die Emigration getrieben: das war eineinhalb Jahrhunderte hindurch das Schicksal des polnischen Volkes. Als 1914 der große Krieg ausbrach und der Sieg sich schließlich auf die Seite der Alliierten wendete, witterte Polen Freiheitsluft. Von dem Willen beseelt, die staatliche Unabhängigkeit wieder zu erlangen, scharten sich große Teile des Volkes um Józef Pilsudski, den Begründer der polnischen sozialistischen Partei und der geheimen Freiheitslegion. Bereits als Student hatte Pilsudski nationale Ideen verfochten und war nach einem aufgedeckten Attentat auf Zar Alexander III. fünf Jahre nach Sibirien verbannt worden. 1918 gab er das Zeichen zum Sturz der deutschen Besatzungsbehörden, machte sich zum Staatschef der ersten polnischen Republik und wenig später auch mit dem Titel eines Marschalls zum Oberbefehlshaber der polnischen Armee. Als Pilsudski 1920 am Weichselbogen bei Warschau die entscheidende Schlacht gegen das angreifende Rußland gewann — das vielgerühmte „Wunder am Weichselbogen" — war er der Nationalheld des polnischen Volkes. Drei Jahre übte er seinen Einfluß auf die polnische Politik aus, dann zog er sich in das Privatleben zurück. Aber bald tauchte er wieder auf der politischen Bühne auf. Durch einen Staatsstreich stürzte er die Regierung, nahm selbst den entscheidenden Platz des Kriegsministers ein und errichtete durch terroristische Wahlen und Erlaß einer neuen Verfassung eine autoritäre Regierung, die bis zum Einmarsch der deutschen Truppen 1939 bestand. Pilsudski selber starb am 12. Mai 1935, tief betrauert von den nationalen Elementen seines Volkes, das in ihm seinen Freiheitshelden verehrte.

Um 518 — Nach 446 v. Chr.   **PINDAR**

An feierlichem Ernst und einfallsreicher Phantasie übertrifft der in Theben geborene und in Argos gestorbene griechische Dichter, ein Aristokrat durch Abstammung und Gesinnung, jeden anderen Lyriker des griechischen Kulturkreises. Die Zeitgenossen überhäuften ihn mit Ehrungen und jubelten dem Sänger, der als Nationalheros galt und einen Preis von 10 000 Drachmen gewonnen hatte, zu, wenn er alljährlich auf Einladung der Priester Apollos bei den Theoxenien, den Festen der Götterbewirtung, seine neuen Gesänge aufführen ließ. Bei den isthmischen, nemeischen und olympischen Spielen rühmte er die Preisträger in Liedern, die beim Einzug der Sieger in ihre Heimatstädte gesungen wurden. Weite Reisen führten ihn durch alle hellenischen Länder der Halbinsel und der Kolonie. Gedankentiefe und mystisches Dunkel seiner Sprache und Wortbilder, die von ihm verwendete schwierige dorische Kunstmundart machen es nicht leicht, Pindars Verse zu lesen und zu verstehen. Ihre metrische Form gewinnt erst Rhythmus und Klang durch die längst verschollenen Melodien, mit denen der Text der Gedichte vorgetragen wurde. Von den siebzehn Gedichtbänden, die Pindar hinterließ, blieben vier erhalten. Sie kennzeichnen den Dichter als ernsten, strengen, im altgriechischen Götterglauben wurzelnden, von priesterlicher Würde erfüllten Künder einer religiös bestimmten, herben, männlichen Welt. Seine Oden und die Fragmente der Götterhymnen hat Hölderlin kongenial ins Deutsche übertragen. Goethe hat eine olympische Ode Pindars übersetzt, deren griechischer Text sich später als gefälscht herausstellte. Durch philologische Arbeiten von Wilhelm v. Humboldt und August Böckh wurde Pindars Werk der Neuzeit erschlossen. Während einer Aufführung im Theater soll der greise Dichter sanft entschlafen sein.

5. XII. 1470 — 22. XII. 1530   **WILLIBALD PIRKHEIMER**

Dreimal hat Dürer seinen Herzensfreund Willibald Pirkheimer dargestellt: in zwei Zeichnungen als eleganten Humanisten und parfümierten Weltmann, den er „bis nach Venedig roch", und in dem Kupferstich von 1524 als geistvolle, vitale, löwenhäuptige Herrschergestalt. Pirkheimer war ein ebenso vielseitiger, taktvoller wie problematisch-labiler Mensch, ein cholerischer Freund Luthers, der sich später wieder vom Protestantismus abwandte; zugleich war er Staatsmann und Diplomat, Nürnberger Rat und Geheimrat Kaiser Maximilians, für den er eine Nürnberger Hilfstruppe im Krieg gegen die Schweiz befehligte; er schrieb über seine Erlebnisse das Buch „Der Schweizer Krieg". Sein Reichtum ermöglichte es ihm, in der alten Reichsstadt ein offenes Haus zu halten für Künstler und Humanisten, die sich unter Führung Reuchlins gegen den Geist der spätmittelalterlichen Scholastik auflehnten. Zu seiner Zeit lebten und wirkten in Nürnberg Hans Sachs, Adam Krafft, Peter Vischer, die reichen Tucher und Holzschuher; es war ein geistig bewegtes Patriziat und Bürgertum. In Reuchlins Kampfschrift gegen die „Dunkelmänner" war der gesamte Nürnberger Humanistenkreis mit Witz, Sarkasmus und burlesken Ausfällen aufgeboten, der gegen Irrtümer und Zuchtlosigkeit der Zeit kämpfte. Pirkheimer tat sich als Kenner der griechischen Schriftsteller hervor und übersetzte Plato, Plutarch, Theophrast, Lukian und Xenophon ins Lateinische, die europäische Gelehrtensprache seiner Zeit. Seine oft hochfahrende Art, die sich auch gegen Freunde wandte — so verlästerte er Dürers Witwe — schuf ihm in den eigenen Reihen manchen Feind. Aus dem lebenslustigen und verwöhnten Mann wurde zuletzt ein einsamer, kranker und vergrämter Greis, der die Welt nicht mehr verstand.

WILLIAM PITT D. Ä.   15. XI. 1708 — 11. V. 1778

Das britische Weltreich, seit dem Ende des 18. Jahrhunderts bis zum zweiten Weltkrieg einst das größte Imperium der Geschichte, schrumpft mehr und mehr zusammen und beendet eine Tradition, die um die Mitte des 18. Jahrhunderts der große Staatsmann William Pitt begründet hat. Als Enkel des reichen Großkaufmanns Thomas Pitt gewann er hohen politischen Einfluß und beherrschte schon bald das englische Unterhaus. Man nannte ihn den „Great commoner", den „Großen Abgeordneten". Er heiratete die Aristokratin Hester Greenville. Als Führer der Whigpartei wurde er zur treibenden Kraft in der englischen Außenpolitik. Sein Ziel war die unbeschränkte Herrschaft Englands über die Weltmeere, der in jener Zeit die beiden europäischen Kolonialmächte Spanien und Frankreich mit ihren überseeischen Besitzungen im Wege standen. Die Welt erlebte das Schauspiel eines erbitterten Kampfes zwischen höchst gerüsteten Großmächten. Der Seekrieg gegen Frankreich und Spanien auf den Weltmeeren, der Landkrieg in Amerika, Indien und in Deutschland, wo Friedrich der Große, der „Festlandsdegen" Englands, im Siebenjährigen Krieg auf Grund eines Subsidienvertrages mit Geld unterstützt wurde, brachten England die Erfolge des Friedens von Paris ein (1763). Großbritannien erhielt Kanada und Louisiana östlich des Mississippi, Cap Breton und Senegambien sowie das spanische Florida. Vier Jahre später begann unter Lord Clive und Warren Hastings die Eroberung Ostindiens, nach deren siegreichem Abschluß England über 200 Millionen Menschen gebot und zur ersten Kolonialmacht der Erde aufrückte. Als im Jahre 1770 James Cook Australien für die englische Krone in Besitz nahm, hatte das britische Weltreich seine erste Abrundung erfahren. Sein Gründer Pitt wurde zum Earl of Chatham erhoben.

PAPST PIUS IX.   13. V. 1792 — 7. II. 1878

Unter dem Pontifikat dieses Papstes aus gräflichem Geschlecht — Pius IX. hat am längsten von allen Päpsten regiert (1846–1878) — drängte die Einigungsbewegung auf der italienischen Halbinsel zur Entscheidung. Von Nord- und Süditalien aus brandete der Sturm gegen den elfhundertjährigen Kirchenstaat, der die Mitte der Halbinsel behauptete. Am 20. September 1870, kurz nachdem die Schutzmacht des Papsttums, Frankreich, bei Sedan mattgesetzt worden war, zog König Viktor Emanuel von Italien nach einer Kanonade in Rom ein und erklärte den Quirinal zu seiner Residenz. Der Kirchenstaat wurde dem eben gegründeten Königreich Italien einverleibt und Rom Hauptstadt des neuen Staates. Der Papst verschloß sich unter feierlichem Protest auf Lebenszeit im Vatikan, auch seine Nachfolger haben zum Zeichen des gleichen Protestes bis zur teilweisen Wiederherstellung des Kirchenstaates im Jahre 1929 den Vatikan nicht mehr verlassen. Das Ende der weltlichen Herrschaft und die Schwächung der äußeren Machtstellung des Papsttums ging indes mit einer Festigung der innerkirchlichen Macht der Päpste und einer Sammlung der kirchlichen Kräfte einher. Pius IX. schuf zahlreiche neue Bistümer und schloß mehrere Staatskonkordate ab. Die Ausbildung der Neuscholastik unter Berücksichtigung der Ergebnisse neuer Forschungen, der Erlaß des Syllabus – die „Zurückweisung geistiger Irrtümer" –, sollten die Einheit der Lehre bekräftigen. Nach der Verkündigung des Dogmas von der Unbefleckten Empfängnis Mariä tat Pius IX. den letzten entscheidenden Schritt zur Vollendung der päpstlichen Autorität. Nach vorausgegangenen heftigen inneren Kämpfen verkündete das Vatikanische Konzil die Unfehlbarkeit des Papstes in den Dingen der Glaubens- und Sittenlehre.

2. III. 1876 — 9. X. 1958   **PAPST PIUS XII.**

Eugenio Pacelli, Sohn des Konsistorialadvokaten Filippo Pacelli und seiner Gattin Virginia, wuchs in Rom auf und vollendete dort auch seine theologischen und kirchenrechtlichen Studien mit dem dreifachen Doktor. Er wäre gern Seelsorger geworden, wurde aber frühzeitig als Professor des Kirchenrechts an die päpstliche Akademie für künftige Diplomaten berufen und konnte als päpstlicher Sekretär im ersten Weltkrieg bei den Friedensaktionen des Vatikans und in der Hilfe für Kriegsgefangene und Kriegsopfer mitwirken. Als Nuntius in München verhandelte er vergeblich über die päpstliche Friedensnote vom 1. August 1917. 1919 erreichte er den Abschluß eines Konkordates mit dem Deutschen Reich unter Reichspräsident Ebert und wurde ein Jahr später päpstlicher Nuntius in Berlin, der deutschen Hauptstadt. Damals schrieb der Großstadtapostel Carl Sonnenschein, ein Studienfreund, in seinen „Notizen" über den Nuntius anläßlich eines Empfanges: „In allen Gesichtern steht der kluge und friedvolle Wille des Gastgebers Pacelli geschrieben, in dessen Wappen die schneeweiße Taube den grünen Ölzweig führt." Als auch mit Preußen das Konkordat unterschrieben war, beschimpfte man in rechtsradikalen Kreisen den päpstlichen Gesandten als den „Diktator Deutschlands"; die deutschen Katholiken indessen erblickten in Pacelli, der glänzend deutsch sprach und den Deutschen eine freundschaftliche Sympathie entgegenbrachte, ihren Vorkämpfer. Nach neunjähriger Tätigkeit als Kardinalstaatssekretär wurde der „Pastor angelicus" am 2. März 1939, an seinem 63. Geburtstag, zum Papst gewählt. Pius XII. hat bis zu seinem Tode unermüdlich zu allen Tagesfragen Stellung genommen, die Gegenwart im christlichen Sinne gedeutet und klare Führungslinien vorgezeichnet:

„Opus iustitiae pax" — „Friede ist da, wo Gerechtigkeit waltet".

1475 — 26. VI. 1541   **FRANCISCO PIZARRO**

Vor dem Bildnis dieses blutigen, geldgierigen und heimtückischen Conquistadore, der das ehrwürdige, vornehme und hochkultivierte peruanische Inkareich zerstörte und für die spanische Krone gewann, erhebt sich die Frage, auf welcher Seite denn eigentlich die „wilden Indios" standen, auf der europäischen oder auf der Seite ihrer Könige. Wir wissen, daß die berittenen Spanier von den Indios für Götter gehalten wurden und ein leichtes Spiel mit ihren Opfern hatten, die hellsichtig ihren Untergang voraussahnen — hatten sie doch ihrer jüngst gegründeten Stadt den Namen „Die Zeit ist vorbei" gegeben. Nur so ist es zu verstehen, daß der tollkühne Pizarro, unehelicher Sohn eines Obersten, ohne jede Schulbildung aufgewachsen, im Januar 1531 mit nur drei Schiffen, 180 Mann und 37 Pferden das Millionenreich Peru erobern konnte. Er nahm den Inkaherrscher Atahualpa gefangen und versprach ihm die Freiheit, wenn er ein ganzes Zimmer mit purem Gold füllte. Der gläubige Indio brachte das Gold auf — trotzdem ließ Pizarro ihn hinrichten und zog am 15. November in Cuzco, der Hauptstadt des herrenlosen Landes, ein. Einer seiner Offiziere eroberte Ecuador und gründete Lima. Kurz darauf brach unter Führung von Manco Capac, den Pizarro als Nachfolger Atahualpas eingesetzt hatte, ein Indianeraufstand aus; die drei Brüder Pizarros wurden in Cuzco eingeschlossen, einer fiel im Kampfe. Pizarros Spießgeselle Almagro entsetzte zwar die Stadt, ernannte sich aber nach ihrer Eroberung selbst zum Statthalter Perus. Pizarro schlug ihn und ließ ihn hinrichten, wurde aber drei Jahre später von Anhängern Almagros ermordet. Gonzalo, der Bruder Francisco Pizarros, trat einen Teil des Herrschaftserbes an und erkundete weithin das Amazonasgebiet. Auch er wurde das Opfer spanischer Rivalen.

363

MAX PLANCK   23. IV. 1858 — 4. X. 1947

Arbeit und Schicksal dieses weltberühmten deutschen Physikers sind ein Symbol für unser Jahrhundert, für seine Größe und seine Tragik. Max Planck gab der Wissenschaft den Schlüssel zum Verständnis des atomaren Geschehens und begründete damit einen neuen Abschnitt in der Entwicklung der Naturerkenntnis. Im Jahre 1900 — damals war der 1858 Geborene schon seit Jahren Professor der Physik an den Universitäten Kiel und Berlin — stellte er die Quantentheorie auf und schuf so eine entscheidende Grundlage der modernen Atomforschung. Im Gegensatz zu den bis dahin gültigen Vorstellungen zeigte Planck, daß ebenso wie alle Materie auch die Energie atomistisch unterteilt ist. Hierbei spielt eine sehr wichtige Naturkonstante die ausschlaggebende Rolle: sie wird als „Plancksches Wirkungsquantum" den Namen dieses Mannes unvergeßlich machen. Sein Forschungsgebiet war weit gespannt: Es umfaßte die Strahlungstheorie ebenso wie die Wärme- und Elektrizitätslehre, Probleme der allgemeinen Mechanik und nicht zuletzt die philosophische Erhellung der neuen physikalischen Erkenntnisse. Nicht allgemein bekannt ist es, daß er ein hervorragender Konzertpianist war und sich eingehend mit musiktheoretischen Studien befaßte. Die Wissenschaft dankte ihm mi allen Ehrungen, die sie zu vergeben hatte, einschließlich des Nobelpreises, aber sie konnte nicht verhindern, daß die letzten Jahre dieses Mannes von Kummer und Not überschattet wurden. Sein Sohn wurde nach dem 20. Juli 1944 hingerichtet, sein Haus von Bomben zerstört; in den Wirren der Nachkriegszeit mußte er ein hartes und entbehrungsreiches Leben führen. Eine Lungenentzündung war die Folge, von der sich der Greis nicht mehr erholte; am 4. Oktober 1947 ist er in Göttingen gestorben.

AUGUST GRAF VON PLATEN   24. X. 1796 — 5. XII. 1835

Zu Ansbach geboren, war August Graf von Platen im Kadetten- und Pagenkorps zu München zum Offizier erzogen worden. Er gab seinen Beruf bald auf, studierte und bereiste später, zwölf Sprachen sprechend, viele Länder, bis er sich auf Sizilien niederließ. Dort, im Garten der Villa Landolina in Syrakus, liegt er begraben. Er betrachtete es als dichterischen Auftrag, den durch die Romantiker gelockerten Sinn für die dichterische Form in den eigenen Werken aufs strengste zu beachten. Reinheit des Reimes, Musikalität und architektonisch ausgewogener Aufbau kennzeichnen seine Poesien. Durch tragische Veranlagung tief unglücklich, rang er sich von niederen Abgründen der Leidenschaft los und wurde frei durch Vergeistigung seines Wesens. Mit feinstem Sprachgefühl meisterte er, von Goethe bestätigt, bewundernswert natürlich und ungezwungen die komplizierten antiken Versmaße, vor allem in den „Venetianischen Sonetten". Gedankenreichtum, Anmut und Sicherheit vereinigten sich in den besten seiner Gedichte zu kostbaren Gebilden, die nur oberflächliche Leser als kalt verkennen. Stets spürt man die vornehme, idealistische Gesinnung und den Ernst, der sein Dichtertum überstrahlt. Er plante viele Dramen, nur eines davon wurde vollendet, von zehn begonnenen Epen wurden nur die „Abbassiden" fertiggestellt. Zwei satirische Lustspiele voll aristophanischen Spottes — „Die verhängnisvolle Gabel" und „Der romantische Ödipus" — richten sich gegen die angebliche sprachliche und dankbare Zuchtlosigkeit der Romantiker. Geibels Wort: „Die strenge Pflicht, die römische Zucht, sie trug uns allen gute Frucht", beweist Platens starke Wirkung auf die jüngeren Dichter seiner Zeit, an der auch die gehässigen und auf die private Sphäre übergreifenden Anfeindungen Heinrich Heines nichts zu ändern vermochten.

427 — 347 v. Chr. **PLATO**

Schon die Antike nannte diesen größten griechischen Philosophen den „göttlichen Plato". Er schuf als Schüler des Sokrates, bei dem er acht Jahre „studierte", in seiner Ideenlehre ein geschlossenes metaphysisches Weltbild. Nach Plato gibt es hinter der Welt der Dinge und Begriffe noch die objektive, reine Welt der Ideen, die Urbilder und Urgestalten aller Dinge sind. Die Dinge selbst sind nur Erscheinungen, schwache Abbilder der Ideen, an deren verborgenem Wesen sie teilhaben. Durch innere Sammlung kann der Philosoph die Ideen „schauen", da sie dem Menschen innerlich von vornherein zur „Anschauung" eingegeben sind. Er erkennt sie, indem er sich an sie „wiedererinnert"; denn die menschliche Seele war vor ihrer Geburt im Reiche der göttlichen Ideen beheimatet. Plato hat seine Lehre in geistvollen, stilistisch unübertroffenen Dialogen niedergelegt, in denen die Fragen des menschlichen Geistes in Form anspruchsvoller, gegensätzlicher Gespräche behandelt werden. In diesen Dialogen werden vor allem die oberflächlichen, modischen Anschauungen der Sophisten, die mit ihrer gesinnungslosen Schönrednerei das öffentliche Leben vergiften, entlarvt und in künstlerischer Form auf ihre verlogene Nichtigkeit zurückgeführt. An ihre Stelle tritt das klassische Erziehungsideal Platos. Am bekanntesten ist der Dialog „Das Gastmahl" geworden, in dem Plato seinen Lehrer Sokrates am Ende vielseitiger Gespräche seine herrliche Rede über den schönen, den himmlischen Eros halten läßt. Plato leitete aus der Ideenschau auch eine geschlossene Staatslehre ab. Er versuchte in Sizilien am Hofe des jungen Königs Dionys seinen Idealstaat der Gelehrten zu verwirklichen. Der Versuch scheiterte. Die von Plato gegründete Akademie, in der er in völliger Zurückgezogenheit zusammen mit zahlreichen Schülern den Wissenschaften lebte, aber blieb bestehen.

Um 46 — 125 n. Chr. **PLUTARCH**

Obwohl Plutarch zumeist in seinem kleinen Geburtsort Chaironea im griechischen Böotien lebte, gaben ihm vornehme Abkunft, ungewöhnliche Eigenschaften und hohe, in Athen erworbene Bildung die Möglichkeit, auf ausgedehnten Reisen mit hervorragenden Männern Griechenlands, Roms und Alexandrias in Verbindung zu treten. Freundschaft verband ihn mit dem römischen Kaiser Trajan, der ihn zum Ehrenkonsul ernannte. Das altgriechische Orakel zu Delphi, dessen Priester er wurde, brachte er in der ganzen antiken Welt wieder zu höchstem Ansehen. Er war eine liebenswerte, reine, ausgeglichene Persönlichkeit, stolz auf die Geschichte seiner griechischen Heimat, aber auch ein Verehrer Roms, des „Hauptes der Welt", überzeugt von der griechisch-lateinischen Kultureinheit. Beide Hälften dieses Ganzen zu versöhnen, diente sein schriftstellerisches Hauptwerk, die „Vergleichenden Lebensbeschreibungen", in denen er 46 verdiente Männer schilderte — jeweils einen Griechen und Römer einander gegenüberstellend. Sehr reizvoll an den Biographien ist Plutarchs Fähigkeit, die betrachteten Gestalten menschlich zu sehen und ihren Alltag anekdotisch zu veranschaulichen. Wir erfahren von ihm eine Fülle von Einzelheiten aus den kleinen Dingen des damaligen Daseins. Seine moralischen Schriften, die Goethe so sehr liebte, sind eine Fundgrube für die Geschichte des späten Hellenismus. Begeisterung – das Beste, was uns die Geschichte nach Plutarchs Meinung lehren kann — weckten bei den Zeitgenossen diese Heldenbilder, die seit dem 15. Jahrhundert in ganz Europa bekannt und gelesen wurden. Er befruchtete mit ihnen die französische Dramatik, die Staatsgesinnung des Elisabethischen Englands, Shakespeare, vor allem die Epoche zwischen Rousseau und der Romantik.

EDGAR ALLAN POE
19. I. 1809 — 7. X. 1849

Nachdem der unglückliche Essayist Moeller van den Bruck eine zehnbändige deutsche Übersetzung dieses großen amerikanischen Dichters herausgegeben hatte, gab es bei uns eine Poe-Renaissance, die heute noch untergründig andauert. Man könnte Poe einen „unsterblichen Modernen" nennen. Zahllose Dichter haben von ihm gezehrt, düstere Romantiker sowohl wie spannungsgeladene Realisten, Lyriker, Novellisten und qualitätsvolle Detektivgeschichtenschreiber. Er ist der Dirigent eines unübersehbaren Orchesters kleinerer Talente, die seine Noten spielen. In Poe mischen sich realistische und romantische Elemente wie vielleicht nur noch bei dem Russen Gogol; in seiner Lyrik tritt eine lautmalerische Klangempfindung6hinzu, die in seiner Ballade „Die Raben" oder in seinem Gedicht „Die Glocken" zur Virtuosität gesteigert ist. Dunkle Visionen („Leonore", „An Helene", „Ulalume") erinnern an Lenau. Vor allem durch seine unheimlichen Kurzgeschichten hat er auf die Moderne gewirkt; er erfindet Spukszenen, die nur noch der Film übertrifft; Angstträume, Todesphantasien, Verwesung sind häufige Themen, ebenso okkulte Phänomene, Magnetismus, Doppelgängerei und Seelenwanderung. Er baut diese Komplexe in Erzählungen von schärfster Logik ein, erhöht damit die Eindringlichkeit und schließt Zweifel aus. Er ist ebenso der Meister des seelischen Bannes wie des zwingenden Intellekts. Seine Kurzgeschichten tragen den Titel „Tales of the Grotesque and Arabesque". Sein Abenteuerroman „Gordon the Pym" steht ebenbürtig etwa neben Conrads „Lord Jim". Er hat die weltliterarische Bedeutung des Detektivromans mit seinem „Mörder in der Rue Morgue" begründet, aber ebenso der Kunsttheorie mit seiner „Philosophie der Komposition" höchst neuartige Wege gewiesen, die erst in unserer Zeit ganz sichtbar werden.

HENRI POINCARÉ
29. IV. 1854 — 17.VII. 1912

Keiner der französischen Mathematiker hat so viele Schriften und Bücher über sein Fachgebiet hinterlassen wie Henri Poincaré. Schon als er 1886 in Paris an der Sorbonne einen Lehrstuhl für Himmelsmechanik annahm, hatte er zahlreiche Bücher über die Theorie der Differentialrechnung und der nicht-euklidischen Geometrie veröffentlicht. Sein Lebenswerk umschloß 30 Fachbücher und 500 Aufsätze. Forschungen über das Wesen des Lichtes und der elektrischen Wellen hatten seine Aufmerksamkeit auf die Astronomie gelenkt, besonders die Himmelsmechanik. Das Dreikörper-Problem harrte noch der Lösung. Man hatte beobachtet, daß drei oder mehr nahe beieinander liegende Himmelskörper sich nach dem Gravitationsgesetz anziehen und durch die gegenseitige Beeinflussung ihre Bahnen ändern. Die gestörten Bewegungen der Himmelskörper lassen sich berechnen, und Poincaré hat als einer der ersten die ermittelten Werte in Tabellen zusammengefaßt, die für eine künftige Weltraumfahrt große Bedeutung besitzen. Als Grundlagenforscher trat Poincaré hervor, als er sich mit den philosophischen Fundamenten der Mathematik beschäftigte. Seiner Meinung nach ist die Mathematik und die auf ihr beruhende Physik eine freie Erfindung des menschlichen Geistes und keineswegs eine Sammlung von Entdeckungen wie etwa die Naturwissenschaft. Die Lehrsätze der Geometrie nannte er bequeme Definitionen, die als solche Willkürliches enthalten, wenn sie auch von mathematischen und geometrischen Erfahrungen bestimmt werden. Daraus schloß er, daß die übliche, starre Definition des Raumes als Konstruktion aus drei Dimensionen nicht als endgültig aufgefaßt werden könne, daß es viele Deutungsmöglichkeiten dafür gebe, von denen eine die nichteuklidische Raumauffassung sei.

20. VIII. 1860 — 15. X. 1934   **RAYMOND POINCARÉ**

Eine Zentralfigur in dem Streit um die Frage nach der Schuld am ersten Weltkrieg war Raymond Poincaré, der in den entscheidenden Tagen des Jahres 1914 an verantwortlicher Stelle die Geschicke des französischen Volkes geleitet hatte. Mit 27 Jahren Abgeordneter der Kammer, später Berater und Minister, war Poincaré ein leidenschaftlicher Verfechter des Gedankens der Revanche an Deutschland. Als er 1912 zum französischen Außenminister berufen wurde, baute er die Bündnisbeziehungen mit Rußland und England aus. 1914, auf dem Höhepunkt der politischen Krise in Europa, führte er in Petersburg geheim gehaltene Besprechungen, die vermutlich den Ausbruch des Weltkrieges beschleunigten. Als das Deutsche Reich nach vierjährigem mörderischem Kampf zerschlagen am Boden lag, glaubte Poincaré seinen Haßgefühlen gegen Deutschland freien Lauf lassen zu können. Er veranlaßte die Besetzung des Ruhrgebietes, bestand auf Erfüllung der unsinnigen Reparationsleistungen, und noch 1925, als die ganze Welt nach Frieden und Versöhnung verlangte, warf der inzwischen zum Präsidenten der französischen Republik erwählte Deutschlandhasser seinen ganzen Einfluß in die Waagschale, um eine Verständigung zu verhindern. Als Ministerpräsident Briand in Locarno mit dem deutschen Außenminister Stresemann verhandelte, zerschlug Poincaré diese ersten Annäherungsversuche und setzte den Sturz Briands durch. 1929, als er trotz aller Versuche den deutschfreundlichen Kurs der Regierung nicht mehr ändern konnte, verließ er die politische Bühne. Als die Stimmen, die ihn mit der Urheberschaft am Ausbruch des Weltkrieges belasteten, immer lauter wurden, schrieb er sein großes Verteidigungswerk „Die diplomatischen Quellen des Krieges", in dem er die deutsche Kriegsschuld zu beweisen versuchte.

29. IX. 106 — 28. IX. 48 v. Chr.   **GNÄUS POMPEIUS**

Er war eine der herausragenden Gestalten des Jahrhunderts vor Christi Geburt und doch nur ein Handlanger im Geschiebe der langjährigen römischen Bürgerkriegswirren, deren führende Männer die Diktatur erstrebten. Der ausgezeichnete Offizier aus alter römischer Aristokraten- und Soldatenfamilie, ein erfolgreicher Feldherr und Anhänger Sullas, der ihm den Beinamen des Großen für Waffenhilfe bei der Besiegung der Marianer zuerkannte, hatte jung ungewöhnliche Erfolge errungen. Er warf die Revolution des Lepidus nieder, schlug Sertorius in Spanien, wurde Konsul, später mit weitreichenden Vollmachten Befehlshaber gegen die Seeräuber des Mittelmeeres. Nach der Niederringung des Königs Mithridates gab er ganz Vorderasien eine neue staatliche Ordnung. Nach Entlassung des Heeres vom mißtrauischen römischen Senat fallen gelassen, verband er sich mit Cäsar und Crassus zum ersten Triumvirat, einer diktatorischen Regentschaft, die vier Jahre später erneuert wurde und ihm im Jahre 52 das alleinige Konsulat einbrachte; daneben erhielt er die Statthalterschaft in Spanien. Die verwandtschaftliche Beziehung zu Cäsar, dessen Tochter er geheiratet hatte, lockerte sich durch deren Tod. Pompeius eroberte den Senat und beherrschte Rom. Sein Schicksal wandte sich, als Cäsar, aus Gallien zurückkehrend, seine Truppen nicht entließ, sondern der konservativen Senatspartei den Kampf ansagte. Pompeius entwich mit der Regierung auf den Balkan und zog die treugebliebenen Truppen zu einer schlagkräftigen Armee zusammen. In der Schlacht bei Pharsalos, im Jahre 48, verlor er jedoch an einem einzigen Tag die Ernte eines ganzen Lebens. Als er fliehend in Ägypten landete, ließ ihn König Ptolemäus umbringen. Mutig, hoffärtig, begabt und ehrgeizig, scheiterte er an dem Unvermögen, militärische Gewinne in politische Erfolge umzuwandeln.

DANIEL PÖPPELMANN   3. V. 1662 — 17. I. 1736

Eines der wenigen Dokumente deutscher Dichter zur Zeitgeschichte, die über unsere Grenzen hinaus in der Welt nachhallen, ist der Nachruf des greisen Gerhart Hauptmann auf das von eben dieser Welt zerstörte Dresden. Kurz vor seinem Tode sah er vom Weißen Hirsch aus die Bomben auf die geliebte Stadt fallen. Dresden, die Stadt des heitersten Rokokos mit dem krönenden Wunderwerk des Architekten Pöppelmann, dem Zwinger! August der Starke wünschte einen Lusthof, in dem sich sein Hofstaat vergnügen könne, und Pöppelmann schuf ihm einen rechteckigen Traumbau mit Binnenhof, der alle Rokokobauten der Welt mit seiner üppigen, phantastischen, dichterischen Außenarchitektur übertraf; hier musizierte in Stein wahrhaftig ein Genie, übersprudelnd von baulichen und schmückenden Einfällen. Um den gartenähnlichen Hof liefen niedrige Galerien mit balustradengezierten Terrassen, unterbrochen von zweigeschoßigen Pavillons mit hohen Spiegelfenstern. Der betörende Eindruck des ebenso geistreich wie sinnenfrohen Kunstwerkes war so stark, daß der Nachfolger Augusts des Starken drei Jahre vor dem Tode Pöppelmanns ein neues Baureglement aufstellte, in welchem der üppige Individualismus des genialen Architekten zurückgewiesen und als neues Ideal ein sparsamer Klassizismus vorgeschrieben wurde: „Wir wollen, daß an Schmuck und Zierraten nichts Überflüssiges sich eingerichtet finde, und daß zwei bis drei Teile von den Schnitzwerken und der Bildhauerarbeit wegbleiben könnten", so hieß es im Regierungsprogramm. Die prächtige Außendekoration zog sich von da an in die Innengemächer der Schlösser zurück. Pöppelmann, ein geborener Herforder, mußte sich fügen; das „Japanische Palais" zeigt nur noch an der Garten- und Hoffront die Erfindungsfreude des Meisters und Vollenders des deutschen Rokokos.

FERDINAND PORSCHE   3. IX. 1875 — 30. I. 1951

Ferdinand Porsche kam im Alter von achtzehn Jahren als Praktikant zur „Vereinigten Elektrizitäts-A.G. Bela Eger" nach Wien. Wenige Jahre später überraschte er bereits die Welt mit einer genialen technischen Pioniertat: Auf der Pariser Weltausstellung 1900 zeigte er das erste von ihm konstruierte Elektromobil. Mit dieser Leistung stand Porsche am Beginn eines erstaunlichen Lebensweges. Er wurde Chefkonstrukteur der Austro-Daimlerwerke und 1916 ihr Generaldirektor. In diesem Unternehmen entwickelte er auch den ersten Stromlinienwagen, der eine Geschwindigkeit von 140 Stundenkilometern erreichte. Als er 1923 nach Stuttgart-Untertürkheim übersiedelte, um bei der Daimler-A.G. zu arbeiten, liefen schon zahlreiche von ihm entwickelte Personen- und Lastwagentypen über die Straßen Europas. 1931 gründete Porsche in Stuttgart-Zuffenhausen ein eigenes Konstruktionsbüro, aus dem Wagen mit technisch ungewöhnlich fortschrittlichen Baumerkmalen für verschiedene Firmen hervorgingen, z. B. der Fünf-Liter-Rennwagen der Auto-Union, mit dem der deutsche Rennfahrer Hans Stuck seine umjubelten Siege in der Alten und Neuen Welt fuhr. In Stuttgart begann Porsche auch die Entwicklungsarbeiten an einem Kleinwagen, dessen luftgekühlter Heckmotor, dessen Triebwerkkonzentration, Vollschwingachse, Stromlinie, Zentralrahmen — alles in erstmaliger Verbindung — eine Weltsensation werden sollte. Der Krieg machte zwar der zivilen Nutzung seiner Idee ein Ende, aber nach 1945 übernahm die Bundesregierung die Volkswagen-Produktion in Regie, und so entstand in Wolfsburg die größte Autoproduktionsstätte Deutschlands. 1956 lief der millionste Wagen aus dem Werk. Der Wagen wird heute in über 100 Länder der Welt geliefert. Triumph eines der größten Pioniere des Automobilbaus: Ferdinand Porsche.

* 27. V. 1897 ## ADOLF PORTMANN

Die Frage nach dem Sinn der Gestalt von Pflanzen und Tieren führt an die Grenzen unseres Wissens um das Sein. Ist die äußere Gestalt zweckmäßig? Ist sie nützlich? Oder ist sie vielleicht oft nur ein Attribut der Schönheit? Die Antwort auf diese Fragen lautete bis in unsere Zeit: Eine Blüte ist schön und gleichzeitig zweckmäßig, weil ihre auffällige Erscheinung Insekten anlockt; ein Tier, etwa ein Fisch, ist ebenfalls schön, und seine Form erfüllt zugleich den Zweck, den Widerstand des Wassers auszugleichen. Aber schon die Frage, ob ein Baum oder ein Pilz Schönheit und Zweck in sich vereinen, blieb unbeantwortet. Der Schweizer Zoologe Adolf Portmann, Ordinarius an der Baseler Universität, räumte mit den überkommenen Begriffen des 19. Jahrhunderts von der „Zweckmäßigkeit" und „Schönheit" auf. Stattdessen versuchte er, das Einzigartige, das ein Tier vom anderen unterscheidet, zu erfassen und zu erklären. Er gab durch seine Gehirn- und Farbuntersuchungen den Begriffen vom „höheren" und „niederen" Tier neue Bedeutung; seine Beweisführung, daß die Tiergestalt Zeuge innerer Vorgänge sei und daß ein Tier durch seine Bewegungen „soziale Reize" auf Artgenossen ausübe, daß ferner jedes Tier eine Mimik habe, verschaffte ihm Weltgeltung. Die Forschungen von mehr als drei Jahrzehnten führten ihn über das Problem der Gestalt von Pflanzen und Tieren auch zu einer neuen, grundlegenden Anschauung vom Menschen, indem er gegen die schon zur Tradition gewordene Überheblichkeit ankämpfte, nach der das Geheimnis der Menschheitswerdung längst entschleiert sei. Er behauptete, daß niemand um die Entstehung des Menschen wisse und daß die Schwelle, die den Menschen vom Tiere trenne, groß, dunkel und unüberschreitbar sei.

24. IX. 1739 — 16. X. 1791 ## G. A. POTEMKIN

Potemkin ist lange Zeit von der Geschichte verkannt worden. Man schilderte ihn als Wüstling und Barbar, als einfältigen Politiker, der seine Stellung nur der Liebe der Zarin Katharina der Großen verdankte. Unsere Zeit sieht den Staatsmann Fürst Grigorij Alexandrowitsch Potemkin in günstigerem Licht. Nur zwei Jahre lang, von 1774 bis 1776, war er der Liebhaber der Zarin, aber er verstand es, sich das Vertrauen Katharinas in seine politischen und militärischen Fähigkeiten bis zu seinem Lebensende zu erhalten. Er war der allmächtige Minister des Innern, beeinflußte stark die russische Außenpolitik, war Oberbefehlshaber des Heeres und Großadmiral des Schwarzen Meeres. In den Kriegen gegen die nach Westen vordringende Türkei hat er sich tapfer und mit größter Auszeichnung geschlagen. Er war einer der maßgebenden Verfechter einer russischen Ausdehnungspolitik in den reichen Küstengebieten des Schwarzen Meeres; durch ihn wurde die Krim zur russischen Provinz. Auf einer Besichtigungsreise der Zarin durch die neugewonnenen Gebiete soll ihr Potemkin die berühmten „Potemkinschen Dörfer" vorgeführt haben — schnell und provisorisch errichtete Siedlungen mit herangetriebenen Leibeigenen, um Katharina das Bild eines reichbesiedelten Landes vorzutäuschen. Man weiß heute, daß Potemkin mit Erfolg bemüht war, die eroberten, menschenleeren Steppen des südlichen „Neurußlands" in Bauernland zu verwandeln und daß er alles getan hat, um die vorgeschobenen russischen Grenzen im Süden zu sichern. Diesem Zweck diente auch die von ihm geschaffene schlagkräftige Schwarzmeer-Flotte. Potemkin, der „einäugige Zyklop", war ein unermüdlicher Arbeiter, dessen Lebensaufgabe das Wohl seines Landes war. Er war russischer „Fürst von Taurien" und durch Verfügung Kaiser Josephs II. deutscher Reichsfürst.

PRAXITELES

Um 400 — 330 v. Chr.

Wer im Museum von Olympia, noch ergriffen vom Anblick archaischer Bildwerke, den kleinen Sonderraum betritt, in dem der Hermes von Praxiteles aufgestellt ist, sieht sich einer kraftvoll irdischen Männergestalt von klassischer Schönheit gegenüber, die einen Knaben, den jungen Dionysos, auf dem Arm hält. Hier ist nichts mehr von der kultischen Altertümlichkeit oder dem okkulten Geheimnis zu spüren, mit der die religiöse Mystik der Vergangenheit etwa den Gott Hermes, den Wegfinder im Dunkel, ausgestattet hatte. In der Mitte des 4. Jahrhunderts hat sich der entscheidende „Gestaltwandel der Götter" zum menschlich-gesellschaftlichen Typus vollzogen. Der religiöse Ernst ist verflogen, die Tempelhymne ist einer gefühlvollen Lyrik gewichen. Die Schlachten der Perserkriege sind geschlagen. Athen ist Weltstadt geworden, die griechische Kunst hat die Landesgrenzen gesprengt und begonnen, die Welt zu befruchten und eine hellenistische Kulturepoche heraufzuführen. Griechische Künstler arbeiten bereits an den Bauten der Perserkönige und am Schmuck ägyptischer Gräber mit. Die Anzeichen dieser Entwicklung sind in der Kunst des Praxiteles zu erkennen, in den Meisterwerken einer Zeit, die an die Stelle des Erhabenen, Monumentalen, Hehren, das Menschliche in seiner Schönheit gesetzt hat. Bemerkenswert für diesen Stand ist auch der Zug zur bildhauerisch szenischen Auflockerung. So hält der Hermes des Praxiteles dem Dionysosknäblein eine Traube entgegen, nach der sich die Ärmchen des Kleinen ausstrecken. Ein anderes Bildwerk zeigt die Figur des Apollos als eines spielenden Knaben, der eine Eidechse tötet. Das Hauptwerk Praxiteles' ist die Aphrodite von Knidos, die melodisch bewegte Gestalt einer Göttin, die vor dem Bad ihre Kleider auf einem Wasserkrug ablegt.

FRITZ PREGL

3. IX. 1869 - 13. XII. 1930

Die Entwicklung der modernen Naturwissenschaft ist untrennbar mit der ständigen Verbesserung der Methoden und Apparate zum Messen und Wägen kleinster Einheiten verbunden. Als im Jahre 1923 der Österreicher Fritz Pregl den Nobelpreis für Chemie erhielt, wurde diese hohe Auszeichnung einem Manne zugesprochen, der sowohl Mediziner wie Chemiker war und etwas für beide Disziplinen sehr Wichtiges geschaffen hatte: die Messung und Wägung äußerst geringer organischer Stoffe. Pregl wurde 1869 in Laibach geboren und studierte in Graz Medizin. Als Hilfsassistent im Physiologischen Institut lernte er mit komplizierten Instrumenten und Apparaten umzugehen. Als Dreißigjähriger begann er in Graz mit dem Studium der Chemie. Er schloß es mit Erfolg ab und wurde bald Professor der physiologischen Chemie an der Grazer Universität, in deren Instituten und Hörsälen er mit Ausnahme einer dreijährigen Lehrtätigkeit in Innsbruck bis zu seinem Tode als Forscher und Dozent gearbeitet hat. Seine entscheidende Leistung war die theoretische und praktische Ausarbeitung einer neuen Analysenmethode. Die Preglsche Mikroanalyse ermöglichte es, die chemische Zusammensetzung organischer Substanzen auch dann völlig exakt zu bestimmen, wenn nur ganz geringe Mengen dieses Stoffes zur Verfügung stehen. „Pregl hat die angewandte Chemie wesentlich gefördert und der medizinischen Chemie die Lösung neuer Aufgaben ermöglicht", heißt es in der Urkunde, die Pregl anläßlich seiner Ernennung zum Doctor honoris causa in der Aula der Universität Göttingen überreicht wurde. Und in einer Festschrift wurde ihm bestätigt: „Die Zahl der Arbeiten, deren Durchführung Ihre Methode erleichtert hat, geht wohl in die Tausende; das muß Ihnen die größte Genugtuung bereiten."

15. I. 1809 — 19. I. 1865   **PIERRE JOSEPH PROUDHON**

„Eigentum ist Diebstahl" (La propriété, c'est le vol) — dieser bekannte Satz findet sich in dem ersten Buche des französischen Schriftstellers Proudhon: „Was ist Eigentum?" Der Gedanke des Eigentums hat diesen durchaus eigenwilligen Denker und fruchtbaren Schriftsteller — sein Gesamtwerk umfaßt 37 Bände — sein Leben lang beschäftigt. Man zählt ihn mit Max Stirner und Godwin zu den Begründern des Anarchismus, da er glaubte, eine nach seinen Grundsätzen aufgebaute Gesellschaft könne die Organisation des Staates entbehren. Doch ist er alles andere als ein Kommunist. Während er das Eigentum als Vergewaltigung der Schwachen durch die Starken darstellte, geißelte er den Kommunismus als Unterdrückung der Starken durch die Schwachen. Diese entschiedene Mittelstellung war der Grund, daß Karl Marx in seiner „Philosophie" (Elend der Philosophie) vom Jahre 1847 sich scharf gegen die Ideen Proudhons wandte. Man kann ihn nicht einmal als Sozialisten bezeichnen, da er den Eigentumsbegriff nicht als solchen, sondern nur in der gegenwärtigen Handhabung ablehnte. Er selbst bezeichnete sein System als „Mutualismus" (wechselseitiger Austausch der Güter). Er war Deputierter der Nationalversammlung, Gründer zahlreicher Zeitungen, in denen er auch religiöse, philosophische und literarische Fragen behandelte, und floh 1858 nach Brüssel, um einer Gefängnisstrafe zu entgehen, die er sich wegen seines Buches „De la justice" (Über die Gerechtigkeit) zugezogen hatte. Kein Geringerer als Sainte-Beuve hat über ihn geschrieben. Seine wichtigste Schrift ist „Die Schöpfung der Ordnung in der Menschheit oder Grundsätze der politischen Organisation."

10. VII. 1871 — 18. XI. 1922   **MARCEL PROUST**

Man hat Marcel Proust den Bahnbrecher der modernen epischen Literatur genannt. Ernst Robert Curtius sagt von seinem Werk, daß es die substantiellste schöpferische Kraft berge, die Frankreich seit Balzac hervorgebracht habe. Der Dichter, der vor mehr als drei Jahrzehnten verstorben ist, war die Hälfte seines Lebens krank und schrieb seine Romane wie Mark Twain zum großen Teil im Bett — diese sieben Romane, die sein eigenes und das Leben seiner Zeit bis nach dem ersten Weltkrieg schildern. Sie sind ein genaues, schönes, skeptisches Lebensbuch voll intensiver Gestalten, deren Blüte und Verfall bis in die Verfremdung des Alters hinein, bis in die Schilderung der kleinsten Geste dargestellt wird. Die fast lautlose Entwicklung durch so viele Jahrzehnte ist häufig durch tiefgedankliche Abschweifungen unterbrochen, in denen der Dichter über Probleme der Kunst und der Künstler, der Medizin und der Krankheit, der Liebe und der Eifersucht, der Strategie und der Erdkunde hellsichtig spricht — ein Abriß der gesamten Wirklichkeit seiner Zeit — nicht im Sinne der herkömmlichen Literatur. Proust sagt: „Die Gegebenheiten des wirklichen Lebens zählen nicht für den Künstler; sie sind für ihn nur eine Gelegenheit, sein Genie zu bekunden". Der Dichter will das eigentliche Leben freilegen, jenseits der Vorurteile und Illusionen. Er beseitigt zunehmend die Hüllen, die diese Wirklichkeit verbergen und bewirkt bei aller Desillusionierung dennoch die „Liebenswürdigkeit" dieses ganz subjektiven Lebens. Manche, wie Mauriac, halten Proust für den größten französischen Epiker überhaupt. Sein fast 5000 Seiten starker Roman „Auf der Suche nach der verlorenen Zeit" hat vor allem „die durchschaute Vergänglichkeit alles Daseins unvergänglich aufleuchten lassen."

N. M. PRSCHEWALSKI 12. IV. 1839 — 1. XI. 1888

Nikolai Michailowitsch Prschewalski ist einer der bedeutendsten Forschungsreisenden der Neuzeit gewesen. Die Geographie verdankt ihm den ersten Bericht über das 680 000 km² große, etwa in der Mitte Asiens gelegene Tarimbecken, und über das nördliche Tibet, das er als erster wissenschaftlich erforschen konnte. Über 30 000 km sind von ihm auf seinen ausgedehnten Reisen im nördlichen Zentralasien kartographisch vermessen worden. — Prschewalski, der als russischer Offizier an der Junkerschule in Warschau tätig gewesen war, ließ sich 1866 nach Ostasien versetzen. Von 1867 bis 1869 bereiste er das Gebiet des Ussuri, der in dem zum Japanischen Meer abfallenden Küstengebirge entspringt und nach 907 km in nördlicher Richtung in den Amur mündet. Die nun folgenden 15 Jahre waren der Erforschung Innerasiens gewidmet. Auf vier großen Reisen ergänzte er durch seine Zähigkeit die Forschungsleistungen, die von dem Erkunder des chinesischen Himmelsgebirges (Tienschan), Petr Petrowitsch Semenov-Tieschanski, begonnen worden waren. Die erste Reise führte ihn von Kiachta an der sibirisch-mongolischen Grenze nach Peking. Von dort aus bereiste er die Mongolei und die chinesische Provinz Kansu, erreichte im Gebiet des Kukunorgebirges Nord-Tibet und kehrte nach einer Durchquerung der Wüste Gobi über Urga (heute Ulan-Bator-Choto) nach Irkutsk in Sibirien zurück. Die drei weiteren Reisen (1876—77, 1879—80 und 1883—85) führten ihn in das Tarimbecken, in dessen südliche Randgebirge Altytagh sowie in die Quellgebiete des Hoangho und des Jangtsekiang. Vom Zaren mit hohen Auszeichnungen bedacht und zum General befördert, starb er inmitten der Vorbereitungsarbeiten für die fünfte Expeditionsreise. Er ist der Entdecker des nach ihm benannten mongolischen Wildpferdes.

CLAUDIUS PTOLEMÄUS Um 85 — 160 n. Chr.

Jahrhundertelang hatte die Menschheit an ein Weltsystem geglaubt, in dem die Erde den Mittelpunkt bildete, um den sich alles drehte. Bis zum 16. Jahrhundert wagte niemand, an dieser Lehre zu zweifeln. Erst Nikolaus Kopernikus ersetzte dieses „geozentrische" System, das von dem geistvollen, im ägyptischen Alexandrien lebenden Astronomen, Mathematiker und Geographen Claudius Ptolemäus beschrieben worden ist, durch ein System, das die Sonne in den Mittelpunkt der Himmelskörper rückt. Zur Zeit des Ptolemäus dachten die Gelehrten sich den ganzen, unsere Erde umgebenden Fixsternhimmel als eine hohle Kugel mit der Erde als Mittelpunkt. Ptolemäus hat diese Lehre in seinem berühmten Werk „Constructio mathematica", das von arabischen Gelehrten um 827 unter dem Titel „Almagest" neu herausgegeben worden ist, niedergelegt. Eine große Zahl von Beobachtungen und Erfahrungen ist in diesem gewaltigen Werk zusammengefaßt. Es veranschaulicht zwar nur den Augenschein; nach der Relativitätstheorie jedoch ist es, um richtige Meßergebnisse zu erhalten, auch heute noch zulässig, sich vorerst die Erde feststehend zu denken. Auf Ptolemäus geht auch der erste Versuch zurück, ein Brechungsgesetz für die Lichtstrahlen zu errechnen, ein Bemühen, das erst dem Holländer Willibrod Snell van Royen (1591—1626) Erfolg gebracht hat. Schließlich erdachte Ptolemäus auch eine Anleitung zum Kartenzeichnen, die für lange Zeit zu einer der wichtigsten geographischen Quellen geworden ist. Darin sind etwa 8000 in der Antike bekannte Orte nach Längen- und Breitenmaßen angegeben. Als Völkerbezeichnung finden sich hier zum erstenmal die Namen der Sachsen, Langobarden und Friesen.

22. XII. 1858 — 29. XI. 1924   GIACOMO PUCCINI

Erst mit zwanzig Jahren erhielt der mittellose toskanische Musikstudent Puccini ein Stipendium von monatlich 100 Lire, von dem er jedoch noch seinen Bruder und seinen Vetter unterhalten mußte. Er kannte also aus eigenster Erfahrung das Künstlerschicksal, das er später in seiner Oper „La Bohème" gestaltet hat. In seiner Jugend — der frühverstorbene Vater hinterließ sieben Kinder — hatte er nur Klavierstunden bei einem Pfarrer. Umso erstaunlicher ist sein Aufstieg. Seit er Verdis „Aida" gehört hatte, stand sein Entschluß fest, mit eigener Opernmusik die Welt zu bezaubern. Die ersten Versuche hatten zwar nur lokalen Erfolg in Mailand, sie brachten ihm aber soviel finanziellen Erfolg, daß er sorgenfrei weiterschaffen konnte. Mit dem Honorar aus „Manon Lescaut" (1893) konnte er sich ein eigenes Haus bauen, drei Jahre später wurde er mit „La Bohème" weltberühmt. Die Oper „Tosca" festigte diesen Ruhm so stark, daß der heute kaum begreifliche Mißerfolg der „Madame Butterfly" dem überempfindlichen und schwermütigen Komponisten nicht mehr schaden konnte — ebensowenig wie die kühle Aufnahme, die seiner Oper „Das Mädchen aus dem goldenen Westen" in einem Teil Europas fand. Man bestellte sogar bei ihm für Wien eine Operette und zahlte sofort einen Vorschuß von 400 000 Kronen; er schrieb das Werk („Die Schwalbe") trotz des inzwischen ausgebrochenen ersten Weltkrieges und der zur Weißglut angefachten Nationalleidenschaften. Puccini wurde als Deutschenfreund verfemt, sein Verleger setzte die Lösung des Vertrages durch. Die Operette wurde 1917 in Monte Carlo uraufgeführt — sie war ein Mißerfolg und ist längst vergessen. Zum ständigen Repertoire aller Opernhäuser aber gehört sein letztes Werk „Turandot", nach einem Märchenspiel.

10. IV. 1847 — 29. X. 1911   JOSEPH PULITZER

Selten hat ein Journalist einen so glanzvollen Aufstieg erlebt wie Joseph Pulitzer. Der gebürtige Ungar war 1864 nach Amerika ausgewandert und hatte sich als Führer eines Kavallerie-Regiments in den Sezessionskriegen hervorgetan. Er erregte die Aufmerksamkeit des deutschen Emigranten Carl Schurz, der bis zum General der Unionsarmee aufgerückt war und später einer der engsten Mitarbeiter Lincolns wurde. In Saint Louis hatte Schurz die große deutschsprachige Zeitung „Westliche Post" gegründet, und als der Krieg zu Ende ging, stellte er Pulitzer als Reporter ein. In wenigen Jahren arbeitete sich Pulitzer, ein genialer Publizist, zum Chefredakteur empor und begann sich auch politisch zu betätigen. Sein Freund und Beschützer, Carl Schurz, war Republikaner, deshalb schloß Pulitzer sich der gleichen Partei an. Später wechselte er zu den Demokraten über. Gleichzeitig verließ er Schurz und ging 1876 als Korrespondent der „New York Sun" nach Washington. Zwei Jahre darauf konnte er die Zeitung „Saint Louis Dispatch" aufkaufen, vereinigte sie mit der „Evening Post" zur „Post Dispatch" und legte damit den Grundstein für seinen später ganz Amerika beherrschenden Zeitungskonzern, dem unter anderem auch die „New York World" angehörte. Pulitzers politischer Einfluß wuchs mit seinem Unternehmen. Er wurde 1885 in den amerikanischen Kongreß gewählt. Nur kurze Zeit jedoch konnte er den Erfolg seines Wirkens genießen: 1887 erblindete er. Jahrelang siechte er dahin, bis er 1911 von seinen Leiden erlöst wurde. Sein Name aber lebt in Amerika weiter: Er ist der Stifter einer Journalistenschule an der Columbia-Universität, und alljährlich werden aus einer von ihm errichteten Stiftung die Pulitzerpreise für öffentliche Dienste, Literatur und Erziehung verliehen.

G. M. PULLMAN 3. III. 1831 — 19. X. 1897

Hundert Jahre sind seit der Inbetriebnahme der ersten Eisenbahn-Schlafwagen vergangen. Im Jahre 1858 hatte sich der Amerikaner George Mortimer Pullman darüber geärgert, daß er auf der über 1000 km langen Eisenbahnstrecke von Albion im Staate New Jersey nach Chicago auf harten, unbequemen Bänken zusammengeschüttelt worden war. Da er das Kunsttischlerhandwerk erlernt hatte, faßte er den kühnen Entschluß, Eisenbahn-Schlafwagen zu bauen die das Reisen angenehm machen sollten. Er setzte es durch, daß er zwei alte Wagen der Chikago-Alton-Linie nach seinen Plänen umbauen durfte; stattete sie mit Schlafabteilen, zwei Waschräumen und einem Abort aus. Die oberen Betten konnten am Tage heruntergeklappt werden. 2000 Dollar hatten diese beiden Schlafwagen gekostet. 1864 baute er den ersten Luxus-Schlafwagen, in den er sein ganzes Kapital von 20 000 Dollar hineinsteckte. Nach der Fertigstellung zeigte sich, daß die Brücken und Bahnhofsrampen für diesen Wagen nicht paßten. Pullmann hatte Glück: Die amerikanische Regierung beschloß, den Leichnam des ermordeten Präsidenten Lincoln mit dem neuen, „Pioneer" getauften Pullmanwagen von Chicago nach Springfield befördern zu lassen. In kürzester Zeit wurde die Strecke — ohne Rücksicht auf die Kosten — für den Eisenbahnwagen befahrbar gemacht. Pullmans rollendes Hotel setzte sich schnell durch, eine amerikanische Strecke nach der anderen wurde auf seine Maße umgebaut. Später baute Pullman, der 1867 die Pullman-Palace-Car-Company gegründet hatte, auch Speisewagen und erwies sich hier ebenfalls als ein Pionier des modernen Reiseverkehrs. Die von Pullman gegründete Arbeiterstadt Pullman-City, nahe Chicago, war lange Zeit wegen ihrer vorbildlichen sozialen Einrichtungen und Anlagen berühmt.

A. S. PUSCHKIN 6. VI. 1799 — 10. II. 1837

Während des Aufstandes der jungen Petersburger Gardeoffiziere im Jahre 1825 war der sechsundzwanzigjährige Puschkin, Sohn eines alten russischen Adelsgeschlechtes, auf ein Familiengut verbannt. Nach der Verurteilung der Schuldigen zum Galgen oder zur Verbannung ließ ihn Zar Nikolaus I. zu sich holen. „Sag mir, hättest du dich daran beteiligt, wenn du hier gewesen wärest?" — „Unbedingt, mein Kaiser!" — „Es wird Zeit, daß du vernünftig wirst." — Vernünftig, wie der Zar es meinte, wurde Puschkin nie. Drei Jahre später, im Türkenkrieg, führte er als Zivilist in Frack und mit Zylinderhut eine Kavallerieattacke an. Zeitlebens war er ein Rebell, der mit einer unerhörten Kühnheit für die Freiheit und Würde der Menschen eintrat. Der Kaiser, der ihn der Aufsicht seines Gendarmeriechefs unterstellte, machte sich selbst zum Zensor des Dichters, den er schätzte, seitdem er schon auf der Schulbank mit Gedichten und Verserzählungen von vordem in Rußland nie erreichter Schönheit hervorgetreten war. Puschkin erweckte als erster die russische Sprache zur Reife und vollen Entfaltung. Klar, formvollendet, humanen Ideen aufgeschlossen, anfangs Romantiker, dann Schöpfer der nationalen realistischen Literatur Rußlands, war Puschkin davon durchdrungen, daß Dichter Weisheitskünder, Seher und Volksführer sein müßten. Der glühende Patriot, der zuletzt auch ein gläubiger Christ wurde, starb, viel zu früh, nach einem Duell. Seine Epen „Eugen Onegin", ein Gemälde ländlichen Adelslebens, und die Verherrlichung Peters d. Gr. in „Der eherne Reiter", die Novellen „Die Hauptmannstochter", „Der Postmeister" und das Drama „Boris Godunow" sind weltbekannt, doch nur Teilstücke des gewaltigen Werkes, das die gesamte russische Literatur überragt.

Um 570 — 496 v. Chr.

PYTHAGORAS

Der Name des griechischen Philosophen Pythagoras ist vor allem durch den zu Unrecht nach ihm benannten Lehrsatz bis in unsere Zeit lebendig geblieben; dieser Lehrsatz war in seinem Grundgedanken schon den alten Babyloniern bekannt. Aber Pythagoras hat die allgemein gültige Formel geprägt, daß beim rechtwinkligen Dreieck die beiden Kathetenquadrate zusammen dem Hypothenusenquadrat inhaltsgleich sind. — Pythagoras, der schon bei Lebzeiten eine legendäre Persönlichkeit war, ist vielleicht ursprünglich Kaufmann gewesen. Er soll Ägypten, Kleinasien, auch Persien und Babylonien bereist haben. In Metapontion in Unteritalien ist er gestorben, in Samos soll er geboren worden sein. 529 ging er nach Kroton in Unteritalien, und hier gründete er den Bund der Pythagoreer. In diesem Kreise galt allein das Wort des Meisters, der von seinen Jüngern und Schülern die strengste Unterwerfung unter die Ordensregeln, unbedingte Treue aller Mitglieder und ein einfaches Leben forderte. Pythagoras hat keine Schriften hinterlassen, doch sind uns seine und die Lehren der Mitglieder des Bundes von einigen Anhängern überliefert worden. Grundlage der Pythagoreischen Philosophie ist eine Zahlenlehre, die später in Zahlenmystik ausartete. Die Zahl, so lehrten die Pythagoreer, sei das Wesen der Welt schlechthin, und sie finde in der Musik ihren zutreffendsten Ausdruck; diese Lehre wurde durch einige Erkenntnisse bestärkt, so die, daß die Quinte und Oktave $2/3$ und $1/2$ der Saitenlänge des Grundtones haben. Sicher ist, daß man mit Zahlen das Mengenmäßige aller Naturvorgänge ausdrücken kann. Sehr wahrscheinlich wußten die Pythagoreer, daß die Erde eine Kugel ist, die sich um sich selbst dreht, und daß unser Planetensystem sich um einen Mittelpunkt bewegt.

4. VI. 1694 — 16. XII. 1774

FRANÇOIS QUESNAY

François Quesnay, Leibarzt des franz. Königs Ludwig XV., war der Begründer und Theoretiker des Physiokratismus, einer Wirtschaftstheorie, die um die Mitte des 18. Jahrhunderts zahlreiche Anhänger in Frankreich, Deutschland und England gewann. Die Physiokraten lehrten, daß — im Gegensatz zu der vorausgegangenen Wirtschaftsform des Merkantilismus — nicht die gewerbliche Tätigkeit und die staatlich geförderte Güterausfuhr ins Ausland, sondern die Produktion der Landwirtschaft die alleinige Quelle des Wohlstandes sei. Der Landmann galt Quesnay als der Vertreter der produktiven Klasse, dann folgten die Grundbesitzer, die zwar nicht selber in der Landwirtschaft arbeiteten, jedoch das Verdienst besäßen, den Boden urbar gemacht zu haben. Da sie nicht auf Erwerbsarbeit angewiesen seien, könnten sie in Staat und Verwaltung nützlich werden. Alle übrigen Berufe rechnete er zur sterilen, also unfruchtbaren, Gesellschaftsschicht. Die Quesnay-Anhänger forderten, daß nur die natürlichen Gesetze der Vernunft im Staats- und Wirtschaftsleben anzuwenden seien. Es gebe nur zwei wirtschaftliche Naturgesetze: das Recht jedes Staatsbürgers auf freie Entfaltung seiner beruflichen Tätigkeit und das Recht auf Eigentum. „Laissez faire — laissez passer ...!" ,Alles gehen lassen, wie es geht', forderte Quesnay; die Naturgesetze setzten sich immer durch und führten alles zum guten Ende, der Staat habe kein Recht, in das wirtschaftliche Handeln einzugreifen. Quesnays Lehren sind vielfach in die Praxis umgesetzt worden — allerdings ohne Erfolg. Die Mißachtung von Handel, Gewerbe und Industrie brachte höchste Verwirrung in das Wirtschaftsleben. Trotzdem hat der Physiokratismus auf weitem Gebiet zu dem Umsturz und der Schaffung einer neuen Welt in der Großen Revolution von 1789 beigetragen.

WILHELM RAABE   8. IX. 1831 — 15. XI. 1910

Als der im Braunschweigischen geborene und dort verwurzelt gebliebene Wilhelm Raabe bei der Feier seines 70. Geburtstages der „deutscheste der lebenden Dichter" genannt wurde, hatte sich die anfangs kleine Schar seiner Leser schon längst vertausendfacht. Das war freilich nur langsam, doch so stetig geschehen, wie ein Baum wächst. Wenngleich Raabe schon vor 1870 für ein einiges Deutschland eintrat und später die Gründerjahre bitter verspottete, galt ihm das äußerliche Treiben des politischen Lebens wenig, die seelische Entfaltung des Menschen jedoch alles. Das offenbart sich im Geist aller seiner Romane, in denen er die Idylle, das Glück und den Jammer der verwinkelten Kleinstädte seiner Heimat beschreibt, und das zeigen auch seine geschichtlichen, den Zeitgeist der Vergangenheit beschwörenden Erzählungen. Er schildert Menschen, „wie sie geworden sind", am liebsten einfache, stille Leute oder Sonderlinge, im Kampf mit dem Dasein, dem sie widerstehen, ihre innere Freiheit wahrend auch im Unterliegen. Überwindung des Leides durch Gelassenheit und Seelengröße ist Raabes Thema; das macht ihn zum ethischen Erzieher, dem allerdings jede Schulmeisterei fehlt; denn die Handlung entwickelt sich in seiner Dichtung immer zwingend aus der Natur der Helden und den Umständen. Raabes Stil ist klar und einfach, er liebt den reizvollen Wechsel zwischen Humor, verschmitzter Ironie und warmherziger Teilnahme an den Figuren, die man vor sich zu sehen meint. Wenn er eine Frau, die den Gottesdienst versäumt, weil sie ihr Enkelkind baden muß, sagen läßt, „Kindergeschrei ist auch ein Gesangbuchvers", so ist das bezeichnend für die Art seiner dichterischen Aussage. Sein „Hungerpastor", „Abu Telfan" und „Die Sperlingsgasse" zählen zu den bedeutendsten und tiefgründigsten deutschen Romanen.

FRANÇOIS RABELAIS   Um 1494 — 9. IV. 1553

Der Ruhm dieses französischen Schriftstellers, dessen Bücher allerdings keine Lektüre für unreife Menschen sind, gründet sich auf seinen Roman von den Riesen Gargantua und Pantagruel. Ihre Abenteuer schildert er in saftstrotzender Sprache und nimmt dabei auch sein ganzes Zeitalter spöttisch, rücksichtslos und humorvoll unter die Lupe. Die geniale Erzählkunst des hochgebildeten und kühnen Geistes hat Schwung, ist eigenwillig, freilich gespickt mit Derbheiten, erfüllt von Übertreibungen und grotesker Komik. Nur in seiner Zeit, im Übergang vom Mittelalter zur Neuzeit, war es möglich, daß ein Kleriker — Rabelais hatte die Weihen — solche Bücher veröffentlichen konnte. Allerdings ist er einigemale von der Kurie schärfstens gemaßregelt worden. Er schwankte zwischen seinem Beruf als Geistlicher und als Arzt, führte ein unstetes Leben, übersetzte meisterhaft die Schriften der antiken Ärzte Hippokrates und Galen, besuchte dreimal Rom, trieb dort auch antiquarische Studien, floh vor erneuten kirchlichen Strafmaßnahmen, ließ sich in verschiedenen französischen Städten als Arzt nieder, bis ihn die Wanderlust nochmals packte oder ein Chorherrensitz ihn wieder verlockte. Zuletzt wurde er Pfarrer in Meudon. Sein Leben war fast so abenteuerlich wie das seiner Romanhelden, von deren Schicksalen er in vier Bänden berichtete. Der fünfte nachgelassene Band hat viele fremde Einfügungen. Darf man seine unnachahmlichen Schöpfungen Kunstwerke nennen? Dazu wirken sie auf uns fast zu formlos und ungonörkelt. Aber welche Kraft steckt darin, welche Erfindungsgabe, welcher Sinn für das Bizarre und Possenhafte, welcher Scharfblick für die Schwächen der Zeitgenossen! Rabelais' Kunst mag maßlos sein — sie wirkt trotz allem auch auf uns noch wie ein Stück Urgewalt.

21. XII. 1639 — 21. IV. 1699   **JEAN BAPTISTE RACINE**

Der große französische Dramatiker hatte das Glück, schon als Zwanzigjähriger bei Hofe zu gefallen; er schrieb zur Hochzeit des Sonnenkönigs Ludwig XIV. die Ode „La Nymphe de la Seine" und galt von diesem Erfolg an als ein Kommender unter den jungen Dichtern der Nation. Vier Jahre später gewann der früh verwaiste, in Port Royal erzogene junge Mann die Gunst des bedeutenden Dichters und Schauspielers Molière, der die erste Tragödie Jean Baptiste Racines aufführte: „La Thébaide ou les frères ennemis". Racine hatte sich als Student früh von dem strengen Erziehungsideal von Port Royal gelöst und ging auch als Dramatiker bald eigene Wege. Sein Vorbild war das griechische Drama, das er im Geiste des französischen Klassizismus erneuerte. Während Corneille in seinen Helden noch das tragische Verantwortungsbewußtsein im Zwiespalt dargestellt hatte, bevorzugte Racine vor allem den Kampf der menschlichen Leidenschaften vom Ursprung bis zum Zusammenbruch oder zum gefühlvollen Verzicht, so etwa in seiner „Bérénice", die er in Konkurrenz mit Corneille schrieb. Die Tragödie der Grausamkeit („Britannicus") die Tragödie alternder Liebe („Mithridate"), Ehre und Tugend waren Themen seiner zuchtvoll klassischen Schöpfungen, die ihn zum beispielhaften Begründer der nationalen französischen Tragödie erhoben haben. Man rühmt ihm auch die Entdeckung und Durchleuchtung der Frauenseele nach, deren Geheimnisse er wie kein anderer vor ihm hinreißend darstellte. Bei der Aufführung seiner „Phèdre" kam es zu Ausschreitungen seiner Gegner. Er zog sich vom Theater in die Stille des Familienlebens zurück. Nur Frau von Maintenon, die heimliche Gemahlin des Königs, konnte ihn noch bewegen, für ihr Mädchenpensionat die biblisch-chorischen Tragödien „Athalie" und „Esther" zu schreiben.

2. XI. 1766 — 5. I. 1858   **JOSEPH GRAF RADETZKY**

Als Feldmarschall Joseph Graf Radetzky nach zweiundsiebzigjährigem Dienst in der österreichischen Armee in den Ruhestand trat, war er 91 Jahre alt. Wenige Monate später starb er in Mailand, wo er ein Vierteljahrhundert fast wie ein König residiert hatte. In Wien kommandierte Kaiser Franz Joseph selbst die Leichenparade für den „größten Kommandeur der Epoche". — Radetzky, Sohn einer alten Soldatenfamilie, geboren auf Gut Trebnitz bei Prag, focht unter Laudon gegen die Türken, später gegen die Revolutionsheere der Franzosen, bewährte sich bei Hohenlinden und Marengo und vollbrachte weltgeschichtliche Leistungen als Generalstabschef der Befreiungsheere gegen Napoleon. Der Schlachtplan für Leipzig ist im wesentlichen sein Werk. Nach mancherlei militärischer Verwendung übernahm er 1831 das Oberkommando und einige Jahre darauf auch die Statthalterschaft über die norditalienischen Gebiete Österreichs. Hier entfaltete sich sein pädagogisches und staatsmännisches Genie. Daß er die Ruhe mehrmals mit harter Hand wiederherstellen und 1853 noch einmal mit der ganzen militärischen Überlegenheit zuschlagen mußte, bedrückte ihn zutiefst, denn Ritterlichkeit und Humanität waren seine eigentlichen Charakterzüge. Daß sich dazu ein guter Schuß Leichtlebigkeit und ungehemmte Freigebigkeit gesellte, störte weder ihn noch seine Freunde. Der Kaiser zahlte lächelnd die riesigen Schulden des verdienten Mannes. In den letzten Lebensjahren quälte ihn die ungelöste deutsche Frage. „Um jeden Preis muß Deutschland geeint und unter eine Fahne gebracht werden", erklärte er in aller Öffentlichkeit. Acht Jahre nach seinem Tode entbrannte der deutsche Bruderkrieg von 1866. Zahlreiche militärische und politische Schriften haben sich pro und contra mit dem Leben Radetzkys und seinen Taten beschäftigt.

RAFFAEL
28. III. 1483 — 6. IV. 1520

Der frühvollendete italienische Maler aus Urbino, Sohn des Malers und Goldschmieds Santi, ist der reinste Vertreter einer klassisch-idealistischen, vom platonischen Geist der Harmonie beseelten Malerei. Innigkeit, Zartheit, Schönheit waren die leitenden Ideen seiner Kunst. Von der florentinischen Kunst lernte er die kräftig bewegte Wirklichkeitsnähe und Geschlossenheit. Eine päpstliche Einladung rief ihn von Florenz nach Rom, wo ihn Julius II. und Leo X. so sehr mit Aufträgen überhäuften, daß viele Bilder von den Gesellen der Werkstatt nach seinen Plänen und Entwürfen ausgeführt werden mußten, Er wurde zum Bauleiter der Peterskirche ernannt und änderte den Zentralbau des ursprünglichen Entwurfes von Bramante in einen Langhausbau um. Neben zahlreichen Wandmalereien und Fresken schuf Raffael in Rom eine Reihe von Tafelbildern, von denen nur das monumentale Bildnis Julius' II. und die Sixtinische Madonna erwähnt seien. Er entwarf und baute mehrere Profanbauten, obwohl er sich wahrscheinlich verhältnismäßig wenig mit Architektur beschäftigt hatte. Er starb kurz nach seinem 37. Geburtstag an einem Fieber, das er sich als Leiter der Ausgrabung des antiken Roms zugezogen hatte. Seine letzte, unvollendete Arbeit war die Himmelfahrt Christi. Die Werke des jung verstorbenen Meisters behielten durch alle Jahrhunderte ihren hohen Rang. Kostbare Raffaelbilder besitzen das Vatikanische Museum in Rom, die Petersburger und Leningrader Galerie, Berlin, die Dresdener Gemäldegalerie, der Padro in Madrid, die Uffizien und der Palazzo Pitti in Florenz, der Louvre in Paris und die Münchner Alte Pinakothek. Der Leichnam des verstorbenen jungen Malers, den man in ganz Rom kannte und liebte, wurde unter großer Anteilnahme der Bevölkerung im Pantheon beigesetzt.

FRIEDRICH WILHELM RAIFFEISEN
30. III. 1818 — 11. III. 1888

Friedrich Wilhelm Raiffeisen ist der Gründer der nach ihm benannten ländlichen Darlehenskassenvereine, die mehr als hundert Jahre ihre segensreiche Tätigkeit ausüben. Ursprünglich Offiziersanwärter bei der Festungsartillerie, zwang ihn ein Augenleiden, den Soldatenberuf aufzugeben und in den Verwaltungsdienst einzutreten. 1845 wurde er Bürgermeister in Weyerbusch, nachdem er zuvor zwei Jahre Kreissekretär in Mayen gewesen war. 1848 ging er als Bürgermeister nach Flammersfeld und von 1852 bis 65 wirkte er als Bürgermeister in Heddersdorf bei Neuwied. In seiner beruflichen Tätigkeit hatte er oft Gelegenheit, die Sorgen und Nöte der Landwirtschaft kennen zu lernen. Die Mißernten in den Jahren 1846/47, die manchen Bauern an den Bettelstab brachten und einer gewissenlosen Geldspekulation Tür und Tor öffneten, weckten in ihm den Gedanken, durch genossenschaftlichen Zusammenschluß in kleinen Darlehensvereinen gegenseitige Hilfe zu leisten. 1846 gründete er einen Konsumverein und 1849 die erste Genossenschaft auf der Grundlage der solidarischen Haftung der Mitglieder, die sich vor allem für den gemeinsamen, vorteilhafteren Einkauf landwirtschaftlicher Bedarfsartikel einsetzen sollten. Der günstige Masseneinkauf von Dünger, Saatgut, Futtermitteln, Maschinen und die Ausgabe von langfristigen Darlehen zu niedrigen Zinsen an kleine Landwirte wirkte so überzeugend, daß die Raiffeisenbewegung sich bald über ganz Deutschland und auch im Ausland ausbreitete. Zur gegenseitigen Unterstützung der einzelnen Darlehenskassenvereine und zum Ausgleich von Mangel und Überfluß an Mitteln wurden 1872 drei Zentralkassen gegründet, die 1876 durch die Landwirtschaftliche Zentraldarlehenskasse in Neuwied und 1923 durch die Deutsche Raiffeisenbank AG. ersetzt wurden.

1. VI. 1790 — 5. IX. 1836   **FERDINAND RAIMUND**

„Es ist ewig schad' um mich", klagte Raimund nach der Aufführung von Grillparzers Drama „Der Traum ein Leben", und er meinte damit, ihm sei die schwungvolle, schöne Sprache versagt, die man freilich, „an den Wiener Vorstadttheatern nie verstehen werde". Aus der Handwerkslehre zur Bühne entlaufen, bestand seine Leistung am Leopoldstädter und Josephstädter Theater darin, die hergebrachten Hanswurstiaden zu überwinden und eine ganz neue, beseelte und liebenswürdige Volksspielkunst zu schaffen. Die Gestalten seiner Zauberstücke, die er zum Teil selber spielte, sind keine grotesken Narren mehr, sie haben immer Gehalt bei aller Phantastik der Handlung. „Der Verschwender", „Der Alpenkönig und der Menschenfeind" und „Der Bauer als Millionär" sind die vollendetsten Blüten des österreichischen Volksschauspiels, frei von fremden Einflüssen, herzerfrischend, voll Humor, voll Feen und Zauberwesen, sauber in der Gesinnung, echte Dichtungen, denen Ernst und Tiefsinn nicht mangelt, Kostbarkeiten der gesamtdeutschen Literatur. Die eingestreuten Volkslieder, z. B. das berühmte „Hobellied" und „Brüderlein fein", sind heute noch genau so ansprechend wie vor hundert Jahren. Abgott seines Publikums, war Raimund wie viele Komiker grüblerisch und schwermütig veranlagt. Seine unglückliche Ehe wurde geschieden; unüberwindliche Hindernisse standen einer Vermählung mit seiner treuen Geliebten Toni Wagner gegenüber. Das seelische Leid verdüsterte sein Gemüt. Er starb an den Folgen eines Selbstmordversuchs. Mit ihm vollendete sich und endete das klassische Wiener Volksschauspiel. Weitere Werke von Ferdinand Raimund sind „Der Barometermacher auf der Zauberinsel", „Der Diamant des Geisterkönigs", „Die gefesselte Phantasie" und „Die unheilbringende Zauberkrone".

27. III. 1676 — 8. IV. 1735   **FRANZ RAKOCZI**

Aus dem oberungarischen, reichen Geschlecht der Rákóczi wählten sich die siebenbürgischen Stände im 17. Jahrhundert vier Fürsten, von denen freilich nur zwei wirklich regierten: Georg I. mit Klugheit, Georg II. mit Torheit und bösen Folgen für das Land. Doch nicht sie haben den Familiennamen der Rákóczi mit historischem Ruhm bedeckt, sondern Franz II., der Freiheitsheld Ungarns. Er träumte einen jener unerfüllbaren Träume, für die kleine Völker manchmal ihre wahren Vorteile opfern, bis sie schließlich enttäuscht von der Idee abfallen, um sie später zu verklären. Die Habsburger Kaiser, nicht das Madjarentum, hatten die 150jährige türkische Herrschaft in Ungarn und in Siebenbürgen beseitigt, das sich mit seinen befestigten deutschen Städten als Fürstentum inmitten der osmanischen Umgebung zu erhalten gewußt hatte. Von Wien her floß ein Strom kultureller und sittlicher Erneuerung. Franz entfesselte im Namen der Freiheit den von 1703—1711 tobenden „Kuruzzen-Aufstand" gegen die kaiserliche Macht, vertraute vergeblich auf Frankreich und floh, als sein General Károlyi endlich Frieden schloß, zum Sultan. Die Verhandlungen in Istanbul scheiterten jedoch ebenfalls. Verlassen starb Franz Rákóczi in der Türkei. Sein Sohn wiederholte 1736 dasselbe erfolglose Spiel um den längst erloschenen siebenbürgischen Thron. Die Madjaren haben Franz zum Nationalhelden erhöht, obwohl er mehr an seine Krone als an das Wohl Ungarns gedacht hat. War er doch bereit, die Türken wieder ins Land zu holen, wenn sie seine Pläne unterstützten. Er war ein Rebell und ein Verräter der abendländischen Gemeinschaft. Das Volk wollte die Tatsachen nicht wahrhaben, es holte die Gebeine des Nationalhelden im Jahre 1906 heim und bestattete sie in einem Rausch patriotischer Begeisterung in der am Fuß der Berge liegenden Grenzstadt Kaschau.

WALTER RALEIGH Um 1552 — 29. X. 1618

Zwei Großtaten haben den Namen des englischen Seefahrers Walter Raleigh in die Zukunft getragen: Er brachte die Kartoffel von Virginia nach Irland, sorgte für ihren Anbau und ihre Weiterverbreitung und trug entscheidend dazu bei, daß England eine starke Flotte erhielt, um den Kampf um die Weltmacht zu beginnen. Hauptgegner war das seemächtige Spanien mit seinen reichen Kolonien in der Neuen Welt. Raleigh sandte Freibeuter aus, die mit Kaperbriefen zum Aufbringen spanischer Schiffe und zum Plündern und Zerstören spanischer Kolonialsiedlungen ausgerüstet waren. Er unternahm selbst mehrere solcher Raub- und Entdeckungszüge. In Nordamerika gründete er eine Niederlassung, die er nach der unverheirateten „Jungfräulichen Königin" Englands „Virginien" nannte. Elisabeth I. schätzte ihn nicht nur als tapferen Soldaten, der in Frankreich auf Seiten der Hugenotten gekämpft und ihr bei der Unterdrückung eines Aufstandes in Irland geholfen hatte, sondern auch als einen Mann von hohem Wissen und Kunstverständnis und von einer genialen kaufmännischen Begabung. Raleighs Glück wendete sich, als Jakob I., der Sohn der hingerichteten Maria Stuart, den englischen Thron bestieg. Er wurde wegen Teilnahme an einer Verschwörung zum Tode verurteilt. Von 1603 an war er 13 Jahre lang Gefangener im Tower und wartete auf die Vollstreckung des Urteils. Im Jahre 1616 wurde er freigelassen und erhielt den Befehl, in Guayana nach Gold zu suchen. Seine Erfahrungen ließen ihn für das abenteuerliche Unternehmen besonders geeignet erscheinen. Als die acht ausgesandten Schiffe ohne Ergebnis heimkehrten, ließ Jakob I. den Führer der Expedition hinrichten. Der König erkaufte sich durch den Tod Raleighs den Frieden mit Spanien, das ihn als einen seiner gefährlichsten Gegner tödlich gehaßt hatte.

JEAN PHILIPPE RAMEAU 25. IX. 1683 — 12. IX. 1764

Zu den lieblichsten Komponisten des europäischen Rokoko gehört dieser zierliche Kammerkomponist Ludwigs XV., der zugleich Organist in Avignon, Clermont und Paris war. Liebhaber der Hausmusik spielen heute noch mit Vorliebe seine feingliederige Klaviermusik. Im Jahre 1701 ging er nach Italien, das damals den Ton in der Musik angab; aber der italienische Stil behagte ihm nicht, und er arbeitete, theoretisch und praktisch, aus einer national-französischen Geisteshaltung heraus. Trotzdem entzündete sich damals in Frankreich, wie später in Wien unter Mozart, eine heftige Fehde zwischen den Pro-Italienern und den Pro-Franzosen. Erstaunlicherweise stand Jean Jacques Rousseau im Lager der „Italiener" und griff in seinem „Dictionnaire de musique" den zarten Rameau grob und unfair an. Der Streit dauerte noch lange nach dem Tode Rameaus an. Neben seinen eigenen Schöpfungen entwickelte dieser bedeutendste französische Komponist der Bach-Händel-Zeit auch die Grundlagen der modernen Harmonielehre, als der Lehre von den Akkorden, ihren Umkehrungen, Funktionen und Beziehungen (Tonika, Dominante und Subdominante). Mit seinen 28 Opern und Balletten führte er die französische Opernkunst auf ihren Höhepunkt; der Ritter von Gluck hat viel von ihm gelernt. Er übertraf seinen Vorgänger Lully an Reichtum der Erfindung in der Harmonie, der Melodie und der Dramatik und erweiterte den Anteil des Chores und des Orchesters. So war er Meister auf allen Gebieten, ohne an entzückender Anmut zu verlieren. Sein bekanntestes Stück für Clavecin ist „La Poule" (Das Huhn), dessen Gegacker er in köstlichem Einfallsreichtum stilisiert hat.

15. X. 1898 — 27. II. 1956 **GÜNTHER RAMIN**

Der kulturgeschichtliche Ruhm des Thomaskantors und weltberühmten Orgelspielers Ramin besteht darin, daß er nach dem Zusammenbruch von 1945 trotz glänzender Angebote Leipzig treu blieb und in mühevoller Arbeit seinen Thomanerchor wieder auf die alte Höhe brachte. Schon 1948 konnte er ihn zu Konzerten ins Ausland führen und beim Bachfest in Schaffhausen oder 1956 — in seinem Todesjahr — in Zürich und Frankfurt einem begeisterten Publikum vorstellen; ein paar Wochen später starb er allzufrüh an Gehirnblutung im Krankenhaus der Diakonissen zu Leipzig — und beendete ein modernes Märtyrerleben im Dienste einer religiösen Idee unter dem Zeichen Johann Sebastian Bachs. Bach war der große Angelpunkt seines Lebens. In Karlsruhe als Sohn eines Superintendenten geboren, besuchte er die Thomasschule in Leipzig und war von 1910 bis 1914 Thomaner, dann zwei Jahre Soldat, und schon 1918 als ehemaliger Straube-Schüler Organist an der Thomaskirche bis zum Ausbruch des zweiten Weltkrieges. Er verzehrte sich in getreuer Arbeit. Während der beiden Leipziger Jahrzehnte lehrte er Orgel am Konservatorium, leitete den Lehrergesangverein und den Gewandhauschor, spielte Orgel in den Gewandhauskonzerten, dirigierte drei Jahre die Leipziger Symphoniker und las zwischendurch als Professor an der Musikhochschule zu Berlin — nicht zu reden von den zahlreichen Konzertreisen, die ihn bis nach Rußland und den beiden Amerika führten. Sechzehn Jahre war er Thomaskantor. Werktreue und Klarheit zeichneten sein künstlerisches Schaffen aus. Sein dreibändiges Werk „Das Organistenamt" bewahrt den Schatz seiner Erfahrungen; eigene Kompositionen die Erinnerung an seinen tief religiösen Geist.

2. X. 1852 — 23. VII. 1916 **WILLIAM RAMSAY**

Die Entdeckung, daß die Luft nichts Einheitliches ist, sondern ein Gasgemisch aus zahlreichen Bestandteilen, war eine der größten Überraschungen der Forschung. Die Ermittlung der in ihr enthaltenen Gase zog sich über ein Jahrhundert hin und fand erst durch die Auffindung der die Atmosphäre in kleinsten Mengen durchsetzenden fünf Edelgase in der Gegenwart ihren Abschluß. Dem englischen Physiker und Chemiker William Ramsay fällt das Verdienst zu, eine ganze Reihe von Edelgasen in der Luft nachgewiesen zu haben. Dem jungen Glasgower Studenten der Mathematik hatte ein Unfall beim Fußballspiel die Mußezeit geboten, sich in die chemische Literatur einzuarbeiten und erste Versuche anzustellen. Ramsay wurde in Heidelberg Schüler von Bunsen. Nach der Promotion in Tübingen wurde er Assistent in Glasgow, dann Professor in Bristol und London. Von 1894 bis 1898 entdeckte er die letzten noch unbekannten Erdgase und ordnete sie schlüssig in das Periodische System der Elemente ein, und schon bald fanden auch diese Gase Verwendung in der Technik als Füllstoffe für Glühbirnen, Luftschiffe, in Atmungsgeräten, Leuchtröhren. Eine Begegnung mit dem Strahlungsforscher Becquerel in Paris und die Entdeckung der Radioaktivität durch das Ehepaar Curie veranlaßten Ramsay auch zu Forschungen auf dem Gebiet der Strahlenkunde. Es gelang ihm, zu beweisen, daß radioaktive Elemente, wie Radium und Thorium, beim Zerfall das Element Helium bilden können. Damit war zum erstenmal die Entstehung eines Elementes aus einem anderen festgestellt und die Annahme, daß ein chemisches Element nicht mehr wandelbare Ureinheit sei, widerlegt. Ramsay wurde ein Opfer der Strahlen, als er sie als Heilmittel gegen Krebs einsetzen wollte. Im Jahre 1916 erlag er nach schwerem Leiden selber dem Krebs.

LEOPOLD VON RANKE 21. XII. 1795 — 23. V. 1886

Zahl und Rang der Werke, die dieser vielleicht größte deutsche Geschichtsschreiber, Professor der Berliner Universität, „Historiograph" des preußischen Staates und Kanzler der Friedensklasse des Ordens „Pour le mérite" schuf, sind so gewichtig, daß ein Buch kaum genügt, ihnen gerecht zu werden. Die Betrachtung der Vergangenheit sollte weder richtend noch lehrend geschehen, sondern es sollte nur das objektive Geschehen gezeigt werden. Dieses Ziel erforderte strengste, von Ranke meisterlich beherrschte Prüfung der historischen Quellen. Er hatte die hohe Fähigkeit, das Besondere zu sehen und es zum Allgemeinen in Bezug zu bringen. Daraus gewann Rankes Darstellung ungewöhnlich anschauliche Lebendigkeit. Er war sich bewußt, daß wissenschaftliche Mittel die letzten Geheimnisse der Geschichte nicht zu entschleiern vermögen, denn das Leben läßt sich nur religiös begreifen. Er erkannte ferner, daß die verschiedenen Epochen und Jahrhunderte in ganz bestimmten geistigen Bahnen verliefen, er nannte das ihre „Idee", ihren eigentümlichen Genius. Vor Gott freilich seien alle Epochen und Generationen gleichberechtigt. Und genau so müsse sie auch der Historiker betrachten. Daraus ergab sich für ihn, daß kein Fortschritt der Menschheit zu bemerken sei, außer der wachsenden Nutzung der Naturkräfte. Ranke und seiner Schule verdankt die Forschung die historisch-kritische Methode und die sachliche Geschichtsdarstellung, die er zur fast künstlerischen Meisterschaft steigerte. Die Lektüre seiner, aus einem Meer des Wissens geschöpften, zuchtvoll gebauten Hauptwerke — der „Geschichte der Päpste", der „Deutschen Geschichte im Zeitalter der Reformation" und der „Preußischen Geschichte" — ist ein unvergleichlicher geistiger Genuß.

WALTHER RATHENAU 29. IX. 1867 — 24. VI. 1922

In der Schlußsitzung der Außenminister-Konferenz von Genua rief Walther Rathenau beschwörend die Worte des großen Petrarca in den Sitzungssaal: „Ich gehe durch die Welt und rufe: Friede! Friede! Friede!" Einen Monat später, am 24. Juni 1922, wurde er von fanatisierten Verschwörern ermordet. Als sich die Kunde von dem Anschlag verbreitete, ging ein Aufschrei des Entsetzens durch die Welt. Jeder wußte, daß die Kugeln einen großen Mann und einen Helfer der Menschheit getroffen hatten. Rathenau hatte erst im Mai 1921 im Kabinett Wirth ein politisches Amt übernommen. Bis dahin war er Präsident der AEG gewesen und hatte die Reichsregierung lediglich in wirtschaftlichen Fragen beraten. 1919 bat ihn die Regierung, an der Vorbereitung der Friedenskonferenz mitzuarbeiten. Er nahm an der Konferenz in Spa teil, die Deutschland verpflichtete, jährlich 2 Millionen Tonnen Kohle an die Siegermächte zu liefern, und vertrat Deutschland auch auf den Konferenzen von London und Cannes, wo die Entente der jungen deutschen Republik ein Ultimatum zur Erfüllung der Reparationsverpflichtungen stellte. Im Januar 1922 wurde er Außenminister. Seinem Verhandlungsgeschick war es zuzuschreiben, daß es zum Abschluß des Vertrages von Rapallo kam, der die Wiederaufnahme der diplomatischen Beziehungen zwischen Deutschland und Rußland regelte. In Deutschland aber befürchtete man einen probolschewistischen Kurs und hatte Furcht, daß durch die Erfüllung des Versailler Vertrages die Fundamente Deutschlands geschwächt würden. Man stempelte Rathenau in nationalistischen Kreisen zum „Erfüllungspolitiker" und schreckte schließlich auch vor dem Mord nicht zurück. „Die Tat traf nicht den Menschen Rathenau, sie traf Deutschland", sagte Reichspräsident Friedrich Ebert in seiner Gedenkrede.

30. VIII. 1844 — 9. VIII. 1904   **FRIEDRICH RATZEL**

In unserer Zeit, in der sich Wissenschaft und Kunst so weit vom Menschen und von der Natur losgelöst haben, ist es eine wahre Wohltat, in den Büchern von Ratzel zu lesen. In seinen Jugenderinnerungen lernt man einen phantasievollen, ja dichterischen Knaben kennen, der wie von selbst zum Nachdenken und zur Forschung kam: aus den Bildern der Phantasie zu den Dingen der Natur. Diese Erinnerungen („Glücksinseln und Träume") waren überdies in einem herrlichen, reichen und tiefgründigen Deutsch geschrieben, das bei aller leichten Sprachführung den Dichter verriet. Kein Wunder, daß ein menschlich so gut veranlagter Knabe auch als Naturforscher und großer Gelehrter die Beziehung zum Menschen nicht verlor. Ratzel begann nach Beendigung seiner Studien als Reiseschriftsteller der „Kölnischen Zeitung". Er lernte Frankreich, Italien, Sizilien, Ungarn, Nordamerika, Mexiko und Cuba kennen und schrieb seine ersten Bücher, die beiden Bände „Wanderungen eines Naturforschers", denen die „Städte und Kulturbilder aus Nordamerika" und der Band „Mexiko" folgten. Ratzel lehrte von 1880 an als ordentlicher Professor für Geographie in München und Leipzig. Er hat vor allem die Geographie des Menschen behandelt. Die beiden Zweige der Anthropologie und der politischen Geographie blühten unter ihm gedankenreich auf, er löste sie von der allgemeinen Geographie ab und begründete die moderne Geopolitik, indem er die Erdkunde auf die Geschichte anwandte. „Der Staat und sein Boden", „Die geographische Verbreitung des Menschen", schließlich „Das Meer als Quelle der Völkergröße" und „Die Erde und das Leben" sind seine Hauptwerke, die lebendig geblieben sind.

2. I. 1777 — 3. XII. 1857   **CHRISTIAN DANIEL RAUCH**

Christian Daniel Rauchs Lebensweg führte vom Beruf des Kammerdieners zum Rang des gefeierten Künstlers. Der Zwanzigjährige wurde vom König von Preußen, in dessen Dienst er stand, nach Rom geschickt, damit er seine bildhauerische Begabung ausbilde. Die weltberühmten Meister Canova und Thorwaldsen unterstützten den jungen Kunstschüler und erteilten ihm Unterricht. Nach sieben Jahren kehrte er, geschult an den Meisterwerken der Klassik, nach Berlin zurück und schuf, in friedlicher Konkurrenz mit Schadow, jene klaren und edlen Bildwerke, die als „preußischer Klassizismus" in die Geschichte der Stilkunst eingegangen sind. Es sind Figuren von größter Natur- und Porträttreue, vollendet in der Meißeltechnik, für den heutigen Betrachter jedoch meist zu glatt und zu poetisch — „idealisierte Porträtphotographien in Stein oder Marmor". Rauchs Tätigkeit in Berlin begann mit einem vom König als Preisaufgabe ausgeschriebenen Entwurf zu einem Sarkophag für Königin Luise. Rauch erhielt den Auftrag der Fertigstellung in Marmor. Nach Italien zurückgekehrt, arbeitete der Künstler in Rom und Carrara — dem großen Marmorbruch — an der Figur der schlummernden Königin. Das Denkmal wurde in einem neuerrichteten Mausoleum in Charlottenburg aufgestellt und begründete den Ruhm Rauchs. Zahlreiche andere Werke folgten: ein zweites Denkmal der Königin Luise für den Park von Sanssouci, die Statuen der Generäle Scharnhorst und Blücher, des Zaren Alexander, des Fürsten von Hardenberg, Yorks von Wartenburg, die Büsten Albrecht Dürers, Thorwaldsens, Hufelands und Schleiermachers. Mit dem Denkmal Friedrichs d. Gr. in Berlin hat er für seine Zeit das später auch von Menzel vertretene Bildnis des großen Königs bestimmt. Es wurde das Hauptwerk seines reifen Alters.

MAURICE RAVEL 7. III. 1875 — 28. XII. 1937

Er ist der ausdrucksvollste, klangempfindlichste der französischen impressionistischen Musiker. Als er einst Debussys „Après-midi d'un Faune" hörte, bekannte er mit Tränen in den Augen, jetzt sei ihm aufgegangen, was Musik sei. Er erweiterte die musikalischen Ausdrucksmöglichkeiten Debussys bis an die Grenzen des Krankhaften, so etwa in seinem „modernsten" Werke „La Valse", das in traumhaften Schwingungen bis in die Bezirke der letzten, existenziellen Angst vordringt. Mit diesem Werk schrieb er sich die Kriegserinnerungen an das Grauen von Verdun von der Seele. Den Orden der Ehrenlegion lehnte er ab und verbrachte den größten Teil des Jahres auf dem einsamen Dorf Monfort'Amaury, wo er ein Landhaus mit Biedermeiermöbeln und japanischen Imitationen bewohnte. Von der baskischen Mutter erbte er die Liebe zur spanischen Musik: „Pavane pour une enfante défunte", seine Oper „L'heure espagnole", das Ballett „Boléro", das in einer spanischen Schenke spielt, sind Zeugnisse seiner südlichen Musikalität. Nach einem Roman der französischen Schriftstellerin Colette schrieb er die Oper „Das Kind und der Zauberspuk". Sein eindringlichstes Werk ist das Ballett „Daphnis und Chloe", das er für den russischen Ballettänzer Serge Diaghilew komponierte. Hier erreicht Ravels Versenkung in die Antike höchsten Ausdruck in der Hymne an Pan. Bezaubernd sind seine Phantasien „Meine Mutter, die Gans", in denen sich die Märchenmotive bis zum Tanz im Feengarten steigern. Seine Klavierwerke: „Spiegel", „Das Grab Couperins" und „Gaspard de la Nuit" — ein Gegenstück zu Schönbergs „Pierrot lunaire" — bilden das Entzücken der Virtuosen. 1932 erlitt Ravel einen Autounfall, von dem er sich nie mehr erholte. Er starb an einer Gehirnkrankheit. Sein letztes Werk waren die Lieder „Don Quichote an Dulcinea".

RENE-ANTOINE DE RÉAUMUR 28. II. 1683 — 17. X. 1757

Der französische Naturforscher René-Antoine Seigneur de Réaumur war einer der vielseitigsten Gelehrten Frankreichs. Dennoch wäre uns sein Name kaum noch geläufig, wenn nicht unsere Thermometer neben der Celsius-Skala auch noch die Réaumur-Skala mit der 80-Gradteilung aufwiesen. Bei beiden Skalen ist der Gefrierpunkt des Wassers der Nullpunkt, während der Siedepunkt die obere Grenze bildet. Schon als 25jähriger Gelehrter war Réaumur wegen hervorragender geometrischer Abhandlungen Mitglied der Akademie der Wissenschaften geworden. Seine Interessen erstreckten sich auf zahlreiche Gebiete: In den Jahren 1708 bis 1715 beobachtete er Seetiere und fand die im Altertum als Farbstoff viel benutzte Purpurschnecke, deren Kenntnis verloren gegangen war, wieder. 1711 machte er praktisch auswertbare Studien über die Seilerei. 1712 fand er ein Verfahren zur Herstellung von Golddraht. 1715 war er mit der Herstellung von luft- und wasserdichtem Papier beschäftigt. 1715 begannen seine weit über Frankreich hinaus bekannt gewordenen Untersuchungen zur Erzeugung eines brauchbaren Stahles. Er entdeckte den Zementstahl und erfand den schmiedbaren Guß. Die Ergebnisse seiner Forschungen wurden zu einer der Grundlagen des aufstrebenden Eisenhüttenwesens. Die Akademie beauftragte Réaumur, ein zusammenfassendes Werk über alle Zweige der gewerblichen Tätigkeit herauszugeben. Erst nach Réaumurs Tode wurde es von einer Arbeitsgemeinschaft abgeschlossen und unter dem Titel „Description des arts et métiers" (Beschreibung der Künste und Handwerke) in zahlreichen Bänden gedruckt. Réaumur verfaßte außerdem ein zwölfbändiges Werk über die Insekten und eine Abhandlung über die Vogelzucht und die künstliche Ausbrütung von Eiern.

19. III. 1873 — 11. V. 1916　　　　　　　　MAX REGER

Dieser mächtige, füllige, körpergewaltige Musiker mit dem
hauchzarten Pianissimo seines Anschlags war von einem bis-
sigen Humor, der ihn zur Rabelaisschen Figur stempelte. Der
Wut über seine Gegner machte er einmal dadurch Luft, daß er
in seiner Violinsonate op. 72 die Tonbuchstaben A - f - f - e
(Affe) und S (es) - c - h - a - f - e (Schafe) als Grundthema wählte.
Leider brach er auch mit seinem konservativen Lehrer Riemann,
der, nach seinem Jugendlehrer Lindner, als erster sein Talent
gefördert, ihn aber vor dem „Gift von Bayreuth" gewarnt hatte.
Dieser im Leben oft maßlose Max Reger, der Oberpfälzer, war
auch in seinem Arbeitspensum maßlos. Eine gewaltige Fülle
von Orgel- und Klavierwerken, von Sonaten, Trios und Quar-
tetten — das Klarinettenquintett op. 146 bildet den Höhepunkt —, von Liedern und
Orchesterwerken, läßt die Kürze seines Lebens fast vergessen. Von den größeren
Schöpfungen sind besonders die „Variationen und Fuge über ein Thema von Bach",
ebenso über ein Thema von Beethoven und Mozart, seine majestätischen Choral-
phantasien, die Hillervariationen und die malerischen Tondichtungen nach Arnold
Böcklin zu nennen. Schon 1906 überfiel ihn während eines Konzertes eine plötzliche
Lähmung. Die Universität Jena ernannte ihn zum Ehrendoktor; er dankte mit der
Komposition des 100. Psalms, der nach geistlicher Abstraktion im Mittelsatz in einem
überwältigenden Doppelchoral endet. Auch die medizinische Fakultät der Universität
Berlin gab Reger das Ehrendoktorat. Überall — zuerst in Dortmund — fanden Reger-
feste statt. Der Meister schonte sich nicht: Im Winter 1913/14 gab er allein 126 Konzerte, davon 60 mit Orchester. Er starb in Leipzig an einem Schlaganfall und wurde
in München beigesetzt.

6. VI. 1436 — 1476　　　　　　　　REGIOMONTANUS

Regiomontanus ist der humanistische Gelehrtenname des Johannes Müller aus Königsberg in Franken. Er war einer der
gelehrtesten Mathematiker und Astronomen seiner Zeit, der
durch das eingehende Studium der Ptolemäischen „Sternkunde",
der Werke der arabischen Gelehrten und der alten Griechen zu
eigenen Erkenntnissen in der Trigonometrie gekommen war.
Schon der Araber Nasir-ed-din al Tusi hatte um die Mitte des
13. Jh. ein System der sphärischen Trigonometrie geschaffen,
bei dem er sich ebenfalls auf die Arbeiten von Vorgängern
stützen konnte; aber die Erkenntnisse der großen arabischen
Wissenschaftler waren weitgehend vergessen worden. Auf
ihnen aufbauend, gab Regiomontanus in einem Lehrbuch der
ebenen und sphärischen Trigonometrie, das er 1463 vollendete, eine hervorragende
Grundlage zu einer systematischen Dreieckslehre. Es wurde erst im Jahre 1553, lange
nach seinem Tode, von seinem Nürnberger Freunde, dem Patrizier Bernhard Walther,
veröffentlicht und erregte die Bewunderung aller Fachkreise. Regiomontanus war zu
diesem, seinem bedeutendsten Werk von seinem Lehrer Georg von Peurbach (1423
bis 1501) angeregt worden, der in Wien lehrte. Von großer Bedeutung waren auch
die Sternenberechnungen des Regiomontanus, da sie von vielen Seefahrern, so auch
von Kolumbus und Amerigo Vespucci, benutzt wurden. Er lehrte nach seinen Leipziger Studienjahren in Venedig und Rom und lebte längere Zeit in Nürnberg. In den
Jahren 1469—71 war er Bibliothekar des ungarisch-böhmischen Königs Matthias
Corvinus. 1471 veranlaßt er Bernhard Walther zum Ausbau der ersten deutschen
Sternwarte in Nürnberg. 1475 berief ihn der Papst nach Rom, wo er an der Reform
des Kalenders beteiligt war und wo er auch sein Leben beendete.

MAX REINHARDT
9. IX. 1873 — 30. X. 1943

Der Theaterleiter und Regisseur Max Reinhardt — er hieß mit seinem bürgerlichen Namen Max Goldmann — hat die deutsche Schauspielkunst erneut zu Weltruhm emporgeführt, indem er der bühnenkünstlerischen Phantasie in einem bis dahin unerhörten Maße Bahn brach. Er war ein Meister in vielen Stilen, indem er für jedes Stück das gerechte Milieu schuf. Er begann mit dem Kabarett „Schall und Rauch" und eroberte nach und nach alle Räume des historischen und aktuellen Theaters: In den Aufführungen des „Königs Ödipus" führte er nach klassischen Regeln die Regie; für Vollmoellers „Mirakel" baute er gotische Phantasieräume auf; im Josefstädter Theater hielt er sich an das Rokoko; im naturalistischen Stil brachte er das lange verbotene „Nachtasyl" Maxim Gorkis auf 500 Aufführungen. Für das Mysterienspiel „Jedermann" wählte er den echoreichen Binnenhof vor dem Salzburger Dom, aber er spielte auch in Gärten und Parks. Es gelang ihm, berühmte Künstler (Adolf v. Menzel, Orlik, Max Slevogt) als Berater und für jedes Stück die bestgeeigneten Schauspieler zu gewinnen und zu faszinieren: Jannings, Wegener, Krauß, Moissi, Hartmann, die Eysoldt und die Thimig. In der Pflege der schauspielerischen Eigenart und Eigenwilligkeit übertraf er Laube und Brahm bei weitem. Neue, revolutionäre Wege ging er in der andeutenden Dekoration und in der Beleuchtungstechnik, aber auch in der Sprechkunst. Das Münchner Künstlertheater, die großen Berliner und Wiener Bühnen, die Salzburger Festspiele, Gastspiele in New York und London sind Stationen seines von Unruhe getriebenen Genies. Ihm vor allem ist auch der soziale und gesellschaftliche Aufstieg des Standes der Schauspieler zu danken. Er erwarb schließlich als Alterssitz das Schloß Leopoldskron bei Salzburg.

PHILIPP REIS
7. I. 1834 — 14. I. 1874

Am 26. Oktober 1861 führte der deutsche Physiker und Lehrer Philipp Reis im Hörsaal des Physikalischen Vereins in Frankfurt a. M. zum ersten Mal den von ihm entwickelten Fernsprecher vor. Der Erfinder fand jedoch für sein neuartiges Gerät im Kreise der Gelehrten nicht das geringste Verständnis. Reis ließ sich durch den Fehlstart nicht entmutigen, verbesserte den Sprechapparat und wagte 1863 mit einem neuen Modell ein zweites Mal eine Vorführung. Obwohl es ihm gelang, auf 100 Meter über den Draht Töne zu übertragen, blieb ihm auch diesmal der Erfolg versagt. Das Telefon, wie er es vorgeführt hatte, hielt man für eine wertlose Spielerei. Unverzagt schickte Reis eine Beschreibung seines Apparates an Poggendorff, den Herausgeber der angesehenen Zeitschrift „Annalen der Physik". Aber auch das Manuskript blieb unbeachtet. Poggendorff hielt Reis für eine Veröffentlichung in seinem Blatte nicht würdig genug, bekleidete der Erfinder doch kein akademisches Lehramt. Später sah Poggendorff zwar seinen Irrtum ein, aber da wollte Reis nichts mehr von einer Veröffentlichung wissen: „Mein Apparat wird auch ohne Ihre Beschreibung bekannt." Reis starb früh im Januar 1874. Fünfzehn Jahre später konstruierte der englische Physiologe Graham Bell mit mehr Erfolg ein zweites Fernsprechgerät. Und seitdem heißt es in den Fachbüchern, daß Reis zwar als der eigentliche Erfinder des Telefons anzusehen sei, daß aber Bell den Apparat erst gebrauchsfähig entwickelt habe. Der deutsche Generalpostmeister Heinrich von Stephan, der das Telefon in Berlin einführen wollte, fand freilich nur wenige Interessenten. Nur acht Teilnehmer schlossen sich im ersten Jahr dem Telefondienst Berlins an. Dann aber wurde ein Netz von Leitungen geknüpft, das heute den ganzen Erdball umspannt.

REMBRANDT HARMENSZ VAN RIJN
15. VII. 1606 — 4. X. 1669

Etwa 700 Gemälde, 300 Radierungen und 1600 Handzeichnungen hinterließ dieser größte Maler des nordischen Raumes, unübertreffliche Meisterwerke, die Bewunderung und Ehrfurcht erregen. Die Erfassung des Menschen im Gesamtbild seines Daseins und seines persönlichen Schicksals, darüber hinaus der Einblick in die Tiefe des religiösen Seins, die durchdringende Erkenntnis dessen, was wesentlich ist — all das sind Merkmale und Charakterzüge seiner Kunst, die nur mit der Kunst der größten Meister der Welt, eines Leonardo da Vinci oder Michelangelo, zu vergleichen ist. — Rembrandt wurde als Sohn eines Müllers in Leiden geboren, war Lateinschüler und Universitätsstudent und siedelte 1631 nach Amsterdam über. Dort heiratete er die reiche Saskia van Uijlenburgh und wohnte in dem großen Hause, in dem heute das Rembrandtmuseum untergebracht ist. Das Leid der Welt blieb ihm nicht erspart. Schon nach achtjähriger Ehe starb Saskia, der Tod nahm ihm auch seine Kinder bis auf Titus, den er ein Jahr vor seinem eigenen Tode sterben sah. Die lebenstüchtige Magd Hendrikje Stoffels führte ihm nach dem Tode Saskias den Haushalt und schenkte ihm die Tochter Cornelia. Das Vermögen, das ihm seine Frau eingebracht hatte, schwand dahin, da Rembrandt nicht zu wirtschaften verstand; er war ein hemmungsloser Sammler von Antiken, italienischen Malern und kostbaren Stoffen und Rüstungen. Hätte nicht Hendrikje mit Titus einen Kunsthandel eröffnet, so wäre der stolze und einsame Meister im Elend gestorben. So konnte er wenigstens bescheiden leben. Er wurde in der Westerkerk von Amsterdam beigesetzt. Die Mitwelt vergaß ihn rasch. Erst nach 1850 wurde er „entdeckt". Julius Langbehn erhob ihn in seinem Buche „Rembrandt als Erzieher" in den Rang eines menschlich-künstlerischen Vorbildes.

25. II. 1841 — 17. XII. 1919   ## PIERRE AUGUSTE RENOIR

Pierre Auguste Renoir war von einer solchen Leidenschaft des Malens besessen, daß er sich noch zur Arbeit zwang, als seine Hände, durch eine Krankheit verkrüppelt, Stift und Pinsel nicht mehr halten konnten. So ließ er sich das Werkzeug an die Arme binden, um seine malerischen Lobgesänge auf die Schönheit zu vollenden. Von allen Malern des französischen Impressionismus und Nachimpressionismus war Renoir der leichteste und unbeschwerteste. Tragische Konflikte erfuhr er zwar in seinem Leben, nicht aber in seiner Kunst. Vor dem Zusammenbruch der Welt im ersten Völkerkrieg schaffte dieser sinnenfrohe Maler noch einmal ein irdisches Paradies mit bezaubernd zarten, „schattenlosen" Farben. Renoir hat vor allem Frauen gemalt, Akte im Freien, Badende, Frauen in der lyrischen Stimmung der Erwartung, der Hingegebenheit an den Augenblick oder in mondäner Gelassenheit. Aber auch heiter bewegte Blumen in milden Kontrasten zu den Hintergründen, das Spiel des Wassers, in Farbklängen verdämmernde Landschaften. Der Sohn eines Schneiders und Porzellanmalerlehrling war schon früh abseits aller „bürgerlichen" Berufsarbeit ganz der Malkunst verfallen und bewegte sich sicher unter den Großen des Impressionismus. Als er in Italien Raffael und in Pompeji das römische Freskenbild erlebte, verzichtete er auf die impressionistische Freizügigkeit und Gelockertheit, zwang sich zu festerem Bildgefüge und reifte zur Harmonie von Farbe und Linie; aber auch in dieser späteren Zeit bleibt er noch dem Liebeswerben, Beglückenden, Helltönenden hingegeben. Weniger glücklich war er bei den bildhauerischen Bemühungen; doch auch hier bleibt er ganz den Sinnen verhaftet. Die üppig quellende Lebensfreude, die er verkündete, ging mit seinem Tod der großen europäischen Malerei verloren.

JOSEPH RESSEL
29. VI. 1793 — 10. X. 1857

Sehr oft findet man gerade in der Geschichte der Schiffahrt Beispiele dafür, daß Erfinder die großartigsten Neukonstruktionen nur gegen starken Widerstand einführen konnten. Ein Spanier, der als erster den Gedanken aussprach, daß man mit Dampf zu Wasser schneller vorwärts kommen könne als mit Segel und Rädern, kam ins Irrenhaus. Ein Deutscher, der einen Dampfkessel zur Fortbewegung der Schiffe anzuwenden versuchte, verlor bei seinen Versuchen sein Vermögen und wurde zum Gespött der Zeitgenossen. 1826 hatte im Böhmischen ein Forstmann und Techniker eine Schraube konstruiert, die Schiffe antreiben sollte und auch tatsächlich das Dampfboot „Civetta" auf eine Geschwindigkeit von sechs Knoten brachte. Der Erfinder der Schiffsschraube war der junge Österreicher Joseph Ressel; da aber bei der Dampfmaschine, von der die Schiffsschraube angetrieben wurde, eine Röhre platzte, entschied die Polizei: „Da von den drei Restbestandteilen der Erfindung: Schiffskörper, Schiffsschraube und Dampfmaschine die Maschine beschädigt wurde, so ist die Schiffsschraube zum Antrieb des Dampfschiffes untauglich." Ein Jahrzehnt später versuchte der schwedische Ingenieur John Ericson die gleiche Schraube durchzusetzen, die seiner Ansicht nach dem üblichen Schaufelrad weit überlegen war. Aber trotz glänzender Versuchsfahrten wollte man von seiner Neuerung zunächst nichts wissen. Erst ein hoher Offizier der amerikanischen Kriegsmarine erkannte, was man mit dieser Schraube gefunden hatte. Er verpflichtete Ericson zum Bau eines Schraubendampfers. Sein Vertrauen wurde gerechtfertigt, als das neue Schiff den Ozean wohlbehalten in 46 Tagen überquerte. Von da an wurde die Schiffsschraube zum wichtigsten Bestandteil der Antriebstechnik der Schiffahrt. Ressel aber bleibt der Ruhm der Erfindertat.

ALFRED RETHEL
15. V. 1816 — 1. XII. 1859

Der rheinische Erzähler Josef Ponten hat in dem Buch „Alfred Rethel" in der Reihe „Klassiker der Kunst" seinem Aachener Landsmann ein beredtes Denkmal gesetzt — der epische Dichter dem erzählenden Maler. Rethel hat in vielen Fresken, Holzschnitten und Zeichnungen sein erzählerisches Talent entwickelt. Im Jahre 1840 schuf er seine Zeichnungen zum Nibelungenlied und übernahm im gleichen Jahre den Auftrag, den Rathaussaal zu Aachen mit Fresken aus der Geschichte Karls des Großen auszuschmücken. Von diesen acht Fresken vollendete er selbst den Besuch Ottos III. am Grabe Karls des Großen", den „Sturz der Irminsäule", die „Schlacht bei Cordoba" und den „Einzug Karls in das eroberte Pavia". Ungewöhnlich populär wurde er mit seiner Holzschnittfolge „Auch ein Totentanz", die er aus der Revolutionsstimmung von 1848 heraus schuf, in einer von der Malerschule der Nazarener beeinflußten, an Dürer geschulten altertümlichen Technik. Hier wird der Tod als Skelett zum Anführer des aufrührerischen Volkes. In derber, schlagkräftiger Zeichnung trifft der Künstler Strich für Strich den Volkston. Rethels großes Anliegen war es, darzutun, wie der Kampf um Freiheit, Arbeitsfrieden und Menschlichkeit tödlich entarten muß, wenn das Volk diese Ziele mit Waffengewalt zu ertrotzen sucht. Dem „Revolutionsoptimismus" der Franzosen stellte er seine tiefe, warnende Skepsis gegenüber: Er schildert den Tod als Verführer und Volksaufhetzer — während zum Beispiel bei dem französischen Maler Delacroix das vorwärtsstürmende Volk von der allegorischen Gestalt der Freiheit mit der Fahne in der Hand in Rubensscher Fülle farbenprächtig angeführt wird. Rethels Schöpferkraft versiegte allzu früh; der Meister verfiel schon als 36jähriger einer Geisteskrankheit.

22. II. 1455 — 30. VI. 1522   JOHANNES REUCHLIN

Der gebürtige Pforzheimer ist zusammen mit Erasmus von Rotterdam der Führer des deutschen Humanismus geworden, einer geistigen Bewegung, die im Zeichen der neuen wissenschaftlichen Entdeckungen und Erkenntnisse, der Erforschung des Himmelsraumes und der Auffindung neuer Erdteile stand und gegen die überkommenen Vorstellungen kämpfte. Die „Dunkelmänner-Briefe" (Epistolae virorum obscurorum) seiner Freunde bilden die schärfste humanistische Satire auf die Überlieferung. Reuchlin war Jurist und Anwalt am Hofgericht zu Stuttgart, später Mitglied des Richterkollegiums des Schwäbischen Bundes. Er hat einige lateinische Komödien gedichtet, sein Hauptgebiet aber waren die alten Sprachen. Er machte sich höchst verdient um die Ausbreitung der griechischen Sprache durch Übersetzungen und Lehrbücher. Seine besondere Leidenschaft galt der hebräischen Sprache, über die er zwei Werke veröffentlichte. Erst durch ihn wurde das hebräische Sprachstudium in Deutschland begründet, er lehrte Hebräisch an den Universitäten Ingolstadt und Tübingen. Durch seine Studien wurde er in einen Gelehrtenstreit mit dem jüdischen Renegaten Johannes Pfefferkorn verwickelt, der wissenschaftliche Unterstützung bei den Kölner Dominikanern fand. Die Folge war eine Anklage wegen Ketzerei. Rom zögerte lange die Entscheidung hinaus, verurteilte ihn aber 1520 unter dem Eindruck der Reformation Luthers. Das Urteil blieb ohne praktisches Ergebnis. Die deutschen Humanisten stellten sich geschlossen hinter Reuchlin, und Ulrich von Hutten veröffentlichte ein Gedicht „Triumphus Capnionis". Im Gegensatz zu Luthers Förderung der deutschen Sprache erblickten die Humanisten das Heil in einer Neubelebung des Lateins und verloren damit den Einfluß auf die Weiterentwicklung der deutschen Literatur.

7. XI. 1810 — 12. VII. 1874   **FRITZ REUTER**

Mundartdichtern ist es selten beschieden, in ihrem ganzen Volk gewürdigt zu werden und in jeder neuen Generation treu verehrende Leser zu finden. Reuter erreichte diese Anerkennung verhältnismäßig leicht und wie kein anderer in breitestem Umfang. Das Geheimnis dieser Wirkung liegt in Reuters erdhaftem und überlegenem Humor, in der aus eigenem Erleben genährten, unfehlbar sicheren Betrachtung der Wirklichkeit, gewürzt mit einem Schuß Kritik an den sozialen Zuständen, vornehmlich aber darin, daß Erfindung und Handlung seiner Erzählungen natürlich und zwingend, die Gestalten originell und treffend gezeichnet sind. Dazu kommt der Reiz der vollsaftigen Sprache. Als Student wegen unerheblicher burschenschaftlicher Betätigung willkürlich verhaftet und nach langer Untersuchungshaft zum Tod verurteilt, dann zu dreißigjähriger Festungshaft begnadigt, fand er 1840 durch eine allgemeine Amnestie die Freiheit wieder. Er suchte als „Strom" (Gutsgehilfe) sein Brot und lernte in zehn Jahren die Bauern seiner mecklenburgischen Heimat mit all ihren guten und schlechten Seiten kennen. Mit einfach und volkstümlich geschriebenen Geschichten trat er als reifer Mann an die Öffentlichkeit und eroberte sie bald mit seinem dreiteiligen Hauptwerk „Ut mine Stromtid", „Ut mine Festungstid" und „Ut de Franzosentid". Es sind die erfolgreichsten Prosadichtungen der plattdeutschen Literatur. Die köstlichste Gestalt, die er schuf, „Onkel Bräsig", das Urbild eines mecklenburgischen Landmannes, wurde mit ihren Redensarten und lustigen Geschichten gleichsam zum Doppelgänger des Dichters. Die Seelengröße Reuters zeigt sich vor allem in der gänzlich unverbitterten, souverän heiteren Schilderung seiner Gefängnisjahre, dem Erlebnisbericht „Ut mine Festungstid".

CECIL RHODES   5. VII. 1853 — 26. III. 1902

Rhodes, der als außergewöhnlich befähigter Geschäftsmann im Diamantenhandel ein großes Vermögen erworben hatte, durchlief eine glanzvolle politische Laufbahn: Er wurde Abgeordneter, Finanzminister und Premierminister der südafrikanischen Kapkolonie. In konsequent durchgeführter englisch-imperialistischer Politik machte er Südafrika zu einem Bollwerk des britischen Commonwealth. Den Hauptpreis zahlten die Buren, die im Burenkrieg (1899–1902) blutig unterworfen wurden. Dieses Bauernvolk, zusammengesetzt aus Holländern, Deutschen und französischen Hugenotten, hatte bereits 1830, nachdem das Kapland an England gefallen war, seinen Freiheitswillen dadurch bewiesen, daß es in großen Trecks das englische Herrschaftsgebiet verließ, um eigene Burenstaaten (Natal, Oranjefreistaat, Transvaal) zu bilden. Aber auch dort fanden die Buren keine Ruhe. 1843 zogen die südafrikanischen Unionstruppen in Natal ein und unterwarfen das dorthin geflüchtete Volk. Als Rhodes im Jahre 1890 Premierminister des Kaplandes wurde, veranlaßte er den englischen Freischärlerführer Jameson, mit seinen 800 Soldaten auch in Transvaal einzurücken, Johannesburg zu besetzen und den Präsidenten zu stürzen. Der Angriff schlug fehl, und unter dem Druck der öffentlichen Meinung mußte Rhodes den Abschied nehmen. Drei Jahre später wurde er wieder ins Kapland-Parlament gewählt, und weitere drei Jahre darauf, 1902, nachdem friedliche Eingliederungsversuche gescheitert waren, setzte er sein Ziel endgültig durch. Die Buren wurden in einem von ihnen heldenhaft geführten Kampf besiegt. Cecil Rhodes, dem zu Ehren ein Teil des inneren südafrikanischen Hochlandes Rhodesien genannt wurde, ist einer der Männer gewesen, die im 18. und 19. Jahrhundert ihrer Nation eroberte Länder zu Füßen gelegt haben.

KARDINAL RICHELIEU   9. IX. 1585 — 4. XII. 1642

Armand-Jean du Plessis, Herzog von Richelieu, geboren in Paris, mit dreiundzwanzig Jahren schon Bischof, acht Jahre später Staatssekretär und nach einer gleichen Spanne der allmächtige Minister des unbedeutenden Ludwigs XIII., war Frankreichs größter, listigster, verwegenster und, wo es nottat, auch sehr harter Staatsmann. Er besiegte die Hugenotten, die einen Staat im Staate bildeten, ließ sie aber religiös unbehelligt; er warf, zum Teil in schwierigsten Feldzügen, mehrere Versuche des Adels, ihn zu stürzen, nieder und trieb damit die Entwicklung zum Zentralismus des absoluten Herrschertums erfolgreich weiter. Außenpolitisch ein Todfeind der Habsburger, deren europäische Vormacht er zu brechen suchte, mischte er sich, obwohl er Kardinal geworden war, als Bundesgenosse der protestantischen Schweden in den Dreißigjährigen Krieg ein, eroberte Lothringen und einige elsässische Städte. Staatsbürgerliche Verpflichtung stellte er über die konfessionelle. „Kein Katholik ist so verblendet", sagte er, „daß er in Staatssachen einen Spanier für besser hält als einen französischen Hugenotten". Seine gegen Deutschland gerichtete Ausbreitungspolitik wies Frankreich für Jahrhunderte den Weg. Das Versäumnis großer Staatsmänner, einen genialen Nachfolger heranzubilden, vermied er, indem er Mazarin zum Vollender seines Werkes erzog. Frankreich verdankt Richelieu eine fünfzigjährige Hegemonie in Europa, außerdem die Errichtung der Académie Française, aber auch jene Unzahl von Kriegen, die es — letztlich sinnlos — gegen Deutschland führte. Daher darf man das Wirken Richelieus für ein abendländisches Verhängnis halten, wenn man in Deutschlands und Frankreichs Zusammenarbeit die Voraussetzung für die Bildung einer europäischen Gemeinschaft erkannt hat.

26. VIII. 1850 — 4. XII. 1935 **CHARLES RICHET**

Wenn jemand wegen einer verschmutzten Wunde mit Pferdeserum gegen Wundstarrkrampf geimpft worden ist, muß darauf geachtet werden, daß innerhalb einer bestimmten Zeit bei anderen Impfungen keinesfalls wieder Pferdeserum benutzt wird. Der Körper ist durch die erste Impfung gegen das artfremde Serum „sensibilisiert", überempfindlich gemacht worden. Diese Form der Überempfindlichkeit — man nennt sie medizinisch Anaphylaxie — entdeckt zu haben, ist das Verdienst des französischen Physiologen Charles Richet. Er wurde 1850 in Paris geboren, studierte Medizin und wirkte bis zum Jahre 1927 als Professor der Physiologie an der Universität seiner Heimatstadt. Er hat das gesamte Fragengebiet der Anaphylaxie eingehend erforscht und die Methoden zur Verhinderung der Serumkrankheit erarbeitet. Für seine Verdienste erhielt er im Jahre 1913 den Nobelpreis. Richets wissenschaftliche Interessen umspannten außer dem Bereich der Medizin die Geschichte, Literatur, Politik — und nicht zuletzt die Parapsychologie, früher Okkultismus genannt. Er war einer der ersten Wissenschaftler, die mit exakten Methoden den überaus schwierigen, durch Aberglauben und Täuschungsmanöver aller Art verzerrten Problemen des „Übersinnlichen" nachgegangen sind. Richet führte die mathematische Wahrscheinlichkeitsrechnung bei der Auswertung von Versuchen zur Gedankenübertragung ein, um zufällige Ergebnisse ausschalten zu können. Auch mit der Hypnose hat sich Richet in diesem Zusammenhang eingehend beschäftigt. Als er 1935 starb, hinterließ er ein unendlich reiches Lebenswerk, darunter eine „Allgemeine Kulturgeschichte" und seinen sehr bekannt gewordenen „Grundriß der Parapsychologie und Parapsychophysik". Beide Bücher sind auch ins Deutsche übersetzt worden.

8. IX. 1803 — 19. VI 1884 **LUDWIG RICHTER**

Schon unsere Urgroßeltern haben als ABC-Schützen, genau wie wir, Ludwig Richters Vignetten und Holzschnitte, die ursprünglich in deutschen Volksbüchern, zu den Märchen von Musäus, zu den „Spinnstubengeschichten" von Horn und in vielen anderen Bändern erschienen sind, aus der Fibel und aus Geschichtenbüchern aufgelesen. Generation nach Generation erfreut sich an den Bildchen und ihrem munteren Geist. Sie gehören zu unserem Dasein wie der „Struwwelpeter" und das „Rotkäppchen". So schlicht, voll biedermeierlichem Behagen, so froh, einfallsreich und mit eigenwüchsigem Stil hat kein anderer das bürgerliche Leben mit Stichel und Stift dargestellt und poetisch verklärt und sich dabei geradenwegs ins Herz eines ganzen Volkes hineingezeichnet. Das ist eine Leistung, die genialeren Naturen mißlang. Offenbar wußte dieser Mann in seine Gestalten, ins Rankenwerk von Büblein, Engeln und Tieren eine Wesensseite der Deutschen, die ihnen lieb ist, zu bannen: Gemüt. Wie oft bemühen sich Gelehrte vergebens, einen Maler mit gescheiten Abhandlungen schmackhaft zu machen. Richter braucht keine Erläuterer. Er wohnt bei uns in jedem Haus. Vergessen sei nicht, daß er auch beachtliche Gemälde schuf, unter denen die romantische „Überfahrt am Schreckenstein" am bekanntesten ist, und daß seine „Lebenserinnerungen eines deutschen Malers" auch heute noch ein recht lesenswertes Buch sind. Sein Vater war Kupferstecher in Dresden, wo er bis zur Welt kam. Nach Wanderjahren, die ihn bis Rom führten, schlug er sich anfangs kärglich als Zeichenlehrer in Meißen durch, bis ihn die Dresdner Akademie zum Professor berief. Dort wirkte er noch im hohen Alter. Seine Zeichnungen aber beweisen, daß er mehr ein begnadeter Erzähler und Dichter als ein gelehrter Professor war.

F. VON RICHTHOFEN   5. V. 1833 — 6. X. 1905

Die Gesamtschau einer Großlandschaft, wie sie Alexander von Humboldt (1769–1859) angestrebt hatte, erlebte der große deutsche Geologe und Forschungsreisende Ferdinand Freiherr von Richthofen auf seiner Forschungsreise von 1868–1872 durch 13 von 18 Provinzen Chinas auf eine bis dahin unerreichte Weise. Richthofen hatte Geologie studiert. Von 1856 bis 1860 machte er in den Südtiroler Alpen und in den Siebenbürgischen Karpathen geologische Aufnahmen. Anschließend hatte er zwölf Jahre lang Gelegenheit, als Mitglied einer preußischen Gesandschaft Ceylon, Formosa, Japan, die Philippinen und Celebes kennen zu lernen. Seine Forschungen und wissenschaftlichen Veröffentlichungen bewiesen, daß er ein hervorragender Geologe und Geograph von Rang war. Von Bangkok aus machte er eine Landreise zum Bengalischen Meerbusen. Später arbeitete er in Kalifornien und in der Sierra Nevada als Geologe. Es folgte die vier Jahre währende Chinareise, die der Welt ein Bild des „Reiches der Mitte" zeichnete, wie es bis dahin noch nie bekannt geworden war. In seinem fünfbändigen Werk „China, Ergebnisse eigener Reisen", stellte er den geographischen Aufbau Asiens dar und zeigte insbesondere die Beziehungen auf, die zwischen Zentralasien und China bestehen. Seine veröffentlichte Theorie über die Entstehung der nordchinesischen Lößlandschaften und der Lößterrassen des Hoang-Ho und seine Ansichten über die abflußlosen und abflußbesitzenden Gebiete der Festländer erregten überall Aufsehen. Zurückgekehrt wurde er Professor in Bonn, 1883 in Leipzig, und von 1886 an lehrte er in Berlin. Von Richthofen hat das Verdienst, die Geomorphologie, die Wissenschaft von den Erscheinungen der Erdoberfläche in ihren Wechselbeziehungen, zu einem Grundpfeiler der Geographie gemacht zu haben.

BERNHARD RIEMANN   17. IX. 1826 — 20. VII. 1866

In die Geschichte der Wissenschaft ist Bernhard Riemann als einer der bedeutendsten Mathematiker der Neuzeit eingegangen. Seine Habilitationsschrift aus dem Jahre 1854 „Über Hypothesen, welche der Geometrie zugrunde liegen" erregte größtes Aufsehen und fand die volle Anerkennung des „Königs der Mathematiker", Carl Friedrich Gauß. Seine Doktordissertation von 1851 über „Grundlagen für eine allgemeine Theorie der Funktionen einer komplexen Größe" war dagegen fast unbeachtet geblieben, obgleich sie alles das enthielt, was dem Fortschritt in der Mathematik dienlich sein konnte. Seine Theorie der krummen Flächen, die an Arbeiten von Gauß über die Lichtbrechungslehre anknüpfte und die dann von großen Mathematikern, wie David Hilbert und Hermann Weyl, weiterentwickelt wurde, ist die Grundlage für die Relativitätstheorie Albert Einsteins geworden. Riemann erkannte, daß die Gesetze der Geometrie Euklids eine Verallgemeinerung ermöglichen, die als Anwendung des Prinzips der Nahewirkung auf die Geometrie bezeichnet werden kann. Seine Gedanken bildeten das mathematische Rüstzeug für den Versuch, auch dem Gravitationsgesetz Newtons die Form eines Nahewirkungsgesetzes zu geben. Während er für die Körper des Weltalls aufeinander wirkende Fernkräfte annahm, hat Einstein in seiner „Allgemeinen Relativitätstheorie" die Gravitation ohne Fernkräfte gedeutet und sie auf die Krümmungsverhältnisse in den Raum-Zeit-Gegebenheiten zurückgeführt und damit an Riemann unmittelbar angeknüpft. — Die Schwindsucht war erblich in seiner Familie und hatte ihm schon früh Eltern und Geschwister entrissen. Einen Monat nach seiner Hochzeit brach auch bei ihm das schreckliche Leiden aus, das nach vier Jahren — im Alter von vierzig Jahren — zum Tode führte.

Um 1460 — 7. VII. 1531 ## TILMAN RIEMENSCHNEIDER

In Osterode am Harz geboren, fand Tilman Riemenschneider schon als junger Mann seine eigentliche Heimat in Würzburg. Jahrelang war er Ratsherr der Stadt, 1520 und 1521 sogar ihr Bürgermeister. Als er während des Bauernkrieges die Anführer der Aufständischen unterstützte, wurde er von den siegreichen Fürsten ins Gefängnis gesetzt und grausam gefoltert. Die Kunst des Abendlandes erlitt damit einen unschätzbaren Verlust. Die geschändeten Hände rührten seit dieser Stunde keinen Meißel und kein Schnitzmesser mehr an. — Riemenschneider war der bedeutendste Bildschnitzer und Bildhauer der Spätgotik. Unter den vielen kunstschaffenden Meistern seiner Zeit weisen ihm die sanfte Schwermut seiner männlichen Figuren, die vornehme, milde Innigkeit der Madonnen und seine unerschöpfliche Erfindungsgabe den höchsten Ehrenplatz zu. Die Steinbildnerei führte er zur äußersten Verfeinerung und Lebendigkeit. Bei den hölzernen Schnitzaltären, die er nicht bemalte, erreichte er durch Unterschneidungen, reiche Gestaltung im Detail, durch schwerelose Leichtigkeit der Komposition eine neuartige Wirkung von Hell und Dunkel. Ein Beispiel dafür bietet der wunderbare, zauberhaft aufschwebende Altar von Greglingen mit seiner Fülle von Einzelheiten. Die von ihm geschaffenen Grabmäler gehören zu den schönsten Kulturdenkmälern des Abendlandes: das Grab des Fürstbischofs Scherenberg in Würzburg, das Tumbengrab für Kaiser Heinrich II. und dessen Gemahlin im Bamberger Dom und nicht minder das bereits mit Renaissancemotiven geschmückte, klar und kühl geformte Grabmal des Lorenz von Bibra in Würzburg. Die steineren Standbilder von Adam und Eva, die er in jungen Jahren für die Marienkapelle des Würzburger Doms meißelte, wird niemand vergessen können, der sie gesehen hat.

1492 — 30. III. 1559 ## ADAM RIES

Wenn eine Rechnung „nach Adam Riese" aufgeht, dann kann es keinen Zweifel mehr geben, — besagt das Sprichwort, das von den Anhängern des Adam Ries, des Mannes, der als der Begründer des exakten, praktischen Rechnens gilt, geprägt wurde. Ries, auch Riese oder Rys geschrieben, war in dem schönen Staffelstein bei Bamberg im Fränkischen geboren worden und versuchte zunächst, im Bergbau seinen Unterhalt zu finden. Aber nicht der Kohlenflöz, sondern die hohe Rechenkunst wurde ihm zum Lebenselement. Als junger Mann war er auf die Wanderschaft gegangen und schließlich nach Annaberg im Erzgebirge gekommen. Hier verfaßte er seine ersten Lehrbücher für das moderne Rechnen, die ihn bald über die Landesgrenzen hinaus berühmt machten. Zahlreiche Schüler besuchten die von ihm gegründete Rechenschule und galten nach ihrer Absolvierung, wie ihr Meister, als vollendete Rechenkünstler. 1518 erschien sein Werk über die „Rechnung auff der Linichen", wenig später folgte die „Rechnung nach der Lenge auff der Linichen und Feder", und schließlich schrieb er das erste Einführungswerk in die Algebra „Coss", nach dem lateinischen cosa benannt, das zum ersten Mal auch das Wurzelzeichen aufführte, ein Zeichen, das aus dem kleinen lateinischen r = radix (Wurzel) abgeleitet ist und in der Mathematik die Aufgabe stellt, die Wurzel aus einer bestimmten, unter das Zeichen geschriebenen Zahl zu ziehen. Ein weiteres Werk Rieses war betitelt: „Eyn gerechnet Büchlein auff den Schöffel, Eimer und Pfundtgewicht", ein Buch, das die Lehre von den Maßen und Gewichten zum ersten Mal für Unterricht und Lebenspraxis zusammenfaßte und einige Ordnung in den verzwickten Zahlenwirrwarr brachte. In Annaberg, wo er als Bergbeamter gewirkt hatte, wurde dem großen Rechenmeister im Jahre 1893 ein Denkmal errichtet.

NIKOLAUS RIGGENBACH 21. V. 1817 — 25. VII. 1899

Unzählige Reisende, die den Vierwaldstätter See besuchen, sind schon mit der berühmten Zahnradbahn von Vitznau aus auf den Gipfel des 1800 m hohen und 1300 m über den See aufragenden Rigi gefahren. Nur selten aber erinnert sich einer der Bergfahrer an den Eisenbahningenieur Nikolaus Riggenbach, der diese Bahn gebaut hat. Sie ist seit 1871 in Betrieb und galt lange als ein technisches Wunderwerk. — Riggenbach, der zu Gebweiler im Oberelsaß geboren ist, hatte einen ungewöhnlichen Lebensweg. In der Schule galt er als unbegabt; als er aber nach dem Eintritt ins Berufsleben Maschinen kennenlernte, erwies sich, daß ihm ein erfolgreicher Lebensweg vorgezeichnet war. Es gelang ihm, bei einem Bandstuhlschreiner in Basel in dreijähriger Lehrzeit ausreichende handwerkliche Kenntnisse zu erwerben. Dann trat er in Lyon in eine Mechanikerwerkstatt und arbeitete in Paris als Mechaniker. Neben der handwerklichen Praxis mühte er sich zäh und emsig um seine theoretische Ausbildung. Seine Kenntnisse befähigten ihn 1853 die Leitung der Maschinenwerkstätte der schweizerischen Zentralbaugesellschaft in Olten an der Aare zu übernehmen. Diese Stellung ermöglichte es ihm, sich auch in England umzusehen; als Vertreter seiner Firma nahm er an den Probefahrten der ersten Gebirgsbahn Europas, der Semmeringbahn, teil, die 1848—54 erbaut worden war. Als bei Olten der Hauensteintunnel gebaut wurde, kam ihm bei Rädergleiten auf Steigungen der Gedanke der Zahnradbahn, den er dann bei der Bergbahn auf den Rigi verwirklichte. Diese erste Zahnradbahn war so überzeugend, daß man ihm in der Folgezeit den Bau von mehr als einem Dutzend Zahnradbahnen in verschiedenen Ländern anvertraute. Von 1873—80 war Riggenbach Direktor der Internationalen Gesellschaft für Bergbahnen.

RAINER MARIA RILKE 4. XII. 1875 — 29. XII. 1926

Dieser vielseitige, in Prag geborene Dichter hat durch Erweiterung und Verfeinerung der sprachlichen Mittel einen persönlichen Stil entwickelt, dessen Einflüsse heute noch in der jungen Generation der Lyriker nachwirken. Seine „Weise von Liebe und Tod des Cornets Christoph Rilke", eine von Lyrik gesättigte Heldenballade, ist bis zum zweiten Weltkrieg unzähligemal rezitiert worden; die Prosa-Aufzeichnungen des Malte Laurids Brigge schufen eine neue Weise der erzählenden Epik. Ungleich umfangreicher als die Dichtung ist sein Briefwerk, das auch heute noch nicht ganz veröffentlicht ist; es enthält die schönsten Briefe der Neuzeit. Die zarte, beziehungsreiche, vergeistigte Sprache Rilkes näherte sich in seinen letzten Jahren den höchsten Bereichen menschlicher Aussage. Seine „Sonette an Orpheus", vor allem aber seine „Duineser Elegien", die er auf Schloß Duino bei Triest schrieb, verhüllen und offenbaren zugleich eine tiefsinnige, der Metaphysik verwandte Welt- und Wesensschau, deren oft schwieriger Ausdruck von zahlreichen Kommentatoren, unter ihnen Romano Guardini, bis auf unsere Tage gedeutet wurde. Sein differenziertes Sprachgefühl schuf Übersetzungen aus dem europäischen Sprachraum, er selbst dichtete gelegentlich auch im wohllautenden Französisch. Rilkes Leben trug das Stempel unaufhörlicher Wanderschaft. Anfänglich zum Offizier bestimmt, ging sein Weg über die Universitäten Berlin, München, Prag nach Rußland; in Worpswede heiratete er die Bildhauerin Clara Westhoff. Er wurde Sekretär des berühmten französischen Bildhauers Rodin und bereiste Europa. Seine letzten Lebensjahre verbrachte er in Schloß Muzot (Wallis). Er ruht bei der Kirche von Ravon im Kanton Wallis. Den Tod hatte er als Freund begrüßt, weil er jenseits des Lebens ein erhöhtes und schöneres Dasein erwartete.

20. X. 1854 — 10. XI. 1891   **JEAN ARTHUR RIMBAUD**

Er gehört mit seinem kurzen, feurigen Leben von 37 Jahren zu jenen Frühvollendeten, die auf ihre Umwelt wie ein explodierender Vulkan wirkten. Die deutsche Vorkriegsgeneration vor 1914 stand ebenso stark unter seinem wie unter Paul Verlaines Einfluß. Beider Verse wurden von den jungen Avantgardisten als Offenbarungen betrachtet. Verlaine und Rimbaud waren in tragischer Freundschaft verbunden, die freilich mit einem Revolverschuß Verlaines auf den exaltierten jungen Gefährten endete. — Rimbaud steht mit seinen wilden, visionärphantastischen Versen am Beginn der modernen Lyrik. Er ist Dichter und Antipoet, sachlich und symbolisch, sinnlich und geistig zugleich. Er schrieb nur drei Jahre — und dann kein dichterisches Wort mehr. „Wir leben im Zeitalter der Mörder", dieses radikale, revolutionäre Wort schleuderte er jugendlich der Konvention entgegen, glühend, sarkastisch, blitzartig. Zeitlebens blieb er ein Nomade, der seine Zelte hinter sich verbrannte und „en enfer" — in der Hölle — lebte. 1873 nahm er mit einer Art Autobiographie Abschied von der Welt der Dichtung. Er schrieb: „Ich werde zurückkehren mit Gliedern aus Eisen, dunkler Haut, wildem Auge; aus meiner Maske wird man auf eine starke Rasse schließen." In konsequenter Durchführung seines Entschlusses warf er alles hinter sich, wurde Gelegenheitsarbeiter, Waffenhändler in Afrika und Forschungsreisender. Er war ein „mystischer Sensationist", der das Intimste und Hintergründigste suchte. „Ich bin hier, ich bin immer hier" — dieser Satz Rimbauds gilt heute noch für seinen Einfluß auf die Lyrik der Moderne. Trotz seiner Absage an alle Ideale war Rimbaud immer auf der Suche nach dem Göttlichen. Kurz vor seinem Tode versöhnte er sich mit der Kirche und bekannte sich zum christlichen Glauben.

7. VIII. 1779 — 28. IX. 1859   **KARL RITTER**

Das Leben des großen deutschen Geographen Karl Ritter fiel in eine von geographischen Entdeckungen bewegte Zeit. Der große englische Seefahrer James Cook hatte auf der südlichen Halbkugel neue Länder entdeckt und war in Ritters Geburtsjahr gestorben; der erste französische Weltumsegler Louis Antoine de Bougainville lebte noch. Ein neues Weltbild war im Entstehen, und in dieser gärenden Zeit war es Ritter vorbehalten, die neuen Erkenntnisse wissenschaftlich zusammenzufassen, kritisch zu sichten und die Erdkunde im Verhältnis zur Natur und zur Geschichte des Menschen zu sehen und dieser Wissenschaft neue Richtung zu geben. Ritter und der erfolgreiche Forschungsreisende und vielseitige Gelehrte Alexander von Humboldt gelten als die Begründer der modernen Erdkunde. Beide hatten das Ziel, alle Erscheinungsformen, die belebten wie die unbelebten, im Zusammenhang mit der Geographie darzustellen. Aber während Humboldt mit den physikalischen Erscheinungen des Weltalls begann und sich dann einer allgemeinen physischen Geographie der Erde zuwandte, versuchte Ritter, die innigen Zusammenhänge zwischen Gestaltung und Beschaffenheit des Bodens und der Entwicklung der Menschheit in den einzelnen Ländern und Kontinenten darzustellen. Damit legte er die beiden Hauptrichtungen der Geographie fest: Erforschung der unbelebten Erde und ihre Beziehung zu den Menschen. Ritter war ursprünglich Pädagoge und Historiker, aber die Reisen, die er als Erzieher in der Frankfurter Familie Bethmann-Hollweg machen konnte, veranlaßten ihn, sich dem Studium der Erdkunde zuzuwenden. Er wurde als Professor an die Berliner Universität berufen. Sein Hauptwerk „Die Erdkunde im Verhältnis zur Natur und zur Geschichte des Menschen" blieb unvollendet.

MAXIMILIEN ROBESPIERRE 6. V. 1758 — 28. VII. 1794

Die Französische Revolution hat keinen konsequenteren Verfechter als Maximilien Robespierre hervorgebracht. Unter der Herrschaft seines „Wohlfahrtsausschusses" wurde auf den Guillotinen noch mehr Blut vergossen als in den ersten Jahren der Revolution. Täglich fielen 40 bis 60 Köpfe seiner politischen Gegner. Robespierres politisches Ziel war die Errichtung eines Staatswesens, in dem allein der Volkswille entscheidend sein sollte. Die Mitglieder des von dem Fanatiker geleiteten Klubs — nach ihrem Tagungsort St. Jakob in Paris, Jakobiner genannt — wollten, nachdem die Stände 1789 zur Nationalversammlung zusammengetreten waren, zunächst nur die Verfassung der geplanten konstitutionellen Monarchie in Frankreich festlegen. Die revoltierende Masse und der Fluchtversuch Ludwigs XVI. gaben ihnen die längst gewünschte Möglichkeit, die Republik auszurufen. Robespierre ließ den König nach einem formalen Gerichtsverfahren hinrichten und „säuberte" die politischen Reihen der Revolutionsstreiter. Seine ärgsten Gegner Danton und Hébert von der Bergpartei, einer ebenfalls radikalen Gruppe im Parlament, folgten bald dem König in den Tod. Als Robespierre auch mit den Girondisten, den Vertretern des besitzenden, liberalen Bürgertums in der Nationalversammlung, brach, da auch sie dem von ihm geplanten Zukunftsstaat im Sinne Rousseaus im Wege standen, und seine eigenen Freunde als Verräter an der Idee der Revolution töten ließ, ereilte auch ihn das Schicksal. Seine Anhänger fühlten sich durch ihn bedroht und zettelten eine Verschwörung an. Am 27. Juli 1794 wurde er gefangengesetzt, am nächsten Tag schleppte man ihn auf die Guillotine. Die Verschwörung brachte das „Direktorium", ein Führerkollektiv, an die Macht, das der Militärdiktatur Napoleons den Weg bahnte.

JOHN D. ROCKEFELLER 8. VII. 1839 — 23. V. 1937

„Nicht sehr intelligent, aber mit einem ausgesprochenen Zahlensinn begabt", schrieb der Volksschullehrer in das Zeugnis des kleinen John Davison Rockefeller. Aber dieser Zahlensinn berechtigte zu den großartigsten Hoffnungen. Der Götze der USA in jener Zeit war der Dollar, und für diesen Götzendienst war der junge Rockefeller wie geschaffen. Er begann als 18jähriger seine Laufbahn als Produktenhändler, später hörte er von den ersten Erdölfunden und erkannte sofort, daß der Verdienst nicht im Bohren liege, sondern im Raffinieren des Öls. Mit 26 Jahren sprang er mit beiden Beinen in das Ölgeschäft. Bald lieferten „Rockefeller and Company", ein Unternehmen, aus dem später die „Standard Oil Company" wurde, Öl in alle Welt. Rockefeller kam als erster auf den Gedanken, Erdöl in Röhrenleitungen (Pipelines) über weite Strecken zu befördern. Es gelang ihm, vorübergehend die gesamte Erdölerzeugung Amerikas in die Hand zu bekommen — und das machte ihn zum reichsten Mann der Welt. Was Rockefeller aber über den reinen „Businessman" hinaushob, waren seine philantropischen Neigungen; er beteiligte seine Mitmenschen großzügig an seinem Reichtum. 1892 errichtete er die Universität Chicago, und 1910 gründete er die Rockefeller-Stiftung, der er im Laufe der Zeit mehr als eine halbe Milliarde Dollar zuwandte. Die Stiftung förderte die medizinische Forschung und berief junge, begabte Studenten nach Washington, um sie durch Stipendien auf ihren Beruf vorzubereiten. John D. Rockefeller wurde 97 Jahre alt. Als er 1937 starb, übergab er die Leitung der Stiftung und die Verwaltung des Riesenvermögens seinem Sohn. John D. Rockefeller jun. schenkte 1947 den Vereinten Nationen das Gelände am East River in New York, auf dem heute das riesige Verwaltungsgebäude der UNO steht.

12. XI. 1840 — 17. XI. 1917 AUGUSTE RODIN

Rodin wurde bis in die zwanziger Jahre zu den revolutionärsten und unabhängigsten Erscheinungen unter den Künstlern des ausgehenden 19. Jahrhunderts gezählt. Man pilgerte zu seinen „Bürgern von Calais", die man als kühnen und erregenden Ausdruck impressionistischer Seelenhaltung begriff. Die Gegenwart steht den Plastiken dieses französischen Bildhauers kühler gegenüber. Größe und Erhabenheit seiner Ideen sprechen deutlich aus den beiden phantasievollen Lieblingsschöpfungen, die er leider nur als Fragmente hinterlassen hat: dem Höllentor, für das seine Bronzestatuen Adam und Eva gedacht waren, und dem Denkmal der Arbeit. Daß er auch ein bedeutender Graphiker und erfolgreicher Schriftsteller war, beweist die Universalität seines Genies. Das bildhauerische Schaffen Rodins ist geschult an dem Vorbild Michelangelos und an dem Skulpturenwerk der gotischen Kathedralen seiner Heimat. Rodins Figuren sagen unmittelbar etwas über ihr Wesen und ihr Schicksal aus. Sie scheinen sich aus dem Marmorblock wie aus einem lebendigen Element zu entwickeln. Höchste Stärke des Ausdrucks ist erreicht in den „Bürgern von Calais", dem „Ehernen Zeitalter", der „Danaide" und dem „Denker". Die figurenreiche Monumentalgruppe von Calais sollte nach dem Plan Rodins keinen Sockel erhalten, sondern mitten auf einer Straße jener Meerstadt stehen, deren Bürger mit vom Meerwind zerklüfteten Gewändern ihre Scholle gegen den Feind verteidigten. Das innere Leben äußert sich in der impressionistisch-bewegten Oberfläche der Figuren. Rodins Kunst „faßt alle Anschauungen und Ideale des 19. Jahrhunderts gestalthaft zusammen" (Hamann), unbeschadet des Reichtums an subjektiven, tief empfundenen plastischen Einfällen. Die Werke Rodins stehen heute größenteils im Musée Rodin zu Paris.

12. VI. 1806 — 22. VII. 1869 JOHANN AUGUST ROEBLING

An der Brooklynbrücke in New York wurde 1951 vom Ingenieur-Club Brooklyn eine Tafel angebracht mit der Inschrift: „Zur Erinnerung an Emily Warren Roebling (1843–1903). Durch Mut und Glauben half sie ihrem gelähmten Gatten Oberst Washington A. Roebling, Zivilingenieur (1837–1926), den Bau dieser Brücke zu vollenden nach den Plänen seines Vaters Johann A. Roebling, Zivil-Ing. (1806–1869), der sein Leben für die Brücke hingab." Johann August Roebling war 1831 aus Mühlhausen in Thüringen nach Amerika ausgewandert, hatte sich zunächst als Farmer versucht, dann mit der Herstellung von Drahtseilen begonnen und war dadurch auf den Gedanken gebracht worden, Hängebrücken unter Verwendung solcher Seile zu bauen. Er war geschulter Ingenieur und vermied von vornherein die Fehler, die von anderen Konstrukteuren solcher Brücken gemacht worden waren. Roebling versteifte die freihängenden Fahrbahnen durch in Fahrbahnhöhe liegende Balkenträger. Von 1856–67 baute er, oft gehemmt von den politischen Ereignissen (Krieg zwischen den Nord- und Südstaaten der USA) und anderen Schwierigkeiten, die Brücke über den Ohio zwischen Cincinnati und Covington, deren tief gegründete Steintürme 70 m hoch über dem Fluß aufragen und deren Spannweite 322 m beträgt. Noch gewaltiger war das Werk der Brooklynbrücke (1869–83), der ersten, die den East-River zwischen Brooklyn und New York überquerte und deren Stützweite 486 m beträgt. Die Türme sind, von der Baustelle aus gerechnet, 107 m hoch. Johann August Roebling verunglückte zu Beginn des Baues, sein Sohn wurde von der Caissonkrankheit gelähmt, das Werk wurde jedoch vollendet. Roeblings Brücken haben allen Naturgewalten getrotzt und sind Vorbilder für alle späteren Hängebrücken geworden.

ROMAIN ROLLAND
29. I. 1866 – 30. XII. 1944

Rolland ist einer der wenigen französischen Schriftsteller, die sich im großen Stil um ein deutsch-französisches Kulturverständnis bemüht haben. In dem zehnbändigen Roman „Jean Christophe", dessen Held ein deutscher Musiker ist, wollte er den Franzosen in idealistischer Weise den Zugang zu deutscher Wesensart öffnen. Ursprünglich Professor der Musikgeschichte an der Sorbonne, widmete Rolland bald sein Leben und seine glänzende dichterische Begabung dem Zweck, sein Volk dem Verfall, dem Materialismus und Chauvinismus der Jahrhundertwende zu entreißen. In einem allgemeinen Volkstheater glaubte er die Tribüne für seine Idee der sittlichen Erneuerung im Geiste Tolstois gefunden zu haben und schrieb dafür zahlreiche Stücke. Grundklang ist das heldische Lebensopfer für die Idee. Immer kämpfen in diesen Dramen Moral gegen Unmoral, Mut gegen Feigheit, Glaube gegen Unglaube. Rolland entwickelte sich zum Prediger der sittlichen Freiheit des Menschen im „Zeitalter der Hölle". Selbst inmitten der Haßorgien des ersten Weltkrieges blieb er seinen Prinzipien treu. Von der neutralen Schweiz aus schrieb er versöhnliche, zum Frieden mahnende Aufsätze an die Adresse Frankreichs und Deutschlands. Einen großen Teil seines dichterischen Werkes widmete er den Biographien großer Männer: Beethoven, Händel, Michelangelo und Tolstoi. In den zwanziger Jahren griff er über den europäischen Raum hinaus und wandte sich dem indisch-asiatischen Kulturkreis zu. Er verfaßte vielgelesene Biographien von Mahatma Gandhi, sowie Ramakrishna und Vivekananda, zwei indischen Religionsphilosophen des 19. Jahrhunderts. Sein letztes, 1944 erschienenes Werk war eine Biographie des gefallenen französischen Dichters Peguy. Im Jahre 1915 erhielt Romain Rolland den Nobelpreis.

JULES ROMAINS
26. VIII. 1885 — 14. VIII. 1972

Der Franzose alten Stils hält sich nicht nur für den legitimen Erben der Antike, der römischen sowohl wie der griechischen, er sieht auch in seiner Hauptstadt den künstlerischen Mittelpunkt der Welt und in seiner Sprache, die seit dem Vulgärlatein der römischen Eroberer manchen Umwandlungsprozeß durchgemacht hat, das feinste Instrument internationaler Gespräche, besonders auf dem Gebiet der diplomatischen Politik und der Literatur. Im Bewußtsein, Erbe des Lateinertums zu sein, hat der französische Dichter Louis Farigoule seinen Namen abgelegt und sich als Jules Romains zur römischen Antike bekannt. Nicht nur sein cäsarisches Haupt, auch sein Stil ist der Latinität verpflichtet. Sein Bekenntnis zu Paris aber hat er in einer vielbändigen Romanserie „Les hommes de bonne volonté" abgelegt, deren erster Band im Jahre 1931 erschien; sie ist als Ganzes der Spiegel der modernen französischen Kultur geworden. Dieser Verherrlichung einer Hauptstadt hat Deutschland, mit seiner auf viele provinzielle Kulturzentren verteilten Entwicklung, außer Einzelromanen wie Döblins „Berlin Alexanderplatz" oder den bürgerlichen Romanen von Georg Hermann, nichts entgegenzusetzen. Jules Romains ist ein universaler Geist. Als Professor der Philosophie machte er „nebenbei" wichtige physikalische Entdeckungen, als Dichter schrieb er außer Romanen auch Lyrik und eine Reihe von Dramen, die sich mit der Zeit satirisch auseinandersetzten oder die Lieblingsidee des Dichters darstellen, die innige Verbundenheit der körperlich-seelisch-geistigen Einzelexistenz mit einem übergeordneten Gesamtwesen, von dem der Mensch nur ein Teil ist; diese Einheit ergießt sich in der Vorstellung Jules Romains' selbst bis in die blutliche Substanz des Menschen und den lebenspendenden Mutterboden.

25. IX. 1644 — 19. IX. 1710   **OLAF ROEMER**

Der dänische Astronom Olaf (auch Ole oder Olaus) Roemer hat als erster die Lichtgeschwindigkeit gemessen und den auf den großen französischen Philosophen und Mathematiker René Descartes zurückgehenden Glauben an eine zeitlose Ausbreitung des Lichtes zerstört. Als er sich während einer zehnjährigen Tätigkeit an der Pariser Sternwarte mit den von Galilei entdeckten Jupitermonden beschäftigte, bemerkte er, daß der innerste Mond anscheinend eine veränderliche Umlaufzeit hatte; verglich man die Zeiten seines Eintauchens in den Jupiterschatten, so ergaben sich erkennbare Unterschiede. Wenn die Erde sich vom Jupiter entfernte, schien der Mond sich zu verspäten; wenn die Erde sich dem Jupiter näherte, schien er den Zeitverlust wieder aufzuholen. Da aber mit einer gleichbleibenden Umlaufgeschwindigkeit des Mondes gerechnet werden mußte, konnte es nur eine einzige Möglichkeit zur Erklärung dieser Erscheinung geben: Das Licht braucht bis zur Erde eine bestimmte Zeit. Roemer nahm an, daß das vom Jupiter kommende Licht beim „Weglaufen" der Erde vom Jupiter unserem heimischen Stern „nacheilen" müsse. Er stellte die Lichtgeschwindigkeit als Quotienten aus dem Erdbahnhalbmesser und der Gesamtverspätung innerhalb eines halben Jahres fest und errechnete den Wert von rund 300 000 km/sek. Dieser Wert wurde später durch unmittelbare Messungen auf der Erde durch den Franzosen Armand Fizeau und den amerikanischen Nobelpreisträger Albert Michelson mit geringen Abweichungen bestätigt. 1681 kehrte Roemer nach Dänemark zurück, wurde Direktor der Sternwarte in Kopenhagen und später Bürgermeister dieser Stadt. Er führte das Fernrohr als astronomisches Meßwerkzeug ein und schuf den „Meridiankreis". Alle seine Schriften sind nach seinem Tode bei dem großen Brand Kopenhagens vernichtet worden.

27. III. 1845 — 10. II. 1923   **WILHELM CONRAD RÖNTGEN**

Über den Umweg des Studiums der Maschinenbaukunde gelangte Wilhelm Conrad Röntgen zur Physik, der er im Laufe eines ungewöhnlich arbeits- und erfolgreichen Lebens entscheidende Hinweise und Anregungen geben konnte. Röntgen steht an der Zeitenwende der alten klassischen Physik zur modernen Atomphysik und hat durch seine wissenschaftlichen Entdeckungen viel zu der Heraufführung des neuen Zeitalters beigetragen. Wenn ihm auch das Glück in jenen entscheidenden Nachtstunden zum 8. November 1895 in dem kleinen Laboratorium zu Würzburg, als er zufällig die durchdringende Kraft der „X-Strahlen" erkannte, zur Seite stand, so bewies Röntgen durch seine späteren Arbeiten, daß er ein wahrhaft schöpferischer und begnadeter Forscher war. In zwei kurzen, sachlichen Berichten gab er der Würzburger physikalisch-medizinischen Gesellschaft „Nachricht über eine neue Art von Strahlen". In der Folge arbeitete er die neu auftauchenden Probleme so gründlich durch, daß die wissenschaftlichen Institute der ganzen Welt zehn Jahre lang nichts ernstlich Neues über die Röntgenstrahlen aussagen konnten. Der Würzburger Professor hatte mit seinen Arbeiten und Erkenntnissen zudem zündende Impulse für die Erforschung der Geheimnisse von Energie und Materie gegeben. Seine Entdeckung der „Röntgenstrahlen" wurde für zahlreiche Physiker zum unmittelbaren Antrieb, nach ähnlich durchdringenden Strahlen zu suchen, und es ist kein Zufall, daß ein Jahr später der Franzose Becquerel die Eigenstrahlung des Urans erkannte und wieder zwei Jahre danach als erste radioaktive Elemente Radium und Polonium nachgewiesen wurden. Friedrich Dessauer, der große Physiker und Philosoph, bekannte: „Mit Röntgen beginnt eine neue Ära der Physik, ja, der Naturwissenschaft überhaupt!"

PETER ROSEGGER   31. VII. 1843 — 26. VI. 1918

An der Wiege wurde es ihm nicht gesungen, daß er nach wenigen Jahrzehnten berühmt sein werde. Rosegger war ein Gebirgsbauernsohn aus Krieglach in der Steiermark und werkte bis zum achtzehnten Lebensjahr selber im Stall und auf der Alm. Später lernte er das Schneiderhandwerk und wanderte von Hof zu Hof, um zu nähen und zu flicken. Freilich nicht lange, denn als er es wagte, die Erstlinge seiner Feder der „Grazer Tagespresse" einzuschicken, erregte er sofort Aufmerksamkeit. Man spürte, daß da ein „Naturdichter" die Flügel regte. Er zog in die Stadt, besuchte die Akademie für Handel und Industrie und bereiste anschließend verschiedene Länder.

Alles, was er tat, war ungesucht und sicher, voll Humor, Liebe und Hilfsbereitschaft; er erkannte es bald als seine Lebensaufgabe, im gleichen Sinne dem Volke zu dienen, indem er es belehrte, anleitete und, wo es nötig war, mutig für dessen Rechte eintrat. Das bewog ihn auch zum andauernden Kampf für das gefährdete Deutschtum an der Grenze. Er gründete den „Heimgarten", ein im besten Sinn volkstümliches Monatsblatt. Den größten Reichtum schöpften seine Leser aber aus seinen Büchern. Er sagte einmal, daß er „die Dinge besser und schöner nahm, als sie an sich sein mögen". Das stimmt nicht ganz. Rosegger war frei von Sentimentalität und sah das Leben, wie es ist. Er hatte aber den maßbewußten Sinn einer freien Seele, das Große auch dort zu erkennen, wo es sich im alltäglich Kleinen verbarg. Sein mundartlich durchfärbter Stil bewährte sich gleichermaßen frisch und anschaulich in der Darstellung der Menschen wie der ihm tief verbundenen Landschaft. Größte Verbreitung fanden sein Roman vom „Waldschulmeister" und die Schilderungen seiner Kindheit als „Waldbauernbub". „Jakob der Letzte" ist sein erschütterndstes und bedeutendstes Werk.

SIR JAMES CLARKE ROSS   15. IV. 1800 — 3. IV. 1862

Der englische Polarforscher Sir James Clarke Ross, Neffe des berühmten Polarforschers Sir John Ross (1777—1856), ist in die Geschichte eingegangen als Entdecker des magnetischen Pols des Nordens und als Leiter der Südpolexpedition, die von 1839—1843 mit den Schiffen „Erebus" und „Terror" in die Antarktis unternommen wurde. Von 1819—1827 hatte er an vier Polarfahrten des englischen Arktisforschers Sir William Edward Parry (1790—1855) teilgenommen und war mit ihm bei dem Versuch, über Spitzbergen zum Nordpol zu gelangen, 1827 bis zum 82. Grad 45 Minuten nördl. Breite gekommen. 1829 bis 1833 beteiligte er sich an der Arktisfahrt seines Onkels. Auf dieser Fahrt wurde die Prinz-Regent-Straße erforscht und die Insel Boothia Felix entdeckt, auf der J. C. Ross die damalige Lage des magnetischen Südpols auf dem Schnittpunkt 70 Grad 5 Minuten nördl. Breite und 96 Grad 46 Minuten westl. Länge fand. Dann lockte ihn die Erforschung der Antarktis. Er suchte auf Anregung Alexander von Humboldts und des Mathematikers Karl Friedrich Gauß nach der Lage des magnetischen Nordpols, die er jedoch wegen der Eishindernisse nur angenähert bestimmen konnte. Das von ihm entdeckte antarktische Meer trägt seinen Namen, die von ihm 1841 entdeckten, 4053 und 3277 m hohen Vulkane auf der Roßinsel erhielten die Namen seiner beiden Schiffe „Erebus" und „Terror". Im selben Jahre fand er auch die bis zu 3000 m ansteigenden Küstengebirge von Süd-Viktoria-Land. Beim weiteren Vordringen stieß er auf die etwa 750 km lange und 50 m hohe Eiswand, die „Roß-Barriere", hinter der er die Berge des König-Eduard-VII.-Land sah. 1848—49 war Roß mit zwei Schiffen an der erfolglosen Suche nach den Mitgliedern der verschollenen Expedition Sir John Franklins beteiligt.

13. V. 1857 — 16. IX. 1932　　　　## SIR RONALD ROSS

Es ist wohl ein einmaliger Fall in der Geschichte der Wissenschaften, daß jemand zuerst eine große Entdeckung macht und erst dann mit dem Spezialstudium eben jenes Wissensgebietes beginnt, das er durch seine Entdeckung entscheidend gefördert hat. Ronald Roß, der diesen ungewöhnlichen Weg ging, wurde 1857 in Almora (Italien) geboren, studierte Medizin und trat im Jahre 1881 in das indische Sanitätskorps ein. 1894 hörte er, daß der französische Militärarzt Laveran im Blut von Malariakranken winzige Lebewesen, „Urtierchen" oder „Protozoen", entdeckt habe und sie als die Urheber der Malaria ansehe. Die Erreger sollten durch Mückenstiche übertragen werden. Nun, Malariakranke gab es in Indien, und so machte er sich daran, die Angaben Laverans nachzuprüfen. Er tat es mit bemerkenswerter Zähigkeit; Jahre hindurch züchtete er Mücken und untersuchte sie unter dem Mikroskop, nachdem sie an dem Blut Malariakranker gesaugt hatten. Zunächst blieb alles vergeblich, aber am 20. August 1897 fand er in der Magenwand einer Gabelmücke (Anopheles) winzige Organismen, die genau so aussahen, wie Laveran die Protozoen beschrieben hatte. Roß konnte in dreijähriger Experimentierarbeit die Entwicklungsformen des Malariaerregers nachweisen. Er meldete seine Befunde nach London, ihre Nachprüfung bestätigte die Beobachtungen des Engländers und damit auch Laverans Theorie, an die man bisher nicht recht geglaubt hatte. Roß erhielt einen ehrenvollen Ruf nach England und konnte die tropenmedizinische Schule in Liverpool besuchen. Nach beendeter Ausbildung ging er nach Westafrika, um seine Studien fortzusetzen; 1901 erhielt er den Nobelpreis, im gleichen Jahre wurde er Professor der tropischen Medizin. 1923 übernahm er die Leitung des Londoner Institus für Tropenkrankheiten.

29. II. 1792 — 15. XI. 1868　　　　## GIOACCHINO ROSSINI

Neben so vielen fleißigen Komponisten spielt Rossini in der Musikliteratur die Rolle des vergnügten Faulenzers. Obwohl auch er seine eifrigen Zeiten hatte, in denen er jährlich zwei bis drei Opern, wie den „Tell", „Othello" und den „Barbier von Sevilla" leichthändig komponierte, brachte er es fertig, nahezu vierzig Jahre als Rentner zu leben und von 1829 an bis zu seinem Tode nur noch ein paar Gelegenheitsstückchen zu schreiben. Er verzichtete energisch darauf, mehr zu studieren, als er zu seinem Opernhandwerk unbedingt brauchte, und es mutet wie eine musikgeschichtliche Satire an, daß in seiner berühmtesten Opera buffa, dem „Barbier von Sevilla", dieselben Personen vorkommen, wie in Mozarts „Figaro". Er hatte einfach denselben Stoff genommen wie sein großer Vorgänger: die Memoiren von Beaumarchais. Es wird von ihm erzählt, er habe meistens im Bett komponiert; bei dieser Arbeit sei ihm einst ein Notenblatt auf den Boden gefallen. Zu bequem, um sich zu bücken, nahm er ein neues Blatt und komponierte mit genialer Leichtigkeit eine andere Arie. Er sprudelte über von Einfällen; seine vogelleichten Arien begeisterten das Publikum. Als er seine Oper „Tancred" komponiert hatte, kam es in ganz Europa zu einem langanhaltenden Rossini-Rausch. Wenn er seine Opern in den Metropolen dirigierte, schienen Paradiesvögel durch die Opernhäuser zu fliegen. Was blieb dem ernsten Beethoven anderes übrig, als bei der Uraufführung seiner Neunten Symphonie, die der großen kosmischen Freude huldigt, eingangs einen solchen musikalischen Paradiesvogel auffliegen zu lassen? Er erkaufte sich die Gunst des Publikums, indem er eine Arie aus dem „Tancred" singen ließ! — „Der Schwan von Pesaro", wie H. Heine Rossini nannte, war der Sohn eines Stadttrompeters von Pesaro, seine Mutter war Opernsängerin.

26 Lux Große Männer

STEPHAN LUDWIG ROTH 24. XI. 1796 — 11. V. 1849

Unter den großen Männern des Auslandsdeutschtums ragt St. L. Roth, der Märtyrer der Siebenbürger Sachsen, ihr bedeutendster sozialpolitischer Schriftsteller und Volkserzieher, durch Genie, Feuer, Ethos und die strahlende Frische seiner Persönlichkeit hervor. Geboren in Mediasch, studierte er in Tübingen, wurde dann Pestalozzis Mitarbeiter in Iferten und versuchte später, das deutsche Schulwesen seiner Heimat zu reformieren. Er stieß auf Widerstand, gab den Lehrberuf auf, wurde Dorfpfarrer und wies in vielen Schriften mit dichterischer Sprachgewalt den Landsleuten Weg und Ziel, verstärkte ihre Zahl durch schwäbische Zuwanderer, förderte Gewerbe, Handel und das kulturelle Leben. Er einte die Jugend, die ihm begeistert anhing, und gab den Bauern eine Organisation. Beim madjarischen Aufstand von 1848 der geistige Führer seines Stammes, trat er für die alte Selbständigkeit Siebenbürgens als österreichisches Kronland ein, weil er durch dessen Verschmelzung mit Ungarn die Freiheit der siebenbürgischen Völker bedroht sah. Ohne Schwertstreich befriedete er, zum kaiserlichen Kommissar ernannt, die Gebiete, in denen Unruhe schwelte. Dafür büßte er mit dem Tod. Die vorübergehend siegreichen Rebellen ließen ihn widerrechtlich erschießen. Der Offizier des Hinrichtungspeletons auf der Burg zu Klausenburg mußte bekennen: „Soldaten, von diesem Mann kann man lernen, wie man für sein Volk stirbt!" Seine Schriften sind Bekenntnisse und praktische Vorschläge zur Lebensgestaltung eines von Menschlichkeit, Gottesliebe und Volkstreue geleiteten Gewissens; sie haben noch aktuelle Bedeutung, da sie zum einträchtigen Zusammenleben benachbarter Völker anleiten. Sie könnten Lehrbücher für jenes europäische Verantwortungsgefühl sein, um das sich heute die Völker mühen.

MEYER AMSCHEL ROTHSCHILD 1743 — 1812

Die Rothschilds wohnten seit vielen Generationen in Deutschland. Ihr Stammhaus stand in Frankfurt a. M. Meyer Amschel hatte dort einen Trödlerladen und verlieh nebenbei auch Geld. Über dem Eingang seines Hauses hing ein rotes Schild, der Ursprung für seinen späteren Namen „Rothschild". Durch geschickte Transaktionen gelang es ihm, sich zum Finanzberater des regierenden Fürsten emporzuarbeiten. Seine Söhne schickte der erfahrene Bankier nach England, Italien, Frankreich und Österreich und ließ sie in den Hauptstädten der Länder neue Banken eröffnen. Im Laufe der Zeit wurden die Rothschilds die Berater zahlreicher Herrscherhäuser. Ihr Einfluß erstreckte sich bis in die Staaten Südamerikas. Die Grundlage des Riesenvermögens aber legten sie durch eine kühne Spekulation während der Schlacht von Waterloo. Sie postierten in Ostende einen Agenten, der die Niederlage Napoleons sofort nach London meldete. Während alle anderen Börsenmakler bündelweise ihre Aktien in dem Glauben verkauften, England sei besiegt, erwarben die Rothschilds alle erreichbaren Wertpapiere; nach der Niederlage Napoleons hatten sie soviel verdient, daß sie durch ihre finanzielle Macht über Krieg und Frieden entscheiden konnten. Nach der Februarrevolution 1848 sank ihr politischer Einfluß. Sie verlegten ihre Tätigkeit auf den Bau von Eisenbahnen und förderten den Quecksilberbergbau. Als die Schwerindustrie sich immer mehr ausbreitete und eine Großbank nach der anderen entstand, verloren die Rothschilds weiter an Bedeutung. Sie lösten 1901 das Frankfurter Stammhaus auf und ließen 1931 auch ihre Wiener Bank erlöschen. Heute bestehen nur noch das Pariser und das Londoner Haus. Man schätzt die Barreserven der Rothschildschen Banken heute noch auf 360 Millionen Mark, ihre Beteiligungen sogar auf das Zehnfache.

28. VI. 1712 — 2. VII. 1778   JEAN JACQUES ROUSSEAU

Die Französische Revolution verehrte Jean Jacques Rousseau als einen ihrer geistigen Wegbereiter. Der Politiker, Philosoph und Schriftsteller hatte sich gegen den herrschenden Rationalismus und die daraus abgeleiteten politischen Theorien aufgelehnt. Berühmt wurde Rousseau durch eine Schrift, die sich kritisch mit der Frage befaßte, ob die Menschheit im Verlauf ihrer Geschichte gebessert worden sei. Rousseau verneinte jeden Fortschritt. Eine Zeitlang hielt er engsten Kontakt mit den Kreisen der Aufklärer in Paris, später wandte er sich wieder von ihnen ab, in der Erkenntnis, daß der Kulturhaß, der aus ihren Schriften sprach, nicht der richtige Weg sei, um die Menschheit in den glückhaften Urzustand der Frühzeit zurückzuführen. Nach mancherlei Irrungen begann sich Rousseau mit der von den politischen Mächten bestimmten Gesellschaftsordnung auseinanderzusetzen. Was er hierzu in seinem „Contrat social" (1762) niederschrieb, wurde zur Grundregel der demokratischen Bewegungen; der Mensch existiert zuerst als Bürger, dann als Einzelwesen, sagte Rousseau. Jeder hat die gleichen Rechte. Seine Einstellung zu den Rechten des Individuums war oft widerspruchsvoll. Einmal verlangte er im sozialistischen Sinne die Aufhebung des Privateigentums, dann wieder verteidigte er das Eigentum als eines der heiligsten Menschengüter. Da sein Denken einem Hang zum romantischen Idealismus unterlag — er beeinflußte stark Kant, Goethe, Hegel — war es verständlich, daß in seinen Schriften das Gefühl den Verstand überwog. Als er 1778 starb, hinterließ er als bedeutendstes Werk die „Neue Heloise", einen Roman in Briefform, der durch seine Leidenschaftlichkeit und die großartige Schilderung der Alpen einen Sturm der Begeisterung auslöste und Rousseau als Vorläufer des französischen Naturalismus erscheinen läßt.

28. VII. 1577 — 30. V. 1640   PETER PAUL RUBENS

Peter Paul Rubens ist der Hauptmeister des flämischen Barocks und einer der produktivsten Künstler überhaupt. Er unterhielt eine eigene Werkstätte, aus der 2000 bis 3000 Bildwerke — von Schülern und Gehilfen meist nach den Angaben des Meisters gemalt — hervorgegangen sind. Er besaß das Landschloß Steen bei Antwerpen und ruht in einer eigenen Grabkapelle in der Jakobskirche zu Antwerpen. Um seine Gemälde in Vervielfältigung zu verbreiten, gründete er eine Schule von Kupferstechern (die „Rubensstecher") und förderte den Holzschnitt. Eine umfassende humanistische Bildung, genaue Kenntnis der Zeitverhältnisse, höfisches Benehmen und der Charme seiner gewinnenden Persönlichkeit befähigten den Vielbeschäftigten, im Auftrag des Herzogs von Mantua, der Infantin Isabella und des Erzherzogs an den Höfen von Madrid, Paris und London als Diplomat zu wirken. Erst fünf Jahre vor seinem Tode zog er sich mit seiner zweiten Gattin, Helene Fourment, vom öffentlichen Leben auf sein Schloß Steen zurück. Solch barocker Lebensfülle entsprachen auch die rauschhafte Pracht und Sinnenfreude seiner Gemälde, die üppigen Körperformen seiner Faune, Frauen und Putten, die gesteigerte Bewegungskraft der Menschen und Tiere und die fürstliche Hoheit seiner Helden. Von seinen aus einer unerschöpflichen Phantasie quellenden Bildern hat er mit Sicherheit 500 bis 600 mit eigener Hand gemalt. Die Alterswerke des Meisters sind in der Form strenger und nach innen gekehrt. Rubens betätigte sich auch als Architekt und gab vielerlei Anregungen für den Kirchenbau in der flämischen Landschaft. Rubenssammlungen befinden sich in München in der Pinakothek, im Louvre in Paris, im Kunsthistorischen Museum in Wien, in der Eremitage Leningrad, im Kaiser-Friedrich-Museum in Berlin und in der Albertina in Wien.

ANTON RUBINSTEIN   28. XI. 1830 — 20. XI. 1894

Dieser hochbegabte Russe, im Gouvernement Cherson geboren, teilt sich mit seinem ebenso begabten Bruder Nikolaus in den Ruhm, den größten russischen Komponisten Tschaikowski entdeckt und gefördert zu haben. Tschaikowski war elf Jahre lang Theorielehrer am Moskauer Konservatorium, das Nikolaus Rubinstein gegründet hatte; vorher aber hatte ihn, der schon an seiner musikalischen Begabung zweifelte, Anton Rubinstein auf sein eben erst gegründetes Konservatorium in Petersburg aufgenommen und sein Selbstbewußtsein mit einem Preis für Komponisten (Kantate über Schillers „An die Freude") gestärkt. Anton Rubinstein war ein vielseitiger Geist; er hatte in Frankreich und Deutschland studiert und verarbeitete ebenso wie die russischen Maler seiner Zeit ausschließlich westeuropäische Eindrücke; seine Kompositionen verloren dabei wohl an innerer Überzeugungskraft, vibrierten aber von persönlicher Leidenschaftlichkeit und einem nach dem höchsten greifenden Ausdruckswillen. Schon die Namen seiner Opern und Oratorien zeugen von dem hohen Niveau und der ethischen Tiefe dieses Willens. Er schrieb u. a. einen „Dämon" (man denkt an Dostojewski), einen „Nero", einen „Turm von Babel", eine „Sulamith", die „Makkabäer" und endlich nach dem „Moses" ein Oratorium „Christus". Seine sechs Symphonien sind wohl für immer verklungen; ebenso vielleicht seine fünf Klavierkonzerte, Kammermusiken, Phantasien und Lieder, während seine Klavierstücke noch gespielt werden. Er selbst unternahm zahlreiche Konzertreisen als Pianist ins Ausland; man rühmte sein expressives Spiel und seine farbenreiche Klangpracht. Heute noch lesenswert sind seine Bücher „Die Musik und ihre Meister", seine „Meister des Klaviers" und seine „Erinnerungen".

FRIEDRICH RÜCKERT   16. V. 1788 — 31. I. 1866

Der in Schweinfurt geborene Dichter schlug zunächst die Universitätslaufbahn ein, brach aber das Studium nach zwei Semestern klassischer Philologie in Jena vorläufig ab. Später lehrte er als Professor für morgenländische Sprachen in Erlangen und Berlin, ehe er sich auf sein Gut Neuses zurückzog. Zwischendurch war er Schriftleiter des Stuttgarter „Morgenblattes" und des von Fouqué herausgegebenen „Frauentaschenbuchs". Als Lyriker trat er zum erstenmal während der Befreiungskriege unter dem Decknamen „Freimund Raimar" hervor mit vaterländischen Gesängen, von denen die „Geharnischten Sonette" berühmt wurden und noch 1914 Schule machten. Von dem Wiener Gelehrten Hammer-Purgstall für die Orientalistik gewonnen, zog Rückert aus dieser sich ihm neu erschließenden Welt eine Ernte von größter Bedeutung für die deutsche Literatur, die ihm nicht nur eine Fülle meisterlicher Nachdichtungen aus dem Persischen, Indischen, Chinesischen und Hebräischen verdankt, sondern auch eine bleibende und fortwirkende Bereicherung durch viele fremde, sprachlich gewandt eingeschmolzene lyrische Formen. Rückerts beispielloses Vers- und Reimtalent, das mitunter ins Virtuosentum austrieb, verhalf seinen besten Werken „Agnes' Totenfeier", „Kindertotenlieder" und dem volkstümlich gewordenen „Liebesfrühling" zum innigen und oft erschütternden Ausdruck tiefer Gefühle. Mit einigen Theaterstücken scheiterte er; der dramatischen Schürzung widerstrebte seine idyllische Neigung. Seine Gedichte dagegen sind ein Schatz der deutschen Romantik. und in der „Weisheit des Brahmanen" bewährte er sich als ungemein treffsicherer Spruchdichter. Welcher Geschmeidigkeit die deutsche Sprache fähig ist, wenn hoher künstlerischer Sinn ihr dient, haben nur wenige Dichter überzeugender bewiesen als Rückert.

1218 — 15. VII. 1291   **RUDOLF I. VON HABSBURG**

Rudolf I. ist der Begründer der habsburgischen Dynastie, die mit Unterbrechungen die deutsche Königs- und Kaiserkrone bis zum Jahre 1806, dem Ende des Heiligen Römischen Reiches Deutscher Nation, getragen hat. Rudolf wurde in „die kaiserlose, die schreckliche Zeit" hineingeboren, die von Kämpfen zwischen weltlicher und geistlicher Macht, zwischen Reichsgewalt und den Territorialherren zerrissen war. Rudolf verstand es, durch kluge Politik, List, Heirat, Erbschaft und unaufhörliche Fehde den väterlichen Besitz in der Schweiz, im Elsaß und in Schwaben zu vergrößern. Als ihn die Nachricht von der geplanten Wahl zum deutschen König erreichte, lag er mit einem Heer vor den Mauern von Basel. Am 24. Oktober 1273 wurde er in der alten Kaiserstadt Aachen gesalbt und gekrönt. Die Kurfürsten des Reiches hatten ihm geschlossen ihre Stimmen gegeben, nur Ottokar von Böhmen, der selber nach der Krone strebte, hielt sich fern. Rudolf verhängte die Reichsacht über den Abtrünnigen und überzog seine Erblande mit Krieg. Ottokar verlor Österreich, Kärnten, die Steiermark und Krain an das Haus Habsburg und wurde in einem zweiten Feldzug getötet. Die mit der Kraft des Reiches eroberten Gebiete, eine Hausmacht, die den Bestand seiner Herrschaft sicherte, verlieh Rudolf seinen Söhnen. Er fand ein erträgliches Verhältnis zum Papsttum, dem er zahlreiche, in früheren Zeiten heftig umstrittene Vorrechte zugestand. Seine Hoffnung, in Rom zum Kaiser gekrönt zu werden, erfüllte sich nicht. Mit größter Härte stellte er den Landfrieden im Innern des Reiches wieder her. Das Raubrittertum, das zu einer Landplage geworden war, warf er nieder. Hunderte von Raubburgen gingen in Flammen auf, die schuldigen Adligen wurden hingerichtet. Rudolf fand seine letzte Ruhestätte im Dom zu Speyer.

4. I. 1872 - 7. IX. 1940   **EDMUND RUMPLER**

Dr.-Ing. Eduard Rumpler ist eine der schöpferischen Begabungen des Kraftwagen- und Flugzeugbaus. Es gelang ihm, die von dem österreichischen Flugzeugkonstrukteur Igo Etrich zusammen mit Franz Wels gebaute „Taube" so zu verbessern, daß die „Etrich-Rumpler-Taube" von 1910 an bis in die Zeit des ersten Weltkrieges viel von sich reden machte als das volkstümlichste deutsche Flugzeug. Sie hat, zusammen mit dem von Rumpler geschaffenen ersten deutschen Acht-Zylinder-Flugzeugmotor in V-Form, einen Ehrenplatz im Deutschen Museum in München erhalten. Mit der „Taube", deren Form der Flügelfrucht eines Gurkengewächses nachgebildet worden war, wurden damals viel beachtete Rekorde errungen. Rumpler schuf auch Doppeldecker, deren Leistungen Aufsehen erregten, besonders nachdem eines dieser Flugzeuge im Juli 1914 in neunzehn Stunden von Berlin nach Konstantinopel geflogen war. Die Rumpler-Kriegsflugzeuge wurden weltberühmt. Dem Kraftwagenbau wies Rumpler mit dem 1919 gebauten windschnittigen Tropfenwagen neue Wege. Er konstruierte die Pendelachse, eine Einzelradaufhängung, bei der jede Achshälfte in senkrechter Richtung um einen Drehpunkt nahe der Fahrzeugmitte schwingt. Sie wurde erstmalig in das Rumpler-Tropfenauto mit Heckmotor als Hinterachse eingebaut. Auf der Automobilausstellung in Berlin 1926 überraschte der vielseitige Erfinder mit einem Vorderradantriebwagen. Rumpler stammte aus Wien, arbeitete bei der Nesseldorfer Waggonfabrik, den späteren Tatrawerken, und bei der Brünner Maschinenfabrik Brand & Lhulier, kam 1898 nach Berlin und war hier bei der Mitteldeutschen Motorwagen-Gesellschaft sowie bei der Daimler-Motorengesellschaft in Marienfelde tätig. Von 1902 bis 1905 schuf er bei den Adlerwerken in Frankfurt den ersten deutschen Adler-Automotor.

PHILIPP OTTO RUNGE 23. VII. 1777 — 2. XII. 1810

Als Sohn eines Reeders in Wolgast in Pommern geboren, studierte Runge die Malkunst an den Akademien in Kopenhagen und Dresden. Seit 1804 lebte er in Hamburg, dessen Kunsthalle heute die meisten seiner Werke als kostbaren Besitz hütet. Er starb früh an der Schwindsucht. Runge ist nicht nur als Maler, sondern auch als Kunsttheoretiker bedeutsam. In der Darstellung der Einheit von Gott und Welt sah er das Wesen der Kunst; die Farben enthielten für ihn symbolische Werte, die das Heilige offenbaren. Ein Kunstwerk, schrieb er, entstehe bei ihm nur, wenn er selbst als schöpferisches Erlebnis den Zusammenhang mit dem All verspüre. In der symbolisch verklärenden Landschaftsmalerei erblickte er die eigentliche religiöse Kunst der Zukunft. Seine theoretischen Erkenntnisse legte er in der Schrift „Farbenkugel oder Konstruktion der Verhältnisse der Farben zueinander" nieder. Er träumte davon, eine Kapelle mit vier gleichnishaften Wandgemälden der Tageszeiten auszumalen. Als erstes entstand die große Ölskizze „Der Morgen". Auf dem Totenbett forderte Runge seinen Bruder auf, das Gemälde, weil es uneinheitlich sei, zu zerschneiden. Dabei ergab sich das Unverhoffte: Ein Ausschnitt mit einem nackten Kindchen auf der Wiese erwies sich, befreit vom Beiwerk, als eines der wunderbarsten Gemälde der deutschen Romantik. Das Höchste gelang Runge im Porträt. Hier trat die naturalistische Seite seines Talents kraftvoll hervor. Sie befähigte ihn zur Schaffung genialer Bildnisse: „Die Kinder Hülsenbeck" und „Wir drei", das beim Brand des Münchner Glaspalastes 1931 vernichtet wurde, die Selbstbildnisse, Gemälde seiner Frau mit und ohne Kind und schließlich das großartigste Porträt der romantischen Epoche in Deutschland, das Bild seiner Eltern.

JOHN RUSKIN 8. II. 1819 — 20. I. 1900

Dieser Engländer ist einer der wenigen idealen Geister, die vermöge ihrer lauteren Sittlichkeit, verbunden mit einem durchgebildeten Schönheitssinn, die junge Generation vor dem ersten Weltkrieg auf das stärkste beeinflußt haben. Es waren die Studenten von Langemarck, die das blühende Englisch seiner Naturschilderungen, so schwierig und üppig es war, Wort für Wort übersetzten, seine künstlerische Schönheitslehre, die der Veredelung des täglichen Lebens diente, durstig in sich aufnahmen und seinen religiös und sittlich begründeten Kampf gegen den Mammonismus und für eine gerechte Neuordnung des sozialen Lebens begeistert bejahten. Ihm gegenüber verblaßten Marx, Engels und andere in den Augen der jungen Generation, die auch die Bücher Carlyles, des Lehrers John Ruskins, gelesen hatten. Schon wegen dieses reichen, idealen Geistes allein ist es zu bedauern, daß der erste Weltkrieg die Entwicklung Europas aus seinem schönen Erbe heraus hoffnungslos unterbrach. Ruskin war im englischen Kunstleben der 2. Hälfte des 19. Jahrhunderts der beherrschende Geist, vom Kunstgewerbe an über die Gartenstädte für Arbeiter und die Arbeiteruniversitäten (Ruskin Colleges) bis zur großen Kunst. Er trat u. a. für die Anerkennung des visionären englischen Malers Turner ein. Von seinen ethischen Vorstellungen ausgehend, forderte er die Arbeitspflicht für alle, die Nationalisierung der natürlichen Hilfsquellen, die Errichtung einer sozialen Hierarchie auf der Grundlage des (auch moralischen) Verdienstes um das Volksganze und, nicht zuletzt, die Entwicklung der Fähigkeit, „zu bewundern, zu hoffen und zu lieben". Seine Ideen zur Gesundung des Lebens, des Geistes und der Gesellschaft sind heute noch unerschöpft und sollten eigentlich mehr in den Vordergrund gestellt werden.

30. VIII. 1871 — 19. X. 1937   **ERNEST RUTHERFORD**

Im Jahre 1895 kam aus Würzburg die Kunde, der Physikprofessor Conrad Röntgen habe Strahlen entdeckt, die feste Stoffe durchdringen. In aller Welt begannen die Physiker nach ähnlichen Strahlen zu suchen, und Röntgens Pariser Kollege Henri Becquerel konnte schon ein Jahr nach Röntgens großer Entdeckung mitteilen: Uran-Salz, in schwarzes, lichtundurchlässiges Papier gewickelt und auf eine photographische Platte gelegt, sei ebenfalls von durchdringender Kraft, denn seine Ausstrahlung bewirke eine Schwärzung der Platte. Bald entdeckte man, daß die Strahlen aus drei Komponenten bestanden, die von den Physikern α-, β- und γ-Strahlen genannt wurden. Villard identifizierte die γ-Strahlen als Röntgenstrahlen, und wenig später meldete der neuseeländische Physiker Ernest Rutherford, daß die α-Strahlen Ionen des Heliums, die β-Strahlen Elektronen seien. War diese Entdeckung schon eine physikgeschichtliche Großtat, so waren es die Schlüsse, die Rutherford daraus zog, erst recht. Die Strahlen, die er entdeckt habe, seien Zerfallprodukte unbeständiger Atome. Das Atom, das seit Demokrit (460–371 v. Chr.) als unteilbarer Ur-Baustein der Natur gegolten hatte, mußte also aus Teilchen zu Gefügen zusammengesetzt sein. Als Rutherford elektrisch geladene Teilchen durch diese Atomgefüge schoß, stellte er fest, daß die Teilchen des Atoms nicht eng zusammengepreßt beieinander, sondern daß sie durch leere Räume voneinander getrennt sind. Die positive Ladung und fast die gesamte Masse der Atome sind in winzigen Kernen konzentriert, die mehr als 10 000mal kleiner als die Gesamtheit des Atomganzen sind. In genialer Zusammenfassung dieser Erkenntnisse zeichnete er das erste Atommodell als System, ähnlich dem Planetensystem: Der positiv geladene Atomkern wird von negativ geladenen Elektronen umkreist.

24. III. 1607 — 29. IV. 1676   **MICHIEL DE RUYTER**

Im 16. und anfangs des 17. Jahrhunderts besaßen die Holländer im Schiffsbau und in der Kauffahrteischiffahrt fast das Weltmonopol. Ihnen gehörten von den 16000 Schiffen, welche die Meere befuhren, fast 15 000. Daß sie diese Machtstellung gegenüber England bis fast zum Ausgang des 17. Jahrhunderts bewahren konnten, verdankten sie allein der Seekriegskunst ihres Admirals de Ruyter, dessen Ruhm als größter Seeheld seiner Zeit unbestritten war. Schon im Alter von 11 Jahren fuhr der Sohn eines Brauknechtes als Schiffsjunge auf Handelsschiffen. 1637 führte er ein Kaperschiff. Als Kapitän in der Handelsmarine machte er Fahrten nach Westindien, Brasilien und Grönland. Nach kurzem Dienst in der holländischen Kriegsmarine fuhr er abermals auf Kauffahrteischiffen, um bei Ausbruch des ersten niederländisch-englischen Krieges (1652) endgültig zur Kriegsmarine überzutreten. Als Führer der Vorhut zeichnete er sich in den Seeschlachten dieses Krieges aus, 1659 wurde ihm während des baltischen Krieges ein Geschwader unterstellt. Im zweiten niederländisch-englischen Krieg besiegte er die englische Flotte dreimal, darunter in der berühmten „Viertagesschlacht" (11.–14. Juni 1666). Obwohl zwei Monate später geschlagen, rettete er durch meisterhaften Rückzug die Flotte und stieß im folgenden Jahr in einem genial kühnen Manöver bis in die Themse vor, kaperte mehrere vor Anker liegende Schiffe, verbrannte andere und erzwang durch diesen Handstreich den für England ungünstigen Frieden von Breda. Im Krieg gegen England und Frankreich (1672–78) besiegte er mehrmals die vereinigte Flotte. Trotz des schlechten Zustandes seiner Schiffe wurde er 1675 in das Mittelmeer entsandt. Er kämpfte gegen die französische Flotte zweimal unentschieden und wurde am 22. 4. 1676 vor Messina tödlich verwundet.

HANS SACHS 5. XI. 1494 — 19. I. 1576

Daß Hans Sachs noch Jahrhunderte nach seinem Tod in aller Welt bekannt ist, verdankt er Goethe und Richard Wagner. Goethe verherrlichte ihn durch sein Gedicht „Hans Sachsens poetische Sendung", Wagner mit seiner Oper „Die Meistersinger von Nürnberg". Der einfache, doch gebildete Schuhmacher wurde durch seine dichterische Begabung zu einer der volkstümlichsten Persönlichkeiten seiner Zeit. Die Fruchtbarkeit seines Schaffens bestätigt die von Sachs selbst angelegte Sammlung seiner Werke „Summa all meiner Gedichte", die rund 6000 Gedichte enthält. Sachs war ein Vorbild sittlich-moralischen Menschentums, und so tugendhaft wie die Gestalten seiner Lehrgedichte lebte er auch. Die erste Berührung mit dem Meistergesang, der in gewissem Sinne den Minnesang fortsetzte, erhielt Sachs auf seiner Wanderschaft durch Deutschland. Er besuchte überall die Singschulen des Handwerks, die aus Laienbruderschaften des 14. Jahrhunderts hervorgegangen waren und zunächst den Gottesdienst durch kunstgemäßen Gesang verschönten. Bis zur Erneuerung des Meistergesangs durch Hans Volz durften die Vortragenden nur jene Töne und Versmaße verwenden, die zwölf Meister vorgeschrieben hatten. Volz löste die starre Form der Kompositionen auf und erlaubte neue Weisen. Für Hans Sachs wurde Volz zum großen Vorbild. In seinem Sinne faßte Sachs die Dichtkunst als Berufung auf und stellte sie in den Dienst der bürgerlichen Gesellschaft. Selbst seine 85 oft derben Fastnachtspiele hatten eine sittlich festigende Tendenz, wenngleich sie einer drastischen Komik nicht entbehren. Sein erfolgreichstes Stück war der lehrhaft-satirische Verserzählung „St. Peter mit der Geis". In seinen Prosadialogen und dem Gedicht „Die Wittembergisch Nachtigall" wandte er sich auch den Problemen seiner Zeit zu.

ANTOINE DE SAINT EXUPERY 29. VI. 1900 — 31. VII. 1944

Der adelige französische Dichter und Flieger gehört zu den wenigen modernen Menschen, die einen sagenhaften Tod gefunden haben. Am 31. Juli 1944 unternahm er unter General de Gaulle auf dem französischen Kriegsschauplatz seinen letzten Flug. Kameraden sahen sein silberglänzendes Flugzeug im Licht entschwinden. Seitdem blieb er völlig verschollen. Man setzte ihm ein Denkmal mit dem Psalmwort vom Adler, der nur kurz auf der Erde weilt und bald in seine Heimat zurückkehrt. Saint-Exupéry hat besonders in Deutschland eine große und treue Lesergemeinde gefunden. Man verehrt ihn wie man etwa den Menschenfreund Albert Schweitzer verehrt. Beiden gemeinsam ist ein ethischer Humanismus, besser gesagt, eine aufrichtige Menschenliebe, die auch fremde Rassen und Völker umfaßt. Der französische Dichter hat als Zivilflieger die Kolonialvölker kennen und lieben gelernt und ihre Typen in seinen Büchern und Briefen verewigt. Sein berühmtestes Buch ist neben „Südkurier", „Nachtflug", „Flug nach Arras" und „Die Stadt in der Wüste", der Erlebnisroman „Wind, Sand und Sterne". In allen seinen Büchern stellt er die Technik in den Dienst der Menschlichkeit und überwindet dadurch ihre selbsttätige Dämonie. Sein melancholisches Märchen vom „Kleinen Prinzen", der einsam mit dem Erzähler in seinem Traumparadies lebt, bis er nach einem Schlangenbiß wieder auf „seinen Stern" heimkehrt, ist eines seiner meistgelesenen Bücher. In der Entwicklung des modernen Flugwesens sah er die große Chance für die Menschheit, sich über alle Grenzen und Entfernungen hinweg näher zu kommen.

17. X. 1760 — 19. V. 1825   **SAINT SIMON**

Man nennt Saint Simon den „utopischen Sozialisten". Obwohl seine Lehre nur die Bereiche der reinen Theorie berührte, hat sie den späteren politischen Sozialismus, ja den Marxismus, erheblich beeinflußt. Aus einem der ältesten französischen Adelsgeschlechter stammend, wurde Saint Simon, der mit seinem richtigen Namen Claude Henri de Rouvroy hieß, zunächst Offizier und bekleidete bereits mit 23 Jahren den Rang eines Obersten. Wenig später gab er seine soldatische Karriere auf und legte während der Französischen Revolution seinen Adelstitel ab, um sich sozialen und politischen Studien zu widmen. Er suchte nach einem politisch-wissenschaftlichen System, das zusammen mit einem gelenkten Industrialismus und einem „gebildeten Bürgertum" den Klassenkampf beenden sollte. „Alles für und durch die Industrie", sagte Saint Simon und behauptete damit, daß „Politik die Wissenschaft von der Produktion" sei. Saint Simon griff in gewissem Sinne Karl Marx vor, denn auch dieser proklamierte später eine „großindustrielle Gesellschaft", freilich unter anderen Gesichtspunkten. Ähnlich wie Marx forderte der französische Sozialkritiker die Überführung der Produktionsmittel in das Eigentum des Volkes. In einem wesentlichen Punkt unterschied sich Saint Simon von Marx: er wünschte die Erhaltung des Privateigentums; er wollte die Entmachtung des Adels, des Militärs und des Klerus. Seine Ideen haben zahlreiche Wirtschaftspolitiker beeinflußt. Rathenau und Ford, ja selbst Bismarck machten sich gewisse Gedanken Saint Simons zu eigen. Sein Sekretär Comte setzte nach seinem Tode die Arbeit fort und gründete die vielbeachtete Bewegung der Saint Simonisten, aus der zahlreiche Bankiers, Industrielle und Unternehmer hervorgingen. Noch heute hat Saint Simon in Frankreich zahlreiche Anhänger.

86 — 35 v. Chr.   **SALLUST**

Die Werke des römischen Historikers Gajus Sallustius Crispus sind in einem scharf pointierten, enggedrängten, oft schwer zu verstehenden Stil geschrieben, einem ganz persönlichen Stil, der mitten aus der fortlaufenden Erzählung in gut erfundene direkte Reden der handelnden Personen übergeht. Sallust wollte mit dieser Darstellungsform seine Auffassung deutlich machen, daß alles historische Geschehen im Grunde auf bestimmte Menschen als treibende Faktoren zurückzuführen sei. Er glaubte und lieferte Beweise dafür, daß männliche Tüchtigkeit das Schicksal auch noch im Unglück zu formen und zu meistern vermag — eine echt tragische Einsicht, die Sallust noch zum Lieblingsschriftsteller des jungen Schiller machte. Alle großen Gestalten Sallusts besitzen diese Tugend; er suchte darzutun, daß auf ihr der wahre Ruhm der Staatsmänner beruhe. Sallust sah eine moralische Aufgabe darin, den Römern seiner Zeit das hohe Beispiel wahrer Größe aufzuzeigen. Es war die Periode des Verschwörers Catilina, des Bürgerkriegs zwischen Cäsar und Pompejus, des verkommenen römischen Amtsadels, der Verschwörung der Republikaner Brutus und Cassius, die zur Ermordung Cäsars führte — eine wildbewegte Zeit, in deren verderblichen Sog sich auch Sallust selbst hineinziehen ließ: Als Statthalter der Provinz Afrika erwarb er sich durch Korruption und verbrecherische Erpressungen ein Riesenvermögen. Nur die Freundschaft mit den mächtigsten Männern des Staates rettete ihn vor einem Kriminalprozeß. Nach Cäsars Tod zog er sich in seine berühmten Gärten zurück, die später von Alarich vernichtet wurden. Er schrieb dort die Geschichte der Catilinarischen Verschwörung, des Jugurthinischen Krieges und eine allgemeine römische Geschichte der Jahre 78 bis 67 v. Chr.

JEAN PAUL SARTRE * 21. VI. 1905

„Idealisten sind im entscheidenden Augenblick immer allein, und Alleinsein ist gefährlich. Lassen wir uns deshalb nie von Idealisten locken...", schrieb der französische Philosoph und Schriftsteller Jean Paul Sartre, Haupt der atheistischen Existentialisten in Frankreich, noch ehe der zweite Weltkrieg ausbrach und er einer der Führer der intellektuellen Resistance wurde, in seinem Hauptwerk „Das Sein und das Nichts". Hier sprach er aus, daß der Mensch sein Wesen aus sich selbst entfalte und daß es für ihn keinen Gott, keine Hoffnung und keine Gnade gebe. Unter der jungen Generation des vom Krieg heimgesuchten Europas, besonders aber unter der akademischen Jugend, stießen die Ideen Sartres auf gleichgesinntes Verständnis; man war geneigt, Sartre auf dem Wege zu einer grundlegenden gesellschaftlichen Wandlung zu folgen. Doch dann schlugen die Wellen der Begeisterung für seine Philosophie über Sartre selbst zusammen. Er vermochte nicht zu verhindern, daß St. Germain des Prés, das Hauptquartier der Existentialisten, zum Tummelplatz geistiger Scharlatane aus aller Welt wurde. Vielleicht trug diese Enttäuschung zu seiner Abkehr von der westlichen Welt bei, obgleich er immer seinen Vorbildern Fichte, Hegel und Heidegger verhaftet blieb. Im Symbolismus des Kollektivs glaubte er allein eine Erneuerung des Lebens der Völker und eine Errettung aus dem angeblichen Chaos der Gegenwart erblicken zu können. Doch Sartres Neigung zum staatlich gelenkten Materialismus ist nur bedingter Natur, ein passiver Protest gegen die bürgerliche Restauration der westlichen Welt. Sartres Hauptwerke sind „Die Fliegen", „Die schmutzigen Hände", „Die ehrbare Dirne", „Das Sein und das Nichts" und „Der Existentialismus ist ein Humanismus".

FERDINAND SAUERBRUCH 3. VII. 1875 — 2. VII. 1951

Eine reichgegliederte, überraschend bewegliche Prothese, die vielen Kriegs- und Unfallverletzten nach einer Amputation zu einer „neuen" Hand verhalf, sicherte Ferdinand Sauerbruch eine Popularität, wie sie nur selten ein Arzt gewinnt. In Fachkreisen wurde sein Name schon vorher gerühmt. Er hatte als junger Assistenzarzt das Unterdruckverfahren für Thorax-Operationen entwickelt, das erstmals Eingriffe in den Brustkorb ermöglichte. Obendrein erwies er sich als meisterhafter Chirurg. Seine Persönlichkeit war gekennzeichnet durch mitreißendes Temperament, ungeheure Arbeitskraft und außergewöhnlichen Geist. Er liebte überraschende Effekte. Für ihn war es Spiel, wenn er Mitarbeiter andonnerte oder mit scharf gewürzten Bonmots eine prominente Tafelrunde schockierte. Widerspruch reizte ihn, und es war fast selbstverständlich, daß er, obwohl man ihn zum Staatsrat und Nationalpreisträger gemacht hatte, dem Nationalsozialismus mit beißendem Sarkasmus in die Parade fuhr. Das rächte sich: 1939 mußte er als Direktor der Berliner Charité zurücktreten. Aber man konnte nicht ganz auf ihn verzichten. Seine großartigen Leistungen auf dem Gebiet der Amputationstechnik, die Entwicklung einer „Umkipp-Plastik" des Unterschenkels und seine sichere Chirurgenhand waren im Kriege notwendiger als je. Nach dem Kriege nahm man es ihm übel, daß er dem Ungeist der Jahre 1939 bis 1945 nicht stärkeren Widerstand geleistet hatte. Zurückgezogen lebte er in Berlin, bis er 1951 nach längerer Krankheit starb. Erst nach seinem Tode erinnerte man sich der Meister des Operationssäle und nannte ihn den „Fürsten unter den Chirurgen". Er hinterließ das mehrbändige Standardwerk „Chirurgie der Brustorgane" und seine Memoiren, in denen er mit viel Humor, Ironie und mit warmem Herzen seinen Lebensweg beschreibt.

21. IX. 1452 — 23. V. 1498 **GIROLAMO SAVONAROLA**

Girolamo Savonarola, der Florentiner Mönch, versuchte die sittliche und religiöse Erneuerung der Menschen der italienischen Renaissance mit der Erneuerung des Christentums zu verbinden. Ihn leitete der Gedanke, daß die Kirche dieser Zeit ihrer drohenden Verweltlichung entrissen und das Volk von der Tyrannei des Geldes und der Aristokratie befreit werden müsse, und daß all dies nur in der Totalität der christlichen Heilslehre, wie Christus sie verkündet hatte, geschehen könne. Anfänglich wertete man seine Lehre nur als asketisches Bekenntnis eines Dominikanermönchs. Diese Duldung hörte in dem Augenblick auf, da Savonarola zum politischen Eiferer und Revolutionär wurde. Er beherrschte Florenz nach dem Sturz der Medicis als Diktator, und die Büger beugten sich willig seiner Lehre. Er wollte jedoch mehr als Florenz „erobern", er wollte eine Renaissance der Kurie. Savonarola begegnete allgemeiner Zustimmung, als er ein Konzil zur Erneuerung der Kirche forderte. Alexander VI., der durch Simonie Papst geworden war, befand sich in einer mißlichen Lage, hatte er doch den Argumenten des Mönches kaum etwas entgegenzusetzen. Savonarola wurde jedoch der Tod Karls VIII. im Jahre 1498, der aus machtpolitischen Gründen die geistlichen Reformen des Mönches hatte unterstützen wollen, zum Verhängnis. Als man in Florenz die Macht des Mönches schwinden sah, richtete sich sofort die Stimmung gegen den unbequemen Bußprediger. Eben noch als Befreier gefeiert, wurde er widerrechtlich zum Tode verurteilt; als er gehenkt und verbrannt wurde, wußte ganz Florenz, daß er unschuldig starb. Aber niemand machte den Versuch, ihn zu retten. Man atmete auf, befreit von dem Zwang zum Guten, den er den Menschen zu ihrer Rettung aufzuerlegen versucht hatte.

20. V. 1764 — 27. I. 1850 **JOHANN GOTTFRIED SCHADOW**

Das im zweiten Weltkrieg schwer beschädigte Viergespann des Berliner Brandenburger Tors, das nach der Französischen Revolution (1794) vollendet, von den Franzosen 1807 nach Paris entführt und nach den Freiheitskriegen wieder nach Berlin zurückgebracht wurde, ist eines der bekanntesten Werke des Bildhauers Schadow. Man nannte ihn den Meister der deutschen klassischen Bildhauerei, der in ungewöhnlicher gestalterischer Meisterschaft die Schönheit der klassischen Form mit der geforderten Zeitnähe und Sachlichkeit verband. Der geborene Berliner studierte in Rom die Meisterwerke der Antike und wurde, als er in der preußischen Metropole mit Beifall aufgenommenes Reiterdenkmal Friedrichs des Großen geschaffen hatte, zum Hofbildhauer und schließlich zum Direktor der Akademie der Künste ernannt. Unter seinen zahlreichen Plastiken ergreift den Beschauer unmittelbar das Grabmal des achtjährigen Grafen von der Mark in der Berliner Dorotheenkirche. Das Problem der Verbindung von klassischer Haltung mit dem Zeitkostüm löste er glücklich in den „Ziethen" und im Stettiner Denkmal Friedrichs des Großen, der er auch in Bronze mit seinen Windspielen nachgebildet hat. Scharnhorst, Blücher, Luther, Goethe, Henriette Herz, die Kronprinzessin Luise mit ihrer Schwester waren weitere Modelle für seine porträthafte, sehr dekorativ gehaltene Kunst. Sein größter Auftrag war die Schaffung von 14 Büsten für die Walhalla, die vom bayrischen König Ludwig I. erbaute Ruhmeshalle des deutschen Geistes in der Nähe von Regensburg. Als Kunstschriftsteller trat Gottlieb Schadow mit einer Reihe von Veröffentlichungen hervor, die bedeutendsten sind „Polyklet, oder von den Maßen des Menschen..." und „Kunstwerke und Kunstansichten".

FEDOR IWANOWITSCH SCHALJAPIN 27. II. 1873 — 12. IV. 1938

Wie durchaus musikalisch das russische Volk ist, geht aus dem Lebenslauf des jungen Schaljapin hervor. Er hatte nur die notdürftigste Vorbildung im fernen Kasan erhalten und konnte doch schon mit siebzehn Jahren auf der Operettenbühne in Ufa große Erfolge verzeichnen. Der Manager eines kleinen wandernden Schmierentheaters in Derkatsch versicherte sich des jungen Genies und belegte es auf den Streifzügen durch die entlegensten Provinzstädte des Kaukasus so lange mit Beschlag, bis die armselige Truppe nach Tiflis kam. Schaljapin war damals rund zwanzig Jahre alt. Der Gesangspädagoge Usatow nahm sich des Jünglings an, bildete ihn weiter aus und verschaffte ihm eine Anstellung am dortigen Stadttheater. Tiflis, Universitätsstadt und Sitz des Statthalters aller kaukasischen Gebiete, war das Sprungbrett nach Petersburg, wo Schaljapin zwei Jahre später Boden gewann. Er sang gelegentlich im Marientheater und wurde an die Privatoper Mamontows nach Moskau verpflichtet. Das kaiserliche Große Theater nahm ihn auf; im aufblühenden Musikleben der international besuchten Hauptstadt wurde er schnell berühmt, sein Baß begeisterte auf zahlreichen Konzertreisen die europäischen Großstädte. 1921 wurde er an die Metropolitan-Oper in New York berufen und wirkte als Leiter der Gesangsabteilung, seit 1932 an der dortigen Musikschule. Schaljapin hat in zwei Büchern sein Leben erzählt: „Mein Werden" und „Maske und Seele". Er gehörte als Sänger und großartiger Schauspieler zu den gefeiertsten Größen seiner Zeit. Es hat wohl noch nie einen Sänger gegeben, der auf der Bühne mimisch so mit seiner Rolle verwuchs wie dieser dämonische Russe. Seine verzaubernde Stimme konnte glücklicherweise auf Schallplatten für die Nachwelt aufbewahrt werden.

G. J. DAVID VON SCHARNHORST 12. XI. 1755 — 28. VI. 1813

Als Preußen nach dem unglücklichen Krieg gegen Napoleon im Jahre 1806 bis an den Rand der Auflösung gebracht war, gab es für alle Einsichtigen nur einen einzigen Weg des Wiederaufstiegs: Das staatliche Leben in allen seinen Formen, die seit Friedrich dem Großen unverändert und erstarrt waren, von Grund auf zu reformieren. Während der Freiherr vom Stein seine innerpolitischen Reformedikte erließ, reorganisierte Scharnhorst, ein geborener Hannoveraner, das zusammengebrochene preußische Heer. Das verzopfte und überalterte Offizierskorps wurde rücksichtslos gereinigt — von 143 Generalen des Jahres 1806 hatten 1813 nur noch zwei ein militärisches Kommando. Manche Vorrechte des Adels wurden beseitigt, die Prügelstrafe abgeschafft, Offiziersschulen eingerichtet, der gesamte Ausbildungsstand gehoben und die Waffengattungen gemischt zu Brigaden zusammengeschlossen. Da in den harten Friedensbedingungen Napoleon der preußischen Armee eine Höchstzahl von 40 000 Mann zugebilligt hatte, führte Scharnhorst das „Krümpersystem" ein: Jede Kompanie entließ im Monat 4 bis 8 ausgebildete Soldaten als „Reservisten" und zog dafür dieselbe Anzahl von ungedienten Rekruten ein. Die früher übliche Werbung von aktiven Soldaten im Ausland unterblieb, so daß das Heer nur aus Söhnen des eigenen Volkes bestand. Diese neu erstandene preußische Armee, „ein Volk in Waffen", war so stark, daß sie im Befreiungskrieg gegen die gefürchteten Veteranen Napoleons siegreich bestehen konnte. Scharnhorst wurde im Mai 1813 im Gefecht bei Groß-Göschen verwundet. Er starb einige Wochen später an den Folgen dieser Verwundung, während er in Prag mit Österreich über die Bildung einer großen europäischen Koalition beriet. Sein Reformwerk wurde von Hermann von Boyen und Karl von Clausewitz fortgesetzt.

16. II. 1826 — 9. IV. 1886   **JOSEF VICTOR VON SCHEFFEL**

Der Naturalismus des ausgehenden 19. Jahunderts sprach über Scheffels Werk das Todesurteil aus. Jahrzehntelang hatten die Deutschen die Gedichte, Novellen und Romane, in denen sich die fröhliche, burschenselige, der deutschen Vergangenheit liebend zugetane Welt des alemannischen Dichters verkörpert, begeistert gelesen. Seine Trinklieder erklangen nicht nur in den Studentenkneipen; jedermann sang sie. Am Epos vom „Trompeter von Säckingen", einer frohen Liebesgeschichte, die zum Volksbuch geworden war, erfreute man sich ebenso wie am gehaltvolleren Roman „Ekkehart". Als aber Gerhart Hauptmann, Arno Holz und Sudermann die literarische Szene betraten, nannte man diese Dichtung lächerliche „Butzenscheibenlyrik". Indessen ging die Zeit weiter, der Naturalismus geriet aus der Mode. Seine bedeutenden Dichter wuchsen über ihn hinaus, und ihre selbstherrlich ausgesprochenen Todesurteile wurden in vielen Fällen von ihnen selbst revidiert. Auch Scheffels Werke wurden wieder ans Licht gezogen. Vieles allerdings, was er schrieb, läßt uns heute kalt. Die Lieder des „Gaudeamus" aber werden immer noch gesungen. Das Volk hat sie wegen des frischen, heiteren Tones ins Herz geschlossen. Scheffel, der seinen juristischen Beruf nur kurz ausübte, den Wohnsitz oft wechselte und lange in Italien lebte, war in seinen Jugend- und Mannesjahren von fröhlicher Heiterkeit; später wurde er von schweren seelischen Depressionen heimgesucht, die ihn, verbunden mit menschlichen Enttäuschungen, reizbar und melancholisch machten. Seine Liebe zur Geschichte war echt und ertragreich. Wer seinen „Ekkehart" aufschlägt, wird ihn auch heute noch als frische, spannende, weitschichtige Darstellung des deutschen Lebens im zehnten Jahrhundert genießen. Wir besitzen in unserer Literatur kaum ein anderes Werk dieser Art.

22. VIII. 1874 — 19. V. 1928   **MAX SCHELER**

Max Scheler war einer der wenigen deutschen Denker, die sich philosophisch mit dem aktuellen Geschehen befaßten. 1915 setzte er sich in seiner Schrift „Der Genius des Krieges und der deutsche Krieg" mit dem Sinn des Weltkrieges auseinander. 1916 erschien sein Werk „Krieg und Aufbau" und ein Jahr darauf seine vielgelesene, aufschlußreiche nationalpädagogische Erörterung „Über die Ursachen des Deutschenhasses". Dabei war Scheler weder Journalist noch populärer Publizist, sondern tiefgründiger Schüler des Idealisten Rudolf Eucken in Jena und dazu in der Nachfolge Husserls scharfsinniger Phänomenologe. Er hatte mit der Schrift „Die transzendentale und die psychologische Methode" habilitiert und über die Metaphysik der Person gründlich nachgedacht, wie überhaupt die Persönlichkeitslehre den Kern seiner Philosophie bildet. In erfrischendem Gegensatz zu einer intellektualisierenden Denkweise beschäftigte er sich — ebenso wie Theodor Haecker — schon 1913 mit der arg vernachlässigten Kategorie des Gefühls, das neben Wille und Intellekt in der Philosophie und, wie wir heute erkennen, auch im Leben zu kurz gekommen war: Er stellte eine Gefühlsreihe auf, die von der Einsfühlung mit dem Kosmos bis zur außerweltlichen Gottesliebe reichte. Bekannt ist auch — er war Katholik — seine schroffe Ablehnung des Thomismus zugunsten Augustins. Spätere Schriften kreisen um „Nation und Weltanschauung", um die Konfessionen, um kulturphilosophische und soziologische Probleme und vor allem um „Die Stellung des Menschen im Kosmos" — so lautete der Titel seiner berühmtesten Rede. Scheler war ein höchst aktueller Kopf, wenn er auch seine philosophischen Anschauungen nicht in ein System gebracht hat. Auf ihn haben sich Denker wie Nicolai Hartmann und Heidegger berufen.

FRIEDRICH WILHELM SCHELLING 27. I. 1775 — 20. VIII. 1854

Berühmt und geehrt, von seinen Studenten umjubelt, ein Fahnenträger des philosophischen Idealismus, wurde dieser allumfassende Geist schon zu seinen Lebzeiten vergessen. Mit der untergehenden Romantik versank auch sein Stern, der erst in unserer Zeit wieder aufging. An dem Tübinger theologischen Stift lernte er Hölderlin und Hegel kennen; er heiratete die geistreiche Karoline, die geschiedene Frau A. W. Schlegels, und hielt Freundschaft mit Friedrich Schlegel und dem Kreis der romantischen Dichter. Goethe schätzte und förderte ihn. Unter seinem Einfluß standen Männer wie Carus, Oken, Eschenmayer und Franz Baader. Der wuchtige, genial begabte Schwabe war eine Herrschernatur mit starken Instinkten, Zu- und Abneigungen, die er rücksichtslos äußerte. Der junge Schubert, der ihn auf dem Katheder erlebte, sah in ihm einen „Dante mit dem Seherblick oder einen Prometheus". Henrik Steffens, der norwegische Philosoph, schrieb ihm nach einer seiner Vorlesungen: „Tränen der heiligen Begeisterung stürzten aus meinen Augen, und ich versank in unendliche Fülle der göttlichen Erscheinung." Seine Frau Karoline bezeichnete ihn als „Granit, als Urnatur". Sein Forscherdrang wandte sich den höchsten Gegenständen zu: Naturphilosophie, Transzendentalphilosophie, Philosophie der Kunst, der Mythologie und der Offenbarung. Sein Denken mündete schließlich im christlichen Gottesbegriff. Er sprach das romantische Sehnen nach Einheit von Mensch und Natur am klarsten aus und wurde zum philosophischen Wortführer der Romantik. Idealismus und Realismus, Natur und Freiheit seien nur die Brechungen des einen und einzigen Lichtes, lehrte er seine Schüler. „Geprägte Form, die lebend sich entwickelt" – diese naturphilosophische Formel verband ihn mit Goethe, der ihn gern zu Gast in Weimar sah.

MAX VON SCHENKENDORF 11. XII. 1783 — 11. XII. 1817

In der Literatur treten mitunter Persönlichkeiten auf, deren Werk strengeren Maßstäben nur unzulänglich gerecht wird und die dennoch fortleben, sei es mit einigen Versen, die in bestimmten geschichtlichen Stunden die Herzen entflammten, sei es, daß sie die politische Entwicklung durch fruchtbare und großartige Ideen beeinflußten. Beides vollbrachte Max von Schenkendorf, so gering seine dichterische Leistung sonst sein mag. Er war in Tilsit geboren und nach juristischer Ausbildung Beamter in Königsberg geworden, wo er auch eine literarische Zeitschrift herausgab. Sein kurzes Leben beschloß er als Regierungsrat in Koblenz. Wozu ihn das Schicksal berufen hatte, erwies sich in der erregten Zeit der Befreiungskriege: Er wurde wie Theodor Körner ihr Herold, aber in einer romantisch verträumten, religiöser Empfindung tief aufgeschlossenen Art. Obwohl durch ein Duell an der Hand gelähmt, zog er 1813 ins Feld als Sänger, der die Soldaten begeisterte und die Opferfreude der Daheimgebliebenen anfachte. Einige seiner Gedichte sind unvergessen. Von hoher politischer Bedeutung war sein leidenschaftliches Werben für die Erneuerung des deutschen Kaisertums. Er gewann durch seine Aufrufe und Gedichte zahlreiche Anhänger. Er pries die deutschen Städte, das freie Bauerntum, die Quelle der stetigen Auffrischung der übrigen Stände, und verhinderte den bereits beschlossenen Abbruch der Marienburg, was allein ausreicht, Schenkendorfs Andenken zu pflegen. Dieser geschichts- und reichsbewußte Mann nahm, was der Tag von ihm forderte, mit hohem schöpferischem Geist wahr und schwang sich damit über jene Literaten auf, die vielleicht begabter waren als er, aber der anderen Voraussetzungen ermangelten, um sich im Volksgedächtnis zu verewigen: der uneigennützigen, beseelten Hingabe an die Sache der Allgemeinheit.

10. XI. 1759 — 9. V. 1805 **FRIEDRICH VON SCHILLER**

Ein Zeitgenosse sagte von Schiller, wenn er nur die Schreibfeder zuschneide, sei er bereits größer als alle übrigen Dichter; nichts habe ihn eingeengt, nichts den Flug seiner Gedanken herabgezogen; und Goethe schrieb die Verse: „Und hinter ihm im wesenlosen Scheine, lag, was uns alle bändigt, das Gemeine." — Diese sittliche Größe, erfüllt von Freiheitsliebe und vom Glauben an die moralische Kraft des Menschen, die Reinheit seiner Persönlichkeit und seines heroischen Werkes hatten eine erzieherische Macht über den Menschen, wie sie keinem Dichter je beschieden war. Ihr verdanken die Deutschen die Erweckung ihres Nationalgefühls, ihre Wirkung erstreckte sich aber auf alle europäischen Völker. Durch Schiller wurde die Epoche des deutschen Idealismus zur lebendigen, Generationen bestimmenden Wirklichkeit. Sein Einfluß auf die abendländische Theatergeschichte wird höchstens von Shakespeare übertroffen. Schon sein erstes Bühnenstück, „Die Räuber", zwar unreif und dennoch unsterblich als Vulkanausbruch einer mächtigen Seele, überzeugte die Zeitgenossen davon, daß mit Schiller ein dramatisches Genie vor die Welt getreten war. Man vergißt über dem gewaltigen Monument der dramatischen Hinterlassenschaft manchmal, daß Schiller auch Novellist, Philosoph und Historiker von Rang war. Neben Hölderlin, der ihm viel verdankte, die edelste Gestalt der deutschen Literatur, mit Goethe durch beglückend fruchtbare Freundschaft verbunden, war Schillers Leben nicht frei von Nöten und Sorgen und zuletzt beschattet von Krankheit, die ihn in frühem Mannesalter hinwegraffte. — Schiller wurde in Marbach am Neckar geboren und starb in Weimar, wo er zuerst auf dem Jakobskirchhof, 1827 in der Fürstengruft beigesetzt wurde.

13. III. 1781 — 9. X. 1841 **KARL FRIEDRICH SCHINKEL**

Schinkel, der bedeutendste Baumeister der deutschen Romantik, ein Pfarrerssohn aus Neuruppin, begann seine künstlerische Laufbahn als Maler. Er schuf, nach Lehrreisen durch Italien und Frankreich in Berlin seßhaft geworden, Gemälde, in denen sich sein Hang zum märchenhaften Klassizistisch-Romantischen ausprägte. Besonders verdeutlicht findet sich dieser persönliche Stil Schinkels in vielen Theaterdekorationen, die er besonders gern malte. Von den Bildern mit architektonischen Themen galt die 1931 verbrannte „Mittelalterliche Stadt am Wasser" als reizvollste malerische Schöpfung des vielseitig Begabten. Seit 1810 konnte er seine Träume verwirklichen: Als Bauassessor in Berlin, später als Geheimer Baurat und preußischer Oberbaudirektor, entwarf er zahlreiche Paläste, Kirchen, Villen, Schlösser und andere Gebäude jeglicher Art. Damit bestimmte Schinkel in entscheidender Weise das Stadtbild Berlins für mehr als ein halbes Jahrhundert. Bedeutendes Wissen, vorsichtige Berechnung, die Fähigkeit, antike und gotische Formen zu einer neuartigen Einheit zu verschmelzen, gelegentlich eine fast südliche Heiterkeit in seinen schönsten Werken zeichnen ihn aus. Die späteren Bauten sind etwas nüchtern. Alle aber haben Proportion, Einheitlichkeit und Harmonie und sind ein überzeugender Ausdruck des Zweckes, dem sie dienen. Seine vollkommensten Schöpfungen sind das Staatsschauspielhaus auf dem Gendarmenmarkt und das Alte Museum am Lustgarten, beide in ihren kleinsten Einzelheiten von Schinkel entworfen. Selbst die Wandbilder hat er vorskizziert. Schinkelbauten sind ferner die „Neue Wache" Unter den Linden, das spätere Reichsehrenmal für die Kriegsgefallenen, Schloß Charlottenhof in Potsdam, die Stadtpaläste der Prinzen Karl und Albrecht, die Singakademie und Bauakademie.

AUGUST WILH. VON SCHLEGEL 8. IX. 1767 — 12. V. 1845

Dieser bedeutende Lehrer und Kritiker der romantischen Schule wurde für die Deutschen der große Vermittler der Weltliteratur. Um nur drei Namen zu nennen: Er hat Shakespeare, Dante und Calderon vollkommen eingedeutscht, mit romantischen Anklängen zwar, aber wie kein anderer mit meisterhaftem, wahlverwandtem Formgefühl. Seine 17 Shakespearedramen haben dem englischen Dichter erst für alle Zeit im deutschen Spielplan den Platz neben Goethe und Schiller gesichert. Er hatte das „heilige Ahndungsvermögen" Herders, als Nachformer in das individuelle Wesen großer Dichter einzudringen. Ebenso stark war er als Kritiker. Seine Satire auf Kotzebue wirkte vernichtend gegen die flache Tagesliteratur. Von seinen literaturgeschichtlichen Werken sind die „Vorlesungen über dramatische Kunst und Literatur" heute noch lesbar und gültig. Am Ende seines Lebens wandte er sich indischen Studien zu. Um die Kenntnis der indischen Literatur in Deutschland zu verbreiten, gründete er in Bonn eine Druckerei mit Sanskrit-Lettern. Sein Leben war reich bewegt. Er trat zuerst in Bürgers „Musenalmanach" als Dichter hervor, wurde dann Hauslehrer in Amsterdam, wo er bereits seine Shakespeare-Übersetzungen begann, und ging dann über Weimar als Professor der Literaturgeschichte nach Jena. Dort gründete er mit seinem jüngeren Bruder Friedrich das „Athenäum", die maßgebende kritische Zeitschrift der romantischen Schule. In Berlin lernte er die berühmte, aus Frankreich verbannte Frau von Staël kennen und blieb fast zehn Jahre lang ihr Begleiter. In Schweden wurde er geadelt und kehrte im Dienst des Kronprinzen Bernadotte nach Deutschland zurück. 1819 wurde er Professor an der Universität Bonn. Er starb dort, als die romantische Bewegung längst erloschen war.

FRIEDRICH VON SCHLEGEL 10. III. 1772 — 12. I. 1829

Friedrich Schlegels literarischer Weg verlief lange an der Seite seines älteren Bruders August Wilhelm, der, weniger genial und unselbständiger als er, sich mit der hervorragenden Übertragung Shakespeares und Calderons sowie als Begründer der altindischen Philologie für immer ein kulturgeschichtliches Verdienst erwarb. Beide Brüder, Söhne eines Konsistorialrates in Hannover, gehörten zu den wichtigsten Mitgliedern des Jenaer, um ihre Berliner Zeitschrift „Athenäum" gescharten Kreises der Frühromantik, deren treibende Kraft Friedrich war. Die romantischen Ideen wurden zuerst und am eindrucksvollsten von ihm ausgesprochen. Sein eigener Roman „Lucinde", darin er seiner Geliebten und späteren Frau Dorothea ein ziemlich leichtfertiges Denkmal setzte und — durchaus frühromantisch — Vorurteilslosigkeit, Ironie, ästhetische erotische Freiheit als Inhalt eines „gebildeten Lebens" verkündete, ist nur stellenweise dichterisch geglückt. Wertvoller sind seine Gedichte und wahrhaft bedeutend seine betrachtenden Arbeiten über die vielfältigsten poetischen Dinge. Den Zwiespalt der Romantik zwischen Gefühlsüberschwang und Sehnsucht nach einem Mittelpunkt empfand Friedrich schon 1800, als er eine neue Religion forderte. Seine Entwicklung aber mündete nach Zerfall des Jenaer Kreises über verschiedene Stationen in der katholischen Kirche, zu der er übertrat, und im nationalen Gemeinschaftsdenken. Beiden Werten widmete er sich fortan im österreichischen publizistischen Staatsdienst mit glänzender Feder. Er verfocht die heilige Allianz Metternichs und wirkte zuletzt ausschließlich für die katholische Erneuerung. Seine unerhört reiche Natur spannte den Bogen von der Früh- zur Spätromantik, ja er war in ihr entscheidende Mitschöpfer dieser Bewegungen, außerdem der Vater der vergleichenden Sprachforschung und der modernen Geisteswissenschaft.

19. VII. 1859 — 7. III. 1922   CARL LUDWIG SCHLEICH

Das Absurde, daß man über den Wert oder Unwert einer wissenschaftlichen Entdeckung durch Heben der Hand abstimmte wie über einen Antrag in einem Parlament, geschah auf dem denkwürdigen Chirurgenkongreß in Berlin, auf dem Carl Ludwig Schleich seine neue Methode der schmerzlosen Operation bei vollem Bewußtsein des Patienten schilderte. Die Abstimmung fiel für ihn negativ aus. Der Vorsitzende des Kongresses fragte: „Ist jemand von der Wahrheit dessen, was uns eben vorgetragen wurde, überzeugt? Dann bitte ich, die Hand zu heben!" Niemand meldete sich. — Die von Schleich erfundene Methode der „Lokalanästhesie", der örtlichen Betäubung, war eine medizinische Großtat. Er war Leiter der chirurgischen Abteilung am Krankenhaus Groß-Lichterfelde und mußte täglich operieren. Zu jeder Operation — selbst der geringfügigsten — mußte der Patient voll narkotisiert werden. Nach langen Vorarbeiten kam Schleich der geniale Einfall: Er wählte als Betäubungsmittel Kokain. Die schmerzstillende, betäubende Wirkung des Kokains war zwar schon seit dem Jahre 1860 bekannt, aber es konnte wegen seiner Giftigkeit nur beschränkt Anwendung finden. Schleich dämpfte die Gefährlichkeit des Kokains dadurch, daß er es in einer blutähnlichen Salzlösung verabreichte; durch die Verdünnung wurde das Betäubungsmittel in seiner Wirksamkeit zugleich überraschend vervielfacht. Schleichs Entdeckung machte 70 Prozent aller Vollnarkosen überflüssig, dem zu seiner Zeit besonders gefürchteten Narkosetod war weithin Einhalt geboten. Unzählige Menschen, die vielleicht nicht einmal Schleichs Namen kannten, verdankten ihm ihre Rettung. — Schleich hat sich auch als philosophierender Schriftsteller einen Namen gemacht. Am bekanntesten ist seine Selbstbiographie „Besonnte Vergangenheit".

21. XI. 1768 — 12. II. 1834   FRIEDRICH SCHLEIERMACHER

Von den Herrnhuter Brüdern, bei denen der in Breslau geborene Theologe seine Erziehung genossen hatte, trennte er sich schon während seiner Studienzeit und wurde später Prediger und Hochschullehrer in Halle, etliche Jahre danach Professor der Berliner Universität und Geistlicher an der Dreifaltigkeitskirche. Am Zustandekommen der Union der evangelischen Kirchen in Preußen war er führend beteiligt, doch scheiterte er, als er eine freiere Kirchenverfassung durchsetzen wollte. In Schleiermachers Philosophie und Theologie verkörpert sich die religiöse Sehnsucht der Romantik. Als Anhänger der romantischen Freiheitsideen trat er für die Berechtigung des reinen Gefühls in der Religion ein. Echte Religion sei, lehrte er, unabhängig von Moral und Metaphysik, ein unmittelbares Erfühlen des Alls, eine mystische Vermählung mit Gott. Die Unsterblichkeit begriff er als ein seliges Verschmelzen mit dem Universum. „Religion ist Sinn und Geschmack fürs Unendliche. — Alle Begebenheiten in der Welt als Handlungen eines Gottes vorstellen, das ist Religion"; deren Ziel aber sei es, „den Weltgeist zu lieben und freudig seinem Wirken zuzuschauen". Diese neue Art der Religiosität, „das Gefühl schlechthiniger Abhängigkeit vom Universum", bedeutet entwicklungsgeschichtlich die Überwindung der rationalistischen Religionsidee der Aufklärung. Schleiermacher betrachtete das Christentum als die Religion der von Jesus vollzogenen geschichtlichen Erlösung der Menschheit und als „die vollendete Schöpfung der menschlichen Natur". Seine tiefe und wahrhafte Frömmigkeit verband sich mit hoher, das Wirkliche scharf begreifender Denkkraft. Auf die Theologie des 19. Jahrhunderts übte er eine ebenso mächtige und fruchtbar formende Wirkung aus wie die Philosophie, die Altertumsforschung und Erziehungslehre.

417

HEINRICH SCHLIEMANN   6. I. 1822 — 26. XII. 1890

Sohn eines Pfarrers aus dem mecklenburgischen Städtchen Neu-Buckow, startete Heinrich Schliemann als kaufmännischer Lehrling in Amsterdam. Hier hat er sich später in kürzester Frist als Großhändler ein stattliches Vermögen erworben, das ihm gestattete, seinen Wunschtraum zu erfüllen und Weltruhm zu erlangen: das Rätsel um Homer zu lösen, dessen wirkliche Existenz man anzweifelte. Friedrich August Wolff, der große Berliner Homer-Forscher, vertrat die Ansicht, daß an jedem der Gesänge nacheinander mehrere Dichter gearbeitet hätten und daß es niemals ein Troja oder einen trojanischen Krieg gegeben habe. Schliemann schien der Gedanke, sein über alles verehrter Homer habe nicht gelebt, unerträglich; offenbarten ihm doch die Ilias und die Odyssee menschliche Wärme, und die Charakter- und Landschaftsschilderungen schienen ihm der Wirklichkeit abgelauscht. Homer hatte von der Stadt Troja berichtet — also entschloß Schliemann sich, dieses Troja zu suchen. Statt auf einer Höhe bei dem türkischen Dorfe Burnarbaschi, der bisher vermuteten Stelle, begann Schliemann 1871 bei dem Dorfe Hissarlik, wenige Kilometer landeinwärts der Dardanellen, zu graben; er verließ sich auf Homer, der Troja als eine in der Ebene gelegene Stadt geschildert hatte. Drei Jahre lang arbeitete er mit 150 Türken. Als er schon aufgeben wollte, stieß er auf einen unermeßlich wertvollen Goldschatz. Pfundschwere goldene Becher, silberne Kannen und Goldschmuck kamen in einer alten, wuchtigen, auf Felsgrund ruhenden Mauer zum Vorschein. Troja schien gefunden. Schliemann ließ sich von diesem Glauben nicht abbringen, obwohl man ihm später nachwies, daß die Stadt des Königs Priamos zwar an dieser Stelle, aber in dem Brandschutt der Jahrtausende wesentlich höher lag.

ANDREAS SCHLÜTER   Um 1660 — 1714

Mit der Ernennung zum preußischen Hofbildhauer und Schloßbaumeister empfing der dreißigjährige, in Hamburg geborene Andreas Schlüter Aufgaben, an denen sich sein aufs Große gerichteter Geist entzündete und meisterlich bewährte. Er löste sie in einer ihm durchaus eigenen Ausprägung des Barocks. Sein machtvoller, dramatischer, aber gebändigter, zugleich malerischer und ausgeprägt deutscher Stil erhob ihn zum bedeutendsten Barockkünstler Norddeutschlands. Er schuf den Mittelteil des Charlottenburger Schlosses, den Marmorsaal des Stadtschlosses in Potsdam, viele dekorative Einzelheiten des Zeughauses, vornehmlich die erschütternden Masken sterbender Krieger, und bestimmte den Neubau und die Innenausstattung etlicher Prunkräume des Berliner Schlosses. Als der Münzturm infolge fehlerhafter Konstruktion einstürzte, wurde er nach zehnjähriger, der Kunstgeschichte angehörender Tätigkeit entlassen. Mit dem Berliner Schloß, das nach dem zweiten Weltkrieg niedergerissen wurde, versank auch Schlüters köstlichstes Bauwerk, der östliche Schloßhof mit seinen bezaubernden Fassaden, der sich bei nächtlichen Serenaden zum unvergleichbaren Konzertsaal verwandelte. Zu Schlüters Hauptwerken gehört noch die Kanzel in der Marienkirche mit den zwei andächtig beschwingten Engeln unter dem Predigtstuhl und dem Strahlenkranz jubelnder Himmelsscharen darüber, vor allem aber das Reiterstandbild des Großen Kurfürsten auf der Langen Brücke. Es ist das große Reiterstandbild des Barocks, die vollkommenste Verkörperung herrscherlicher Majestät; eine imperatorische Gebärde von natürlichem Fluß überträgt sich vom Reiter auf das Roß, die, zur Einheit verschmolzen, voll Leben sind. Vom Zaren Peter dem Großen 1713 nach Petersburg berufen, starb Schlüter dort wenige Monate später.

Um 1445 — 2. II. 1491   MARTIN SCHONGAUER

Wer Schongauers „Madonna im Rosenhag" in der Colmarer Martinskirche — eines der reizvollsten Gemälde dieses Jahrhunderts zwischen Mittelalter und Neuzeit — gesehen hat, wird verstehen, warum die Zeitgenossen dem elsässischen Maler Schongauer den Beinamen „Hübsch" oder „Schön" gegeben haben. In rotgoldenem Gewand sitzt die lebensgroß gemalte Himmelsmutter in der Rosenlaube. Mit schmerz-inniger Muttergebärde hält sie das Jesuskind auf dem Arm. Engel kreisen über ihrem Haupt, das sich in Erwartung des Schicksals beugend zur Seite neigt. Die Farben leuchten in frischestem Glanz. Der fromme Geist, den dieses Bild atmet, gehört noch ganz dem gläubigen Mittelalter an. Die „Madonna im Rosenhag" ist das einzige Gemälde, das mit Sicherheit Martin Schongauer zugeschrieben werden kann. Seine Autorschaft bei einigen anderen Gemälden ist nur wahrscheinlich, aber nicht bewiesen, eine befremdende Tatsache angesichts dessen, daß Schongauers Malschule in Colmar die bedeutendste ihrer Art in ganz Oberdeutschland war. Die Erklärung ist wohl darin zu suchen, daß Meister Martin immer mehr Graphiker als Maler gewesen ist. Er hat den Kupferstich aus der handwerklichen Fesselung an die Goldschmiedekunst zur freien, künstlerischen Gestaltung erhoben, die später von Albrecht Dürer auf den Höhepunkt geführt wurde. 115 Blätter, mit Schongauers Handwerkszeichen M + S signiert, sind erhalten geblieben. Zu den schönsten dieser Stiche gehören die „Große Kreuzigung", der „Heilige Antonius", die „Passionsfolge", die „Madonna mit dem Papagei" und der „Tod Mariä". Schongauer stammte aus einer alten Augsburger Goldschmiedfamilie, lernte in Colmar und später in den Niederlanden, hauptsächlich bei Rogier van Weyden.

22. II. 1788 — 21. IX. 1860   ARTHUR SCHOPENHAUER

Sein Vater, ein reicher Kaufherr in Danzig, gab sich, von Schwermut befallen, früh den Tod. Die Mutter, eine viel gelesene, selbst von Goethe freundlich beachtete Unterhaltungsschriftstellerin, begriff den genialen und eigenwilligen Sohn nicht. Er wandte sich von ihr ab und studierte, obwohl anfangs zum Geschäftsmann bestimmt, wurde Privatdozent in Berlin, verzichtete aber, als er ohne Hörer blieb, auf die Hochschullaufbahn und verbrachte sein weiteres Leben in seiner stillen Arbeitsstube in Frankfurt. Ererbtes Vermögen sicherte ihm Unabhängigkeit. Schon mit dreißig Jahren legte er sein erstes Hauptwerk „Die Welt als Wille und Vorstellung" vor. Es fand keine Leser und wurde eingestampft. Auch um die späteren Schriften kümmerte sich niemand. Die zünftigen Philosophen schwiegen den großen Außenseiter tot. Erst als er im Greisenalter „Parerga und Paralipomena" veröffentlichte, errang er die ihm gebührende, sich zum Weltruhm steigernde Würdigung. Seine Metaphysik lehrt die menschliche Vorbestimmtheit und erklärt, die ganze Natur und alle Geschöpfe befolgten einen ihnen eingepflanzten blinden Willen; lediglich in der Kunst und im Mitleid befreie sich der Mensch zuweilen vom Zwang des Getriebenseins, woraus sich Schopenhauers Ethik ableitet. Gleichgültig, ob wir sein als pessimistisch geltendes System bejahen oder nicht — der unbeirrbaren Klarheit, mit der Schopenhauer die Wahrheit sucht und von den Lebenserscheinungen die Hüllen falscher Deutungen wegreißt, vermag sich kein aufnahmefähiger Verstand zu entziehen. Was er über tausend Einzelheiten des Daseins in einer Sprache sagt, die — erstaunlich bei einem deutschen Philosophen! — glänzend, anschaulich und einfach ist, überzeugte auch Anschauungsgegner in zahllosen Fällen. Daraus erklärt sich seine ungeheure Wirkung auf die Nachwelt.

ERWIN SCHRÖDINGER   12. VIII. 1887 – 4. I. 1961

Seine Familie stammt aus Bayern, lebt aber schon seit langem in Wien, der „lebensfrohen und ungezwungenen Stadt", wie Erwin Schrödinger in seiner lesenswerten Autobiographie schreibt. Er wurde 1887 geboren und setzte seine Lehrer bereits auf der Schule durch eine ganz ungewöhnliche mathematische Begabung in Erstaunen. Die experimentelle Physik dagegen interessierte ihn wenig, und auch später, als Hochschullehrer, hat sich Schrödinger nur ungern mit dem Experimentieren befaßt. Er repräsentiert ebenso wie Einstein oder Planck den Typ des genialen Theoretikers, dem gerade die modernste Naturwissenschaft so unendlich viel verdankt, weil oft genug erst die gedankliche Lösung eines Problems neue praktische Fortschritte ermöglicht. Nach dem Studium der Physik schlug Schrödinger die Dozentenlaufbahn ein, er lehrte an einer Reihe von Universitäten in Deutschland, Österreich, England und Belgien. Seit 1939 arbeitete er an dem eigens für ihn gegründeten „Institute for Advanced Studies" in Dublin. Im Jahre 1933 erhielt er den Nobelpreis für seine entscheidende Leistung: die Entdeckung einer Wellentheorie der Materie, die als Wellenmechanik bezeichnet wird. Dieses großartige mathematische System geht davon aus, daß die Bausteine aller Materie, also die Atome, nicht nur stofflichen Charakter haben (Kerne, Elektronen usw.), sondern zugleich als „Materiewellen" aufzufassen sind. Schrödingers auf rein mathematischem Weg gefundene Lösung stellt eine wichtige Ergänzung der Quanthentheorie Plancks dar; erst beide zusammen bilden aus Teilen ein Ganzes. Je nach Art des untersuchten Problems kann man es quantenmechanisch oder wellenmechanisch untersuchen, um zu einer Lösung zu gelangen. Die Theorie Schrödingers hat auch der angewandten Forschung große Dienste geleistet.

CH. F. D. SCHUBART   24. III. 1739 — 10. X. 1791

Im Jahre 1775 wurde die Militärakademie des Herzogs Karl Eugen von Württemberg von der Solitude nach Stuttgart verlegt und in „Hohe Karlsschule" umgetauft. Im gleichen Jahr kam dem Karlsschüler Friedrich Schiller das „Schwäbische Magazin" in die Hände. Er las darin die Erzählung „Zur Geschichte des menschlichen Herzens" und fand in ihr die stofflichen Umrisse für sein großes dramatisches Erstlingswerk „Die Räuber". Der Verfasser der Magazinerzählung war der ehemalige Geislinger Schulmeister Christian Friedrich Daniel Schubart. Man hat ihn den ersten bedeutenden deutschen Journalisten und Publizisten genannt. Als Student gehörte er zu den Idealisten des „Sturm und Drang", die der Philisterei und dem Korporalstock der Fürstengewalt den Kampf ansagten. Sie witterten im voraus den befreienden Sturm der Großen Revolution von 1789. Schubart war ein Anhänger Klopstocks, des schwärmerischen Poeten. Er trug die Ideen des verehrten Meisters ins Volk und hielt populäre Vorlesungen über seine Dichtungen und Ziele. In dieser Zeit verfaßte er lyrische Gedichte im Geiste Bürgers und griff dramatische oder freiheitliche Stoffe wie „Der ewige Jude" oder „Die Fürstengruft" zur Bearbeitung auf. Herzog Karl Eugen bemächtigte sich seiner durch Verrat und verurteilte ihn wegen seines Tyrannenhasses zu lebenslänglicher Festungshaft auf dem Hohenasperg, dem grauenhaften Zuchthaus für politische Häftlinge. Hier schrieb Schubart sein bestes Werk, eine Selbstbiographie von hohem kulturhistorischen Wert. Nachdem er zehn Jahre seiner Strafe verbüßt hatte, wurde er begnadigt – ein gebrochener Mann. Seinen Lebensunterhalt verdiente er künftig als Theaterdirektor seines tyrannischen Gebieters. Außerdem gab er die Zeitschrift „Vaterlandschronik" heraus.

31. I. 1797 — 19. XI. 1828   **FRANZ SCHUBERT**

Er gehört zu den frühvollendeten Genien der Menschheit. Sein erster Lehrer versicherte tief ergriffen, er habe sich mit dem Knaben „nur unterhalten und ihn stillschweigend angestaunt". Sängerknabe in der Hofkapelle, Geiger im Konvikt, Hilfslehrer, dann abwechselnd bei seinen Freunden wohnend, komponierte er Tag für Tag von morgens sechs bis mittags ein Uhr eine unerschöpfliche Flut von Liedern, Kammermusik (Forellenquintett), Klavierwerken (Impromptu, Walzer, Sonaten, Wandererphantasie) und Symphonien, deren letzte, die tragische achte, die berühmte „Unvollendete", vielleicht die schönste ist. Allgemein bekannt sind sein Liederzyklen „Die schöne Müllerin" und „Die Winterreise". Der junge Wiener hat zwar viele Freunde gehabt, unter ihnen den Dichter Franz Grillparzer, aber er kam nie aus den Geldsorgen heraus. Eine wirklich sorglose Zeit war Schubert nur auf dem ungarischen Landgut des Grafen Esterhazy beschieden, wo auch Haydn gewirkt hatte. Dann folgte ein Schicksalsschlag auf den andern: Goethe antwortete ihm nicht auf die Übersendung einer Liederauswahl, sein Verleger betrog ihn, er liebte ein blatternarbiges Mädchen, das wegen Schuberts Armut einen anderen heiratete; als ihn das Publikum nach der Aufführung seines Singspiels „Die Zwillingsbrüder" stürmisch an die Rampe rief, erschien er nicht, weil er sich seiner schlechten Kleidung schämte. Zuletzt mußte er seine Mutter allsonntäglich um ein paar Kreuzer „fürs Essen" anbetteln. Erst kurz vor seinem Tode konnte Schubert sich ein eigenes Klavier leisten, vom Honorar eines erfolgreichen Konzertes, dem allerdings die Kritiker fernblieben. Er starb an Typhus und wurde auf eigenen Wunsch neben Beethoven begraben, der ihn geliebt hatte. Die letzten Sonaten Schuberts sind dem Genius Beethovens verwandt.

FRANZ HERMANN SCHULZE-DELITZSCH
29. VIII. 1808 — 29. IV. 1883

Was Friedrich Wilhelm Raiffeisen für die Landwirtschaft durch einen genossenschaftlichen Zusammenschluß erstrebt hatte, gelang dem Juristen und Politiker Franz Hermann Schulze-Delitzsch auf dem Gebiete der Organisation des Kleingewerbes. Schulze-Delitzsch, der seit 1841 Patrimonialrichter in Delitzsch, einem Ort zwischen Bitterfeld und Leipzig gewesen war, wurde 1848 Mitglied der Preußischen Nationalversammlung und verfocht in glänzenden Parlamentsreden die Ansicht, daß das Kleingewerbe sich nur dann gegen den Wettbewerb der wachsenden Großindustrie behaupten könne, wenn es sich auf genossenschaftlicher Grundlage zusammenschlösse, um durch Großeinkäufe von Maschinen, Werkzeugen, Werkstoffen usw. dieselben günstigen Preise erzielen zu können wie der Industriebetrieb. 1849 rief er die erste Genossenschaft dieser Art als „Rohstoffverein", an dem sich 13 Tischlermeister beteiligten, ins Leben. 1850 erfolgte die Gründung des ersten „Vorschußvereins" in Delitzsch. In den folgenden Jahren arbeitete er an den rechtlichen Grundlagen für das von ihm vertretene Genossenschaftswesen und schied aus dem Staatsdienst aus. Schon seit 1859 hatte Schulze-Delitzsch das Zentralbüro des Genossenschaftsverbandes erfolgreich geleitet, und gab den „Jahresbericht der Vorschuß- und Kreditvereine" heraus. In vielen Schriften setzte er sich unermüdlich für seine Gedanken ein: „Die Vorschuß- und Kreditvereine als Volksbanken" und „Die Entwicklung des Genossenschaftswesens". Als ihm die Fortschrittspartei, der er als Reichstagsabgeordneter angehörte, aus einer Sammlung 150 000 Mark für seine Verdienste zum Geschenk machte, lehnte Schulze-Delitzsch die Gabe ab und bestimmte, daß die Zinsen des Betrages jeweils einem Manne zukommen sollten, der sich um das öffentliche Wohl verdient gemacht habe.

ROBERT SCHUMANN 8. VI. 1810 — 29. VII. 1856

Der sächsische Komponist gehört jener unglücklichen Generation der deutschen Romantiker an, die sich an der Schwelle des technischen Zeitalters selber verzehrte. Er starb in der Irrenanstalt zu Endenich bei Bonn, nachdem er einige Jahre vorher vergeblich den Freitod im Rhein gesucht hatte. Sein Vater, der an Überarbeitung starb, hatte ihm ein schwaches Nervensystem vererbt, gleichzeitig jedoch eine starke literarische Begabung. Während Robert Schumann schon als Siebenjähriger komponierte, glaubte er später oft, daß seine Liebe zur Dichtkunst stärker sei als die Neigung zur Musik. In Leipzig, wo er Jura studierte, begeisterte ihn Clara Wieck; unter dem Eindruck ihrer Kunst entschloß er sich, Klaviervirtuose zu werden; er verdarb sich aber beim Üben den vierten Finger für immer. In der von ihm gegründeten „Neuen Zeitschrift für Musik" trat er für die damalige Moderne ein, die von Chopin und Berlioz geführt wurde. Im Jahre 1840 konnte er Clara Wieck, die Tochter seines Klavierpädagogen heiraten. Im neuen Glück entstanden seine großen Liederzyklen, die ihn unsterblich machten; ferner sein vielleicht bestes Werk, das Klavierkonzert in a-moll op. 54, und das berühmte Cellokonzert in derselben Tonart. Seine Klavierwerke begannen mit den „Papillons" op. 2 — musikalischen Dichtungen im Geiste Jean Pauls —, setzten sich im „Carnacal", den „Davidsbündlertänzen", den Phantasiestücken, Kinderszenen („Träumerei") fort und fanden in den „Symphonischen Etüden" ihren gewaltigen Höhepunkt. Von seinen Oratorien lebt nur noch die Musik zu Byrons „Manfred". Sein Liedwerk „Dichterliebe" op. 48 bildet den Gipfel seines Liedschaffens. Schumann ist der musikalische Dichter unter den Komponisten des 19. Jahrhunderts.

CARL SCHURZ 2. III. 1829 — 14. V. 1906

Dreiundzwanzig Jahre alt war der Student Carl Schurz, als er 1852 amerikanischen Boden betrat. In seiner Heimat Deutschland lief gegen ihn ein Haftbefehl, da er sich 1848 an den Freiheitskämpfen beteiligt hatte; als die preußischen Regimenter die Festung Rastatt einnahmen, war er im letzten Augenblick entflohen. Nachdem er seinen Lehrer, Professor Kinkel aus dem Zuchthaus in Spandau befreit hatte, kam er über England nach Amerika und studierte dort Rechtswissenschaften. 1855 war er bereits Anwalt im Staate Wisconsin, wurde amerikanischer Bürger und schlug sich auf die Seite der soeben gegründeten Republikanischen Partei. Zwar unterlagen die Republikaner im Gouverneurswahlkampf von Illinois, aber hier lernte er den Mann kennen, dessen Freundschaft für ihn und die Vereinigten Staaten soviel bedeuten sollte: Abraham Lincoln. Fast ohne Ruhepause stand Schurz im Jahre 1860 fünf Monate lang in den ersten Reihen der Redner, die sich im Präsidentschaftskampf für Lincoln einsetzten. Als Lincoln gewählt war, sicherte er sich sofort die Mitarbeit des jungen Deutsch-Amerikaners und schickte ihn auf den wichtigsten diplomatischen Posten, nach Spanien, dessen territoriale Interessen sich mit denen Amerikas kreuzten. Aber schon bald kam Schurz wieder in die Staaten zurück. Im Bürgerkrieg kämpfte er als Generalmajor in der Nord-Armee. Nach Kriegsende nahm er seinen Anwaltsberuf wieder auf. Als Parteigänger und Berater Lincolns, als Redner, Senator, Journalist und Schriftsteller wirkte er stark auf die geistige Entwicklung des wirtschaftlich und technisch vorwärtsstürmenden Landes ein. 1906 starb er — einer der populärsten Männer des Landes, der der alten Heimat immer mit treuer Liebe gedachte, sich aber ebenso stolz zum Amerikanertum bekannte.

8. X. 1585 — 6. XI. 1672   **HEINRICH SCHÜTZ**

Der thüringische Komponist, dessen Vaterhaus in Köstritz bei Gera stand, ist genau hundert Jahre vor Johann Sebastian Bach geboren worden. Er studierte zuerst die Rechte, ging dann mit einem Stipendium nach Italien und berauschte sich an der melodischen Fülle italienischer Musik. Ihm ist die Einführung der Oper in Deutschland zu danken. Wie die Opernmusik, so stehen auch seine a-capella-Chöre „Die Psalmen Davids" unter dem Einfluß des italienischen Liedgesangs. In der Musik von Schütz vollzog sich der Wandel von der mittelalterlichen Vielstimmigkeit zum melodischen Stil der Neuzeit, in dem eine Einzelstimme vorherrscht — eine Wendung vom frommen Musikwerk der Gemeinschaft zum weltlichen Individualismus. Eine Sonderstellung nehmen seine Oratorien ein, die aus dem Bibelwort heraus gestaltet sind, durchaus dramatisch, aber streng an den Text des Evangeliums gebunden. Musterbeispiel ist seine „Matthäuspassion", die er im Alter von achtzig Jahren komponierte. Mit dieser Passionsmusik griff Schütz auf uralte Tradition zurück. Schon im vierten Jahrhundert gab es musikalisch untermalte Osterlesungen, später Passionsmusiken, die mehrstimmig gehalten waren. Nach der Reformation beherrschte die beschreibende Betrachtung und die überwältigende musikalische Form immer stärker den Bibeltext. Schütz blieb dem Text der Heiligen Schrift treu. Ausgenommen den Eingangs- und den Schlußgesang, wechseln in seiner Passion rezitierte Evangelienstellen mit Chorälen, lyrische Erzählung mit leidenschaftlichen Chorausbrüchen. Seine Harmonik kennt noch nicht unser klassisches Dur-Moll-System, sondern folgt den strengen Tongesetzen der Alten. Das ergibt ein urtümliches Klangbild, dessen packende Wirkung durch einen kräftigen Realismus gesteigert wird. Schütz war bis zuletzt Hofkapellmeister in Dresden.

19. VI. 1792 — 4. XI. 1850   **GUSTAV SCHWAB**

Die ehrwürdige Reihe der schwäbischen Dichter beginnt mit Schubart, wird mit Wieland fortgesetzt und erreicht mit Schiller und Hölderlin die Höhe unsterblicher, die Menschheit befruchtender Weltgeltung. In der ersten Hälfte des 19. Jahrhunderts folgen Uhland, Schwab, Kerner, der geniale Mörike und andere — Vertreter der immer noch fortwirkenden „Schwäbischen Schule". Vielfach sind es besinnliche, heimatverbundene, undramatische, in gesicherten Umständen lebende Dichter und Schriftsteller, von denen bei aller Anerkennung Goethe meinte, nichts Aufregendes, das Menschengeschick Bezwingendes könne von ihnen ausgehen. Zu dieser Gruppe der „Undramatischen" gehört auch Gustav Schwab, der sich Uhlands erster Schüler nannte. Zunächst Gymnasiallehrer in seiner Vaterstadt Stuttgart, später Pfarrer und Oberkonsistorialrat, vertrat er den schwäbischen Dichterkreis nach außen als literarischer Publizist, indem er die literarischen Seiten des Cottaschen „Morgenblattes" und als Mitherausgeber den „Deutschen Musenalmanach" betreute. Das Amt legte er nieder, als der Mitherausgeber Chamisso das Bild Heinrich Heines veröffentlichte, der, wie Schwab behauptete, Uhland „mit schnödestem Neid verunglimpfte". Verdienste erwarb sich der beharrliche, bescheidene Mann durch die Förderung junger Begabungen. Er machte Lenau bekannt und besorgte die erste Ausgabe der Gedichte Hölderlins. Seine eigenen Werke sind meist literaturkundlicher Art; eine Biographie Schillers, Sammlungen deutscher Prosa und Lyrik, ausgezeichnete Nachdichtungen aus dem Französischen, die wohlgelungene Wiedererzählung der „Deutschen Volksbücher", Schilderungen des Bodenseegebietes, vor allem aber die unübertroffene, taufrische, der Jugend gewidmete und pädagogisch bewährte Wiedergabe der schönsten „Sagen des klassischen Altertums".

423

GEORG SCHWEINFURTH 29. XII. 1836 – 19. IX. 1925

Unter den deutschen Afrikaforschern nimmt der in Riga geborene Wahlberliner eine besondere Stellung ein. Die Universalität seines Geistes befähigte ihn zu außergewöhnlichen Leistungen auf vielen Gebieten der Wissenschaft. So war er gleich erfolgreich als Expeditionsleiter, Geograph, Botaniker, Zoologe, Völkerkundler, Prähistoriker und Sprachforscher. Schon nach seinen ersten Reisen in die Nilländer erntete er das Lob Heinrich Barths, des Sudan-Erforschers, der ihn den „Tüchtigsten und Fleißigsten der Afrikareisenden" nennt. Diesen Ruf bestätigte Schweinfurth 1868 bis 1871 auf seiner Entdeckerfahrt in das Bahr-es-Ghasel-Gebiet. Als erster Europäer überschritt er die Wasserscheide von Kongo und Nil, entdeckte den Uelle — einen Nebenfluß des Kongo — und bewies die Richtigkeit der bereits von Herodot überlieferten Kunde von der Existenz des Zwergvolkes Akka. Obwohl durch einen Lagerbrand fast seine gesamten Aufzeichnungen verlorengingen, konnte er nach seiner Rückkehr mit dem klassischen Werk der Afrikaforschung, „Im Herzen von Afrika", an die Weltöffentlichkeit treten, das, in sechs Sprachen übersetzt, bald das Lieblingsbuch aller geographisch Interessierten wurde. Seine Forschungsarbeit konzentrierte Schweinfurth besonders auf das Land am Nil. Von dort unternahm er ausgedehnte Reisen nach dem Libanon, nach Arabien, Sokotra, Libyen, Tunesien, Algerien bis nach Abessinien. 1875 gründete er in Kairo die Geographische Gesellschaft und war die Zeit lang Vorsitzender des „Institut Égyptien". 430 Veröffentlichungen und Landkarten zeugen von seinem unermüdlichen Fleiß und Forschungsdrang und seiner Vielseitigkeit. Er schrieb u. a.: Beiträge zur Flora Äthiopiens; Afrikanische Kunst; Steinzeitliche Forschungen in Oberägypten; Bemerkungen zur Kulturgeschichte von Ostafrika.

ALBERT SCHWEITZER 14. I. 1875 – 4. IX. 1965

Albert Schweitzer, der Apostel der tätigen Nächstenliebe, sagte einmal von sich selbst: „Ich bin zu einem Drittel Professor, zu einem Drittel Apotheker und zu einem Drittel Bauer." In Wahrheit ist Schweitzer weit mehr. Sein Lebensweg ist so einzigartig, daß er sich kaum mit dem eines anderen Menschen unserer Zeit vergleichen läßt. In seiner Kindheit erhielt er eine sorgfältige musikalische Ausbildung. Er wurde ein hervorragender Organist, Bach-Kenner und Orgelbauspezialist. Später studierte er in Deutschland und Frankreich Theologie und Philosophie und wurde mit 27 Jahren Privatdozent für Theologie an der Universität Straßburg. Von neuen Idealen gepackt, begann er das Studium der Medizin. Ein Jahr vor Beginn des ersten Weltkrieges machte er sein ärztliches Staatsexamen, und noch im selben Jahr ging er als Missionsarzt nach dem französischen Äquatorial-Afrika und gründete die Leprastation in Lambarene am Ogowofluß. Hier, mitten im Urwald, wo Not und Krankheit der Eingeborenen der christlichen Nächstenliebe ein weites Feld eröffneten, begann Albert Schweitzer sein humanitäres Werk. Die Unterhaltung des schnell wachsenden Hospitals erforderte Mittel, welche die Kräfte der ihn stützenden Missionsgesellschaft weit überstiegen. Immer wieder mußte Schweitzer nach Europa fahren, um neues Geld zu beschaffen. — So wie er sich in Lambarene um das körperliche und seelische Wohl der Schwarzen müht, kämpft er sein Leben lang darum, daß der Mensch seinen Geist nicht zur Vernichtung und zum Mord gebrauche, sondern im Sinne einer praktischen Ethik und zu vernünftigen menschlichen Zwecken. Dafür wurde ihm 1953 der Friedens-Nobelpreis verliehen. Den damit verbundenen hohen Geldpreis benützte er, um eine neue Spitalabteilung in Lambarene modern einzurichten

21. I. 1804 — 8. II. 1871   **MORITZ VON SCHWIND**

Wie vielen anderen bildenden Künstlern der deutschen Spätromantik wurde auch dem in Wien geborenen Moritz von Schwind, der schon als Jüngling Meisterschaft erreichte, München zur dauernden Heimat. Hier entfaltete er seine vielseitige Begabung als Maler, Holzschneider, Illustrator und Zeichner in zahllosen Werken, hier arbeitete er an den „Fliegenden Blättern" und an den ergötzlichen, die Kinder beglückenden „Münchner Bilderbogen" mit. Und hier, in der Schack-Galerie, hängen heute die schönsten Früchte seiner Kunst, die kleinen Leinwandbildchen, zauberhafte Gaben eines poetischen Herzens voll Musik — er war ein Jugendfreund Schuberts — und voll Fabulierlust, die es liebte, eine Erzählung durch mehrere Bilder weiterzuführen. Das Märchenhafte seiner Welt durchdrang auch Vorwürfe, die er dem Alltag entnahm; er hob sie durch die Art der Auffassung und Darstellung in eine goldene, gleichsam musizierende Sphäre empor. Sein romantischer Sinn bewährte sich auch an abgründigeren Themen. Als unheimlich nordischer Troll, den steifen Ziegenbart vorgestreckt, schreitet sein „Rübezahl" durch eine erstarrte, knorrige Landschaft, die von stummer Drohung zerbersten will, und dennoch lockert sich das Gespenstische durch eine feine Prise von Witz und Spott. Schwind schuf eine Unmenge großer, nicht immer befriedigender Friese und Wandgemälde für deutsche und englische Schlösser und Kirchen, am bekanntesten sind die Fresken in der Wartburg, die Bilder zur „Zauberflöte" im Wiener Opernhaus, die Gemälde in der Theatinerkirche zu München und die Hochaltarbilder der Münchner Frauenkirche. Unerschöpfliche Gefühls- und Einfallskraft vereinigte sich bei ihm mit sicherem Können, vor allem in den Gemälden, die ein romanhaftes Ereignis darstellen, am wohlgelungensten in den Werken kleinen Formats.

Um 235 — 183 v. Chr.   **SCIPIO AFRICANUS DER ÄLTERE**

In die aus dem Fels herausgehauenen Scipionengrüfte an der Via Appia in Rom sind die ältesten vollständig erhaltenen lateinischen Gedichte eingemeißelt. Sie künden von den Taten des Scipionischen Patriziergeschlechts während dreier Jahrhunderte, denn vor und nach Publius Cornelius Scipio Africanus dem Älteren schenkte diese Sippe dem römischen Staat große Männer, die meisten bewährten sich in den Punischen Kriegen. Scipio der Afrikaner überragte sie alle. Sein Großvater eroberte Korsika, der Vater focht als Feldherr erfolglos gegen Hannibal und fiel in Spanien. Dort übernahm der Sohn den Oberbefehl, erstürmte Karthago, gewann durch Verhandlungen die iberischen Völker, schlug Hannibals Bruder Hasdrubal und vertrieb die Punier aus Spanien. Nachdem er in Jahr Konsul gewesen war, landete er in Afrika und siegte auf den „Großen Feldern". Hannibal, bis dahin als lebensgefährdende Bedrohung in Italien operierend, eilte zur Entlastung der Heimat herbei. Bei Zama kam es 202 zur Entscheidungsschlacht, in der Scipio triumphierte. Die Wende in dem ungeheuren, jahrzehntelangen Ringen war erzwungen. Karthago mußte Frieden schließen und sich fortan auf afrikanische Gebiete beschränken, mußte zehntausend Talente — eine phantastische Summe — zahlen, die Flotte bis auf zehn Schiffe und alle Streitelefanten ausliefern; auch durfte es Kriege nur mit Roms Einwilligung führen, war somit wehrlos. Der römische Senat verlieh Scipio den Ehrennamen Africanus. „Der Afrikaner", den im dritten Punischen Krieg auch ein Adoptivkind seines Sohnes Publius mit dem Zusatz „Der Jüngere" erwerben sollte. Bedenkt man, daß die Karthager, wäre ihnen der Sieg zugefallen, nicht nur das Römische Reich, sondern auch die antike Kultur vernichtet hätten, so verdient Scipio der Ältere den noch ruhmvolleren, nur wenigen Großen gebührenden Titel: Retter des Abendlandes.

ROBERT FALCON SCOTT 6. VI. 1868 — III. 1912

Als um die Jahrhundertwende fünfzehn Expeditionen in die Antarktis vordrangen, war die von Scott mit der „Discovery" von 1899 bis 1904 durchgeführte Forschungsreise am erfolgreichsten. Es gelang den Teilnehmern, die Küste von Süd-Viktoria-Land zu erreichen. Bei der Fahrt längs der Roß-Barriere fand Scott das König-Eduard-VII.-Land, und eine Lücke in der schwimmenden Eismauer ermöglichte es ihm, zusammen mit Ernest Henry Shakleton bis 82 Grad 17 Minuten südlicher Breite vorzustoßen. Reiche Forschungsergebnisse brachte Scotts Expedition heim. Sie hatte nicht nur die gefürchtete Roß-Barriere überwunden, sondern konnte auch, was niemand erwarten konnte, durch Pflanzenversteinerungen aus dem Tertiär nachgewiesen, daß das Land am Südpol einmal ein wärmeres Klima gehabt hatte. 1910 brach Scott mit der „Terra Nova" von Neuseeland aus von neuem zur Antarktis auf. Von der Ostküste des Süd-Viktoria-Landes aus sollte mit Hilfe modernster Motorschlitten der Südpol im gewaltsamen Ansturm erreicht werden. Die damals noch unvollkommenen Maschinen versagten jedoch. Nach längeren Umdispositionen trat Scott den Marsch zum Pol mit Ponys und Hunden an. Er hatte keine Zeit mehr zu verlieren, wenn er den Pol als erster erreichen wollte, denn der Norweger Amundsen hatte dasselbe Ziel. Unter unsäglichen Mühen, verursacht durch das Sterben der Tiere, durch weichen Schnee und Stürme, erreichte er am 18. Januar 1912 den Pol. Hier aber bewies ein verlassenes Lager, daß Amundsen ihm zuvorgekommen war. Der Norweger hatten den Pol bereits am 16. Dezember bezwungen. Enttäuscht und ermüdet trat Scott den Rückmarsch an. Er starb mit seinen Helfern nur 18 km vor dem letzten Vorratslager an Erschöpfung. Die Leichen mit den Tagebuchaufzeichnungen wurden später gefunden.

WALTER SCOTT 15. VIII. 1771 — 21. IX. 1832

Meistens haben nur mittelmäßige Schriftsteller zu Lebzeiten so viel äußeren Erfolg, daß sie ein beachtliches Vermögen verdienen können. Um so erfreulicher ist es, wenn einem Genie dieses Los zufällt. Und der Schotte Walter Scott war ein Genie, schon deshalb, weil er den großen, milieugetreuen, psychologisch lebenswahr charakterisierenden, mit Humor gewürzten, historischen Roman begründet hat. Er wurde geadelt, war Sheriff der Grafschaft Clerk und konnte sich in der Nähe der romantischen Abteiruine Melrose das Prachtschloß Abbotsford erbauen. Erst ein paar Jahre vor seinem Tod griff das Schicksal nach ihm; er war Teilhaber des Verlags geworden, der seine Werke herausbrachte; das Unternehmen war aber der allgemeinen Wirtschaftskrise des Jahres 1826 nicht gewachsen. Scott lehnte einen Vergleich mit den Gläubigern ab und schrieb in äußerster Konzentration noch eine Reihe von Romanen, um seine Schulden abzutragen. Er starb, bevor er dieses Ziel erreicht hatte, im gleichen Jahr wie Goethe, dessen „Götz von Berlichingen" er in jungen Jahren übersetzt hatte. — Scott hatte damit begonnen, Bürgers „Leonore" und den „Wilden Jäger" zu übertragen, hatte drei Bände schottischer Volksballaden herausgegeben, die zu den schönsten der Weltliteratur gehören, und war dann endgültig bei der geschichtlichen Erzählung in Vers und Prosa geblieben. Willibald Alexis übersetzte seine „Lady of the lake" ins Deutsche. Vor allem durch diesen Roman wurde Scott sehr bald weltberühmt. Goethe pries die „Klugheit der Anordnung, die Einsicht, die historische Wahrheitstreue" in Scotts Roman „Kenilworth"; er war von seiner Schöpferfülle höchst beeindruckt und traute ihm gar nicht zu, daß die große Zahl der Bücher, die seinen Autornamen trugen, alle selber geschrieben haben könne. Scotts Nachruhm blieb für immer erhalten.

3. III. 1793 — 26. V. 1864   CHARLES SEALSFIELD

Dieses Pseudonym legte sich der in Znaim geborene österreichische Schriftsteller Karl Postl zu — mit gutem Grund. Nicht weil er, von einer weltlichen Liebe ergriffen, die geistliche Laufbahn aufgegeben und nach Amerika gegangen war, sondern weil dem Amerikaflüchtling die österreichische Regierung die erbetene Aufnahme in den Geheimdienst verweigert hatte. Aus purer Rachsucht veröffentlichte er dann in London eine boshafte Schmähschrift „Austria as it is" (Österreich, wie es wirklich ist), die viel Staub aufwirbelte und seinen Ruf begründete; sie wurde von Österreich und dem Deutschen Bund verboten. Nachdem er als Journalist die Südweststaaten der Union bereist hatte, schrieb er seinen ersten Roman „Tokeah oder Die weiße Rose" und danach eine stattliche Reihe achtbarer bis klassischer Romane aus dem amerikanischen Volksleben, aus der damals noch höchst bewegten Kolonialzeit mit ihren Indianerkämpfen, Kriegen, Ansiedlungen und Versuchen, zu einer anfangs noch urtümlichen Lebensordnung zu gelangen. Seine Romane sind glänzend erzählt, seine Menschen dichterisch-anschaulich, die Ereignisse von einer genialen Phantasie dramatisiert und die Landschaften jungfräulich frisch, großzügig und poetisch. Bei Sealsfield, der von Cooper und Scott lernte, darf man weder an Karl May noch an Gerstäcker denken, eher noch an Faulkners „Absalon-Absalon", dessen künstliche, die Handlung oft ineinanderschiebende Technik indessen die Lektüre schwierig macht. „Das Kajütenbuch", die „Prärie am Jacinto" mögen stellvertretend für das ganze 18bändige Werk stehen, das kulturgeschichtlich und dichterisch von bleibendem Wert ist. Das Geheimnis seines Pseudonyms entschleierte Sealsfield erst in seinem nachgelassenen Testament. Er starb im Alter von 71 Jahren auf seinem Gut bei Solothurn.

29. VI. 1818 — 26. II. 1878   ANGELO SECCHI

Angelo Secchi war einer der bedeutendsten Astronomen seiner Zeit. Er stammte aus Reggio in der Lombardei und gehörte dem Jesuitenorden an. Nach der Priesterweihe lebte er mehrere Jahre in Rom und erwarb sich einen Ruf als Astronom, Mathematiker und Physiker. Während der Kämpfe zwischen Italien und Österreich um die oberitalienischen Besitzungen Österreichs wanderte Secchi nach den Vereinigten Staaten von Amerika aus. Schon bald wurde er nach Rom zurück berufen; Papst Pius IX. übertrug ihm die Leitung der 1578 gegründeten Sternwarte des Collegio Romano. An dieser ältesten noch arbeitenden Sternwarte der Welt widmete er sich der Astrophysik, zu deren Mitbegründer er gehört. Über die Ergebnisse seiner sonnenphysikalischen Forschungen hat er in dem zweibändigen Werk „Le soleil". „Die Sonne", berichtet, das 1870 erschienen ist. Von größtem Interesse war, was er über die Chromosphäre, den obersten Teil der Sonnenatmosphäre, zu berichten wußte. Auch den Protuberanzen, den gewaltigen Ausbrüchen leuchtender Gase, die damals nur bei Sonnenfinsternissen zu beobachten waren, schenkte er seine Aufmerksamkeit. Eingehende Untersuchungen galten der Photosphäre der Sonne, den merkwürdigen Wirbel- und „Wolken"-Erscheinungen auf ihrer Oberfläche, und den in ihnen hervortretenden Sonnenflecken, deren Temperatur etwa 1500 Grad C unter der sonstigen Oberflächentemperatur liegt, wie Secchi ermittelt hat. Neben diesen Arbeiten ging eine eingehende Beschäftigung mit der Spektralanalyse der Fixsterne einher. Für sie schuf er die erste brauchbare Einteilung in vier Spektralklassen, die heute von der moderneren Havard-Klassifikation endgültig abgelöst worden ist. Secchi sind ebenfalls aufschlußreiche Kometen- und Mondbeobachtungen zu verdanken.

IGNAZ SEMMELWEIS 1. VII. 1818 — 13. VIII. 1865

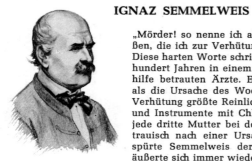

„Mörder! so nenne ich alle, die gegen die Vorschriften verstoßen, die ich zur Verhütung des Kindbettfiebers gegeben habe." Diese harten Worte schrieb Dr. Ignaz Semmelweis vor mehr als hundert Jahren in einem offenen Brief an die mit der Geburtshilfe betrauten Ärzte. Er hatte 1847 die Berührungsinfektion als die Ursache des Wochenbettfiebers erkannt und zu seiner Verhütung größte Reinlichkeit und die Desinfektion der Hände und Instrumente mit Chlorkalklösung verlangt. Bis dahin war jede dritte Mutter bei der Geburt des Kindes gestorben. Mißtrauisch nach einer Ursache für das große Sterben suchend, spürte Semmelweis der todbringenden Krankheit nach. Sie äußerte sich immer wieder in der gleichen Form: Entzündungen und Eiterungen im Unterleib, aber auch in Leber, Nieren, Milz und Bauchfell. Da starb 1847 der mit Semmelweis befreundete Professor Kolletschka, der sich bei einer Leichenöffnung mit dem Messer verletzt hatte. Als man seine Leiche untersuchte, fand man die gleichen Entzündungen wie bei den an Kindbettfieber verstorbenen Frauen. Blitzartig kam Semmelweis die Erkenntnis: Nur eine Infektion konnte den Tod herbeigeführt haben; und nur eine Infektion konnte das Kindbettfieber auslösen. Als er von diesem Zeitpunkt an von seinen Assistenten vor der Geburtshilfe die gründliche Reinigung der Hände und Instrumente verlangte, lächelte man über das „unnötige Waschen"; aber die Zahl der Todesfälle ging nach wochenlanger, systematischer Anwendung dieser Methode schlagartig zurück. Semmelweis hat die Anerkennung seiner so bedeutenden Erkenntnis nicht mehr erlebt. Trotz der „Offenen Briefe", in denen er seine Methode beschrieb und begründete, blieb er ohne jedes Echo. Erst nach seinem Tode gab man ihm den Ehrentitel: „Retter der Mütter".

GOTTFRIED SEMPER 29. XI. 1803 — 15. V. 1879

Der bedeutende großbürgerliche Architekt hat die Legende Lügen gestraft, nach der Söhne berühmter Männer zu mißraten pflegen. Es mutet fast wie eine alte Sage an, daß eine seiner Söhne das Denkmal seines Vaters schuf und es in Hamburg, der Geburtsstadt Gottfried Sempers, aufstellte, während sein anderer Sohn ein Buch über den Vater schrieb. Der dritte im Familienbunde schrieb nicht nur über das Verhältnis Gottfried Sempers zu Richard Wagner („Das Münchner Festspielhaus"), sondern setzte auch sein baukünstlerisches Werk fort. Das Dresdner Opernhaus, das sein Vater gebaut hatte, brannte 1869 ab. Der Sohn verwandte sechs Jahre darauf, um den Neubau nach den ursprünglichen Plänen zu vollenden. Gottfried Semper, der Vater, war berühmt, gelehrt und ein bekannter Theoretiker des Stils. Er hatte Italien, Sizilien und Griechenland durchstreift und ein Buch über bemalte Architektur und Plastik bei den Alten geschrieben. Seine beiden Bände über den Stil in den technischen und tektonischen Künsten und sein Buch über die „Vier Elemente der Baukunst" hatten Schule gemacht; er war nicht nur Professor in Dresden und Zürich, sondern befaßte sich auch aktiv mit der Politik. Als er in Dresden eine Reihe von Renaissancevillen, das Opernhaus und die Synagoge gebaut hatte, mußte er von den Gerüsten der monumentalen Gemäldegalerie herab ins Ausland fliehen, weil er sich am Maiaufstand von 1849 beteiligt hatte. In London arbeitete er an den Anlagen des South-Kensington Museums, baute in Zürich das großartig-schlichte Polytechnikum, den Bahnhof und die Sternwarte und schuf in Wien die Pläne für den Ausbau der Hofburg, des Hofmuseums und des Burgtheaters — genug, um nicht nur drei Söhne zu begeistern, sondern auch um die große europäische Tradition fortzuführen.

Um Chr. Geb. — 65 n. Chr. **LUCIUS ANNAEUS SENECA**

Dieser unantastbare Moralphilosoph und Dichter war unter Kaiser Claudius schon einmal nach Korsika verbannt worden; als er zurückgerufen wurde, übergab man ihm den jungen Nero zur Erziehung. Der Spanier Seneca war ein gescheiter Kopf; er wird mit allen Mitteln der Pädagogik, von der Moral bis zum Witz, versucht haben, seinen Zögling auf die Bahn der Tugend zu bringen, die für Seneca der höchste Lebenswert war. Aber Diktatoren sind nicht zu erziehen, und Größenwahn ist unüberwindlich. Nero hörte sich, auch nach seinem Regierungsantritt, einige Jahre die Predigten seines Lehrers an und las wohl auch seine Werke, zumal die Schrift „Über die Milde", die Seneca ihm gewidmet hatte. Vielleicht hat Nero auch sein mimisches Talent an einigen Tragödien Senecas erprobt, am „Rasenden Herkules" etwa oder am „Ödipus" und „Thyestes". Dann aber, nach zehnjähriger Erziehung, brachte Nero seine Mutter um und wurde der Massenmörder und Tyrann, als den wir ihn kennen. Seneca hörte nicht auf, stoische Moralschriften zu verfassen, die ihn im Mittelalter in den Ruf brachten, ein Christ gewesen zu sein. Endlich aber beschuldigte ihn Nero, er habe an der Verschwörung des Piso teilgenommen, und er durfte sich mit vielen anderen vornehmen Literaten den Tod geben. Seneca hatte sich allerdings schon früh an der Idee der gottähnlichen Diktatur gerächt. Als Claudius starb, verfaßte er eine bissige Satire auf den Tod und die Himmelfahrt des Kaisers unter dem Namen „Verkürbissung" (Verwandlung in einen Kürbis). Den Tod begrüßte er als Freund, der ihm weit die Tore aus der Enge des irdischen Diesseits in eine bessere und tugendhaftere Welt öffnete. Die Wirkung Senecas auf die mittelalterliche Philosophie und Dichtung bis auf Shakespeare und Racine war stark.

6. XI. 1771 — 26. II. 1834 **ALOYS SENEFELDER**

Wenn wir uns heute das Leben ohne illustrierte Bücher und Schriften kaum denken können, sollten wir nicht vergessen, daß es Alois Senefelder war, der vor 150 Jahren die Grundlagen für die Bilddruckverfahren geschaffen hat. Er wollte, wie sein Vater, Schauspieler werden. Doch der Vater ließ den Sohn Rechtswissenschaften studieren. Der junge Jurist aber blieb weiterhin im Banne des Theaters. Da er nicht selbst auf den Brettern stehen konnte, schrieb er Stücke, von denen eines, „Der Mädchenkenner", 1792 am Kurfürstlichen Hoftheater in München aufgeführt wurde. Senefelder suchte nach einer billigen Vervielfältigungsmethode für seine Rollenauszüge, und nach vielen Bemühungen gelang es ihm, 1796 in München ein Flachdruckverfahren zu entwickeln, das als Lithographie oder Steindruck bekannt wurde und noch heute verwendet wird. Das Bild oder die Schrift werden mit Fettkreide oder Fettusche auf eine Platte aus Solnhofer Schiefer oder Zink gezeichnet. Die bildfreien Stellen werden so geätzt, daß sie Feuchtigkeit aufnehmen. Wird jetzt fette Druckfarbe aufgebracht, so kann nur die Zeichnung Farbe annehmen; die feuchten Stellen weisen sie ab. Mit einer Presse werden dann die Abzüge gedruckt. Bald richtete Senefelder in Paris, Wien und London Steindruckanstalten ein. Den Gewinn überließ er anderen. Seine Selbstlosigkeit ging soweit, daß er auch auf die Auswertung zahlreicher anderer Erfindungen, zum Beispiel der Stahlfeder, die den Gänsekiel ablöste, verzichtete. Die Sheffielder Stahlindustrie konnte aus dieser Erfindung bald ein Weltgeschäft machen, ohne daß der bescheidene Senefelder daran den geringsten Anteil hatte. Zahlreiche Ehrungen wurden ihm zuteil. In Berlin und München wurde ihm ein Denkmal errichtet. Sein Lehrbuch der Lithographie fand in der ganzen Welt Verbreitung.

JOHANN GOTTFRIED SEUME 29. I. 1763 — 13. VI. 1810

Dem frühverwaisten Bauernsohn aus Poserna bei Weißenfels verhalf Graf von Hohenthal-Knauthain zum ersehnten Studium der Theologie in Leipzig. Bald aber geriet der junge Hochschüler in gefährliche Abenteuer. Er wurde bei einer Fußreise nach Paris das Opfer hessischer Werber und sah sich bald danach mit den vom Landgrafen Friedrich II. nach England verkauften Truppen in Kanada an Land gehen. Zwei Jahre später, als sein Regiment heimgekehrt war, desertierte Seume. Jetzt griffen ihn preußische Werber auf und schleppten ihn nach Emden, wo er zweimal vergeblich ausriß, was ihm beinahe das Todesurteil eintrug. Endlich nahm sich seiner ein freundlicher Bürge an, der ihm die Entlassung verschaffte. Er klagte: „Ein Vaterland haben wir nicht mehr." Aber er verzweifelte nicht und war bereit, „das Seinige zu tun, um das Vaterland zu erretten". Nach seiner Entlassung kehrte er nach Leipzig zurück und begann zu schreiben. Eine Zeitlang stand er in russischem Militärdienst, später wurde er Korrektor in einer Druckerei in Grimma. 1801 brach er — müde des stumpfen Bürodienstes — zu jenem „Spaziergang nach Syrakus" auf, den er später in drei berühmten und gern gelesenen Bänden geschildert hat. Eine andere Wanderung führte ihn nach Rußland, Schweden und Finnland; auch sie fand literarische Gestaltung. Als er in Teplitz starb, hinterließ er eine Reihe weiterer Werke, darunter seine unvollendeten Lebenserinnerungen. Seume war kein Dichter von Bedeutung. Lediglich das Gedicht vom Huronen, „der noch Europens übertünchte Höflichkeit nicht kannte", blieb dieser sprichwörtlich gewordenen Zeile wegen unvergessen. Doch er hatte Sinn und Blick für alles, was ihm auf seinem ungewöhnlichen Daseinsweg begegnete. Er erzählte frisch und bot ein bis heute unverwelktes Bild seiner Zeit.

HEINRICH SEUSE 21. III. 1295 — 25. I. 1366

Er ist der liebenswürdigste, konkreteste und demütigste der großen Mystiker des Hohen Mittelalters, dieser Konstanzer Patriziersohn, der seinen Namen nicht vom Vater, einem Herrn von Berg, sondern von seiner Mutter „Sus" annahm. Im Gegensatz zu seinem Lehrer, dem gewaltig-abstrakten Adler Ekkehart, war Seuse eher eine Taube, voll von der Poesie der Gottesminne und einer unersättlichen Liebe zu den Menschen, besonders zu den Verlorenen, Verlassenen und Leidenden, denen er auf Weg und Steg nachlief, um sie zu trösten und heimzukehren. Man könnte ihn die deutsche Variation des heiligen Franziskus nennen. Nach seiner Lehrzeit bei Meister Ekkehart zu Köln war er wohl eine Zeitlang Lektor der Theologie, sah aber bald in der Seelsorge seinen eigentlichen, gottseligen Beruf. Er sprach und schrieb poetisch und bilderreich, hielt sich selbst aber in strengster Askese und Bereitschaft zum Leiden. Vielleicht trifft das Wort „innig" sein Wesen am tiefsten. Vier Jahre vor seinem Tod überwachte er seine Lebensbeschreibung, die er der Dominikanerin Elsbeth Stapel in Auftrag gegeben hatte, und versah sie mit eigenen Bildern; es ist die erste Selbstbiographie in deutscher Sprache. Sein Buch „Von der ewigen Weisheit", das „Buch von der Wahrheit" und das „Kleine Briefbuch" wurden viel gelesen. Gerade die Briefe an einzelne Nonnen sind Seelenspiegel von feinster Art. Der Mann, der in den Morast trat, um ein armes Weiblein vorbeizulassen („um der zarten Mutter Gottes willen"), der seine Schwester, die Dirne geworden war, zur Ordnung führte — das ist der große Tröster Seuse, der selber an tiefer Schwermut litt und dennoch immerdar im Jubel der Gottesminne stand, vielen anderen zum Beispiel.

23. IV. 1564 — 23. IV. 1616   **WILLIAM SHAKESPEARE**

Sein Vater war Schultheiß in Stratford, ein wohlhabender Handwerker und Landmann, der später in wirtschaftliche Schwierigkeiten geriet und der Ehrenämter verlustig ging. Der Sohn half ihm nach dem Besuch der Lateinschule bei den Geschäften und heiratete ungewöhnlich jung. Doch als ihm nacheinander drei Kinder geboren wurden, bedrückte ihn die heimische Enge; auch ein Wildfrevel spielte wohl mit, daß er schließlich die Heimat verließ und nach London zog, um sein Glück als Schauspieler und Bühnenautor zu versuchen. Trotz des gehässigen Widerstandes konkurrierender Poeten setzte er sich, Werk um Werk schaffend, rasch durch, wurde berühmt, bei Hof angesehen und übertraf seine Gegner auch auf dem damals besonders geschätzten Gebiet des Sonetts und der Versnovelle. Hochgeachtet und begütert, kehrte er nach Stratford zurück, wo er mit zweiundfünfzig Jahren starb. — Das ist der äußere Umriß seines, von mancher stürmischen Episode bewegten Daseins. Das innere Leben dieses gewaltigsten dramatischen Genies bleibt Geheimnis. Der Komödiant und gewiegte Theaterfachmann war ein Dichter von solcher Weite und Tiefe, daß es niemals gelingen wird, ihn völlig zu ergründen, noch die titanische Kraft zu verstehen, die eine derartige Fülle von Leben schuf. Nichts war ihm fremd, jedes Gefühl vermochte er auszudrücken, die verworrensten Geschehnisse zu formen. Shakespeare wußte vom Niedrigsten bis zum Erhabensten, von der Drastik des Alltags bis zum lyrischen Zauberspiel und bis zur erschütternden Tragik der großen, an der Wirklichkeit zerschellenden Persönlichkeiten die Vielfalt der Schöpfung in Gestalten zu verdichten, die ungemein wahr und lebendig sind. Shakespeares Wirkung auf die abendländische und besonders auf die deutsche Geistesentwicklung ist bis heute spürbar.

26. VII. 1856 — 2. XI. 1950   **GEORGE BERNARD SHAW**

Der weltberühmte Ire — ein Eulenspiegel der modernen Literatur — war der meist interviewte Publizist, der auf alle nur denkbaren Fragen eine verblüffende, geistvolle Antwort wußte. Die Verlogenheit der öffentlichen Meinung und die Heuchelei der Gesellschaft hat er mit allen Mitteln des Witzes und der beißenden Satire karikiert und an der Nase herumgeführt. Er wechselte Farben und Gesinnungen, wie es ihm beliebte. Als Mitglied der „Fabian Society" gebildeter Sozialist, hatte er eine Schwäche für den Individualismus; er machte die Frauenrechtlerinnen lächerlich und schrieb zugleich einen „Wegweiser für die intelligente Frau zum Sozialismus und Kapitalismus". Er trat für eine staatlich überwachte Sozialisierung ein und wurde der reichste Schriftsteller Europas, dessen Stücke über alle Bühnen liefen. Er war Antiromantiker und schrieb trotzdem ein Wagnerbrevier voll Liebe für den romantischen Musiker. Der Sozialist Shaw spielte in seinem Stück „On the rocks", das 1933 erschien, mit dem Gedanken der Diktatur — kurz, er verstand es, in spöttischer Anpassung an alle Weltlagen unbekümmert seine Paradoxe zu verkünden. Vor allem entkleidete er den falschen Idealismus und Heroismus seines glitzernden Schmuckes. Er brachte Napoleon im „Schlachtenlenker" zur Strecke und ließ Cäsar in „Cäsar und Cleopatra" die Doktrin der weltbezwingenden Liebe verkünden. Er setzte das Urchristentum vor den Hohlspiegel seiner Verzerrungskunst („Androklus und der Löwe") und schuf in seiner „Johanna" das Bild eines tief christlich-religiösen Mädchens. Im „Kaiser von Amerika" spöttelte er über eine gewisse Demokratie. Der Dichter schrieb in seinem „Zurück zu Methusalem" die Zukunftsgeschichte der Menschheit. Von seinen weiteren Werken seien „Pygmalion", „Der Arzt am Scheidewege" und „Candida" genannt.

PERCY BYSSHE SHELLEY 4. VIII. 1792 — 8. VII. 1822

Als am 16. August 1822 am Meeresstrand bei Viareggio die sterblichen Überreste des englischen Dichters Shelley feierlich verbrannt wurden, war auch Lord Byron, der Freund des vor fünf Wochen Ertrunkenen zugegen. An diesem Tage endete symbolisch nicht nur ein Dichtertraum, sondern auch ein wildbewegter Roman, dessen Held Shelley selber war. Schon als Etonschüler hatte er gegen die strenge Erziehung mit einigen Erzählungen protestiert, war dann unter den Einfluß des anarchistisch-kommunistischen Schriftstellers William Godwin geraten, dessen Untersuchung über die politische Gerechtigkeit ihn begeisterte, und hatte als Oxfordstudent eine anonyme Schrift über „Die Notwendigkeit des Atheismus" veröffentlicht. Von der Universität verwiesen, gewann er die 16jährige Harriet Westbrook für seine Ideen, flüchtete mit ihr nach Irland und heiratete sie dort, nicht ohne im Lande einige Flugschriften für die irische Befreiung zu hinterlassen. 1813 veröffentlichte er, ein zweiter Jonathan Swift, seine revolutionären Anklagen in der dichterischen Form des Lehrgedichtes „Die Feenkönigin", verliebte sich in die 17jährige, hochgebildete Tochter William Godwins, Mary, reiste mit ihr nach Frankreich und die Schweiz und heiratete sie, nachdem seiner erste Frau, die nicht in die Scheidung einwilligen wollte, Selbstmord begangen hatte. Seine kühnen, pantheistisch glühenden Rhythmen, seine dämonische Naturpoesie und sein platonischer Idealismus, der in der Anbetung der Schönheit gipfelte, begeisterten die Bildungswelt der klassisch-romantischen Sphäre. Sein Einfluß auf die deutsche Romantik war nur um weniges geringer als der Byrons. Shelley ertrank auf einer Fahrt in der Bucht von Spezia durch Umschlagen des Bootes. Sein Leichnam wurde erst später gefunden.

JEAN SIBELIUS 8. XII. 1865 — 20. IX. 1957

Das Land der tausend Seen und der unermeßlichen Wälder, das Zauberland des Götterepos „Kalewala", hat einen einzigen Komponisten von europäischer Geltung hervorgebracht, den mythischen Romantiker Jean Sibelius. Wie Schumann und Strawinsky studierte er zuerst Jura, ehe ihn die Gewalt der Musik ergriff. Das Konservatorium in Helsingfors vermittelte ihm die nötigen formalen Kenntnisse; ein Staatsstipendium, das dem Zweiunddreißigjährigen auf Lebenszeit verliehen wurde, enthob ihn aller Sorgen. Er konnte ein schönes, großes Landgut erwerben, das ihm alles laute Getriebe der Welt fernhielt. Hier, im vollkommenen Gleichklang mit der Natur, entstanden seine Lieder und seine großen Symphonien, sieben an der Zahl. Es sind mythische Pracht- und Lobgesänge auf seine wasserumrauschte Heimat, in ihnen werden das Land und seine Elemente dem Hörer zum großartigen Erlebnis. Das symphonische Gedicht op. 26 Nr. 7 trägt den Namen Finlandia, die Suite op. 11 den Namen Karelia. Die musikalisch-dichterische Seele des jungen Komponisten verschloß sich nicht den Einflüssen verwandter europäischer Musiker. Man nennt in diesem Zusammenhang Brahms und Dvořak, vor allem aber Robert Schumann. Ihm bezeugte er seine Verwandtschaft dadurch, daß er den Hauptgedanken seiner Finlandia-Symphonie auf Schumanns Lied „Widmung" aufbaute und variierte. Am besten aber vergleicht man den musikalischen Genius Finnlands mit einer Gestalt aus dem Nationalepos Kalewala, das heute noch alljährlich von dem ganzen Volk auf dem Kalewalafest gesungen und rezitiert wird: mit dem greisen Sänger Wäinämonen, der jedes Naturzaubers kundig ist und die Seele seines Volkes verkörpert. Sein mehr als hundert Werke umfassendes Tonschaffen ist teilweise auch von Tschaikowski und Liszt beeinflußt worden.

2. III. 1481 — 7. V. 1523   **FRANZ VON SICKINGEN**

In diesem, dem Humanismus zugewandten Raufbold und adeligen Landsknecht mischen sich die Züge der zerfallenden Ritterherrlichkeit mit dem Raubrittertum, laute Begeisterung für die neue Freiheit in Sachen des Glaubens und der Persönlichkeit mit harten Anklagen gegen die den Bestand des Reiches nur mühsam verbürgende Ordnung. Von seiner Ebernburg herab stürzte er sich tapfer in zahlreiche Privatfehden und strebte mit Erfolg nach dem Ruhm des „kleinen Ritters" und dem damit verbundenen Vermögenszuwachs. Seine Devise, den Armen und Unterdrückten zu helfen, war mit Privatinteressen reichlich gemischt und vor allem blind für die Konsequenzen, die nach den auch von Luther scharf verurteilten Bauernkriegen schließlich zum Kampf aller gegen alle führen mußten. Seit 1513 befehdete er ohne Erfolg die Reichsstadt Worms. Er wurde geächtet, zog aber unbekümmert gegen die Reichsstadt Metz, den Herzog von Lothringen und den Landgrafen Philipp von Hessen und stand sogar wie so mancher Reichsfürst, der Geld brauchte, eine Zeitlang auf der Seite Franz' I. von Frankreich. Seit 1517 schlug er sich endgültig auf die kaiserliche Seite, nachdem Maximilian I. ihn von der Acht befreit hatte, und leistete Karl V. bei der Kaiserwahl mit seinen Truppen treue und wertvolle Hilfe, wie er überhaupt ein verläßlicher Freund war. So nahm er Ulrich von Hutten auf seiner Ebernburg auf. Sein letzter Angriff auf den Erzbischof von Trier mißlang. Nachdem er die Belagerung der bischöflichen Residenz Trier abbrechen mußte, war sein Schicksal besiegelt. Vor dem Anmarsch der vereinigten Heere von Trier, Hessen und Kurpfalz mußte er sich in eine seiner Stammburgen zurückziehen. Geächtet und von allen verlassen, starb er schwer verwundet in Landstuhl am Tag der Übergabe.

13. XII. 1816 — 6. XII. 1892   **WERNER VON SIEMENS**

Werner von Siemens, der 1888 vom deutschen Kaiser geadelt wurde, hat an entscheidender Stelle das Zeitalter der Technik mit heraufgeführt. Sein Name ist in Wissenschaft, Technik und Wirtschaft ein Begriff geworden. Als junger Artillerieoffizier entwickelte er 1847 den elektrischen Zeigertelegraphen mit Selbstunterbrechung. Der Mechaniker Halske war von der Idee so überzeugt, daß er sich entschloß, mit Siemens die Firma „Siemens & Halske" zu gründen. Die erste Telegraphenverbindung nach seinem System wurde entlang der Berlin-Anhalter Eisenbahn gebaut. Siemens legte das Kabel unterirdisch, ein Verfahren, das wenig später das Zeitalter des Schnellnachrichtenverkehrs eröffnete. Das Jahr 1866 brachte dann den entscheidenden Fortschritt in der Elektrotechnik. Werner von Siemens erfand die Dynamomaschine, in der durch mechanische Bewegung (strömendes Wasser, Dampfdruck) Elektrizität erzeugt werden konnte, während bisher nur Batteriestrom zur Verfügung gestanden hatte. Der Strom ließ sich auf weiteste Entfernungen übertragen. Zusätzlich zu seinen vielen anderen Unternehmungen betrieb Siemens den Bau der Berliner Hochbahn, und bald erstrahlten die ersten Bahnhöfe im Bogenlicht. Die Vielzahl seiner Erfindungen ist kaum zu fassen, sie bildeten die Grundlage zu einer der größten elektrotechnischen Gesellschaften der Welt. Von dem Glauben beseelt, daß durch die Verbindung von Wissenschaft und Technik die Menschheit zufriedener und besser werden könne, stiftete Siemens 1887 die Forschungsstätte „Physikalisch-Technische Reichsanstalt", die in der Physikalisch-Technischen Bundesanstalt in Braunschweig ihr Nachfolgeinstitut gefunden hat und heute wissenschaftliche Arbeiten auf dem Gebiet der Mechanik, Elektrizität, Wärme, Optik, Akustik und Atomphysik sammelt und auswertet.

EMANUEL JOSEPH SIEYÈS 3. V. 1748 — 20. VI. 1836

Träger der Französischen Revolution von 1789 war der Dritte Stand, das Bürgertum, dem in der feudalistischen Ständeverfassung alle politischen Rechte im Staat zugunsten des Ersten und Zweiten Standes, des Adels und der Geistlichkeit, verweigert wurden. Zum Sprecher dieses Dritten Standes machte sich der Abbé Sieyès, Generalvikar des Bischofs´ von Chartres. In seiner mitreißenden, aufrührenden Schrift „Was ist der Dritte Stand?" rief er dem Volk zu: „Was ist der Dritte Stand bisher gewesen? Nichts! Was soll er sein? Alles!" Die Flugschrift wurde in Hunderttausenden von Exemplaren verbreitet und hat entscheidend zum Ausbruch der Revolution vom Juli 1789 beigetragen. Sieyès war der Wortführer der rebellischen Abgeordneten, welche die vom König einberufene Ständeversammlung zur permanent tagenden Nationalversammlung erklärten. Sein Werk war auch die Vereinigung der drei Stände im gemeinsamen Widerstand gegen die absolutistische Regierung des Königs und der berühmte „Ballhausschwur", mit dem sich die Deputierten der Nationalversammlung verpflichteten, nicht eher auseinanderzugehen, bis Frankreich eine Konstitution erhalten habe. Trotz seiner Zugehörigkeit zum Adel und zum Klerus stimmte er im Januar 1793 für den Tod König Ludwigs XVI. In der jakobinischen Schreckenszeit zog sich der liberale Politiker von der aktiven Politik zurück. Erst nach dem Sturz Robespierres befaßte er sich wieder mit Regierungsgeschäften. Sieyès war einer der ersten, die den aufgehenden Stern Napoleons erkannten. Er beteiligte sich am Staatsstreich des Korsen und erhielt als Belohnung eine reiche Staatsdomäne, den Grafentitel und die lebenslängliche Ernennung zum Senator. Der Sturz des Kaisers riß auch ihn in den Abgrund. Als „Königsmörder" verbannt, emigrierte er nach Brüssel.

MAX SKLADANOWSKY 30. IV. 1863 — 30. XI. 1939

Ganz Berlin sprach im November 1895 von einer neuen Sensation, die im Großvarieté „Wintergarten" in der Nähe des Bahnhofs Friedrichstraße geboten wurde. Man konnte dort Menschen auf der Leinwand sehen, die sich bewegten, und das war so überraschend und neu, daß das große Haus bis auf den letzten Platz ausverkauft war. Die Bilder wurden von Max Skladanowsky vorgeführt, der auch die hierzu nötige Apparatur gebaut hatte. Skladanowsky, ein geborener Berliner, hatte die Volksschule besucht und war dann Photograph geworden. Ein Lichtbildervortrag seines Vaters brachte ihn auf den Gedanken, die starren Bilder beweglich zu machen. Die Idee war nicht neu, denn schon 1832 war das „Lebensrad" erfunden worden, das den Eindruck bewegter Bilder hervorrief; später waren ähnliche Geräte entstanden. 1866 wurde der „Taschenkinematograph" bekannt, bei dem Bilder einzelner Bewegungsphasen, in Buchform zusammengefaßt, beim schnellen Blättern „lebendig" werden. Skladanowsky begann zunächst mit dem Bau eines Apparates für Reihenaufnahmen bewegter Vorgänge. Aber mit den damals üblichen Bromsilber-Trockenplatten konnte er seine Absicht nicht verwirklichen. In dem neu herausgebrachten Kodakfilm fand er endlich den geschmeidigen, für seine Zwecke brauchbaren Bildträger. Unter Verwendung eines von ihm erdachten Schneckengetriebes entwickelte er einen neuen Aufnahmeapparat, bei dem der an den Seiten perforierte Film ruckweise an der Objektivlinse vorbeigezogen wurde. Dabei ließ eine sich drehende Abblendscheibe, die auch als Schwungmasse zu dienen hatte, das Licht bei Stillstand des Films durch die Linse dringen, verdeckte aber beim Vorrücken des Filmstreifens das Bildfenster. Unendliche Mühe machte es Skladanowsky, der keine entsprechende technische Ausbildung hatte, einen geeigneten Bildwerfer zu bauen. Doch auch hier fand er eine brauchbare Lösung. Mit Recht zählt er zu den Pionieren der modernen Kinotechnik.

8. X. 1868 — 20. IX. 1932   MAX SLEVOGT

Hoch über dem Lützowplatz in Berlin, mit dem Blick in den
Himmel und in das Grün der Bäume entlang dem Landwehr-
kanal, hatte Slevogt nach dem ersten Weltkrieg sein Atelier
aufgeschlagen. Nach unruhevollen Wanderungen war der bedeutende, in Landshut geborene Impressionist in dieser Stadt
heimisch geworden. Den wuchtigen niederbayerischen bärtigen
Kopf hat der Bildhauer Kolbe in einer bewundernswerten
Bronzeplastik verewigt: Über der breiten Stirn flattern die
kurzen Haare auf, während um Augen und Nase eine verdichtete, überaus geistige und feinsinnige Wachheit liegt. Im Vergleich zu den beiden anderen Großmeistern des Impressionismus in Deutschland war Slevogt inniger, weder fleischlich
saftig wie Corinth und schon gar nicht verhalten wie Liebermann, oft mehr Zeichner als Maler, obwohl das Kreuzigungsfresko in der Friedenskirche zu Ludwigs-
hafen und so eindrucksvolle und vollendete Gemälde wie die „Tänzerin di Rigardo",
die „Dame in Grau", der „Sänger d'Andrade" seine Qualitäten als Maler bestätigen.
In seinem graphischen Werk greift er bei souveräner Beherrschung der Technik und
all ihrer Möglichkeiten in die Orgeltasten einer weitgespannten, zur Gestaltung
drängenden Phantasie. Bei Slevogt ist alles erdnah, abenteuerlich, das Märchen ganz
handgreiflich. Die Figuren wachsen aus Abgründen, ein grimmiger Humor geistert
hinein, alles hat Weite, die eingefangene Stimmung ist großartig gebannt. Vernimmt
man den Namen seiner Mappen mit erzählenden Bildern oder der von ihm illu-
strierten Werke der Weltliteratur, etwa „Lederstrumpf", „Achilles", „Ilias", „Ali
Baba und die vierzig Räuber", „Die Inseln Wak-Wak", so verspürt man, wie tief
dieser Romantiker, wenn man ihn vom Inhalt her so nennen will, die bewegte Welt
geliebt hat.

2. III. 1824 — 12. V. 1884   BEDRICH SMETANA

Smetana hat die moderne böhmisch-tschechische Musik aus der
Taufe gehoben. Er war sich selber dieser nationalen Sendung
voll bewußt und hat uns den entscheidenden Akt in seinem
ersten Streichquartett deutlich vormusiziert. Dieses Quartett
trägt den Namen „Aus meinem Leben". Der erste Satz schildert
die Liebe zur Kunst, der zweite die fröhlichen Volkstänze der
Jugendzeit, der dritte aber ganz bewußt die Erkenntnis der
nationalen Musik. Diese eigentümliche musikalische Selbstbiographie bedeutete den tragischen Schlußpunkt seines Schaffens;
Smetana wurde ein Jahre vor seinem Tode völlig taub und
starb in geistiger Umnachtung. — Schon der Zyklus „Mein Vaterland" feierte in sechs symphonischen Gedichten symbolisch die
Geschichte und die Natur seiner Heimat: die uralte Burg des böhmischen Königs
Vyšehrad bei Prag mit dem Sänger Lumir, die böhmische Amazone Sarka, die
Hussitenburg Tabor mit dem Kampfchoral „Die ihr seid Kämpfer Gottes", die Tänze
des Volkes und vor allem den „Lebenslauf" der Moldau von den beiden Quellen bis
zu ihrer prachtvoll breiten Begegnung mit der alten Königsburg. Das ist nationale
Kunst in strömender, weihevoller Vollendung. In der beliebtesten seiner vielen
Opern, der „Verkauften Braut", griff Smetana abermals zu einem heimatlichen, volk-
haften Stoff, der ihm wegen seiner höchst gekonnten Einfachheit, in der er gestaltet
ist, und wegen des böhmischen Naturells, das darin zum Ausdruck kommt, Unsterblichkeit gesichert hat. Die Liebesgeschichte des Bauernmädchens Marie, das zwischen
Hans und dem Stotterer Wenzel wählen soll, ist eine Volkserzählung mit dem
ganzen Charme slawischen Charakters und Temperaments. Neben der symphonischen Dichtung und den Opern Smetanas stehen zahlreiche Klavierkonzerte,
Kammermusikstücke und Lieder.

ADAM SMITH 5. VI. 1723 — 17. VII. 1790

Obgleich die moderne Wissenschaft große Teile des umfangreichen Werkes des berühmtesten englischen Nationalökonomen als irrig ablehnt, so bleibt Adam Smith doch der Ruhm, das erste geschlossene System einer Volkswirtschaftslehre aufgestellt zu haben. Weitblickend erkannte er den Wert der „nützlichen Arbeit" als Fundament allen Wohlstandes. In seinem glanzvollen Werk „Eine Untersuchung über die Natur und Gründe des Wohlstandes der Völker" — er arbeitete zehn Jahre lang an seiner Vollendung — stellte er die These auf: „Die jährliche Arbeit eines Volkes ist der Grundstock, der es mit allen Lebensbedarfs- und Gebrauchsgütern versorgt, die es jährlich verbraucht." Smith erkannte auch als erster, daß die Arbeitsteilung in enger Beziehung zum Wohlstand eines Volkes steht, weil sie die Ertragskraft steigert, und er bezeichnete die angestrengte, wenn auch zumeist dem Eigennutz dienende Arbeit des einzelnen als Voraussetzung für das Wachstum des Sozialprodukts. Smith, der zunächst Professor für Logik und Moralphilosophie in Glasgow war, dann nach London übersiedelte, um sich, angeregt durch das Zusammentreffen mit hervorragenden Physiokraten und Merkantilisten, mehr und mehr der Volkswirtschaftslehre zuzuwenden, erhob die Forderung nach einem freien Innen- und Außenhandel. Er lehrte, daß nur ein von allen Staatseinflüssen freier Wettbewerb eine natürliche Harmonie zwischen dem wirtschaftlichen und dem sozialen Leben schaffen werde — eine volkswirtschaftliche These, die in ihren letzten Folgen zum Manchestertum des 19. Jahrhunderts, zum absoluten Wirtschaftsliberalismus führen mußte. Die Ideen des englischen Nationalökonomen haben lange nachgewirkt und sind in manchen Erkenntnissen auch heute noch von nachweisbarem, oft unterschätztem Einfluß.

NATHAN SÖDERBLOM 15. I. 1866 — 12. VII. 1931

Der junge evangelische Geistliche Nathan Söderblom, Pfarrer der schwedischen Gemeinde in Paris, eilte im Dezember 1896 nach San Remo, um seinem Landsmann Alfred Nobel in seiner letzten Stunde beizustehen. Er wurde dreieinhalb Jahrzehnte später eindringlich an diese Tage erinnert, als er 1930 den Friedens-Nobelpreis erhielt. Söderblom, Vertreter einer liberalen theologischen Schule, 1914 zum Erzbischof von Uppsala berufen, konnte zu diesem Zeitpunkt auf ein bewegtes Leben im Dienste einer großen Idee zurückblicken. Unermüdlich war er um eine Wiedervereinigung der verschiedenen Bekenntnisse innerhalb des Protestantismus bemüht. Im Jahre 1925 rief er zu einer Weltkonferenz für praktisches Christentum auf, dessen Fortsetzungsausschuß die Ergebnisse verarbeiten sollte, und förderte die Errichtung eines Sozial-ethischen Institutes in Genf. Es entsprach seinem christlichen Verantwortungsgefühl, daß er sich im ersten Weltkrieg fortgesetzt um die Einleitung von Friedensverhandlungen bemühte und im Namen der schwedischen Bischöfe einen flammenden Protest an die Alliierten gegen die fortgesetzte Hungerblockade der deutschen Zivilbevölkerung richtete. Als kritischer Forscher erwarb sich Söderblom bedeutende Verdienste um die vergleichende Religionsgeschichte. Sein Hauptwerk „Das Werden des Gottesglaubens" wurde in fast alle Weltsprachen übersetzt. Da er mehrere Jahre als Professor für Religionsgeschichte in Deutschland lehrte — bis zum Beginn des Weltkrieges an der Leipziger Universität — sind eine Reihe seiner Lehrbücher in deutscher Sprache abgefaßt, so die „Einführung in die Religionsgeschichte", „Die Religion der Erde", „Natürliche Theologie und allgemeine Religionsgeschichte" und „Das Werden des Gottesglaubens".

470 — 399 v. Chr. SOKRATES

Sokrates hat kein literarisches Werk hinterlassen. Hätten seine Schüler Platon und Xenophon nicht über seine Lehre und sein Leben berichtet, so besäßen wir vielleicht nur ein paar Zitate von ihm oder einige Anekdoten über sein angeblich böses Weib Xantippe. So aber steht er vor der Nachwelt als unvergleichlicher Wahrheitssucher und als Märtyrer seiner Überzeugung. Sokrates hatte die Gewohnheit, auf die Straße zu gehen oder in die Werkstätten und Paläste und dort irgend jemanden in ein philosophisches Gespräch zu verwickeln, indem er sich selbst unwissend stellte. In geschickten, mit Ironie gewürzten Dialogen arbeitete er dann den Wahrheitsgehalt eines Begriffes wie des „Guten", des „Rechten" heraus. Seine Mutter Phänarete war Hebamme gewesen; nach ihr nannte er seine Kunst, die Wahrheit aus den Menschen herauszuholen, „Hebammenkunst". Er kämpfte in der Polis, dem athenischen Stadtstaat, gegen die trügerischen Sophisten und erzog seine Umwelt zur Selbstbesinnung und Selbstprüfung: „Tugend ist Wissen", ein objektives Wissen, fern von Subjektivismus und Relativismus; „Tugend ist lehrbar und erkennbar; ein sittliches Leben gibt Hoffnung auf Unsterblichkeit; es ist besser, Unrecht zu leiden als Unrecht zu tun." Er glaubte auch an die innere, warnende Stimme des Gewissens, die er „Daimonion" nannte. Seine Kritik an den Mißständen der Demokratie und seine von der konventionellen Religion abweichenden Überzeugungen schufen ihm viele Feinde. Schließlich klagte man ihn an, er leugne die Götter und verführe die Jugend. Es kam zum Prozeß, in dem er sich mannhaft verteidigte und keine Spur von seiner Lehre abwich. Sokrates wurde zum Tode durch Gift verurteilt. Die Gelegenheit zur Flucht schlug er aus. Er wurde zum Symbol des Weisen und zum Begriff humaner Philosophie.

Um 600 v. Chr. SOLON

In Solon, der vermutlich athenischem Königsgeschlecht entstammte, vereinigte sich alles, was Männern Ruhm und Vollendung beschert: edle Gesinnung, Maß, religiöses Empfinden, staatliches Genie, schöpferisches Verständnis für das Volk und seine Nöte, dazu dichterisches Können. Mit aufrüttelnden Gesängen begeisterte er Athen zur Rückeroberung der Insel Salamis. Um den Zwist zwischen Adel und Bürgertum zu beenden, wählte ihn die Stadt 594 v. Chr. zum diktatorischen Regenten. Solon gab dem Volk von Athen jene die Verfassung umformenden Gesetze, die Jahrhunderte nachwirkten. Er milderte das soziale Elend der Armen, bändigte die Übermacht der Reichen, förderte den Handel, schuf ein vernünftiges Münzwesen, stufte die Bürgerschaft in vier Klassen, je nach ihrem Einkommen, wobei den ersten beiden der Wehrdienst zu Pferd, der dritten als Hopliten in eigener Rüstung der Fußdienst oblag. Die vierte blieb von Kriegspflichten verschont, dafür hatte sie keinen Anteil an Rat und Ämtern, wohl aber Zutritt zu Gerichtssitzungen und Volksversammlungen. Auch das Privat- und Strafrecht verbesserte er. Seine Gesetze galten anderen griechischen Städten und selbst nach langer Zeit noch Alexandria als nachahmenswertes Vorbild. Die Erziehung der Jugend überantwortete er den Vätern. Später bereiste er zehn Jahre das Ausland. Währenddessen schwang sich ein Verwandter Pisistratos zum Tyrannen Athens auf, doch beseitigte er die neue Verfassung nicht; er hütete sich auch, Solon zum Märtyrer zu machen, als dieser heimkehrte und die Bürger unerschrocken vor Pisistratos warnte. Beider Werk begründete Athens wirtschaftliche und politische Macht. Die Griechen zählten Solon zu den sieben Weisen. In seinen Versen treten zum erstenmal die attische Heiterkeit und die Hoheit des antiken Menschentums in Erscheinung.

SOPHOKLES
Um 496 — 406 v. Chr.

Von den 123 Dramen des Sophokles, die der Antike bekannt waren, sind sieben erhalten geblieben. Sophokles war der Geistvollste unter den drei griechischen Tragikern, zugleich auch der kunstvollste Meister der tragischen Form. Er schuf in seinem „Ödipus" das Modell eines „analytischen" Dramas, das die Handlung nach rückwärts, in die Vergangenheit, entwickelt. Den „dritten" Schauspieler hinzunehmend, machte er das tragische Gewebe reicher und führte die Chöre zur Vollkommenheit lyrisch-tragischen Ausdrucks. Glücklicherweise wurde er in die Hochblüte griechischer Kunst hineingeboren, in das Perikleische Zeitalter, das ihn zu würdigen wußte. Bei den dichterischen Wettkämpfen erhielt er achtzehnmal den ersten, sonst immer den zweiten Preis. Den Ruhmgekrönten betraute man mit hohen Staatsämtern. Im Feldzug des Perikles gegen Samos ernannte man ihn zum Strategen und versetzte ihn nach seinem Tode unter die Heroen. — Sophokles ist der strahlendste unter den griechischen Dichtern, von hoher Würde, allem Edlen voll zugewandt, ein Seelenarzt für sein tragisch zerklüftetes, unruhiges Volk, ähnlich dem Arztgott Asklepios, dessen Bildnis er, als sein Kult in Athen eingeführt wurde, im Staatsauftrag feierlich begrüßte. Er war göttergläubig, ließ aber auch der menschlichen Persönlichkeit ihr Recht und hielt so die klassische Mitte zwischen der alten und der neuen Zeit, die schließlich dem Sophismus verfiel und den Untergang des Staates heraufbeschwor. Seine fromme „Antigone", sein „Ajax" und seine „Elektra" werden heute noch gespielt. In seinem „Ödipus auf Kolonos" spricht der geblendete König Gedanken aus, die christlich anmuten. Lessing hat ein „Leben des Sophokles" geschrieben und in ihm den Geist der griechischen Klassik verkörpert gesehen.

FRIEDRICH VON SPEE
25. II. 1591 — 7. VIII. 1635

Der Name Friedrich von Spee ist eng mit einer der schrecklichsten Erscheinungen menschlichen Irrwahns verbunden — mit dem Hexenwesen, das im 17. Jahrhundert seinen Höhepunkt erreichte. Entstanden aus seit Jahrtausenden im Volk aller Zeiten und Länder schwelenden Aberglauben, begünstigt durch Intoleranz und Fanatismus kirchlicher und weltlicher Eiferer, in gewissem Sinne wohl auch begründet durch allerlei umlaufende Zaubermystik und Gebrauch von pflanzlichen und anderen Rauschmitteln, forderte der Kampf gegen die angeblichen „Hexen" Hekatomben von unschuldigen Opfern. Überall in Europa, besonders aber in dem glaubenszerrissenen Deutschland, brannten die Holzstöße, auf denen Frauen — oft durch Schönheit, Alter oder Klugheit ausgezeichnet — unschuldig auf die grausamste Art vom Leben zum Tode gebracht wurden. Von gefühllosen Henkersknechten in der Folterkammer gestreckt, gequetscht, gebrannt und gepeitscht, hatten sie lieber alles zugegeben als noch weiter gequält zu werden. Friedrich von Spee-Langenfeld, Jesuitenpater, hatte oftmals „Hexen" auf ihrem letzten Gang zur Richtstätte tröstend begleitet und war dabei in furchtbarster Gewissensqual zu der Erkenntnis gekommen, daß es sich immer um Fehlurteile handelte. Unter der Gefahr, selbst angeklagt zu werden, veröffentlichte er — allerdings anonym — die Streitschrift „Cautio criminalis", in der er das Verfahren der Hexenprozesse schärfstens angriff. Er hat damit dazu beigetragen, daß die Hexenverbrennungen allmählich aus den Kriminalakten der Zeit verschwanden — ein wahrer Wohltäter der Menschheit. — Spee war als Professor und Geistlicher in Köln, Paderborn, Würzburg, Peine und Trier tätig. Er starb in Trier an der Pest — seinen Zeitgenossen bekannt als Dichter geistlicher Lieder.

27. VI. 1869 — 12. IX. 1941 **HANS SPEMAN**

Hans Speman, der weltberühmt gewordene deutsche Zoologe, kam auf einem Umweg zu seinem Lebensberuf. Der 1869 geborene Sohn eines Freiburger Verlegers wurde nach Beendigung der Schulzeit Buchhändlerlehrling, zeigte jedoch wenig Neigung zu kaufmännischer Tätigkeit. Er benutzte jede freie Stunde, um philosophische und vor allem biologische Schriften zu lesen, bis er schließlich die Genehmigung zum naturwissenschaftlichen Studium erhielt. 1908 war Speman Professor der Zoologie in Rostock, sechs Jahre später erhielt er eine Berufung an das Kaiser-Wilhelm-Institut für Biologie in Berlin-Dahlem, von 1919 bis 1937 lehrte er in Freiburg im Breisgau. — Mit seinem Namen verbindet sich für immer der Begriff, der für die Wissenschaft vom Leben von höchster Bedeutung geworden ist: der Begriff des „Organisators". So nannte Speman jenes Zellgebiet des sich entwickelnden Lebenskeimes, von dem die Organisation für den unendlich komplizierten Aufbau des neuen Lebewesens ausgeht. Es handelt sich um Kräfte, die aus dem „Rohmaterial" des Keimes die zukünftige Gestalt, die Organe usw. bilden. Wenn aus der stecknadelkopfgroßen Eizelle des Menschen schließlich ein wohlgebildetes Kind mit all seinen individuellen und artgemäßen Eigenschaften hervorgeht, so ist das nur durch eine exakte „Organisation" der Keimesentwicklung möglich. Chemische Steuerungsstoffe regeln stufenweise die Wachstumsvorgänge; dadurch entstehen immer kompliziertere Gewebe und Organe. Steuerungszentren „instruieren" die Zellen, wie sie sich dem „Bauplan" entsprechend zu entwickeln haben. Für seine Entdeckung der Organisator-Wirkung erhielt Speman im Jahre 1935 den Nobelpreis für Medizin. Er studierte außerdem an Amphibieneiern die Entwicklung und Gesetze der tierischen Entwicklung.

27. IV. 1820 — 8. XII. 1903 **HERBERT SPENCER**

Eine Politik der vollkommenen Nichteinmischung sei die beste Politik: „Je weniger Regierung, desto besser"; „Der Staat soll sich jedes Eingriffes in das soziale und wirtschaftliche Leben enthalten" — das waren die Parolen Herbert Spencers, des englischen Journalisten und Sozialphilosophen, der den Fortschrittsglauben des 19. Jahrhunderts in besonders ausgeprägter Weise verkörperte. In Derby geboren, war er ursprünglich Eisenbahningenieur. In seinen volkswirtschaftlichen und politischen Ideen zeigte er sich als extremer Individualist. Jede Gesetzgebung, jede Art von Wohlfahrtspflege, ja sogar das staatliche Schulwesen lehnte er ab. Selbst die Münzprägung sollte Privatunternehmern überlassen bleiben. Er formulierte das Schlagwort vom „survival of the fittest", dem „Überleben des Tüchtigsten", und meinte, das natürliche Gleichgewicht werde sich von selbst herstellen, wenn der Staat alle Eingriffe vermeide. Der Staat habe genug zu tun, wenn er sich dem Schutz der Schwachen widme. Spencers politische Hauptwerke sind: „Social statics", „Principles of sociology" und „The man versus the state". Obwohl Spencers Arbeiten in mancher Hinsicht absurd erscheinen, beeinflußten sie doch wesentlich das englische Denken im 19. Jahrhundert, manches wirkt auch heute noch nach. Indem er Politik und Geschichte der Menschheit biologisch wertete, kam Spencer auch dazu — viel früher als Darwin — eine Entwicklungslehre der Menschheit aufzustellen, entsprechend dem Grundgedanken: Alles, was ist, befindet sich in Auflösung oder Entwicklung; alles, was „fortschreitet", paßt sich an die natürliche Umgebung an. Von vielen wurden diese Gedanken aufgegriffen und weitergeführt, ganz besonders die Idee vom „sozialen Organismus", der im Kampf ums Dasein stehe wie jeder lebende Organismus.

OSWALD SPENGLER 29. V. 1880 — 8. V. 1936

Oswald Spengler war ein dem Pessimismus zuneigender Geschichts- und Kulturphilosoph, der nicht an Fortschritt und Entwicklung der Menschheit glaubte. Er lebte als Schriftsteller in München, und hier entstand in den Jahren 1918 bis 1921 das Hauptwerk des früheren Gymnasiallehrers „Der Untergang des Abendlandes", das in deutschen Kulturkreisen großes Aufsehen erregte. Die wissenschaftliche Kritik hat diese Überbewertung später eingedämmt. Für Spengler gibt es keine durchlaufende Linie in der menschlichen Geschichte und keinen Zusammenhang zwischen den verschiedenen historischen Kulturkreisen der Menschheit. Er unterscheidet voneinander unabhängige Kulturen: etwa die indische, chinesische, antike, orientalische und europäische Kultur, und jede dieser als selbständige Organismen aufzufassenden Kulturen habe ein bestimmtes Wachstum. Sie beginne mit der Frühzeit, erreiche in der „Hochkultur" ihren Kulminationspunkt und verliere sich in einer Verfallsperiode, bis ihr Ausbreitungsgebiet von einem der jungen Völker überrannt werde. Aus dieser Sicht stellte Spengler für das Abendland eine düstere Prognose auf: es befinde sich kulturell bereits in einer Endphase, seine Blütezeit habe sich im Hochmittelalter entfaltet. Zudem behauptet er, die Ereignisse in der Geschichte aller Kulturen hätten einen relativ gleichen Zeitablauf. Spengler gab an, Realist zu sein; seine Auffassungen vom geschichtlichen Werden waren im Grunde jedoch romantisch bestimmt. Sie fanden deshalb in den realer denkenden romanischen Ländern keinen Widerhall. Man hat ihm oft — wohl zu Unrecht — vorgeworfen, durch seinen Pessimismus die Demokratie des Weimarer Staates untergraben zu haben. Trotz der Ablehnung, die heute Spenglers Theorien erfahren, bleibt seine Bedeutung als origineller, zeitkritischer Kulturphilosoph bestehen.

BENEDIKT SPINOZA 24. XI. 1632 — 21. II. 1677

Vor allem die deutschen Dichter und Denker vor und nach 1800 verhalfen der Philosophie Spinozas zum Durchbruch und stellten ihn neben Kant. Goethe bekannte sich als seinen „leidenschaftlichen Schüler und entschiedensten Verehrer", Lessing, Schleiermacher, Friedrich Schlegel, Schelling und Hegel nahmen von seinem Gedankengut; in unserer Zeit setzte der Dichter Kolbenheyer den höchsten Begriff Spinozas auf die Titelseite seines Spinoza-Romans: Amor dei. Nach der Lehre Spinozas entspringt aus der intuitiven Erkenntnis Gottes die intellektuelle Liebe zu ihm, und in der Vereinigung mit Gott gewinnt der Geist seine Ewigkeit. Schon in dieser Formulierung sind die Grundzüge des Spinozismus enthalten; es ist ein Rationalismus im Sinne von Descartes, verbunden mit einer eingeborenen Mystik, die vom Neuplatonismus befruchtet wurde. Seine Lehre, die auf dem Glauben an die Gottesverbundenheit alles Seins beruht, sieht Gott in allem: in der Welt und in der Metaphysik; in der Erkenntnistheorie, in der Ethik und in der Religion als Alleinheitsgefühl. Spinoza sagte sich von den Intellektuellen seiner Zeit los und nahm dafür den Bannfluch der Amsterdamer Gemeinde auf sich. Er wählte als Broterwerb den Optikerberuf und wurde schnell als Linsenschleifer berühmt. Im Kreis der freiheitsbewußten „Kollegianten", denen auch Rembrandt nahestand, faßte er zuerst Fuß, trat in Beziehungen zu dem Staatsmann Johann de Witt, zu den Gelehrten Boyle, Huggins und Leibniz. Zwei Jahre vor seinem Tode schloß er die „Ethik" ab, die Goethe als „Bildungsmittel seines Wesens" bezeichnete.

4. II. 1808 — 23. IX. 1885 **CARL SPITZWEG**

Wenn der wohlbeleibte Moritz von Schwind, was er fast täglich tat, Spitzweg besuchte, mußte er drei Treppen hoch steigen, aber er fand immer eine offene Tür bei dem kleingewachsenen Freund, der selbst besten Bekannten das Atelier nur ungern aufschloß. Aber zu Schwind hatte dieser Urmünchner ein besonders gutes Verhältnis. Er war Apotheker gewesen, hatte aber bald Salben und Mixturen mit Farben und Pinsel vertauscht, ohne die Malerei zunftgemäß zu „studieren". Beheimatet im winkelstädtischen Biedermeiertum, fing er dort mit Schmunzeln allerlei Lustiges in zahlreichen Bildchen und Zeichnungen ein. Die kauzigen Menschen, die er auf die Leinwand bannte, traten aus ihrem Rahmen hervor und gingen ins Herz des Volkes ein als leise belächelte und sehr beliebte Figuren einer längst verlorenen, beschaulichen Epoche, in der sich das deutsche Gemüt, von Unrast noch nicht verstört, wohlfühlte. Man denke an das Bild vom Hypochonder, vom armen Poeten, der auf dem Bett liegend dichtet, den aufgespannten Regenschirm über sich, damit ihm der hereinsickernde Regen die Verse nicht verwässere, oder an den Provisor, der, den Mörser in der Hand, einem hübschen Mädchen nachseufzt, oder an den Herrn, der die Blumen am Dachfenster sorgfältig begießt. Daneben malte Spitzweg, ebenfalls meist im kleinen Format, stimmungsvolle Landschaften, doch stets stellte er auch hier den Menschen hinein. Der märchenhaften Staffage, die anderen Romantikern nötig erschien, bedurfte er nicht. Dafür war er zu ironisch, doch diese Ironie verklärte, was sie ins Auge faßte, mit einem warmen poetischen Glanz. Der unscheinbarste Gegenstand wird bei ihm durch Lichtwirkungen, die keiner seiner Zeitgenossen erreichte, vergnügt und funkelnd. Ein Strahl von Glück liegt auf seiner Welt.

28. I. 1841 — 10. V. 1904 **HENRY MORTON STANLEY**

Das Innere Afrikas war selbst noch im 17. und 18. Jahrhundert unerforscht. Erst als sich die Engländer an der Goldküste und die Franzosen an der Elfenbeinküste festsetzten, verringerte sich die Zahl der weißen Flecken auf der Landkarte Afrikas. Dem Engländer David Livingstone ist es vor allem zu verdanken, daß sich der „afrikanische Kontinent" der Welt zu erschließen begann. Er kam 1840 als Missionar nach Südafrika und bereiste das Innere des Landes bis an den Tanganjikasee. Als er 1866 in das Gebiet des Njassasees vorstieß, blieb er lange Zeit verschollen. Man hielt ihn für tot, und die Zeitung „New York Herald" entsandte ihren Reporter Morton Henry Stanley, um sein Schicksal aufzuklären. Die Aufgabe kam der Abenteuerlust des Journalisten entgegen. Freilich ahnte er nicht, zu welchem körperlichen Martyrium diese Fahrt werden sollte. Acht Monate lang kämpfte er sich durch Urwald und Wildnis Zentralafrikas, bis er im Oktober 1871 den völlig erschöpften Livingstone in Udjidji fand. Beide erreichten unversehrt die Ostküste. Livingstone starb ein halbes Jahr später auf einer neuen Entdeckungsreise. Für Stanley war diese Reise zum Schicksal geworden. Er begann systematisch das Land von der Ostküste über Viktoria- und Albert-Edward-See zu durchforschen, umfuhr den Tanganjikasee und erreichte die Mündung des Kongo. König Leopold II. von Belgien beauftragte Stanley 1882, das Kongogebiet gründlich zu erschließen. Das Ergebnis dieser Reisen war die Gründung der Kolonie Belgisch-Kongo. An die kühnen Forschertaten Stanleys erinnern heute noch der Stanley-Pool, eine seeartige Erweiterung des Kongos vor seinem Durchbruch durch die Südguineaschwelle und Stanleyville, die Hauptstadt der Ostprovinz von Belgisch-Kongo unterhalb der Stanley-Fälle.

WENDELL MERIDITH STANLEY 16. VIII. 1904 — 15. VI. 1971

Drei Forscher empfingen 1946 gemeinsam den Nobelpreis für Chemie: James B. Sumner, John H. Northrop und Wendell Meridith Stanley. Der Chemiker Stanley eröffnete durch seine Erforschung der Viren völlig neue Perspektiven an der Grenze dessen, was wir im biologischen Sinne „Leben" nennen. Er arbeitete seit 1932 am Rockefeller-Institut, wo sich die Chemiker schon seit 1900 bemühten, das Geheimnis der Viren zu ergründen. Gegen Ende des 19. Jahrhunderts hatte man entdeckt, daß bestimmte Krankheiten einen Erreger haben, der viel kleiner ist als Bakterien und mit gewöhnlichen Lichtmikroskopen nicht erfaßt werden kann. Erst mit Hilfe des Elektronenmikroskops war man in der Lage, Dutzende von Virusarten festzustellen. Seitdem weiß man, daß u. a. Kinderlähmung, Gelbfieber, Scharlach, Masern und die Tollwut durch Viren ausgelöst werden. Von da an interessierte man sich brennend für die Frage, ob jene Viren Leben im Sinne unserer Vorstellung besitzen. Man wußte nur, daß die Krankheitserreger in gewissem Grade vermehrungsfähig sind. Es war kaum vorstellbar, daß in einem Partikelchen, das nur bei äußerster Vergrößerung sichtbar wird, alle Strukturen und Stoffe vorhanden sind, die so komplizierte Stoffwechselprozesse wie etwa die Atmung bewirken. Sollte man die Partikelchen allein auf Grund der Tatsache, daß sie sich vermehren, zu den Organismen zählen? Stanley begann 1932 zu experimentieren, um diese Frage zu klären. Er fand zwar keine eindeutige Antwort, es war ihm aber möglich, die chemischen Eigenschaften zahlreicher Viren zu erforschen. Er zeigte auf, daß ein Virus in der gleichen Weise wie viele Proteine und Fermente kristallisiert werden kann und eröffnete damit einen Weg, Krankheiten, die von Viren verursacht werden, erfolgreich zu bekämpfen.

E. R. GRAF VON STARHEMBERG 12. I. 1638 — 4. I. 1701

Die Starhembergs gehörten zu dem ältesten in Wien „verburgrechten" Adel. Auf die stolze Reihe ruhmreicher Vorfahren zurückblickend, erschien es fast selbstverständlich, daß auch der im Dreißigjährigen Krieg geborene Ernst Rüdiger eine militärische Laufbahn einschlug, die schließlich 1683 ihre Krönung in der Ernennung zum Feldmarschall fand. Das erste öffentliche Amt, das er bekleidete, war das eines Kämmerers unter Kaiser Leopold I. Später wurde er Landrat und „Niederösterreichischer Regimentsrath". Als jedoch der Türkenkrieg ausbrach, bewarb er sich um eine Offiziersstelle im Heer. 1669 zum Obersten ernannt, erhielt er das Infanterieregiment 54 und bestand mit ihm ehrenvoll eine Reihe von Gefechten. 1680 wurde er Kommandant von Wien. Mit allem Nachdruck versuchte er die Befestigung der Stadt zu verstärken; der Geldmangel in der kaiserlichen Schatzkämmerei erlaubte jedoch nur die notdürftigsten Ausbesserungsarbeiten. Wien geriet in höchste Gefahr, als die Türken die Kaiserstadt zu belagern begannen. Nur der Umsicht, dem Heldenmut und der Unverzagtheit Starhembergs war es zu verdanken, daß die Stadt 60 Tage und Nächte, vom 14. Juli bis 12. September 1683, dem türkischen Ansturm standhielt. Vom Stephansturm aus beobachtete der Konmmandant die Maßnahmen der Belagerer und gab seine Befehle zur Abwehr. Als die Türken vor dem Entsatzheer abzogen, ernannte ihn der Kaiser zum Feldmarschall, beschenkte ihn mit 120 000 Reichsthalern und gab ihm die Erlaubnis, den Stephansturm in sein Wappen aufzunehmen. Bis zu seinem Lebensende war Starhemberg Chef des Hofkriegsrates.

15. IV. 1874. — 21. VI. 1957   JOHANNES STARK

Der Physiker Johannes Stark, ein gebürtiger Oberpfälzer, stammte aus altem bayerischem Bauerngeschlecht. In den vielfachen Auseinandersetzungen, an denen das Leben dieses Wissenschaftlers besonders reich war, hat er die Kampfesfreude seines Stammes oft bewiesen. Stark war bereits auf dem Gymnasium der weitaus beste Schüler in allen Fächern und ließ darüberhinaus schon früh seine großartige Sonderbegabung erkennen. Stark stellte seine aufsehenerregende Doktorarbeit während eines knappen Semesters fertig. Im Jahre 1900 begann er seine wissenschaftliche Laufbahn als Privatdozent in Göttingen und bekleidete dann Professuren in Hannover, Aachen, Greifswald und Würzburg. 1933 wurde er zum Präsidenten der Physikalisch-Technischen Reichsanstalt ernannt, trat 1939 in den Ruhestand und arbeitete bis zu seinem Tode im Jahre 1957 in seinem Privatlaboratorium. Die großen Leistungen dieses ebenso eigenwilligen wie fanatisch seiner Arbeit hingegebenen Gelehrten liegen vor allem auf dem Gebiet der Atomforschung. Ihm verdankt die Atomphysik entscheidend wichtige Erkenntnisse über die Zusammenhänge zwischen dem Bau des Atoms und seiner Lichtaussendung, also zum Problem Materie und Strahlung. Er konnte als erster nachweisen, daß ein „normales" Atom kein Licht aussendet; das erfolgt erst bei Änderungen in seinem Aufbau, die sich z. B. durch Einwirkungen starker elektrischer Felder ergeben. Er fand denn nach ihm genannten „Stark-Effekt" (Aufteilung von Spektrallinien in einem elektrischen Feld) und verhalf der Forschung zu ganz neuen Einblicken in Bau und Verhaltensweise des Atomverbandes. Dafür wurde er im Jahre 1919 mit dem Nobelpreis ausgezeichnet. Er schrieb u. a. „Die Elektrizität in Gasen" und „Die Prinzipien der Atomdynamik".

23. III. 1881 - 8. IX. 1965   HERMANN STAUDINGER

Der deutsche Chemiker und Nobelpreisträger Hermann Staudinger, ein geborener Rheinländer, ist in der ganzen wissenschaftlichen Welt bekannt. Er ist der geistige Vater der modernen Kunststoff-Chemie, deren unendlich vielseitige Produkte immer mehr in alle Bereiche des täglichen Lebens eindringen. Die rasche Entwicklung begann im Jahre 1922. Staudinger war damals 41 Jahre alt und Professor der Chemie an der Technischen Hochschule in Zürich. Er beschäftigte sich mit besonders bedeutsamen Naturstoffen, wie Eiweiß, Stärke, Zellulose, Kautschuk, und entdeckte, daß sie einen bis dahin völlig unbekannten molekularen Aufbau besitzen. Sie bestehen nämlich aus Riesenmolekülen (wissenschaftlich „Makromoleküle" genannt), in denen viele Tausende von Atomen bzw. Atomgruppen kettenartig vereinigt sind. Staudinger setzte seine Untersuchungen in Freiburg fort, wo er seit 1926 Inhaber eines Lehrstuhls ist, und konnte seine zunächst recht skeptischen Fachkollegen von der Richtigkeit der neuen Entdeckung überzeugen. Inzwischen sind die Erkenntnisse Staudingers längst Allgemeingut der Chemie geworden. Er und seine Gattin – sowie zahlreiche Mitarbeiter haben die Makromolekularchemie zu einem der wichtigsten Forschungsgebiete unserer Zeit entwickelt. Wir verdanken diesen Forschungen auch ganz neue Wege, um die komplizierten Vorgänge des „Lebens" besser verstehen zu können. Die lebende Substanz besteht hauptsächlich aus Eiweißstoffen, die sich aus Makromolekülen zusammensetzen. Ihr Entdecker hat einmal darauf hingewiesen, daß wegen der unendlichen Vielseitigkeit dieser wichtigsten Bestandteile unserer Körpersubstanz von allen auf der Erde lebenden Menschen nicht zwei „materiell" einander gleichen. Jedes Individuum sei auch körperlich eine nur einmal vorhandene Erscheinung.

KARL FREIHERR VOM STEIN 26. X. 1757 — 26. IX. 1831

Karl Freiherr vom und zum Stein widmete sein eigenes Leben mit großer Energie dem modernen, ständisch gegliederten Staat, dessen Bürger entscheidenden Anteil an der Regierung haben und deshalb in Krieg und Frieden zur Mitarbeit und Mitverantwortung bereit sind. Die Steinschen Reformen bedeuten für Preußen und auch für Gesamtdeutschland eine historische Wende. Sie haben die Gewalt des Absolutismus gebrochen, dem Handel durch Aufhebung der Binnenzölle neuen Auftrieb gegeben, die Bauern aus der Sklaverei der Erbuntertänigkeit befreit, dem Handwerk die Fesseln des Zunftwesens abgenommen, den Städten Selbstregierung gegeben, die Verwaltung modernisiert und durch die Schaffung von verantwortlichen Staatsministerien die politische Macht der Könige begrenzt. Letztes Ziel dieser gewaltigen Reformarbeit sollte die deutsche Einheit sein — ein Plan, für den Steins eigene Zeit nicht reif war. Stein stammte aus alter reichsfreiherrlicher Adelsfamilie, er studierte Jura, wurde Verwaltungsbeamter im preußischen Staatsdienst und stieg in zwanzigjähriger, erfolgreicher Tätigkeit zu den höchsten Ämtern auf. 1804 wurde er Minister und begann 1807 mit seinen großen Reformen. Von Napoleon geächtet, ging er nach Österreich, später nach Rußland und bewog den Zaren nach der Katastrophe des französischen Heeres im Winter 1812/13, sich am Befreiungskrieg gegen den Korsen zu beteiligen. Nach dem Wiener Kongreß, an dem er kaum noch Anteil hatte — Metternich war inzwischen der „Staatsmann Europas" geworden — zog sich Stein auf seine Güter zurück. Das bedeutsamste Werk dieser letzten Jahre war die Gründung der „Gesellschaft für Deutschlands ältere Geschichtskunde", die die umfassende Quellensammlung zur mittelalterlichen Reichsgeschichte, die „Monumenta Germaniae historica" herausgab.

FERDINAND STEINBEIS 5. V. 1807 — 7. II. 1893

Unter den Industriepionieren, die im 19. Jahrhundert, dem beginnenden „Zeitalter der Technik", die Grundlagen für die schnelle Entwicklung der Industrie geschaffen haben, war der Ingenieur und Wirtschaftler Ferdinand von Steinbeis einer der tatkräftigsten. Er verfügte über ein hervorragendes technisches Wissen, war Leiter der Fürstlich Fürstenbergischen Hüttenwerke und der Stummschen Eisenwalzwerke in Neunkirchen an der Saar, wo u. a. nach seinen Entwürfen ein Schienenwalzwerk errichtet wurde und wo er die ersten brauchbaren Hochöfen in Betrieb nahm. 1848 berief man ihn an die eben erst gegründete Zentralstelle für Handel und Gewerbe in Stuttgart, deren Präsident er 1855 wurde. Sein Buch „Die Elemente der Gewerbeförderung, nachgewiesen an der belgischen Industrie", hatte ihn für diesen Posten besonders empfohlen, da es viel beachtete Anregungen zur Förderung der Industrie in Württemberg enthielt. Er betrieb mit Eifer die Errichtung von Handels- und Gewerbekammern sowie einer Waren- und Effektenbörse für den Tagesverkehr und setzte sich für die Verwendung von Handstrick- und Nähmaschinen in den handwerklichen Gewerbebetrieben ein. Er gründete und leitete das „Gewerbeblatt" und die Württembergische Handelsgesellschaft zur Förderung der Ausfuhr und rief zahlreiche Industriewerke Württembergs ins Leben. Noch heute gibt es gewerbliche Fortbildungsschulen, die ihn als ihren Gründer verehren. Er erkannte den Wert von Industrie- und Gewerbeausstellungen zur Belebung des Absatzes und von ständigen Musterschauen zur Belehrung und Anregung; das von ihm gegründete „Gewerbliche Musterlager" wurde zum berühmten württembergischen „Landes-Gewerbe-Museum".

15. II. 1797 — 7. II. 1871 HEINRICH STEINWEG (STEINWAY)

In seiner Klangfülle ist der Steinway-Flügel heute noch der König unter den Geschöpfen des Klavierbaues. Es war der Deutsche Heinrich Steinweg aus Wolfshagen im Harz, der nach der Herstellung des ersten Tafelklaviers den kreuzsaitigen Bezug erfand und 1850 mit seinen vier Söhnen von Braunschweig nach New York auswanderte. Dort gründete er 1853 die Firma Steinway and Sons, deren Flügel sich die Konzertsäle der Welt eroberten, während die deutsche Firma nach dem Eintritt von Friedrich Grotrian unter dem Namen Grotrian – Steinweg weiterlebte. „Henry" begann mit seiner Fabrik in einem dreistöckigen Hinterhaus und stellte wöchentlich ein Klavier her. Nach sechs Jahren schon baute er ein neues großes Werksgebäude. In Astoria legte er riesige Lagerplätze für die edlen Hölzer an; auf dem Gelände errichtete er Werften, Bassins, Mühlen zum Sägen und Fournieren, Gießereien, Fabriken für die metallenen Bestandteile, für die Mechaniken, Holzbiegen und Schnitzereien. Die einzelnen Teile wurden von Astoria in die New Yorker Fabrik gebracht, dort zusammengesetzt und als fertige Instrumente in der Steinway-Hall zum Verkauf ausgestellt. Den 25 000. Flügel kaufte Kaiser Alexander III. im Jahre 1872. Die Firma schuf zahlreiche Patente. Hatte schon der kreuzsaitige Bezug die Harmonie veredelt – durch die Verlängerung der Saiten und den Einfluß auf die Obertöne in Baß und Diskant –, so erträgt heute der von Steinweg erfundene Eisenrahmen eine Spannung von 20 000 kg, die erst die ideale Musikalität des Instrumente ermöglicht. In einer Festschrift zum 100jährigen Jubiläum der Firma Steinway schreibt Th. E. Steinway über seinen Vorfahren: „Heinrich Steinway war zwar nur klein von Gestalt, aber willensstark, standhaft und mutig. Er trug mehr als jeder andere zur Entwicklung des Pianobaus bei..."

7. I. 1831 — 8. IV. 1897 HEINRICH VON STEPHAN

Stephans großes Werk – die moderne deutsche Post – hat alle Wandlungen der Zeit überdauert. Als er mit 17 Jahren in den preußischen Postdienst eintrat, war die Postverwaltung uneinheitlich. Die Taxen wurden nach einer Art von Wahrscheinlichkeitsrechnung erhoben, da sie niemand errechnen konnte. Das Porto eines Auslandsbriefes zum Beispiel setzte sich aus der Inlandsgebühr des Aufgabe- und des Bestimmungslandes und aller Durchgangsländer zusammen. Oft waren mehr als vierzig verschiedene Gebühren zu errechnen. Für ein Paket von München nach Bremen erhoben fünf deutsche Postverwaltungen, jede für sich, eine Inlandsgebühr. Im deutschen Postverkehr gab es 2000 Gebührenarten. Die chaotischen Verhältnisse verlangten daher gebieterisch nach einer ordnenden Hand; der junge Stephan machte bereits umsichtige Vorschläge, wie die formellen Erschwernisse beseitigt, die Gebühren herabgesetzt und ein einheitliches Verkehrsgebiet geschaffen werden könnte. Seine Pläne fanden Anklang: 1868 hatte er fast alle Regierungen Europas für seine Idee gewonnen. Er wurde von Bismarck zum Generalpostdirektor und Mitglied des Bundesrates ernannt und 1872 ins Herrenhaus berufen. Zwei Jahre später gelang ihm die Krönung seines Werkes mit der Gründung des Weltpostvereins: 22 Staaten der Erde schlossen sich zu einer internationalen Postgemeinschaft zusammen. Im inneren Postverkehr schuf er ein einheitliches Postrecht, führte die Postkarte ein, organisierte das Telegrafenwesen und, gegen alle Widerstände der Industrie und der Bürokratie, den ersten Fernsprechverkehr. Er vermehrte die Zahl der Postanstalten von 4520 auf 28 000. 1885 wurde dem verdienstvollen Mann, der Zeit seines Lebens bescheiden und anspruchslos geblieben war, der erbliche Adel, zehn Jahre später der Rang eines preußischen Staatsministers verliehen.

GEORGE STEPHENSON 8. VI. 1781 — 12. VIII. 1848

„Die Eisenbahn hat nicht ein einzelner erfunden, sondern ein ganzes Volk von Ingenieuren." So wahr dieses Wort von George Stephenson ist — schon im Altertum ließ man Fahrzeuge in Stein- oder Holzbohlenspuren laufen, 1767 wurden zum erstenmal gußeiserne Schienen verwendet, und bereits 1820 fuhren Pferdebahnen auf gewalzten Schienen —, gilt er doch mit Recht als Erfinder der Dampflokomotive im modernen Sinn und als Bahnbrecher des Eisenbahnwesens. Ihm gelang es, eine Lokomotive zu entwickeln, die durch Vielrohrkessel eine Anzugskraft von bisher nicht gekannter Stärke hatte, sich auf glatten Rädern bewegte und den bis dahin üblichen „Vollmetallrossen" das Abenteuerliche und Beängstigende nahm. Die Liverpool-Manchester-Eisenbahngesellschaft schrieb 1829 einen Wettbewerb für die beste „Lokomotivmaschine" aus. Stephenson beteiligte sich mit einer Lokomotive „The Rocket" (Die Rakete), die er von 1814 an ständig verbessert hatte. Auf der ebenen, anderthalb Meilen langen Versuchsstrecke in der Nähe von Liverpool siegte diese Maschine überlegen gegen zahlreiche Konkurrenz. Sie zog über 40 Tonnen Gewicht mit einer Geschwindigkeit von 22 Stundenkilometern. Stephenson erhielt den ausgeschriebenen Preis von 500 Pfund. Ein Jahr später verkehrten bereits regelmäßig Dampfzüge zwischen Liverpool und Manchester. 1835 fuhr auch in Deutschland zwischen Fürth und Nürnberg die erste Eisenbahn. Heute liegen auf der ganzen Erde rund 1,3 Millionen km Eisenbahnschienen. Stephenson erlebte den Beginn dieser Entwicklung noch. Er leitete in vielen europäischen Ländern die Bauarbeiten an den Eisenbahnstrecken und lieferte die nach dem Vorbild der „Rocket" gebauten Lokomotiven aus seinem später weltberühmt gewordenen Werk in Newcastle in alle Welt.

FRIEDRICH WILH. VON STEUBEN 17. IX. 1730 — 28. XI. 1794

Als Sohn eines preußischen Offiziers in russischen Diensten verbrachte Friedrich Wilhelm von Steuben einen großen Teil seiner Kinderzeit im Feldlager. Mit 17 Jahren trat er in die preußische Armee ein, wurde bald Leutnant beim Infanterieregiment v. Lestwitz und focht tapfer in den Schlachten des Siebenjährigen Krieges. Friedrich der Große holte ihn als Adjutant in seinen Stab und beförderte ihn zum Kapitän. Der Friedensdienst behagte ihm nicht, 1764 nahm er seinen Abschied und wurde Hofmarschall des Fürsten von Hohenzollern-Hechingen. Der höfischen Intrigen müde, wurde er 1775 Oberst im badischen Heer. Zwei Jahre nur hielt er es in den kleinen, langweiligen Garnisonen aus. Seine eigene Unrast und der Rat hoher politischer Freunde führten ihn über das große Wasser in das Land der Zukunft, nach Nordamerika, das die koloniale Vorherrschaft Englands abzustreifen suchte und sich auf schwere Kämpfe vorbereitete. Steuben war der Mann, den man brauchte, dringender als Pulver und Kanonen. Die amerikanische Miliz war verlottert, disziplinlos, ohne jede Ausbildung, ihre Offiziere verstanden weder etwas von Taktik noch von Strategie. Den geschlossenen, schulmäßig wie auf dem Exerzierplatz angreifenden englischen Regulären waren sie auf die Dauer nicht gewachsen. Steuben — 1778 vom Kongreß der USA zum Generalinspekteur des Heeres ernannt — schaffte gründlich Ordnung. Er gab praktische Vorschriften für den Ausbildungsdienst heraus und kümmerte sich darum, daß die Vorschriften befolgt wurden. Auch als aktiver Truppenführer gewann er beachtliche Erfolge. Als die Unabhängigkeit erkämpft und der Frieden geschlossen war, bewilligte ihm der Kongreß auf Empfehlung Washingtons für seine Verdienste um die Vereinigten Staaten eine Pension und wertvollen Landbesitz.

23. X. 1805 — 28. I. 1868 **ADALBERT STIFTER**

Sohn eines böhmerwäldischen Handwerkers, Student in Wien, Hauslehrer, Schulrat in Linz, Jahre qualvoller Krankheit, Selbstmord in der Verstörung durch unerträgliche Schmerzen — das sind die Wegmarken dieses Dichters, dessen Werk uns wie ein wuchtiges Gebirge erscheint, obwohl Stifter in den kleinen Dingen der Schöpfung das Erhabene eher verspürte als in den gewaltigen Gebilden der Natur. Groß dünkte ihn, einfach und gerecht zu sein, das Schöne zu betrachten, sich selbst zu bezwingen. Bescheidenheit, inneres Maß, Einklang mit Gott und mit sich selbst und den Menschen, waren die Gesetze, denen er folgte. Der so vorbereitete Mensch, so lehrte er, ist reif zum Erleben der Schöpfung und des Göttlichen; selbst der Alltag wird sich bei solcher Verinnerlichung beseelen. Stifter bewies es in seinen Erzählungen. Sie sind — oberflächlich beurteilt — oft nur heitere Idylle, doch jede hat Tiefe, jede öffnet Einblicke in die Hintergründe des Weltganzen. Stifter kannte auch das Dunkle und Unheimliche, Kräfte, die er immer wieder zu bannen suchte. Alle literarischen Einstufungen versagen gegenüber Stifter, den man einen Romantiker, einen Moralisten nennen könnte, ohne allerdings damit das Wesentliche ausgesprochen zu haben. Nicht auf das Gute in theoretischer Form kam es ihm an, sondern auf den harmonischen Vollzug des Guten durch die Einfügung des ganzen Menschen in die gottgewollte Ordnung. Die „Studien", „Die bunten Steine", „Der Nachsommer", die Novellen und das größte Epos der böhmischen Landschaft und des alten Reichsgedankens, der „Witiko", dieses einfache, monumentale Gemälde des Volkslebens, sind die Werke, in denen sich der dichterische Genius der Deutschen in einer nie zuvor versuchten, besonderen, dem Heiligen zugewendeten Weise ein stetes Denkmal schuf.

14. IX. 1817 — 4. VII. 1888 **THEODOR STORM**

In Husum, der „grauen Stadt am Meer", wurde Theodor Storm geboren. Er studierte Rechtswissenschaften, ließ sich als Rechtsanwalt in seiner Heimatstadt nieder, mußte aber flüchten, da er sich in der schleswig-holsteinischen Frage für Deutschland erklärte. Als politischer Emigrant trat er in den preußischen Justizdienst ein. 1864 konnte er zurückkehren und stieg zum Gerichtsrat auf. Die Heimat, das Meer und die Heide, die still, aber unerbittlich ablaufenden Konflikte in den ehrbaren Häusern der Akademiker und Handwerker gaben dem Dichter Storm die Motive für seine Erzählungen, die zu den schönsten in deutscher Sprache gehören. Storm war ein Dichter von lyrischer Versonnenheit und Schwermut; seine Werke entbehren jedoch keineswegs einer of packenden Dramatik und eines gelegentlich aufblitzenden Humors. Storms Besonderheit ist der Sinn für das Tragische. Unabwendbar vollziehen sich die Folgen jeder Handlung, der Untergang ist oft von vornherein gewiß. Die Stormsche Welt ist klar trotz ihrer Melancholie. Die Novellen wirken manchmal wie Gedichte. Die herrlichste unter den fünfzig, die er schrieb, und die lebendig gebliebene sind wie seine Gedichte, „Der Schimmelreiter", behandelt in mitreißender Sprache den Kampf mit der feindlichen See. Die sagenhafte Figur des Deichgrafen bleibt als eine der großen Gestalten deutscher Dichtung unvergeßlich. Der Grund, der ihn trägt, gleicht dem Raum, in dem die Eiche wurzelt. Während die deutsche Dichtung weithin verflachte, verkörperte Storm im Norden, wie Stifter im Süden und Südosten, die große Tradition. Fast alle seine Werke erlebten hohe Auflagen und blieben frisch und lesbar bis in unsere Zeit. Die bekanntesten Novellen Storms außer dem „Schimmelreiter" sind „Immensee", „Aquis subinersus", „Pole Poppenspäler", „Chronik von Grieshuus".

VEIT STOSS Um 1445 — 1533

Elf Jahre arbeitete der in Nürnberg geborene Veit Stoß im Auftrag der deutschen Gemeinde zu Krakau an dem riesigsten Schnitzaltar, der je geschaffen wurde und der noch heute in der Marienkirche dieser Stadt steht. Der Schrein ist fünf Meter breit; dreizehn Meter ragt das gesamte Holzgebäude himmelwärts, die Statuen sind weit überlebensgroß, die Flügel tragen achtzehn geschnitzte Reliefs. Solchen Ausmaßen entspricht die hohe Gesinnung, die das Werk erfüllt. Es stellt den Tod Marias inmitten der Apostel in einer erregten, schmerzdurchfluteten Szene dar, in die von oben Gottes herrliche Ewigkeit herabströmt. Hier hat sich die Spätgotik ihr unübertroffenes Denkmal gesetzt. Stoß, der seit 1496 wieder dauernd in seiner Vaterstadt lebte, war ein leidenschaftlicher, sich an den bürgerlichen Schranken wundreibender Geist. Als er, des Rechtes wegen, unrecht tat, wurde er eingekerkert und mit dem Brandeisen entehrt. Der Kaiser begnadigte ihn zwar, aber bis zum Tod blieb er dem Rat feind. Gesellen und Lehrlinge mieden ihn, ein Segen für seine Werke, die, von der Verflachung mitwirkender Helfer verschont, alle das Kennzeichen seiner eigenen Hand tragen, bis er zuletzt erblindete. Dieses Genie, groß als Bildhauer, Kupferstecher und Maler, dem eine ganze Schule nachfolgte und dessen begabte Söhne später an zahlreichen Orten wirkten, hat, was er anfaßte und formte, zu so absoluter Vollendung erhoben, daß Ehrfurcht und Staunen heute Dämonie, Weite und Gottnähe seines Wesens nur ahnen können. Nürnberg besitzt mehrere seiner schönsten Arbeiten, darunter den Englischen Gruß in der Lorenzkirche. In Gnesen, Wloclawec, Florenz, Langenzenn, Bamberg und Wien finden wir andere Werke von ihm, jedes kostbar und einzigartig.

STRABO Um 63 v. Chr. — 20 n. Chr.

Strabo (Strabon) gilt als einer der bedeutendsten und zuverlässigsten Geographen des Altertums. Er wurde im kleinasiatischen Amasia geboren, bereiste beobachtend und kritisch sichtend die Mittelmeerländer von Armenien bis Sardinien und von Äthiopien bis Norditalien. In Rom, dem Mittelpunkt des Imperiums und der zivilisierten Welt, ließ er sich nieder und schrieb hier u. a. sein hervorragendes, fast ganz erhalten gebliebenes Werk „Geographica" in 17 Büchern. Die ersten beiden Bücher enthalten die physikalisch-mathematischen Grundlagen der Geographie, Band 3–10 behandeln Europa, einschließlich Germanien, Band 11–16 Asien und Band 17 Afrika. Da Strabo in den jahrelangen Vorbereitungsstudien sämtliche damals vorhandenen Quellenberichte herangezogen und nur die zuverlässigsten verwendet hat, und weil er ferner vieles aus eigener Anschauung kannte, hat sein Werk „Geographica" für uns einen außerordentlichen Wert. Es ist die älteste „Länderkunde" im eigentlichen Sinne, die entsprechend der Forderung der Strabonischen Lehrmethode insbesondere den Einfluß der Natur des Landes auf die Kultur seiner Bewohner untersucht. In den Mittelpunkt seiner Beobachtungen stellte Strabo das geographisch Bleibende und nicht die zeitweiligen Veränderungen, wie sie durch Kriegszüge und den Willen von Herrschern vorübergehend erzwungen wurden. Seine „Geographie" enthält zahlreiche Hinweise auf geschichtliche Vorgänge, bedeutsame Persönlichkeiten und denkwürdige Schauplätze, die dem Historiker vielerlei wertvolle Aufschlüsse geben. Auch die Bezüge auf andere Wissenschaftszweige, z. B. die Medizin und die Mathematik, haben für uns Quellenwert. Ein weiteres Werk Strabos, ein Geschichtswerk, das den Polybios fortsetzte, ist nicht erhalten geblieben.

Um 1644 — 18. XII. 1737   **ANTONIO STRADIVARI**

Etwa 3000 Geigen, Violen, Celli, Lauten, Gitarren und Mandolinen hat Antonio Stradivari im Laufe seines langen Lebens gebaut. Davon gibt es heute in der ganzen Welt nur noch ungefähr 100 Instrumente, die als einwandfrei echt anerkannt werden. Das genaue Geburtsdatum Stradivaris ist nicht überliefert. Es ist nur bekannt, daß er 1737 im biblischen Alter von etwa 93 Jahren in Cremona gestorben ist. Schon zu Lebzeiten genoß er Weltruhm. Für seine Geigen wurden so hohe Preise bezahlt, daß in Cremona „reich wie Stradivari" eine sprichwörtliche Redensart war. Einer alten Cremonenser Familie entstammend, erfuhr er bei Nicola Amati, der ebenfalls zu den größten Geigenbauern aller Zeiten zählt, eine gründliche Ausbildung. Im Alter von etwa 50 Jahren hatte er seinen eigenen Stil entwickelt, den er fortan beibehielt. Die Modelle seiner Werkstatt wichen von denen Amatis nicht nur in der Gesamtform, sondern auch fast in jeder Einzelheit ab. Die Stradivari-Geigen zeichneten sich, bei einem Gewicht von nur 260 bis 275 Gramm, durch klangliche Fülle und große Resonanz aus, die er durch Vergrößerung des Instrumentenkörpers, eine flachere Wölbung und durch die Lackierung erzielte. Da er beim Bau von Geigen, die er mit seinem Meisternamen zeichnete, die Gehilfen nur zu untergeordneten Handlangerarbeiten heranzog, blieb das Baugeheimnis seiner Geigen, vor allem die Zusammensetzung des Lackes, gewahrt. Er hat es ins Grab mitgenommen. Nie wieder haben Geigenbauer, selbst bei genauer Nachkonstruktion, die Klangschönheit einer Stradivari-Geige erzielt. 1869 haben pietätlose Gemüter beim Abbruch der Kirche San Domenico, in der sich die Familiengruft Stradivaris befand, die darin ruhenden Gebeine in ein Massengrab geworfen. Nur die Grabplatte blieb erhalten, die heute im Museum in Cremona steht.

25. X. 1825 — 3. VI. 1899   **JOHANN STRAUSS**

Als Vater Johann Strauß, der Walzerkomponist (1804—1849), seinen Sohn ebenfalls auf den Namen Johann Strauß taufen ließ, war er fest entschlossen, den Buben nicht Musiker werden zu lassen. Nach dem Besuch des Gymnasiums und des Polytechnikums wurde Johann Strauß Angestellter in einer Bank. Er gab die Hoffnung nicht auf, einmal ganz seinen musikalischen Neigungen leben zu können. Hinter dem Rücken des Vaters lernte er Geigenspiel und Komposition und gründete schließlich als Neunzehnjähriger ein eigenes Orchester, das Stücke des Vaters und eigene Kompositionen aufführte. Nach dem Tode des Vaters ging Johann Strauß auf ausgedehnte Konzertreisen. In Petersburg dirigierte er zehn Jahre lang jeden Sommer mit beispiellosem Erfolg. Seine glanzvolle Laufbahn beschloß er als Dirigent der Wiener Hofbälle. Die Welt gab ihm den Namen „Der Walzerkönig". 479 Stücke hat er komponiert, 1867 schrieb er „An der schönen blauen Donau", den Walzer, der ihm den ersten Weltruhm einbrachte und den Neid von Johannes Brahms erweckte. „Leider nicht von Brahms" schrieb er unter die ersten Takte des Walzers, die er auf den Fächer der hübschen Gattin des Komponisten gemalt hatte. Vier Jahre später begründete Strauß die klassische Form der Wiener Operette. Wie seine Mutter ihm einst den Weg zur Musik geebnet hatte, so war es jetzt seine Frau, die ihn in das Reich der Operette führte: Henriette Treffz, die eine sehr beliebte und begabte Operettensängerin war. Strauß' bekannteste Operetten sind „Der Zigeunerbaron" und die unsterbliche „Fledermaus". Mag auch die Handlung unwahrscheinlich sein, die unerschöpflich strömende Musik bezaubert jede Generation von neuem. Sie ist Ausdruck der Volksseele Wiens, der Stadt des Walzers.

449

RICHARD STRAUSS   11. VI. 1864 — 8. IX. 1949

Der weltberühmte Komponist war ein Sohn Münchens. Sein Vater war dort Waldhornvirtuose im Hoforchester, die Mutter stammte aus der Bierbrauerfamilie Pschorr. Mit fünf Jahren schon begann sein Musikstudium, mit zwanzig dirigierte er in Meiningen seine Serenade für Blasinstrumente op. 7, ein Jahr später war er herzoglicher Hofmusikdirektor. Diesen erstaunlichen Aufstieg verdankt er sowohl seiner musikalischen Begabung, als auch Hans von Bülow und dem Geiger Alexander Rither. Mit vierundzwanzig schrieb er den „Don Juan", ein symphonische Dichtung nach dem Drama von Lenau. Dieses Frühwerk wird von vielen für sein bestes gehalten. Damals begann seine Liebe zu der Sängerin Pauline de Ahna, die er sieben Jahre später heiratete. Sein äußeres Leben verlief in ruhigen Bahnen: Kapellmeister, Hofdirigent und Generalmusikdirektor in Berlin, Leiter der Wiener Staatsoper, Dirigent fast aller großen europäischen Orchester, Reisen in die Musikmetropolen der Welt mit langen Ruhepausen in Garmisch, wo er sich dann endgültig am waldreichen Fuße des Kramer niederließ. Seine Opern wurden in der ganzen Welt gespielt. Richard Strauß blieb immer ein Kosmopolit, auch in den Themen seiner musikalischen Dichtungen. Im Kreis der Opern finden sich Titel wie „Guntram", „Salome", „Elektra", „Adriane auf Naxos", „Daphne", „Die Liebe der Danae" sowie rein heimische wie „Intermezzo" oder der bezaubernde „Rosenkavalier". Von den musikalischen Dichtungen sind besonders zu erwähnen die „Domestica", die „Alpensymphonie", der „Till Eulenspiegel", „Tod und Verklärung", „Also sprach Zarathustra" und „Don Quichote". Berühmt wurden auch seine Liedkompositionen und eine Reihe absoluter Musikwerke von denen sein letztes, „Die Metamorphosen", die Zuhörer durch tiefe Innerlichkeit ergreift.

IGOR STRAWINSKI   18. VI. 1882 - 6. IV. 1971

Wohl kein Musiker der unmittelbaren Gegenwart besitzt eine so farbige Tonplatte wie dieser wahrhaft internationale Komponist, dessen Heimat die Welt ist. In Oranienbaum bei Petersburg als Sohn eines Bassisten an der Kaiserlichen Oper geboren, ist er sowohl im slawischen Volkstum wie in Paris, in der Schweiz wie in Amerika zu Hause. Nach dem Zweiten Weltkrieg erwarb er die amerikanische Staatsbürgerschaft. Seine Eltern wollten von der Musik als Lebensberuf nichts wissen und ließen den Sohn Jura studieren. Igor aber nahm als Liebhabermusikant Unterricht bei Rimskij-Korssakow. Das juristische Studium wurde aufgegeben. Es vergingen jedoch einige Jahre, bis der berühmte Komponist das naturhafte Talent seines Schülers erkannte. — Strawinski trank aus vielen Quellen der europäischen Musikkultur; von Pergolesi, Mozart, Bach, Wagner, Verdi finden sich Anklänge in seinen Werken. Er schuf sich im „Frühlingsopfer" (Sacré du printemps) seine eigene urtümliche Musik, er huldigte Griechenland in der Musik zum „Ödipus Rex" und im Ballett „Apollon Musagète (Musenführer), er komponierte Jahrmarktmusik um den russischen Hanswurst im Ballett „Petruschka", er schuf eine Messe und die „Psalmsymphonie", er gab höchst malerische Artistik in seinem „Feuerwerk" (Feu d' artifice) und im Ballett „Der Feuervogel" und durchstreifte die Märchen und die Zauberwelt in seiner „Geschichte vom Soldaten". Strawinski ist dämonisch und erhaben feierlich, bewußt primitiv und raffiniert mondän, romantisch und neuklassisch — er durchläuft alle Skalen, Stile und Stoffe einer späteuropäischen Entwicklung, ein Genie der Auswahl ohnegleichen, der allerdings oft auch den groteskesten Einfällen nachgibt. Rhythmik und der Einfallsreichtum der Instrumentation haben ihn in die Spitzengruppe zeitgenössischen Musikschaffens gestellt.

10. V. 1878 — 3. X. 1929 GUSTAV STRESEMANN

Die Weimarer Republik ist in ihrer Umgrenztheit geradezu ein Musterfeld für die geschichtliche Erforschung. Wer nach den Persönlichkeiten jener Zeit fragt, wird immer auch den Namen Stresemann hören. Gustav Stresemann erhielt über sein Vaterland hinaus Weltgeltung, weil er das isolierte Nachkriegsdeutschland wieder in die Völkergemeinschaft der Welt zurückgeführt hat. Als Philipp Scheidemann am 9. November 1918 in Deutschland die Republik ausrief, galt der Reichstagsabgeordnete der kaiserlichen Zeit, Stresemann, noch als der „junge Mann" Ludendorffs, als Imperialist und strenger Monarchist. Später wandelte sich seine Gesinnung. Er suchte um Aufnahme in die Demokratische Partei nach. Als sein Antrag abgelehnt wurde, gründete er die Deutsche Volkspartei, die zuerst Oppositionspartei war, später Regierungspartei wurde. Als Führer dieser Partei gewann Stresemann nach und nach an Einfluß im staatlichen Leben, so daß er schließlich 1923 zum Außenminister und Reichskanzler bestellt wurde. Er geriet noch im gleichen Jahre in einen Strudel innenpolitischer Auseinandersetzungen. In Sachsen brachen Unruhen aus, im Rheinland erstarkten die separatistische Bewegung und der Druck der Besatzung, der Wert der Mark sank in inflationistische Tiefen. Gestützt auf ein Ermächtigungsgesetz, leitete er die Stabilisierung der Währung ein und begann nach Aufgabe des Reichskanzleramtes, als Außenminister um eine echte Verständigung mit Frankreich zu ringen. Gegen den Widerstand der Rechtsparteien schloß er mit Briand 1925 das Locarno-Abkommen und ermöglichte Deutschlands Beitritt zum Völkerbund. Schließlich schuf er mit der Ausarbeitung des Young-Planes (1929) die Voraussetzung für die vorzeitige Räumung des Rheinlandes durch Frankreich und Belgien. Für seine Friedenspolitik erhielt er zusammen mit Briand 1926 den Friedensnobelpreis.

22. I. 1849 — 14. V. 1912 AUGUST STRINDBERG

Strindberg war der „Sohn einer Magd", dreimal unglücklich verheiratet; er kannte das Gespenst der modernen Angst, die er im „Inferno" beschrieb, er konnte hassen bis zur Krankhaftigkeit und schuf trotz seiner überreizten Empfindlichkeit ein hochdichterisches Werk in allen Kunstgattungen und Zeitströmungen, das in der schwedischen Gesamtausgabe 55 Bände umfaßt. Naturalismus, Realismus, Symbolismus, Expressionismus waren Mittel seines reichen, wandlungsfähigen Stils. Er befaßte sich auch mit den Naturwissenschaften, machte chemische Experimente auf okkulter, alchimistischer Grundlage und veröffentlichte auf diesem Gebiet einige Schriften — ein Faust, der im Reich der Wirklichkeit ebenso zu Hause war wie in den Bezirken der Magie und einer suchenden Religiosität. Seine zahlreichen Dramen hatten fast alle Bühnenerfolg: „Totentanz", „Der Vater", „Wetterleuchten", „Die Brandstätte", die „Gespenstersonate", „Der Scheiterhaufen", „Die Kronenbraut" — eines der großen Schauspiele aus der Geschichte seines Landes —, „Gustav Wasa", „Erik XIV.", „Karl VII.", „Christina" und „Gustav III.". Strindberg ist außerdem der Verfasser zahlreicher Romane und Novellen, von denen „Die Inselbauern" und „Das Inselmeer" zu den besten gehören. Er gründete eine eigene Bühne und ließ dort seine zeit- und menschenverächterischen Kammerspiele aufführen. In seinen Sturm- und Drangjahren ein Kirchengegner, fand er später zum Christentum zurück. Ein eindeutiges Beispiel dafür ist sein Passionsspiel „Ostern". Er starb mit dem Neuen Testament in der Hand. Sein Einfluß auf die moderne Dichtung, besonders auf das naturalistische und expressionistische Drama ist oft überschätzt worden. Trotzdem bleibt ihm das Verdienst, einer der großen literarischen Anreger seiner Zeit gewesen zu sein.

JOHANN FRIEDRICH STRUENSEE 5. VIII. 1737 — 28. IV. 1772

Ein Zeitgenosse schrieb über den großen Günstling und Emporkömmling am dänischen Hof: „Er hatte eine Gewandtheit des Charakters, die ihm beständig eigen blieb." Soviel Spott hat Struensee gewiß nicht verdient, seine Eigenschaften und Kenntnisse hätten ihn sehr wohl dazu befähigt, einen günstigen Einfluß auf die Regierung des dänischen Reiches und seinen Herrscher auszuüben. Seinem Erfolg stand der Leichtsinn entgegen, mit dem er seine Feinde bei Hofe übersah. Der in Halle geborene Stadtphysikus war 1768 als Leibarzt Christians VII. an den dänischen Hof gekommen und hatte rasch das Vertrauen des Königs gewonnen. Mit der jungen Königin Carolina Mathilda, die in unglücklicher Ehe lebte, verband ihn ein Liebesverhältnis, das er dazu benützte, die Macht ganz in seine und der Königin Hände zu bekommen. Der Hang des schwachsinnigen Königs zu rauschenden Festen und Zerstreuungen kam ihm dabei sehr entgegen. Im Jahre 1770 entließ der König auf Betreiben Struensees den aus dem Hochadel bestehenden Staatsrat. Struensee wurde in den Adelsstand erhoben und durch den Titel Geheimer Cabinettsrat ausgezeichnet. Sein Ziel war erreicht, er besaß die volle Macht über Dänemark. Aber diese Macht brachte dem Ehrgeizigen den Haß des Adels und den Zorn des ganzen dänischen Volkes ein. Nur noch die junge Königin hielt zu ihm. Eine Verschwörung machte seiner Karriere am 17. Januar 1772 ein Ende. Während eines Hoffestes wurden Struensee und seine Anhänger verhaftet; der König selbst hatte den Haftbefehl unterschrieben. Graf Ranzau, der Führer des Aufstandes, nahm auch die junge Königin gefangen und brachte sie nach Schloß Kronenberg. Struensee und der Königin wurde der Prozeß gemacht, Karoline Mathilde des Landes verwiesen, Struensee enthauptet.

HERMANN SUDERMANN 30. IX. 1857 — 21. XI. 1928

Als der in Matzicken in Ostpreußen geborene, zum Apotheker bestimmte und nach einem Literaturstudium Redakteur gewordene Sudermann mit seinen ersten Schauspielen, besonders mit der „Ehre", die Bühnen des In- und Auslandes eroberte, verglich man ihn mit dem gleichaltrigen Gerhart Hauptmann. In diesen beiden schien sich der damals wie eine Offenbarung vordringende Naturalismus am genialsten zu bekunden. Doch als die Berliner Kritik gewisse Schwächen Sudermanns aufdeckte, galt es als Beweis tiefgründiger Literaturkenntnis, ihn zu belächeln. Er mochte schreiben, was er wollte, alles wurde von den Kritikern verhöhnt, während Theater und Schauspieler ihm treu blieben; seine Stücke, keines ohne arge Mängel, alle im Grunde nicht naturalistisch, sondern wirklichkeitsfern, waren durch virtuose Technik und durch ihre Gestalten außerordentlich bühnenwirksam, geschaffen von einem dramatischen Talent von ungewöhnlicher Kraft. Dieser Dramatiker, dem kein einziger künstlerisch vollendeter Wurf gelang, der die Probleme nicht löste, sondern nur „anrührte", erreichte, was ihm hier versagt blieb, als Erzähler: eine dichterische Erfüllung, die ihm einen Ehrenplatz in der Literaturgeschichte sichert. Seine Romane „Frau Sorge" und „Der Katzensteg" haben Atmosphäre, reiches, unverfälschtes Leben. Die gestaltende Macht des Dichters ist in diesen Werken überzeugend und erhöht sich noch in den „Litauischen Geschichten", in denen Heidnisches und Urtümliches seiner Heimat einen großartigen Ausdruck finden. Noch mehrmals bewährte sich Sudermanns epische Begnadung, vornehmlich im Roman „Der tolle Professor", dessen naturalistische Darstellungsweise voll Unmittelbarkeit und Fülle ist. Mit seinem „Bilderbuch meiner Jugend" schenkte Sudermann seinen Freunden eine fröhliche, bunte Altersgabe.

138 — 78 v. Chr. **LUCIUS CORNELIUS SULLA**

Die Römer sagten, Sulla sei halb Löwe, halb Fuchs, und der Fuchs in ihm sei am gefährlichsten. Gebildet, geistreich, den Soldaten ein hilfsbereiter Kamerad, mutig bis zur Tollkühnheit, lebensfroh, unempfindlich gegen Tadel und Lob, kunstliebend und ohne großen Ehrgeiz, nachsichtig, manchmal von grausamer Strenge, bewältigte er alle Aufgaben, die ihm die Ämterlaufbahn eines vornehmen Römers stellte, auf ungewöhnliche Weise. Als Feldherr gewann er jede Schlacht, als Staatsmann jede Auseinandersetzung. Überzeugt von seinem Stern, nannte er sich „Felix" (der Glückliche). Er beendete den jahrelang schwebenden Numidischen Krieg, indem er durch einen abenteuerlichen Ritt in das Land des Feindes die Auslieferung König Jugurthas erreichte, kämpfte erfolgreich gegen Cimbern und Teutonen, vernichtete die Samniten im Bundesgenossenkrieg und erhielt den Oberbefehl des gegen König Mithradates in Kleinasien operierenden Heeres. Die Abwesenheit Sullas gab seinem großen innerpolitischen Feind Gaius Marius Gelegenheit, sich Roms zu bemächtigen. Heimgekehrt, besiegte Sulla die Marianer in schwersten Kämpfen und machte sich zum unbeschränkten Diktator des Reiches. In den schrecklichen „Proskriptionen" ließ er über viertausend politische Gegner ächten. Jedermann durfte sie töten, der Denunziant erhielt einen Teil des Vermögens. Sulla ließ das Unrecht geschehen, weil ihm das entsetzte Schweigen der gegnerischen Partei Gelegenheit gab, ungestört die Verfassung nach altrömischen Grundsätzen zu reformieren. Auf dem Gipfel der Macht bewies er die an ihm oft bemerkte Gleichgültigkeit für persönliche Vorteile. Überraschend legte er alle Würden nieder, zog sich in die Einsamkeit seines Landgutes zurück, fischte, jagte und schrieb seine Erinnerungen, ein einsamer, spöttischer Weiser.

12. XI. 1866 — 12. III. 1925 **SUN-YAT-SEN**

Der Einbruch der neuen Zeit mit ihren Ideen von Freiheit, Gleichheit und Brüderlichkeit begann in China mehr als hundert Jahre später als in den Ländern des Westens der Erde. Jahrtausende hindurch galt in China die monarchisch-absolutistische, patriarchalische Ordnung des Kaisertums. Um die Jahrhundertwende hatte die Mandschu-Dynastie schon seit mehr als zweihundertfünfzig Jahren den „Thron des Himmels" inne, starr den alten Prinzipien anhängend, unzugänglich für die Stimmen und Forderungen der Zeit. Der Führer der Jung-Chinesen, die als ihr Ziel die Revolution und den Sturz der Mandschu-Dynastie propagierten, war Sun-Yat-sen, der auf westlichen Schulen erzogene Sohn eines zum Christentum übergetretenen Landpächters. 1905 gründete er mit Hilfe der fortschrittlichen Studenten und der aufgeklärten Kaufmannschaft die Partei der Kuo-min-tang. Ziele der revolutionären Bewegung waren: Abschaffung des korrupten und staatsfeindlichen Kaisertums der Mandschu, Reformierung der unfähigen inneren Verwaltung, Neuformung der Justiz, Hebung der Volksbildung, Befreiung der heiligen chinesischen Erde von der Herrschaft der Fremden. In drei Stationen sollte der Weg zur inneren und äußeren Freiheit Chinas zurückgelegt werden: durch Revolution, Erziehung und Schaffung demokratischer Institutionen. Die militärischen Erfolge der aufständischen Kuo-min-tang zwangen im Februar 1912 die Kaiserinwitwe Lung-jü zur Abdankung, am 14. Februar 1912 wurde feierlich die chinesische Republik gegründet. Revolutionswirren ließen das Land auseinanderfallen. Sun-Yat-sen wurde Präsident der südchinesischen Republik, die sich trotz ideologischer Bedenken stark der Sowjetunion zuneigte. Nach seinem Tode machte sich Tschiang-Kai-schek, einer der vielen Revolutionsgenerale, zum Herrn über ganz China.

FRANZ VON SUPPÉ   18. IV. 1819 — 21. V. 1895

Die alte Donaumonarchie ist eines der seltenen Großreiche gewesen, in denen auch die Politik zur Kunst wurde und das Regierungsgeschäft sich in die Praxis der Menschenbehandlung verwandelte. Nur so war es möglich, nicht nur die größte europäische Grenze zu halten, sondern auch den bunten Völkern des Reiches ein Heimatgefühl und das Bewußtsein der Teilhabe an einer gemeinsamen Kultur zu geben. Das stärkste verbindende Element war die Musik; sie hatte ihre Mittelpunkte in Wien wie in der Provinz. Mozart dirigierte in Prag; Budapest, Preßburg, das Schloß des Fürsten Esterhazy auf dem flachen Lande — hier dirigierte und komponierte Haydn — empfingen den Strom gemeinsamer Musik oder schickten ihre Talente nach Wien. Das gilt vor allem für das Gebiet der Operette neuerer Prägung bis auf Lehár. Auch der Komponist Franz von Suppé wurde außerhalb der Landesgrenzen geboren, im dalmatinischen Spalato (Split), war aber ein ganzer Österreicher, der, zumal mit seinen Operetten, neben Johann Strauß bestehen kann. Er gehört zur Offenbach-Schule. Zu nennen sind vor allem die „Schöne Galathee" mit ihrer klassischen Ouvertüre, ferner „Boccaccio", „Fatinitza", „Leichte Kavallerie", „Donna Juanita", „Flotte Burschen" und „Zehn Mädchen und kein Mann". Außerdem schrieb er — er war Theaterkapellmeister in Preßburg und Wien — zahlreiche Bühnenmusiken zu Possen, Singspielen und Balletten. Die Ouvertüre zu „Dichter und Bauer", das Lied „O du mein Österreich" aus dem Singspiel „Alraune" sind indessen unsterblich geworden; sie haben seine ernste Musik — Sinfonien, Streichquartette, Messe, Requiem — überlebt. Suppé war Kapellmeister am Wiener Josephstädter Theater, am Theater an der Wien und am Carl-Theater.

EMANUEL VON SWEDENBORG   29. I. 1688 — 29. III. 1772

Der schwedische Gelehrte Emanuel von Swedenborg, der 1719 geadelt wurde, ist weniger durch seine naturwissenschaftlichen Arbeiten und seine Tätigkeit als Bergwerksassessor in Stockholm bekannt geworden als durch seine mystisch-theosophischen Lehren. Schon in seiner ersten Schrift „Opera philosophica et mineralogica" (1734) entwarf er ein System der Natur, das auf den umfassenden Gedanken eines engen mechanischen und organischen Zusammenhanges aller Dinge gegründet war. Ganz logisch wandte er dann dieses System auf die gesamte belebte Welt einschließlich des Menschen an. In seinen Schriften ging er im einzelnen auf diese Fragen ein. In der weiteren Folge seiner inneren Entwicklung kam er zu der theosophischen Auffassung, daß Gott ihn berufen habe, eine neue Kirche, die Johanniskirche, vorzubereiten. Er war fest davon überzeugt, daß der Mensch durch Meditation schon auf Erden einen Einblick in die höheren Welten erhalten und dadurch sich seines göttlichen Selbst bewußt werden könne. Er sprach auf Grund seiner „göttlichen Offenbarungen" von dem Zusammenhang zwischen der Geister- und der Menschenwelt. Eingehend hat er hierüber in seiner Schrift „Arcana coelestica" berichtet. Unermüdlich warb er für seine Anschauungen in weiteren Werken („De nova Hierosolyma et eius doctrina" und „De coelo et inferno" [1758], „Apocalypsis explicata" [1761] und „Vera christiana religio" [1771]). Obwohl Swedenborg keine geschlossene Sekte gründen wollte, gewann er zahlreiche Anhänger, die als „Swedenborgianer" nicht nur in Schweden, sondern auch in Deutschland, England, Polen und Amerika für seine Ideen eintraten. Die Swedenborgschen Gedanken waren eine Reaktion auf die Ansichten der Aufklärung, die alles Geschehen der Welt mit Logik und nüchternem Verstand hatte erklären wollen.

30. XI. 1667 — 19. X. 1745   JONATHAN SWIFT

Er wurde in Irland als Sproß einer englischen Familie geboren, und ist einer der wenigen Theologen in der Literaturgeschichte, die zur satirischen Feder griffen, um Mißstände zu geißeln. Seine erste Schrift, „Die Schlacht der Bücher", ironisierte den Streit um den Vorrang der antiken oder der modernen Literatur. Als anglikanischer Geistlicher griff er die anderen christlichen Bekenntnisse, besonders die Kalvinisten, in ihren kirchlichen Sonderformen an. Später gründete er die erste englische Zeitschrift mit politischen Leitartikeln, den „Examiner". Er trat für das Vorrecht der irischen Kirche ein, forderte den Boykott der englischen Industrie und deckte verschiedene Skandale am Hofe Georgs I. auf. Swift war inzwischen vom Sekretär des Staatsmannes Sir William Temple zum wohlbestallten Pfarrherrn verschiedener irischer Pfarreien aufgerückt, zog es aber vor, sich in den Ämtern vertreten zu lassen, um in London als politischer Publizist wirken zu können. Seine politischen Schriften sind verschollen — unsterblich aber wurde er durch seine satirischen Reisebeschreibungen „Gullivers Reisen", die 1726 erschienen. Das Ganze scheint auf den ersten Blick ein Kinderbuch zu sein, das von Riesen, Zwergen und Pferden handelt. Gulliver in Liliput oder im Riesenlande Brobdingnag verspottet in Wirklichkeit jedoch durch solche Vergrößerungen oder Verkleinerungen die Zeitläufe in England und die Dummheit und Bosheit der Menschen. Neben seiner menschenverachtenden Kulturmüdigkeit offenbart Swift aber auch ein zart liebendes Herz im „Tagebuch an Stella". Goethe kannte es und wurde durch Swifts Herzensbekenntnis zu seinem Drama „Stella" angeregt, in dem der Held zwischen zwei liebenden Frauen steht. Jonathan Swift, einer der größten Prosadichter Englands, lebte die letzten Jahre seines Daseins in völliger geistiger Umnachtung.

* 16. IX. 1893   ALBERT VON SZENT-GYÖRGYI

Die Zeitungsjungen der ungarischen Stadt Szeged machten am 28. Oktober 1937 das Geschäft ihres Lebens, als sie die Schlagzeilen ausriefen: „Der erste Nobelpreis für Ungarn!", besonders da der Ausgezeichnete zu dieser Zeit ein Lehrer der Universität Szeged war. Der in seiner Heimat begeistert gefeierte Preisträger hielt unterdessen in Stockholm seinen Nobelpreisvortrag über das Thema: „Die Gewinnung von Ascorbinsäure aus pflanzlichen Nahrungsmitteln". Der Wissenschaftler mußte weit in die Vergangenheit zurückgreifen, um die Bedeutung seiner Entdeckung hervorzuheben. Jahrhundertelang waren die Seefahrer auf ihren langen Reisen über die Ozeane immer wieder von einer schrecklichen Krankheit befallen worden. Ihr Zahnfleisch blutete, sie verloren an Gewicht und siechten in kurzer Zeit dahin. Man nannte diese Krankheit Skorbut. Als man den Seefahrern frisch konserviertes Obst und Gemüse mit auf die Reise gab, war zwar ein Gegenmittel gefunden, die Erscheinungen selbst blieben genau so rätselhaft wie bisher. Erst 1909 erkannten deutsche Wissenschaftler den Skorbut als Mangelkrankheit. Der Stoff, auf dessen Mangel der Körper so verhängnisvoll reagierte, war das Vitamin C. Nur dieses Vitamin war in der Lage, die dem Körper zugeführten Nahrungsmittel zur Wirkung zu bringen. Fehlte es, trat jene Mangelkrankheit auf, die in der Seefahrt einst so gefürchtet gewesen war. Szent-Györgyi hatte sich mit dem geheimnisvollen Vitamin seit Beginn seines Studiums beschäftigt. Durch einen Zufall entdeckte er in der Paprikaschote die Frucht, die das Vitamin C in so ausreichendem Maße enthielt, daß man es kristallisieren und schließlich auch seine chemische Zusammensetzung bestimmen konnte. Seit man das Vitamin C künstlich herstellen kann, ist für den Arzt die Behandlung der Mangelkrankheit Skorbut leicht gemacht.

CORNELIUS TACITUS Um 55 — um 120

Um Rang und Zuverlässigkeit des großen römischen Historikers recht zu begreifen, genügt der Hinweis darauf, daß aus der Flut der Werke, die sich in vielen Jahrhunderten mit den Vorfahren der Deutschen beschäftigten, immer noch das früheste, die „Germania" des Tacitus, hervorragt. Der Bericht „Von Ursprung, Beschaffenheit, Sitten und Stämmen der Germanen" ist nur ein schmaler Band, aber stofflich und gedanklich so dicht gedrängt, daß jeder Satz Neues und Wichtiges bringt, plastisch in der Schilderung, klar im Urteil, wuchtig in Stil und Sprache. In dem fast zur Dichtung gesteigerten Bericht versäumt Tacitus nicht, die sittliche Reinheit und Frische dieses Naturvolks besonders hervorzuheben, aber er verschweigt auch nicht, was sie noch zu Barbaren stempelt. Das Werk enthält eine solche Fülle von volkskundlichen und geschichtlichen Einzelheiten, daß die „Germania" trotz ihrer Kürze ein umfassendes Lebensbild der Germanen dieser Zeit wiedergibt. Tacitus, der lange in hohen Ämtern stand, Prätor, Konsul und Statthalter der Provinz Asia war, beschrieb im selben Jahr, als er die „Germania" verfaßte, den Lebenslauf seines Schwiegervaters Agricola, des einstigen Statthalters in Britannien. Die bedeutendste Leistung vollbrachte er mit den dreißig Bänden der „Annales" und „Historiae", von denen nur zwölf erhalten blieben. In ihnen besitzen wir unschätzbare Gemälde der Epoche zwischen Augustus und Nero und der flavischen Ära, in einer glänzend komponierten, anschaulichen, spannenden und hinreißenden Darstellung. Man versteht, daß dieser überlegene, die alten Tugenden Roms bewahrende Geist von dichterischer Ausdruckskraft auf die Kulturnationen des Abendlandes einen starken, den heroischen Sinn fördernden Einfluß ausübte.

RABINDRANATH TAGORE 6. V. 1861 — 7. VIII. 1941

Die Sehnsucht des früh mutterlos Gewordenen nach Mutterliebe und die Erfahrungen der eigenen freudlosen, durch Lehrer überforderten Jugend durchziehen alle Werke des indisch-bengalischen Dichters, Philosophen und Kulturkritikers Rabindranath Tagore, der 1861 in Kalkutta als Sproß einer in Indien weitbekannten Künstler- und Philosophenfamilie geboren wurde. Obwohl tief in der uralten Kultur seiner Heimat verwurzelt, beklagte er das Kastenwesen und strebte ein Gemeinschaftsideal an, das auch für das Abendland gelten sollte. Auf vielen Reisen durch Europa hat er versucht, die abendländische Wesensart zu ergründen. Obwohl er der Kultur des Westens viel Positives zuerkannte, blieb sie ihm fremd; er flüchtete immer wieder in jene uralt-indische Innerlichkeit und Weltabgeschiedenheit, die auf den europäischen Menschen mystisch und weltfremd wirkt. Für Tagore ist typisch die Gleichstellung von Leben und Erkennen: Wer nicht erkennt, hat nicht gelebt, ist nicht zur Persönlichkeit geworden. Er wehrt sich gegen die Theorie, daß der körperlich und materiell Stärkere sich durchsetze; diese europäische Irrlehre verwandle die Welt in eine Wüste der Berechnung, die alle Dinge furchtbar vereinfache und das Leben seines Geheimnisses beraube. Das Heil der Welt sieht Tagore in der wirklichen Erlösung von der Sünde, das heißt: in der Überwindung des Priesterbegriffes, mit dem notwendig die Anmaßung verbunden sei, durch Formeln und Tempelbräuche von der Sünde zu befreien, die in Wahrheit nur durch innerliches Reifen und durch Entwicklung der Persönlichkeit überwunden werden könne. Von seinen zahlreichen Werken, die die Lyrik, Epik, Dramen und Essays umfassen, übersetzte er viele in ein oft bewundertes Englisch. An seiner berühmten Musterschule in Schantiniketan versuchte er, das Ideal einer freiheitlichen, verinnerlichten Erziehung zu verwirklichen.

13. II. 1754 — 17. V. 1838   **M. DE TALLEYRAND-PÉRIGORD**

Sproß einer alten Adelsfamilie — wurde Charles Maurice de Talleyrand-Périgord Geistlicher; eine Mißbildung des Fußes hatte ihn von der militärischen Laufbahn ausgeschlossen. Geschickt und wendig, stieg er schnell auf der hierarchischen Stufenleiter empor. Beim Ausbruch der Revolution unterstützte er die Forderungen des Dritten Standes und war maßgeblich am Zustandekommen der „Zivilkonstitution für den Klerus" beteiligt. Als er auf diese den Treueid leistete und sogar so weit ging, selber die Enteignung der Kirche zu beantragen, belegte ihn der Papst mit dem Bannstrahl. Seiner kirchlichen Würden und Ämter entledigt, begann Talleyrand die diplomatische Laufbahn, 1792 wurde er als Botschafter nach London geschickt, aber nach kurzer Tätigkeit, geheimer Verbindungen mit Ludwig XVI. verdächtigt, zurückberufen. Erst 1796, als ihn der mächtige Barras protegierte, wagte er sich nach Frankreich zurück. Ein Jahr später war er Außenminister der Republik und blieb es bis 1799. Früh genug schlug er sich auf die Seite Napoleons, unterstützte den Staatsstreich vom 9./10. November 1799 und wurde wieder Außenminister. Auch von Napoleon löste er sich im rechten Augenblick; 1807 legte er sein Amt nieder und wurde, zusammen mit Fouché, Mittelpunkt der geheimen Opposition gegen den Kaiser, nach dessen Sturz er abermals, diesmal von Ludwig XVIII., zum Außenminister ernannt wurde. Nach den Hundert Tagen bildete er eine neue Regierung. Der Machtkampf zwischen ihm und Fouché endete mit der Entlassung beider Konkurrenten. Talleyrands Spürsinn ließ ihn nach dem Tode Ludwigs das Ende der Bourbonen voraussahnen. Frühzeitig setzte er auf Louis und gelangte durch die Julirevolution wieder in die politische Ära. Von 1830 bis 1834 hatte er den wichtigen Botschafterposten in London inne.

11. III. 1544 — 25. IV. 1595   **TORQUATO TASSO**

Ludwig Ganghofer erzählte im kleinen Kreise gern die folgende Anekdote: er habe sich einmal in der Campagna verirrt, schließlich hungrig und durstig ein Bauernhaus entdeckt, wo er von der Bäuerin reichlich bewirtet worden sei. Auf die Frage nach seiner Schuldigkeit habe ihm die Bäuerin geantwortet: „Zahlen Sie mit ein paar Versen von Tasso." In der Tat sind die Gedichte des unglücklichen italienischen Dichters heute noch in weiten Kreisen des italienischen Volkes genau so lebendig, wie sie es auch für die deutschen Romantiker waren. Torquato Tasso, Sohn eines Dichters, dessen Ritterepos „Floridante" er vollendete, schrieb schon als Student den „Rinaldo", ein Epos voll wilderregter Handlung. Mit 21 Jahren kam er als Gefolgsmann des Kardinals Luigi d'Este nach Ferrara und gehörte fortan zum Hofstaat des Herzogs Alfonso II. Sein erster Biograph Manso behauptet, er habe sich in die Fürstin Leonore verliebt und dadurch den Haß einiger Höflinge erregt. Diese Legende diente Goethe als Vorwurf für sein Drama „Tasso". In Ferrara entstand das reizvolle Schäferspiel „Amienta". Dort plante er auch ein Epos, das Vergils „Aeneis" übertreffen sollte, und begann mit der Darstellung des ersten Kreuzzuges in wohllautenden Stanzen: „Das befreite Jerusalem" (La Gerusalemme liberata), das seinen Weltruhm begründete (1575). Ein Jahr später wurde sein Verstand durch eine gefährliche Geisteskrankheit getrübt. Er mußte zeitweise im Irrenhaus interniert werden, schuf aber in lichten Stunden und Tagen seine geistvollen philosophischen Zwiegespräche in Prosa: „I dialoghi". Papst Klemens VIII. wollte ihn zum Dichter krönen, doch Tasso starb kurz vorher im Kloster San Onofrio bei Rom. Er verband in seiner Dichtung klassische Form mit christlicher Romantik.

FRANZ VON TAXIS
1460 — 1517

Reitende Boten von Schloß zu Schloß, von Stadt zu Stadt — das waren vom Karolingischen Reich bis zum Beginn der Neuzeit neben den Handelsfahrern die einzigen Nachrichtenübermittler. Ein Postwesen in unserem Sinne, das jedem zum Gebrauch offenstand, gab es im Mittelalter nicht. Die erste ununterbrochene Postverbindung schuf im 15. Jahrhundert Franz von Thurn und Taxis, ein Edelmann aus Bergoma. Er richtete einen ständigen Verkehr zwischen dem Hofe Kaiser Maximilians I. in Wien und dessen Sohn Philipp in Brüssel ein. Als Philipp 1504 König von Spanien wurde, verlängerte Taxis die Poststrecke über Frankreich bis nach Madrid. Fortan fuhren die Thurn und Taxis-Postkutschen auf allen Straßen des Reiches. Erst als Heinrich von Stephan, der erste Generalpostmeister, das Postwesen Deutschlands ordnete, mußten sie ihren Betrieb einstellen — entschädigt durch den Besitz einiger Fürstentümer, zahlreicher Rittergüter und Herrschaften mit insgesamt fast 2000 Quadratkilometern Landbesitz und 100 000 Einwohnern. Die Taxis-Post war jahrhundertelang Inbegriff der Zuverlässigkeit. Ein Brief von Brüssel nach Innsbruck benötigte im 16. Jahrhundert im Sommer nur fünfeinhalb Tage, im Winter einen Tag mehr. Die Familie Thurn und Taxis haftete den Reichsbehörden mit ihrem gesamten Besitz für die genaue Ausführung der vertraglich festgelegten Verpflichtungen. König Philipp hatte sich gegenüber Franz von Taxis das Recht vorbehalten, einzelne Postwege jederzeit wieder aufzuheben. Allmählich aber ging das gesamte Postregal in den erblichen Lehensbesitz der in den Grafen- und Fürstenstand erhobenen Familie Thurn und Taxis über. Seit Beginn des 19. Jahrhunderts übernahmen Österreich, Preußen und die anderen Reichsstände die Postrechte, bis nach 1871 das Postwesen für das gesamte Reich einheitlich geregelt wurde.

JOHANN TETZEL
Um 1465 — 11. VIII. 1519

Tetzels Name ist in die Weltgeschichte eingegangen, weil sein Wirken als Ablaßprediger eine der Ursachen für den Anschlag der 95 Thesen Luthers über Sünde und Buße an die Tore der Schloßkirche zu Wittenberg gewesen ist. Der in Pirna in Sachsen geborene Dominikaner zog mit seinem Geldkasten und den Ablaßzetteln durch die deutschen Lande und verkündete gegen Silbergroschen Ablaß für zeitliche Kirchen- und Fegfeuerstrafen. Der Ablaßverkauf, eine seit vielen Jahren geübte Gewohnheit, verstieß gegen das kirchliche Gebot, daß Ablaß nur für zeitliche Kirchenstrafen, nur bei tätiger Reue und nur für Lebende gewährt werden durfte. Die Gewinnsucht der Großen — sowohl des hohen Klerus wie der Fürsten —, die mit dem Ablaßverkauf beauftragt waren, führte dazu, daß dem unwissenden Volk Ablaßbriefe auch für Strafen im Jenseits und für bereits Verstorbene verkauft wurden. Die Anweisungen, die Tetzel von seinen weltlich-kirchlichen Auftraggebern erhielt, mußten ihn in dem Glauben bestärken, daß seine undogmatischen Predigten über den Sündenablaß durch päpstliche Anweisungen sanktioniert wären. Luther selbst, kein unbedingter Gegner des Ablaßwesens, wollte es lediglich von dem Unwesen bereinigen, das sich der kirchlichen Einrichtung bemächtigt hatte, und durch eine allgemeine wissenschaftliche Diskussion die theologischen Grundlagen klären. Tetzel antwortete mit Gegenthesen, mußte sich aber schließlich auf Geheiß seiner Obern in ein Kloster seines Ordens in Leipzig zurückziehen. Luther, der ursprünglich glaubte, im Namen des Papstes zu handeln und bestürzt war über den Umfang, den der Streit angenommen hatte, sandte dem Sterbenden einen Versöhnungsbrief, daß „die Sache von seinetwegen nicht angefangen sei, das Kind habe vielmehr einen anderen Vater".

18. VII. 1811 — 24. XII. 1863

WILLIAM MAKEPEACE THACKERAY

Im märchenhaften Kalkutta wurde William Thackeray als Sohn eines englischen Kolonialbeamten geboren. Seine Ausbildung erhielt er in einem Internat des Mutterlandes. Nach abgeschlossenen Studien in Cambridge begab er sich auf Reisen durch die europäischen Länder. In den letzten beiden Jahren vor dem Tod Goethes hielt er sich in Weimar, der Metropole der klassischen deutschen Dichtkunst, auf. Der Verlust seines Vermögens zwang ihn, sich nach einem Verdienst umzusehen. Er schrieb unterhaltsame Essays für britische Magazine, veröffentlichte Romane, Erzählungen und Reisebeschreibungen, die er selbst illustrierte. Sein Buch „Vanity Fair" — ‚Jahrmarkt der Eitelkeiten' — machte ihn schnell berühmt. Es erschien im Revolutionsjahr 1847/48, war ebenfalls vom Verfasser mit Zeichnungen versehen und hatte „den durchschlagenden Erfolg eines heiteren Weltgerichtes". Von mitreißender Komik ist es, wie unter der psychologischen Dusche Thackerays die Schelme und Gauner seines Buches aus purer Eitelkeit der schlauen Becky zum Opfer fallen. Neben dem begnadeten Humor begeistert das Buch durch seine scharfe, untrügliche Menschenbeobachtung. Es folgten weitere humoristische Erzählungen, die aber nicht mehr die dichterische Höhe der „Vanity Fair" erreichten. Thackeray beschäftigte sich auch theoretisch und mit fast wissenschaftlichen Methoden mit den Gesetzen des Humors und seinen besten Vertretern in der europäischen Literatur. Er hielt aufsehenerregende Vorträge in England, Schottland und Amerika über die englischen Humoristen des 18. Jahrhunderts. Thackeray ist mit Recht oft mit Dickens verglichen worden. Eine neunbändige deutsche Ausgabe der Werke Thackerays erschien vor dem Ersten Weltkrieg. Sie schaffte dem auch heute noch mit Genuß lesbaren Schriftsteller bei uns viele Freunde.

14. V. 1752 — 26. X. 1828

ALBRECHT THAER

Albrecht Thaer war ein Vorläufer des großen Landwirtschaftschemikers Justus von Liebig. Er trat in Wort, Schrift und tätigem Beispiel für die Einführung der Dreifelderwirtschaft ein: Getreide, Kartoffeln und Brache sollten sich unter Zwischenpflanzung von Leguminosen — Hülsenfrüchten wie Erbsen und Bohnen — in dreijährigem Turnus abwechseln. Während der Brache — die nach dem Stand unseres heutigen Wissens keinen wirtschaftlichen Nutzen bringt und daher als Raubbau am Bodenkapital bezeichnet wird —, sollten sich nach Thaer durch die Tätigkeit der Bakterien und die Wirkung der Kohlensäure des abgebauten Humus und der Luft mineralische Nährstoffe bilden, während die zwischengepflanzten Leguminosen durch ihre Wurzelbakterien Stickstoffsubstanzen aus der Luft anreichern. Diese Erkenntnis vom Wert des Fruchtwechsels allein genügte nicht, dem Boden soviel Mehrertrag abzufordern, daß die zunehmende Zahl der Menschen ernährt werden konnte. Erst als Liebig 1840 seine berühmte Arbeit „Die organische Chemie in ihrer Anwendung auf die Agrikultur und Physiologie" veröffentlichte, begann ein neuer Abschnitt in der Landwirtschaftslehre. Thaers Wirken aber ist bis heute spürbar, denn er war der Begründer der landwirtschaftlichen Lehranstalten in Deutschland und hat als erster den Wert der rationellen Bodenbewirtschaftung erkannt. Von seiner Tätigkeit als Arzt unbefriedigt, wandte er sich ganz dei Gärtnerei und Landwirtschaft zu. 1804 wurde er nach Preußen berufen und gründete in Möglin in der Mark die erste höhere landwirtschaftliche Lehranstalt, 1807 wurde er Staatsrat, 1810 Professor an der Berliner Universität. In seinen letzten Lebensjahren beschäftigte er sich mit den Problemen der Tierzucht, besonders der Schafzucht, die er auf den höchsten Stand brachte.

MAX THEILER   30. I. 1899 – 12. VIII. 1972

Bis zum 19. Jahrhundert wütete in vielen tropischen und subtropischen Ländern das gefürchtete Gelbfieber. Tausende von Menschen raffte es dahin — die Ärzte waren machtlos gegen diese tödliche Krankheit. Ihre Symptome waren bekannt; die Ursache blieb ein Rätsel. Erst gegen Ende des vorigen Jahrhunderts kamen Forscher zu dem Ergebnis, daß die Krankheit durch eine Mücke (Aedes aegypti) übertragen wurde; man vernichtete den Erreger an seinen Brutstätten und schon bald wurden erste Teilerfolge sichtbar. Fast gleichzeitig entdeckten amerikanische Wissenschaftler, daß der Erreger des Gelbfiebers ein Virus war. Die nur im Elektronenmikroskop sichtbaren Wesen wurden wegen ihrer zerstörenden Wirkung und weil sie auch die Erreger zahlreicher anderer Krankheiten waren, Gegenstand von Forschungen des Rockefeller-Instituts. An diesem Institut war Theiler — ein amerikanischer Wissenschaftler Schweizer Herkunft — Leiter der Abteilung zur Bekämpfung dieser Viruskrankheiten. Er hatte den Auftrag, ein wirksames Mittel gegen das Gelbfieber zu suchen. Da Theiler wußte, daß ein einmal von dem Fieber Befallener — überstand er die Attacke — für alle Zeiten gegenüber der gefürchteten Krankheit immun blieb, mußte das Gegenmittel ein Serum sein, das nur aus dem Gelbfiebervirus selbst entwickelt werden konnte. Er impfte deshalb Rhesus-Affen mit einem Virenstamm, den man Asibi-Stamm nannte. Der Erfolg zeigte sich sofort. Das Serum konnte aber nicht in genügender Menge hergestellt werden. Große Schwierigkeiten bereitete die Züchtung der für die Produktion des Serums notwendigen Viren. Nach langen Versuchsreihen fand man endlich die richtige Nährlösung und konnte mit der Zucht beginnen. Theiler hatte ein stabiles Gelbfieberserum gefunden, das in ausreichendem Maße bereitgestellt und zu Massenimpfungen verwendet werden konnte. Max Theiler erhielt 1951 den Nobelpreis.

THEODERICH DER GROSSE   Um 456 — 26. VIII. 526

Einen Eindruck von Theoderichs Geist und Größe vermittelt das in Ravenna noch zu seinen Lebzeiten aufgeführte doppelgeschossige Grabmal, das trotz des „syrischen" Stils nordisch anmutet, da es statt von einer Kuppel von einem einzigen, zur Riesenschale gemeißelten Stein bekrönt wird. Auch die Sagen, die sich um diesen ostgotischen König ranken, enthüllen seine Bedeutung. Als Dietrich von Bern befruchtete er lange die kriegerische Phantasie der Germanen. Kein König schien ihnen so heldenhaft und hoheitsvoll. Als Amalerprinz im Donauland Pannonien geboren, im Kindesalter Geisel in Byzanz, wurde er mit fünfzehn Jahren König; aber schon vorher war er dem Vater Theodemir eine Hilfe gewesen, als es darum ging, Ostrom Kolonialland in Mösien abzutrotzen. Seine Beziehungen zu Byzanz besserten sich rasch. Im Auftrag Kaiser Zenos besiegte er nach jahrelangem Kampf Odoaker, den Gebieter Italiens, bei Verona und Ravenna (Rabenschlacht) und tötete ihn, kurz nachdem er mit ihm ein Bündnis geschlossen hatte. Unter formeller Oberhoheit des Kaisers von Byzanz dehnte Teoderich selbstherrlich sein Reich über ganz Italien, Dalmatien, Süddeutschland, die Provence und Pannonien aus, sicherte sich durch Familienbande und suchte einen mächtigen Block germanischer Länder zusammenzubringen. Römische Empörungsversuche schlug er mit harter Hand nieder — doch war sein Wesen heiter, gelassen und fern jeder Grausamkeit. Auf der Grundlage des römischen Rechtes baute er eine ausgezeichnete Verwaltung auf. Seine Hofhaltungen in Ravenna und Verona entfalteten höchste Pracht. Kunst und Kultur erblühten durch die Heranziehung römischer Gelehrter und Künstler. Fünfundfünfzig Jahre regierte er seine Völker, die einen ungestörten Frieden genossen, wie nur unter wenigen römischen Cäsaren.

2. X. 1839 — 7. XI. 1924   **HANS THOMA**

Er war bäuerlicher Eltern Sohn aus Bernau im Schwarzwald und erlernte das Malen in Karlsruhe, Düsseldorf und Paris. Mehrmals hielt er sich in Italien und München auf, wo er zum Kreise Wilhelm Leibls zählte, und wanderte mit Skizzenbuch und Staffelei durch süddeutsche Landschaften, die in seinen Gemälden eine so schöne, quellenreine Deutung fanden. Über zwei Jahrzehnte lebte er in Frankfurt, ehe er die Leitung der Kunsthalle und ein Meisteratelier in Karlsruhe übernahm. Hier wirkte er mehr als zwanzig Jahre bis zu seinem Tode. Immer machtvoller brachen bei diesem weitgereisten Künstler die heimischen Kindheitseindrücke durch, eine Naturverbundenheit voll Stille, Andacht und großer Freude an der zärtlich genauen Wiedergabe der kleinsten Einzelheiten. Im Alter malte er Bilder, die wie Gestalt gewordene Erzählungen eines Schwarzwälder Bauerndichters anmuten, traulich, treuherzig und kindlich ausgesponnene, gemüt- und stimmungsvolle Werke, oft nach Themen der biblischen Geschichte und der Sagenwelt. Dieser Entwicklungsspanne geht eine saftigere, in den Farben frischere Epoche voraus, die uns die hellen, weiten oberrheinischen Landschaften bescherte. Die „Singenden Kinder" dieser schaffensfreudigen Jahre, heute in Hannover, verdienen besondere Erwähnung. Thoma schuf auch ausgezeichnete Porträts, besonders von nahestehenden Angehörigen, wie seiner Frau, seiner Mutter und seines Onkels, Wandbilder für die Heidelberger Peterskirche, Kostümentwürfe zu Wagneropern, Buchgraphik, Radierungen und farbige Lithographien. Aus allen Arbeiten spricht uns sein liebenswürdiges, der Symbolik häufig zugeneigtes, die Idylle suchendes Menschentum an. Von wenig beachteter, aber hoher Kunst ist sein graphisches Schaffen. Auch als Schriftsteller hat sich Thoma mit ungewöhnlichem Erfolg betätigt.

Um 1225 — 7. III. 1274   **THOMAS VON AQUINO**

Dieser neben Augustinus größte Kirchenlehrer der katholischen Welt, Theologe und Philosoph, stammte aus gräflichem Geschlecht, wurde von den Benediktinern im Kloster Monte Cassino erzogen und trat wider den Willen seiner Familie in den Dominikanerorden ein. Der Kirchenlehrer Albertus Magnus wurde in Köln sein Lehrer. Er selbst lehrte in Köln, Paris, Rom und zuletzt in Neapel. Als er von hier aus zu einer Kirchenversammlung nach Lyon reiste, starb er unterwegs im Kloster Fossanuova südlich von Rom. Die drei Titel, die ihm nach seinem Tode verliehen wurden, offenbaren die tiefe Verehrung, die die Kirche seinem Geist und seinem Leben entgegenbrachte. Seit dem 14. Jahrhundert hieß er doctor communis, „der gemeinsame Lehrer", seit dem 15. Jahrhundert der doctor angelicus, „der an Erkenntnis engelgleiche Lehrer", und nachdem ihm durch die Heiligsprechung die Ehre der Altäre zuerkannt war, wurde er 1567 zum Kirchenlehrer erhoben. Sein theologisches Lehrgebäude, auf dem Grunde der aristotelischen Philosophie errichtet, ist ein Kosmos für sich. Nach seiner Überzeugung und Lehre stellt erst die Vermählung von Philosophie und Theologie (Glaubenswissenschaft) die wahre christliche Weisheit dar. Den Kern seines Systems bildet die Lehre vom Sein der Dinge in ihrer Stufenreihe von der Körperwelt — Elemente, Pflanzen, Tiere, Mensch — über die menschliche Seele und die Engelwelt bis zum reinen Sein Gottes. Entsprechend dieser Seinsordnung baut Thomas seine „Ordnung" auf, deren Stufenfolge von der Familie über Volk und Staat zur Kirche hinaufführt, und stellt die sittlichen Normen fest, unter denen die Gesetze des Naturrechts den Gesetzen des positiven Rechts vorangehen. Höchste Norm für alles sittliche Verhalten ist ihm das Heil der unsterblichen Seele.

HENRY DAVID THOREAU   12. VII. 1817 — 2. V. 1862

Daß der Pragmatismus, die gesamtmenschliche Ausrichtung auf Tatsachen und Nützlichkeiten, auch in der Zeit der Weltmachtbildung nicht einzig die amerikanische Geistigkeit bestimmt hat, beweist eine Reihe von Dichtern, die nicht die Schauseite des Kontinents, sondern seine Innerlichkeit bis zur Mystik verkündet haben, mindestens aber einen Idealismus, dessen Wurzeln schon hundert Jahre alt sind. In den Jahren vor dem ersten Weltkrieg erfreute sich der an Goethe gebildete amerikanische Philosoph Ralph Waldo Emerson einer weiten Verbreitung im idealistischen Deutschland; mit Emerson ist Thoreau zu nennen, der Dichter französisch-schottischer Abstammung, der längere Zeit im Hause Emersons gelebt hat. Er war freiwilliger Robinson, ein Mann, der in die Einsamkeit der Wälder und Ströme ging, um sein eigenes Leben zu führen — anders freilich, ernster und zugleich dichterischer als Ernst Wiecherts Held im „Einfachen Leben". Es gibt in der gesamten amerikanischen Literatur nichts Erfrischenderes, Naturgetreueres und Naturseligeres als die Schilderungen, die Thoreau vom Paradies seiner selbstgewählten Wildnis entwirft. Drei Jahre, von 1845 bis 1848, hält Thoreau sein Wald- und Hüttenleben als Angler, Jäger, Handarbeiter und Schriftsteller durch, nachdem er entschlossen vor den Menschen geflohen ist. Von überraschender Tiefe und Schönheit sind auch seine Essays, Aphorismen und Philosophien; sie haben das Niveau der besten deutschen Romantiker. Sein Hauptwerk heißt „Walden, or life in the woods" (Walden oder das Leben in den Wäldern). Das Buch, mehr noch Thoreaus Leben, hatten die stärkste Wirkung auf die Nachwelt bis hin zu Gandhi. Tausende von Menschen gingen nach Amerika, um ein Siedlerleben nach dem Vorbild Waldens zu führen.

BERTEL THORWALDSEN   19. XI. 1770 — 24. III. 1844

Die formenden Hände, das plastische Gestalten hatte der junge dänische Bildhauer vom Vater, einem eingewanderten Isländer, der in braver Handwerkskunst Galionsfiguren für Segelschiffe schnitzte. Mit elf Jahren besuchte Bertel bereits die Kunstakademie, fiel durch seine Begabung auf, erhielt später ein dreijähriges Reisestipendium und bildete sich in Rom an den Werken der klassischen Kunst. Sein Name wurde berühmt. Am Ende seines erfolgreichen Lebens voller Arbeit stand fast in jeder europäischen Metropole eine Marmorskulptur aus seiner Hand: In der Frauenkirche seiner Geburtsstadt Kopenhagen die Gestalt Christi mit den zwölf Aposteln; in Warschau ein Kopernikus, in Krakau die Reiterstatue des Fürsten Poniatowski, in Stuttgart die Statue Schillers, in München das Reiterdenkmal des Kurfürsten Maximilian, in der Peterskirche zu Rom das Grabmal Pius' VII., in Luzern der berühmte „Sterbende Löwe" zum Gedächtnis der 1792 gefallenen Schweizer. Daneben schuf er einen Reigen von Plastiken der Götter und Helden der griechischen und römischen Sagenwelt. Schon zwei Jahre nach seinem Tode wurde in Kopenhagen ein Thorwaldsenmuseum eröffnet, das neben seinen eigenen Werken auch die umfangreichen Sammlungen des verstorbenen Bildhauers enthält. Thorwaldsen war der Schöpfer des strengen Hochklassizismus, der mit seiner vornehm-kühlen Linienführung und seiner ideal ausgeglichenen Schönheit die deutsche und nordische Bildhauerei jahrzehntelang beherrschte. Als der Weltberühmte 1838 von seinem römischen Wohnsitz aus die Vaterstadt Kopenhagen besuchte, wurde er von der Bevölkerung im Triumphzug wie ein König eingeholt. Sein Tod inmitten einer Theatervorstellung wurde in ganz Dänemark als nationales Unglück empfunden.

Um 455 — 408 v. Chr.

THUKYDIDES

Die hohe Wertschätzung, die Thukydides zu allen Zeiten im gesamten Abendland gefunden hat, beruht, abgesehen vom Rang der schriftstellerischen Darstellungskraft dieses größten griechischen Historikers, auf der erregenden Tatsache, daß sich mit ihm zum erstenmal ein wissenschaftlich denkender und kritisch sichtender Geist der Betrachtung der Vergangenheit zuwandte. Vor ihm war alle Wiedergabe von geschichtlichen Ereignissen eingebettet in religiöse und mythische Vorstellungen, wodurch die Geschehnisse stets ins Sagenhafte gewandelt wurden. Die Berichte des Thukydides stehen auf fest fundamentiertem Grund, jedes Ereignis folgt logisch nach dem Kausalitätsprinzip dem vorangegangenen Ereignis. Die Wirklichkeit wurde so geschildert, wie sie sich einem unvoreingenommenen, prüfenden, sachlichen Beobachter zeigte. Thukydides ist der Vater der objektiven Geschichtsschreibung, zugleich ihr hoher, von den nachfolgenden Historikern seines Volkes nie erreichter Meister, ein Vorbild auch der Römer. Sein Herz schlug für das Athen des Perikles, für seine Zeit und seine Vaterstadt, aber er bewahrte auch gegenüber den Widersachern Objektivität. Das Werk des Thukydides schildert in mehreren Bänden den Peloponnesischen Krieg bis zum Jahre 411. Es berichtet außerdem von der griechischen Frühgeschichte und von der Spanne zwischen den Perserkriegen und der Auseinandersetzung mit Sparta. Das Leben des Thukydides war von schweren Schicksalsschlägen nicht verschont. Weil er als Geschwaderführer die griechische Kolonialstadt Amphipolis in Thrakien nicht hatte retten können, mußte er zwanzig Jahre in der Verbannung weilen. Um 408 konnte er endlich in das von Sparta besiegte Athen heimkehren. Wenig später starb er.

CLAUDIUS NERO TIBERIUS

16. XI. 42 v. Chr. — 16. III. 37 n. Chr.

Kaiser Tiberius, Nachfolger und Stiefsohn des Augustus, kam erst als Sechsundfünfzigjähriger im Jahre 14 n. Chr. zur Herrschaft. Tacitus schildert ihn in seinen Annalen zu Unrecht als blutdürstigen Tyrannen. Das Verschlossene in seinem Charakter ergab sich aus den Umständen seines bisherigen Lebens. Augustus hatte Tiberius gezwungen, sich von seiner ersten Gattin zu trennen und des Kaisers sittenlose Tochter Julia zu heiraten, deren Ausschweifungen ihn so anwiderten, daß er zwei Jahre fern von seinem Hause und der Stadt Rom, in freiwilliger Verbannung auf der Insel Rhodos verbrachte. Nach dem Tod der Enkel adoptierte Augustus seinen Stiefsohn und begann die großen soldatischen Fähigkeiten des an vielen Fronten erfolgreichen Feldherrn zu schätzen, dem er nach dem Sieg der Germanen über Varus die Bewahrung der Rheingrenze verdankte. Die Regierung des Tiberius war friedlich im Innern, rechtlich, sozial, freigebig gegenüber Unglücklichen, die Verwaltung ausgezeichnet, selbst in den Provinzen, die niemals glücklichere Zeiten erlebt hatten. Die Tragik, stets von schlechten Freunden und Vertrauten umgeben zu sein, blieb indes Tiberius weiterhin auferlegt. Sein erster Ratgeber, der Gardepräfekt Sejanus, strebte nach dem Thron und errichtete ohne Wissen des Kaisers ein furchtbares Schreckensregiment. Macro, der schließlich die Stelle des durch Henkershand getöteten Sejanus einnahm, war kein besserer Sachwalter. Als der kranke Kaiser, der sich seit vielen Jahren menschenscheu auf seinem Schloß in Capri verborgen gehalten hatte, starb, wußte man in den einflußreichen Kreisen Roms zu berichten, daß ihn Macro mit einem Kissen erstickt habe. Tiberius hinterließ ein starkes, in sich geordnetes Reich, das allerdings bereits Spuren des sittlichen Verfalls und des nahenden Zusammenbruchs zeigte.

TIBULL
Um 55 — 19 v. Chr.

Was Albius Tibullus, den römischen Ritter und Dichter, so liebenswert macht, ist der gesunde, natürliche, aus tiefstem Erleben und Empfinden geschöpfte Inhalt seiner Verse. Im Gegensatz zur herrschenden Mode seiner Epoche, in der die Lyriker ihre Stoffe meist der griechischen Sage entlehnten, verherrlichte er das Landleben, bäuerliche Feste und Arbeiten, vornehmlich aber die Hingabe an die Frauen, die ihn beglückten. Die schöne Anschaulichkeit, mit der er Phantasie, Gefühl und Umwelt in Worte zu fassen wußte, entzückte Zeitgenossen und Nachfahren. Es entstanden dabei so kostbare Gebilde wie das der Delia gewidmete Gedicht, das seine Genügsamkeit als Bauer in bezwingender, aus inniger Tiefe genährter Sprache schildert und im hübschen, der Geliebten huldigenden Schluß versichert, er wolle sie im Tode noch halten mit erkaltender Hand. Die Ode auf den Frieden, aus demselben Geist geboren, verwirft den Krieg und preist geruhsames Dasein, tägliche Mühe und Bescheidenheit als Glück. Noch manches andere bezaubernde Lied hinterließ er uns. Alle sind Zeugnisse eines edel gesinnten Mannes, dessen frühen Tod Ovid in einer Elegie beklagte und dessen Strophen Horaz lobte. Tibull und Properz gelten mit Recht als Schöpfer der römischen Liebeselegie, die tausendfach im ganzen lateinischen Kulturraum nachgeahmt wurde und die auf die spätere abendländische Lyrik einwirkte. Tibull war ein Gefährte des Feldherrn Messala Corvinus bei den Waffengängen in Spanien und in den östlichen Gebieten, offenbar ein vornehmer Schlachtenbummler, ehe er mit der Hinwendung zur Stille ländlicher Pflichten und behaglichen Genusses eine menschliche Reife erreichte, deren dichterische Ernte Jahrtausende zu überdauern vermochte und immer wieder als Vorbild herausfordert.

LUDWIG TIECK
31. V. 1773 — 28. IV. 1853

Ludwig Tieck, Sohn eines Berliner Seilermeisters, ist einer der Hauptvertreter der deutschen romantischen Dichtung. In seinen Werken findet man alles, was für die deutsche Romantik bezeichnend ist: das Ironische, Witzige und Geistreiche, das Schwärmerische, die Freude am Märchen, an der einstigen Reichsherrlichkeit, an mystisch-religiöser Versenkung, am Schauerlichen und Absonderlichen. Später tritt eine Note von aufklärerischem Rationalismus hinzu und im Alter biedermeierliche Nüchternheit. Dieser ungemein begabte, vielseitig schweifende, rastlos fleißige, auf verschiedenen literarischen und literaturkundlichen Gebieten fruchtbare Dichter und Schriftsteller machte viele Wandlungen mit, schrieb zahlreiche Bücher, die bereits zu seinen Lebzeiten in einer Gesamtausgabe von 30 Bänden erschienen; einige davon haben kulturgeschichtlich bahnbrechende Bedeutung gewonnen. Er hielt mit den meisten führenden Romantikern Verbindung. Ein Jahrzehnt vor seinem Tode berief ihn Friedrich Wilhelm IV. nach Berlin zurück. Seine letzten Triumphe erlebte er dort als Regisseur antiker und Shakespearischer Dramen. Tieck trug viel dazu bei, daß sich den Deutschen die Welt des Mittelalters, ihrer Märchen, ihrer Minnelieder und der mittelhochdeutschen Dichtung erschloß. Eine Komödie vom „Gestiefelten Kater", das Lustspiel „Kaiser Oktavian", seine Novellen und Romane, besonders der reifste, in der Renaissance spielende „Vittoria Accorombona", das düstere Märchen „Der blonde Ekbert" und noch andere dichterische Arbeiten zählen zu den wichtigsten Veröffentlichungen der Romantischen Schule. Der dichterische Nachlaß Heinrich von Kleists wurde von ihm vor der Vernichtung bewahrt und herausgegeben. Die große Schlegelsche Shakespeare-Übersetzung kam unter seiner Anleitung und Mitarbeit zum Abschluß.

5. III. 1696 — 27. III. 1770   **GIOVANNI BATTISTA TIEPOLO**

Es wird berichtet, über den Trümmern der von Bomben getroffenen Würzburger Residenz seien die Menschen in Tränen ausgebrochen; sie kannten die Schönheit dieses Prachtbaus von Balthasar Neumann, kannten die herrlichen Fresken Tiepolos, die das Treppenhaus, den Kaisersaal und die Kapelle schmückten und hielten sie für verloren. Glücklicherweise wurden sie vor dem Feuersturm bewahrt: das Großgemälde „Die Erdteile", das dem Herzogtum Franken huldigt, an der Decke des großartigen Treppenhauses; die Vermählung Barbarossas mit Beatrice von Burgund im Kaisersaal, die Investitur des Bischofs von Würzburg als Herr der Frankenlande und die Altarbilder in der Schloßkapelle. Fürstbischof Philipp Franz von Schönborn hatte den venezianischen Maler 1750 berufen, und er blieb drei Jahre in der Mainstadt. In Tiepolo feierte das Rokoko sein triumphales Finale, ehe die Revolution im Marschtritt der Marseillaise die höfische und kirchliche Kultur erschütterte. Es sind Feste der ausklingenden großen Kunst, die der geniale Improvisator aus der Lagunenstadt an die leeren Wände zahlreicher Kirchen und Paläste warf, höchst bewegte, jubelnde Visionen, die sich scheinbar auflösen und ins Phantastische entschweben. Er soll lachend vor die kahlen Wände getreten sein, um sie in kurzer Zeit mit den gemalten Mythen, Architekturen, Terrassen, Teppichen, Wolken und Genien seiner Vorstellung zu bevölkern. Er verband die Überlieferung mit dem Geist und der freien Grazie seiner Zeit; seine Palette, die das Diesseits und Jenseits hervorzauberte, hatte die lichten, in einen silbrigen Grund gebetteten Töne Watteaus: Gelb, Rosa, Zartblau, Perlgrau — eine fröhliche Palette voll aufgehellter Erinnerungen, die bis nach Ostasien reichten. Er malte in Wien, Venedig, Madrid und schuf Zeichnungen, die an Goya gemahnen.

29. IX. 1518 — 31. V. 1594   **JACOPO TINTORETTO**

Er hieß eigentlich Jacopo Robusti, aber die liebenswürdige Spottsucht der Venezianer gab ihm nach dem Beruf des Vaters den Namen Tintoretto, „Färberlein". Das war wie ein Symbol für sein späteres Schaffen. In den Bildern des reifen gestaltenden Meisters leuchtet eine unfaßbare Farbenpracht, noch strahlender als das Blau der Lagune, das Rot der Baldachine und das Gold der Kirchen und Paläste Venedigs. Nur ein geborener Venezianer konnte so malen, angeregt und geschult durch seinen Lehrer Tizian und durch das unerreichte Vorbild aller Maler und Bildhauer Italiens, Michelangelo Buonarotti. „Von Michelangelo die Zeichnung, von Tizian die Farbe!" war sein oft geäußerter Wahlspruch. Er malte in Venedig den kleinen oberen Saal der Scuola di San Rocco aus und bedeckte den großen oberen Saal mit den „Wundern des Alten Testaments". Riesenbilder aus prachtvoll gemeisterten Massenszenen schuf er ab 1574 für den Dogenpalast, dramatisch komponierte Schlachtenbilder aus der kriegerischen Geschichte seiner Heimatstadt und mythologische Darstellungen. Für Santa Maria dell'Orto schuf er ein „Jüngstes Gericht" und eine „Anbetung des Goldenen Kalbes". Charakteristisch für jene Zeit ist die Behandlung des Lichtes. Die Lichteffekte erheben die Dinge in die Sphäre der Mystik und ergreifen den Beschauer und rütteln ihn auf. Die Lust an gewagten Konstruktionen und Perspektiven wird manchmal bis zum Äußersten getrieben, verdirbt aber dem Betrachter kaum die Freude an Figur und Kolorit. Tintoretto war von einem ungeheuren Fleiß beseelt. Er hat in pausenloser Folge Bild um Bild aus seiner Werkstatt geliefert, davon die meisten mit eigener Hand gemalt. Seine späten Werke verfallen bereits in den „Manierismus", in die Manier, Konstruktionen und Bewegungen mit phantastischer Kühnheit bis ins Maßlose zu übersteigern.

FLAVIUS VESPASIANUS TITUS

30. XII. 39 — 13. IX. 81 n. Chr.

Als mit Neros Selbstmord im Jahre 68 n. Chr. das Julisch-Claudische Kaiserhaus erlosch, warfen sich im Wirbel gefährlicher Unruhen drei Anwärter zu Cäsaren auf. Über seine Nebenbuhler triumphierte ein Jahr später der Feldherr Vespasian, gestützt auf seine in Palästina zur Unterdrückung des großen Judenaufstandes versammelten Truppen. Vespasian wurde der erste Vertreter der Flavischen Kaiserdynastie. Den Oberbefehl im jüdischen Aufruhrgebiet übernahm sein Sohn Titus. Im Herbst des Jahres 70 warf der Kaisersohn die fanatischen Freiheitskämpfer nieder, zerstörte Jerusalem und verbannte die Gefangenen nach Germanien, Rom und Spanien. Die Zerstreuung der Juden auf dem europäischen Festland begann. Rom belohnte Titus mit einem Triumphzug, an den noch heute der Titusbogen erinnert. Vespasian berief ihn zum Mitregenten und gab ihm die Möglichkeit, zu den bewundernswerten Erfolgen der Regierung Entscheidendes beizutragen, besonders in den letzten Lebensjahren Vespasians, als Titus die Geschäfte fast selbständig führte. Nach des Vaters Tod (79 n. Chr.) fiel ihm die Alleinherrschaft unangefochten zu. Manche fürchteten, seine Geliebte, die jüdisch-idumäische Prinzessin Berenike, „die zweite Kleopatra", werde ihn verderblich beeinflussen. Die Sorgen erwiesen sich als unbegründet. Er gewann Volk und Senat für sich und setzte die Reformarbeiten fruchtbar fort. Unter ihm, der schon nach drei Jahren starb, wurden das Kolosseum und die Titusthermen vollendet. Beim Vesuvausbruch, der Pompeji und Herculaneum verschüttete, half er großzügig den Geschädigten. An seiner Bahre trauerte das ganze Reich. Die Nachwelt verehrte ihn als einen der fähigsten Kaiser Roms.

TIZIAN

Um 1477 oder um 1489 — 27. VIII. 1576

Als der zehnjährige Tiziano Vecellio aus Pieve di Cadore im Vorberglande der Dolomiten zu Bellini nach Venedig in die Lehre kam, fand er in dieser Stadt die wahre Heimat. Ihr, der sein Vater als Beamter gedient hatte, blieb er trotz manchen Reisen und fruchtbarem Aufenthalt in Rom treu. In ihrem künstlerischen Klima bildete sich nach Befreiung vom Einfluß Giorginos sein eigener Stil, hier entstanden die meisten seiner Bilder, und hier raffte ihn nach einem arbeits- und ruhmreichen Leben aus ungeschwächtem Schaffen die Pest hinweg. Es läßt sich kein reicher gesegnetes Dasein, kein arbeitsbesesseneres, denken. Überblickt man sein ungeheures Werk, so steht man des Atems beraubt vor einem Können, das nie versagt und durch Geist, Sinnlichkeit und Seele, durch Zeichnung, Bewegtheit, Farbigkeit und Gestalt so lebendig ist wie die Natur und, besonders in den Porträts, das Wesen der dargestellten Personen völlig enthüllt. Als Greis löste er, Jahrhunderte vorauseilend, die Kontur impressionistisch auf und ließ die Farben zum unmittelbaren Ausdruck des Innern und zum Sinnbild des Ewigen werden. In jeder Entwicklungsstufe bewährte sich sein Instinkt für das Maßvolle. Ethos und religiöses Empfinden bändigten die ihn durchpulsende Leidenschaft. Was sich selten ereignet, daß ein Großer seine Dies- und Jenseits umspannende Erdenbahn unter nie erlahmendem Beifall der Zeitgenossen zieht, bei ihm erfüllte sich auch dies. Der bedeutendste Maler der Hochrenaissance wurde wie ein Fürst geehrt. Die Päpste und die Vornehmen Italiens, Deutschlands und Frankreichs drängten sich, von ihm gemalt zu werden, und der Herr der damaligen Welt, den er mehrmals bestürzend wahr porträtierte, Kaiser Karl V., sagte: „Herzöge kann ich schaffen, aber keinen Tizian." Er machte ihn zum Grafen.

ALEXIS CHARLES GRAF VON TOCQUEVILLE
29. VII. 1805 — 16. IV. 1859

In unseren Tagen haben die glänzenden Analysen Tocquevilles wieder Bedeutung gewonnen, nicht nur, weil dieser vielerfahrene Kronzeuge eine philosophische Theorie der Demokratie aufgebaut, sondern auch, weil er die Gefahren aufgewiesen hat, die aus der Demokratie selbst für das Staatsganze erwachsen können. In Tocqueville verbanden sich Geist und politische Praxis miteinander, er war kein Parteidoktrinär, sondern ein objektiver Beurteiler der politischen Zustände. Mitglied der Académie Française, Außenminister, Mitglied der Nationalversammlung, opponierte er gegen das Bürgerkönigtum Louis Philipps wie auch später gegen Napoleon III., der ihn vorübergehend inhaftieren ließ. Nachdem er 1831/32 im Auftrag der französischen Regierung Amerika bereist hatte, um das Gefängniswesen zu studieren, bewies er mit seinem vierbändigen Werk „La démocratie en Amérique", daß er nicht nur Zuchthäuser besichtigt, sondern im Geiste Montesquieus die gesamte Regierungsform der amerikanischen Demokratie unter die Lupe genommen hatte. Das Werk wurde preisgekrönt. Die Februarrevolution von 1848 gab ihm den Anlaß, über die Bedeutung der sozialen Bewegung nachzudenken — das Buch „Souvenirs" bewahrt die Ergebnisse auf. Von hier aus war nur ein Schritt zu seinem zweiten Meisterwerk „L'ancien régime et la Révolution". Hier untersuchte er mit unbestechlicher philosophischer Sachlichkeit die Veränderung des französischen Staatswesens im 18. Jahrhundert, die schließlich zum Ausbruch der großen Revolution von 1789 führte. Damit steht Tocqueville in der ersten Reihe der großen politischen Beobachter und staatsmännischen Denker. Nach dem Staatsstreich Louis Napoleons, der mit Blut und Terror die Demokratie ins Kaiserreich verwandelte, zog sich Tocqueville ins Privatleben zurück.

9. IX. 1828 — 20. XI. 1910 **LEO NIKOLAJEWITSCH TOLSTOI**

Tolstoi, eine der rätselhaftesten Gestalten der russischen Literatur, Edelmann, reicher Grundbesitzer, strotzend von Lebenskraft, ein Genie, das die Grenzen von Nation und Zeit überragt, weltberühmt, bricht plötzlich mit der Gesellschaftsschicht, der er angehört, und bekennt sich schuldig, seine Mitmenschen ausgebeutet zu haben; gleichwohl behält er sein Eigentum. Er verdammt die westliche Kultur als leer, die Kirche als heuchlerisch und wird aus der Gemeinschaft der Gläubigen ausgeschlossen. Er fordert Enthaltsamkeit auch in der Ehe und hat doch selber zwölf Kinder. Nur Handarbeit sei berechtigt, behauptet er, aber seine geistige Leistung ergibt dazu den schlüssigsten Gegenbeweis. Im Widerstreit zwischen Irdischem und Göttlichem verläßt er Familie und Gut Jasnaja Poljana, das später zum Wallfahrtsort werden sollte, wandert arm und einsam ins Unbekannte, um nach wenigen Tagen im Zwielicht eines grauen Novembermorgens auf dem Bahnhof von Astapowo zu sterben. Seine Gewissensnot ist erschütternd, doch die vermeintlich urchristlichen Lehren, die er verkündete, bezwingen nicht, wogegen sein dichterisches Werk unvergänglich fortbestehen wird. Höhepunkte der Weltliteratur sind seine Romane „Krieg und Frieden", ein Epos aus Napoleons Tagen, „Anna Karenina", ein Gemälde der Liebesleidenschaft und Hohelied der Unantastbarkeit der Ehe, und „Die Auferstehung", die schönste Dichtung menschlichen Erbarmens, dazu die großen Erzählungen „Die Kosaken" und „Sewastopol", viele Novellen und die Dramen „Der lebende Leichnam" und „Das Licht leuchtet in der Finsternis". Gegen ihren Glanz verblassen seine Traktate und sogar die „Kreuzersonate", die unsere Väter erregte. Tolstois Werke wurden in alle Weltsprachen übersetzt.

ARTURO TOSCANINI   25. III. 1867 — 16. I. 1957

In Rio de Janeiro ist Verdis große Festoper „Aida" angesetzt. Plötzlich erkrankt der Dirigent. Die Ouvertüre hebt an; der feurige Italiener, der den Taktstock übernimmt, ist ein völlig unbekannter Mann, Aushilfscellist im Theaterorchester. Von Akt zu Akt gerät das Publikum in höhere Ekstase. Es wird ein unerhörter Erfolg: Arturo Toscanini verbeugt sich als Dirigent an diesem Frühlingsabend des Jahres 1896 vor dem jubelnden Volk — es ist die Schicksalsstunde des Schneidersohnes aus Parma. Er kehrt nach Italien zurück, dirigiert auf Wanderbühnen und macht sich um 1898 mit den Sängern und dem Orchester selbständig. Leoncavallo vertraut ihm seinen „Bajazzo", Puccini seine „Bohème" zur Uraufführung an; als er auch die italienische Uraufführung von Wagners „Götterdämmerung" und „Siegfried" mit rauschendem Erfolg als erster auswendig dirigiert hat, wird er musikalischer Leiter der Mailänder Scala und macht sie mit künstlerischem Fanatismus zu einer Opernbühne, die mit den Sängern Tomagne und Caruso ihresgleichen in der Welt nicht hat. Die eifersüchtige Metropolitan Oper engagiert ihn, er bleibt vierzehn Jahre in New York und übernimmt abermals die heruntergekommene Scala, um nach der Uraufführung von Boitos „Nero" und Puccinis „Turandot" nur noch als Gastdirigent tätig zu sein. — Mit den Faschisten gerät er in Konflikt, als er sich wiederholt weigert, die Giovinezza vor den Aufführungen zu spielen. In Bologna wird er 1931 tätlich angegriffen, verläßt Italien, dirigiert ab 1933 auch nicht mehr in Bayreuth, sondern nur noch in Salzburg — bis zum Anschluß im Jahre 1938. Er geht nach Amerika und kehrt erst nach dem Kriege nach Italien zurück. 1954, nach einer Aufführung der „Meistersinger" in der Carnegie-Hall, legt er für immer den Taktstock nieder. Er ist in Mailand begraben.

HENRI DE TOULOUSE-LAUTREC   24. XI. 1864 — 9. IX. 1901

Unter den vielen bedeutenden französischen Impressionisten nimmt Toulouse-Lautrec eine Sonderstellung ein. Er entwickelte einen unverkennbar eigenen Stil mit dem Kennzeichen des sparsamen, oft ausgeklügelt wirkungsvollen Striches, der bei starker, überspitzter Betonung seine Bilder und Zeichnungen nicht selten zur Karikatur werden läßt. Dabei geht von seiner Darstellungsweise eine schwer mit Worten erklärbare, vage und aufreizende Verlockung aus, unabhängig vom Inhalt des Dargestellten. Was den verkrüppelten, einer alten Adelsfamilie entstammenden Künstler allein zur Wiedergabe reizte, war die Welt der Pariser Cafés, der Nachtlokale, Zirkusse und Sportarenen mit ihren leichten Mädchen und gestrandeten Existenzen. Er liebte die bei aller Dekadenz und moralischen Brüchigkeit recht lebendige Halbwelt und war ihr „zünftigster" Interpret. Er war ihr verfallen, ironisierte sie und befreite sich auf diese Weise immer wieder von ihr. Als er vom Tode gezeichnet ins väterliche Schloß Malrome heimgekehrt war, verblüffte er mit der Fülle dessen, was er in seinem kurzen Leben geschaffen hatte: zahllose Lithographien, von denen ein Hauptteil Plakate, Programme, Buchtitel sind, und Gemälde, auffallend durch starke Kontur und lichte Farben. Unter den Zeichnungen fand man ein Blatt, auf dem er, wie man glaubt, seinem eigenen tragischen Lebensschicksal Ausdruck gegeben hat: Es zeigt das Profil eines höhnisch lächelnden Weibergesichts als Verkörperung der Umwelt, in der er leben zu müssen glaubte, indessen, kaum angedeutet, ein Mann — er selber — davonwankt. Toulouse-Lautrec war ein großer Künstler, voller Tragik, vom Leid zu sehr belastet, um unbekümmert auszuschreiten, leidend und zeichnend aber doch vielleicht die tiefste Erfüllung des Lebens findend.

18. IX. 53 — Aug. 117 n. Chr.   **MARCUS ULPIUS TRAJAN**

In Sorge um das Reich ernannte Kaiser Nerva, ehe er im Jahre 98 n. Chr. starb, unter Umgehung seiner Verwandten einen Provinzialrömer aus Spanien. M. U. Trajan, seinen bewährten Feldherrn, zum Mitregenten und Nachfolger. Die weltgeschichtliche Entscheidung schenkte Rom den größten Kaiser nach Augustus. Trajan, geboren im spanischen Italica, aus adligem Geschlecht, war ritterlich, von rastloser Pflichterfüllung, ein von weitsichtigen Plänen erfüllter und tatenfroher Mann. Die übermütige Prätorianergarde wies er in die Schranken, achtete Senat und Recht, legte im Lauf seiner neunzehnjährigen Regierung zahllose Kolonien, Städte, Kanäle und bis heute bewunderte Straßen an, führte kluge soziale Maßnahmen durch und verweigerte die Verfolgung der Christen, obwohl ihr Jenseitsglaube ihm fremd blieb. Er kümmerte sich um das Wohl aller Teile seines Reiches, bekämpfte streng die auflösenden Tendenzen und war für jedermann der „Optimus Princeps", der „Beste Fürst", wie sein Ehrenname lautete, dazu gewaltig als Baumeister, als schöpferischer Wirtschaftspolitiker und Förderer von Kunst, Wissenschaft und Literatur, die unter ihm zu hoher Blüte gediehen. Die hervorragendsten Leistungen aber vollbrachte er auf dem Gebiete der Außenpolitik. Durch ihn wurde Rom wahrhaft zum Weltreich. Er machte Dakien zur römischen Provinz. Vom siebenbürgischen Bergland aus gebot er über die Theißebene. Assyrien und Mesopotamien wurden römische Provinzen, der Kaukasus huldigte ihm. Als ihm im Persischen Golf ein indisches Schiff begegnete, beklagte er sein Alter, das ihm verbot, auch noch nach Indien zu ziehen. Bei der Niederschlagung eines Aufstandes in Vorderasien warf ihn Überanstrengung aufs Krankenlager. Als Todkranker verließ er den Kriegsschauplatz und starb auf der Heimreise.

15. IX. 1834 — 28. IV. 1896   **HEINRICH VON TREITSCHKE**

Treitschke, als Sohn eines sächsischen Generals in Dresden geboren, studierte in Bonn, Leipzig, Tübingen und Heidelberg. 1859 habilitierte er sich als Privatdozent für Staatswissenschaft an der Leipziger Universität und ging 1863 als Professor nach Freiburg. Er legte jedoch mit flammendem Protest seine Professur nieder, als Baden sich 1866 mit den Gegnern Preußens vereinigte. Das war nur die dramatische Folgerung aus einer seit langem bewiesenen geistigen Haltung. In den „Preußischen Jahrbüchern" war Treitschke in zahlreichen Artikeln für eine — wenn nötig gewaltsame — Einigung Deutschlands unter preußischer Führung eingetreten. Bismarck berief den Verteidiger der preußischen Sache nach Berlin und bediente sich seiner gewandten Feder, seiner wissenschaftlichen Kenntnisse und seines politischen Instinkts in den innerdeutschen Auseinandersetzungen und der publizistischen Vorbereitung des kommenden „Bismarck-Reiches". Treitschke folgte seiner Idee zu letzter persönlicher Konsequenz: Als er für die Annexion Sachsens durch Preußen eintrat, schlug ihm aus der alten Heimat eine Welle von Haß entgegen, die Eltern trennten sich von ihrem Sohn, und die Freunde und Verwandten nannten ihn einen Verräter. Treitschke wurde Professor in Kiel, Heidelberg und schließlich Berlin, er führte nach dem Ableben Rankes den Titel eines „Historiographen des preußischen Staates", war Mitglied des Reichstags und wurde in die Akademie der Wissenschaften berufen. Sein Hauptwerk, die „Deutsche Geschichte im 19. Jahrhundert", ist eine große wissenschaftliche Leistung. Der Verfasser beurteilt jedoch die historischen Ereignisse nicht vom Standpunkt des neutralen Beobachters, sondern nimmt persönlich in politisch-publizistischer Weise zustimmend oder verurteilend Stellung.

PETER J. TSCHAIKOWSKIJ 7. V. 1840 — 6. XI. 1893

Die Welt kennt die rührende Liebesromanze dieses menschenscheuen Glückspilzes. Von ihm stammt das Wort: „Das Zusammensein mit Menschen ist nur dann angenehm, wenn es zu keinem Gespräch verpflichtet." Um so wunderbarer fügte es sich, daß er eine reiche Gönnerin fand, die ihm jährlich sechstausend Rubel aussetzte: Frau von Meck. Er gab seine Stellung als Lehrer am Petersburger Konservatorium auf und komponierte, ohne auf seine anspruchsvolle Schüchternheit zu verzichten. Er hat nie ein Wort mit seiner Gönnerin gesprochen und sie nur von ferne gesehen; auf ihren Landgütern hielt er sich nur auf, wenn sie verreist war. Dreizehn Jahre lang dauerte dieses schweigsame, nur durch Briefe genährte Verhältnis. Tschaikowskij widmete seiner selbstlosen Freundin die vierte Symphonie, ein ausgedehntes Stimmungsstück. Erst im Jahre 1890 stellte die Mäzenatin ihre Zahlungen ein, doch war der Zar bereits zwei Jahre vorher mit einem Jahresgehalt von dreitausend Rubeln eingesprungen. In seinen sechs letzten Lebensjahren überwand Tschaikowskij seine Schüchternheit und dirigierte in den europäischen Großstädten seine Werke. Neun Tage vor seinem Tod vollendete er die sechste Symphonie, deren ergreifendes Finale von ihm selbst als sein Requiem bezeichnet wurde. Der große, leidenschaftliche Musiker hatte mit einer Kantate über Schillers Lied an die Freude begonnen; aus E. T. A. Hoffmanns „Serapionsbrüdern" entnahm er die Handlung zu seinem „Nußknackerballett". Seine überwältigende, elementare, manchmal sentimentale Musik hat auch ihre Kritiker, die konventionelle Partien darin tadeln. Seine Ouvertüre „1812" wurde später russischen Revolutionsfilmen unterlegt. Tschaikowskij schrieb auch eine Reihe von Opern, von denen die bekannteste, „Eugen Onegin", auch heute noch gern gespielt wird.

ANTON PAWLOWITSCH TSCHECHOW

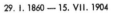

29. I. 1860 — 15. VII. 1904

Wie die große Französische Revolution, so wurde auch die russische Revolution geistig vorbereitet, freilich in einer viel länger andauernden Frist, die vornehmlich in der zweiten Hälfte des vorigen Jahrhunderts sehr bedeutende Dichter hervorbrachte. Alle rüttelten, bewußt oder unbewußt, an der traditionellen Ordnung, indem sie die Überlebtheit, die geistige Leere und Verkommenheit der Menschen ihrer Zeit mit oft grausamer Schärfe schilderten. Keiner der großen Romane dieser Epoche enthielt sich der Kritik an den gesellschaftlichen Verhältnissen, doch nirgendwo begegnen wir einem gleich tiefen Pessimismus wie in Tschechows Skizzen, Erzählungen und Dramen. In Taganrog geboren, hatte Tschechow Medizin studiert, ohne den ärztlichen Beruf jedoch später auszuüben. Bereits als Student hatte er das Thema gefunden, das er in immer neuer Form bearbeitete: die russische Dekadenz, besonders in der Provinz. Obwohl ihm das eigentliche dramatische Talent fehlte, sind seine Theaterstücke dennoch sehr wirksam durch die unmittelbare Echtheit der Gestalten und des Milieus, in dem sie sich komisch oder tragisch bewegen und den Sinn ihres Daseins nicht begreifen. Tschechow eroberte sich auch die Bühnen des Auslandes, wo die Fremdartigkeit der von ihm behandelten Welt das Publikum fesselte. „Der Kirschgarten", „Die Möwe", „Onkel Wanja" und die „Drei Schwestern" wurden besonders gern aufgeführt. Die Hauptstärke des Dichters, dessen umfangreiches Werk von fruchtbarer Schaffenskraft zeugt, liegt in den Kurzgeschichten, die witzig, treffend, fast immer mit düsterem Grundton menschliche Schwächen aufzeigen. Wie der kleine Roman „Das Duell" verrät, waren Tschechow jedoch Güte, rechtfertigendes Mitleid, ja selbst Glaube an eine Besserung der Menschen nicht fremd.

IWAN SERGEJEWITSCH TURGENJEW
9. XI. 1818 — 3. IX. 1883

Unter den großen russischen Schriftstellern der kultivierteste und feinsinnigste, ist Turgenjew frei von jener Westeuropa gegenüber befangenen und daher abwehrenden Haltung, die bei seinesgleichen so oft überheblich und fast krankhaft auftritt. Er fühlt sich beiden Welten eingewurzelt und Deutschland, seinem „zweiten Vaterland", tief verbunden. In Orel geboren, lebte er nach kurzer Beamtenlaufbahn zumeist im Badischen, und dort spielen auch manche seiner Novellen und Teile der Romane. In der Heimat hielt er sich im Mannesalter nur vorübergehend auf, einmal freilich zwangsweise, als man ihn auf ein Gut verbannte, weil er bei Gogols Tod dessen Werk pries. Die letzten Jahre verbrachte er, zur Sängerin Viardot-Garcia hingezogen, in Bougival, wo er die Augen schloß. Er war ein sozial-kritischer Realist, aber keineswegs in einseitiger Verschärfung. Die lebensuntüchtigen, endlos philosophierenden Typen der russischen Bildungsschicht seiner Zeit stellte er gern dar, doch ohne den Sinn des Lebens zu bezweifeln. In den Romanen schildert er Rußlands Zustände um die Mitte des 19. Jahrhunderts; am schönsten sind darin die Landschaftsbeschreibungen voll stiller Trauer und die Frauengestalten, die Mitleid, Religiosität, reine Liebe und Helle beseelt. In der Frau verkörpert sich ihm die Harmonie des Daseins. Eine andere Gestalt, die er schuf, der brutale Egoist Basarow in „Väter und Söhne", wurde als Urbild des Nihilisten berühmt. Von den prächtigen Novellen sei die erschütterndste genannt: „Ein König Lear des Dorfes". Überall ist unübertreffliche sprachliche Meisterschaft. Das Abendland verdankt ihm den ersten breit geöffneten Zugang zu der bereits ausgebildeten nationalen Literatur Rußlands, dessen Wesen er in einer leicht verständlichen Art vermittelte.

Um 1369 — 1350 v. Chr.

TUT-ENCH-AMUN

Knapp neunzehn Jahre alt ist dieser ägyptische Pharao geworden, und doch hat er zehn Jahre lang den Knebelbart, die goldene Uräusschlange, das Krummzepter und die Geißel, die Insignien der königlichen Macht, getragen. Er war in eine schwere, von Unruhe erfüllte Zeit hineingeboren. Sein Schwiegervater Amenophis IV. Echnaton hatte die Götter des Nillandes aufgegeben und die neue monotheistische Religion des Aton, der heiligen, lebenspendenden Sonne, verkündet. Echnatons Herrschaft zerbrach am Widerstand der Tempel- und Hofpriesterschaft. Als Tut-ench-Amun im Alter von neun Jahren den Thron bestieg, führte er den Kult der alten Götter wieder ein, verlegte die Residenz von Achetaton zurück nach Theben und schloß Frieden mit der Priesterschaft. Nach seinem frühen Tod wurde ihm im Tal der Könige, der Ruhestätte der Pharaonen, ein prunkvolles Begräbnis ausgerichtet, von dem zeitgenössische Quellen berichten. Aber keinem der Archäologen, die seit dem 19. Jahrhundert nach diesem Pharaonengrab forschten, war es gelungen, die Stelle zu finden. Erst Howard Carter, der im Auftrage eines englischen Lords Ausgrabungen im Tal der Könige vornahm, stieß auf den geheimen Eingang zu dem Pharaonengrab. Am 24. November 1922 drang man in das Innere der unterirdischen Gewölbe ein, geblendet von dem Reichtum der Grabbeigaben, die einen fast lückenlosen Überblick über die ägyptische Kultur vor dreieinhalb Jahrtausenden gewähren. Die Gebeine des jünglinghaften Königs lagen mumifiziert in einem riesigen goldenen, neunfachen Totensarg. Von besonderer Schönheit ist die massive, Haupt und Brust deckende Goldmaske der Mumie, die sich heute im Nationalmuseum von Kairo befindet. Die Mumie Tut-ench-Amuns ruht wieder in einem gläsernen Sarg im Tal der Könige.

LUDWIG UHLAND 26. IV. 1787 — 13. XI. 1862

Neben Mörike war Uhland die bedeutendste Erscheinung der „Schwäbischen Dichterschule". Er erreichte, was selbst dem Genie nur selten gelingt: eine echte Volkstümlichkeit in jenem edlen, fruchtbaren Sinn, daß Teile seines Schaffens nicht nur die Zeitgenossen entzückte, sondern sich mit unzerstörbarer Frische auch den späteren Generationen ins Herz einpflanzten. Das Lied vom guten Kameraden sei hier für viele andere Gedichte Uhlands erwähnt, die auch heute noch den Deutschen vertraut sind. Noch bedeutender ist sein unschätzbarer Beitrag zur Balladenliteratur. Er bereicherte sie um mehr als ein Dutzend kostbarer und vollendeter Gaben, die Allgemeingut wurden. Uhlands dichterisch ergiebige Jahre waren kurz bemessen. Bis auf wenige große Balladen enthielt das 1815 erschienene Buch seiner „Gedichte" schon alles Wesentliche. Zwei Schauspiele, die der Dichter fertigstellte, sind mißglückt, andere dramatische, epische und romanhafte Pläne blieben im Entwurf stecken. Dagegen gewannen seine gelehrten Arbeiten zur Geschichte der Dichtung und Sage Einfluß auf die Begründung der wissenschaftlichen Deutschkunde. Was Uhland außerdem unvergeßlich macht, ist sein aufrechter Charakter. Aus Rechtsgefühl verzichtete er auf eine Staatsstellung und eine nur drei Jahre innegehabte Professur in seiner Vaterstadt Tübingen. Als Politiker verfocht er zunächst die württembergischen Standesfreiheiten, später im Parlament der Paulskirche die großdeutschliberalen Ideen. Schlicht, mutig, gelegentlich humorvoll, ein Biedermann, gibt er uns das schwer lösbare Rätsel auf, wie dieser wackere Schwabe etliche Jahre ein Dichter von Gottes Gnaden sein konnte, der eine Reihe unvergänglicher Meisterwerke vollbrachte, um später ein ganzes, reifes Leben lang im Mittelmäßigen zu verharren.

HAROLD CLAYTON UREY   * 29. IV. 1893

Seit man in Deutschland die Energiespender Wasser und Kohle durch die Gewinnung von Atomenergie „entlastete", wurde auch bei uns der „Atommeiler" zum Begriff. In diesen Meilern — auch Atomöfen, Uranbrenner, Reaktoren genannt — wird die Atomenergie zu friedlicher Nutzung freigemacht. Als Brennstoff dient das Uranisotop 235. Im Uranbrenner muß die Geschwindigkeit der aus dem Atominnern herausgeschleuderten Neutronen durch eine Bremssubstanz so verlangsamt werden, daß sie etwa der normalen Wärmebewegung der Atome entspricht. Schon während des zweiten Weltkrieges verwandten deutsche Atomphysiker dazu das Schwere Wasser. Entdeckt hatte es der amerikanische Chemiker Harold Urey im Jahre 1932. Urey, Sohn eines Farmers in Indiana, hatte zeitweise mit dem dänischen Atomphysiker Niels Bohr zusammengearbeitet; Bohr veranlaßte Urey, sich eingehender mit den Wasserstoffatomen zu beschäftigen. Jahrelang führte Urey an der Columbia-Universität Experimente durch. Erst als er das Wasser einer Elektrolyse unterzog, war das Ergebnis umwälzend: Es ergab sich, daß in gewöhnlichem Wasser noch eine besondere Art von Wasser vorhanden war, dessen Atome nicht aus Wasserstoff (H) sondern aus dem Wasserstoffisotop (D) bestehen mit anderem Atomgewicht, Siedepunkt und Schmelzpunkt. In diesem besonderen Wasser sterben tierische und pflanzliche Lebewesen, da es giftig ist. Es erwies sich, daß zur Gewinnung von schwerem Wasser aus normalem Wasser durch Elektrolyse umfangreiche und kostspielige Verfahren notwendig sind. Aus hundert Litern gewöhnlichem Wasser können etwa zwei Kubikzentimeter schweres Wasser gewonnen werden. Aber die größeren Aufwendungen lohnen sich, da es bei Kernumwandlungen als Bremssubstanz eine große Rolle spielt.

27. V. 1794 — 4. I. 1877 ## CORNELIUS VANDERBILT

Der Sinn für kaufmännische Geschäfte muß Vanderbilt angeboren gewesen sein; schon mit 16 Jahren zählte er zu den erfolgreichsten Geschäftsleuten New Yorks. Bereits damals ließ er mehrere Fährboote verkehren, die den Passagierverkehr zwischen Staten Island und New York bewältigten; zwei Jahre später befehligte er eine ganze Flotte von Flußbooten. Freilich kam die stürmische Entwicklung des Verkehrs seinen Plänen entgegen; die Menschen bekamen Lust am Reisen. Nichts lag näher, als den Reisetrieb mit allen Mitteln geschäftlich auszunützen. Vanderbilt hatte den richtigen Augenblick erfaßt. 1851 nahm er mit einer Dampferlinie den Personenverkehr zwischen New York und den kalifornischen Städten auf, schließlich eroberte er mit seinen Schiffen auch den Ozean. Er richtete einen regelmäßigen Dampferverkehr zwischen New York und Le Havre ein und schlug damit eine Brücke zwischen der Alten und Neuen Welt. Als der große Bürgerkrieg in den Staaten beendet war, wandte er sich dem Bau von Eisenbahnlinien zu. 1863 beteiligte er sich an der Errichtung der New Yorker Zentralbahn und legte die erste Schienen-Verbindung zwischen New York und Chicago. Die Gewinne seiner Gesellschaften und umfangreiche Börsenspekulationen machten ihn zum reichsten Mann Amerikas. Als er 1877 starb, hinterließ er das für damalige Verhältnisse außerordentliche Vermögen von über 100 Millionen Dollar. Die Leitung seiner Unternehmungen übernahm sein Sohn William, der das Eisenbahnnetz erweiterte und das Vermögen des Vaters verdoppelte. Das Vermögen der Dynastie Vanderbilt gehört zu den größten der Welt. Durch die Stiftung der Universität Nashville hat sich C. Vanderbilt schon zu Lebzeiten ein bleibendes Denkmal gesetzt.

25. XI. 1562 — 27. VIII. 1635 ## LOPE DE VEGA

Den Dichtern unserer Zeit erscheint es unfaßbar, daß der spanische Dramatiker Lope de Vega über 1500 Stücke geschrieben hat. Viele seiner 470 erhaltenen Dramen und Komödien werden heute noch auf den europäischen Bühnen gespielt, und sie sind trotz ihres ehrwürdigen Alters noch so frisch, lebensvoll und witzig, so verliebt und ehrenhaft, daß den Schauspielern und den Zuschauern das Herz im Leibe lacht. Lope beherrschte die Technik und hatte eine glückhaft leichte Hand. In seiner „Neuen Kunst, Komödien zu machen", hat er selbst seine Theorie vorgetragen, nicht professoral, sondern in scherzendem Ton. Die Lustspiele sprühen von Weltfreude und Daseinslust, von Abenteuern, Wundern und Verkleidungen und entbehren dennoch nicht eines untergründigen Ernstes und einer tragenden Gläubigkeit. Geniale Dramatik steht neben volkstümlichen Szenen, in denen meist Dienerpaare ihre Herren und Damen parodieren. Hier ist echtes Welttheater, in dem sich nicht nur das spanische Barock spiegelt, sondern der spielende Mensch aller Zeiten überhaupt. Doch der Komödienschreiber war nicht nur Spezialist auf einem Gebiet; er schrieb auch eine Reihe von Romanen und Novellen, verherrlichte den 3. Kreuzzug in seinem „Eroberten Jerusalem", verfaßte eine Schmähschrift gegen Drake, den englischen Seehelden, und verherrlichte Maria Stuart als Freundin Spaniens. Lope verfaßte Episteln und religiöse Epen und war schließlich ein hervorragender Lyriker, besonders in der Form der heimischen Romanze. Wie sein Werk, so war auch sein Leben wechselnd und spannend. Er nahm am Kriege gegen die britische Insel teil. Er war Sekretär des Herzogs von Alba und wurde verbannt. Nach dem Tode seiner zweiten Frau wurde er Priester.

DIEGO RODRIGUEZ VELAZQUEZ   1599 — 7. VIII. 1660

Er war ein Sproß des portugiesischen Adelsgeschlechtes der de Silva und lebte, abgesehen von einigen Reisen nach Rom, am Hofe Philipps IV. zu Madrid, wo er Hofmaler, Schloßmarschall und Galerieverwalter wurde. Am bekanntesten sind seine Gemälde „Die Übergabe von Breda", ferner „Die Spinnerinnen", das Bildnis der Infantin Margarita mit ihrem Hofstaat und das Bacchusgemälde „Die Trunkenbolde". Er hat fast alle Mitglieder des Hofstaates porträtiert. Sein religiöses Hauptbild ist ein „Christus an der Säule". Die „Venus mit Cupido" ist das einzige Aktbild seiner Zeit. In der Frühzeit seines Schaffens setzte er sich mit der spanischen Barocktradition auseinander, die indessen schon ihre Macht verloren hatte; ihre führende Stellung war von der niederländischen Kunst eingenommen worden. Realismus, Alltäglichkeit, Volkstümlichkeit und das Genrebild beherrschten die Bildkunst der holländischen Provinz. Velazquez verarbeitete diese beiden Gegensätze auf seine Art. Seine Trinker auf dem Bacchusbild sind lebensecht und unbarock. Die Schmiede des Vulkan sind spanische Handwerker. Seine Herrscherbildnisse sind noch barocknah; aber sie haben im Gegensatz zu den Bildern von Rubens einen spöttischen Anhauch von Unwirklichkeit und gespreiztem Paradieren. Narrenbilder scheinen ihm weitaus interessanter als die Hoftracht der kostümierten Gesellschaft. Velazquez, der kühle, souveräne Beobachter, durchdachte das Leben, das er malte, wie ein Schachspieler den Stand seiner Figuren bedenkt. Er hat nicht nur auf die zeitgenössischen Künstler bedeutenden Eindruck gemacht: Noch die Maler in der zweiten Hälfte des 19. Jahrhunderts bezeichneten ihn als ihr großes Vorbild. Hamann sagte von ihm: „Er ist der erste wirkliche Europäer der spanischen Kunst."

GIUSEPPE VERDI   10. X. 1813 — 27. I. 1901

Was auf dem Gebiet der ernsten Oper Wagner für Deutschland bedeutet, das bedeutet Verdi für Italien. Sein Aufstieg war beschwerlich und langsam. Mit elf Jahren ist er Dorforganist in Roucole; der Kaufmann Barezzi in Busseto entdeckt das Talent des Jungen und läßt ihn studieren, damit er die Organistenstelle an der Kathedrale zu Busseto übernehmen kann. Aber er muß erst 14 Opern schreiben, ehe er mit „Rigoletto" (1851), „Troubadour" und „La Traviata" (1853) die wirklich durchschlagenden Erfolge erringt. Inzwischen hat er sich das Landgut Sant-Agata erwerben können und lebt hier als Komponist und Bauer. Seine erste Frau, die älteste Tochter seines Mäzens Barezzi, stirbt, die beiden Kinder folgen ihr im Tode nach. Seine zweite Lebensgefährtin wird die Sängerin Giuseppina Strepponi, die er 1859 heiratet. Von den nun folgenden sieben Opern haben nur „Ein Maskenball" und „Die Macht des Schicksals" die Zeiten überdauert. Im Jahre 1870 bietet sich ihm die große Chance. Der Suezkanal ist vollendet, zur festlichen Eröffnung soll eine große Oper aufgeführt werden. Der Vizekönig von Ägypten erteilt Verdi den Kompositionsauftrag gegen das damals unerhörte Honorar von 100 000 Francs. Verdi wählt einen Stoff aus der Pharaonenzeit — und schreibt — beeinflußt von Richard Wagner — die „Aida", das Meisterstück unter seinen Opern. Nach diesem Welterfolg entstehen nur noch zwei Opern, der „Othello" und die lyrische Komödie „Falstaff". Ebenbürtig steht neben Verdis Opernwerk sein gewaltiges „Requiem" zu Ehren des verstorbenen Dichters Alessandro Manzoni, von hohem Rang sind auch seine letzten Werke: „Stabat Mater" und das „Tedeum". Als er im Alter von 87 Jahren stirbt, trauert die Welt um ihn.

15. X. 70 — 21. IX. 19 v. Chr.   **VERGIL**

Im Mittelalter glaubte man, dieser größte römische Epiker, der mit seinem vollen Namen Publius Vergilius Maro hieß, habe die Geburt Christi prophezeit. In dem 4. Gesang seiner „Hirtengedichte", verkündete er eine neue Friedensepoche und die Geburt eines heilbringenden Kindes. Dante stellte ihn so hoch, daß er ihn in seiner „Göttlichen Komödie" zu seinem Führer durch die Unterwelt erwählte. Vergil war ein Freund des Kaisers Augustus und schuf mit seiner „Aeneis" das römische Nationalepos, das er in Hexametern verfaßte. Rom hatte zur Zeit des Augustus erst eine kurze Geschichte, die sagenhafte Gründung der Hauptstadt verlegte man in das Jahr 753. Augustus war daran gelegen, für das junge römische Imperium die große Vergangenheit und eine literarische Tradition zu schaffen, und Vergil schenkte sie ihm in dem repräsentativen Epos, das mit der Flucht des Aeneas aus dem brennenden Troja begann und mit der Apotheose, der Vergöttlichung, des Kaisers schloß. „Solcher Mühe bedurfte es, das Volk der Römer zu gründen" – das war das Leitmotiv des in manchen Teilen noch unvollendeten Werkes, das in einer von Kriegen durchtobten Zeit die Weltgeltung der römischen Dichtung und das Recht des römischen Herrschafts- und Kulturgedankens begründen und den Nationalstolz der Römer wecken sollte. Vergil genoß in dem höfischen Dichterkreis, dem auch Horaz angehörte, beispiellose Verehrung. Am Ende seines Lebens entschloß er sich, die Aeneis im Mutterlande der Dichtung, auf griechischem Boden, zu vollenden. Er erkrankte in Athen; Augustus, der eben aus dem Orient zurückkam, brachte den Sterbenden noch bis Brindisi in Unteritalien. Vergil wünschte, daß unvollendete Epos zu verbrennen – aber der Kaiser selbst rettete das unsterbliche Meisterwerk für die kommenden Jahrtausende.

1632 — Dez. 1675   **JAN VERMEER VAN DELFT**

Die großen Maler der holländischen Spätzeit: Terborch, Maes, Fabritius, Pieter de Hooch, vor allem aber Vermeer van Delft, haben sich weit von der Kunst eines Rembrandt entfernt. Ihre Arbeit führt nicht mehr nach innen in die Tiefen seelischer Auflichtung, sondern sie dient der verfeinerten sinnlichen Veräußerlichung. Diese brieflesenden Mädchen am Fenster, die Frauen im Gestühl, beim Kinderwiegen oder bei irgendeiner häuslichen Arbeit wie die „Milch ausgießende Magd" von Vermeer sind Geschöpfe, die stillhalten, die in einer vorgeschriebenen Stellung posierend verharren. Die Zeit des Stillebens beginnt und damit eine höchst geistige, musikalisch gestimmte Kultur der Farbe. Es wird zum malerischen Problem, wie sich etwa ein Stück weißen Pelzes gegen roten oder blauen Samt, ein weißer Nacken gegen brünettes Haar verhält. Nicht mehr die Innerlichkeit des Menschen wird geprüft und gewogen, sondern es gelten die Farbschattierungen, die Nuancen und Farbwerte. Die Beziehungen zwischen den Farben, ihr Nebeneinander und ihre Harmonie sind es, die vom Genie der Maler in fast spielerischer Artistik dargestellt werden. Der Mensch wird zur Staffage, sein Bildnis sagt nichts mehr aus über Seele und Herz. Dafür sind die Bilder dieser Holländer von unübertrefflicher technischer Vollendung. Gerade Vermeer hat es verstanden, seinen Gemälden durch zarteste Tönungen und raffinierte Oberflächenbehandlung einen in der Geschichte der Malerei einmaligen Schmelz zu geben. Er ist der Hauptvertreter dieser Übergangskultur, die schließlich im repräsentativen Stil des Rokoko mündet. Über das Leben Vermeers ist wenig bekannt. Er wurde in Delft geboren, schulte sich an Fabritius und Rembrandt, war mehrere Jahre Vorsitzender der Delfter St. Lukas-Gilde und wurde am 15. Dezember 1675 in seiner Heimatstadt begraben.

JULES VERNE
8. II. 1828 — 24. III. 1905

Die moderne Wissenschaft baut nicht nur Flugzeuge mit einer Geschwindigkeit von Tausenden von Stundenkilometern, sie schafft auch bereits ganze Provinzen fruchtbaren Neulandes aus Wüste und Einöden. Erste Raumraketen haben den Bereich unserer Erde verlassen, als Trabanten unseren Planeten umkreist, und den Mond angesteuert; schon bald werden Raumschiffe ihren Weg zum Mond nehmen. In dieser Zeit des Beginns einer neuen Ära der Technik erinnert man sich gern an einige Bücher, die um die Mitte des vorigen Jahrhunderts bereits Fernsehapparate, Unterseeboote und Weltraumschiffe poetisch vorweggenommen haben. Autor dieser Bücher war Jules Verne. Er berichtete von der Verwendung der Atomkräfte, lange bevor Marie Curie das Radium entdeckte. Er sah Motorflugzeuge und Hubschrauber voraus, als der Ballon noch das einzige Luftfahrzeug war. Die drahtlose Nachrichtenübermittlung sowie das Fernsehen beschrieb er wie Tatsachen, ehe Marconi die Funktelegraphie schuf und die Wissenschaft das Geheimnis der elektrischen Wellen erforscht hatte. In seinem Roman „20 000 Meilen unter Wasser" schilderte er ein elektrisch betriebenes Unterseeboot in allen Einzelheiten so exakt, daß man sich erstaunt fragt, wie das zu einer Zeit möglich war, in der selbst das Prinzip eines U-Bootes noch unbekannt war. Für uns sind solche technische Leistungen zur Selbstverständlichkeit geworden. Der Mann jedoch, der sie vorausahnend beschrieb, entstammte einer Zeit, in der die technische Revolution erst begann. Viele Forscher und Erfinder haben später bekannt, daß sie den Visionen Vernes wertvolle Anregungen verdankten: so der Antarktisforscher Byrd, der Tiefseetaucher Piccard und selbst Marconi. 1905 starb Verne als einer der meistgelesenen Autoren der Welt.

ANDREA DEL VERROCCHIO
1436 — 7. X. 1488

Er hieß eigentlich Andrea di Cione und übernahm von seinem Lehrer, dem Florentiner Goldschmied Verrocchio, den Künstlernamen und die Kunst des Goldziselierens. Den Zeitgenossen galt er als einer der „geschätztesten Lehrer in der Unterweisung jeglicher Kunst". Der Mann mit dem fast viereckigen Kopf, der gewölbten Stirn und der mächtigen Nase beherrschte jedes Darstellungsmittel und schuf ruhelos mit Pinsel und Meißel, mit Spachtel oder Feile und ging, wie Vasari erzählt, häufig von einer Arbeit zur anderen, damit er „keinen Überdruß empfinde, sich dauernd derselben Arbeit zu widmen". Als Leonardo da Vinci in seine Werkstatt zu Florenz eintrat, wo schon Piero Perugino und Lorenzo di Credi arbeiteten, suchte Verrocchio neue Erkenntnisse über die Gesetze der Perspektive. Er studierte Geometrie und Naturwissenschaften und entwarf Kostüme und Fahnen für die großen Feste Lorenzo di Medicis in dem machtvollen und prächtigen Renaissance-Florenz. Er malte in Tempera, versuchte behutsam die neue Öltechnik, goß die vergoldete Kupferkugel für die Domkuppel zu Florenz und lötete das Kreuz eigenhändig darauf. Nach jahrelanger „naturalistischer" gewerblicher Arbeit errang er seinen ersten großen künstlerischen Triumph 1476 mit der Ausstellung seines bronzenen „David" im Palazzo Vecchio; von da an ist er um immer neue Ausdrucksmöglichkeiten im Stil der Neogotik bemüht, im konkurrierenden Austausch mit seinem um 17 Jahre jüngeren genialen Schüler Leonardo. Es folgt die große Reihe seiner Meisterwerke als Maler und Plastiker: die „Reise des Tobias", das „Reiterstandbild des Colleoni" für Venedig, die Bronzegruppe des „Christus und Thomas", die Reliefs der Madonna und Johannes des Täufers; sie galten den Bildhauern von Florenz lange Zeit als unerreichbare Vorbilder.

9. III. 1451 — 22. II. 1512   **AMERIGO VESPUCCI**

Auf der 1507 erschienenen Weltkarte des deutschen Kosmographen Martin Waldseemüller tauchte zum erstenmal als Benennung des Südteils des neuentdeckten Kontinents im Westen des großen Weltmeeres das Wort Amerika auf. Amerigo Vespucci, der Mann, den Waldseemüller mit dieser Namensgebung ehren wollte, kam unverdient zu seinem Ruhme; er war lediglich bei den Vorbereitungsarbeiten zu den Fahrten des Kolumbus beteiligt gewesen. Gebürtiger Florentiner und als Schreiber im Handelshause der Medici beschäftigt, reiste er nach Spanien, dem klassischen Ausgangsland der Entdeckungen. Durch die Erfolge des Kolumbus angeregt, unternahm er 1497 selber eine Fahrt nach der Neuen Welt und landete, nach seinen eigenen, unbewiesenen Angaben, in Honduras, das nach anderen Nachrichten erst 1502 durch Kolumbus entdeckt wurde. Seine zweite Fahrt machte er 1499 zusammen mit Alonso de Hojeda nach Südamerika und segelte an der Ostküste entlang von der Mündung des Essequibo bis zur Halbinsel Guajira. Am bekanntesten wurde er durch seine 1501 im Auftrag von Don Manuel von Portugal unternommene Fahrt nach Brasilien. Im Jahre 1508 wurde er, nachdem er die spanische Staatsangehörigkeit erworben hatte, mit dem Titel eines Chefpiloten von Spanien ausgezeichnet. Dadurch, daß er über seine Reisen an namhafte Persönlichkeiten — so an Lorenzo di Medici und an den Florentiner Soderini — Berichte schrieb, die später von Waldseemüller im Anhang zu seinem „Cosmographicus liber" und im „Mundus Novus" veröffentlicht wurden, hielt man ihn für den eigentlichen Entdecker Amerikas. Ungeachtet dessen, daß der Irrtum bald berichtigt wurde, setzte sich die Bezeichnung Amerika allmählich für das „Neue Land", die „Neuen Inseln" durch, zu denen Kolumbus als erster vorgedrungen war.

* 18. V. 1901   **VINCENT DU VIGNEAUD**

Der aus Chicago stammende Amerikaner mit den französischen Vorfahren gehört zu den „Großen" unter den Vertretern einer Wissenschaft, die sich erst in unserem Jahrhundert zu ihrer eigentlichen Bedeutung entwickelt hat: der Biochemie. Du Vigneaud, 1901 geboren, absolvierte sein Chemie-Studium in ungewöhnlich kurzer Zeit; mit 22 Jahren war er bereits „Master of Sciences", bald darauf bestand er an der Universität von Rochester seine Doktorprüfung mit Auszeichnung. Um seine Ausbildung zu erweitern, arbeitete er Jahre hindurch als Assistent bei amerikanischen, deutschen und englischen Biochemikern. Erst dann fühlte er sich reif zur eigenen Forschungsarbeit und übernahm die Leitung der biochemischen Abteilung des weltberühmten Cornell University Medical College in New York. Hier standen ihm alle Möglichkeiten zur Verfügung, um in einem wahrhaft beneidenswerten Stile wissenschaftlich arbeiten zu können. Er zog erstklassige Mitarbeiter heran und erzielte mit diesem „Team" bald die ersten Erfolge. Ihm gelang die Synthese des Wachstumsvitamins H, nachdem er schon vorher zusammen mit Györgyi nachgewiesen hatte, daß dieser wichtige Stoff der Hefewuchsstoff Biotin sei. Dem Arzt war ein sehr wirksames Mittel in die Hand gegeben, mit dessen Hilfe Wachstumsstörungen bekämpft werden können. Vigneaud nahm bald schon die bisher größte Aufgabe seines Lebens in Angriff: die Synthese des Hormons Oxytocin. Im Körper wird dieser wichtige Stoff von der Hirnanhangdrüse gebildet; er spielt bei den Geburtsvorgängen eine entscheidende Rolle. Im Jahre 1953 war die Synthese gelungen, fast gleichzeitig isolierte Vigneaud ein zweites Hormon der Hirnanhangdrüse, das blutdrucksteigernde Vasopressin. Für diese Leistungen erhielt er zwei Jahre später den Nobelpreis.

477

FRANÇOIS VILLON   1431 — nach 1463

In dem gleichen Jahr, in dem die Engländer in Rouen die Jungfrau von Orleans verbrannten, wurde in Paris als armer Leute Kind der größte Dichter des späten französischen Mittelalters geboren, von dem man nicht einmal weiß, wie er wirklich hieß. Den Namen Villon entnahm er, der früh seinen Vater verloren hatte und in der Obhut der wahrscheinlich sehr einfachen Mutter aufwuchs, gemäß der Sitte der Zeit dem Adelstitel seines reichen priesterlichen Gönners, der ihn studieren ließ. Als er Magister geworden war, geriet er — liederlich und willensschwach — in dieser durch den hundertjährigen englisch-französischen Krieg verwilderten Zeit ins Netz von leichten Mädchen, Saufbolden und Verbrechern. Beim Raufen tötete er einen Menschen, floh, wurde begnadigt, stahl die Kasse der theologischen Universität, irrte als Landstreicher umher, saß 1461 wegen Einbruchs im Kerker zu Meung, kam nochmals frei, erlitt zwei Jahre später in Paris nach einer blutigen Schlägerei die Folter, hörte sich sein Todesurteil an und fand zum drittenmal Gnade. Ausgewiesen, zog er in die weite Welt. Wo und wann er starb, ist unbekannt. Villon war, unberührt von der in seiner Zeit aufdämmernden Renaissance, im Grunde ungeistig; und doch war er ein begnadeter Dichter, ausgeliefert seinem wilden Herzen, dem Haß, der Liebe, der Lust, dem Jammer, der Reue. In den Strophen und Balladen der beiden Hauptwerke, im „Kleinen Testament" und „Großen Testament", öffnet sich in einer herrlichen, klingenden, großartigen Sprache eine Welt der Gefühle, der schmerzvollen Menschheit Konterfei, „Lust und Klage seines zertretenen Lebens". Es gab nie einen genialeren Vaganten, nie einen echteren von so eigenwüchsiger, unvergleichlicher Melodie. Wir besitzen ausgezeichnete deutsche Nachdichtungen seiner Verse.

RUDOLF VIRCHOW   13. X. 1821 — 5. IX. 1902

Virchow, der große deutsche Anatom und Anthropologe, ist der Begründer der Anthropologie und der Schöpfer der modernen Zellenlehre. Die Zelle war im 17. Jahrhundert als Lebenseinheit der Pflanze und im 19. Jahrhundert auch als Elementarteilchen des tierischen und menschlichen Körpers erkannt worden. Virchow lehrte, daß diese Zellen wieder nur aus bereits vorhandenen Zellen gebildet werden können und bezeichnete sie als den Sitz nicht nur des Lebens überhaupt, sondern auch der Krankheit. Auf diesen Gedanken baute er seine „Zellularpathologie" auf, die heute noch, durch die moderne Forschung revidiert, eine der wesentlichen Grundlagen der medizinischen Wissenschaft ist. Ebenso grundlegend waren Virchows Forschungen auf dem Gebiet der Knochen- und Gelenklehre. Bedeutend waren auch seine archäologischen Arbeiten — er durchforschte mit Schliemann Troja und gründete mehrere Museen. — Die wissenschaftlichen Leistungen haben indes Virchow nicht so populär gemacht wie seine politische Tätigkeit. Selbst ein Kind armer Eltern, wußte er, was Elend und Armut ist. Als er dann in jungen Jahren als Assistenzarzt der Berliner Charité zu Hilfeleistungen während der Hungertyphus-Epidemie nach Oberschlesien gerufen wurde, sah er dort soviel Elend, daß er sich entschloß, um die Rechte der Enterbten zu kämpfen. Er forderte eine Erneuerung der sozialen Gesinnung der herrschenden Schichten, kürzere Arbeitszeit und ausreichende Krankenfürsorge in den Armutsvierteln. Aber sein Sprung in die politische Arena mißlang zunächst. Seine politischen Gegner wußten ihn in Berlin „abzuschießen", so daß er nach Würzburg gehen mußte. Erst 1856 wurde er nach Berlin zurückberufen. Und sofort stürzte sich Virchow wieder in die Politik, wurde Abgeordneter des Reichstages und ein erbitterter Gegner Bismarcks.

30. VI. 1807 — 14. IX. 1887   **FRIEDRICH THEODOR VISCHER**

Den großen Repetenten deutscher Nation „für alles Schöne und Gute, Rechte und Wahre" sah Gottfried Keller im Ästhetiker Fr. Th. Vischer, der nach Veröffentlichung seiner vierbändigen, bis zur Gegenwart beachtungswürdig gebliebenen „Ästhetik" als der größte Kritiker seit Lessing und als „Gewissen der Künste" gelobt wurde. Er war ein prachtvoller, kampfeslustiger, selbstbewußter Mann, ein schwäbischer Dickschädel, urwüchsig, voll Gemüt, Leidenschaft und Geist. In Ludwigsburg geboren, habilitierte er sich in Tübingen, wurde aber, als er später zum ordentlichen Professor aufstieg, seiner liberalen Gesinnung wegen, die er bei der Antrittsrede offen bekundete, amtsenthoben und kehrte erst 1866 wieder an diese Universität zurück, nachdem er zehn Jahre als Hochschullehrer in Zürich und 1848 als Abgeordneter des Frankfurter Parlaments gewirkt hatte. Zuletzt lehrte er am Stuttgarter Polytechnikum. Während seine Gedichte und eine Parodie auf Goethes „Faust" trotz witziger Einfälle verstaubt sind, bietet sein Roman „Auch einer" eine immer noch vergnügliche Lektüre. Er schildert darin stark autobiographisch und zum Teil überaus grotesk den Kampf des Menschen gegen die „Tücke des Objekts" und verspottete in der einbezogenen Pfahldorfgeschichte sowohl die geschichtlichen Romane als auch das bigotte Christentum. Der Roman, bei dem man Jean Pauls Einfluß spürt, ist eine Mischung von Komik und tief schürfender, die Handlung überwuchernder Gedankenfülle. Von Vischer stammt das Wort vom „Moralischen, das sich immer von selbst versteht". Auf die Zeitgenossen und deren kritisches Urteil wirkte er in entscheidender Weise ein. Als die besten erzählerischen Werke der Nachklassik bezeichnete er Kellers „Grünen Heinrich" und den „Maler Nolten" von Eduard Mörike.

Um 1460 — 7. I. 1529   **PETER VISCHER d. Ä.**

Die berühmte Nürnberger Bildhauer- und Erzgießerfamilie Vischer brachte mehrere ausgezeichnete Meister hervor. Der bedeutendste ist Peter d. Ä., der die Gießhütte zur wichtigsten in Deutschland entwickelte. Außer in wertvollen Plastiken erfüllte sich seine Berufung vor allem in drei weltbekannten Werken. Sie zählen zu den besten der Übergangszeit zwischen Spätgotik und Renaissance. Das von ihm entworfene und gegossene Sebaldusgrab in St. Sebald zu Nürnberg, an dem sein Sohn, der hochbegabte jüngere Peter, mitarbeitete, vereinigt Nordisches, Südliches, Christliches und Heidnisches, Gotik und Renaissance, ist also nicht „stilrein" und doch eine Schöpfung von bezwingender Geschlossenheit, ein kapellenartiger Wunderschrein ohne Vergleich. Wie sich hier Geist und Phantasie selbst im kleinsten Detail unendlich vielfältig und mühelos bekunden, Sakrales sich ebenso gültig ausspricht wie das Mythologische und Profane, wie unter dem dreifachen Dach der himmelwärts ragenden Baldachine und an den sie tragenden Säulen klassisch schöne Figuren und Statuetten sich regen, am unteren Sockel der „Erdgeist" im Gewimmel unbekleideter, nie vorher so glatt geformter Leiber sein Wesen fast humorvoll treibt – das alles muß man betrachten und entzückt erfassen als den Weltaufbau von der Tiefe zur Höhe. Nicht weniger geglückt sind die überlebensgroßen Bronzestatuen der Könige Arthur und Theoderich, die Vischer für das Innsbrucker Grabmal Maximilians schuf. Was dem Kaiser vorschwebte, als er die riesenhafte Anlage in Auftrag gab, verwirklichte sich nur in diesen zwei Figuren. Sie allein geben die Würde, den Prunk, die herrscherliche Hoheit durch Gebärde und Bewegung in so reifer Vollendung wieder, wie es die Idee des Ganzen verlangt.

ALESSANDRO VOLTA 18. II. 1745 — 5. III. 1827

Luigi Galvani hatte 1789 seinen berühmten Froschschenkelversuch gemacht, bei dem die Froschschenkel zuckten, sobald elektrische Funken einer Elektrisiermaschine übersprangen. Er glaubte, daß er nunmehr der seit langem vermuteten und gesuchten tierischen Elektrizität auf die Spur gekommen sei. Graf Allessandro Volta, der zu dieser Zeit eine Professur für Physik in Pavia innehatte, ging den Versuchen Galvanis auf den Grund und erkannte, daß man die Froschschenkel durch zwei verschiedene Metalle ersetzen konnte, die durch eine leitende Flüssigkeit, den Elektrolyten, verbunden werden. Er bezeichnete die Metalle als Leiter erster, die Elektrolyten als solche zweiter Klasse und ordnete die Metalle in eine Spannungsreihe, die mit dem Zink beginnt und über Kupfer mit Kohle endet. Er schuf auch das Elektroskop zum Nachweis solcher elektrischen Spannungen, es hat ihm bei seinen Versuchen gute Dienste geleistet. Die bedeutendste Folgerung aus seinen Versuchen war die Voltasäule, der erste elektrochemische Stromerzeuger. Sie besteht aus abwechselnden Folgen von Kupfer-, in Schwefelsäure getauchten Filz- und Zinkscheiben, die, in größeren Mengen vereinigt, Spannungen von einigen hundert Volt ergeben, was mit den bisherigen Elektrisiermaschinen nicht möglich war. Ihm zu Ehren wurde die elektrische Spannungseinheit „Volt" genannt. Volta hat auch den ersten Plattenkondensator geschaffen und das Elektrophor, ein Gerät zur Erzeugung von Reibungselektrizität. In der Pariser Akademie berichtete er in Gegenwart Napoleons, des Eroberers Italiens, über seine Arbeiten; Napoleon lehnte es später ab, ihn von seiner Lehrtätigkeit in Pavia zu entbinden. Bis zu seinem 74. Lebensjahre hat Volta Generationen von Studenten in der Physik ausgebildet.

VOLTAIRE 21. XI. 1694 — 30. V. 1778

Der Jesuitenschüler François Marie Arouet — das ist der bürgerliche Name Voltaires — wurde sehr bald im Kreise der Pariser Gesellschaft zum Freigeist und Aufklärer und erhielt schon als 22jähriger wegen einer Satire auf den Regenten den ersten Stadtverweis. Ein Jahr später zu einer Haftstrafe in der Bastille verurteilt, schrieb er dort das Drama „Ödipus", das so großen Erfolg hatte, daß ihm der Regent eine Rente aussetzte. Er begann zu spekulieren und legte frühzeitig den Grund zu seinem späteren Reichtum. Seine Geldgeschäfte waren, ebenso wie sein Charakter, fragwürdig. Friedrich der Große ernannte ihn zum Kammerherrn, verlieh ihm den Orden Pour le mérite und gab ihm ein Jahresgehalt von 6000 Dukaten. Als Voltaire den Präsidenten der Akademie angriff, entzog ihm der König seine Gunst und zwang ihn zur Abreise aus Potsdam (1772). Seinen Plan, sich in Genf niederzulassen, vereitelte die calvinistische Geistlichkeit der Stadt. Voltaire erwarb das Schlößchen Ferney und verlebte dort mit seiner Nichte die letzten zwanzig Jahre seines Lebens. Im Park von Ferney errichtete der Aufklärer einen Altar mit der Inschrift: „Deo Voltaire". Von ihm stammt auch das Wort: „Wenn Gott nicht existierte, müßte man ihn erfinden!" Trotz aller Abseitigkeiten und zeitverhafteter Irrtümer hat er, einreißend, bewegend und erneuernd, an entscheidender Stelle geholfen, den Geist der neuen Zeit, der mit der Großen Revolution von 1789 seinen Anfang nahm, heraufzuführen. Widerspruchsvoll wie sein Verhältnis zum Hof, seine Geldgeschäfte einerseits und seine autoritäre Kritik an der Gesellschaft andererseits war auch sein Ende. Sein Herz wurde einbalsamiert und in Ferney beigesetzt; der Leib des Deisten (er war „gottgläubig", aber ein Gegner der Kirche) im Dom Notre Dame in Sellières bestattet.

20. II. 1751 — 29. III. 1826 ## JOHANN HEINRICH VOSS

Die kleinbürgerliche Idylle hat in Voss, dem Dichter der „Luise", ihren großväterlichen Meister gefunden. Dieses Gedicht in drei Gesängen behandelt nichts als das Geburtstagsfest Luisens im Walde, den Besuch des Pfarrers von Grünau im Hause seiner Verlobten und die Vermählung der beiden; aber Goethe begrüßte die „Luise" mit „reinem Enthusiasmus" und las oft daraus vor. Er kannte große Teile auswendig und ließ sich zu seinem Epos „Hermann und Dorothea" anregen, von dem allerdings Voss selber nicht begeistert war: „Die Dorothea gefalle, wem sie wolle; Luise ist sie nicht." Bekannter noch wurde seine zweite Idylle „Der siebzigste Geburtstag". Beide Werkchen wurden von den Zeitgenossen als wohltuende Ablösung von der Schwärmerei der „Hainbündler" empfunden. Die trauliche Enge, die behagliche Stille und hausbackene Einfalt gefielen dem deutschen Leser von damals. Bleibenden Ruhm aber hat sich Voss mit seinen Übersetzungen erworben. Er übertrug Virgil, Ovid, Tibull, Horaz, Hesiod, Theokrit und Aristophanes. Voss wagte sich auch an Homer und übersetzte ihn mit philologischer Gewissenhaftigkeit in den Hexametern des Originals. Im Jahre 1781 erschien die Odyssee, 1793 die Ilias. Die Wirkung war ungeheuer. Erst jetzt wurde die Größe des griechischen Genius deutlich. Hatte Bürger noch gemeint, Homer sei „nur selten mehr als unsereins", so gestanden nun Goethe und Schiller, von Homer gelernt zu haben. Die Voss'sche Übersetzung drang in die gebildeten Kreise Deutschlands. Dichter unserer Zeit wie Albrecht Schaeffer, Rudolf Alexander Schröder und andere haben modernste Übertragungen geschaffen, doch kommt keine an Treue und Wörtlichkeit der Neuschöpfung Voss' gleich. Sie ist heute noch gültig.

WILHELM HEINRICH WACKENRODER

13. VII. 1773 — 13. II. 1798

Die zarte, reine und vornehme Seele dieses Jünglings, der mit fünfundzwanzig Jahren starb, hat noch die deutsche Jugend vor dem ersten Weltkrieg tief bewegt; hier begegnete ihr ein Erzieher des innigsten Kunstempfindens, dessen Buch „Herzensergießungen eines kunstliebenden Klosterbruders" für sie das letzte fromme Nachleuchten der Romantik bedeutete und ihr zur Versenkung, besonders in die altdeutsche Kunst, verhalf. Hatte doch Wackenroder, der Sohn eines preußischen Justizministers, zusammen mit seinem Freunde Ludwig Tieck die Kunstherrlichkeit des alten Nürnberg entdeckt und unaufhörlich auf die Gemütswerte der alten Dichtung und der bildenden Künste deutscher Art hingewiesen, als Herder und Goethe sich längst einem antikisierenden Klassizismus zugewandt und ihn im Gegensatz zur deutsch-romantischen Entwicklung (romantische Malerei!) als maßgebend für ein Jahrhundert auf den Schild erhoben hatten. Wackenroder schrieb damals: „Nicht bloß unter italienischem Himmel, unter majestätischen Kuppeln und korinthischen Säulen — auch unter Spitzgewölben, krausverzierten Gebäuden und gotischen Türmen wächst wahre Kunst hervor." Und ferner: „Wer ein System glaubt, hat die allgemeine Liebe aus seinem Herzen verdrängt; Aberglaube ist besser als Systemglaube." Er war allem Rationalismus in der Kunstbetrachtung abhold, er vernahm vielmehr in Natur und Kunst die göttliche Stimme: „Nur Schaffen bringt uns der Gottheit näher, und der Künstler, der Dichter ist Schöpfer." Einer solch hohen Kunstauffassung war sein juristischer Brotberuf feindlich. Oft wollte er fliehen. Der Widerstreit verzehrte seine Kräfte vor der Zeit. Tieck gab nach seinem Tode noch (1799) die „Phantasien über die Kunst" heraus.

RICHARD WAGNER 22. V. 1813 — 13. II. 1883

Bis heute ist das Werk Wagners, des größten europäischen Musikdramatikers, lebendig geblieben. Heute wie einst stehen die Inszenierungen seiner Werke in Bayreuth im Brennpunkt der geistigen Auseinandersetzungen. Wagners Schaffen bewegte sich in gewaltigen Gegensätzen: vom revolutionären „Rienzi" zu den bürgerlichen „Meistersingern", von der altgermanischen Götterwelt zum heiligen Gral, vom bacchantischen Hörselberg zur Szene des frommen Pilgerchors. Auch das Leben des Komponisten war von starken Gegensätzen bestimmt. Der Kapellmeister Wagner, der in Würzburg, Magdeburg und Königsberg konzertiert hatte und 1832 nach Riga gekommen war, floh 1839 vor seinen Gläubigern aus Riga über London nach Paris; auf der stürmischen Überfahrt kam ihm die Idee zum „Fliegenden Holländer". Zehn Jahre später flüchtete er aus Dresden nach Zürich, da er wegen seiner Teilnahme am Aufstand von 1849 in Gefahr war. 1866 mußte er München, wo ihm König Ludwig II. unbeschränkte Gastfreundschaft gewährt hatte, vorzeitig verlassen. In diesen Jahren waren an Opern uraufgeführt worden: „Rienzi" und „Fliegender Holländer", (1842/43), „Tannhäuser" (1845), „Lohengrin" (1850) und „Tristan" (1865). 1868 folgten die „Meistersinger", 1876 der „Ring", 1882 der „Parsifal". Bei jedem dieser Musikdramen sollten Musik, Dichtung, Bühnenbild und Aufführung eine geistige Einheit bilden. Diese Forderung in vollkommener Weise zu erfüllen, schuf Wagner das Festspielhaus in Bayreuth, das durch die Aufführung des „Rings der Nibelungen" 1876 eingeweiht wurde. Lebensstationen Wagners waren neben Königsberg, Riga, Magdeburg und Würzburg: Paris, Dresden, Weimar, Zürich, München, Triebschen bei Luzern, Bayreuth. In Venedig starb er an einer Herzerweiterung.

JULIUS RITTER VON WAGNER-JAUREGG

7. III. 1857 — 27. IX. 1940

Es gibt eine ganz besonders bösartige Geisteskrankheit, die, unbehandelt, langsam, aber mit entsetzlicher Sicherheit zur völligen Verblödung führt: die fortschreitende Gehirnerweichung, medizinisch „progressive Paralyse" genannt. Sie ist eine Spätfolge der Syphilis, konnte aber auch nach der Entdeckung des Heilmittels Salvarsan nicht wirksam bekämpft werden, weil man das Medikament nicht an die ins Gehirn eingewanderten Spirochäten heranbringen kann. Groß war die Erregung unter Ärzten und Wissenschaftlern, als gegen Ende des ersten Weltkriegs bekannt wurde, der österreichische Psychiater Wagner-Jauregg infiziere Paralytiker mit Malaria. Hieß das nicht, den Teufel mit Beelzebub auszutreiben? Tatsächlich handelt es sich jedoch um eine Malariaform, die nur leichtes Fieber erzeugte, das mit Chinin oder anderen Mitteln wieder abgestoppt werden kann. Das „künstliche Fieber" verstärkt die Abwehrkräfte des Organismus und setzt ihn schließlich in die Lage, auch die Syphilis-Erreger im Gehirn zu bekämpfen. Auf diese Weise sind im Laufe der Zeit in allen Ländern der Erde zahllose Patienten geheilt worden, die sonst unrettbar verloren gewesen wären. Wagner-Jauregg begann im Jahre 1874, erst 17 Jahre alt, sein Medizinstudium in Wien und wurde dort 1883 Assistent an der gleichen Psychiatrischen Klinik, deren Leitung er später Jahrzehnte hindurch innehatte. Seine großartige Idee des „Heilfiebers" war ihm schon während der Assistentenzeit gekommen; am Krankenbett mit Malaria erprobt hat er sie jedoch erst im Jahre 1917, nachdem unendlich mühsame und langwierige Versuche der verschiedensten Art vorangegangen waren. Zehn Jahre später wurde Wagner-Jauregg für seine Entdeckung der Nobelpreis zugesprochen. Erst als Siebzigjähriger legte er seine Lehrtätigkeit nieder.

2. VII. 1888 - 16. VIII. 1973   SELMAN A. WAKSMAN

Jahrzehntelang hatten sich Forscher in aller Welt bemüht, den Erreger der heimtückischen Tuberkulose zu finden. Als endlich Robert Koch entdeckte, daß es sich um einen Bazillus handelt, der sich im Organismus einnistet und rasch vermehrt, atmete die Menschheit erleichtert auf. Aber Kochs Entdeckung allein genügte nicht. Es fehlte das Mittel, die Bazillen zu bekämpfen. Zwar gelang es mit den klassischen Methoden der Medizin bei gewissen Arten der Tuberkulose, besonders bei der Lungentuberkulose, durch heilklimatische Verfahren und chirurgische Eingriffe gute Heilerfolge zu erzielen, aber der Krankheit fielen immer noch Tausende zum Opfer. Da entdeckten amerikanische Mediziner in den dreißiger Jahren unseres Jahrhunderts, daß der Tuberkelbazillus, siedelt man ihn im Ackerboden an, in kurzer Zeit zerstört wird. Die amerikanische Gesellschaft zur Bekämpfung der Tuberkulose beauftragte den in England lebenden Biochemiker Selman A. Waksman, dieser seltsamen Erscheinung nachzugehen. Waksman, ein gebürtiger Ukrainer, hatte sich jahrelang mit der Erforschung bestimmter im Boden lebender Kleinlebewesen beschäftigt, die ihrer Natur nach mit den Bakterien eng verwandt sind und denen er den Namen Actinomyces griseus gegeben hatte. Bei einer Untergruppe dieses Stammes, Streptomyces genannt, stellte er nach mühevollen, langwierigen Versuchen fest, daß sie Tuberkelbazillen vernichten konnte. Der Weg war offen für die Herstellung des Tuberkuloseheilmittels, des Streptomycins. Schon 1952 konnten amerikanische Kliniken bei Anwendung von Streptomycin bis zu 80 Prozent Heilerfolge melden. Seither sind Hunderttausende durch das Heilmittel gerettet worden. Waksman erhielt 1952 für die Entdeckung des Streptomycins den Nobelpreis.

15. I. 1793 — 23. VIII. 1865   FERDINAND GEORG WALDMÜLLER

Vor den glücklichen, freudespendenden Landschaften und Porträts dieses Wiener Malers vergißt man gern seinen streitbaren Lebenslauf. Er genoß zwar seine künstlerische Ausbildung an der Wiener Akademie, machte sich aber durch Kopieren selbständig und unternahm verschiedene Reisen nach Italien und Paris. Nach 1829 wurde ihm eine Professur an seiner ehemaligen Lernstätte in Wien erteilt. Er bewies aber seine Unabhängigkeit durch eine Reihe von Streitschriften, die er gegen den akademischen Schulbetrieb verfaßte. Im Jahre 1857 mußte er deshalb seine Lehrtätigkeit aufgeben. Inzwischen war sein poetischer Name längst Sinnbild geworden. Er gilt als Vorkämpfer für einen neuen Realismus; aber es ist ein Realismus des Schönen, den er vertritt, ebenso wie sein großer epischer Landsmann und Zeitgenosse Adalbert Stifter — ein Realismus, der weit über den Begriff des zeitgenössischen Biedermeier hinausgeht und den unmittelbaren Einblick in eine paradiesische Schöpfung eröffnet. Waldmüllers Landschaften von Ischl, Aussee und Zell am See, vom Prater und Wiener Wald, von Riva und Arco sind fein geordnete Weltbilder österreichischer Prägung, mit reinen und naiven Augen geschaut und mit überlegenem Künstlerverstand charaktervoll und in lichtester Farbigkeit gemalt. Aus diesen Bildern blickt uns die lachende Fülle der Natur auch dann an, wenn ihnen die Beigabe fröhlicher Bauernszenen fehlt. Waldmüller malt wärmer, blühender als Ingres, seine Porträts sind genau und lebensvoll, insgesamt lautere Spiegel einer ungetrübten Schöpfungsfreude — trotz aller revolutionären Zeitstimmung und der damit verbundenen tragischen Schicksale. Von besonderer Schönheit sind seine Kinderszenen, die durch fröhliche Unbekümmertheit überraschen.

OTTO WALLACH 27. III. 1847 — 26. II. 1931

Schon der junge Otto Wallach, Sohn einer alten preußischen Beamtenfamilie, überraschte durch interessante chemische Experimente. Nach dem Abitur studierte er Chemie, mit so ausgezeichnetem Erfolg, daß er schon nach dem fünften Semester die Doktorprüfung ablegen konnte. Wenig später holte ihn der berühmte Kékulé zu sich, weil er die hervorragende Begabung des jungen Wissenschaftlers erkannt hatte. Mit 28 Jahren wurde Wallach Professor in Bonn, später folgte er einem Ruf nach Göttingen, wo sich sein eigentliches Lebenswerk vollendete: die Erforschung der Riechstoffe und ätherischen Öle, von denen vorher nur verhältnismäßig wenig bekannt gewesen war. Jahrzehnte hindurch hat ihnen Wallach in unendlich mühsamer Forscherarbeit Schritt für Schritt die Geheimnisse ihres chemischen Aufbaus und ihrer wechselseitigen Beziehungen entlockt. Er bearbeitete diese sehr komplizierten Substanzen, die in den letzten Jahren für Medizin, Naturwissenschaft und Technik gleich wichtig geworden sind, so gründlich, daß sie jetzt zu den besten bekannten Stoffen gehören. Damit verwandelte er „ein vorher undurchdringliches Dickicht in chemisches Kulturland". Wallach erhielt im Jahre 1910 den Nobelpreis für Chemie, sein Hauptwerk „Terpene und Kampfer" gilt nach wie vor als eine unersetzliche Fundgrube des Wissens auf dem Gebiet, das vor allem durch die Herstellung künstlicher Riechstoffe auch industriell größte Bedeutung erhielt. Wallach erreichte das hohe Alter von 84 Jahren, er starb 1931 in Göttingen. „Unvergänglicher als Erz", so heißt es in dem Nachruf des Vereins deutscher Chemiker, „sind Wallachs Mitteilungen zur Kenntnis der ätherischen Öle, die vom ersten bis zum letzten Satz klassisch, unantastbar und fruchtbar geblieben sind".

ALBRECHT VON WALLENSTEIN 24. IX. 1583 — 25 II. 1634

Wallenstein, eigentlich Waldstein, aus deutsch-böhmischem Adel, rechtfertigt Schillers Wort: „Von der Parteien Haß und Gunst verwirrt, schwankt sein Charakterbild in der Geschichte." Schon seine Zeitgenossen mißtrauten dem siegreichen Feldherrn, der sein eigenes Söldnerheer unterhielt und als hochmoderner Organisator und Finanzmann seine Heimat in eine Werkstättenlandschaft verwandelte, die sein Heer bis auf den letzten Gamaschenknopf versorgte. In jener wilden Zeit vor und während des Dreißigjährigen Krieges waren Freund und Feind freilich kaum mehr zu unterscheiden: Katholiken kämpften gegen Katholiken, Protestanten gegen Protestanten; man verhandelte offen mit dem Feind, nahm und gab Geld — und so verfuhr gelegentlich auch der siegreiche Wallenstein, selbst unter Mißachtung kaiserliche Befehle; er brach Feldzüge ab und trat nicht zu befohlenen Schlachten an, wenn die Sterne ungünstig standen oder wenn ihn seine Gicht plagte. Seine kunstreichen Palastbauten, seine prächtigen Aufzüge, seine Ungeselligkeit, Verschwiegenheit und seine Launen isolierten ihn schon früh, aber er erzwang sich immer größere Vollmachten, im Namen des Kaisers, dem er nicht gehorchte. Wallensteins Ziel war der Reichsfriede; er entwarf ein Friedenstatut und stellte sich in einem Kriegsrat gegen den Kaiser. Er verhandelte eigenmächtig und geheim mit den Reichsfeinden und wurde abgesetzt. Mit wenigen prahlerischen „Getreuen" zog er todkrank nach Eger, im Zeichen des düsteren Horoskops, das ihm Kepler gestellt hatte, und wurde am 25. Februar 1634 vom irischen Kapitän Devereux ermordet. Als eine der interessantesten Gestalten seines Jahrhunderts ist er immer wieder zum Thema dramatischer und literarischer Bearbeitungen geworden.

Um 1170 — um 1230   **WALTHER VON DER VOGELWEIDE**

Wenn man sagt, er sei der bedeutendste deutsche Lyriker des Mittelalters gewesen, der Gipfel mittelhochdeutscher Dichtung, eine der gültigsten Verkörperungen jener gewaltigen Epoche, so erschöpft man Weite, Freiheit, Phantasie und Wucht seines Wesens, ihre Heiterkeit, Vielseitigkeit, ihren sittlichen und religiösen Ernst noch nicht; und ebensowenig die feine Geschmeidigkeit, die anschauliche, bildhafte Pracht seiner Sprache und Verse, auch nicht die politisch wache Streitbarkeit seiner Spruchdichtung. Selbst wenn wir all dies zusammenfassen, verbleibt zum Begreifen der überwältigenden Persönlichkeit ein Rest übrig: der geheimnisvolle, lediglich der Ehrfurcht sich erschließende Zauber des Genies. Wie man vermutet, wurde er in der Nähe von Bozen geboren. Nach langen Wanderfahrten, die ihn nach Wien, Eisenach und Meißen führten und sicherlich an viele andere Stätten, erhielt er endlich ein jubelnd begrüßtes Lehen, wahrscheinlich bei Würzburg. Er war ritterlichen Standes, doch wie andere arme Edlinge genötigt, manchen Herren als fahrender Sänger zu dienen; dennoch blieb er nur dem einen wahrhaft verbunden, dem jeweiligen Gebieter des Abendlandes, dem Kaiser. Nie hatte die Reichsidee einen berufeneren Verfechter. Er liebte sein Volk, das Leben, die Natur. Er besang die hohe und niedere Minne. Tapfer, klar, sinnenfroh, Gott zugewandt, Feind unberechtigter Übergriffe, ohne Falsch, weltoffen, ein Erzieher zur Ehre, sang er seine Strophen zu eigenen Melodien, deren Musikalität wir in einigen überkommenen Proben bewundern. Die Zeitgenossen sahen ein Vorbild in ihm. Dann vergaßen die Deutschen ihn für ein halbes Jahrtausend. Goethe kannte ihn nicht, Uhland erst erweckte ihn und sein Werk von neuem. Nach unbestätigten Berichten soll Herr Walther im Kreuzgang des Neuen Münsters zu Würzburg begraben worden sein.

8. X. 1883 —   1. VIII. 1970   **OTTO HEINRICH WARBURG**

Die außergewöhnlichen Leistungen dieses Forschers wurden vor allem dadurch ermöglicht, daß er die Denkweise und Methoden der Chemie, Physik und Physiologie gleichermaßen beherrschte. Sein Vater war Professor für Physik in Berlin und Präsident der Physikalisch-technischen Reichsanstalt. Er führte den Sohn schon früh in das Gedankengut seiner Wissenschaft ein; Chemie lernte Otto Heinrich Warburg bei Emil Fischer, einem der größten Chemiker der Zeit. Physiologie, die Wissenschaft, welche die Lebensvorgänge im tierischen und pflanzlichen Körper untersucht, aber studierte er als Mediziner, und mit ihr beschäftigte er sich nach Ablegung der chemischen Doktorprüfung am gründlichsten. Im Jahre 1911 ging Warburg an das Kaiser-Wilhelm-Institut für Biologie in Berlin-Dahlem; seit dem Jahre 1930 leitet er dort das durch ihn weltbekannt gewordene Institut für Zellphysiologie. Seine größten Erfolge hat Warburg bei der Erforschung der Zellatmung erzielt, jenes komplizierten Vorgangs, mit dessen Hilfe die Zelle ihre Lebensenergie durch „Verbrennung" der vom Blut gelieferten Nährstoffe gewinnt. Hierzu braucht sie einen Reaktionsbeschleuniger, ein Ferment, das die Übertragung des Sauerstoffs auf den Nährstoff bewirkt. Warburg hat dieses Atmungsferment nicht nur entdeckt, sondern auch in Bau und Funktionsweise genauestens aufgeklärt. Er hat ferner nachgewiesen, daß jenes Atmungsferment mit den beiden anderen „Lebensweckern" im tierischen und pflanzlichen Organismus, dem roten Blutfarbstoff und dem Blattgrün, chemisch sehr eng verwandt ist. Gleichzeitig leistete Warburg auch einen wichtigen Beitrag zur Krebsforschung, indem er den krankhaft veränderten Stoffwechsel der Krebszelle erforschte und dadurch der Krebsbekämpfung wichtige Ansatzpunkte gab.

GEORGE WASHINGTON 22. II. 1732 — 14. XII. 1799

George Washington, der Begründer der Unabhängigkeit der Vereinigten Staaten von Nordamerika, entstammte einer britischen Familie, die 1657 unter der Diktatur Oliver Cromwells ausgewandert war, um sich in dem damals noch unter englischer Herrschaft stehenden jungfräulichen Kontinent jenseits des Atlantik anzusiedeln. Sein Vater war ein reicher Pflanzer in dem gottgesegneten Virginien. Er starb jung und hinterließ seinen ausgedehnten Landbesitz seiner Witwe und den Kindern. Georges früh erworbene Waldläufererfahrung befähigte ihn zu gewagten, viel bewunderten kriegerischen Unternehmungen, als er mit der virginischen Miliz nach Westen zog, um die Einfälle der Franzosen und Indianer abzuwehren. Wegen seiner Tapferkeit und militärischen Umsicht wurde er bald zum Regimentskommandeur und schließlich zum Befehlshaber der gesamten Kolonial-Miliz Virginiens ernannt. 1774 wählten ihn seine Mitbürger in den neugegründeten Nationalkongreß zu Philadelphia. Als sich die Gegensätze zwischen dem englischen Mutterland und den amerikanischen Kolonien verschärften, trat Washington an die Spitze der amerikanischen Armee. Trotz schwerer Rückschläge blieb Washington unerschütterlich und überwand alle Hindernisse, bis das durch Franklin zustande gekommene Bündnis mit Frankreich den bedrängten Kolonien Luft schaffte. Das Kriegsende brachte nur eine kurze Ruhepause. 1787 begannen bereits die Beratungen über die Bundesverfassung, bei deren Formulierung Washington maßgeblich mitwirkte. In den beiden ersten und entscheidenden Jahren lenkte er als Präsident die Geschicke der jungen, von inneren Gärungen erfüllten Republik. Eine dritte Wiederwahl lehnte er ab. Die Vereinigten Staaten von Amerika verehren in ihm ihren Freiheitshelden.

AUGUST VON WASSERMANN 21. II. 1866 — 16. III. 1925

Wassermann ist einer der bedeutendsten Bakteriologen der Neuzeit. Gipfelpunkt seines Lebenswerkes blieb die Blutuntersuchung auf jene heimtückische Krankheit, die vom 15. Jahrhundert an in Europa Hekatomben von Opfern gefordert hatte. Durch die „Wassermannsche Reaktion" kann die Syphilis jetzt in den meisten Fällen so frühzeitig erkannt werden, daß die Behandlung erfolgversprechend ist. Wassermann, der 1890 als Assistent an das Robert-Koch-Institut berufen worden war und dort später die Abteilung für experimentelle Therapie und Biochemie leitete, hatte sich vom Beginn seiner Laufbahn an der in gewaltigem Aufstieg befindlichen bakteriologischen und serologischen Forschung zugewandt und sich zunächst als Schüler, dann als Mitarbeiter und Freund Paul Ehrlichs am Ausbau der modernen Immunitätslehre beteiligt, und eine Reihe von folgenreichen serologischen Untersuchungen durchgeführt. In Gemeinschaft mit Carl Bruck, dem Leiter der Hauptabteilung des Städtischen Krankenhauses in Altona, begann er dann die Versuche zur Blutreaktion bei Syphilis, 1906 konnten endlich die Ergebnisse der komplizierten Experimente veröffentlicht werden. Seither wird die Wassermannsche Reaktion in allen Ländern der Erde zusammen mit anderen Kontroll- und Untersuchungsmethoden angewandt. Obgleich er sich auch weiterhin der Verbesserung dieser medizinischen Großtat widmete, blieben die anderen Arbeiten — über die Bakteriengifte und Gegengifte — nicht liegen. Als Vorstand des neueingerichteten Instituts für experimentelle Therapie der Kaiser-Wilhelm-Gesellschaft in Berlin-Dahlem beschäftigte sich August von Wassermann bahnbrechend mit der Tuberkulose- und Krebsforschung.

19. I. 1736 — 19. VIII. 1819   JAMES WATT

Daß man mit Dampf Arbeit leisten kann, war schon im Altertum bekannt. Erst 1690 gelang es dem Franzosen Papin, die erste atmosphärische Kolben-Dampfmaschine zu konstruieren, die einen Kolben durch Dampf hob und nach dessen Kondensation durch starken atmosphärischen Druck wieder nach unten bewegte. Thomas Newcomen schuf 1700 eine „atmosphärische Kolbenmaschine", bei der ein Gestänge die Kraft vom Arbeitszylinder auf die Pumpe übertrug. Aber die Maschine benötigte zu ihrem Betrieb riesige Mengen von Kohlen, da Zylinder und Kolben fortdauernd von der Kälte des Wassers auf die Hitzegrade des Dampfes gebracht werden mußten. Die Maschine leistete schon vortreffliche Dienste in den Bergwerken zur Entwässerung der Stollen. James Watt, ein englischer Ingenieur, hatte den entscheidenden Gedanken zu ihrer Verbesserung. „Ich sagte mir", schrieb Watt später, „daß ich nur einen luftverdünnten Raum in einem vom Dampfgefäß getrennten Behälter herzustellen brauchte und von diesem gesonderten Gefäß aus eine Verbindung zu dem Zylinder schaffen mußte. Dann würde der Dampf aus dem Zylinder in das luftleer gemachte Gefäß stürzen und die Maschine könnte arbeiten." Das war im Jahre 1765. Aus dieser Idee erwuchs im ständigen Ausbau die Dampfmaschine mit Dampfkessel und Kondensator, in der nicht mehr der äußere Luftdruck den Kolben abwärts bewegte, sondern der verdichtete Dampf die Maschine antrieb. Als die finanziellen Mittel Watts verbraucht waren, stellte ihm ein Fabrikant aus Birmingham sein gesamtes Vermögen zur Verfügung. Dadurch gelang es, die Produktion aufzunehmen, die unvermeidlichen Rückschläge zu überstehen und schwierige Patentprozesse zu führen. Watts Grab liegt in der Westminsterabtei zu London, dem Ruhmestempel englischer Größe.

10. X. 1684 — 18. VII. 1721   JEAN ANTOINE WATTEAU

Man versteht diesen Maler des französischen Rokokos besser, wenn man weiß, daß seine Heimat Valenciennes erst knapp zehn Jahre vor seiner Geburt an Frankreich fiel. Watteau ist dem Herkommen nach ein Südniederländer, seine Kunst ist von Rubens, Terborch, Vermeer, aber auch von Rembrandt tief beeinflußt. Er betrachtet das französische Rokoko gleichsam als außenstehender Fremdling und steigert es mit sprühenden, zitternden Farben und einer geistreichen, duftigen Technik, die alle Substanzen aufzulösen scheint, in eine perlende Musikalität. Watteau ist der Träumer und Begründer der Rokokomalerei. Seine Bilder haben die Kultur der Zeit entscheidend beeinflußt. Dieser Einfluß ging so weit, daß die Phantasiekostüme seiner Gemälde in kurzer Zeit als neueste Modeerzeugnisse von Adel und Bürgertum übernommen wurden. Was ihn vom skeptischen Geist des Rokoko vor allem trennt, ist die sehnsüchtige Gefühligkeit, die elegante Lyrik seiner Figuren. Hier ist keine Zweideutigkeit, keine Verkleidung, die nur Attrappe wäre, sondern ein vollkommen graziöses Spiel von Naivität und Wesenhaftigkeit. Das Bild „Gilles" zum Beispiel stellt einen Komödianten dar, voll innerer Spannung. Die Figur steht hoch über einer lagernden Gesellschaft, unter der auch der shakespearesche Eselskopf des Sommernachtstraums nicht fehlt. Dieses Bild widerlegt schon durch sein Format den Vorwurf, Watteau sei keiner „größeren Gegenstände" fähig gewesen. Von demselben Geist getragen, bewegt sich der tänzerische „Indifférent" in unübertrefflicher Anmut durch seine Traumlandschaft — das vollkommenste Bild Watteaus und des Rokoko. Sein letztes Werk war das berühmte „Ladenschild eines Kunsthändlers". 1734 wurde das Gesamtwerk des Malers in 795 Stichen herausgegeben und der breiten Öffentlichkeit bekannt gemacht.

ALFRED WEBER   30. VII. 1868 — 2. V. 1958

Alfred Weber ist ein Gelehrter von Weltruf, der als Begründer der modernen Kultur- und Geschichtssoziologie gilt. Sein Ziel und seine Methode sind es, niemals im abstrakten Raum zu verweilen, Geschichte und Gesellschaftslehre nicht auf den wissenschaftlichen Bereich der Vergangenheit zu beschränken, sondern sie vom Standpunkt und aus der Problemstellung des lebenden Menschen zu betrachten und aus den Ergebnissen der exakten Forschung praktische Lehren für Gegenwart und Zukunft zu ziehen. Weber unterscheidet im geschichtlichen Werden des Menschengeschlechtes vier Stufen: Der erste Mensch war der Neandertaler, für den es weder Vergangenheit noch Zukunft gab; der zweite Mensch lebte in magisch-dämmerigen Bereichen, bis um die Mitte des vierten Jahrtausends v. Chr. die großen Kulturen in Ägypten und Mesopotamien entstanden und ein neues Zeitalter heraufführten; der dritte Mensch ist der Herrschaftsmensch, der noch unser Dasein bestimmt, der aber bereits im Kampf liegt mit dem vierten Menschen, dem „enthumanisierten Funktionärtyp". In seinen zahlreichen Büchern und Schriften hat Alfred Weber mit schonungsloser Kritik die Schwächen der Gegenwart aufgedeckt. Den Kardinalfehler erblickt er darin, daß die geistig Führenden der Völker ihr „Verantwortungsgehäuse" verlassen und daß die Menschen, wenn sie Besitz erworben und damit eine Bürgschaft gegenüber der Allgemeinheit übernommen hätten, nichts weiter kennen würden als die Sucht „nach dem noch schöneren Karneval". — Weber war Ordinarius für Staats- und Volkswirtschaft an der deutschen Prager Universität und lehrte seit 1907 in Heidelberg. Seine bedeutendsten Werke sind: „Über den Standard der Industrien"; „Kulturgeschichte als Kultursoziologie" und „Der dritte oder der vierte Mensch".

CARL MARIA VON WEBER   18. XII. 1786 — 5. VI. 1826

Die Totenmaske dieses großen deutschen Musikers zeigt ein feines, stilles Antlitz, in dem das Leiden überwunden ist; sie gleicht der Totenmaske Pascals. Vom Vater hatte Carl Maria von Weber ein schweres Erbe zu tragen: Er galt als Hochstapler, der sich den Adelstitel eigenmächtig zugelegt habe, und war Direktor verschiedener, übel berüchtigter Schauspielgesellschaften. Seinen dunklen Geschäften war es zuzuschreiben, daß Carl Maria vom Prinzen Eugen von Württemberg, dessen Musikintendant er war, des Landes verwiesen wurde. — Weber gehört zu den vielen deutschen Komponisten, die durch Überarbeitung in einen frühen Tod getrieben wurden. Er war Konzertpianist, Kapellmeister am Prager Nationaltheater und richtete (1816) in Dresden eine deutsche Oper ein. Neben dieser anstrengenden Tätigkeit komponierte er eifrig. Die Vertonung Körnerscher Lieder aus „Leier und Schwert" brachte ihm den ersten Ruhm. Als er mit der Oper „Der Freischütz", fünf Jahre vor seinem Tod, die Bühne betrat, war er in kürzester Zeit der beliebteste deutsche Komponist. Sein Ruhm drang schnell über die Grenzen. Wien bestellte bei ihm nach einem alten französischen Text die Oper „Euryanthe", London die romantische Märchenoper „Oberon", nach einem Text von Wieland. In wenigen Jahren vollendete Weber die beiden Opern. London lud ihn ein, den „Oberon" zu dirigieren. Der Arzt versicherte dem kränklichen Komponisten, er könne noch fünf Jahre leben, wenn er sich schone. Doch die schlechte finanzielle Lage ließ keine Erholung zu. Ein paar Wochen nach der Aufführung starb Weber in London an einer schweren Kehlkopftuberkulose. Es ist Richard Wagner, der stark von Weber beeinflußt wurde, zu danken, daß achtzehn Jahre später die sterblichen Überreste des Meisters nach Dresden überführt wurden.

21. IV. 1864 — 14. VI. 1920   **MAX WEBER**

Das Leben dieses in Erfurt geborenen Gelehrten verlief ohne Sensation, ohne eine „Entdeckung", die seinen Namen über die Grenzen seiner Heimat hinaus hätte berühmt machen können. Er war der stille, arbeitsame, nicht nach Ruhm und Anerkennung verlangende Forscher, der an den Universitäten Berlin, Freiburg, Heidelberg und München das Lehramt für Gesellschaftswissenschaften innehatte. Erst nach seinem Tode erkannte man die Verdienste, die er sich um die Erkenntnis volkswirtschaftlicher und soziologischer Probleme erworben hatte. Allein seine 1922 – nach seinem Tode – veröffentlichte Arbeit „Wirtschaft und Gesellschaft" hätte genügt, ihm wissenschaftlichen Nachruhm zu sichern. Es gilt bis heute als eines der Standardwerke der Soziologie, ebenso wie seine Arbeiten über die sozialpolitische Struktur der Landarbeiter in Deutschland und die Untersuchungen über die römische Agrarverfassung. Von allgemeinstem Interesse sind die Schriften Webers über die Religionssoziologie, vor allem die Abhandlung „Die protestantische Ethik und der Geist des Kapitalismus" und die Einzeluntersuchungen über das Judentum, den Hinduismus und andere Religionen. Er wies darin an zahlreichen Beispielen nach, daß alles wirtschaftliche Handeln ideellen Einflüssen unterworfen ist, daß auch die religiöse Einstellung eines Menschen oder einer Gesellschaftsgruppe wesentlich bestimmend ist für das wirtschaftliche Denken und Tun dieses einzelnen oder der Gesellschaft. Obwohl Max Weber auf politischem Gebiet nach außen nin keine große Aktivität entfaltete, nahm er doch regen Anteil an allem Geschehen. Während der Versailler Friedensverhandlungen beriet er den Reichspräsidenten Friedrich Ebert und arbeitete auch an den Vorbereitungen und an der Formulierung der Weimarer Reichsverfassung mit.

24. X. 1804 — 23. VI. 1891   **WILHELM EDUARD WEBER**

Schon in frühen Jahren erwachte in Wilhelm Weber ein leidenschaftliches Interesse für die Physik. Zusammen mit seinem älteren Bruder Ernst-Heinrich, Professor für Physiologie und Anatomie in Leipzig, stellte er noch während seiner Schulzeit Versuche über Wellenbewegungen an. Die Ergebnisse der gemeinschaftlichen Arbeit veröffentlichten die beiden Brüder 1825 unter dem Titel „Wellenlehre, auf Experimente gegründet". Ein Jahr später promovierte der 22jährige Wilhelm Eduard zum Doktor; 1828 war er bereits Professor der Physik. Noch im gleichen Jahr machte er die Bekanntschaft des großen Physikers Gauß, der sich seit langem mit magnetischen Untersuchungen befaßte. Weber ging von Halle nach Göttingen, um Gauß nahe zu sein. Da die Sternwarte und das Physikalische Laboratorium, in denen die Wissenschaftler ihre Experimente unternahmen, eine Viertelstunde voneinander entfernt lagen, es aber notwendig war, gleichzeitig Beobachtungen anzustellen, entwickelten die beiden Forscher ein Gerät, das ihnen eine schnelle Verständigung ermöglichte. Gauß und Weber nahmen 1833 den ersten weiterreichenden elektrischen Telegraphen in Benutzung – ein Gerät, das die gesamte Nachrichtentechnik umwälzte. An die Arbeiten von Gauß anknüpfend, veröffentlichte Weber 1846 das epochemachende Werk „Elektrodynamische Maßbestimmungen", in dem er die Einheiten von Spannung, Strom und Widerstand festlegte. Politische Ereignisse unterbrachen jäh seine Arbeit. König Ernst August von Hannover enthob sieben Göttinger Professoren, unter ihnen auch Weber, aller Ämter und Würden, weil sie sich geweigert hatten, die verfassungswidrige Ständeversammlung anzuerkennen und den Huldigungseid zu leisten. Erst ein Jahrzehnt später konnte Weber wieder seinen Platz auf dem Göttinger Katheder einnehmen.

FRANK WEDEKIND 24. VII. 1864 — 9. III. 1918

Dieser „erste Expressionist" unter den deutschen Dramatikern der Jahrhundertwende hat ein seltsam farbenbuntes Dasein gelebt. Er war Bänkelsänger, Schauspieler, Journalist, Reiseleiter und Zirkusangestellter. In seinen Dramen und Liedern verfocht er die „Wiedervereinigung von Heiligkeit und Schönheit" und trieb zugleich mit der Peitsche seiner drastischen Ironie die Gestalten des „schönen wilden Lebens" über die tragikomische Arena. Die Skala seines Eros reichte von „Frühlings Erwachen" bis zur krampfhaft verzerrten „Franziska". Während er den Dämon Weib im „Erdgeist" (1895) und in der „Büchse der Pandora" (1904) personifizierte, führte der Dichter selbst, ein geborener Hannoveraner, ein sparsam-fleißiges, fast spießiges Leben. Dieser nie überwundene Zwiespalt zwischen Phantasie und Realität verlieh gerade seinen moralisch gemeinten Stücken einen Zug ins Groteske. Wedekind schlug der verkrusteten Bürgerlichkeit seiner Zeit ins Gesicht, indem er die bestehende Moral leugnete — nicht mit der spöttischen Überlegenheit Shaws, sondern als gehetzter Fanatiker seiner Überzeugung. Sein Intellekt konnte nur gewaltsame Satire erzeugen — so wie er auch als Schauspieler selbst in den ernst gemeinten Rollen immer mehr komisch als tragisch wirkte. Es besteht kein Zweifel, daß einige seiner ausgeglichenen Stücke beispielhaft für die Dramatik der Zeit waren, das gilt besonders für das Schauspiel „Der Kammersänger" (1899), das den „Zusammenstoß zwischen einer brutalen Intelligenz und verschiedenen blinden Leidenschaften" darstellt, ferner für den „Marquis von Keith" (1904), die Tragödie des Machtwillens. Frank Wedekind lebte zuletzt in München, sang in der berühmten Künstlerkeipe „Simplizissimus" Lieder zur Laute und trat als Schauspieler in seinen eigenen Stücken auf.

ALFRED WEGENER 1. XI. 1880 — XI. 1930

Der Grönlandforscher, Metereologe und Geophysiker Alfred Wegener liegt seit dem Herbst des Jahres 1930 im grönländischen Gletschereis begraben. Er ist ein Opfer seiner Grönlandexpedition geworden, zu der er 1930 aufgebrochen war, um Schwere-, Eisdicken- und Höhenmessungen anzustellen. Eine Vorexpedition war 1929 geglückt, nun sollte eine Kette von Beobachtungsstationen errichtet werden. Auf dem Schnittpunkt zwischen 71 Grad 10,8 Minuten nördl. Breite und 39 Grad 56,2 Minuten westl. Länge war die Station „Eismitte" aufgebaut, die neben Eisdickenmessungen mit dem Echolot regelmäßig wetterkundliche Beobachtungen anstellen sollte. Kurz vor Beginn des Polarwinters brach Wegener zusammen mit dem Eskimo Rasmus Willemsen auf, um diese gefährliche Station selbst mit Nahrungsmitteln zu versorgen. Auf dem Rückmarsch kamen beide um. Dennoch wurde die Expedition ein Erfolg, nachdem sein Bruder Kurt Wegener die Leitung übernommen hatte. Seit der Wegener-Expedition kennt man den inneren Aufbau Grönlands. Der in Berlin geborene Forscher Alfred Wegener war 1919 Abteilungsvorstand an der Deutschen Seewarte in Hamburg und Professor an der dortigen Universität geworden. 1912 hatte er eine Professur an der Universität Graz angenommen. Von 1906 bis 1908 beteiligte er sich an der „Danmark"-Expedition des dänischen Grönlandforschers Mylius-Erichsen. 1912/13 hatte er zusammen mit dem dänischen Hauptmann I. P. Koch bei dem Versuch, das Grönlandeis an der breitesten Stelle zu überqueren, überwintern müssen und dabei wetter- und gletscherkundliche Untersuchungen vorgenommen. Viel Aufsehen hat seine Kontinentalverschiebungstheorie hervorgerufen, nach der die Erdteile sich in den Tiefseeböden aus- und gegeneinander verschieben sollen.

17. I. 1834 — 5. XI. 1914 **AUGUST WEISMANN**

Weismann wurde im Jahre 1834 in Frankfurt am Main geboren, studierte zunächst Medizin, wandte sich aber dann der Biologie zu und arbeitete bei dem bedeutenden Zoologen Rudolf Leuckart, der ihn nach Kräften förderte. Verhältnismäßig jung wurde Weismann Professor an der Universität Freiburg, der er während seines ganzen Lebens trotz ehrenvoller Berufungen an größere Hochschulen die Treue gehalten hat. Er hat sich intensiv für die Abstammungslehre Darwins eingesetzt, baute sie weiter aus und konnte sie durch eine große Fülle neuer Beobachtungen und Entdeckungen stützen. Der vielseitige Forscher hat ferner durch systematische Untersuchungen nachgewiesen, daß unter bestimmten Bedingungen, wie langdauernder Trockenheit, Nahrungsmangel usw., das Leben sich „konservieren" kann, um später sämtliche Funktionen an derselben Stelle, wo sie unterbrochen wurden, wieder aufzunehmen. Auf diese Weise können beispielsweise Zecken, Käfer und Schnecken ihre normale Lebensdauer um das Vielfache verlängern. Auf dem Gebiet der Vererbungsforschung wandte sich Weismann mit experimentell überzeugend unterstützten Begründungen gegen die damals weit verbreitete Meinung, daß während des individuellen Lebens erworbene Eigenschaften, ja selbst Verstümmelungen, auf die Nachkommen vererbt werden könnten. Durch langjährige Versuche an Ratten, Insekten und anderen Tieren wies er nach, daß selbst ungewöhnlich intensive Einwirkungen auf die Körpersubstanz des Individuums nicht vererbt werden. Erbänderungen erfolgen innerhalb übersehbarer Zeiträume nur dann, wenn die Keimzellen selbst direkt beeinflußt werden. Weismann hat bis zu seinem Tode — er starb 1914 im Alter von 80 Jahren — die Entwicklung der Biologie durch immer neue Anregungen entscheidend gefördert.

27. XI. 1874 — 9. XI. 1952 **CHAIM WEIZMANN**

Chaim Weizmanns Name ist untrennbar mit der Gründung des Staates Israel verknüpft. Von Beruf Chemiker, galt sein eigentliches Interesse der Politik. Mit Theodor Herzl, dem österreichischen Theoretiker, gilt er als Begründer des Zionismus, jener politisch-kulturellen Bewegung im Judentum, die aus der Hoffnung entstand, dem geprüften Volk wieder eine Heimstatt geben zu können. Als Vertreter der Zionistenbewegung erwirkte Weizmann 1916 die sogenannte Balfour-Erklärung der britischen Regierung, in der sich England verpflichtete, die nationalen Forderungen der Juden in Palästina zu unterstützen. Aber es dauerte noch drei Jahrzehnte, bis Weizmann, unermüdlich um das Wohl seines Volkes bemüht, sein Ziel erreichte. Tag seines Triumphes war der 14. Mai 1948, als die Vereinten Nationen beschlossen das freie Israel zu proklamieren. Weizmann wurde zum ersten Staatspräsidenten nannt. Obwohl er alles tat, um die Bildung eines neuen Brandherdes im Vorderen Orient zu verhindern, war sein Land doch bald ein Krisenherd der Weltpolitik. Arabische Truppen drangen ein, die Jordanier eroberten die Altstadt Jerusalems, und die Ägypter besetzten Gaza. Erst am 3. Juni 1949 gelang es dem später ermordeten UN-Generalsekretär Graf Bernadotte, zwischen den Streitenden zu vermitteln. Trotz des Waffenstillstandabkommens kam es jedoch zwischen den arabischen Staaten und Israel immer wieder zu kriegerischen Auseinandersetzungen, die ihren Höhepunkt in der Suezkrise im Herbst 1956 erreichten. Weizmann, ein Mann des Ausgleichs und der Verständigung, konnte nicht verhindern, daß Araber und Juden sich weiterhin in Haß und Feindschaft gegenüberstanden, aber sein Land hatte er im Innern zu Wohlstand und Wiederaufbau geführt.

VIKTOR VON WEIZSÄCKER   21. IV. 1886 — 9. I. 1957

Der Neurologe, Internist und Philosoph war einer der Begründer der psychosomatischen Medizin, welche die Einheit von Leib und Seele bejaht. Doch erst nach seinem Tod besann sich die Welt auf die Verdienste des Mannes, der der deutschen Medizin dazu verholfen hatte, den Anschluß an die Forschung in anderen Ländern zu finden. Er stammte aus einer alten Adelsfamilie, deren Mitglieder abwechselnd Gelehrte und hohe Staatsbeamte waren. Weizsäcker studierte in Tübingen, Freiburg, Berlin und Heidelberg. Seine bedeutendsten Lehrer waren der Physiologe Johann von Kries und der Kliniker Rudolf von Krehl. Sie lehrten Weizsäcker, die bedeutsamen Zusammenhänge zwischen der Seele des Menschen und der Krankheit zu erkennen. Hinzu kam in Heidelberg die Begegnung mit Siegmund Freud, dem Begründer der Psychoanalyse, die Weizsäckers Studium am stärksten beeinflußte. Die Freudsche Theorie über das Entstehen von Neurosen war es vor allem, was Weizsäcker fesselte. Freud hatte festgestellt, daß viele Krankheiten, vor allem aber die Nervenkrankheiten, mit dem Unterbewußtsein des Menschen zusammenhängen. Weizsäcker gelang es, die von dieser Feststellung abgeleitete Theorie der Psychoanalytiker zu widerlegen, das Unterbewußtsein des Menschen sei mit wissenschaftlichen Mitteln und Begriffen aufzuhellen. Er vermochte klarzustellen, daß nicht alles, was im Menschen geschieht, nach den Gesetzen von Ursache und Wirkung ablaufe. Weizsäcker lehrte, was den Medizinern der Welt heute selbstverständlich geworden ist, daß nämlich der Arzt nicht vom äußeren Bild der einzelnen Krankheit ausgehen dürfe, sondern seine Diagnose wesentlich von dem allgemeinen Zustand und den Lebensumständen des Kranken her bestimmen müsse.

ARTHUR WELLESLEY WELLINGTON
1. V. 1769 — 14. IX. 1852

Arthur Wellesley Wellington, ein Sohn des Grafen von Mornington, war einer der bedeutendsten englischen Feldherren und Staatsmänner. Seine Karriere begann er als Offizier in Ostindien, wo sein Bruder Richard das Amt des Generalgouverneurs ausübte. Nach England zurückgekehrt, befaßte er sich mit der Politik, wurde ins Unterhaus gewählt und zum Staatssekretär für Irland ernannt. In den Wirren der Napoleonischen Kriege erinnerte man sich seiner eigentlichen Befähigung und entsandte ihn mit einem Expeditionskorps nach Portugal. Als Oberbefehlshaber britischer, spanischer und portugiesischer Truppen gelang es ihm, Napoleons Generäle nach langwierigen und wechselvollen Kämpfen zu besiegen. Das britische Königshaus ernannte ihn in dankbarer Würdigung seiner großen Verdienste zum Herzog von Wellington, und das Parlament bewilligte ihm eine Ehrengabe von 400 000 Pfund Sterling. 1815 vertrat er auf dem Wiener Kongreß die Interessen Großbritanniens. In Wien erreichte Wellington die Nachricht von Napoleons Flucht von Elba. Der bewährte Feldherr vertauschte den Rock des Diplomaten mit der Uniform und zog an der Spitze einer vereinten Armee aus englischen, niederländischen und deutschen Soldaten gegen die schnell zusammengerafften Truppen des Korsen. Zusammen mit Blücher und Gneisenau schlug er die Franzosen am 15. Juni 1815 bei Waterloo, marschierte als Sieger in Paris ein und führte den Bourbonenkönig Ludwig XVIII. zurück auf den französischen Thron. Die folgenden Jahre sahen ihn wieder auf der großen Bühne der Politik. Er gehörte verschiedenen Kabinetten als Außenminister, Premierminister und Minister ohne Portefeuille an, war Botschafter, Kanzler der Universität von Oxford, Generalfeldzeugmeister, Oberbefehlshaber des britischen Heeres und Gouverneur des Tower.

25. VI. 1488 — 28. III. 1561   **BARTHOLOMÄUS WELSER**

Venezuela — Klein-Venedig — nannten die Eroberer das Land im nördlichen Südamerika, weil die indianischen Bauten dort ähnlich wie die Häuser der Lagunenstadt Venezia auf Pfahlrosten ruhten. Kaiser Karl V. übertrug im Jahre 1528 dieses Land als Lehen dem Augsburger Handels- und Bankhause der Welser, bei dem er tief verschuldet war. Die Welser hatten zusammen mit dem Nürnberger Tucher dem Kaiser zwölf Tonnen Gold geliehen. Das Haupt der Augsburger Handelsgesellschaft war der Großkaufmann Bartholomäus Welser, ein Unternehmer größten Stils. So pachtete er zusammen mit seinem Bruder Anton die reichen Kupferminen auf der indianischen Insel Haiti und sicherte sich auf vier Jahre das Monopol der Sklaveneinfuhr. Das venezolanische Abenteuer wurde von den Welsern mit großen Hoffnungen begonnen. 1531 landete Ambrosius Ehinger als erster Statthalter in Coro, dem Hauptort der Kolonie. Was er in Venezuela suchte, war das „Dorado", das sagenhafte Goldland, nach dem von spanischen und portugiesischen Konquistadoren über ein Jahrhundert lang in den Urwäldern und Steppen Südamerikas vergeblich geforscht worden war. Der zweite Welser Statthalter Hohermut und der Generalkapitän Philipp von Hutten entdeckten zwar reiche indianische Siedlungsgebiete bei der späteren Stadt Bogotá, sie stießen dort aber auf den Spanier Quesada, der das Land bereits erobert hatte. Bartholomäus Welser mußte verlustreiche Prozesse führen, weil ihm von den spanischen Kolonialbehörden seine Privilegien strittig gemacht wurden. Im Jahre 1546 wurde Venezuela endgültig der spanischen Krone zugesprochen, nachdem der Sohn des 1532 geadelten Bartholomäus zusammen mit dem Generalkapitän Hutten ermordet worden war. Das in der ganzen Welt bekannte Bankhaus Welser fallierte im Jahre 1614.

10. IX. 1890 — 26. VIII. 1945   **FRANZ WERFEL**

Dieser wie Rilke in Prag geborene jüdische Dichter ist zeitlebens ein ringender Gottsucher gewesen. Als Jude hat er der christlichen Literatur so bedeutende Romane geschenkt wie den „Veruntreuten Himmel", die rührende Geschichte einer Magd, die ihr Leben vergeblich opfert, um einen Betrüger Priester werden zu lassen. Oder den dichterisch gestalteten Bericht „Das Lied der Bernadette", in dem er die wunderbare Gründungsgeschichte von Lourdes erzählt: die Erscheinungen der Gottesmutter in der Grotte und den tapferen Kampf der kleinen Bernadette um die Echtheit ihrer Visionen. Werfel erfüllte damit ein Gelübde, das er der Madonna abgelegt hatte, wenn sie ihn glücklich aus der französischen Emigration — das deutsche Heer war in Frankreich einmarschiert — nach Amerika geleite. Als dritter Roman in dieser Reihe kann „Barbara oder die Frömmigkeit" gelten. Alle diese Romane haben Aufsehen in der katholischen Welt erregt; ihre Wirkung ist breiter und tiefer als sein Verdiroman oder „Die vierzig Tage des Musa Dagh". Am reinsten und reichsten aber leuchtet seine dichterische Phantasie in seinem Roman „Jeremias" auf. Hier hat er aus uraltem Wissen drei Welten in unerhörter sprachlicher und bildhafter Ausdruckskraft intuitiv wiedererlebt: die ägyptische, die babylonische und die altjüdische. Dieses Werk ist nur mit Flauberts „Salambo" zu vergleichen. Es ist echt bis in das ausklingende Wort Gottes in Jeremias: „Damit du lebst!" — ein Wort, das sich auf die Zukunft seines Volkes bezieht. Es darf behauptet werden, daß dieser tragische Roman, nachdem die expressionistischen Jugendwerke Werfels verblaßt sind und der Welt von heute nichts Entscheidendes mehr auszusagen haben, sein eigentliches Denkmal werden wird: „Größe gibt es nur gegen die Welt und niemals mit der Welt", ist sein Motto.

WALT WHITMAN 31. V. 1819 — 26. III. 1892

Vor und nach dem ersten Weltkrieg gab es in der Jugendbewegung viele Schüler und Studenten, die eine Taschenausgabe von Whitmans Gedichten „Grashalme" (Leaves of grass) mit auf ihre Wanderungen nahmen. In den freischwingenden Rhythmen dieser langen Prosagedichte fanden sie Freiheit, Ungebrochenheit eines durchaus männlichen, frischen und kameradschaftlichen Lebensgefühls auf naturhafter Grundlage. Der weite, schier unbegrenzte amerikanische Kontinent mit seinen Prärien, Gebirgen und Strömen, ebenso die unkonventionelle Art im Zueinander der Geschlechter berührte die jungen Leser mit der urtümlichen Kraft der ersten Pioniere. Dazu kam das fast religiöse Gefühl der Allbeseeltheit. Whitman hatte nicht nur seinen Emerson gelesen, sondern auch Schelling und Hegel; er war den jungen Europäern somit der Weltbürger, der Dichter der großen, freien Erde, deren Paradies in Amerika liege, der Sänger der amerikanischen Demokratie, eines männlichen Sozialismus der Tat. Der geniale Mann hatte für diese Jugend fast den Rang eines modernen Evangelisten, zumal sein Schwung auch mit Kritik verbunden war; er galt der Jugend als Vorläufer und Lobpreiser ihrer männlich betonten Bünde und als Revolutionär der dichterischen Form. Die Vorrede zu seinen „Grashalmen", in der er eine neue amerikanische Literatur forderte, ist inzwischen Wirklichkeit geworden. — Whitman war der Sohn eines Farmers, wurde Buchdrucker, Lehrer, Zimmermann und Journalist und bereiste den Süden und den mittleren Westen der USA. Am Bürgerkrieg nahm er als freiwilliger Krankenpfleger teil. Seine Prosaschriften und Briefsammlungen offenbaren das große Herz des „Good Gray Poete" — des guten, greisen Dichters. Er starb in Camden im Staate New Jersey.

JOHANN HEINRICH WICHERN 21. IV. 1808 — 7. IV. 1881

Johann Heinrich Wichern, Sohn eines Hamburger Notars, hat ein Lebenswerk hinterlassen, das alle Wirrnisse der Zeit überdauert und unendlichen Segen gestiftet hat. Als er in Göttingen sein Theologiestudium beendet hatte und von Pastor Rautenberg, einem der bedeutendsten Männer der kirchlichen Erneuerung, nach Hamburg gerufen wurde, erhielt er den Anstoß, sein Leben der tätigen Nächstenliebe zu widmen. Er richtete in Hamburg ein „Rettungshaus" für verwahrloste Kinder ein, das „Rauhe Haus". Hier wurden Tausende von jungen Menschen vor dem physischen und seelischen Zusammenbruch gerettet. Das zum „Rauhen Haus" gehörende Institut zur Heranbildung von geeigneten Erziehern wurde zur Lebenszelle der von Wichern gegründeten evangelischen männlichen Diakonie. Von Beginn seiner Tätigkeit an war es sein Wunsch gewesen, fähige junge Männer in den Dienst des christlichen Liebeswerkes zu stellen. Mit leidenschaftlichem Willen und einer genialen Organisationsgabe wußte Wichern sein Werk in allen Teilen Deutschlands auszubreiten. Im Jahre 1848, in einer Zeit des politischen und sozialen Umbruchs, begründete Wichern den Zentralausschuß der Inneren Mission. Mit hinreißenden Worten wies er auf dem Wittenberger Kirchentag seinen Amtsbrüdern den Weg zur praktischen Missionsarbeit in ihren eigenen Gemeinden. Vom preußischen König wurde der unermüdlich Tätige in das Berliner Innenministerium berufen, um die seit lange geforderte Gefängnisreform zu organisieren. Mit bewunderungswürdiger Schaffenskraft bewältigte Wichern die zahllosen Aufgaben, die an ihn herangetragen wurden, bis er schließlich — sieben Jahre vor seinem Tode — unter der Überlast der Arbeit zusammenbrach. Er hatte sich im Dienste an seinen Mitmenschen verzehrt.

Um 1320 — 31. XII. 1384 **JOHN WICLIF**

Anderthalb Jahrhunderte vor Luther versuchte John Wiclif, der im englischen Yorkshire geborene Vorläufer der Reformation, als Professor der Theologie in Oxford sein Land dogmatisch aus dem Lehrgebäude der katholischen Kirche zu lösen und eine englische Nationalkirche zu gründen. Der Kirchenstreit begann mit weltlich-diplomatischen Fragen. In Verhandlungen mit dem päpstlichen Nuntius über die Rechtlichkeit päpstlicher Forderungen nach Zahlung von Provisionen und Tributen stellte sich Wiclif auf die Seite König Eduards III. Er wandte sich auch gegen das Anstoß erregende, gegen alle kirchlichen Regeln verstoßende Treiben vieler Bettelmönche, das damals von katholischen Predigern in fast allen christlichen Ländern scharf gegeißelt wurde. Durch den Widerhall in ganz England ermutigt, griff Wiclif seit 1378 die kirchlichen Dogmen selbst an. Im Namen des „göttlichen Gesetzes der Heiligen Schrift" verwarf er die römische Oberherrschaft, die päpstliche Schlüsselgewalt, das Zölibat, die Ohrenbeichte, die Lehre von der Transsubstantiation und die Heiligenund Reliquienverehrung. Die Gläubigen sollten durch eigenen freien Entschluß eine von Rom unabhängige Nationalkirche bilden. Mit seinen Mitarbeitern begann er eine Übersetzung der Bibel. Wanderprediger schickte er in alle Teile Englands, um den Bürgern und Bauern in englischer Sprache das Evangelium zu künden. Als er auch die Privilegien des englischen Adels angriff, wurde seine exponierte Stellung unhaltbar. Eine kirchliche Versammlung in London enthob ihn seines Amtes als Hochschullehrer und verwies ihn auf seine Pfarrei Lutterworth. Dort starb er im Jahre 1884. Das Konstanzer Konzil verdammte die Ideen Wiclifs in seiner Sitzung vom 4. Mai 1415 als Ketzerei. Die Gebeine des Verstorbenen wurden 1428 nachträglich verbrannt.

† um 807 **WIDUKIND**

Widukind, auch Wittekind genannt, stammte aus altem westfälischem Häuptlingsgeschlecht. In die Geschichte eingegangen ist er durch seinen zähen, blutigen Kampf als Anführer der heidnischen Sachsen gegen den Frankenkönig Karl und das Christentum. Als Karl 777 den größten Fürsten des Sachsenlandes unterworfen hatte, floh Widukind mit anderen Adligen nach Dänemark, kehrte aber bereits im nächsten Jahr zurück, um in Abwesenheit Karls des Großen, der mit einem Heer in Spanien kämpfte, seine Sachsenhaufen gegen die Klöster und Burgen der Franken im Rheingau zu werfen. Dem Rachefeldzug des Königs konnten die Sachsen nicht standhalten. Sie gaben den Widerstand auf, und Widukind ging zum zweitenmal außer Landes. 782 schlug in dem gnadenlosen Ringen zwischen Sachsen und Franken wieder die Stunde des Sachsenherzogs. Im Süntelgebirge an der Weser überfiel er ein Frankenheer und vernichtete es bis zum letzten Mann. Jedoch auch dieser anfangs so erfolgreiche Aufstandsversuch brach an der fränkischen Übermacht zusammen. Widukind selbst gelang die Flucht, aber 4500 Mann seines Heergefolges fanden als Anführer in Verden an der Aller ein blutiges Ende durch Henkershand. In rasendem Zorn erhoben sich die Sachsen aufs neue unter der Führung von Widukind. Jahrelang tobte der Krieg. Erst als Kaiser Karl im Winter 784/85 das ganze Land systematisch verwüstet hatte, gab Widukind den Widerstand auf. Er erschien im Hoflager Karls zu Attigny in der Champagne und ließ sich zusammen mit seinem Schwiegersohn taufen. Die Sage erzählt, daß er als Herzog des Landes Engern ein hohes Alter erreicht und in Engern auch sein Grab gefunden habe. Mathilde, Gattin König Heinrichs I., des Ungarnbesiegers, und Mutter Kaiser Ottos des Großen, stammte aus dem Geschlecht des Herzogs Widukind.

CHRISTOPH MARTIN WIELAND 5. IX. 1733 — 20. I. 1813

Wielands Schaffen war so umfangreich, daß seine gesammelten Werke mehr als 50 Bände füllen. Die häufig eingestreuten philosophischen Abschweifungen sind für den modernen Leser nur schwer zu ertragen, seine Zeit jedoch liebte solche Betrachtungen. „Agathon", nach Haller der witzigste, nach Lessing „für denkende Köpfe der erste deutsche Roman", erhielt sich unverwelkt; vor allem aber frisch ist die „Geschichte der Abderiten", eine Satire auf das Spießertum, das Wieland ärgerte und belustigte. Goethe bewunderte das romantische Epos „Oberon" als unvergänglich. Die „Komischen Erzählungen" haben auch heute noch Ansehen bei den Liebhabern verspielter, genießender Literatur. Wieland, im Pfarrhaus von Oberholzheim bei Biberach geboren, begann früh zu dichten, stand als Student unter Klopstocks Einfluß, geriet, von Bodmer nach Zürich gerufen, in eine fromme Umgebung, die ihn stark beeinflußte und seine Dichtkunst in die Bahnen einer schwärmerischen Religiosität drängte. Zum Stadtschreiber in Biberach bestellt, lernte er beim Grafen Stadion die Rokokogesellschaft kennen, die sein eigentliches Wesen zum Vorschein brachte. Maß und Würde gewann er, nachdem er eine kurze Professur in Erfurt für immer mit dem Wohnsitz in Weimar vertauscht hatte. Er erzog den Erbprinzen Karl August, leitete die Zeitschrift „Teutscher Merkur", übersetzte Shakespeare, Horaz und Lukian und wuchs, unendlich tätig, in eine schöpferische, geistige und literarische Größe hinein, die ihn als Wegbereiter zur Blütezeit der deutschen Dichtung, der Klassik, unsterblich werden ließ. Klug, wendig, von hoher Bildung, bereicherte er die deutsche Sprache durch Anmut und Eleganz seiner Dichtung. Noch im hohen Alter war Wielands Geist ungeschwächt. Mit 75 Jahren schuf er eine hervorragende Übersetzung von Ciceros Briefen.

HEINRICH WIELAND 4. VI. 1877 — 5. VIII. 1957

Ein Unfall in der Küche, wie er oft passiert: Wasser ist übergekocht und hat die Gasflamme gelöscht, ohne daß es bemerkt wurde. Die Hausfrau atmet das Gas ein, wird ohnmächtig, der Arzt wird geholt — und seine erste Maßnahme besteht darin, der bewußtlosen Patientin Lobelin zu geben. Die Frau wird gerettet, denn dieses heute in aller Welt bei Gasvergiftungen angewendete Mittel regt in sehr wirksamer Weise die Atmung an. Ohne es zu wissen, verdanken viele Menschen ihr Leben dem Chemiker und Nobelpreisträger Heinrich Wieland. Er hat in langer Forscherarbeit aus der Lobeliapflanze das wirksame Lobelin isoliert, seinen chemischen Aufbau enträtselt und in mühevollen Versuchsreihen das Verfahren zur synthetischen Herstellung der rettenden Substanz ausgearbeitet. Wieland war damals Professor der Chemie in München, und die Münchner Universität ist zu seiner Wahlheimat geworden, denn mit Ausnahme einiger Jahre, die er in Freiburg und Berlin gearbeitet hat, lehrte und forschte er in Bayerns schöner Hauptstadt. 1944 wurde das von ihm geleitete Chemische Institut von Bomben zerstört, das bedeutete die Beendigung seiner wissenschaftlichen Tätigkeit. Für den Wiederaufbau nach dem Kriege fühlte sich der fast Siebzigjährige verständlicherweise zu alt. Aber was er während seiner langen Lebensarbeit geleistet hat, sichert ihm einen hervorragenden Platz in der Geschichte der Wissenschaft; ihm verdankt die Forschung eine reiche Fülle wichtiger Erkenntnisse auf den verschiedensten Gebieten der Chemie. Er klärte die Rolle der Gallensäuren bei der Verdauung und ihren chemischen Aufbau und erforschte die Wirkungsart von Fermenten, Vitaminen und einer Reihe pflanzlicher Arzneimittel. Außerdem war er ein hervorragender Lehrer, der viele unserer heute führenden Chemiker ausgebildet hat.

13. I. 1864 — 24. II. 1928   **WILHELM WIEN**

Der Physiker Wilhelm Wien gehört zu jener keineswegs kleinen Gruppe bedeutender Männer, die zunächst einen „falschen" Beruf wählten, bevor sie ihre eigentliche Lebensaufgabe erkannten. Der 1864 geborene Sohn eines ostpreußischen Großgrundbesitzers konnte nach den damals herrschenden Anschauungen nur Landwirt, Offizier oder Beamter werden. Wien entschloß sich nach dem Abitur zum Studium der Landwirtschaft und erkannte erst nach einigen Semestern, daß ihn die Welt der Physik und die wissenschaftliche Laufbahn weit mehr anzogen. Er blieb seinem Entschluß auch treu, als er einige Jahre später das väterliche Gut erbte. 1892 habilitierte sich Wien in Berlin als Privatdozent für Physik. Schon wenige Jahre später war er Professor in Aachen, ging dann nach Würzburg und schließlich nach München, wo er bis zu seinem Tode im Jahre 1928 die Experimentalphysik vertreten hat. Sein Hauptarbeitsgebiet war die Strahlenforschung, die er theoretisch und experimentell um äußerst wichtige Erkenntnisse bereicherte. Er enträtselte das eigentliche Wesen der Kathodenstrahlen, die ihrerseits Röntgenstrahlen erzeugen. Weiter stellte er das nach ihm benannte Strahlungsgesetz auf und schuf damit die Grundlagen, auf denen Max Planck weiterbaute und schließlich das Gebäude der Quantentheorie errichtete. Für diese einander folgenden und einander bedingenden Leistungen sind beide Forscher mit dem Nobelpreis ausgezeichnet worden. Wien war ein unermüdlicher Arbeiter, der weit über hundert wissenschaftliche Arbeiten geschrieben hat. Sein Geist blieb nicht auf das Spezialgebiet beschränkt. Mit Recht heißt es in dem ihm gewidmeten Nachruf, daß Wien der letzte „universelle Physiker" gewesen sei, der immer wieder über alle Einzelwissenschaften hinweg zur Erkenntnis des Ganzen gestrebt habe.

15. X. 1856 — 30. XI. 1900   **OSCAR WILDE**

Bevor er wegen gefährlicher Verirrungen zwei lange Haftjahre im Zuchthaus zu Reading verbüßen mußte, war Wilde der literarische Abgott der englischen Gesellschaft, die ihn später gnadenlos totschwieg. Einsam starb er in Paris, aber mit der „Ballade von Reading" und der Verteidigungsschrift „De profundis" hatte er im Unglück gewonnen, was ihm das äußerliche Glück vorher versagt hatte: Leidensfähigkeit und die Macht, Herzen zu erschüttern. In Dublin geboren, Sohn eines Arztes und der Dichterin J. F. Elgee Wilde, brachten ihm schon die ersten Veröffentlichungen Ruhm. Er schrieb Gedichte, Erzählungen und entzückende Märchen. Der Roman „Das Bildnis des Dorian Gray" wurde ein Welterfolg, ebenso die witzigen, von Paradoxen sprühenden Lustspiele „Lady Windermeres Fächer", „Ein idealer Gatte", „Bunburry" und die Tragödie „Salome". Es sind formal wohlgelungene Arbeiten, oft dekadent, aber wirkungsvoll. Oscar Wilde war der am meisten aufgeführte Autor seiner Zeit. Er ließ sich gern als Ästhet bewundern, gab sich verachtungsvoll und beschimpfte das Bürgertum, liebte den Kult des Schönen und die Sinnenlust, alles Neigungen, die er zum Thema seiner Werke machte. Meist oberflächlich, stets amüsant, vermochte er seinen Schöpfungen dennoch Lebensdauer einzuflößen. Noch heute finden sie Beifall. Die satte, obwohl tatenfrohe Epoche vor der Jahrhundertwende begrüßte im dumpfen Bewußtsein ihrer Leere den zynischen Verächter, der allerdings selbst so sehr Kind der Zeit war, daß er nur mit unverbindlichem künstlerischem Spiel ohne tiefe Problemstellung und mit der Bejahung des Genusses der bürgerlichen Welt den Spiegel vorhalten konnte. Die Schuld, die ihn jäh stürzte, erhöhte ihn dichterisch, doch seine Kräfte waren verbraucht. Der Tod erlöste ihn bald.

ERNST VON WILDENBRUCH 3. II. 1845 — 15. I. 1909

Ernst von Wildenbruch, ein Enkel des Prinzen Louis Ferdinand von Preußen, entstammte einer unebenbürtigen Seitenlinie der Hohenzollern. Sohn eines Diplomaten, trat er als Vierzehnjähriger in das Potsdamer Kadettenkorps ein, wurde Gardeoffizier, nahm nach zwei Jahren seinen Abschied, studierte Jura und ging, wie sein Vater, in den diplomatischen Dienst. Nach den deutschen Einheitskriegen trat der Legationsrat mit Heldenballaden und politischen Dramen an die Öffentlichkeit und hatte sofort Erfolg. In dem Jahrzehnt vor der Jahrhundertwende war er neben Sudermann und Gerhart Hauptmann der erfolgreichste deutsche Dramatiker, der zweimal den begehrten Schillerpreis erhielt. Bewußt opponierte er gegen das modische französische Salondrama und brachte statt dessen heldische, vaterländische Stücke wie „Die Karolinger", „Herold", „Väter und Söhne", die „Quitzows" auf die Bühne. Wildenbruch wurde der Herold der nach dem französischen Krieg 1870/71 aufflammenden nationalen Begeisterung. Doch tragen zwei seiner Werke deutlich den Stempel des Naturalismus: „Meister Balzac" und „Die Haubenlerche". Am längsten hielt sich „Die Rabensteinerin" auf der Bühne. Man braucht es nicht zu bedauern, daß heute das gesamte dramatische Werk Wildenbruchs in Vergessenheit geraten ist. Die Pathetik der Sprache, die Thematik dieser Dramen werden wahrscheinlich auf immer eine Wildenbruch-Renaissance verhindern. Zu bedauern ist es, daß auch seine Novellen, Erzählungen und Romane, wie „Edles Blut", „Claudias Garten", „Franceska von Rimini", „Eifernde Liebe", „Schwesternseele" und „Der Astronom" nicht mehr aufgelegt und gelesen werden. Sie sind auch heute noch frisch und von dichterischer Kraft. Dasselbe gilt für seine gesammelten „Humoresken".

WILHELM III. VON ENGLAND 14. XI. 1650 — 19. III. 1702

Wilhelm III. von England gilt als der Begründer des modernen parlamentarischen Systems und der konstituionellen Monarchie. Er stammt aus dem altberühmten Haus Oranien, dem Vorkämpfer für die Freiheit der Niederlande. Sein Vater, Wilhelm II., starb vor seiner Geburt, seine Mutter war eine Tochter des Stuart-Königs Karl I. von England. Mit 22 Jahren wurde er durch eine frankreichfeindliche Volksbewegung der Niederländer zum Erbstatthalter und Generalkapitän berufen. Von diesem Tage an galt sein Kampf der Eroberungspolitik des Sonnenkönigs Ludwig XIV. Durch seine militärische Aktivität und geschickte Bündnispolitik bewahrte er die Niederlande davor, französische Provinz zu werden. Durch die Heirat mit Maria, der ältesten Tochter König Jakobs von England, wurde der weitere Lebensweg dieses Enkels und Schwiegersohnes von Stuart-Königen bestimmt. Die König Jakob wegen seiner Gegenreformationspolitik und Parlamentsfeindlichkeit mißtrauisch gegenüberstehende englische Opposition veranlaßte den Oranier zu einer militärischen Expedition gegen die britische Insel. Nach Unterzeichnung der Declaration of Rights, in der die verfassungsmäßigen Rechte des Volkes und des Parlamentes festgelegt sind, wurden Wilhelm und seine Gemahlin gemeinsam mit der Krone Englands gekrönt. Militärische Restaurationsversuche Jakobs II. wurden zurückgeschlagen und der Kampf gegen Frankreich von neuem aufgenommen. Der Frieden von Ryskwyk (1697) brachte die Anerkennung Wilhelms als englischer erblicher Souverän. Bei Ausbruch des Spanischen Erbfolgekrieges erhob sich von neuem der Kriegslärm zwischen England-Niederlande und Frankreich. Bevor es jedoch zum Zusammenstoß der Heere kam, erlag Wilhelm III. den Verletzungen, die er sich bei einem Sturz mit dem Pferde zugezogen hatte.

13. VIII. 1872 — 3. VIII. 1942   **RICHARD WILLSTÄTTER**

Viele Jahre leitete Richard Willstätter die Abteilung für Organische Chemie an der Münchener Hochschule, die durch Adolf von Baeyer, den berühmten Nachfolger des größten deutschen Chemikers Justus von Liebig, zu Weltgeltung gelangt war. Sein Hauptverdienst ist die Erforschung des Chlorophylls. Bereits vor ihm wußte man, daß die Pflanzen mit Hilfe des Chlorophylls und unter der Einwirkung des Sonnenlichtes aus Wasser und gasförmiger Kohlensäure Kohlehydrate aufbauen, daß Kohlehydrate von den Tieren als Nahrung aufgenommen werden, daß also auch der sich nährende Mensch im letzten vom Chlorophyll abhängig ist. Diesen seltsamen Stoff zu ergründen und die chemische Zusammensetzung des Chlorophylls zu erforschen, war die Lebensaufgabe Willstätters. Als der neu berufene Professor sich dieser Aufgabe annahm, schien er vor unüberwindlichen Schwierigkeiten zu stehen. Wie sollte er das Chlorophyll kristallisieren, um sein Rätsel zu ergründen? Tausende von Versuchen waren notwendig, ehe sich der Erfolg einstellte, so daß Willstätter 1913 in einer umfassenden Arbeit schreiben konnte: „Chlorophyll ist ein Farbstoffgemisch aus zwei Komponenten, dem blaugrünen und dem gelbgrünen Chlorophyll. Beide sind Ester (organische Verbindungen), die bei Einwirkung von Alkoholen auf Säure unter Wasseraustritt entstehen, des Phytols und des Methylalkohols. Sie enthalten Magnesium. Voraussetzung für die Bildung des Chlorophylls ist die Anwesenheit von Eisen in Spuren." Willstätters Arbeit wurde später von dem Münchener Chemiker Hans Fischer fortgesetzt. Fischer wies nach, was Willstätter schon angedeutet hatte, daß Chlorophyll chemisch mit dem roten Blutfarbstoff, dem Hämoglobin, verwandt ist. Beide Forscher erhielten den Nobelpreis.

28. XII. 1856 — 3. II. 1924   **THOMAS WOODROW WILSON**

Der 100. Geburtstag von Woodrow Wilson, dem Präsidenten der USA von 1913 bis 1921 und Vater des Völkerbundes, wurde im Dezember 1956 in Amerika zwar würdig begangen — aber es gab keinerlei leidenschaftliche Anteilnahme. Wilson, der zu seinen Lebzeiten verehrt und gehaßt, vergöttert und verdammt worden war wie kaum ein anderer Präsident der USA, erregte 1956 nur noch das Interesse akademischer Kreise. Erst mit 54 Jahren hatte er begonnen, im politischen Leben aktiv zu werden. Bis dahin hatte er Staatsrecht an der Universität Princetown gelehrt. Als er 1910 demokratischer Gouverneur von New Jersey wurde und zwei Jahre später in das Weiße Haus einzog, begann eine bis dahin in Amerika für unmöglich gehaltene Aera sozialer Reformen. Er legte den Achtstundentag gesetzlich fest, verbot die Kinderarbeit, regulierte Handel und Börse, verabschiedete das Anti-Trustgesetz und führte ein Zentralnoteninstitut ein. Der Ausbruch des ersten Weltkrieges verlagerte Wilsons staatsmännische Aktivität auf die Außenpoltik. Bis 1917 konnte er die Neutralität der USA aufrechterhalten, dann aber trat auch Amerika in den Krieg ein — und entschied ihn zugunsten der Alliierten. Bis zur Selbstaufgabe vertrat Wilson nach Kriegsende ein von ihm zur Festigung des Weltfriedens aufgestelltes 14-Punkte-Programm und den Plan, den unter so vielen Opfern gewonnenen Frieden durch den Völkerbund zu sichern. Aber die Gegnerschaft der amerikanischen Isolationisten und die nationalistische Kurzsichtigkeit der Verbündeten verhinderten beides. Wilson, überanstrengt und seelisch gebrochen, bekam einen Schlaganfall und wurde erst 1924 von seinen Leiden erlöst. Als sich 1945 die „Vereinten Nationen" konstituierten, wurde Wilsons Völkerbundsidee in abgewandelter Form neue Wirklichkeit.

JOHANN JOACHIM WINCKELMANN
9. XII. 1717 — 8. VI. 1768

In der älteren Geschichte der klassischen Archäologie gibt es keinen Größeren als Johann Joachim Winckelmann. Der in Stendal als Sohn eines Schuhmachers geborene Gelehrte und Kunstschriftsteller gilt als der Begründer einer Wissenschaft, die sich mit den Kultur- und Kunstdenkmälern des klassischen Altertums befaßt. Ihre Anfänge gehen zwar bis ins 15. Jahrhundert zurück, aber Winckelmann hat die Archäologie durch systematische Erforschung der antiken Kunst und durch die Einführung stilkritischer Betrachtungen erst zum Rang eines Wissenschaftszweiges erhoben. Er reiste 1755 nach Rom, trat zum Katholizismus über und wurde 1763 zum Generalkustos aller römischen Altertümer und Scriptor der Vatikanischen Bibliothek ernannt. Unter Zugrundelegung des antiken Schrifttums wies er der Archäologie Methode und Weg. Sein Leben fand auf tragische Weise ein Ende. Ein vorbestrafter Koch aus Pistoia namens Arcangeli erdrosselte und erstach den Gelehrten in Triest. Die Motive des Mörders waren so abwegig wie unverständlich. Vor Gericht gab Arcangeli an, er habe aus den Reden Winckelmanns schließen müssen, daß vor ihm ein „Lutheraner, Jude oder Spion, oder überhaupt ein Untermensch" stehe. — Obwohl schon Goethe mit der Sammlung „Winckelmann und sein Jahrhundert" (1805) das Werk des Archäologen gewürdigt hatte, hat es doch mehr als ein Jahrhundert gedauert, bis eine vollständige Biographie, „Winckelmann und seine Zeitgenossen", vorlag. Ihr Verfasser war der Bonner Kunsthistoriker Carl Justi (1832 bis 1912). Der Triester Jurist Rossetti, dem die Kunstgeschichte eine einzigartige Sammlung der Werke Petrarcas und des Humanistenpapstes Pius II. verdankt, errichtete Winckelmann in Triest ein Denkmal, das in einem Tempel unterhalb des Domes von San Giusto seinen Platz fand.

ADOLF WINDAUS
25. XII. 1876 - 9. VI. 1959

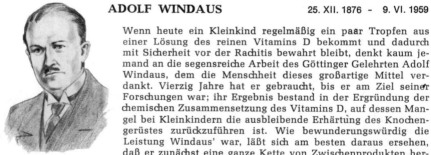

Wenn heute ein Kleinkind regelmäßig ein paar Tropfen aus einer Lösung des reinen Vitamins D bekommt und dadurch mit Sicherheit vor der Rachitis bewahrt bleibt, denkt kaum jemand an die segensreiche Arbeit des Göttinger Gelehrten Adolf Windaus, dem die Menschheit dieses großartige Mittel verdankt. Vierzig Jahre hat er gebraucht, bis er am Ziel seiner Forschungen war; ihr Ergebnis bestand in der Ergründung der chemischen Zusammensetzung des Vitamins D, auf dessen Mangel bei Kleinkindern die ausbleibende Erhärtung des Knochengerüstes zurückzuführen ist. Wie bewunderungswürdig die Leistung Windaus' war, läßt sich am besten daraus ersehen, daß er zunächst eine ganze Kette von Zwischenprodukten herstellen mußte und damit zugleich einen neuen Bereich der chemischen Wissenschaft, die Sterinchemie, erschloß. Obwohl die Sterine in jeder Zelle als komplizierte hydroaromatische Alkohole zu finden sind, hatte man sich diesen Naturstoffen noch kaum gewidmet. Schon bei früheren Forschungen war Windaus auf das Ergosterin, das Sterin der Pilze, gestoßen. Nach langen Versuchsreihen stellte sich heraus, daß das Ergosterin eine Vorstufe des gesuchten Vitamins D war und daß man es durch Bestrahlung mit ultraviolettem Licht in den wirksamen Rachitis-Schutzstoff umwandeln konnte. Da sich Ergosterin in vielen frischen Gemüsen und auch in der Haut des menschlichen Körpers befindet, erklärte es sich auch, warum die Rachitis am häufigsten bei Lichtmangel und im Winter auftrat, besonders dann also, wenn das Kind die ultravioletten Strahlen der Sonne und das Frischgemüse entbehren muß. Dieser Erkenntnis ist es zuzuschreiben, daß die Rachitis, einst eine der gefürchtetsten Kinderkrankheiten, heute mit Vitamin D und Ergosterin bekämpft werden kann. Für seine Arbeiten erhielt Windaus 1928 den Nobelpreis.

4. IX. 1853 — 15. VI. 1905   **HERMANN VON WISSMANN**

Zweimal hat der deutsche Afrikaforscher Hermann von Wißmann Äquatorialafrika zu einer Zeit durchquert, als die weißen Flecken noch große Teile der Landkarte des „dunklen Erdteils" bedeckten. Ihm gebührt der Ruhm, der erfolgreichste
Afrikaforscher gewesen zu sein. Die erste Reise, die er 1880
im Auftrag der Afrikanischen Gesellschaft unternahm, führte
ihn in Begleitung des namhaften deutschen Afrikaforschers
Paul Pogge von Loanda in Portugiesisch-Westafrika nach
Njangwe am Kongo. Hier kehrte Pogge um, und Wißmann marschierte allein mit seinen Trägern quer durch den Erdteil zum
Tanganjikasee. Von hier aus erreichte er am 14. November 1882
die ostafrikanische Küste bei Saadamii. 1884 kartographierte
er im Auftrag König Leopolds II. von Belgien das Flußsystem des von Süden in den
Kongo fließenden, fast 2000 km langen Kassai und erkundete seine Schiffbarkeit.
1886 ging Wißmann wieder den Kassai aufwärts, dann zum mächtigen rechten Nebenfluß des Kassai, dem über 1000 km langen Sankuru, und erreichte weiter ost-
wärts den parallel zum Kongo fließenden, 1500 km langen Lomami. Nach schweren
Entbehrungen traf er schließlich wieder in Njangwe am Kongo ein. Die Feindseligkeiten der Araber, die im neuen Kongostaat ihren Gegner erkannt hatten, der ihnen
den Sklavenraub verwehren würde, zwangen Wißmann zu einem weiten Umweg.
Über den Njassasee und den von ihm abfließenden Schire gelangte er zum Sambesi
und traf am 8. August 1887 in Quelimane (Portugiesisch-Ostafrika) ein. Von 1888 bis
1890 gelang es ihm, im Auftrag des Deutschen Reiches den in Ostafrika ausgebrochenen Araberaufstand niederzuwerfen. Von 1895/96 war Wißmann Gouverneur von
Deutsch-Ostafrika. In einer Reihe von Büchern hat er über seine Reisen berichtet.

31. VII. 1800 — 23. IX. 1882   **FRIEDRICH WÖHLER**

Friedrich Wöhler, den man zusammen mit Justus Liebig den
Begründer der modernen Chemie nennt, wurde am 31. Juli 1800
in Eschersheim bei Frankfurt/Main geboren. Schon als Jüngling durchstreifte er mit seinem Freund, dem bedeutenden
Paläontologen Hermann von Meyer, den Taunus, sammelte Mineralien und trieb chemische Studien. Seine Briefe beweisen,
daß er sich bereits zu jener Zeit mit der Chemie beschäftigte;
diese Briefe enthalten interessante neue Gedankenrichtungen.
1820 begann er in Marburg mit dem Studium der Medizin und
Chemie. 1825 ging er als Lehrer der Städtischen Gewerbeschule
für Chemie und Mineralogie nach Berlin, und bald sollte sein
bescheidenes Labor Berühmtheit erlangen. Nach mancherlei experimentellen Arbeiten gelang es ihm hier, reines Aluminium herzustellen. Damit
erschloß er die neue Welt der Leichtmetalle, die bald aus der technischen Produktion
nicht mehr fortzudenken war. Wöhler gelang zum erstenmal die Synthese eines organischen Lebensstoffes, des Harnstoffes, er isolierte die Metalle Beryllium und
Yttrium, gewann durch Erhitzen von Knochenkohle, Sand und Kohle Phosphor und
erkannte durch seine mineralogischen Studien die Zusammensetzung vieler Gesteine.
Eine enge Freundschaft mit Justus Liebig, dem König der deutschen Chemie, befruchtete ungemein seine Tätigkeit. Beide gemeinsam arbeiteten erfolgreich über die
Benzoesäure, über Bittermandel- und Harnsäure. Sie entdeckten das Calcium Carbid,
eines der wichtigsten Erzeugnisse der modernen elektrotechnischen Großchemie.
Der Umfang und die Bedeutung der Arbeiten Wöhlers sind so weitreichend, daß
August Wilhelm von Hofmann in seiner Gedenkrede sagen durfte: „Wollte man die
Errungenschaften des Forschers im einzelnen würdigen, müßte man ein Kompen-
dium der Chemie schreiben."

FRIEDRICH AUGUST WOLF 15. II. 1759 — 8. VIII. 1824

Als Goethe, selbst krank, im Mai 1805 durch den Tod Schillers „die Hälfte seines Daseins" verlor, tröstete ihn nach seinen eigenen Worten die Fürsorge eines genialen Freundes. Professor Friedrich August Wolf, der berühmte klassische Philosoph, kam eigens aus Halle und blieb vierzehn Tage in Weimar. Beide Männer versenkten sich in erlösenden Gesprächen in die schöne Welt des griechischen Altertums, in dem die beiden großen Genies ihre geistige Heimat gefunden hatten — Goethe als „letzter Homeride", Wolf als umfassender Gelehrter. Schon im Juli reiste Goethe nach Lauchstädt, um in Wolfs Nähe, die er als „südliches Land" empfand, bis zum September zu verweilen. Von Lauchstädt aus unternahmen die Freunde eine vierzehntägige Harzreise. Der Zauber dieser Freundschaft hatte zehn Jahre vorher begonnen, als der Gelehrte seine Schrift „Prolegomena ad Homerum" — Einleitung zum Homer — herausgab. Wolf verneinte darin die Frage nach der zeitlichen und persönlichen Einheit der homerischen Gedichte und fand in Goethe sofort einen beharrlichen Gegner. Der Weimarer Dichterfürst war zuinnerst davon überzeugt, daß ein einziger Dichter, Homer, als Verfasser der Ilias und der Odyssee zu gelten habe. Die trotz aller Gegensätze blühende Freundschaft bewährte sich bis zu Wolfs Tode. Goethe ertrug den hartnäckigen Widerspruchsgeist seines Freundes mit Humor: von Bad Tennstedt aus bewog er ihn einst am 27. August zur Abreise, denn „mir war angst, er würde mir an meinem Geburtstage ableugnen, daß ich geboren sei." Wolfs Verdienste um die Ausdehnung der Altertumswissenschaft auf alle Gebiete des antiken Lebens sind grundlegend für die Zukunft geworden. Er war einer der Gründer der Berliner Universität.

HUGO WOLF 13. III. 1860 — 22. II. 1903

Als der Musikstudent Hugo Wolf in Wien endlich zu Richard Wagner vorgedrungen war und ihm seine ersten Kompositionen vorgelegt hatte, urteilte dieser: „Man kann nicht gleich original sein"; worauf Wolf blitzartig antwortete: „Meister sind zu bescheiden!" Das starke Selbstbewußtsein, das daraus spricht, hat Hugo Wolf viel Mühsal bereitet. Er lehnte nicht nur jedes gutgemeinte „Almosen" ab, sondern griff später als Musikkritiker des „Wiener Salonblattes" auch anerkannte Genies wie Brahms mit vernichtender Kritik an. Dafür ließ der Dirigent Hans Richter, ein Brahmsanhänger, Wolfs „Penthesilea-Symphonie" bei der ersten Aufführung so schnell heruntersplelen, daß sie durchfiel. Im Jahre 1888 zog er sich in das Landhaus eines Freundes nach Perchtolsdorf bei Wien zurück und komponierte in einem einzigen Frühling 43 Mörikegedichte, manchmal drei an einem Tag. Die Folge dieses vulkanischen Ausbruches war völlige Erschöpfung. Wolf komponierte immer in gewaltsamen Schüben: Goethelieder, Eichendorfflieder, das spanische und das italienische Liederbuch — Perlen leuchtender Schönheit und einer fast schmerzenden Gemütstiefe. Neben den Liedern entstanden die „Italienische Serenade" für kleinere Orchester und die Oper „Corregidor", undramatisch, aber von farbenprächtiger Musikalität. Humperdinck vermittelte ihm einen Verleger für seine Lieder. Er bezog dafür in fünf Jahren insgesamt 85 Mark Honorar. Auch die Presse blieb abweisend, obwohl sich der Wagnersänger Jäger leidenschaftlich für ihn einsetzte und der Rechtsanwalt Dr. Faißt Wolfkonzerte finanzierte. Noch einmal raffte sich das zusammenbrechende Genie zur Komposition der Michelangelolieder auf, dann versank Hugo Wolf in die Nacht unheilbaren Wahnsinns, von der ihn nach fünf Jahren der Tod erlöste.

3. X. 1900 — 15. IX. 1938   **THOMAS WOLFE**

Nicht einmal vierzig Jahre alt wurde der in der Stadt Asheville in Nord-Carolina am 3. Oktober 1900 als Sohn eines Steinmetzes geborene amerikanische Schriftsteller Thomas Wolfe, und doch überragt sein Genie und das Gewicht seiner künstlerischen Sendung für die moderne Literatur die Werke fast aller seiner Zeitgenossen. Schon als Knabe bedrückte ihn die Enge der Kleinstadt und ihres geistigen Horizontes. Die Verzweiflung über den Menschen, ein tiefes soziales Mitgefühl mit den Entrechteten trieb ihn in rastloser Suche nach dem Sinn der menschlichen Existenz durch die Weite seiner Heimat und durch die Länder des alten Europa. In riesigen, sich selbst gleichsam verzehrenden Epen gestaltete er die ihn bedrängenden Bilder, Erfahrungen und Ideen, legte in seinen Werken, die aus Riesentorsos von oft mehr als 2000 Seiten erst von seinem Verlegerfreund in faßbare Formen gebracht wurden, die Wunden seiner Zeit bloß und gab der Sehnsucht der Jugend Amerikas in einer Mischung von packendem Realismus, von Tragik und hymnischen Bekenntnissen Ausdruck. Seine bedeutendsten Werke „Schau heimwärts, Engel", „Von Zeit und Strom", „Es führt kein Weg zurück", „Geweb und Fels" tragen ausnahmslos selbstbiographische Züge. Er war seiner künstlerischen Potenz und seinem Lebensweg nach ein Genie von ungewöhnlicher Leidenschaft, Kindhaftigkeit und Gläubigkeit, ein Frühvollendeter. Aus dem Materialismus und der Oberflächlichkeit seiner Heimat ragt er wie ein Homer unserer Zeit empor. Seine tiefe Liebe zu Europa und vor allem zu Deutschland, das er auf vielen Reisen kennenlernte, klingt durch alle seine Werke. Sein früher, von schwerer Krankheit bedingter Tod hat seiner Gestalt etwas Legendäres verliehen, und er gilt heute den Besten der Jugend Amerikas und Europas als Vorbild und Wegweiser.

24. I. 1679 — 9. IV. 1754 **CHRISTIAN FREIHERR VON WOLFF**

Christian Wolff trägt auch heute noch den Ehrentitel eines „Wortführers der deutschen Aufklärung". In einer Zeit, als die Tyrannis des fürstlichen Absolutismus und die Intoleranz gewisser Theologenkreise alle freiheitlichen Regungen unterdrückten, kämpften die Aufklärer, basierend auf den Lehren eines Descartes und Newton, für den Sieg der „Vernunft". Das Weltbild sollte nach den Gesetzen der mathematischen Logik und der Naturwissenschaften geordnet werden, weil man damit dem göttlichen Willen am nächsten komme. Dieser mit Aufopferung der eigenen Person geführte Streit zwischen Vergangenheit und Zukunft, zwischen Altem und Neuem, prägte auch das Leben Christian Wolffs. Dem Studium der Theologie in Jena entlaufen, wurde der junge Student Schüler des großen Leibniz. Er habilitierte in Leipzig als Dozent für Mathematik und Philosophie, mußte aber vor einem der Fürstenkriege dieser unruhigen Zeit aus der Universitätsstadt fliehen. Als Philosophieprofessor im preußischen Halle wurde er schärfstens von der theologischen Fakultät angegriffen und erhielt schließlich von dem über seine freiheitlichen Lehren aufgebrachten Soldatenkönig Friedrich Wilhelm I. den Befehl, Halle innerhalb 24 Stunden zu verlassen, „bei Strafe von Strang und Galgen". Marburg mit seiner alten Universität war die nächste Station dieses unruhigen Lebens — bis ihn Friedrich der Große, der „Philosoph auf dem Thron", in allen Ehren zurückrief. Die kaiserliche Kanzlei in Wien schickte sogar den Reichsfreiherrnbrief. Wolff lehrte in Halle weiter seine rationalistische Philosophie, der es zwar an Originalität mangelte, die aber von stärkstem Einfluß auf die Zeitgenossen — auch noch auf den jungen Kant — war.

HEINRICH WÖLFFLIN 21. VI. 1864 — 19. VII. 1945

Seine Schüler, die das Glück hatten, im überfüllten Auditorium der Universität München einer Lichtbildervorlesung des Schweizer Professors beizuwohnen, erlernten das Schauen im doppelten Sinne: sie erblickten nicht nur ungeahnte Schönheiten im Aufbau und Charakter eines Bildes, sie begriffen auch plötzlich die Art, wie dieses oder jenes Jahrhundert in Stil und Form die Menschen anschaute — sie waren auf einmal in der Welt des betreffenden Malers, dank der erstaunlichen Einfühlungs- und Deutungskraft des Vortragenden. An einer Gestalt wie Wölfflin ahnten sie die sonst weit unterschätzte Bildungskraft der 2. Hälfte des 19. Jahrhunderts, die einen Jacob Burckhardt, den universalsten Deuter von Kunst und Kultur, hervorgebracht hatte. Wölfflin, Schüler Burckhardts in Basel, war dazu bestimmt, als Hochschullehrer unmittelbarer Nachfolger dieser weithin wirkenden und hervorragendsten Persönlichkeit der bisherigen Kunstwissenschaft zu werden. Er begann mit einer Untersuchung über die Formbildung in „Renaissance und Barock", beschrieb in „Die klassische Kunst" die Formen in der Kunst des gewaltigen Cinquecento und wurde 1901 als Nachfolger Hermann Grimms (von Basel) nach Berlin berufen. Hier schrieb er sein maßgebendes zweites Hauptwerk „Die Kunst Albrecht Dürers" und wurde als erster Kunstwissenschaftler in die preußische Akademie gewählt. Von nun an war er d i e Autorität. Aus seinen Seminaren gingen die bedeutendsten Köpfe hervor; in München, wo er seit 1912 lehrte, wurde er von seinen Schülern ebenso hoch verehrt. 1924 kehrte er in seine Heimat zurück, lehrte in Zürich und als Gastprofessor in München und Berlin. 1933 wurde er für den verstorbenen Kunsthistoriker Dehio Ritter des Orden Pour le mérite. Weitere Werke: „Die Bamberger Apokalypse", „Italien und das deutsche Formgefühl".

WOLFRAM VON ESCHENBACH Um 1170 — um 1220

In 25 000 Versen hat dieser große mittelalterliche Epiker die keltische Sage vom heiligen Gral zu einer Menschheitsdichtung größten Stils erhoben, ebenbürtig der „Göttlichen Komödie" Dantes oder dem Goetheschen Faust. Er lernte sie in der unvollendeten Fassung des Chrestien de Troyes kennen, übertraf aber sein Vorbild weit an leuchtender Poesie, an reicher, christlicher Mystik und eigener Erfindung, vor allem aber in der ethischen, gottsucherischen Innerlichkeit, die in ihrer großartigen Haltung die europäischen Ritterepen des Hochmittelalters in den Schatten stellt. Der Weg seines Helden Parzival führt durch die farbigsten Abenteuer des christlichen Weltreiches nach innen über die drei Stufen der Tumpheit (jugendlichen Naivität), des Zweifels zur Glückseligkeit, die auf der inneren Umkehr beruht. Erst das Gottvertrauen des gereinigten Herzens macht den Ritter fähig, das hohe Amt des Gralskönigs zu übernehmen. Er teilte gleich zu Anfang seines Epos die Menschen in zwei Klassen, die Steten und die Unsteten. Die an Gott zweifelnde, schwankende, unstete Seele verfinstert durch ihre Unbeständigkeit und Untreue wie die Nacht und verdirbt. Durch unverzagten, steten Mannesmut aber kann sie licht und weiß werden und die Seligkeit erlangen. Höfische Sitte, Minnedienst, Kampf, Turnier, Abenteuer sind in überschäumender Lebenslust, zuweilen derb humorvoll und realistisch verwoben; tiefe Naturpoesie und Gottseligkeit wechseln mit witzigen Allegorien und Weltfreudigkeit. Herzensreinheit und Geisteskraft verkörpern sich in unvergeßlichen Gestalten. Von den übrigen Werken des bayrischen Sängers — sein Lehen hieß Wildenberg an der Altmühl —, dem „Titurel" und dem „Willehalm", sind uns nur Bruchstücke erhalten geblieben.

Um 1472 — 29. XI. 1530   **THOMAS WOLSEY**

Dieser bedeutende englische Staatsmann erfuhr die Wahrheit des Bibelwortes, daß man nicht zwei Herren zugleich dienen könne, zwar nicht auf dem Schafott wie Thomas Morus, aber doch am jähen Abbruch seiner steilen Karriere. Er war Kaplan König Heinrichs VII. gewesen und erlebte es, wie Heinrich VIII., dessen vertrauter Ratgeber er wurde, kräftig mit der Feder gegen den „Häretiker" Martin Luther zu Felde zog; er wurde Erzbischof von York, Lordkanzler von England, Kardinal und päpstlicher Legat auf Lebenszeit — all dieses in kurzen vier Jahren. Man sah in ihm den eigentlichen Lenker der englischen Außenpolitik, auch im Inneren wuchs seine Macht in einem bis dahin unerhörten Maße: Er schaltete den Einfluß des Parlaments nahezu aus. Als positive Tat ging seine Gründung des Christ Church College (Oxford) in die englische Bildungsgeschichte ein. Seine Machtstellung indessen wurde ihm zum Verhängnis. Zuerst Anhänger Kaiser Karls V., dem er zum Sieg über Frankreich verhalf, schloß er nach der Schlacht von Pavia (1525) ein Bündnis mit Frankreich, weil Karl seine apostolische Kandidatur nicht unterstützte. Eine Verwandte des Kaisers, Katharina von Aragonien, war die Gemahlin Heinrichs VIII. Als der König die Scheidung betrieb, geriet Wolsey in die Zange der Politik; er führte die Verhandlungen mit dem Papst nur zögernd, wurde dadurch verdächtig und 1529 seiner Ämter entsetzt, vom Hofe verbannt und seiner Güter für verlustig erklärt. Er starb als Gefangener. Der Papst, zum Einlenken bereit, zog sich aus Furcht vor dem Kaiser zurück, und König Heinrich betrieb die Lösung der englischen von der römischen Kirche. Wolseys Nachfolger als Lordkanzler, Thomas Morus, wurde, als er die Scheidung mißbilligte, enthauptet.

10. XII. 1847 — 4. V. 1911   **ADOLPH WOERMANN**

Adolph Woermann ist in jener Zeitepoche groß geworden, die im Besitz von Kolonien das Zeichen der äußeren Macht eines Staates und die Sicherung vor der Übervölkerung der Mutterländer erblickte. Das Deutschland Bismarcks hatte sich von dem Wettlauf der Großmächte nach überseeischem Gebiet ferngehalten, bis es schließlich dem Drängen der Wirtschaft nachgab und seine Unterhändler, Kaufleute und Kriegsschiffe an fernen Küsten Umschau nach günstigem Kolonialerwerb halten ließ. Woermann war ein leidenschaftlicher Vorkämpfer des Kolonialgedankens in Deutschland. Er war Reeder in Hamburg. Der junge Hanseat hatte sich bereits weit in der Welt umgeschaut. Jahrelang hatte er China, Japan, Indien und Amerika bereist, um die Handelsmöglichkeiten zu studieren. Sein Vater, der Segelschiffe zwischen Hamburg und Westafrika verkehren ließ, besaß einige Faktoreien in Liberia, die der Sohn später als alleiniger Besitzer übernahm. Der Handel mit Westafrika nahm schließlich einen so großen Umfang an, daß die von Adolph Woermann gegründete „Afrikanische Dampfschiffahrts AG (,Woermann-Linie') mit acht großen Überseedampfern den Waren- und Personenverkehr kaum bewältigen konnte. Auf einer großen Reise durch das Innere Afrikas lernte der Hamburger Reeder das von Sklavenjägern und den Ausbeutemethoden der Weißen verursachte Negerelend kennen. Als Reichstagsabgeordneter trat er für den Erwerb von Kolonien in Afrika ein, um mit der Macht staatlicher Mittel den Eingeborenen die Segnungen der Kultur und Zivilisation zu bringen. Er selbst erwarb 1884 zusammen mit einer anderen Firma Kamerun und unterstellte es dem Schutz des Reiches. Woermann starb 1911; er brauchte es nicht mehr zu erleben, daß als Folge des Weltkrieges sämtliche Schiffe seiner Handelsflotte verlorengingen.

FRIEDRICH VON WRANGEL 13. IV. 1784 — 1. XI. 1877

„Der Parademarsch besteht nicht nur aus der Sitzsamkeit der Hosen, der Weißheit des Lederzeugs und der Aufrichtigkeit der Gewehre, sondern vor allem im Hinblick auf mir." Dieser Tagesbefehl stammt aus der sich sträubenden Feder des knorrigsten aller 150 Feldmarschälle, die Brandenburg-Preußen gehabt hat, des „Papa Wrangel", wie ihn die Berliner nannten. Er brachte es mit knapper Not bis zur Tertia, wurde aber mit $14^{1}/_{2}$ Jahren Leutnant, ging dann bei Blücher gegen Napoleon „in die Schule" und brachte es zum kommandierenden General. Als Oberbefehlshaber der deutschen Bundestruppen schlug er die Dänen, ritt 1864 und 1866 mit und erlebte noch die Attacken der Halberstädter Kürassiere und Gardedragoner bei Vionville und Mars la Tour. Dieser volkstümlichste aller Haudegen, dessen Standbild auf dem Leipziger Platz zu Berlin mit dem Schmunzeln der Passanten geehrt wurde, steht im Mittelpunkt eines ganzen Schwarmes von Anekdoten. Als ihm in den Revolutionszeiten von 1848 der König befahl, Berlin zu säubern, stellte er einen Stuhl auf das Pflaster zwischen seine Truppe und die aufständischen Barrikadenkämpfer. Und als der Befehlshaber der Bürgerwehr ihm zitternd erklärte, er werde nur der Gewalt weichen, erklärte er ruhig im Sitzen: „Die Jewalt is nu da, und ihr dürft weichen." Als ihn eine Volksmenge lynchen wollte, kaufte er einen Korb Veilchensträuße, schenkte Strauß für Strauß an die Männer: „Bestellen Se man Ihrer Frau Jemahlin einen schönen Jruß von Papa Wrangeln" – und beendete also die Revolution. Einst las der ratlose Kriegsminister ein Handschreiben Wrangels, auf dem er bat, den Überbringer auszuzeichnen: er sei der „feigste Offizier". Erst der König las laut lachend das Wort richtig – „der fe-igste (fähigste) Offizier".

ORVILLE WRIGHT 19. VIII. 1871 — 30. I. 1948

Die ältesten uns überlieferten Bauskizzen zu einem Schwingen-Flugzeug stammen von Leonardo da Vinci (um 1500). Sein Gehilfe Zoroastro da Peretola soll bei einem Flugversuch abgestürzt sein. 1784 ersannen Launoy und Bienvenu in Paris ein freifliegendes Schraubenflugzeug, und 1811 hörte man von dem „fliegenden Schneider von Ulm", der vergebliche Flugversuche mit beweglichen Flügeln unternommen hatte. Als Vorbild des modernen Flugzeugs kann jedoch nur die Flugmaschine des Engländers Stringfellow angesehen werden, der 1848 einen Flug von 40 Meter Länge ausführte. Aber die Maschine war nicht besetzt, so daß man Otto Lilienthal die ersten gelungenen Gleitflüge zuschreiben muß. Er verunglückte im Jahre 1896 tödlich. Lilienthal hinterließ ein Buch mit dem Titel „Der Vogelflug", das für die weitere Entwicklung des Flugwesens entscheidend wurde; denn durch diese Niederschrift wurden die Brüder Wilbur und Orville Wright aus Ohio in den USA angeregt, sich praktisch mit Fragen der Luftfahrt zu beschäftigen. Nach zahlreichen Gleitflügen bauten sie um die Jahrhundertwende den ersten Benzinmotor in ein Flugzeug ein. Fünf Personen waren Zeugen des ersten „motorbetriebenen Luftsprungs" Orville Wrights am 17. Dezember 1903 in Dayton. Der „Flug" dauerte nur 12 Sekunden, eine sehr kurze Zeit im Vergleich zu der Flugdauer moderner Maschinen, aber er war der erste in der Geschichte der Luftfahrt, bei dem ein Flugzeug, schwerer als Luft, einen Menschen in die Luft hob, in waagrechter Bahn flog und landete, ohne ein Wrack zu werden. Der zweite und dritte Flug waren etwas länger. Der vierte Flug dauerte bereits 59 Sekunden, und man legte etwa 250 Meter zurück. Die Brüder Wright hatten damit den Anstoß zu einer Entwicklung gegeben, wie sie phantastischer die Welt niemals erlebt hat.

Um 311 — 383 n. Chr. **WULFILA**

Das Genie des germanischen Stammes der Goten vollendete sich am vollkommensten in Wulfila, dem großen Bischof. Er leistete den wichtigsten Beitrag zur Ausbreitung des Christentums unter den Ostgermanen. Mit ihm beginnt auch die Literatur aller Germanen. — Wulfila, d. h. „Wölfchen", griechisch Ulfilas, wuchs im westgotischen Reich nördlich der unteren Donau als arianischer Christ auf und wurde Geistlicher. Zum Missionsbischof im balkanischen Mösien ernannt, mußte er mit seinem Volk vor den Heiden ins heutige Bulgarien entweichen, wo diese „Mösogoten" noch Jahrhunderte später hausten. Vierzig Jahre lang war er der Primas der Goten, ihr Vertreter bei Konzilien und am Kaiserhof von Byzanz. Seine überragende Persönlichkeit übte ungeheuren Einfluß selbst auf die heidnischen Volksteile aus. Als der Glaubensstreit am Ende seines Lebens gegen die Arianer entschieden wurde, starb er als deren Unterhändler in Konstantinopel. Sein unvergängliches Verdienst ist die Übersetzung der Bibel ins Gotische. Die umfangreichen Fragmente dieser Bibelübersetzung, der unermeßlich kostbare Codex argenteus, der das Neue Testament fast vollständig enthält, wird im schwedischen Upsala aufbewahrt. Man kann Wulfilas Leistung nur begreifen, wenn man weiß, daß er anstelle der Runen zunächst überhaupt erst einmal ein Alphabet schaffen und die Grammatik des Gotischen festlegen mußte. Er war ein Sprachschöpfer von mächtiger dichterischer Kraft. Seine Bibelübertragung folgt wortgetreu dem damals im Byzantinischen Reich üblichen Text und ist dennoch dem Gotischen, das er beseelte und zu geistiger Ausdrucksfähigkeit erhöhte, wesensgleich eingeschmolzen. Dadurch brachte er den Germanen eine ihnen bisher völlig fremde Lebenswelt nahe.

16. VIII. 1832 — 31. VIII. 1920 **WILHELM WUNDT**

Wilhelm Wundt, der lange Jahre in Heidelberg lehrte und ein Laboratorium für experimentelle Psychologie gründete, hat als erster alles Wissen auf psychologischem Gebiet gesammelt und in ein kritisch gesichtetes und geordnetes System gebracht. Er hat die Grenze der Psychologie als Forschungsdisziplin abgesteckt und ihr Wesen formuliert: „Sie untersucht den gesamten Inhalt der Erfahrung in seinen Beziehungen zum Subjekt und in den ihm von diesem unmittelbar beigelegten Eigenschaften." Um die Vorgänge in Körper und Seele bei psychischen Akten zu analysieren, um Leib-Seele-Probleme zu erforschen, führte er das psychologische Experiment ein, indem er Reiz- oder Eindrucksmethoden, Ausdrucksmethoden oder Kombinationen beider (Reaktionsmethoden) anwandte. Doch schränkte er das experimentelle Verfahren auf die Erforschung des individuellen Bewußtseins ein. Den seelischen Erscheinungen im Gemeinschaftsleben der Menschen konnte nämlich seiner Meinung nach das Experiment nicht mehr gerecht werden. Die Völkerpsychologie erklärte er zu einem besonderen Zweig der psychologischen Forschung: „Sie ist nicht etwa eine Anwendung der Individualpsychologie auf soziale Gemeinschaften", sondern sie müßte die allgemeine Entwicklung menschlicher Gemeinschaften zu ergründen versuchen. Wundts Völkerpsychologie war eine Lehre von der Volksseele, und diese wiederum stellte er als ein „Erzeugnis der Einzelseelen" hin. Im Gegensatz zu manchen zeitgenössischen Philosophen, die die Bewußtseinspsychologie in den Vordergrund stellten, betonte Wundt den Willen und das Gefühl des Menschen als die entscheidenden und treibenden Kräfte: „Der Wille herrsche auch über die Seele." Wundts bedeutendste Werke sind: „Einführung in die Psychologie" und „Völkerpsychologie".

XENOPHON

430 — 354 v. Chr.

Das Altertum las und vervielfältigte die Bücher dieses griechischen Schriftstellers so gern, daß kein einziges im Laufe der Jahrhunderte verloren ging; alle sind auf uns gekommen, und sie vermitteln uns ein sehr vielseitiges Bild der antiken Welt in einer ihrer wichtigsten Epochen. Besonders die Römer liebten die klare, reizvolle Gegenständlichkeit, die Xenophon auszeichnete, der, ihrer Art verwandt, ein Mann des Staates, des Sports, der Abenteuer und der Soldaten war. Das beweisen die Themen, die ihn beschäftigten. Er schrieb eine Reitlehre, Abhandlungen über die Pflichten eines Reiterobersten, über die athenischen Finanzen und die rechte Verwaltung des Hauswesens, über fürstliches und privates Leben und die Kunst des Herrschens. Sein Prosaepos, das auch heute jeden Leser fesselt, die „Anabasis", schildert in sieben Bänden die Taten und den schweren Rückmarsch der zehntausend griechischen Söldner, die mit Kyros 401 v. Chr. gegen dessen Bruder, den Perserkönig Artaxerxes II. Mnemon, ausgerückt waren und sich nach verlorener Schlacht unter Xenophons Befehl bis Byzanz durchschlugen. Seiner Geburt nach Athener und ein Schüler des Sokrates, wandte sich der junge Feldherr bald nach dieser kriegerischen Bewährung dem männlichen Sparta zu, dessen Staatsgebilde er später ein literarisches Denkmal setzte. In der Nähe von Olympia, zuletzt in Korinth, wurde er seßhaft, bis zum Tode ein fruchtbarer Autor. In der „Hellenika" setzte er die griechische Geschichte von Thukydides bis zur Schlacht bei Mantinea (362 v. Chr.) fort. Seine philosophischen Werke befassen sich mit Sokrates, ohne daß er die Größe des Weisen ganz begriffen hätte. Sein bleibendes Verdienst sind die Darlegungen geschichtlicher Abläufe und die erzieherischen Beiträge zur praktischen und würdigen Lebensführung.

XERXES

Um 519 — 465 v. Chr.

Griechenlands Perserkriege bedeuten dasselbe wie zweitausend Jahre später die Türkenkriege des Deutschen Reiches: Sie retteten Europa vor einer Unterjochung durch den Osten. Eigentliche Kriegsursache war die Unterstützung, die Athen den Griechenstädten Kleinasiens gegen die persische Tyrannei gewährte. Der Rachevorstoß des Perserkönigs Darius gegen das kleine Athen aber scheiterte in der Schlacht bei Marathon 490 v. Chr. König Xerxes, der Nachfolger des Darius, bereitete den Vergeltungskrieg, der ihm ganz Hellas unterwerfen sollte, sorgfältiger vor. Der Hellespont wurde überbrückt. In dreijähriger Arbeit ließ er die Halbinsel Athos durch einen Kanal spalten, damit See- und Landtruppen zusammenwirken konnten. Endlich, im Jahre 481, stieß er mit einem Riesenheer vor, bezwang den Thermopylenpaß, den Leonidas bis zum letzten Mann verteidigte, eroberte Athen, verbrannte die Tempel und erwartete, auf einem Thron gegenüber dem Sund von Salamis sitzend, die Vernichtung der eingeschlossenen athenischen Flotte. Aber die Griechen — getrieben von letzter Verzweiflung — blieben die Stärkeren und jagten die persischen Schiffe in die Flucht. Rücksicht auf die innenpolitischen Folgen der Niederlage bewogen Xerxes zur Heimkehr. Auf dem Rückmarsch wurde sein Heer bei Plataä vernichtet, der Rest der Flotte unterlag bei Mykale. Die Griechen konnten zum Gegenangriff und zur Befreiung der jonischen Städte antreten. Die Bibel nennt Xerxes Ahasverus. Von der Größe und der Macht seines Reiches zeugen die Bauwerke in Persepolis. Den Tod erlitt er durch Mörderhand. Auf Übermacht und Kriegskunst hatte er vertraut, Genie und Geist aber besiegten ihn. Er hatte das griechische Selbstgefühl geweckt und jene attische Kulturblüte herbeigeführt, von der Jahrtausende befruchtet wurden.

26. IX. 1759 — 4. X. 1830   **YORK VON WARTENBURG**

Eine der abenteuerlichsten und markantesten Gestalten der preußischen Geschichte in der friderizianischen und napoleonischen Zeit war York von Wartenburg. Als dreizehnjähriger Sohn eines Hauptmanns trat er als „gemeiner Rekrut" in die eiserne Schule des preußischen Heeres. Nach schweren, entbehrungsreichen Jahren zum Offizier befördert, nahm er an den Schlachten des Jahres 1778 teil, wurde jedoch wegen Befehlsverweigerung zu einem Jahr Festungshaft verurteilt. Nach seiner Entlassung trieb es ihn hinaus in die Welt. In Indien kämpfte er in holländischen Diensten gegen die Engländer. In die Heimat zurückgekehrt, wurde er vom König wieder gnädig aufgenommen und trat als Kapitän in ein Füselierregiment ein. Die tragische Niederlage gegen Napoleon bei Jena und Auerstedt trieb auch ihn und seine tapfer kämpfenden Jäger in die Flucht. Nach dem Frieden von Tilsit übernahm York auf Vorschlag Scharnhorsts, des großen Heeresreformators, das Amt eines Generalgouverneurs für Ost- und Westpreußen. Als Napoleon ganz Europa gegen Rußland mobilisierte, führte York das preußische Hilfskorps. Die schreckliche Niederlage des Korsen schien ihm der geeignete Zeitpunkt, das Joch der Fremdherrschaft abzuschütteln. Ohne die Einwilligung des Königs schloß er am 30. Dezember 1812 mit den Russen die Konvention von Tauroggen, die das preußische Korps neutralisierte. Unter Blücher und Gneisenau kämpfte er später ruhmvoll gegen Napoleon, erzwang den Elbübergang bei Wartenburg und griff entscheidend in die Kämpfe der Völkerschlacht bei Leipzig ein. Nach dem Kriege wurde er Befehlshaber des Generalkommandos Schlesien, erhielt jedoch in dem Feldzug von 1815 keine Frontverwendung. Erbittert zog er sich auf sein Gut Klein-Oels bei Breslau zurück.

*23. I. 1907   **HIDEKI YUKAWA**

Um die Jahrhundertwende stellten die Physiker fest, daß es Elementarteilchen geben mußte, die fast zweitausendmal leichter waren als das leichteste Atom, das Atom des Wasserstoffes. Diese Teilchen erhielten die Bezeichnung „Elektronen". Im weiteren Verlauf der Forschungen wurde die Rolle der Elektronen im Atomgefüge erkannt. Man stellte fest, daß sie den Atomkern auf einer oder mehreren Bahnen umkreisen und daß ihre Zahl neben den Neutronen und Protonen, die den Atomkern bilden, entscheidend ist für die Art der Elemente, von denen in der Natur 92 vorkommen. Nach den ersten drei Jahrzehnten des neuen Jahrhunderts hatte man geglaubt, Endgültiges über die Art der Elementarteilchen zu wissen. 1935 jedoch veröffentlichte der japanische Forscher Hideki Yukawa eine Schrift über die Elementarteilchen, in der er eine ganz neue Theorie über die im Atomkern wirkenden Kräfte entwickelte und das Vorhandensein weiterer Elementarteilchen, die man heute „Mesonen" nennt, voraussagte. 1937 entdeckte man die Mesonen bei genauer Untersuchung der Höhenstrahlung. Die Forschungsarbeiten erbrachten das Ergebnis, daß diese Elementarteilchen im Atomkern die Neutronen und Protonen zusammenhalten. Man unterschied zehn Mesonenarten, deren Gewichte der 200- bis 1000fachen Masse eines Elektrons entsprechen und deren mittlere Lebensdauer Bruchteile einer Sekunde beträgt. Sie bilden die „mittleren Elementarteilchen", die nicht mehr teilbaren Teilchen, von denen man über 20 kennt. Professor Dr. Yukawa, der Bahnbrecher auf diesem Forschungsgebiet, wurde für seine Arbeiten 1949 mit dem Nobelpreis ausgezeichnet. Er war von 1931 bis 1939 Lektor an der Universität Kyoto und Dozent an der Hochschule von Osaka, wo er seitdem als Professor für theoretische Physik wirkt.

LUDWIG ZAMENHOF   15. XII. 1859 — 14. IV. 1917

Unter dem Einfluß seines Vaters, der in Geographie und Sprachen unterrichtete, wurde Ludwig Zamenhof schon als junger Gymnasiast angeregt, an einer aus verschiedenen Sprachelementen kombinierten Weltsprache zu arbeiten. Noch stärker beeinflußte ihn seine tiefe Religiosität. Zamenhof glaubte, daß der Mensch durch göttlichen Ratschluß von Natur aus gut, friedlich und verträglich sei. Dieses ursprünglich Gute könne jedoch nicht zur Entfaltung kommen, weil es den Menschen an einem Mittel der gegenseitigen Verständigung fehle. Wenn alle Menschen eine gemeinsame neutrale Sprache, die keine Nation bevorzuge, sprächen und verstanden, müßte man sich zwangsläufig einander näherkommen. In der Arbeit vieler Jahre entwickelte Zamenhof diese „Sprache der Verständigung". Im Jahre 1887 gab er sein erstes Lehrbuch „Lingvo Internacia" unter dem Pseudonym „Esperanto" heraus, das die Grundzüge der internationalen Esperanto-Sprache enthielt. Ihre Worte bilden sich aus den „Wurzelwörtern" der Weltsprachen und den jeweiligen Vor- und Nachsilben. 1905 fand in Boulogne der erste internationale Esperanto-Kongreß statt. Der erste Weltkrieg brach aus, die Völker verrannten sich in Haß und Zorn. Es war kein Platz mehr für eine dem Frieden dienende Idee. Zamenhof litt enttäuscht, verbittert und bis zur körperlichen Erschöpfung unter dem Völkerhaß der Zeit. Er hatte lange in Warschau als Augenarzt gelebt und starb arm, weil sein Leben und seine Schaffenskraft der Menschheit gehört hatten. Doch seine Idee fand ihren Weg in die Zukunft. Millionen Menschen, angesichts des Grauens und Schreckens zweier Weltkriege nach Wegen gegenseitigen Verstehens suchend, lernten Esperanto. 1954 erkannte die UNESCO Esperanto als internationale Sprache an.

CARL ZEISS   11. IX. 1816 — 3. XII. 1888

Der berühmte Botaniker und Zellenforscher Matthias Jakob Schleiden regte Carl Zeiss, einen tüchtigen Mechaniker in der Universitätsstadt Jena, an, sich mit der Herstellung optischer Geräte zu befassen. Er bestellte bei Zeiss, der 1846 in Jena eine feinmechanische Werkstätte errichtet hatte, Mikroskope mit mehreren Linsen, sogenannte Duplets. Die Erledigung des Auftrages bereitete Zeiss lebhafte Befriedigung. Von nun an widmete er sich ganz dem Bau von Mikroskopen. In dem Dozenten Ernst Abbe fand er den Mann, der mit dazu beitrug, seiner kleinen Werkstätte Weltruhm zu verschaffen. Abbe hatte erkannt, daß die Interferenzerscheinungen des Lichtes bei der Mikroskopblende von entscheidender Bedeutung sind. Er schuf den nach ihm benannten Beleuchtungsapparat; er besteht aus ein oder zwei Linsen, die so eingestellt werden können, daß nach Belieben eine große oder kleine Lichtmenge in gerader oder beliebig schiefer Richtung auf das zu vergrößernde Objekt fällt. Abbe ersetzte ferner nach dem Verfahren des italienischen Astronomen Giovanni Batista Amici die Luft zwischen dem Objektiv und dem Deckgläschen durch Zedernholzöl. Damit schuf er die für starke Vergrößerungen so wichtige „homogene Immersion". Der österreichische Nobelpreisträger Zsigmondy verbesserte 1913 die hochwertigen Mikroskope des Jenaer Werkes noch um ein Vielfaches, als er bei Zeiss das Ultramikroskop entwickelte. Zeiss begnügte sich nicht mit dem Bau von Mikroskopen. Er gewann den Glasschmelzer und Chemiker Otto Schott als Mitarbeiter und legte zusammen mit Schott und Abbe als Gesellschafter den Grundstein zu einem der größten Glaswerke Europas. Als Zeiss 1888 starb, wandelte Abbe das Vermögen in eine Stiftung um, welche die tatsächliche Besitzerin der Werke wurde.

8. VII. 1838 — 8. III. 1917   **FERDINAND GRAF ZEPPELIN**

Fast eine Generation lang waren Zeppeline die Sensation des Tages. Der gasgefüllte, starre, zigarrenförmige Flugkörper, der, angetrieben von mehreren Propellermotoren, ruhig am Himmel seine Bahn zog, wurde als Wunderwerk der Technik und des Erfindergeistes empfunden. Sein Erbauer, Graf Ferdinand Zeppelin, Berufsoffizier, später württembergischer Gesandter in Berlin, hatte sich schon 1873 mit der Konstruktion eines Luftschiffes befaßt. Aber die endgültige Verwirklichung seines Planes konnte er erst 1892 unter Mitarbeit des Ingenieurs Kober durchsetzen. Eine Sachverständigenkommission, von Kaiser Wilhelm II. berufen, lehnte den ersten Entwurf aus Sicherheitsgründen ab. Zeppelin aber verfolgte hartnäckig sein Ziel. Er finanzierte selbst die kostspieligen Konstruktionsversuche und gründete 1895 in Friedrichshafen eine Aktiengesellschaft mit einem Kapital von 800 000 Mark. Mehr als die Hälfte des Geldes steuerte er aus eigenem Vermögen bei. Am 2. Juli 1900 startete unter der Teilnahme der ganzen Welt der erste Zeppelin. Bis in die dreißiger Jahre baute die Friedrichshafener Werft 129 Zeppeline. Dann kam das furchtbare Ende: Das Luftschiff „Hindenburg" verbrannte auf dem amerikanischen Flugplatz Lakehurst. Im zweiten Weltkrieg fielen Bomben auf Friedrichshafen und vernichteten Hallen und Werft. Nach dem Krieg wurden noch einige Ansätze gemacht, die Luftschiffahrt als Verkehrsträgerin über weite Strecken wieder aufleben zu lassen; aber im Zeitalter der Düsenflugzeuge sind Geschwindigkeiten von 50–100 Stundenkilometern im Fernverkehr nicht mehr interessant. Dennoch haben Luftschiffe ein neues Aufgabenfeld gefunden, nicht mehr im großen Stil der Zeppeline, sondern als Werbeträger, im Zubringerdienst, als Relaisstationen für Fernsehsendungen und bei Überwachungsaufgaben.

26. V. 1700 — 9. V. 1760   **NIKOLAUS VON ZINZENDORF**

Nikolaus Ludwig Graf von Zinzendorf ist der Begründer der „Herrnhuter Brüdergemeine", einer pietistisch-religiösen Gemeinschaft. Der aus einem alten Lausitzer Adelsgeschlecht stammende Reichsgraf gab aus idealistischen Gründen seine glanzvolle Laufbahn im Staatsdienst auf, um sich religiösen Werken und Zielen zu widmen. Er studierte Theologie, bestand unter falschem Namen seine Kandidatenprüfung und trat in Tübingen ganz in den geistlichen Stand über. Auf eigenem Boden siedelte er emigrierte evangelische Deutsche aus Mähren an und errichtete die später in der ganzen Welt berühmt gewordene Kolonie Herrnhut, in der er gleichgesinnte Brüder sammelte, denen er eine christlich-protestantische Religion der Versöhnung und der Einigung predigte. Innerhalb der gesamt-evangelischen Gemeinde sollte es in Zukunft keinerlei konfessionelle Unterschiede geben. Mittelpunkt des Glaubens sollte die Versenkung in den Erlösertod Jesu Christi sein. Aus der anfänglich bescheidenen Saat wuchs im Verlauf der Jahrhunderte ein Lebensbaum weitverzweigter Siedlungsarbeit: In Schlesien entstanden Gnadenberg, Gnadenfrei, Neusalz und Niesky; in Thüringen Ebersdorf und Neudietendorf; in Holstein Pilgerruh; in Friesland Norden; am Rhein Neuwied; vor den Toren Berlins Rixdorf — das heutige Neukölln. Die Bewegung wuchs über die Grenzen Deutschlands hinaus. Herrnhuter Niederlassungen in England und den Vereinigten Staaten waren die Früchte weiter Missionsreisen des Grafen Zinzendorf. Schwere Zeiten, die folgten, konnten diesem Werk nichts anhaben. Als nach dem letzten Weltkrieg die Herrnhuter ihre schlesische Heimat verlassen mußten, wußten sie sich bald eine neue Heimstätt zu bauen: Im Emsland, nahe der holländischen Grenze, entstand die Gemeinde Neugnadenfeld.

511

EMILE ZOLA 2. IV. 1840 — 29. XI. 1902

Als Schöpfer des wissenschaftlich unterbauten, soziologischen Umweltromans, vertrat Zola die Lehre vom naturalistischen Kunstwerk sowohl theoretisch wie praktisch, vor allem in seiner Romanserie von 20 Bänden „Les Rougon-Macquart", der Sozialgeschichte einer Familie seiner Zeit. In diesem, mit unendlichem Fleiß zusammengetragenen Werk spielt sowohl die Vererbungslehre wie der „Mechanismus der Leidenschaften" eine entscheidende Rolle. Schon in seinem Roman „Thérèse Raquin" hatte Zola versucht, eine Art von Instinktmenschen, die nur den Naturgesetzen gehorchen, darzustellen — zum Entsetzen der Öffentlichkeit, die er auch später bei seinen Angriffen in den Romanen „Lourdes", „Rome" und „Paris" zu heftigem Protest herausforderte. Eine Romanfolge „Die vier Evangelien" blieb Fragment. Wie kein anderer vor ihm schilderte er mit peinlicher Genauigkeit das Leben der Großstadt im „Bauch von Paris", kämpfte gegen den Geburtenrückgang und sang den Hymnus der modernen Arbeit. Im gegenwärtigen europäischen, besonders im amerikanischen Roman wirken seine starken Impulse nach, sowohl in der genauesten Umweltschilderung wie in der schonungslos aufdeckenden psychologischen Betrachtungsweise. Er griff auch in die Politik ein, indem er die Ursachen des französischen Zusammenbruchs von 1870 in aller Öffentlichkeit bloßlegte. Wegen seiner offenen „Briefe" an den Präsidenten der Republik in der Dreyfus-Affäre mit der Überschrift „J'accuse" — ‚Ich klage an', wurde Zola zu einem Jahr Gefängnis und 3000 frs. Geldstrafe verurteilt; er floh nach England und blieb dort über ein Jahr, bis zu seiner Rehabilitierung. Seine gesammelten Werke umfassen 50 Bände. Frankreich ehrte Emile Zola, indem es seine Gebeine ins Pantheon, den Ruhmestempel der französischen Nation, überführte.

ULRICH ZWINGLI 1. I. 1484 — 11. X. 1531

Der in Wildhaus am Säntis geborene Reformator der Schweiz war ein Mann des praktischen und politischen Lebens, trotz seiner theologischen Wirksamkeit mehr ein gelehrter, aufgeschlossener Humanist als ein Priester der Kirche. Nachdem er die Schriften des großen Erasmus von Rotterdam gelesen hatte, begann er als Pfarrer am Münster in Zürich den Gläubigen die Gedanken der Reformation, der „Erneuerung der Kirche an Haupt und Gliedern" zu predigen. Es entsprach der humanistisch-kühlen und unmystischen Art Zwinglis, den Gottesdienst in nüchterne Formen zu kleiden, wobei er radikaler vorging als Luther, mit dem er in der Frage des Abendmahles bald in Gegensatz geriet. Die Kluft zwischen den Reformatoren konnte bei ihrer Marburger Disputation 1529 nicht überbrückt werden. Seither besteht die Aufspaltung der Protestanten in das Augsburgische und Helvetisch-Reformierte Bekenntnis. Manche Verordnungen Zwinglis, wie sie in dem vom Züricher Rat 1530 erlassenen „Sittenmandat" in Kraft traten, erinnerten an die strengen Gesetze der späteren Puritaner Englands und Amerikas. Sie verboten in allen Kirchen Messen, Altäre, Bilder, Gemälde und Lichter um der Ehre Gottes Willen bei schwerer Strafe. Zwingli wandte sich auch entschieden gegen das „Reislaufen", den Eintritt Schweizer Landsknechte in die Armeen Frankreichs, Mailands und des Papstes. Im zweiten Kappeler Krieg der schweizerischen Reformierten gegen die katholischen Kantone fiel Zwingli als Feldgeistlicher in einem für Zürich verlorenen Gefecht. Die Sieger verbrannten seinen Leichnam und verstreuten die Asche. Sein großer Plan, zusammen mit dem Landgrafen von Hessen einen allgemeinen protestantischen Bund „von der Adria bis zum Belt und zum Ozean" gegen den Kaiser zu errichten, blieb Illusion.